全新中国自助游

路芸霞 / 编著

江苏凤凰科学技术出版社·南京

图书在版编目（CIP）数据

全新中国自助游 / 路芸霞编著. —— 南京：江苏凤凰科学技术出版社，2022.2
ISBN 978-7-5713-2541-1

Ⅰ.①全… Ⅱ.①路… Ⅲ.①旅游指南–中国 Ⅳ.①K928.9

中国版本图书馆CIP数据核字（2021）第229632号

全新中国自助游

编　　　著	路芸霞
责 任 编 辑	洪　勇
责 任 校 对	仲　敏
责 任 监 制	方　晨

出 版 发 行	江苏凤凰科学技术出版社
出版社地址	南京市湖南路1号A楼，邮编：210009
出版社网址	http://www.pspress.cn
印　　　刷	天津旭丰源印刷有限公司
开　　　本	718 mm × 1 000 mm　1/16
印　　　张	35
字　　　数	1 756 000
版　　　次	2022年2月第1版
印　　　次	2022年2月第1次印刷
标 准 书 号	ISBN 978-7-5713-2541-1
定　　　价	68.00元

图书如有印装质量问题，可随时向我社印务部调换。

前言

随着我国经济发展水平的提高和人们生活的日益丰富,外出旅游逐渐成为很多人、很多家庭娱乐、休闲的生活方式。那么去哪里旅游,有哪些景区更适合自己,选择什么样的出行方式,行程中需要注意什么问题……这些都成为旅游爱好者关心的问题。

为了给旅游爱好者提供更多的参考和帮助,我们编写了这部《全新中国自助游》。

本书有以下特点:

真实性

本书的旅游信息都是由众多旅游发烧友提供,经过多方认证,并由编辑团队精心筛选和确认的信息。文字简洁、编排清晰,读者可以快速从中找到自己所需要的信息。(**注:因票价、景点开放时间、电话、交通、住宿、优惠政策等旅游信息时常变动,具体以景区公告和实际情况为准。全书推荐路线及里程数据均来自百度地图,仅供参考。**)

全面性

本书内容全面丰富,详细地介绍了各地的整体状况以及当地重要的景点。同时,针对游客的需求,还贴心地介绍了旅游景点附近的饮食和住宿状况,提供了详细的饭店资料和各种档次的酒店信息,方便读者选择。

此外,本书还介绍了各地以及景点附近的特产、著名的购物中心,给读者提供了更多的购物上的参考和帮助。

精美性

本书精选了大量优美的图片,让读者在获取自己需要的信息的同时,还可领略到各地优美的景色。

实用性

本书针对重点、受欢迎的景区开设了专栏,在介绍景区基本情况的同时,还提供了很多相关的旅游建议和温馨小贴士,给旅游爱好者提供了更多的实用信息。

精心选

本书所有的景点都是经过编辑团队精心选择的,是各个地区的热门景点。本书还对各个景点进行了星级评级,让读者在众多的景点中快速找到更适合自己的景点。

本书内容导航

城市印象
对景区所在的城市进行初步的介绍，加深你对相应城市的了解，进而做出更合理的旅游安排

城市信息
简要地介绍城市的区号、人口、邮编等信息，让你可以一目了然地了解这个城市的基本情况

特产介绍
介绍景区城市有名的特产，方便你选择

重点景区介绍
对于重点、热门景区进行详细的介绍，并提供相应的旅游建议，让你的旅程更加顺利

购物信息
详尽地介绍景区所在城市的购物场所，让你购物更便利

电话　开放时间　地址　门票　交通　提醒

历史人文　适合摄影　适合徒步　宗教寺庙　当代景观　风景
适合探险　动物

目录

西南地区

云南

昆明·····························15
九乡—昆明世界园艺博览园—圆通寺—翠湖公园—金马碧鸡坊—昆明植物园—昆明金殿—轿子雪山—官渡古镇—昆明西山森林公园—云南石林—昆明龙门—云南民族村—大观公园—海埂公园—昆明动物园—滇池—郑和公园

大理·····························21
大理古城—大理苍山—崇圣寺三塔—洱海公园—大理洋人街—张家花园—蝴蝶泉公园—天龙八部影视城—花甸坝—太和城遗址—鸡足山—博南古道—南诏风情岛—喜洲白族古建筑群

丽江·····························26
丽江古城—泸沽湖—拉市海—丽江黑龙潭—束河古镇—东巴谷—四方街—玉龙雪山—白沙壁画—玉柱擎天—丽江木府

西双版纳·························31
热带植物园—民族风情园—曼听公园—野象谷—曼飞龙佛塔—独树成林—橄榄坝—西双版纳孔雀园—曼景兰旅游一条街—空中走廊

香格里拉·························35
普达错国家公园—香格里拉属都湖—纳帕海自然保护区—哈巴雪山—白水台

腾冲·····························38
腾冲火山群公园—黑鱼河—和顺图书馆—北海湿地—腾冲云峰山—槟榔江

怒江傈僳族自治州·················40
高黎贡山自然保护区—怒江大峡谷—独龙江峡谷—碧罗雪山—石月亮—听命湖—丙中洛—老姆登基督教堂

西藏

拉萨·····························44
布达拉宫—大昭寺—色拉寺—罗布林卡—龙王潭—热振寺—甘丹寺—药王山—楚布寺—哲蚌寺—西藏博物馆—扎耶巴洞窟群—八廓街—拉鲁湿地国家自然保护区—小昭寺—纳木错—羊八井

林芝·····························49
色季拉山—鲁朗林海—雅鲁藏布江大峡谷—布久喇嘛林寺—尼洋河—巴结巨柏自然保护区

日喀则···························51
扎什伦布寺—珠穆朗玛大本营—绒布寺—夏鲁寺—白居寺—班禅新宫—萨迦寺—樟木口岸

山南·····························54
泽当街道—敏珠林寺—雍布拉康—昌珠寺—桑耶寺—雅砻河风景区—拉姆拉错

阿里·····························57
冈仁波齐峰—玛旁雍错和拉昂错—托林寺—札达土林—班公错—古格王国遗址

昌都·····························59
强巴林寺—德庆颇章神山—波罗吉荣大峡谷—查杰玛大殿—孜珠寺—多拉神山—卡玛多塔林—噶玛寺—盐井

那曲·····························62
羌塘草原—申扎自然保护区—草原八塔—卓玛峡谷—桑丹康桑雪山

四川

成都·····························65
成都大熊猫繁育研究基地—龙池国家森林公园—青城山—成都欢乐谷—杜甫草堂—宽窄巷子—金沙遗址博物馆—望江楼公园—洛带古镇—明蜀王陵—青羊宫—成都植物园—悦来古镇—都江堰水利工程—宝光寺—东篱菊园—西岭雪山—黄龙溪古镇—浣花溪公园—朝阳湖—文殊院—虹口—鸡冠山—天台山—刘氏庄园—云顶山—武侯祠—平乐古镇—锦里古街—石象湖—永陵

乐山·····························72
峨眉山—东方佛都—乐山岩墓—夹江千佛岩—乐山大佛—竹叶青生态茗园—洪椿坪—凌云栈道—金口河大峡谷

九寨沟及其北部地区···············76
九寨沟—雪宝顶—四姑娘山—米亚罗风景区—牟尼沟—若尔盖草原—黄龙—达古冰川—三星堆博物馆—昭化古城—剑门关—千佛崖

甘孜及其西部地区·················79
海螺沟—稻城亚丁—木格错—贡嘎郎吉岭寺—泸定桥—丹巴天然盆景（美人谷）—贡嘎山—塔公草原

重庆

重庆 ············ 82
磁器口古镇—朝天门—解放碑—钓鱼城—洪崖洞—周公馆—缙云山—北温泉—渣滓洞集中营—重庆市人民大礼堂—重庆中国三峡博物馆—歌乐山烈士陵园—重庆科技馆—武隆天生三桥—大足石刻—红岩革命纪念馆—金佛山—巴渝民俗文化村—万盛石林—四面山

三峡 ············ 88
石宝寨—丰都鬼城—巫峡—白帝城—瞿塘峡—张飞庙—万州大瀑布—天坑地缝

贵州

贵阳 ············ 92
黔灵山—甲秀楼—红枫湖—青岩古镇—息烽温泉—花溪公园—高坡苗族乡—香纸沟—乌当情人谷—修文阳明洞—天河潭—开阳大峡谷

安顺 ············ 96
黄果树瀑布—格凸河—夜郎洞—天星桥—云山屯—屯堡村—织金洞—龙宫

遵义 ············ 99
遵义会议旧址—金鼎山—乌江渡旅游区—九龙洞海龙囤遗址—共青湖—赤水—娄山关

凯里 ············ 102
南花苗寨—舟溪芦笙堂—飞云崖—渔洞溶洞—麻塘偅家—大阁公园—凯里香炉山

荔波 ············ 104
小七孔景区—大七孔景区—水春河景区

西北地区

陕西

西安 ············ 107
大唐不夜城—陕西历史博物馆—大雁塔—大唐芙蓉园—未央湖游乐园—翠华山—华清池—碑林博物馆—西安白鹿原滑雪场—骊山国家森林公园—草堂寺—秦始皇兵马俑—西安城墙—秦岭野生动物园—大明宫国家遗址公园—兴庆宫公园—曲江海洋馆—西安八大奇迹馆

咸阳 ············ 112
汉阳陵—咸阳茂陵博物馆—咸阳彬县大佛寺—咸阳昭陵博物馆—咸阳乾陵博物馆

宝鸡 ············ 115
宝鸡太白山国家森林公园—姜子牙钓鱼台风景区—宝鸡炎帝陵—宝鸡法门寺旅游区—陕西天台山国家森林公园—吴山

渭南 ············ 117
华山风景名胜区—牛背梁国家级自然保护区—渭南汉太史司马迁墓祠

延安 ············ 119
壶口瀑布—宝塔山—延安革命纪念馆—延安新闻纪念馆—延安森林公园—枣园革命旧址—杨家岭革命旧址—黄帝陵—万花山—鲁迅艺术文学旧址—"四八"烈士陵园

汉中 ············ 122
汉中长青国家级自然保护区—汉中秦巴民俗园—天台山—楼观台—武侯祠—青木川自然保护区—汉中张良庙景区—南湖—汉中勉县温泉

青海

西宁 ············ 126
青海湖—中国藏医药文化博物馆—白马寺—昆仑神泉—东关清真大寺—广惠寺—青海博物馆—宝库峡—扎麻隆凤凰山—金银滩草原—群加国家森林公园—虎台遗址—孟达林区自然保护区—日月山—瞿昙寺—塔尔寺—老爷山—大经堂—北禅寺—赞普林卡

甘肃

兰州 ············ 132
八路军驻兰州办事处纪念馆—兰州水车园—明肃王墓群—黄河铁桥—兰州滨河公园—五泉山公园—白塔山公园—兰山公园—西固公园—兰炼水上公园—永登青龙山公园—徐家山国家森林公园—关山森林公园—鲁土司衙门旧址

天水 ············ 135
麦积山石窟—天水博物馆—伏羲庙—仙人崖—甘谷大象山—天水净土寺—曲溪—卦台山—南郭寺

临夏 ············ 138
临夏莲花山—刘家峡水库—临夏岳麓山公园—蝴蝶楼—东郊公园—临夏东公馆—太子山

张掖 ············ 140
张掖大佛寺—大湖湾—骆驼城遗址—马蹄寺石窟—祁连山自然保护区—甘泉公园

嘉峪关 ············ 142
嘉峪关长城—明长城遗址—西长城—关帝庙—石关峡悬壁长城文物景区—嘉峪关游击将军府—长城博物馆—酒钢水上欢乐园—新城魏晋墓—嘉峪关滑翔基地—黑山摩崖石刻—长城第一墩

敦煌 ············ 145
莫高窟—鸣沙山、月牙泉—雅丹国家地质公园—敦煌寿昌城—白马塔—玉门关—阳关—三危山—雷音寺—南湖自然保护区—敦煌市博物馆—敦煌电影城

武威 ············ 148
马牙雪山—民勤沙生植物园—黄羊川—罗什寺塔—瑞安堡—天祝三峡国家森林公园—天梯山石窟

平凉·················150
龙泉寺—云崖寺国家森林公园—明代平凉宝塔—南石窟寺—王母宫石窟—古灵台—崆峒山

甘南·················152
拉卜楞寺—当周草原—则岔尕海风景区—冶力关风景区—贡唐宝塔—禅定寺

宁夏

银川·················156
贺兰口岩画—中山公园—纳家户清真寺—玉皇阁—钟鼓楼—永宁鹤泉湖景区—西夏王陵—苏峪口风景区—多宝塔—水洞沟遗址—拜寺口双塔—牛首山—同心清真大寺—华夏西部影视城—玉泉葡萄庄园—承天寺塔—金水园—黄沙古渡—沙坡头——百零八塔

新疆

乌鲁木齐·················161
天山天池—红山公园—水磨沟风景区—国际大巴扎—西山老君庙—法明寺—南山牧场—乌鲁木齐植物园—乌鲁木齐水上乐园—新疆民街民俗博物馆—巴音布鲁克草原—盐湖生态旅游区

吐鲁番·················164
葡萄沟—火焰山—交河故城—库木塔格沙漠—高昌故城—吐峪沟大峡谷—维吾尔古村—大漠土艺馆—吐鲁番坎儿井—苏公塔—阿斯塔纳古墓群—柏孜克里克千佛洞

哈密·················168
哈密天山风景名胜区—巴里坤县古民宅—回王陵—巴里坤草原

阿勒泰·················170
桦林公园—地质三号坑—蝴蝶沟—额尔齐斯河—加什哈拉盖牧场—阿克库勒湖—阿合贡盖提草原—五彩滩—可可托海国家地质公园

库尔勒·················173
博斯腾湖—孔雀河—新疆罗布泊地区湿地—铁门关—沙伊东香梨园—巴州文物陈列馆—金海湾疗养中心—阿克夏多神泉—三垄沙雅丹

阿克苏·················176
阿克苏天山神秘大峡谷—库车王府—燕泉公园—铁热克温泉—龟兹生态园—柯柯牙绿化工程纪念馆—塔里木祥龙风景区—温宿大峡谷—大龙池

喀什·················179
艾提尕尔风景区—香妃墓—班超城—喀什噶尔老城景区—喀什西域庄园—金湖杨国家森林公园—唐王城—莎车王陵墓—达瓦昆旅游风景区—特拉木坎力冰川—石头城遗址—叶尔羌汗国王陵

克拉玛依·················182
独山子泥火山—克拉玛依油田—艾比湖地区湿地—新疆玛纳斯湖地区湿地—黑油山—阳光水世界—白杨河大峡谷—驼铃梦坡沙漠公园—乌尔禾魔鬼城

华东地区

上海

上海·················186
上海欢乐谷—上海迪士尼度假区—东方明珠—外滩—多伦路文化旅游街—上海博物馆—豫园—上海动物园—小桃园清真寺—朱家角古镇—田子坊—金茂大厦88层观光厅—城隍庙—上海海洋水族馆—上海大剧院—上海影视乐园—南京路步行街—上海国际会议中心—杨浦大桥—孙中山故居—长风海洋世界—圣母大堂—国际礼拜堂—杜莎夫人蜡像馆—上海锦江乐园—南翔古镇—宋庆龄故居—上海老街—陆家嘴中心绿地—徐光启纪念馆—静安寺—大观园—植物园—书隐楼—马戏城—枫泾古镇—嘉定孔庙—滨江大道—沐恩堂—古猗园—邹韬奋故居—上海国际赛车场—东方艺术中心—玉佛寺—步高里—陈云纪念馆—复旦大学—上海音乐厅—世纪大道—七宝老街—中共一大会址—上海美术馆—真如寺—沉香阁—世纪公园—上海科技馆—上海图书馆—上海野生动物园—龙华寺—东平国家森林公园

江苏

南京·················200
中山陵—夫子庙—秦淮河—珍珠泉—阅江楼—玄武湖—白鹭洲—明孝陵—鸡鸣寺—乌衣巷—灵谷寺—雨花台—汤山温泉—南京长江大桥—中华门—鼓楼—朝天宫—南京博物院—南京大屠杀纪念馆—栖霞山—总统府—紫金山天文台—燕子矶—莫愁湖

苏州·················206
留园—拙政园—狮子林—沧浪亭—网师园—听枫园—耦园—怡园—定园—艺圃—枫桥—西园寺—虎丘—寒山寺—司徒庙—文庙—包山寺—雨花胜境—盘门—金鸡湖—昆曲博物馆—钱币博物馆—山塘街—苏州博物馆

周庄·················212
张厅—南湖—双桥—沈万三故居——稀堂博物馆—民间收藏馆—怪楼—酒作坊—全福寺

同里 ·················· 215
珍珠塔—崇本堂—静思园—同里三桥—耕乐堂

甪直 ·················· 217
保圣寺—叶圣陶纪念馆—王韬纪念馆—万盛米行—萧宅—澄湖出土文物馆

无锡 ·················· 219
灵山大佛—太湖鼋头渚—蠡园—东林书院—水浒城—惠山寺—南禅寺—无锡博物馆—寄畅园—泰伯祠庙—梅园横山风景区—徐悲鸿纪念馆—三国城—华西村—薛家花园

镇江 ·················· 223
北固山—金山寺—招隐寺—赛珍珠故居—镇江博物馆—焦山—南山—张云鹏故居—宗泽墓—梦溪园—伯先公园—西津渡古街

扬州 ·················· 227
瘦西湖—何园—个园—萃园—大明寺—汉陵苑—凤凰岛—文昌阁—瓜洲古渡—茱萸湾风景区—琼花观—高旻寺—汪氏小苑—石塔—观音山—隋炀帝墓—仙鹤寺—登月湖度假村—二分明月楼—扬州八怪纪念馆—史可法纪念馆—周恩来故里—中华麋鹿园

浙江

杭州 ·················· 233
杭州西湖风景区—曲苑风荷—岳王庙—断桥残雪—六和塔—杭州宋城—阆仙石苑—临安钱王陵公园—西溪湿地公园—杭州千岛湖—九溪十八涧—杭州灵隐寺—三潭印月—平湖秋月—杭州胡雪岩故居—杭州博物馆—钱塘江大桥—净慈寺—浙江径山国家森林公园—雷峰塔—太子湾公园—杭州双溪竹海漂流—万松书院—杭州山沟沟景区—杭州苏东坡纪念馆—梅城古镇—杭州地藏寺—龚自珍纪念馆—杭州灵山幻境—杭州龙井山茶园文化村—南屏晚钟—杭州锦绣风水洞—抱朴道院—杭州满觉陇—云松书舍—孤山烟雨—杭州吴山广场—新叶古村—天下第一财神庙—信义坊

绍兴 ·················· 241
会稽山—沈园—长塘桃花源—鲁迅故里—绍兴东湖景区—绍兴兰亭风景区—诸暨西施故里旅游区—嵊州百丈飞瀑风景区—绍兴新昌大佛寺—剡溪漂流风景区—绍兴柯岩风景区

宁波 ·················· 244
宁波镇海招宝山—北仑九峰山风景区—梁祝文化公园—五龙潭风景区—天一阁博物馆—丹山赤水风景区—四明山国家森林公园—溪口风景区—余姚天下玉苑景区—滕头生态旅游区—松兰山海滨旅游度假区—东钱湖风景区

嘉兴 ·················· 248
嘉兴烟雨楼—西塘古镇—嘉兴南湖风景区—陈阁老宅—徐志摩故居—嘉兴白鹭洲—范蠡湖公园—石皮弄—嘉兴南北湖—王国维故居—桐乡乌镇

温州 ·················· 252
雁荡山—瑞安桐溪景区—温州苍南渔寮风景区—温州玉苍山—温州泰顺廊桥—南雁荡山景区—文成铜铃山峡—楠溪江岩头中心景区—温州市动物园—温州乐园—温州市茶山五美景区—温州南麂列岛国家级海洋自然保护区—瑞安市玉海楼—苍南石聚堂景区—百丈漈飞云湖景区—温州江心屿旅游区—温州泽雅风景区—温州瑶溪风景区

其他地区 ·················· 256
普陀山—南浔古镇—横店影视城—秀山岛—神仙居—天台山

安徽

合肥 ·················· 259
包公祠—三国遗址公园—紫蓬山—逍遥古津—三河古镇—包公祠清风阁—李鸿章故居—徽园

九华山 ·················· 262
甘露寺—闵园—双溪寺

黄山 ·················· 264
黄山—翡翠谷—程氏三宅—绩溪龙川—棠樾牌坊—花山谜窟—歙县—太平湖—屯溪老街

天柱山 ·················· 267
天柱峰—三祖寺—九井河—虎头崖景区

山东

济南 ·················· 270
灵岩寺—趵突泉公园—千佛山公园—红叶谷—济南跑马岭野生动物园旅游区—九如山瀑布群—五峰山—大明湖—长清卧龙峪生态旅游区

泰安 ·················· 274
泰山—肥城桃源世界风景区—天庭乐园—徂徕山国家森林公园—牛山国家森林公园—宁阳彩山风景区—泰安齐长城遗址—新泰莲花山—岱庙

曲阜 ·················· 278

曲阜三孔—周公庙—水泊梁山—邹城孟庙、孟府—微山湖风景区—杏坛—邹城峄山风景区—颜庙

青岛·················281
青岛崂山—青岛海底世界—石老人海水浴场—栈桥—青岛城阳世纪公园—八大关—田横岛旅游度假村—即墨龙山风景区—青岛中山公园—灵山岛—小青岛—青岛雨林谷—湛山寺—青岛民俗博物馆—青岛国际帆船中心—青岛极地海洋世界—青岛赶海园—青岛第一海水浴场—青岛国际啤酒城

烟台·················287
烟台蓬莱阁—烟台长岛—张裕酒文化博物馆—烟台栖霞牟氏庄园—烟台金沙滩旅游度假区—烟台昆嵛山—龙口南山旅游景区—烟台养马岛—烟台山景区

威海·················290
西霞口神雕山野生动物自然保护区—荣成圣水观风景区—鸡鸣岛—天鹅湖旅游度假区—石岛赤山风景区—成山头—刘公岛

江西

南昌·················294
滕王阁—南昌起义纪念馆—绳金塔—翠岩禅寺—佑民寺—南昌之星摩天轮

庐山·················297
美庐—花径—芦林湖—仙人洞—大天池—龙首崖—含鄱口—白鹿洞书院—三宝树

景德镇················300
官窑博物馆—龙珠阁—瑶里

三清山················302
三清山—阳光海岸—玉京峰

婺源·················304
卧龙谷—彩虹桥—婺源博物馆—江岭—庆源—鸳鸯湖

井冈山················306
井冈山革命博物馆—领袖峰—烈士陵园—通天岩—黄洋界—五马朝天

龙虎山················308
龙虎山—仙水岩景区—上清古镇

福建

福州·················311
林则徐纪念馆—金牛山公园—华林寺—达摩十八景—金山寺—榕城古街—西禅寺—三坊七巷—于山—鼓山

泉州·················314
开元寺—清源山—通淮关岳庙—仙公山—洛阳桥—府文庙—天后宫—清净寺

厦门·················317
鼓浪屿—皓月园—菽庄花园—厦门海底世界—日月谷温泉—南普陀寺—梵天寺—五老峰—鳌园—南顺鳄鱼园—归来堂—立新摩天轮—天界寺—青礁慈济宫—虎溪岩

龙岩·················321
振成楼—遗经楼—承启楼—古田会议遗址

武夷山················323
武夷山—九曲溪—武夷宫—宋街—天游峰—遇林亭窑址—山北—虎啸岩——线天—青龙大瀑布—大王峰—华东第一漂

其他地区··············326
白水洋—湄洲岛

华北地区

北京

北京·················328
天安门—故宫—颐和园—圆明园—天坛—香山公园—北京动物园—雍和宫—景山公园—八达岭长城—八大处公园—明十三陵—航空航天模型博物馆—什刹海—中华世纪坛—北京植物园—鸟巢—水立方（国家游泳中心）—东交民巷—大观园—卢沟桥—北京大学—清华大学—国子监—北京环球度假区—北京欢乐谷—法源寺—潭柘寺—妙峰山—云居寺—北海—密云白龙潭—恭王府—潘家园旧货市场—居庸关—古观象台—牛街清真寺—周口店北京人遗址—红螺寺—司马台长城—云蒙山—古北水镇—毛主席纪念堂—世界公园—慕田峪长城—曹雪芹纪念馆—万寿寺—延庆古崖居—凤凰岭—地坛—东岳庙—大觉寺—王府井—中山公园—铁壁银山塔林—亚运村—门头沟爨底下村—首都博物馆—康西草原—十渡—中国人民抗日战争纪念馆—八达岭野生动物世界—灵水村—白云观

天津

天津·················342
古文化街—天后宫—霍元甲纪念馆—大沽口炮台—南市食品街—独乐寺—盘山—黄崖关长城—海河意式风情区—五大道洋楼—石家大院—平津战役纪念馆—瓷房子—九龙山—西开教堂—广东会馆—大悲禅院—八仙山—滨海航母主题公园

河北

石家庄 ········· 350
白求恩墓—苍岩山风景区—华莹白鹿温泉度假中心—蟠龙湖—石头村—隆兴寺—荣国府—娲皇宫

保定 ········· 354
白洋淀荷花大观园—狼牙山—清西陵—满城汉墓—野三坡百里峡

承德 ········· 357
承德避暑山庄—木兰围场—承德冰雪城—普陀宗乘之庙—奇石谷—雾灵山—潘家口水库—丰宁坝上草原

秦皇岛 ········· 361
北戴河奥林匹克公园—昌黎黄金海岸—山海关—鸽子窝公园—新澳海底世界—老龙头—秦始皇求仙入海处—集发农业观光园

山西

太原 ········· 366
晋祠—纯阳宫—天龙山石窟—北武当山—榆次老城—汾河二库—崇善寺—中国煤炭博物馆—双塔寺—碑林公园—碛口古镇

大同 ········· 370
云冈石窟—应县木塔—大同火山群—白登山—慈云寺—平城遗址—恒山

五台山 ········· 372
菩萨顶—罗睺寺—塔院寺—南山寺—赵杲观—南禅寺—龙泉寺—显通寺—黛螺顶—佛光寺

平遥 ········· 375
王家大院—平遥古城—县衙博物馆—城隍庙财神庙—平遥文庙—镇国寺—介休绵山

临汾 ········· 378
洪洞大槐树—洪洞明代监狱—牛王庙戏台—尧庙海洋馆

内蒙古

呼和浩特 ········· 381
昭君墓—哈素海旅游区—伊斯兰风情街—大召无量寺—乌兰夫纪念馆—金刚座舍利塔—清真大寺—大窑文化遗址—华严经塔—喇嘛洞召—辉腾锡勒草原—内蒙古博物院

锡林郭勒 ········· 384
锡林郭勒大草原—南沙梁—元上都遗址—贝子庙

赤峰 ········· 386
喀喇沁亲王府—夏家店遗址群—贡格尔草原—曼陀山庄

兴安盟 ········· 388
成吉思汗庙—三潭峡—哈拉哈河—玫瑰峰—七仙女湖草原—阿尔山国家森林公园—科尔沁珍禽自然保护区—阿尔山海神圣泉度假区

呼伦贝尔 ········· 391
呼伦贝尔大草原—扎兰屯吊桥公园—牙克石凤凰山庄—扎兰屯秀水山庄—呼和诺尔草原旅游度假区—莫尔道嘎国家森林公园—凤凰山滑雪场—海拉尔国家森林公园—红花尔基森林公园—鄂伦春民族博物馆—满洲里国门—布苏里度假山庄

阿拉善 ········· 394
曼德林乌拉岩画—广宗寺—腾格里沙漠月亮湖—黑城遗址

中南地区 华中部分

湖南

长沙 ········· 399
湘江欢乐城—岳麓山—岳麓书院—杨开慧故居—密印寺—橘子洲—天心阁—湖南省博物馆—千佛洞—花明楼—长沙世界之窗—沩山漂流—马王堆汉墓

岳阳 ········· 403
岳阳楼—洞庭湖—福寿山：汨罗江风景名胜区—君山公园—屈子祠

张家界 ········· 405
张家界国家森林公园—天子山—杨家界—茅岩河—猛洞河—黄龙洞—宝峰湖—索溪峪—天门山国家森林公园—武陵源—黄石寨

湘西 ········· 409
凤凰古城—芙蓉镇—奇梁洞—德夯风景区—永顺老司城—里耶古城—桃花源

怀化 ········· 411
洪江古商城—地笋苗寨—抗日受降纪念馆—芙蓉楼—回龙桥—芋头侗寨—黔中郡遗址—皇都侗文化村

其他地区 ········· 414
祝融峰—回雁峰—南岳大庙—龙凤溪—方广寺—水帘洞—东江湖—黄桑—神坡山—大园古苗寨—苏仙岭

湖北

武汉 ········· 418
黄鹤楼—龙泉山风景区—汉口江滩广场—归元禅寺—

湖北省博物馆—东湖风景区—珞珈山—武汉大学—武汉长江大桥—龟山和古琴台—素山寺国家森林公园—明显陵—木兰山风景区—汉正街—董永墓—赤壁古战场—古门山—通山隐水洞—詹天佑故居

宜昌 ··· 423
坛子岭—三峡大坝—车溪民俗风景区—西陵峡口—三峡人家

恩施 ··· 425
恩施大峡谷—腾龙洞风景名胜区—清江闯滩—大水井建筑群—梭布垭石林

神农架 ·· 427
神农顶景区—天燕景区—香溪源景区—红坪画廊—玉泉河景区

武当山 ·· 429
玉虚宫—太和宫—金殿—紫霄宫—玉真宫

河南

郑州 ··· 434
黄河游览区—河南博物馆—二七纪念塔—大河村遗址—商城遗址—轩辕黄帝故里—北宋皇陵—中岳嵩山—康百万庄园—嵩山少林寺

洛阳 ··· 437
白马寺—国家牡丹园—古墓博物馆—关林—上清宫—栾川通天峡—天子驾六博物馆—老君山—卧龙谷景区—黄河小浪底—范仲淹墓—龙门石窟—重渡沟—王城公园—藏梅寺—汉光武帝原陵—龙马负图寺

开封 ··· 441
大相国寺—开封府—清明上河园—宋都御街—朱仙镇—山陕甘会馆—天波杨府—包公祠—龙亭公园

其他地区 ··· 444
安阳殷墟遗址—安阳羑里城—中国文字博物馆—鹤壁云梦山—丹江小三峡—新乡八里沟景区—花洲书院—焦作云台山—嵖岈山—南阳武侯祠—新乡比干庙—信阳鸡公山风景区

东北地区

黑龙江

哈尔滨 ·· 450
中央大街—哈尔滨极地馆—太阳岛公园—圣·索菲亚大教堂—冰灯游园会—东北虎林园—哈尔滨文庙—极乐寺—火山口原始森林景区：地下森林—冰雪大世界—俄罗斯风情园

哈尔滨周边 ·· 454
扎龙自然保护区—亚布力滑雪旅游度假区—五大连池—松峰山自然保护区—青松狩猎场—万佛山—绥芬河国家级森林公园滑雪场—哈尔滨香炉山

牡丹江 ·· 456
镜泊湖—吊水楼瀑布—威虎山影视城—雪乡：双峰林场—牡丹峰国家森林公园—渤海国上京龙泉府遗址景区

大兴安岭 ··· 459
漠河北极村—洛古河—加格达奇北山公园—胭脂沟—北红村

吉林

吉林 ··· 463
雾凇岛—北山公园—松花湖—官马莲花山国家级森林公园—金日成读书纪念室—龙潭山公园—乌拉街满族镇—陨石雨陈列馆—吉林文庙—北大湖滑雪场—明代摩崖石刻—吉林天主教堂—六鼎山文化旅游区

长春 ··· 466
伪满皇宫—长影世纪城—净月潭—长春世界雕塑公园—长春动植物公园—伪满八大部—长春龙湾生态旅游区—般若寺

长白山 ·· 470
长白山—长白瀑布群—长白山林海—长白山温泉群—青山湖—长白山梯云峰—锦江峡谷—长白山石林—长白山迷宫溶洞—杨靖宇将军殉国地—鸭绿江漂流

辽宁

沈阳 ··· 475
沈阳故宫—张氏帅府—沈阳北陵（清昭陵）—沈阳东陵（福陵）—兴隆室内公园—棋盘山—沈阳世博园（沈阳植物园）—关东影视城—"九一八"历史博物馆—辽宁省博物馆—怪坡

大连 ··· 479
老虎滩海洋公园—大连金石滩国家旅游度假区—旅顺东鸡冠山景区—棒棰岛—大连广播电视塔—星海公园、星海广场—大连圣亚海洋世界—獐子岛—冰峪沟—胜水寺—大黑山—旅顺日俄监狱旧址—吴姑古城—大连世界和平公园—发现王国—普兰店安波温泉度假区—瓦房店仙峪湾旅游度假区

丹东 ··· 483
鸭绿江—抗美援朝纪念馆—凤凰山

其他地区 ··· 485
本溪水洞风景区—笔架山—玉佛山—医巫闾山—盘锦红海滩—南关天主教堂

中南地区 华南部分

广东

广州 ······ 489
广州塔—白云山—华南植物园—长隆欢乐世界—沙面岛—火炉山—黄埔军校旧址—南越王墓博物馆—广州艺术博物馆—黄花岗七十二烈士陵园—越秀公园—广州海洋馆—莲花山—从化温泉—大元帅府旧址—二沙岛—陈家祠—宝墨园

深圳 ······ 494
欢乐谷—锦绣中华—深圳市野生动物园—深圳仙湖植物园—海上田园—凤凰山—红树林—荔枝世界观光园—世界之窗—龙园—梧桐山

珠海 ······ 498
长隆海洋王国—圆明新园—珠海三叠泉—淇澳岛—梦幻水城—竹仙洞—海泉湾度假区—九洲城—庙湾岛—石溪摩崖石刻群—金海滩

潮州、汕头、韶关 ······ 501
凤南百丈瀑布—凤凰天池—榕洽生态园—中山公园—南澳岛—礐石大桥—叫水坑原始森林—莲花峰—南华寺—乳源大峡谷

其他地区 ······ 505
湖光岩—海陵岛—藏佛坑—盘龙峡—大旭山瀑布群—湟川三峡—飞来峡

广西

南宁 ······ 508
广西壮族自治区博物馆—南湖公园—伊岭岩—良凤江国家森林公园—青秀山—南宁九曲湾温泉—南宁人民公园—凤凰湖—大明山—大王滩水利风景区

桂林 ······ 512
象鼻山景区—银子岩—海洋银杏林田园—八角寨国家森林公园—石头城—叠彩山—芦笛岩—靖江王城—七星公园—乐满地休闲世界

阳朔 ······ 515
印象刘三姐—世外桃源—西街—大榕树月亮山—泥巴浴—兴坪古镇—杨堤—蝴蝶泉—遇龙河

北海及其西部地区 ······ 518
银滩—涠洲岛—海滩公园—白龙珍珠城—斜阳岛—北海海底世界—合浦星岛湖—桂平西山—东坡亭—文昌塔—通灵大峡谷—德天大瀑布

海南

海口 ······ 524
假日海滩—五公祠—万绿园—海口人民公园—西秀海滩—海南热带野生动物园—海瑞墓园—火山群世界地质公园—世纪大桥—冯白驹故居

文昌 ······ 528
东郊椰林—宋氏祖居—文昌孔庙—抱虎岭—云龙湾—八门湾红树林—西沙将军林—七星岭—铜鼓岭

琼海 ······ 531
博鳌—玉带滩—白石岭—红色娘子军纪念园—官塘温泉—博鳌西沙海洋馆—博鳌水城—万泉河—莲花馆

万宁 ······ 534
东山岭—日月湾—兴隆温泉—大洲岛—南燕湾—青云塔—兴隆热带植物园—南湾猴岛—分界洲岛

三亚 ······ 537
天涯海角—南山佛教文化苑—亚龙湾—鹿回头山顶公园—大东海—大小洞天—蜈支洲岛—亚龙湾热带天堂森林公园—槟榔谷黎苗文化旅游区—呀诺达热带雨林—黎村苗寨

港澳台地区

香港

香港 ······ 542
维多利亚港—海洋公园—太平山顶—柏丽大道—香港迪士尼乐园—黄大仙祠—星光大道—浅水湾—尖沙咀—宝莲寺—天坛大佛—大澳—旺角—南丫岛—香港会议展览中心—大屿山

澳门

澳门 ······ 550
妈阁庙—大三巴牌坊—旅游塔—澳门赛马会—葡京酒店—渔人码头—黑沙滩

台湾

台湾 ······ 556
日月潭—垦丁—台北中山纪念馆—阿里山—士林官邸—鹿港小镇—台北"故宫博物院"—阳明山公园

西南地区

云南—西藏—四川—重庆—贵州

云南

省会：昆明	
面积：394 100 平方千米	
人口：4720.92 万人	
方言：西南官话	
著名景点：石林、丽江古城、崇圣寺三塔、三江并流等	

概况

云南素有"彩云之南"的美称，位于我国西南地区，早在战国时期就有人类在这里繁衍生息了。

云南的地理位置比较特殊，北回归线从此横穿而过，又是高原地区，因此气候也比较复杂，是典型的高原季风气候，大部分地区冬暖夏凉，四季如春。不过云南的年温差较小，日温差却较大，特别是阴雨天，气温会比较低，这也是云南气候的一大特点。

云南省向来有着"动物王国""植物王国"和"有色金属王国"的美称，资源极其丰富，动植物种类繁多，这与其复杂的气候有一定关系，这里的矿产资源也很丰富，是我国重要的矿产区。云南还是我国少数民族数目比较多的省份，共有 25 个少数民族聚居在这里，因此，云南还是一个民族文化非常丰富的地方。

云南的特产很多，药材有云南白药、三七、冬虫夏草、螺旋藻、丽江人参、雪莲花等。手工艺品有建水紫陶、版纳地毯、傣家竹编、蜡染、玉器等。土特产有宣威火腿、野生菌、富源黄皮梨、通海豆末糖等。另外，云南的烟草和花卉也是当地有名的特产，如果感兴趣不妨带一些回去。

线路 1

昆明—大理—丽江—泸沽湖

线路 2

大理—丽江—香格里拉

名菜

云南汽锅鸡距今已经有 200 多年的历史，是云南的传统菜。此菜用建水出产的一种特殊的陶器蒸锅制作而成，风味独特、味道鲜美、营养丰富，如今此菜还加入了虫草、三七、红参、杜仲等名贵中药，更具保健价值。

过桥米线：云南的特色菜，其汤是用大骨、老母鸡、宣威火腿加上特制的配料熬煮多时而成的，味道鲜嫩，米线 Q 弹爽滑，深受游客欢迎。

红三剁：将西红柿、尖椒、肉末全都切成小丁，经过炒制之后，加入高汤就可以了。虽然原料简单，制作方法也不难，味道却鲜美独特。这道菜在云南讲究现摘现做的烹饪方法，健康又美味。

铜野生菌火锅，是以鸡汤作为汤底，加入鲜香菇、黄丝茹、刷把茹、大脚菇、鸡丝菌等一同烹饪而成，味道极为鲜美，是云南十大经典名菜之一。

交通

飞机

昆明长水国际机场、丽江机场、大理机场、腾冲机场等。

云南省目前拥有民用机场数量位居全国各省（区、市）前列。其中昆明长水国际机场为继北京、广州、上海之后中国第四个国家门户机场，是一座面向东南亚、南亚和联结欧亚的门户枢纽机场。

昆明长水国际机场

- 0871-96566
- 距市区约24千米
- **机场交通**：机场设有空港快线，是连接昆明各站点与机场的机场专线大巴，每隔15至20分钟发一班，高峰时期则5至10分钟一班，票价为25元。出租车，起步价8元，3千米后每千米1.8元。

大理机场

- 0872-2428915
- 位于洱海东南岸，大理市东13千米
- **机场交通**：出租车，起步价为白天8元，晚上10元，3千米后每千米2元。7路公交车可直达机场。

丽江机场

- 0888-5173079
- 位于丽江市古城区七河乡，距离市区28千米，有高速公路连接城区和机场
- **机场交通**：机场设有往返于机场和县城之间的专线车，终点站位于航空公司售票处门口，车程40分钟，票价15元。出租车，起步价8元，2千米后每千米2.6元。公交车有1路，从新大街乘坐可以直达机场。

昆明地铁

1号线
大学城南—环城南路
（6:20—22:00 最高票价6元）
2号线
环城南路—北部汽车站
（7:05—22:45 最高票价4元）
3号线
东部汽车站—西山公园
（6:20—22:45 最高票价7元）
4号线
昆明南火车站—金川路
（6:20—22:45 最高票价7元）
5号线（暂在建设）
世博园—福保
6号线
机场中心—塘子巷
（6:20—23:00 最高票价7元）

昆明

昆明市地处云贵高原中部，是云南省的省会，也是中国西南部的第三大城市，首批国家级历史文化名城之一，被誉为"中国国际形象最佳城市"之一。

昆明冬暖夏凉，气候宜人，城区温度一直保持在0℃以上，29℃以下，素有"春城"之称。昆明境内生活着20多个民族。长期以来，各族之间在文化上相互影响，生活上相互学习，逐渐形成了很多既具有自己民族特色，又融入了其他民族文化元素的民风民俗。他们别具特色的民族歌舞、服饰建筑，甚至是美食，吸引了大量游客来此观光，体会这种民族大融合式的风俗文化。

区号：0871
邮编：650000
面积：21012.54 平方千米
人口：846.01 万人
著名景点：石林、滇池、翠湖、金殿、金马碧鸡坊等

两日游
金殿—世界园艺博览园—圆通寺—翠湖公园—黑龙潭公园—官渡古镇

游在昆明

九乡 ★★★★

九乡，是一个以溶洞景观为主的大型旅游景区。

九乡有多个景区，分别是荫翠峡、惊魂峡、雄狮厅、仙人洞、雌雄双瀑、卧龙洞、蝙蝠洞、三脚洞、地下倒石林以及九乡旅游索道。这些景区各有特色，为游客呈现出了不同的风情。

- 九乡风景区门票90元，索道30元
- 8:00—18:00
- 昆明长水国际机场—九乡（自驾）
昆明长水国际机场—嵩昆高速—昆明绕城高速—宜九线—九乡风景区
全程约80.5公里

九乡景观

九乡

旅游保险

到九乡游玩的游客，若是团体游，可以随所在的旅行团购买旅游保险，自助游则可以到保险公司或中国保险网购买短期出游意外保险。

始于足下

由于九乡溶洞里的地面光滑，且高低不平，所以建议游客穿上运动鞋进行游览。爱穿高跟鞋的游客，也建议您暂时"低调"几天，换上舒适的平底鞋，尽情地享受美景吧。

吃在九乡

到宜良吃烤鸭，首选南羊镇的"南羊人家"。这里的烤鸭色香味美，味道正宗，且价格公道，物有所值。

"秀"在九乡

九乡风景如画，九乡的刺绣亦如画。在九乡风景区的珠宝店里，售有做工精良的苏绣制品，根据作品大小、针法难易程度定价，一般消费个六七百元就能买到一件。其色彩鲜艳，形象逼真，再配上精致的红木框架，古香古色，韵味十足。

昆明世界园艺博览园 ★★★★★

昆明世界园艺博览园，位于昆明市东北郊的金殿风景名胜区，距离市区4千米，是在昆明世界园艺博览会的基础上保留下来的园艺博览园，其中有中国国内展区34个，国外展区33个。共有五大场馆：中国馆、国际馆、人与自然馆、科技馆、大温室；七个专题展园：竹园、蔬菜瓜果园、药草园、盆景园、树木园、茶园、玫瑰园；三大室外展区：国内室外展区、国际室外展区、企业室外展区。

此处原本就是山清水秀的金殿风景名胜区，加上建造独特的园景和展馆，别具一番风格。园中花卉品种繁多，建筑风格多样，汇集了世界许多国家和地区的园艺风景，现在已经成为昆明重要

的景点之一，如果去昆明旅游千万不要错过。

💰 70元
🕗 8：30—17：00
🚌 昆明长水国际机场—昆明世界园艺博览园（自驾）
昆明长水国际机场—机场高速—人民东路—虹桥路—白龙路—世界园艺博览园
全程约24千米

圆通寺 ★★★ 📷

圆通寺，始建于唐代，是昆明古老的佛寺之一。该寺建筑为典型的佛教风格，它的独特之处在于从山门到大殿不是逐级升高，而是逐级下降，和其他的佛教寺院有着很大的不同。圆通寺是昆明市民众佛教活动的主要场所之一，在阴历的初一、十五会有很多人来这里进行宗教活动，如果你恰好遇到这样的日子，不妨前去参观一下。

💰 6元
🕗 8：00—18：00
🚌 昆明长水国际机场—圆通寺（自驾）
昆明长水国际机场—机场高速—人民东路—圆通街—圆通寺
全程约26千米

圆通寺

翠湖公园 ★★★★ 📷

翠湖公园位于昆明市区的螺峰山下，和云南大学面对面，始建于明朝。此处以垂柳和碧水为主要特色，因此被誉为"翠湖"，其中"翠堤春晓"是其美景之一，在昆明人眼里它就是"镶嵌在昆明城里的一颗绿宝石"。翠湖还有一大特色，在冬季的时候有大批的海鸥来此栖息越冬，

成为人们竞相观赏的美景。

💰 免费
🕗 全天
🚌 昆明长水国际机场—翠湖公园（自驾）
昆明长水国际机场—机场高速—人民东路—洪化桥—翠湖公园
全程约27公里

金马碧鸡坊 ★★★★ 📷

金马碧鸡坊，是昆明市著名的人文景观，也是昆明市的标志之一，始建于明代。金马坊在东，碧鸡坊在西，二坊相隔10米左右，为门楼式木构牌坊，十分雄伟。这两座牌坊是昆明历史的代表，也是昆明最具民族特色的景观之一。

💰 免费
🕗 全天
🚌 昆明长水国际机场—金马碧鸡坊（自驾）
昆明长水国际机场—机场高速—人民东路—东郊路—金碧路—金马碧鸡坊
全程约29千米

昆明植物园 ★★★★ 📷

昆明植物园，距离昆明市中心12千米，和黑龙潭公园形成了一个著名的风景区。昆明植物园拥有80多年的历史，占地44公顷，现在园中有近4000种植物，17个专类的植物园。该园还收集了云南名贵花卉、云南中草药、云南重要树木和云南珍稀濒危植物，是一座十分具有观赏性的植物园。其中的茶花园是国内极具特色的园区之一，是专门收集茶花的园区，有茶属植物近40种，是研究茶花的重要基地。

💰 植物园门票为10元，茶花区门票5元
🕗 9：00—17：00
🚌 昆明长水国际机场—昆明植物园（自驾）
昆明长水国际机场—机场高速—人民东路—杭瑞高速—龙泉路—昆明植物园
全程约36千米

昆明世博园花船

翠湖公园

昆明植物园

昆明金殿 ★★★★

昆明金殿，位于昆明市东郊的鸣凤山麓，距离市区 8 千米。金殿建造于 1602 年，整个大殿位于大理石平台上，重 200 多吨，是我国四大铜殿之一。铜殿平台的前面有一面七星旗，为狼牙形旗边，上方是镂空日月，共有二十八星宿围绕着中间的北斗七星。宫殿南面是秋园，建有三丰殿，是祭祀张三丰的场所，还有一座三层的鼓楼。在鼓楼的南面，有 12 个植物观赏区，占地 33.3 公顷，分为茶花园、杜鹃园、木兰园等，所以我们在欣赏宫殿的同时，也可以看到美丽的植物。

💰 30 元
🕐 7：00—19：00
🚌 昆明长水国际机场—昆明金殿（自驾）
昆明长水国际机场—机场高速—人民东路—东三环路—金渆路—昆明金殿
全程约 28 千米

昆明金殿

轿子雪山 ★★★

轿子雪山，是乌蒙山余脉拱王山的主峰，海拔 4344.1 米，为滇中第一高峰。由于这座山峰看起来犹如有人抬轿一般，因此得名。轿子雪山有五绝，分别是云海、佛光、日出、冰雪、杜鹃。春天时会有漫山遍野的杜鹃花开放，秋季山顶有积雪，可以欣赏日出。每年二月，雪花飘飘的轿子雪山冰瀑高悬，登山探险、踏雪观景是难得的体验。

💰 54 元（不含景区交通，摆渡车 30 元/人）
🕐 8：30—16：30
🚌 昆明长水国际机场—轿子雪山（自驾）
昆明长水国际机场—长港路—嵩昆高速—银昆高速—武倘寻高速—转乌线—轿子雪山
全程约 181 千米

官渡古镇 ★★★★

官渡古镇位于昆明市东南郊，古时候称为"蜗洞"，有着悠久的历史。这里到处都是古建筑，有民居、寺庙、阁楼、大殿等，有"六寺、七阁、八庙"之称，这里是昆明古代的缩影，也是昆明历史的一个见证。

💰 免费
🕐 全天
🚌 昆明长水国际机场—官渡古镇（自驾）
昆明长水国际机场—机场高速—两面寺立交—东绕城高速—广福路—官渡古镇
全程约 33 千米

官渡古镇

昆明西山森林公园 ★★★

昆明西山森林公园，位于昆明西郊有"高原明珠"之称的滇池湖畔，由碧鸡山、华亭山、太华山、罗汉山等组成，最高峰海拔 2507.5 米。这里峰峦起伏、苍松翠柏、小溪流泉，景色十分迷人。

💰 40 元
🕐 8：30—19：00
🚌 昆明长水国际机场—昆明西山森林公园（自驾）
昆明长水国际机场—机场高速—虹桥路—杭瑞高速—南绕城高速—昆明西山森林公园
全程约 52 千米

云南石林 ★★★★★

云南石林，是一个天然奇观，位于云南省昆明市石林彝族自治县。这里冬无严寒、夏无酷暑、四季如春，是处于亚热带高原的喀斯特地貌，有"天下第一奇观""石林博物馆"的美称。景区峰峦纵横，呈现千姿百态，可谓是巧夺天工，十分值得观赏。

💰 成人票 175 元
🕐 7：00—18：30
🚌 昆明长水国际机场—石林风景区（自驾）
昆明长水国际机场—嵩昆高速—昆明绕城高速—汕昆高速—石林风景区
全程约 81 千米

云南石林

💡 石林

喀斯特奇观

喀斯特地貌，亦称岩溶地貌。指地表可溶性岩石被水溶解之后，形成的石林、石峰、溶斗等特殊地貌。早在晋朝，中国就对喀斯特地貌现象进行了记述和研究。

动人的"阿诗玛"

如果说大石林略显密集的话，那么附近的小石林就显得疏松而别致。小石林景区里有名的是"阿诗玛像"。白天，金黄色的阳光洒落在"阿诗玛像"上，仿佛赋予了她鲜活的生命，让原本笨拙的石像变得灵动起来，宛若下凡的仙子。

阿诗玛文化

经过长期的历史积淀，阿诗玛已成为彝族文化的代表，并在中国文化的影响下大放光芒。其中比较突出的便是"一诗""一影""一歌""一舞""一节""一绣"。"诗"指的是彝族叙事长诗《阿诗玛》；"影"指的是中国第一部彩色音乐电影《阿诗玛》；"歌"指云南省旅游主题的代表歌曲《远方的客人请你留下来》；"舞"指彝族的撒尼大三弦舞蹈，"节"被人们誉为"东方狂欢节"的彝族火把节；"绣"指获得过"中国国际艺术产品展览会金奖"的阿诗玛刺绣。

万年灵芝

在李子园箐附近的比目潭旁

边，有一座高约15米的石峰挺立在山顶。石峰顶部粗，下方细，乍一看，就像一朵被放大了无数倍的灵芝，故被称为"万年灵芝"。黄昏来临，神游于灵芝山巅，颇有"小天下"之感。

昆明龙门 ★★★

昆明龙门，是一个石雕建筑工程，位于西山顶部，罗汉峰的悬崖峭壁之上，三清阁的南面，在罗汉山和挂榜山之间，从三清阁"别有洞天"的石洞门到南边的天阁为止，由北向南共有四个岩洞。龙门有一个可以直达山顶的栈道，十分狭窄，只能容两个人通过。

💰 40元
🕐 8：00—19：00
🚌 昆明长水国际机场——龙门风景区（自驾）
昆明长水国际机场——东绕城高速——南绕城高速——杭瑞高速——西山旅游专线——龙门风景区
全程约63千米

昆明龙门

云南民族村 ★★★★

云南民族村，位于滇池之畔，与海埂相邻，占地面积89公顷，有天然浴场和体育训练基地。民族村集中了彝、白、傣、苗、景颇、佤、哈尼、纳西、傈僳、独龙等25个少数民族，其中有民族特色的村寨、歌舞厅、广场以及配套的喷泉、水幕电影等设施。

云南民族村和西山森林公园、大观公园、郑和公园等风景区相邻，而且还修筑了索道直达西山龙门，形成一个旅游环路，这样旅客游览起来会更加方便。

💰 90元
🕐 9：00—18：00
🚌 昆明长水国际机场——云南民族村（自驾）
昆明长水国际机场——机场高速——人民东路——东三环路——红塔东路——云南民族村
全程约37千米

大观公园 ★★★★

大观公园，位于昆明城西约2千米的滇池湖畔，由近华浦景区、西园景区和南园景区组成。它近吞波光浩渺的滇池，远与太华山遥遥相望。被赞为"万里云山一水楼"的大观楼耸立其间，园林也因之得名。这里有很多明清时期的园林建筑，园中有小桥、流水、假山、楼阁、花圃等景色，游客可以到大观楼、楼外楼、览胜阁等景点欣赏美景。大观楼是我国名楼之一，也是观赏滇池的好地方。大观楼为三层木结构建筑，形式古雅。楼前湖中有三座石亭，是依照杭州西湖三潭印月设置的景物。登楼凭栏远眺，可欣赏滇池和西山的美景。

💰 20元
🕐 9：00—19：00
🚌 昆明长水国际机场——大观公园（自驾）
昆明长水国际机场——机场高速——虹桥路——二环南路——大观公园
全程约33千米

海埂公园 ★★★

海埂公园，位于昆明市南郊。公园南面和著名的滇池相连，西面则与西山龙门的索道一水相隔，相互对应，景色十分秀丽；东面是高尔夫球场和国家体育训练基地，北面则是著名的云南民族村。该公园和其他景区紧紧相邻，形成了一个独特的风景带。

💰 免费
🕐 8：00—21：00
🚌 昆明长水国际机场——海埂公园（自驾）
昆明长水国际机场——机场高速——虹桥路——滇池路——海埂公园
全程约40千米

昆明动物园 ★★★

昆明动物园，位于昆明城东北青年路北段的圆通山，建于1953年，占地面积26公顷。园中现在有200多种云南特产动物及国内外珍稀动物，是全国十佳动物园之一。此动物园虽然位于市区，却有着不一样的风景，具有别致的野外气息。园中怪石嶙峋、苍松翠柏，有着众多的花卉、动物、古寺，风景秀丽，令人流连忘返。

💰 20元
🕐 7：30—18：00
🚌 昆明长水国际机场——昆明动物园（自驾）
昆明长水国际机场——机场高速——虹桥路——人民东路——北京路——圆通北路——昆明动物园
全程约27千米

昆明动物园水禽

滇池 ★★★★

滇池，又名"昆明湖"，外形犹如一弯新月，有"五百里滇池"之称。滇池风光秀丽，湖面碧波荡漾，点点帆船分布在湖面上，引人入胜。春天时，湖边有樱花开放，景色更加绮丽。滇池附近有国家体育训练基地，游客可以参加足球、排球、篮球、游泳、网球、保龄球、卡丁车等活动项目。

💰 免费
🕐 全天
🚌 昆明长水国际机场——滇池（自驾）
昆明长水国际机场——机场高速——人民东路——东三环路——望海路——滇池
全程约37千米

云南民族村

海埂公园

滇池秋韵

💡 滇池

最佳旅游时节

春季和夏季是滇池风景最美的季节，这时候是滇池最好的观景时间。冬季的滇池会集聚成千上万的红嘴鸥，是滇池的一大景观。游客还可以给红嘴鸥喂食，与红嘴鸥近距离接触。

建议路线

滇池风景区和西山森林公园相连，游客可以先游览西山森林公园，然后由龙门乘坐高空缆车游览滇池，快捷便利。其费用为单程30元，双程50元。

另外，在大观园乘坐游船也可以前往滇池，有高空恐惧症的游客可以选择这种交通方式。

污染问题

昔日的滇池风景迷人，有"高原明珠"之美誉。但近些年来，随着污染问题的加重，滇池的水质遭到破坏，并且湖域面积也进一步缩小。尽管国家和云南当地相关部门加大了治理力度，并取得了一定的成效，但与昔日不可同日而语。对滇池美景期望过高的游客，可能会略有失望。

旅游提醒

1. 游客选择住宿的时候，尽量选择正规的宾馆居住。在昆明飞机场周围，经常出现宾馆拉客的现象。应尽量避免选择这些宾馆，这些宾馆价格一般会比较贵。

2. 昆明海拔高，紫外线强烈，游客外出游玩时，一定要注意防晒。

另外，昆明的天气变化无常，最好带把伞。此外，昆明虽然四季如春，但早晚温差很大，游客最好准备一件御寒的外套。

郑和公园 ★★★

郑和公园，位于昆明市晋宁区。昆阳是郑和的故里，人们为弘扬他的航海事迹而特意建造了此公园。公园占地约16.7公顷，苍松翠柏和果树交相辉映，果林郁郁葱葱，登高远望，景象开阔。在南大门的两侧建造有"郑和下西洋"的浮雕，园内建有"郑和纪念馆"和"马哈只墓碑"等具有纪念意义的建筑物。

💰 免费

🕐 全天

🚌 昆明长水国际机场—郑和公园（自驾）

昆明长水国际机场—机场高速—南绕城高速—昆磨高速—兰磨线—兴阳路—郑和公园

全程约77千米

↘ 附近景点

普者黑景区 ★★★

普者黑彝语意为"鱼虾多的地方"，有喀斯特山水田园风光，这里可以体味到原汁原味的彝族风情。湖畔有大龙山，湖中有鹭鸶岛、珍珠岛、金岛、太阳岛、荷叶岛。

💰 170元

🕐 7:30—18:00

🚌 昆明长水国际机场—普者黑风景区（自驾）

昆明长水国际机场—机场北路、东路—嵩昆高速—昆明绕城高速—汕昆高速—普者黑风景区

全程约341千米

↘ 吃在昆明

昆明作为云南省的省会，大部分的云南菜以及小吃都可以在这里找到。昆明的饮食可以概括为"辣不过贵州、麻不过四川"，味道还是比较中和的。云南的名菜小吃，如过桥米线、汽锅鸡、饵块、豆面汤圆、鸡丝凉面以及各种民族菜肴等都可以让游客大饱口福。

砂锅鸡

🍲 祥云荟馆

游客评价：田园土鸡煲、凉米线、土豆饼、牛干巴比较著名

📞 0871-63622929

📍 昆明市五华区祥云街43号（宝善街口）

🍲 傣家竹楼

游客评价：傣族美食，菠萝饭颇受欢迎

📞 0871-63618908

📍 昆明市五华区三合营路66号

🍲 茴香熙楼（翠湖店）

游客评价：环境优美，服务质量好，以昆明传统菜为主

📞 0871-671219

📍 昆明市五华区翠湖北路100号

🍲 福照楼汽锅鸡饭店

游客评价：云南特色菜做得比较地道

📞 0871-65710158

📍 昆明市盘龙区北京路632号凤凰村龙腾大酒店2楼（集丰大厦旁）

🍲 娘子情云南过桥米线（百大新天地店）

游客评价：米线很赞，汤底鲜美

📞 0871-63615984

📍 昆明市五华区东风西路2号百大新天地6A层

住在昆明

平价型

昆明7天酒店
昆明市官渡区吴井路61号
0871-66113888

龚禧里·初见酒店（昆明南屏街店）
昆明市五华区文庙直街32号
0871-63628800

云南雅都商务酒店
昆明市官渡区关上中路星河明居A栋
0871-68096666

昆明美岸酒店
昆明市西山区老海埂路240号
0871-65012383

享受型

昆明威龙饭店
昆明市五华区沿和路42号
0871-63616688

昆明翠湖宾馆
昆明市五华区翠湖南路6号
0871-65158888

云南维居金鹰大酒店
昆明市官渡区关上关平路口
0871-67019999

昆明湖景酒店
昆明市西山区湖滨路39号
0871-64317666

购物昆明

金鹰购物中心
位于昆明市五华区金鹰A座，是昆明市区位置比较好的购物中心之一，其营业面积不断扩大，是中国高级时尚百货连锁企业。购物中心拥有多种大牌产品，一楼主要经营的是一线奢侈产品，二楼为鞋类，三楼、四楼为成衣，环境优雅，服务周到，是昆明理想的购物地点。

七彩云南
位于昆明至石林公路旁，是集休闲、观光、餐饮和购物为一体的庞大的购物集中地，主要经营玉石、银器、精油、药材、茶叶、土特产等，是昆明旅游者必到之处，也是购买云南土特产的地点。

佳盟花卉市场
位于昆明市福德路，建于2004年，是昆明市品牌花市之一，这里主要经营鲜切花、干花、仿真花、花卉制品等花卉产品，还有云南名贵药材、土特产、水果、工艺品和茶叶等云南特产。市场中店铺林立，产品琳琅满目，每日的游客多达万人，是旅游者购买花卉的场所。

花鸟市场
位于市中心的甬道街，来到昆明，是一定要到花鸟市场去看看的，这是昆明非常热闹的地方，花、鸟、鱼、虫、珠宝、工艺品、古董、钱币无所不有，还可以买到实惠的缅甸珠宝以及民族蜡染、扎染等物品。

昆明街景

特产

昆明有很多特产和手工艺品供旅游者购买。像云南贡米，蜡染和扎染的工艺品，以及云南白药、干巴菌、三七、天麻等很多中草药也很有盛名。

普洱茶：普洱茶因其产地在云南普洱市而得名，有养颜、祛暑、减肥、醒酒、养胃、降压等功效。按其压制形状可分为饼茶、沱茶、砖茶、柱茶、七子饼等。

翡翠：翡翠是玉的一种，又称硬玉、翠玉、缅甸玉。古时被当作幸运石，是纯洁、勇气、和谐的象征，也暗指男女爱情。

宣威火腿：宣威火腿因产地在宣威市而得名，是云南特产之一。其状若琵琶，晶莹如玉，肉多骨少，香酥鲜脆，营养丰富，素与浙江金华火腿、江苏如皋火腿齐名。

大理

大理是一个以白族为主的民族自治州，坐落在云南省的中西部，东临洱海，西接点苍山脉。这里地域广阔，物产丰富，气候温和，山清水秀，是一个适宜发展经济和人们居住的好地方。

大理是有名的"风花雪月"之地。"风花雪月"指的就是"下关风""上关花""苍山雪""洱海月"四大景观。"下关风"说的是下关的垭口地区风卷残云，声势浩大，而出了下关，便风和日丽，不闻风声；"苍山雪"是指苍山之巅的积雪终年不化，放眼望去，银装素裹，天地融于一体，极为壮观；"洱海月"是指洱海清可见底，泛舟水上，皓月当空，时有白族姑娘出没海边，月影人影，相映成趣。

| 区号：0872 |
| 邮编：671000 |
| 面积：29459 平方千米 |
| 人口：333.76 万人 |
| 著名景点：蝴蝶泉、洱海、崇圣寺三塔等 |

↙ 游在大理

大理古城 ★★★★★

大理古城，简称"榆城"，位于苍山脚下，始建于明洪武十五年（1382年），是我国首批历史文化名城之一。

大理古城东临洱海，西依苍山，城中古楼建筑雄伟，是白族的传统民居，而且有清澈的溪水从城中穿过，风光十分优美。城中有一条主街，开着各式的店铺，有大理石制品、扎染、草编等特产的商店以及白族风味的饭店。城中的居民喜欢养花种草，因此，大理古城也有"家家流水，户户养花"的美称。如果游客想要留宿，这里有民居改造的旅馆，十分方便。

⑤ 自由行免费，团队游客需每人支付30元维护费
🕐 全天
🚌 大理站—大理古城（自驾）
大理站—巍山路—建设路—人民北路—从一塔路—大理古城
全程约19千米

大理古城城楼

大理苍山 ★★★★★

大理苍山，又称"点苍山"，位于洱海的西面，是云岭山脉南端的主峰，此山以云、雪、泉、石等景观而著称。苍山共有19座山峰，其中马龙峰海拔最高，为4122米。苍山奇特的地方是每两座山峰之间都有一条小溪，向东流入洱海，因此形成了"十九峰十八溪"的奇观。

山间有着名的崇圣寺三塔、佛图塔、无为寺、桃溪中和寺、七龙女池、清碧寺三潭、感通寺等建筑，这些都可以看出白族的文化特色。

大理古城

洋人街

大理古城有一条护国路，东西走向。由于大道两旁的商店，其招牌和广告标语之类全是用外文书写，对前来观光的"老外"极具吸引力，所以俗称"洋人街"。

崇圣寺三塔

崇圣寺，人称"崇圣寺三塔"。远望之耸立于天地间，气高于云霄外，佛音袅袅，气质不凡，乃是大理寺"文献名邦"的象征，于1961年被国务院列为全国重点文物保护单位。

民族节日

大理古城有很多民族节日，像"三月节""绕三灵""火把节"等。大理白族"绕三灵"每年农历四月二十二日至二十四日举行，是农闲季节白族民间的自娱性迎神赛会，第一天在大理古城崇圣寺（佛都）附近绕"佛"，第二天在喜洲庆洞（神都）绕"神"，第三天在海边（仙都）绕"仙"。每年农历的六月二十五日，人们就会把成团或者成把的大红花系在村寨里的大树上。当天空出现第一颗星星之际，人们便各持一支点燃的小火把，载歌载舞。

大理苍山

⑤ 35元
🕐 全年 9：00—16：00（最晚入园16：00）
🚌 大理站—大理苍山（自驾）
大理站—巍山路—人民北路—西景线—大理苍山
全程约15千米

崇圣寺三塔 ★★★★

崇圣寺三塔，位于大理古城西北约1.5千米处。最大的一座为千寻塔，高69.13米，为方形16层密檐式塔。从下向上看塔，给人一种庄严肃穆的感觉，塔的基座为方形，共有三层，下层边长33.5米，四周有石栏，栏柱头有石狮雕刻；上层边长21米，东面有石照壁，上书"永镇山川"四字。大理崇圣寺三塔的后面为雪峦万仞、镂银洒翠的点苍山，前面则是波涛万顷、横练蓄黛的洱海；三塔矗立其间，雄浑壮丽，是苍山、洱海的胜景之一。

- 75元
- 8:00—19:00
- 大理站—崇圣寺三塔（自驾）

大理站—巍山路—泰安路—南五里桥—文笔路—崇圣寺三塔

全程约21千米

崇圣寺三塔

洱海公园 ★★★★

洱海，是一个高原湖泊，海拔1972米，面积约为256.5平方千米，从高空中俯瞰洱海，犹如一轮新月。

洱海有三岛、四洲、五湖、九曲，湖水清澈见底，十分纯净，有"群山间的无瑕美玉"之美称，到了昆明一定要到这样一个风景秀丽的地方游览一番。位于下关的洱海公园，是为了方便旅客观赏洱海而建造的风景游览区。

洱海风光

如果想要领略高原渔村的风采，不妨到附近的白族渔村走走，感受非同一般的渔村风情。

- 免费
- 9:00—17:00
- 大理站—洱海公园（自驾）

大理站—巍山路—西屏路—机场路—洱海公园

全程约4千米

大理洋人街 ★★★

大理洋人街，位于大理古城，原名"护国路"，民国初期人们为了反对袁世凯称帝，起兵护国而得名。

护国路为东西走向，长1000米，宽7米，为青石板路。后来，大理市为了适应旅游的需要，将其作为重点的旅游开放区。在该街，有各种中西风味店、珠宝店、古董店、扎染店、画廊等店铺，商品琳琅满目，品种繁多。在古城护国路西段的红山茶宾馆还被定为涉外宾馆，吸引了很多外国友人前来参观。

如今，大理的护国路已经渐渐被人默认为洋人街，已驰名世界，成为外国友人向往的地方和他们旅居大理的温馨家园。

- 免费
- 全天
- 大理站—洋人街（自驾）

大理站—巍山路—泰安路—西景线—洋人街

全程约18千米

张家花园 ★★★

张家花园位于大理白族自治州大理市七里桥观音塘北，坐落在建水城西13千米的团山村，是张氏族人于清代末年建造的私人住宅，占地面积1万多平方米，是一组规模宏大、保存比较完整的民居建筑群。解放战争期间，张家花园曾作为云南地下党重要的活动点，有很高的历史价值，是重要的文物之一。

- 50元
- 8:00—19:00
- 大理站—张家花园（自驾）

大理站—巍山路—建设路—嘉士伯大道—西景线—张家花园

全程约13千米

蝴蝶泉公园 ★★★

蝴蝶泉，位于苍山云弄峰的山脚下，该泉水质清澈纯净，奇特的地方是每年都会有蝴蝶在此相会。每到"蝴蝶会"的时候，有成千上万的蝴蝶聚集到此，在泉边飞舞嬉戏。这些蝴蝶是从四面八方赶来的，品种众多，大的犹如人的手掌大小，小的则仿佛一枚铜钱大小。蝴蝶还会钩足连须、首尾相衔，一串串地从合欢树上一直垂挂到水面上，阳光之下，五彩焕然，壮观奇丽，可谓一大奇观，蝴蝶泉便得名于此。

在距离蝴蝶泉不远的地方，是大理最大的白族村镇，曾经是大理国王的御花园，如今村内还保留着古戏台、本主庙、文昌宫等古代建筑。

- 60元
- 8:00—19:00
- 大理站—蝴蝶泉公园（自驾）

大理站—巍山路—建设路—人民北路—西景线—蝴蝶泉公园

全程约43千米

蝴蝶泉公园

天龙八部影视城 ★★★

大理天龙八部影视城，位于大理苍洱景区的中心和山丽片区，是我国西部最大的影视城之一。

该影视城的建筑采用的是砖木结构，以青砖、青瓦为建筑材料，具有优美、飘逸、奇特的建造风格，并且突出了错落、变化、统一、大气的建筑布局，在色彩上则以历史、自然、生活为前提，突出了历史的沧桑感和人文感。建造有城墙、城门、皇宫、大理街、辽街、女真部落、

天龙八部影视城

西夏城等。
- 💰 52元
- 🕐 8:00—17:00
- 🚌 大理站—天龙八部影视城（自驾）
理站—巍山路—建设路—人民北路—西景线—学府路—天龙八部影视城
全程约20千米

花甸坝 ★★★ 📷 🕐

花甸坝，位于苍山十九峰中最北的云弄、沧浪两峰之间，南北长20多千米，东西宽约3千米，由大、小花甸坝组成。大花甸坝，有一条由40条大大小小的溪水汇集而成的万花溪，是坝中的主要水源。小花甸坝则是群峰环抱的一片台地。

花甸坝地势平坦、土地肥沃，到了春夏相交的时刻，漫山遍野，百花争艳，其中以马樱花为主，纵横10千米，汇成花的海洋，成为花的世界。其间还有白豆花、芍药花等许多花卉植物，景色十分迷人。如果这个时候来到大理旅游，千万不要错过。
- 💰 免费
- 🕐 全天
- 🚌 大理荒草坝机场—花甸坝（自驾）
大理荒草坝机场—机场路—大永高速—大丽高速—G214—环周城线—花甸坝
全程约69千米

花甸坝美景

太和城遗址 ★★★ 📷

太和城遗址，位于大理市七里桥乡太和村的鹤顶峰，是建立在山坡上的古城。这里是白族先民建立的城邑，整个城西靠苍山、东临洱海，地理位置险要，易守难攻。如今，山顶还保留有金刚城，洱海金梭岛有南诏避暑宫，可以参观游览。
- 💰 免费
- 🕐 全天
- 🚌 大理站—太和城遗址（自驾）
大理站—巍山路—云岭大道—苍山路—人民北路—214国道
全程约10千米

鸡足山 ★★★★ 📷

鸡足山，又名"九曲崖""青巅山"，位于宾川县境内西北隅。此山距离大理市100千米，东西长7千米，南北宽6千米。鸡足山，背靠西北面向东南，前方三峰并列，后方一岭，因为形状宛如一只鸡足，故而得名鸡足山。鸡足山是一个佛教圣地，在中国和东南亚国家享有很高的盛誉。

鸡足山有40座奇山，30座险峰，34座崖壁，45个幽洞，泉潭百余处，形成了"四观、八景"。"四观"为东观日出、南瞰浮云、西望苍山洱海、北眺玉龙雪山；"八景"为天柱佛光、华首晴雷、苍山白雪、洱海回岚、万壑松涛、飞瀑穿云、重岩返照、塔院秋月。远看山体巍峨雄奇，气势磅礴，近观林壑幽深，原始森林遮天蔽日，塔庙寺庵点缀在危崖高岗，形成了自然景观和人文景观相映增辉的奇景。鸡足山最佳的旅游季节是夏季后期，无论是观日出，还是看"佛光"、品风味都不错。
- 💰 80元
- 🕐 8:00—18:00
- 🚌 大理荒草坝机场—鸡足山（自驾）
大理荒草坝机场—机场路—大西线—东庄公路—牛沙公路—鸡足山
全程约52千米

鸡足山金顶寺

博南古道 ★★★ 🕐

博南古道，是西南的一条丝绸之路，西南的陆上丝路开发得很早，早在公元前4世纪就已经开通。西南的这条丝路经过云南、缅甸一直到达印度。西南丝路从四川开始，分别走东南面的五赤道和西南面的灵关道，最后在大理汇合，经过漾濞县城，进入博南山区，博南也就是现在的永平县。

博南古道于汉武帝时期下令开凿，向西越过澜沧江，进入保山地区，以前称之为"永昌道"。人们通过这条道路，将中国的茶叶、丝绸、烟叶、布匹、盐、中药等物品运送到西亚和南亚各国，同时也将国外的棉纱、煤油、宝石等物品运送回国，促进了中外经济的交流。如果到了大理，一定要来这里感受一下古代的经济文明。
- 💰 免费
- 🕐 全天
- 🚌 大理荒草坝机场—博南古道（自驾）
大理荒草坝机场—机场路—大西线—杭瑞高速—博南路—博南古道
全程约114千米

南诏风情岛 ★★★ 🕐 📷

南诏风情岛是大理洱海的三岛之一，位于洱源县东南端的双廊镇境内。岛上景色优美、风光旖旎，一直吸引着很多游人前往参观。

南诏风情岛有很多景点供游人参观，比较出名的有云南福星—阿嵯耶观音广场、海景别墅、南诏避暑行宫、海滩综合游乐园、太湖石景群落等，这些景点与独特的园林艺术融为一体，让人有置身仙境的感觉。
- 💰 50元
- 🕐 8:00—17:00
- 🚌 大理荒草坝机场—南诏风情岛（自驾）
大理荒草坝机场—机场路—大永高速—大丽高速—环海东路—民族文化街—南诏风情岛
全程约45千米

喜洲白族古建筑群 ★★★★ 🕐 📷

喜洲，位于大理古城约18千米处，是白族的聚居地，这里保留了很多白族民居建筑群，至今完好无损。白族庭院的格局是典型的"三坊一照壁"以及"四合五天井"的传统布局，建筑有雕梁画栋、斗拱飞檐，充分展示了白族建筑的特点。比较著名的有杨品相宅、严家大院、侯家大院等。
- 💰 30元
- 🕐 8:30—17:30

喜洲白族民居

🚌 大理荒草坝机场—喜洲白族古建筑群（自驾）
大理荒草坝机场—机场路—滨海大道—兴盛路—人民北路—西景线—喜洲白族古建筑群
全程约 49 千米

喜洲白族民居

旅游建议

前去观光的游客，不妨装扮上白族的民族服装，这样就能更好地体验民族风情，乐趣无穷。

值得介绍的是白族姑娘的头饰：流苏代表下关的风，花饰代表上关的花，洁白的帽顶代表苍山雪，而整个造型呈新月状，则代表着洱海月。年轻姑娘戴上白族头饰，显得青春艳丽、活泼大方，很有"风花雪月"的韵味。

白族民居

白族民居的庭院格局除了"三坊一照壁""四合五天井"之外，还有"一正两耳""两房一耳""六合同春"和"走马转角楼"等。这些布局也是由当地居民的经济条件和家庭成员数量决定的。白族民居的大门也很有讲究，不能直通庭院，一般在庭院的东北角位置，还要用一面写着"福"字的墙壁遮挡住。

董家大院

在喜洲镇坪街上，有两组东西走向的建筑群，这便是有名的董家大院。董家大院总面积约 6750 平方米，其中建筑用地就占用了一半以上。

董家大院的建筑风格分中西两种。在其主建筑的东侧位置，是一组具有白族传统民居特色的两个院落，采用的是"三坊一照壁"和"四合五天井"的庭院模式。

旅游提醒

游览过喜洲白族民居的游客，若是时间充足，可以到附近景点看看。附近景点主要有鸡足山、蝴蝶泉和南诏风情岛等，均有车直达。

↘ 吃在大理

说到大理美食，首推大理砂锅鱼，其他如喜洲粑粑、邓川乳扇、弥渡卷蹄、鹤庆猪肝炸、木瓜鸡、诺邓火腿、巍山粑肉饵丝等，也是当地非常受欢迎的美食。另外，白族的"三道茶"以及藏族的"酥油茶"也值得品尝。

砂锅鱼

🍲 海底生活一号院
游客评价：环境优雅，美食加美景，是一个适合休闲的地方
📍 大理市双廊镇大建旁村

🍲 双廊白族私房菜·白族烧烤
游客评价：正宗的云南菜，双廊的宝藏店
📞 15877730174
📍 大理市环海东路双廊镇大建旁村拾光音乐酒吧拐角处

🍲 梅子井酒家
游客评价：特色云南菜，梅子酒是一绝
📞 0872-2671578
📍 大理市人民路 130 号

🍲 色了木
游客评价：老字号特色小吃，清真口味，适合少数民族朋友
📞 15877752611
📍 大理市大理镇博爱路 98 号

🍲 再回首（一店）
游客评价：以凉鸡米线小吃为主打，味道很赞
📞 18687285766
📍 大理市人民路 198 号

🍲 太白楼
游客评价：三道茶，一若二甜三回味，很有特色
📞 0872-2672112
📍 大理市护国路 52 号

↘ 住在大理

平价型

大理明月松间酒店（海街店）
📍 大理市双廊镇看海村海街 1 号
📞 0872-2506096

大理沐叶居精品民宿
📍 大理市大理镇东门 8 组 175 号
📞 15508723525/15969084814

云上四季酒店（洱海泰业国际广场店）
📍 大理市建设东路 21 好昆百大泰业城 1 楼
📞 0872-2318666

大理缘莱阁精品客栈
📍 大理市古城西门水碓村 6 组 88 号
📞 18887264208

享受型

大理海湾国际酒店
📍 大理市下关泰安桥南
📞 0872-3188888

中和坊酒店观景餐厅
📍 古城三月街上段中和坊酒店三楼
📞 0872-2680521/2465261

大理风花雪月大酒店
📍 大理市玉洱路
📞 0872-2666666

大理兰林阁酒店
📍 大理市玉洱路 96 号
📞 0872-2666188

购物大理

大理洋人街

到了大理，洋人街一般是游客要到的地方，也是购物的好去处，位于大理古城护国路。这里集中了各种少数民族织品、工艺品和滇藏各地的特产，而且这里还有众多的古董店，可以让你淘到很多珍贵的物品。想要购买到具有地方特色的大理物品，一定要到洋人街。

新城下关

下关，是大理的新城，这里和大理洋人街不同，充满了现代的气息，大型超市、专卖店、特色小铺以及商业中心随处可见，可以满足你不同的购物。

周城

这里是购买扎染的去处，几乎每家都是一个小扎染作坊，可以看到当地人民制作扎染的过程。价格便宜，花样繁多，是喜欢扎染的朋友的必去之地。

沃尔玛购物广场

位于大理洱河南路和泰安路东南角的中民城市广场，共有两层，是沃尔玛超市在大理的一个分部，也是大理市区最大的一个购物中心之一。里面的物品购买起来还是比较让人放心的，品种也很多，超市内设施也比较齐全，方便游客购物。

怀仁购物广场

位于云南省大理白族自治州大理市银屏街15号，也是一家物品齐全的百货公司。

特产

在大理购物，一般都倾向于购买当地的土特产。

扎染布：以纯棉布、丝棉布、麻纱、金丝绒、灯芯绒为面料，用手工针缝扎，用植物染料反复冷染而成。

草编：大理民间传承下来的一种传统手工艺品，用谷草、麦秆、棕丝等为材料，配以蝴蝶、茶花、苍山等人们经常看到的图案编织成各种帽子，样式丰富，风格独特。

乳扇：云南省的特产，大理白族人的风味食品，大部分到大理旅游的游客都会尝一尝乳扇。它以乳奶为原料，通过加热、勾兑，凝成絮状，然后风干，用煎、蒸、烤等手法烹饪而成。

三香茶：将少许茶叶放入陶罐中，在微火上烤黄，然后放进山泉水煮沸留汁，然后再放炒黄的芝麻、核桃仁少许，加火煮片刻，加入蜂蜜，即成三香茶。

大理古城街景

丽江

丽江市位于云南省的西北部，青藏高原和云贵高原相交地带，是"世界文化遗产"城市之一，也是中国历史文化名城。

丽江气候宜人。夏季如春，冬季如秋，年温差较小，季节更替不明显，大部分地区一年到头温和湿润。丽江的旅游资源非常丰富，其中"二山、一城、一湖、一江、一文化、一风情"最为有名。"二山"指玉龙雪山和老君山，"一城"即丽江古城，"一湖"指泸沽湖，"一江"指金沙江，"一文化"即纳西东巴文化，"一风情"即摩梭风情。纳西东巴文化中的纳西古乐、东巴经卷、东巴绘画等，内容十分丰富，精彩绝伦。

| 区号：0888 |
| 邮编：674100 |
| 面积：20600 平方千米 |
| 人口：125.39 万人 |
| 著名景点：丽江古城、玉龙雪山、白沙壁画、束河古镇等 |

两日游

线路一：束河古镇—泸沽湖—东巴谷—玉龙雪山

线路二：丽江古城—木府—四方街—黑龙潭

↘ 游在丽江

丽江古城 ★★★★★

丽江古城，又名"大研镇"，是我国保存较为完好的四大古城之一，具有800多年的历史，位于丽江坝子中部。丽江古城的建造，充分利用了周围的自然环境和地势，它北依象山、金虹山，西枕狮子山，东面和南面则是开阔的坪坝，这样的布局不仅光源充足，而且可以避开西北的寒风，使得整个城的气候适宜居住。

古城里面的街道没有像其他城市那样工整，而是呈自由分布的格局，几乎所有街道都是临水而建，石桥、河水、绿树、古巷、古屋相互映衬，形成了"家家门前绕水流，户户屋后垂杨柳"的美景，因此，丽江古城又被誉为"东方威尼斯"。到了丽江，一定要到古城看一下，感受一下古城的魅力。

💰 50 元
🕐 全天
🚌 丽江三义国际机场—丽江古城
丽江三义国际机场—机场高速—S221—民主路—狮山路—丽江古城
全程约 28 千米

丽江古城

古城特色

古街：街道随山势起伏，看起来精巧细腻，与山水自然融为一体，感觉如同在画中漫步。

木府：丽江木氏土司所建的宫殿。

福国寺五凤楼：原称"法云间"，乃明代万历二十九年（1601年）所造，楼高7丈，三叠八角，共有飞檐24个，如同五只彩凤，故名五凤楼。

住宿指南

古城的旅馆酒店一般称作客栈，既是古城的特色景点，又能供游客住宿。普通标间的价格一般在150元左右。客栈房间价格也是随季节有所变动的，若是在黄金周或者春节期间，客房供不应求，价格会上涨数倍。建议游客最好避开旺季前去，可以节省不少费用。

旅游提醒

这里每年的夏季和秋季气候温和，空气清新，景色宜人，适合前往游玩。

丽江古城

泸沽湖 ★★★★

泸沽湖，位于云南宁蒗与四川盐源之间的山岭中，距离宁蒗县城73千米，该湖面积52平方千米，平均水深45米，最深处有93米。该湖水质非常清澈，最大的能见度可以达到12米。泸沽湖形似马蹄状，南北长，东西窄，好像一个曲颈的葫芦，因此得名泸沽湖。泸沽湖的极佳观赏地点是扯挎山垭口的彩门下约200米的路段，在这里可以看到泸沽湖的全景，如果是春天，格姆女神山还会开放串串簇簇的红色山花，景色十分漂亮。

泸沽湖吸引人的地方除了美丽的景色，还有摩梭人神秘的风俗习惯，摩梭人实行

泸沽湖

独特的走婚制,有着与众不同的民族文化,来到泸沽湖一定要感受一下。

💰 70元
🕐 8:00—18:00
🚌 丽江三义国际机场—泸沽湖
丽江三义国际机场—机场高速—S221—青山南路—S991—丽宁公路—宁泸公路—泸沽湖
全程约228千米

拉市海 ★★★★

拉市海,位于丽江西边10千米的拉市坝中部,这里是云南省第一个湿地自然保护区。这里的湿地环境,吸引了无数从北往南迁徙的候鸟栖息在这里。每到冬天这里就聚集大量的候鸟,适宜安全的环境成了候鸟的乐园,每年大约有3万只、57个品种的候鸟飞越千山万水来到这里,形成了独特的候鸟风景。因此,如果喜欢看鸟的话,最佳旅游季节是冬季12月以后。

在拉市海还可以品尝到风味烤鱼,一般都是湖中捞出的新鲜鱼,此地还有一个特色就是这里的马夫都会唱纳西民歌。吃烤鱼、听纳西民歌,也是拉市海的一道独特风景。

💰 30元
🕐 8:00—17:00
🚌 丽江三义国际机场—拉市海
丽江三义国际机场—机场高速—鹤关高速—蓉丽高速—大丽高速—G353—拉市海
全程约40千米

拉市海

丽江黑龙潭 ★★★★

丽江黑龙潭,也称为"龙王庙""玉泉公园",位于丽江古城北端的象山,是象山脚下的古栗树中涌出三股泉水最后汇集成潭。黑龙潭面积近4万平方米,潭水清澈如玉,水面有洁白的海菜花竞相开放,水底则有众多的鱼儿穿梭其间,在潭边有繁茂的花草树木,如此秀丽的风景,也吸引了众多游客前来观赏。

在黑龙潭,我们不仅可以欣赏到如诗如画的美景,还可以感受到古老而神秘的东巴文化。这里是丽江东巴文化研究所的所在地,至今还保存着纳西族东巴教的2万册经书,在公园后面的丽江市博物馆中,有着上万件文物,是了解丽江民族历史、文化的极佳场所,如果您想感受一下东巴文化的神秘,看一下东巴文,一定要到这里来。

💰 30元
🕐 8:00—18:00
🚌 丽江三义国际机场—丽江黑龙潭
丽江三义国际机场—机场高速—S221—大丽线—民主路—丽江黑龙潭
全程约34千米

黑龙潭风光

束河古镇 ★★★★

束河古镇,在丽江古城的西北方向,距离古城4千米,这里是丽江坝子中纳西族先民最早的聚居地之一,也是"茶马古道"上保存最好的一个镇子。在这里可以看到纳西族的文明历史,可以看到他们是如何从农耕文明转向了商业文明,也可以看到中国古代的对外开放以及马帮的活动行程。

束河古镇的保护区大约有1平方千米,是丽江古城的重要组成部分。这里拥有着秀丽的自然风光,朴实的民俗风情,标志性的历史遗迹,还有多元化的景观,这里是对丽江古城的一个补充和延展。该地最大的亮点有丹凤含书之地、清泉之乡、皮革之乡、茶马遗迹、农耕图腾等,是很好的旅游胜地。

💰 40元

束河古镇

🕐 7:30—17:30
🚌 丽江三义国际机场—束河古镇
丽江三义国际机场—机场高速—S221—玉泽西路—关丽路—束河古镇
全程约38千米

东巴谷 ★★★★

东巴谷,位于玉龙雪山的脚下,距离丽江15千米,是一个自然形成的大峡谷。东巴谷长9千米,里面有悬崖峭壁、山洞、枯藤、怪树、奇石、珍禽、鸣鸟、飞瀑、钟乳石,自然风光瑰丽旖旎,让人流连忘返。

东巴谷中共有6个民族院落紧紧相连,充分展现了丽江多民族的风情。进入东巴谷,可以看见开阔的东巴广场和狭长的匠人街。东巴广场有很多的歌舞表演,展现各个民族的不同风情,可以让你充分领略到少数民族文化的魅力。匠人街则是一个原始商贸的集货买卖皮毛、药材,也可以看到东巴经院专心读书写字的东巴先生,宛如民族文化的展览馆。

💰 30元
🕐 8:30—17:30
🚌 丽江三义国际机场—东巴谷
丽江三义国际机场—机场高速—鹤关高速—大丽线—民主路—玉泉路—东巴谷
全程约49千米

东巴谷

四方街 ★★★

四方街,位于丽江古城,是古城的心脏,交通便利,是茶马古道重要的枢纽站,也是丽江经济文化交流的中心。

四方街是一个梯形的小广场,大约有1/4个足球场那么大,采用的是五彩石铺砌,平坦整洁,周围是古老的店铺。四方街中保留着很多明清的建筑特色,"三坊一照壁""四合五天井"的瓦屋到处都是,布局合理,而且古朴精美,被誉为"民居博物馆"。
💰 免费
🕐 全天
🚌 丽江三义国际机场—四方街
丽江三义国际机场—机场高速—S221—关龙路—青龙路—四方街
全程约 38 千米

四方街

玉龙雪山 ★★★★★ 🏔 📷

玉龙雪山，由北向南长 35 千米，东西宽 25 千米，雪山面积达 960 平方千米，以险、奇、美、秀而闻名遐迩。其气势磅礴，造型玲珑秀丽。随着节令和气候变化，有时云蒸霞蔚，玉龙雪山时隐时现，有时碧空万里无云，群峰晶莹耀眼。纳西族称之为"波石欧鲁"。

玉龙雪山由十三峰组成，由北向南排列，独特的造型加上皎洁晶莹的玉石，仿佛十三把利剑一样矗立在大地之上。玉龙景观有甘海子、白水河、云杉坪、冰塔林等，而且这里还是一个动植物的宝库。

💰 100 元（不包含索道、环保车、印象丽江演出票）
🕐 9:30—16:00
🚌 丽江三义国际机场—玉龙雪山
丽江三义国际机场—机场高速—S221—关龙路—金川路—玉雪大道—玉龙雪山
全程约 51 千米

玉龙雪山

白沙壁画 ★★★ 📷

白沙村，这里是丽江从前的政治经济文化中心，如今村子中还保留存有 55 幅白沙壁画，这些壁画大多创作于明清时期，壁画融合了多种风格，有汉族的精细、洗练笔法，有佛教的绚丽，有纳西族的粗犷等，是壁画艺术中的珍品。

💰 30 元
🕐 8:30—18:00
🚌 丽江三义国际机场—白沙村（自驾）
丽江三义国际机场—机场高速—机场一级公路—大丽一级—玉泽东路—玉泽西路—青龙路—来河路—东阳路—蔷薇大道
全程约 45 千米

玉柱擎天 ★★★ 📷

玉柱擎天，位于丽江境内，海拔约 2800 米，这里有巨石壁字、太子洞、观音岩、雪松庵、千年古树、上下深潭瀑布等景点。特别是玉湖倒影的景观，是玉龙雪山十二影之一，十分美丽，令人赞叹。

💰 30 元
🕐 8:00—17:00
🚌 丽江三义国际机场—玉柱擎天

玉柱擎天

丽江三义国际机场—机场高速—S221—关龙路—青龙路—玉泉路—玉柱擎天
全程约 52 千米

丽江木府 ★★★★ 📷 🌐

丽江木府，有丽江古城"大观园"之称，位于丽江古城的西南隅，曾经被徐霞客称为"宫室之丽，拟于王者"。

丽江木府是一个建筑群，占地 3 万多平方米，中轴线长 369 米，坐西向东，反映的是明代中原建筑的风采，而且还具有唐宋的建筑风韵，有"迎旭日而得木气"的寓意。这里设立有一个木牌坊，上面写着"天雨流芳"四个大字，是纳西语"读书去"的谐音。古牌坊为三层结构的石头建筑，是国内著名的石建筑之一。议事厅曾经是土司议政的地方；万卷楼是藏书的地方，内有东巴经千卷、藏经百卷以及六公土司诗集和名士书画等，是丽江文化的重要见证。除了这些，还有光碧楼、玉音楼、三清殿以及祭祀的宗教场所等。从丽江木府中可以看出纳西人的传统文化，也反映了纳西人对其他文化的接纳精神。

💰 40 元
🕐 9:00—17:00
🚌 丽江三义国际机场—丽江木府
丽江三义国际机场—机场高速—S221—南口路—长水路—光义街忠义巷—木府
全程约 27 千米

丽江木府万卷楼

吃在丽江

丽江基本以纳西菜为主，著名的纳西菜有三叠水、至高部、八大碗等，菌菇类的松茸、鸡枞、羊肚菌等是丽江城独特的美味。此外，丽江的三文鱼和腊排骨也非常有名，深受游客喜爱。

鸡枞

唠叨坊私房菜
游客评价：特色私房菜，农家小院的风格，菜品很实在
☎ 0888-5180439
📍 丽江市古城区五一街大石桥布农铃旁巷子内

滇厨餐厅·小锅巴纳西美食
游客评价：云南特色菜，马帮烤鱼必点
☎ 15608880033
📍 丽江市古城区五一街振兴巷9号

龙继斑鱼庄
游客评价：以鱼为主的特色火锅店，鱼很新鲜
☎ 0888-5123458
📍 丽江市古城区花马街中段12-15号

钰洁腊排骨
游客评价：腊排骨火锅很出名，环境优雅，味道鲜美，值得品尝
☎ 13708827180
📍 丽江市古城区象山东路农贸市场内

东巴谷野山菌
游客评价：特色菌类餐厅，以菌类为主要菜肴，值得品尝
☎ 0888-5103366
📍 丽江市古城区花马街

阿妈意纳西饮食院
游客评价：纳西口味，很正宗
☎ 0888-5309588
📍 丽江市古城区五一街小石桥

住在丽江

平价型

轻住·月光部落轻奢民俗（木府店）
📍 丽江市古城区七一街兴文巷83号
☎ 13688789034/18787631629

四方缘客栈
📍 丽江市古城区新华街黄山下段32号
☎ 15141933822

李家院精品客栈
📍 丽江市古城区五一街文明巷13号
☎ 18608886109

喜鹊·美宿（丽江四方街店）
📍 丽江市古城区七一街崇仁巷43-1号
☎ 18607915055

享受型

丽江古城书香心泊酒店
📍 丽江市香格里大道1149号
☎ 0888-6608888

丽江摆渡精致客栈
📍 丽江市古城区五一街王家庄巷49号
☎ 15888999466

丽江阳光纳里连锁客栈（四方街店）
📍 丽江市古城区光义街金星巷41号
☎ 0888-8886616

丽江和府洲际度假酒店
📍 丽江市古城区祥和路276号
☎ 0888-5588888

购物丽江

丽江古城一条街

这里汇集了众多的特色小店，主要出售银器、木雕、蜡染、山货、普洱茶、民族服饰等物品。银饰品大多受到女孩子的青睐，工艺比较好，价格也很实惠，在十几到几百块钱不等。木雕是丽江的特色，多是具有民族特色的动物、图腾等，可以带回去作为纪

念。蜡染一般都是带着东巴文字的大围巾、披风、服装等,很有民族特色。另外还有山货、普洱茶、明信片、笔记本、玉器等,游客可以根据自己的需要来选择。

四方街

到了丽江古城,肯定会到四方街,这里也是云集了众多特色的店铺,丽江的特产在这里都可以找到。值得推荐的是四方街贡院后面的"古铃精怪",这里是一个旧货店,如果对旧货有兴趣,喜欢淘一些特别的东西的游客,不妨到这里看看。这里没有太多的装饰,但是十分整洁,里面有很多工艺品,还有不少旧物改造的东西,十分有特色。

如果想体验丽江的酒吧、茶楼,不妨晚上到四方街看一看,这里有很多茶楼和酒吧,店门前都有形状各异的灯笼悬挂,景色十分迷人。

特色小店

东巴吉祥铃:位于光义街新院巷,主营驼铃,丽江古老东西之一,其中以会飞的海螺铃最著名。

布家铃:位于四方街大石桥头,拥有各式各样的驼铃,做工精致,质地很不错,铃声十分清脆。

东巴陶斋:位于古城区光义街官院巷,经营特色的陶土工艺品,很多小陶艺都非常有趣,价格适中,值得购买。

特产

到丽江游玩,自然少不了购物环节。丽江的特产很多,如:

窨酒:丽江的窨酒中外闻名。相传当年英国女王伊丽莎白来中国访问,在国宴上点名要喝丽江窨酒。

雪茶:其色纯白似雪,故名为雪茶。雪茶属于凉性茶,有润喉生津、清热降火之功效。

小凉山苹果:"小凉山"是宁蒗彝族自治县的俗称,当地产的苹果色泽鲜美,味甜多汁,深受人们喜爱。

螺旋藻:产于世界上三大生长螺旋藻湖泊之一的丽江程海湖。加入螺旋藻加工制作的食品,像面条、饼干等,具有保健功效。

虫草:又名"冬虫夏草"。据说,其医疗和保健价值比人参、鹿茸等名贵中草药还要高,所以价格也比较昂贵。

购物四方街

西双版纳

西双版纳是国家重点风景名胜区，位于中国云南省西南部，属于西双版纳傣族自治州。

西双版纳，在傣语中的意思就是"理想神奇的乐土"，这里常年温暖，四季如春。全州半数以上面积是保护完好的原始森林，草木丛生，山清水秀。境内植物种类繁多，还有很多珍贵的稀有植物，可用于医疗、保健、机器润滑油料和香料等。

由于西双版纳森林密布，所以为各类野生动物提供了生存的条件。据统计，现有已知鸟类400多种，兽类近70种。其中的亚洲象、金钱豹、印支虎、兀鹫等已被列为世界级保护动物，国家一、二级保护动物更是数不胜数。

| 区号：0691 |
| 邮编：666100 |
| 面积：19124.5平方千米 |
| 人口：130.14万人 |
| 著名景点：热带植物园、勐泐大佛寺、野象谷、民族风情园等 |

两日游

民族风情园—独树成林—热带植物园

游在西双版纳

热带植物园 ★★★★★

西双版纳热带植物园，位于勐腊县勐仑，距景洪市96千米，距勐腊县城100多千米。罗梭江在这里拐了一个弯形成了一个葫芦状的半岛，称为"葫芦岛"，热带植物园就位于此。

到了西双版纳不看植物等于没到过西双版纳，这里有近10万公顷的原始森林，有5000多种木本植物和草本植物，巨大的乔木、原始蕨类植物都可以在这里找到。热带植物园素有"植物王国的缩影""绿宝石的心脏"之美称，如果到了西双版纳，可以到此领略自然风情。

💰 80元
🕐 8:00—18:00
🚌 西双版纳嘎洒国际机场—热带植物园（自驾）
西双版纳嘎洒国际机场—机场公路—S410—西景线—昆磨高速—喀东线—热带植物园
全程约64千米

热带植物园

导游服务

西双版纳植物园有一个70多人的导游队伍，主要由当地的傣族姑娘组成，她们的任务就是为游客全面地讲解有关植物园的科研、植物学、生态学等科普知识。这种导游服务分为有偿和无偿两种。组团旅游的游客可凭借旅行社的行程单要求免费导游服务。散客则可以自愿出钱租用园内科普导游，每位导游收费50元。园内的电瓶车属于有偿服务。

美食指引

植物园内有提供美食的餐厅，能容纳三四百人同时进餐。不用担心餐厅的饭菜不符合自己的口味，因为餐厅可以为游客提供川菜、粤菜、鲁菜等多种菜系的美味佳肴。

旅游交通

乘坐昆明开往勐腊方向的车，在勐仑镇下车，再从勐仑客运站徒步到吊桥，这时需要买票，过了吊桥之后还有20分钟的路程就能到达景区。

民族风情园 ★★★

蓊蓊郁郁的热带园林内，建有西双版纳6个世居少数民族的展馆，它将西双版纳珍贵的热带动植物和浓郁的民族风情融为一体，是美丽而又神奇的西双版纳的缩影。

风情园分为南园和北园，南园分为植物标本、热带水果、沙滩日浴游泳3个游览区，北园又分为民族情展览和民族乐朱活动两部分。南园内培植有热带果木、奇花异草，修有多条游览道、风格各异的干栏式竹楼，用于展示世居西双版纳的傣族、哈尼族、布朗族、基诺族、瑶族等少数民族的民族风情。北园内有高大宏伟的西双版纳解放纪念碑和场面宽敞、内容丰富的运动场、民俗斗鸡场、民族歌舞表演场、泼水场、大象表演厅、孔雀馆、鳄鱼池、百鸟园等设施。现在民族风情园已成为展示民族风情和热带风光兼容的旅游、游乐的综合性公园。

💰 免费（歌舞单独收费）
🕐 8:30—18:00
🚌 西双版纳嘎洒国际机场—民族风情园（自驾）
西双版纳嘎洒国际机场—机场公路—民航路—民族风情园
全程约5千米

曼听公园 ★★★★

曼听公园，位于景洪市东南方，是西双版纳很古老的公园，已经有1300多年的历史，占地面积约26.68公顷，是结合了景洪城区人文景观与自然景观的公园。

曼听公园中有圣洁的曼飞龙笋塔、西双版纳瓦八洁总佛寺和精美的景真八角亭模拟造型以及四角亭、六角亭和傣族萨拉客等建筑，还有孔雀园、大象表演场、泼水场、露天歌舞表演场等所供游客游玩。公园不远处就是曼听傣族村寨，因此，这里成了公园、村寨和佛寺三位一体的大型景点。

💰 54元

曼听公园

🕐 8：00—17：30
🚌 西双版纳嘎洒国际机场—曼听公园（自驾）
西双版纳嘎洒国际机场—机场公路—勐海路—曼听路—曼听公园
全程约6千米

野象谷 ★★★★ 📷

野象谷，位于云南省西双版纳自治州景洪市境内、勐养自然保护区的南部，距离景洪城区约45千米，距离普洱市115千米。这里是野象生存栖息的地方，现在勐养自然保护区热带雨林中有亚洲象300多头，驯养的大象有16头，经过驯养的大象每天还会在固定时间为大家表演节目，十分吸引眼球。如果你想要一睹野象的风采，可以在野象谷中的一些大树旅馆和观象台住下来，一般一两天内就会看到野象在河边出现。

💰 门票65元，索道单程50元，往返70元
🕐 9：00—17：00
🚌 西双版纳嘎洒国际机场—野象谷（自驾）
西双版纳嘎洒国际机场—机场公路—勐海路—昆磨高速—兰磨线—野象谷
全程约39千米

野象谷

曼飞龙佛塔 ★★★ 🏯

曼飞龙佛塔，位于景洪市境内曼飞龙寨子后面的山顶上，此塔是西双版纳著名的佛塔群，塔身通体白色，圣洁无比。这些佛塔仿佛雨后春笋一般拔地而起，因此也被称为"笋塔"。

💰 5元
🕐 8：00—17：30
🚌 西双版纳嘎洒国际机场—曼飞龙佛塔（自驾）
西双版纳嘎洒国际机场—机场公路—勐罕路—喀东线—曼飞龙佛塔
全程约40千米

独树成林 ★★★★ 📷

独树成林，位于打洛镇边境贸易区中的曼掌寨子旁边，在打洛镇政府南边3.5千米处，几乎到达了中缅边境。俗语说：独树不成林，但是在西双版纳却有着独木成林的奇观。该树是一棵古榕树，有900多年的树龄，树高70多米，共有31个根直立在地面上，树幅面积达120平方米，它除了主树干之外，又在枝干上生出了许多气生根插入土中，形成了树生树、根连根的景象，是热带雨林中的一大奇观。

💰 50元
🕐 8：30—18：00
🚌 西双版纳嘎洒国际机场—独树成林（自驾）
西双版纳嘎洒国际机场—机场公路—景勐高速—西景线—S320—独树成林
全程约114千米

独树成林

橄榄坝 ★★★★ 📷

橄榄坝，位于澜沧江的下游，橄榄坝意思是"宫廷花园寨"，人们把橄榄坝比作开屏孔雀的尾巴——绚丽多彩，而橄榄坝上布满了美丽富饶的傣族寨子，就像装点在孔雀尾巴上闪亮的花斑。比较大的寨子有两个，一个是曼松满，即花园寨，另一个是曼听，即花果寨。这里是典型的热带风光，气候炎热，但有众多的水果出产。到处都可以看见典型的缅寺佛塔和传统的傣家竹楼。在每年傣历新年的时候，这里会聚集很多人，一起度过泼水节，如果你刚好赶上，可以感受一下傣族新年的乐趣。

橄榄坝

💰 50元
🕐 8：00—18：00
🚌 西双版纳嘎洒国际机场—橄榄坝（自驾）
西双版纳嘎洒国际机场—机场公路—勐海路—喀东线—傣园路—橄榄坝
全程约36千米

西双版纳孔雀园 ★★★★ 📷

西双版纳是孔雀的繁衍栖息之地，也是傣族人心中吉祥、幸福、美丽、善良的代表，在傣族文化中，孔雀的形象比比皆是。孔雀园是观赏孔雀的最佳地点，园中绿树葱葱，有成群的孔雀等候着游客，游客可以尽情地观赏孔雀开屏、孔雀群飞、孔雀觅食的壮观场面，这里俨然是一个孔雀王国。

💰 45元
🕐 7：00—18：00
🚌 西双版纳嘎洒国际机场—西双版纳孔雀园（自驾）
西双版纳嘎洒国际机场—机场公路—勐海路—勐罕路—傣园路—孔雀园
全程约36千米

西双版纳孔雀园

曼景兰旅游一条街 ★★★ 🕐 📷

曼景兰旅游村，位于景洪城东南角的曼景兰村。这里紧邻市区，是一个拥有近200户傣族人家的大寨子，拥有130多幢竹楼，村子中到处是凤凰树、芒果树和铁刀木，风景十分优美。这里如今已经成为很受人们欢迎的旅游村，街道两边开设了20多家傣味饭店，而且还有节目表演，不仅可以品尝到傣族风味菜，还可以看到傣族风情的表演，

曼景兰的傣族民俗

是了解傣族风情习俗非常好的去处。
💰 免费
🕐 7：00—17：00
🚌 西双版纳嘎洒国际机场—曼景兰旅游一条街（自驾）
西双版纳嘎洒国际机场—机场公路—勐腊路—曼听话—景兰一巷—曼景兰旅游一条街
全程约 7 千米

空中走廊 ★★★★

空中走廊，位于勐腊县城东面20千米的原始湿润雨林国家自然保护区中。勐腊原始森林近33.35万公顷，素有"绿色宝地"之称。在森林中有一棵70余米高的望天树，空中走廊就架设在望天树上，全长2.5千米，是一个空中吊桥，用钢索悬吊，以尼龙绳、网等作为护栏，踏板为铝合金梯子，每段桥都以望天树为平台，将公路两边的原始森林连接起来，走在上面会有轻微的晃动，但可以看到十分开阔的热带雨林风光。这里还有一个露天山泉水游泳池，水是循环流动的，清凉舒爽，如果想要游泳可以自带泳衣。
💰 20元
🕐 8：00—18：00
🚌 西双版纳嘎洒国际机场—空中走廊（自驾）
西双版纳嘎洒国际机场—机场公路—勐海路—昆磨高速—勐腊南路—空中走廊
全程约 166 千米

↘ 住在西双版纳

平价型

西双版纳美度大酒店
📍 景洪市勐腊路中段傣乡水城17栋
📞 0691-2768888

西双版纳天麒傣乡花园客栈
📍 景洪市孔雀大道告庄西双景景法寨 30栋
📞 0691-2229333

迹忆度假酒店
📍 景洪市宣慰大道告庄西双景景栋寨6栋102
📞 0691-8939666

观澜居望江双塔酒店
📍 景洪市勐罕路告庄西双景景宰寨 39栋西塔 39-1-306号
📞 13845493345/19908815088

享受型

西双版纳悦椿温泉度假酒店
📍 景洪市勐海镇曼兴路勐巴拉国际度假区
📞 0691-8996888

西双版纳融创铂尔曼度假酒店
📍 融创西双版纳旅游度假区迎宾路 66号
📞 0691-8997000

西双版纳金地大酒店
📍 西双版纳傣族自治州景洪市嘎兰路100号
📞 0691-2150888

湄公河景兰大酒店
📍 景洪市孔雀大道告庄西双景湄公河人家10栋
📞 0691-3088888

↘ 吃在西双版纳

西双版纳是傣族的聚集区，因此这里更多的是傣族菜，代表性的有酸笋煮鱼、香茅草烤鱼、香竹饭、菠萝紫米饭烧鱼、烧竹鼠、包蒸脑花、酸牛皮、烧苦笋。另外，这里的热带水果也是品种繁多，保证让你垂涎欲滴。

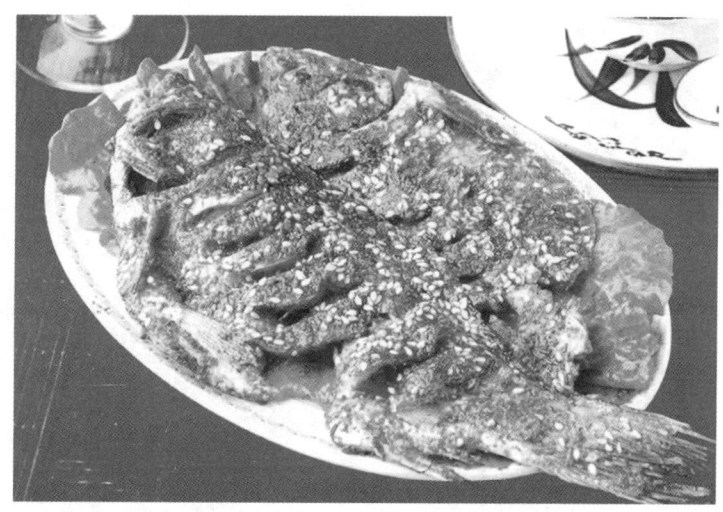

烤鱼

酷泰（告庄店）
游客评价：菜品很有东南亚的风味
📞 15969156570
📍 景洪市万象大道告庄西双景景罕寨 12-116号

阿卡寨
游客评价：专营哈尼族美食的餐厅
📞 0691-2509888
📍 景洪市勐泐大道曼弄枫村

菌乡缘野生菌蒸汽火锅
游客评价：菌菇很鲜，调配的蘸料很好吃
📞 13988104905/18313233963
📍 景洪市景罕寨十二栋

傣家苑傣味餐厅
游客评价：具有傣族特色的餐厅
📞 15087616999
📍 景洪市么龙路人民法院东北1千米

曼飞龙烤鸡
游客评价：非常具有民族特色，烧烤为主，烤鸡是一大特色
📞 13988178919
📍 景洪市菩提大道告庄西双景景勐寨 5-101室

红牙象·傣味美食园
游客评价：各类云南菜，菠萝饭非常有名
📞 0691-2138689
📍 景洪市民航路星湖湾对面

↘ 购物西双版纳

西双版纳旅游购物夜市场

位于勐腊路观光酒店和辉煌都畅大酒店之间，这里是夜间市场，囊括了西双版纳几乎所有的特产，喜欢的朋友可以一边欣赏夜景，一边逛街，别有一番风味。

西双版纳民族工艺品市场

位于嘎兰路景洪宾馆旁。这里出售的主要是西双版纳具有民族特色的工艺品，有民族服饰、傣陶、傣族彩绘木雕、傣族织锦、竹编工艺品、热带水果蜜饯、普洱茶、泰国食品、珠宝玉石制品、木雕制品、挎包、花包银饰品等。

西双版纳水果市场

来到西双版纳，当地的水果是一定要品尝一下的，很多朋友也会选择带一些回去，水果市场在集贸市场大门周边最聚集，价格比较实惠。

大润发购物广场

位于云南省西双版纳州景洪市勐海路2号，大润发购物广场系国际大型连锁购物广场，拥有众多的停车位，商场内物品齐全，商品不论从种类、价位、品味上都能迎合不同需求的顾客，实现一站式，即能购足需求物品。卖场内还设有饮水机及纸杯，供顾客免费饮用。

💡 特产

西双版纳是一个物产丰富的地方，因此也有众多的特产。

普洱茶：含多种微量元素和维生素，有解渴、除烦、解腻、明目、清心、暖胃、提神、消食、散寒、解毒等作用，对人体十分有益。

血竭：血竭又称"麒麟竭"，是一种名贵中药材，生长在西双版纳的热带雨林中。是药品"七厘散"中一味重要原料。

木碗：是门巴族人们的一种传统手工艺品，他们擅长竹篾藤条的编织工艺。竹方盒、竹斗笠、藤背篓、竹筐等制品坚固耐用，工艺精美。而他们制作的木碗独具一格，精美绝伦。

西双版纳街景

香格里拉

香格里拉市位于云南省西北部，青藏高原南部，横断山脉的中心位置。

香格里拉境内遍布着雪山、草原和河谷。海拔在4000米以上的雪山就有400多座，山势雄伟，气势非凡。香格里拉市地域虽小，却有着三种不同的气候：亚热带气候、温带气候和寒带气候。就是说，有可能海拔相差几十米，温度就差了好几度，策马奔腾的一瞬间，就能领略到不同季节的气候。可真是"山上山下不一样，相隔十里不同天"。灵山孕宝，秀水栖禽。香格里拉不仅是著名的森林王国，还养育着无数的异兽灵禽，像憨厚乖巧的小熊猫、灵敏可爱的金丝猴、圣洁高雅的白鹇等。

区号：	0887
邮编：	674400
面积：	11418平方千米
人口：	18.04万人
著名景点：	普达错国家公园、梅里雪山、香格里拉属都湖、纳帕海等

↘ 游在香格里拉

普达错国家公园 ★★★★★

普达错国家公园是一个国家级的自然保护区。"普达错"是从梵文音译过来的，是"舟湖"的意思。普达错国家公园保护区属于亚温带气候，秋冬长、春夏短，此地温度比较低，年平均气温5.4℃。公园内植被丰富，还有很多珍禽异兽，具有很重要的研究价值。

套票100元（包含60元游览车费，40元门票）

4月至10月：8:00—17:00；11月至次年3月：8:00—16:00

迪庆香格里拉机场—普达错国家公园（自驾）
迪庆香格里拉机场—环城南路—康珠大道—仁安路—东环线—普达错国家公园
全程约29千米

普达错国家公园
旅游提醒

最佳旅游时间是夏季和秋季。夏季群芳争艳，花海似海；秋季落英缤纷，色彩斑斓。当然，春天的高山草甸和冬季的白雪蓝湖也值得一观。若是体弱惧寒的游客，可在公园门口租用羽绒服。

由于普达错公园的最高海拔达4000多米，游客最好提前购买氧气，以防出现高原反应。一瓶氧气售价50元左右。

幸运神鱼

在碧塔海里生长着一种稀有的鱼类，那就是"碧塔重唇鱼"。碧塔重唇鱼是一种古老生物，其生存年代可追溯到第四纪冰川时期。其肉嫩味鲜，是难得的美食。但是当地居民多为藏族，藏族人不吃鱼，所以碧塔重唇鱼得以在湖中自由繁殖。

普达错国家公园

香格里拉属都湖 ★★★

属都湖，"属"在藏语中是奶酪的意思，"都"则为石头。属于普达错国家公园的一部分，位于香格里拉东北部35千米的地方，距离碧塔海有十几千米。属都湖四周青山郁郁，原始森林遮天蔽日。湖东面成片的白桦林，秋天一片金黄。山中云杉、冷杉高大粗壮，直指云霄，树冠浓绿缜密，可遮风避雨。林中栖息着麝、熊、豹、金猫、毛冠鹿、藏马鸡等多种珍禽异兽。属都湖水清澈透明，湖底还有很多小鱼游来游去，这里有一种非常独特的珍稀鱼类，叫"裂腹鱼"，鱼腹部有一条小裂纹，鱼肉十分鲜美，是当地的特产。

30元

8:00—16:00

迪庆香格里拉机场—香格里拉属都湖（自驾）
迪庆香格里拉机场—康珠大道—东环线—香格里拉属都湖
全程约43千米

属都湖

纳帕海自然保护区

★★★★★

位于香格里拉市西北部，距城区8千米，地势平坦，三面环山，冬夏季节，山岭成雪，青翠碧草，如巨大碧毯，无穷无尽展于大地之上，秋风渐起之时，各类候鸟迁徙而至，可谓是候鸟天堂。

🏷 60元
🕗 8:30—18:00

纳帕海自然保护区

🚌 迪庆香格里拉机场—纳帕海自然保护区（自驾）
迪庆香格里拉机场—神鹰路—西内环路—西景线—纳帕海自然保护区
全程约15千米

哈巴雪山 ★★★★

哈巴雪山，位于香格里拉市东南部，山顶终年冰封雪冻，主峰坚挺傲然，被四座小峰环绕，远看仿佛一顶金光闪闪的皇冠。在这里可以看见千奇百态的角峰、刀脊、U形谷和羊背石、悬泉飞瀑、珍禽异兽，还有远古的冰斗融化形成的众多冰碛湖，比较著名的有黑湖、尖山瀑布、大吊水瀑布等。

🏷 免费
🕗 全天
🚌 迪庆香格里拉机场—哈巴雪山（自驾）

迪庆香格里拉机场—神鹰路—G0613—西丽高速—东环线—哈巴雪山
全程约147千米

白水台 ★★★

白水台，位于香格里拉市东南101千米处的三坝纳西族乡白地村，是中国最大的泉水台地之一，占地面积约3平方千米，是纳西民族东巴教文化的发祥地，造型犹如一层层梯田一般，走在石阶上，会感到无比凉爽。最初的白水台是用来敬奉神祇的，如今这里也是纳西族东巴教徒的神圣之地。

🏷 30元
🕗 8:00—16:00
🚌 迪庆香格里拉机场—白水台（自驾）
迪庆香格里拉机场—神鹰路—西内环路—G0613—西丽高速—冲江河互通—白水台
全程约177千米

↘ 吃在香格里拉

香格里拉的美食，基本上以云南菜、川菜、藏餐为主，城中有各式各样的餐厅。云南的各种特色小吃，四川的大众菜都可以吃到，川菜和云南菜比较辣。藏餐则有当地的牛肉做成的菜肴，特色小吃糌粑、酥油茶、大饼等。

美味饼蘸酱

🍲 宗喀藏餐
游客评价：牦牛火锅为其特色
📞 15308873277
📍 香格里拉独克宗古城内四方街旁依若木廊岗街25号

🍲 梅里往事
游客评价：非常受欢迎的一家餐厅，主营地方特色菜
📞 0887-3063111
📍 （德钦县）飞来寺梅里雪山景区

214国道香巴拉客栈旁

🍲 塔洛藏餐吧
游客评价：主营特色云南菜，牛肉鲜嫩滑顺
📞 13187480022
📍 香格里拉独克宗古城内仓房街池廊岗7号小白塔旁

🍲 宏宏无烟石板烧烤
游客评价：具有当地特色的烧烤，松茸、牦牛肉和藏香猪味道很绝
📞 18806937280
📍 香格里拉独克宗古城内达娃路64号

🍲 静静的嘛呢石藏餐
游客评价：装修精美，推荐牦牛肉火锅、藏式肉饼、自制酸奶
📞 13988776674/17508725555
📍 独克宗古城作巴瑞3号（近四方街）

🍲 一品羊酒楼（总店）
游客评价：带皮黑山羊蝎和羊肉味道超级香
📞 13887279988
📍 香格里拉市香巴拉大道97号附1楼

↘ 购物香格里拉

药材

香格里拉处于高原地区,这里的自然资源极为丰富,很多地方都没有遭到人为的破坏和污染,因此这里生长着很多的野生药材,比如虫草、白雪茶、红雪茶、贝母、天麻、当归、雪莲、藏红花、麝香等。又因为这里是藏族人的聚集地,所以一些藏药也是十分出名的,有七十味珍珠丸、二十五味珍珠丸、常觉等药品,如果游客需要可以带回去一些。药品在香格里拉的很多药材铺中都可以买到。

工艺品

藏族的工艺品向来比较受人们欢迎,香格里拉当地有很多藏族的工艺品,几乎在每一个工艺品店都可以买到,民族服装、藏式木器、藏香、银首饰、天珠等都是当地的特产,但是,需要注意的是如果你想购买藏刀,一定要让店家开具发票,注明是工艺品,否则随身携带刀具会给你带来麻烦的。还有藏刀不能带上飞机,选择邮寄比较方便。

食品

到了香格里拉,一定要品尝一下当地的美食。香格里拉有很多藏族风味的美食,比如奶渣、牦牛肉、青稞酒等,可以选择购买一些带回去。这里还有一种非常美味的山珍,就是松茸,深受大家的欢迎,但是只在每年的6~8月才有,不妨带一些回去品尝。

💡 特产

在香格里拉,有许多的特产,可以作为旅游纪念,包括药材、工艺品、山珍等。

贝母:当地的贝母产量大,纯天然,用于肺部疾病,如肺炎、急慢性支气管炎、咯血等。

天麻:野生天麻对于心血管疾病有一定功效。

雪莲花:生于雪山岩石缝中或流滩上,每年六七月份开花时采集。能祛寒、壮阳、调经、止血。

银制八宝图:是一种专供宗教活动用的银制品,共八块,每块为一个藏传佛教中的吉祥物,如法轮、白螺莲花等。

↘ 住在香格里拉

平价型

高原红酒店
📍 香格里拉市环城东路127号
📞 0974-8525666

梅里花园精品客栈
📍 香格里拉独克宗古城古波廊13号
📞 18008873178

香格里拉峰峦锦居民宿
📍 香格里拉独克宗古城金龙社区东廊路东廊新村
📞 0887-8389007

山外云客栈
📍 香格里拉独克宗古城东廊29号
📞 13578470602

享受型

松赞绿谷酒店
📍 香格里拉市尼旺路松赞林寺旁
📞 0887-8285588

迪庆香格里拉大酒店
📍 香格里拉市建塘镇池慈卡街1号
📞 0887-8998998

香格里拉茂源酒店
📍 香格里拉市滨河南路2号
📞 0887-3068999

香格里拉仁安悦榕庄
📍 香格里拉市建塘镇红坡村
📞 0887-8288822

香格里拉古城

腾冲

腾冲市位于云南省的西部，隶属于保山市，西邻缅甸。

腾冲在古代曾是南方丝绸之路上的交通要道，有着丰厚的文化底蕴，被列为省级历史文化名城。由于腾冲的地理位置极其重要，乃是历代兵家必争之地，所以又被誉为"极边第一城"。

腾冲也是著名的翡翠加工业发祥地，每年都有大量的翡翠在此集散，被誉为"翡翠城"。腾冲气候温和，冬暖夏凉，全年气温一直在 10～28℃浮动，说是四季如春也不为过，是一个名副其实的"春城"。一年四季，前来观光的游客数不胜数，是愉悦身心、感受自然"天人合一"的好去处。

区号：	0875
邮编：	679100
面积：	5845 平方千米
人口：	68.9 万人
著名景点：	腾冲热海、叠水河瀑布等

游在腾冲

腾冲火山群公园 ★★★★★

腾冲火山群，我国典型的第四纪火山，由众多形状独特的火山组成，今县城周围100多平方千米内分布着大小70多座的火山。火山群公园位于距离县城10多千米的马站村，这有黑空山、大空山火山群从北向南一字排开，十分壮观。在火山群公园中，游客不要忘记捡回一些颜色丰富的火山石，可以留作纪念。

💰 30元
🕐 8：00—18：00
🚌 腾冲驼峰机场—腾冲火山群公园（自驾）
腾冲驼峰机场—机场路—热海路—霞光路—X195—腾冲火山群公园
全程约 39 千米

腾冲火山群公园
"无头山"

腾冲火山国家地质公园里到处都是火山，从空中俯瞰，就像是跳棋的棋盘。这些火山在多年的喷发过程中，其山顶火山口处被逐渐"削平"，整座火山近似于梯形，被人们戏称为"无头山"。"好个腾越州，十山九无头。"当地的民谚形象地道出了腾冲火山的特点。

"浮石"

在火山群公园里，有一种奇怪的石头，一般散落在火山口附近。这种石头有灰色、红色和黑色等多种颜色，上面布满了小孔，质地脆而轻，可漂浮在水面上，故称"浮石"。都说"石沉大海"，但"浮石"完全打破了这种自然规律，堪称神奇。普通人可以毫不费力地举起一大块浮石，成为梦寐以求的"大力士"。

温馨提示

在火山地质公园里，有一个十分有趣的旅游项目，游客们千万不要错过，那就是乘坐热气球游览火山。在热气球上，游客可以鸟瞰火山群，清晰地观赏火山分布及附近景象。

腾冲火山群公园

黑鱼河 ★★★

黑鱼河位于腾冲火山群公园，是一条地下暗河，因为每年的夏秋时节会有很多的黑色小鱼流出来，因此得名。小黑鱼通体呈黑色，个头很小，是当地的一道美食，到了那里要品尝一下。黑鱼河还是腾冲非常大的低温温泉，河水清澈见底，是天然的矿泉水。

💰 免费
🕐 全天
🚌 腾冲驼峰机场—黑鱼河（自驾）
腾冲驼峰机场—机场路—热海路—G219—XM74—黑鱼河
全程约 41 千米

黑鱼河

和顺图书馆 ★★★ 📷

和顺图书馆，有"乡村大学校"的美称，是当时侨胞为了振兴家乡文化而建立的，已经有70多年历史。其中藏书达7万多册，是一座历史悠久、藏书丰富的知识殿堂，为当地的教育事业贡献了很大的力量。它背靠依山建房的密集村落，门迎宽阔富饶的和顺坝子，两条小溪从门前穿过。如今，它成为当地的标志，也是侨胞和家乡联系的窗口。

💰 免费
🕗 8：00—17：00
🚌 腾冲驼峰机场—和顺图书馆（自驾）
腾冲驼峰机场—机场路—热海路—大石巷—李家巷—和顺图书馆
全程约14千米

北海湿地 ★★★ 📷

北海湿地保护区，四面环山，大片的陆地漂浮在水面上，看上去仿佛一块色彩斑斓的巨型地毯，十分漂亮。这里是一个不错的生态旅游之地，可以让你体会到大自然的神奇和瑰丽。

每年4~5月北海兰花竞相开放，是景区最美的季节，犹如一张五彩的巨型花毯铺陈于群山天地之间。

💰 55元，划船40元/人
🕗 9：00—18：00
🚌 腾冲驼峰机场—北海湿地（自驾）
腾冲驼峰机场—机场路—热海路—玉泉路—G219—北海湿地
全程约28千米

北海湿地

腾冲云峰山 ★★ 📷 ⛰

云峰山，远看犹如玉笋一般挺立在天地之间，伸向云端，因其峰腰常有云雾缭绕，故名云峰山。云峰山以"山高谷深，陡峭险峻"而闻名天下，山上有云梯通向山顶，最陡处几乎是垂直的，宽只有30厘米左右，必须脸贴着绝壁，手扶着铁链才能够爬上，游客一定要小心谨慎。

💰 60元
🕗 9：00—17：00
🚌 腾冲驼峰机场—腾冲云峰山（自驾）
腾冲驼峰机场—机场路—热海路—翡翠路—G195—云峰路—腾冲云峰山
全程约65千米

云峰山

槟榔江 ★★★ 📷

槟榔江，是一条发源于腾冲，流向缅甸的河流。这里最吸引人的地方是猴桥，因古代系一条藤索悬垂两岸之间，旁牵两条手扶藤索，再以细藤缠绕，以供行人踩独绳过江，手足并用如猴攀缘，便以桥名为地名。

槟榔江进入猴桥地域后，先以陡峻之势，直奔现在中缅公路钢索吊桥，过桥之后渐趋平缓，而向下流泻去。这里是傈僳族的聚居地，不仅拥有美丽的自然风光，还有傈僳族的民族风情。精彩万分的歌舞表演，惊险无比的上刀杆、下火海表演，会让你流连忘返。

💰 免费
🕗 全天
🚌 腾冲驼峰机场—槟榔江（自驾）
腾冲驼峰机场—机场路—热海路—保腾高速—腾猴高速—腾密公路—槟榔江
全程约68千米

↘ 吃在腾冲

腾冲市是一个具有地方特色和丰富文化内涵的地方，因此美食的品种也非常多。其中有特色的美食当属饵丝、饵块，是由当地特产浆米制作的，也就是大家所说的"大救驾"，到了腾冲这可是必吃的一道美食。

糍粑

🍲 晋家园酒楼
游客评价：当地比较好的一个酒店，有很多当地特色菜
📞 0875-5131869
📍 腾冲市华严路106号

🍲 侨香斋
游客评价：当地老字号，有300多年历史
📞 0875-5159666
📍 腾冲市腾越镇尚家寨闫家塘

🍲 玉泉园
游客评价：环境优雅，当地的特色饭店，味道独特，主营云南菜
📞 0875-5190396
📍 腾冲市腾越路玉泉园

🍲 品腾冲特色菜
游客评价：主营当地特色菜，清蒸蒜香鱼非常入味

- 📞 13378753255
- 📍 腾冲市大桥巷 77 号

🍽 **和顺人家**
游客评价：风景、陈设都非常特别，主营当地特色菜，值得品尝
- 📞 0875-5158888
- 📍 腾冲市和顺镇和顺景区旁

🍽 **越州食府**
游客评价：古色古香的一个饭店，很有特色
- 📞 0875-5192289
- 📍 腾冲市热海路绮罗商贸城内

↘ 住在腾冲

平价型

滇越大酒店
- 📍 腾冲市热海路上绮罗社区将台小区 28 号
- 📞 0875-3065008

腾冲市玉茗居酒店
- 📍 腾冲市腾越路玉泉名居小区 180 号
- 📞 0875-5188778

雅舍兰香客栈
- 📍 腾冲市和顺镇水碓村上三社 42 号
- 📞 0875-5140575

和顺孝仁居客栈
- 📍 腾冲市和顺镇十字路村十五社区 34 号
- 📞 0875-5140714

享受型

腾冲美尔翡翠皇冠建国酒店
- 📍 腾冲市公安局旁
- 📞 0875-5169888

腾冲官房大酒店
- 📍 腾冲市腾越路红星小区 1 号
- 📞 0875-5199999

腾冲云峰山温泉度假酒店
- 📍 腾冲市滇滩镇云峰村委会旁
- 📞 0875-5856888

腾冲世纪金源大酒店
- 📍 腾冲市腾越镇福建路 18 号世纪城
- 📞 0875-8888888

怒江傈僳族自治州

怒江傈僳族自治州（简称怒江州）位于云南省西北部，因怒江由北向南纵贯全境而得名。

怒江州北接西藏自治区，东北临迪庆藏族自治州，东靠丽江市，东南连大理白族自治州，南接保山市，政府驻泸水市六库镇。

怒江州民俗丰富多彩，有"刀杆节""镖牛"等习俗，在里的村寨房屋、生活用居等都十分具有民族特色。自制的麻布衣、火草衣古朴大广州。在当地，人们保存着对原始图腾的崇拜，"伴朵""迪母瓦""盍什"等民俗节日时，人们聚在一起，十分热闹。

| 区号：0886 |
| 邮编：673200 |
| 面积：14703 平方千米 |
| 人口：55.27 万人 |
| 著名景点：怒江第一湾、怒江大峡谷、石门关等 |

↘ 游在怒江

高黎贡山自然保护区 ★★★★ 📷

高黎贡山，位于中缅边境地区，源自念青唐古拉山脉，是云南最大的森林和野生动物自然保护区。它因为地理地貌比较特殊，因此有着众多的动植物资源，素有"世界物种基因库""自然博物馆"和"世界雉鹑类的乐园"的美称。
- 💰 免费
- 🕘 全天
- 🚌 怒江州汽车客运站—高黎贡山自然保护区（自驾）
怒江州汽车客运站—保泸高速—S230 省道—高黎贡山自然保护区全程约 84 千米

怒江大峡谷 ★★★★ 📷

怒江大峡谷，在高黎贡山和碧罗雪山之间，怒江从中穿过，气势雄伟壮美，让人震撼！怒江两岸，山峰陡峭，云雾萦绕，雪峰显露，原始森林郁葱，沿江多急流、险滩、瀑布、翠竹绿林，百花飘香、景色美如画。如果到这里旅游，不妨早上前往，此时，整个峡谷都是白

高黎贡山

🏔 高黎贡山

名称的由来

在中国云南有一个世居的少数民族叫景颇族，而高黎就是该族中的一个家族名称的谐音，又称"高丽"或"高日"。

"黎贡"在景颇族语中的意思就是"高黎家族的山"，后来又根据汉语的习惯称作"高黎贡山"。

温馨提示

到高黎贡山自然保护区游玩，建议在这里留宿一天，尽情领略高黎贡山四季变幻的气候和景色。在保护区内建有姚家坪森林旅游度假村，每天可接待游客 200 多人，并能提供六七十人的住宿。在这里还能欣赏到别具特色的民族歌舞表演。

推荐景点

在高黎贡山自然保护区有很多让人流连忘返的美景，游客们千万不要错过。其中不得不提的便是有名的"三江并流"。

"三江"指的是金沙江、怒江和澜沧江。这三条大河在高山峡谷中并行奔流了几百千米，却没有任何交汇的地方，堪称神奇。

色的云雾，仿佛是一幅颇有意蕴的水墨画，景色十分美丽。在这里还可以看到当地著名的一种交通工具——溜索，相信会让你难忘终生。

💰 50 元
🕐 8：30—17：00
🚌 怒江州汽车客运站—怒江大峡谷（自驾）
怒江州汽车客运站—怒江大道—S228 省道—G219 省道—S228 省道—怒江大峡谷
全程约 80 千米

怒江大峡谷

独龙江峡谷 ★★★★

独龙江峡谷被专家认定为"野生植物天然博物馆"，是我国原始生态保存很完整的区域之一。这里居住着一个封闭又古老的民族——独龙族，这里是他们的唯一聚居区，在这里你可以感受到最原始的自然景观以及独具特色的民族文化。虽然独龙江峡谷的道路并不好走，但是，依旧吸引了大批的游客前往。

💰 免费
🕐 全天
🚌 从怒江峡谷越过高黎贡山有可以直达独龙江峡谷的公路。

独龙江峡谷

碧罗雪山 ★★★

碧罗雪山，位于兰坪内，气候变化多端，高山、湖泊、瀑布众多，也被称作"万瀑千湖之山"，海拔超过 4000 米的雪山有 15 座，其中最高峰老窝山海拔 4500 米，景色非常秀美。

💰 免费
🕐 全天
🚌 怒江州汽车客运站—碧罗雪山（自驾）
怒江州汽车客运站—S230 省道—怒江大道—S228 省道—G219 省道—S228 省道—碧罗雪山
全程约 104 千米

石月亮 ★★★

石月亮，位于高黎贡山海拔 3300 米的峰巅之上，是一个由大理岩溶蚀形成的百米穿洞，宽 40 余米，高 60 米，雄伟瑰丽。到了石月亮，大家都想要近距离接近它，但是，这里山路陡峭崎岖，气候变化多端，是需要很大的毅力和勇气才可以到达的，同时这里也是攀岩爱好者的理想之地。

💰 免费
🕐 8：00—18：00
🚌 怒江州汽车客运站—石月亮（自驾）
怒江州汽车客运站—怒江大道—G357 省道—S228 省道—卓班公路—上帕街—G219 省道—石月亮
全程约 181 千米

石月亮

听命湖 ★★

听命湖，一个具有神话色彩的湖泊，位于泸水市片马东北部，海拔 3540 米，湖水清澈透明，周围森林密布，有多种珍稀保护动物。传说在这里人们只能轻声细语，如果你高声大喊，立刻就会有风雨、冰雹从天而至，十分神奇，这也成了它最迷人的地方。

💰 免费
🚌 怒江州汽车客运站—听命湖（自驾）
怒江州汽车客运站—怒江大道—向阳南路—S228 省道—S316 省道—听命湖
全程约 90 千米

丙中洛 ★★★

丙中洛位于怒江傈僳族自治州、贡山独龙族怒族自治县的北部，是国家级著名景区，里面除了有怒江第一湾外，还有石门关、丙中洛田园风光嘎娃嘎普雪山、普化寺、桃花岛等众多景点。因为景色奇特优美，被誉为真正的"香格里拉"，蔚蓝透明的天空、优美的景色、淳朴的民风民俗，让人流连忘返。

💰 免费（各景点另计）
🕐 全天
🚌 怒江州汽车客运站—丙中洛风景区（自驾）
怒江州汽车客运站—怒江大道—G219 省道—隔界河大桥—卓班公路—丙中洛风景区
全程约 294 千米

丙中洛风光

老姆登基督教堂 ★★★

怒江老姆登基督教堂在怒江峡谷沿岸，在那里，如果有村落出现，游客就可以看到教堂，这些都是 20 世纪初由法国传教士在此建立的教堂，虽然在那里居住着怒族、傈僳族、白族、汉族、藏族等民族，但大部分人信仰基督教。因此，这些教堂至今仍是当地居民做礼拜的地方。

💰 免费
🚌 怒江州汽车客运站—怒江峡谷（自驾）
怒江州汽车客运站—怒江大道—S228 省道—G219 省道—S228 省道—怒江大峡谷
全程约 80 千米

老姆登基督教堂

丙中洛

交通指南

丙中洛路途遥远，以乘坐公交车为主，但交通不便，路况不好车速慢，有时还会遇到塌方。

食宿

当地的村庄稀少，所以食宿不是太方便，但近几年当地大力发展旅游业，因此食宿问题有所改善。从丙中洛乡停车的地方前行大约30分钟会有一个少数民族村庄，这里接待游客。当地的小吃还是比较美味可口的，但当地人口味较重，爱吃咸的和辣的，当地的一些野菜和山珍是我们在其他地方吃不到的，也算是"山珍野味"吧。

购物怒江

在怒江，原始东西比较多，主要的特产有藤编手镯、独龙毯、片马三宝、丙中洛板栗、弓弩等。

藤编手镯：使用深山中一种稀有少见的红色蔓藤编织而成，这种植物很难采摘，而且只能阴干不能暴晒，当地妇女佩戴上这种藤编手镯的意思是表示自己男人很勇敢，对自己很忠诚。

独龙毯：是独龙族妇女手工编制而成的毯子，是独龙人日常生活中必不可少的生活用品，也是他们的传统服饰，不仅结实耐用，还可以防雨。要制作成一张独龙毯，需要有十几道的工序，工艺比较复杂，但确实很精美，就是价格稍高。

片马三宝：是指片马特产的木瓜、梅子和核桃。

丙中洛板栗：这种板栗果实饱满、清脆甘甜，味道很好，和我们平时吃的板栗略有不同。

↘ 吃在怒江

怒江的特色美食很多，很多都是怒族的民族风味，比如石头粑粑、皮巴肉、苞谷砂稀饭、琵琶肉、烧鸡粥、杵酒、羊油酒等。怒族人喜欢饮酒，因此将酒也运用到了美食中，著名的"侠辣"和"巩辣"，就是用肉炒的酒和用鸡蛋炒的酒，味道十分独特，游客不妨品尝一下。

山菌炖鸡

土土铜锅庄
游客评价：以铜锅为特色
☎ 0886-3887766
📍 怒江州六库赖(近茂河生态园)

勒墨人家农家乐·手抓饭
游客评价：傈僳族的手抓饭非常值得等待
☎ 0886-3631868
📍 泸水市怒江大道万豪酒店旁

火腿土锅鸡
游客评价：火腿加上正宗土鸡炖出来的味道绝了
☎ 13618887836
📍 怒江州贡山独龙族怒族自治县丙中洛街22号

椒知味鲜鱼火锅
游客评价：很有特色的当地鱼火锅，服务也很热情
☎ 18988384444
📍 泸水市六库镇穿城路185号

傈僳园
游客评价：当地特色菜，里面的水果也很好吃
☎ 0886-3411988
📍 怒江州福贡县上帕街南路14号

跃进桥火烧鸡
游客评价：菜品新鲜，烧鸡很好吃
☎ 0886-3628166
📍 泸水市怒江通达桥怒江西岸8栋105

食香阁
游客评价：推荐清汤鱼，汤鲜肉嫩
☎ 18725494488
📍 怒江州贡山独龙族怒族自治县丙中洛街怒峡大酒店东南200米

↘ 住在怒江

平价型
豪都世纪酒店 📍 怒江州六库镇穿城路3号 ☎ 0886-8887888
溢洋大酒店(怒江店) 📍 怒江州六库镇茂和南路38号 ☎ 0886-6666999
清江酒店 📍 怒江州六库镇新城区雪山路150号 ☎ 0886-3052888

享受型
怒江希尔顿花园酒店 📍 怒江州六库镇向阳南路怒江西岸1栋 ☎ 0886-3050888
泸水东方文豪大酒店 📍 怒江州沧江路与碧江路交会处南50米 ☎ 0886-6682888
怒江外滩酒店 📍 怒江州六库镇雪山路188号 ☎ 0886-6667777

西藏

省会：	拉萨
面积：	122.84 多万平方千米
人口：	364.81 万人
方言：	藏语、四川话
著名景点：	布达拉宫、大昭寺、珠穆朗玛峰、雅鲁藏布江

↘ 概况

西藏，位于中国最大、世界海拔最高的青藏高原之上，平均海拔在 4000 米以上，是我国海拔最高的省份。西藏是一个独特的地区，这里既有高原雪域的风光，也有南国的风采，人文景观和大自然景观融合在一起，使得西藏成为众多旅行者心中的神圣之地。

西藏分为三个部分：北部藏北高原，南部藏南谷地，东部藏东高山峡谷。地脉分为极高山、高山、中山、低山、丘陵和平原等六种类型，还有冰缘、岩溶、风沙、火山地貌等，如此多样的地貌也构成了西藏多样的旅游资源，因此吸引了大批的游客。除了山川，西藏还有多条河流，著名的有金沙江、怒江、澜沧江、雅鲁藏布江等。

虽然西藏旅游资源丰富，但是气候比较考验人，比如空气稀薄、气压低、含氧量少，日照时间长，日温差较大等，因此，很多游客到此会有不适的感觉，应当随时注意身体状况。

线路 1
拉萨—日喀则—阿里
线路 2
拉萨—林芝—山南—那曲

↘ 名菜

萝卜炖牦牛排骨：以白萝卜和牦牛排骨为主原料，味道鲜美可口，具有理气化痰、健胃消食的作用，是藏族人很喜欢的一道菜肴。

羊血肠：藏族在宰羊的时候，会将羊血灌入小肠中，然后煮熟食用，和香肠的制作方法相似。吃上去香嫩可口、满嘴生香，十分特别。

芝麻羊排骨：这是藏餐中的招牌菜，在排骨的外面裹上了一层芝麻，吃上去既有嚼劲又满嘴留香，味道十分鲜美。

↘ 交通

飞机

拉萨贡嘎国际机场

☎ 0891-6216465
📍 山南市贡嘎县甲竹林镇
💡 **机场交通**：机场大巴：
市区发车地点：娘热南路航空酒店。市区发车时间：06：30，07：40，08：00，08：30，09：00—13：00 每小时一班；13：00—14：30 每 30 分钟一班，17：00，17：30，19：30。建议预留航班起飞前 2.5 小时乘车。票价 25 元。出租车，起步价 10 元，5 千米后每千米 2 元。

林芝米林机场

☎ 0894-5482731
📍 西藏自治区林芝市米林县

机场交通：根据航班设有前往市区的机场大巴，车程约 55 分钟，票价 25 元。出租车，起步价 10 元，3 千米后每 0.5 千米 1 元。

昌都邦达机场

☎ 0895-67034400
📍 昌都区八宿县
💡 **机场交通**：昌都邦达机场机场专线由昌都市马草坝民航基地发车（夏季：每天 18：00，冬季：每天 16：00），票价 60 元。出租车，起步价 5 元（夜间 8 元），2 千米后每千米 2.5 元（夜间 3 元）。

拉萨

拉萨位于青藏高原中部，雅鲁藏布江支流拉萨河的北部地区，是西藏自治区的第一大城市，也是其首府。

拉萨已经有1300多年的历史，是一座名副其实的古城。"拉萨"在藏语中的意思是"圣地"或"佛地"，是藏传佛教信徒朝圣的地方。当地居民多为虔诚的佛教信徒，一直保留着与人为善、与己为善的优良传统，很少与人纷争，思想单纯，清心寡欲，崇尚自然。

拉萨在喜马拉雅山脉的北部，很少降雨，终年多晴朗天气，年均日照时长多达3000小时，平均下来每天至少有8小时以上的日照时间，是当之无愧的"日光城"。

区号：	0891
邮编：	850000
面积：	29500平方千米
人口：	86.79万人
著名景点：	布达拉宫、罗布林卡、大昭寺、小昭寺等

游在拉萨

布达拉宫 ★★★★★

布达拉宫，位于拉萨市西北的玛布日山上，是当年松赞干布为文成公主建造的，是藏族古建筑艺术的精华。整个宫殿为石木结构，屋顶为金色琉璃瓦，远远看去金碧辉煌、气势雄伟，宛若横空出世。这里是历世达赖喇嘛的冬宫，藏族很多重要的宗教、政治仪式都会在此举行。

💰 旺季（5月1日至10月31日）200元；淡季（11月1日至次年4月30日）100元（需提前领取购票凭证并持有效证件）

🕘 9：00—12：00，15：30—16：30

🚌 拉萨贡嘎国际机场—布达拉宫（自驾）

拉萨贡嘎国际机场—机场高速—雅叶高速—柳滨大道—民族路—布达拉宫 全程约58千米

布达拉宫

大昭寺 ★★★★★

大昭寺，位于拉萨老城区中心，始建于唐贞观年间，已经有1300多年的历史，是拉萨年代久远的寺庙。这座土木结构的寺庙，主殿四层，殿顶覆盖着西藏独具一格的金顶，阳光下浮光耀金，光彩夺目。在主殿中，供奉的是文成公主从长安带来的释迦牟尼12岁等身镀金像，配殿中有松赞干布和文成公主、尼泊尔尺尊公主等人的造像。寺中有很多藏式壁画，其中有记录文成公主进藏情景的图画。

💰 85元

🕘 9：00—18：00

🚌 拉萨贡嘎国际机场—大昭寺（自驾）

拉萨贡嘎国际机场—机场高速—雅叶高速—金朱东路—丹杰林路—大昭寺 全程约60千米

五日游

小昭寺—大昭寺—甘丹寺—扎耶巴洞窟群—八廓街—布达拉宫—药王山—哲蚌寺—罗布林卡—西藏博物馆—羊八井—纳木错—拉鲁湿地国家自然保护区

💡 布达拉宫

旅游提醒

到布达拉宫旅游四季皆宜，但一天中的气温变化很大。早上空气清新，比较凉爽；中午温度升高，相对干燥；晚上与早晨相似，但有时会下雨。若旅客还有其他地区的旅程安排，最好避开寒冬和雨季。这里冬季比较干冷，多大风天气，前来观光的旅客一定要注意保暖。

旅游小贴士

若是在藏传佛教节日的当天前去参观，会有不一样的感觉。像藏历六月底七月初举行的雪顿节，这里会有精彩的藏戏演出和隆重的晒佛仪式，场面十分壮观。

另外，布达拉宫山巅的金顶群自2006年二期维修工程竣工之后就已经不再对外开放。在布达拉宫参观需要遵循藏传佛教的禁忌，例如不能戴帽子，不能拍照（宫殿外可以拍一些外景），不能踩踏门槛等。

大昭寺

色拉寺 ★★★★

色拉寺，位于拉萨北郊色拉乌孜山下，是黄教代表寺院之一，藏传佛教格鲁派六大主寺之一，是拉萨三大寺最晚建成的寺院。寺庙的建筑主要有措钦大殿、麦巴扎仓、结巴扎仓、阿巴扎仓以及32个康村，藏有大量的珍贵文物、经书和工艺品，仅佛像就有上万个，十分珍贵。

- 💰 50元
- 🕐 9：00—16：00
- 🚌 拉萨贡嘎国际机场—色拉寺（自驾）
拉萨贡嘎国际机场—机场高速—雅叶高速—世纪大道—鲁定北路—麻迦曲童路—色拉寺
全程约65千米

色拉寺

罗布林卡 ★★★

罗布林卡，位于拉萨西郊，是历代达赖喇嘛的夏宫。如今，这座占地36万平方米的藏式建筑，已经被开辟为公园，被列为全国重点文物保护单位，是西藏人造园林中规模最大、风景最佳、古迹最多的园林，其中有格桑颇章、金色颇章、达登明久颇章等。

- 💰 60元
- 🕐 9：30—18：00（周日不开放）
- 🚌 拉萨贡嘎国际机场—罗布林卡（自驾）
拉萨贡嘎国际机场—机场高速—雅叶高速—金融路—民族中路—罗布林卡
全程约57千米

龙王潭 ★★

龙王潭，位于布达拉山后面，是拉萨著名的园林之一。整个园林根据布达拉山的山势建造而成，因此呈现出多边形的不规则围墙。园中间有一水潭，即为龙王潭，潭中有一小岛，建有阁楼，是佛教坛城楼式风格。这里不仅风景宜人，而且还是拍摄布达拉宫倒影的极佳地点。

- 💰 50元
- 🕐 8：00—18：30
- 🚌 拉萨贡嘎国际机场—龙王潭（自驾）
拉萨贡嘎国际机场—机场高速—雅叶高速—金融路—民族路—龙王潭
全程约58千米

龙王潭公园

热振寺 ★★★★

热振寺，位于林周县，是藏传佛教噶当派的祖寺，是阿底夏的弟子仲敦巴建造的。该寺占地面积大约1.67公顷，主殿分为两层，一层为大经堂，藏有很多佛像和经卷。二层为寝室，是提供给达赖、摄政等巡游路过时居住的。

- 💰 30元
- 🕐 7：00—19：00
- 🚌 拉萨贡嘎国际机场—热振寺（自驾）
拉萨贡嘎国际机场—机场高速—雅叶高速—京藏高速—青藏公路—热振寺
全程约277千米

甘丹寺 ★★★★

甘丹寺，位于拉萨达孜区境内旺波日山上，距离拉萨57千米，是佛教格鲁派的创始人宗喀巴建造的，拥有特殊的地位，可以说是格鲁派的祖寺，和哲蚌寺、色拉寺并称拉萨"三大寺"。该寺由50多座建筑组成，包括大殿、扎仓、康村、米村以及佛堂等。

- 💰 40元，藏族人免费
- 🕐 9：00—16：00
- 🚌 拉萨贡嘎国际机场—甘丹寺（自驾）
拉萨贡嘎国际机场—机场高速—雅叶高速—林拉公路—川藏公路—甘丹寺
全程约116千米

甘丹寺

药王山 ★★★

药王山，位于拉萨市布达拉宫右侧，山上有专门修建的巴扎仓（医药院），供奉药王佛像，因此称为药王山。这里是拍摄布达拉宫的极佳位置，特别是在半山腰，可以拍摄到布达拉宫的全景。

- 💰 10元
- 🕐 7：00—19：00
- 🚌 拉萨贡嘎国际机场—药王山（自驾）
拉萨贡嘎国际机场—机场高速—雅叶高速—金融路—民族路—药王山
全程约58千米

药王山的摩崖石刻

楚布寺 ★★★★★

楚布寺，藏传佛教噶玛噶举派的主寺，位于拉萨西郊约60千米。楚布寺拥有规模庞大的建筑群，包括经堂、佛堂、护法殿、佛学院、密宗修习院及僧舍等，而且寺中还有大量的珍贵文物，比如江浦寺建寺碑、空住佛、楚布拉干、都松钦巴的僧帽等。

- 💰 45元，藏族人免费
- 🕐 9：00—14：00
- 🚌 拉萨贡嘎国际机场—楚布寺（自驾）
拉萨贡嘎国际机场—机场高速—雅叶高速—南环路—青藏公路—楚布寺
全程约111千米

楚布寺

哲蚌寺 ★★★★★

哲蚌寺，拉萨三大寺之一，藏传佛教格鲁派的代表寺院，位于拉萨西郊更丕乌孜山下。寺院占地25万平方米，十分宏伟，寺中有洛色林、果莽、德扬、鄂巴四大扎仓，西藏众多的名僧大都曾在此学经，最盛时有僧众近万人，是藏传佛教最大的寺院。

寺中还有措钦大殿、洛色林扎仓、葛丹颇章、甲央拉康等建筑。其中主要建筑——大经堂雄伟壮观，有183根立柱，柱上的雕刻十分精美，还有精美的织绣经幢、挂幢、唐卡（卷轴画）以及佛像、壁画等加以修饰，可以同时容纳8000人诵经。寺内还保存有大量藏族的古代文献和经籍。远处眺望群楼云叠栉比鳞次、耀金映坚、雄奇壮观，宛如一座美丽的山城。

- 💰 50元，藏族人免费
- 🕘 9：00—14：00
- 🚌 拉萨贡嘎国际机场—哲蚌寺（自驾）
拉萨贡嘎国际机场—机场高速—雅叶高速—鲁定南路—当巴路—哲蚌寺
全程约61千米

西藏博物馆 ★★★

西藏博物馆，是西藏第一个拥有现代化功能的博物馆。博物馆的建筑充分体现了藏族传统建筑艺术的风格，同时又深刻体现了现代建筑的实用特点和艺术神韵，这样独具一格的建筑风格，让人叹为观止。馆中有着十分丰富的藏品，展示了各式的藏族历史物品，可以让你更加具体直观地了解西藏历史。

- 💰 免费，周一闭馆
- 🕘 夏：10：00—17：30
冬：10：00—16：30
- 🚌 拉萨贡嘎国际机场—西藏博物馆（自驾）
拉萨贡嘎国际机场—机场高速—雅叶高速—民族路—罗布林卡路—西藏博物馆
全程约57千米

西藏博物馆

扎耶巴洞窟群 ★★★★

扎耶巴洞窟群，位于拉萨东北20千米的拉日宁布山，是吐蕃时期西藏的四大静修地之一。历史悠久、风景秀丽，不仅有奇峰、怪石、溪涧、草地，还有众多的洞窟、寺庙林立其间，让人流连忘返。

- 💰 免费
- 🕘 全天
- 🚌 拉萨贡嘎国际机场—扎耶巴洞窟群（自驾）
拉萨贡嘎国际机场—机场高速—雅叶高速—慈觉林大道—北环路—扎耶巴洞窟群
全程约91千米

八廓街 ★★★★

八廓街，拉萨最古老的街道，也称为"八角街"，过去只是一条单纯的转经道，如今，它不仅延续着原有的使命，而且还成为具有西藏民族特色的购物街。街道两边是藏式的楼房，开满了各色的店铺，可以买到西藏各种特产，应有尽有，物美价廉。这里是拉萨宗教、经济、文化、手工艺以及民俗的集合之地。

- 💰 免费
- 🕘 全天
- 🚌 拉萨贡嘎国际机场—八廓街（自驾）
拉萨贡嘎国际机场—机场高速—雅叶高速—金珠东路—朵森格路南段—八廓街
全程约59千米

拉萨八廓街

拉鲁湿地国家自然保护区 ★★★★

拉鲁湿地国家自然保护区，位于拉萨西北城区，过去是西藏贵族拉鲁家的领地，此地是面积最大、海拔最高的城市天然湿地，水草丰美、气候湿润，对拉萨地区有着调节气候、增加空气湿度、增加空气含氧量的作用，有"拉萨城市之肺"的美称。

- 💰 免费
- 🕘 全天
- 🚌 拉萨贡嘎国际机场—拉鲁湿地国家自然保护区（自驾）
拉萨贡嘎国际机场—机场高速—雅叶高速—金融路—当热西路—拉鲁湿地国家自然保护区
全程约58千米

拉鲁湿地的赤麻鸭

小昭寺 ★★★

小昭寺，位于拉萨古城的北面，距大昭寺约1千米。寺中最初供奉的也是由文成公主从长安带回来的佛像。小昭寺几乎是和大昭寺同时修建的，因此，小昭寺早期的建筑风格有点汉唐风韵，但是在遭过几次破坏后，早期痕迹已经不存在了。如今小昭寺是黄教格鲁派上密院修法的场所。

- 💰 30元
- 🕘 9：00—17：00
- 🚌 拉萨贡嘎国际机场—小昭寺（自驾）
拉萨贡嘎国际机场—机场高速—雅叶高速—罗布林卡路—林廓西路—小昭寺
全程约60千米

纳木错 ★★★★★

纳木错，西藏三大神湖之一，藏传佛教的圣地，有"天湖"的意思。湖水清澈透明，湖面呈天蓝色，水天相融，浑然一体，闲游湖畔，似有身临仙境之感。藏传佛教徒认为，只要是到过纳木错的人，他们的灵魂都好像是被纯净的湖水洗涤过一般，是圣洁的象征。纳木错的美丽和纯净让人震撼，到了这里，你就不想离开了。

- 💰 120元
- 🕘 6：00—18：00

圣湖纳木错

🚌 拉萨贡嘎国际机场—纳木错（自驾）
拉萨贡嘎国际机场—机场高速—雅叶高速—京藏高速—友谊路—S206—纳木错
全程约 250 千米

羊八井 ★★★★★

羊八井，拉萨著名的地热蒸汽田，距离拉萨市 90 千米，是世界上海拔最高的地热发电站。这里的地热资源丰富，分布着很多喷泉、温泉、热泉、沸泉、热水湖等，水温可以保持在 47℃左右，并且还富含多种矿物质，是疗养的好去处。

羊八井地热

💰 60 元
🕘 9：00—17：00
🚌 拉萨贡嘎国际机场—羊八井（自驾）
拉萨贡嘎国际机场—机场高速—雅叶高速—京藏高速—S304—羊八井
全程约 143 千米

🏞 羊八井
交通提示

拉萨长途汽车站有通往羊八井的班车，但只能到达青藏路口附近。游客要想赶往温泉游泳池就需要自己想办法了，建议包车或乘便车完成剩下 8 千米的路程。当然，若是身体健康、喜爱运动的游客，也可以尝试徒步到达。

旅游提醒

在羊八井景区内，浴巾、钥匙等物品的租用是需要付押金的，而除去门票中所包含的毛巾、沐浴露、洗发水等洗浴用品外，像泳衣之类就需要旅客自备或购买了。

旅游小贴士

在羊八井泡温泉需要注意很多问题。首先就是运动量的控制。因为羊八井属于高原地区，氧气消耗量非常大，所以游客在泡温泉的过程中，最好不要剧烈运动，适时地补充水分，否则会造成缺氧、上岸后体力不支等后果，既伤身体又影响继续游玩的激情。还有就是合理安排行程，若是接下来还有到纳木错的旅程，那就先去欣赏纳木错的黄昏美景，归途中再来温泉放松享受。

温泉养生

来到羊八井，便感觉云雾缭绕，犹如仙境，仿佛瞬间便从尘世的喧嚣中解脱出来。羊八井地热温泉具有良好的医疗和保健效果，可以说是大自然赐予人类的礼物。来羊八井泡温泉，就等于享受由多种名贵中草药泡制的药浴，可活血化瘀，降血压，养颜瘦身。长期泡之，更有延年益寿之功效。

↘ 吃在拉萨

拉萨的美食，主要以藏餐和川菜为主，当然也有其他菜系的饭店，可以找到北方菜、湘菜、粤菜以及国外的印度菜、尼泊尔菜等。但是，既然来到了拉萨，藏餐还是必不可少的，要不然就愧对此行了。传统的藏餐包括糌粑、酥油茶、青稞酒、藏面等。

青椒牦牛肉

🍽 雪域餐厅
游客评价：西餐式的藏族餐饮，还有印度菜、尼泊尔菜等
📞 0891-6337323
📍 拉萨市城关区藏医院路 8 号 1 楼

🍽 藏家宴
游客评价：特色藏族菜，很有藏族氛围
📞 0891-6362228
📍 拉萨市城关区团结新村东区 1 号

🍽 冈拉梅朵
游客评价：有改良版的藏餐和西餐，环境不错
📞 0891-6333657
📍 拉萨市北京东路 127 号

🍽 拉萨驴窝餐厅
游客评价：菜品味道比较清淡，比较适合刚到西藏的旅行者
📞 0891-6335853
📍 拉萨市北京东路刚坚饭店西侧

🍽 雪神宫藏式餐厅
游客评价：拉萨具有代表性的藏族餐厅
📞 0891-6825866
📍 拉萨市城关区康昂东路布达拉宫广场西侧停车场 B1 楼

🍽 娜玛瑟德餐厅
游客评价：主营藏餐，也有尼泊尔餐，味道很赞，深受游客喜欢
📞 0891-6324669
📍 拉萨市宇拓路 30 号珠峰伟业 2 楼（近朵森格南路）

↘ 住在拉萨

平价型

拉萨扎西曲塔风情酒店
- 拉萨市北京东路 3 巷 21 号
- 0891-6509888

八宝精品客栈
- 拉萨市城关区鲁普一巷 3 号
- 0891-6342191

吉雪宾馆（大昭寺店）
- 拉萨市林廓东路 47 号（西藏自治区公安厅斜对面，近大昭寺）
- 13618981345/13638901920

拉萨新华宾馆（布达拉宫店）
- 拉萨市宇拓路 2 号
- 0891-6305333

享受型

拉萨瑞吉度假酒店
- 拉萨市江苏路 22 号
- 0891-6808888

西藏璟城国际商务酒店（拉萨）
- 拉萨市北京中路 48 号
- 0891-6930888

西藏赛康大酒店（拉萨）
- 拉萨市北京东路 25 号
- 0891-6362888

拉萨圣地天堂洲际大饭店
- 拉萨市江苏大道 1 号
- 0891-6569999

↘ 购物拉萨

八角街

西藏有很多具有民族气息和乡土风格的手工艺品，例如唐卡、藏刀、木碗、银碗、面具、骨雕等，而相对集中出售这些东西的地方就是拉萨的八角街。这里聚集着各种出售当地特产的店铺，几乎所有的西藏特产都可以在这里买到。但是，这里的东西也是良莠不齐，因此要懂得鉴别，否则很容易上当，尤其是银饰，"中奖率"更高。这里也是可以讲价的，游客千万不要忘记。

民族旅游工艺品商场

各类藏式手工艺品、饰品，价格便宜。

藏刀

在西藏，最好的藏刀是拉孜县出产的。一般的藏刀做工比较粗糙，当然价格也不贵，就几十块，只能当一个摆设看看而已。在选购藏刀的时候，外观精美的银饰刀鞘是最主要的，制作精细，工艺精湛。购买之后，要在发票上写上工艺品，否则是不准出入境的。乘坐飞机是不允许带着藏刀的，因此，一般要选择平邮的方式寄送回去，选邮局的话最好选择布达拉宫东边的邮局和八角街南街的邮电所，会比较快一点。

唐卡

这是一种有着浓郁西藏风情的卷轴画，内容大多为佛像和菩萨，也有一些花鸟、山水、医学、天文学的图画。唐卡的样式多样，有彩绘、织锦、刺绣、贴花，唐卡分为画的、印刷的、印个毛坯再画等几种。如果是印刷的，价格并不贵，甚至几块钱就可以买到。但是如果是手绘，那么，价格就翻几倍了，几百甚至上千的都有。

> **特产**
>
> 拉萨有很多特产，其中比较著名的除唐卡、藏刀、碗类手工艺品之外，还有麝香、藏纸、人参果等。
>
> 麝香：是雄性麝鹿的腺囊分泌物，香味特殊，不仅是制造香精的原料，也能入药，属于世界名贵药材。麝香能醒脑通窍，对精神萎靡、瞬间昏厥等急症有极佳疗效。
>
> 藏纸：藏纸的主要原料是狼毒花，因其草质含毒，故能防止老鼠和蛀虫的撕咬，且耐折耐磨，不容易腐烂变色适合长期保存。用藏纸书写，墨汁不容易渗透纸张，字迹清晰而有光泽，颇受书画爱好者喜爱。
>
> 人参果：又称之为"蕨麻"，藏语中音"戳马"。其肉质白嫩，味道甘甜，长期食之，可健脾强胃，益气生津，是不可多得的"药果"。藏族人民多在过节时食用。

拉萨八角街

林芝

　　林芝位于西藏自治区的东南部,被喜马拉雅山脉、念青唐古拉山脉和横断山脉三大山脉所环绕,平均海拔在 3000 米以上,有"西藏的江南"之称。

　　"林芝"在藏语中的意思是"太阳的宝座"或"娘氏家族的宝座",在藏族地区,每天太阳都会最先在这里升起。林芝的地形起伏很大,地貌的垂直特征也很明显,植被覆盖率很高,充满了生命的气息。当地的原始森林尚维持着原本的面貌,森林里生长着高大挺拔的西藏古柏、被称为植物活化石的"树蕨"和 100 多个品种的杜鹃等珍稀动植物。另外,世界上最大的峡谷——雅鲁藏布江大峡谷就在林芝市,林芝市也因此闻名世界。

| 区号:0894 |
| 邮编:860000 |
| 面积:11.7 万平方千米(实际控制 7.6 万平方千米) |
| 人口:23.89 万人 |
| 著名景点:色季拉山、鲁朗林海、雅鲁藏布大峡谷等 |

↘ 游在林芝

色季拉山 ★★★★★

　　色季拉山,位于林芝市东部与中西部的分界带,它拥有高原山岭的特征,海拔比较高,可以在山上看日出、云海、林海,甚至还可以看到南迦巴瓦峰,景色十分美丽。色季拉山的杜鹃花季为 4 月中旬到 6 月底,从山脚到山顶依次开放。尤其是进入 6 月份,整座山上的杜鹃花全部绽放,黄色、白色、紫色、大红、浅红、粉红等,形形色色,千姿百态,形成花的山,花的海,场面极为壮观。

¥ 免费
🕐 全天
🚌 林芝米林机场—色季拉山(自驾)
林芝米林机场—S306—沪聂线—林芝桥—色季拉山
全程约 78 千米

色季拉山

旅游提醒

　　色季拉山非常出名的便是那满山满眼的杜鹃花了。4 月中旬到 6 月底,从山脚到山顶依次开放。尤其是进入 6 月份,整座山上的杜鹃花全部绽放,这时的色季拉山可谓是花的世界,黄、白、红、紫各色杜鹃花从山脚到山顶相继展露笑颜,漫山遍野,婀娜多姿,气势颇为壮观。

旅游指南

　　在色季拉山西侧有一个达则村,村旁就是被称作西藏"四大神山"之一的本日拉山,是西藏苯教的圣地。来此朝拜祈福的信徒数不胜数,一年四季,从未间断。特别是每年的藏历八月十日,在本日拉山还会举行被人们称之为"娘布拉酥"的大型转山活动,场面十分壮观,热闹非凡。

　　来色季拉山旅游,若是没有看日出的话,那就太遗憾了。游客最好提前一天到达,在此留宿一晚,缓解一下旅途的劳累,调整好心情。第二天起个大早,到海拔约 4700 米的山口,这里便是观看日出的最佳地点。

林芝色季拉山山口

鲁朗林海 ★★★★

　　鲁朗林海,位于林芝市内东面的鲁朗镇,翻过色季拉山山口就可到达。这里的风景十分优美,远处有冰川、雪山,近处有原始森林、河流遥相呼应,宛如一幅美丽的画卷。林海中有着非常丰富的树种,而且有大量的鸟儿在此栖息,是一个亲近自然的好地方。

¥ 90 元
🕐 6:00—18:00
🚌 林芝米林机场—鲁朗林海(自驾)
林芝米林机场—S306—机场专用路—沪聂线—鲁朗林海
全程约 82 千米

鲁朗林海观景台

雅鲁藏布江大峡谷

★★★★

雅鲁藏布江大峡谷,是世界上最深的峡谷,这里的环境十分恶劣,整个峡谷都是绝壁、冰川、陡坡、泥石流以及大河交错在一起,雅鲁藏布江大峡谷两侧,壁立高耸的南迦巴瓦峰(海拔7782米)和加拉白垒峰(海拔7234米),其山峰皆为强烈上升断块,巍峨挺拔,直入云端。峰岭上冰川悬垂,云雾缭绕,气象万千。虽然已经开发了很久,但是却依旧有很多地方还无人到达过,不过却是人们向往的地方,也是世界上的神秘之地。

- 公路游290元,水陆联运710元
- 6:00—18:00
- 林芝米林机场—雅鲁藏布江大峡谷(自驾)
  林芝米林机场—S306—岗派公路—Y403—雅鲁藏布江大峡谷
  全程约91千米

布久喇嘛林寺

★★★★

布久喇嘛林寺,位于林芝市驻地西南、尼洋河西岸的布久乡喇嘛林村,是林芝市非常重要的藏传佛教场所。该寺依山傍水,佛殿建在林间,环境幽雅,寺院墙体采用的是白、蓝、红、绿四色,寺中有著名的莲花生大师践石的遗迹。

- 10元
- 林芝米林机场—布久喇嘛林寺(自驾)
  林芝米林机场—S306—岗嘎大桥—S306—布久喇嘛林寺
  全程约30千米

尼洋河

★★★

尼洋河,是雅鲁藏布江北侧的最大支流,发源于米拉山西侧的错木梁拉,在林芝则们附近流入雅鲁藏布江,落差高达2273米。河流附近的环境保护比较完好,森林植被几乎没有被破坏。尼洋河在传说中是神山流出的悲伤的眼泪。该河两岸森林植被完整,河水清、含沙少,是工布人的"母亲河"。

- 免费
- 全天
- 林芝米林机场—尼洋河(自驾)
  林芝米林机场—S306—机场专用路—林拉公路—尼洋河
  全程约204千米

巴结巨柏自然保护区

★★★★

巴结巨柏自然保护区,位于林芝市境内,这里是一片自然生长的巨柏林,距今已经有2000~2500年之久,因此,在当地人心目中有着不可超越的位置,被认为是圣地,巨柏则被称为"神树"。我们可以看到林中最大最古老的树身上悬挂着风马旗,这是信徒们前来朝拜时留下来的。

- 15元
- 全天
- 林芝米林机场—巴结巨柏自然保护区(自驾)
  林芝米林机场—S306—林拉公路—迎宾大道—巴吉路—巴结巨柏自然保护区
  全程约51千米

雅鲁藏布江大峡谷

尼洋河风景

↘ 吃在林芝

林芝市在沿袭了传统的藏餐以外,也有一些自己的特色食品,比如珞巴族的酒、鲁朗石锅鸡、藏香猪、烤仓鼠等,都是当地有名的特产,千万不要忘记品尝哦。

豆花

盐帮菌王府石锅鸡(林芝总店)

游客评价:汤很鲜美,加一些小米椒在汤里更加美味
- 15108295619
- 林芝市八一大街北段健民医院旁

滋补菌石锅居

游客评价:汤里加了很多材料,非常鲜美,牦牛肉很好吃
- 0894-5834930
- 林芝市平安路凯丽酒店旁

鲁朗石锅王总店

游客评价:君问归期未有期,来份"鲁朗石锅鸡"
- 13618948889
- 林芝市巴宜区鲁朗旅游小镇恒大中区美食街1-2号

巴河鱼庄

游客评价:以鱼为主的川菜馆
- 0894-5412999
- 工布江达县巴河镇

乡巴佬烤肉坊

游客评价:以烧烤为主,味道不错
- 0894-5884619
- 林芝市八一镇德吉路287号

临夏手抓大王美食城

游客评价:服务热情周道,菜品很不错,特别是羊肉,非常鲜美
- 0894-5886318
- 林芝市八一镇广东路304号

张记豆花

游客评价:主营豆花、排骨汤锅,还有各种小菜都很好吃
- 0894-5887208
- 林芝市八一大街333号

↘ 住在林芝

平价型

速8酒店
📍 林芝市八一镇双拥东路1号佳美花园
📞 0894-5873888

嘉恒·冰川主题酒店
📍 林芝市波密县扎木东路1号
电话：0894-5202688

山水客栈
📍 林芝市波密县古乡古村
📞 15085023057

玖见莲花精品民宿
📍 林芝市八一镇广福大道馨融嘉苑小区36栋
📞 18108942252

享受型

林芝风情大酒店
📍 林芝市八一镇福建路中段
📞 0894-5831288

西藏林芝中海花园酒店
📍 林芝市八一镇新区尼池中路14号
📞 18208048889

松赞林卡酒店
📍 林芝市波密县古乡古村
📞 0894-5902747

林芝保利雅途酒店
📍 林芝市鲁朗旅游小镇北区
📞 0894-5892288

日喀则

在日喀则旅游，有两条线路可供选择。

第一条旅游线路是：首先到西藏三大圣湖之一的羊卓雍错（简称羊湖），欣赏那里的高原湖泊特色，在其附近还可以看到美丽的大雪山和冰川。然后向西南游览有着300多年历史的桑顶寺，领略佛家寺院的风采。

第二条旅游线路是：首先在江孜游览宗山城堡，观看风景秀丽、别具特色的帕拉庄园和100多年前抵抗英国侵略者的炮台，还可以到白居寺欣赏保存完好、数量惊人的壁画和佛像。然后到定日稍作调整，幸运的话还可以欣赏到日喀则人的各种热情奔放的舞蹈，有兴致的游客也可以到当地的绒布寺欣赏冰川和绒布河。

区号：0892
邮编：857000
面积：182000平方千米
人口：79.82万
著名景点：扎什伦布寺、桑珠孜宗堡、珠穆朗玛大本营、萨迦寺

↘ 游在日喀则

扎什伦布寺 ★★★★★

扎什伦布寺，位于日喀则市城西的尼色日山坡上，是该地区最大的寺庙，班禅四世和以后历代班禅的驻锡地。寺院是依山而建，坐北朝南，金顶红墙，远远看去十分壮观美丽。在强巴佛殿中，供奉着世界最大的镀金强巴铜坐佛像，鼻子比成年人还要

扎什伦布寺

🌸 扎什伦布寺

旅游提醒

在扎什伦布寺，就算游客携带有学生证件，也是不能打折的。全票价大概在45~55元。藏族人可以免费参观。

在观赏佛寺时，仅是在大道上随意游览是不会看出什么名堂的。若是看到上锁的庭院或殿堂，可以请那里的喇嘛开锁并陪同观赏，会有不少意外收获。

路线推荐

来扎什伦布寺观光，可参考以下路线：进入寺门后直走，左前方是强巴佛殿，殿内的主尊是强巴佛，又称"未来佛"；出门往东便是十世班禅灵塔殿，塔前有其塑像；它的东面是班禅宫殿，是历代班禅大师居住之地，不对外开放；再往东便是著名的觉干夏殿，殿内保存着四世班禅的灵塔。

"放生狗"

在扎什伦布寺有很多品种各异、体型不一的狗狗，看起来憨厚可爱，很招人喜欢，这就是俗称的"放生狗"。与西藏其他寺院的"放生羊""放生鸡"等是一样的。

高，造型生动，表情庄严，技艺精湛，是不可多得的佛教造像。

💰 100 元

🕘 9：00—17：00（中午 12：00—14：00 佛殿不开放）

🚌 日喀则和平机场—扎什伦布寺（自驾）

日喀则和平机场—机场高速—G318—上海中路—吉吉朗卡路—扎什伦布寺

全程约 54 千米

珠穆朗玛大本营
★★★★★

珠穆朗玛峰是世界最高峰，北坡位于我国西藏定日县境内。珠穆朗玛大本营就设立在此，是为了保护珠峰核心区的环境而设立的保护区，海拔 5200 米，和珠峰峰顶的直线距离仅有 19 千米。要进入珠峰大本营，游客要从绒布寺坐马车或徒步进入。（珠穆朗玛大本营目前已无限期关闭。）

💰 180 元

🕘 全天

🚌 日喀则和平机场—珠穆朗玛大本营（自驾）

日喀则和平机场—机场高速—G318—吉定桥—沪聂线—珠峰路—珠穆朗玛大本营

全程约 384 千米

珠穆朗玛峰

绒布寺
★★★

绒布寺，位于定日县巴松乡绒布沟的卓玛山顶，海拔 5154 米，地势高峻寒冷，是世界上海拔最高的寺庙。绒布寺是从北坡攀登珠穆朗玛峰的大本营。从这里向南眺望，可以看到珠峰山体像一座巨大的金字塔，巍然屹立在群峰之间，令人望而生畏。每当天气晴朗，就能够见到山顶有一团乳白色的烟云，像一面白色的旗帜在珠峰上空飘扬，被称为"世界上最高的旗云"，堪称世界一大奇观。

💰 35 元

🕘 9：00—16：00

🚌 日喀则和平机场—绒布寺（自驾）

日喀则和平机场—机场高速—G318—沪聂线—洛洛曲 2 号大桥—珠峰路—绒布寺

全程约 381 千米

绒布寺

夏鲁寺
★★★★

夏鲁寺，位于距离日喀则东南 20 千米处的夏鲁村。该寺由夏鲁神殿和 4 个扎仓组成。大殿中供奉的是释迦牟尼佛像和八大弟子塑像，经堂中供奉着大藏经《甘珠尔》和《丹珠尔》。寺中还有很多壁画，历史悠久，具有很高的欣赏价值。

💰 40 元

🕘 9：00—17：30

🚌 日喀则和平机场—夏鲁寺（自驾）

日喀则和平机场—机场高速—G349—白朗岗桥—G349—夏鲁寺

全程约 49 千米

白居寺
★★★★

白居寺位于江孜县城东北，距离日喀则大约 100 千米。该寺有着悠久的历史，寺中保存了很多精美的壁画和造像，是佛教的珍贵宝物。该寺的特殊性在于一寺有三派，而且各派之间还可以和平共处，这是很少见的。

💰 60 元（十万佛塔照相另收费 10 元）

🕘 9：00—19：00

🚌 日喀则和平机场—白居寺（自驾）

日喀则和平机场—机场高速—G349—丰登大道—江洛路—英雄路—白居寺

全程约 87 千米

白居寺

班禅新宫
★★★★

班禅新宫，位于日喀则城区西南角，扎布伦寺南边，是十世班禅在 1954 年修建的夏宫。新宫建造得富丽堂皇，环境清幽，宫中还收藏着很多西藏历史文物以及艺术精品。特别是壁画《八思巴会见忽必烈》，是其中的经典。

门殿浮雕着凶悍不驯的野兽、腾跃欲飞的蟠龙和各种花卉图案。门壁两侧彩绘着卷云、猛虎、长龙、人物和佛教故事壁画。过了第一道门便是一条幽深小径，红莹碎石铺路，白石玉块镶花。第二道门是一个前庭四合院，迈进四合院，进入第三道门，便可观赏那雄浑、富丽堂皇、庄贵肃穆的宫殿了。

💰 30 元

🕘 9：00—18：00

🚌 日喀则和平机场—班禅新宫（自驾）

日喀则和平机场—机场高速—G318—扎德中路—普章路—班禅新宫

全程约 53 千米

萨迦寺
★★★★

萨迦寺，位于日喀则西南 130 千米萨迦县城中，是萨迦派的首院，由萨迦的创始人昆·贡却杰布建造。该寺的色彩主要以紫红色为主，代表着文殊菩萨，间有黑、白两色，分别代表金刚护法神和观音菩萨。这样的建筑在西藏地区的古建筑中是独树一帜的。寺中藏有大量的艺术珍品，具有极高的文物价值，也被称为"第二个敦煌"。

💰 45 元，藏族人免费

🕘 9：00—18：30

🚌 日喀则和平机场—萨迦寺（自驾）

日喀则和平机场—机场高速—G318—沪聂线—格桑西路—法王北路—萨迦寺

全程约 197 千米

萨迦寺

樟木口岸
★★★★

樟木口岸，位于喜马拉雅山南麓的中尼边境聂拉木县樟木镇的樟木沟底部，是一个依山而形成的小镇。周围自然环境很美，现代化建筑和一些古老的木结构房屋依山交替地散落在盘山而下的公路两侧。这里气候潮湿、风景优美，是典型的亚热带气候，沿着这里的街道走到尽头就是中国海关，是去尼泊尔旅游的通关处。因此，这里不仅可以看到中国人，还可以看到很多的印度人、尼泊尔人。

💰 免费

🕐 全天，口岸放行时间为 8：00—17：00

🚌 日喀则和平机场—樟木口岸（自驾）

樟木口岸中尼友谊桥

日喀则和平机场—G318—吉定桥—沪聂线—G219—707大桥—沪聂线—樟木口岸
全程约528千米

💡 萨迦寺

旅游贴士
萨迦寺海拔4300米左右，游客可放心前往观光，很少出现高原反应。

萨迦寺位于萨迦镇，在镇上是可以居住的，虽然住宿条件一般，但价格比较便宜，三四十元就可以住宿一晚。若是乘车赶回城里，费时又费钱，还不如在此留宿。若是旅程时间允许，第二天还可以欣赏萨迦寺周边的风土民情。

旅游提醒
在萨迦寺游览的时候，游客还可以请求与寺里的僧人合影，他们一般是不会拒绝游客的。在寺中有一些供奉的佛像或者是壁画之类，是不允许游客随意拍照的，游客们一定要注意这些细节，以免被误认为是对佛教的不尊重，引起不必要冲突。

摄影爱好者们若是想拍摄萨迦寺与周边藏式民居相交相融的全景，建议到离萨迦镇不远的达玛拉山上寻找合适角度，会有很好的视觉效果。

💡 购物日喀则

北部集市：位于日喀则市北边，这里是市区的主要集市，里面出售有各种日用品以及当地特产，也是当地藏族人常去的集市，藏刀、藏毯、唐卡、法器、经轮、银碗、玉器、手镯、酥油灯、佛像、木碗、项链、耳环、头饰、松巴靴、藏服等，这里一应俱全，都可以买到。

吃在日喀则

日喀则的饮食和西藏其他地区大致相似，都是以藏餐为主，无论是装潢还是食物，都显现了浓郁的藏族风格。

葱爆牛肉

🍴 **吾尔朵大宅院**
游客评价：很正宗的藏餐，推荐甜茶，收费很合理
📞 0892-8823994
📍 日喀则市桑珠孜区扎德西路10号德庆普章斜对面

🍴 **小胖子川菜**
游客评价：地道的川菜
📞 0892-8821768
📍 日喀则市珠峰路

🍴 **客家寨肚包鸡**
游客评价：汤非常鲜美
📞 183892026136
📍 日喀则市桑珠孜区科技路

🍴 **丰盛藏式餐厅**
游客评价：面食香味浓郁，很火爆
📞 15726720000
📍 日喀则市桑珠孜区珠峰西路扎什伦布寺广场东侧

🍴 **老陕饭庄**
游客评价：当地很大的连锁店，肉夹馍很好吃
📞 0892-8835134
📍 日喀则市桑珠孜区珠峰路玉海家园10号

🍴 **松赞餐厅**
游客评价：地方特色的藏餐
📞 0892-8832469
📍 日喀则市喜格孜风情街19号

🍴 **喜马拉雅音乐餐吧**
游客评价：口水鸡非常好吃
📞 0892-8905999
📍 日喀则市桑珠孜区体育南路与扎德西路交叉路口

↘ 住在日喀则

平价型	享受型
尚客优酒店 🏠 日喀则市雪强路和赛马路交会处西南角 📞 0892-8808888	**乔穆朗宗酒店** 🏠 日喀则市上海中路和珠峰路交叉路口西南角 📞 0892-8666333
日喀则阳孜饭店 🏠 日喀则市黑龙江北路2段 📞 0892-8839998	**全季酒店（日喀则青岛路店）** 🏠 日喀则市青岛路16号 📞 0892-8909999-0
速8酒店 🏠 日喀则市吉林北路5号 📞 0892-8947888	**达热瓦大酒店** 🏠 日喀则市珠峰路15号 📞 0892-8839888
芒果酒店 🏠 日喀则市曲荣美达路3号 📞 0892-8669696	**珠峰宾馆** 🏠 日喀则市白坝镇珠峰东路2号 📞 0892-8262775

山南

山南市位于冈底斯山和念青唐古拉山的南部，北接拉萨，西邻日喀则，东连林芝，南到印度和不丹，是藏族的发源地之一。

山南市平均海拔3700多米，地势西高东低，境内江河星罗棋布，大小湖泊达数十个，与当地的风景名胜、牧场岛屿等融为一体，形成天人合一的自然风景特色。

山南市的野生植物资源非常丰富，有虫草、贝母、丹参、雪莲等数百种珍稀中药材。丰富的动植物资源，多彩的人文、自然景观，再加上储量惊人的黄金、水晶、玉石、大理石等矿产资源和迅速发展起来的第三产业，使山南市快速成长为著名的经济产业区和旅游胜地。

区号：0893
邮编：856000
面积：7.93万平方千米
人口：35.40万人
著名景点：桑耶寺、雍布拉康、昌珠寺、雅砻风景名胜区

↘ 游在山南

泽当街道 ★★★★★ 📷

泽当街道，位于山南市的雅砻河和雅鲁藏布江汇流处的东侧，距离拉萨市大约191千米，是藏南地区的交通枢纽，因此这里的交通十分便利，商业、餐饮、邮电、

泽当街道
旅游贴士

泽当街道背山靠水，景色宜人，气候温和，一年四季都适合游人前来旅游。来泽当街道旅游，当然要去贡布日神山。在远处观赏贡布日神山，会有一种神圣的感觉。神山在阳光的照射下，金光闪闪，若有神现。天上时不时地飘来一团云朵，遮住了日光，在神山上留下一片会移动的阴影，让人在感受大自然神奇的同时，也忍不住心生崇拜。

雍布拉岗虽然已经破败，但昔日虎踞龙盘，雄伟壮丽之势依然可辨。在泽当，品尝着飘香的糌粑和酥油茶、青稞酒，看着目光虔诚的身着氆氇长袍的藏族人潜忍而过，心中更增添了一份对西藏的神奇感受。

泽当街道俯景

文教卫生方面的设施都很齐全,也是山南重要的城镇之一。
💰 免费
🕐 全天
🚌 山南站—泽当街道(自驾)
山南站—纬一路—湖北大道—英雄路—泽当街道
全程约3千米

敏珠林寺 ★★★

敏珠林寺,西藏宁玛派的主寺,位于扎囊县扎囊河以东扎期区。敏珠林寺不同于其他寺庙的特点在主殿祖拉康墙壁上绘制有不少多头多臂、表情狰狞的佛像,这些佛像是护法神灵,可以保护寺院。敏珠林寺的僧人注重对天文历算、医学、书法的研究,是西藏寺庙中的佼佼者。
💰 20元
🕐 9:00—18:00
🚌 山南站—敏珠林寺(自驾)
山南站—纬一路—G4219—泽贡高速—G349—敏珠林寺
全程约62千米

敏珠林寺

雍布拉康 ★★★

雍布拉康,位于距离泽当11千米的扎西次日山上,是第一任吐蕃赞普居住的宫殿,也是西藏历史上第一个宫殿,已经有2000多年的历史了,宫殿中的壁画真实地再现了西藏早期的文明。如

今宫殿已经被改建为寺庙,大殿中有松赞干布和文成公主的造像。
💰 60元
🕐 9:00—18:00
🚌 山南站—雍布拉康(自驾)
山南站—纬一路—泽鱼线—S202—雍布拉康
全程约16千米

昌珠寺 ★★★★

昌珠寺,距乃东区仅2千米,该寺建造于松赞干布时期,已经有1300多年的历史,传说文成公主还曾经在此修行过,至今该寺还是很多佛教徒的朝拜圣地。寺中有一件十分宝贵的物品,那就是珍珠唐卡,上面所绘的是坚期木尼额松像,也就是观音菩萨憩息图,是佛教的珍品。寺中悬挂有一口铜钟,在整个西藏都很有名。
💰 70元
🕐 9:00—16:00
🚌 山南站—昌珠寺(自驾)
山南站—纬一路—英雄路—G202—昌珠大道—昌珠寺
全程约8千米

桑耶寺 ★★★★

桑耶寺,位于山南市的扎囊县桑耶镇,是藏传佛教历史上第一座佛、法、僧三宝俱全的寺庙。建筑风格集藏族、汉族、印度风格于一体,建成了造型宏伟、独树一帜的建筑,有精美的壁画、造像、木雕、石刻等,都是佛教界珍贵的文物。
💰 进寺免费,主寺乌策大殿40元
🕐 9:00—16:00
🚌 山南站—桑耶寺(自驾)
山南站—纬一路—G4219—泽贡高速—泽桑公路—桑耶寺
全程约38千米

桑耶寺内

雅砻河风景区 ★★★★

雅砻河风景区,位于西藏自治区山南市正南的乃东、扎囊、加查、洛扎、贡嘎等六个县境内。这里有雪山、冰川、牧场、谷地、河滩、遗址以及民风民俗等,构成了一幅神秘、古朴而又壮丽的画面。

区内植物种类丰富,植被随海拔变化呈垂直带分布。河谷地区热带雨林被誉为"西藏的西双版纳"。人文景观体现了藏族最早在山南市的文明。这里也是对藏族早先文化最直观的体现,是探索藏族文明的先驱之地。
💰 没有联票,小景点单独售票
🕐 9:00—18:00
🚌 山南站—雅砻河风景区(自驾)
山南站—纬一路—湖北大道—湖南路—香曲西路—雅砻河风景区
全程约3千米

雅砻江口

拉姆拉错 ★★★★★

拉姆拉错,位于加查县曲科杰丛山中,海拔4000米以上,又名"琼果杰神湖"。位于县城东北部,距县城约65千米,是一个具有传奇色彩的湖泊。"拉姆"意为仙女、女神,"拉"意为湖面,"拉姆拉错"藏语意为"吉祥天姆湖""圣姆湖"。拉姆拉错属于高山淡水湖,湖面积约1平方千米,形似椭圆,犹如群山环抱的一面镜子,景致秀美。湖面结

雍布拉康寺庙

拉姆拉错

冰期约7个月。夏天解冻以后，时而风平浪静，水清如镜；时而无风起浪，彤云密布，还不时发出奇特的声响，出现各种奇妙景象，引人入胜。

💰 50元
🕐 全天
🚗 山南站—拉姆拉错（自驾）
山南站—湖北大道—G349—G560—X302—G560—拉姆拉错
后程约161千米

💡 拉姆拉错

旅游提示

每年的藏历四月十五日，也就是公历的六月初，在琼果杰寺会举行一个"神湖虫草旅游节"。节日期间，有很多精彩活动可以欣赏，像赛马、赛牦牛、大型歌舞表演等以及虫草交易等。从这时候起，游客们就可以前来观赏"圣湖"美景，直到十月份封湖。

夏季的拉姆拉错湖美若仙境。湖边的野花五颜六色、花香扑鼻，四周群山环绕、气势恢宏。一柔一刚、一小一大之间，尽显自然奥妙，让人顿生如入仙境之感，不愧其"天女之魂湖"的美誉。

住宿指南

来这里观光的旅客可以选择在泽当住宿。那里的住宿条件还可以，房间内配有电视，但卫生间是公用的。不过每个房间二三十元的费用也算可以了。在加查县城也有提供住宿的地方，一个床位也就十几元，卫生条件还不错。

💡 购物山南

山南市有"西藏粮仓"之称，物产丰富，有各种名贵的中药材，如冬虫夏草、灵芝、藏红花、雪莲等，还有加查核桃等特产。

山南市主要的购物地点一般集中在各个城镇中，像泽当街道、曲水镇、琼结镇、贡嘎县等，人多的地方，集市就会相对热闹一些，物品也就会丰富一些。比较著名的特产有扎囊县敏珠林寺的藏香，这种香是用名贵的原料经过特殊的工艺制作而成，拥有悠久的历史。

↘ 吃在山南

山南的饮食也以藏餐和川菜为主，品种还是比较多的，有名的藏餐这里都有，像青稞酒、酥油茶、肉干、酸奶、灌肠等。

五香牛肉

🍴 泽当饭店
游客评价：老字号饭店，主营当地特色菜
☎ 0893-7821899
📍 山南市乃东区泽当街道乃东路19号

🍴 人民食堂
游客评价：水煮鱼很新鲜，味道很好
☎ 0893-7892288
📍 山南市乃东区香曲东路10号

🍴 先祖故都藏餐厅
游客评价：当地藏族人的口味，比较原汁原味
☎ 0893-7905999
📍 山南市乃东区巴热街诊所旁巷子里

🍴 卤校长老火锅
游客评价：很火爆，双椒牛肉很好吃
☎ 0893-7919777
📍 山南市乃东区泽当街道白日街9号

🍴 老坛子酸菜竹笋鸡
游客评价：味道很不错，鸡和笋片都好吃
☎ 18208036920
📍 山南市乃东区民族路

🍴 胡四川菜
游客评价：分量足，口味好
☎ 18689035296
📍 山南市乃东区乃东路43号

↘ 住在山南

平价型	享受型
帝港商务酒店 📍 山南市贡嘎县甲竹林镇甲竹林村 ☎ 18268575692	西藏山南雅砻河酒店 📍 山南市乃东区湖北大道18号 ☎ 0893-7800333
山南宾馆 📍 山南市泽当街道湖南路2号 ☎ 0893-7669888	泽当饭店 📍 山南市泽当街道乃东路19号 ☎ 0893-7825555
泽源主题宾馆 📍 山南市泽当街道萨热路10号 ☎ 0893-7668585	维也纳国际酒店（山南店） 📍 山南市泽当街道民族路中段18号 ☎ 0893-7918888
城市便捷酒店 📍 山南市友谊路空港新区管委会西侧 ☎ 15728913595	裕砻假日大酒店 📍 山南市乃东区乃东路16号 ☎ 0893-7832888

阿里

阿里位于西藏自治区的西部，是世界上人口密度最小的地区之一。

阿里向来有"万山之祖"之称。喜马拉雅山脉、冈底斯山和昆仑山脉都汇聚于此。平均海拔在4500米以上，群峰林立，地势起伏，颇有阳刚之美。由于阿里地区的海拔较高，全年降水量很少，所以气候干冷，多大风天气，昼夜温差极大。早晚如冬，须穿棉袄；中午如夏，仅留薄纱。阿里的冬季更是严寒，能把岩石冻裂，大风大雪更是说来就来，声势浩大，宛如末日。所以，有人把阿里称为"生命的禁区"，而一直生活在阿里地区的居民，则被称为生命禁区的"克星"。

区号：	0897
邮编：	859000
面积：	34.5万平方千米
人口：	12.33万人
著名景点：	冈仁波齐峰、班公湖、古格王国遗址、托林寺、札达土林

↘ 游在阿里

冈仁波齐峰 ★★★★★

冈仁波齐峰，是冈底斯山的主峰，西藏苯教、佛教、印度教及古耆那教心目中的神山。峰顶常年被冰雪覆盖，像金字塔一样的形状，直指云霄，当阳光照射在上面时，会发出耀眼的光芒，景色十分奇特壮观。每年会有大量的朝圣者来到这里转山、转湖，如果幸运，你也会遇上很多朝圣者。

$ 150元，环保车110元
⏰ 全天
🚌 阿里昆莎机场—冈仁波齐峰（自驾）
阿里昆莎机场—噶尔河桥—叶孜线—哈母曲桥—冈仁波齐峰
全程约212千米

冈仁波齐峰风景区

冈仁波齐峰

交通指南

到冈仁波齐峰观光的游客，若是从南面而来，建议游客搭便车，走一程算一程，还可以欣赏到沿途风景。而在北面则有往返于狮泉河和冈仁波齐峰的货车，300千米的路程，每人收费70元左右，具体的价格可以跟司机协商。

住宿提醒

在冈仁波齐峰有一个冈底斯宾馆，可以供游客住宿，每人60元左右。若是游客带有帐篷，也可以跟宾馆负责人协商后搭建在院子里，这样的话每人也要交20元左右的费用，当然，这个价格不是固定的，就看怎么与宾馆方面协商了。在宾馆存放行李也是要收费的，一天10元左右。附近大金宾馆的收费跟这里差不多，晚上能用发电机供电。

旅游贴士

由于冈仁波齐峰海拔高，游客一定要做好保暖措施，最好多带件羽绒服备用。游客在来之前还需要办理边境通行证，以应付沿途岗哨的检查。另外，游客千万不要在外面搭建帐篷住宿，这在当地是不允许的。

玛旁雍错和拉昂错 ★★★★★

玛旁雍错和拉昂错是一对湖泊，两湖紧邻，东边的为玛旁雍错，称为"神湖"；西边的为拉昂错，称为"鬼湖"。这两个湖都被认作是圣湖，在多个古书上都提及过。人们认为这里的水可以去除心灵的烦恼和自身的罪孽，因此，有大量的教徒争相来此，洗浴转经，是著名的佛教圣地。

$ 玛旁雍错：150元，拉昂错：35元
⏰ 全天
🚌 阿里昆莎机场—玛旁雍错（自驾）
阿里昆莎机场—噶尔河桥—错布桥—叶孜线—S207—玛旁雍错
全程约240千米

托林寺 ★★★

托林寺，位于札达县西北的象泉河边，已经有近千年的历史了。托林寺虽然历经各种自然和人为的破坏，但至今仍是殿宇林立、佛塔高耸。台地高出河床20米，四周地势平坦，原多僧舍，现为民居。寺庙南以土山为屏，北临朗钦藏布，殿堂、佛塔、塔墙、僧舍如星散布，远眺气势非凡。佛寺的布局为带状，和内地的方正形建筑不同，包括殿堂、僧舍和塔林等。该寺的建筑风格融合了我国西藏、印度和尼泊尔的特点，并且寺中有很多雕塑、绘画等，是研究当地佛教文化的重要资料。托林寺旁的象泉河谷里，有一列长达数百米的上百座佛塔遗迹。另外，在河谷观看札达土林壮观迷人的日出和日落也是难得的享受。

托林寺

💰 50 元
🕐 开放时间：8：00—19：00
🚌 阿里昆莎机场—托林寺（自驾）
阿里昆莎机场—叶孜线—穷布桥—哈母曲桥—托林寺路中段—托林寺
全程约 202 千米

札达土林 ★★★★ 📷

札达土林，位于阿里地区的札达县，这里是天然形成的独特地貌，经过多年的洪水洗刷、风化侵蚀，使得水平岩层变得陡峭挺拔、风格多样，特别是在每天的晚霞照耀中，那些特殊的地貌，一个个形态各异，是大自然中不可多得的美景。

💰 免费，需要办理边防证
🕐 全天
🚌 阿里昆莎机场—札达土林（自驾）
阿里昆莎机场—叶孜线—X701—Y709—札达土林
全程约 155 千米

班公错 ★★★★★ 📷

班公错，位于阿里地区日土县西北部，距离县城大约 15 千米，班公错位于中国和克什米尔地区的交界处，这片湖水的神奇地方在于一湖却有两个境况。在中国境内，湖水为淡水，而且清澈甘甜，有大量的鸟类和鱼儿在此栖息；但是在克什米尔地区却为咸水，还有一些臭味，连鱼都不能生存。

💰 门票：30 元，租船：80 元（租船可还价）
🕐 全天
🚌 阿里昆莎机场—班公错（自驾）
阿里昆莎机场—叶孜线—德汝村中桥—X702—班公错
全程约 239 千米

班公湖

古格王国遗址 ★★★★ 🌐

古格王国遗址，位于距札达县城 18 千米的一个土山上，这里是古格人曾经生活的地方，300 年前这个民族莫名消失，只留下了这座遗址，因而引起了人们无限的猜想。

它由王宫、庙宇、碉楼、佛塔、洞窟组成；宫堡依山叠砌，从地面到山顶建筑物高度达 300 米，居高临下，地势险峻，气势雄壮巍峨；内有四通八达的地道，外有坚实的城墙，犹如铜墙铁壁，巍然屹立。这座遗址为曾经拥有百万之众的金戈铁马的吐蕃王室后裔所建，距今有 1300 年的历史，给后人留下了无数珍贵的文物和历史资料。

傍晚是最佳的观赏时刻，此时的这座古城有一种悲壮的历史美感，十分瑰丽。

💰 50 元
🕐 8：00—20：30
🚌 阿里昆莎机场—古格王国遗址（自驾）
阿里昆莎机场—叶孜线—穷布桥—哈母曲桥—叶孜线—古格王国遗址
全程约 219 千米

古格王国遗址

↘ 吃在阿里

阿里的饮食也以藏餐和川菜为主，但不同的是因为阿里地区比较偏僻，因此食物的价格很贵，要比西藏其他地区高出很多。在狮泉河镇则有很多新疆风味的餐厅，味道不错。

牛肉火锅

🍲 成都饭馆
游客评价：具有四川特色的餐厅
📞 13889074251
📍 普兰县巴嘎乡塔尔钦川北宾馆东北侧

🍲 重庆人家
游客评价：鸡肉紧实酥脆
📞 13043459558
📍 札达县政府大门对面

🍲 草原风情餐厅
游客评价：羊肉很香，很火爆
📞 0897-2823555
📍 噶尔县狮昆路圣湖大酒店后院

🍲 跷脚牛肉
游客评价：牛肉真的好吃到要跷脚
📞 18728384920
📍 错勤县广西路 24 号

🍲 川西饭店
游客评价：竟然有牛蛙，肉质非常嫩
📞 18889076307
📍 日土县迎宾路 3 号

🍲 石锅藏香鸡
游客评价：味道鲜美，生意火爆
📞 0897-2827188
📍 噶尔县狮泉河镇滨河路工商局门面房

🍲 乌鱼馆
游客评价：喝汤开胃提神，蔬菜鲜嫩可口
📞 15730698528
📍 札达县帕拉路李记高原生态汤锅旁

🍲 日喀则扎西相聚茶馆
游客评价：非常传统的藏式茶餐厅
📞 普兰县 219 国道塔尔钦城堡酒店对面

↳ 住在阿里

平价型

嘉乐汇大酒店
噶尔县文化路阿里地区公租房对面
0897-2989999

银河大酒店
噶尔县北京中路
0897-2828888

大富豪宾馆
狮泉河镇北京北路1号
0897-2828087

万豪酒店
阿里地区噶尔县文化东路与象雄路交叉路口往西南约110米
0897-2907777

享受型

阿里普兰镇迎宾馆
普兰镇迎宾路1号
0897-2601888

阿里大酒店
狮泉河镇狮泉河东路河星中心幼儿园旁
0897-2823888

富隆酒店
317国道与文化路交会处西100米路南
0897-2653999

古格宾馆
札达县团结路710号
18898070780

昌都

区号:	0895
邮编:	854000
面积:	11万平方千米
人口:	73万
著名景点:	卡孜珠寺、强巴林寺等

　　昌都市位于西藏的东部地区，在青藏高原的东南部、横断山脉的西北部，平均海拔3500多米，素有"藏东明珠"的美称。

　　昌都市地形复杂，地势南低北高，山势险峻，沟壑遍布。四周群峰环绕，河流密布，宛若"山城"。

　　受地形影响，昌都气候复杂多样。其东部地区气候温和，北部和西北部地区则寒冷干燥；山谷风景秀丽，气候宜人，而山顶却终年积雪，寒风凛冽。

　　昌都有着丰厚的历史文化积淀，多处世界级文化遗产，名山古刹，风景秀丽，人文景观和自然景观数不胜数，再加上别具特色的风土民情，让昌都市成为中外闻名的旅游胜地。

↳ 游在昌都

强巴林寺 ★★★★★

　　强巴林寺，是该市最大的寺庙，该寺的主要建筑保存完好，里面汇集了各种的佛像、塑像、壁画和唐卡，俨然成了一个艺术宝库，是昌都市最高水平的建筑。在每年的酥油花节期间，该寺都会举行盛大的神舞活动，表演者面戴狰狞的面具，身着华丽的服饰。这是昌都市特有的活动。

强巴林寺的喇嘛

免费
全天
昌都邦达机场—强巴林寺（自驾）
昌都邦达机场—西景线—年拉山隧道—G214—蒙普特大桥—强巴林寺
全程约123千米

强巴林寺
旅游指引
　　每年的藏历二月十五，强巴林寺都是人山人海，热闹非凡。此时强巴林寺会举行隆重的仪式恭请强巴佛。

　　当日，在寺前的广场上将会展出一座2米高的强巴佛镀金塑像，还有一面高18米、宽13米的强巴佛唐卡。强巴林寺上千名僧人一起在佛前诵经，数万信徒到此朝拜。整个强巴林寺佛音袅袅，云雾缭绕，犹如仙佛降临。

旅游提醒
　　在游览强巴林寺时，游客们一定要注意自己的一言一行，尊重佛教僧人的信仰。特别是开始请佛时，游客们要配合寺僧完成仪式，保持安静。

　　喜欢摄影的游客在用相机或者手机拍照时，请关闭闪光灯，尽量不要影响僧人诵经和仪式的进行。

旅游小贴士
　　交通：拉萨到强巴林寺，若是走林芝方向1100千米左右，若是走那曲方向900千米左右；成都到昌都约有1500千米。

德庆颇章神山 ★★★

德庆颇章神山，也被称为"类乌齐"，是大山的意思，位于类乌齐镇旁边。这里环境优美，到处都是潺潺流水、花香鸟语，意境清幽，来到这里仿佛置身世外桃源一般。在每年的藏历六月十五，会有很多人前来这里拜神山，通常都是全家出动，老少皆拜，并且会带上美食、美酒等物品，以表示对神山的尊敬。

💰 50元
🕐 全天
🚌 昌都邦达机场—德庆颇章神山（自驾）
昌都邦达机场—西景线—年拉山隧道—G214—侧格3号特大桥—尼扎一号中桥—西景线—德庆颇章神山
全程约238千米

德庆颇章神山

波罗吉荣大峡谷 ★★★

波罗吉荣大峡谷，位于江达县同普乡与波罗乡交界处，该峡谷两边是千丈悬崖，十分雄伟，多曲河则从中奔腾而过。河中有一个四方形的巨石骰子，传说是格萨尔下棋所用的，另外还有珠姆的天桥、石刻佛像等景观可以游览。在山腰上，有一个山洞，被称为"格萨尔降妖洞"，很难攀爬，如果感兴趣的话，可以试着攀登一下。

💰 70元
🕐 全天
🚌 昌都邦达机场—波罗吉荣大峡谷（自驾）
昌都邦达机场—西景线—年拉山隧道—G214—蒙普特大桥—G317—同波段—波罗吉荣大峡谷
全程约390千米

查杰玛大殿 ★★★★

查杰玛大殿，位于类乌齐县类乌齐镇，该大殿以其气势雄伟而闻名天下，并且寺中还珍藏有很多佛物，如格萨尔用过的马鞍和战刀、八瓣莲花的金刚像、明清时的唐卡等，都是佛物中的珍品。在藏历的六月十五日，这里会举行"仲确节"，届时，会有很多人前来，人们载歌载舞，拜神山，进行物资交流，举行宗教仪式，是当地比较盛大的活动。

💰 50元
🕐 9：00—18：00
🚌 昌都邦达机场—查杰玛大殿（自驾）
昌都邦达机场—西景线—玉曲桥—G214—侧格3号特大桥—蒙普特大桥—查杰玛大殿
全程约238千米

查杰玛大殿的唐卡

孜珠寺 ★★★★

孜珠寺，位于丁青县觉恩乡境的孜珠山上，据说这个寺庙的历史已经有两三千年了，是该地苯教最大的寺庙，也是保留苯教仪式最完整的寺庙。该寺有特色的苯教仪式，能够系统传授苯教经典，而且还会有苯教跳神，即使在整个西藏也只有该寺才可以看到。

💰 30元
🕐 8：00—19：00
🚌 昌都邦达机场—孜珠寺（自驾）
昌都邦达机场—西景线—S303—滨江路—成那线—孜珠寺
全程约238千米

多拉神山 ★★★

多拉神山，分为外圈、中圈和内圈，并不是很大，如果步行中圈一周大约需要4小时，沿途还有很多石刻艺术可供观赏。在内圈的沿途中，可以看到各类佛像、六字真言及藏文祈祷经，这些雕刻在石灰岩上的佛像和六字真言经过长年的风化，看上去好像天然形成的一样。

💰 50元
🕐 全天
🚌 昌都邦达机场—多拉神山（自驾）
昌都邦达机场—西景线—曲扎桥—沪昼线—怒江大桥—多拉神山
全程约137千米

多拉神山

卡玛多塔林 ★★★★

卡玛多塔林，位于类乌齐县，距离县城25千米，这里风景秀丽，有山有水，一年四季郁郁葱葱，在树林中有一个小经堂，里面供奉的是莲花生大师像。传说过去有108个塔，如今只有几十座矗立着，各塔造型不一，大小不一。

💰 30元
🕐 全天
🚌 昌都邦达机场—卡玛多塔林（自驾）
昌都邦达机场—西景线—年拉山隧道—G214—重庆大道人民南路—成那线—卡玛多塔林
全程约229千米

噶玛寺 ★★★★★

噶玛寺，位于卡若区白西山麓的山谷中，该寺是噶举派的祖寺，有着深远的历史影响，建筑格局独树一帜。大殿中的弥勒佛是昌都市最大的泥塑佛像，寺中还保存有当时明使节带来的万岁牌旌旗缎带、丝绸以及唐卡、佛像、陶器、高僧遗物、贝叶经、瓷器等珍贵文物。

💰 35元
🕐 8：00—19：00
🚌 昌都邦达机场—噶玛寺（自驾）
昌都邦达机场—西景线—年拉山隧道—G214—昌都西路—G317—卡若区扎曲河—噶玛寺
全程约123千米

噶玛寺

噶玛寺

噶玛寺名

噶玛寺是由噶玛噶举创始人都松钦巴于1185年主持建造的。因为寺院的所在地是噶玛，故名噶玛寺，其全称为"噶玛丹萨寺"。

噶玛寺建筑

噶玛寺的建筑历史悠久，设计独特，兼有藏族、汉族、纳西族等民族的建筑风格，极为罕见，是佛家寺院中的精品。主体建筑主要分为大雄宝殿、活佛别墅、僧院和塔殿等几个部分。

其主殿面积约有800平方米，是木质结构，房檐由斗拱支撑，殿中开有天窗，由十多根长柱顶起。白天阳光直入，殿内十分明亮。细观之，光线由天窗洒向主殿各个角落，神圣如佛光普照，让人膜拜。

盐井 ★★★★

盐井位于昌都市东南部，因为当地特产井盐而得名，藏语称为"擦卡洛"。该地区盐泉资源丰富，有上盐井下盐井，加达3处比较集中。盐井中的盐田有"阳光和风的作品"之称，是大自然赐予的美景和资源，当地至今还拥有着世界上特别的古老制盐法。

💰 30元
🕐 全天
🚌 昌都邦达机场—盐井（自驾）
昌都邦达机场—西景线—玉曲桥—年拉山隧道—G349—S203—盐井
全程约412千米

盐井

购物昌都

昌都是一个土特产丰富的地方，雪莲、虫草、贝母、醉梨都是该地的特产。昌都还以其民族手工艺品而闻名，这里因为位置特殊，受到中外各民族的影响，形成了不同于其他地区的特殊民族风格，尤其是噶玛一地，生产的工艺品更是名震一方。

昌都醉梨：醉梨是昌都的特产，主要出产在八宿县、左贡县及上林卡与下林卡地区。醉梨味道甜美，果肉为黄白色，吃起来有酥脆的感觉，果大多汁，来到昌都的游客一般都会购买。

藏鞋：鞋有三种，分别为"松巴鞋""嘎洛鞋"和"多扎鞋"，多扎鞋是昌都的特产，既美观又实用，是藏族人们喜欢的鞋子之一。

↘ 吃在昌都

昌都还算是西藏比较繁华的地方，这里物资比较丰富，饮食一般都是传统的藏餐，比如糌粑、酥油茶、肉干等。但是，如果遇上雨季或冬季交通不便的时候，蔬菜及粮油的供应时有中断，因此，价格并不是很便宜。

美味烤肉

🍲 **重庆朝天门火锅昌都店**
游客评价：火锅很香
📞 0895-4800111
📍 昌都市卡若区聚盛路幸福小区77号

🍲 **燃木齐藏餐厅**
游客评价：传统藏式风格，口味正宗
📞 13308958996
📍 昌都市八宿县然乌镇318国道蓝湖驿站旁

🍲 **云南丽江红火塘**
游客评价：土豆和地瓜放在烤盘上煎着吃很美味
📞 19989350372
📍 昌都市芒康县宁静路七号

🍲 **养生菌王府**
游客评价：菌菇很新鲜
📞 15082119544
📍 昌都市八宿县南大街3-4号

🍲 **品川江私房菜**
游客评价：很正宗的川菜，水煮牛肉非常下饭
📞 17823378288
📍 昌都市八宿县白马下街1980精品酒店一楼

🍲 **宗邦林藏餐**
游客评价：特别推荐藏式火锅，很好吃
📞 17789958844
📍 昌都市左贡县214国道珠然新区1-20号

↘ 住在昌都

平价型	享受型
然乌精品观景酒店 📍 昌都市318国道然湖宾馆南200米 📞 0895-4565105	**然乌国际自驾房车露营基地** 📍 昌都市然乌镇318国道瓦巴村 📞 17389951000
康盛宾馆 📍 昌都市宁静路61号 📞 0895-4542668	**悦溪度假酒店** 📍 昌都市旺达镇珠然新区 📞 0895-4731111
昌都金泰大酒店 📍 昌都市草坝昌津桥南 📞 0895-4837222	**金泰名人大酒店** 📍 昌都市胜利街茶马广场东50米 📞 0895-4401111
川藏假日酒店 📍 昌都市珠然新区1-19号 📞 18208127629	**四季富氧大酒店** 📍 昌都市白马上街36号 📞 0895-4568666

那曲

那曲位于西藏中部以北地区，处在唐古拉山脉和念青唐古拉山脉中间，平均海拔4500米。

那曲市每年都有5个月左右的干旱期，大概在11月份到来年的3月份。在此期间，那曲低温干旱，风大缺氧，且延续时间长，所以不适合旅游。而从5月份开始一直到9月份，气候温暖，风和日丽，降水丰富，是草原绿色植被的生长期。这时的那曲，蓝天白云，草木葱茏，山清水秀，万物复苏，到处都呈现出生机勃勃的景象，吸引了大量游客前来观光。藏北人热情开朗，豪放大方，能歌善舞，尤以踢踏舞、锅庄舞最富民族特色。

区号：	0896
邮编：	852000
面积：	43万平方千米
人口：	50.48万人
著名景点：	羌塘草原、草原八塔、桑丹康桑雪山

↘ 游在那曲

羌塘草原 ★★★★

出了拉萨沿着青藏公路向北走，过了念青唐古拉山就是羌塘草原了。这是中国的五大牧场之一，在这里，有着一望无际的草原，草原上则是成群的牛羊，还有星星点点、艳丽缤纷的帐篷。这里是牧民生活的地方，也是藏族游牧文化的一个体现。

💰 免费
🕐 全天
🚌 那曲站—羌塘草原（自驾）
那曲站—通站路—京拉线—京藏高速—青藏公路—曲河东路—念青唐古拉山—往北—羌塘草原
全程约210千米

羌塘草原旅游提示

在每年的8月10日到16日，这里都会举办羌塘恰青赛马艺术节。以赛马的艺术形式吸引了大量的游客来此观光，同时也为那曲与其他地区的经济文化交流提供了平台。

目前，赛马节除了赛马比赛之外，还增加了走马、骑马捡哈达、骑马射击、骑牛、举重等比赛项目，选手们在赛场上左右驰骋，各显技艺，精彩纷呈。其中很容易爆笑料的便是骑牛比赛，有的牛憨憨的，不听选手指挥，就像是刚会走的婴儿一样，在赛场上东张西望不知所措，把参赛者急得满头大汗，惹得观众捧腹大笑。

另外，在此还能欣赏到各具特色的民间舞蹈和服饰表演，以及各种宗教艺术表演等文艺盛宴，相信能让游客玩得过瘾，大呼不虚此行。

旅游提醒

游客们在羌塘草原旅行时，最好随身携带塑料袋，以便盛放饮料瓶、食品包装袋等垃圾。在羌塘草原很少能看到垃圾桶，只能靠游客自觉整理垃圾，并带回居住地处理。

申扎自然保护区 ★★★★

申扎自然保护区，位于那曲申扎县，有120多种鸟聚集在这里繁衍生息，是一个鸟的乐园，到处都可以看到鸟在嬉戏玩闹、滑翔遨游。此外这里还有一个黑颈鹤的保护区和繁殖地，是我国面积最大、海拔最高的黑颈鹤保护区。

💰 免费
🕐 全天
🚌 那曲站—申扎自然保护区（自驾）
那曲站—通站路—京拉线—拉萨中路—G317—东亚桥—申扎自然保护区
全程约341千米

申扎自然保护区的黑颈鹤

卓玛峡谷 ★★★

卓玛峡谷，是一个呈南北走向的峡谷，这里拥有着"一山有四季，十里不同天"的美丽景色，峡谷前可以看到苍翠的树林，成群的野羊，在峡谷深处还有一个大湖，展现了雪域特色风光。

💰 免费
🕐 全天
🚌 那曲站—卓玛峡谷（自驾）
那曲站—京拉线—京藏高速—京拉线—卓玛峡谷
全程约98千米

卓玛峡谷

草原八塔 ★★★★

草原八塔，相传这里是格萨尔王为纪念死去的大将夏巴而建造的，如今这里是藏族人心中的圣地之一，藏历每月的十五日、三十日，都会有大量的藏族人前来朝拜传经。

💰 免费
🕐 全天
🚌 那曲站—草原八塔（自驾）
那曲站—京藏高速—青藏公路—G109—草原八塔
全程约256千米

桑丹康桑雪山 ★★★

桑丹康桑雪山，海拔6590米，该山最著名的就是它的多面，从不同的角度呈现的造型也不一样，南面仿佛坐在宝座上的国王；西面如银狮跳跃；东面就像一个晶莹剔透的佛塔；北面则像一个银色的帐篷。雪山四季的景色也是不一样的，夏季为乳白色，冬季为银色，春秋则又白又亮。如此多变的景色，自然吸引了大量的游客竞相前来。

💰 免费
🕐 全天
🚌 那曲站—桑丹康桑雪山（自驾）
那曲站—京拉线—京藏高速—谷露

大桥—桑丹康桑雪山
全程约 117 千米

桑丹康桑雪山

卓玛峡谷

最佳旅游时间

卓玛峡谷位于喜马拉雅山的北部地区，受气流影响，这里一年到头多晴朗天气，冬天干而不冷，夏天湿却不热，降水主要集中在7、8、9月份，这三个月温度适中，空气清新，风景宜人，最适合旅游。

一面风雪一面春

卓玛峡谷长约 15 千米，峡谷两侧却呈现出两种不同季节的景色。一侧是草木葱茏，山清水秀，像是美丽的少女在春天里欢快地舞动；而另一侧却是满山冰雪，云雾缭绕，宛如白衣白帽白胡子的老人在寒冬里喷云吐雾。

在峡谷深处还有一个湖泊，湖水淡蓝，清澈见底。清风袭来，湖水的寒气如űk烟般冉冉上升，在峡谷上空与山间云雾缠绕在一起。这时，天地万物仿佛形成了一个整体，不分彼此，相互交融。蓝天、碧水、雪山汇集成了一幅奇特的高原画卷。在这里还有冰川侵蚀的特殊地貌，怪石嶙峋、洞穴遍布、鬼斧神工、神奇迷人，并留下了许多动人的传说。

购物那曲

那曲的特产主要是药材，有贝母、冬虫夏草、麝香、雪莲花等，都是一些名贵的药材，很多人都喜欢购买。但是需要注意的是，这些药材以次充好的情况有很多。如果你并不是行家，很容易上当的，因此一定不要盲目购买。

那曲的主要市场在浙江中路上面，有羌塘市场、那曲市场、人民商场等。

↙ 吃在那曲

那曲的餐饮以藏餐为主，不过大多都集中在城镇，想要享用美食，就要到热闹一点的地方去哦。

藏族聚居区川菜

🍲 **开门红酒楼**
游客评价：主营各种炒菜及地方特色菜
📞 0896-3828668
📍 那曲市辽宁中路昌盛超市旁

🍲 **嘉峪关伊俩寺烤肉**
游客评价：非常热门，盖碗茶配烤肉的组合非常惊艳
📞 18089964236
📍 色尼区辽宁北路 57 号

🍲 **蜀湘园（安多店）**
游客评价：这家的鱼超好吃
📞 0896-3662280

📍 安多县沈阳北路 2 号

🍲 **雅安饭店**
游客评价：土豆烧排骨香浓味足
📞 15289169305
📍 班戈县吉江扎西南路与幸福东路交叉口南 200 米

🍲 **川威羊肉汤**
游客评价：老字号的味道，非常经典
📞 18508321016
📍 色尼区辽宁南路旅游局斜对面

🍲 **伊沁手工老炒面片**
游客评价：西北民间菜很地道
📞 15597245800
📍 色尼区康源宾馆

🍲 **马占海烤肉城第二分店（藏北酒店）**
游客评价：强烈推荐手抓肉，超级嫩
📞 13889068905
📍 色尼区辽宁北路 5 号藏北酒店对面

↙ 住在那曲

平价型
凯斯顿大酒店 📍 那曲市辽宁北路 57 号 📞 0896-3331666
岗亚尔大酒店 📍 那曲市拉萨北路岗亚尔大厦东侧 📞 0896-3355555
赛菲特大酒店 📍 那曲市 109 国道圣牛加油站旁 📞 13298960888

享受型
藏地天香大酒店 📍 那曲市文化西路浙江小区 A 区东 100 米 📞 0896-3990555
仲青塘拉大酒店 📍 那曲市超丹中路 1 号 📞 0896-3828888
那曲顶峰酒店 📍 那曲市恰青路 3 号 📞 0896-3331122
三谊大酒店 📍 那曲市拉萨北路三谊大厦内 📞 0896-3827777/17793007777

四川

省会：成都
面积：48.6万平方千米
人口：8367.49万人
方言：西南官话、彝语、羌语、藏语、客家语
著名景点：九寨沟、黄龙、都江堰、青城山、乐山大佛等

概况

四川省，简称"川"或"蜀"，位于我国的西南地区，长江上游。四川省历史悠久，地大物博，素来有"天府之国"的美称。四川省因为在两宋时期有益、梓、利、夔川峡四路，因此得名四川。四川省西有世界最大的高原青藏高原，东有三峡险峰，北有巴山秦岭，南有云贵高原，形成了一个冬暖夏凉、气候适宜的四川盆地。

四川是一个多民族的省份，拥有彝族、藏族、回族、汉族、羌族等，是中国的第二大藏族聚居区，羌族聚集区，最大的彝族聚集地之一，因此，这里有着众多的少数民族文化，展示了少数民族的文明。

四川的旅游资源非常丰富，有着"天下山水在于蜀"的赞誉，拥有众多的名山大川，例如有天台山、青城山、峨眉山、白云山、蒙顶山等。不但如此，四川还是一个人文景观丰富的地区，历史古迹众多，充分展现了中国悠久的历史文明。

特产有工艺品：瓷胎竹编、漆器、银丝制品、蜀锦、蜀绣、青神竹编、绵竹年画等。名酒：五粮液、泸州老窖、全兴大曲、剑南春、郎酒、文君酒、沱牌曲酒、旭水大曲等。

线路1
成都—乐山—峨眉

线路2
成都—阿坝—甘孜—成都环线游

线路3
成都—蜀南竹海—兴文石海—西部大峡谷—自贡

名菜

四川名菜有夫妻肺片、麻婆豆腐、鲜椒嫩仔鸡、香辣虾、酸辣汤、辣椒蟹、小葱烧财鱼、正宗辣子鸡、干煸牛肉丝、鱼香肉丝、水煮牛肉、宫保鸡丁、酸菜鱼等。

夫妻肺片：传说20世纪30年代时成都郭朝华夫妻以卖肺片为生，因为味道独特深受大家喜欢，因此被称为"夫妻肺片"。如今夫妻肺片的原材料已经改用为肉、心、舌、肚等，是四川名菜之一。

麻婆豆腐：此菜以嫩豆腐、牛肉末、豆豉、辣椒粉为原料，其特点是麻辣味鲜，是四川的传统菜。如今已经在全国推广，深受人们喜爱。

正宗辣子鸡：四川的正宗辣子鸡，用料十分讲究，是选用家养土仔公鸡现杀现做，以保鲜嫩美味，而辅料则采用的是川产二金条辣椒和川产茂汶大红袍花椒，味道麻辣鲜香，是川菜的精品菜肴。

交通

飞机

成都双流国际机场
☎ 028-85205555
📍 中国四川省成都市双流区与武侯区交界处，东北距成都市中心约16千米
💡 **机场交通**：机场大巴共有5条专线，可在T1、T2上下车，票价在10—17元不等。出租车，起步价8元，2千米后每千米2.2元。

绵阳南郊机场
☎ 0816-6357195
📍 四川省绵阳市城南，距离市中心约10千米
💡 **机场交通**：机场设有3条线路，市内至南郊机场票价为2元，南郊机场至市区站点为5元（19:30后10元）。出租车，步起价6元，每

成都三环路

千米1.6元，超10千米后车千米运价加收50%。

九寨黄龙机场

0837-7243126

中国四川省阿坝藏族羌族自治州松潘县川主寺镇北约12千米处，北距九寨沟景区88千米。

机场交通：机场设有前往景点的巴士，前往九寨沟景区票价45元，前往机场至黄龙景区至九寨沟景区票价90元。

成都地铁

1号线
五根松—韦家碾
（6：15—23：00 最高票价6元）
2号线
犀浦—龙泉驿
（6：20—22：45 最高票价9元）
3号线
成都医学院—双流西站
（6：10—22：50 最高票价9元）
4号线
西河—万盛
（6：10—22：50 最高票价9元）
5号线
回龙—华桂路
（6：10—22：50 最高票价8元）
6号线
望丛祠—兰家沟
（6：10—23：00 最高票价10元）
7号线
崔家店—崔家店
（6：15—22：55 最高票价5元）
8号线
十里店—莲花
（6：10—23：00 最高票价7元）
9号线
金融城东—黄田坝
（6：10—23：00 最高票价6元）
10号线
太平园—新平
（6：00—23：10 最高票价4元）

成都

成都，简称"蓉"，四川省省会，位于四川盆地西部，是四川省政治、经济、文化中心，亦是西南地区的科技、商贸、金融中心，交通、通信枢纽。成都东与德阳、资阳毗邻，西与雅安、眉山、阿坝接壤；距东海1852千米，距南海1090千米。地势差异显著，东南低，西北高。属于亚热带季风气候，沃野千里，物产富饶。

"九天开出一成都，万户千门入画图"，成都历史文化悠久，地形地貌复杂、自然生态环境多样，形成了其独特的旅游资源。武侯祠、杜甫草堂等历史文化气息浓郁，都江堰、青城山等自然风光秀丽。峨眉天下秀，青城天下幽，剑门天下险，夔门天下雄，来到成都，不仅能领略到自然风光的绚丽，还能感受到当地风土民情的纯美。

区号：028
邮编：610000
面积：14335平方千米
人口：2093.8万人
著名景点：都江堰、青城山、杜甫草堂、武侯祠、金沙遗址、青羊宫、大熊猫繁育研究基地、宽窄巷子等

一日游
都江堰—青城山
三日游
武侯祠—锦里古街—青羊宫—永陵—杜甫草堂—文殊院—望江楼公园—大熊猫繁育研究基地—洛带古镇

游在成都

成都大熊猫繁育研究基地
★★★★

成都大熊猫繁育研究基地，位于成都外北熊猫大道，占地100万平方米，是重要的大熊猫保护场所之一，这里的大熊猫全都是仿野生放养的，因此，对熊猫的生长繁殖十分有利。在繁殖基地，可以看到憨厚可爱的大熊猫以及小熊猫、黑颈鹤、白鹤等珍贵的动物，同时，还可以和熊猫合影哦。

58元

7：30—18：00

成都双流国际机场—大熊猫繁殖基地（自驾）
成都双流国际机场—机场高速—蓝天立交—南三环路二段—东三环路五段—大熊猫繁殖基地
全程约34千米

大熊猫繁育研究基地节约小窍门

6周岁（不含）至18周岁（含）未成年人、全日制大学本科以下学历学生、60周岁以上70周岁以下老年人可以半价票；中小学生团体票29元/人，成人团体票53元/人，两者均需要单位介绍信；6周岁（含6周岁）以下或身高不足1.3米的儿童、70周岁（含）以上老年人、离休人员、老红军、残疾人、现役军人凭有效证件和本人身份证免票入园（一级残疾可免陪护一名）。

大熊猫

龙池国家森林公园 ★★★

龙池国家森林公园，位于都江堰市西北的龙溪乡龙池镇，这里有着"野生植物基因库""动物天然乐园"的美称，这里一年四季风景优美，无论什么时候到这里，都可以欣赏到大自然的美景，十分受人欢迎。

旺季（12月至次年3月）：50元；淡季（4月至11月）：20元；上山车20元，索道旺季40元，淡季36元。

8：00—18：00

🚍 成都双流国际机场—龙池国家森林公园（自驾）
成都双流国际机场—成都绕城高速—成灌高速—观景路一段—龙池国家森林公园
全程约 88 千米

青城山 ★★★★★ 📷

青城山，位于都江堰景区，距离都江堰市 16 千米，群峰环绕，林深树密，曲径通幽，以清净博得了人们的赞赏，素来有"青城天下幽"之誉。青城山不仅景色优美，还有众多名胜古迹，建福宫、天然图画、天师洞、朝阳洞、祖师殿、上清宫都是著名的景点。如果想要在旅途中彻底放松，不妨来青城山感受一下它的"幽"，相信定会让你满意而归。

💰 90 元
🕐 旺季（3月2日至11月30日）：8：00—17：00
淡季（12月1日至3月1日）：8：00—18：00
🚍 成都双流国际机场—青城山（自驾）
成都双流国际机场—成都绕城高速—成灌高速—驾青路—青城山
全程约 66 千米

青城山

成都欢乐谷 ★★★★

成都欢乐谷，位于成都金牛区西华大道，占地 47 万平方米，是一个主题公园。欢乐谷由阳光港、欢乐时光、加勒比旋风、巴蜀迷情、飞行岛、魔幻城堡、飞跃地中海等七大主题园区构成，是一个放松休闲娱乐的好场所。

💰 230 元
🕐 9：00—21：00
🚍 成都双流国际机场—成都欢乐谷（自驾）
成都双流国际机场—机场高速—南三环路五段—西三环路一段、二段、三段—成都欢乐谷
全程约 28 千米

成都欢乐谷

杜甫草堂 ★★★★ 📷

杜甫草堂，位于成都青羊区青华路，是唐代大诗人杜甫流亡到成都时的故居。草堂中有诗圣生平馆和诗史堂，充分展现了伟大诗人的生平及其在文学上的造诣。后院种植了众多花草，荷池中有一尊杜甫全身像，雕像中的他双眼满含忧患，遥望远方，体现了诗人寄人篱下的哀愁。

💰 60 元
🕐 夏：7：30—19：00
冬：8：00—18：00
🚍 成都双流国际机场—杜甫草堂（自驾）
成都双流国际机场—机场北二路—机场高速—武侯大道双楠段—南三环路五段—杜甫草堂
全程约 22 千米

杜甫草堂

宽窄巷子 ★★ 📷

宽巷子、窄巷子，是两条清朝古街区，是成都著名的历史文化保护街区。这里是成都很有代表性的地方之一，从中可以看到这个城市往日的踪迹，看到城市的发展痕迹。宽巷子以旅游休闲为主，集合了特色民俗餐厅、茶馆、酒馆、客栈、会所；窄巷子则以品牌商业为主，集合了各国西餐、品牌流饮、饰品、艺术休闲、特色文化主题店等。无论是宽巷子还是窄巷子，当你驻足这里，总会让你流连忘返，品上一杯清茶，体会一下成都的风情。

💰 免费
🕐 全天
🚍 成都双流国际机场—宽窄巷子（自驾）
成都双流国际机场—机场高速—人民南路四段—文翁路—宽窄巷子
全程约 20 千米

宽窄巷子

金沙遗址博物馆 ★★★★

金沙遗址，位于成都青羊区金沙遗址路，是商周时期的遗址，距今已经有 3000 多年的历史。在遗址中发现了多种古文物，有金器、玉器、青铜器、石器等，这些古文物对巴蜀文化的研究具有重大意义。该遗址的发现，还使得四川的历史又向前推进了一步。如果对其感兴趣，不妨到博物馆参观一下，感受一下 3000 多年前的巴蜀文化。

💰 70 元
🕐 夏：8：30—20：00
冬：8：30—18：30
🚍 成都双流国际机场—金沙遗址博物馆（自驾）
成都双流国际机场—机场高速—西三环路三段—金博路—金沙遗址博物馆
全程约 24 千米

望江楼公园 ★★★★

望江楼公园，位于东门外九眼桥的锦江西岸，是为了纪念唐代女诗人薛涛而建造的。园内建造有崇丽阁，被称为"望江楼"，是成都的象征。该公园是国内大型的竹类公园之一，这也是由于薛涛爱竹的缘故，其中以人面竹和琴丝竹很有名，是爱竹之人非常好的游览之地。

💰 文物保护区 20 元，园林开放区免费
🕐 文物区：8：00—18：00
开放区：6：00—21：00
🚍 成都双流国际机场—望江楼公园（自驾）

成都双流国际机场—机场高速—人民南路四段—望江路—望江楼公园
全程约17千米

望江楼公园

洛带古镇★★★★

洛带古镇，位于成都龙泉驿区境内，传说是当年后主刘禅将玉带落进了镇旁的一口井中，因此得名。这里以客家人为主，大约占总人口的90%，在这里随处可以看到客家人的风俗习惯，听到他们的客家方言，建筑也体现了客家风格，是一个了解客家人的好地方。

$ 免费
⏰ 全天
🚌 成都双流国际机场—洛带古镇（自驾）
成都双流国际机场—成都绕城高速—渝蓉高速—三峨街—洛带古镇
全程约45千米

明蜀王陵★★★

明蜀王陵，位于成都龙泉驿区十陵街道，已经有500多年的历史了，这里是一个明代蜀府诸王以及王妃的墓葬群，以僖王墓为中心。墓中出土了大量的陪葬文物，有彩釉兵马俑、乐俑等。

$ 12元
⏰ 8：00—18：00
🚌 成都双流国际机场—明蜀王陵（自驾）
成都双流国际机场—机场高速—南三环路二段—成洛大道辅路—明蜀王陵
全程约28千米

明蜀王陵

青羊宫★★★★

青羊宫，位于成都一环路西二段，是川西的第一道观，相传在周朝已经建立。进入青羊宫，首先看到的是山门，宏伟庄严，飞檐壁柱上面精雕细刻着各种龙虎等吉祥物，古朴典雅，山门上方的匾额乃清乾隆时期华阳县令安洪德所作，是保护文物之一。如果你在端午节来到了这里，会看到非常具有民族特色的"赛歌会"。

$ 10元
⏰ 8：00—18：00
🚌 成都双流国际机场—青羊宫（自驾）
成都双流国际机场—机场高速—一环路南四段—一环路西二段—青羊宫
全程约18千米

成都植物园

成都植物园★★★

成都植物园，位于北郊的天回镇，距离市区10千米，园内绿树成荫、环境幽雅、景色秀丽，是四川第一个人工植物园、综合性园林。园区共设8个专类植物区和10多个植物专类园，种植了多种珍稀植物，难得一见，吸引了众多游客前往。

$ 10元
⏰ 7：00—19：00
🚌 成都双流国际机场—成都植物园（自驾）
成都双流国际机场—西航港大道中二段—成都绕城高速—成植路—成都植物园
全程约43千米

悦来古镇★★★

悦来古镇，位于大邑县鹤鸣镇。古镇不大，古朴安详，共有四条街，古建筑主要集中在悦来正街和河坝街，全都是清末民初的建筑，其中也融合了很多西方的建筑元素，这在其他古镇中是很少见的。

$ 免费
⏰ 全天

🚌 成都双流国际机场—悦来古镇（自驾）
成都双流国际机场—成都绕城高速—成名高速—惠通街—悦来古镇
全程约75千米

都江堰水利工程★★★★

都江堰，位于都江堰市城西，岷江之上，修建于公元前256年，是留存年代最久远、采用无坝引水的水利大工程，是国家级重点文物保护单位。都江堰景色秀丽，附近有着众多的名胜古迹，包括伏龙观、安澜索桥、玉垒关、离堆公园、灵岩寺等。来到成都，一定要到这里看一下，感受一下祖先的智慧和文明。

$ 90元
⏰ 冬季：8：00—17：30
其他季节：8：00—18：00
🚌 成都双流国际机场—都江堰水利工程（自驾）
成都双流国际机场—成都绕城高速—成灌高速—公园路—都江堰水利工程
全程约66千米

都江堰鱼嘴

宝光寺★★★★

宝光寺，位于成都市北郊新都区，该寺是我国历史悠久、结构完整的佛教寺院之一。寺中的建筑为木石结构，主要由一塔、五殿、十六院组成，充分体现了佛教"寺塔一体、塔踞中心"的布局，著名的罗汉堂中有罗汉塑像500尊，佛、菩萨、祖师塑像77尊，是禅林中的精品。另外，寺中还保存有贝叶经、舍利子等珍贵文物。

$ 5元
⏰ 8：00—17：00
🚌 成都双流国际机场—宝光寺（自驾）
成都双流国际机场—西航港大道中二段—成都绕城高速—蓉都大道南一段—宝光街—宝光寺
全程约51千米

宝光寺

西岭雪山

浣花溪公园

东篱菊园★★★

东篱菊园，位于成都锦江区三圣乡，这里的地形以浅丘台地为主，为种植花卉提供了良好条件。全村约有66.7公顷的土地用来栽种四季菊花，形成了一个四季都可以观赏的菊园，所以被称为"东篱菊园"。在这里可以看见成片的菊花，附近居民的建筑也是仿欧式的，可谓是一道亮丽的风景。

💰 免费
🕐 7：00—20：00
🚌 成都双流国际机场—东篱菊园（自驾）
成都双流国际机场—机场高速—成都绕城高速—花博路—东篱菊园
全程约24千米

西岭雪山★★★★

西岭雪山，位于成都大邑县境内，距离成都市95千米。西岭雪山保留了大量的原始森林，拥有的植物种类多达3000种，俨然一个天然植物宝库。景区内旅游资源丰富，有云海、日出、森林佛光、日照金山、阴阳界等变幻莫测的高山气象奇观，茫茫的原始林海，数不尽的奇花异草，罕见的珍禽异兽，终年不断的激流飞瀑，组成了一个壮观旖旎、神秘奇特的高山自然风景区。这里一年四季都适合旅游休闲，春有山花，夏有瀑布，秋有红叶，冬有雪景，夏天可以来此避暑，冬天可以来此滑雪，可谓是不可多得的游览胜地。

💰 120元，元旦、春节160元
🕐 8：00—17：00
🚌 成都双流国际机场—西岭雪山（自驾）
成都双流国际机场—成温邛快速路—大双路—丛林街—雪山旅游度假区—西岭雪山
全程约111千米

黄龙溪古镇★★★

黄龙溪镇，位于双流区西南部边缘，是一座保存比较完好的清代古镇，镇中的建筑多为清代所建，街面采用青石板铺就，房屋采用木柱青瓦，一片古朴与宁静，来到此地会让你有清新放松的感觉。镇中有镇江寺、潮音寺和古龙寺三座古庙，都是十分值得观赏的。

💰 免费
🕐 全天
🚌 成都双流国际机场—黄龙溪古镇（自驾）
成都双流国际机场—机场北二路—京昆高速—G245—X062—黄龙溪古镇
全程约52千米

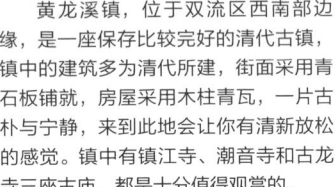
黄龙溪古镇

浣花溪公园★★★

浣花溪公园，位于成都市西南，是一座将自然景观、城市景观、古典园林、现代建筑相结合的城市公园。公园由万树山、沧浪湖和白鹭洲三大景点组成，景区中山水交融，树木茂盛，绿荫蔽日，其中浣花溪和干河从中穿过，既体现了成都的古朴，又彰显着成都现代的活力。

💰 免费
🕐 夏季：6：00—22：00
冬季：7：00—21：00
🚌 成都双流国际机场—浣花溪公园（自驾）
成都双流国际机场—机场高速—南三环路五段—浣花南路—草堂路—浣花溪公园
全程约22千米

朝阳湖★★★

位于成都市西南蒲江县境内，距成都83千米。景区内有陡峭幽深的"通天洞"、晨曦晚照的"莲花山"、花如覆雪的"木兰岛"等。景区远离尘世，优雅明洁，景色秀丽，有"水上青城"的美誉。

💰 免费
🚌 成都双流国际机场—朝阳湖（自驾）
成都双流国际机场—京昆高速—蒲名路—环山路—朝阳湖
全程约87千米

文殊院★★★★

文殊院，位于成都青羊区，是川西著名的佛教寺院之一，主要供奉文殊菩萨。始建于唐代，后毁于兵灾，在清康熙时重新建造，改名文殊院。至今，院中还保留着康熙帝的题字"空林"二字。该院是典型的清代建筑，建筑有天王殿、三大士殿、大雄殿、说法堂、藏经楼等，古朴庄严。

💰 免费
🕐 9：00—17：00
🚌 成都双流国际机场—文殊院（自驾）
成都双流国际机场—火车南站西路—高新大道创业路—人民中段三段—文殊院
全程约21千米

虹口★★★

虹口旅游保护区位于四川省都江堰市虹口乡，是原始生态保护完整的新开放的国家级自然生态保护区。这里空气清新、溪泉清澈、植被繁茂，风光旖旎，还有"西部第一漂"称号的虹口漂流，堪称"成都小三峡"。

💰 虹口漂流198元
🕐 9：00—18：00
🚌 成都双流国际机场—虹口（自驾）
成都双流国际机场—成都绕城高

速—成灌高速—观景路一段—白八路—虹口
全程约 81 千米

鸡冠山 ★★★★

鸡冠山，位于崇州市西北方向，这里是一个天然公园，这里的森林覆盖率高达 95%，景区有山峰、森林、瀑布、雪山、云海、温泉，自然风景优美，而且这里还是大熊猫的栖息地，有众多的熊猫在此繁衍生息。此外还有牛羚、金丝猴、小熊猫、珙桐、银杏、水杉等珍稀动植物。

💰 免费
🕐 全天
🚌 成都双流国际机场—鸡冠山（自驾）
成都双流国际机场—成名高速—世纪大道—鸡冠山路—鸡冠山
全程约 112 千米

鸡冠山

天台山 ★★★★

天台山，位于邛崃市西南，距离市区 42 千米，距离成都 112 千米，这里就是传说中大禹治水登台祭天的地方。这里是典型的丹霞地貌，具有"九十里长河八百川，九千颗怪石两千峰"之称，山奇、石怪、水美、林幽、云媚是天台山的特点。

💰 65 元
🕐 全天
🚌 成都双流国际机场—天台山（自驾）
成都双流国际机场—机场北二路—成都绕城高速—成万高速—红三路—天台山
全程约 107 千米

天台山

刘氏庄园 ★★★★

刘氏庄园，位于四川成都市大邑县安仁镇金桂街，建于 1958 年 10 月，占地总面积 7 万余平方米，是大地主刘文彩的宅园。整个庄园重墙夹巷，建筑十分侈豪，楼阁亭台，雕梁画栋，是一处建筑规模庞大，保存完好的庄园建筑群。庄园还遗存有大量实物和文献资料，是研究中国封建地主经济的典型场所。

💰 50 元
🕐 夏：9：00—17：30
   冬：9：00—17：15
🚌 成都双流国际机场—刘氏庄园（自驾）
成都双流国际机场—成新蒲大道—成温邛快速路—迎宾路二段—吉祥街—刘氏庄园
全程约 49 千米

刘氏庄园

云顶山 ★★★★

云顶山，位于成都金堂县境内，风景区包括大小云顶山、韩滩古渡、沱江金堂小三峡、九龙滩、三学寺、炮台山、天星洞等，面积为 67 平方千米。云顶山属于龙泉山脉，以其清幽瑰丽而闻名于世，风景十分秀丽，山上林荫蔚深，有"云顶日出""雾山云海""云顶晴岚"等胜景。

这里除了美丽的风景，还有历史悠久的文化名胜古迹，云顶山自古为兵家必争之地，该区有川西留存的南宋末年抗元的古城堡，所以在饱览美景的同时，也可以感受一下历史的气息。

💰 免费
🕐 全天
🚌 成都双流国际机场—云顶山（自驾）
成都双流国际机场—双华路三段—剑南大道南一段—益州大道南二段—云顶山
全程约 25 千米

武侯祠 ★★★★

武侯祠，是纪念诸葛亮、刘备及蜀汉英雄的地方，是君臣合祀祠庙，分为三国历史遗迹区、锦里民俗区、三国文化体验区。祠中有多个古代建筑，还有 50 座蜀汉历史人物的塑像，以及众多的碑刻、匾额、楹联、书籍、字画以及钟、鼓、鼎等古文物。

💰 50 元
🕐 5 月—10 月：8：00—20：00
   11 月—次年 4 月：8：00—18：30
🚌 成都双流国际机场—武侯祠（自驾）
成都双流国际机场—机场高速—京昆高速—洗面桥横街—武侯祠
全程约 16 千米

平乐古镇 ★★★★

平乐古镇，位于成都市邛崃市境内，距离成都 93 千米，该镇东接临邛、成都，西连雅安、康藏，向来有"一平二固三夹关"的美称，是西南丝绸之路的第一个驿站。古镇历经 2000 多年，保留了浓郁的古色古香的风格，拥有古街、古寺、古桥、古树、古堰、古坊、古道、古歌，被称为"九古"，加上自然风光优美，吸引了大量的游客前去游览参观。

💰 古镇内免费，周边景点要付费
🕐 全天
🚌 成都双流国际机场—平乐古镇（自驾）
成都双流国际机场—成都绕城高速—成名高速—寿高路—平乐古镇
全程约 98 千米

平乐古镇

锦里古街 ★★★★

锦里古街，与武侯祠仅有一墙之隔，是一条具有川西古镇建筑风格的古街。其间坐落着宅邸、府第、民居、客栈、商铺，是成都生活的浓缩，充分展示了四川的特色文化，名茶、名菜、名酒、戏剧、特产统统可以在这里找到，可以满足游客吃、住、游、购、娱的各方面要求。

- 💰 免费
- 🕐 全天
- 🚌 成都双流国际机场—锦里古街（自驾）
成都双流国际机场—机场高速—京昆高速—武侯祠大街—锦里古街
全程约17千米

石象湖★★★ 📷

石象湖，位于成都蒲江县城西南大约8千米处，这里是一个原始自然生态和人造景观相结合的景区，素有"水上迷宫"的美称，大面积的生态园区是动物、植物共生共存的天堂，是都市人难得的一片修养身心的净土。

- 💰 60元
- 🕐 8：30—18：00
- 🚌 成都双流国际机场—石象湖（自驾）
成都双流国际机场—机场北二路—京昆高速—蒲江服务区—石象湖
全程约85千米

石象湖

永陵★★★★ 🌐 📷

永陵位于成都金牛区永陵路，也被称为"王建墓"，这是五代时期前蜀皇帝王建的墓葬，已经有1000多年的历史了。永陵最吸引人的地方是地宫，这里放置了王建的棺木，还有他的石像，在棺床的四周有精美的二十四乐伎石刻、力士浮雕等，都是精品之作。

- 💰 20元
- 🕐 8：30—18：00
- 🚌 成都双流国际机场—永陵（自驾）
成都双流国际机场—机场高速—人民南路四段—槐树街—永陵路—永陵
全程约21千米

永陵

↘ 吃在成都

在成都，你可以品尝到各式各样的美食，特别是川菜更是让你目不暇接，如果你是一个爱辣之人，那么，这里必然是你的首选之地，满大街的川菜馆会让你垂涎三尺。不过，成都最吸引人的美食还是当地的小吃，而且物美价廉，十几元甚至几元就可以尝到多种美味。成都的小吃城位于市中心天府广场附近，里面囊括了成都的各种小吃，可以让你大饱口福。

毛血旺

🍲 味之绝美蛙鱼头火锅（科华总店）
游客评价：麻辣开胃，鱼头鲜嫩，牛蛙肉好吃
- 📞 028-87443444
- 📍 成都市科华北路40号附3号1楼

🍲 杨三孃跷脚牛肉（橡树林店）
游客评价：跷脚牛肉特别火爆，很下饭
- 📞 13388279997
- 📍 成都市橡树林路113号

🍲 俏媳妇家庭火锅（宽窄巷子店）
游客评价：地道的四川火锅，食材很新鲜
- 📞 028-61679658
- 📍 成都市下同仁路支矶石街28号

🍲 温江老字号鸡毛店·川菜
游客评价：超级好吃的川菜馆子，石锅生焖虾分量很足
- 📞 18121866618
- 📍 成都市二环路北四段9号高车一路汇融名城D区

🍲 九久鲜锅菜
游客评价：兔兔超好吃，知名的自贡菜馆
- 📞 028-64660619
- 📍 成都市红星路四段88号附7号

↘ 住在成都

平价型	享受型
瓦当瓦舍旅行酒店（宽窄巷子店） 📍 成都市同心路171号 📞 028-83993607	成都新良大酒店 📍 成都市锦江区东大街上东大街段246号 📞 028-86739999
成都龙文商务酒店 📍 成都市青羊区东马道街5号 📞 028-86183333	成都鼓楼智选假日酒店 📍 成都青羊区大墙西街72号 📞 028-86785666
锦江之星（成都东风大桥店） 📍 成都市锦江区东风路二段15号 📞 028-84478588	四川岷山安逸大酒店（成都） 📍 成都市春熙路东段1号 📞 028-60168168
天使恋影院主题酒店（太古里九眼桥店） 📍 成都市一环路东五段46号天紫界商业大厦27楼 📞 028-86511168	成都香格里拉大酒店 📍 成都市锦江区滨江东路9号 📞 028-88889999
成都威登酒店（春熙路店） 📍 成都市暑袜北二街89号 📞 028-86009555	成都新东方千禧大酒店 📍 成都市神仙树南路41号 📞 028-85127777

↘ 购物成都

成都王府井百货（总府店）

位于锦江区四川轻工大厦西北角，紧邻春熙路，交通便利，很容易找到。这里是成都比较著名的百货公司，经营的商品种类繁多，不仅有四川当地的各种特产，还有比较高档的服饰、日用品等，是一个十分理想的购物场所。

春熙路

这里是成都最繁华、最时尚的地方，云集了各种商场、店铺，有百年老店，也有各种类型的新潮专卖店等，因此吸引着不少人前来购物。在这里，你可以看到很多打扮时尚的成都女孩。这里不仅是购物的天堂，也是品尝美食的天堂，因为这里还云集了各种成都美味小吃，钟水饺、赖汤圆、夫妻肺片、韩包子、龙抄手、麻辣烧烤、串串香等，都可以让你在逛街购物的同时，也能一饱口福。

送仙桥

和春熙路的现代气息相比，送仙桥从名字上来看就是古香古色，这里随处都充满了古老的气息，所以这里是收藏爱好者的天堂。这里是成都收藏界的核心，古董、字画、钱币等都可以在这里淘到，全国收藏爱好者喜欢的地方除了北京、上海，其次就是这里。来到这里，经常可以看到很多人在讨价还价，购买自己心爱的宝物。如果你是一个收藏爱好者一定要来这里看一下，不过需要提醒的是，如果你不是行家，最好不要轻易出手，收藏市场向来鱼龙混杂，这里也不例外。

特产

成都地理位置独特，沃野千里，所以物产丰富的成都平原自古就有"天府之国"的美誉，自然成都的特产就十分丰富。成都盖碗茶是成都有名的特产之一。无论是茶具配置还是服务格调都独树一帜。采用瓷碗泡成的成都盖碗茶不仅色香味俱全，而且其高超的泡茶绝技，让人忍不住惊叹。在喝茶的同时，还能体验到美的艺术。

成都郫县豆瓣可谓是闻名遐迩，它采用独特的选材和工艺，制作出了香味醇厚的豆瓣。并且郫县豆瓣不掺入任何香料和化学药剂，具有鲜红油润、辣椒块大、回味香甜等特点，是人们炒菜不可缺少的辅料之一。

此外成都还有蜀绣、川芎、金堂脐橙、梨山粑梨、清见橘橙、米花糖、蛋苕酥、白菜豆腐乳等特产。

成都街景

乐山

乐山，位于四川盆地的西南部，是国家历史文化名城，也是中国优秀的旅游城市之一。2008年北京奥运会，乐山就是传递火炬的城市之一。景色优美、物产富庶的乐山一直吸引着很多游客前往。

峨眉山是乐山市著名的旅游胜地。峨眉山是中国四大佛教名山之一，有寺庙约26座，重要的有八大寺庙（报国寺、伏虎寺、清音阁等），为佛教中普贤菩萨的道场，是著名的佛教名山和旅游胜地，有"峨眉天下秀"之称和"一山有四季，十里不同天"之妙喻。"修长如峨眉"，在金庸的笔下，这座既秀丽多姿又冷傲凛冽的峨眉山被看作是一座女人之山。

区号：	0833
邮编：	614000
面积：	1.2720万平方千米
人口：	316.02万人
著名景点：	乐山大佛、峨眉山、乐山岩墓、凌云栈道等

↘ 游在乐山

峨眉山 ★★★★★

峨眉山，位于峨眉山市境内，是中国的四大佛教名山之一，拥有众多的寺庙，佛事活动非常频繁。这里山势陡峭、风景优美，具有多样的气候，生长着数量众多的植物，具有"秀甲天下"的美誉。山上有很多的猴群在这里生存繁衍，在途中会时不时遇见猴子向游客讨食，非常有趣。峨眉山以多雾著称，常年云雾缭绕，雨丝霏霏。弥漫山间的云雾，变化万千，把峨眉山装点得婀娜多姿。峨眉山层峦叠嶂、山势雄伟，景色秀丽，气象万千，素有"一山有四季，十里不同天"之妙喻。

￥ 160元
⏰ 6:00—17:00
🚗 峨眉站—峨眉山风景区（自驾）
峨眉站—秀湖大道—名山南路—峨洪路—峨眉山风景区
全程约10千米

峨眉山
推荐路线

1. 一日游：报国寺—接引殿—金顶—万年寺—清音阁—一线天—自然生态猴区

2. 两日游：第一天，报国寺—神水阁—清音阁—自然生态猴区—一线天—九老洞—仙峰寺—洗象池；第二天，洗象池—接引殿—金顶索道—金顶—万佛顶

3. 三日游：第一天，报国寺—圣积晚钟—第一山亭—峨眉山博物馆—伏虎寺；第二天，清音阁—一线天—自然生态猴区—洪椿坪—九老洞—遇仙寺—洗象池—雷洞坪；第三天，金顶—华藏寺—华严顶—初殿—万年寺。

注意事项

1. 山中温差较大，细雨时停时降，路段光滑，应做好准备。

2. 参加旅行团峨眉山一日游，必须问清楚旅行线路，因为当地有A线、B线之说，A线是只玩金顶，B线是游玩中山区，要比较全面的游玩，需2~3天。

3. 乘车只能坐到雷洞坪，距离金顶还有15千米，走路需要2小时，不要在雷洞坪买大衣，不然会加重身上负担。

峨眉览胜

东方佛都 ★★★

东方佛都，位于乐山市1千米处凌云山后，它和乐山大佛、乌龙寺、麻浩崖墓等景区相连，景区内绿树成荫，石阶曲径，亭榭幽雅，景色宜人，荟萃了3000座中外佛像，将宗教艺术、雕刻艺术、园林艺术融合到一起。佛像的雕刻工艺、选材多样，特别是佛像的排列放置，充分利用自然山体的延伸，凹凸和藏露，或隐或现，错落有致，形成了独特的佛像展览方式。

￥ 门票80元，和乐山大佛的联票是170元

东方佛都

⏰ 8：00—18：00
🚌 乐山站—东方佛都（自驾）
乐山站—瑞祥路—G348省道—碧山湖桥—S305省道—凌云路—东方佛都
全程约18千米

乐山岩墓★★★★

在东汉至南北朝时四川流行岩墓葬，被称为"蛮子洞"，乐山郊柿子湾、麻浩、萧坝、蕴真洞、车子等是墓葬比较集中的地方。这些岩墓依照天然岩石开凿而成，内室宽敞，高低不一，高者难以攀爬，低者则深埋地下。岩墓中至今还保留有题字、浮雕等，雕刻古朴劲健，栩栩如生，耐人寻味，是人们探寻古代文化的好去处。

💰 包含在乐山大佛景区内
⏰ 9：00—17：30

夹江千佛岩★★★

夹江千佛岩，位于乐山夹江县西3千米处，在青衣江左岸的石壁上，排列着200多窟石，共有造像2400余尊，因此被称为"千佛崖"。千佛岩的这些摩崖造像基本上是由民间自发镌造的，因而内容更加丰富多样，艺术形象也更加多姿多彩。这些造像始建于隋朝，并且一直延续到明清，排列错落有致，少则独占一窟，多则上百尊集于一窟；大可逾丈，小不及尺，造型优美，技艺精湛，姿态各异，绚丽多彩，充分展现了古代高超的雕刻技术，而且还有众多的题刻，让人目不暇接。

💰 30元
⏰ 6：00—21：00
🚌 乐山站—夹江千佛岩（自驾）
乐山站—至乐路—鹤翔路—G348省道—夹江千佛岩
全程约19千米

千佛岩

乐山大佛★★★★★

乐山大佛，位于乐山市，岷江、青衣江、大渡河三江汇合处，同乐山城隔江遥望。乐山大佛雕刻在凌云山栖霞峰的临江峭壁上，开凿于唐代，是摩崖造像中的精品之作，也是世界上最大的石刻弥勒佛坐像，具有"山上一尊佛，佛是一座山"之称。大佛头和山齐，足踏大江，双手抚膝，体态雍容，神情严肃，仿佛在俯视众生，给众生化灾解难。

💰 80元（含乐山大佛、乌尤寺、麻浩崖墓）
⏰ 7：30—18：30
🚌 乐山站—乐山大佛（自驾）
乐山站—至乐路—G348省道—S305省道—乐山大佛
全程约18千米

乐山大佛

竹叶青生态茗园★★★

竹叶青生态茗园，位于峨眉山市佛光东路，是一个茶文化的主题公园。园中有茶文化展示、品茗休闲和茶叶工业旅游等主题园区，是对外展示当地竹叶青茶的一个窗口。由茶博园、茗青苑、生态园和科研生产加工区四大景区和数十个景点组成，是国内为数不多的以茶为主题的观光区，在这里可以充分感受到中国茶文化的博大精深。

💰 20元
⏰ 9：00—18：00
🚌 乐山站—竹叶青生态茗园（自驾）
乐山站—瑞祥路—S306省道—名山路东段—竹叶青生态茗园
全程约25千米

竹叶青茶艺表演

洪椿坪★★★

洪椿坪，位于天池峰海拔1120米处山腰间，坪上建千佛禅院，这里群山环抱、林木葱茏、气候湿润、空气清新，是非常不错的避暑胜地。在夏季的清晨，常有雾雨霏霏，似雨非雨，翠湿人衣的情趣让人留恋，因此被称为"洪椿晓雨"，是山中的一大景色。这里是一个天然的空气浴场，在这里小憩，可以洗去你一身的旅途疲劳，也可以涤净你心中的忧愁和烦恼。

💰 免费
⏰ 6：00—18：30
🚌 乐山站—洪椿坪（自驾）
乐山站—瑞祥路—S306省道—峨洪路—洪椿坪
全程约40千米

峨眉山洪椿坪

凌云栈道★★★

凌云栈道，位于乐山大佛左侧栖鸾、兑悦两个山峰的悬崖绝壁之间，曾被赞为"崖壁上的交响诗"，该栈道削壁穿洞而建造，悬挂在空中，蜿蜒曲折，十分惊险，仿佛一条腾空的云龙一般。栈道南端一方亭，名"兑悦"。歇息于亭中，抬头苍峰屏峙，低首流水潺潺。回首望栈道蜿蜒曲折，大自然的造化与人工的雕琢融为一体，美不胜收。该栈道北端同大佛相连，南端和璧津楼相接，是一条不错的观光路线，游客可以前去体会一下它的奇险。

💰 70元
⏰ 9：00—17：00
🚌 乐山站—凌云栈道（自驾）
乐山站—鹤翔路—G348省道—凌云路—凌云栈道
全程约19千米

凌云栈道

金口河大峡谷★★★

金口河大峡谷，位于乐山金口河区，它的雄壮奇观、险峻幽幻可以和长江三峡相媲美，最大峡谷深达2600多米。谷中两侧壁立千仞，保留了原始的生态环境，层层叠叠的岩层犹如天书一般，记录着地球的演变。景区中有很多山景、峰景、石景，具有很高的观赏价值，也是游客们探险寻奇的好去处。

免费
全天
乐山站—金口河大峡谷（自驾）
乐山站—瑞祥路—长青路—G245省道—峨汉高速—G245省道—金口河大峡谷
全程约121千米

↘ 吃在乐山

在乐山和峨眉山一带，也有很多让人赞不绝口的小吃，比如卤鸭、三合泥、豆花、肉苞谷粑、烤乳鸽等，都是让人回味无穷的。在峨眉山市峨眉大厦的一边有个"小吃一条街"非常不错，可以吃到正宗的峨眉小吃。

烤乳鸽

冯三孃跷脚牛肉（四川名店）
游客评价：牛肉很正宗，非常好吃
☎ 18180336699
📍 乐山市嘉祥路7号

串妹花式冰粉（总店）
游客评价：冰粉很好吃，小香肠分量也很足
☎ 15528753000
📍 乐山市嘉祥路6-12号

叶婆婆钵钵鸡（乐山老店）
游客评价：主营当地特色小吃
☎ 0833-2125869
📍 乐山市东大街41号

搅三搅峨眉美食
游客评价：具有地方特色的美食，值得打卡。

口福老店跷脚牛肉
☎ 0833-5555136
📍 峨眉山市绥山东路194号

游客评价：汤很鲜，人气爆棚
☎ 15884398512
📍 峨眉山市绥山东路88号

东门豆腐脑
游客评价：酥肉豆腐脑超级推荐
☎ 0833-5568210
📍 峨眉山市绥山东路233、239号

↘ 住在乐山

平价型	享受型
如家酒店（乐山新广场王府井店） 📍 乐山市嘉州大道416号 ☎ 0833-2788777	**峨眉山恒邦艾美度假酒店** 📍 峨眉山市黄湾镇名山路南段555号 ☎ 0833-5328888
瞳里酒店 📍 乐山市嘉定中路251号 ☎ 0833-2395888	**乐山兴邦假日酒店** 📍 乐山市嘉祥路1348号 ☎ 0833-6175555
红利来大酒店（乐山大佛店） 📍 乐山市区嘉定中路328号 ☎ 0833-2175888	**乐山汉尊大酒店** 📍 乐山市柏杨中路509号 ☎ 0833-2137777
玩具熊主题酒店 📍 峨眉山市报国寺风景区景区路游客中心东50米（西南交大南门斜对面） ☎ 0833-5590135	**峨眉山温泉饭店** 📍 峨眉山市报国寺风景区（温泉欢乐谷内） ☎ 0833-5590370
金叶快捷酒店 📍 乐山市滨江路南段706号 ☎ 0833-2108222	**峨眉山红珠山宾馆** 📍 峨眉山市报国寺景区 ☎ 0833-5594405

↘ 购物乐山

北京华联乐山时代广场店

位于乐山市时代广场，经营面积 3 万平方米，包括大型超市、精品珠宝、化妆品、时尚服饰等上百类、8 万余品项。便利、优雅的购物环境，可以全方位满足乐山市民一站式购物的需求。

摩尔春天百货

位于乐山市嘉定南路 176 号。乐山摩尔春天百货有限公司是一家经国家相关部门批准注册的以经营服装为主的企业。主营服装、家电等，游客可以在这里买到自己所需要的物品。

沃尔玛乐山店

位于乐山市市中区鼓楼街 23 号。沃尔玛百货有限公司由美国零售业的传奇人物山姆·沃尔顿先生于 1962 年在阿肯色州成立。经过 40 多年的发展，现在已经成为全球性的连锁超市。

伊盛百货

位于峨眉山市绥山西路 75 号，是峨眉较大的一家百货公司，物品齐全、服务热情，一直深受过往游客的青睐。山上的东西确实比较新鲜，但是也要注意山上的东西比较贵，记得要砍价。如果你并不是很懂货，那么还是建议到百货公司购买，以免上当受骗。

峨眉山沃美商场

这是一家连锁超市，位于峨眉山市名山东路峨眉大厦，在峨眉是比较大型的商场了，一般需要的物品都可以在里面找到。

💡 特产

一般到了乐山购物的，大多会选择在山上买一些土特产，乐山的特产主要有茶叶、中药材、土特产、工艺品和纪念品。

茶叶主要有竹叶青、峨蕊、仙芝竹尖，到竹叶青生态茗园观光游览的时候，可以带回去一些喜欢的茶叶。

中药材一般有天麻、锁阳、岩白菜、朱砂莲、黄连、黄檗等，药材野生和种植的价格相差较大，如果你没有分辨的能力，最好到正规的药店购买。

土特产有竹笋和雪魔芋，在峨眉山旅游商品展销中心、各商场及杂货店都可以买到。

乐山风光

九寨沟及其北部地区

区号：0837
著名景点：日则沟、宝镜岩、盆景滩等
特色：翠海、彩林、雪山、藏情

九寨沟位于四川省阿坝藏族羌族自治州，是国家著名的风景名胜区。那里集山清水秀、草原辽阔、雪山耸列、江河纵横等于一体。另外，该地地形地貌复杂、气候多样，构成了独特的地理环境。保留了世界上少有的动植物资源，如熊猫、珙桐等。这里是中国工农红军长征历经的极其艰苦和危险的行军地，其中有四个乡镇被列为红色革命遗址。

2007年，九寨沟被国家旅游局授予"国家5A级旅游景区"的称号。并且经国务院批准，九寨沟已经被联合国教科文组织列入世界文化遗产名录。另外，在九寨沟北部地区也有很多风景名胜值得游客游览，例如似等待出嫁的新娘般的四姑娘山等。

↘ 游在九寨沟及其北部地区

九寨沟 ★★★★★

九寨沟，位于阿坝藏族羌族自治州境内，是广大中外游客心中的"梦幻世界"。九寨沟以原始的生态环境，一尘不染的清新空气和雪山、森林、湖泊组合成神妙、奇幻、幽美的自然风光，显现"自然的美，美的自然"，被誉为"童话世界"。九寨沟水的纯净、山的雄伟、溪水的秀丽、山林的绚烂，是任何地方都无法比拟的，翠海、叠瀑、彩林、雪山、藏情、蓝冰，是它的"六绝"，尤其是水景，多姿多彩、色彩绚烂。因此博得了"九寨归来不看水"的美誉。九寨沟四季都适合游玩，最美的季节当属秋季，此时的色彩绚丽，景色缤纷，游客千万不要错过。

💰 旺季190元；淡季80元
🕐 旺季（4月至11月）：6：30—18：00；淡季（11月至次年3月）：6：30—17：00
🚌 九寨沟站—九寨沟（自驾）
九寨沟站—西山路—九寨大道—G544—九寨沟
全程约42千米

九寨沟风光

雪宝顶 ★★★

雪宝顶，位于松潘县境内，是岷山的最高峰，也是藏族聚居区苯波教七大神山之一。雪宝顶没有固定的道路，山势比较险峻，不易攀登，是探险攀岩爱好者的一大旅游胜地。山内盛产雪莲、贝母等名贵药材，这里高山湖泊各具情趣。

💰 免费
🕐 8：00—18：00
🚌 可以先坐车到松潘县，再从松潘县骑马过来。

九寨沟

最佳旅游时节

1. 每年农历九月霜降以后，进入秋季，是九寨沟景色最美丽的时候，但游玩的人很多，特别是国庆、中秋假期的时候，喜欢热闹的这个时候为最佳。

2. 春冬两季为枯水期，景色稍逊，好处是人少，门票、住宿和吃饭便宜。适合晴朗的天气下游玩，阳光照在水中五彩斑斓。

旅游便签

九寨沟由树正沟、日则沟、则查洼沟三条主沟构成，呈"Y"字形，如果想在一天内游完所有景点，建议您乘坐观光车开到"Y"字顶端，然后往下游览。

如果喜欢观赏和拍照的话，可以早上去镜海看倒影，上午游树正沟，下午游日则沟和则查洼沟。如果想细致地游览。最好在景区玩两天。

九寨沟海拔在2000～3000米，黄龙海拔3900米，一部分人会在黄龙出现高原反应，要注意保暖，不要感冒了，放慢行程。黄龙一路上设有氧气供应站，只需花一元钱买一副管子即可免费吸氧。

雪宝顶

四姑娘山★★★★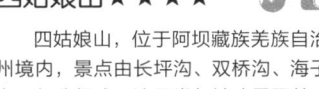

四姑娘山，位于阿坝藏族羌族自治州境内，景点由长坪沟、双桥沟、海子沟三部分组成，这里常年被冰雪覆盖，仿佛是一个头披白纱的姑娘一般，秀气内敛。四姑娘山除了山美，还有迷人的湖泊、草甸、牧场、藏族风情等，是一个值得观赏的胜地。

💰 旺季（4月1日至11月30日）长坪沟70元，双桥沟80元，海子沟60元；淡季（12月1日至3月30日）长坪沟50元，双桥沟50元，海子沟40元

🕐 8：00—17：30

🚌 成都双流国际机场—四姑娘山（自驾）

成都双流国际机场—机场北二路—成灌高速—中国熊猫大道—四姑娘山景区

全程约203千米

米亚罗风景区★★★

米亚罗风景区，我国最大的红叶景观区，位于阿坝藏族羌族自治自治州理县境内。这里有三千三百道沟，三千三百道梁，每个沟都有红叶，都有融雪，都有涌泉，景色十分迷人，整个景区被红叶覆盖，仿佛一团熊熊燃烧的火焰，如梦如幻。

💰 30元

🕐 全天

🚌 成都双流国际机场—米亚罗风景区（自驾）

双流国际机场—机场北二路—成都绕城高速—都汶高速—蓉昌高速—米亚罗风景区

全程约240千米

四姑娘山

牟尼沟★★★

牟尼沟，位于松潘县城南30千米处，这里有一个我国最大的钙化瀑布——沟内的扎嘎瀑布。在和瀑布有一山之隔的地方，是二道海，这里风景优美，可以和九寨沟相媲美。

💰 70元

🕐 8：0—18：00

🚌 成都双流国际机场—牟尼沟风景区（自驾）

成都双流国际机场—机场北二路—都汶高速—兰磨线—牟尼沟风景区

全程约309千米

牟尼沟瀑布

若尔盖草原★★★

若尔盖草原，位于阿坝藏族羌族自治州东北部的红原县和若尔盖县等四县境内，是四川最大的草原，地势平坦、人烟稀少、一望无际。这里曾经是红军二万五千里长征多次到达的地方，在这里不仅可以体会到草原的壮美，还可以了解到革命先烈的光辉业迹。

💰 免费

🕐 全天

🚌 松州客运站—若尔盖大草原（自驾）

松州客运站—兰磨线—朗川线—S301—G248—若尔盖大草原

全程约193千米

黄龙★★★★★

黄龙，位于阿坝藏族羌族自治州松潘县境内，同九寨沟毗邻，沟底的岩石光滑晶莹，山沟蜿蜒曲折，仿佛一条盘旋而下的黄龙一般，因此得名。黄龙最大的看点就是其四绝：彩池、雪山、峡谷、森林。

💰 旺季（6月1日至12月15日）170元；淡季（12月16日至5月31日）60元

🕐 8：00—17：00

🚌 松州客运站—黄龙（自驾）

松州客运站—兰磨线—滨河路—平松路—黄龙

全程约39千米

黄龙

黄龙

小贴士

1. 每年12月份到次年3月份为封山期，不接待游客。

2. 涪江源流域和雪栏山峰丛区、红心岩峰丛区不可贸然前往，需当地人做导游。

3. 彩池是黄龙的重要景观，越往上越好看，拍照和欣赏最好到顶端。但顶端海拔较高，空气稀薄，易出现缺氧，应量力而行。

4. 带上红景天、葡萄糖、运动饮料、棒棒糖、雨衣、小薄毯、感冒药、厚衣服等物品备用。

风俗禁忌

1. 藏族人禁吃马肉、驴肉、狗肉，有些地方的人不吃鱼肉。

2. 藏族人忌讳别人用手去摸头顶，进入藏族人的帐篷不可踩门槛，不可在藏族人面前吐痰。

3. 主人给你倒酥油茶时，必须等到主人双手捧到你面前才能接过去喝。

达古冰川★★★★

达古冰川，位于阿坝藏族羌族自治州黑水县境内，海拔在3800～5100米，该景自从被发现后，就被认为是当今世界上景色最美、最多彩多姿的冰川景观，除了冰川，还有瀑布、湖泊、原始森林、草甸等景色，可谓是景色众多，来到这里相信不会让你失望。

💰 200元

🕐 7：30—15：30 可以进入沟中

🚌 黑水汽车站—达古冰川（自驾）

黑水汽车站—胜利路—吉林大道—G347—达古冰川

全程约11千米

达古冰川

三星堆博物馆★★★★

三星堆博物馆，位于广汉市，距今已有3000～5000年的历史，是西南地区时间最久、文化内涵最丰富的古蜀文化遗址。如今有保存最完整的东、西、南城墙和月亮湾内城墙。在博物馆中，

可以看到出土的大量金器、青铜器、玉器、陶器、象牙等物品，我们可以在欣赏器具之美的同时，充分感受到古蜀文化的魅力和神秘。

💰 82元
🕐 第一展馆：10：00—17：30
　　第二展馆：10：00—17：30
🚌 成都双流国际机场—三星堆博物馆（自驾）
双流国际机场—机场北二路—成都绕城高速—成德大道—三星堆博物馆
全程约70千米

三星堆博物馆

昭化古城 ★★★★

昭化古城，古称"葭萌"，已经有4000多年的历史，是现今国内保存比较完好的三国古城，素有"巴蜀第一县，蜀国第二都"之称。古城四面环山、三面临水，不仅山清水秀，人杰地灵，环境优美，民风古朴典雅，而且拥有众多的名胜古迹，保留了大量的民俗，到了这里可以让你充分感受到古蜀三国的文化底蕴。

💰 58元
🕐 8：30—17：30
🚌 成都双流国际机场—昭化古城（自驾）
双流国际机场—机场北二路—成渝环线高速—京昆高速—昭化古城
全程约296千米

剑门关 ★★★★★

剑门关，位于剑阁县北30千米处，这儿的地势因为流水的侵蚀而十分险要，素来有"剑门天下险"之称。这里的道路十分崎岖难走，真正有蜀道难的境界，让人不得不惊叹。

💰 110元
🕐 9：00—18：00
🚌 成都双流国际机场—剑门关景区（自驾）
双流国际机场—机场北二路—成渝环线高速—京昆高速—京昆线—剑门关景区
全程约278千米

剑门关

千佛崖 ★★★★

千佛崖，位于广元市城北4千米的嘉陵江东岸，是四川境内规模最大的石窟群，始建于北魏时期，在200多米的峭壁上，重叠分布了13层造像龛窟，犹如蜂房一般。现存有400多个龛窟及7000余尊造像，特别是中心的大云洞，传说正中弥勒佛是武则天的化身像。

💰 50元
🕐 夏季：8：00—18：30
　　冬季：8：00—18：00（网络购票请提前3小时预订）
🚌 成都双流国际机场—千佛崖（自驾）
双流国际机场—机场北二路—成渝环线高速—京昆高速—京昆线—千佛崖
全程约315千米

💡 **购物九寨沟及其北部地区**

九寨沟一带特产不少，大多数是带有浓郁民族风格的物品，比如当地特有的羌族刺绣、中草药以及藏族手工艺品藏戒、藏刀、佛珠等。北部地区的贝母、虫草、麝香等珍贵药材以及花椒、蕨菜、木耳等也非常不错。

羌族刺绣：羌族刺绣基本上都是由当地的妇女手工制作而成的，都是传承了多年的手工制作技艺，制作精美、色彩艳丽、内容丰富，有挎包、帽子和壁挂等物品，很多还有吉祥的寓意，不妨买来作留念。

名贵中草药有：松贝、当归、虫草、天麻、雪灵芝、灵芝等。

↘ 吃在九寨沟及其北部地区

在九寨沟地区，饮食以牛羊肉为主，但是做法和内地有所不同，体现的是藏族和羌族的做法。这里有很多具有藏族特色饮食，比如烤全羊、酥油茶、奶制品、牦牛肉等。或许有些人会吃不惯，可以自己带一些干粮。

烤羊排

🍴 九寨天堂马帮藏式酒吧
游客评价：藏式的酒吧，不妨体验一下
📞 0837-7789999
📍 九寨天堂洲际大饭店接待大厅

🍴 九里香
游客评价：当地特色美食，价格实在
📞 15283720678
📍 九寨沟县漳扎镇边边街隆康村二组26号附15号

🍴 卓玛藏家
游客评价：充分展现了藏家特色
📞 13547735499
📍 九寨沟希尔顿酒店对面

🍴 湘渝食府
游客评价：菜品很有特色，鱼做得非常好

📞 18990400352
📍 九寨沟风景区内九源国际饭店斜对面

🍴 重庆家常菜
游客评价：推荐孜然牦牛肉，肉质鲜嫩多汁
📞 18283778006
📍 301省道扎西宾馆对面

↘ 住在九寨沟及其北部地区

平价型	享受型
西姆酒店（九寨沟店） 🏠 九寨沟县漳扎镇火地坝 📞 0837-7766761	九寨鲁能希尔顿度假酒店 🏠 九寨沟县漳扎镇郎寨村 📞 0837-7799999
九寨童话酒店 🏠 九寨沟县漳扎镇彭丰村 📞 0837-7777123	九寨沟新九寨宾馆 🏠 九寨沟县漳扎镇 📞 0837-7734777
锦江之星（九寨沟景区店） 🏠 九寨沟县漳扎镇漳扎村三组热仓郭克街 📞 0837-7766555	九寨沟九寨天堂洲际大饭店 🏠 九寨沟县漳扎镇甘海子 📞 0837-7789999
璞悦酒店 🏠 九寨沟县漳扎镇漳扎村2组 📞 0837-8196333	九寨沟悦榕庄 🏠 九寨沟县保海公路1号 📞 0837-8898888
禾悦酒店 🏠 九寨沟县漳扎镇彭丰村1组51号 📞 0837-7777728	棠中大酒店 🏠 九寨沟县漳扎镇301省道藏宫阁旁 📞 0837-6961000

甘孜及其西部地区

区号：0836
邮编：626000

甘孜位于四川省甘孜州西北部，是一个山水环绕的美丽山城。面积将近7400多平方千米。它是个多民族居住的城镇，其境内居住着藏、汉、回、苗、彝、壮等11个民族，从而形成了甘孜独特的民族文化。甘孜的畜牧业比较发达，有很多水草丰美的草原，并且动植物资源也很丰富，生活着獐、狐、猴、熊等20多种野生动物。

近年来这个地区逐渐成为全国有名的旅游城镇。冰山、草原、高山形成了甘孜独特的景色。古朴的民风民俗、独特的雪域文化以及红军长征遗址，吸引着众多的游客前来参观。另外，甘孜西部地区也有很多优美的景区值得参观。集合了峡谷、海滩、山峰、温泉的木格错，家喻户晓的红军飞夺泸定桥遗址等景点。

↘ 游在甘孜及其西部地区

海螺沟★★★★

海螺沟，位于甘孜泸定县磨西镇内，处于贡嘎山的东坡，是世界上为数不多的低海拔冰川之一。海螺沟山下年平均气温在15℃左右，冬暖夏凉，气候宜人。山顶则终年积雪，温度在0℃以下。这里有我国最高的大冰瀑布，瀑布倾泻而下，壮丽雄伟，另外还有冰洞、冰桥等，让人流连忘返。

💰 门票90元，观光车70元
🕐 冬春：8:00—14:00
　　夏秋：7:00—14:30
🚗 成都双流国际机场—海螺沟（自驾）
成都双流国际机场—机场北二路—京昆高速—雅叶高速—海螺沟
全程约298千米

海螺沟冰川

📍 海螺沟

1. 海螺沟主要景观为冰川和雪山，所以冬天去要比夏天去景色好。

2. 景区内道路稍长，觉得体力不支，可以骑马坐轿，但一定要砍价，不可轻信导游介绍的服务项目，因为他们要收成的。

海螺沟景观

日照金山，在碧蓝的天空下常年积雪的贡嘎山冰清玉洁，在海螺沟的二层山或狮子岩观赏，美丽的雪景尽收眼底。

冰川倾泻，海螺沟一号冰川是世界上同纬度海拔最低最大的现代冰川，全长14.7千米，沿途布满冰河、冰湖、冰海、冰城门、冰宫、冰蘑菇等千姿百态的景观。

雪谷温泉，海螺沟有大量的沸、热、温、冷泉水，水温低的泉水清凉可口，可以直接饮用，水温高的泉水终日白雾腾腾，宛如仙境，新建的温水池和温室可供游客洗浴游乐。

原始森林，海螺沟内生长着很多亚寒带高山植物，400余种野生动物，随处可见温顺的熊猫、野猪和狗熊。

稻城亚丁 ★★★★

亚丁，位于甘孜藏族自治州南部稻城县香格里拉镇，这里是一片净土，是我国保存最完整的一处自然生态系统，是人们向往的游览胜地之一，是摄影爱好者的天堂。在亚丁，聚集了神山圣湖，自然景色壮观绝美，而且还有丰富的宗教文化，是藏族人心中的圣地。亚丁有三座神山，分别为：仙乃日、央迈勇和夏纳多吉，呈品字型排列，洁白无瑕、一尘不染，显示了它的宁静和神秘，是人们净化心灵的好去处。

💰 150元
🕗 7:00—18:30
🚌 稻城亚丁机场—稻城亚丁风景区（自驾）
稻城亚丁机场—张孟线—S216—稻城亚丁风景区
全程约127千米

稻城亚丁

木格错 ★★★★

木格错，位于距离康定市区17千米的雅拉乡境内，是一个集合了峡谷、海滩、山峰、温泉的景区，该景区中有众多的湖泊、山林、动植物、奇峰异石，风景秀丽。这里的药池温泉有近百眼的药泉，最高水温高达90℃，含有多种有益元素，是人们养生保健、疗养度假的胜地。

💰 门票105元，观光车90元
🕗 8:30—17:30
🚌 成都双流国际机场—木格错（自驾）
成都双流国际机场—京昆高速—雅叶高速—泸聂线—S434—西大街—木格错
全程约280千米

木格错

贡嘎郎吉岭寺 ★★★★

贡嘎郎吉岭寺，稻城县最大的黄教寺院，长青春科尔寺的属寺，简称"贡岭寺"。贡嘎郎吉岭寺建筑雄伟壮丽，寺中有很多精美的壁画，充分展现了佛教文化的博大精深，寺中还保留有五世达赖相赠的一尊弥勒佛铜像，十分珍贵。

💰 10元
🚌 稻城亚丁机场—贡嘎郎吉岭寺（自驾）
稻城亚丁机场—张孟线—滨河路一段—S216—张孟线—贡嘎郎吉岭寺
全程约109千米

泸定桥 ★★★★

泸定桥，位于泸定县城大渡河上，始建于清康熙四十四年（1705年），现存有康熙御笔题写"泸定桥"之御碑在桥头。附近建有泸定桥革命文物博物馆，馆内有大量的照片、资料，展示了当年红军强渡大渡河、飞夺泸定桥的场景，能够让我们充分感受到革命先烈们为国家做出的巨大牺牲。另外，还有红军飞夺泸定桥纪念碑及其公园，都是值得游览的。

💰 10元
🕗 全天
🚌 成都双流国际机场—泸定桥（自驾）
双流国际机场—京昆高速—雅叶高速—勇士路—双碑街—泸定桥
全程约232千米

泸定桥

丹巴天然盆景（美人谷）★★★

东谷天然盆景，位于丹巴县城西南21千米的东谷乡境内，这里景色非常迷人，牦牛河不断流淌，水质清澈，植被繁多，林海丛生，各处都是奇峰异石，独具一格，让人不得不感慨大自然的鬼斧神工。这里的女孩子天生丽质，相貌出众，所以，此地也被称为"美人谷"。

💰 免费
🕗 全天

🚌 成都双流国际机场—美人谷（自驾）
双流国际机场—成都绕城高速—京昆高速—雅叶高速—G248—美人谷
全程约389千米

贡嘎山 ★★★★

贡嘎山，位于甘孜藏族自治州康定市、泸定县、九龙县等市县之间，贡嘎主峰海拔7556米，是四川省第一高峰，有"蜀山之王"之称。在主峰周围，有145座海拔五六千米的冰峰，十分壮观。这里还有冰川运动形成的冰川弧、冰塔、冰桥、冰川石蘑菇、冰城门等，以及众多的湖泊，是探险赏景的佳地之一。

💰 150元
🕗 8:00—18:00
🚌 成都双流国际机场—贡嘎山（自驾）
双流国际机场—京昆高速—雅叶高速—迎宾路—天域大道—贡嘎山
全程约311千米

贡嘎山山脚

贡嘎山
建议旅游季节

去贡嘎山最佳的季节是五六月份，这个季节正是雨季和旱季的交替阶段，没有太大的降雨量，比较适合旅游。如果想去贡嘎山旅游，不妨选择这个时间段。

温馨提示

游客到达上木居后，最好留下住宿一晚，以便休息好准备第二天的旅程。另外，因为攀登贡嘎山的难度很大，在准备好必需的物资情况下，最好找匹强壮的马同行。要注意的是，找马的时候一定要讲好价钱。

住宿选择

游客去贡嘎山可以住在磨西镇，磨西镇是前往海螺沟和贡嘎山的住宿集中地，那里有不少宾馆和温泉洗浴中心，平价型和享受型的酒店都有，可供选择的余地比较大。另外，住宿最好是提前预订一下比较好。

塔公草原 ★★★★

塔公草原，位于四川省甘孜藏族自治州康定市塔公镇境内，水草丰美，牛羊遍地，景色十分优美，可以看到藏族人在这里放牧、生活，感受藏族人的生活方式。这里还有藏族聚居区著名的塔公寺，拥有很高的地位，是康巴地区藏族人朝圣地之一，每年8月1日都会举行赛马节，场面十分盛大。

- 免费
- 全天
- 成都双流国际机场—塔公草原（自驾）

双流国际机场—成都绕城高速—京昆高速—雅叶高速—S434—G248—塔公草原
全程约352千米

塔公草原

购物甘孜及其西部地区

在甘孜及其西部地区，主要的特产以药材、山珍野味、工艺品为主。

药材有麝香、鹿茸、虫草、贝母、大黄、红景天、雪莲花等，都是很名贵的药材，很多还用于出口。其中红景天是治疗高原反应的特效药，高原反应严重的人不妨买一些。

山珍野味以菌类为主，有松茸、白菌、羊肚菌、鸡蛋菌、獐子菌等。著名的松茸，生长在海拔2500～4000米的森林里，含有多种人体必需的氨基酸，还有防癌、防辐射的功能。

工艺品主要是白玉藏刀和金银手工饰品。

↳ 吃在甘孜及其西部地区

甘孜及其西部地区的美食，还是以川菜为主，但是，或许是地理环境的原因，这里的食物价格稍贵、品种也不多。当地人则以藏餐为主，主要有花馍馍、糌粑、血肠等。不过这里盛产山珍野味，有菌类、松茸、高山雪鱼等，还是值得品尝的。

美味山菌汤

- **贡椒鱼野生菌牦牛杂汤锅**
  游客评价：汤汁特别鲜美，人气很旺
  15808356009
  康定市新市前街打箭路

- **蒸汽草帽石锅鱼**
  游客评价：超级好吃，尤其是虾滑，可以看到整颗虾
  13508825642
  稻城县香格里拉镇呷拥路香巴拉天街

- **玛拉亚藏餐厅**
  游客评价：土豆饼皮酥脆，里面是土豆泥裹着肉馅，口感绵密
  0836-2877111
  康定市炉城镇沿河东路139号6楼

- **羊儿槽农庄**
  游客评价：典型的农家乐饭店，可以体会一下当地民俗
  13541463133
  泸定县杵坭乡羊儿槽

- **兴雅川菜馆**
  游客评价：川菜味道正宗，回锅肉肥而不腻
  18090139082
  雅江县川藏街79号

- **传说理塘文化主题餐吧**
  游客评价：凉拌牛舌非常好吃，红油很香
  0836-5325999
  理塘县幸福东路疾病预防控制中心282号

↳ 住在甘孜及其西部地区

平价型	享受型
皇桥宾馆 泸定县红军路泸定桥广场北50米 0836-3123333	**贡嘎神汤温泉酒店** 泸定县磨西镇海螺沟景区内 0836-3266888
360度印象酒店 康定市康东大道72号 0836-2816888	**康定姑咱镇宏城酒店** 康定市姑咱镇211省道甘孜卫生学校斜对面 0836-2859259
宜必思酒店（康定店） 康定市南郊路17号 0836-8885555	**望水听山温泉民宿** 康定市雅拉乡二道桥驷马塘村 0836-2851116
睡仙民宿 理塘县高城镇牧民新村110号 18090145688	**海螺沟冰川温泉度假村（二号营地）** 泸定县磨西镇海螺沟二号营地 0836-3266171

重庆

区号：023
面积：82402 平方千米
人口：3205.42 万人
方言：西南官话
著名景点：洪崖洞、大足石刻、武隆天生三桥、长江三峡、解放碑、朝天门等

概况

重庆，我国的第四个直辖市，位于长江、嘉陵江交汇处，因其地理环境，素有山城、雾都之称。重庆是我国的中心城市，也是长江上游地区的经济中心和金融中心，是西南地区重要的工业城市，历史悠久，是我国著名的历史文化名城之一。

重庆处于四川盆地的东部，气候温和，适宜居住，冬暖夏热，降雨量大，常年降雨量在 1000～1450 毫米之间。在春夏相交之际的晚上特别容易下雨，"巴山夜雨"描述的就是这个情景。重庆有很多的名山大川以及河流，地貌以山地、丘陵为主，山脉有大巴山、巫山、大娄山、武陵山；流经的河有长江、嘉陵江、乌江、大宁河等，举世闻名的长江三峡就位于这里。

重庆的地理位置比较特殊，是我国中部和西部的接合处，因此交通十分便利，水、陆、空交通资源等非常丰富。

重庆特色小吃：江津米花糖、口陈麻花、香肠腊肉、丰都豆腐乳、泡椒凤爪、怪味胡豆、梁平袁驿豆腐干、涪陵榨菜、永川豆豉、南岸泉水鸡等。重庆特色工艺品：荣昌折扇、工艺陶、铜梁龙灯、沙坪坝瓷器、綦江农民版画、大足龙水刀等。

> 线路 1
> 朝天门—解放碑—重庆巴渝文化民族村—大足石刻
>
> 线路 2
> 丰都鬼城—白帝城—瞿塘峡—巫峡

名菜

毛血旺、歌乐山辣子鸡、酸菜鱼、鱼头火锅、狗肉汤锅、唐肥肠、潼南太安鱼等。

交通

飞机

重庆江北国际机场

☎ 023-966666

📍 重庆市市郊东北方向 21 千米的渝北区两路镇

🚖 机场交通：出租车，起步价 10 元，3 千米后每千米 2 元。

重庆地铁

1 号线
壁山—朝天门
（6：30—22：30 最高票价 7 元）
2 号线
鱼洞—较场口
（6：30—22：30 最高票价 6 元）
3 号线
举人坝—碧津
（6：30—22：30 最高票价 3 元）
4 号线
民安大道—唐家沱
（7：30—20：30 最高票价 4 元）
5 号线
园博中心—大石坝
（6：30—22：30 最高票价 4 元）
6 号线
北碚—茶园
（6：30—22：30 最高票价 7 元）

重庆火车站

↘ 游在重庆

重庆市是中国的四个直辖市之一，也是国家历史文化名城。2011 年，重庆市被国务院定位为国际大都市。其地貌以丘陵、山地为主，故也有"山城"之称。

重庆市处于长江上游经济带的核心地区，是国家西部大开发政策的重点发展区域。再加上其雄厚的工业基础和科教力量以及潜力巨大的市场，重庆市已成为中国西部地区投资潜力最大的城市之一。

磁器口古镇 ★★★★ 📷

磁器口古镇，始建于宋朝，拥有千年的历史，是重庆的缩影，因清朝时在此转运瓷器而得名。这里是重庆古镇文化的代表之地，古色古香的环境，彰显着重庆的传统文化，不仅风景优美，而且聚集了很多的民俗文化，"一江两溪三山四街"的格局，成为人们感受重庆文化的理想之地。

💲 免费
🕐 全天
🚌 重庆江北国际机场—磁器口古镇（自驾）
江北国际机场—渝航路—渝都大道—内环快速—劳动路—磁器口古镇
全程约 28 千米

💡 磁器口古镇

古镇看点

来到磁器口古镇，就仿佛穿越时空，回到了旧时重庆。其历史悠久的古式建筑洋溢着浓郁的文化气息，让人沉醉其中，流连忘返。古镇的著名景点很多，像清末时期无数读书人向往的翰林院，兼有中国南北四合院建筑特色的巴渝民居馆，被誉为我国建筑艺术瑰宝的宝轮寺，以及九宫十八庙的圣地文昌宫等，充分展示了我国古代精湛的建筑艺术和深厚的历史文化。

古镇美食

磁器口古镇的美食也是独具特色，深受游客喜爱。其中，毛血旺、烩千张皮和椒盐花生，号称"古镇三宝"。

旅游提醒

古镇的路面光滑，若是赶上下雨天气，游客一定要注意安全，最好穿上防滑的运动鞋进行游览。磁器口古镇以名人足迹多、茶馆多著名。清风拂面，鸟语花香，品一壶好茶，既能缓解疲劳，又能品味古镇的文化气息。

磁器口古镇

朝天门 ★★★ 📷

朝天门，位于重庆东北嘉陵江、长江的交汇处，是重庆十七座古城门之一，是重庆最大的水运码头，也是重庆非常大的综合交易市场，这里自古就呈现出一派繁华的景象，人来人往，熙熙攘攘。朝天门襟带两江，每到夏秋季节就会出现"夹马水"的景象，场景十分壮观。朝天门就是重庆的象征，是来重庆的必游之地。

💲 免费
🕐 全天
🚌 重庆江北国际机场—朝天门（自驾）
江北国际机场—渝航路—渝都大道—渝鲁大道—朝天门
全程约 27 千米

重庆朝天门码头

解放碑 ★★★★ 📷

解放碑，重庆的标志性建筑，是一座为纪念中华民族抗日战争胜利的纪念碑。该纪念碑为八角柱体，威严耸立在众多的高楼大厦之间，象征着中华民族的独立和顽强精神。如今，在解放碑建成了中国第一个商业步行街，成了重庆重要的商务区，在这里你可以感受到重庆的现代化和国际化，也可以尽情享用重庆美食。

💰 免费
🕐 全天
🚌 重庆江北国际机场—解放碑（机场快车）
江北机场T2B站上车—途经5站—解放碑站下—步行约290米抵达
全程约31千米

重庆解放碑

钓鱼城 ★★★★ 📷

钓鱼城，位于合川区合阳镇嘉陵江城东5千米钓鱼山上，占地2500平方米，是一个闻名于世的古战场遗址。钓鱼城保存比较完好，位于悬崖峭壁之上，三面环绕着嘉陵江、涪江、渠江，古城门、城墙经过多年的风雨，依旧雄伟坚固。主要景观有城门、城墙、皇宫、武道衙门、步军营、水军码头等遗址，有钓鱼台、护国寺、悬佛寺、千佛石窟、皇洞、天泉洞、飞檐洞等名胜古迹，还有元、明、清三代遗留的大量诗赋辞章、浮雕碑刻。

💰 60元
🕐 8：30—17：00
🚌 重庆江北国际机场—钓鱼城（自驾）
江北机场—重庆绕城高速—兰海高速—合师路—钓鱼城
全程约72千米

洪崖洞 ★★★ 🌐 📷

重庆洪崖洞，一个具有重庆历史人文风貌的景区，这里有明清时代的吊脚楼建筑，并且赋予了它新的功能，使其适应现代都市人的生活，营造了浓郁山城民居特色的吊脚楼，将民俗和现代文化完美融合。身处吊脚楼中间，犹如时光倒流，只有亲身体验，才能有所感觉。

💰 免费
🕐 全天
🚌 重庆江北国际机场—洪崖洞（自驾）
江北机场—渝航路—渝都大道—渝鲁大道—嘉陵江滨江路—洪崖洞
全程约24千米

洪崖洞仿古建筑群

周公馆 ★★★★ 📷

周公馆，即曾家岩50号。这里曾经是中共代表团迁到重庆后的一个办公地点，这个地方位于街道的尽头，左边是原国民党派出所，右边则是时任国民党军统局局长戴笠的公馆，尽管环境十分危险，可是革命先辈们却在此进行着伟大的事业，为了中华崛起而努力着。广场中央塑着一尊周恩来风雨兼程、辛勤奔走的全身铜像，人们在这里追忆往事，缅怀伟人，探索未来。

💰 免费
🕐 全天
🚌 重庆江北国际机场—周公馆（自驾）
江北机场—渝航路—渝都大道—渝鲁大道—人民支路—周公馆
全程约24千米

缙云山 ★★★★ 📷

缙云山位于重庆北碚区境内，这里山高密林，环境幽雅，气候适宜，处处彰显着秀丽和奇绝，因此有"小峨眉"之称。尤其是狮子峰的日出云海，十分壮丽，让游客赞叹不已。

💰 15元
🕐 7：00—18：00
🚌 重庆江北国际机场—缙云山（自驾）
江北机场—机场环路—金兴大道—兰海高速—北泉路—缙云山
全程约52千米

北温泉 ★★★★ 📷

重庆是一个地热资源丰富的地方，拥有数目众多的温泉，东西南北四大温泉更是闻名遐迩，北温泉就是其中之一。北温泉为五温泉之冠，清代即有"第一泉"之誉。这里风景秀丽，空气清新，拥有众多的亭台水榭，在泡温泉之余，可以爬爬山、看看水，欣赏一下美景，十分享受。

💰 平日368元，周末及节假日398元
🕐 10：00—22：00
🚌 重庆江北国际机场—北温泉（自驾）
江北机场—桃源大道—重庆绕城高速—双元大道—北温泉
全程约34千米

北温泉

渣滓洞集中营 ★★★ 📷

渣滓洞集中营，位于重庆郊区歌乐山麓，该地三面环山，地形十分隐蔽。后被国民党特务改造为秘密监狱，专门关押和迫害革命者，因此在这里发生过很多悲壮的英雄事迹。新中国成立前，国民党将其焚烧，仅有15位革命者逃出，其余均殉难。这里充分展示了当年革命者的大无畏精神，是人们缅怀先烈，进行爱国主义教育的场所。

💰 免费
🕐 8：00—17：00
🚌 重庆江北国际机场—渣滓洞（自驾）
江北机场—渝都大道—内环快速—童家桥正街—渣滓洞
全程约31千米

重庆市人民大礼堂 ★★★★ 📷

重庆市人民大礼堂，是重庆市的标志性建筑，也是新中国第一座具有浓郁民族风格的大型建筑。它依山而建，仿造明清的宫殿形式，既有古朴的特色，又兼有现代气息。如今，这里成了人们休闲、娱乐的好场所。

💰 10元
🕐 8：30—17：00
🚌 重庆江北国际机场—人民大礼堂（自驾）
江北机场—渝都大道—渝鲁大道—黄花园大桥—蒲草田—人民大礼堂
全程约25.2千米

重庆市人民大礼堂

重庆中国三峡博物馆 ★★★

　　重庆中国三峡博物馆，乃原先的西南博物院，主体建筑气势宏伟，内涵深邃。这里主要展现了抗战陪都、西南特色、重庆历史、三峡文物、近现代文物等。这里的展品十分丰富，为我们回顾和了解历史提供了实物资料。

🆓 免费

🕘 9:00—17:00（闭馆前1小时停止进馆）

🚌 重庆双北国际机场—重庆中国三峡博物馆（自驾）

江北机场—渝都大道—渝鲁大道—黄花园大桥—人民路—重庆中国三峡博物馆
全程约25千米

重庆中国三峡博物馆

歌乐山烈士陵园 ★★★★

　　歌乐山烈士陵园，从前的"中美合作所"就在这里，包括渣滓洞、梅园、杨家坪、造石场、白公馆、五灵观、红炉场、王家院子、朱公馆、步云桥、岚垭等都被划作禁区，用来残害革命人士。如今，这里被建造成了烈士陵园，包括烈士墓、烈士纪念碑和展览馆，环境清幽，苍松翠柏，是缅怀先烈的地方。

🆓 免费

🕘 8:30—17:00

🚌 重庆江北国际机场—歌乐山烈士陵园（自驾）

江北机场—渝都大道—内环快速—大堡桥—壮志路—歌乐山烈士陵园
全程约30千米

重庆科技馆 ★★★ 📷

　　重庆科技馆位于重庆市江北区，是一个大型科普教育活动场馆。外观采用石材与玻璃两种材质，与重庆"山水之城"的特征相得益彰。2014年浙江卫视《奔跑吧兄弟》第一季第15期曾在这里拍摄。

🆓 免费

🕘 每周二至周日的9:30—17:30，周一维护闭馆（国家法定节假日除外）

🚌 重庆江北国际机场—重庆科技馆（自驾）

江北机场—渝航路—渝都大道—渝鲁大道—北滨二路—重庆科技馆
全程约23千米

武隆天生三桥 ★★★★★

　　天生三桥，位于武隆区城区东北20千米处，是世界上最大的天生桥群，气势磅礴、宏伟壮观，充分见证了大自然的鬼斧神工，历经千年却依旧屹立。在景区中有舍身崖、望峰石、绿茵塘、仙女洞等众多景点，行走在石阶上，仿佛置身于另一世界，让人不知身在何处。

💰 11月至次年2月：95元；3月至10月：135元

🕘 夏季：8:30—16:30
冬季：9:00—16:00

🚌 重庆江北国际机场—天生三桥（自驾）

江北机场—渝航路—内环快速—包茂高速—天生三桥
全程约204千米

武隆天生三桥驿站

🏞 重庆武隆天生三桥
主要看点

　　武隆天生三桥风景区内层峦叠翠，绿树成荫，嫩草修竹，飞瀑流泉，雄奇险秀，引人入胜。特别是久负盛名的"天生三桥"，姿态万千，引人注目。

　　"天生三桥"第一桥名为"天龙桥"，又称"天坑一桥"。其雄踞山间，如顶天立地的威武将军，气势非凡。桥中别有洞天，状如迷宫，十分有趣。

　　"天生三桥"第二桥是青龙桥，又称"天坑二桥"。黄昏时分，霞盖夕阳，此桥在山间若隐若现。远望之，若一尾青龙朝九天盘旋而上，极为神奇。

　　"天生三桥"第三桥为黑龙桥，又称"天坑三桥"。其桥孔暗黑，桥洞顶部岩石犹如一条黑龙，龇牙咧嘴，让人心惊。其有四眼泉水堪称绝妙，分别是"三叠泉""一线泉""珍珠泉"和"雾泉"。

　　除了三桥之外，景区还有仙女洞、望峰石、舍身崖和绿茵塘等，各有特色，值得欣赏。行走在石阶之上，呼吸着山间特有的夹杂着青草味的清新空气，欣赏着路边的山石、小溪、花草、竹林，非常惬意。

旅游贴士

　　景区内有洞内攀岩活动，就是在天生岩洞里的自然岩壁上攀爬，十分有趣，但很耗费体力，有一定的危险性，游客慎重参加。

　　景区附近有很多农家乐，游客可以在那里吃住，消费档次也有高有低，任游客选择。总体来说，服务还算周到，价格也可与负责人协商。

大足石刻 ★★★★★ 🌐 📷

　　大足石刻，位于重庆市的大足区，这里主要是摩崖造像的石窟艺术，共有石刻造像70余处，总计10万尊之多，以宝顶山和北山石刻保存较完好、非常著名。这些石刻大多以佛教造像为主，也有儒、道的造像陈列其间，规模宏大，技艺精湛，内容丰富，是中国晚期石窟造像艺术的经典之作。

💰 宝顶115元

🕘 9:00—17:00

🚌 重庆江北国际机场—大足石刻（自驾）

江北机场—重庆绕城高速—渝蓉高速—大路东互通—大足石刻
全程约119千米

大足石刻

红岩革命纪念馆 ★★★

红岩村,因为其地质为红色的页岩而得名。红岩革命纪念馆,位于红岩村52号,是抗日战争时期中共中央南方局和八路军驻重庆办事处的所在地。后来,国家为了纪念革命战争而建立了纪念馆。抗日期间,很多革命家都曾在此生活过,如周恩来、董必武、叶剑英、邓颖超等。这片红色的土地也象征了他们红色的抗战热情,因此,这里成了著名的革命圣地,很多人前来瞻仰。

$ 免费
⏰ 9:00—17:00
🚌 重庆江北国际机场—红岩革命纪念馆(自驾)
江北机场—渝都大道—嘉陵江滨江路—红岩革命纪念馆
全程约30千米

红岩革命纪念馆

金佛山 ★★★★★

金佛山,蜀中四大名山之一,这里风景秀丽,拥有众多的动植物资源,独特的自然风貌,造型奇特的岩石,神秘的洞宫地府,变幻无常的气候以及珍贵的文物古迹。特别是当夏秋时节,落日余晖将山崖印染得金碧辉煌,十分壮观,犹如金佛一般,因此得名"金佛山"。

$ 旺季(1、2、7、8、10、12月)90元;淡季(3、4、5、6、9、11月)70元
⏰ 8:00—18:30,索道关闭时间17:30,停止售票时间16:00
🚌 重庆江北国际机场—金佛山(自驾)
江北机场—内环快速—包茂高速—石钟溪石桥—G243—金佛山
全程约122千米

金佛山

巴渝民俗文化村 ★★★

巴渝民俗文化村,位于渝北区两路镇,占地面积5公顷。村中有一馆、四院、一庙、一牌坊,复古的建筑、葱郁的树林、纵横交错的道路、曲廊茶园的幽雅,形成了一个颇具特色的民间乡村。此外,村内还有索桥、广场、湖泊、农舍与民俗风情街等景点。这里展现出了巴渝地区古朴的民族风俗,来到这里,你可以感受到他们日常生活中的婚丧嫁娶等礼仪,还可以看见他们的生产生活,甚至宗教信仰仪式,是一个体验巴渝文化的好场所。

$ 10元
⏰ 9:00—17:00
🚌 重庆江北国际机场—巴渝民俗文化村(自驾)
江北机场—渝都大道—锦湖路—双龙大道—巴渝民俗文化村
全程约3千米

万盛石林 ★★★★

万盛石林风景区,是中国古老的石林,主要景观有芦花湖、情侣石、万马奔腾、莲花争妍、香炉胜景、千塔雄矗、化石长廊、水上石林、天下第一石扇、地缝一线天等。景色秀丽壮观、多姿多彩,而且还具有浓郁的苗家风情歌舞供游客欣赏,更为石林增添了不少的乐趣。

$ 旺季(3月至10月)65元;淡季(11月至2月)50元
⏰ 9:00—18:00
🚌 重庆江北国际机场—万盛石林(自驾)
江北机场—兰海高速—綦万高速—X867—万盛石林景区
全程约132千米

万盛石林

四面山 ★★★★★

四面山,因其四面环山,故因此得名。这里拥有众多的瀑布,集雄、秀、奇为一体而闻名天下。著名的望乡台瀑布,落差高达150米,比黄果树还要高出一倍之多,十分壮观,有"华夏第一高瀑"的美称,每天清晨,朝霞映瀑,绚烂美丽。

$ 90元
⏰ 9:00—17:00
🚌 重庆江北国际机场—四面山(自驾)
江北机场—重庆绕城高速—渝航大道—江习高速—四面山
全程约159千米

四面山

💡 万盛石林

旅游指南

由于重庆直达万盛的旅游列车已经停止运行,游客可在重庆南坪或陈家坪长途汽车站坐班车抵达万盛。南坪是滚动发车,陈家坪1小时一班,票价36元左右。到万盛之后,在南桐车站有直达万盛石林的车,票价5元左右。

精彩活动

在万盛有很多精彩的民风民俗活动,游客若是碰巧赶上,千万不要错过。

斗牛是苗族人非常喜欢的一项活动,场面十分热闹。参赛的"猛牛"各显神通,把天生神力展现到极致,惊心动魄,扣人心弦。

每逢重大节日,苗族的勇士们便会为大家表演上刀山的绝活儿,视觉冲击很强烈,胆小的游客甚至不敢直视,可见惊险到了什么地步。

旅游贴士

到万盛石林观光的游客可以在万盛经济技术开发区黑山镇南门村找酒店住宿,也就是离黑山谷景区南门不远的地方。这里有很多酒店,下面简单介绍两家:

重庆万盛幸福客栈:有单间、标准间、特色房和三人间等房型,有不同程度的返现。客户干净卫生,设备齐全,环境温馨,是不错的居住选择。

重庆万盛万水千山酒店:重庆万盛万水千山宾馆位于黑山镇南门村江流坝康居房,拥有4A旅游景点,依山傍水、空气清新、环境优美。重庆万盛万水千山宾馆客房洁净敞亮,设施俱全,服务细致、体贴。

↘ 吃在重庆

重庆美食有一个最大的特色，那就是够味，又麻又辣，无论是哪个菜品基本上都和麻辣分不开，这也和重庆人爱吃辣有很大的关系，火锅、毛血旺、酸菜鱼、辣子鸡等都是典型的重庆菜。

辣子鸡

渝信川菜
游客评价：特产川菜，环境优雅
☎ 023-62822088
📍 重庆市南岸区海棠晓月南滨路第一大道16号楼

谭记王正宗万州烤鱼（沙坪坝总店）
游客评价：万州烤鱼老字号，非常好吃
☎ 023-65326791
📍 重庆市沙坪坝北街92号附10—14号

易老头三样菜
游客评价：属于江湖菜馆，体现了重庆特色
☎ 023-62987342
📍 重庆市南岸区宏声路37号南滨印象停车库旁

龙湖鸭肠王火锅（龙湖店）
游客评价：特色火锅店，以鸭肠著名
☎ 023-67633089
📍 重庆市渝北区新牌坊龙湖南苑正大门旁

铁锅门养身香辣馆（上海城店）
游客评价：主营干锅，推荐铁锅香辣虾
☎ 023-62812670/67767000
📍 重庆市南坪西路38-17号（上海城）

八嬢家常菜（南坪店）
游客评价：很好吃的隐于市的川菜馆，必点招牌菜过水鱼
☎ 023-62539915
📍 重庆市花园路花园五村7栋附1号

三三火锅
游客评价：特色重庆火锅，麻辣鲜香
☎ 023-63725319
📍 重庆市渝中区公园路19号德艺大厦B3楼

↘ 购物重庆

▍解放碑
解放碑，既是重庆的标志性建筑，也是重庆市商业街，还是全国第一个商业步行街，这里多个商厦中云集了各大商家，很多品牌都入驻这里，是一个具有现代化气息的购物地点，可以买到既时尚又漂亮的物品。而且这里还有众多的重庆美食可以享用，集休闲、购物、娱乐为一体。

▍重庆三峡广场
重庆三峡广场，位于重庆市沙坪坝区闹市中心，这里由三峡景观园、名人雕塑园、绿色艺术园和商业步行街组成。商业步行街位于三峡广场东北端，是重庆重要的商业街之一，这里云集了众多的商家，比如新世纪百货、重庆百货、王府井百货、家乐福超市、金鹰女人街、博履都、重庆大酒店、沙沙啦歌城、823迪吧、五月花茶楼等购物、休闲、娱乐场所，可以满足游客的大多数需求。当然，重庆特产也可以在这里买到，比如折扇、工艺陶、涪陵榨菜、永川豆豉、瓷器、茶叶等。

▍磁器口明清商业街
磁器口明清一条街，位于磁器口的中心——马鞍山的东面，这里距离沙坪坝中心区3千米，距重庆市中心大约10千米，沙磁路、沙滨路、磁童路、渝碚路交会在此，交通很便利。该商业街的建筑为明清风格，具有浓郁的古色古风，这里以饮食、休闲为主，而且富有很深的文化内涵，是到重庆旅游购物的好去处。在这里可以购买到重庆的很多特产，比如小口陈麻花、香肠腊肉、泡椒凤爪、涪陵榨菜、永川豆豉、荣昌折扇、工艺陶、铜梁龙灯、瓷器、茶叶等。

↘ 住在重庆

平价型

DADA木马酒店（重庆南坪东东摩店）
📍 重庆市南坪东路18号N18LOFT小院
☎ 023-62391616

清云山房
📍 解放碑街道民权路89号日月光中心广场L1层C001号商铺（八一路佩姐老火锅旁）
☎ 13609472591

重庆洛可可花园酒店
📍 重庆市江北区洋河北路6号
☎ 023-67722632

影子的民宿（小龙坎二店）
📍 重庆市小龙坎新街石碾盘东原ARC
☎ 4000660190

享受型

重庆君豪大饭店
📍 重庆市江北区金源路9号
☎ 023-86338888

渝州宾馆
📍 重庆市渝州路168号
☎ 023-63311111

重庆富力艾美酒店
📍 重庆市江南大道10号万达广场内
☎ 023-86388888

重庆保利花园皇冠假日酒店
📍 重庆市北部新区经开园龙怀街1号
☎ 023-88899999

特产

重庆是一个物产丰富的地方，在漫长的历史中，也形成了很多具有地方特色的产品，尤其是众多的工艺品，历来都受到游客的喜欢，例如蜀绣、北碚玻璃器具、兆峰陶瓷等。

重庆特产中，携带方便又容易保存的无外乎重庆沱茶、江津白酒、合川桃片和江津米花糖。

重庆沱茶：其成品状如碗，色乌黑，叶底嫩滑。泡出的茶色澄亮，滋味甘醇。

江津白酒：小曲清香型，用江津优质高粱精酿而成。其酒色清透，深受人们喜爱。

合川桃片：主要原料有优质糯米、蜜玫瑰、核桃仁、川白糖等。

江津米花糖：用优质糯米、芝麻、花生仁、核桃仁、白糖、玫瑰糖等经十多道工序精制而成，看起来晶莹剔透如冰雪，食之香脆，甜而不腻，且营养丰富。

解放碑步行街

三峡

| 区号：023 |
| 邮编：404600 |
| 著名景点：瞿塘峡、巫峡、西陵峡、天坑地缝等 |

三峡指的是瞿塘峡、巫峡和西陵峡，位于重庆市和湖北省境内的长江干流上，又称"长江三峡"，是中国十大风景名胜之一。

三峡两岸群峰林立，山势陡峭，江水曲折，多险滩，最窄处仅数十米。瞿塘峡以雄著称，其入口处的夔门，素有"天下雄"的美称。西陵峡奇峰怪石，水流湍急，在三峡中河段最长、风景最美、最为惊险。巫峡则是景色清秀，诗情画意。

三峡地区夏季炎热，冬季温和，降水多集中在七八月份，这也是三峡库区夏季泄洪、冬季蓄水的原因。受地势影响，三峡谷底日照时间很短，夏季日照时间尚有5～6个小时，而冬季只有中午2～3个小时可以见到阳光。

游在三峡

石宝寨 ★★★★

石宝寨，位于重庆市忠县境内长江北岸。此处临江有一俯高十多丈，陡壁孤峰拔起的巨石，相传为女娲补天所遗的一尊五彩石，故称"石宝"。此石形如玉印，又名"玉印山"。明末谭宏起义，据此为寨，"石宝寨"名由此而来。石宝寨在玉印山，始建于明朝，后又在玉印山南侧依崖取势建立起一个通高56米的12层楼阁，红墙绿瓦，雄伟壮观，布局巧妙，让人叹为观止，是我国南方民间奇异建筑艺术之一，也是长江边上的一颗明珠。

¥ 50元

⏰ 8:00—16:30

🚌 重庆江北国际机场—石宝寨

（自驾）
江北机场—瑞航路—沪渝高速—G34—石宝寨
全程约236千米

重庆石宝寨

石宝寨
旅游指南

若是走水路，游客可在朝天门码头租乘快艇，只需要3个多小时，途中还能欣赏两岸风景。到忠县后，在汽车总站乘坐班车，每30分钟左右发一班，不到1小时就能看到被称为"江上明珠"的石宝寨。

游客要是想在此拍照留念，建议在登岸前拍摄石宝寨全景，视觉效果不错。

美食推荐

石宝寨有很多风味小吃，像酸辣粉、豆腐乳、蒸豆腐等。其中很有名的蒸豆腐，深受游客喜爱。蒸豆腐又称石宝蒸豆腐，原本是石宝寨寺庙里的斋菜，因其口味极佳，逐渐流传到各地，但以石宝蒸豆腐最为正宗。其有蒸、炸、烧多种做法，色泽红润，晶莹如玉，口感鲜嫩，微辣、略咸，是不可多得的美味。

旅游贴士

游客可以到石宝镇上寻找旅馆住宿，价格不贵，但条件一般。这里的饭菜质量还不错，也比较便宜。但游客用餐的时候最好点明码标价的饭菜，以免被坑。

丰都鬼城 ★★★★

丰都鬼城，从周朝开始这里就建立了城镇，汉朝时期这里是著名的宗教圣地，因此现在这里还留有众多的各种造像、楼阁、殿宇、牌坊等，文化底蕴相当深厚。

这里流传着很多鬼神传说，在众多的名著，如《西游记》《聊斋志异》《钟馗传》中都对丰都有生动描述，因此，丰都的"鬼城"之名更加闻名遐迩，也为其增添更多的神秘色彩。

💰 100元
🕐 7：30—17：30
🚌 重庆江北国际机场—丰都鬼城（自驾）
江北机场—渝都大道—渝航大道—石渝高速—丰都鬼城
全程约162千米

丰都鬼城

巫峡 ★★★★

巫峡，长江三峡第二峡，全长46千米，是长江三峡中最整齐的一峡，因此又被称为"大峡"。巫峡以幽深秀丽而闻名天下，峡长谷深，奇峰连绵，云雾缭绕，景色迷人，当你乘船过巫峡时，看着十二峰争奇斗艳，定然会心姿摇曳，仿佛进入了人间仙境一般。

💰 免费
🕐 全天
🚌 重庆江北国际机场—巫峡（自驾）
江北机场—瑞航路—沪渝高速—沪蓉高速—巫山互通—巫峡
全程约482千米

白帝城 ★★★★

奉节县白帝城，位于瞿塘峡口长江北岸，该城三面环水，占据着重要的地理位置，是观赏夔门的最佳地点。白帝城因三国刘备托孤而名闻天下，历代著名诗人李白、杜甫、白居易、苏轼、陆游等都曾登白帝，留下大量诗篇，因此白帝城又有"诗城"的美誉。

💰 120元（含古象馆门票、渡船）
🕐 8：00—17：00
🚌 重庆江北国际机场—白帝城（自驾）
江北机场—机场环路—沪渝高速—沪蓉高速—白帝城
全程约414千米

白帝城

瞿塘峡 ★★★★

瞿塘峡，三峡之一，仅有8千米长，却是三峡中最险要雄伟的地方。瞿塘峡十分狭窄，如走廊一般，两岸中削高高耸立，长江从中奔腾而过。在西入口处，两山对峙，只有一线的空间，夔门就位于此，两岸峭壁千仞，一赤一白，红装素裹，格外分明。山体逼仄，山高流急，以其雄伟壮观，奇、险、峻的特色著称于世。没有身临其境是无法深切体会到瞿塘峡的雄伟奇观的。

💰 免费
🕐 全天
🚌 重庆江北国际机场—瞿塘峡（自驾）
江北机场—渝都大道—沪渝高速—沪蓉高速—草堂互通—瞿塘峡
全程约414千米

瞿塘峡

张飞庙 ★★★

新张飞庙于2003年7月正式开馆，位于云阳县盘石镇龙宝村狮子岩下，是为纪念三国蜀汉名将张飞而建造的，至今已经有1700多年的历史。张飞庙的建造充分利用了地形的特点，依山临江，将山水园林和庙宇建筑合二为一，相互映衬，形成了环境优雅、层叠错落的景致。

💰 40元
🕐 8：00—17：00
🚌 重庆江北国际机场—张飞庙（自驾）
江北机场—瑞航路—沪渝高速—沪蓉高速—张飞庙
全程约321千米

万州大瀑布 ★★★★

万州大瀑布，位于万州区甘宁镇，这里有山有水，有瀑有洞，有湖有潭，是一个风景秀丽的地方。万州大瀑布宽115米，瀑布下面有一个水帘洞，约有1600平方米。在青龙洞中还有"天工画壁"的美景奇观，让人赞叹不已。

💰 门市价98元/人，团购88元/人
🕐 9：30—16：00
🚌 重庆江北国际机场—万州大瀑布（自驾）
江北机场—机场环路—沪渝高速—沪蓉高速—沪渝线—万州大瀑布
全程约280千米

万州大瀑布

天坑地缝 ★★★★

天坑，位于奉节县荆竹乡小寨村，是世界第一大天坑，属于岩溶漏斗地貌。坑壁四周十分陡峭，在东北方有小通道可以到达坑底。坑底有一条地下暗河，这条河的水来自被人们称为"地缝"的峡谷，地缝是高达900米的峡谷，形成了独特的一线天，场面十分宏伟。

💰 100元（天坑、地缝各50元）
🕐 8：00—18：00
🚌 重庆江北国际机场—天坑地缝（自驾）
江北机场—机场环路—航宾大道—内环快速—包茂高速—S203—天坑地缝
全程约203千米

天坑地缝

💡 **万州大瀑布**

四季景色

青龙瀑布景区气候湿润，季节交替很明显，而且各有特色。

这里春季气温浮动很大，但山明水秀，景色宜人；夏季天气炎热，但降水不多。这时的青龙瀑布是一个避暑的好去处；秋季则细雨连绵，雨后的青龙瀑布空气清爽，景物也显得更加精神；冬季温暖，多大雾天气。

整个景区云雾缭绕，山水朦胧，松柏竹石的身影在雾霭中若隐若现，如隔了一层薄纱。距瀑布数十米，但闻飞瀑击石，声势震天，宛若天降白练。水气、雾气相交相融，青龙瀑布随风变幻，神秘万分。

旅游提醒

万州大瀑布景区内的路面很滑，游客行走时千万要小心。由于很多地面有水迹，最好穿防水性比较好的鞋，不要穿布鞋，以免被水浸湿。

另外，游客还要准备好雨衣或雨伞，在穿越水帘时使用。

住宿推荐

目前，在风景区内有两家中档宾馆和一家度假村可以住宿，共有近500个床位，设施齐全，卫生条件很好。

此外，这里还有10多家餐饮和娱乐场所供游客使用，可谓是吃、住、玩一条龙服务。若是游客不想在景区内住宿，还可以到景区附近寻找农家乐。

↘ 吃在三峡

到三峡游玩，很多都是在船上游玩吃饭，虽然船上的美味不少，但是，要想品尝到当地美食，还应该下船去，到农家品尝一下特色小吃。

农家小菜

🍲 **重庆老厨房**

游客评价：味道很好的家常菜馆，价格也很实惠

📞 18323614597

📍 重庆市奉节县青莲镇诗成东路187号餐馆

🍲 **野菜生态鱼**

游客评价：有各种口味的鱼，都很好吃

📞 15923823560

📍 重庆市奉节县诗成东路193号

🍲 **菩提素素食餐厅**

游客评价：著名的素食餐厅，值得品尝

📞 023-67396911

📍 重庆市渝北区新南路160号晶郦馆1楼

🍲 **诗仙楼**

游客评价：菜量非常大，味道很好

📞 023-56666666

📍 重庆市奉节县诗成东路西50米

🍲 **三峡特色鲜鱼府**

游客评价：三峡地方特色菜，鱼新鲜味美

📞 023-565387751

📍 重庆市诗成东路112号

🍲 **诗橙鲜鱼府**

游客评价：鱼很鲜美，服务周到

📞 023-85969928

📍 重庆市奉节县竹园路天佑中央公园城美食街内

🍲 **三不牛腩**

游客评价：特色牛腩值得品尝

📞 15826423136

📍 重庆市奉节县鱼复路113号

↘ 住在三峡

到三峡住宿，可以选择乘游轮，这些游轮就好像是水上旅店一般，吃住都在船上，方便快捷，而且也免去了舟车劳顿，可以选择适合自己的游船设计两日游、三日游等。当然，也可以住在重庆等地，坐船或坐车前去三峡旅游。

国内游船

这是普通的游船，相对来说设施差一点，但是价格实惠。

💲 一般一天几百不等，但是很多都不包含餐费，需要另外支付。

豪华游轮

例如维多利亚系列、长江系列、国宾系列等，其中设施和星级宾馆类似。

💲 一般一天1000元左右，包括吃住行游。当然也会根据船的不同、季节不同、路线不同，价格有所差异，选择适合的就可以。

💡 选择游轮时，要注意各个游轮的途经路线，每个游船有不同旅游路线，要根据自己的行程来选择，以免错过想看的景点。

重庆柏联温泉精品酒店

📍 重庆市北碚区北温泉公园内

📞 023-68226666

重庆岷山饭店

📍 重庆市天陈路12-6号

📞 023-65395555

江北希尔顿逸林酒店

📍 重庆市江北区洋河一路68号协信中心B栋

📞 023-67716666

海宇温泉大酒店

📍 重庆市北碚区双元大道198号

📞 023-63179999

贵州

省会:	贵阳
面积:	17.61 万平方千米
人口:	3856.21 万人
方言:	西南官话
著名景点:	黄果树瀑布、格凸河、遵义会议旧址、大阁公园、共青湖等

概况

贵州，位于中国西南地区的东南部。这是一个气候宜人、风景如画的地方，有众多的旅游胜地。贵州地区冬暖夏凉，夏季没有酷暑，冬季没有严寒，特别是省会贵阳，更是有"世界避暑之都"的美称。

贵州位于高原地区，平均海拔在 1000 米左右，大部分都是山地和丘陵。贵州还有一个很主要的地形，那就是典型的喀斯特地貌，几乎占据了整个贵州的 60%，分布有众多的岩溶，形成了岩溶生态系统。

贵州有着众多值得观赏的自然风光，著名的有黄果树瀑布、龙宫、马岭河峡谷、赤水等，不仅自然风光优美，还有着浓郁的革命文化，可谓是风景和历史文化兼具。

来到贵州，我们除了能够饱览美景，还可以看到丰富多彩的民族风俗。这里集聚着众多的少数民族，经过历史的沉淀，已经形成了独有的民族文化风俗，充分体现了贵州当地人民的热情质朴、豪放粗犷。

贵州特产有很多，如：杜仲、茯苓、天麻、党参、金银花、三七、夏枯草等药材，清镇凉水井老腊肉、黄粑、波波糖、牛肉土特产、茅台、安酒、青酒、九仟酒等酒，蜡染、苗族银器等工艺品。

线路 1
安顺—龙宫—黄果树瀑布—马岭河峡谷

线路 2
贵阳—黄果树瀑布—马岭河峡谷—夜郎城—茅台镇

贵阳风光

名菜

酸汤鱼、兴义鸡肉汤圆、羊肉粉、花江狗肉、乌江河鱼、凉拌折耳根、啤酒鸭、羊肉汤锅、丝娃娃等。

酸汤鱼：以鱼和酸汤烹饪而成，入口鲜美，酸辣够劲，让人胃口大开。一般会在汤中加入贵州特产糟辣椒以及许多本地中草药，上好的清酸汤呈白色，如在里面加入西红柿等，味道会更鲜美。

交通

飞机

贵阳龙洞堡国际机场

☎ 0851-96967

📍 贵阳市东郊，距离市区 11 千米

💡 机场交通：机场共设有 6 条专线通往市区不同方向，票价 10—20 元不等。出租车，起步价 10 元，3 千米后每千米 1 元。

安顺黄果树机场

☎ 0851-33383066

📍 位于黄果树瀑布和龙宫风景区等旅游线上，距离安顺市中心 6 千米

💡 机场交通：机场有开往火车站的巴士，票价 2 元。出租车，起步价 7 元，3 千米后每千米 1 元。

铜仁·凤凰机场

☎ 0856-5938304

📍 黔、湘两省交界处，距铜仁市 21 千米

💡 机场交通：铜仁凤凰机场有铜仁公交 20 路往返于铜仁市区与铜仁凤凰机场。出租车，起步价 7 元，3 千米后每千米 1.5 元。

贵阳地铁

1 号线
下麦西—小孟工业园
（6:30—23:00 最高票价 8 元）

2 号线（规划中）
水淹坝—油榨街

贵阳

贵阳市是贵州省的省会，位于贵州省的中部偏北，云贵高原的东部地区。

贵阳市地处长江和珠江的分水岭地带，地势总体上东北低，西南高，地貌以丘陵和盆地为主。这里夏无酷暑，冬无严寒，气候宜人，环境优美，被誉为"中国避暑之都"。其整个城区都被茂密的森林环绕，是一座山城相间、城林相融的现代化都市，也是中国第一个"国家森林城市"。

贵阳传统民族工艺大放光彩，其代表是刺绣和挑花，以自然风景为主要题材，做工精巧，色彩鲜艳，凝聚了各少数民族的精华，充满了民族气息。

| 区号：0851 |
| 邮编：550000 |
| 面积：8034平方千米 |
| 人口：598.87万人 |
| 著名景点：黔灵山、甲秀楼、天河潭等 |

两日游

黔灵山—甲秀楼—青岩古镇—天河潭

游在贵阳

黔灵山 ★★★★

黔灵山，位于贵阳市中心约1.5千米处，此山以灵著称，有"黔南第一山"的美称。由象王岭、檀山、白象山、大罗岭等山组成，山上有参天古树、奇石灵泉，还有成群的猕猴在此游玩，十分有趣。山前则有黔灵湖，波光粼粼，五光十色，景色优美。

💰 5元，缆车12元
🕐 7:00—18:00
🚗 贵阳龙洞堡国际机场—黔灵山（自驾）
贵阳龙洞堡国际机场—贵阳绕城高速—沪京高速—北京东路—黔灵山
全程约18千米

黔灵山
旅游提醒

想节省体力的游客可以到公园大门的左侧乘坐索道直达大罗岭。若是有老人和小孩需要乘坐索道，最好有年轻人陪同，确保安全。

黔灵湖提供有游船，有兴趣的游客可以租船畅游。

在九曲径有很多猕猴，讨人喜欢，游客可以拿水果喂食。但一定要注意，在递给它们食物的时候，不要来回摆动，若是让其误认为你在恶意挑逗，有可能会对你做出抓、咬等伤害举动。

雨后的黔灵山别有一番景致，深受爱好摄影游客的喜爱，山清水秀，焕然一新，拍摄效果极佳。

喜欢清静的游客也可以选择小雨天气前来观赏，雨中的黔灵山有一种朦胧美，极为灵动。

住宿指南

贵阳市区的住宿条件比较好，设施齐全，服务周到，是理想的住处。

贵阳境内的景区附近住宿条件一般较差，上网、洗浴等都不太方便。

黔灵山

甲秀楼 ★★★

甲秀楼，位于贵阳城南南明河中的一块外形酷似巨鳌的矾石上面，是贵阳市的标志和文化象征，来到贵阳，这里是必游之地。甲秀楼，朱梁碧瓦，取名"甲秀"为"科甲挺秀"之意。楼前有南明河流过，汇集成为涵碧潭，湖光山色，景色宜人，曾有"小西湖八景"之美称。

💰 免费
🕐 周二至周日 9:00—17:00
🚗 贵阳龙洞堡国际机场—甲秀楼（自驾）
贵阳龙洞堡国际机场—机场2号路—机场路—西湖路—甲秀楼
全程约13千米

甲秀楼

红枫湖 ★★★★ 📷

红枫湖，有"高原明珠"的美称，位于贵阳市西郊，这里是一个集高原山景湖景、岩溶地质景色、民族风情于一体的风景区。湖边有座红枫岭，岭上及湖周多枫香树。深秋时节，枫叶红似火，红叶碧波，风景优美，故名"红枫湖"。这里不仅自然风光优美，而且具有浓厚的民族气息，可以让你在欣赏美景的同时更加深刻地体会到当地的民风民俗。

💰 30元
🕐 8：00—18：00
🚌 贵阳龙洞堡国际机场—红枫湖（自驾）
贵阳龙洞堡国际机场—中环路南段—沪昆高速—栗山路—红枫湖
全程约43千米

红枫湖夕阳

青岩古镇 ★★★★ 🌐 📷

青岩古镇，位于贵阳南郊距市区约29千米，是一座建于600年前的军事古镇，为贵州四大古镇之一。在这里，可以看到大量明清的古建筑，古朴精湛，结构巧妙，无论是民居还是寺庙都是精雕细琢，台、亭、阁、寺、庙、宫、祠、塔、院及名人故居分布其中。

这里是石头砌就的世界。青石板铺成的古驿道，宽阔而平坦，洁净得一尘不染。民居则是石瓦、石墙、石凳、石磨。小小古镇之中居然同时有古老的寺庙、肃穆的天主教堂和基督教堂，故被人称为"三教并存"，实在令人惊叹称奇。置身古镇之中，满腔叹史思古之情油然而生。

💰 60元（套票）
🕐 8：30—17：00
🚌 贵阳龙洞堡国际机场—青岩古镇（自驾）
贵阳龙洞堡国际机场—贵阳绕城高速—贵阳南环高速—定广大道—青岩古镇
全程约39千米

青岩古镇

息烽温泉 ★★★ 📷

息烽温泉，位于息烽县东北41千米处。黑滩河、清水河汇集于此，形成了温泉。温泉四面临山，环境优雅，泉中含有钙、镁、钠、钾等多种对人体有益的元素，是一个疗养放松的好地方。

💰 水疗中心门票35元，洗浴中心门票98元
🕐 7：00—23：00
🚌 贵阳龙洞堡国际机场—息烽温泉（自驾）
贵阳龙洞堡国际机场—贵阳绕城高速—渝筑高速—温泉路—息烽温泉
全程约104千米

花溪公园 ★★★ 📷

花溪公园，位于贵阳市西南的花溪区花溪大道中，建造于1937年，是贵州著名的游览胜地。园中小桥流水、草长莺飞、繁花似锦、古树参天，风景如画，犹如置身于世外桃源，是人们休闲放松的好去处。

💰 6元
🕐 8：30—18：30
🚌 贵阳龙洞堡国际机场—花溪公园（自驾）
贵阳龙洞堡国际机场—南二环—甲秀南路—花溪公园
全程约28千米

花溪公园

高坡苗族乡 ★★★ 📷

高坡苗族乡，位于贵阳花溪区，奇异的喀斯特岩溶地貌及保存完好的古老民族风情，加之独特的高山地貌和旖旎的自然风光，共同组成了高坡神奇的景观。

这是苗族的聚集地，保留了完整而古老的苗族风情，悬棺葬、地下洞堡、苗族服饰、多彩的苗族舞蹈、热情的苗族人民、美味的苗族小吃，都呈现出这个古老民族的神秘和多姿。来到贵阳，不妨到这里游览一番，体会一下别样的民族风情。

💰 免费
🕐 全天
🚌 贵阳龙洞堡国际机场—高坡苗族乡（自驾）
贵阳龙洞堡国际机场—贵阳南环高速—青岩互通—X014—高坡苗族乡
全程约50千米

苗族歌舞

香纸沟 ★★★★ 📷

香纸沟，位于贵阳市区40千米的乌当区新堡乡。这里山清水秀、空气清新、鸟语花香。游客到这里可以品尝一下当地特色农家饭，购买一些工艺独特的布依贴画和簸箕画。

💰 11元
🕐 8：00—18：00
🚌 贵阳龙洞堡国际机场—香纸沟（自驾）
贵阳龙洞堡国际机场—机场1号路—贵阳绕城高速—云开二级公路—X129—香纸沟
全程约46千米

乌当情人谷 ★★★ 📷

情人谷，位于乌当区，从前叫"显字岩"，传说若有绝顶聪明之人到此，石壁上就会有诗文显出，引得此名，后改为情人谷。这里风景秀丽，来到此处会有置身于画中的感觉，还流传着很多感人的爱情故事，是人们亲近自然的好去处。

💰 6元
🕐 全天
🚌 贵阳龙洞堡国际机场—情人谷（自驾）
贵阳龙洞堡国际机场—北京东路—X128—情人谷路—情人谷
全程约13千米

乌当情人谷一景

修文阳明洞 ★★★

修文阳明洞，位于贵州省修文县城东栖霞山，为省级文物保护单位。洞前有两株柏树，相传为王阳明亲手所栽，洞内明亮宽敞，有自然形成的石凳石桌，四壁则有石乳凝结而成的栩栩如生的动植物形象以及日用器皿等。阳明洞洞穴多窍，奇石丛生，洞中有洞，前后贯通，真是别有洞天。这里山清水秀，景色迷人，游人不断。

⑤ 6元

⏰ 8:00—18:00

🚌 贵阳龙洞堡国际机场—阳明洞（自驾）

贵阳龙洞堡国际机场—贵阳绕城高速—兰海高速—扎佐互通—阳明洞

全程约62千米

天河潭 ★★★★

天河潭，位于贵阳市花溪区的石板镇。农舍水车，小桥流水，野趣盎然，清幽宜人。天河潭是一个露天地穴，是由于溶洞顶部坍塌而形成的，深约30米。在潭上面有一座巨型的天生桥横跨，是当时溶洞的出口没有倒塌形成的，十分壮丽。天河潭山水相连，山中有水，水中有洞，洞中有潭，是一处神奇的游览胜地。

⑤ 景区通票80元

⏰ 8:30—17:30

🚌 贵阳龙洞堡国际机场—天河潭（自驾）

贵阳龙洞堡国际机场—二福路—南二环—贵安大道—天河潭

全程约32.2千米

天河潭

天河潭
旅游提示

天河潭的门票价格为每人10元，景区内船票价格为每人43元，建议游客购买通票，每人仅需80元，包含游览景点：外景山水瀑布、田园风光、水溶洞、旱溶洞等。

游客来时最好穿不怕水湿的衣服，以免在水瀑中被水打湿而尴尬。溶洞群内地形曲折难走，游客要紧跟人群，以免迷路。

景区设施

在景区内设有被称为"天下第一溜"的高空滑翔索道，全长400多米，三四十秒便能从水、旱洞"飞"至对面的停车场，能为劳累一天的游客省不少体力。建议患有恐高症或者高血压、心脏病的游客不要乘坐索道，以免发生意外事故。

景区内的基础设施比较完善，有别具特色的购物、餐饮和住宿场所，像民族文化村、桃源酒楼、天河兰苑等，服务非常周到。另外，

景区还有为残疾人士准备的轮椅、拐杖，游客医务室里备有急救担架、急救箱和日常药品，以备不时之需。

最佳旅游季节

天河潭的旅游旺季是每年的3—10月份。建议在8月份前往旅游，这时的天河潭水清木秀，风景很美。

竞相开放的樱花是春季天河潭风景区的一大特色，千姿百态，香气扑鼻，适合踏青。

秋季前往天河潭的游客比较多，喜欢清静的游客尽量避开高峰期。冬季的天河潭不是太冷，景区内依然山清水秀，值得一观。

开阳大峡谷 ★★★★

开阳大峡谷，又称"南江大峡谷"，包括紫江、白安江、香火岩等景区。如今这里有漂流项目，大家可以尽情和水接触。除此之外，还有独特的民族风情，将自然景观和人文风俗结合到一起，是一个度假休闲的好去处。

⑤ 漂流118元

⏰ 8:00—18:00

🚌 贵阳龙洞堡国际机场—南江大峡谷（自驾）

贵阳龙洞堡国际机场—机场1号路—贵阳绕城高速—云开二级公路—X172—南江大峡谷

全程约62千米

开阳大峡谷

↘ 吃在贵阳

贵阳，是一个美食之都，这儿的美味数不胜数，小吃更是多，玫瑰糖、卤猪脚、米豆腐、青岩小豆腐、包饼油条、糯米饭、酸汤鱼、恋爱豆腐果、豆沙窝等，相信会让你食欲大开的。

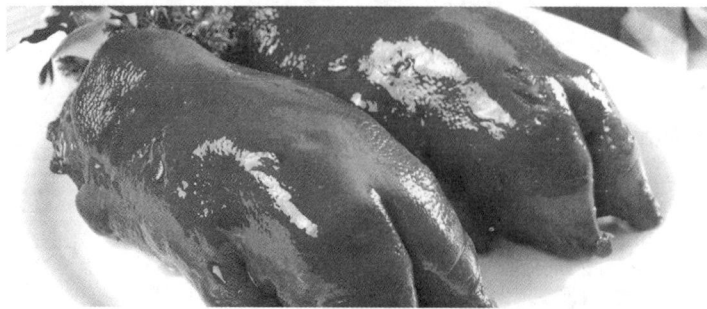

卤猪脚

亮欢寨酸汤鱼

游客评价：以贵阳的名菜酸汤鱼为主打，环境不错

📞 0851-5799338/5778668

📍 贵阳市南明区沙冲路三五厂内

老凯俚酸汤鱼（省府店）

游客评价：现点现杀的酸汤鱼是招牌

📞 0851-5843665

📍 贵阳市云岩区省府路12号

- 包整贵州小吃研究中心（观山湖店）

游客评价：特色贵州菜，茅台火焰酱油饭特别赞
☎ 0851-85858466
📍 贵阳市林城东路155号

- 黔渔翁豆花浃鱼（喷水池店）

游客评价：口味清淡鲜甜，赞凉菜很不错
☎ 0851-84103686
📍 贵阳市大同街5号如家酒店后面

- 侗家食府（北京路店）

游客评价：很有特色的一家餐厅，不过价格有点小贵
☎ 0851-86507196/86507186
📍 贵阳市云岩区北京路278号

- 王万妈卤猪脚

游客评价：当地特色美食，卤猪脚十分美味
☎ 13885080535
📍 贵阳市花溪区青岩古镇交通路185号

↘ 住在贵阳

平价型	享受型
贵阳尚捷连锁酒店（黔灵店） 📍 贵阳市云岩区枣山路102号 ☎ 0851-88693999	贵州天怡豪生大酒店 📍 贵阳市云岩区枣山路95号 ☎ 0851-86518888
霍姆莱克酒店（中山东路省医店） 📍 贵阳市中山东路142号文昌苑A栋20楼 ☎ 0851-85881004	贵阳雅迪尔国际大酒店 📍 贵阳市中华南路23号 ☎ 0851-85578888
7天酒店（贵阳小十字店） 📍 贵阳市中山东路82号 ☎ 0851-85558224	贵州铭都酒店 📍 贵阳市中华北路21号 ☎ 0851-88658888/86817888
栖筑拾光精品酒店 📍 贵阳市博爱路复兴巷8号 ☎ 0851-86768889	贵阳观山湖安珀酒店 📍 贵阳市长岭北路6号大唐东原财富广场4号 ☎ 0851-86528888
贵州新联酒店 📍 贵阳市宝山北路213号 ☎ 0851-86760056	万象温泉度假酒店 📍 贵阳市新添大道北段150号 ☎ 0851-88502888

↘ 购物贵阳

▎中华路

是一条商业街，十分繁华，到处都是高楼大厦，分布着各种各样的店铺，每天人流量很大，是人们购物的主要场所。

▎市西路

位于云岩区。这里是贵州省内非常大的小商品、百货批发市场和集散地。经营的物品有服装、布匹、针织纺织品、鞋帽、床上用品、玩具等，各种商品琳琅满目，而且各档次的都有，货品比较丰富，交通也很便利。

▎北京路

这是贵阳购买土特产、工艺品极佳的地方之一。货物种类比较丰富，质量也不错，地方特色的东西比较多，还有很多是直接从乡间收购过来的，很有民族特色。但是，价格稍微要高一些，可以砍价。

▎花鸟古玩市场

位于南明区，这里出售的物品有花鸟奇石、古玩字画、草药、旧书、老门窗、苗族刺绣、蜡染、傩面具、宠物等，其中也不乏一些宝贝，如果你喜欢的话，可以尽情在里面淘宝贝，在里面逛一天都不会厌倦的。

▎贵州古玩城

这里主要以古玩为主，位于南明河畔观水路中段，全部采用的是明清时期的古建筑风格，经营的产品有古董、古玩、珠宝、玉器、字画等，其中也有不少的礼品、工艺品、旅游产品等，也是一个购买古玩和当地特产的好地方。

💡 特产

清镇酥李：清镇酥李是贵阳的特色水果，因为日照时间长，热量充足，清镇酥李甜香多汁，深受很多人的喜爱。

青岩豆腐：贵阳古镇青岩豆腐是贵阳的特色小吃，在贵阳街头，有很多摊主一手执扇，扇旺炭火，另一只手则用筷子翻动铁杆上的豆腐，将豆腐沾满葱花辣椒真是美味异常。贵阳的寻常人家，也会经常围着火炉子吃青岩豆腐，对于他们来说，豆腐是离不开的一道美食。

花溪辣椒：贵阳的花溪辣椒辣而香甜，深受很多爱辣人士的喜爱。贵阳人将花溪辣椒制成的各种辣椒酱销往全国各地。

折耳根：折耳根因为有鱼腥味，又叫作"鱼腥草"，是贵阳当地的特色蔬菜。贵阳人特别喜欢食用这种菜，据说每年吃掉的折耳根就有几万吨。

贵阳人民广场

安顺

安顺位于贵州的中西部地区，是贵州省优先发展的重点旅游区，也是我国著名的旅游城市之一，有"屯堡文化之乡""蜡染之乡""中国瀑乡""西部之秀"等诸多美誉。

安顺的地理位置十分重要，自古就是贵州的重要经济文化中心，也是贵州历史上最早开发的城市。

安顺的文化底蕴十分丰厚，是历史文化名城，有屯堡文化、三国文化、攀岩文化、夜郎文化、穿洞文化等诸多文化。其中，穿洞古人类文化遗址有"亚洲文明之灯"之称。

安顺气候湿润宜人，年平均气温在14℃左右，冬暖夏凉，四季如春，空气清新，是中国空气质量达标率很高的城市之一。

区号：	0853
邮编：	561000
面积：	9267 平方千米
人口：	247.06 万
著名景点：	黄果树大瀑布、安顺龙宫、紫云格凸河等

游在安顺

黄果树瀑布 ★★★★★

黄果树瀑布，位于安顺市西南45千米处。黄果树瀑布因当地的一种常见的植物——黄果树而得名，黄果树瀑布以其雄奇壮阔的大瀑布、连环密布的瀑布群而闻名于海内外，十分壮阔，并享有"中华第一瀑"之盛誉。在黄果树瀑布的上游和下游20千米之中，分布着18个大小不同、风格迥异的瀑布，是世界上最大的瀑布群。黄果树瀑布向来有"天然氧吧"的美称，空气中的负氧离子要远远高于其他地方，因此吸引了大量的游客前来参观、疗养、度假。

旺季（6月至10月）160元；淡季（11月至5月）150元

全天

安顺黄果树机场—黄果树瀑布（自驾）
安顺黄果树机场—定安大道—沪昆高速—迎宾大道—黄果树瀑布
全程约42千米

黄果树瀑布

黄果树瀑布

一日游建议路线

黄果树大瀑布—水帘洞—滴水滩瀑布—绿媚潭瀑布—关脚峡瀑布—陡坡塘瀑布—天生桥瀑布

安全提示

黄果树景区山路陡峭险峻，游客在游玩的时候一定要注意安全。游览的时候最好穿运动鞋或者布鞋，女士尽量避免穿高跟鞋前往。下雨天路滑，容易发生意外。因此，雷雨天气尽量避免出行，更不能在树下避雨。另外要做到"走路不观景，观景不走路"。

此外，有高血压、心脏病的患者，一定要带好急救药品。游览的时候，最好有家人陪护，避免单独前行。

着装提醒

春秋两季，是黄果树瀑布景区风光宜人的季节。

冬季的黄果树瀑布景区也别有一番景色，在这个时节游览，最好穿着较厚的衣服，鞋子最好选择轻便防滑的旅游鞋，尽量不要穿太厚并且笨重的棉鞋。

格凸河 ★★★★

格凸河，位于贵州省南部，在苗语中"格凸"为"圣地"的意思。景区包括大穿洞、大河、小穿洞、天赐湖、妖岩以及其他景点。这里是典型的喀斯特地貌类型，有着原始的生态环境，景色迷人。繁茂的森林、神秘的溶洞、沉静的峡谷等，让人流连忘返。

60元

9:00—18:00

安顺黄果树机场—格凸河（自驾）
安顺黄果树机场—定安大道—安紫高速—都兴高速—格凸河
全程约128千米

格凸河

夜郎洞 ★★★★

夜郎洞，位于黄果树大瀑布上游，洞中有各种形态的石柱、石幔、石笋，造型十分优美，适合观赏，而且还有很高的研究价值。景区是由神奇壮观的夜郎洞、石花洞、蜂子岩洞等大大小小溶洞组成的溶洞群，以及天坑、燕峰斜崖等独特的喀斯特地貌共同筑成。景区的生态环境很好，而且还有热情的布依族人民带给你不同的民族风情，能让你在欣赏美景的同时，也能感受到当地的民风民俗。

- $ 60元
- 时 8：30—17：30
- 安顺黄果树机场—夜郎洞（自驾）
安顺黄果树机场—安定大道—沪昆高速—X460—夜郎洞景区
全程约51千米

天星桥 ★★★★

天星桥，位于安顺市，距离黄果树瀑布下游约7千米处。这里有天星盆景区、天星洞景区、水上石林区三个景点。天星桥景区石笋密集，植被茂盛，集山、水、林、洞为一体，神奇多变，景色优美，奇峰异石，每一处景色都十分迷人。特别是溶洞中那些造型多样的石花，更是让人赞叹不已！

- $ 60元
- 时 6：40—17：00
- 安顺黄果树机场—天星桥（自驾）
安顺黄果树机场—定安大道—沪昆高速—沪瑞线—天朗线—天星桥
全程约59千米

天星桥景区

云山屯 ★★★★

云山屯村，位于安顺市西秀区七眼桥镇，始建于明朝洪武十四年（1381年），已经有几百年历史了。这里有大量的历史建筑，具有鲜明的明代特色，是明代军屯、商屯的现存实证和屯堡文化的典型代表。屯中有民居、寺庙、屯门、屯墙、屯楼、街道等，既融合了江南建筑风格，又体现了贵州石头建筑的特色。

- $ 免费
- 时 全天
- 安顺黄果树机场—云山屯（自驾）
安顺黄果树机场—定安大道—迎晖大道—云山屯
全程约27千米

屯堡村 ★★★

屯堡村，位于安顺境内。屯堡人是这里的主要居住者，他们是一群与众不同的汉族人民，他们有自己的语音、服饰、建筑以及风俗习惯，和其他的汉族文化截然不同，因此被称为"屯堡文化"。屯堡人的服饰很有特点，尤其是妇女服饰相当有特色，还有宽衣大袖、流绣花纹、玉簪银链的发饰等，相信能让你有一个不一样的文化感受。

- $ 免费
- 时 全天
- 安顺黄果树机场—屯堡村（自驾）
安顺黄果树机场—机场路—安定大道—黄果树大街—S102—屯堡村
全程约17千米

屯堡村

织金洞 ★★★★

织金洞，位于织金县，这里是我国目前发现的规模最大、造型最奇特的溶洞，由织金古城、织金洞、结河峡谷和洪家渡组成。

- $ 旺季140元；淡季130元
- 时 旺季（3月1号至11月30号）：8：30—17：30；淡季（12月1号至2月底）：9：00—17：00
- 安顺黄果树机场—织金洞（自驾）
安顺黄果树机场—迎宾路—晋安高速—赤望高速—S106—织金洞
全程约87千米

织金洞 交通提示

织金洞和贵阳的来往交通并不是很便利，需要从景区乘坐出租车到三甲路口等车，然后搭乘织金到贵阳的车。

如果游客能碰上刚好回城的旅行社的车辆，也可以搭乘顺风车。需要注意的是，要和司机讲好价钱。

购物安顺

在安顺旅游，购物也是很重要的一个方面，这里有很多土特产品，而且很多具有浓郁的民族特色，比如安顺三刀、布依地毯、蜡染等，在市区的很多地方都有特产小店，很容易就可以买到安顺特色产品，而且很多价格要比在贵阳买便宜，不过还是不要忘记讲价哦。

安顺三刀：是指菜刀、剪刀、皮刀。安顺市生产的刀具，已经有一百多年的历史，是传统的名牌产品，具有锋利耐用、舒适方便等特点，因此受到了很多人的好评。其中以"安顺牌"菜刀、"古钱牌"菜刀比较著名。

天麻酒：这也是安顺的一大特色产品，此酒根据古代的验方，用各种中药材酿制而成，是一种具有保健作用的酒，具有活血、祛风的功效，经常饮用可强身健体。

雄精雕刻：是贵州的传统工艺品，采用的是雄黄矿中的结晶体，为半透明的橙黄色，早在清朝就已经闻名全国了，雄精提炼非常困难，此工艺品产量很低，因此就显得格外珍贵。历史上著名的雄精雕刻有仙佛像、福星、禄星、寿星等。

织金洞

龙宫 ★★★★★

龙宫，有三个吸引人的景点，一是地下暗河溶洞，向来有着"中国唯美水溶洞"的美称，洞的结构仿佛神话中的龙王宫殿一般，犹如人间仙境；二是最大的洞中寺院龙宫观音洞，该寺所有的殿堂都为天然溶洞，将造像和天然岩石融为一体，十分奇特；三是龙门飞瀑，是我国最大的洞中瀑布，水流湍急如万马奔腾，十分壮观。龙宫中心区由卧龙湖、迎宾洞、龙门飞瀑、龙潭天池、龙宫暗湖、蚌壳岩、虎穴洞等景点组成，上下辉映，别有洞天，宛如神话中龙王所居的水晶宫殿。

🚗 130元
🕐 8：00—18：00
🚌 安顺黄果树机场—龙宫（自驾）
安顺黄果树机场—定安大道—S102—龙宫隧道—G356—龙宫
全程约25千米

龙宫

↘ 吃在安顺

安顺虽然地方不大，但是小吃美食却很多，比如豆腐丸子、小锅凉粉、冲冲糕、油炸粑稀饭、碎肉豆沙粑、酸菜粑、锅渣、卷粉裹裹等，都是当地比较著名的特色小吃。

美味凉粉

古榕宴·特色农家菜
游客评价：非常热门，主营贵州本地菜
📞 13885370575
📍 安顺市黄果树迎宾大道客运站对面

成龙私房菜
游客评价：主营贵州菜，味道不错，很实惠，很受游客欢迎
📞 0851-34228118
📍 安顺市平坝区中山东路泥石岩路口

屯堡食坊
游客评价：具有黔中特色，品尝美食的同时可以体会一下当地文化
📞 0851-34295294
📍 安顺市平坝区天龙镇102省道平坝天龙中学旁

黔府豆米火锅野菜馆（南马店）
游客评价：豆米火锅里食材丰富
📞 18685433063
📍 安顺市香榭街12号南星酒店旁

百年滋味·安顺丝娃娃
游客评价：豆腐很绝，有爆浆感
📞 17385130111
📍 安顺市安顺市武当路虹山公园旁

布依八大碗·地道民族菜
游客评价：很地道，三鲜汤尤其好喝
📞 15885726850
📍 安顺市黄果树风景区迎宾大道88号

↘ 住在安顺

平价型

天瀑花园酒店
📍 安顺市黄果树旅游区白水镇洒把村三组56号
📞 18685300998

紫云宾馆
📍 安顺市格凸大道与五峰东路交叉口西南角
📞 0851-35238888

安顺君临大酒店
📍 安顺市塔山西路1号
📞 0851-33350777

安顺悦立达大酒店
📍 安顺市中华北路与中华西路交叉口荣建大厦1楼
📞 0851-33335888/17785398089

享受型

安顺半山酒店
📍 安顺市黄果树大街桂龙国际
📞 0851-38133333

安顺凯旋大酒店
📍 安顺市南马大道南马广场
📞 0851-33462666/33461999

安顺百灵希尔顿逸林酒店
📍 安顺市虹山湖路42号
📞 0851-33669666/33669615

安顺优途丝路天龙谷文化露营地
📍 安顺市天龙镇407村道天龙景区接待中心对面
📞 15021343008

遵义

区号：	0852
邮编：	563000
面积：	30762 平方千米
人口：	660.67 万
著名景点：	遵义会议旧址、赤水风景名胜区等

遵义市地处中国西南腹地，是中国西部的重镇之一，贵州省第二大城市，位于贵州省北部，北依大娄山，南临乌江，古为梁州之城，是由黔入川的咽喉，黔北重镇。遵义是首批中国历史文化名城，贵州省最大的工业城市，以生产世界三大名酒之一的茅台酒而驰名中外。

遵义处于云贵高原向湖南丘陵和四川盆地过渡的斜坡地带，气候宜人，风景优美，文化底蕴深厚，拥有丰富的历史文化。遵义山川秀丽，风光独特，尤以山、水、林、洞为主要特色。这里有被称为"西南古代雕刻艺术宝库"的杨粲墓、被誉为"生物活化石"的桫椤大面积生长的赤水桫椤国家级自然保护区、被誉为"丹霞第一瀑"的赤水大瀑布等。

两日游

遵义会议旧址—金鼎山—娄山关—九龙洞海龙囤遗址

↘ 游在遵义

遵义会议旧址 ★★★★

遵义会议旧址，位于遵义市红花岗区老城红旗路80号，此楼为中西合璧的建筑，修建于20世纪30年代初。著名的遵义会议就曾在此举行，会议室就在楼上的小客厅中，至今房中的布局还保留着原有的陈设，荷叶边盖的洋油灯、壁柜、挂钟、板栗色长方桌、藤心靠背椅等再现了当年的会议场景。

💰 免费
🕐 8：00—18：00
🚗 遵义新舟机场—遵义会议旧址（自驾）
遵义新舟机场—迎宾大道—洪江大桥—机场高速—合众路—遵义会议旧址
全程约44千米

遵义会议旧址
景区特色

会址是一座坐北朝南的二层楼房，为中西合璧的砖木结构建筑。

主楼的房间有遵义会议会议室、军委总参谋部办公室、军委副主席周恩来的办公室兼住室、红军总司令朱德与军委直属队指导员康克清的办公室兼住室以及红军总参谋长刘伯承的办公室兼住室、军委总部参谋人员和工作人员的住室等。

毛泽东于1964年11月题写"遵义会议会址"六个大字，现在会址大门正中高悬，苍劲有力，金碧辉煌。此为毛泽东为全国革命纪念地题字的唯一一处。

遵义会议

中共中央在1935年5月15日至17日在此召开政治局扩大会议。

会议通过了关于反对敌人五次"围剿"的总结决议，否定了从第四次反围剿以来，以博古为首的"三人团"的军事路线，是党历史上一个生死攸关的转折点。

遵义会议旧址

金鼎山 ★★★★

金鼎山，是遵义市内著名的佛教名山，金鼎山气势雄伟，挺拔秀丽，层峦叠嶂，是黔北群山中的佼佼者，具有王者的风范。山上不仅风景优美，还建立了许多寺庙，是人们争相朝观的地方，每年农历六月十九前后，就会有很多人来此朝拜，场面十分热闹。

💰 15元
🕐 7：00—19：00
🚗 遵义新舟机场—金鼎山（自驾）
遵义新舟机场—迎宾大道—机场高速—遵义绕城高速—金鼎山路—金鼎山
全程约66千米

金鼎山

乌江渡旅游区 ★★★

乌江渡，贵州第一大河，附近有河流溶蚀造成的乌江关、虎跳峡、鹰愁峡等险峻峡谷，其间有很多奇峰怪石、穿洞飞瀑，形成了七峡六十景。这里地理位置险要，向来都是兵家必争之地，因此发生过很多战争，来到这里，仿佛还可以看到当年战争的硝烟。

💰 15元
🕗 8：00—18：00
🚌 遵义新舟机场—乌江渡（自驾）
遵义新舟机场—机场高速—遵义绕城高速—杭瑞高速—兰海高速—乌江渡风景区
全程约103千米

九龙洞海龙囤遗址 ★★★

海龙囤，位于遵义市汇川区高坪镇龙岩山，又名"龙岩囤"。此囤处于群山的顶峰，四面都是悬崖绝壁，左右有溪水从旁流过，只有山后一条狭窄的小路可以通向这里，地理位置十分险要。

山顶上建有阁楼、兵营、仓库、水牢、绣花楼；囤前设有铜柱、铁柱、飞龙、飞凤、朝天、万安等九关，各关之间有护墙相连，凭险设关，关关相联，以石块垒砌的高大城墙关隘，形成三层防御体系，令整个城堡十分坚固。随山势绵延十余里，别有一番气象。此外这里还有宋代老王宫、明代新王宫、采石场等遗址。

💰 20元
🕗 8：30—18：00
🚌 遵义新舟机场—九龙洞海龙囤遗址（自驾）
遵义新舟机场—迎宾大道—机场高速—遵义绕城高速—汇川大道—九龙洞海龙囤遗址
全程约69千米

海龙囤遗址

共青湖 ★★★

共青湖，位于遵义市南边，在清代被称为"播雅天池"，湖面宽广，湖水清澈纯净，环境优雅。在东岸有一座小山，站在此处可以观赏到湖景，景色宜人。即便是湖的四周森林茂密、古木参天、葱茏青翠，万千游客齐来，也可全部淹没于山林之间。湖畔自古还是鹤鸟、鸳鸯等水禽栖身的好处所，栖息着数十种禽鸟，乃是鸟的王国。每当傍晚时，会有鹤群从湖面飞过，犹如诗画一般。

💰 5元
🕗 8：00—18：00
🚌 遵义新舟机场—共青湖（自驾）
遵义新舟机场—迎宾大道—机场高速—杭瑞高速—天池大道—共青大道—共青湖
全程约60千米

赤水 ★★★★

赤水，位于遵义赤水境内，是一个生态资源和历史文化资源集合而成的景区，这里有赤水大瀑布、四洞沟、五柱峰、红石野谷、中国侏罗纪公园、燕子岩国家森林公园、竹海国家森林公园等景点，可以观赏到瀑布、竹海、丹霞、原始森林等自然景观。另外还有大同古镇、丙安古镇、红军长征遗址等历史人文景点。

💰 各景区票价不一
🕗 8：00—18：30
🚌 遵义新舟机场—赤水（自驾）
遵义新舟机场—机场高速—遵义绕城高速—杭瑞高速—蓉遵高速—人民路—赤水
全程约281千米

赤水十丈洞瀑布

赤水
名酒之水

赤水河是我国著名的"美酒河"，两岸民间自古酿酒。上游是茅台，下游望泸州，船到二郎滩，又该喝习酒。赤水河因为其独特的地理环境和水文气候特性，孕育了一方深厚的酿酒文明。一条赤水河全长500千米，不出百里必有好酒，酝酿了茅台、习酒、赤水枸酱酒、郎酒、怀酒等数十种蜚声中外的美酒。

四渡赤水

红军攻占遵义后，蒋介石调集兵力对遵义进行重重包围，毛泽东等指挥中央红军采取灵活机动的战略战术，开始了著名的四渡赤水之战。一渡赤水，摆脱被动；二渡赤水，避实击虚；三渡赤水，调敌西进；四渡赤水，跳出合围。四渡赤水战役，是以少胜多、变被动为主动的光辉典范，是运动战的经典战例。共歼敌1.8万余人，俘敌3600余人。

💗 购物遵义

遵义非常适宜茶叶的生长，因此这里有很多茶叶出产。遵义毛峰是贵州四大名茶之一，还有湄潭湄江茶、红碎茶、五珍茶等，都很不错，可以选购一些。

丁字口：位于遵义市中心，也是遵义的商业中心，这里有很多的购物、娱乐商店，客流量很大，也是当地人购物的主要场所之一。有名的当属这里的夜市，每到晚上，人们纷纷聚集到这里，热闹程度不亚于白天，是晚上逛遵义的极佳地点之一。

娄山关 ★★★

娄山关，也称"太平关"，位于遵义汇川区与桐梓县的交界处，是川黔的重要关口，自古是兵家必争之地。娄山关悬崖峭壁，峰高万仞，直刺苍穹，是黔北第一险要。在抗日战争中，红军在此有过两次战役，保证了遵义会议的圆满成功，所以此地具有非常重大的历史纪念意义，也是重要的红色旅游景点。

💰 凭个人身份证可免费
🕗 全天
🚌 遵义新舟机场—娄山关（自驾）
遵义新舟机场—机场高速—遵义绕城高速—兰海高速—双心路—娄山关
全程约74千米

娄山关

↘ 吃在遵义

遵义，向来是一个具有特色的地方，尤其是美食，"吃在遵义"这句话绝不是噱头哦。美味的野菜，龙爪肉丝、折耳根炒腊肉等都是遵义特色菜。当然遵义更是少不了美味的小吃，如羊肉粉、豆花面、黄糕粑等。

风味野菜饼

一味鲜羊肉粉
游客评价：遵义特色小吃，便宜实惠
📞 18184459831
📍 遵义市汇川区宁波路口临街

老江最黔线（昆明路店）
游客评价：菜品都是当地的特色口味，是很正宗的贵州菜

闵四遵义羊肉粉（金银新村总店）
📞 0851-27910777
📍 遵义市昆明路航天罗庄门口

游客评价：羊肉量足，汤很浓，粉很入味
📞 18685221131
📍 遵义市中华北路金银新村天安花园对面

众人熙熙
游客评价：人气颇高，视觉味觉双重享受
📞 0851-28438888
📍 遵义市桃溪寺儿童福利院大门口

酩悦食府
游客评价：当地比较高档的酒店
📞 0851-27909955
📍 遵义市人民路与厦门路交叉口东行30米

名城锦炙小李烧（上海路店）
游客评价：具有当地风味的烧烤
📞 18786336823
📍 遵义市上海路590号

成武老牌烙锅
游客评价：水辣椒特别好吃，一家很有特色的烙锅店
📞 18785200685
📍 遵义市香港路378号

↘ 住在遵义

平价型

丽都酒店
📍 遵义市人民南路三中对面
📞 0851-22998288

逸居酒店（遵义南京路店）
📍 遵义市汇川区南京路168号
📞 0851-28397777

艾尚酒店（遵义会址丁字口店）
📍 遵义市中山路119号
📞 0851-28262666

遵义达林酒店
📍 遵义市大连路天翼家电对面
📞 0851-28936266

享受型

遵义喜悦酒店
📍 遵义市汇川区宁波路139号
📞 0851-28217777

遵义汇川酒店
📍 遵义市厦门路（市委正对面）
📞 0851-28912345

遵义国贸大酒店
📍 遵义市珠海路209号
📞 0851-28699999

遵义茅台镇联裕希尔顿花园酒店
📍 遵义市茅台镇河滨路98号
📞 0851-22335888

凯里

凯里市位于贵州黔东南苗族侗族自治州西部，地处云贵高原东侧的梯级状大斜坡地带，属亚热带季风气候，年均气温16.1℃。凯里市原为炉山县，是黔东南苗族侗族自治州首府，全州政治、经济、文化、人流、科技、教育、物流、信息交流的中心。

凯里市是贵州东部旅游的中心城市，全国著名的民族风情旅游城市，处于高原向丘陵过渡地带，清水江畔，风貌独特，格调古朴，自然风光秀丽；少数民族集聚，民族风情独特；文化气息凝厚，文物古迹富有内涵。境内的香炉山被称为"黔阳第一山"，镰刀湾景色奇秀，渔洞溶洞鬼斧神工，大阁公园、金泉湖公园等自然风光如诗如画。

| 区号：0855 |
| 邮编：556000 |
| 面积：1556平方千米 |
| 人口：54.89万人 |
| 著名景点：南花苗寨、大阁公园、飞云崖等 |

↘ 游在凯里

南花苗寨 ★★★★

南花苗寨，位于贵州省凯里三棵树镇，是一个典型的苗族村寨，这里的苗族女子服饰十分有特色，一般会身穿长达80厘米的百褶裙，被称为"长裙苗"，牛角银饰是节日里的一大特色，长达1米。游客可以在这边住宿，感受一下苗家风情。

💰 免费
🕐 全天
🚌 贵阳龙洞堡国际机场—南花苗寨（自驾）
龙洞堡国际机场—包南线—贵阳绕城高速—沪昆高速—巴拉河街—南花苗寨
全程约176千米

💡 南花苗寨
苗寨风俗

南花苗寨的原生态苗族文化，古朴浓郁、绚丽多姿，让这里的游客兴致盎然。

明清时代建筑风格的吊脚楼是这里的主要建筑，半山腰上，树木丛中，几个穿着精美刺绣服装、戴着银头冠的当地苗族少女款款走来，犹如古画中的人物。进入寨里往前走不远就能看到一片芦笙场，盛装的苗族姑娘们和着美妙的音乐翩翩起舞，不禁让游客也蠢蠢欲动。

💡 购物凯里

以凯里为主的黔东南，土特产品十分丰富，有丹寨县的含硒产品，麻江县的竹荪，从江的椪柑，榕江的西瓜、香猪、腌鱼，雷山县的香羊，剑河县的打屁虫，黄平的牛肉干，镇远县的道菜、天印绿茶、陈年道菜、青酒等，还有很多工艺品，比如小芦笙、绣花小口袋、钱包、牛角酒具、雷钵、鸟笼、马尾斗笠等，都深受大家欢迎。

在凯里市，比较大的商场有林贸大厦、东方大厦、佳惠购物中心等，其中佳惠购物中心二楼是一个大型超市，里面有各种土特产出售，价格也不贵，而且包装很好。

南花苗寨大桥

舟溪芦笙堂 ★★★

舟溪芦笙堂，位于凯里市城南18千米处的舟溪镇。该镇是一个苗镇，这里的苗民大多穿短裙，因此也被称为"短裙苗"。舟溪芦笙堂就位于舟溪乡口，每年这里都会举办苗族芦笙节，那时会有几百只芦笙一起奏响，苗族姑娘则盛装地载歌载舞，十分热闹。

💰 免费
🕐 全天
🚌 贵阳龙洞堡国际机场—芦笙堂（自驾）
龙洞堡国际机场—机场路—贵阳绕城高速—沪昆高速—凯开大道—会展路—芦笙堂
全程约159千米

苗族芦笙舞

飞云崖 ★★★

飞云崖，位于凯里黄平县，这里石峰林立，雄伟壮观，在山顶上有石乳倒挂，崖下深不见底，十分神秘，在崖的左边有水渗出，形成了瀑布。

💰 免费
🕒 8：00—18：00
🚌 贵阳龙洞堡国际机场—飞云崖（自驾）
龙洞堡国际机场—包南线—贵阳绕城高速—沪昆高速—余安高速—S306—飞云崖
全程约 204 千米

渔洞溶洞 ★★★★

渔洞溶洞，位于凯里西面的渔洞乡。这是一个天然的典型喀斯特溶洞，溶洞目前只有 2 千米左右被开发，还有尚未探明的 6 千余米暗洞。溶洞前面有小溪潺潺流淌，两岸草长莺飞，郁郁葱葱，十分繁茂，景色优美。

💰 20 元
🕒 9：00—17：00
🚌 贵阳龙洞堡国际机场—渔洞溶洞（自驾）
龙洞堡国际机场—贵阳绕城高速—X014—学校路—渔洞溶洞
全程约 68 千米

麻塘僮家 ★★★

麻塘，位于凯里市龙场镇的典型僮家村寨。僮家是一个独特的少数民族族群，仅有五六万人，他们有自己的语言和生活习惯，到这里，你可以见到勤劳、善良、古朴、好客的僮家人民。麻塘寨四面环山，山清水秀，四季花香。

💰 免费
🕒 全天
🚌 贵阳龙洞堡国际机场—麻塘革家（自驾）
龙洞堡国际机场—机场 2 号路—贵阳绕城高速—沪昆高速—道新高速—凯福高速—G243—麻塘革家
全程约 164 千米

麻塘僮家

大阁公园 ★★★

大阁公园，位于凯里城北的龙山上，也被称作"文昌阁"，是古代选拔人才的地方。大阁高 23 米，共 5 层，飞檐翘角、雕刻精美、典雅大方。大阁的最高层为观景台，是凯里的最高点，站在这里可以远眺整个市区，美景尽收眼底。

💰 免费
🚌 贵阳龙洞堡国际机场—大阁公园（自驾）
龙洞堡国际机场—贵阳绕城高速—沪昆高速—凯里绕城高速—新生路—环城北路—大阁公园
全程约 157 千米

凯里香炉山 ★★★

香炉山，位于贵州凯里市西北 15 千米处，此山四面均是绝壁峭崖，犹如香炉一般，因此得名。山上树木繁茂，雨雾缭绕，有肥田、细流、深井，还有营盘、寺庙和南天门的遗址。每年农历的六月十九日，附近的苗民会在此举行传统的"爬山节"，老年人多往山顶观光及祈神，盛装打扮的青年男女用芦笙伴奏，翩翩起舞，或席地相向，吟咏传说故事，歌唱友谊和爱情。

💰 免费
🕒 7：00—18：00
🚌 贵阳龙洞堡国际机场—香炉山（自驾）
龙洞堡国际机场—贵阳绕城高速—沪昆高速—凯福高速—S308—香炉山
全程约 148 千米

凯里香炉山

荔波

荔波县隶属黔南布依族苗族自治州，位于贵州省南部。荔波县属于中亚热带季风湿润气候区。气温分布的总趋势是南高北低，降水主要集中在夏季。地形聚集了贵州高原和广西丘陵的综合优势，既有高山，也有丘陵，属于喀斯特地貌。

荔波县是中共一大代表邓恩铭烈士的故乡，有邓小平领导的红七军革命活动旧址及古井、古墓群，而且樟江风景名胜区和茂兰喀斯特森林也均位于荔波县境内。

| 区号：0854 |
| 邮编：558400 |
| 面积：2431.8 平方千米 |
| 主要景点：水春河、大七孔、小七孔、茂兰喀斯特森林 |

↘ 游在荔波

小七孔景区 ★★★

景区内有林、洞、湖、石、水等多种景观，玲珑绚丽，有"超级盆景"的美称。主要有小七孔古桥、瀑布、野猪林、水上森林、天钟洞、卧龙潭、鸳鸯湖等景点。景区内青山绿水，秀美、古朴、幽静、清凉，令人耳目常新，是休闲避暑的好去处。

- 免费，观光车另计
- 7：30—16：30
- 贵阳龙洞堡国际机场—小七孔景区（自驾）
龙洞堡国际机场—贵阳绕城高速—厦蓉高速—余安高速—三荔高速—S206—小七孔景区
全程约 244 千米

大七孔景区 ★★★

景区以原始森林、峡谷、伏流、地下湖为特色，气势磅礴，惊险又神秘。主要有大七孔古桥、恐怖峡、天生桥、妖风洞、地峨森林、龙头山、二层河、地峨宫等景点。

- 免费，观光车另计
- 7：30—16：30
- 贵阳龙洞堡国际机场—大七孔景区（自驾）
龙洞堡国际机场—贵阳绕城高速—厦蓉高速—余安高速—三荔高速—S206—大七孔景区
全程约 245 千米

水春河景区 ★★★

水春河风景区全长 13 千米，是樟江上游秀丽的丹青画卷，以布依族古寨水春寨而得名。水清澈透明，山势奇特，两岸喀斯特森林植被覆盖，山、水、树相得益彰，相映成趣。主要景点有梅滩、苦竹滩、白龙滩、白石滩、天然画图、马尿滩、姊妹峰、姊妹滩、逍遥浪、长浪、白岩、龙王洞、夕照归图等。

- 30 元。人工漂 220 元（含 30 元门票、5 元保险）；自助漂 200 元（含 30 元门票、5 元保险）
- 7：30—17：30
- 贵阳龙洞堡国际机场—水春河景区（自驾）
龙洞堡国际机场—贵阳绕城高速—厦蓉高速—余安高速—三荔高速—迎宾大道—樟江东路—水春河景区
全程约 228 千米

💡 **荔波樟江景区**

荔波樟江景区有 48 个主要景点，分为小七孔风景区、大七孔风景区、水春河峡谷风景区和漳江风光带。

💡 **吃在荔波**

这里的饮食除了酒店和餐馆的传统菜肴以外，还有让游客难以忘怀的具有当地民族特色的小吃。特色菜有酸汤鱼、瑶山鸡等，特色小吃有荔波米粉、米花、干粉等，原料都是来自大自然的绿色食品，风味独特。

💡 **行在荔波**

风景区内有公路可通往广西南丹、环江、金城江和贵州的麻尾、三都、独山、都匀、贵阳，延伸可达广西柳州、桂林、南宁。麻尾火车站距小七孔景区仅 36 千米，荔波机场距县城 9 千米，到各景区旅游交通十分便利。

💡 **景区内部交通路线**

东门站—小七孔桥—临时站（老幼病残站）—水上森林—翠谷瀑布—上几定湿地—服务中心—卧龙潭—鸳鸯湖—天钟洞

西北地区

陕西—青海—甘肃—宁夏—新疆

省会：	西安
面积：	20.56 万平方千米
人口：	3952.9 万人
方言：	陕西方言
著名景点：	秦始皇陵、西安八大奇迹馆大雁塔、大唐不夜城等

概况

陕西省是中华文明的发祥地之一，这里有人类诞生初期 80 万年前的西安蓝田猿人，这里是仰韶文化最集中的发现地，这里还是受世代景仰的人文初祖炎帝和黄帝的诞生地，早在古代时期这里就是中国重要的政治、经济和文化中心。陕西境内气候差异很大，气候类型复杂多样，再加上其地势倾斜，特殊的地理环境使得这里人杰地灵，孕育出很多珍奇物种。

陕西位于黄河中游，自周朝开始就有多个王朝在此建都，它是中国历史上建都时间最长的省份。历史悠久的陕西留下了很多名胜古迹，秦陵兵马俑名扬天下，轩辕黄帝墓、唐太宗昭陵、唐高宗乾陵等气势磅礴，还有林林总总的历史博物馆和纪念馆等，弘扬着深厚的历史文化。陕西省还被誉为"天然的中国历史博物馆"。

此外，陕西物产丰富，陕西的草编、古老名酒稠酒、凤翔的彩塑泥塑、被称为"秦点之首"的德懋恭水晶饼、冬青木烙花筷、仿秦兵马俑、仿唐三彩、临潼的火晶柿子、具有 400 多年历史的凤翔木版年画、三原县传统名贵食品三原蓼花糖、陕西板栗、陶哨、藤编等，都是当地的特产。

线路 1
西安古城墙—碑林博物馆—省历史博物馆—大雁塔和小雁塔

线路 2
秦岭兵马俑—华清池—骊山森林公园

名菜

酿金钱发菜：陕西的传统名菜，形如金钱，味道鲜美，而且发菜又有着"发财"的寓意，可谓是北国珍馐。

奶汤锅子鱼：采用黄河鲤鱼为原料，辅以玉兰片、香菇以及奶汤等精心烹制，鱼肉鲜汤，色白如玉，还有下气温补的食疗作用。

葫芦鸡：早在唐代时期就已经名扬天下，选用西安城南三爻村特有的"倭倭鸡"为原料，先清蒸，再蒸笼，最后油炸。葫芦鸡色泽金红，肉嫩味香，含有人体所需的脂肪酸，极富营养价值。

贵妃鸡翅：色泽金红，味道爽口，浓郁的香味让人回味悠长。它含有丰富的蛋白质，且不含脂肪，是广为流传的佳肴。

三皮丝：原名"剥皮"，是颇具风味的一味下酒菜，原料为熟猪皮，辅以熟鸡片和海蜇皮，味道干脆柔美，清爽利口，余味悠长。

西安地铁

1 号线
沣河森林公园—纺织城
（6:00—23:30 最高票价 8 元）
2 号线
北客站—韦曲南
（6:00—23:50 最高票价 7 元）
3 号线
保税区—鱼化寨
（6:00—23:00 最高票价 8 元）
4 号线
北客站—航天新城
（6:00—23:00 最高票价 8 元）
5 号线
马腾空—创新港
（6:00—23:15 最高票价 8 元）
6 号线
西安国际医学中心—西北工业大学
（6:00—23:00 最高票价 5 元）

交通

飞机

西安咸阳国际机场
☎ 029-96788
📍 咸阳市渭城区
机场交通：机场设有多条通往西安市区、咸阳市区的大巴路线，西安市区票价 25 元，咸阳市区票价 15 元。出租车，起步价 6 元，2 千米后每千米 1.5 元（不同车型的出租车价格会有些许出入，可提前询问司机）。

榆林榆阳机场
☎ 0912-3457114
📍 中国陕西省榆林市榆阳区，距离市中心约 15.5 千米

机场交通：机场大巴设有两条线路通往市区方向，票价均为 25 元。出租车，起步价 6 元，2 千米后每千米 1.5 元。

汉中城固机场
☎ 0916-2692046
📍 中国陕西省汉中市城固县柳林镇 108 国道，西距汉中市中心 18 千米
机场交通：汉中城固机场设有机场巴士往返于机场与汉中机场城市候机楼，前往机场乘车地点位于汉中翔龙大酒店，每周一、三、五日开行往返 3～4 班，其他时间每天往返 2 班，票价 8 元。出租车，起步价 6 元，2 千米后每千米 1.5 元。

西安

区号：	029
邮编：	710000
面积：	1.01万平方千米
人口：	1295.29万人
著名景点：	兵马俑、钟鼓楼、大雁塔、秦岭、大明宫国家遗址公园等

西安，中国陕西省的省会，历史文化名城，与罗马、雅典、开罗并称"世界四大文明古都"，是中华文明的发祥地，中华民族的摇篮，3000多年的历史沉积下来了诸多的名胜古迹，为后世留下了一笔宝贵的精神财富，被誉为"天然的历史博物馆"。

高大宽厚、保存得比较完整的古城墙，历史文化底蕴深厚、被誉为世界第八大奇迹的秦始皇陵兵马俑和周秦汉唐四大遗址呈现出人文与自然景观相结合的绝妙景观。雍容儒雅，大气恢宏，博学智慧是这座城市的名片。

西安市位于渭河流域中部关中盆地，是生态优美、环境宜人的西部城市。西安北濒渭河，有著名的黄土高原，南有秦岭山脉，自然景观优美。著名的丝绸之路以西安为起点。秦始皇陵兵马俑则展示了这座城市雄浑、厚重的历史文化底蕴。可谓是华夏源地，千年帝都，丝路起点，秦俑故乡。

↳ 游在西安

大唐不夜城

大唐不夜城位于陕西省西安市雁塔区的大雁塔脚下，以唐朝文化为背景以唐风元素为主线，建有大雁塔北广场、玄奘广场、贞观广场、创领新时代广场四大广场，西安音乐厅、陕西大剧院、西安美术馆、曲江太平洋电影城等四大文化场馆。美轮美奂、古色古香，是很好体验唐代文化的场所。

🆓 免费
🕐 全天
🚌 西安咸阳国际机场—西安不夜城（自驾）
西安咸阳国际机场—机场专用高速—朱宏快速路—南门盘道—南关正街—西安不夜城
全程约43千米

陕西历史博物馆 ★★★★

陕西历史博物馆位于西安大雁塔的西北侧，是中国第一座大型现代化国家级博物馆，它既有气势雄伟的现代化建筑特点，又有典雅博大的大唐风貌。中央殿堂采用四隅崇楼的布局，廊和庭院参差不齐，错落有致。博物馆中陈列文物3000多件，均为稀世珍品，让游人可以从中感受到唐朝的文化。馆区馆藏文物达370 000余件，其中的商周青铜器精美绝伦，历代陶俑千姿百态，汉唐金银器独步全国，唐墓壁画举世无双。

🆓 周二至周日免费开放，周一闭馆整修。
🕐 冬：9：00—17：30；夏：8：30—18：00
🚌 西安咸阳国际机场—历史博物馆（自驾）
西安咸阳国际机场—福银高速—昆明路—西三环—历史博物馆
全程约42千米

西安旅游

线路建议

从回民街—鼓楼—西安古城墙—碑林—陕西历史博物馆—大雁塔；西安事变纪念馆—半坡遗址博物馆—秦始皇陵兵马俑—骊山—华清池—乾陵—法门寺。

最佳旅游时节

西安是半湿润季风气候，所以游览受季节影响较小，年平均气温在13℃左右，每年春、夏、秋三季都适宜游玩，一些人文室内景观冬季仍可游玩。

旅游提示

1. 西安比南方气候干燥，需要多补充水，夏季去还要做好防晒工作。

2. 西安风味小吃多为面食、泡馍、牛羊肉，这些食物不容易消化，切忌暴食。在回民街和清真饭店吃饭时，注意尊重回民的民族信仰和风俗习惯。

3. 旅游旺季时人较多，注意保管随身财物。

4. 西安市内有国营旅游专线，发往各大著名景点，自助旅游，快活方便。如果想参加旅行社可能会花费更多的时间和额外的消费。

陕西历史博物馆

大雁塔

大雁塔 ★★★★

大雁塔建造于652年,是玄奘为了藏经而修建的。塔身共7层,总高64米。塔底有石门,门楣和门框上均雕刻着砖雕对联和线刻佛像,笔法极为精致,南门东西两侧的碑龛内还镶嵌有唐朝时期的碑文。大雁塔一直以来都被视作西安市的象征,也是闻名全国的旅游胜地。

💰 旺季25元;淡季20元
🕐 旺季(3月16日至11月14日):8:00—18:30;淡季(11月15日至3月15日):8:00—18:00
🚌 西安咸阳国际机场—大雁塔(自驾)
西安咸阳国际机场—福银高速—西三环—昆明路—长安中路—大雁塔
全程约44千米

大唐芙蓉园 ★★★★★

大唐芙蓉园是秦汉时期的离宫别馆,到了隋朝成为皇家园林。其中包括著名的建筑紫云楼、彩霞亭等,还有闻名于世的曲江流饮、雁塔题名、杏园探花宴、万民乐游曲江都发生在此地。这里集人文、娱乐、餐饮、购物于一体,演绎了大唐盛世的风貌,再现了古时的皇城胜景。它是中国第一个全方位展示盛唐风貌的大型皇家园林式文化主题公园。这里有全球最大、最先进的水火景观表演,国内最长唐文化长廊,《梦回大唐》大型歌舞品鉴均在其中。

💰 门票免费,园内项目另收费
🕐 9:00—22:00
🚌 西安咸阳国际机场—大唐芙蓉园(自驾)
西安咸阳国际机场—机场专用高速—西安绕城高速—芙蓉路—大唐芙蓉园
全程我64千米

大唐芙蓉园

未央湖游乐园 ★★★

位于西安市北郊,距离市区15千米。游乐园主要分为五个景区:文化广场区、静态自然区、水上游乐区、沙滩游乐区以及游乐设备区。游人在这里可以进行多娱乐活动,如体验野外生存,还能感受高科技游戏设备。

💰 20元
🕐 8:30—20:00
🚌 西安咸阳国际机场—未央湖游乐园(自驾)
西安咸阳国际机场—机场专用高速—机场公路—环路西路—环湖南路—未央湖游乐园
全程约25千米

翠华山 ★★★★

翠华山又被称为"太乙山",有碧山湖景区、天池景区和山崩石海景区三个景区,包含了翠华天池、山崩石海、鹰崖珠帘、盘道红叶、双瀑飞虹等18个主要的景点。翠华山以其奇特的地貌和优美的自然风光吸引了很多游人前去游览、疗养和考察。

💰 旺季65元;淡季40元
🕐 旺季(3月至11月):9:00—17:00;淡季(12月至次年2月):9:00—17:30
🚌 西安咸阳国际机场—翠华山(自驾)
西安咸阳国际机场—福银高速—西三环—包茂高速—S108—翠华山
全程约72千米

翠华山

华清池 ★★★★★

位于西安市临潼区,周围山水相依,这里还滋生了天然的温泉。华清池温泉共有4处泉源,在一石券内,现有的圆形水池,半径约1米,水清见底,蒸汽徐升,脚下暗道潺潺有声,温泉出水量每小时达113吨,水无色透明,水温常年稳定在43℃左右。温泉的水中含有多种矿物质,适合人们泡澡,对于皮肤病、关节炎有一定的辅助疗效。

💰 120元
🕐 7:00—19:00
🚌 西安咸阳国际机场—华清池(自驾)
西安咸阳国际机场—机场专用高速—西安绕城高速—连霍高速—秦唐大道—华清池
全程约56千米

华清池

碑林博物馆 ★★★★

位于西安市的三学街,馆区由孔庙、碑林和石刻艺术室三个部分组成。它是在具有900多年历史的"西安碑林"基础上,利用西安孔庙古建筑群扩建而成的一座以收藏、研究和陈列历代碑石、墓志及石刻造像为主的艺术博物馆。现已经具有六个碑廊、七座碑室、八个碑亭,展出一千零八十七方碑石。文物陈列面积4900平方米。

博物馆本身即为孔庙旧址,其建址可追溯到北宋末年。照壁、牌坊、泮池、棂星门、华表、戟门、碑亭、两庑等明清建筑保存至今,并遵循着孔庙固有的建筑格局,组成了一个绿树掩映、古朴典雅的庭院式建筑群。秦汉时古朴的遗风,魏晋时的墓志,大唐时期绝代书法家的笔墨,还有王羲之和吴道子的绝迹,无不为这里增光添彩。

💰 旺季(3月1日至11月30日)65元;淡季(12月1日至次年2月底)50元
🕐 8:00—18:30
🚌 西安咸阳国际机场—碑林博物馆(自驾)
西安咸阳国际机场—机场专用高速—朱宏快速路—碑林博物馆
全程约38千米

碑林博物馆

西安白鹿原滑雪场 ★★★

白鹿原滑雪场拥有先进的滑雪设备,滑雪爱好者们可以在此享受滑雪、滑圈、戏雪、赏雪等运动。雪场特意开辟了专为孩子们设计的儿童戏雪区，童话般晶莹剔透的冰雪世界可以让小孩子们尽情玩乐。这里还有专业的滑雪教练，初学者可以在此学习，提高自己的滑雪水平。

$ 平日 138 元；周末 168 元
⏰ 8：30—24：00
🚌 西安咸阳国际机场—白鹿原滑雪场（自驾）
西安咸阳国际机场—机场专用高速—西安绕城高速—纺织城—水安路—白鹿原滑雪场
全程约 55 千米

骊山国家森林公园 ★★★★

位于临潼区南部，距市区 30 千米。骊山上松柏常青，远看就像一匹青色的马。其最高峰九龙顶，海拔 1301.9 米，风景秀丽，所以又有人称其为"绣岭"。尤其是在夕阳西下之时，整座骊山沐浴在金色的晚霞中，景色较白天更为绮丽，所以有"骊山晚照"这一著名的景观。骊山不仅自然景观秀丽，而且有三十余处驰名的文物遗迹。

$ 70 元
⏰ 8：00—17：00
🚌 西安咸阳国际机场—骊山国家森林公园（自驾）
西安咸阳国际机场—机场专用高速—机场公路—东兴路—秦汉大道泠潼段—骊山国家森林公园
全程约 54 千米

骊山国家森林公园风景

草堂寺 ★★★

草堂寺位于圭峰山北麓，是古代高僧翻译佛经的地方，因多简陋茅屋而名为草堂寺。寺内的鸠摩罗什舍利塔共 12 层，高度为 2.33 米。其形状为八边形，用西域八种颜色不同的玉石镶嵌而成，所以也被人称为"八宝玉塔"。寺内井中经常会溢出烟雾，形成了长安八大景之一的"草堂烟雾"。

$ 25 元
⏰ 9：00—17：00
🚌 西安咸阳国际机场—草堂寺（自驾）
西安咸阳国际机场—机场高速—福银高速—西三环—草寺路—草堂寺
全程约 63 千米

草堂寺

秦始皇兵马俑 ★★★★★

距离西安市区 37 千米，南靠骊山，北临渭水，气势磅礴。整齐的队列将秦朝时期的军队编制、武器装备和战争阵法一一展现，而且全都是按照真人真马的高度和比例重塑。秦始皇兵马俑是中国最大的古代军事博物馆，被誉为"世界第八大奇迹"。

$ 120 元
⏰ 8：30—17：30
🚌 西安咸阳国际机场—秦始皇兵马俑（自驾）
西安咸阳国际机场—机场专用高速—西安绕城高速—秦陵北路—秦始皇兵马俑
全程约 64 千米

一号坑内的秦始皇兵马俑

西安城墙 ★★★★

西安城墙位于西安市中心，是在唐皇城的基础上建成的，战略体系主要以"防御"为主，城墙的厚度比高度还要大，稳固性很高。经历了 600 多年，至今仍保存完整，是中国历史上著名的城墙建筑之一。

$ 54 元

🚌 西安咸阳国际机场—西安城墙（自驾）
西安咸阳国际机场—机场专用高速—朱宏快速路—西大街—南大街—西安城墙
全程约 37 千米

西安城墙

秦岭野生动物园 ★★★★

秦岭野生动物园为西北第一家野生动物园，其园内分为四个景区：游览区、草食区、猛兽区和鸟语林。秦岭野生动物园是集野生动物易地保护、科普教育、旅游观光、休闲度假等功能于一体的综合性园林项目。

强调自然、清新、朴素的山林野趣，以笼养、散养等多种展出模式，依托秦岭北麓良好的生态环境，实现野生动物大种群保护，展养动物 300 余种，10 000 多头（只）。西安秦岭野生动物园以动、植物的生态大环境为出发点，体现返璞归真的环境特色，给人以品味大自然的独特情趣。

$ 100 元
⏰ 8：30—18：00
🚌 西安咸阳国际机场—秦岭野生动物园（自驾）
西安咸阳国际机场—机场高速—福银高速—西安绕城高速—京昆高速—保八路—秦岭野生动物园
全程约 68 千米

大明宫国家遗址公园
★★★★

大明宫始建于 634 年，其东西长 15 千米，南北长 25 千米，略呈楔形。大明宫共有城门 11 座，其中丹凤门为其正

大明宫国家遗址公园

门，含元殿为其正殿。含元殿是当时长安城内最大的建筑，气势宏伟。这里还有亭、观、别殿等建筑30余所，规模宏大。

- 💰 60元
- 🕐 8：30—19：00
- 🚌 西安咸阳国际机场—大明宫国家遗址公园（自驾）
西安咸阳国际机场—机场专用高速—朱宏快速路—玄武路—大明宫国家遗址公园
全程约33千米

兴庆宫公园★★★

西安兴庆宫公园位于西安市区，它的前身是唐朝时期长安城内的兴庆坊，这也是我国最古老的遗址公园。公园内有兴庆殿、南熏殿、大同殿、花萼相辉楼和沉香亭等楼阁殿堂，兴庆宫内有一道宫墙将其一分为二，南部山水秀丽，北部宫殿雄伟，各有特色。

- 💰 免费，园内游乐项目另收费
- 🕐 9：00—17：00
- 🚌 西安咸阳国际机场—兴庆宫公园（自驾）
西安咸阳国际机场—机场专用高速—朱宏快速路—二环东路—咸宁西路—兴庆宫公园
全程约43千米

兴庆宫公园

曲江海洋馆★★★

曲江海洋馆由海洋馆、海韵广场、海洋商务会所这三个部分组成，其主体建筑海洋馆占地1.86万平方米，由海豚表演馆、海洋科普馆、热带雨林馆、海底隧道、水下大观园五部分组成。馆内动物达300余种，极大地丰富了当地的旅游资源。

- 💰 180元
- 🕐 9：00—18：30
- 🚌 西安咸阳国际机场—曲江海洋馆（自驾）
西安咸阳国际机场—机场专用高速—西安绕城高速—曲江辅路—北池头一路—曲江海洋馆
全程约63千米

西安八大奇迹馆★★★

该馆将世界八大奇迹按比例缩小、复原，并且将历史和艺术结合起来，创造出了瑰丽的景观。神秘的埃及金字塔、璀璨的亚历山大港灯塔、爱琴海的太阳神像、宇宙之神宙斯的神像、古巴比伦空中花园、阿尔忒弥斯月神庙、摩索拉斯陵墓以及秦陵兵马俑地下军阵，可以让游人不必迈出国门，就可以观赏到世界八大奇迹。

- 💰 40元
- 🕐 9：00—17：00
- 🚌 西安咸阳国际机场—西安八大奇迹馆（自驾）
西安咸阳国际机场—机场专用高速—西安绕城高速—连霍高速—人民西路—西安八大奇迹馆
全程约59千米

西安八大奇迹馆一景

↘ 吃在西安

西安是旅游城市，小吃也很著名。凉皮、肉夹馍、岐山面、饺子宴、羊肉泡馍等都是著名的陕西名吃，而小吃中首推的自然是"两宴"和"两泡"了。"两宴"其一是指西安饭庄的陕西风味小吃宴，素有锦乡陕西之称；其二是解放路饺子馆的饺子宴，历史悠久，味道独特，被誉为"天下一鲜"。"两泡"指的是牛羊肉泡馍和葫芦头泡馍。西安鼓楼后的小吃街中，各色的小吃更是琳琅满目。

风味饺子

🥟 西安饭庄
游客评价：独门独院，主打陕西菜，比较适合宴请好友
📞 029-87680880
📍 西安市南大街110号

🥟 春发生
游客评价：葫芦头泡馍风味独特
📞 029-87253694
📍 西安市南院门25号

🥟 德发长饺子
游客评价：风味水饺，环境优雅，实惠
📞 029-87218187
📍 西安市西大街3号

🥟 同盛祥
游客评价：正宗西安牛羊肉泡馍
📞 029-87218711/872117512
📍 西安市西大街5号

↘ 住在西安

西安城内有多种价格档次不同的宾馆，一般500元左右可以住到条件较好的，200元左右也可以住到普通的房间了。钟楼和鼓楼的周边地带有许多经济型的酒店，价格相对较低，火车站附近的宾馆则适合普通游客选择住宿，价格在百元以下，而且也很干净，位于城中心的许多酒店都能看到古城墙，也是不错的选择。

平价型

丽班酒店（钟鼓楼店）
📍 西安市庙后街27号
📞 029-89623887

加利利连锁酒店（长乐公园店）
📍 西安市公园南路139号
📞 029-83217888

万隐·私定智能主题酒店（高新万达影城店）
📍 西安市高新路万达广场3号楼公寓20层
📞 029-88222282

米糖主题智能酒店（钟鼓楼店）
📍 西安市南院门南苑中央广场
📞 029-87214766

轻住·五羊维度时尚酒店（明城墙店）
📍 西安市文艺北路与南郭路交会处西北角
📞 029-85253699

购物西安

书院门文化街
位于新城区红十字会巷38号，街道两旁的建筑古香古色，人文气息比较浓厚，主要销售文房四宝、字画以及其他各种旅游纪念品。

回民街
位于碑林区西大街1号钟鼓楼广场，各种土特产品、工艺品和旅游纪念品在这里都有销售。

解放路—东大街—钟楼—南大街—西大街沿线
这个商业圈聚集着很多中高档百货的销售和专卖店，也有许多大型超市，商业气息浓厚，极具现代气息。

大雁塔十字周边
这里汇集着很多大型数码卖场，是电脑、数码配件以及各种数码产品的专业市场。

小寨商圈
拥有许多大型百货，也有很多紧追潮流的小店，是追求时尚的年轻人喜欢去的地方之一。

康复路和轻纺市场
主要经营服饰和小商品的批发，具有好眼力和砍价功夫的人能在这里买到物美价廉的东西。但是这里环境有些复杂，外地游客还是谨慎购买为好。

享受型

西安临潼悦椿温泉酒店
西安市悦椿东路8号
029-83878888

玉镜台温泉酒店
西安市沣河东路诗经里23号楼
029-89300008

西安天朗时代大酒店
西安市莲湖区环城西路北段360号
029-88626666

西安清水湾乐汤汇温泉酒店
西安市凤城一路与明光路交叉口南100米
029-62217777

陕西世纪金源大饭店
西安市东高新技术开发区建工路19号
029-68608888

特产
西安的特点之一是商业圈集中，这就极大方便了游人的购物。无论是购买一些旅途中的用品，还是想要购买当地的特产和纪念品，在市区周边都可以找到。西安的特产如水晶饼、腊牛肉、黄桂稠酒等，以及一些特色的干果、糕饼等在各大超市就可以买到，而工艺品和纪念品到书院门和回民街的小店中购买较实惠。

喜欢逛街的可以去东大街商业区，传统商业区，热闹非凡；想买纪念品的就去书院门文化街；想品尝当地特色美食的可以去北院门回民街，让你大饱口福；对古玩感兴趣的可以去化觉巷古玩街、八仙庵古玩市场。

西安回民街

咸阳

咸阳地处八百里秦川腹地，东南与省会西安相邻，位于祖国版图的中心，中国大地原点所在地，自古以来就是西部的战略要地。因为历史上第一个帝王曾在此建都，咸阳故被称为"第一帝都"。咸阳是中国著名的古都，是历史上周、秦、汉、隋、唐等十几个朝代的都城重地。

咸阳又是国家级历史文化名城，国家首批优秀旅游城市，在几千年的历史长河中咸阳大地上保存下来了诸多历史文明古迹，境内文物景点多达4951处，五陵塬上汉高祖长陵、汉景帝阳陵、汉武帝茂陵、唐太宗昭陵、唐高宗和武则天合葬的乾陵等28位汉唐帝王陵寝连绵百里，举世无双，形成了规模宏大、辽阔壮丽的古代陵墓群，被誉为"中国的金字塔之都"，犹如一颗颗耀眼的明珠，为见证中华几千年的历史文明闪耀着灿烂的光辉。

| 区号：029 |
| 邮编：712000 |
| 面积：10 196平方千米 |
| 人口：395.98万人 |
| 主要景点：茂陵、乾陵、昭陵、杨贵妃墓等 |

游在咸阳

汉阳陵★★★★

汉阳陵是汉景帝与他的皇后合葬的陵园，在咸阳市的张家湾附近。汉代皇帝陵墓讲究"堆土成陵"，外形呈覆斗形，好似一座截去顶端的金字塔，显示了唯我独尊的皇家意识和严格的等级观念。整个葬墓东西长166.5米，南北宽155.4米，高31.6米，占地约200公顷。此外，1990年考古工作者在帝陵东南区域进行大规模考古钻探工作，出土了一批彩绘着衣式裸体陶俑，这一成果被评为"全国十大考古发现"，裸体陶俑也被西方称为"东方维纳斯"。其中有200多个墓坑和上万座陪葬墓。里面有威武的武士兵俑和仕女俑，还有猪、牛、马、羊等造型陶器，一个个形象逼真、千姿百态，被誉为20世纪最伟大的考古发现之一。

💰 90元
🕐 8：30—17：30
🚗 西安咸阳国际机场—汉阳陵（自驾）
西安咸阳国际机场—机场专用高速—机场公路—汉阳陵
全程约19千米

汉阳陵

游陵攻略

西汉阳陵的汉俑只有秦俑的1/3大，一个仅仅3米宽、50米长的坑道内密密麻麻地躺着几千个形态各异的兵俑，肤色几同真人，头发、胡须、瞳孔则是黑色，而且颧骨、鼻孔、耳朵甚至肚脐都表现得惟妙惟肖，有些甚至还能看到残存的发髻装饰。理所当然地成为咸阳旅游的"压轴"之地。

让人奇怪的是，坑道里的陶俑都没有双臂，是为了材料从简、还是暗藏玄机？经过导游的一番讲解终于找到了答案：在当初落葬时，这些陶俑都身穿不同服装，并且身担官吏、兵甲、歌妓、乐舞等不同身份，为了能活动手臂摆出不同姿态，手臂部分用的是木头，经历2100多年地下环境的腐蚀，丝绸衣物和木臂早已腐蚀，发掘出土时就成了没有手臂的裸俑，展现给世人残缺之美。

汉阳陵

咸阳茂陵博物馆★★★★

茂陵是汉武帝刘彻的陵墓，在西汉帝王的陵墓中这是最大的一座。这里有古朴的汉代建筑，有精致的文物以及现代的园林，它因陵墓、霍去病墓和汉代的大型石雕而名扬海外，是我国最大的汉代大型石刻艺术博物馆。

💰 旺季（3月1日至11月30日）75元；淡季（12月1日至2月底）55元
🕐 8：00—18：00
🚗 西安咸阳国际机场—茂陵博物馆（自驾）
西安咸阳国际机场—机场高速—迎宾大道—北塬大道—X105—Y040—茂陵博物馆
全程约29千米

咸阳茂陵博物馆

咸阳彬县大佛寺 ★★★

彬县大佛寺原名"庆寿寺",建于唐朝贞观年间,说是唐太宗为了庆贺母亲的生日而派人修建的。但除了寺内的大佛是雕刻于唐朝时期,其他的石佛大多数都是北朝时期的作品。楼阁倚崖耸立,摩崖小洞遍布,树木郁郁葱葱,风光绮丽。

旺季(3月至11月)35元;淡季(12月至次年2月)20元

8:00—18:00

西安咸阳国际机场—大佛寺(自驾)
西安咸阳国际机场—福银高速—G312—水帘河桥—沪霍线—大佛寺
全程约129千米

咸阳彬县大佛寺

咸阳昭陵博物馆 ★★★

昭陵是唐太宗李世民的陵墓,墓园的占地面积和陪葬墓数量均位列古代帝王陵墓之首。昭陵博物馆收藏文物4500余件,墓中出土的彩绘釉陶俑、唐三彩以及胡俑、骆驼俑等文物,仿佛将唐朝时的经济盛世展现在游人面前。

20元

9:00—17:00

西安咸阳国际机场—昭陵博物馆(自驾)
西安咸阳国际机场—机场高速—福银高速—X214—关中环线—昭陵博物馆
全程约37千米

咸阳乾陵博物馆 ★★★★

乾陵是唐高宗和武则天的合葬墓,位于海拔1049米的乾县梁山上,圆锥形的穹顶规模宏大,陵园面积达到240万平方米,宫殿和楼阁均被毁,只剩下石刻碑碣。周围还有17座陪葬墓。

70元

8:00—18:00

西安咸阳国际机场—乾陵博物馆(自驾)

西安咸阳国际机场—机场高速—福银高速—仿唐街—沪霍线—乾陵博物馆
全程约57千米

附近景点

金丝峡 ★★★★★

金丝峡长20.5千米,纵深十余公里,共有四大景区:白龙峡、黑龙峡、青龙峡和石燕寨,涵盖100多个景点。园内风光秀丽,风格独特,风景如画,具有窄、长、秀、奇、险、幽的特点,集峰、石、洞、林、禽、兽、泉、潭、瀑等自然景观于一体,步移景异,景象万千,可谓是"峡谷奇观,生态王国",是中国生态旅游业中一颗璀璨明珠。

100元

8:00—17:00

西安咸阳国际机场—金丝峡(自驾)
西安咸阳国际机场—沪陕高速—福银高速—沪陕高速—金丝峡
全程约236千米

金丝峡风光

吃在咸阳

咸阳市的饮食以面食为主,比较有名的当属箸头面,面片宽厚筋道,味道独特,是地道的咸阳美食。此外还有锅盔牙子、韩家凉皮等小吃,也是名扬天下的美食。

凉皮

九田家黑牛烤肉料理(秦都财富中心店)

游客评价:菜品新鲜,不同部位的牛肉各有特色

029-33352218

咸阳市人民中路26号财富购物中心5层

袁师傅腊汁肉夹馍

游客评价:流汁的肉夹馍,非常香

13909102053

咸阳市世纪西路先河国际商业广场一楼

宝宇大连海鲜渔港

游客评价:海鲜鲜美,非常棒

029-33243888

咸阳市秦都区秦皇中路金奎大厦

周家面

游客评价:小吃品种齐全,很精致

15991360099

咸阳市渭城区金旭路博尚嘉苑

汇通面

游客评价:各类面食小吃,非常好吃

17730664573

咸阳市中华东路与彩虹一路交会处西北面

福园巷子

游客评价:地道关中美食

029-33579252

咸阳市渭园西路福园广场

杜家葫芦头

游客评价:葫芦头非常好吃

13992067712

咸阳市泾阳县泾干大街120号

住在咸阳

平价型

咸阳城市港湾商务酒店
- 咸阳市秦都区团结路2号（近人民中路）
- 029-33193888

锦江之星品尚酒店（西咸新区世纪大道店）
- 咸阳市世纪大道中段55号
- 029-33679696

漫鹿 Ins 设计酒店
- 咸阳市同德路先河瞰都 A 栋 919
- 15594995577

咸阳亿隆商务酒店
- 咸阳市秦都区团结路南段
- 029-33159933/33155887

菲林酒店（科技大学店）
- 咸阳市人民西路49号
- 029-38192222

享受型

咸阳海泉湾温泉世界度假酒店
- 咸阳市世纪大道中段
- 029-33888888-7

西安星河湾酒店
- 秦苑三路与兰池大道交会处东200米路北
- 029-33776888

咸阳丽彩天祺酒店
- 咸阳市玉泉东路万达广场
- 029-33336789

咸阳阳光假日酒店
- 咸阳市人民中路21号
- 029-33252888

橡山留白民宿
- 咸阳市宝泉路029艺术区
- 029-38367777

购物咸阳

咸阳拥有很多大中型的百货商场，也有很多小商品购物中心，这些商场大部分都围绕在咸阳市的主干道以及市区的周边区域，对广大游客来说，购物出行十分方便。

家世界咸阳人民路店

这里是咸阳市最大的一站式购物自选超市，占地面积11 000平方米，经营的商品种类共计14 000多种。

咸阳市人民商场

经营品牌包括家电、五金、花卉、烟酒、洗化、服装鞋帽、床上用品、钟表玩具等，是一家中型的零售企业。

咸阳市百货大楼

地处电影院十字路口，四周有华联商厦、人民广场等，地段繁华，交通便利。商场主营针纺织品、烟酒副食、五金、化工、家具，兼营炊事器具、眼镜等，是一家中型零售企业。

民生集团咸阳民生购物中心

主要经营烟酒、日化、五金家电、文化用具、黄金珠宝、音像图书、玩具童装、棉毛织品等，规模大，门店多，购物环境好，商品种类也比较齐全。

> **特产**
> 咸阳有许多有名的特产，
> 如：淳化苹果：此地区海拔高，适宜苹果生长，果实个大、色鲜、味美，为全国优质苹果。
> 乾县柿子：分为火柿和水柿，以皮薄、肉厚、味甜以及耐储存而出名，销往全国各地。
> 乾县锅盔：外形为圆形，上有图案宛如菊花，边薄心厚，层层分明，吃起来香酥可口，回味无穷，是陕西独特的传统风味小吃之一。
> 箸头面：又称"香棍面"，面条煮熟以后放入调料，然后把沸腾的菜籽油泼在上面，再放些辣椒就会香辣可口，很有地方特色，是陕西著名的地方小吃，因面条如筷子般粗细，故得名箸头面。

咸阳商业街

宝鸡

宝鸡是陕西省第二大城市,古称"陈仓""雍州",是中华文明的发祥地之一,拥有 8000 多年的文明和近 3000 年的建城史,是著名的旅游城市之一。

宝鸡市内有七彩凤县、法门寺,太白山等著名景点。誉称有"炎帝故里、青铜器之乡、佛骨圣地"等。炎帝在此开辟农耕文明,姜太公在此钓鱼,周公在此著《周礼》,刘邦在此暗度陈仓。以城市名命名的"宝学",由两部分组成:以北首岭为代表的"炎帝祖先学"和以炎帝、姜炎文化闻名的"炎帝学", 是中华文化的一个重要支脉,在历史文化传承方面起着重要作用。远古姜水育炎帝,商末周原兴周,春秋雍城兴秦,镇国之宝石鼓、何尊、毛公鼎等出自于此,法门寺藏佛骨,西府社火、凤翔年画、泥塑等都彰显了中华精湛工艺。

| 区号:0917 |
| 邮编:721000 |
| 面积:18117 平方千米 |
| 人口:332.19 万人 |
| 著名景点:宝鸡炎帝陵、太白山国家森林公园、炎帝陵等 |

游在宝鸡

宝鸡太白山国家森林公园★★★★

太白山是秦岭的主峰,海拔 3767 米。太白山山顶终年积雪,夏天也不例外,"太白积雪六月天"也成为著名的关中八景之一。公园内森林广阔,潭池秀美,点缀着古朴的文物古迹,别有一番风味。

旺季 90 元;淡季 45 元

旺季(3 月至 11 月):8:00—18:00;淡季(12 月至次年 2 月):8:00—17:30

西安咸阳国际机场—太白山国家森林公园(自驾)

西安咸阳国际机场—机场高速—福银高速—西安外环高速—连霍高速—绛汤二级公路—太白山国家森林公园

全程约 114 千米

三日游

炎帝陵—钓鱼台—法门寺—太白山

太白山森林公园

旅游提示

1. 去太白山路程遥远,海拔较高,避免劳累过度,建议游玩两天。

2. 上山时请按景区建设路线游玩,不要私自离开主路,以免迷路或者遇到大型野兽。建议请导游同行。

3. 山中温差较大,一定要带防寒衣物,若忘记带防寒衣物,可在山下租用棉衣和羽绒服,大概 10 元/件,白天日照强烈,要注意防晒,此外山中多雨,还应备一把雨伞。

购物宝鸡

宝鸡当地的特产麦秸画被誉为"中华一绝",西凤酒更是以"不上头,不干喉,回味长"享誉全国。

宝鸡人民商场:这是宝鸡建造比较早的商场之一,商品比较齐全,而且商品价格适中。

金圆方服装城:这里主要是服装批发和零售的商城,各种样式和档次的服装都有。

太白山国家森林公园

姜子牙钓鱼台风景区★★★

风景区位于宝鸡市陈仓区天王镇境内,南依秦岭,北望渭水,总面积约 200 平方千米,距西安 150 千米,宝鸡 30 千米,交通十分便利。钓鱼台风景区主要以人文古迹而闻名,众所周知的历史典故"姜子牙钓鱼"就发生在这里。祠庙和殿堂依着山势挺拔而起,巨大的"钓璜灵矶"石和千年的唐柏,为这里增添了文化的韵味和历史的沧桑感。

钓鱼台自然景色非常迷人,河光山色相映争辉。区内峰峦叠嶂,飞流激注,柏山作屏,芳草为毯,森林茂密,红叶尽染,尤为独特的是绵延十余千米的磻溪峡谷,奇石云集,碧潭相连,小桥曲径,栈道悬空,竹林葱郁,瀑布如练,鸟飞鱼跃,山花烂漫,集奇、险、幽、秀为一体。

50 元

8:30—18:00

姜子牙钓鱼台

🚌 西安咸阳国际机场—姜子牙钓鱼台（自驾）
西安咸阳国际机场—机场高速—福银高速—西安多点环高速—连霍高速—姜子牙钓鱼台
全程约 161 千米

宝鸡炎帝陵 ★★★

炎帝是中华民族的始祖之一，而宝鸡则是炎帝部落繁衍生息的地方。唐代以前，这里就有神农庙、炎帝祠等，至今这些遗址依然可见。到了每年的农历七月初七，炎帝的祭日，这里会有络绎不绝的人们前来祭奠。而炎帝陵也以其秀美的景色吸引着人们前来游览。

💰 62 元
🕒 8：00—17：30
🚌 西安咸阳国际机场—炎帝陵（自驾）
西安咸阳国际机场—机场高速—连霍高速—宝鸡过境高速—清姜路—炎帝陵
全程约 182 千米

宝鸡法门寺旅游区 ★★★★★

法门寺位于宝鸡市扶风县城北 10 千米处的法门镇，其主要景点很多。北首岭遗址反映了新石器时代文化；先秦雍城遗址则展现了先秦的气势；九成宫遗址是隋唐时期帝王们的避暑行宫。还有烟波浩渺的凤翔东湖、享有"关东塔庙之祖"美誉的法门寺等，秀丽的风景能让游人感受独特的古代风韵。

💰 旺季（3月至11月）120元，淡季（12月至2月底）90元
🕒 8：00—18：00
🚌 西安咸阳国际机场—法门寺旅游区（自驾）
西安咸阳国际机场—机场高速—西安外环高速—连霍高速—S209—法门寺旅游区
全程约 117 千米

法门寺

陕西天台山国家森林公园 ★★★

公园位于秦岭两侧，是嘉陵江的发源地。这里拥有独特的自然景观，也有历史悠久的人文景观。景点有道帽石、大散关、九龙泉、神农祠、鸡峰插云、老君顶、玄女洞、弥罗天云海、炎帝骨台寝殿等数十处，是具有游览价值、历史价值等多种功能的旅游景区。

💰 30 元
🕒 9：00—17：00
🚌 西安咸阳国际机场—天台山国家森林公园（自驾）

天台山瀑布

🗻 吃在宝鸡

宝鸡的饮食和西安的风味相同，但是除此之外，宝鸡本地拥有着自己独特的美食。比如岐山臊子面、擀面皮等，这些小吃具有浓厚的地方风味，在当地十分受欢迎。

手工面

关中风情园惠宾楼
游客评价：典型的陕西菜
📞 0917-5218868
📍 宝鸡市扶风县城新区东大街与绛法公路十字路口西北角

西安咸阳国际机场—机场高速—福银高速—连霍高速—S107—天台山国家森林公园
全程约 197 千米

吴山 ★★★

吴山原名"好山"，亦称"岳山""吴岳"，是我国的历史名山，距离市区 43 千米。宝鸡为古雍州之地，吴山为古雍州第一大名山。

其山山势巍峨，高峻清秀，丛林苍郁，云海坦荡。《山海经》称："吴山之峰，秀出云霄，山顶相轩，望之常有海势。"其连绵的山峰多达 17 座，最高峰灵应峰海拔 1841.9 米，它和其他四峰，即镇西峰、大贤峰、会仙峰、望辇峰并称为"五峰挺秀"。

💰 30 元
🕒 9：00—16：00
🚌 西安咸阳国际机场—吴山（自驾）
西安咸阳国际机场—机场高速—连霍高速—银昆高速—东灵线—吴山
全程约 247 千米

农锦酒店（太白山店）
游客评价：农家菜，很热门
📞 15091692101
📍 宝鸡市太白山凤街中段

毛家饭店
游客评价：地道的湘菜
📞 0917-3607777
📍 宝鸡市公园路 253 号

令氏家外家岐山面
游客评价：很精致的面食小吃
📞 0917-3319199
📍 宝鸡市火炬路 8 号

小六汤包（高新四路店）
游客评价：分量足，味道好
📞 0917-3251116
📍 宝鸡市高新四路人人乐旁

↘ 住在宝鸡

平价型	享受型
锦江之星宝鸡行政中心店 📍 宝鸡市行政东路 8 号 📞 0917-2701111	陕西省法门寺佛光阁大饭店（宝鸡） 📍 宝鸡市扶风县法门镇法门寺文化景区内 📞 0917-5258888
若无山民宿 📍 宝鸡市太白县咀头镇蒿谷堆村 1 组 58 号 📞 13909260103	宝鸡东岭皇冠假日酒店 📍 宝鸡市金台大道 66 号 📞 0917-3676666
星城酒店 📍 宝鸡市广场西路与广场南路交叉口西北角 📞 0917-3361889	宝鸡温哥华国际酒店 📍 宝鸡市高新区陈仓大道中段 📞 0917-3159697
宝鸡天外天大酒店 📍 宝鸡市陈仓区虢镇人民街 📞 0917-6215940	宝鸡九龙山国际温泉酒店 📍 宝鸡市坪头镇庵里村 📞 0917-6666658
如家酒店（红旗路胜利桥北店） 📍 宝鸡市红旗路 6 号（万合国际 8 楼） 📞 0917-2796999	宝鸡高新君悦国际酒店 📍 宝鸡市高新大道 69 号高新大厦 📞 0917-3808888

渭南

渭南市地处陕西省东部，东濒黄河，西临西安，南倚秦岭，北接延安，渭水横贯其中，是八百里秦川最宽阔的地带，素有"三秦要道，八省通衢"之称，是中原地区通往陕西乃至大西北的咽喉要道，也是新欧亚大陆桥的重要地段。渭南市地势以渭河为轴线，总体地势南高北低。

渭南是中华民族的发祥地之一，有"华夏之根"之称。有记载着华夏文明悠久历史的沙苑文化、龙山文化、太史祠等；蒲城桥陵等数十座唐帝王陵墓，犹如夜空中闪烁着光芒的星座。这里历史名人辈出，有仓颉、杜康、司马迁、杨震、寇准、郭子仪、白居易等名人。《关关雎鸠》所描绘的清清的水域和浪漫的小洲就是这里。

区号：0913
邮编：714000
面积：13 030 平方千米
人口：468.87 万人
著名景点：西岳华山、牛背梁国家级自然保护区等

↘ 游在渭南

华山风景名胜区 ★★★★★

华山（亦称"太华山""华通花"），又称"西岳"，为五岳之一，海拔 2 154.9 米，位于陕西省渭南市华阴市城南，西距西安市 120 千米，华山山体倚天拔地，四面如削，更有千尺幢、百尺峡、苍龙岭、鹞子翻身、长空栈道等十分险峻之地，被誉为"奇险天下第一山"。

华山风景区主要由玉泉院、华山和西岳庙这三大景区组成，将魏长城、潼关十二连城、少华山、潜龙寺、渭南鼓楼、石鼓山、灵台寺等景点串联成一个整体，形成了陕西东线、渭南南线的旅游线路，整个线路景点遍布，处处都是好风光。

💰 旺季（3 月至 11 月）160 元；淡季（12 月至次年 2 月）100 元
🕐 西山门 24 小时开放，东山门 7：00—19：00
🚗 西安咸阳国际机场—华山风景名胜区（自驾）
西安咸阳国际机场—机场公路—延西高速—连霍高速—华山风景名胜区
全程约 140 千米

西岳华山

华山

华山三险

第一险：长空栈道。在南天门外，是华山著名险道之首。栈道路分三段，第一段路依崖凿出，长20米，宽二尺许，第二段崖隙横贯铁棍，形如凌空悬梯，游人须挽索逐级而下，第三段筑路者在峭壁凿孔，楔进石桩，石桩之间架木椽三根，游人至此，面壁贴腹，脚踏木椽横向移动前行。

第二险：鹞子翻身。在华山东峰，是通往下棋亭的必由之路，为华山著名的险道之一。其路凿于倒坎悬崖上，寒索垂于凌空，不见路径。游人至此，须面壁挽索，以脚尖探寻石窝，交替而下。

第三险：云梯苍龙岭。在中峰北面，高十余米，与地面垂直，中上部外突，呈倒坎崖之势。梯上置悬索三条，挽索而攀，无法贴近崖壁，因而随索摆动，心荡神摇，如腾云驾雾，故名云梯。

游华山的三个理由

1. 去华山，你才知道一块石头究竟会有多大。
2. 去华山，你会看到武侠版的日出。
3. 去华山，这是一个能从背后看自己的地方。

牛背梁国家级自然保护区

★★★★

这里是国家一级保护动物羚牛的栖息地，也是全国唯一一处以保护羚牛及其栖息环境为主的自然保护区。主峰牛背梁是秦岭东段的最高峰，海拔2803米，是羚牛们的主要栖息地，牛背梁也因此而得名。这里自然环境幽静，各种珍奇的植物绽放着绿的叶芽和鲜艳的花，每年都有成千上万的游客前来游赏。

💰 40元
🕐 8：00—16：00
🚌 西安咸阳国际机场—牛背梁国家级自然保护区（自驾）

牛背梁国家森林公园

西安咸阳国际机场—机场高速—福银高速—西安绕城高速—长安南路—航天大道—牛背梁国家级自然保护区

全程约54千米

牛背梁

牛背梁国家森林公园位于柞水县营盘镇朱家湾村，当地的人们热情好客，能歌善舞，风俗风情特色显著。

柞水渔鼓、花鼓：

柞水渔鼓又称渔鼓道情，竹筒制作的渔鼓是其伴奏乐器，演奏时，左手竖抱渔鼓，右手击拍鼓面。指法有"击""滚""抹""弹"等。是终南山道教文化的产物。渔鼓的表演分站唱和坐唱两种形式，演唱者怀抱渔鼓兼操简板和铜镲，为演唱伴奏。柞水花鼓戏，可称作是柞水民歌剧。柞水花鼓根植于民间，与柞水人的方言语言、柞水的民歌小调有着极为密切的联系。柞水花鼓与镇安花鼓、商洛花鼓属于同胞姐妹，但又有自己特别的风韵雅致。

渭南汉太史司马迁墓祠

★★★★

司马迁墓祠位于芝川镇南原上，距离西安市百余千米。寺庙耸立在龙亭原上，站在高处俯瞰，脚下有古车马道延伸而过，东面是一望无际的黄河滩，西面是威风凛凛的梁山，北面是挺立的戈壁，南面面临着万丈沟壑，气势恢宏。"关中文物最韩城"，而司马迁墓祠的文物则为韩城之最。

💰 20元
🕐 8：00—17：30
🚌 西安咸阳国际机场—汉太史司马迁祠墓（自驾）

西安咸阳国际机场—西安外环高速—京昆高速—京昆线—Y529—汉太史司马迁墓祠

全程约211千米

司马迁著史

购物渭南

渭南人杰地灵，物华天宝，秦川八百里所有的物产仿佛都集中在这里。这里的苹果、红枣都甘甜爽脆，异常可口，以优质的水果加工出来的果脯也受到了人们的喜爱。早在唐朝时期就已经出现的潼关酱菜，色泽鲜润，味道醇厚，历经千百年依然是当地最正宗的土特产。

渭南民间有很多精致的工艺品。火烙画在西汉时期就已经起源，以人物、花鸟、山水等为主要内容，工艺巧夺天工；木蕊画富有立体感，作为装饰会给客厅、房间增色不少；麦秆画通过独特的工艺让画面产生古香古色的感觉。还有面花、剪纸、纸塑窗花、唐三彩等，都是非常具有纪念意义的旅游产品。

吃在渭南

渭南市的美食大多是一些家常食品，比如各种各样的面食等。但这里的面食有着不同于别处的风味，这里的包子味道鲜美，卖家有时需要"限量发售"，可见其受欢迎的程度。其包子因而得名"时辰包子"，名声大噪。还有蒲城椽头蒸馍、渭南水晶饼等，都是当地有名的小吃。

渭南的小吃和摊铺大多数在老城区，前来游玩的游客在这里可以找到当地绝大多数的小吃和风味食品。

时辰包子

🍵 太史酒楼

游客评价：花椒太够味了，吃一口鱼又鲜又麻，很舒爽
📞 0913-5216884
📍 韩城市五星路城市嘉园底商

🍵 关中道陕味艺术餐厅（西岳庙店）

游客评价：装修古色古香，菜品也很地道
📞 0913-4629808

華阴市岳庙东街长途汽车站东临

三舍公馆
游客评价：脆皮茄子、炸花椒叶都很有风味，人气很高
- 0913-5123999
- 韩城市金老城隍庙巷口

秦家店（千年品牌羊肉店）
游客评价：非常有特色，先有秦家店，后有蒲城县，果真名不虚传
- 0913-7315566
- 渭南市蒲城县东环路与朝阳街交叉口附近

文英羊肉泡馍（华阴总店）
游客评价：生意火爆，店面干净
- 13891394150
- 华阴市华岳大道君悦假日酒店南行8米

↳ 住在渭南

平价型

华山客栈
- 华阴市华山风景区玉泉东路2号
- 0913-4658111

如家酒店·neo（渭南胜利大街店）
- 渭南市胜利大街与金水路交叉口西北角
- 0913-2337333

白玉兰酒店
- 渭南市杜化路中段海兴城店
- 0913-2666633

华山金榕国际酒店
- 华山镇玉泉路与华山路交叉口南150米路东
- 0913-4367666

骏怡连锁酒店
- 华山风景区售票处南20米
- 0913-4353666

享受型

建国饭店
- 渭南市车雷街58号
- 0913-2860000

光明大酒店
- 渭南市临渭区朝阳大街82号
- 0913-2125888

华州大酒店
- 渭南市华州区新泰路与310国道交会处
- 0913-4911111

国贸大酒店
- 渭南市东风大街中段1号
- 0913-2062345

曼城花园酒店
- 渭南市仓程路中段新洲时代广场B座
- 0913-2034666

延安

延安市位于陕西省北部，属高原大陆性季风气候。延安古称"延州"，历来都是陕北地区政治、经济、文化和军事中心。城区处于宝塔山、清凉山、凤凰山三山鼎峙，延河、汾川河二水交汇之处，是兵家必争之地，有"塞上咽喉""军事重镇"之称，被誉为"三秦锁钥，五路襟喉"。

延安是中华民族重要的发祥地之一，相传人类始祖黄帝就曾在这一带居住。延安更是中国革命圣地，杨家岭革命旧址、延安革命纪念馆、延安新闻纪念馆等，是全国保存最完整、面积最大的革命遗址群，被授予"中国红色旅游经典景区"称号。自然景观有延安黄河壶口瀑布、万花山、黄河蛇曲国家地质公园等。

区号	0911
邮编	716000
面积	37 000平方千米
人口	228.26万人
著名景点	壶口瀑布、宝塔山、枣园等

↳ 游在延安

壶口瀑布 ★★★★

滔滔黄河水在流经吉县龙王山附近时，由300米乍缩为50米，飞流直下，猛跌深槽，如壶注水然，故曰"壶口"。黄河壶口瀑布风景名胜区位于黄河中游，秦晋入峡谷中段，总面积约60平方千米。壶口瀑布，是黄河上的黄色大瀑布，也是中国的第二大瀑布，号称"黄河奇观"，其奔腾汹涌的气势是中华民族精神的象征。

延安壶口瀑布气势磅礴，素有"金瀑"的美称。瀑布从高处坠落，水花四溅，声响如雷，雄浑的气势折服了游人。瀑布两岸是巍峨的高山和苍翠的树木，奇峰怪石，风景秀丽。壶口瀑布的景色随着四季的变化而变化着，每个季节都有全新的风景。壶口瀑布已成为世界上最大的黄色瀑布，因其气势雄浑而享誉中外。

- ¥ 90元
- ⏰ 8:00—18:00
- 🚗 西安咸阳国际机场—壶口瀑布（自驾）

西安咸阳国际机场—机场专用高速—京昆高速—榆蓝高速—青兰高速—青兰线—壶口瀑布

全程约309千米

三日游
延安革命纪念馆—枣园革命遗址—杨家岭革命遗址—宝塔山—黄帝陵—万花山—延安森林公园—延安壶口瀑布

壶口瀑布

壶口瀑布

交通指南

1. 从宜川县城乘中巴前往，票价 8 元。从南泥湾或其他地方去壶口，可先到宜川再乘车。
2. 延安火车站斜对面的汽车东站有发往壶口的车，每天只有 7：30 一班。
3. 从西安出发走包茂高速经富县转青兰高速，过宜川收费站后转入 G309 向北行 15 分钟即到，景区内有停车场，收费 5 元。

最佳观赏季节

观赏瀑布有两个较好的时期，第一是"三月桃花汛"，每年的农历三月间。第二是"壶口秋风"，每年 9 月—11 月份雨季刚过去时，河边众多山泉小溪汇集清流，阳光斜照，偶有彩虹出现。春秋两季为汛水期，瀑布在宽度上达到最大，极为壮观。

欣赏指南

欣赏瀑布景观主要是从瀑布的形、声、色、态几个方面来欣赏。

宝塔山 ★★★★

宝塔山又称"嘉岭山"，宝塔建于唐代，共 9 层，高度达 44 米，登上塔顶即可观赏到全城的风景。塔边有一口铁钟，铸于明代，中共中央曾将其作报警用。山上有摩崖石刻群和碑林，艺术价值很高。

💰 60 元，需实名分时预约
🕐 7：50—18：00
🚌 西安咸阳国际机场—宝塔山（自驾）
西安咸阳国际机场—茶马大道—包茂高速—延西高速—圣地大道—宝塔山路—宝塔山
全程约 297 千米

延安宝塔山

延安革命纪念馆 ★★★

位于延安市王家坪，是中国建立最早的革命纪念馆之一，在 1950 年成立并于次年对外展出。这里陈列着大量革命时期的文物和照片，按照历史顺序分成了 11 个单元进行展出。还有雕塑、油画等辅助展品，声音、光照、影像等现代科技手段在这里的运用也带来了良好的效果。

💰 免费，需要携带身份证
🕐 8：00—16：00
🚌 西安咸阳国际机场—延安革命纪念馆（自驾）
西安咸阳国际机场—机场专用高速—茶马大道—包茂高速—延西高速—延河东路—延安革命纪念馆
全程约 300 千米

延安革命纪念馆

延安新闻纪念馆 ★★★

延安新闻纪念馆位于延安市宝塔区清凉山南麓，是全国以新闻事业为专题的纪念馆。纪念馆占地 3000 平方米，陈列分 5 个单元，在 4 个展厅展出。珍贵的文物、照片、图表和各种文献再现了我国新闻出版事业的发展过程。

💰 10 元
🕐 8：00—17：00
🚌 西安咸阳国际机场—延安新闻纪念馆（自驾）
西安咸阳国际机场—机场专用高速—包茂高速—延西高速—延河大桥—G210—延安新闻纪念馆
全程约 298 千米

延安森林公园 ★★★

延安森林公园将自然景观和人文景观融为一体，同时还有革命传统教育、游览观光等多种旅游场所。每当春、夏、秋这三个季节，这里气候清爽，景色各异。尤其是夏季，这里一片清凉，是避暑消夏的好去处。

💰 免费
🕐 全天
🚌 西安咸阳国际机场—延安森林公园（自驾）
西安咸阳国际机场—包茂高速—延西高速—南河路—延安国家森林公园
全程约 300 千米

枣园革命旧址 ★★★

位于延安城西北，原本是地主的庄园，后来作为中共中央的驻地，改名为"延园"。中共中央在此领导全党展开大生产运动和整风运动、筹备中共七大，领导着全国人民取得了抗战的最后胜利。

枣园是一个园林式的革命纪念地，春、夏、秋、冬景色各异，环境清幽，交通方便，终年游客不断。如今已经成为革命传统教育基地之一。

💰 免费
🕐 8：00—18：00
🚌 西安咸阳国际机场—枣园革命旧址（自驾）
西安咸阳国际机场—茶马大道—包茂高速—延西高速—枣园南路—枣园革命旧址
全程约 301 千米

枣园革命旧址

杨家岭革命旧址 ★★★

杨家岭现在可供参观的景点主要有中共七大的会址和延安文艺座谈会的会址，会址后面山坡上的窑洞就是当年毛泽东、朱德、周恩来、刘少奇等人的住所。他们在这里共商大计开创一个新的国家。如今，来来往往的游人们都对这片土地充满了敬仰之情。

💰 免费
🕐 8：00—18：00
🚌 西安咸阳国际机场—杨家岭革命旧址（自驾）
西安咸阳国际机场—机场专用高速—包茂高速—延西高速—杨家岭革命旧址
全程约 302.3 千米

杨家岭革命旧址

黄帝陵 ★★★★

黄帝陵位于黄陵县桥山镇，景区分为陵墓区和轩辕庙两部分。陵前的祭亭中有郭沫若亲手书写的"黄帝陵"碑文。轩辕庙沿中轴线依次排列着山门、诚心亭、碑亭、"人文初祖"大殿，占地6000多平方米。黄帝陵是中华文明的象征，人们会在此举办盛大的文化活动。

- 旺季（3月至11月）75元；淡季（12月至次年2月底）50元
- 7：30—18：30
- 西安咸阳国际机场—黄帝陵（自驾）
  西安咸阳国际机场—包茂高速—延西高速—轩辕大道—黄帝陵
  全程约167千米

万花山 ★★★★

万花山又名"牡丹山"，以野生牡丹著称，是中国四大牡丹原生地之一，具有很高的科研价值。其总面积66.7公顷左右，满山都是苍翠的松柏，四季常青。到了春天，树丛中百花齐放，争奇斗艳。主要的景点有牡丹园、万花湖、毛主席观花台、木兰故里、花木兰陵园等，还可以泛舟牡丹湖，感受怡人的风景。

- 30元
- 8：00—21：00
- 西安咸阳国际机场—万花山（自驾）
  西安咸阳国际机场—包茂高速—延西高速—万花山路—万花山
  全程约292千米

鲁迅艺术文学旧址 ★★★

旧址位于延安城东北的桥儿沟，这里原本是西班牙的神父们修建的教堂和一些窑洞，曾是延安唯一的西式建筑，现仍保留着天主教堂和石窑洞。

- 2元
- 全天开放
- 西安咸阳国际机场—鲁迅艺术文学旧址（自驾）
  西安咸阳国际机场—包茂高速—延西高速—永乐路—长青路—鲁迅艺术文学院旧址
  全程约303千米

"四八"烈士陵园 ★★★

位于延安市北的李家渠镇，具有中国陵园的特色。中心纪念塔高为19.46米，代表着烈士牺牲的年代——1946年。塔身后的四层阶梯，八级台阶，象征着烈士牺牲的时间是4月8日。陵园中轴线顶端是烈士王若飞的陵墓，然后依次为4月8日遇难的烈士们和在延安时期牺牲的重要领导人和知名人士的陵墓。因而这里是全国著名的烈士纪念墓，是全国第一批重点烈士纪念建筑物保护单位，每年都有来自各地的人们前来吊唁。

- 免费开放

吃在延安

延安地处陕西北部，但其在饮食方面和西安还是没多大差别的，有名的依然是羊肉泡馍等小吃。而当地的小吃，比如油糕和黄馍味道也不错，延安红枣、苹果等土特产也值得一尝。

煎南瓜饼

川云酸菜面（德宏店）
游客评价：面食味道很好的
- 0911-8688345
- 延安市中心街高第华苑1楼

老师家羊杂碎
游客评价：极富本地风情，羊杂处理得很好
- 13098048666
- 延安市二道街35号

老陕北抿节
游客评价：抿节作为主打，调料是亮点
- 13992122346
- 延安市宝塔山街道东关街社区轻化市场A13

老城里煎饼馆
游客评价：煎饼必点
- 13992113035
- 延安市新城上城一号西门

圣地特色烤全羊
游客评价：香到流口水的烤全羊
- 0911-2822325
- 延安市宝塔区河庄坪镇井家湾村

白氏兄弟烧烤（延安二店）
游客评价：老陕辣白菜这个菜十分推荐，辣椒特别香
- 0911-8680088
- 延安市永安路锦绣时光底商二楼

住在延安

平价型

石窑宾馆
- 延安宝塔区杨家岭革命旧址向内800米
- 0911-8079990

延安亚圣大酒店
- 延安市宝塔区二道街
- 0911-2666000

老延安窑洞民宿
- 延安市井家湾村89号
- 13289635811

锦江之星品尚酒店（延安枣园路店）
- 延安市枣园路18号
- 0911-6398888

派酒店（中心街店）
- 延安市二道街商贸大厦4楼
- 0911-8106999

享受型

吴起国际大酒店
- 延安市吴起县长征街188号
- 0911-7858888

延安柠檬水晶酒店
- 延安市宝塔区北关街军分区旁边
- 0911-2687777

云鼎山居民俗酒店
- 延安市请谅山路1号
- 0911-8270000

延安银海国际大酒店
- 延安市大桥街3号
- 0911-2139668

延安圣鑫酒店
- 延安市北滨路万达广场9号门旁
- 0911-2197000

汉中

汉中市位于陕西省西南部，简称"汉"，地处祖国大西南，北倚秦岭、南濒大巴山，地势南北高，中间低，中部是汉中盆地，属于亚热带气候区，北有秦岭屏障，寒流不易侵入，气候温和湿润。

汉中是国家历史文化名城和优秀旅游城市。全市现有100余处各级文物保护单位，其中国家重点文物保护单位有19处，省重点文物保护单位有45处；世界人与自然生物圈1个，国家自然保护区6个，国家水利风景区3个，国家森林公园4个。汉中地处中国心脏部位，刘邦曾在此成就汉室大业，两汉三国时期文化底蕴浓厚，自然风光独特秀丽，有"秦巴天府"之称。

区号：	0916
邮编：	723000
面积：	27200平方千米
人口：	321.15万人
著名景点：	张良庙、长青自然保护区、武侯祠等

↘ 游在汉中

汉中长青国家级自然保护区★★★★

长青国家级自然保护区位于秦岭中段南坡的洋县北部，是1995年经国务院批准建立的以保护大熊猫为主的森林和野生动物类型自然保护区，总面积30000公顷，其中核心区11000公顷，缓冲区3409公顷，实验区15497公顷。这里被誉为"生物资源库"，国家重点保护动物达30多种，被誉为四大国宝的大熊猫、金丝猴、羚牛、朱鹮都在这里生存。

原始森林的神韵让人心生向往，四大国宝的寻踪更是体现了当地生态旅游的宗旨。这里是当今中国最有保护价值的大熊猫密集分布区，受到国内外科学界的关注和重视。主要景区景点有：活人坪景区、珍稀动物观赏区、森林垂直带谱、亚高山草甸、太白红杉纯林、石门瀑布、烽火石柱、第四纪冰川遗迹等。

💰 100元
🕗 8：00—18：00
🚌 汉中城固机场—长青国家级自然保护区（自驾）
汉中城固机场—京昆线—兴汉路—东一环路—长青国家级自然保护区
全程约16千米

长青国家自然保护区的朱鹮

汉中秦巴民俗园★★★

汉中秦巴民俗园距离市区9千米，景区内开发有傩戏馆、文物馆、刺绣馆、民族服饰馆、纺织根雕馆、宗教文化馆等多个展馆，建筑主要采用古朴的风格，园林和古建筑相结合，弘扬了民俗文化，也起到了休闲度假和旅游观光的作用。

💰 10元
🕗 8：00—18：00
🚌 汉中城固机场—秦巴民俗园（自驾）
汉中城固机场—京昆线—长同线—秦巴民俗园
全程约26千米

两日游

武侯祠—汉中秦巴民俗园—汉中长青国家级自然保护区—天台山

💡 长青自然保护区

旅游季节建议

保护区处于北亚热带与暖温带的交错过渡地区。北边有秦岭主峰太白山天然屏障，阻挡了北方寒流的入侵；南边暖湿气流沿汉江河谷直达中高山地带，形成大陆性季风气候，季节性变化明显，阳春山花烂漫，金秋层林尽染，隆冬银装素裹，一年四季皆有好景。

注意事项

尊重原生文化。在体验野外生存的生活方式、接触另类生活人群及其文化的同时，应尊重当地的文化和传统，与人平等相处才能发现新世界。

💡 购物汉中

汉中的特产主要以山珍为主。汉中的茶叶自唐宋时期就已很有名，叶肉肥厚，茶香浓厚，尤其是西乡的午子仙毫和镇巴的秦巴雾毫最为有名；这里盛产的天麻质量高，药效好，畅销国内外；林中野生的黑木耳肉厚朵大，色泽纯净，营养丰富。

秦巴民俗园里的傩戏

天台山★★★

天台山被誉为"陕南第一名山"，有飞仙灵崖、避滩地穴等著名的自然景观，也有梅花古碑、琴泉雅奏等人文景观，天台十八景如诸葛敌堡、晴天夜雨、蜡烛笔立、银洞白光、青龙昂首等，更是声名显赫。

- 💰 10～60元（景区单独收费）
- 🕐 8:00—16:00
- 🚌 汉中城固机场—天台山（自驾）
汉中城固机场—京昆线—十天高速—汉武路—草沟路—天台山
全程约32千米

天台山美景

楼观台★★★★

楼观台号称"天下第一福地"，是我国著名的道教胜迹，位于西安市周至县东南15千米的终南山北麓，风景幽美，依山带水，茂林修竹，绿荫蔽天，古籍中赞美它道："关中河山百二，以终南为最胜；终南千峰耸翠，以楼观为最名。"

楼观台既有周秦遗迹、汉唐古迹，又有山青水绿的自然风光。古迹有老子说经台、秦始皇清庙、尹喜观星楼、大秦寺塔、汉武帝望仙宫、上善池等；自然风光以森林见长，这里融自然、人文于一体，是人们避暑度假的理想之地。

森林繁茂，山清水秀，环境优美，文物古迹众多，生物资源丰富，地热温泉富集，民俗风情浓郁，构成了楼观台闻名遐迩"古、秀、幽、奇"的风景特色。

- 💰 55元
- 🕐 9:00—17:00
- 🚌 汉中城固机场—楼观台（自驾）
汉中城固机场—京昆高速—关中环线—楼观台
全程约224千米

楼观台老子说经台

武侯祠★★★★

汉中武侯祠是为人们所熟知的军事家诸葛亮的坟墓，占地26公顷左右，这是由皇帝下诏并拨给银两修建的祠庙，因而有"天下第一武侯祠"之称。

武侯祠处在勉县城西4千米的川陕公路边上，与武侯墓隔汉江遥遥相峙，自成一体。景区有40多座古建筑，无不古香古色，别具风格；三进院落并联，厅堂布局合理，结构严谨。

武侯祠自魏晋以来，历代名人留下墨迹甚多。唐朝李商隐、宋朝陆游、明代薛宣、清代王士祯等，都曾来此赋诗题字。目前保留下来的碑石有60多座，匾30多方，联20余副。在众多石碑中，首数唐贞观十一年（795年）沈迥刻立的"蜀汉丞相诸葛武侯新庙碑铭并序"一碑最为珍贵。

- 💰 50元
- 🕐 5月至10月：8:00—20:00；11月至次年4月：8:00—18:30
- 🚌 汉中城固机场—武侯祠（自驾）
汉中城固机场—京昆线—金牛大道—武侯祠
全程约58千米

青木川自然保护区
★★★

保护区内绵延着山脉，还生长着大片原始森林。自然环境清雅幽静，大熊猫、金丝猴、羚牛、红腹雉等国家级保护动物都在这里繁衍生息，珙桐、野杜鹃等珍奇植物在这里生长。游人沿着石梯而上，可以看到古代栈道的遗迹。

- 💰 免费
- 🕐 全天开放
- 🚌 汉中城固机场—青木川自然保护区（自驾）
汉中城固机场—京进修学校高速—十天高速—大青路—青木川自然保护区
全程约228.6千米

青木川自然保护区

汉中张良庙景区
★★★★

位于秦岭柴关岭南麓，相传汉代名将张良功成名就后隐居于此，后人因仰慕他的高风亮节，便在此地建祠庙供奉他。景区主要的景点有进履桥、灵霄殿、方丈院、辟谷亭、拜石亭等，院中还有冯玉祥将军立下的石碑。庙祠众多，风景四季如画，游人如织。

- 💰 免费
- 🕐 全天
- 🚌 汉中城固机场—张良庙（自驾）
汉中城固机场—京昆线—十天高速—福兰线—张良庙
全程约102千米

张良庙

南湖★★★

南湖位于汉中市南郑区，景区面积6.56平方千米，水域面积74公顷。属于亚热带湿润季风气候，夏季无酷热，冬季无严寒，春暖秋爽，四季分明，气候适宜。景区由七沟八梁和68个山岭组成了其主要的景观，山上遍布松、柏、桂、茶树等树种，四季常青；丁香、菊花、杜鹃、桂花等花卉，落英缤纷。观松姿，听松涛，赏鸟语花香，汉中的灵山秀水都得到了体现。

此外风景区可分为四个部分：水上游览区、岛山游览区、儿童乐园和山林游览区，其中山林游览区景致优美，林木繁茂、小径通幽，是夏季休闲避暑的好地方。

- 💰 旺季（3月至11月）40元；淡季（12月至次年2月底）25元
- 🕐 7:00—19:00
- 🚌 汉中城固机场—南湖风景区（自驾）
汉中城固机场—京昆线—十天高速—京昆高速—南郑大道—G244—南湖风景区
全程约46千米

汉中南湖一景

汉中勉县温泉 ★★★

温泉位于勉县城南3千米的马鞍山下的温泉乡郭家湾村,隔汉江与定军山相望。温泉水流沸涌,冬夏汤汤,是一座天然的温泉。温泉泉水平均温度在58.2℃左右,水中含有丰富的矿物质和化学元素,对皮肤病、关节炎等疾病有很好的治疗和预防作用。现在这里建起了疗养院,也新增加了宾馆、饭店、度假村等一系列设施,是一个理想的疗养胜地,吸引了大批游客前往。与其相邻景点有洋县朱鹮自然保护区、武侯祠、张良庙、佛坪大熊猫保护区、长青自然保护区、天台山、灵崖洞天——略阳灵崖等。

💰 50元
🕐 全天
🚗 汉中城固机场—汉中勉县温泉(自驾)
汉中城固机场—京昆线—G108—汉江一号大桥—汉中勉县温泉
全程约50千米

↘ 吃在汉中

汉中的特色小吃很多,热面皮色泽鲜亮,味道爽口;菜豆腐做工精细,富有营养;浆水面味道酸辣,别具一格;石门麻辣豆瓣鱼辣味香醇,回味悠长。还有红豆腐、麻辣鸡、汉中板鸭等,这些菜肴都已成为当地待客必不可少的佳肴之一。

麻辣豆瓣鱼

🍴 金江大酒店
游客评价:主打汉中菜,面皮、汉江鱼非常好吃
📞 0916-8108000
📍 汉中市汉台区人民路北段

🍴 陈三娃泡姜鸡
游客评价:火锅"姜味十足",辣得过瘾
📞 0916-5368886
📍 汉中市南郑区大河坎张家村十字

🍴 无名锅贴
游客评价:汉中锅贴,松软酥脆,回味无穷
📍 汉中市伞铺街37号

🍴 小洞天火锅
游客评价:摆盘精致,麻辣汤底味道很不错
📞 0916-2624444
📍 汉中市汉台区太白路西段

🍴 张明富面皮店
游客评价:面皮相当爽口,油辣椒很香
📞 18729168868
📍 汉中市东大街古汉台对面

↘ 住在汉中

平价型

如家快捷酒店
📍 汉中市北大街路3号天汉大厦
📞 0916-2818298

汉中良居酒店
📍 汉中市汉台区劳动西路西城丽景
📞 0916-2686666

锦江之星(高铁站店)
📍 汉中市人民路中段68号宝麒大厦
📞 0916-8191777

汉中金江大酒店
📍 汉中市人民路北段
📞 0916-8108000

汉中福临酒店
📍 汉中市天汉大道南段体育馆斜对面
📞 0916-5307888

享受型

云缦山庄
📍 华山镇玉泉路与华山路交叉口南150米路东
📞 0916-5583111

汉中邮政大酒店
📍 汉中市天汉大道中段
📞 0916-2118888

汉中国贸大酒店
📍 汉中市汉台区中心广场西南侧
📞 0916-2522888

汉中百悦国际酒店
📍 汉中市天汉大道999号万邦时代广场
📞 0916-2129999

艾斯国际酒店
📍 汉中市滨江路茶城A座
📞 0916-2106666

青海

| 区号：0971—0979 |
| 省会：西宁 |
| 面积：72.23 万平方千米 |
| 人口：592.40 万人 |
| 著名景点：青海湖、白马寺、日月山等 |

↘ 概况

青海省境内地形多样，有纵横的湖泊，也有高山和河谷。巍巍的昆仑山耸立在青海省中部，南面是唐古拉山的雄姿，北面是祁连山的身影。茫茫的草原一望无际，柴达木盆地广阔无垠。青海还是黄河、长江和澜沧江的发源地，因而有"中华水塔""江河源头"的称号，因为它的地理位置十分重要，所以也被称为"天河锁钥""金城屏障""玉塞咽喉"等。

高原盆地、江河湖泊、沙漠冰川变化多彩，多样的地貌也为这里带来了丰富的旅游资源，藏族、回族、蒙古族等少数民族悠久的历史在这里烙下了深厚的文化底蕴。众多的名胜古迹、丰富的动植物资源和独特的高原气候使得青海极富人文情趣。

青海的宗教主要有藏传佛教、伊斯兰教和基督教。汉族信仰的还有道教，藏族、蒙古族、土族信仰藏传佛教，回族、撒拉族信仰伊斯兰教。

青海的农业作物以小麦、青稞、蚕豆、马铃薯（土豆）、油菜为主。青海省内有广袤的高原牧区，牧草丰美，是我国著名的四大牧区之一。

线路 1
青海湖—白马寺—孟达林自然保护区—宝库峡

线路 2
青海博物馆—扎麻隆凤凰山—瞿昙寺—中国藏医药文化博物馆—赞普林卡

↘ 名菜

人参羊筋：将羊筋切成人参状，放入汤中加调料小火煨炖，加上鸡茸和蛋清，蒸透后浇上调味料即成。

手抓羊肉：将鲜羊肉切割成块，加上调料水煮一段时间后，再放入其他调料在油锅中煎炸，再和羊肉颠炒而成，味道十分独特。

↘ 交通

飞机

| 格尔木机场

☎ 0971-8888888
📍 青海省海西蒙古族藏族自治州格尔木市以西，距市中心 12 千米
🚌 机场大巴：格尔木机场巴士在航班落地后15分钟内发车，市区至机场免费乘车，机场至市区每人20元。出租车，起步价6元，3千米后每千米1.1元。

| 西宁曹家堡国际机场

☎ 0971-8133333
📍 青海省西宁市曹家堡
🚌 机场大巴：市机场会根据航班降落动态发车，一般在航班到达后15分钟发车。票价21元/人。出租车，起步价6元，3千米后每千米1.3元。

西宁中心广场

西宁

西宁是青海省的省会，古称"西平郡""青唐城"。西宁还是青海省第一大城市，是全省政治、经济、文化、教育、科教、交通和通讯中心，是"丝绸之路"和"唐蕃古道"的必经之地，自古就是西北交通要道和军事重镇，素有"海藏咽喉"之称，地理位置非常重要。西宁属于高原高山寒温性气候，气候宜人，是有名的避暑胜地，有"中国夏都"之称。

西宁是众多民族汇聚的城市，处于黄土高原与青藏高原、农业区与牧业区、汉文化与藏文化的接合部，是青藏高原人口唯一超过百万的中心城市。西宁市有众多有着深厚历史渊源的景区。市区有塔尔寺、东关清真大寺等，市区以西有日月山、倒淌河和青海湖，山光水色壮观迷人，吸引着众多中外游客。

区号：	0971
邮编：	810000
面积：	7660平方千米
人口：	246.80万人
著名景点：	塔尔寺、东关清真大寺、马步芳公馆等

两日游

东关清真大寺—白马寺—青海博物馆—青海湖

↘游在西宁

青海湖 ★★★★★

青海湖古代称为"西海"，又称"鲜水"或"鲜海"，藏语叫作"错温波"，意思是"青色的湖"；蒙古语称它为"库库诺尔"即"蓝色的海洋"。青海湖地处青藏高原东北部，是我国最大的内陆湖，面积达4456平方千米。其四周被巍峨壮丽的群山所围绕，山脚下一片广袤的草原绵延至湖畔，茂密的草丛中蝴蝶纷飞，飞鸟惊起。青海湖就在这片缤纷的画卷中心，烟波浩渺，波澜壮阔，无数的飞鸟在无边的水面上自由翱翔。

💰 旺季（6月至10月）100元；淡季（11月至5月）50元
🕐 全天
🚌 西宁曹家堡国际机场—青海湖（自驾）
西宁曹家堡国际机场—西和高速—京藏高速—京拉线—青海湖
全程约172千米

青海湖

青海旅游

1. 青海大部分地区干燥，宜多吃蔬菜水果，羊肉多吃容易上火，建议携带维生素。

2. 在青海藏族聚居区饮酒一定要有节制，青稞酒比我们平常喝的酒酒劲厉害一些。

3. 藏族聚居区的酥油茶之类食品不太适合内地人饮用，不能多吃。当地有待客的酥油茶空碗必重新添满的习俗，故建议始终保持碗内酥油茶三分之二满，如此既不伤害藏族人感情又保护自己，建议携带止泻药。

4. 西宁属于高原地区，来西宁要提前一周吃红景天或随身携带奥默携氧片，预防高原反应。

青海最佳旅游时节

每年5—6月份西宁会办郁金花节，也可以在去青海湖的路上绕道去原子城看看。这个时候鸟岛鸟蛋遍地，继而幼鸟成群，一眼望去，一片鸟海，热闹非凡，鸟鸣声不绝入耳，充满生机，是青海湖观鸟最佳时机。

中国藏医药文化博物馆
★★★★

中国藏医药文化博物馆是征集、保护、研究、展示藏医药文化遗产、发展进程物证、珍贵文物的世界仅有的藏医药专业博物馆。博物馆总投资1.2亿元，占地面积13.34公顷，建筑面积12000平方米，共3层，开设药物标本、藏医医史等七大展厅。位于青海生物科技产业园区中心，其主体建筑融合了传统建筑和现代建筑的风格，体现了天圆地方的古老主题。堪称民族文化的稀世珍宝，是藏文化精品的一大奇观。

💰 免费领票入馆，展厅60元
🕐 旺季（4月16日至10月15日）：9:00—18:00，淡季（10月16日至次年4月15日）：9:00—16:00
🚌 西宁曹家堡国际机场—中国藏医药文化博物馆（自驾）
西宁曹家堡国际机场—西和高速—京藏高速—经二路—中国藏医药文化博物馆
全程约37千米

中国藏医药文化博物馆

白马寺 ★★★

白马寺位于互助土族自治县红崖子沟湟水北岸,古称"金刚崖寺",藏语称"玛藏观",建于11世纪。

相传它的创建与藏传佛教史称之为"下路宏传"的复兴佛教活动的首创人喇勤·贡巴饶赛有关,寺内供有他的泥塑身像,山崖下也有一尊石雕佛像,藏语称之为"弥勒望河",造型左手托钵,右手向前推移,显得古朴浑厚,佛像寄托了古代劳动人民消除水患的愿望。绿荫中的白塔与古石雕佛像相映成趣,自成一体。

💰 15元
🕘 9:00—18:00
🚌 西宁曹家堡国际机场—白马寺(自驾)
西宁曹家堡国际机场—西和高速—京藏高速—古驿大道—西宁绕城环线—白马寺
全程约13千米

昆仑神泉 ★★★

昆仑神泉位于昆仑山河北岸的纳赤台,当地人在泉眼上建造了一个八角形的亭子,亭下是一方深井。泉水流经深井,然后流向山下。这个泉眼终日向外喷涌着泉水,水质清澈。泉水中含有人体所需的微量元素,经常饮用可以美容养颜。

💰 免费开放
🕘 8:00—18:00
🚌 西宁曹家堡国际机场—昆仑神泉(自驾)
西宁曹家堡国际机场—京藏高速—幸福路—京拉线—昆仑神泉
全程约871千米

昆仑神泉一景

东关清真大寺 ★★★★

寺院位于西宁市东关大街南侧,属于建筑类人文风景旅游景区,是西北地区最大的清真寺。寺院占地面积1.194万平方米,是伊斯兰教信徒的礼拜场所和伊斯兰教圣地,现已成为西北地区伊斯兰教的教育中心和最高学府。其建于明朝时期,整个建筑的样式别致,将塔、墙和殿等不同的建筑形式融合在一起,结构紧凑而层次分明。

💰 免费
🕘 冬季8:00—18:00
　夏季8:00—20:00
🚌 西宁曹家堡国际机场—东关清真大寺(自驾)
西宁曹家堡国际机场—西和高速—京藏高速—共和路—东关大街—东关清真大寺
全程约26千米

东关清真大寺

广惠寺 ★★★

广惠寺背靠黄伯垭山麓,对面是鹞子沟松林,山川巍峨高耸,松林树木葱郁,广惠寺矗立在这片空蒙的山色之中,格外美观。

园内杨柳吐碧,松柏常青,浅浅溪流于林间若隐若现。气势磅礴的三层碉楼拔地而起,在鲜花美景的簇拥下别具一番风姿。当你在云蒸霞蔚、隽秀婀娜、色彩缤纷的林间曲径地漫步时,那飒飒的天风,呼呼的松涛,叮咚的泉水,犹如一曲不歇的旋律,让你如痴如醉,遐想万端。古人选此地建一寺,实是独具慧眼。

💰 5元
🕘 8:00—18:00
🚌 西宁曹家堡国际机场—广惠寺(自驾)
西宁曹家堡国际机场—京藏高速—宁贵高速—宁大高速—S105—广惠寺
全程我83千米

广惠寺

青海博物馆 ★★★

位于西宁市中心,原本是军阀马步芳的私邸,当时名为"馨庐"。占地面积17000平方米,建筑面积22800平方米。博物馆内收藏有中国古代的玉器、陶器、铜器和骨器,以及波斯银币、佛经等独特的文物。

💰 免费
🕘 夏季:9:00—17:00
　冬季:9:30—16:30(周一闭馆)
🚌 西宁曹家堡国际机场—青海博物馆(自驾)
西宁曹家堡国际机场—西和高速—京藏高速—宁贵高速—交通巷—青海博物馆
全程约32千米

宝库峡 ★★★★

位于大通回族土族自治县宝库乡境内,占地面积3200公顷,是当地最大的林区和草场。景区地形起伏大,温泉、瀑布、石林等自然地貌形成了奇特的景观,有泼水佛、画屏山、大坂山隧道和佛沟等景点。小桥流水的秀美、高原的险峻都在这里有所体现。

💰 套票200元
🕘 8:00—18:00
🚌 西宁曹家堡国际机场—宝库峡(自驾)
西宁曹家堡国际机场—京藏高速—宁大高速—张孟线—宝库峡
全程约89千米

扎麻隆凤凰山 ★★★

在神话传说中,这里是华夏母亲九天玄女的降生地,扎麻隆凤凰山的形状就像一只展翅欲飞的凤凰。这里有规模宏大的华夏三组纪念馆、昆仑神话艺术馆,还有华夏三组的雕像。绿树成荫,鸟语花香,每年都会举行盛大的祭祖活动举行。

💰 20元
🕘 8:00—18:00
🚌 西宁曹家堡国际机场—扎麻隆凤凰山(自驾)
西宁曹家堡国际机场—京藏高速—宁贵高速—G213—扎麻隆凤凰山
全程约63千米

金银滩草原 ★★★★

金银滩草原位于青海湖的东部地区,是夏季青海的特色景点之一。每到夏季的时候，那里的银露梅和金露梅竞相开放，犹如一片金色和银色的海洋。

💰 旺季160元；淡季80元

🕐 旺季（4月15日至10月15日）：8：00—19：00；淡季（10月16日至4月14日）：9：00—18：30

🚌 西宁曹家堡国际机场—金银滩草原（自驾）

西宁曹家堡国际机场—西和高速—湟西一级公路—西莎线—S310—金银滩草原

全程约136千米

金银滩草原

群加国家森林公园
★★★★

群加国家森林公园被誉为"高原绿色明珠"，这里层峦叠嶂，山势雄伟，白云缭绕氤氲在山间，犹如仙境一般。峡谷幽深而狭长，遍布绿树嫩草，悬崖之下的一处天然石洞中，水滴成冰，洞外却鲜花烂漫，很是神奇。登上峰顶，可遥望到水势滔滔的黄河。

💰 55元

🕐 9：00—17：00

🚌 西宁曹家堡国际机场—群加国家级森林公园（自驾）

西宁曹家堡国际机场—西和高速—宁贵高速—S101—千支段—群加国家级森林公园

全程约99千米

虎台遗址★★★

遗址位于西宁市西郊，是4世纪时期南凉的遗址。原来的虎台共有九层，台下面可以陈列10万兵马，台上则用于检阅军队。现如今，虎台的主体建筑已被损毁，只留下一个台址，供人凭吊这里曾经的繁华。

💰 免费

🕐 8：00—17：00

🚌 西宁曹家堡国际机场—虎台遗址（自驾）

西宁曹家堡国际机场—西和高速—京藏高速—宁贵高速—昆仑西路—虎台遗址

全程约33千米

虎台遗址

孟达林区自然保护区
★★★★

这里有"高原西双版纳"的美称，温热的气候适合动植物的生长，树木高大而挺拔，花草缤纷盛开。其中有冷杉、青冈等多种乔木，还有人参、贝母等中药材。山清水秀，瀑布垂挂，孟达天池更是湖光潋滟，是人们旅游休闲和避暑的胜地。

💰 30元

🕐 8：00—18：00

🚌 西宁曹家堡国际机场—孟达林区自然保护区（自驾）

西宁曹家堡国际机场—西和高速—平阿高速—循隆高速—孟达线—木天段—孟达林区自然保护区

全程约158千米

日月山★★★

日月山，位于青海省西宁市湟源县西南40千米，湟源县、共和县的交界处，属祁连山脉，平均海拔4000米左右，是游客进入青藏高原的必经之地，有"西海屏风""草原门户"之称。

日月山因文成公主的传说而出名，据说当初文成公主离开家乡前往西藏的时候，经过这个地方。看到遥远的家乡，想着自己再无回去的可能，不禁悲从中来，将她怀中的空镜子摔到地上，从而化成了金日和银月。日月山景色宜人，登上日月山顶，可以远望青海湖美丽的景色以及山脚下的田园风情。

💰 50元

🕐 8：00—17：00

🚌 西宁曹家堡国际机场—日月山（自驾）

西宁曹家堡国际机场—西和高速—京藏高速—宁贵高速—日月线—日月山

全程约122千米

瞿昙寺★★★

瞿昙寺位于乐都区南21千米处的马圈沟口。背依罗汉山，面临瞿昙河，北傍松花顶，南望照碑山，是一组古色古香的明代建筑群。瞿昙寺至今已经有600余年的历史，却风韵犹存。其构造和布局类似北京故宫，所以有"乐都小故宫"的美誉。瞿昙寺建筑宏伟，珍藏的文物有着很高的历史价值。该寺是乐都南山地区最大的寺院。

💰 50元

🕐 9：00—17：00

🚌 西宁曹家堡国际机场—瞿昙寺（自驾）

西宁曹家堡国际机场—西和高速—京藏高速—乐化路—西门路—瞿昙寺

全程约60千米

塔尔寺★★★★

塔尔寺又名"塔儿寺"，建于明朝嘉靖年间，是我国藏传佛教格鲁派六大寺院之一，也是全国重点文物保护单位。寺院多由殿宇、经堂、佛塔和僧舍组成，建筑风格糅合了汉族艺术和藏族的艺术，整个建筑群相当辉煌壮丽。

💰 70元

🕐 夏季：7：30—18：30
冬季：8：00—16：30

🚌 西宁曹家堡国际机场—塔尔寺（自驾）

西宁曹家堡国际机场—和西高速—宁贵高速—香安大道—金塔路—塔尔寺

全程约54千米

塔尔寺

老爷山★★★

位于西宁市北部，距离市区40公里。老爷山上生长着苍松翠柏，人工开凿了石磴盘梯，还有火烧台、老虎洞和古寺庙的遗址，颇为壮观。加上高原独特的气候，这里时而天气晴朗，时而乌云密布，站在峰顶眺望，但见云海苍茫，别有情趣。每逢农历的六月六，这里还会举办盛大的活动，闻名全国。

- 💰 15元
- 🕐 7：00—18：30
- 🚌 西宁曹家堡国际机场—老爷山（自驾）
西宁曹家堡国际机场—京藏高速—宁贵高速—宁大高速—建国东路—S105—老爷山
全程约64千米

老爷山

大经堂 ★★★★

大经堂位于西宁市湟中区，是塔尔寺宗教组织的最高权力机构，藏式平顶建筑，面积1981平方米。大经堂初建于明朝年间，后来又经过多次扩建，最终形成了拥有168根柱子、面宽13间、进深11间的大经堂。堂内还悬挂着各种佛像、壁画，设置有蒲团上千个，还有数以百计的经卷存放在四壁的经架上；上千尊小巧精致的铜质鎏金佛像置于四壁的神龛中，可供游人观赏。

- 💰 免费
- 🕐 8：00—17：00
- 🚌 西宁曹家堡国际机场—大经堂（自驾）
西宁曹家堡国际机场—西和高速—宁贵高速—香安大道—大经堂
全程约54千米

大经堂内的建筑

北禅寺 ★★★

北禅寺位于北山之上，人工开凿的洞窟布满了陡峭的山壁，所以又被称为"九窟十八洞"。

北禅寺依山而建，寺内残留着壁画的遗迹，还有魁星楼、灵官殿、王母大殿等建筑。北山顶上有一座宁寿塔，登上塔顶即可窥见西宁城的全貌。北山烟雨也是西宁八景之一。

- 💰 5元
- 🕐 8：00—18：00
- 🚌 西宁曹家堡国际机场—北禅寺（自驾）
西宁曹家堡国际机场—西和高速—京藏高速—林家崖路—北禅路—北禅寺
全程约28千米

赞普林卡 ★★★★

赞普林卡，位于西宁西大门——湟源，109、315国道及西湟高速公路的交会处，是古丝绸南路、三峡（巴燕峡、药水峡、东峡）交汇、海藏咽喉之地。

赞普林卡分前院和后院，前院主要为佛殿，是一栋五层的藏族建筑，中间三层为中空的，塑造着松赞干布、文成公主和尺尊公主的塑像等，大大小小的塑像加起来共有百余尊；第四层和第五层塑造着佛教的三世佛燃灯佛、释迦佛和弥勒佛的塑像，墙壁上描绘着许多壁画和唐卡；后院则是皇家园林和藏式的宾馆。可以说赞普林卡是世界上仅有的一座藏王寺院。

- 💰 30元
- 🕐 9：00—17：00
- 🚌 西宁曹家堡国际机场—赞普林卡（自驾）
西宁曹家堡国际机场—西和高速—京藏高速—青藏路—赞普林卡
全程约77千米

文成公主雕像

吃在西宁

西宁的餐饮在西北地区很有名，当地居民以回族、藏族和撒拉族居多，很多少数民族拥有着传统工艺以及自身独特的饮食习惯，再加上有当地的土特产品可以作为原料，西宁的饮食很有特色。一些小吃往往具有民族风味，如酿皮、尕面片、狗浇尿、手抓羊肉等，是美食爱好者在其他城市品尝不到的美味。

香菜羊肉

🍜 永庆酸奶酿皮（体育馆店）
游客评价：当地特色小吃
📞 13109718143
📍 西宁市长江路西宁体育馆东北角

🍜 莫家路拜酿皮
游客评价：酿皮绵软润滑
📞 13709737054
📍 西宁市兴海路20-14号附近

🍜 泉儿头杂碎（城东店）
游客评价：西宁老字号，必吃
📞 0971-8120791
📍 西宁市大中街74号

🍜 清真益鑫羊肉手抓馆
游客评价：地道的青海菜
📞 0971-8179336
📍 西宁市城中区湟光花园北街白玉巷5号

🍜 青海名吃尕张娃烤肉（海湖总店）
游客评价：手撕羊肉配上椒盐，味道很赞
📞 13309717029
📍 西宁市彭家寨新村综合办公楼一楼

🍜 歪猪蹄餐厅
游客评价：推荐猪蹄，Q弹软糯
📞 0971-8457498
📍 西宁市城中区七一路328-9号

↘ 住在西宁

平价型

爱的回忆主题酒店
- 西宁市西大街38号西门王府井B馆1楼
- 0971-8174666

汉庭优佳（西宁大十字店）
- 西宁市西大街8号世贸大厦6层
- 0971-5312229

巴夫利酒店
- 西宁市西大街130号唐道637-8号楼
- 0971-6513999

蚁巢品质酒店（西宁海湖万达店）
- 西宁市海湖新区西关大街万达广场2号楼28楼
- 0971-7658111

青海省水利宾馆
- 西宁市城西区昆仑路18-8号
- 0971-6156966

享受型

西宁温泉假日酒店
- 西宁市麒河路31号
- 0971-5317777

青海兴旺国际饭店
- 西宁市城中区西大街2号
- 0971-822 8888

青海银龙酒店
- 西宁市黄河路38号
- 0971-6166666

青海伊尔顿国际饭店
- 西宁市东关大街59号
- 0971-8160999

青海西宁大厦
- 西宁市城东区建国路61号
- 0971-8164800

↘ 购物西宁

水井巷
是西宁的老牌商业街，有"小香港"之称。这里有购物的场所，也有小吃，晚上的地摊上多卖一些藏族的饰品和小玩意，价格也会比商场里的便宜很多。

大十字百货
青海省最大的百货商店之一，开有很多家分店，它更像一座大型的购物超市。乘坐1路车到大十字下车即可。

西大街百货
位于西宁市繁华地段，商品种类很齐全，价格也十分公道。

青海百货
位于西宁市的商业繁华区内，交通便利，在一楼还设置有电子显示屏幕、可供游客落脚的茶座以及喷泉等，集购物和娱乐于一体，规模较大，设施也是较新的。

西宁解放副食商场
主要经营糖果、茶叶、烟酒、饮料、各种肉干和腌腊制品，是青海省零售规模很大的副食品商场。

西宁市小商品批发市场
位于火车站东侧，主要以批发为主，但是在这里也能淘到精致的藏族饰品和精巧的手工艺品，价格比商场的便宜一些。

💡 特产
西宁的购物场所大多集中在城市东部，汇聚着来自青海省的特产和工艺品，特产如牛肉干、冬虫夏草、人参果、鹿茸、西宁大黄等，工艺品如地毯、毛毯等。

冬虫夏草：简称虫草。它实际是麦角菌科植物冬虫夏草菌的子囊座及其寄生蝙蝠蛾等的幼虫尸体的结合体。虫草性温味甘，有保肺益肾、止咳化痰、滋补益寿、爽神明目等功效。

青稞酒：以青稞为主要原料酿制，其色、香、味独具一格。特点是香味纯正，酒体澄清，醇和绵软，回味悠长。青海青稞酒，以青稞为原料，青稞、小麦、豌豆制曲，科学配料，大曲糖化产生自然香味，精选陈酿精心勾兑而成，饮后不头痛、不口渴、不伤胃、醒酒快。

西宁小商品市场

甘肃

区号：0930—0939、0941、0943
省会：兰州
面积：42.58 万平方千米
人口：2501.98 万人
著名景点：莫高窟、麦积山、崆峒山、嘉峪关、拉卜楞寺、丹霞地貌等

↘ 概况

甘肃省位于黄河的上游，地域十分辽阔，地貌很复杂，有峰峦叠嶂的陇南山，有孕育了华夏民族祖先的陇中黄土高原，有地势高耸的甘南高原，有著名的戈壁绿洲河西走廊，也有终年积雪的祁连山地。草原，森林，冰雪，将甘肃省装点的格外壮丽多彩。

甘肃省是个多山的省份，祁连山、乌鞘岭、六盘山等知名大山都分布在其境内。黄河从境内川流而过，并分支为洮河、渭河、祖厉河等支流，为这片土地带来了丰富的水资源。虽然气候干燥，多发自然灾害，但是光能、风力等能源丰富，这些能源都属于洁净的可再生能源，具有很高的开发潜力。

特产：酒泉的夜光杯采用质地优良的玉石雕琢而成，色彩斑斓，流光溢彩，耐高温和严寒，是酒具中的珍品；临洮的仿古地毯花纹古典，图案精美，染色均匀，属于世界高级艺术地毯的行列，远销海内外，声名远扬；临夏的砖雕具有独特的艺术风采，它吸收了绘画和木雕的特点，内容很丰富；保安腰刀作为传统的手工艺品，也受到了广大游客们的喜爱。此外，还有敦煌地毯、晶石眼镜、鸣山大枣、泡壳核桃、武都樱桃等都是著名的特产。

线路 1
敦煌—玉门关—汉长城—河仓城—雅丹地质公园—阳关

线路 2
敦煌—白马塔—影视城—西千佛洞—现代石窟—阳关—阿克塞民族风情园

↘ 交通

飞机

兰州中川国际机场
- 0931-96556
- 中川镇中川机场 116 号
- 机场交通：机场巴士分东线（城关区）和西线（七里河区、安宁区、西固区），票价均为 30 元。出租车，起步价 7 元，3 千米后每千米 1.4 元。

敦煌莫高国际机场
- 0937-5958888
- 甘肃省敦煌市莫高镇（市区东 12 千米处）
- 机场交通：机场巴士经停敦煌汽车站、敦煌宾馆、敦和大酒店等站点，票价 10 元。出租车，起步价 5 元，2 千米后每千米 1.8 元。

嘉峪关机场
- 0937-6381114
- 嘉峪关市区东北方向 9 千米处新城乡横沟村
- 机场交通：航班落地后均有发往市区的机场大巴，票价 15 元。出租车，起步价 6 元，2 千米后每千米 1.2 元。

兰州地铁

1 号线
陈官营—东岗
（6：30—22：00 最高票价 7 元）
2 号线（在建）
东方红广场—雁北路

↘ 名菜

金鱼发菜：以鸡脯肉和肥猪肉为原料，辅以蛋清、淀粉和调料，制成金鱼的形状。然后用火腿、木耳、发菜、樱桃等食材制成鱼鳍、鱼尾巴和鱼眼睛，然后放到蒸笼中蒸熟。最后再加上调料，浇上清汤而成。菜品色彩斑斓，形如金鱼，味道鲜美。

核桃丸子：将核桃仁切碎后再加上海米和兰片，此为馅，瘦猪肉、鸡蛋白混合调料后搅拌均匀，此为皮。将馅包入皮中，再蘸上用蛋清和豆粉搅拌成的糊汁，放入锅内煎炸即成。颜色淡黄，口感香酥，十分美味。

百合桃：将百合剥片洗净后，放入蒸笼蒸熟。然后，将它的花瓣并拢为桃状，中间包裹上豆沙馅，再用山楂泥点在桃尖上。一个个鲜红欲滴的桃子，放在青梅切片做成的叶子中，色彩明亮，口感鲜滑，让人爱不释口。

菊花火锅：这道菜是秋冬时期的时令菜，将黄河鲤鱼和猪肚头、鸡胗等切成薄片，搭配上油炸粉丝，然后盛在盘里。等火锅煮沸以后，先放进菊花花瓣，然后再涮锅，蘸作料享用。吃法别具一格，味道也是鲜美独特。

烤小猪：将乳猪用开水烫完，趁热涂抹上蜂蜜，放入火上烘烤。烘烤中要涂油，以免烤焦。烤熟后，搭配面酱、虾酱、葱、萝卜条和荷叶饼一起食用。

兰州

兰州，中国西北第二大城市，甘肃省省会，是全省政治、文化、经济、科教中心，被称为"黄河之都金城"。兰州深居内陆，又被称为"陆都"，南北两面为山，东西有黄河穿城而过，面山坐河，依山傍水，是我国东中部地区联系西部地区的桥梁和纽带，西北重要的交通枢纽和物流中心。兰州属于温带大陆性气候，少雨多阳，气候干燥，温差较大，年平均气温10.3℃。区域位置重要，自然条件得天独厚，是西北地区现代化大都市。

兰州是古丝绸之路上的重镇，丝绸之路沿线留下了众多的名胜古迹，吸引了大批中外游客前来观光旅游。夏季的兰州，各类水果让人垂涎欲滴，伊斯兰风味的美食满城飘香，可以说是避暑的理想胜地。

区号：0931
邮编：730000
面积：13100平方千米
人口：435.95万人
著名景点：徐家山国家森林公园、西固公园、八路军驻兰州办事处纪念馆等

游在兰州

八路军驻兰州办事处纪念馆 ★★★★

八路军驻兰州办事处纪念馆是兰州市的一家革命纪念馆。在抗战时期，这里曾经作为八路军兰州办事处而起到了重大的历史作用，现在已经成为省级重点文物保护单位、全国爱国主义教育示范基地以及全国青少年教育基地，在教育和鼓励青少年成长以及爱国教育中发挥了重要的作用。

💰 免费
🕐 8：00—19：30
🚌 兰州中川国际机场—八路军驻兰州办事处纪念馆（自驾）
兰州中川国际机场—连霍高速—京藏高速—京拉线—八路军驻兰州办事处纪念馆
全程约69千米

八路军驻兰州办事处纪念馆

最佳旅游季节

兰州深居内陆，属于温带季风气候向大陆性气候过渡的地带，冬长夏短，气候干燥，日照充足，但昼夜温差大，最冷的月份在1月份，最热的月份在7月份，旅游以夏季为最佳，春秋时节建议带件厚衣服以备不时之需。

旅游特色

八路军驻兰州办事处纪念馆，是抗日战争时期中国共产党设在兰州的公开办事机构，是领导甘肃抗日救亡、进行后方动员、实施援助的重要基地。办事处成立后，宣传民族抗日统一战线，开展抗日救亡活动，被周恩来总理亲切誉为"革命的接待站、战斗的指挥所"。一张张历史照片、一件件历史实物震撼人心，不禁让人感慨今朝和平岁月的不易。

煤油灯和布满沧桑的陈旧家具，让我们深深感到创业者的艰辛与不易。如今这里已成为进行爱国主义教育和革命传统教育的重要基地。

八路军驻兰州办事处纪念馆

兰州水车园 ★★★★

兰州素以"水车之都"而名扬天下。兰州水车园由水车园、水车广场和文化广场组成。水车广场中荟萃了手摇、手推、脚踏式等各种风格的水车，文化广场上的群雕和汉唐建筑群吸引着游人的目光。景区中水车林立，渠水蜿蜒，景色美不胜收。

💰 10元
🕐 8：00—18：00
🚌 兰州中川国际机场—水车园（自驾）
兰州中川国际机场—S102—连霍高速—京藏高速—南滨河东路—水车园
全程约69千米

兰州水车园

明肃王墓群 ★★★★ 🌐

位于兰州市榆中县，海拔在1500米以上，墓群依着山势排布，坐北向南，秩序井然。墓群规模很大，南北长约300米，东西长约3000米，于2006年被列入国家重点文物保护单位，兰州的人们则将这里称为兰州的"十三陵"。

💰 50元
🕐 8：30—19：00
🚌 兰州中川国际机场—明肃王墓群（自驾）
兰州中川国际机场—连霍高速—京藏高速—沪霍线—X138—明肃王墓群
全程约94千米

黄河铁桥 ★★★ 📷

黄河铁桥素来具有"天下黄河第一桥"之称，是兰州市的标志性建筑。明洪武年间，这里还是一座浮桥，清朝光绪年间架起了铁桥，也是黄河上游的第一座铁桥。1954年，铁桥又进行了加固，气势更加雄伟，这也为兰州增色不少。

💰 免费
🕐 全天
🚌 兰州中川国际机场—黄河铁桥（自驾）
兰州中川国际机场—连霍高速—京藏高速—北滨河中路—黄河铁桥
全程约66千米

黄河铁桥

兰州滨河公园 ★★★ 📷 🏢

滨河公园是一座"没有篱墙"的开放性公园，有"绿色长廊"的称号。沿路杨柳低垂，景点众多，各式各样的雕塑鳞次栉比，点缀着公园。园内的亭台楼阁庄严而朴素，风景迷人，水色烟波里，更具别样的风情。

💰 免费
🕐 全天
🚌 兰州中川国际机场—滨河公园（自驾）
兰州中川国际机场—机场高速—连霍高速—京藏高速—S201—北滨河西路—滨河公园
全程约60千米

五泉山公园 ★★★

五泉山公园因有五眼泉水而得名，这五眼泉水分别名为：惠、甘露、掬月、摸子、蒙，距今已经有2000多年的历史了。除了泉水，这里还有许多明清以来的佛教古建筑，比如崇庆寺、千佛阁、地藏寺、三教寺等十余处，规模宏大。

💰 免费
🕐 全天
🚌 兰州中川国际机场—五泉山公园（自驾）
兰州中川国际机场—连霍高速—京藏高速—元通大道—五泉山公园
全程约71千米

五泉山公园

白塔山公园 ★★★ 📷

白塔山公园因其山头有一元代白塔而得名，现存白塔为明朝时期重建，起名为"慈恩寺"。其形八面，高七级，约17米。每一面都雕有佛像，墙外涂着白浆，色如白玉。山上原有被人们称为镇山三宝的象皮鼓、青铜钟和紫荆树，现在紫荆树已经枯死了。白塔山经过多年绿化和养护，现已经成为兰州最受欢迎的旅游胜地之一。

💰 免费
🕐 6：00—18：00
🚌 兰州中川国际机场—白塔山公园（自驾）
兰州中川国际机场—连霍高速—京藏高速—佛慈大街—罗九公路—白塔山公园
全程约67千米

白塔山公园

兰山公园 ★★★ 📷 🏢

兰山公园是兰州人民建造的第一座人造森林公园，整个公园依着山势造景，山脊上有公路相通，而公路两侧就排布着景点。亭台楼阁错落有致，登上山顶之后还能俯瞰兰州市的全景，黄河从兰州穿城而过，傍晚之时整个城市华灯璀璨，气势雄伟。

💰 门票免费，上山索道20元，下山索道15元
🕐 8：00—18：30
🚌 兰州中川国际机场—兰山公园（自驾）
兰州中川国际机场—连霍高速—京藏高速—元通大道—伏直公路—兰山公园
全程约71千米

西固公园 ★★★ 🌐 📷

公园里的湖面夏天可以游船，冬季可以滑冰，占地840平方米的彩色电子音乐喷泉十分引人耳目，西班牙风格的建筑群"碧波大世界"独具风格。游乐场内，各种游乐设施和项目可供广大游客尽情地嬉戏玩耍。随着西固公园的重新规划，公园的功能分区更加明确，游人在此会更加尽兴。

💰 免费
🕐 全天
🚌 兰州中川国际机场—西固公园（自驾）
兰州中川国际机场—机场高速—京藏高速—南滨河西路—西固公园
全程约50千米

西固公园

兰炼水上公园 ★★★ 🏢

兰炼水上公园占地面积将近16万平方米，其中3万平方米都是人工湖面。公园内水波激滟，亭台楼阁绕水而建，点缀其间。园内游船、赛车、临水茶座等休闲设施一应俱全。

💰 免费
🕐 9：00—17：00
🚌 兰州中川国际机场—水上公园（自驾）
兰州中川国际机场—机场高速—京藏高速—G109—水上公园
全程约50千米

永登青龙山公园

★★★ 📷 🏛

青龙山公园栽种有各种乔木和灌木树种，如油松、云杉、红柳、紫穗槐等，绿化面积达5公顷左右。建有各种仿古建筑，如眼光阁、玉皇殿、腾云桥、钟鼓楼、卧龙桥、三台阁、鸳鸯亭、蝴蝶亭等，人文景观十分丰富。纵贯公园的明长城和汉长城遗址，都向人们彰显了它悠久的历史。

💰 2元
🕘 8：00—18：00
🚌 兰州中川国际机场—青龙山公园（自驾）
兰州中川国际机场—S102—沪霍线—青龙路—青龙山公园
全程约58千米

青龙山公园

徐家山国家森林公园

★★★ 📷

徐家山国家森林公园距离市区仅3千米，是兰州人民用几十年的时间造林造出来的国家公园。丰富的植物、鸟类和动物为森林增添了活力，更有多个国家的领导人赠送和营造的纪念林，达133.4公顷左右。山上还建造了思源亭、纪念碑等建筑，景观内容十分丰富。

💰 5元
🕘 8：00—19：00
🚌 兰州中川国际机场—徐家山国家森林公园（自驾）
兰州中川国际机场—连霍高速—京藏高速—北滨河东路—徐家山国家森林公园
全程约69千米

关山森林公园

★★★ 📷 🏛

关山森林公园景点众多，有巍峨的燕子山、龙山和虎头山；有古朴的泉神庙、九泉圣母祠庙和金花仙娘娘大殿；有风景秀丽的白蛇沟、关山沟；还有历史碑文、展览厅等名胜古迹，再加上茂密的植物和丰富的动物景观，这里已然成为人们休闲度假的好去处。

💰 免费
🕘 8：00—18：00
🚌 兰州中川国际机场—关山森林公园（自驾）
兰州中川国际机场—机场高速—兰州南绕城高速—光明街—金关公路—关山森林公园
全程约75千米

关山森林公园

鲁土司衙门旧址

★★★ 🌐 📷

鲁土司衙门是明清时期的建筑，分为衙门、官园和妙音寺三个部分。衙门由六组院落组成，院落之间由南向北地势依次抬高，展现了其威严的气势；妙音寺中则存放着大量壁画和砖雕，具有很高的历史价值。

💰 5元
🕘 8：00—18：00
🚌 兰州中川国际机场—鲁土司衙门旧址（自驾）
兰州中川国际机场—机场高速—连霍高速—京藏高速—S301—胶海线—鲁土司衙门旧址
全程约145千米

鲁土司衙门旧址

💡 鲁土司衙门旧址

历史发展

元、明、清时期，地方的少数民族首领称为土司。鲁土司是明清时甘肃、青海边界颇有势力的土司之一。脱欢是鲁土司的始祖，为成吉思汗的后代，忽必烈的重孙，是元朝皇室宗室，受封为安定王兼平章正事。朱元璋军队攻打大都时，元顺帝出逃，脱欢降明，被安置在连城，为一世土司，后其孙因屡有战功，永乐皇帝赐其鲁姓，名鲁贤。

鲁土司历经明、清、民国，自1370年一世土司到1932年，世袭十九世共21位土司，历代土司战绩卓越，地位显赫。鲁土司系蒙古族，是集军事、司法、宗教于一体的地方特殊政权，有生杀大权，拥有土军千余人。连城鲁土司统治永登及周边地区长达560多年，对当地的政治、文化、宗教信仰产生了重要影响。

景点特色

从地理上来看，衙门依山傍水，进入园内建筑地基逐步升高，房门中轴线相连，颇有王侯将相的气魄。园内有明万历年间种植的3棵核桃树，园内建筑物上斗拱独特，图案雕刻精致，衙门西面是妙音寺，是典型的藏传佛教寺院。

文化遗产

鲁土司在连城地区还留下了庞大的家族墓葬。同时鲁土司也留下了数量众多的传世文物、谱牒、文献资料、神奇传说，极大地丰富了永登文化。其中永登县博物馆珍藏的鲁土司家传文物更是精品纷呈，极其珍贵。

↘ 吃在兰州

兰州人的饮食以面食为主，菜系是独具特色的陇菜，味道多酸辣。大街小巷遍布着各种档次的餐馆和酒楼可供游客选择，而一些小吃街中的许多本地和外地的风味小吃也是值得品尝的，比如牛肉拉面、鸡蛋醪糟等。

牛肉拉面

🍲 景扬楼

游客评价：性价比很高，焦溜里脊肉很下饭
📞 0931-8479996
📍 兰州市武都路323号（市公安局斜对面）

🍲 悦宾楼

游客评价：荠菜豆腐羹非常香
📞 0931-8476961
📍 兰州市城关区酒泉路384号

🍲 兰州杜记甜食

游客评价：牛奶鸡蛋醪糟很惊艳，牛肉

陷饼也不错
☎ 0931-5135888
📍 兰州市张掖路大众巷内

马子禄牛肉面
游客评价：牛肉面，环境雅致，价格实惠，很受欢迎
☎ 0931-8450505
📍 兰州市城关区大众巷86号

再回首（新世界旗舰店）
游客评价：酿皮、面筋，简单但十分美味
☎ 13909420985
📍 兰州市道升巷22号

竹园村火锅
游客评价：火锅锅底很赞
☎ 0931-4603666
📍 兰州市城关区南滨河东路757号（贤后街与大众巷十字东北侧）

↘ 住在兰州

平价型

格林豪泰快捷酒店（兰州南关正宁路店）
📍 兰州市静宁路21—22号
☎ 0931-8480219

敦煌之星酒店（火车站黄河店）
📍 兰州市城关区火车站东路293号
☎ 0931-8793266

如家酒店·neo（庆阳路双城门店）
📍 兰州市庆阳路436号
☎ 0931-8423666-9

格林豪泰酒店（兰州榆中店）
📍 兰州市夏官营经三路兰大正门南100米
☎ 0931-5296886

享受型

兰州长信国际酒店
📍 兰州市七里河区西津西路788号
☎ 0931-7826222

甘肃阳光大酒店（兰州）
📍 兰州市城关区庆阳路428号
☎ 0931-4608888

兰州白银路亚朵酒店
📍 兰州市白银路123号
☎ 0931-4606999

甘肃金轮宾馆（兰州）
📍 兰州市和政路72号
☎ 0931-4921111

天水

区号：0938
邮编：741000
面积：1.43万平方千米
人口：398.46万人
著名景点：麦积山石窟、伏羲庙、南郭寺、玉泉观等

天水市位于中国甘肃省东南部，是甘肃省第二大城市，地处陕、甘、川三省交界之处，长江、黄河两大水系横穿其境，向西通向西藏、新疆、青海三省，向东连接华中和华东，是西安和兰州两大城市的中点，在古时是丝绸之路的必经之地，地理位置自古以来都非常重要。天水属于温带大陆性气候，四季分明，日照充足，降水适中。气候宜人，物产丰富，素有"陇上小江南"之美称。

天水是华夏文明和中华民族的重要发源地，华夏始祖伏羲就诞生在这里，因此这里有"羲皇故里"之称。天水历史悠久，名胜古迹甚多，几千年传承下来的伏羲文化、轩辕文化、大地湾文化、先秦文化、三国文化、易学等谱写了一曲曲中华文明的乐章。

一日游
麦积山石窟—仙人崖—天水净土寺—伏羲庙—甘谷大象山

↘ 游在天水

麦积山石窟 ★★★★★

麦积山为典型的丹霞地貌，其形状如农家麦垛，景区山势险峻，环境清幽。在山峰西南面陡峭的悬崖上，有著名的麦积山石窟，石窟中存留下的遗迹有泥塑、石刻、壁画等。当游人登上山顶，便可看到青山万里、密林重重，林海和云雾交织在一起，这便是天水八景之首的"麦积烟雨"。

💰 70元
🕐 5月至10月：8：30—17：30；11月至次年4月：9：00—17：00
🚌 天水机场—麦积山石窟（自驾）
天水机场—羲皇大道中路—羲皇大道东路—麦李段—麦积山石窟
全程约30千米

📍 麦积山石窟

最佳旅游季节
天水属于温带大陆性气候，年平均气温11℃左右，海拔在1100米左右，夏秋两季是旅游的最佳时候，气温适中，景色优美。

交通指南
天水处于陇海线上，所以坐火车去天水非常方便，北京、郑州、上海、西安等都能直达，附近的兰州、定西、武威、张掖都有直达的大巴车。天

麦积山石窟

水机场距离市区 15 千米，兰州、西安有发往天水的班机。

麦积山石窟距离天水市区 35 千米，从天水火车站可以乘坐 34 专线车到达景区，也可包车前去。

石窟入口距离景区大门还有 3 千米，可以乘坐观光电瓶车，票价 10 元，途中有一植物园，如想游览就必须步行上山了。

麦积山住宿

麦积山下有不少村庄，村中山民自家设有旅馆，也有比较好的带温泉的标间。

天水博物馆 ★★★★

天水博物馆内收藏着天水地区的历史文物和民俗文物等，管理着全国重点文物保护单位伏羲庙和胡氏古民居建筑南宅子，保护和传承着国家非物质遗产文化"太昊伏羲祭典"的礼仪。现在这里集文物、文化和旅游于一身，属于国家二级博物馆。

- 免费
- 8：00—12：00 14：00—18：00
- 天水机场—天水博物馆（自驾）
天水机场—G310—秦麦高速—泰山路—成纪大道西路—天水博物馆
全程约 20 千米

伏羲庙 ★★★★

伏羲庙本名"太昊宫"，建于明朝时期。院落为四进四院，院内有戏楼、牌坊、先天殿、太极殿等 10 座古建筑，有朝房、碑廊、展览厅等 6 座新建筑。古建筑沿着纵轴线层层推进，庄严而雄伟，而新建筑沿着横轴线对称分布，整齐而利落。这种建筑风格具有鲜明的中国传统建筑艺术特色。

- 40 元
- 8：00—18：00
- 天水机场的—伏羲庙（自驾）
天水机场—秦麦高速—天巉公路—女娲路—伏羲庙
全程约 18 千米

伏羲庙先天殿

仙人崖 ★★★★

仙人崖由三崖、五莲山、六大寺组成。寺院或修筑于峰顶，或修筑于悬崖之下，融合了儒、释、道三教的文化。景区翠峰耸立，绿树成林，著名的景点如石岩洞、南天门、千佛崖等。

- 40 元
- 8：30—17：30
- 天水机场—仙人崖（自驾）
天水机场—羲皇大道中路—羲皇大道东路—仙人崖
全程约 33 千米

天水麦积山仙人崖

甘谷大象山 ★★★★

大象山位于甘谷县城西南，距离市区 2.5 千米。山上古木丛生、花香四溢，亭台楼阁掩映在绿树红花之间。山上的峭壁悬崖之上有一个洞窟，内有一尊建于北魏年间的泥塑大佛。石窟和古建筑融为一体，是丝绸之路重要的文化遗址之一。

- 30 元
- 周一至周五 8：30—18：00
周末：8：00—18：00
- 天水机场—甘谷大象山（自驾）
天水机场—秦州大道—连霍高速—杨赵路—山西路—甘谷大象山
全程约 67 千米

天水净土寺 ★★★

净土寺距离天水市 45 千米，景区内有将近 180 间殿堂，还有路、桥、水体等建筑。每逢农历正月十六的伏羲庙会和农历五月十三的伏羲文化节，净土寺内就会热闹异常。景区内古树参天，微风吹来可听见松涛阵阵，这就是

天水净土寺

秦州八景之一的"净土松涛"。

- 免费开放
- 全天
- 天水机场—净土寺（自驾）
天水机场—羲皇大道中路—羲皇大道东路—净土寺
全程约 34 千米

曲溪 ★★★★

曲溪以"曲"别具一格，其河水蜿蜒曲折 16 千米，经过峡谷、宽岸等，因有九曲十八弯而被称为曲溪，河水中各式各样的巨石和色彩斑斓的卵石也为其增添了不少色彩。行经"十里峡谷"之后会进入风景秀丽的琵琶湖，湖光山色令人难以忘怀。

- 7 元
- 8：00—18：00
- 天水机场—曲溪（自驾）
天水机场—羲皇大道中路—羲皇大道东路—曲溪
全程约 30 千米

卦台山 ★★★

卦台山位于天水市北部，距离市区 30 千米的麦积区三阳川。卦台山山势险峻，古木参天，渭河从其周边环绕而过，中心的地滩形似太极图样，相传是伏羲创绘八卦时的画卦台。龙马洞和画卦台隔河相望，因山上的龙马洞逢云雾封洞之时有龙马出没的感觉而得名。

- 15 元
- 8：00—17：00
- 天水机场—卦台山（自驾）
天水机场—羲皇大道中路—秦麦高速—X445—卦台山
全程约 37 千米

卦台山

南郭寺 ★★★★

南郭寺位于天水市城南，这里树木参天，尤其是古柏，苍劲挺拔，"南山古柏"位列天水八景之一。南郭寺背靠苍山，前方临水，是禅林宝地。院落为三进七院布局，分别为东、中、西三个

套院，整座建筑气势恢宏，庄严肃穆。

💰 20元

🕗 8：00—17：00

🚌 天水机场—南郭寺（自驾）

天水机场—羲皇大道中路、西路—南郭寺路—南郭寺

全程约13千米

南郭寺

卦台山

最佳旅游季节

每年八九月份是最佳的旅游时期，因为每年农历七月十九是伏羲祭日，会有大批的膜拜者来天水进行祭拜。

伏羲

伏羲是古成纪（今天水）人，古代神话传说中的人类始祖。传说中的伏羲，魁梧伟岸，聪明神武，善于观察细微的东西，分析自然现象，总结规律，很多发明创造都出自伏羲之手，他教人们织网捕鱼的方法，推广使用钻木取火，改变了远古人的生活习惯，对人类的发展和进步做出了巨大贡献，因此，他被尊为始祖。

八卦

八卦为人类始祖伏羲所创，八卦，就是用八种符号，分别代表自然界的八种事物：天、地、水、火、山、雷、风、泽。运用八卦，可以推演出许多事物的变化，预卜事物的发展。据说，八卦中的许多奥妙神奇之处，至今还为现代人所捉摸不透。

旅游提醒

天水9月份的时气温比较高，旅途中需多补充水，10月份，气温下降很快，须携带着厚点的外衣。

购物天水

天水物产丰富，适宜的生态环境使得这里的水果实饱满，味道鲜美，苹果、核桃等都很受欢迎。这里的手工艺品也很有特色，天水雕漆器、天水地毯、鸳鸯玉雕等都很有名。

吃在天水

天水素有"陇上小江南"之称，这里的民间小吃独具特色和魅力。其中比较有名的是它的面食，有面皮、呱呱、凉粉、清真碎面等，样式繁多，种类丰富，而且味道都十分可口，酸辣辛甜的味道都有。

酸汤面

🍲 老家八大碗

游客评价：人气超旺，豆粉烙的小饼配上青椒清香可口

📞 0938-2354888

📍 天水市埠南路6号

住在天水

平价型
IU酒店（天水南站店） 📍 天水市埠南路6号 📞 0938-2736888
如家酒店（天水中心广场店） 📍 天水市解放路1号 📞 0938-8233333-9
天水凯悦大酒店 📍 天水秦州区民主路6号 📞 0938-8215888
天水华联大酒店 📍 天水市中心广场民主西路10号 📞 0938-8215356
天水翠怡酒店（甘肃） 📍 天水市麦积区麦积镇（麦积中心学校旁） 📞 0938-2231333

🍲 常记呱呱

游客评价：面食小吃，生意火爆，味道很不错

📞 15293810320

📍 天水市青年南路东步行街112号

🍲 伊鼎楼手抓王清真店

游客评价：手抓羊肉，咸香鲜嫩

📞 0938-8286662

📍 天水市新华路西口宇鑫大厦二楼

🍲 老东乡羊肉名菜馆

游客评价：比较地道的清真菜

📞 0938-8290099

📍 天水市秦州区环城西路宏达新都市

🍲 迎宾楼

游客评价：经典的西北民间菜，天水浆水暖锅一定要趁热，太好吃了

📞 0938-8298188

📍 天水市民主西路24号

享受型
甘肃华辰大酒店（天水） 📍 天水市秦州区岷山路 📞 0938-8611111
天水麦积山温泉旅游酒店 📍 天水市麦积区亭古镇1号 📞 0938-2978888
天水华天电子宾馆 📍 天水市秦州区双桥路14号 📞 0938-8631866
天水宾馆（甘肃） 📍 天水市秦州区迎宾路5号 📞 0938-8688888
天水龙城假日酒店 📍 天水市秦州区民主东路1号 📞 0938-8239999

临夏

临夏回族自治州位于甘肃省中部,东与定西市隔洮河相望,西倚积石山与青海省相毗邻,南靠太子山与甘南藏族自治州搭界,北濒湟水与甘肃省会兰州接壤,黄河横贯南北,历史悠久,是远古人类生息繁衍地之一。

独特的地理气候环境造就了临夏丰富多彩的自然景观,既有峰峦起伏、沟壑连体的高山峡谷,又有绿草丛生的盆地;既有植被裸露的黄土高坡,更有奇异迷人、光怪陆离的丹霞石林,春夏秋冬景色各异。走进临夏,撩开她朦胧而神秘的面纱,感悟她悠久深蕴的历史,领略她灿烂深厚的文化,目睹她独特瑰丽的魅力,饱览她秀美多姿的风光,相信您定会被这块神奇的地方所迷。

区号:	0930
邮编:	731100
面积:	8169平方千米
人口:	210.98万人
主要景点:	莲花山度假村、林家河滩等

游在临夏

临夏莲花山 ★★★★

莲花山位于康乐县,属于省级自然保护区。因群峰耸立的莲花山中顶平圆,状如莲花,故有此名。山峰险奇秀美,树木丛生,名胜古迹点缀其中。登上顶峰,即可看到三州、六县、两河以及古栈道和洮河流珠的胜景。

- 25元
- 8:00—18:00
- 临夏汽车站—临夏莲花山(自驾)

临夏汽车站—乌玛高速—连共线—胭脂路—临夏莲花山
全程约86千米

临夏莲花山

刘家峡水库 ★★★

刘家峡水库位于临夏永靖县城西南1千米处,距兰州市约75千米。那里有许多峡谷和川地,穿过千岩壁立的峡谷的河水水势汹涌,犹如万马奔腾,景色壮观,有"高原明珠"之美誉,很值得一游。到刘家峡游览,可乘船溯流而上,河水清冽,浪花飞舞;进入峡谷后,但见两岸奇峰对峙,壁立千仞,景色变化多端,可与桂林山水、巫峡相媲美。

- 35元,快艇120元
- 全天
- 临夏汽车站—刘家峡水库(自驾)

临夏汽车站—折达公路—X363—Y540—兰磨线—刘家峡水库
全程约67千米

临夏莲花山

交通指南

临夏的交通以公路为主,周边的兰州、定西、武威、天水以及更远的乌鲁木齐、西安、阿坝等都有发往临夏的长途客车。临夏市内多为山路,出行以公交为主,市内景点步行可到达。

主要景点

从唐坊滩至峰顶,小道崎岖通往莲花宝殿、十八罗汉楼、头天门、二天门、三天门、四天门、紫宵宫、娘娘殿、舍身殿、独木桥、鹞子翻身、金顶、打儿窝、祖师殿、夹人巷、蛇倒退、玉皇阁等近百处景点。

购物临夏

临夏有着历史悠久的手工艺制作传统,仿古彩陶、刺绣、工艺画等,各具特点,造型各异。尤其是这里的民族地毯、雕刻葫芦、回族砖雕、麦秆贴画和黄河奇石都是不可错过的手工艺品。

位于临夏市市区有一条"民族商品一条街",在这里,游客们可以尽情选购自己喜欢的工艺品。只是需要注意,如果不打算购买,最好不要轻易和卖家讨价还价,不然会产生不必要的误会。

刘家峡水库

临夏岳麓山公园 ★★ 📷

因临夏岳麓山公园因园内有一座宋代时期修建的东岳庙而得名，公园内的主要建筑有东岩寺、太平观、惠丰榭等，风格古朴典雅，自然景观和人文景观交相辉映，周围绿树环绕，一派鸟语花香的景象。

💰 15元
🕘 8：00—17：00
🚌 临夏汽车站—岳麓山公园（自驾）
临夏汽车站—民主西路—乌玛高速—兰海高速—连共线—岳麓山公园
全程约104千米

蝴蝶楼 ★★★ 📷 🏛

蝴蝶楼位于临夏市西南，是一座占地40公顷的庄园。北面的正中间为主楼，两层砖木结构，占地2660平方米，左右两廊连接着六角形的楼阁，状若蝴蝶。整个楼为全木质结构，令人称奇的是整个木质结构中没有使用一枚铁钉。楼上楼下回廊环绕，形成了方形的院落。园中绿柳掩映，牡丹、芍药、玉兰等花卉争奇斗妍，芳香四溢，千种盆景点缀其间，整个园子集山、泉、石、木于一体，浑然天成，为河州园林中拔群之作。

💰 5元
🕘 9：00—18：00
🚌 临夏汽车站—蝴蝶楼（自驾）
临夏汽车站—民主西路—环城西路—蝴蝶楼
全程约3千米

东郊公园 ★★★ 📷 🏛

公园位于临夏市东郊，是一个主要的市区游乐园。东郊公园中主要有：观光植物园，比如月季园、梨园、牡丹园等，风姿绰；3个人工湖——映月湖、秀湖和南湖，都配有划船、碰碰船等水上娱乐设施，后又新增了激光打靶、海洋球、滑行车、海盗船等游乐设施，是游人放松身心的天堂。

💰 免费（动物园门票5元）
🕘 9：00—17：00
🚌 临夏汽车站—东郊公园（自驾）
临夏汽车站—民主西路—刘临路—北滨河东路—东郊公园
全程约6千米

临夏东公馆 ★★★ 📷

东公馆位于临夏市城东南角，原本是西北军阀马步青的官邸。东公馆内的建筑全都是砖木结构，四座院落呈"田"字形布局，毗邻处有天井一处。天井的正北是一座大影壁，上面是河州砖雕《江山图》，技艺高超，当属砖雕艺术中的精华代表。

💰 10元
🕘 9：00—17：00
🚌 临夏汽车站—东公馆（自驾）
临夏汽车站—民主西路—西关路—新西路—前河沿乐路—东公馆
全程约3千米

太子山 ★★★ 📷 🏔

太子山处在临夏与甘南藏族自治州之间。山峰海拔4336米，山顶有着白色的岩石，裸露的山脉上终年堆砌着白雪，所以人们又称它为"雪山"，而"露骨积雪"也成为河州八景之一。这里森林茂密，河流清澈，还生活着国家二级保护动物——娃娃鱼。

💰 50元
🕘 全天
🚌 临夏汽车站—太子山（自驾）
临夏汽车站—乌玛高速—S309—Y535—太子山
全程约71千米

太子山

↘ 吃在临夏

临夏多为清真餐厅，其中著名的招牌菜是乐乡手抓肉，味道独特。临夏的饼子非常实惠，味道很好，拉碗子也是临夏的特色之一。每个十字路口到了晚上都会有夜市，烤羊肉串也不错。还有这里的唐汪手抓羊肉和黄酒羊肉，肥而不腻，味道可口。

孜然烤肉

🍲 二洒手抓美食城（一分店）
游客评价：当地特色菜，烤包子非常好吃
📞 13993032664
📍 临夏市北滨河中路18号

🍲 清真·时尚鲜斑鱼庄
游客评价：主营斑鱼，推荐斑鱼片，烤斑鱼
📞 0930-6388318/6388718
📍 临夏市折桥镇李孟村折桥幼儿园南200米

🍲 苏莱曼餐厅
游客评价：人气火爆，本地菜餐厅，牛腱肉非常好吃
📞 0930-6666922
📍 临夏市北滨河东路水岸花都4号商铺

🍲 永兴大盘鸡
游客评价：鸡肉鲜嫩，汤浓香
📞 13993000648
📍 临夏市滨河中路启荣大厦20栋4单元

🍲 大西关马队长
游客评价：牛肉面味道浓郁，面条劲道
📞 13993043428
📍 临夏市西关路82号

↳ 住在临夏

临夏可供住宿的宾馆很多，价格也比较便宜。住在车站附近是个不错的选择，因为无论是去景点还是要前往其他城市都十分方便。需要注意的是，临夏的宾馆大多没有电梯，而设施比较好的房间大多都在3楼以上，所以携带行李较多的游客需要考虑清楚。

平价型

临夏宾馆
📍 临夏市解放南路92号
📞 0930-6318666

TOWO上品酒店（临夏大十字店）
📍 临夏市前进路4号
📞 0930-5913666

临夏金苹果酒店（大十字店）
📍 临夏市新生路1号
📞 0930-6230001

东兴温泉酒店
📍 临夏市环城西路阳光小镇5号楼
📞 0930-6919333

享受型

临夏饭店
📍 临夏市红园路50号
📞 0930-6230080

河州鸿瑞国际大酒店
📍 临夏市东城区郑茂阳光花城斜对面
📞 0930-6665666

维也纳国际饭店（临夏大夏河第二大桥店）
📍 临夏市213国道与环城西路交会处西200米
📞 0930-6286555-0

华菲酒店
📍 临夏市民主东路25号
📞 0930-6926999

张掖

张掖市古称"甘州"，位于甘肃省西北部，南与青海搭界，北和内蒙古自治区接壤，东与武威相邻，西接酒泉和嘉峪关。南北群山环绕，黑河穿流而过，除汉族外，还有蒙古族、回族、裕固族等30多个少数民族在这里生活。在西北地区有"金张掖、银武威"之美誉。

张掖市历史悠久，旅游资源丰富，自然风光独特，人文景观壮丽，古丝绸之路从这里经过，全国第二大内陆河黑河贯穿全境，形成了特有的荒漠绿洲景象。古有"一湖山光，半城塔影，苇溪连片，古刹遍地"之美景。大野口自然风景区、国家湿地保护区、沙漠公园、润泉湖公园、黑河山庄、甘泉公园等塞外自然风光秀丽。

区号：0936
邮编：734000
面积：38600平方千米
人口：113.10万人
著名景点：大佛寺、木塔寺、镇远楼、黑水国遗址等

两日游
张掖大佛寺—骆驼城遗址—大湖湾—马蹄寺石窟

↳ 游在张掖

张掖大佛寺 ★★★★

大佛寺建于1098年，距今已有900多年历史。大佛寺的主体建筑为大佛殿，里面有身长将近35米的释迦牟尼像，这座雕像也是我国现存的最大的泥塑卧佛。大佛殿楼高2层，占地1370米，建筑结构精致，色彩鲜艳。大佛寺是张掖的著名景点之一，也是省级重点文物保护单位。

💰 40元
🕐 8：30—17：00
🚗 张掖甘州机场—大佛寺（自驾）
张掖甘州机场—机场专线—张孟线—民主东街—南大街—大佛寺
全程约24千米

🛍 购物张掖

张掖的特产很多，临泽红枣、民乐苹果梨，都是当地著名的水果，张掖白酒、张掖黄酒、棕叶皮、祁连玉等，都是驰名中外的特产。还有木偶、剪纸、刺绣等民间手工艺品，以及锁阳、甘草、黄芪等中药材，也久负盛名。

张掖大佛寺

张掖大佛寺

最佳旅游季节

张掖属于温带大陆性气候，干燥少雨，气温年、日差较大，旅游以每年的6~9月份为最佳。

旅游提醒

张掖市内景区很多，所以游览完大佛寺还可以去木塔寺、鼓楼等有名的景点，夜晚可以逛街购物，夜市上的小吃也很不错。夏季去旅游白天注意防晒，夜晚注意保暖。

大湖湾 ★★★★ 📷

大湖湾距离市区7千米，四周多为农田和林带，景区内栽植有多种观赏树种，高低错落有致。湖面宽广浩渺，草色烟波，犹如仙境。湖的中心有一座两层的仿古龙庭，游人可在此用餐和休息。

💰 10元
🕒 8:00—18:00
🚌 张掖甘州机场—大湖湾（自驾）
张掖甘州机场—张孟线—连霍高速—解放南路—西环路—S301—大湖湾
全程约115千米

骆驼城遗址 ★★★ 📷

骆驼城建于东晋年间，占地近30万平方米。共分前、中、后三城，是汉唐时期的城市布局，被保存得比较完整。

在这里的墓葬群中出土了大量的古代文物，如前凉时期的木牍、木俑，西晋时期的木版画等。居高鸟瞰，它就像盖在现代画卷上的一方古印章；凝睇近视，它却又分明是组合起来的大型泥塑群。全城结构严密精巧，气势宏伟雄壮，历经千年仍巍然屹立。古朴的文化遗风，让人不禁沉浸在对历史变迁的感慨之中。

💰 免费
🕒 全天
🚌 张掖甘州机场—骆驼城遗址（自驾）
张掖甘州机场—S213—黑河大桥—沪霍线—骆驼城遗址
全程约138千米

骆驼城遗址

马蹄寺石窟 ★★★★ 📷

距离张掖市区65千米，石窟建于北凉时期，主要由千佛洞、胜果寺、金塔寺、普光寺和上、中、下观音洞这7处景点构成。

马蹄寺因传说中的天马在此落有马蹄印而得名。传说中的马蹄印迹现存于普光寺马蹄殿内，成为镇寺之宝；千佛洞中有500多个摩崖佛塔窟龛，规模宏大；金塔寺中的飞天回廊也为国内仅有；普光寺中的洞窟造型奇特，堪称经典，是集石窟艺术、祁连山风光和裕固族风情于一体的旅游区。

💰 73元
🕒 8:00—18:00
🚌 张掖甘州机场—马蹄寺石窟（自驾）
张掖甘州机场机场专线—张孟线—X213—X208—马蹄寺石窟
全程约72千米

祁连山自然保护区 ★★★★ 📷

祁连山景区风景迷人，其四季不甚分明，拥有森林、草原和现代冰川等生态特色。沿途的景点有蛤蟆泉、娘娘泉、炒铁台等，风景秀丽，各具特色，是避暑度假的旅游胜地。

💰 25元
🕒 8:00—17:00
🚌 张掖甘州机场—祁连山自然保护区（自驾）
张掖甘州机场—机场专线—张孟线—金城路—祁连山自然保护区
全程约24千米

祁连山风光

甘泉公园 ★★★ 📷

甘泉公园分为南门和北门两个出入口，主要分为六大部分：主要景区、怡心小筑、开心天地、天乐共舞、邻家秋色和百步绿廊，每个部分都各具特色，各有特点。绿树成荫，花开锦簇，每天都有人前来锻炼和游览。

💰 5元

🕒 7:00—21:00
🚌 张掖甘州机场—甘泉公园（自驾）
张掖甘州机场机场专线—张孟线—北大街—大衙门街—甘泉公园
全程约25千米

甘泉公园

吃在张掖

张掖的美食很多，如：搓鱼面、糍耳子、羊肉粉皮面筋、香饭、小饭、煎血肠、羊头汤、鱼儿粉、灰豆汤、鸡肉垫卷子、山丹油果子、糊饽、豆腐脑儿等，都是当地著名的小吃。张掖市民主东街有一条甘州小吃街，在这里就可以吃到各种美味的小吃。

豆腐脑

罗胖子面馆

游客评价："炮仗面"很有意思，Q爽弹牙，不错
📞 15593651111
📍 张掖市甘州区西大街西城巷

甘州名吃

游客评价：土豆很好吃
📞 0936-8808666
📍 张掖市南大街万寿商业街内

祁连羊肉馆

游客评价：手抓羊肉和红柳羊肉都很好吃，非常火爆
📞 0936-8850618
📍 张掖市玉水街112号

丁记桂芳小吃店

游客评价：甜点是特色
📞 0936-3672593

孙记炒炮
游客评价：面食不错，小吃卖得很火爆
☎ 0936-8211608
📍 张掖市西大街113号

苗氏卷子鸡
游客评价：美味的特色苗氏卷子鸡，值得品尝
☎ 15609361199
📍 张掖市长寿街明源1号商贸楼2层203铺

蜀芳珍火锅
游客评价：火锅味道一直很好，也很卫生
☎ 0936-8888456
📍 张掖市青年西街

📍 张掖市甘州区甘州特色风味美食广场内

↘ 住在张掖

平价型

张掖浙商中影游客接待中心（C座店）
📍 张掖市七彩镇丹霞景区北门西100米
☎ 0936-5991689

金融宾馆
📍 张掖市南大街县政府对面
☎ 139993669298

丹霞天仁宾馆
📍 张掖市临泽县倪家营乡南台村3社
☎ 13689495360

如家酒店（民主街大佛寺中心广场店）
📍 张掖市民主西街28号中广大楼
☎ 0936-8588123

享受型

张掖华辰国际大酒店
📍 张掖市东街162号
☎ 0936-8257777

金源酒店
📍 张掖市西大街246号
☎ 0936-8238608

张掖富来登温泉假日酒店
📍 张掖市临泽北路与临松东街交汇处东200米
☎ 0936-8838888

张掖宾馆（滨河大道店）
📍 张掖市滨河大道8号
☎ 0936-8269988

嘉峪关

嘉峪关市位于河西走廊中段，甘肃省西部，因市内有明长城西端起点第一雄伟关隘嘉峪关而著名。这里向南有祁连山，向北有马鬃山，向东是盆地，地理位置重要，旅游资源丰富。

嘉峪关被称为"天下第一雄关"，古时这里是国防重地，北方的少数民族侵犯河西地带必经这里，嘉峪关建成以后，对维护河西走廊的安定起到了巨大作用。嘉峪关接万里长城的第一墩，与东端的山海关遥相呼应，如两位英勇的士兵，保卫着国家的安全。

嘉峪关的滑翔基地可以载你飞到空中看祁连山美妙的雪景。黑山岩画、长城博物馆等也是当地有名的古迹。荒凉的戈壁、浩瀚的沙漠、雄伟的城楼，这里的每一处景色都震撼人心。

区号：0937
邮编：735100
面积：2935平方千米
人口：31.27万人
著名景点：嘉峪关长城、长城第一墩、关帝庙等

↘ 游在嘉峪关

嘉峪关长城 ★★★★★ 📷 🅿

嘉峪关长城是全国重点保护单位，它的南边是祁连山，山顶终年积雪，绵延千里；北边为龙首山和马鬃山，气势恢宏。整个关城分为外城、瓮城和内城三部分，结构坚固，十分巧妙。

💰 100元
⏰ 旺季（5月1号至11月15号）：8:00—19:00；淡季（11月16号至4月30号）：9:00—17:00
🚗 嘉峪关国际机场—嘉峪关长城（自驾）
嘉峪关国际机场—机场路—兰新西路—城关南路—嘉峪关长城
全程约18千米

💡 嘉峪关长城
最佳旅游季节
嘉峪关是温带干旱气候，终年温差较大，平均气温7.5℃左右，年平均降水量80毫米左右，降水少，日照强，蒸发量大，最冷月份为1月份，最热月份为7月份，每年的5—10月份为最佳旅游季。

💡 购物嘉峪关

嘉峪关市大型的购物广场并不多，位于新华北路的友谊商店比较著名。它的经营范围包括珠宝、工艺品、字画，以及嘉峪关的特产黑山石章、嘉峪石砚、驼绒画、文房四宝等。

嘉峪关长城

交通指南

嘉峪关有机场，北京、上海、西安、兰州等都有发往嘉峪关的航班。

嘉峪关处于兰新线上，发往新疆的各班次列车都在嘉峪关站停靠，非常便利。

公路也比较便利，312国道从这里经过，西安、兰州以及新疆、青海都有发往这里的客车。

从嘉峪关市区到景区最方便的是包车前往，可以游览好几个景点，车费在100元左右。

明长城遗址 ★★★★

明长城西起嘉峪关，东至山海关，在甘肃境内的部分长达1000千米。甘肃境内的明长城由城墙、关城、城堡、墙台和烟墩等组成，全部都由黄土夯筑，有些地段夹杂着木桩和杂草。每逢山口或者河口皆筑有瞭望台，气势十分雄伟。

$ 免费
⏰ 全天
🚌 嘉峪关国际机场—明长城遗址（自驾）
嘉峪关国际机场—机场路—兰新东路—关城南路—明长城遗址
全程约19千米

明长城遗址

西长城 ★★★

西长城建于明嘉靖年间，总长为6559米，其中有265米断缺。这里可谓是关城的两翼，被人们称为"关城的明墙暗壁"。整个长城就像一条卧龙，盘桓在戈壁之上，气势恢宏。西长城段还有3座长城墩，间隔2～3千米整齐地排列着。

$ 免费
⏰ 全天
🚌 嘉峪关国际机场—西长城（自驾）
嘉峪关国际机场—机场路—S595—长城村—西长城
全程约13千米

关帝庙 ★★★

嘉峪关的关帝庙总面积700多平方米，是明末清初时期从内城迁到此处的，后经过多次扩建逐渐形成今天的规模。庙内原有大殿一座，配殿两座，另有刀房、过厅、马房和牌楼，很值得游客参观。

⏰ 8：30—20：00（夏秋）
　　8：30—18：00（冬春）
🚌 嘉峪关国际机场—关帝庙（自驾）
嘉峪关国际机场—机场路—兰新东路—关城南路—关帝庙
全程约19千米

石关峡悬壁长城文物景区 ★★★★

距离嘉峪关市区14千米，主要以展现丝绸之路文化和长城文化为主。景区围绕主题设置了四大功能区，分别是丝绸之路文化长廊区、悬壁长城军事防御区、休闲度假区和管理区，其景点有"丝绸古道"雕塑群以及古代兵器展览等。现存长城750米，其中有231米的黄土夯筑城墙攀缘于高150米、倾斜为45度的山脊上，似凌空倒挂，因而得名"悬壁长城"。顺城墙顶拾级而上，平坦处如履平地，陡峻处如攀绝壁。

$ 31元
⏰ 8：30—18：00
🚌 嘉峪关国际机场—悬壁长城文物景区（自驾）
嘉峪关国际机场—机场路—沪霍线—新华北路—X307—悬壁长城文物景区
全程约24千米

嘉峪关游击将军府 ★★★★

嘉峪关游击将军府亦称"游击衙门"，建于明朝隆庆年间。占地面积1755平方米，建筑布局分为两院三厅四合院。将军府的陈列分为两个部分，前院主要表现古代游击将办公、议事的场景，后院则主要表其生活场景，整个场景中的人物都按照真实的比例来构造，栩栩如生，十分逼真。

$ 可包含在嘉峪关全票中
⏰ 8：00—18：00
🚌 嘉峪关国际机场—游击将军府（自驾）
嘉峪关国际机场—机场路—兰新东路—关城南路—游击将军府
全程约19千米

长城博物馆 ★★★★

长城博物馆占地4523.36平方米，建于1989年10月，于2003年5月建成，是中国第一座全面、系统地展示长城文化的专题性博物馆。主体建筑造型为烽火台式，博物馆系仿古城堡式建筑，外观古朴，风格独特。博物馆的陈列内容按照我国历史的发展年代分为春秋战国长城、秦汉长城、北魏隋唐辽金长城以及明长城四个部分，用图表、模型、文字、图片的形式将长城浓缩在展厅中，让人们可以轻松地了解长城。

$ 免费
⏰ 9：00—17：00（周一闭馆）
🚌 嘉峪关国际机场—长城博物馆（自驾）
嘉峪关国际机场—机场路—兰新东路—关城南路—长城博物馆
全程约19千米

嘉峪关长城博物馆

酒钢水上欢乐园 ★★★

欢乐园位于嘉峪关市长城东路，占地1.22万平方米，是一座大型的水上游乐园，有一个国家标准的游泳池，常年水温恒定。还有水上滑道、漂流河、贵妃珍珠池等娱乐设施，在桑拿洗浴中心，有干蒸、温蒸、热池、凉池等项目可供游客选择。

$ 30元
⏰ 8：00—18：00
🚌 嘉峪关国际机场—酒钢水上欢乐园（自驾）
嘉峪关国际机场—机场路—五一中路—长城东路—酒钢水上欢乐园
全程约15千米

新城魏晋墓 ★★★★

新城魏晋墓位于嘉峪关东北处，里面有魏晋墓1400余座，其内存有魏晋时期的墓室壁画，对于研究魏晋文化有很大的价值。

$ 30元
⏰ 8：00—17：00
🚌 嘉峪关国际机场—新城魏晋墓（自驾）
嘉峪关国际机场—机场路—S959—新城魏晋墓
全程约9千米

嘉峪关滑翔基地 ★★★

嘉峪关由于其独特的气候特点，形成了得天独厚的上升气流，适合滑翔。这里纬度高，降雨量少，上升气流在一天中的持续时间可在10小时以上，因空气干燥、洁净，视野开阔，故而可以开展各种滑翔活动。

- 免费，项目另外收费
- 8：00—18：00
- 嘉峪关国际机场—嘉峪关市滑翔基地（自驾）
嘉峪关国际机场—机场路—体育大道—嘉峪关市滑翔基地
全程约14千米

嘉峪关滑翔

黑山摩崖石刻 ★★★

黑山摩崖石刻形成的年代可追溯到新石器时代，是那时的游牧民族在岩石上绘制或雕刻的壁画。画面的内容展现的是原始社会人类的生存方式，如舞蹈、操练、狩猎以及各种飞禽走兽等。画面抽象，风格独特，具有很高的观赏价值和历史研究价值。

- 10元
- 8：00—18：00
- 嘉峪关国际机场—黑山摩崖石刻（自驾）
嘉峪关国际机场—机场路—兰新西路—黑山摩崖石刻
全程约18千米

长城第一墩 ★★★★

在古代，墩台用于军队之间互通情报，长城第一墩就是关南最重要的一座墩台。

景区东临酒泉，西接荒漠，讨赖河水流经此处，南边祁连山风景秀丽。这里还开发了讨赖河滑索、讨赖客栈、天线吊桥等游玩和休息的设施。

长城第一墩旅游景区以长城文化和丝绸之路文化为内涵，以戈壁风光和西北民俗风情为基础，是一处观光、探险、休闲、娱乐、怀古游历和拍摄影视场景

的好地方。
- 门票22元，游玩项目费用另计
- 8：30—20：00
- 嘉峪关国际机场—长城第一墩（自驾）
嘉峪关国际机场—机场路—兰新东路—X301—长城第一墩
全程约24千米

吃在嘉峪关

嘉峪关的餐馆很多，而且都有自己的招牌菜。黄焖羊肉、红焖羊肉、雪山驼掌、戈壁燕影、烤羊腿、雄关酥、涮羊肉等，都极富地方特色。

当地的小吃种类也很多，比如搓鱼面、拉条面、臊子面、砂锅、馄饨等。这些小吃在嘉峪关市振兴市场的美食一条街和镜铁路的美食一条街都可以吃到。

土豆焖羊肉

毛家饭店
游客评价：包子很大，油饼是本店一绝，粉丝圆白菜很下饭
- 0937-63171888
- 嘉峪关市雄关广场西侧

大漠馕坑肉
游客评价：西北民间菜，干净卫生
- 18693766696
- 嘉峪关市体育大道广汇花园北门西行100米

锄禾灶台鱼
游客评价：经典东北菜，分量足，现杀现煮的鱼很鲜美
- 0937-6333737
- 嘉峪关市朝晖小区北门迎宾东路1566-10号

马松吉清真牛肉面
游客评价：面的分量足，惊喜的是牛肉片还挺厚，味道也很不错
- 18298971000
- 嘉峪关市兰新西路

老贺家陕北揪节面馆
游客评价：地方美食，非常好吃

- 15193798866
- 嘉峪关市五一南路国家电网对面

嘉峪关香正府烧烤店
游客评价：羊肉很新鲜
- 0937-6345170
- 嘉峪关市新华北路富强市场C区358号

住在嘉峪关

嘉峪关的宾馆和酒店很多，尤其在火车站周边，宾馆遍地都是，而且环境还不错，很干净，100多元就可以住到条件比较好的标间。

平价型

嘉峪关嘉朵酒店
- 嘉峪关市胜利中路1001号
- 0937-6280888

嘉峪关林苑大酒店
- 嘉峪关市新华中路739号
- 0937-6203555

全季酒店（嘉峪关步行街店）
- 嘉峪关市新华南路2199-1-18号
- 0937-6788866

嘉峪关泰和大酒店
- 嘉峪关市迎宾东路726-1号
- 0937-6303333

享受型

嘉峪关诺金国际酒店
- 嘉峪关市建设西路阳光金水湾66栋
- 0937-6349666

酒钢宾馆
- 嘉峪关市雄关西路2号
- 0937-6201888

嘉峪关峪达大酒店
- 嘉峪关市迎宾湖旅游园区
- 0937-6229999

嘉峪关东湖明珠大酒店
- 嘉峪关市迎宾东路与钢城路交叉口西230米
- 0937-6373888

敦煌

敦煌位于新疆、青海和甘肃三省的交界处，是甘肃省内的一个县级市，属酒泉市管辖是一个地广人稀的地方。

敦煌地势低，南北高，平均海拔 1200 米左右，其北部是茫茫无际的大戈壁，西面是浩瀚如海的罗布泊，南面则是气势恢宏的祁连山。其绿洲面积近 1500 平方千米，是有名的戈壁绿洲。

敦煌是甘肃省有名的"水果之乡"，在绿洲地带到处都是农家果园。悠久的历史文化和到处可见的文物古迹让敦煌名扬中外。数目庞大的典籍文献、风景独特的美丽山水、无与伦比的石窟艺术，无不显示着敦煌这座历史文化名城的丰厚文化底蕴。

| 区号：0937 |
| 邮编：736200 |
| 面积：31200 平方千米 |
| 人口：19.18 万人 |
| 著名景点：莫高窟、鸣沙山、月牙泉、玉门关、阳关等 |

两日游

莫高窟—鸣沙山—月牙泉—阳关—玉门关—雅丹国家地质公园

↘ 游在敦煌

莫高窟 ★★★★★

莫高窟建于前秦时期，又被称为"千佛洞"，它的壁画和塑像举世闻名。壁画栩栩如生，色彩丰富，仿佛在向人们讲述着一个个佛教故事，展示着壮丽的山河景象。塑像具有精准的工艺水平，最小的塑像仅 2 厘米左右。莫高窟是古代文明的代表，具有很高的历史价值。

💰 200 元

🕐 8：00—18：00

🚌 敦煌莫高国际机场—莫高窟（自驾）

敦煌莫高国际机场—阳关东路—Z100—千佛洞一号—莫高窟

全程约 21 千米

🔆 莫高窟

旅游提醒

敦煌莫高窟的最佳旅游季节在每年的 5 月—10 月。

在每年的农历四月初八，敦煌莫高窟景区内人头攒动，热闹非常。因为这一天是有名的佛教节日"佛诞日"，景区里会举行规模宏大的庙会和转佛大会，盛景难得一见。而且在这一天，平时从不对外开放的第九十六窟内的弥勒大佛也允许游客进入绕行，吸引了大量的当地居民和四方游客来此游览。

温馨提示

为了保护莫高窟的壁画，景区规定游客只能用手电筒参观。建议游客自带手电，最好是冷光的，以便更好地游览。

在夏季前往敦煌观光的游客，别忘了多带几件衣服。因为这里早晚温差很大，白天穿短袖，晚上就得穿外套。

莫高窟

鸣沙山、月牙泉 ★★★★★

鸣沙山，因沙被风吹动的时候有声响而得名；月牙泉，因"山泉共处，沙水共生"而驰名中外，它们是敦煌市的"二绝"。月牙泉泉水清澈，四周盛开着美丽的罗布麻花，躺在鸣沙山的怀抱中，像沙漠中的一块绿洲，十分神奇。

💰 120 元

🕐 5：30—20：30

🚌 敦煌莫高国际机场—鸣沙山月牙泉（自驾）

敦煌莫高国际机场—文博路—敦月路—鸣沙山月牙泉

全程约 16 千米

鸣沙山

雅丹国家地质公园
★★★★

雅丹地貌主要由风蚀而形成，这里分布着各种奇形怪状的风蚀雅丹地貌，如石人、石鸟、石马等。

地质公园主要分为南区和北区两个部分，南区以风蚀谷、风蚀柱等为主要景观；北部则是成片的雅丹地貌。行走其中，欣赏着大自然鬼斧神工的造化，一定会让人心生敬仰。

- 旺季（5月1日至10月31日）50元；淡季（11月1日至4月30日）25元
- 8：30—19：30
- 敦煌莫高国际机场—雅丹地质公园（自驾）
敦煌莫高国际机场—文博路—S314—红格线—疏勒河大桥—雅丹地质公园
全程约176千米

雅丹地貌

雅丹国家地质公园 旅游提醒

从敦煌到雅丹景区的途中也可以欣赏到很多美景，游客能清晰地感受到从草甸、沼泽到茫茫沙漠，从河谷、平原到遍地沙丘的地貌变化过程。沿途长城烽燧遗址隐约可见，湖边随风摇曳的芦苇如纤纤美女，湖面追逐嬉闹的大雁、野天鹅自由惬意，连绵起伏的沙丘一望无际，如波涛起伏的大海。风景无限，美不胜收。

喜欢摄影的游客，一定要准备好相机，因为雅丹景区内的景色实在是太神奇了，让游客不忍错过任何一道风景。特别是日出之时，红霞满天，与景区的黄金世界相互映衬，形成一团团红中有黄、黄中透红的彩色光晕，让人眼花缭乱，叹为观止。

温馨提示

雅丹国家地质公园景区内常有风沙，前来参观的游客最好穿上宽敞舒适的外套防御风沙，戴帽子的衣物更好。还要戴上口罩，以免风沙来袭。景区日照强烈，游客还可以戴上眼镜保护眼睛，以免被强光刺痛。

购物敦煌

敦煌的特产主要有"安息三绝"、手工地毯、工艺骆驼、工艺字画、敦煌蜡染、彩塑、古董等。敦煌酒和矿泉水也很受欢迎，水果饮料更是受到人们的青睐。

敦煌市内有很多购物广场，如飞天商场、供销商场、南关综合市场等。位于阳关东路的沙洲市场在白天是百货市场，路边都是一些卖衣服和鞋帽的小摊。

敦煌寿昌城 ★★★

敦煌的寿昌城在古代曾盛极一时，如今却只剩下残垣断壁，掩映在滚滚黄沙之下。东城门已经荡然无存，南面墙壁也只剩下地基，城内尽是沙丘，被风吹动的沙子下面隐约可见古代的砖石、陶片、钱币等。

- 免费
- 全天
- 敦煌莫高国际机场—敦煌寿昌城（自驾）
敦煌莫高国际机场—文博路—S314—红格线—阳关路—寿昌城
全程约67千米

白马塔 ★★★★

白马塔建于明朝，其塔身共9层，高度为12米，建筑宏伟壮丽，历史悠久。塔身用土坯建造而成，并且将明朝时期寺庙的风格融入其中，矗立在蓝天之下，显得气宇轩昂。如今，白马塔周边绿树成荫，风景秀丽，吸引很多游人前往。

- 20元
- 8：00—18：00
- 敦煌莫高国际机场—白马塔（自驾）
敦煌莫高国际机场—阳关东路—祥云路—白马塔
全程约15千米

白马塔

玉门关 ★★★★

也许我们早已经从唐诗中得知了玉门关的存在："羌笛何须怨杨柳，春风不度玉门关。"相传，西汉时西域和田的美玉经此关口进入中原，因此而得名。玉门关是汉武帝时设置的关卡，为当时西行的商人和官员们提供了很大便利。如今，玉门关只是一座方形的小城堡，四周是无边无际的戈壁滩，随意生长着几株红柳，间或有些古城的遗迹，向来往的人们讲述着大漠的豪放和苍凉。

在玉门关景区，可以欣赏到一望无际的戈壁风光、虚无缥缈的海市蜃楼、形态逼真的天然睡佛以及戈壁中的沙生植物。这些景物与蓝天、大漠、绿草构成了一幅开阔壮美的神奇画面。

- 90元
- 7：00—18：00
- 敦煌莫高国际机场—玉门关（自驾）
敦煌莫高国际机场—文博路—S314—红格线—S303—玉门关
全程约107千米

玉门关

阳关 ★★★★

唐朝著名诗人王维在送别自己的好友之时写下了这样的句子："劝君更尽一杯酒，西出阳关无故人"。阳关同样是在汉武帝时设置的，它和玉门关都是丝绸之路上重要的关隘。如今，虽然昔日繁华的阳关城如今只剩下一座烽燧遗址和一片古董滩，但我们仍可从随处可见的古代遗物中窥见阳关曾经的繁华。

- 50元
- 1月1日—3月16日：不开放；
  3月17日—12月31日：8：30—19：00
- 敦煌莫高国际机场—阳关（自驾）
敦煌莫高国际机场—文博路—S314—红格线—阳关路—阳关
全程约74千米

阳关

三危山 ★★★ 📷

三危山是著名的佛教圣地，其中著名的景点如三危圣境、观音井、王母宫、阿弥陀佛殿、龙王庙等，除了建筑，还有各种古老的碑刻和精致的塑像，规模宏大，彰显着佛教文化。

- 💰 20元
- 🕐 8:00—19:00
- 🚌 敦煌莫高国际机场—三危山（自驾）
敦煌莫高国际机场—阳关东路—Z110—三危山
全程约24千米

三危山小亭子

雷音寺 ★★★ 🏛 🌐

雷音寺建于明朝嘉靖年间，清朝光绪时重建。其意取"佛音说法，声如雷震"之意，庙宇的建筑风格保留了宫廷建筑的特点，也融合了民间宅院的建筑风格，掩映在青山绿水间，犹如一座精致的四合院。

- 💰 30元
- 🕐 8:00—18:00
- 🚌 敦煌莫高国际机场—雷音寺（自驾）
敦煌莫高国际机场—文博路—敦月路—雷音寺
全程约15千米

雷音寺

南湖自然保护区 ★★★ 📷

南湖自然保护区主要以鸟类和湿地生态系统为保护对象，鸟类中的黑鹳、大天鹅、红隼等都是国家级的保护动物。这里气候宜人，草肥水美，芦苇低垂在水边顾影自怜，和着天空群鸟的飞翔与鸣叫，一片清新怡人的自然景象。

- 💰 免费
- 🕐 全天开放
- 🚌 敦煌莫高国际机场—南湖自然保护区（自驾）
敦煌莫高国际机场—文博路—鸣山路—南湖自然保护区
全程约16千米

敦煌市博物馆

★★★★★ 🌐 📷

敦煌市博物馆占地2400平方米，主要有4个展厅，其中二楼东展厅为"敦煌汉长城文化展览"，三楼东西展厅为"敦煌历史文物展览"，分别通过沙盘、图像、声音和光影等模式来展览历史文物。展出的文物包括石器、陶器、丝绸、书画、拓片、古币、汉简等。

- 💰 免费需携带身份证
- 🕐 旺季（5月1日至9月30日）：9:00—18:30；淡季（10月1日至次年4月30日）：9:00—18:00
- 🚌 敦煌莫高国际机场—敦煌市博物馆（自驾）
敦煌莫高国际机场—文博路—鸣山路—敦煌市博物馆
全程约16千米

敦煌市博物馆

敦煌电影城 ★★★ 📷

敦煌电影城是仿照沙洲古城而建造起来的，其建筑风格具有浓郁的西域风情。城门气势恢宏，城内有昌、敦煌、甘州、兴庆、汴梁五条主干道，街道两边有当铺、货栈、酒肆、佛庙和住宅等，重现了唐宋时期的敦煌景象。

- 💰 20元
- 🕐 全天开放
- 🚌 敦煌莫高国际机场—电影城（自驾）
敦煌莫高国际机场—阳关东路—阳关中路—敦煌莫高国际机场
全程约13千米

↘ 吃在敦煌

敦煌的人们喜欢吃羊肉、鸡肉和牛肉，而且对面食的制作也很讲究。敦煌的黄面，细长美味；臊子面汤汁鲜美；酿皮子味道辛辣，柔韧爽口，尤为有名。此外，川味小吃在这里也十分常见。在阳关东路的沙洲夜市，可以吃到各种风味的面食和烤肉等，味道鲜美，而且价格很便宜。

炒鸡

🍲 叶记驴肉黄面总店
游客评价：驴肉香到不行
- 📞 18793736789
- 📍 敦煌市沙洲镇沙洲夜市商业街22号

🍲 靖远尕六美味羊羔肉
游客评价：西北民间菜，羊肉超级好吃
- 📞 13830716008
- 📍 敦煌市北台巷沙洲乐园东门口隔壁

🍲 老钟家清真烤羊排
游客评价：小吃快餐，羊排炕锅肉非常好吃，羊肉外脆里嫩，肉汁鲜美
- 📞 13014197009
- 📍 敦煌市阳关东路沙州市场内名吃广场76号

🍲 城边边烧烤
游客评价：嘉峪关烤羊肉很赞，水果也很新鲜
- 📞 0937-8886661
- 📍 敦煌市西域路天润花园小区底商

🍲 五味香驴肉黄面馆
游客评价：人气超旺，驴肉味道太好吃啦
- 📞 13830701937
- 📍 敦煌市阳关中路沙洲夜市名吃广场91号店

↘ 住在敦煌

敦煌市的住宿条件非常不错，除了星级酒店，还有很多宾馆以及旅游定点酒店。环境清洁安全，价格适宜。在敦煌饭店及其周边地区住宿，交通很方便的，开往很多景点的公交车都在这里发车。

平价型	享受型
酒泉商汇宾馆 📍 酒泉市肃州区宝泉东路与神州路交叉路口往南约 80 米 📞 0937-2671333	**酒泉东方国际酒店** 📍 酒泉市肃州区仓门街 6 号 📞 0937-2699999
格林豪泰商务酒店（敦煌沙洲北路店） 📍 敦煌市沙洲北路 13 号 📞 0937-8888939	**酒泉市世纪大酒店** 📍 酒泉市新城区世纪大道 55 号 📞 0937-2666186
IU 酒店（敦煌市政府广场店） 📍 敦煌市沙州镇鸣山路 8 号手机一条街 📞 0937-8882299	**酒泉鑫惠成大酒店** 📍 酒泉市新城区莫高路 16 号 📞 0937-2671616
格林豪泰（酒泉世纪广场店） 📍 酒泉市新城区宝泉东路洪洋广场 8 号楼 📞 0937-2805588	**甘肃酒泉宾馆（酒泉）** 📍 酒泉市肃州区解放路 33 号 📞 0937-2618000

武威

区号：0935
邮编：733000
面积：3.23 万平方千米
人口：183 万人
著名景点：罗什寺塔、天梯山石窟、马牙雪山等

武威市是中国历史文化名城，位于甘肃省的中部地区，南接祁连山，北临腾格里沙漠。生活着汉、藏、回等 38 个民族。

武威的地势南部高，北部低，相对高差近 4000 米，其南部地区低温湿寒，海拔在 4000 米以上的地区则是终年积雪；中部干燥多风，昼夜温差很大；而北部地区夏季短热，冬季长寒，形成了南部祁连山区、中部绿洲灌溉区和北部干旱区三个地理分区。

武威是一个集众多光环于一身的城市。目前，武威已经拥有三处省级自然保护区、两处国家 4A 级景区和一处国家级自然保护区，吸引着来自五湖四海的游客来此观光，是名副其实的旅游胜地。

↘ 游在武威

马牙雪山 ★★★★

马牙雪山位于天祝藏族自治县西部，距离县城 35 千米。它的主峰海拔 4447 米，山顶终年积雪，而它的山脚则绵延着一望无际的草场。每年的农历六月十三，牧民们便会在这里举行祭天池活动。而每年的 7—8 月，如果站在山顶大声喧哗，马上便会风雨大作。而一旦停止喧哗，则马上云消雨霁，颇为神奇。

💰 30 元
🕘 9:00—17:00
🚌 武威火车站—马牙雪山（自驾）
武威火车站—正阳路—连霍高速—沪霍线—马牙雪山
全程约 107 千米

💡 **马牙雪山**
温馨提示
天祝藏族自治县所在的地区气温低，昼夜温差大，且天气变幻无常，前往观光的游客最好多带一些衣物保暖，并携带雨伞、雨衣等备用。若是在前往雪山的途中碰见牦牛，千万不要去挑逗它们，以免被其误伤。

💡 **购物武威**
武威的葡萄酒、甘草和熏醋都是广泛受到赞誉的特产。武威邻近沙漠，环境和气候都比较适合甘草生长，因而这里的甘草都很优质。凉州熏醋选用的原料上乘，再加上完善的工艺，醋品香醇浓厚。

马牙雪山

马牙雪山山势起伏,有些地方极为陡峭,游客去前一定要准备好登山鞋。雪山上气温较低,时有风雪,推荐游客穿戴登雪山专用的冲锋衣,最好是防风防水效果比较好的那种。

住宿指引

在天祝县城有很多地方可以住宿,除了到处可见的酒店、宾馆之外,还有藏族风情浓厚的农家乐,设施齐全,服务热情,并提供当地的各种特色美食。

民勤沙生植物园
★★★

民勤沙生植物园是中国最大的沙生植物园,坐落于甘肃省武威市民勤县大薛百乡西端的沙漠中。该植物园建于1947年,占地面积400公顷,园内有乔木、灌木和草本植物等450多个品种。园内景色宜人,远望栽满各种沙生植物的林园,犹如瀚海中的绿色群岛,散发着无穷的魅力。

⑤ 免费
⏰ 9:00—17:00
🚌 武威火车站—民勤沙生植物园(自驾)
武威火车站—古浪街—滨河路—裕和路—民勤沙生植物园
全程约94千米

黄羊川 ★★★

黄羊川位于古浪县东南部,因其谷地中曾经多有野生黄羊而得名,境内石门峡、石圈城、石城九莲池、显化山等自然景观已是县内外具有相当知名度的避暑观光旅游胜地。每到旅游高峰期,这里游客络绎不绝,热闹异常。另外还有充满神话传奇色彩的周家庄七亩墩(堆)湾、大南冲断山口、一棵树皇娘娘庙、张家墩新开路湾以及南冲寺等名胜古迹,也时常引得游客慕名而至,溯源思今,观光旅游。黄羊川正逐步成为

黄羊川东山日出

全县乃至全区的旅游大乡。在文峰塔顶,可以望见起伏的山川冈峦,目睹城市的全景;在观日亭,可以观赏东山日出。

⑤ 免费
⏰ 9:00—17:00
🚌 武威火车站—黄羊川镇(自驾)
武威火车站—连霍高速—沪霍线—十黄段—黄羊川镇
全程约84千米

罗什寺塔 ★★★

罗什寺塔最早建于后凉,并在唐朝扩建,明清时稍作修葺。现在的罗什寺塔全部由条形的方砖砌成,为八角形共12层,高32米。从底座起,第三、五、八层均不设大门,塔顶部为葫芦形的宝瓶,最高层放有小佛龛等物。

⑤ 免费
⏰ 7:00—20:00
🚌 武威火车站—罗什寺塔(自驾)
武威火车站—迎宾路—北大街辅路—罗什寺塔
全程约3千米

瑞安堡 ★★★

瑞安堡原本是民国时当地一位乡绅的私邸,占地5000平方米,大大小小的院落有8个,亭台楼阁有7座,墙高在10米左右,院子里密布着暗道和机关。瑞安堡虽地处偏僻,但是建筑风格新颖,设计构思颇具匠心,不失为一道独特的景观。

⑤ 免费开放
⏰ 8:00—18:00
🚌 武威火车站—瑞安堡(自驾)
武威火车站—古浪街—裕和路—瑞安堡
全程约95千米

天祝三峡国家森林公园
★★★

公园地处景区深处祁连山的腹地,占地面积共10.8万公顷。三峡指的是朱岔峡、金沙峡和先明峡,山峰挺立,峡谷幽深,具有浓厚的宗教色彩和民俗风情。天祝三峡风景秀丽,交通便捷,是当地的旅游胜地。

⑤ 20元
⏰ 8:00—18:00
🚌 武威火车站—三峡国家森林公园(自驾)
武威火车站—正阳路—连霍高速—

天互公路—海天线—三峡国家森林公园
全程约174千米

天梯山石窟 ★★★★

天梯山石窟位于武威南50千米处的张义镇灯山村,创建于东晋十六国时期,距今有1600多年的历史,里面有大量宏伟壮观、精美绝伦的石窟,堪称"中国石窟鼻祖"。

⑤ 30元
⏰ 8:30—17:30
🚌 武威火车站—天梯山石窟(自驾)
天梯山石窟—凉都大道—连霍高速—S308—天梯山石窟
全程约56千米

天梯山石窟陈列馆

吃在武威

武威的美食很多,当地的面皮、油炸糕、满族饽饽等都是著名的小吃。面皮味道香辣,入口筋道而厚实,满族饽饽更是以多种多样的外形吸引着人们前往品尝。

麻辣粉皮

🍲 老王家菜锅子
游客评价:极具当地风味的美食店,金瓜薏米牛腩很赞
📞 0935-6118558
📍 武威市凉州区公园路8号

🍲 老孙三套车
游客评价:三套车挺有特色
📞 15293531688
📍 武威市凉州区悦荫巷北关市场东8-10号商铺

兄弟烤坊（八中店）
游客评价：烤肉酱调得太棒了
☎ 18993549399
📍 武威市凉州区和平路嘉祥大厦二号楼一楼

地锅根据地
游客评价：鸡肉好吃，环境干净
☎ 19893583888
📍 武威市凉州区古浪街金福海盛宴东侧

伊宁斋
游客评价：清真菜，还有新疆特色的菜品
☎ 0935-2212498
📍 武威市凉州区南大街102号

吉面皮子
游客评价：面皮便宜又实在
☎ 13893511157
📍 武威市凉州区天马路125号

↘ 住在武威

武威的住宿并不算太发达，在市区内各个宾馆的价格也不贵，100元以内就能够入住普通的标准间。南关西路的长途汽车站附近有很多宾馆，选择住在这里，出行会更加便捷。

平价型

武威宾馆
📍 武威市凉州区凉州区凤凰路48号
☎ 0935-2231888

H精品酒店
📍 武威市凉州区西关北路与祁连大道交汇处南100米
☎ 0935-2586560

宗泰宾馆
📍 武威市凉州区建设路21号
☎ 0935-6986333

中惠宾馆
📍 武威市凉州区北大街杨府巷西口
☎ 0935-2265154

享受型

天马宾馆
📍 武威市凉州区西大街41号
☎ 0935-2212355

建隆大酒店
📍 武威市高坝镇天马大道（职业中专北行200米）
☎ 0935-2388888

武威大酒店
📍 武威市凉州区北关中路24号
☎ 0935-2218888

凯尔曼国际酒店
📍 武威市凉州区今朝阳阳光城二区2号楼
☎ 0935-6180555

平凉

平凉市位于甘肃省的东部，泾河上游，六盘山的东部，是陕甘宁三个省区交接的地方，所以被称为"金三角"。它曾经是古代丝绸之路上的必经之地，陇东地区重要的商品交易市场，又被誉为"陇上旱码头"。

平凉市的气候属于半干旱、半湿润的大陆性气候，总的来说，境内南部湿润、北部干燥、东部温暖、西部凉爽。

平凉市有着深厚的历史文化底蕴，文物古迹、自然景观数不胜数，文化气息浓郁，风景宜人，是避暑、游玩的好地方。

区号：0933
邮编：744000
面积：1.10万平方千米
人口：184.86万人
著名景点：崆峒山、云崖寺国家森林公园、古灵台等

↘ 游在平凉

龙泉寺 ★★

龙泉寺位于崇信县，背靠着300多米高的风翥山。景区内绿树成荫，山间有一座飞龙雕塑，龙口中泉水喷涌而出，经过阳光的照射，折射成彩虹挂在山腰，会形成著名的景观——"龙吐彩虹"。

龙泉寺主寺建设在中台，殿后石壁高数丈，石壁中有300多米长的水系，水溢岩石，百泉争流，聚者为露，散者为雨，垂者为星，注者为旒，潺潺有声；形成两处大泉，一为浓露泉，二为贯珠泉，特别是贯珠泉飞岩欲坠，泉中绿草茵茵，游鱼从容，岩面流水如丝如缕注入泉中，楼阁映于水际，石桥弯折其上，别有一番江南园林趣味。清顺治县志记载，"贯珠泉为陇东第一泉"。明崇信知县柳仲庭诗曰："龙泉山中古佛堂，流水潺潺绕后廊，人道蓬莱无处觅，谁知仙境在斯方。"此外，这里还有晴雨楼等建筑。

💰 35元
🕐 8:00—18:00
🚌 平凉站—龙泉寺（自驾）
平凉站—解放路—青兰高速—G312—龙泉寺
全程约55千米

龙泉寺

龙泉寺

景区看点

寺内青山绿水，飞瀑流泉，漫步其中，如游仙境。被誉为陇东山水"天然盆景"的辑桥步月、莲花晓日、高原秋风、灵沼鱼化、古柏龙蟠、谷内烟霞、瀑珠怕雨、湫池霖雨八种名胜，都十分值得一观。

旅游指南

游客可从平凉市乘坐57路公交车，有复线到龙泉寺，8分钟左右一辆，十分快捷。

自驾车旅游的游客可从甘肃省平凉市的崇信县城向西南方向行驶，途经青年路、044县道到达龙泉寺。

住宿推荐

崇信县城有很多宾馆，基础设施比较齐全，环境优雅，交通便利，适合到龙泉寺观光的游客住宿。

购物平凉

平凉的特产种类繁多，有农产品、食品、工艺品等。华亭核桃、静宁烧鸡、地毯、漆雕等都是比较出名的。而平凉这个城市还不太发达，经济水平并不是很高，近年来这里新建了不少规模较大的商场，中山街、过店街和西大街已经成为比较繁华的商业街道。

云崖寺国家森林公园 ★★★★

云崖寺开创于北魏时期，经过历代扩建，如今已形成了八寺、三洞、一湾、一潭的独特景观。景区的面积达到14891公顷，生长着许多奇特的树种和珍奇的动物，景点如罗汉洞、秋千架、狐仙洞等，无不令人称奇。

💰 15元
🕐 8:00—18:00
🚌 平凉站—云崖寺国家森林公园（自驾）

平凉站—解放路—S216—堡子湾梁隧道—S304—云崖寺国家森林公园
全程约89千米

明代平凉宝塔 ★★★

平凉宝塔建于明朝年间，形状为八棱锥状体，高为7级。在第一层南面的拱形塔门上，嵌有"大明"的石匾，此上各层的四面具有门和龛。塔内的楼梯和楼板均为木质结构，做工十分精细。登临塔顶，平凉城的景色可以尽收眼底。

💰 免费
🕐 8:00—18:00
🚌 平凉站—明代平凉宝塔（自驾）
平凉站—解放路—崆峒大道中路—宝塔路—明代平凉宝塔
全程约3千米

南石窟寺 ★★★

南石窟寺位于泾河北岸，石窟位于河北岸的红砂岩上，现存一共5窟。东大窟是其中最重要的一座，高13米，宽17米，深14米。7座佛像的造型栩栩如生，石窟顶端布满了精致的浮雕。其余的4座石窟规模要小得多，多为壁画。

💰 10元
🕐 8:00—18:00
🚌 平凉站—南石窟寺（自驾）
平凉站—沪霍线—青兰高速—南石窟寺
全程约77千米

王母宫石窟 ★★★

王母宫石窟共有三层，中间的一层有一座塔柱，直连石窟顶端。三面的石窟壁上均有佛像，其中包括千佛、菩萨以及白象，这些雕塑多在北魏时期完成。顶部的建筑已经不多，仅存百余尊造像。石窟外是清代时期修建的楼阁，建工精巧细致，是道家的圣地。

💰 5元
🕐 9:00—17:00
🚌 平凉站—王母宫石窟（自驾）
平凉站—崆峒大道中路—青兰高速—沪霍线—王母宫石窟
全程约67千米

古灵台 ★★★

古灵台被誉为"神州祭灵第一台"，建造于商纣时期，曾经两次被毁又两次重建。现在的古灵台坐北朝南，高33米，共3层。其用青砖砌面，顶部的八卦亭内有周文王的塑像，两边的墙壁上则绘有许多大型的壁画，底部回廊则收录了古今名人的题词。

💰 15元
🕐 8:00—17:00
🚌 平凉站—古灵台（自驾）
平凉站—青兰高速—沪霍线—G244—古灵台
全程约131千米

崆峒山 ★★★★★

崆峒山距平凉市12千米，是古代丝绸之路的要塞。崆峒山既有优美的自然景观，还有丰富的人文景观。相传此地为仙人广成子修炼得道之地，被称为"天下道教第一山"。其自然景色既有北国之雄，又兼江南之秀，自古就有"西来第一山""崆峒山色天下秀"之美誉。

💰 旺季（4月1日至10月31日）110元；淡季（11月1日至3月31日）55元
🕐 7:30—19:00
🚌 平凉站—崆峒山（自驾）
平凉站—泾河北路—崆峒大道西路—崆峒山
全程约12千米

云崖寺

崆峒云海

↘ 吃在平凉

平凉有很多具有地方风味的大众化美食，比如华亭核桃饺子、华亭麻腐、静宁锅盔、卤齿馍等，还有分为五香味咸酥饼和甜酥饼的平凉酥饼，味道独特；以静宁烧鸡和泾川烧鸡出名的平凉烧鸡，口感极佳。而红焖肘子和灵台清炖甲鱼更是游人们到此定要一尝的美味。

咸酥饼

凡人居（南山总店）
游客评价：生意火爆，闭着眼点都好吃
☎ 0933-8799699
📍 平凉市崆峒区圆通寺站路风景嘉苑 3 号高层下

正军炒肉片
游客评价：肉不柴，粉条软硬适中
☎ 0933-8263668
📍 平凉市崆峒大道柳湖公园后门旁

平凉味道
游客评价：清炒荷兰豆清爽可口，山药牛腩汤老少皆爱
☎ 0933-8698777
📍 平凉市绿地公园世纪商业广场东区 4 楼

回坊楼（新民路店）
游客评价：小吃面食，豆皮很好吃
☎ 13993377118
📍 平凉市崆峒区新民中路 9 号

八仙桌贤聚（盘旋路店）
游客评价：像农家乐的川菜馆，伤心凉粉好吃
☎ 0933-8696622
📍 平凉市崆峒区解放北路 15 号门面房

有德牛肉面
游客评价：多年的老牌子，味道十分好
☎ 13519622063
📍 平凉市定北路柳湖公园对面

↘ 住在平凉

平价型

平凉宾馆
📍 平凉市崆峒区西大街 86 号
☎ 0933-8253361

锦江之星（玄鹤新城店）
📍 平凉市玄鹤北路 15 号玄鹤新城 36 号楼
☎ 0933-8601168-0

如家酒店（新客运中心店）
📍 平凉市仪州大道新客运中心西南 100 米
☎ 0933-7821888

平凉杜鹃民宿
📍 平凉市崆峒古镇柳树沟村
☎ 0933-4162888

享受型

陇东明珠宾馆
📍 平凉市崆峒东路 460 号
☎ 0933-8612588

华辰大酒店
📍 平凉市崆峒东路 9 号
☎ 0933-8611618

瀚隆中银商务酒店
📍 瀚隆中银商务酒店
☎ 0933-8298955

正宇宾馆
📍 平凉市来远路 16 号
☎ 0933-8715678

甘南

区号：0941
邮编：747000
面积：38521 平方千米
人口：69.19 万人
著名景点：则岔尕海风景区，夏河拉卜楞寺等

甘南藏族自治州是全国 10 大藏族自治州之一，位于甘肃省的南部，青藏高原的东北部，为青藏高原和黄土高原的过渡地带，地势西北高，东南低，大部分地区海拔在 3000 米以上。

甘南藏族自治州的南部为群峰林立的山区，气候温和，山高谷深，也是全省重要的林区之一；东部是丘陵地区，温度较低，阴冷潮湿，农、林、牧业都有发展；西北部是辽阔的草原地区，这里也是甘肃省的重要牧区之一。

甘南藏族自治州除了有着丰富的矿产、水电、中藏药资源，其旅游资源也很丰富。

游在甘南

拉卜楞寺 ★★★★★

拉卜楞寺，旧称"扎西奇寺"，位于甘肃省甘南藏族自治州夏河县县城西郊的凤岭山脚下，是甘南地区的政教中心。拉卜楞寺是藏传佛教格鲁派六大寺院之一，目前拉卜楞寺保留有全国最好的藏传佛教教学体系。1982年拉卜楞寺被列入全国重点文物保护单位。

大夏河将龙山、凤山之间冲积成一块盆地，藏族人民称之为聚宝盆，拉卜楞寺就坐落在聚宝盆上。拉卜楞寺与西藏的哲蚌寺、色拉寺、甘丹寺、扎什伦布寺、青海的塔尔寺合称为我国藏传佛教格鲁派（黄教）六大寺院。

拉卜楞为藏语，意思是佛宫的所在之地，其规模仅次于布达拉宫。寺庙的殿前供着松赞干布的塑像，正殿悬挂着"慧觉寺"的匾额，寺中还有讲经坛、藏经楼等建筑，收藏着数万件文物。

- 40元
- 8:00—18:00
- 甘南夏河机场—拉卜楞寺（自驾）
  甘南夏河机场—桑阿段—G316—腾志路—拉卜楞寺
  全程约64千米

拉卜楞寺
旅游指南

在兰州汽车南站有直达夏河的班车，每天4班，分别在早上的7:00和8:30，以及14:00和15:30发车。游客到达兰州之后要注意了，要是想在当天就赶往夏河，那就得抓紧时间乘坐出租车赶往汽车南站。因为在兰州有些地段是很难打到出租车的，路况也不太好，要是在下午才赶到汽车南站，再耗费4小时左右的车程，那么到达夏河时就差不多天黑了。虽然夏河天黑的时间晚些，但抵达之后还要寻找住处和用餐，时间也是比较紧张的。

温馨提示

从兰州到夏河的班车每天四趟，而从夏河到兰州的班车每天只有3趟，分别在7:30和8:30，以及14:30发车。夏河的特色名吃有拉面、臊子面、蕨麻米饭等，味道独特，很受游客喜爱，一定要尝一尝。

购物甘南

甘南的旅游纪念品中，藏族纪念品占了很大部分。藏族服饰、工艺品、装饰品、藏式家具、刺绣，还有印度服饰等。

拉卜楞寺

当周草原 ★★★★

当周草原地势开阔，以远处的高山和森林作为背景，接天连地的碧草上搭建着亭台帐篷。因这里日照丰富，景区的植物生长得很茂盛，所以空气十分清新。每当夏季来临，这里的花卉便会争相盛开。随着服务设施的逐步完善，当周草原已经成为历届甘南香巴拉旅游艺术节主要的会场。

- 免费
- 全天
- 甘南夏河机场—当周草原（自驾）
  甘南夏河机场—经三路—兰磨线—知合玛路—当周草原
  全程约43千米

则岔尕海风景区 ★★★★

则岔尕海风景区主要包括则岔石林和尕海候鸟自然保护区。则岔石林是独特的硅灰岩石景观，怪石林立，形态各异，其中最著名的是数十丈高的"石门一线天"。尕海是珍奇鸟类生存繁衍以及候鸟过境时的落脚之地，也是亚洲非常优良的草场之一，水草丰美，景色尤为怡人。

- 免费
- 全天

当周草原

🚌 甘南夏河机场—则岔石海风景区
（自驾）
甘南夏河机场—经三路—兰磨线—
则岔石海风景区
全程约 94 千米

冶力关风景区 ★★★★ 📷

景区以冶力关为中心，分为莲山、西峡、东峡和冶海湖四个部分，主要的景点有莲花山、黄捻子、香子沟、天池冶海、赤壁幽谷、十里卧佛等。景区山川秀美，碧水灵动，有"生态大观园"之美称。

💰 78 元
🕐 8：00—17：00
🚌 甘南夏河机场—冶力关风景区
（自驾）
甘南夏河机场—经三路—兰磨线—那吾路—江达段—冶力关风景区
全程约 145 千米

冶力关赤壁

贡唐宝塔 ★★★ 🏛 🌐

贡唐宝塔共 5 层，塔高 31.33 米，由塔刹、塔瓶和底座构成。塔的外形金碧辉煌，塔瓶是鎏金的精铜浮雕，塔座是用琉璃瓦装饰；塔的内部结构精巧细致，正中间的两层是四座贯通的佛殿，供着金像，收藏着万余卷佛经。殿顶供阿弥陀佛、二世嘉木样和千佛铜像。贡唐宝塔与大夏河水、云杉禅林相映，蟊然傲立，巍峨壮观。

💰 20 元
🕐 9：00—17：00
🚌 甘南夏河机场—贡唐宝塔（自驾）
甘南夏河机场—桑阿段—G316—贡唐宝塔
全程约 60 千米

贡唐宝塔

禅定寺 ★★★ 🏛 🌐

禅定寺建于 1295 年，是当地最古老的佛教寺院，自建成以后就在当地的宗教文化方面占据着主要的地位。其建筑融合了藏族和汉族的建筑风格，金碧辉煌，寺内栽植了大量花草树木，环境十分优雅。

💰 5 元
🕐 全天开放
🚌 甘南夏河机场—禅定寺（自驾）
甘南夏河机场—经三路—兰磨线—G316—G248—东环路—禅定寺
全程约 145.6 千米，2 小时 57 分钟

↘ 吃在甘南

甘南地区多回民聚集区和藏族的村寨，所以饮食风味很独特。比如这里的藏包子、手抓羊肉、糌粑和青稞面，都是具有藏族风味的美食。

手抓饼

🍲 **陈家饭庄**
游客评价：服务好，受欢迎，推荐高压小米排骨
📞 15390626715/13893925354
📍（迭部县）尼傲路中国邮政储蓄银行隔壁

🍲 **甘南饭店**
游客评价：很有特色的简餐
📞 0941-8214733/8212611
📍 合作市人民街 83 号

🍲 **乌泽林卡藏餐府**
游客评价：环境好、味道也好，必须打卡
📞 0941-7125111
📍 夏河县拉卜楞镇扎西奇街门乃合村 159 号

🍲 **马成虎手抓美食城**
游客评价：西北特色美食
📞 0941-8189999
📍 合作市念钦街 348 号

🍲 **雪人宫**
游客评价：藏式锅贴非常好吃
📞 15379407217
📍 夏河县桑曲西路夏河天珠国际酒店南 200 米

🍲 **祥火锅（合作店）**
游客评价：菜品鲜美，服务热情
📞 0941-3834444
📍 合作市广场南口

↘ 住在甘南

甘南的大部分宾馆价格都不高，稍微砍价之后，差不多 80 元以内就可以住上标准间。如果是在冬季出行，一定要看房间里的暖气是不是足够暖和。如果选择在当地的农家或者僧院住宿也是可以的，会有不一样的体验和感觉。

平价型	享受型
刚坚龙珠大酒店 📍 合作市当周街与桑曲西路交叉口东北角 📞 0941-8259999 **古宗客栈** 📍 迭部县扎尕那景区代巴村 13 号 📞 13893923871 **骏怡连锁酒店（合作东二路店）** 📍 合作市舟曲东路 109 号 📞 0941-5915888 **雪人宫民宿** 📍 夏河县桑曲西路 102 号 📞 15379407217	**甘南饭店** 📍 合作市人民街 83 号 📞 0941-8212611 **诺桑洲际酒店** 📍 合作市多河路 833 号 📞 0941-8220888 **碌曲达仓郎木宾馆** 📍 碌曲县郎木寺镇 📞 0941-6671399 **源之九色精品酒店** 📍 合作市城南派出所斜对面 📞 0941-8261111

宁夏

区号：0951—0955
省会：银川
面积：66400 平方千米
人口：720.26 万
著名景点：水洞沟、沙坡头、一百零八塔等

概况

宁夏是我国五个自治区之一，有"塞上江南"之称。它位于我国内陆地区，冬无严寒，夏无酷暑，气候宜人，风景十分秀丽。宁夏内接中原，西边通往西域，北部是大漠和沙地，各个民族南来北往，在这里交汇。

宁夏回族自治区虽然面积不大，但是地势起伏多变，黄河流经宁夏，经过银川平原，将这里灌溉成一片稻香鱼肥的地方；贺兰山下果园密布，盛产各种水果；六盘山海拔在2000米以上，植被丰富，气候湿润。丰富的地貌使宁夏展现出多样的自然景观：这里有着"大漠孤烟直"的塞外风光，也有着"小桥流水人家"的江南景色，西夏的历史在这里留下了神秘的影踪，黄河文化在这里华丽地落下脚步，壮美旖旎的自然风光使得宁夏被誉为"十大新天府"之一。

宁夏有五宝：红宝宁夏枸杞、黑宝宁夏发菜、黄宝宁夏甘草、白宝滩羊二毛皮、蓝宝贺兰石。

线路1
华夏珍奇艺术城—永宁鹤泉湖景区—多宝塔—中山公园

线路2
牛首山—玉泉葡萄庄园—一百零八塔—水洞沟遗址—钟鼓楼

名菜

糖醋黄河鲤鱼：将鲤鱼背面切开，裹上面糊，放入油锅中煎炸至熟，然后浇上糖醋汁即可。色泽金黄明亮，外焦里嫩，甚是好吃。

手抓羊肉：将羊肉中加入调料，放入已经煮沸的水中炖至肉烂，然后蘸着酱汁而食，或者和菜、粉一起食用，味道鲜嫩不膻，不油腻，还容易消化，老少皆宜。

清蒸羊羔肉：将羊羔肉放好调料，放在蒸笼中蒸熟，然后蘸调料食用即可。

交通

飞机

银川河东机场

- 0951-96111
- 银川市灵武市，距市区19千米
- 机场交通：机场大巴共有4线：

1号线
银川河东国际机场—西港航空酒店（票价20元）

2号线
银川河东国际机场—悦海新天地城市候机楼—新华联城市候机楼暨空铁换乘中心（票价20元）

3号线
银川河东国际机场—吴忠城市候机楼（票价35元）

4号线
银川河东国际机场—盐池城市候机楼（票价40元）

出租车，起步价7元，3千米后每千米根据车排量大小收费为1元、1.2元及1.4元。

银川河东机场

银川

银川是宁夏回族自治区的首府，位于宁夏平原的中部地区。

目前，银川市已经形成铁路、公路和航空相结合的运输体系，对外交通十分发达。2012年9月10日，银川的BRT城市快速公交系统正式开始运行。交通的便利，直接促进了当地的对外经济贸易和旅游业的迅速发展。

银川主要有山地和平原两种地形，地势西南高、东北低。其地貌类型多种多样，平均海拔在1100米左右。银川平原地势平坦，土地肥沃，水资源丰富，日照时间长，适合绿色植物生长，被誉为"塞上江南"。

区号：	0951
邮编：	750000
面积：	9025.38平方千米
人口：	285.91万人
著名景点：	苏峪口风景区、贺兰口岩画、水洞沟遗址等

两日游

西夏王陵—沙坡头—西部影视城—贺兰口岩画

↘ 游在银川

贺兰口岩画 ★★★★

岩画是古代的人们在岩石上绘制或凿刻的图画，其内容表现了人们在社会生活中各个方面的行为和活动，比如狩猎、祭祀等，表现手法或写实、或抽象。贺兰口岩画是比较集中的地区，具有很高的艺术价值和历史价值。

ⓢ 65元

ⓛ 8：00—18：30

🚌 银川河东国际机场—贺兰山岩画（自驾）

银川河东国际机场—京藏高速—银川绕城高速—贺兰山岩画

全程约77千米

贺兰口岩画
旅游指南

游客可在北门旅游汽车站乘坐天豹旅行社的专线车直达贺兰口景区，也可在银川市区新月广场乘坐2路线旅游公交直接抵达。

旅游贴士

去银川旅游的最佳时间是每年的3—10月份。

住宿指引

在贺兰口岩画管理处附近，有很多规格不错的宾馆，方便游客住宿。

银川凯都商务宾馆：位于银川兴庆区长城东路315号，距贺兰口岩画管理处仅200米。设有豪华套房、豪华标间、豪华商务间、豪华单人间、三人间、经济间、多种房型，房间舒适温馨、干净整洁、大空间大床位，能承接各种大型团队的入住。

银川朗悦酒店：位于银川兴庆路民族南街206号，距贺兰口岩画管理处50米。有单人间、标准间等多种房型，房间内设施齐全，提供停车位。

贺兰口岩画

中山公园 ★★★

中山公园是银川市最大的风景游览区，经过多年的规划和修缮，如今有朔方亭、游船码头、玉带桥、动物园等20多处景点。公园里绿树浓荫、花草繁茂，亭台楼阁矗立其中。

ⓢ 免费，公园中的动物园收费

ⓛ 6：30—20：00

🚌 银川河东国际机场—中山公园（自驾）

银川河东国际机场—S103—X102—赵家湖路—北京东路—中山公园

全程约28千米

纳家户清真寺 ★★★

纳家户清真寺属于中古式的建筑寺院，也是当地历史悠久、规模较大的一座寺院之一。它坐西朝东，形状呈长方形，主要建筑有门楼、礼拜大殿、厢房和沐浴室。礼拜大殿规模宏大，可容纳上千人同时在此做礼拜。寺院环境清幽，庄严肃穆。

ⓢ 免费

纳家户清真寺

ⓛ 8：00—19：00

🚌 银川河东国际机场—纳家户清真寺（自驾）

银川河东国际机场—东灵线—下白线—黄河桥连接线—纳家户清真寺

全程约21千米

玉皇阁 ★★★

玉皇阁是一座重楼叠阁、飞檐相啄、结构紧凑、玲珑别致的传统木结构大屋顶建筑。其殿内有铜铸的玉帝像，因而被称为玉皇阁。玉皇阁的主体建筑为玉皇大殿，位于山顶，高度在22米左右，整个建筑的形状犹如大鹏展翅，美不胜收。

ⓢ 15元

🕐 8：00—17：00
🚌 银川河东国际机场—玉皇阁（自驾）
银川河东国际机场—青银高速—长城东路—玉皇阁北街—玉皇阁
全程约 23 千米

银川玉皇阁

钟鼓楼 ★★★

钟鼓楼位于银川市内解放东街和鼓楼南北街交叉口，始建于清朝道光年间，整座钟鼓楼被建在方形的台基之上。台基下有十字形的通道，洞门上刻有石刻，东南西北四个方向的石刻分别为"迎恩""来薰""摇爽""拱极"。台基上是一栋 3 层的楼阁，造型大方俊俏，很是壮观。

💰 5 元
🕐 9：00—18：00
🚌 银川河东国际机场—钟鼓楼（自驾）
银川河东国际机场—青银高速—长城东路—鼓楼北街—钟鼓楼
全程约 23 千米

银川钟鼓楼

永宁鹤泉湖景区 ★★★

鹤泉湖位于永宁县城东北 2 千米处，距银川市 18 千米。鹤泉湖景色优美，湖面波光粼粼，无数禽鸟在湖面上起落、嬉戏，湖边芦苇丛生，随风轻摆。景区的景点主要有水上迷宫、垂钓中心、湖中小岛、夏家滩桥、黄河漂流等，还有快艇、游艇、划船等娱乐活动。

💰 免费
🕐 全天
🚌 银川河东国际机场—鹤泉湖景区（自驾）
银川河东国际机场—东灵线—下白线—黄河桥连接线—鹤泉湖景区
全程约 19 千米

西夏王陵 ★★★★

西夏王陵有"东方金字塔"之称，共包括 9 座帝王的陵墓和 140 多座王公大臣们的殉葬墓。其建筑风格受到了佛教建筑的影响，结合了佛教文化、汉族文化和少数民族的文化，形成了别具一格的建筑形式。目前可供参观的有"昊王陵"和"双陵"这两处。

💰 95 元
🕐 8：00—17：30
🚌 银川河东国际机场—西夏王陵（自驾）
银川河东国际机场—青银高速—银川绕城高速—京青线—西夏王陵
全程约 49 千米

西夏王陵

苏峪口风景区 ★★★★

景区有着丰富的自然景观和人文景观，松树、杉树共同构成了一望无际的林海，樱桃、丁香等花卉点缀其中。还有狮吼石、卧虎石、飞来石等自然雕塑，一线天、姐妹峰等峡谷景观，更有宁夏八景之一的"山屏晚翠"。

💰 60 元
🕐 夏季：8：30—18：00
　 冬季：9：00—17：00
🚌 银川河东国际机场—苏峪口风景区（自驾）
银川河东国际机场—青银高速—京藏高速—银川绕城高速—镇芦路—苏峪口风景区
全程约 74 千米

苏峪口一线天

多宝塔 ★★★

多宝塔为八角形砖塔，共有 13 层，高 31.52 米。塔身东面有门，部分塔层开设有拱形门窗。每个塔层之间有砖和菱角牙出檐，转角处悬挂有风铃。八角形的塔顶，每一面的正中间都有佛龛，内置一尊佛像。

💰 10 元
🕐 8：00—17：00
🚌 银川河东国际机场—多宝塔（自驾）
银川河东国际机场—东灵线—滨河大道—许黄路—多宝塔
全程约 40 千米

水洞沟遗址 ★★★★★

遗址距离银川市区 60 千米，距今已经有 5 万多年的历史，是目前全国范围内材料最为丰富的旧石器时代晚期的遗址。这里有野驴、羚羊、牛、猪等各种动物的化石，用石头和蛋皮制作成的装饰品，从中我们可以窥见古人的生活方式和乐趣。

💰 60 元
🕐 8：00—18：00
🚌 银川河东国际机场—水洞沟遗址（自驾）
银川河东国际机场—滨河大道—惠平线—S103—S305—水洞沟遗址
全程约 17.5 千米，19 分钟

水洞沟遗址大门

拜寺口双塔 ★★★

拜寺口双塔是宁夏唯一一处密檐式转塔，西夏时期这里曾是供奉释迦牟尼和如来佛祖的佛祖院。双塔为东、西双塔。东塔 13 层，高 39 米；西塔 14 层，高度与东塔相近。

💰 20 元
🕐 8：00—17：00
🚌 银川河东国际机场—一百零八塔（自驾）
银川河东国际机场—银昆高速—古青高速—京拉线—西塔路—一百零八塔
全程约 79 千米

牛首山 ★★★

牛首山的主峰为大西天和小西天，矗立在一南一北，宛若牛首，因而得名。其古寺庙建筑群建于唐代之前，分为东寺和西寺两部分。东寺多位于山谷之中，有保安寺、舍身崖等庙宇共19座；西寺多依山而建，有万佛阁、观音殿等庙宇共计26座。这里青山叠翠，草木繁茂，是游人香客云集的地方。

💰 10元
🕐 全天
🚌 银川河东国际机场—牛首山（自驾）
银川河东国际机场—银昆高速—古青高速—京藏高速—鸿牛公路—牛首山
全程约80千米

同心清真大寺
★★★

寺院建于明朝时期，是宁夏现存历史最为悠久的清真寺之一。它建造在一个高10米的砖砌台座上，门前立着雕刻精致的"月挂松柏"照壁，主要建筑有礼拜大殿和邦克楼。其建筑风格融合了伊斯兰木雕刻和我国传统的木结构，最终形成了自身独特的建筑形式。

💰 20元
🕐 8：00—18：00
🚌 银川河东国际机场—同心清真大寺（自驾）
银川河东国际机场—银昆高速—京藏高速—迎宾大道—同心清真大寺
全程约191千米

同心清真大寺

华夏西部影视城
★★★★★

这里被誉为"东方好莱坞"。原本是被废弃的明代古堡，后来被开发为影视城，集影视拍摄和旅游观光于一体。城内的主要建筑有昊王宫、德明殿、夜落隔王宫等，影视一条街上还有古香古色的茶馆和小庙，极具西部地区的风情。

💰 80元
🕐 8：00—18：00
🚌 银川河东国际机场—华夏西部影视城（自驾）
银川河东国际机场—银昆高速—青银高速—京藏高速—银川绕城高速—乌玛高速—华夏西部影视城
全程约61千米

华夏西部影视城

玉泉葡萄庄园
★★★

这里被称为"中国葡萄博物馆"，集中了世界上近百种葡萄，游客可以亲自采摘葡萄，领略田间劳作的乐趣；还能参观葡萄酒制作车间，品尝美酒。玉泉湖边垂柳飘絮，婀娜多姿。湖中荷花斗艳，碧波荡漾，相信定能让你领略到"塞上江南"的别样风景。

💰 50元
🕐 全天
🚌 银川河东国际机场—玉泉葡萄庄园（自驾）
银川河东国际机场—东灵线—永黄公路—永黄路—玉泉葡萄庄园
全程约38千米

承天寺塔
★★★

承天寺塔俗称"西塔"，建于1050年。承天寺有两进院落，前院为五佛殿和承天寺塔，后院为韦驮殿和卧佛殿。承天寺塔高为64.5米，共11层，为八角形。前三层没有窗户，三层以上每层交替开有拱形的窗户，最顶层四面大开圆窗。整座塔造型挺拔，呈角锥形风格，古朴简洁。登至塔顶，便可望见古城风光和塞上景色。

💰 博物馆2元，登塔15元，展览厅8元
🕐 8：00—19：00
🚌 银川河东国际机场—承天寺塔（自驾）
银川河东国际机场—银昆高速—青银高速—长城东路—承天寺塔
全程约24千米

金水园
★★★

金水园距离市区13千米，西面黄河，背靠沙地，既能欣赏黄河又能观赏大漠。金水园内的横城古渡口在西夏年间就已经存在，清朝康熙皇帝曾从此处东渡黄河平定噶尔丹。金水园中心高约20米的"黄河颂"雕塑则是这里的标志性建筑。

💰 20元
🕐 9：00—17：00
🚌 银川河东国际机场—金水园（自驾）
银川河东国际机场—滨河大道—惠平线—金水园
全程约6千米

黄沙古渡
★★★★★

黄沙古渡是古代宁夏八景之一，这里汇集了黄河、大漠、湖泊、湿地和田园风光等自然景观。

💰 60元，套票198元
🕐 9：00—18：00
🚌 银川河东国际机场—黄沙古渡（自驾）
银川河东国际机场—滨河大道—G244—黄沙古渡
全程约42千米

沙坡头
★★★★

沙坡头旅游景区是国家5A级景区，地形优越，景观奇特，民俗淳朴，资源丰富，相信能让你看得过瘾，玩得尽兴。这里有中国最大的天然滑沙场，有浩瀚无垠的沙漠，有黄河滑索，有古老水车，有中国第一条沙漠铁路，还有黄河上最古老的运输工具——羊皮筏子。在这里，我们可以尽情领略大漠孤烟、长河落日的奇观。

💰 80元
🕐 9：00—17：00
🚌 银川河东国际机场—沙坡头旅游景区（自驾）
银川河东国际机场—银昆高速—福银高速—中卫立交—沙坡头旅游景区
全程约204千米

一百零八塔
★★★★

一百零八塔位于宁夏青铜峡市，建造于西夏时期，后经多次修葺。塔共有12层，从上到下每层的数量分别为1、3、5、7……19，共108座，排列错落有致。每

承天寺塔

一层都有砖铺地面，塔前还有砖砌的护墙。

💰 60元

🕘 9:00—7:00

🚌 银川河东国际机场——一百零八塔（自驾）

银川河东国际机场——银昆高速——古青高速——京拉线——西塔路——一百零八塔 全程约79千米

一百零八塔

📍 黄沙古渡

旅游指南

游客出银川火车站可乘坐1路、102路、101路公交车到银川南门汽车站，这里有开往陶乐的快客，1小时左右即可到达景区。自驾游的旅客可从银川经银古高速过黄河大桥到金水园，再由203省道向北经龙泉山庄、兵沟汉墓到达黄沙古渡。

住宿推荐

黄沙古渡的农家乐黄河人家环境优雅，空气清新，院中满是梨树、杏树、枣树等果树，有着浓郁的乡土气息，游客一走进院子，仿佛回到了家里一样。房内是农家土炕，木质老式家具，并设有卡拉OK，棋牌室，冬暖夏凉。在这里还可以品尝到各式各样的农家风味菜肴，色香味俱全，深受游客好评。大房间可住15～20人，小房间可住5人，按房间内设施标准收费200～400元，适合团体游的游客居住。

📍 购物银川

新华步行街和鼓楼周边的地区是银川主要的商业中心，新华步行街有很多大型卖场、专卖店以及餐厅，而鼓楼周边则是人们选购日常生活用品比较常去的地方。银川主要的购物广场有：新华购物中心、银川商城、宁夏商都、宁夏文物总店、百货大楼等。

其中，新华购物中心是银川市最大的商业中心，在这里可以买到很多宁夏的土特产，如枸杞酒、八宝茶、贺兰石雕等，而且质量上也有保障。

↙ 吃在银川

银川是回族较为集中的地区，所以其饮食多为汉族风味和回族风味。其中汉族风味以西北菜为主，回族则多清真菜，比如清蒸羊羔肉、牛羊肉酥、手抓羊肉等，都是正宗的清真食品。羊杂碎、羊肉泡馍、马三白水鸡等都是独具风味的民族小吃，还有带把肘子、佛手鱼翅、明四喜等少数民族的风味小吃。

炖羊肉

🍽 迎宾楼

游客评价：冰品很不错，自制八宝茶和酸梅汤都很棒

📞 0951-6025950

📍 银川市兴庆区解放西街11号

🍽 国强手抓（锦泰店）

游客评价：在当地很有名，手抓羊肉很好吃

📞 0951-5036220

📍 银川市兴庆区康平路317号

🍽 沙湖宾馆

游客评价：香煎素锅贴外皮酥脆，馅料非常香

📞 0951-5031383

📍 银川市兴庆区文化西街58号

🍽 老毛手抓美食楼（西夏区店）

游客评价：老板是非遗传人，沙葱羊肉一定要试试，口味很正宗，太好吃了

📞 0951-3955589

📍 银川市西夏区文萃北街13号

🍽 德隆楼

游客评价：火锅一定要点各种肉卷类，非常新鲜，盖碗茶很香很解腻

📞 0951-6022073

📍 银川市兴庆区鼓楼东北角91号

🍽 仙鹤楼

游客评价：银川本地菜，很有当地味道

📞 0951-6091844

📍 银川市兴庆区新华东街204号

↙ 住在银川

银川市有老城区和新城区之分，住宿情况也不相同。老城区的住宿业比较发达，宾馆中的设施很全面，只是有些略显陈旧。新城区的宾馆比较新，电脑等配套的硬件设施较完备，只是大多数景点都位于老城区内，住在新城区出行会不方便，所以游客们需要慎重选择。

平价型	享受型
云朵酒店（宁大怀远夜市店） 📍 银川市怀远路与文翠街交汇口宁阳广场C座 📞 0951-5558385	**戴悦斯商务酒店** 📍 银川市金凤区正源北街大阅城7号公寓1817室 📞 15009680948
Morning 猫宁民宿 📍 银川市正源北街金凤万达A座920室 📞 13469577777	**银川凯宾斯基饭店** 📍 银川市金凤区北京中路160号 📞 0951-5165888
格林豪泰（银川北京路店） 📍 银川市兴庆区北京东路792号 📞 0951-5173888	**银川印象·家酒店** 📍 银川市金凤区北京中路269号 📞 0951-7631666
轻住·喜悦观景酒店（新华联火车站店） 📍 银川市新华联广场16号公寓 📞 0951-5190666	**银川国际交流中心酒店** 📍 银川市金凤区亲水北大街222号 📞 0951-6871006

宁夏 - 银川

| 区号：0909—0991 |
| 省会：乌鲁木齐 |
| 面积：166 万平方千米 |
| 人口：2585.23 万人 |
| 方言：兰银官话、北疆片 |
| 著名景点：天山、阿克苏天山神秘大峡谷、喀纳斯湖、博斯腾湖、魔鬼城 |

概况

新疆是我国面积最大的省级行政区，边境线长达 5600 余千米，和 8 个国家接壤。新疆深居内陆，因而气候干燥，很少降雨。其昼夜温差很大，历来就有"早穿皮袄午穿纱，围着火炉吃西瓜"的奇特风俗。正因为这样独特的气候，新疆的哈密瓜、葡萄等水果含糖分高，甜蜜多汁而深得大家的喜爱。

新疆疆域辽阔，旅游资源很丰富。这里有崇山峻岭，如天山、昆仑山等世界名山，蕴含着美丽的冰川、瀑布和无数的奇珍异兽，在这里，有看不尽的旖旎风光。这里也有泱泱大河和绿洲戈壁，塔里木河流经的地方一片草木繁茂的景象，阅不尽的山河万里。

新疆维吾尔自治区是举世闻名的歌舞之乡、瓜果之乡、黄金玉石之邦。其地域辽阔，地大物博，山川壮丽，瀚海无垠，古迹遍地，民族众多，民俗奇异。

新疆的水果全国知名，哈密瓜甜脆爽口，桑葚果大汁甜，哈密的大枣个个饱满，甘甜利口，和田的石榴色泽艳丽，味道甜美，葡萄有着 2000 年的栽种历史，500 多个葡萄品种任人品尝。此外，还有伊犁的苹果、杏子，都是深受人们喜爱的水果。

新疆的工艺品如维吾尔族花帽、手工刺绣、地毯、羊角鞭、锡伯族烟袋、艾德莱斯绸等，都是质优价廉的产品，游客们来到这里买些作为纪念品或馈赠友人都可以。

新疆特产有鹿茸、阿胶、鹿血酒、伊力特曲、葡萄酒等。

线路 1
天山天池—葡萄沟—博斯腾湖—天山神秘大峡谷—可可托海国家地质公园

线路 2
巴里坤县古民宅—巴里坤草原—阿斯塔纳古墓群—孔雀河

名菜

手抓羊肉：将羊肉切为大块，煮至半熟后，配以调料入笼蒸烂。然后往肉汤加入调料、作料，浇在肉上烧沸而成，味道独特。

烤羊肉串：将羊肉切片后，与洋葱末相搅拌腌渍，用铁钎贯穿后放在铁槽上用炭火烘烤，最后撒上调料即可食用。

八宝酿香梨：将库尔勒香梨削去果皮，挖掉梨核后，填入葡萄干、红枣等果料，蒙上一层桑皮纸，放入蒸笼蒸熟，浇上蜜汁即可食用。入口酥滑，味道甘甜。

挂卤肉：将熟羊肉切成厚片，加上调料、鸡蛋和淀粉，搅拌均匀后放入油锅中煎炸至金黄色。然后将黑木耳、鸡蛋、调料、淀粉等做成卤汁浇上即成。

贝母煨牛肉：将贝母放在热水中浸泡，以去除其苦味。将牛肉切成块状，和贝母一起放到肉汤中，用小火清炖，肉烂后即成。味道香美，具有强身健体之效。

交通

飞机

乌鲁木齐地窝堡国际机场
- 0991-3801453
- 乌鲁木齐市水磨沟区南湖北路 437 号
- 机场交通：机场大巴每小时一班，客满发车（凌晨 1 点后随航班发车），票价为 15 元。出租车，起步价 10 元，3 千米后每千米 1.3 元。

喀什国际机场
- 0998-2926600
- 喀什市机场路 473 号
- 机场交通：机场快线每 8 分钟一班，票价为 15 元。出租车，起步价 8 元，3 千米后每千米 1.5 元。

克拉玛依机场
- 0990-6931287
- 克拉玛依市白云四路 55 号
- 机场交通：航班期间均有免费机场大巴送至克拉玛依市区。出租车，起步价 8 元，2.5 千米后每千米 1.8 元。

库车机场
- 0997-7772999
- 库车市民航路 135 号
- 机场交通：库车机场没有机场巴士，可选择出租车前往市区。出租车，起步价 12 元，3 千米后每千米 2 元。

库尔勒机场
- 0996-2364033
- 巴音郭楞蒙古自治州库尔勒市
- 机场交通：机场巴士每 30 分钟一班前往市区，票价为 10 元。出租车，起步价 12 元，3 千米后每千米 2 元。

乌鲁木齐

乌鲁木齐作为新疆维吾尔自治区的省会，是新疆的政治、经济和文化中心。其位于新疆维吾尔自治区的中北部，是中国连接中亚和欧洲的陆上交通枢纽，被誉为"亚心之都"，是中国对外经济交流的窗口，在"西部大开发"战略中占有很大的地理优势。

乌鲁木齐境内的矿产资源和森林资源十分丰富，野生植物资源更是惊人。

深居大陆的乌鲁木齐，自然环境非常复杂。一般说来，其春秋季节比较短，冬夏两季相对较长，昼夜温差大，降水稀少，且有剧烈的寒暑变化。秋季的八九月份，当地天气晴朗，空气清新，各种瓜果开始成熟，适合前去旅游。

区号：	0991
邮编：	830000
面积：	1.38万平方千米
人口：	405.44万人
著名景点：	红山、水磨沟、南山西白杨沟、一号冰川等

两日游

法明寺—西山老君庙—天山天池

↘ 游在乌鲁木齐

天山天池 ★★★★★

天山的主峰博格达峰海拔5445米，山顶终年积雪，山脚下碧草青青。天池就位于博格达峰海拔1928米的山腰处。景区以天池为中心，涵盖了4个山地垂直自然景观带。天池为半月形，湖水清澈，湖畔生长着茂密的森林和一望无际的草原，被称为"天山明珠"。

旺季（4月1日至10月31日）155元；
淡季（11月1日至次年3月31日）105元（门票包含区间车往返）
全天
乌鲁木齐地窝堡国际机场—天山天池（自驾）
乌鲁木齐地窝堡国际机场—乌奎连接线—京新高速—天池互通—天山天池
全程约73千米

天山天池

旅游指南

往返于阜康客运站和天池景区游客服务中心的班车，夏季运行时间为7:00至21:30，每20分钟一班；冬季运行时间为8:40至19:30，每30分钟一班。票价为10元。

在三坪农场和五一农场也有到天池新门票处的班车，夏季8:20、冬季9:00开始发车，每20分钟一班。

温馨提示

西北地区昼夜温差大，即使在夏季也要带上外套等衣物备用；晚上一定要盖好被子，不要把空调开得过低。

新疆有"瓜果之乡"的美称，到此旅游自然少不了要品尝各种水果。

在天池市场上有各种各样的民族手工制品出售，游客可以购买一些喜欢的留作纪念。其中值得推荐的是邹氏微雕，以巴林石、鸡血石为原材料，在上面雕刻花鸟、人物、山水，旁边再题上几句诗词，很有观赏价值。

天山天池

红山公园 ★★★★

位于乌鲁木齐市区，红山海拔900多米，整个山体如同一条巨龙盘踞在大地上。其西边的断崖呈现褐红色，故得名红山。红山公园是一座山体公园，这在我国是不多见的。其景点如塔映夕阳、林中栈道、红山瀑布、佛庙云烟、千木峥嵘等，无不珍奇秀丽。尤其是到山顶的远眺楼登临送目，远处可见群山雪景，脚下可见车水马龙，可谓波澜壮阔。

免费（登塔5元）
夏：6:00—21:30；冬：7:30—22:00
乌鲁木齐地窝堡国际机场—红山公园（自驾）
乌鲁木齐地窝堡国际机场—机场高速—阿勒泰路高架—友好南路—红山公园
全程约18千米

红山公园

水磨沟风景区 ★★★

水磨沟风景区包括六山一河：温泉山、虹桥山、水塔山、雪莲山、清泉山、红山，以及水磨河。这里苍松翠柏葱葱郁郁，溪流泉水清澈见底，还有参天的古木和古朴的亭寺，环境优雅、静谧。除优美的风景之外，还有现代化的娱乐设施，集人文景观、自然风光和名胜古迹于一身，独具情趣。

- 免费
- 8:00—17:00
- 乌鲁木齐地窝堡国际机场—水磨沟风景区（自驾）
- 乌鲁木齐地窝堡国际机场—迎宾路—阿勒泰路高架—温泉西路—水磨沟风景区
- 全程约22千米

国际大巴扎 ★★★

大巴扎是维吾尔语，汉语意思为集市、农贸市场。国际大巴扎位于新疆乌鲁木齐市天山区南端的二道桥商业圈，占地面积39 888平方米，总建筑面积为10万平方米，是世界上规模最大的大巴扎，集旅游观光、商业贸易和民族艺术于一体，是新疆旅游业产品的汇集地和展示中心，具有浓郁的伊斯兰建筑风格，在涵盖了建筑的功能性和时代感的基础上，重现了古丝绸之路的繁华。商铺里聚集了新疆绝大多数的土特产和旅游纪念品，人们可以在这里尽情游玩、购物。

- 免费
- 全天开放
- 乌鲁木齐地窝堡国际机场—新疆国际大巴扎（自驾）
- 乌鲁木齐地窝堡国际机场—迎宾路—外环路—外环路高架—金银路辅路—新疆国际大巴扎
- 全程约24千米

西山老君庙 ★★★★

老君庙是道教的道观，占地2.1万平方米，建筑面积达到6800平方米，建筑规模是中国西北地区最大的道教建筑。景区建筑风格遵循清朝时期的建筑风格，兼顾了道观的特点，主要建筑有灵宫殿、玉皇殿、老君殿、钟鼓楼、财神殿、药王殿、慈航殿等，具有浓厚的文化气息。

- 8元
- 夏季：7:30—20:00；冬季：10:00—19:00
- 乌鲁木齐地窝堡国际机场—西山老君庙（自驾）
- 乌鲁木齐地窝堡国际机场—迎宾路—外环路—外环路高架—西山路—西山老君庙
- 全程约18千米

西山老君庙

法明寺 ★★★

"法明寺"三字中，含有法灯长明之寓意，其占地1.3万平方米，依据山势而起，风景秀丽。近些年，这里又新建有观音阁、地藏阁等建筑，大雄宝殿采用明代的建筑风格，红墙碧瓦，引人注目。大殿中的雕像栩栩如生，形态各异。整座寺庙都掩映在青山绿水之中，十分动人。

- 免费
- 9:00—16:30
- 乌鲁木齐地窝堡国际机场—法明寺（自驾）
- 乌鲁木齐地窝堡国际机场—天山大道—南庄大道—京新高速—法明寺
- 全程约57千米

南山牧场 ★★★

南山牧场共有3个景区，分别为沟谷、西白杨沟正源和柳树沟。沟谷群山环绕，密林重重，有名的是这里的瀑布，它在200万年前就已经形成。这里还有别墅和疗养院，游客可以在这里体验哈萨克牧民的居住和饮食方式。

西白杨沟正源生长着奇特的树种，其中多为针叶和阔叶，点缀在奇峰怪石之间，风景秀丽。这里雪峰高耸，山丘起伏，林木葱郁，花草遍地，水泉淙淙，牛羊成群，毡房点点，景色迷人。尤其是山区自西向东平行分布的数十条大小沟谷，既是优良的天然牧场，也是避暑游览的胜地。柳树沟经年云雾环绕，犹如蓬莱仙境。迷人的南山牧场，可以看到密林景观，也能感受草原风情，更有流水清泉的景色，是绝妙的休闲之地。

- 10元
- 8:00—18:00
- 乌鲁木齐地窝堡国际机场—南山牧场（自驾）
- 乌鲁木齐地窝堡国际机场—连霍高速—阿巴线—S109—南山牧场
- 全程约74千米

南山牧场

乌鲁木齐植物园 ★★★

植物园占地60多公顷，现在的景区主要有月季园、山水园、草坪区、栽植示范区、宿根花卉区、药用植物和荒漠植物区，已经收集和栽培的各种植物有600多种，保护了很多珍稀植物和濒临灭绝的植物。该园在科普和科研的同时，利用自身优势发展了旅游功能，是国家3A级景区、乌鲁木齐市"青少年科普教育基地"，是集科研、科普、科教、游览等功能为一体的综合性植物园。

- 5元
- 8:00—20:00
- 乌鲁木齐地窝堡国际机场—植物园（自驾）
- 乌鲁木齐地窝堡国际机场—迎宾路—喀什西路—喀什东路—植物园
- 全程约8千米

乌鲁木齐植物园

乌鲁木齐水上乐园 ★★★

园内风景宜人，亭台楼阁错落有致，道旁绿树成荫，草长莺飞。水域四周生长着飘摇的芦苇，千米的仿古长城一头伸进水面，如同咆哮山林的龙。园中的游乐设施已多达60项，还有休闲场所和花果园。水上乐园现已跻身于全国十大游乐园的行列，成为游人们旅游休闲的极佳去处之一。

- 免费，游玩项目另外收费
- 10:00—19:00
- 乌鲁木齐地窝堡国际机场—水上乐园（自驾）
- 乌鲁木齐地窝堡国际机场—迎宾路—机场高速—外环路—外环路高架—水上乐园
- 全程约25千米

新疆民街民俗博物馆

★★★★

博物馆占地为 2.4 万平方米，地下有 1 层，地上为 5 层，共有 5 栋大楼和 4 条立体式街道。建筑风格以伊斯兰文化为主，并融合了中原文化、欧洲文化和现代文化，同时也展示出鲜明的民族特色。

- 20 元
- 8:30—17:30
- 乌鲁木齐地窝堡国际机场—新疆民街民俗博物馆（自驾）
乌鲁木齐地窝堡国际机场—迎宾路—机场高速—外环路—外环高架—团结路—新疆民街民俗博物馆
全程约 23 千米

新疆民街民俗博物馆展示

巴音布鲁克草原 ★★★

巴音布鲁克是蒙古语，在汉语中是水源丰富之意。景区位于天山中部的山间盆地，海拔约 2500 米，其草原面积仅次于内蒙古鄂尔多斯草原，为我国第二大草原。

天山层峦叠嶂，草原一望无际，其间遍布着湖泊，牛羊遍地奔跑，一派生机勃勃的景象。蒙古族牧民每年在这里举行的那达慕盛会很精彩，如果时机凑巧，游人能目睹盛况，真可以说是人生一大幸事。

- 48 元
- 8:30—18:30
- 从机场开车所需时间过久，可从吐鲁番乘火车先到达新疆和静县，再从和静县城沿着崎岖的山路西行 300 多千米，便可进入巴音布鲁克草原

巴音布鲁克草原

盐湖生态旅游区 ★★★

盐湖城位于柴窝堡盆地东边，早在新石器时代，这里就有了人类活动的踪迹。历史上很多民族都曾在这里繁衍生存，丝绸之路也从盐湖南岸穿过，为盐湖城留下了深厚的历史文化底蕴。目前这里已经开发出了漂浮浴场、盐浴中心、盐田观光、垂钓中心、越野赛道等观光和娱乐的景点，跻身于乌鲁木齐新十大景点之一。

- 免费
- 全天
- 乌鲁木齐地窝堡国际机场—盐湖生态旅游区（自驾）
乌鲁木齐地窝堡国际机场—贵港路—连霍高速—古湖街—盐湖生态旅游区
全程约 101 千米

💡 **巴音布鲁克草原**
旅游指南

游客可在乌鲁木齐乘坐汽车，经过乌伊公路、独库公路到和静县，行程 460 千米左右。然后从和静县城沿公路向西行 300 千米，就能进入巴音布鲁克草原。

从吐鲁番乘火车或在巴音布鲁克区政府附近乘坐隔日运行的班车，都能到达和静县。

温馨提示

去巴音布鲁克草原旅游的最佳时间是 9 月份。但在农历的六月初五前后，到巴音布鲁克草原观光的游客也是络绎不绝，因为一年一度的"那达慕大会"就在这个时候举行。届时，会有赛马、摔跤、赛牦牛等比赛隆重举行，还能欣赏到具有少数民族特色的民族服饰和民族歌舞等大型演出。

在草原上一定要注意用火安全，尽量不要自己做烧烤，以免用火不当而造成不必要的损失。

💡 **购物乌鲁木齐**

乌鲁木齐的购物商场很多，世纪金花、天山百货大楼、天山商场、汇嘉时代百货、铜锣湾、亚新生活广场、王府井百货、西单商场等，都是购物的好去处。

解放路、民主路和中山路相互交汇的这个大小十字，是乌鲁木齐繁华的商业中心。这里集中了各种规模、各种档次的商场，商品琳琅满目，行人接踵摩肩。

二道桥一带，是这里富有民族风情的商业街，维吾尔人在这里开设店铺、餐馆，街道上遍布着各个民族的风味小吃，也汇集了当地的特产。

↘ 吃在乌鲁木齐

乌鲁木齐聚集了很多少数民族，各个民族独特的饮食风味都可以在这里品尝到。烤全羊、拉条子、酸奶子、手抓饭等，维吾尔族风味的、蒙古族风味的、回族清真的，应有尽有。新疆大盘鸡、烤全羊、奶茶等，在乌鲁木齐都能吃到，还能吃到新疆各地的水果及各种水果干。

铁锅鸡

🍲 **丝路有约餐厅（大十字万宴城店）**
游客评价：新疆菜，烤包子很好吃
📞 19990123781
📍 乌鲁木齐市解放北路 222 号 2 楼

🍲 **楼兰秘烤（七道湾店）**
游客评价：主营新疆特色烧烤
📞 0991-8285888
📍 乌鲁木齐市七道湾南路 1247 号南湖创造园内

🍲 **西楼兰抓饭（总店）**
游客评价：主营新疆菜，肉质细嫩
📞 4000860007
📍 乌鲁木齐泰山街 18 号（牛一号丸子汤南侧 10 米停车场内）

🍲 **小李子血站大盘鸡**
游客评价：鸡肉一点也不柴，让人吃完还想吃
📞 0991-4830146
📍 乌鲁木齐市沙依巴克区西北路 2 号

🍲 **火宴山（明园店）**
游客评价：很有名的自助餐，菜品丰富
📞 0991-4562888
📍 乌鲁木齐市沙依巴克区明园路 1 号 2 楼

🍲 **魏家羊羔肉**
游客评价：西北民间菜，瘦肉鲜嫩筋道，肥肉香糯不腻
📞 18509917877
📍 乌鲁木齐市新市路 210 号

↘ 住在乌鲁木齐

乌鲁木齐的旅馆随处可见，各种档次、各种价位都有，可以满足不同消费层次的游客。

平价型	享受型
乌鲁木齐锦绣金华商务酒店 乌鲁木齐市沙依巴克区钱塘江路435号 0991-5840588	乌鲁木齐环球国际大酒店 乌鲁木齐市北京南路76号 0991-3330999
新疆皓天国泰大饭店 乌鲁木齐市新市区阿勒泰路508号 0991-7899206	新疆尊茂鸿福酒店 乌鲁木齐市五一路160号 0991-5881588
源水温州酒店 乌鲁木齐市黑龙江路216号温州大厦1楼 0991-7766066	新疆美丽华酒店 乌鲁木齐市天山区新华北路305号 0991-2815288
彤福宾馆 乌鲁木齐市北京南路442号 0991-3859259	南航明珠国际酒店 乌鲁木齐友好南路576号 0991-4200777

吐鲁番

区号：0995
邮编：838000
面积：69713平方千米
人口：69.40万人
著名景点：高昌故城、交河故城、火焰山、葡萄沟等

吐鲁番位于新疆中东部，是新疆连接内地和中亚地区的交通枢纽。吐鲁番也是一个以维吾尔族为主的少数民族聚集的城市，其中少数民族人口的总数约占总人口的70%。

在历史上，吐鲁番就是西域重要的政治、文化和经济中心，也是我国丝绸之路的交通要塞。现在在吐鲁番还有很多丝绸之路留下的重要遗址，吸引着很多游客前去参观。

由于吐鲁番悠久的文化历史和深厚的文化积淀，所以在那里还留存着很多重要的历史古迹。仅发现的文化遗址就有200多处，出土的文物有4万多件，文献资料也极为丰富。作为著名的旅游城市，吐鲁番除了拥有丰富的文化遗址外，还有很多美丽的自然景观。

五日游
苏公塔—大漠土艺馆—葡萄沟—吐峪沟大峡谷—库木塔格沙漠—交河故城—坎儿井—柏孜克里克千佛洞—阿斯塔那古墓群—火焰山—维吾尔古村

↘ 游在吐鲁番

葡萄沟 ★★★★★

葡萄沟和外面的世界形成了鲜明的对比，外面烈日炎炎，草木稀疏，沟内却一片苍翠。漫山遍野都是茂密的葡萄林，泉水淙淙，渠水悠然流淌，苹果、石榴、无花果、西瓜等多种水果，以及杨树、柳树、槐树等多种树木遍布沟中，构成了一幅怡然自得的田园画卷。

💰 75元
🕐 夏季：8：00—21：00；冬季：10：00—18：30
🚌 乌鲁木齐地窝堡国际机场—葡萄沟（自驾）
乌鲁木齐地窝堡国际机场—机场高速—连霍高速—S202—葡萄沟
全程约220千米

💡 **葡萄沟**
最佳旅游时间
吐鲁番是暖温带大陆性干旱荒漠气候，夏季高温，是中国最热的地方。4月份中旬的时候，吐鲁番开始进入夏季，6—8月份是吐鲁番最热的时间段，最高气温曾经达到50℃。

葡萄沟葡萄成熟的季节是7—9月份，这个季节最适宜前往葡萄沟旅游。

吐鲁番的葡萄沟

自驾游路线

新疆维吾尔自治区—中山路向西北方向—天山路—解放路北路—人民路—河滩南路—吐乌大高速—312国道辅路—葡萄沟

停车场

葡萄沟附近有专门停车的地方，自驾游的游客可以在那里停车。需要注意的是，停车是按小时收费的。

旅游注意事项

吐鲁番当地人信仰伊斯兰教，不吃猪肉制品和病死的牲畜和家禽，也不吃动物血和狗、驴、马的肉。

火焰山 ★★★★

火焰山是天山的支脉，数万年的地壳运动在这里留下了无数条褶皱带，大自然的风雨侵蚀将这些褶皱造就成了纵横的沟壑，这才有了如今山势起伏的火焰山。在烈日的照耀下，岩石闪烁着热浪，热气流滚滚上升，就像是燃起了大火。

🅢 40元

🕘 旺季（4月21日至10月20日）：8：00—21：00；淡季（10月21日至4月20日）：10：00—18：30

🚌 乌鲁木齐地窝堡国际机场—火焰山（自驾）

乌鲁木齐地窝堡国际机场—机场高速—西站立交桥—连霍高速—沪霍线—火焰山

全程约246千米

火焰山

交河故城 ★★★★★

交河故城建于公元前2世纪，距今已有2000多年历史。吐鲁番干燥少雨的气候，使得这座生土建筑完好地保存至今。故城四面均为山崖，东、西、南面的悬崖上建着三座城门，大有"一夫当关，万夫莫开"之势。整座城市的建筑均是由表面向下挖成的，这在国内仅此一处，在国外更是罕见。

🅢 70元

🕘 9：00—20：00

🚌 乌鲁木齐地窝堡国际机场—交河故城（自驾）

乌鲁木齐地窝堡国际机场—机场高速—连霍高速—沪霍线—交河故城

全程约216千米

交河故城

🔆 交河故城

让人惊叹的历史遗迹

在蓝天白云下，交河故城会笼罩在一片金黄之中，金色的阳光直刺眼帘。漫步在黄土夯筑的城堡街道上，你会惊叹历史的玄妙。历经千年的风沙和战乱，这座城市的主体建筑却保存了下来，犹如一轴黄土谱写的历史长卷，苍凉而顽强地展现在人类面前，让人忍不住发出赞叹。

轻装上阵

交河故城景区面积广阔、路途遥远，需要2个多小时才能把景点逛完。游客最好穿上轻便的鞋子，轻装上阵。

注意补充水分和能量

装备上要带足饮用水和水果，以补足身体所需要的水分。还可以带一些高热量的零食以补充能量。

注意防晒

当地日照比较强，女士最好涂抹防晒霜和穿上防晒衣、戴好防晒帽。如果出现头晕或者不舒服的状况，有可能是中暑，要及时休息和纳凉。

保护环境

游客在旅游的时候，一定要树立环境保护意识。有垃圾请放到盛放垃圾的地方或者自己用袋子携带。

饮食注意事项

游览的时候，游客可能会带一些新疆瓜果，作为补充水分的食物食用。需要注意的是，吃完水果尽量不要立即喝热水，否则很容易造成肠胃不适。另外，在景区游览的时候，中午一般会吃一些快餐。

库木塔格沙漠 ★★★★

库木塔格沙漠在汉代就已形成，它是世界上唯一与城市相连的沙漠，因而被称为"城中的沙漠"。千百年来，它从不曾向城市移动过半步，有着"绿不退，沙不进"的奇观。景区有很多精美的沙雕，身姿妖娆的维吾尔族少女，还有壮丽的楼兰城池等。如今这里已经成为国家重点风景名胜区，每年接待成千上万的中外游客。

🅢 60元

🕘 8：00—18：00

🚌 乌鲁木齐地窝堡国际机场—库木塔格沙漠（自驾）

乌鲁木齐地窝堡国际机场—机场高速—连霍高速—沪霍线—库木塔格沙漠

全程约303千米

库木塔格沙漠

高昌故城 ★★★

高昌故城占地220万公顷，建筑布局和唐朝长安城大致相仿，后经过多次扩建和改建，现在主要由外城、内城和宫城这三个部分组成。从这些苍凉的遗迹中，可以依稀看出这里曾经的热闹和繁华。

🅢 70元

🕘 10：00—19：30

🚌 乌鲁木齐地窝堡国际机场—高昌故城（自驾）

乌鲁木齐地窝堡国际机场—连霍高速—S202—沪霍线—高昌故城

全程约254千米

吐峪沟大峡谷 ★★★

大峡谷位于吐鲁番东部，距离市区60千米。景区主要由4个部分组成，并以险、峻、奇、幽著称。峡谷风光神奇壮美，山峰险要，山岩雄伟；千佛洞是在十六国时期开凿出的石窟，是新疆著名的佛教石窟；麻扎是当地著名的古代宗教遗迹，每年来这里朝圣的穆斯林络绎不绝；古村落中的人们保留着古老的生活习俗，给人一种与世无争的感觉。

🅢 190元（套票）

🕘 8：00—21：00

🚌 乌鲁木齐地窝堡国际机场—吐峪沟大峡谷（自驾）

乌鲁木齐地窝堡国际机场—迎宾路—机场高速—连霍高速—大峡谷立交—吐峪沟大峡谷

全程约272千米

吐峪沟大峡谷

维吾尔古村 ★★★

维吾尔古村位于亚尔果勒村，占地2万多平方米。亚尔果勒村是吐鲁番市现有的古老维吾尔自然村落之一，原始古村有数百年的历史，村内绿树成荫，清凉宜人，散发着古老文明的浓厚气息。以维吾尔族的悠远历史为背景，展示了浓郁的维吾尔族民俗风情以及交河的历史文化。民俗陈列馆和传统民居交相辉映，展示了维吾尔族的历史变迁、建筑、信仰及风俗，其中包括已经消失的风俗。

- 225元（套票），单票35元
- 8：00—21：00
- 乌鲁木齐地窝堡国际机场—维吾尔古村（自驾）
乌鲁木齐地窝堡国际机场—机场高速—乌奎连接线—连霍高速—沪霍线—维吾尔古村
全程约215千米

大漠土艺馆 ★★★

大漠土艺馆占地3万平方米，主要由丝路古堡、万佛宫、乡土艺术陈列馆、唐僧殿、牛王洞等多个景点组成。有关专家称这里为"复活了西域古典艺术精华的典范之作"。

- 45元
- 8：00—18：00
- 吐鲁番—大漠土艺馆（自驾）
吐鲁番—绿州东路—火焰山路—312国道—大漠土艺馆
全程约38千米

吐鲁番坎儿井 ★★★★

坎儿井由4个部分构成：竖井、暗渠、明渠和涝坝，即蓄水池。在盆地的边缘，从高向低打上若干个立井，然后将这些立井在地下逐一打通，地下水便被引出了地表。水质清澈，甘甜可口，一年四季都长流不断。如今，坎儿井已经是集购物、游玩、餐饮、娱乐于一体的旅游胜地。

- 40元
- 8：00—17：00
- 乌鲁木齐地窝堡国际机场—吐鲁番坎儿井（自驾）
乌鲁木齐地窝堡国际机场—机场高速—乌奎连接线—连霍高速—S202—沪霍线—吐鲁番坎儿井
全程约212千米

吐鲁番坎儿井

苏公塔 ★★★

苏公塔又名"额敏塔"，是一座伊斯兰教古塔，它除了顶部窗户的窗棂之外，没有一处使用木料。塔身浑圆，有一层灰黄色的砖砌在表面。塔内有一座螺旋式的中心柱通向塔顶，共有72级台阶。苏公塔是新疆境内现存最大的古塔，每年都有很多人前来这里参观和礼拜。

- 45元
- 10：00—19：00
- 乌鲁木齐地窝堡国际机场—苏公塔（自驾）
乌鲁木齐地窝堡国际机场—机场高速—乌奎连接线—连霍高速—沪霍线—苏公塔
全程约217千米

苏公塔

阿斯塔纳古墓群 ★★★★

这里是古代高昌国的公共墓地，以天然砾石分界，按照家族和姓氏分区埋葬。古墓的平面如同"田"字，墓室一般高2米，前面有一条长约10米的墓道。死者就被安放在墓室后面的土炕或者木床上，周围放着亭台楼阁、车马等的模型或各种水果和食品。墓室的后壁上绘画着山水、人物、花卉等图案，十分逼真。

- 20元
- 8：00—21：00
- 乌鲁木齐地窝堡国际机场—阿斯塔那古墓（自驾）
乌鲁木齐地窝堡国际机场—机场高速—乌奎连接线—连霍高速—沪霍线—阿斯塔那古墓
全程约252千米

柏孜克里克千佛洞 ★★★

柏孜克里克千佛洞开凿于南北朝后期，是西北地区佛教的中心之一。千佛洞在战乱中遭遇过几次焚毁和破坏，原本的83个洞窟现在只剩余57个。洞窟中有壁画40多幅，多描述一些佛教故事，内容丰富，是一座文化艺术宝库。

- 40元
- 8：30—17：30
- 乌鲁木齐地窝堡国际机场—柏孜克里克千佛洞（自驾）
乌鲁木齐地窝堡国际机场—机场高速—乌奎连接线—连霍高速—沪霍线—柏孜克里克千佛洞
全程约249千米

柏孜克里克千佛洞

吃在吐鲁番

吐鲁番的饮食很丰富，川菜、粤菜都可以在这里见到，维吾尔族小吃和伊斯兰清真食品也随处可见。广汇街是这里有名的小吃一条街，游客在此可以大饱口福。

维吾尔族小吃

阔希玛克拉烤包子

游客评价：烤包子非常好吃
- 13369954849
- 吐鲁番市高昌区老城东路260号亚尔乡东门委会办公楼一楼

🍲 尝尝看川菜坊
游客评价：很正宗的川菜馆，麻辣鲜香，口感很棒。
- 📞 0995-8528005
- 📍 吐鲁番市高昌区柏孜克里克北路平安小区斜对面

🍲 萨伊富汗特色抓饭
游客评价：抓饭还配了小菜和酸奶，非常解腻
- 📞 0995-8705755
- 📍 吐鲁番市高昌区文化西路汇金一号B区

🍲 苏来曼拌面王
游客评价：面条劲道，非常好吃
- 📍 吐鲁番市高昌区老城东路365号

🍲 疆客·新疆味道（文化西路店）
游客评价：主营新疆本地菜，生意很火
- 📞 0995-8700300
- 📍 吐鲁番市高昌区车师中路汇金壹号C区144号

🍲 胖小马大盘鸡
游客评价：鸡肉很嫩，味道很好
- 📞 18509950551
- 📍 吐鲁番市高昌区绿洲西路第九小学对面

🍲 海尔巴格
游客评价：主营新疆菜，各种菜式应有尽有
- 📞 0995-8555211
- 📍 吐鲁番市高昌区沙河子路东侧21号

↘ 住在吐鲁番

平价型

丽阳酒店
- 📍 吐鲁番市老城路645号
- 📞 0995-8556666

吐鲁番豪城大酒店
- 📍 吐鲁番市老城路新博物馆西侧
- 📞 0995-8623888

吐鲁番火洲美居酒店
- 📍 吐鲁番市东环路1980号
- 📞 0995-8666999

城市坐标精品酒店
- 📍 吐鲁番市新城东路时代万尚城购物广场
- 📞 0995-8388222

享受型

吐鲁番文化西路亚朵酒店
- 📍 吐鲁番市文化西路爱尔阿迪娅眼科医院东200米
- 📞 0995-8877777

万洲楼兰大酒店
- 📍 吐鲁番市鄯善县柳中路1288号
- 📞 0995-8839999

锦江都城酒店（吐鲁番行政中心店）
- 📍 吐鲁番市绿洲中路391号
- 📞 0995-8669666

西游酒店
- 📍 吐鲁番市新城东路2965号
- 📞 0995-8363188

↘ 购物吐鲁番

▌吐鲁番百货市场
位于吐鲁番市高昌路大十字，每天9:00—20:00开放，主要经营日用小百货和美术工艺制品。

▌吐鲁番市贸易中心
位于吐鲁番市高昌路大十字，主要经营范围为服装、鞋帽等。

▌吐鲁番市二宾馆市场
位于吐鲁番市青年路，每天15:00至次日凌晨1:00开放，主要经营珠宝玉器、针织挂毯、工艺品等。

▌吐鲁番故城民族商场
位于吐鲁番市交河故城院内，9:00—21:00开放，经营很多民族工艺品。游客可在新城大十字乘坐微型面包的士前往。

▌吐鲁番市老城农贸市场
位于老城路新华书店斜对面，每天8:00—19:00开放，主要经营日用百货和服装等。游客乘坐1路公交车在丝路商场下车即到。

▌吐鲁番市商城
位于老城路上，主要经营日用百货、食品等，在这里购物、享受美食，都是不错的选择。

💡 特产

哈密瓜：吐鲁番的哈密瓜果肉肥厚、肉质香甜、含糖量高，远销全国。吐鲁番市种植哈密瓜的面积很大，哈密瓜成熟的季节，集市、路边摊到处都有出售，非常方便游客购买。

葡萄：吐鲁番的葡萄远近闻名、历史悠久，早在两千多年前张骞出使西域的时候，吐鲁番就已经有葡萄种植。由于气温高、日照时间长、降雨量少，吐鲁番葡萄糖分积累高，吃起来酸甜可口，深受人们喜爱。

葡萄干：吐鲁番的葡萄干也驰名中外。那里的葡萄干不含任何化学物质，色泽纯正、风味独特，并且葡萄干中含有丰富的微量元素和矿物质，是一种天然的保健食品。

吐鲁番市场

哈密

哈密位于新疆的东部地区，作为新疆的东大门，哈密是新疆通往内地的重要门户。哈密与蒙古国接壤，拥有全长近590千米的国界线，是我国西北边境上的一扇安全大门。

在历史上，哈密的位置也异常重要，是连接内地的交通要道，也是丝绸之路的重镇，有"新疆门户""中华拱卫""西域咽喉"之称。哈密也是一个少数民族集中的地方，少数民族人口占总人口的1/3。在那里居住着汉、维、哈、回、蒙等36个民族。近些年来，哈密逐渐成为一个著名的旅游城市，那里的天山风景名胜、巴里坤古民宅、巴里坤草原、回王陵等重要景点，吸引着很多游客前来参观。

区号：	0902
邮编：	839000
面积：	142100平方千米
人口：	67.39万人
著名景点：	哈密天山风景区、拉普乔克故城等

游在哈密

哈密天山风景名胜区 ★★★

景区有冰川积雪的奇观，浩瀚无垠的林海，有一望无际的草原，也有静静流淌的河流。这里的自然风光十分优美，供游人休闲和娱乐的设施也很齐全。盛夏时节，这里天气凉爽，夏花烂漫，是避暑胜地；冬季四处飘零白雪，又可来此赏雪、玩雪，可谓是绝佳的旅游宝地。

💰 25元
🕐 8：00—17：00
🚌 哈密站—哈密天山风景名胜区（自驾）
哈密站—前进西路—八一大道—沪霍线—S303—哈密天山风景名胜区
全程约71千米

天山风景区

最佳旅游时间

前往天山旅游的最佳季节是6、7、8三个月份。这个季节天山风景区刚刚进入夏季，一望无边的绿色草原、漫山遍野的野花、烟波浩渺的湖水、千里冰封的雪山、雪白的羊群好像小山一样，再加上热情好客的牧民，到此游玩别有一番情趣。

交通提示

天山风景区离乌鲁木齐市不远，一天的时间可以往返旅游，交通十分方便。

游客可驾车前往，也可以在附近的景区乘坐汽车到天山。感觉疲惫的游客，到达景区后可以坐缆车上山，缆车的费用是30元/人。

天气提示

天山地区全年气温偏低，春季天山的雪还没有融化完，在注意御寒的同时，还要注意穿上防滑的鞋子；夏季天山日光比较强烈，游客在游玩的时候要注意防晒，最好穿上长袖的衣服；秋季天山相较内陆会较冷，最好准备上防寒的毛衣。

冬季的天山尤其寒冷，游客要穿上厚厚的羽绒服，还要戴上帽子、耳暖和手套保暖。

哈密天山风景名胜区

巴里坤县古民宅 ★★★★

巴里坤县古民宅，于清朝康熙年间开始修建，直到嘉庆年间才初步形成规模。如今保存比较完整的还有民宅五家，门楼九座。巴里坤古民宅是我国汉代建筑艺术在西部地区的体现，更是一处进行爱国主义和民族团结教育的好地方，具有很高的学术价值。

💰 免费
🕐 全天
🚌 哈密站—巴里坤县古民宅（自驾）
哈密站—前进西路—S249—G335—汉城南街—巴里坤县古民宅
全程约134千米

回王陵 ★★★★

回王陵位于哈密市区以南的回城乡，距市区大约1千米。哈密的王墓先后埋葬了七世和八世哈密王及其王妃、王族成员。墓葬建筑带有新疆风格和阿拉伯风格。另外，王墓外面还有哈密市最大的清真寺——艾提尔尔清真寺。

💰 40元
🚌 哈密站—回王陵（自驾）

回王陵

哈密站—天山北路、南路—环城路—回王陵
全程约 5 千米

回王陵

回王陵的历史

回王陵是清王朝封予哈密历代回王和其家族的陵园，又叫作"王爷坟"或者"回王坟"。1868年，清政府赐予银两万两，为七世回王修建陵墓。此陵墓规模巨大，历经20年才正式建成。

中华人民共和国成立以后，党和人民政府为了保护这一历史遗址，对其进行了修缮，并将其作为文物保护单位。现在的回王陵已经成为历史爱好者和考古爱好者的游览胜地。

旅游注意事项

在回王陵景区，有一座艾提尕尔清真寺，是一世回王额贝都拉时期始建的，属于新疆重点文物保护单位。游客在参观清真寺的时候一定要注意下列事项：

1. 进入清真寺前，要得到有关人员许可方可入内，不可盲目闯入。
2. 称呼要得当。对于寺庙的僧人一般称呼为"大师"；对于住持称其为"方丈"或者"长老"；对于喇嘛庙里的僧人应当尊称为"喇嘛"，不可随意称呼。
3. 要注意礼节。与僧人见面或者打招呼，要双手合十，微微低头。

巴里坤草原 ★★★★

巴里坤草原是新疆的第二大草原，它拥有将近20万公顷的面积。景区内有"岳台留胜""镜泉宿月""天山淞雪""瀚海鳌城"等八处著名的景色。草原上水草肥美，牛羊肥硕，每年这里都有草原盛会，哈萨克族传统的赛马、摔跤和阿肯弹唱等都能见到，此时游人也会被牧民们的热情感染，和他们一起载歌载舞。

$ 20元

8：00—18：00

哈密站—巴里坤草原（自驾）
哈密站—前进西路—环城北路—S249—G335—汉城北街—巴里坤草原
全程约 136 千米

巴里坤草原

购物哈密

哈密市遍布着各种购物场所，新疆极富民族特色的商品，如新疆地毯、民间印染、艾德莱斯绸、剪纸以及刺绣等在这里随处可见。哈密市时代广场和领先购物广场是购物的首选之地。哈密市气候干燥，日照充足，哈密瓜和哈密大枣比别处的更加香甜，值得品尝。

吃在哈密

哈密荟萃了西域的各种风味小吃，烤羊肉串、烤馕、抓饭、野菜系列、油酥馍、手抓羊肉等都能在这里吃到。

杂粮野菜饼

青禹然
游客评价：主营新疆菜，菜式很多
0902-2261111
哈密市广东路8号石油大厦2楼

香榭丽自助餐厅
游客评价：自助餐，牛排鲜嫩
0902-2258928
哈密市建国南路哈密宾馆6号楼

驿楼兰
游客评价：主营新疆菜，烤包子皮很脆
0902-2585666
哈密市前进西路锦绣园B栋二楼

盛添抓饭肉汤馆（光明路店）
游客评价：后腱子抓饭很好吃
18139323339
哈密市光明路融合小区底商

顺兴楼·巴里坤美食
游客评价：主营新疆菜，羊肉焖饼是招牌
0902-7162111
哈密市益寿路龙宾花苑8号楼底商

火塘水浒烤肉
游客评价：适合大口吃肉，大碗喝酒
18167581855
哈密市前进大道

住在哈密

哈密市的酒店从高级酒店到普通宾馆一应俱全，设施齐全，交通方便。只是人烟稀少的郊区住宿多有不便，有些偏远的地方人迹罕至，需要自带帐篷。这里普通的宾馆每天35元左右，牧区毡房每天200元左右，可以体验牧民们的生活，位于景点内的住宿要贵一些。

平价型	享受型
车友酒店 哈密市312国道车友监测站旁 0902-6406777	**鸿德酒店** 哈密市建国北路107号 0902-2267666
新疆加格达宾馆 哈密市爱国北路7号 18999688551	**哈密商业宾馆** 哈密市中山北路15号 0902-2231766
美御酒店 哈密市建设东路营丰大厦 0902-7196666	**哈密宾馆** 哈密市迎宾路4号 0902-2233140
格林豪泰智选酒店（哈密火车站八一路店） 哈密市新民一路5号居龙小区C座 0902-7155333	**禾禾中州国际酒店** 哈密市天山北路2号（近前进西路） 0902-2315566

阿勒泰

阿勒泰位于新疆的北部地区，是一个多民族的聚集地。住着维吾尔族、汉族、蒙古族、回族等36个民族，其中少数民族人口将近占总人口的60%。

阿勒泰山在蒙语中是"金山"之意，这与阿勒泰地区丰富的矿产资源有关。阿勒泰矿产资源种类多、储量丰富，有铜、金、铁、锌等众多矿种。因为境内地形复杂、自然风光优美，阿勒泰也是著名的旅游地区。在阿勒泰地区还有丰富的动植物资源，特别是在广阔的林海中，生活着很多珍贵的野生动物。为了增加游览项目，阿勒泰还开辟了狩猎景区供游客狩猎。相信前往阿勒泰旅游的你一定会享受到不同的乐趣。

| 区号：0906 |
| 邮编：836300 |
| 面积：11.8万平方千米 |
| 人口：66.86万人 |
| 著名景点：蝴蝶沟、地质三号坑、可可托海国家地质公园等 |

游在阿勒泰

桦林公园 ★★★★

公园中风光锦绣，桦树和杨树生长得繁茂挺直，枝干挺立，绿叶苍翠。林下草木丛生，花卉盛开得烂漫。园中还建造了八角亭、蘑菇亭以及水磨石门房供游人休息娱乐。这里环境清幽，桦林遍生，鸟语花香，可以让人忘记烦恼。

免费
8:00—17:00
阿勒泰机场—桦林公园（自驾）
阿勒泰机场—公园路—桦林公园
全程约15千米

桦林公园
野外拓展训练的极佳场所

桦林公园面积广阔，公园里拥有大量的天然桦树，形成了一个大型的桦树园林。总面积将近53公顷，地势平坦开阔，是一个林水相间、小岛林立的野外生态园，很适合游客野外拓展训练。可以让游客在欣赏优美景色的同时，进行拓展训练，相信是一种绝佳的感受。

摄影的好去处

桦林公园是纯天然公园，园内景色优美，有很多珍稀的动植物。摄影爱好者到此处游览的时候一定要带好摄影器材。

野生菌采摘体验

桦林公园内有很多野生的真菌，统计在案的就有90多种，有草菇、金针菇、桦生牛肝菌、锐鳞环柄菇、棕灰口菇、火木层孔菌、紫丁香菇、林地蘑菇、墨汁鬼伞、白光柄菇等很多种，游客可以在此体验采摘的乐趣。

需要注意的是，有一些真菌，像一些颜色鲜艳的蘑菇有可能带有毒性，尽量不要采摘这种真菌，更不能随意食用。游客可以向当地人或者有经验的人请教后再采摘，以免误食毒性真菌。

桦林公园

地质三号坑 ★★★

地质三号坑位于距新疆富蕴县城北部50千米处的可可托海镇，是中外地质学者心目中的"麦加"。地质三号坑全长为250米，深200米，墙壁上有螺旋状的盘山小路。这里盛产86种矿物，矿产丰富，开采规模大，是全球地界公认的"天然地质博物馆"。后来地质三号矿坑因锂资源枯竭而关闭。

免费
全天
阿勒泰机场—地质三号坑（自驾）
阿勒泰机场—建业街—奎阿高速—阿巴线—S226—地质三号坑
全程约287千米

地质三号坑

蝴蝶沟 ★★★ 📷

蝴蝶沟位于福海县北部山区，距县城150千米左右。每年6—9月份，这里经常会聚集上百种蝴蝶。流水淙淙，鲜花怒放，五彩的蝴蝶飞舞其中，为森林带来了鲜活的色彩。60千米长的蝴蝶沟中，铺天盖地都是耀眼的蝴蝶，整个山野被装点得斑斓壮美。

💰 20元
🕐 全天
🚌 阿勒泰机场—蝴蝶沟（自驾）
阿勒泰机场—建业街—S230—中心路—阿尔恰特路—蝴蝶沟
全程约103千米

额尔齐斯河 ★★★★ 📷

额尔齐斯河发源于我国阿尔泰山南坡，是我国流入北冰洋的河流。额尔齐斯河水面宽广，波澜壮阔，像一条绿飘带飞扬在戈壁沙漠之上。河床上水草丛生，绿树葱郁，风光秀美，有着很高的旅游、漂流和科研价值。

💰 免费
🕐 全天
🚌 阿勒泰机场—额尔齐斯河（自驾）
阿勒泰机场—阿巴线—阿库线—惠民路—额尔齐斯河
全程约106千米

额尔齐斯河

加什哈拉盖牧场 ★★★★ 📷

牧场位于市区西北部60千米处，海拔在1900米以上。终年积雪的峰顶，山腰处茂密的森林，还有一望无际的草原，无边生长的牧草，将阿尔泰山点缀得如诗如画。哈萨克人的牧群、毡房，以及唱着牧歌放牧的牧人，构成了一幅极富民族风情的画卷。游人在游览的同时，还能领略到哈萨克牧民生活的民俗风情。

💰 20元
🕐 全天
🚌 阿勒泰机场—加什哈拉盖牧场（自驾）

阿勒泰机场—团结南路—迎宾路—加什哈拉盖牧场
全程约17千米

阿克库勒湖 ★★★ 📷

"阿克库勒"意为白色湖，因其湖水呈现半透明的乳白色而得名。景区有着奇异而独特的景观，湖区气象万千，一年四季，天气变化无常，半边晴来半边雨，时而晴空万里，时而雨雪交加。登上湖北岸的果戈习盖达坂，俯视大地，阿克库勒湖好似镶嵌在冰雪林之中的一颗宝石。湖面宽阔淡雅，湖水深沉，四周群峰倒映湖中，五彩缤纷，别具风韵，此情此景，似有脱离尘世之感。

💰 免费
🕐 全天
🚌 阿勒泰机场—阿克库勒湖（自驾）
阿勒泰机场—奎阿高速—丰满段—阿克库勒湖
全程约174千米

阿克库勒湖

阿合贡盖提草原 ★★★★ 📷

"阿合贡盖提"是蒙古语，它的意思是"阳光普照的地方"。阿合贡盖提草原四面环山，地势平坦，秀丽的自然风光和当地的人文景观融为一体，吸引着游人前来。游客在这里能够充分领略到哈萨克人的生活习俗和民族风情。

💰 免费
🕐 全天
🚌 阿勒泰机场—阿合贡盖提草原（自驾）
阿勒泰机场—阿巴线—G217—阿库线—S232—阿合贡盖提草原
全程约207千米

五彩滩 ★★★★ 📷

五彩滩因河流和狂风的侵蚀而形成，河岸的岩石因抗侵蚀的能力不同而形成了参差不齐的雅丹地貌。山势起伏多变，岩石的颜色多种多样，尤其是日落之时，在夕阳的照耀下，岩石色彩斑斓，红、绿、黄、白、黑五种颜色错综复杂

地闪烁着，这里也因此被称为"新疆最美的雅丹地貌"。

💰 45元
🕐 9:00—21:00
🚌 阿勒泰机场—五彩滩（自驾）
阿勒泰机场—阿巴线—阿库线—G331—五彩滩
全程约127千米

五彩滩

💡 **五彩滩**
最佳旅游季节

前往五彩滩旅游的最佳季节是4—10月份。这个时间段气温比较稳定，温差不是太大，很适合出游。最好不要选择10月份至次年4月份出行，因为这个时间段正是阿尔泰的台风季节，出行对安全不利。另外还要注意，出门之前一定要看天气预报，了解天气详情。遇到刮风下雨的天气，要尽量避免出行。

交通提示

没有公交车前往五彩滩，但道路还算平稳。游客最好选择包车或者徒步。一般可以坐4~6个人，人少的游客可以选择和其他游客拼车。如果觉得包车不合算，游客还可以租用摩托车或者自行车前往。其价格要和雇主商量，游客要学会砍价，以节省开支。

可可托海国家地质公园 ★★★★★ 📷

景区共由四个景点组成：额尔齐斯大峡谷、可可苏里、伊雷木湖和卡拉先格尔地震断裂带。这里有着幽深的峡谷、绵延的河流、茂密的山林和罕见的地震断裂带的景象。其中的可可苏里景区，湖面广阔，飞鸟水禽翱翔湖面，风景美不胜收。

可可托海国家地质公园

- 90 元
- 9:00—17:00
- 阿勒泰机场—可可托海世界地质公园（自驾）
阿勒泰机场—奎阿高速—阿巴线—S226—富兴路—可可托海世界地质公园
全程约 287 千米

购物阿勒泰

阿勒泰是一个少数民族较多的地区，民族服饰和手工刺绣很有特色，特别是哈萨克族的服饰和刺绣，尤其具有代表性。

阿勒泰山石人是牧民们消灾避难的吉祥物，选用额尔齐斯河的石头精心雕琢，将阿勒泰山石人的面貌再现出来，形象逼真生动，具有很高的艺术价值。

产于阿勒泰克兰河中的石头，形状各异，也是当地很好的旅游纪念品。

阿勒泰盛产珠宝，尤其海蓝宝石和水晶、碧玺非常出名，是很有地方特色的产品。还有用宝石碎料拼贴成的装饰画，色彩华丽，雍容华贵。

↘ 吃在阿勒泰

阿勒泰有很多独特的小吃，如干锅焖羊腿、罐罐面、芋芋土鸡、额河烤鱼等，更有令人叫绝的不用水煮、不用油炸、不用火烤、不用锅炒的羊肉大餐，十分奇特。

额河烤鱼

乡村馕坑肉
游客评价：烤馕充满肉香，味道很好
☎ 0906-7666668
📍 阿勒泰市团结路十区 173-1 栋

努尔古丽奶茶
游客评价：具有当地风味的早餐店
☎ 13565185522
📍 阿勒泰市银水路 15-8 号

黑蘑菇快餐
游客评价：地方特色菜，黑蘑菇拌面很好吃
☎ 15209042325
📍 阿勒泰市团结南路蓝湾美食城 M2-44

合和辣子鸡
游客评价：新疆菜，辣子鸡分量足
☎ 0906-2199997
📍 阿勒泰市团结南路蓝湾美食城

泰华蘑菇馆
游客评价：口味清淡，吃腻了羊肉可以来此
☎ 18690613222
📍 阿勒泰市六道巷金山名居

鼎尚鲜
游客评价：鱼很鲜美
☎ 0906-2165333
📍 阿勒泰市红墩路钢锄儿火锅对面

↘ 住在阿勒泰

平价型

小白鹿宾馆
📍 布尔津县神仙湾路 15 号
☎ 0906-6522688

桃源山庄
📍 布尔津县禾木喀纳斯乡禾木村
☎ 13899425444

世纪星酒店
📍 富蕴县文化东路 165 号
☎ 0906-8721888

禾木阿迪山庄
📍 布尔津县禾木村围哈拉 289 号
☎ 15209045075

享受型

金都酒店
📍 阿勒泰团结路 8 号
☎ 0906-2111111

阿勒泰美仑酒店
📍 阿勒泰市迎宾路 255 号
☎ 0906-2800000

维也纳国际酒店（机场迎宾路店）
📍 阿勒泰市迎宾路 101 号
☎ 0906-6288888

阿勒泰雪都大酒店
📍 阿勒泰市公路路 33 号
☎ 0906-2122521

库尔勒

库尔勒位于塔里木盆地的边缘，处于新疆腹地地区，是新疆地区仅次于乌鲁木齐的第二大城市。

库尔勒在维吾尔语中是"眺望"的意思，地理位置在历史上十分重要，是古代丝绸之路中道的咽喉之地。由于库尔勒独特的地理位置，最终成就了其重要的旅游地位。库尔勒地区有很多国家重点保护的文物，其中国家一级保护文物达到14处，国家二级保护文物达到40处，被纳入国家文物保护档案的文物更是举不胜举。

除了历史景观，库尔勒的自然景观也有很多，烟波浩渺的博斯腾湖、让人惊叹的天山石林、充满神秘魅力的罗布泊、风景独特的孔雀河等，都吸引着众多游客前来游玩。

| 区号：0996 |
| 邮编：841000 |
| 面积：7268平方千米 |
| 人口：47.77万人 |
| 著名景点：含孔雀河、沙伊东香梨园、铁门关 |

↘ 游在库尔勒

博斯腾湖 ★★★★★

博斯腾湖是新疆最大的淡水湖泊，总面积在1228平方千米左右。博斯腾湖有大湖和小湖之分，小湖区芦苇飘摇，荷花飘香，被人誉为"世外桃源"；大湖区水天一色，烟波浩荡，被称为"大漠中的明珠"。这里湖光山色，和荒漠中的奇珍异兽相互映衬，组成了一幅美好的画卷。

45元

全天

库尔勒机场—博斯腾湖（自驾）
库尔勒机场—机场路—X229—伊若线—塔什店南路—博斯腾湖
全程约42千米

博斯腾湖

孔雀河 ★★★

孔雀河横穿整个库尔勒市区，将其分为南北两部分。孔雀河滨河风景带设施完善，植被丰富，是人们锻炼、散步和休闲的好去处。孔雀河上共搭建了5座桥梁，其中孔雀大桥是我国西北地区最大的拱形钢桥，也是孔雀河风景带最独特的风景。

免费，漂流费用另计

全天

库尔勒机场—孔雀河（自驾）
库尔勒机场—机场路—伊若线—塔什店矿山路—孔雀河
全程约37千米

新疆罗布泊地区湿地 ★★★★

罗布泊位于塔里木盆地的最低处，在古代这里是西北地区最著名的大湖，水域宽广，鱼虾肥美，是我国第二大咸水湖。但经过自然变迁和人类活动的影响，罗布泊在20世纪80年代最终干涸。现在这里生长着胡杨、罗布麻等植物，以及野骆驼、野猪等动物。不少探险家都曾到这里考察过，他们的研究成果更是为罗布泊披上了神秘的面纱。

博斯腾湖
旅游项目多样

博斯腾湖面积广阔，远远望去，烟波浩渺、湖水荡漾。在一些小湖区，蜿蜒的河道内芦苇丛生，禽鸟飞翔，犹如进入了江南之地。近年来，随着旅游资源的开发，博斯腾湖相继开发了相思湖、莲花湖、金沙滩等项目。游客在沙滩游玩的同时，还可以吃到新鲜的鱼宴。

适合拍照

博斯腾湖丛生的芦苇、时而飞翔的禽鸟以及湖中美丽的野荷花，这些景致都是摄影爱好者的喜爱。很多摄影爱好者来到这里守候，只为拍摄自己中意的照片。博斯腾湖禽鸟最多的时间是傍晚，湖边落满了各种飞鸟，场面非常壮观。建议持300mm以上的长焦相机拍鸟，注意不要惊动鸟群。

景区美食

博斯腾湖作为淡水湖，盛产鱼虾。游客来此游玩，一定不要忘记品尝一下这里的鱼。其中最出名的鱼要算五道黑，这种鱼很少见，并不是任何时候都可以吃到。

孔雀河源头

- 免费
- 全天
- 库尔勒机场—罗布泊地区湿地（自驾）
库尔勒机场—机场路—伊若线—罗布泊地区湿地
全程约 54 千米

罗布泊卤水盐湖

新疆罗布泊地区湿地

神秘探险之旅

罗布泊在是欧亚大陆上一个神秘之地，被称为"魔鬼三角区"。其原因除了与罗布泊险峻的地形有关，还有一个重要的原因就是这里发生了很多诡异的事件，很多到今天还未解开。

1980年6月，我国著名的科学家彭加木在罗布泊考察的时候失踪，国家出动了军队、飞机、警犬等一系列人力物力进行地毯式搜寻，但一无所获。

古往今来，在罗布泊发生的这种悲情的故事有很多，从而为罗布泊蒙上了神秘的面纱，吸引着很多探险爱好者前往。

交通提示

罗布泊位于荒漠之中，交通不便，旅游者最好选择驾车游。需要注意的是，最好和人结伴而行，避免一个人上路。驾车游的时候，可以选择越野车或者吉普车，目前一般的车辆在此地还无法行驶。

购物库尔勒

库尔勒的香梨十分有名，游客如果在9月份、10月份的时候来到这里，就可以品尝到刚刚上市的新鲜水果。如果游客想要购买香梨，最好不要在市中心购买，市中心价格贵，味道也不是最好的。可以乘坐16路公交车前往香梨园景区，那里的香梨汁液浓郁、香甜可口，而且价格便宜。

库尔勒的西红柿质优味美，做成的番茄酱口味酸甜，富含营养。还有无花果、罗布麻茶、甘草片和葡萄等，都是库尔勒有名的特产。

铁门关 ★★★

铁门关为中国古代二十六名关之一，古时兵家常在此相争，至今在悬崖绝壁上还残留着"襟山带河"四个大字，山坡旁还留着古代屯兵的遗址。

- 8元
- 8：30—17：00
- 库尔勒机场—铁门关（自驾）
库尔勒机场—机场路—库尉北路—铁门关路东三巷—铁门关
全程约 27 千米

铁门关

沙伊东香梨园 ★★★

库尔勒的气候条件和水土很适合梨树的生长，所以这里的梨树结出的果实果肉丰富，味道甜美，汁肉津脆。梨园内还有很多其他的果树，比如苹果、桃子、杏等，可供游人品尝。

- 10元
- 全天
- 库尔勒机场—香梨园（自驾）
库尔勒机场—机场路—南环路—石化大道—香梨园
全程约 16 千米

沙伊东香梨园

巴州文物陈列馆 ★★★★

建于1989年，是新疆比较大的文物陈列馆之一。陈列馆内有4个展厅，展出内容主要是在当地发现的石器、铜器、铁器、刀剑、玉器雕像以及千年古尸、古墓陪葬品等，这些文物全都按照年代排列，展示了当地历史文化的发展。

- 26元
- 8：00—16：00
- 从机场自驾需要很长时间，可以坐车到巴州后转乘坐出租车前往。

金海湾疗养中心 ★★★★

金海湾疗养中心建筑构造独特，现在有3栋别墅，7节列车宾馆，还有啤酒广场，以及快艇、摩托艇等水上娱乐设施，娱乐和休闲项目都很完善。游人可在这里吃饭、住宿、游览、玩耍、购物等。

- 30元
- 全天
- 库尔勒机场—金海湾疗养中心（自驾）
库尔勒机场—机场路—X229—东环路—G218—金海湾疗养中心
全程约 100 千米

金海湾酒店

阿克夏多神泉 ★★★

阿克夏多神泉位于阿克夏多雪山的山脚下，泉水清冽甘甜，含有多种微量元素，经常饮用可以强身健体，因而被当地人称为"神泉"。泉水源源不断地从地下涌出，形成了一个椭圆形的小湖泊，并和阿克夏多河汇合。有趣的是，河水淡蓝，冰冷刺骨，而泉水微红，水温宜人，因而形成了一幅奇妙的画面。

- 免费
- 全天
- 库尔勒机场—阿克夏多神泉（自驾）
库尔勒机场—机场路—伊若线—吐和高速—独库公路—阿克夏多神泉
全程约 424 千米

三垄沙雅丹 ★★★

三垄沙是一条流动的沙丘带，绵延数百千米，到今天，它在受到东北风的影响之时，还会随时流动。三垄沙雅丹长宽均为10千米左右。还有高15~20米、长200米的土台，气势宏大。在这里，如果运气好就可以捡到一些珍贵的文物。但是，人们往往容易在这里迷路，且风声呼号如同鬼泣，令人心惊胆寒。因此，这里也被人称为魔鬼出没的地方。

- 免费
- 全天
- 从机场自驾需要很长时间，可以坐车到玉门关后乘坐出租车前往。

吃在库尔勒

库尔勒的饮食风味独特,其中最具特色的食物就是当地的博斯腾湖烤鱼,是用博斯腾湖中生长的小鱼"五道黑"为食材制作而成的佳肴,味道很好。

酥炸小鱼

利福德辣子鸡
游客评价:招牌菜辣子鸡也太香了,鸡肉也很多
☎ 17799518322
📍 库尔勒市新华南路三栋香梨大道71号环

梁师傅手工面
游客评价:面条确实是手工的,吃起来感觉就是不一样
☎ 0996-2078903
📍 库尔勒市交通西路

疆域八十七号烤包子
游客评价:菜品非常好吃,服务很热情
☎ 0996-2198577
📍 库尔勒市南库大道益都水岸花园沿街门店

域尚地窝子羊肉馆
游客评价:地道的新疆羊肉馆
☎ 0996-2217999

库尔勒市巴音东路州二中旁

楼城抓饭
游客评价:羊排很好吃,抓饭不油腻
☎ 18196229267
📍 库尔勒市石化大道米兰春天

花园酒店望河西餐厅牛排自助
游客评价:牛排肉质鲜嫩
☎ 0996-2066111
📍 库尔勒市滨河路20号

住在库尔勒

平价型

如家云酒店(孔雀河店)
📍 库尔勒市梨乡路华景滨河公寓1幢1楼
☎ 0996-2061777

金丽宾馆
📍 库尔勒市人民东路富士特大厦
☎ 0996-2029333

速8酒店(石化大道店)
📍 库尔勒市石化大道64号七星集团旁
☎ 0996-6915888

君澜季名都酒店(香梨大道美食街店)
📍 库尔勒市香梨大道圣果名苑
☎ 0996-2019222

四季云裳酒店
📍 库尔勒市团结南路48号冠农大厦1楼
☎ 0996-2990000

享受型

康城建国国际酒店
📍 库尔勒市交通东路618号
☎ 0996-2275222

库尔勒梨城花园酒店
📍 库尔勒滨河路20号
☎ 0996-2066666

金星大酒店
📍 库尔勒市文化路6号
☎ 0996-2613888

库尔勒楼兰宾馆
📍 库尔勒市广场路2号(市中心广场东侧)
☎ 0996-2031566

佳鑫国华酒店
📍 库尔勒市文化路20号
☎ 0996-2208999

阿克苏

阿克苏位于新疆的天山南麓，是一个以农业为主的城市。阿克苏在维吾尔语中的意思是"白水城"，其原因是它刚好位于塔里木河的上游。

得天独厚的自然条件促进了阿克苏农业的繁荣。远在秦汉时期，阿克苏就是重要的政治、经济、文化中心，这里也是古代丝绸之路的重要驿站。除了盛产粮食外，阿克苏的水果、甜菜也极负盛名。阿克苏的植被绿化面积达64%，冰山雪峰、高山湖泊、茫茫草原，构成了美丽的阿克苏，使它因此有了"塞外江南"的美称。近年来，随着阿克苏的进一步发展，它逐渐成了著名的游览胜地，吸引了众多游客前来参观。

区号：	0997
邮编：	843000
面积：	14450平方千米
人口：	70.79万人
著名景点：	天山神秘大峡谷、燕泉公园、库车王府等

游在阿克苏

阿克苏天山神秘大峡谷 ★★★★★

景区是由红褐色的岩石经过风雕雨琢而形成的，曲径通幽，千姿百态。山峰直上云霄，南天门、月牙峡、虎牙桥、摩天洞、幽灵谷等景点造型栩栩如生。峡谷的山崖上还有唐代石窟的遗迹，石窟中的墙壁上还残留着壁画和汉文字的遗迹。

💰 40元
🕙 10:00—19:00
🚌 阿克苏机场—天山神秘大峡谷（自驾）
阿克苏机场—乌红线—吐和高速—独库公路—天山神秘大峡谷
全程约299千米

阿克苏天山神秘大峡谷

阿克苏天山神秘大峡谷

交通提示

阿克苏天山神秘大峡谷景区没有专门的班车，但库车前往东风煤矿的班车刚好经过此景点附近，游客可以乘坐此班车前往。此班车每天有5班，从10:30左右开始发车，车费是17元。

不想乘坐班车的游客也可以包车前往。包车的价格比较贵，将近200元。需要注意的是，如果要包车，一定要和司机讲好价钱并约定回城的时间。

景点特色

阿克苏天山神秘大峡谷景区内有著名的千佛洞遗址，在距离谷口1000多米处的高约35米的悬崖峭壁上。上面还刻有盛唐时期的壁画丹青，这在佛教石窟中几乎是见不到的。

最佳旅游时间

有冰雪融水灌溉的阿克苏是一个绿洲城市。它处于天山脚下，四季分明。每年的9—10月份，天气宜人，且是瓜果成熟的季节，这个时节是最适宜来此旅游的。

景区美食

景区附近的美食以维吾尔族饮食居多，主要有抓饭、拉面、馕子、牛羊肉等。

库车王府 ★★★★

库车王府始建于1759年，被清政府册封的十二位库车王曾先后居住在此。其建筑风格融合了维吾尔族和汉族的文化特色，经过多代库车王的扩建，还有俄罗斯的建筑。游客在此不仅可以品尝到王府的佳肴，还可以欣赏到民族歌舞，感受到少数民族所独有的热情。

💰 55元
🕙 9:30—20:00
🚌 阿克苏机场—库车王府（自驾）
阿克苏机场—乌红线—吐和高速—天山西路—林基路街—库车王府
全程约239千米

库车王府

燕泉公园 ★★★

被誉为"天南第一胜景"的燕泉公园有三大景观十分著名，分别为燕子山、九眼泉和小幽谷。燕子山的山石中含有很多古代的海洋生物化石，山势险峻而陡峭；九眼泉的泉水汩汩流出，四季不断；小幽谷背靠山崖，人工湖波涛粼粼，亭台楼阁掩映在绿树红花之中，布局巧妙。

- 💰 5 元
- 🕐 8：00—17：00
- 🚌 阿克苏机场—燕泉公园（自驾）
  阿克苏机场—乌红线—吐和高速—G219—燕山路—燕泉公园
  全程约 123 千米

铁热克温泉 ★★★★

铁热克温泉被当地人称为"圣泉"，其平均水温在 61℃，最高曾达到过 80℃。泉水富含硫黄，在泉水底部沉淀着黄色的物质。泉水中还含有很多对人体有益的矿物质，泉水矿物质含量甚至能达到医疗矿泉标准，适于沐浴，并且对皮肤病、关节炎等有一定的保健作用。每逢秋冬季节，这里就会挤满前来疗养的人。

- 💰 50 元
- 🕐 8：00—22：30
- 🚌 阿克苏机场—铁热克温泉（自驾）
  阿克苏机场—乌红线—吐和高速—G579—X349—拜城电厂—沿卡普斯浪河西岸北行 5 千米—铁热克温泉
  全程约 175 千米

龟兹生态园 ★★★

龟兹生态园以绿色生态为基本理念，形成了以餐饮、游览、休闲和娱乐等功能为一体的生态乐园。这里有肃穆的王府大院，有缱绻的江南水乡，有亲切的农家民俗，不同的文化在这里都能感受到。园内还有多种植物，玻璃温棚中引进了很多种奇花异草，让人觉得仿佛置身于大自然中。

- 💰 30 元
- 🕐 全天开放
- 🚌 阿克苏机场—龟兹绿洲生态园（自驾）
  阿克苏机场—乌红线—吐和高速—宁波大道—长安路—龟兹绿洲生态园
  全程约 248 千米

柯柯牙绿化工程纪念馆
★★★

纪念馆位于塔克拉玛干沙漠北部边缘，是阿克苏人历经 20 余年，在荒漠上筑起的绿色长城。如今，整个工程长为 25 千米，宽为 4 千米，既孕育了果实，也起到了防风治沙的作用。它从东、北、南三个方向将阿克苏市环绕起来，成为保护城市不被风沙侵袭的屏障。

- 💰 免费
- 🕐 全天开放
- 🚌 阿克苏机场—柯柯牙绿化工程纪念馆（自驾）
  阿克苏机场—途经 3 个红绿灯—柯柯牙绿化工程纪念馆
  全程约 11 千米

柯柯牙绿化工程

塔里木祥龙湖风景区
★★★

景区地处塔里木盆地，占地面积 20 余万平方米。波澜壮阔的塔里木河从这里经过，魁梧的胡杨环抱着江南园林建筑。其景点主要有城堡、五亭桥、彩虹桥、九龙池等，在自然风景的基础上，融合了民俗风情和爱国主义教育，是一处旅游胜地。

- 💰 免费
- 🕐 9：00—18：00
- 🚌 阿克苏机场—祥龙湖风景区（自驾）
  阿克苏机场—乌红线—上海路—S207—祥龙湖风景区
  全程约 80 千米

温宿大峡谷 ★★★★

温宿大峡谷位于阿克苏民族乡境内，其总长为 20 千米，由 3 条主谷和 12 条支谷组成。峡谷内，独特的岩盐地貌令人大开眼界，河流冲刷出的丹霞岩壁地貌更让人惊异于大自然的鬼斧神工。因而其旅游和开发价值都很大。

温宿大峡谷

- 💰 40 元
- 🕐 8：00—17：00
- 🚌 阿克苏机场—温宿大峡谷（自驾）
  阿克苏机场—乌红线—吐和高速—温宿大峡谷
  全程约 59 千米

大龙池 ★★★

大龙池四面环山，山顶终年积雪不化，还生长有珍贵的药材雪莲。山下苍松翠柏终年长青，碧绿的草原上牛羊成群，牧民的毡房到处都是，偶尔还有雪鸡、雪豹的踪影。湖泊被环绕在群山之中，安然而静谧，风景十分秀丽。

- 💰 免费
- 🕐 8：00—17：00
- 🚌 阿克苏机场—大龙池（自驾）
  阿克苏机场—乌红线—吐和高速—独库公路—阿库线—大龙池
  全程约 370 千米

大龙池

🌞 温宿大峡谷
体验大自然的神秘力量

温宿大峡谷是丹霞地貌的奇景和喀斯特地质的胜景，有"活的地质演变史博物馆"之美称。站在悬崖峭壁的地形下面，看着蓝天、白云、阳光，欣赏着根据光线不断变化，一会儿深蓝色、一会儿棕色、一会儿赤色、一会儿鲜红的岩石，相信来到这里一定会感叹大自然神秘的力量。

交通提示

温宿大峡谷离乌鲁木齐市很远，较为偏僻。游客如果想驾车自助游，一定要事先熟悉好路况。不过这段路程路况很不错，很适合驾车游。游客可以驾车到乌大高速，然后经过小草湖收费站到 314 国道，在前往阿克苏的 G314 国道大约 960 千米处下车到旅游公路，再向北行驶 26 千米即可到达温宿大峡谷。

适合带朋友一起游玩

温宿大峡谷景区辽阔、路况良好，需要游玩时间长，单独出行会孤单寂寞，不妨带志同道合的朋友一起游玩，相信一定会充满乐趣。如果要驾车前往，最好选择越野车或底盘高的车前往。

旅行装备

在温宿大峡谷，游览是个很耗费体力的事情。游客在旅游的时候，带上必需的物品后，最好轻装上阵。

购物阿克苏

阿克苏的中草药党参、雪莲、枸杞子等远近闻名，这里出产的薄皮核桃富含的营养成分很高，是购物的首选。还有各式各样的民族服装，以及维吾尔族男子的腰巾，都是当地特产。

↘ 吃在阿克苏

阿克苏地区的饮食多样化，草原上的牛羊，河流中的鱼虾，平原上的蔬果，都能成为当地的美味。阿克苏的人们一日三餐吃的都是清真食品，当地的餐馆也多为清真餐馆，但是也有鲁菜、川菜等菜系。

鲜辣虾

3号仓库
游客评价：主营西北民间菜，环境很好
☎ 0997-6333888
📍 阿克苏市塔北路金桥现代城旁

晓鸡汤
游客评价：价格实惠，非常养生的鸡汤
☎ 0997-2683896
📍 阿克苏市兴隆街兴隆花园

小城知味大盘鸡
游客评价：当地老馆子，菜品优惠量大
☎ 0997-2698345
📍 阿克苏市南苑晶水花园底商

亚克西姆
游客评价：主营新疆菜，特别推荐鸽子汤
☎ 0997-7310888
📍 库车市金都景苑小区二栋二层1号商铺

香辣擀面皮
游客评价：面有嚼劲，酸辣口感，非常香，搭酸奶更佳
☎ 13999667507
📍 阿克苏市小南街

↘ 住在阿克苏

平价型
万佳温泉宾馆 📍 阿克苏市温泉路4号 ☎ 0997-8621666
库车宾馆 📍 库车市解放北路17号 ☎ 0997-7122555
华宇精品商务酒店 📍 阿克苏市民主路56号 ☎ 0997-2533999
千寻主题酒店 📍 阿克苏市迎宾路55号金桥学府壹号 ☎ 0997-2525777
蓉都商务宾馆 📍 阿克苏市环东路国大商贸城旁 ☎ 0997-2286622

享受型
浦东·假日酒店 📍 阿克苏市交通西路1号 ☎ 18999067187
丽都大酒店 📍 阿克苏市库车市天山中路328号 ☎ 0997-7233222
阿克苏中天大酒店 📍 阿克苏市环东路4号（世纪广场对面） ☎ 0997-6551113
阿克苏天缘国际酒店 📍 阿克苏市滨河路10号 ☎ 0997-6855555
阿克苏明华大酒店 📍 阿克苏市迎宾路25号 ☎ 0997-8809999

喀什

喀什位于新疆西部，是中国最西部的一座城市。喀什是一个历史古城，有 2000 多年的历史。中华人民共和国成立后，喀什获得进一步的发展。

喀什是一个民族融合的城市，少数民族人口占总人口 80% 左右，民族特色浓厚，富有新疆地方特色。人们常说："不到喀什，就不算到新疆。"因此，游客前往新疆旅游一定不要错过喀什。

近些年来，随着喀什的不断发展，它逐渐成为新疆地区著名的旅游城市。全国最大的清真寺艾提尕尔清真寺就在喀什地区。另外，著名的香妃墓和国家重点文物保护单位盘橐城也是游览喀什不可错过的景点。

区号：0998
邮编：844000
面积：162000 平方千米
人口：449.64 万人
著名景点：喀什西域庄园、香妃墓、艾提尕尔风景区等

两日游

喀什噶尔老城景区—艾提尕风景区—喀什西域庄园—叶尔羌汗国王陵—香妃墓

游在喀什

艾提尕风景区 ★★★★★

景区包括艾提尕黄金首饰一条街、民俗产品一条街、清真寺、艾提尕广场、喀什噶尔民俗馆、观光塔等。黄金首饰一条街是目前喀什最大的黄金交易市场；民俗产品一条街有很多历史文物和特色产品；清真寺融合了地方特色和民族色彩，也是新疆最大的伊斯兰教礼拜寺……游人在这里可以游玩，可以购物，也可以感受民族的文化气息。

💰 免费
🕐 全天开放
🚌 喀什国际机场—艾提尕风景区（自驾）
喀什国际机场—迎宾大道—解放北路—诺尔贝希路—艾提尕风景区
全程约 9 千米

艾提尕风景区
游览注意事项

1. 注意防晒和带饮用水。老人和孩子避免在烈日下行走太长时间，以免中暑。

2. 游览区内有清真寺，游客要尊重当地习俗。女性游客一定要征得同意后方可进入清真寺。另外，还要记得进入之前要先把鞋子脱掉。

3. 喜欢拍照的游客要注意，如果遇到穆斯林礼拜的场面，要征得允许后，方可拍摄。

购物喀什

喀什地区有很多赫赫有名的产品，其手工艺品种类繁多，花样别致，独具民族特色。如地毯、土陶、首饰、木模印花布以及各种民族乐器等，深受游人的喜爱。

喀什的购物场所很多，比如艾提尕尔清真寺广场被称为城市客厅，广场周围自古以来就是有名的巴扎，现在是这里最有名气的购物广场。

艾提尕尔清真寺

香妃墓 ★★★★

香妃墓又叫作"阿帕克霍加墓"。整个陵园的古建筑气势宏伟，构造也很精美。主体陵墓是一座长方形的建筑，高达 26 米；主墓室顶部为圆形，直径 17 米，却无任何梁柱支撑。主墓室的外墙和屋顶砌有绿色的琉璃砖，夹杂着各种图案和黄色、蓝色的瓷砖，显得格外庄严肃穆。此外，这里还有大礼拜寺、小礼拜寺等建筑。

💰 30 元
🕐 9：30—21：30
🚌 喀什国际机场—香妃墓（自驾）
喀什国际机场—迎宾大道—天山东路—香妃墓
全程约 10 千米

喀什香妃墓

班超城 ★★★

班超城位于喀什市东南郊，又叫作"盘橐城"。相传东汉大将班超出其不意地兵临盘橐城下，兵不血刃地活捉了鱼肉百姓、妄图分裂的部族首领兜提，重新开放了被封闭的丝绸之路。此后，班超以盘橐城为大本营，打击匈奴的势力，完成了统一西域地区的大业。

- $ 免费
- ⏰ 9：00—20：00
- 🚌 喀什国际机场—班超城（自驾）
  喀什国际机场—迎宾大道—青年北路—南湖路—班超城
  全程约 13 千米

喀什噶尔老城景区 ★★★

景区位于喀什市中心，原称"疏勒"，居民聚居叠住，两三百条巷道密织交错，曲径通幽，是中国以伊斯兰文化为特色的迷宫式城市街区。民居大多为土木、砖木结构，有些已有上百年的历史。2015年被正式授予国家5A级旅游景区称号。

- $ 无需门票（后方的老城区门票30元）
- ⏰ 9：00—17：00
- 🚌 喀什国际机场—喀什噶尔老城景区（自驾）
  喀什国际机场—迎宾大道—解放北路—喀什噶尔老城景区
  全程约 9 千米

喀什西域庄园 ★★★

喀什西域庄园距离喀什市中心仅6千米的路程，是一个具有民族特色的风情园。景区分布着很多颇具民族特色的庄园，维吾尔族、塔吉克族、柯尔克孜族、蒙古族、哈萨克族……众多少数民族风格的建筑荟萃一堂，自成一景。另外，还有果园、娱乐场、篝火场等。

- $ 10 元
- ⏰ 8：00—18：00
- 🚌 喀什国际机场—喀什西域庄园（自驾）
  喀什国际机场—迎宾大道—X421—西山民族园
  全程约 16 千米

金湖杨国家森林公园 ★★★★

景区三面环水，风景宜人。这里方圆万里都是葱郁的胡杨林、大漠的风沙、戈壁的苍凉、雪山的壮美、蓝天碧水的宏大，还有这片生长繁茂的胡杨林，将西北的边塞风书写得淋漓尽致。

- $ 40 元
- ⏰ 9：00—17：00
- 🚌 喀什国际机场—金湖杨国家森林公园（自驾）
  喀什国际机场—解放北路—吐和高速—东二环—X484—金湖杨国家森林公园
  全程约 254 千米

胡杨林

唐王城 ★★★

唐王城即唐代尉头州城遗址，当地少数民族称之为"托库孜萨热依古城"，建于公元前206年，距今已2000多年，占地数平方千米。

城市分为内城、外城和大外城几部分，城墙用泥土和石头筑成，内城由山腰绕到山巅，长756米；外城接内城续到山巅，长1008米；大外城由外城环绕南山根，长1668米。南北各建造有城门，其中，大外城外面的城墙已经变成了一道土梁，城东北延伸至约2千米处的唐王村。考古工作者曾先后在此挖出泥塑佛头、丝绢、陶器、钱币等4000多件文物。

唐王城为新疆境内古丝绸之路上的一个重要古城遗址，具有极高的考古价值，被列为自治区重点文物保护单位。唐王城很适合夏秋时节游玩。

- $ 免费
- ⏰ 全天开放
- 🚌 喀什国际机场—唐王城（自驾）
  喀什国际机场—迎宾大道—吐和高速—S218—托三段—唐王城
  全程约 314 千米

莎车王陵墓 ★★★★

莎车王陵墓位于新疆维吾尔自治区莎车县境内，距今已经有数百年的历史，但是其墓壁上的装饰图案依旧清晰如新，其结构布局也一如建成时期。近年来，这里又另外修建了比原来的陵墓还要高大精美的新陵，吸引更多的瞻仰者前来游览。

- $ 15 元
- ⏰ 全天开放
- 🚌 喀什国际机场—莎车王陵墓（自驾）
  喀什国际机场—疏勒大道—吐和高速—莎车王陵墓
  全程约 201 千米

莎车王陵墓

达瓦昆旅游风景区 ★★★★

这里有天然的湖泊，水波潋滟，一片湖光山色的秀美景象。湖泊周围就是面积为2000公顷的沙漠，沙丘起伏如同黄色的大海，和湖泊相互映衬，更显妩媚。游人在此可以骑马、骑骆驼或乘坐探险车穿行于沙漠中，尽情领略大漠的风光。

- $ 50 元
- ⏰ 9：00—17：00
- 🚌 喀什国际机场—达瓦昆旅游风景区（自驾）
  喀什国际机场—迎宾大道—麦喀高速—S310—Y406—达瓦昆旅游风景区
  全程约 127 千米

达瓦昆旅游风景区

特拉木坎力冰川 ★★★★

特拉木坎力冰川有罕见的自然奇观，这里有巨大的冰盆和冰瀑布，还有雪崩的景象。冰川的末端是碧波荡漾的冰湖，还有村庄和农田，人与自然融洽地相处在一起，是旅游观光和考察的好去处。

💰 35元
🕐 全天开放

石头城遗址 ★★★

石头城位于新疆维吾尔自治区西南部，是中国三大石城之一。现在仍存留着城墙、城门、寺院和人们居住的遗址。石头城拥有悠久的历史，朝代的沿袭在这里留下了丰富的文化遗迹，其独特的建筑风格为后人研究汉唐时期高原国家的历史文化做出了巨大贡献。

💰 免费
🕐 全天开放
🚌 喀什国际机场—石头城遗址（自驾）
喀什国际机场—乌红线—人民北路—乌帕尔一桥—石头城遗址
全程约300千米

石头城遗址

叶尔羌汗国王陵 ★★★★

叶尔羌汗国王陵建于1533年，是为了悼念赛义德王朝的第一个汗王而修建的。叶尔羌汗国王陵在整体布局和图案装饰上都具有独特的风格，是伊斯兰教建筑中优秀的代表，对我们了解当时的政治经济状况、人民的生活习惯和埋葬方式等都具有重要的意义。

💰 30元
🕐 8：00—18：00
🚌 喀什国际机场—叶尔羌汗国王陵（自驾）
喀什国际机场—疏勒大道—吐和高速—三莎高速—罕艾日克路—叶尔羌汗国王陵
全程约202千米

↘ 吃在喀什

喀什小吃汇集在街头巷尾遍布着烤羊肉串的地方。这里的凉粉也是远近闻名的，嫩白的凉粉和萝卜丝搅拌在一起，浇上辣椒油、蒜泥等调料，吃起来格外爽口。这里的馕坑烤肉味道独特，一定不能错过。还有烤鱼、清炖羊肉、烤包子、抓饭、拉面、油塔子、曲曲、烩菜、灌面肺和灌米肠等，都是当地著名的佳肴。有些饭店中还有民族歌舞表演。

烩菜

艾尼纯羊烤肉店
游客评价：烤肉劲道，香气四溢
📞 13899195070
📍 喀什市诺尔贝希路184号

艾力扎提抓饭馆
游客评价：羊肉、羊排香味扑鼻，饭也很香
📞 15309988892
📍 喀什市塔吾古孜路17号

凯麦尔丁蓝鸽子
游客评价：鸽子面入口即烂
📞 13709983171
📍 喀什市尤木拉克协海尔路与色满路交会处南侧

海尔巴格大饭店（喀什店）
游客评价：新疆菜，环境优美
📞 0998-2825999
📍 喀什市色满路148号

老城角落
游客评价：当地特色的咖啡值得一尝
📞 0998-2307027
📍 喀什市阿热亚路716号

↘ 住在喀什

平价型

喀什玉龙大酒店
📍 喀什市团结路195号
📞 0998-2907000

后天青旅
📍 喀什市古城印象一条街40号
📞 18301681035

银豪商务宾馆
📍 喀什市健康三运鑫城106号
📞 0998-5712333

如家酒店（喀什文化路二中店）
📍 喀什市文化路143号
📞 0998-2657777

享受型

喀什深航国际酒店
📍 喀什市解放南路348号
📞 0998-2568888

喀什天缘国际酒店
📍 喀什市迎宾大道26号
📞 0998-2858888

深业丽笙酒店
📍 喀什市多来特巴格路2号
📞 0998-2688888

喀什其尼瓦克国际酒店
📍 喀什市色满路144号
📞 0998-5822266

克拉玛依

克拉玛依是一个以石油闻名的城市。在维吾尔语中，克拉玛依就是"黑油"的意思，在克拉玛依东北部有一座天然的黑油山，克拉玛依的名字也就由此而来。

克拉玛依是中华人民共和国成立以来开采的第一个大油田，也是我国西部第一个年产千万吨石油的大油田。

虽然起源于戈壁荒原，克拉玛依却发展迅速，现已经成为一个环境优美、设施完善、具有浓郁地方特色的文明都市。其绿化面积、空气质量、适宜居住度都在全国名列前茅。

近年来，随着克拉玛依的进一步发展，它也逐渐成为一个著名的旅游城市，前往克拉玛依旅游的游客络绎不绝。

区号：	0990
邮编：	834000
面积：	7733平方千米
人口：	49.03万人
著名景点：	独山子泥火山、黑油山、驼铃梦坡沙漠公园等

游在克拉玛依

独山子泥火山 ★★★★

泥火山又被称作"假火山"，是地下的天然气体夹杂着水、泥和砂在压力的作用下从地下涌出，从而形成了泥丘。它位于独山子的山峰上，两个喷口相距100余米，比较大的一个喷口直径约60厘米，高出地面1米有余。泥火山有着很高的科学价值和观赏价值。

- 30元
- 全天开放
- 克拉玛依机场—泥火山（自驾）

克拉玛依机场—桃园路—G217—奎阿高速—油城路—泥火山
全程约154千米

独山子泥火山

景区特色

距新疆独山子大约3千米处，是一座高耸的黄泥山，因此被叫作"泥火山"。

山上共有4个岩浆喷发口，游客可以看到里面不断冒出的泥浆。喷发口大小不同，大的直径30—40厘米，小的也就只有鸡蛋那么大小，喷出的泥浆并不是热的，而是冰凉的，散发出浓重的石油味。

奇特感受

独山子泥火山现在已经进入休眠期，喷发力量变得薄弱，相对比较安全。但是游客仍然可以从微小处感受到当年地质活跃时独山子泥火山强劲的爆发力。

另外，泥火山的火山灰有美容养颜的作用，爱美的女士可以一些带回去做面膜使用，相信会有意想不到的效果。

旅游建议

克拉玛依地区温差比较大，俗语说："早穿棉袄午穿纱，围着火炉吃西瓜。"说的就是新疆地区的天气状况。因此游客去这些地区旅游的时候，一定要多准备一些衣服御寒。

独山子泥火山

克拉玛依油田 ★★★

位于准噶尔盆地西北边缘，是我国西部最大的石油产业。经过30多年的发展，这里已经由往日荒凉的戈壁，变成了一座石油工业城市。勘探、钻井、采油、输油等自成体系，科教卫生、商业贸易等配套设施也基本发展起来。

- 免费
- 全天开放
- 克拉玛依机场—克拉玛依油田（自驾）

克拉玛依机场—克榆公路—南新路—新兴路—克拉玛依油田
全程约16千米

艾比湖地区湿地 ★★★

艾比湖曾是水质良好的淡水湖，后来湖面缩小，形成了干涸在湖底的盐尘。艾比湖湿地植物群生，并且由湿生、旱生、超旱生和耐旱生植物演替，植被层次丰富。各

艾比湖湿地暮色

种各样的野生动物栖息在这里，种类达到 100 多种。

💰 20 元
🕐 8：00—17：00
🚌 克拉玛依机场—艾比湖地区湿地（自驾）
克拉玛依机场—奎阿高速—连霍高速—X032—艾比湖地区湿地
全程约 337 千米

新疆玛纳斯湖地区湿地
★★★ 📷 🌐

玛纳斯湖地区湿地是位于准噶尔盆地西部的一个咸水湖及周边的草甸和池沼，已经因近年来的过度垦荒而断流，湖区变成了盐碱地和沙漠。这里生长着大面积的红柳和芦苇，荒漠植物梭梭大肆侵占了这里的土地。1986 年晋升为国家级自然保护区。近年来这里已成为重要的科研、旅游、避暑胜地。

💰 免费
🕐 全天开放
🚌 克拉玛依机场—玛纳斯湖地区湿地（自驾）
克拉玛依机场—克榆公路—五克高速—经五路—玛纳斯湖地区湿地
全程约 170 千米

黑油山 ★★★★ 📷

黑油山位于克拉玛依北部，地下丰富的石油因受到地层的压力而造成了原油的长年外溢，凝结成一群沥青丘，这个天然的沥青丘因此得名黑油山。如今，这里已经是人们进行革命传统教育的重要基地和游览胜地。

💰 40 元
🕐 9：00—22：00
🚌 克拉玛依—黑油山（自驾）
克拉玛依—胜利路—长征路—黑油山
全程约 5.8 千米 14 分钟

阳光水世界 ★★★ 📷

阳光水世界位于克拉玛依市正在规划中的"四区一园一带"的休闲娱乐中心，西边是西郊水库，北边是新疆最大的住宅区，地理位置十分优越。阳光水世界是克拉玛依市的标志性建筑之一，集比赛、按摩、美容、旅游和餐饮等于一体，是一处功能齐全、规模宏大的休闲场所。

💰 20 元
🕐 8：00—20：00
🚌 克拉玛依机场—阳光水世界（自驾）
克拉玛依机场—201 省道—迎宾大市道—世纪大道—阳光水世界
全程约 15 千米

阳光水世界

白杨河大峡谷 ★★★ 📷 🌐

大峡谷位于乌尔禾区境内。这里的河水多蜿蜒曲折，河岸十分陡峭，水面宽泛，沿着河谷顺流而下。河流两侧生长着茂密的丛林，如胡杨、毛柳、沙枣、银灰杨等乔木，还有蔷薇、白刺等灌木。峡谷内河流清澈，草木繁茂，山岩、胡杨、碧水和蓝天组成了美丽的峡谷景致。

💰 20 元
🕐 8：00—18：00
🚌 克拉玛依机场—白杨河大峡谷（自驾）
克拉玛依机场—阿库线—奎阿高速—库克赛路—白杨河大峡谷
全程约 116 千米

白杨河

驼铃梦坡沙漠公园
★★★★ 📷

这里是一片黄沙漫天的沙漠世界，但也是一座天然的动植物园。荒漠植物有梭梭、胡杨、沙枣、三芒草，还有可以作为药用的大黄、黄芪等都在这里生长；狐狸、跳鼠等百余种动物在这里繁衍生存。公园里开辟了滑沙、狩猎、看日出等项目，于是沙漠不再是令人惧怕的地方，而成为玩乐的胜地。

💰 150 元
🕐 8：00—17：00
🚌 克拉玛依机场—驼铃梦坡沙漠公园（自驾）
克拉玛依机场—克榆公路—五克高速—杨柳段—驼铃梦坡沙漠公园
全程约 174 千米

驼铃梦坡沙漠公园

乌尔禾魔鬼城
★★★ 📷 🌐 🌏

乌尔禾魔鬼城就像是中世纪的欧洲古堡，高低错落的城堡林立在这里，风雨的侵蚀使地面上形成了深深浅浅的沟壑，岩石被风沙雕琢成各种各样奇怪的造型，有凶猛的兽类，也有壮丽的楼阁。每当刮起大风，气流遇到这里奇特的地形就会发出哭号的声音，所以人们又将这里称为"魔鬼城"。

💰 46 元
🕐 10：00—19：00
🚌 克拉玛依机场—魔鬼城（自驾）
克拉玛依机场—阿库线—龙脊路—魔鬼城
全程约 107 千米

乌禾尔风城

💡 **驼铃梦坡沙漠公园**

景区特色

游客到驼铃梦坡沙漠公园游玩的项目有很多，可以徒步探险、涉沙海、爬沙丘等。边欣赏浩瀚的沙漠风光，边听悠远的驼铃声，是一种很独特的享受。

另外，景区内还开辟了滑沙、狩猎和观看沙漠日出、日落等项目，会使你的沙漠之旅变得更加丰富多彩。游客如果有兴趣，还可以在此住宿，体验一下住沙漠帐篷的感觉。

安全注意事项

在沙漠景区游览的时候，一定

要带足饮用水或者水果，以预防干渴；注意带好防晒霜、护唇膏、太阳镜、遮阳帽等物品，避免在烈日下暴晒太长时间；驾车自助游者一定要系好安全带，看好交通安全提示标志；身体虚弱者及有严重心脏病、高血压的患者尽量避免盲目进入沙漠。

尊重当地民俗

新疆是多民族地区，当地大多以食用牛羊肉为主，饮食上存在一定的禁忌。游客到当地游玩的时候，一定尊重当地的风俗习惯，避免谈一些敏感性话题给自己带来不必要的麻烦。

购物克拉玛依

克拉玛依市人民广场附近的准噶尔大街，是繁华的商业地段。这里云集了众多商家，有来自沿海地区的时尚商品，也有来自内地的商品。店铺林立，各种档次的商品琳琅满目。附近各种文化娱乐设施齐全，游人可在此购物、娱乐、休闲等，在享受购物的同时，也放松了自己。

吃在克拉玛依

克拉玛依聚集着维吾尔族、哈萨克族、锡伯族、回族和俄罗斯族等30多个少数民族，因此这里的民族小吃应有尽有，民族风味小吃街也有很多。克拉玛依市区天山路的博达市场、塔河路的夜市、克拉玛依河大桥下的美食一条街，到处都有民族特色小吃。

土豆炖鸡肉

天山集市
游客评价：羊羔肉鲜嫩爽口，生意非常火爆
☎ 0990-6666911
📍 克拉玛依市吉祥路82号

一山义城火锅城
游客评价：口味赞，推荐麻辣牛肉、神鲜毛肚
☎ 0990—6921355/18999528990
📍 克拉玛依市克拉玛依区吉祥路风情街63-202号

爱啃羊棒骨小酒馆(康城店)
游客评价：羊棒骨很棒，分量足
☎ 19809901076
📍 克拉玛依市康城吉祥路风情街21-102号

老妈家庭厨房
游客评价：湘菜，味道偏重，喜欢食辣者可以选择
☎ 0990-6880006
📍 克拉玛依市塔河路100号

港乐臻品茶餐厅
游客评价：环境干净温馨，粤菜馆
☎ 0990—6669186
📍 克拉玛依市迎宾大道67号（和家乐广场四楼A区）

喜欢毛肚火锅
游客评价：火锅，分量足，菜品多
☎ 0990-6666662
📍 克拉玛依市光明东路7号（近采油一厂）

住在克拉玛依

平价型
惠林商务酒店 📍 克拉玛依市西环北路77号 ☎ 0990-7585999
新疆鸿福准噶尔大饭店 📍 克拉玛依市准噶路75号 ☎ 0990-6989791
新迎宾馆 📍 克拉玛依市大庆西路68号 ☎ 0992-3888677
克拉玛依温州商务宾馆 📍 克拉玛依市克拉玛依区天池南村21栋 ☎ 0990-6666756

享受型
新疆正天华厦大酒店 📍 克拉玛依市友谊路甲30号 ☎ 0990-6969658
维也纳酒店（泰富广场店） 📍 克拉玛依市兴业路55号 ☎ 0990-6661002
星程酒店（大学城店） 📍 克拉玛依市新兴路198-16号 ☎ 0990-6392222
雪莲宾馆 📍 克拉玛依市油建南路1号 ☎ 0990-7526000

华东地区

上海—江苏—浙江—安徽—
山东—江西—福建

区号：021
面积：6340.5 平方千米
人口：2487.09 万人
方言：吴语、太湖片、苏沪嘉小片、上海方言
著名景点：外滩、豫园、南京路、静安寺、上海迪士尼度假区、枫泾古镇等

概况

上海被誉为"江海之通津，东南之都会"，地处长江三角洲，是一座历史气息浓厚的城市。同时上海作为我国四大直辖市之一，因为其得天独厚的地理位置，成为我国最大的商业和贸易中心，而世博会的成功举办，也让上海吸引了越来越多的目光。

上海有着强烈的海派文化气息，白天你可以听见徐家汇大教堂的钟声，看见街头的老人，各式各样的剧场上演着大上海的繁华，还有古典的建筑风格和美味的本帮菜，这些都是上海传统文化的一种体现。

到了晚上，你就可以看见书中描绘的灯红酒绿的大上海，酒吧的爵士乐，各种高大建筑的流光溢彩会让你感受到21世纪的现代气息。

现如今的上海，更加的繁荣和开放，金茂大厦、东方明珠、国际机场都在展示着它的国际化，这里无疑已经成为现代化、时尚化和国际化的代名词了。

上海特产主要以美食为主：水蜜桃、梨膏糖、凤尾鱼罐头、三黄鸡、银鱼、金泽状元糕、南翔小笼包、上海龙虾片、蟹壳黄、松饼、五芳斋糕团等。

手工艺品：木雕、嘉定竹、面塑、牙雕、绒绣、丝绸、嘉定黄草编、漆器、玉雕、砚刻、集云阁篆刻、曹素功墨、绢花等。

线路 1
老洋房—东方明珠电视塔—世纪大道—陆家嘴绿地—浦江沿岸

线路 2
上海博物馆—外滩—世博园—上海欢乐谷—上海大剧院—陆家嘴绿地—上海海洋水族馆

名菜

上海最有名的就是本帮菜，一般由农家菜发展而来，以红烧和煸炒的做法最为常见，擅长浓油赤酱，咸中带甜、油而不腻，颇具家常风味。下面介绍一些比较著名的本帮菜。

红烧圈子：原名"炒直肠"，后按其形状更名为红烧圈子。做法一般是煮熟后配以青菜红烧而成。卤汁浓稠、口感香嫩是这道菜的主要特点。

白斩鸡：上海的白斩鸡以小绍兴的久负盛名。以上海的三黄鸡为主要的原料，故又称为"三黄油鸡"，是一道冷盘菜，颜色金黄、皮脆肉酥，配以虾子酱油，蘸酱食用味道极佳。

清蒸大闸蟹：著名的上海菜。原料以蟹中上品大闸蟹为主原料，清蒸为常见做法。主要的特色就是突出蟹的原汁原味，蟹肉极其鲜嫩，营养丰富。

清炖狮子头：选用上等的五花肉和马蹄，用蛋清调和马蹄肉做成肉馅，将肉馅打入高汤炖40分钟左右即可，口感丰富、肥而不腻。

排骨年糕：年糕香糯，排骨鲜嫩，是广受上海人喜爱的一个小吃品种。其中"小常州"和"鲜得来"是其中比较著名的分店，位于四川中路和福州路口。

枫泾丁蹄：这道菜已经有一个多世纪的历史了，选用产自枫泾的纯种黑皮猪蹄，皮薄骨细，不肥不瘦，烹制之后外形完好，肉质细腻，热吃和凉吃都可以。

金泽状元糕：最初源于青浦，选用优质的粳米磨成粉加白糖，经过一系列的烘焙，可以用其他各种不同的原料制作出不同口味的糕点出来，富含多种维生素，营养丰富。

上海浦东国际机场

交通

飞机

上海虹桥国际机场

☏ 021-22381085

📍 中国上海市长宁区和闵行区交界处，距市中心 13 千米

💡 机场交通：上海轨道交通2号线、10号线均通达上海虹桥国际机场（需注意2号线不能到达1号航站楼）。出租车，起步价14元，3千米后每千米2.4元。

上海浦东国际机场

☏ 021-96990

📍 中国上海市浦东新区，距离上海市区约30千米

💡 机场交通：机场设有多条通往市区路线的大巴，票价在2至30元不等。

高铁

上海虹桥站，位于中国上海市闵行区，候车大厅面积约 11340 平方米，最高可同时容纳1万人候车。上海虹桥站设高速、综合2个车场，设16站台（2个侧式站台+14个岛式月台）、30股道、30站台面。乘坐地铁2号、10号、17号线可以抵达。

上海地铁

1号线
富锦路—莘庄
（5:30—22:30 最高票价6元）

2号线
浦东国际机场—徐泾东
（6:00—22:30 最高票价9元）

3号线
上海南站—江杨北路
（5:25—22:30 最高票价6元）

4号线（环线）
宜山路—宜山路
（5:30—21:30 最高票价4元）

5号线
奉贤新城—莘庄
（5:42—22:00 最高票价6元）

游在上海

上海，中国四大直辖市之一，位于长江入海口，"中国长三角经济圈"的中心城市，同时是中国经济发达的城市，国际化大都市。

上海是一座历史悠久、文化底蕴深厚的城市，又是一座现代气息浓重、朝气蓬勃的城市，步入21世纪以来，上海的发展壮大举世瞩目，现已成为长江流域的一颗璀璨的"东方明珠"，吸引着越来越多人的眼球。"两千年历史看西安，一千年历史看北京，一百年历史看上海"，上海的历史就是中国近代史的缩影，许许多多的重大事件和革命活动都是从这里开始并影响全国，而上海的发展壮大体现的正是中国的繁荣富强。而今的上海，是中国改革开放的领头羊，是中国联系世界的窗口。

上海欢乐谷 ★★★★ 📷

上海欢乐谷是一个以"动感、时尚、欢乐、梦幻"为主题的大型公园，就全国范围内来说，上海的欢乐谷有三最：规模最大、景色最优美、科技含量最高。欢乐谷分为阳光港、欢乐时光、飓风湾、金矿镇、蚂蚁王国、上海滩、香格里拉七个区域，在里面不仅可以搭乘过山车，体验丛林和雨林的神奇，还可以乘坐船只去体验海港和风暴的刺激，还可以体验到老上海的怀旧风味，适合全家人去游玩。

💲 230元

🕐 日场：09:30—16:00；夜场：16:00—21:00

🚗 上海虹桥国际机场—上海欢乐谷（自驾）

上海虹桥国际机场—沪渝高速—嘉松中路—人民北路—上海欢乐谷
全程约23千米

💡 **上海欢乐谷**

交通指南

公交车：上佘专线（漕溪路公交枢纽）、沪松昆线、沪陈线（西区汽车站）、南佘专线（南浦大桥）至外青松公路与林荫大道路口下车，沿林荫大道向北约1千米

推荐路线

刺激路线：木质过山车—鬼屋—豪华转马—双塔太空梭—天旋地转—激流勇进—暴风之旅—矿山车—飞行岛—DISC "O"—Mega过山车—跌落式过山车—大摆锤—能量风暴

轻松路线：飞行剧场—飞行岛—虚幻成像—西部牛仔—蚂蚁宫—北极探险—丛林水战—跳跳蛙—自旋滑车—阿里山小火车—太空飞车—救火队—漂流河—观光塔—4D影院—音乐喷泉

注意事项

1.景区面积较大，为了能游玩更多的项目，建议乘坐景区的代步车以节省时间。

2.景区游客较多，所以中午就餐一般要排好长的队，建议去之前自带吃喝，或避开就餐高峰期。

上海欢乐谷

上海迪士尼度假区
★★★★★ 📷

上海迪士尼度假区位于上海市浦东新区川沙新镇，是上海国际旅游度假区内的标志性景区，于2016年6月16日正式开门迎客。度假区包括一座主题乐园——上海迪斯尼乐园，两座主题酒店——上海迪斯尼乐园酒店和玩具总动员酒店，一个国际级的购物餐饮娱乐区——迪斯尼小镇，一个由静谧花园和波光粼粼的湖泊组成的休闲区——星愿公园。度假区内多个激动人心的游乐项目和景点，相信定能使游客流连忘返。

💰 平日 399 元，高峰 575 元
🕐 8：00—22：00
🚌 上海虹桥国际机场—上海迪士尼度假区（自驾）
上海虹桥国际机场—沪渝高速—外环高速—沪芦高速—上海迪士尼度假区
全程约 43 千米

东方明珠
★★★★★ 📷

"东方明珠"是上海的象征建筑之一，也是亚洲第二和世界第四的高塔，塔身总高度为 467.9 米。

东方明珠的美景适合在夜晚观看，塔身上一个个大小不一样的球体五光十色，从蔚蓝的天空串联到如茵的草地，就如同白居易笔下的"大珠小珠落玉盘"的美好景象。

在东方明珠塔中有三座高速电梯和中部的 360 度全透明的观光电梯，游览者可以在其中俯瞰整个夜上海的美丽图画，而其中的旋转餐厅和其他服务则会带给游览者全新的感受。东方明珠塔各观光层柜台里 1000 多款造型独特、制作精美的各式旅游纪念品琳琅满目，令人目不暇接、流连忘返。

💰 套票（观光 + 游船）260 元
🕐 8：00—22：00
🚌 上海虹桥国际机场—东方明珠（自驾）

东方明珠

上海虹桥国际机场—延安高架路—内环高架路—北横通道—东方明珠
全程约 29 千米

外滩
★★★★ 📷

上海外滩是指位于黄浦江西岸长达 1500 米左右的一条街道。外滩主要的特色就是其中的建筑风格，有 50 多栋风格各异的建筑，被誉为"万国建筑博览群"。游客在欣赏建筑的同时还可以领略到黄浦江的风光和经济开发区的繁华，还有不少的美食在等待着你。如果你想体验老上海滩的感觉，这里是很好的选择。

上海外滩曾经是西方列强在上海的政治、金融、商务和文化中心，当年各国的领事馆大都集中在这里。外滩也是国际金融资本在中国的大本营，保留至今的中国银行大楼、和平饭店、海关大楼、汇丰银行大楼等，都纷纷再现了"远东华尔街"的风采，无论是极目远眺或是徜徉其间，都能感受到一种刚健、雄浑、雍容、华贵的气势。

💰 免费
🕐 全天
🚌 上海虹桥国际机场—外滩（自驾）
上海虹桥国际机场—延安高架路—内环高架路—中山南路—外滩
全程约 26 千米

外滩

多伦路文化旅游街
★★★ 📷

多伦路原名"窦乐安路"，位于虹口，其中最主要的特色就是文化气息特别浓厚。虽然只有 500 多米长，但是历史上一些鼎鼎大名的人物，例如鲁迅、瞿秋白、郭沫若、茅盾等诸多名人都曾在这里留下了足迹。在领略历史文化的同时，还可以品尝到特色的小吃。

💰 免费，进店消费自付
🕐 全天
🚌 上海虹桥国际机场—多伦路文化旅游街（自驾）
上海虹桥国际机场—延安高架路—内环高架路—花园路—东江湾路—多伦路文化旅游街
全程约 25 千米

上海博物馆
★★★★★ 🌐 📷

该博物馆位于市中心的黄金地段，占地面积大，馆藏非常丰富，其中最著名的就是青铜、陶瓷等器具，还有书画等，都是享誉国内外的珍品。

💰 免费
🕐 9：00—17：00（周六到 20：00）
🚌 上海虹桥国际机场—上海博物馆（自驾）
上海虹桥国际机场—沪渝高速—延安高架路—上海博物馆
全程约 20 千米

上海博物馆青铜器

豫园
★★★ 📷

豫园是上海的古典园林之一，开始只是明朝潘允端的私人花园，因"愉悦老亲"而得名"豫园"。豫园秉持着江南古典园林的一般特色，布局匠心独运，景色清幽秀美是其最主要的特色，整个园林十分精巧，以小见大，不愧被誉为"东南名园冠"和"奇秀甲东南"。

💰 旺季（4 月 1 日至 6 月 30 日，9 月 1 日至 11 月 30 日）40 元；淡季（7 月 1 日至 8 月 31 日，12 月 1 日至 3 月 31 日）30 元
🕐 8：30—17：00，16：40 停止售票
🚌 上海虹桥国际机场—豫园（自驾）
上海虹桥国际机场—沪渝高速—延安高架路—溪口路—豫园
全程约 21 千米

豫园夜景

上海动物园
★★★★ 🐼 📷

位于上海市长宁区虹桥路 2381 号的上海动物园和虹桥机场毗邻，属于国家级的大型动物园，是全国十佳动物园

之一，也是中国第二大城市动物园，其中的动物种类达620多种，还有大熊猫、华南虎、大猩猩等国家一级珍稀保护动物。同时还有匠心独运的园林式格局和绿化设施，与动物们的生态环境相适应，形成了具有海派特色的动物园。

- 40元
- 3—10月：7：30—17：00；11—2月：7：30—16：30
- 上海虹桥国际机场—上海动物园（自驾）

上海虹桥国际机场—虹渝高架路—沪青平公路—虹桥路—上海动物园
全程约8千米

上海动物园

小桃园清真寺 ★★★

小桃园清真寺位于上海小桃园街，以前叫作清真西寺和上海西城回教堂。寺院的门刚好对着小桃园街，所以人们通常称其为小桃园清真寺，是上海回族宗教的文化活动中心。寺院建于1917年，重建后的建筑颇具西亚伊斯兰建筑的风格。

- 免费
- 4：30—18：00
- 上海虹桥国际机场—小桃园清真寺（自驾）

上海虹桥国际机场—延安高架路—内环高架路—河南南路—小桃园清真寺
全程约25千米

朱家角古镇 ★★★

位于淀山湖畔的朱家角古镇有着秀丽的风景，被看作是"上海威尼斯"和"沪郊好莱坞"。和周庄相比，朱家角气势更为磅礴，颇具大家风范。而这里

朱家角古镇

的山光、湖水和随处可见的桥构成了一幅"小桥流水人家"的美丽画卷。

- 景点免费，其他主题路线收费不一
- 8：30—17：00
- 上海虹桥国际机场—朱家角古镇（自驾）

上海虹桥国际机场—嘉闵高架路—沪渝高速—课植园路—朱家角古镇
全程约35千米

田子坊 ★★★

田子坊位于泰康路，个性突出。每一家店铺都有着与众不同的风格，彰显着自己独特的一面。田子坊本来是由上海的石库门建筑群改建而成的文化产业的商业区，现在的田子坊是上海很有味道的一条弄堂，里面流淌的是上海的文化血液。

- 自由消费
- 全天开放
- 上海虹桥国际机场—田子坊（自驾）

上海虹桥国际机场—延安高架桥—内环高架路—徐家汇路—田子坊
全程约21千米

金茂大厦88层观光厅 ★★★★

金茂大厦位于上海浦东新区陆家嘴金融贸易区，是上海的第三高楼，是上海的一座地标建筑。88层的观光厅则是国家第一批4A景点之一，是中国目前最大的一个观光厅，其中有两台高速运转的电梯，故被称为"时空隧道"。在这样的高速电梯上，可以将整个上海的景色一览无遗。

- 120元
- 8：30—21：30
- 上海虹桥国际机场—金茂大厦88层观光厅（自驾）

上海虹桥国际机场—延安高架路—

金茂大厦

内环高架路—南北高架路—金茂大厦88层观光厅
全程约30千米

城隍庙 ★★★★★

上海城隍庙坐落于上海市繁华的城隍庙旅游区，是上海地区重要的道教宫观，建于明代永乐年间（1403—1424年），距今已有约600年的历史。是上海比较著名的道教建筑。城隍庙的占地面积有2000多平方米，由霍光殿、甲子殿、财神殿、慈航殿、城隍殿、娘娘殿、父母殿、关圣殿和文昌殿9个大殿组成。

在城隍庙，您还能买到许多具有上海地方的特色商品和食品，如有止咳、化痰、润喉、开胃功效的梨膏糖，具有60年制作历史的五香豆等，深受国内外游客的欢迎。除了这些之外，城隍庙还有许多小吃和购物地点，是一个综合性的游玩场所。

- 10元
- 8：30—21：00
- 上海虹桥国际机场—城隍庙（自驾）

上海虹桥国际机场—沪渝高速—延安高架路—云南南路—城隍庙
全程约22千米

上海城隍庙

上海海洋水族馆 ★★★★

上海海洋水族馆是一座具有国际一流水平的现代化大型海洋水族馆，分为亚洲、南美洲、澳洲、非洲、冷水、极地、海水、大洋深处八大展区，不仅是世界上最大的人造海水水族馆之一，更被称为"科普教育基地"。

- 160元
- 日常：9：00—18：00；
  暑假、十一及春节营业：9：00—21：00
- 上海虹桥国际机场—上海海洋水族馆（自驾）

上海虹桥国际机场—延安高架路—内环高架路—天目中路立交桥—北横通道—上海海洋水族馆
全程约29千米

上海海洋水族馆

💡 上海海洋水族馆

馆内指南

海洋馆由主楼和辅助楼两部分建筑组成，主楼呈金字塔形，各楼层分布如下。

第一层：设有大厅，厅内有售票处、休息区、餐厅和礼品店。

第二层：有南极、冷水、海水、非洲、澳大利亚等5个展区，还有一个企鹅展示中心。

第三层：设有贵宾大厅、科普教室、瀑布、小溪等一共7个展池，分别展示中国、澳大利亚和南美洲等地的不同生物种类。

地下一层：有一条海底隧道和大型的海底展示缸，此部分为深海展区，是水族馆的主体部分。

景区服务

1. 景区配有停车场，对外开放车位50个，停车10元（1小时内），超过1小时每半小时5元。

2. 在水族馆一层北入口处有一大型餐厅，可容纳300人同时就餐，提供中餐和西餐，环境舒适，服务一流。

3. 水族馆展区出口处有一名为"海洋记忆"的礼品店，店内商品以海洋为主题，有毛绒玩具、水晶制品、服装饰品及特色摄影等。在这里，为我们的游览珍藏一份美好的回忆。

注意事项

1. 馆内有介绍各大洲人文地理环境的大厅，观赏之前先阅读了解一下，这样观赏中能够看懂更多的知识。

2. 馆内的生物有固定的喂食时间，馆内有公告，喂食时间观看会有精彩美妙的瞬间出现。

上海大剧院 ★★★★ 📷

上海大剧院位于人民广场。上海大剧院主要由3个剧场所组成：第一个是用于上演芭蕾、歌剧和交响乐的大剧场，一共有1800个座位；还有适合于上演地方戏曲和室内音乐的中型剧场，一共

有550个座位；还有一个就是进行话剧和歌舞类表演的小剧场。

💰 50元（三口之家100元）
🕐 9:00—11:00
🚍 上海虹桥国际机场—上海大剧院（自驾）
上海虹桥国际机场—延安高架路—内环高架路—南崧高架路—成都北路—上海大剧院
全程约26千米

上海大剧院

上海影视乐园 ★★★ 📷

上海影视乐园的特色就是老上海的风貌，不仅有着旧上海时期上海滩的风云变幻，更有租界里面欧式风情的庭院设计。这里有布景式的南坊街道，还有实景的20世纪30年代南京路以及上海的里弄居民，有上百部影视作品诞生在这里。这里不仅再现了上海的历史文化风貌，更是一个娱乐场所，是上海发展的一个缩影。

💰 大学生：50元、中学生：30元、成人：80元
🕐 8:30—16:30
🚍 上海虹桥国际机场—上海影视乐园（自驾）
上海虹桥国际机场—嘉闵高架路—沪昆高速—影城路—上海影视乐园
全程约26千米

上海影视乐园

南京路步行街 ★★★ 📷

南京路步行街位于黄浦区，在新中国成立50周年的时候，这条街重建完成，由江泽民亲自题字，而这条见证过百年历史的南京路开始重新焕发出光彩，开始见证着上海另一段历史。新的南京路

不仅能够体现出时代特色，更有着上海独特的韵味，囊括了购物、旅游、商业和文化在内的综合性旅游胜地，是上海另外一道靓丽的风景线。

💰 免费
🕐 全天
🚍 上海虹桥国际机场—南京路步行街（自驾）
上海虹桥国际机场—沪渝高速—延安高架路—河南中路—南京路步行街
全程约21千米

上海国际会议中心 ★★★ 📷

上海国际会议中心和外滩隔江相望，位于浦东的滨江大道，和东方明珠以及金茂大厦一起构成了陆家嘴的建筑景观。这里拥有现代化的场馆，有4300多平方米的多功能厅和3600平方米的新闻中心，还有服务设施齐全的高级休闲场所，而20世纪末最后的"财富论坛"就是在这里举行的。

💰 50元
🕐 8:30—16:30
🚍 上海虹桥国际机场—上海国际会议中心（自驾）
上海虹桥国际机场—沪渝高架路—延安高架路—内环高架路—天目中路立交桥—上海国际会议中心
全程约30千米

上海国际会议中心

杨浦大桥 ★★★ 📷

杨浦大桥横跨黄浦江，是一架我国自主设计建造的双塔斜拉桥，在世界同类性质的斜拉桥中是位列前茅。它的主桥长602米，就像一道彩虹，而其中的主塔就像一把利剑，刺入苍穹，而32对钢索就像一个大型的竖琴一样。这座桥的名字更是由邓小平亲自书写。整座桥的设计可谓十分精美，气势磅礴，是一道著名的建筑景观。

💰 5元（登桥观景）
🕐 8:30—16:00
🚍 上海虹桥国际机场—杨浦大桥（自驾）
上海虹桥国际机场—外环高速—中

环路—沪嘉高速—杨浦大桥
全程约37千米

杨浦大桥

孙中山故居 ★★★★ 🌐 📷

孙中山的故居是一位海外华侨留给他的,是一栋两层的欧式建筑。楼房的前面是一片草坪,其余的三面都是植物的花圃。而故居里面的墙上则挂满了孙中山各个时期的照片,还有他指挥用过的军刀等,仿佛是他一生的足迹。

💰 免费
🕘 9:00—17:00
🚌 上海虹桥国际机场—孙中山故居(自驾)
上海虹桥国际机场—沪渝高速—延安高架路—茂名南路—孙中山故居
全程约19千米

孙中山故居

长风海洋世界
★★★★ 📷 🐼

长风海洋世界位于长风公园内,是一个将大型的海洋动物表演和水族馆鱼类展览集中起来的一个综合性的海洋主题公园。长风海洋世界的白鲸表演场馆现在成了内地最大的,也是华东地区第一家拥有白鲸表演的海洋馆,除了白鲸之外,还有加州海狮、海豚等动物的表

长风海洋世界

演。而鱼类的水族馆也是中国第一家主题馆。

💰 160元
🕘 9:00—16:00
🚌 上海虹桥国际机场—上海长风海洋世界(自驾)
上海虹桥国际机场—虹翟高架路—北翟高架—天山西路—上海长风海洋世界
全程约13千米

💡 长风海洋世界
最佳旅游季节

上海属于亚热带季风气候,春暖秋凉,夏季炎热,冬季寒冷,每年的3—5月份、9—11月份,是最好的旅游季节。需要特别提醒的是6月份中旬至7月份上旬是梅雨季节,忽晴忽雨,这段时间不宜出游。8月份底到9月份上中旬是台风多发季节,常有瓢泼大雨,此时去的游客应注意天气预报,及时安排行程。

交通指南

旅游车6A、6B长风公园下车均可到达。

乘坐地铁2号线在中山公园站下车,乘坐地铁3、4号线在金沙江路站下车后步行30分钟左右到达。

自驾车:景区位于普陀区大渡河路451号。

公园周边安全停泊点:长风公园1、2、3、4号门均可停车。其他停泊地点:①大渡河路178号长风景畔地下停车库;②大渡河路588号国盛购物中心地下车库;③云岭路地面停车场。

白鲸表演时间

周一至周日,每天三场:10:30,13:30,15:30。

精品馆

白鲸馆:白鲸表演馆包括检疫池、2个驯养池和表演池4个池区。表演池设计呈扇形,可以保证最佳的观看效果,可同时容纳2000人。每天有白鲸的表演,动作优美,体态轻盈,滑稽可笑。

企鹅馆:这里的企鹅是从南美洲的秘鲁请过来的,有的企鹅动作特别地灵活,有的则如一个大胖子,走路拽拽的。

圣母大堂 ★★★ 🌐 🏛

圣母大堂位于新乐路,是上海的一个东正教教堂。这座教堂属于典型的俄罗斯正教风格,中间是半圆的屋顶。在多次的维修过程中,拱顶和墙壁中间的油彩壁画都被完整地保留了下来,而圣母大堂的建筑风格和谐的色彩搭配,则是绘画和艺术爱好者经常光顾的地方。

💰 免费
🕘 8:30—19:00
🚌 上海虹桥国际机场—圣母大堂(自驾)
上海虹桥国际机场—沪渝高速—延安高架路—淮海中路—圣母大堂
全程约17千米

圣母大堂

国际礼拜堂 ★★★★ 🌐 🏛

国际礼拜堂位于衡山路,这是一条非常具有欧洲情调的公路,道路两旁是茂盛的法国梧桐。这是一座典型的哥特式建筑,有着英国乡村的风味,一共3层。国际礼拜堂是基督教历史的一段缩影。

💰 免费
🕘 周日:7:30,10:00,19:00
🚌 上海虹桥国际机场—国际礼拜堂(自驾)
上海虹桥国际机场—延安高架路—内环高架路—衡山路—国际礼拜堂
全程约19千米

杜莎夫人蜡像馆 ★★★★ 📷

杜莎夫人蜡像馆是全世界雕刻水平最高的蜡像馆之一,有很多世界名人的蜡像都在其中,最著名的就是恐怖屋。而上海的这一家则是继伦敦、阿姆斯特丹、纽约、香港和拉斯维加斯之后的第六家,在游客想象不到的地方会出现很有趣的效果。

💰 成人通票190元,学生通票150元
🕘 10:00—22:00
🚌 上海虹桥国际机场—上海杜莎夫人蜡像馆(新世界城店)(自驾)
上海虹桥国际机场—延安高架路—内环高架路—上海杜莎夫人蜡像馆(新世界城店)
全程约25千米

杜莎夫人蜡像馆

上海锦江乐园 ★★★★

上海很早的一家现代化的游乐园就是锦江乐园，包含有40多种游玩项目，其中还有中国第一个巨型的摩天轮。"欢乐世界"讲述了一个童话故事，让人在故事中思考体悟，而"峡谷漂流"则让人体验到大自然的魅力，正是这两个项目让乐园吸引了更多的注意力。

⑤ 60元，包含两种游玩项目；100元，包含6种游玩项目，其他的游玩项目另行收费

🕐 8：45—17：00，夏季夜场：8：45—22：00

🚌 上海虹桥国际机场—锦江乐园（自驾）
上海虹桥国际机场—虹渝高架路—虹许路—虹梅路—锦江乐园
全程约16千米

上海锦江乐园

南翔古镇 ★★★★

南翔古镇位于嘉定区，是嘉定和上海之间联系的纽带，在505年建成白鹤南翔寺之后而得名，已经有1000多年的历史了，是上海的四大古镇之一。南翔水陆空的交通都十分便捷，比较适合居住。而且这里还有被誉为上海的十大小吃之一的南翔小笼包可以一饱口福。

⑤ 联票40元

南翔古镇

🕐 全天

🚌 上海虹桥国际机场—南翔古镇（自驾）
上海虹桥国际机场—嘉闵高架路—沪宜公路—南华路—南翔古镇
全程约16千米

宋庆龄故居 ★★★★

宋庆龄的故居位于上海市淮海中路，她在这里生活了15年，是她居住时间最长的地方。现在还保存有大量珍贵的历史资料。她的故居是一栋三层的西式洋房，呈乳白色，分为前后两个花园，环境非常清幽。在故居附近还有鲈鱼汤、枫泾丁蹄、凤尾鱼和赵屯草莓等美食。

⑤ 20元，团体16元，学生、老人凭有效证件10元

🕐 9：00—17：00

🚌 上海虹桥国际机场—宋庆龄故市居（自驾）
上海虹桥国际机场—沪渝高速—延安西路—淮海中路—宋庆龄故居
全程约16千米

宋庆龄故居

上海老街 ★★★★

上海老街也被叫作"小东门"，是上海对外贸易和小商品交易的重要地区，见证了一个世纪以前上海的经济。经过改造后的老街，保留了一部分清末民初的民居特点，一系列原汁原味的店铺更是一幅活生生的"清明上河图"。在这里还可以在茶香和评弹声中感受到老上海的味道。

⑤ 免费

🕐 全天

🚌 上海虹桥国际机场—上海老街（自驾）
上海虹桥国际机场—沪渝高速—中山南路—河南南路—上海老街
全程约26千米

陆家嘴中心绿地 ★★★

这一片绿地占地10万平方米，处于陆家嘴金融中心最核心的地方，也是上海规模最大的开放式草坪。绿地力图打造"春"的感觉。8朵由钢打造的鲜花绽放，恰好组成上海市市花白玉兰的图案，蜿蜒在绿地中的道路，勾勒出上海市白玉兰花的图案，恰似一幅上海市市标，白玉兰的中间是8600平方米的中心湖，被设计成浦东地图版块的形状。整个中心绿地空间层次丰富、古木参天、民居悠然、湖光潋滟，是一个休闲、安逸的场所。

⑤ 免费

🕐 8：30—22：00

🚌 上海虹桥国际机场—陆家嘴中心绿地（自驾）
上海虹桥国际机场—沪渝高速—内环高架路—北横通道—陆家嘴中心绿地
全程约29千米

陆家嘴中心绿地

徐光启纪念馆 ★★★

徐光启纪念馆由光启公园改建而成，是上海进行科普教育的一个重要基地。原来在光启公园里面有一栋叫作"南春华堂"的老屋，现在就在徐光启墓园旁边。纪念馆由照壁、碑廊、厢房和厅堂几部分组成，陈列着徐光启的生平事迹和书籍，包括《农政全书》《几何原本》《崇祯历书》和《徐氏庖言》。

⑤ 免费

🕐 9：00—16：00

🚌 上海虹桥国际机场—徐光启纪念馆（自驾）
上海虹桥国际机场—沪渝高速—延安西路—南丹路—徐光启纪念馆
全程约15千米

静安寺 ★★★

静安寺原名"重元寺"和"重云寺"，宋朝年间改名为静安寺，书法家邓散木题字"静安古寺"，沿用至今，是上海著名的真言宗宝刹之一。静安寺由大雄宝殿、天王殿和三圣殿构成，古时有"静安八景"之说，还藏有文徵明和八大山人的真迹，而其旅游设施则富有现代化韵味，是很难得的去处之一。

⑤ 50元，初一和十五免费

🕐 平时：7：30—17：00
香期：4：30—17：00

🚌 上海虹桥国际机场—青安寺（自驾）
上海虹桥国际机场—沪渝高速—延

安中路—南京西路—静安寺

全程约 17 千米

静安寺

大观园 ★★★★

大观园位于青浦区的淀山湖畔，距离市中心大约 65 千米。大观园的原型是来自曹雪芹笔下的《红楼梦》，是一座古典园林。其中书中所描绘的"怡红院""潇湘馆""蘅芜苑"等都在园中有所体现。

💰 成人票 60 元；学生票 36 元；60 周岁以上老人 30 元。

🕐 3 月至 10 月：8：00—17：00；11 月至次年 2 月：8：00—16：30

🚌 上海虹桥国际机场—大观园（自驾）

上海虹桥国际机场—沪渝高速—沪青平公路—金商公路—大观园

全程约 50 千米

上海大观园

植物园 ★★★★

植物园位于徐汇区龙吴路，面积 80 多公顷，园内设有盆景园、牡丹园、蔷薇园、竹园等十几个专类园区，是中国最大的市级植物园。该植物园不断收集国内外的各种观赏性植物，还有多种珍稀植物，每年的春秋两季都会举办大型

的花展，会吸引无数的摄影爱好者前去。而植物园中名目繁多的植物也能够让人增长见识，所以该植物园是一个以植物引种驯化和展示、园艺研究及科普教育为主的综合性植物园。

💰 15 元，联票 40 元

🕐 7：00—17：00

🚌 上海虹桥国际机场—植物园（自驾）

上海虹桥国际机场—沪渝高速—内环高架路—龙华西路—植物园

全程约 20 千米

书隐楼 ★★★

书隐楼位于上海天灯弄，是乾隆年间所建。书隐楼是现在上海仅存的比较完整的清代建筑，也是唯一一个被列为文物保护的私人住宅。或许是因为书隐楼的名字所限，所以呈现在大家面前的只是一个被隐藏起来的江南园林，这就是被称为"沪上三十六景"的日涉园，和天一阁、嘉业堂一起并称为"明清江南三大藏书楼"。书隐楼最有特色的就是雕刻，在门上刻有各种各样栩栩如生的人物，而这些雕刻也正是这座楼最宝贵的地方。

💰 10 元

🕐 8：30—16：00

🚌 上海虹桥国际机场—书隐楼（自驾）

上海虹桥国际机场—延安高架路—中山南路—书隐楼

全程约 26 千米

马戏城 ★★★★

上海马戏城位于共和新路，是上海北区的文化、体育、娱乐中心，被誉为"中国马戏第一城"。马戏城由杂技场、排练房、娱乐城、兽房、演员接待中心组成，杂技和马戏表演是重要的部分。而马戏城的其他服务设施也很完备，除了能够进行国内外的杂技表演，还能通过表演音乐、舞蹈等其他的娱乐形式，来满足文化生活的需要。

💰 80—150 元

🕐 上海马戏城售票时间：9：00—19：30（表演时间在周五、周六的 19：30—21：00）

🚌 上海虹桥国际机场—马戏城（自驾）

上海虹桥国际机场—沪渝高速—延安高架路—南北高架路—马戏城

全程约 24 千米

枫泾古镇 ★★★★

枫泾古镇是新上海的八景之一，是中国的历史文化古镇。枫泾古镇在宋朝开始建立，距今已有 1000 多年的历史，同时也是一个典型的江南水乡古镇，其中河道星罗棋布，别称"清风泾""枫溪""芙蓉镇"。而且农民画、丁聪的漫画、程十发的国画和顾水如的围棋，即享誉国内外的"三画一棋"也都保存在枫泾古镇中。

💰 50 元

🕐 全天开放，景区内部分小景点开放时间：5—9 月：8：00—17：00；10—次年 4 月：8：00—16：30

🚌 上海虹桥国际机场—枫泾古镇（自驾）

上海虹桥国际机场—沪昆高速—亭枫公路—枫丽路—枫泾古镇

全程约 58 千米

枫泾古镇

💡 枫泾古镇
交通指南

枫泾古镇位于上海西南，是上海新沪上八景之一

1. 乘坐枫泾 4 路、枫泾 5 路公交车在枫泾站下车即到。

2. 在市区乘坐地铁 1 号线，在锦江乐园站下，到西南汽车站乘坐枫梅线到枫泾下车即到。

3. 游客自驾车可以走沪杭高速 A8 段，在枫泾站下高速之后沿指示牌到达古镇停车场。

4. 在虹口足球场、万体馆有直达景区的班车。

吃在枫泾

"正月螺蛳二月蚬，桃花三月甲鱼肥，出洞黄鳝四月底，五月拉丝吃不厌，暴子弯转六月红，七夕要吃四腮鲈，八鳗九蟹十鳑鲏，十一十二吃鲫鱼。"枫泾可是有"吃镇"之称，特别对于我们身边的"吃货"游人们，一年四季无论你什么时候来，这里都有特色美食在等着你。

上海植物园

上海马戏城

枫泾四宝

枫泾丁蹄：丁蹄，即"丁义兴"特制的"红烧猪蹄"。到今天已经有140年的历史。丁蹄具有凉吃香而不腻，热吃软而不松，味道独特，驰名中外。

枫泾状元糕：原名枫泾元糕，相传清朝乾隆年间状元蔡以台喜爱食之故又改为"状元糕"。制作过程十分精细，片片薄如莲瓣，正、反、边三面均呈金黄。有多种口味可以选择，当地还有"生病人吃不坏，健康人吃不厌"的说法，老幼皆宜，十分畅销。

枫泾豆腐干：当地流传下来的一种独特的民间风味小吃，已有100多年的历史，香软可口，咸中蕴甜，即可做菜，又可零吃。

枫泾黄酒：这里酿造黄酒可是有很长一段历史了，这里有全国规模最大的酿造黄酒的公司，其酿造出来的黄酒在市场上属于优质酒，深得人们的喜爱。

嘉定孔庙 ★★★★

嘉定孔庙素有"吴中第一"的称号，建于1219年，已经有700多年的历史了。在"文革"中饱受摧残，尽管经过修缮之后不能完全恢复，但依然是国内保存比较完整的孔庙之一。

⑤ 免费
⑥ 8：00—17：00
🚌 上海虹桥国际机场—嘉定孔庙（自驾）
上海虹桥国际机场—嘉闵高架路—沪嘉高速—博乐南路—嘉定孔庙
全程约27千米

嘉定孔庙

滨江大道 ★★★

滨江大道全长2500米，犹如一条彩带，景色非常的怡人，是集观光、绿化和交通为一体的观景平台。因为是面向新世纪的上海外滩，所以由亲水平台、坡地绿化、半地下厢体和主干道组成。沿途有各式各样的植物和鲜花装点着，其他的服务设施也一应俱全。

⑤ 免费
⑥ 全天开放
🚌 上海虹桥国际机场—滨江大道（自驾）
上海虹桥国际机场—虹渝高架路—逸仙高架路—同济路—泰和路—滨江大道
全程约41千米

沐恩堂 ★★★

沐恩堂原名"慕乐堂"，和人民广场相对，属于美国的卫斯理教派。沐恩堂属于典型的哥特式建筑，砖木结构。因为有一个美国教徒曾捐资在教堂的顶部安装了一个高达5米的霓虹灯十字架，才让这座教堂成了远东驰名的教堂。

⑤ 免费
⑥ 周日 7：00—20：00
🚌 上海虹桥国际机场—沐恩堂（自驾）
上海虹桥国际机场—沪渝高速—内环高架路—成都北路—沐恩堂
全程约26千米

古猗园 ★★★★

古猗园位于嘉定区的南翔镇，距离市中心大约21千米，在上海拥有悠久的历史，隶属于江南园林的经典风格。绿竹猗猗、幽静曲水、典雅建筑、楹联诗词和花石小路是古猗园的五大胜景。

⑤ 12元
⑥ 6：30—18：30
🚌 上海虹桥国际机场—古猗园（自驾）
上海虹桥国际机场—嘉闵高架路—沪宜公路—华翔路—古猗园
全程约15千米

古猗园

邹韬奋故居 ★★★

邹韬奋是我国近代著名的新闻人，集记者、政论家和出版家为一身，他的一生都在为解放斗争和政治民主以及文化事业的进步而努力，影响了无数的年轻人，后来却惨遭迫害。后来人们为了纪念他的贡献，在他曾住过的地方建立了纪念馆，陈列他生前用过的东西。

⑤ 5元
⑥ 9：00—11：00；13：00—16：00
🚌 上海虹桥国际机场—韬奋纪念馆（自驾）
上海虹桥国际机场—虹渝高架路—沪渝高速—延安西路—延安东路—韬奋纪念馆
全程约19千米

上海国际赛车场 ★★★

上海国际赛车场位于嘉定区，距离市中心30千米左右，是世界上重要级比赛赛道之一，也是上海国际汽车城营造汽车文化不可或缺的一部分。通过各项赛事的专业化管理和规范化的运作模式，为国内和汽车有关的活动创建了一个良好的平台，是赛车爱好者必去的地方之一。

⑤ 平时不对外开放
⑥ 具体开放时间随赛事调整
🚌 上海虹桥国际机场—上海国际赛车场（自驾）
上海虹桥国际机场—沪翔高速—惠平路—胜辛路—上海国际赛车场
全程约26千米

上海国际赛车场

东方艺术中心 ★★★★

东方艺术中心位于浦东的行政文化中心，整个中心分为正厅的入口、演奏厅、音乐厅、展览厅、歌剧厅等五大部分，就像一朵极具魅力的蝴蝶兰。该艺术中心拥有世界上先进的音响设备。在这朵蝴蝶兰的顶上，有800多盏灯，随着音乐的节奏变化，颜色也会随之不断地变换。

⑤ 根据演出而定
⑥ 14：00—16：00
🚌 上海虹桥国际机场—上海东方艺术中心（自驾）
上海虹桥国际机场—虹渝高架路—延安西路—世纪大道—延安东路—上海东方艺术中心
全程约26千米

东方艺术中心

玉佛寺 ★★★

玉佛寺位于上海北面的安远和江宁的路口。最早建于1918年，是仿造宋朝的建筑风格建造。寺庙分为天王殿、大雄宝殿、玉佛楼三个部分，而左右则分布着卧佛堂、观音殿、铜佛殿和斋堂，十分和谐。玉佛寺因佛像而出名，一座是镇寺之宝释迦牟尼的佛像，而另一座则是释迦牟尼的卧佛像。

💰 20元，香期10元，参观玉佛另加10元

🕐 8：00—16：30；农历初一和十五：5：30开放

🚍 上海虹桥国际机场—玉佛寺（自驾）
上海虹桥国际机场—中山北路—镇坪路—常德路—玉佛寺
全程约20千米

玉佛寺玉佛

步高里 ★★★

步高里最初建于1930年，砖木结构，一共有79栋，是上海保存比较好的整组里弄的建筑群。在陕西南路和建国西路的路口，各自有一座牌楼。历史上巴金、胡怀琛、平海澜等人都曾在这里居住过，1989年以后，这里就成为市级的文物保护单位。步高里的石库门建筑群融合了法国的联排风格，依然保持着传统的民俗习惯。

💰 免费

🕐 全天

🚍 上海虹桥国际机场—步高里（自驾）
上海虹桥国际机场—沪渝高速—中山南二路—徐家汇路—步高里
全程约22千米

陈云纪念馆 ★★★

陈云出生于上海市的青浦区练塘镇。陈云纪念馆是经过中央批准而建立的，是一个系统的展现陈云平生成就的专门场地，带有传记的性质。场馆的建筑有着浓郁的江南特点，和周围的民间建筑十分和谐。

💰 免费

🕐 9：00—16：00，周一闭馆

🚍 上海虹桥国际机场—陈云纪念馆（自驾）
上海虹桥国际机场—沪渝高速—朱枫公路—老朱枫公路—陈云纪念馆
全程约44千米

陈云纪念馆

复旦大学 ★★★★

上海复旦大学原名复旦公学，创立于1905年，是中国人自主创办的第一所高等院校，现在是教育部直属的全国重点大学之一，现在的学科包括哲学、经济学、法学、教育学、文学、工学、医学、管理学等在内，是一座综合性的学府。其中的"复旦"二字是著名的教育学家马相伯先生根据"日月光华、旦复旦兮"所取，寄托了中国教育自强不息、教育强国的美好希望。

💰 免费

🕐 全天

🚍 上海虹桥国际机场—复旦大学（自驾）
上海虹桥国际机场—沪渝高速—逸仙高架路—仁德路—复旦大学
全程约28千米

复旦大学

上海音乐厅 ★★★★

上海音乐厅位于黄浦区的延安路，最开始叫作南京大戏院，于1930年开始修建。在新中国成立后更名为北京电影院，而现在上海音乐厅的名字则是1959年才更改过来的。上海音乐厅是由华人设计师完成的，而风格却属于少见的欧式传统建筑。观众厅的层次感鲜明，基本的色调也给人以庄重感，和古典乐的气质不谋而合。

💰 以演出为准

🕐 全天开放

🚍 上海虹桥国际机场—上海音乐厅（自驾）
上海虹桥国际机场—沪渝高速—鲁班路—上海音乐厅
全程约24千米

上海音乐厅

世纪大道 ★★★

世纪大道是指从东方明珠到世纪公园之间长5.5千米、宽100米的一条大道。这条大道出自法国人之手，将中心线移动了10米，成为世界上少有的不对称的道路，也是一条绿化带和人行道比车行道宽的大道。世纪大道的这一设计实现了人、交通和建筑的结合，而其中的植物则带有各自不同的主题，是浦东重要的景观大道，被誉为"东方的香榭丽舍大街"。

💰 免费

🕐 全天

🚍 上海虹桥国际机场—世纪大道（自驾）
上海虹桥国际机场—沪渝高速—龙阳路—杨南南路—世纪大道
全程约30千米

七宝老街 ★★★

七宝老街位于闵行区的七宝古镇，这条老街到处都是独具特色的建筑和小吃，不仅风景美丽如画，还是一个城中之镇，是离上海市区最近的一个千年古镇。七宝中心广场是其标志性设施，还拥有钟楼广场、蒲溪广场、古戏院等群众文化活动场所。老街分为南北两条街，其中南街以特色的小吃为主，北街则以工艺品和古玩字画为主，俨然成了一个综合性的旅游街区。在朱家角、枫泾之后，上海的水乡之行又多了一种选择。

💰 免费（景区内景点收费）

🕐 全天开放

🚍 上海虹桥国际机场—七宝老街（自驾）
上海虹桥国际机场—沪渝高架路—青年路—七宝老街
全程约7千米

中共一大会址 ★★★★

中共一大，就是指中国共产党第一次全国代表大会，会址位于望志路，是

并排两幢两层的砖木结构建筑。这栋住宅原来是李公馆，是共产主义小组成员李汉俊的住宅，会议召开的时候，这里齐聚了来自全国53名共产党员的代表13人，大家在这里讨论关于建立党的纲领等一系列重要问题，最后虽然因为法租界的搜查而被迫更改地方，但是这里作为中国共产党的诞生地，至今仍然具有重要的历史意义。

💰 免费
🕘 9：00—16：00
🚌 上海虹桥国际机场—中共一大会址（自驾）
上海虹桥国际机场—延安路—内环高架路—鲁班路—中共一大会址
全程约24千米

中共一大会址

上海美术馆 ★★★

上海美术馆建于1933年，是原来的上海跑马场，其建筑是典型的20世纪30年代的英式风格。在跑马场改建的时候，很好地将外观保留了下来，而且根据美术馆的性质进行了一系列的改造。上海美术馆一共有12个展览大厅，其中的设施非常专业，有能力承接各种各样的艺术展览活动。

💰 免费
🕘 9：00—17：00（16：00停止售票），周一闭馆
🚌 上海虹桥国际机场—上海美术馆（自驾）
上海虹桥国际机场—沪渝高速—中山南二路—打浦路隧道—上海美术馆
全程约24千米

真如寺 ★★★

真如寺，也叫作普陀真如寺，位于普陀区真如镇靠北的地方，原名叫作"万寿寺"，就是通常的"大庙"，是上海有名的佛寺之一，也是重点文物保护单位。现存的梁、柱、枋、斗拱等主体结构以及大部分构件皆为元代原物，是我国佛教寺院中为数很少被保存下来的元代建筑，故此寺的元建大殿更显可贵。在上海境内，曾经有很多寺庙，但是在目前保存得比较完整的寺庙中，真如寺历史悠久，影响深刻。

💰 10元
🕘 8：00—16：00，香期5：00开放
🚌 上海虹桥国际机场—真如寺（自驾）
上海虹桥国际机场—七莘路—外环高速—京沪高速—兰溪路—真如寺
全程约16千米

真如寺

沉香阁 ★★★

沉香阁原名"慈云禅寺"，位于上海市沉香阁路，始建于明万历年间，重建于清代，是上海比较著名的比丘尼道场。因为阁楼的造型比较突出，在清代通常作为祈雨的场地，而天子的生日也经常在此朝贺，因此香火非常旺盛，这在整个上海都是非常有名的。

💰 5元
🕘 5：00—17：00
🚌 上海虹桥国际机场—沉香阁（自驾）
上海虹桥国际机场—沪渝高速—中山南路—河南南路—沉香阁
全程约26千米

沉香阁

世纪公园 ★★★★

世纪公园坐落在浦东新区的花木行政中心，崇尚"人、自然、和谐"的主题，是上海内环线上一个极有自然气息的生态城市公园。因为其优美的景色，就好像是一颗翠绿欲滴的翡翠镶在世纪大道上一样。在世纪公园中，大部分都是草坪、湖泊和森林，将东西方园林的艺术完美结合在了一起，是一个度假胜地。

💰 10元
🕘 3月16日—11月15日：7：00—18：00；
11月16日—3月15日：7：00—17：00
🚌 上海虹桥国际机场—世纪公园（自驾）
上海虹桥国际机场—沪渝高速—内环高架路—杨高南路—世纪公园
全程约30千米

世纪公园一景

上海科技馆 ★★★★★

上海科技馆位于浦东新区的世纪大道上，占地面积6.8万多平方米。科技馆推崇"人、自然、科技"的主题，主要由天地馆、生命馆、智慧馆、创造馆、未来馆和临时的展馆组成，能够使每个来参观的观众在赏心悦目的活动中接受现代科技知识的教育和科学精神的熏陶。科技馆是上海进行科普教育的主要的基地，也是构建精神文明的重要组成部分。

💰 60元
🕘 9：00—17：15，周一闭馆（假日黄金周期间除外）
🚌 上海虹桥国际机场—上海科技馆（自驾）
上海虹桥国际机场—沪渝高速—龙阳路辅路—杨高南路—上海科技馆
全程约30千米

上海科技馆

上海图书馆 ★★★

新的上海图书馆位于淮海路中路，是一座大型的综合性的研究型公共图书馆。其中最著名的就是家谱、中英文的近代报刊、西方珍本和碑帖的收藏，还有很多关于革命的珍贵文献资料也在其中。

💰 免费
🕘 8：30—20：30，17：00后不办理借阅证
🚌 上海虹桥国际机场—上海图书

馆（自驾）

上海虹桥国际机场—沪渝高速—延安高架路—江苏路—高安路—上海图书馆

全程约17千米

上海野生动物园

★★★★★ 🐼 📷

上海野生动物园位于浦东新区，距离市中心大约35千米，是上海市人民政府和中国国家林业局合作建立的我国第一个国家级的野生动物园，也是中国第一批5A级景点之一。野生动物园中有来自世界各地的珍稀动物，包括长颈鹿、斑马、羚羊、白犀牛、大熊猫、金丝猴等重点保护的动物在内。

💰 130元

🕐 3月至6月、9月至11月：9：00—17：00

7月至8月：9：00—20：00；

12月至次年2月：9：00—16：30

🚌 上海虹桥国际机场—上海野生动物园（自驾）

上海虹桥国际机场—建虹高架路—申嘉湖高速—南六公路—上海野生动物园

全程约57千米

节尾狐猴

龙华寺 ★★★★

龙华寺位于上海徐汇区，是上海的四大古寺之一，最早建于三国时期的吴国，历史悠久，规模极大的一个古寺。龙华寺内景色清幽、殿堂雄伟庄重，其中大殿的布局也很简洁合理。在大雄宝殿内供奉着"华严三圣"金佛像，而且华龙寺还有一个古老的传说，规模庞大的庙会是宗教游览的首选之地。

💰 10元

龙华寺

🕐 7：10—16：30

🚌 上海虹桥国际机场—龙华寺（自驾）

上海虹桥国际机场—沪渝高速—龙华西路—龙华路—龙华寺

全程约18千米

东平国家森林公园

★★★★ 📷

东平国家森林公园位于崇明岛的中北部，是华东地区最大的平原人工森林，也是著名的4A级景区。这里集合了幽、静、秀、雅四个观景的妙趣。

💰 70元，园内的游乐项目另外收费

🕐 8：00—16：30

🚌 上海虹桥国际机场—东平国家森林公园（自驾）

上海虹桥国际机场—沪渝高速—上海绕城高速—外环高速—陈海公路—东平国家森林公园

全程约124千米

东平国家森林公园

💡 东平国家森林公园

最佳旅游季节

园内森林密布，各种植物带交相丛生，是集森林观光、休闲度假、娱乐性为一体的旅游胜地，以夏季游览为最佳，夏季枝叶茂盛，绿树成荫，又是游泳的好季节。春季景色也不错，百花盛开，百鸟鸣翠，阳光明媚，春意盎然，一派生机勃勃的景象。秋季在这里可以看到层林尽染，百花凋零，落叶随风满园飘舞，会有一种遗失美好的心情。冬季较为寒冷，不建议游玩。

交通指南

1. 上海火车站出北广场，搭乘地铁三号线到宝杨路站，出站换乘宝山9路（同济路宝杨路—宝杨码头）到宝杨码头。

2. 乘坐728路、508路、160路到宝杨路汽车站，乘坐宝杨码头专线到宝杨码头，然后搭乘快船到崇明区南门码头，换乘南东线或南江线到森林公园。

项目推荐

攀岩：这里的攀岩场地规模在全国屈指可数，攀岩可是需要技巧和体力的哦。

滑索：滑索是一项非常刺激的娱乐项目，滑索直线距离160米，至高处离地面16.5米，人们可以从高处凭借两根钢索迅速滑下，体验高空飞翔、低掠水面的急驰感觉。

高尔夫：森林高尔夫练习场全场东西长270米，南北宽100米，面积为3万多平方米，是目前华东地区最大的平原人工森林高尔夫练习场，也是上海最大规模的公园内森林高尔夫练习场。

↘ 吃在上海

上海是一个吸纳百川的城市，基本上全国绝大多数的菜系都能在上海找到，而世界上不同的西餐做法也在这里汇集。说到上海的特色小吃那就非常多了，城隍庙的梨膏糖、丰裕生煎、高桥松饼、鸡鸭血汤、桂花甜酒酿、南翔小笼包、灌汤包、枫泾丁蹄、巧果、蟹壳黄等。而说到比较著名的小吃店那就更多了，其中比较著名的就有上海城隍庙的一条街、上海的老饭店、宁波汤团店等。

上海生煎包

🍴 威斯汀舞台餐厅

游客评价：菜品很齐全，补菜也快，服务热情

📞 021-61035048

📍 上海市黄浦区河南中路上海威斯汀大饭店1楼

🍴 人和馆

游客评价：米其林一星餐厅，本帮熏鱼非常好吃

📞 021-64030731

📍 上海市肇嘉浜路407号

🍴 醉上海海鲜坊（永泰路店）

游客评价：上海本帮菜，话梅熟醉虾色泽漂亮

📍 上海市永泰路959号二楼

📞 19821358587

上海大厦·BELLE VUE

游客评价：包房露吧可以一览外滩美食，菜品精致，很适合拍照打卡
- 021-63246260-2357
- 上海市虹口区北苏州路20号上海大厦2楼靠近北外滩

肖四女乐山跷脚牛肉（黄陂南路店）

游客评价：非常火爆的网红店，牛肉很好吃
- 021-53832251
- 上海市黄陂南路700号D栋1楼

↘ 住在上海

平价型

上海大众空港宾馆
- 上海市浦东新区迎宾大道6001号
- 021-38799999

艾森主题酒店（西藏北路地铁站店）
- 上海市止园路417号
- 021-56982822

空集青年旅社（上海外滩大世界地铁站店）
- 上海市永寿路85号金陵商厦3楼
- 17701864823

如家酒店·neo（徐家汇八万人体育馆地铁站店）
- 上海市漕溪北路718号
- 021-64388999

享受型

御宿和庭酒店
- 上海市梅川路1247号长征商务园区3栋
- 021-62688118

上海浦东机场华美达酒店
- 上海市浦东新区浦东机场启航路1100号
- 021-38494949

太阳岛度假酒店
- 上海市朱家角镇沈太路2588号
- 021-61869688

上海花园饭店
- 上海市卢湾区茂名南路58号
- 021-64151111

↘ 购物上海

南京路步行街

南京路步行街，也叫作"中华商业第一街"。这一段的商店比较集中，例如永安公司、市百一店、新世界城等，还有很多百年老字号的商店，例如蔡同德、老大房、邵万生、老凤祥等老店。

淮海路商业街

这条路过去叫作飞霞路，全长大约6千米。在淮海路上你可以看到很多蜚声海内外的大品牌，例如百里春天、美美百货、华亭伊势丹、百盛、二百永新、太平洋等展现着国际名牌的魅力。

四川北路商业街

四川北路是上海的第三大商业街，被誉为现代化的"平民商业大街""上海四川路，中华名品街"。四川北路以高品位、低价格的商品和现代的电子技术服务吸引了一大批商贸企业进驻。

豫园商城

豫园商城位于上海中心商业区，是在豫园、城隍庙和沉香阁的基础上建立起来的。豫园商城现已成为集多种产业为一体的多元化发展的综合性商业集团和上市公司。

浦东新上海商业城

浦东新上海商业城就是俗称的八佰伴，位于浦东陆家嘴金融贸易区张杨路上，所以也叫作张杨路商业城。八佰伴是亚洲规模最大的一个多功能和全方位的综合性商业大厦，将购物、办公、娱乐和餐饮都联系在一起。

> 💡 **特产**
>
> **梨膏糖**：上海梨膏糖以纯白砂糖与杏仁、川贝、半夏、茯苓等14种国产良药材粉熬制而成，具有止咳、开胃功效，现在的市场上可以见到五花八门的梨膏糖，特别受人们的喜爱。
>
> **五香豆**：五香豆是上海独有的小吃，在当地流传着这样一句话"没有吃过五香豆，就不算来过大上海"。在上海，没有人不知道有种小吃叫五香豆。它是去上海旅游必尝的食品。
>
> **凤尾鱼罐头**：凤尾鱼，又称烤仔鱼，体扁尾长，雌大雄小。凤尾鱼属于名贵经济鱼类，当地人喜欢吃油炸的做法，香酥可口。
>
> **上海织绣**：上海织绣至今已有四五百年历史，以种类丰富、工艺细腻、图案典雅著称，有刺绣、抽纱、机绣、绣衣、印花品、地毯和艺术挂毯7大类。

上海老街

江苏

区号：	025,0510-0527
省会：	南京
面积：	10.72 万平方千米
人口：	8474.80 万人
方言：	江淮官话区、吴语区、中原官话区
著名景点：	中山陵、苏州园林、瘦西湖、金山寺等

概况

江苏之名是清朝才开始有的，取江宁府之"江"和苏州府之"苏"而成，自古就是鱼米之乡。江苏河湖众多，农业生产得天独厚，而除了现在发达的经济之外，江苏的历史文化气息也很浓厚，是我国出名的历史文化名城，而因为其特殊的地理位置，所以它的文化更是兼具了南北的特色。

江苏的地势低平，河湖众多，平原面积所占的比例很大，主要有苏南平原、江淮平原、黄淮平原和东部的滨海平原。长江横跨东西，大运河贯通南北，境内的太湖是全国五大淡水湖泊之一，还有其他大大小小的湖泊近 300 个，称之为水乡一点也不过分。

江苏省的气候是典型的季风性气候，以秦岭和淮河为界，从暖温带向亚热带过渡，总的来说气候还算比较温和，雨量适中，四季的变化很明显。

南京的特产主要有：云锦、香肚、板鸭、南京烤鸭、雨花石、雨花茶、金陵小笼包、鸭血粉丝汤、空竹等。

无锡的特产主要有：长江三鲜、惠山泥人、江阴黑杜酒、紫砂、蜀山陶器、豆腐花、酱排骨等。

苏州的特产主要有：苏绣、碧螺春、苏式蜜饯、太湖银鱼、红木雕刻、苏扇、微雕、玉雕、木刻年画等。

线路 1
苏州—镇江—南京—扬州—无锡

线路 2
南京—灵山大佛—苏州—乌镇

交通

飞机

南京禄口国际机场
- 025-96066
- 位于南京市江宁区禄口街道
- 机场交通：机场至南京市区共有 2 条件路，票价均为 20 元。出租车，起步价 11 元，3 千米后每千米 2.4 元。

苏南硕放国际机场
- 0510-96889788
- 位于中国江苏省无锡市新吴区，距无锡市中心直线距离 10.8 千米
- 机场交通：机场开设了 13 条路线大巴，票价在 20 至 90 元不等。出租车，起步价 10 元，3 千米后每千米 2 元。

常州奔牛机场
- 0519-83256245
- 位于中国江苏省常州市新北区和镇江市丹阳市交界处，距常州市城区 18 千米
- 机场交通：机场开设了多条通往常州市区及周边城市的大巴，票价在 20 至 50 元不等。出租车，起步价 8 元，3 千米后每千米 1 元。

徐州观音国际机场
- 0516-83068113
- 位于江苏省徐州市睢宁县双沟镇，距离徐州市区 45 千米
- 机场交通：机场开设了 6 条线路

名菜

苏菜是中国的八大菜系之一，其中的淮扬菜和鲁菜、川菜、粤菜为四大菜系，淮扬菜居首位，多次在国宴中大放异彩。

松鼠鳜鱼：现在的松鼠鳜鱼以鳜鱼作为原料，肉质细腻，骨酥刺少，经过剞花、油炸后、头大口张，尾部翘起，内似翻毛，看起来非常像松鼠，这道菜在乾隆年间开始得名。这道菜不仅外观好看，而且颜色鲜艳、外脆里嫩，酸甜美味。

巴肺汤：是苏州的传统名菜。这道菜选用鱼肝和鱼肉烹制而成，每年的秋季才有，做出来的汤非常清淡，味道鲜美、鱼肝肥嫩、鱼肉细腻，加上竹笋和青菜的调剂，可谓色香味俱全。

碧螺虾仁：这道菜是吴中的传统菜，选用碧螺春茶叶，取其茶汁和河虾烹制而成，做成后不仅有河虾的鲜味，更有清淡的茶香味，独具特色。

白汁圆菜：所谓的圆菜就是甲鱼，营养成分非常丰富，先将甲鱼洗净，然后和山药、竹笋、香菇、葱姜、盐、料酒等调料放入煮熟，汤汁明亮浓稠，就像一块白玉，略带甜味，也是一道苏州名菜。

西瓜鸡：用西瓜和母鸡为料，先将鸡煮熟，然后将西瓜去瓤，雕上花纹和图案，略烫之后将煮好的鸡肉放在西瓜之内，鸡肉鲜嫩，汤汁美味含有瓜的香味，是一道美味的时令菜。

的大巴，票价在25元至30元之间。出租车，起步价8元，3千米后每千米1.6元。

连云港白塔埠机场
☎ 0518-85521666
📍 位于中国江苏省连云港市东海县白塔埠镇境内，距离市中心25千米
🚌 机场交通：设有机场专线，通往电视台、汽车总站等多个站点，票价20元。出租车，起步价9元，3千米后每千米1.7元。

苏州地铁
1号线
木渎—钟南街
（6：10—22：35 最高票价6元）
2号线
桑田岛—骑河
（6：00—22：00 最高票价8元）
3号线
苏州新区火车站—唯亭
（5：40—22：20 最高票价7元）
4号线
同里—龙道浜
（6：00—22：15 最高票价8元）
5号线（在建）
集散中心—阳澄湖

南京

南京，古称"金陵"，江苏省省会，自229年东吴在此建都开始，先后有10个政权在南京建立，有"六朝古都""十朝都会"之称，被列为中国四大古都之一，与西安、洛阳、北京齐名，是中华文明的重要发祥地。

南京位于长江下游，地理位置重要，环山抱水，钟山龙蟠，石头虎踞，名胜古迹甚多。走进南京，宏伟的中山陵、壮阔的明孝陵、繁华的夫子庙等都能让你充分感受到华夏悠久的文明历史和灿烂的文化星河。站在雄伟的长江大桥上，遥望那天水相接的辽阔景象，领悟人类的渺小和智慧的无限，漫步秦淮河畔，一串串历史画面犹如这河水悠悠流过，岁月在墓碑上刻下了烙印。

区号：025
邮编：210000
面积：6587.02平方千米
人口：931.47万人
著名景点：中山陵、南京夫子庙、明孝陵、秦淮河、鸡鸣寺、栖霞山、莫愁湖等

↘ 游在南京

中山陵 ★★★★★ 🌐 📷

中山陵位于南京市东郊紫金山南麓，与明孝陵和灵谷寺毗邻，这里埋葬的是中国民主革命的伟大领袖孙中山先生。中山陵中还有很多附属的纪念群，而其中的建筑采用的都是中国古典的建筑风格。其附近也有很多名胜古迹可以游览。

💰 免费
🕐 周一闭馆，周二至周日：8：30—17：00
🚌 南京禄口国际机场—中山陵（自驾）
南京禄口国际机场—宁宣高速—内环东线—博爱路—中山陵
全程约54千米

💡 中山陵

最佳旅游季节

南京属于亚热带湿润气候，四季分明，一年四季都适合游玩，不过6月份中旬至7月份初为梅雨季节，7—8月份容易出现极端高温天气，有时高达40℃，一般也在35℃左右，所以这两个时期游玩时要多注意天气变化。

交通指南

1. 在迈皋桥乘坐游1路到中山陵停车场下车即到。

2. 在中山码头乘坐34路到中山陵停车场下车即到。

3. 乘地铁2号线在下马坊站下车，步行去中山陵。

景内交通

博爱线往返于中山陵停车场与中山陵，票价5元。明中线，沿途停靠：中山陵、海底世界、美龄宫、四方城（梅花谷东门）、明孝陵停车场，票价2元；灵中线，沿途停靠：中山陵、音乐台、水榭、灵谷寺公园，票价5元。

中山陵

夫子庙 ★★★★★

夫子庙也就是人们常说的孔庙，南京的夫子庙和秦淮河的贡院毗邻。现在已经由之前的教育中心变成了繁华的街市，最初是在宋朝开始建立的。现在所说的夫子庙，还包括学宫和贡院在内的建筑群。

- 部门景点收费
- 9:00—20:00
- 南京禄口国际机场—夫子庙（自驾）
  南京禄口国际机场—宁宣高速—长乐路—建康路—夫子庙
  全程约39千米

夫子庙

秦淮河 ★★★★★

杜牧的一首《夜泊秦淮》中"商女不知亡国恨，隔江犹唱后庭花"，让秦淮似乎成为了一种奢靡的代表，而秦淮河边的"八艳"更是让它充满了胭脂俗粉的气息，金粉楼台，鳞次栉比；画舫凌波，桨声灯影构成了一幅如梦如幻的美景奇观。秦淮河是南京的第一大河，其中的内河更是南京最为繁华的地方，自古以来就是如此，所以在秦淮河上才会有这么多的故事让我们来细细回味。

- 免费，但是包游船需要付费，根据游船的规格和时间不同而不同
- 全天
- 南京禄口国际机场—秦淮河（自驾）
  南京禄口国际机场—宁宣高速—内环南线—江东北路—秦淮河
  全程约47千米

秦淮河

秦淮河最佳旅游季节

农历正月是这里旅游的最佳季节，因为每年的这个时候，秦淮河夫子庙一带有大型的灯展。灯展历史由来已久，秦淮河上十里灯城，各种各样不同造型的灯呈现出不同的景色，

来这里游玩观赏的人络绎不绝。其他季节秦淮河两岸一样有美景可以观看。

秦淮八艳

是指明末清初时期在秦淮河一带先后出现的8位才艺名妓，一般指顾横波、董小宛、卞玉京、李香君、寇白门、马湘兰、柳如是、陈圆圆，她们都经历了由明到清的改朝换代大动乱，但在国家危亡时刻她们所表现出来的民族气节令人敬佩，与贪官污吏形成鲜明的对比。

秦淮八绝

秦淮八绝是指秦淮河一带独具特色的8种风味小吃，分别是永和园的黄桥烧饼和开洋干丝、蒋有记的牛肉汤和牛肉锅贴、六凤居的豆腐脑和葱油饼、奇芳阁的鸭油酥烧饼和什锦菜包、奇芳阁的麻油素干丝和鸡丝浇面、莲湖糕团店的桂花夹心小元宵和五色小糕、瞻园面馆的熏鱼银丝面和薄皮包饺、魁光阁的五香豆和五香蛋。

注意事项

秦淮河是南京第一大河，十里秦淮内河是最繁华之地，游秦淮河当然少不了泛舟水上，秦淮河的游船是分等级的，普通的画舫游船为白天55元/人，夜晚80元/人，每次游50分钟。豪华画舫游船16座的为2400元，20座的为2600元，每次游玩90分钟。

珍珠泉 ★★★★

珍珠泉处在浦口以西6千米的地方，现在以这个景区为中心，已经建成了南京地区的省级旅游度假胜地。而提到珍珠泉的由来，还有一个美丽的传说。相传在万历年间，金陵大旱，但是只有珍珠泉附近丰收，他们认为这是龙王显灵，于是在附近建起了龙王庙。现在珍珠泉地区已经形成了一个风景区，成了一个综合性的度假胜地。

- 成人70元，联票110元
- 8:30—17:00
- 南京禄口国际机场—珍珠泉（自驾）
  南京禄口国际机场—宁宣高速—南京长江隧道—江北大道快速路—珍珠泉
  全程约61千米

珍珠泉

阅江楼 ★★★★

阅江楼坐落在南京城西北的狮子山巅，濒临长江，是中国十大文化名楼之一。与武汉黄鹤楼、岳阳岳阳楼、南昌滕王阁合称江南四大名楼。明太祖决定在此建楼，而文官每人写了一篇《阅江楼记》，其中宋濂的最佳，但是此楼一直没建起来，直到2001年才完工，这样阅江楼才诞生了，而在此之前一直属于有记无楼的状态。阅江楼巍峨壮观、气势磅礴，以其独特的魅力展示在人们面前。登上阅江楼，放眼远眺，但见浩瀚的大江滚滚东去，一览无余，仿佛郑和下西洋以来600年烟雨尽收眼底。

- 35元
- 7:30—17:30
- 南京禄口国际机场—阅江楼（自驾）
  南京禄口国际机场—宁宣高速—内环西线—建宁路—阅江楼
  全程约49千米

阅江楼

玄武湖 ★★★★

玄武湖位于南京东北城墙之外，通过玄武门和解放门与市区联系在一起。位于南京城中，是紫金山脚下的国家级风景区，中国最大的皇家园林湖泊，当代仅存的江南皇家园林，江南三大名湖之一，是江南最大的城内公园，被誉为"金陵明珠"。湖中有5个小岛，各个岛中间有桥相连，这样方便游人观赏湖中美景。湖中满了荷花，还有各种鱼类，而很多历史名人也在此留下了足迹，给这里增添了些许文化气息。

- 免费，部分项目收费
- 8:00—17:00

玄武湖

🚌 南京禄口国际机场—玄武湖（自驾）
南京禄口国际机场—宁宣高速—中央路—玄武门路—昆仑路—玄武湖
全程约48千米

白鹭洲 ★★★ 📷

白鹭洲位于南京城的东南角，是南京城南地区最大的公园。而这个公园的前身就是明朝大将徐达的东园，也是十大园林中"最大而雄爽"的一座。白鹭洲公园以中国自然山水园为主格调，建筑采用明清江南园林的传统风格，与夫子庙地区明清风格的建筑群互为映衬，相得益彰。

💰 免费
🕘 9：00—22：00
🚌 南京禄口国际机场—白鹭洲（自驾）
南京禄口国际机场—宁宣高速—内环东线—长乐路—白鹭洲
全程约37千米

白鹭洲公园码头

明孝陵 ★★★★★

明孝陵位于东郊紫金山南麓，和中山陵以及梅花山相邻，是南京最大的帝王陵墓。明孝陵是明太祖朱元璋和马皇后合葬的陵园，因为马皇后谥号"孝慈"，所以叫作孝陵，现在已经是世界文化遗产的一部分，周围还有鄂国公常遇春等人的陵园，可以说是明清皇家的第一陵。

💰 70元
🕘 6：30—18：30
🚌 南京禄口国际机场—明孝陵（自驾）
南京禄口国际机场—宁宣高速—龙西互通—沪蓉高速—紫金山路—明孝陵
全程约48千米

明孝陵

鸡鸣寺 ★★★

鸡鸣寺是在西晋时期建立的，是南京最古老的寺庙之一。现在鸡鸣寺内部分建筑，如观音楼、豁蒙楼和景阳楼等，黑瓦黄墙，屋脊镶珠，别具特色。鸡鸣寺内还有一口井，传说陈朝末代皇帝陈后主整日花天酒地，不理朝政，隋兵攻破南京城，陈后主带着张丽华、孔贵嫔跳入井中，所以被称为"辱井"，又叫作"胭脂井"。

💰 10元
🕘 7：30—17：00
🚌 南京禄口国际机场—鸡鸣寺（自驾）
南京禄口国际机场—宁宣高速—内环东线—鸡鸣寺路—鸡鸣寺
全程约43千米

乌衣巷 ★★★★

乌衣巷位于秦淮河的南岸，与夫子庙毗邻，在三国时期，因驻守在这里的军队全都穿着黑色的衣服而得名"乌衣"。到了后来淝水之战的时候，东晋的开国元勋王导和谢安都曾在这里住过，所以叫作"王谢古居"。

💰 免费
🕘 全天
🚌 南京禄口国际机场—乌衣巷（自驾）
南京禄口国际机场—宁宣高速—内环东线—钞库街—乌衣巷
全程约38千米

乌衣巷

灵谷寺 ★★★

灵谷寺和中山陵毗邻，是梁武帝所建。后来朱元璋将其更名为灵谷寺。寺内院落共有三重，西首为大雄宝殿，宝殿正中是释迦牟尼塑像，殿两侧排列十八尊罗汉，东首院落后改为玄奘法师纪念堂。这里的环境非常优美，颇有曲径通幽的感觉。新建的桂园更是运用了园林的设计手法，让人无限神往。

💰 32元
🕘 6：30—18：30
🚌 南京禄口国际机场—灵谷寺（自驾）
南京禄口国际机场—宁宣高速—龙西互通—沪蓉高速—紫金山路—灵谷寺
全程约52千米

灵谷寺大雄宝殿

雨花台 ★★★★

雨花台和中华门相距1千米左右，是国家第一批4A级景点之一，现在已经成为国家文物的重点保护对象。雨花台有个美丽的传说，相传有一位高僧曾在这里设立讲坛，感动上天落下如花一般的泪雨而得名。到了明清时代，雨花台更是被誉为"金陵十八景"之一，是江南的旅游胜地。现在雨花台作为集名胜古迹、烈士陵园、雨花石文化、游乐活动和生态区于一体的风景区，是进行科普教育的重要基地之一。其综合性的游览设施吸引了越来越多的游客前来旅游观光。

💰 免费
🕘 8：30—17：00（周一不开放）
🚌 南京禄口国际机场—雨花台（自驾）
南京禄口国际机场—宁宣高速—内环东线—雨花大道—雨花台
全程约34千米

雨花台烈士纪念碑

汤山温泉 ★★★★

在中山门向东28千米的地方，有一个叫作汤山温泉的地方，是世界著名温泉疗养区，世界四大温泉之一。终年释放热气的温泉让这里变得云雾缭绕，加上四周优美的景色，让人怀疑这里简直就是人间仙境。

汤山的温泉颜色略微泛黄，水质透明，自古就以温泉而出名。这里的温泉已经有1500年的历史，终年保持着60～65℃的温度，而且水里面含有很多微量元素，对于一些病症都有很好的疗效。在温泉的泉眼附近，人们可以看到许多结晶较好的天然矿物，有白、浅黄、灰白等色的菱形体方解石，还有浅黄、浅绿、淡紫的立方体或八面体萤石。美丽多姿的泉华是大自然生命的凝结，能勾起人们奇幻的神思。

- 💰 108—216 元不等，根据温泉不同种类变动
- 🕐 全天
- 🚌 南京禄口国际机场—汤山温泉（自驾）

南京禄口国际机场—宁宣高速—润湖大道—圣汤大道—汤山温泉
全程约 50 千米

汤山温泉酒店一景

南京长江大桥 ★★★

南京长江大桥建成之后，就有了"一桥飞架南北，天堑变通途"的说法，是长江上面第一座由中国人自己设计完成的双层式桥梁。桥长 4589 米，正桥只有 1577 米，其他的都属于引桥。下层的铁轨能够允许两列火车并排行驶，是我国的桥梁之最。该桥是南京的标志性建筑、"金陵四十八景"之一。在正桥两边的护栏上雕刻着 202 幅浮雕，还有 150 对玉兰花灯，曾经作为最长的公路、铁路两用桥载入了《吉尼斯世界纪录》。

- 💰 免费
- 🕐 全天
- 🚌 南京禄口国际机场—南京长江大桥（自驾）

南京禄口国际机场—宁宣高速—内环西线—南京长江大桥
全程约 53 千米

南京长江大桥

中华门 ★★★★★

中华门是南京古代城墙的一部分，依山而建，气势恢宏。在明代的时候，这里叫作聚宝门，而到了现在，中华门算是南京古城墙中保存的最大的城堡式的城门了，在全国也是保留的最大的一座城堡。原来的中华门分 3 层，造型布局都十分精妙严谨，在经历了战火的摧残之后依然保留了很大一部分。

- 💰 50 元（集庆门至东水关）
- 🕐 8：30—20：00（部分景区会延长开放时间）
- 🚌 南京禄口国际机场—中华门（自驾）

南京禄口国际机场—宁宣高速—内环东线—东干长巷—中华门
全程约 39 千米

中华门

鼓楼 ★★★

鼓楼就在南京的市中心，算是南京的一处标志性建筑了，在明代的时候一般都是用来迎接皇帝和妃子，其建筑风格也体现了皇家的大气和庄严，但是现在保留的已经很少了。在被开发成为公园之后，人们经常在此登高远眺，领略金陵古都的风情。

- 💰 5 元（公园免费，登楼 5 元）
- 🚌 南京禄口国际机场—鼓楼（自驾）

南京禄口国际机场—宁宣高速—内环东线—北京西路—鼓楼
全程约 45 千米

朝天宫 ★★★★

朝天宫在南京市的水西门里面，因为在古时很多君王在这里冶炼，所以也被称为"冶城"，据说是吴王夫差所建。而正式被叫作朝天宫则是因为朱元璋赐名的，意思就是要朝拜天子。朝天宫可以说是现在江南地区保存最完好的最大规模的建筑群，而现在的南京博物馆也

朝天宫

建在这里。但还是保留着一些传统的节目表演形式和习俗。

- 💰 25 元
- 🕐 9：00—18：00
- 🚌 南京禄口国际机场—朝天宫（自驾）

南京禄口国际机场—宁宣高速—内环东线—中山南路—朝天宫
全程约 39 千米

南京博物院 ★★★★

南京博物院是我国第一座由国家兴建的大型的综合博物馆。博物馆中拥有大量的珍藏品，包括很多国宝级的文物。

- 💰 免费
- 🕐 周一：9：00—12：00；
  周二至周日：9：00—17：00
- 🚌 南京禄口国际机场—南京博物院（自驾）

南京禄口国际机场—宁宣高速—内环东线—中山东路—南京博物院
全程约 49 千米

南京大屠杀纪念馆 ★★★★

历史上惨绝人寰的南京大屠杀致使 30 多万同胞惨遭杀害，虽然最后日本侵略者被赶出了中国，但是这一段历史应该被我们记住，所以建立了这个纪念馆，时刻提醒着我们要以史为鉴，让祖国更加富强。因此，这里也是进行爱国主义教育的重要地方。

纪念馆共分为外景展区、遗骨陈列、史料陈列 3 个部分。外景展区由群雕、立雕、浮雕、标志碑、纪念碑、诗碑、赎罪碑、枯树、遇难者名单墙、绿树草坪等诸多景观，构成了以生与死、悲与愤为主题的纪念性墓地建筑风格。

- 💰 免费
- 🕐 8：30—16：30（周一闭馆）
- 🚌 南京禄口国际机场—南京大屠杀纪念馆（自驾）

南京禄口国际机场—宁宣高速—内环南线—茶亭东街—南京大屠杀纪念馆
全程约 44 千米

南京大屠杀纪念馆

栖霞山 ★★★★ 📷

栖霞山，处在南京东北22千米的地方，因为在南朝的时候，曾有人在山上建造了一所"栖霞精舍"而得名。栖霞山上有很多的名胜古迹，例如栖霞寺、千佛岩、舍利塔等，而著名的就要属山上的红叶了。栖霞山风景区总面积860公顷，有三峰，主峰三茅峰，又名"凤翔峰"（海拔313米）；东北有龙山；西北有虎山。虽不似紫金山之宏伟，却有"金陵第一明秀山"之誉。游人至此，犹如置身于彩霞之中。"栖霞丹枫"也成为著名的金陵十景之一。

💰 旺季（10月至12月）40元；淡季（1月至9月）25元，晨练免费
🕐 7：00—17：00
🚌 南京禄口国际机场—栖霞山（自驾）
南京禄口国际机场—宁宣高速—沪蓉高速—红枫路—栖霞街—栖霞山
全程约61千米

栖霞山

总统府 ★★★★ 🌐 📷

总统府处在南京长江路上，现如今已经是中国最大的一个近代史博物馆。民主革命爆发之后，孙中山先生任总统，这里就是他的府邸和办公场所，而之前则是明朝皇子的住所，在太平天国运动时期，洪秀全还曾将这里作为天朝。民国时期，这里已经兼具明清和民国时期西式建筑风格的特色。这里曾多次成为中国政治军事的中枢、重大事件的策源地，中国一系列重大事件或在这里发生或与这里密切相关，一些重要人物都曾在此活动过。

目前，博物馆总占地面积为9万平方米，共分3个参观区域。

💰 40元

总统府

🕐 8：30—17：00（周一闭馆）
🚌 南京禄口国际机场—总统府（自驾）
南京禄口国际机场—宁宣高速—内环东线—长江路—总统府
全程约41千米

紫金山天文台 ★★★ 🌐

紫金山天文台坐落在景色十分优美的紫金山上，1934年开始建造，它的建成标志着我国现代天文研究的开始。这里诞生过很多的天文学家，也为建立其他的天文站提供了经验，为中国的天文事业做出了巨大的贡献。紫金山天文台不仅是中国现代天文学的摇篮，而且还聚集了中国古代天文学的辉煌成果。

💰 15元
🕐 8：30—16：30
🚌 南京禄口国际机场—紫金山天文台（自驾）
南京禄口国际机场—宁宣高速—内环东线—太平门路—天文台路—紫金山天文台
全程约52千米

燕子矶 ★★★★ 📷

燕子矶地处南京北边的观音门外，因为三面临空，就像一只展翅飞翔的燕子，所以叫作燕子矶，向来都被看成是"万里长江第一矶"。燕子矶三面环水，地势险要，是军事重地，同时也是观景极佳的地点。月光下的燕子矶也被列为"金陵四十八景"之一。

💰 10元
🕐 7：30—18：00
🚌 南京禄口国际机场—燕子矶（自驾）
南京禄口国际机场—宁宣高速—内环东线—富贵路—燕子矶
全程约52千米

燕子矶

莫愁湖 ★★★★ 📷 🌐

南京的莫愁湖有一个很美丽的传说，充满了神秘。在莫愁湖上，亭台楼阁错落有致、层次感非常丰富，在四周美丽的湖光山色中，掩映着它的主要建筑，欲说还休，叫人欲罢不能。而莫愁湖经历了1500多年的风霜，向来就有"江南第一名湖""金陵第一名胜"和"金陵四十八景之首"的美誉。

💰 35元
🕐 夏季：6：30—21：30
　　冬季：7：00—21：00
🚌 南京禄口国际机场—莫愁湖（自驾）
南京禄口国际机场—宁宣高速—内环东线—汉中门大街—莫愁湖
全程约43千米

莫愁湖

莫愁湖
最佳旅游季节

春天莫愁湖海棠花盛开，是旅游的最佳季节；夏季，莫愁湖水碧绿如玉，两岸树木成荫，泛舟湖上，逍遥自在，清风徐来，阵阵芬芳，也是旅游的好时节；秋季的莫愁湖平静如处子，好像在诉说着幽怨，满湖的秋色。

湖名传说

相传莫愁是河南洛阳的姑娘，长得如花似玉，但不幸的是幼年丧母，从小与父亲相依为命。她聪明好学，采桑、养蚕、纺织、刺绣样样拿得起来，还和父亲学了一手采药治病的本领。

15岁那年，父亲在采药途中不幸坠崖身亡，莫愁只得卖身葬父。卢员外在洛阳做生意，见莫愁纯朴美丽，很同情她，便聘她做了儿媳。莫愁婚后和丈夫生活美满，生有一子，名叫阿侯。虽然生活富裕，可莫愁时常想念家乡，怀念父亲，她总是帮助穷人们治病，村民们特别喜欢她，都喊她莫愁女，莫愁女的名字就传开了。

莫愁喜欢在庄园里栽牡丹花。一日，梁武帝闻河西牡丹花开，便去卢员外庄园观看，见花开妖艳惊人、夺目如霞，看得如醉如痴，就问卢员外此花是谁栽，卢员外回答是儿媳所栽，于是传莫愁见驾。梁武帝见到莫愁如花容貌，不由神魂颠倒。

梁武帝回宫后，寝食难安，终于想出毒计，害死了卢公子，传旨选莫愁进宫为妃。莫愁得知，悲愤交加，决心宁为玉碎，不为瓦全，投石城湖而死。人们为纪念她，改湖名为莫愁

吃在南京

南京菜中鸭的制作比较著名，有名的就是鸭血粉丝汤、板鸭和盐水鸭，这三种鸭都是南京久负盛名的传统菜，口味非常独特。南京菜因为受到淮扬菜的影响，所以口味比较清淡，而南京的小吃就数不胜数了，在狮子桥小吃街、湖南路、夫子庙小吃街等景点都能吃到南京的特色小吃。

盐水鸭

南城燕归楼（老门东店）
游客评价：淮扬菜，人气很旺，红烧肉非常好吃
☎ 025-85518855
📍 南京市陶家巷1号

芳满庭海派菜
游客评价：地道上海菜，上海三黄鸡好吃
☎ 025-84521868
📍 南京市长江路288号A区7号楼底商

狮子桥食府（狮子桥店）
游客评价：外婆红烧肉太香了，一点也不腻，还很下饭
☎ 025-83329319
📍 南京市湖南路狮子桥步行街

南京大牌档（夫子庙平江路店）
游客评价：江浙菜，来南京必打卡
☎ 025-68216777
地址：南京市大石坝街48号

辛香汇
游客评价：量不是很大但很精致，菜品不是很辣，笋子红烧肉，笋比肉更好吃
☎ 4001001717
📍 南京市中山南路18号新百B座5层

许阿姨糕团店
游客评价：网红店，青团很好吃
☎ 13770647962
📍 南京市普华巷1号

烧肉放映室
游客评价：很火爆，形式很有趣，很受年轻人喜爱
☎ 18136856206
📍 南京市老门东伍板桥7号

住在南京

平价型
将爱主题宾馆
📍 南京市建邺区文体路12号南湖新天地G幢
☎ 025-87716520
徒行陌客青年旅社（南京店）
📍 南京市常府街85号新大都广场甲栋402室
☎ 025-84393119
锦江之星（南京新街口店）
📍 南京市中山南路219号
☎ 025-84676999
漾应青春里酒店（夫子庙店）
📍 南京市晨光厂小区对面
☎ 18120177513

享受型
南京金茂威斯汀大酒店
📍 南京市中央路201号
☎ 025-85568888
金鹰珠江一号国际酒店
📍 南京市玄武区珠江路1号金鹰天地
☎ 025-83218888
绿地洲际酒店
📍 南京市鼓楼区中央路1号紫峰大厦内
☎ 025-83538888
水游城假日酒店
📍 南京市秦淮区建康路1号水游城内
☎ 025-82233888

购物南京

新街口商业街

新街口是一个古老的地名，几十年前还是一片荒凉的景象，而在1929年之后，这里的路越变越宽，环境也越来越好，南京的几条主要干道都在这里交汇，便利的交通环境奠定了这个"中华第一商圈"的牢固地位。而位于市中心的新街口也不仅仅是一个交通枢纽，这里的广场也提供了发展商业的便利。经过了几十年的发展，商业的繁荣带动了新街口的餐饮、娱乐休闲等服务类行业的兴起，和购物一起形成了一个综合性的商业中心。

中华织锦村

中国的丝绸是远近闻名的，而其中锦的制作也具有相当久远的历史。南京颇负盛名的就是所产的云锦，这是和四川的蜀锦、苏州的宋锦齐名的，不仅生产的工艺独特，而且色泽非常丰富。而南京的织锦村就是云锦原始的生产地。织锦村还汇集了各种锦的织造方法，更像是锦历史的活化石。

太平南路名品一条街

太平南路的商业中心主要以金银首饰、玉器珠宝、字画古玩和一些日常生活中的五金家电及文体用品的经营为方向，能满足各种不同的需要，因此谓之为名品街。

湖南路步行街

湖南路步行街是指从山西路的市民广场开始到中央路之间的这一段距离，全长1000多米，聚集了超过280家的商铺，而名牌的专卖店占了绝大多数。此地隶属于鼓楼的辖区范围，可以说是随着鼓楼的发展带动的，现在已经算是南京最繁华的商业街之一了。

南京全景

特产

南京云锦：南京云锦在古时是皇家的御用贡品，现已成为中国乃至世界的文化遗产，在中国古代织锦工艺中享有很高的声誉，现在的南京云锦已成为文化与艺术的化身，在丝织品中占有重要地位，被称为"中华一绝"。

雨花石：雨花石又叫"幸运石"，是产于南京市六合及仪征市月塘一带的天然玛瑙石。自古文人雅士观石传出不少佳话，观赏价值很高，被称为"石中皇后"。

金陵折扇：金陵折扇是一种传统的手工艺品，只在南京才有，曾经名扬天下。它轻巧美观，典雅精致，方便携带，非常适合文人雅士，是不可多得的艺术品。

金陵金箔：金陵生产金箔历史悠久，生产工艺独特，设计精巧，图案丰富，畅销国内外。

苏州

苏州，古称"吴郡"。地处长江三角洲，位于江苏省东南部，东邻上海，南接浙江，西抱太湖，北濒长江，是长三角经济圈的副中心城市。苏州还是中国首批历史文化名城，位列中国十大重点风景旅游城市之一。苏州历史悠久，人文荟萃，以"上有天堂，下有苏杭"闻名于天下。

苏州素以山水秀丽、园林典雅而闻名天下，有"江南园林甲天下，苏州园林甲江南"的美称，现保存完好的园林有60多处，拙政园、留园、沧浪亭、西园等是园林中的代表。这些园林曲折迂回，三步一景，十步一情，集建筑、雕刻、书画、山水、树木为一身，宛如一件工艺品。苏州既有园林之美，又有山水之胜，自然、人文景观交相辉映，文人墨客吟诗作唱，这里仿佛就是"人间天堂"。

区号：0512
邮编：215000
面积：8657.32平方千米
人口：1274.83万人
著名景点：拙政园、狮子林、沧浪亭、留园、虎丘等

两日游

拙政园—狮子林—虎丘—留园—沧浪亭—网师园—寒山寺—山塘街

游在苏州

留园 ★★★★★

苏州的拙政园、留园，北京的颐和园，承德的避暑山庄是中国的四大名园，其中留园最有特色的就是精致的建筑布局和众多独特的石头。和拙政园一样，留园的布局也离不开水，恰好回应着水乡的特质，著名的闻木樨香轩就在中心水池的西面，是俯瞰留园全景的最佳地点。留园中常见的园林手法就是叠嶂，不仅让景物和景物之间的联系加强了，更是充分地扩大了空间感。它是国家的重点文物保护单位，也是世界文化遗产的一部分。

旺季（4、5、7、8、9和10月）55元；淡季（1、2、3、6、11和12月）45元

留园

🕐 7:30—17:00
🚌 苏南硕放国际机场—留园（自驾）
苏南硕放国际机场—京沪高速—西环快速线—留园路—留园
全程约 37 千米

💡 留园
留园公交
游1路到留园路或者中医院步行至艺圃，游3路到西园永津桥下车步行至留园，游5路在西园下车步行至留园，6路、317路在西园下车步行至留园，7路、44路、522路、70路、85路在留园路下车步行至留园。

留园自驾游线路
1. 从上海、南京：沪宁高速—苏州新区出口下—苏州市区方向—西环高架—金门路出口下—左转到金门路—左转到桐泾北路—右转留园路
2. 从杭州：苏嘉杭高速—苏州城区南出口下—转南环高架—转西环高架—干将路、金门路口下，转干将路或金门口往东，至桐北路，向北至留园路

留园住宿
留园附近有很多经济型的酒店，条件很不错，也有四星级和五星级的大酒店。

拙政园 ★★★★★ 📷 🏛

"苏州园林甲天下"，而拙政园就是苏州园林典型的一个代表，不仅是苏州的四大古园之一，更是苏州园林中面积最大、最负盛名的一座园林，是私家园林的经典之作，"中国园林之母"，是国家重点保护的文物对象，也是世界文化遗产的重要组成部分。

拙政园在结构上分为东、中、西3个部分，中园就是整个园林精华的体现，以水池为中心的结构和周围的景色相呼应，山水萦绕，亭榭精美，花木繁茂，充满诗情画意，具有浓郁的江南水乡特色。

💰 旺季（4、5、7、8、9、10月）80元；淡季（1、2、3、6、11、12月）70元

拙政园

🕐 7:30—17:00
🚌 苏南硕放国际机场—拙政园（自驾）
苏南硕放国际机场—京沪高速—东北街—拙政园
全程约 39 千米

狮子林 ★★★★ 📷 🏛

狮子林享有"假山王国"之美誉，除了苏州园林惯用的亭台楼阁厅堂轩之外，湖光山色和随处可见的奇石怪峰也是很有名的，因为这些石头的形状很像狮子，所以取名为"狮子林"，也是苏州的四大名园之一，距现在已经有600多年的历史了。

狮子林中的假山，有的气势恢宏，有的天生奇特，还有的精致，而在这些假山中隐藏着20多条线路，走在其间充满了神秘。

💰 旺季（4、5、7、8、9、10月）40元；淡季（1、2、3、6、11、12月）30元
🕐 7:30—17:00
🚌 苏南硕放国际机场—狮子林（自驾）
苏南硕放国际机场—京沪高速—东北街—狮林寺巷—狮子林
全程约 39 千米

狮子林

沧浪亭 ★★★★ 📷 🏛

沧浪亭是苏州所有园林中历史最悠久的一个，可以追溯到五代时期。靠近城南的三元坊，在北宋时期是私人花园，而现在则是世界文化遗产的一部分。沧浪亭中主要的部分就是山林，山上古木参天，山下凿有水池，山水之间以一条曲折的复廊相连。沧浪亭外临清池，曲栏回廊，古树苍苍，垒叠湖石，整个园林显得格外的清幽和秀美。全园景色简洁古朴，落落大方。不以工巧取胜，而以自然为美。

著名的沧浪亭隐藏在山顶上，它高踞丘岭，飞檐凌空。全园漏窗共108式，图案花纹变化多端，无一雷同，构作精巧，环山就有59个，在苏州古典水宅园中独树一帜。

💰 旺季4月16日至10月30日20元；淡季10月31日至次年4月15日15元
🕐 7:30—17:30
🚌 苏南硕放国际机场—沧浪亭（自驾）
苏南硕放国际机场—京沪高速—常台高速—人民路—沧浪亭
全程约 46 千米

沧浪亭

网师园 ★★★★ 📷 🏛

苏州的四大园林中，还有一个叫作网师园，当然也是苏州园林最典型的一个代表了。网师园于宋朝开始建立，原名叫作"渔隐"，到了清朝又更名为网师园。这个园林多次易主才有了现在的独特之处，也算是苏州园林私宅中的佼佼者了。网师园虽然面积不大，但是布局错落有致，其对比和陪衬的手法运用也算是苏州园林中的翘楚。网师园为典型的宅园合一的私家园林。位于堂前的砖工门楼雕刻精致，做工考究，为江南一绝，具有极高的文物艺术价值。

💰 旺季40元；淡季30元
🕐 旺季（4月至5月、7月至10月）：7:00—17:30；淡季（1月至3月、6、11月至12月）：7:30—17:00
🚌 苏南硕放国际机场—网师园（自驾）
苏南硕放国际机场—京沪高速—常台高速—带城桥路—网师园
全程约 45 千米

网师园

听枫园 ★★★ 📷 🏛

听枫园位于庆元坊，清朝时在这里建成了这座园林，其中有很多古枫，起风的时候就像有人在窃窃私语，所以取

名"听枫园"。而听枫园的主要建筑就是听枫山馆,位于园林的中心,而各有一园南北对称,北院的平斋是整个园林的精华。

$ 免费
⏰ 8:30—24:00
🚌 苏南硕放国际机场—听枫园(自驾)
苏南硕放国际机场—苏台高速—昆承快速路—枫林路—听枫园
全程约61千米

耦园 ★★★

耦园原名"涉园",在苏州仓街的小新桥巷,此园因在住宅东西两侧各有一处,所以才取名叫作耦园,古时候含有夫妻归隐田园的意思。而这座园林在清初建立的时候叫作涉园,易主之后也叫作小郁林。耦园的布局十分巧妙,园林以假山作为中心,叠嶂设置得非常自然,浑然天成。

$ 旺季(3月1日至10月31日)20元;淡季(11月1日至次年2月底)15元
⏰ 7:30—17:00
🚌 苏南硕放国际机场—耦园(自驾)
苏南硕放国际机场—京沪高速—东环路—仓街—耦园
全程约40千米

耦园雪景

怡园 ★★★★

在苏州的众多园林中,怡园的资历最浅,但也正因为这样,所以怡园的建造风格能将之前园林的成功之处借鉴过来,别具一格,自成体系。

这座园林开始也是清朝官员的私宅,分成东西2个部分,用回廊来连接,而外面则用花墙进行装饰,园中的"屏风

怡园

三迭"也是罕见的奇景之一。

怡园主要景点有玉延亭、四时潇洒亭、坡仙琴馆(石听琴室)、拜石轩(岁寒草庐)、玉虹亭、石舫、锁绿轩、碧梧栖凤馆、面壁亭、画舫斋、小沧浪亭、藕香榭(锄月轩)、复廊、书条石等。

$ 45元(包括茶食、听评弹)
⏰ 7:30—17:00
🚌 苏南硕放国际机场—怡园(自驾)
苏南硕放国际机场—京沪高速—干将东路—人民路辅路—怡园
全程约42千米

定园 ★★★★

虎丘的南面有一个定园,苏州最大的湖——塔影湖就在其中,还有刘伯温墓,相传最初是刘伯温的私宅。新中国成立之后定园开始遭到破坏,后来成了茉莉花的基地,后来因为旅游开发对定园进行修缮,才使得它重现了昔日的面貌。

塔影湖颇具韵味,而在以水为重的定园中无疑成为全园的中心,雨天的时候别有一番风味。定园内水味浓郁,一路走过,都有塔影湖的流水相伴,颇有灵韵。雨天的塔影湖一改往日的宁静,微风徐徐,碧波荡漾,令游人泛舟湖中的兴致油然而生。

$ 70元
⏰ 7:30—18:00
🚌 苏南硕放国际机场—定园(自驾)
苏南硕放国际机场—京沪高速—西环快速线—普福路—定园
全程约36千米

定园

艺圃 ★★★

艺圃是苏州比较有名的一个园林,也是世界文化遗产之一,同时也是国家重点保护的文物单位,面积不是很大,但还是保留着以前的原貌。北面有一角全部被水榭所占满了,是苏州园林中很少见的,而且它仿照网师园的风格,靠水的建筑都建得很低,这样会让水面显得更加的开阔。池南临水置石矶,其后

堆土山,山近水一面以湖石砌直壁危径。西南以墙隔作旁院,引水湾入内为小池,石山也延脉至此。院西方厅二间,周列湖石,种植山茶、辛夷,别有洞天。艺圃中还有一个乳鱼亭,也是很珍贵的文物,而艺圃本身也具有很高的艺术价值。

$ 10元
⏰ 9:00—21:00
🚌 苏南硕放国际机场—艺圃(自驾)
苏南硕放国际机场—京沪高速—西环快速路—宝丰寺—艺圃
全程约39千米

枫桥 ★★★★

随着张继的《枫桥夜泊》而名扬天下的不只是寒山寺,还有枫桥。枫桥也位于城西,现在已经成了一个著名的风景区,寒山寺也在其中,是古迹作为依托而发展起来的新的旅游景观,其中景色非常优美,还有浓厚的历史文化气息。

$ 25元
⏰ 全天
🚌 苏南硕放国际机场—枫桥(自驾)
苏南硕放国际机场—京沪高速—西环快速线—枫桥路—枫桥
全程约36千米

枫桥

西园寺 ★★★★

戒幢律寺和西花园放生池的总称就叫作西园寺,原名叫作"归元寺",是由四大天王宝殿、大雄宝殿、罗汉堂、观音殿、藏经阁等部分组成的。

在罗汉堂中有一尊高达13米的千手观音像是整个罗汉堂的中心,而影视剧中的"济公"也能在这里找到身影。在放生池中,有一头明代的老鼋,可称为神物。

西园寺韦驮菩萨像

💰 5元
🕐 7：30—17：30
🚌 苏南硕放国际机场—西园寺（自驾）
苏南硕放国际机场—京沪高速—西环快速路—西园弄—西园寺
全程约36千米

虎丘 ★★★★★ 🌐 📷

虎丘位于苏州城的西北边，传说吴王夫差的父亲的陵园在这里，后来有白虎在这出现，所以叫作虎丘。虎丘向来被看成是"吴中第一名胜"，景色秀美，历史悠久，就连苏轼也说，没有到过虎丘就不算到过苏州。

💰 70元
🕐 7：30—17：30
🚌 苏南硕放国际机场—虎丘（自驾）
苏南硕放国际机场—京沪高速—苏虞张公路—虎丘
全程约33千米

虎丘塔

💡 虎丘

最佳旅游时间

苏州为亚热带气候，春秋短，冬夏长，6—7月份为梅雨季节，7—8月份气温较高，景区以人文景观为主，所以以春秋二季最佳。初春有花会，百花盛开，热闹非凡；秋季则有金秋庙会，秋高气爽，人山人海。

夏季暴雨后的虎丘很漂亮。园林池子中的荷花开得正旺，可以体会江南水乡的意境。冬季为淡季，游客较少，不过雪后的虎丘一样楚楚动人。

交通指南

虎丘景区距离火车站大约3千米，所以从火车站出发去虎丘是最方便的，乘坐游1路、游2路、32路、146路、949路都可到达景区。游3路、36路、316路也可到达景区。

虎丘住宿：①虎丘景区南大门有虎丘大酒店、虎丘山庄星级酒店，能提供餐饮住宿服务，标房价为180元/天；山塘街上有经济实惠的小饭店。②距离景区约3.5千米的石路商圈步行街上各类宾馆、饭店、商场齐全。

旅游提醒

1. 最好从南大门进，因为入口处设有游客服务中心，里面提供免费的宣传页、电子阅读屏、杂志等，并提供免费手机充电、无线上网、擦鞋机、童车和轮椅租用等便民服务。

2. 在南大门检票口处设有免费导游讲解接待处，提供中文导游服务。

3. 进入景区后可以看到友情提示牌、景点指向牌等便民服务。

寒山寺 ★★★★ 🏛️ 🌐 📷

"姑苏城外寒山寺，夜半钟声到客船"是《枫桥夜泊》中脍炙人口的绝句，而这里的寒山寺指的就是在苏州城西十里枫桥镇上的寺庙。因为在贞观年间寒山子曾在此出家而改名为寒山寺，后来因为张继的那首诗而名扬天下。

💰 20元
🕐 7：30—17：00
🚌 苏南硕放国际机场—寒山寺（自驾）
苏南硕放国际机场—京沪高速—西环快速路—枫桥路—寒山寺
全程约35千米

寒山寺

司徒庙 ★★★ 🏛️ 🌐

光武帝的大司徒邓禹的祠庙就是现在位于苏州光福镇西的司徒庙，它曾经有过很多名字，但还是司徒庙广为人知。庙中有4棵古树，分别具有清、奇、古、怪的灵韵，已有2000多年的历史，而"奇"和"怪"两棵柏树，一个没了树心，一个被雷劈成了两半，却都还在顽强地生长着。

💰 25元
🕐 8：00—16：30
🚌 苏南硕放国际机场—司徒庙（自驾）
苏南硕放国际机场—京沪高速—苏台高速—福湖路—司徒庙
全程约40千米

文庙 ★★★ 🏛️ 🌐

范仲淹在南园的遗址上建起了学庙，也就是现在所说的文庙，已经有960多年的历史了。当时范仲淹的办学方针很成功，成了当时效仿的典范，而到了明清时期，这座学庙的规模已经很大了。古时候人们往往称读书人为文曲星，所以又叫作文庙。

💰 免费
🕐 8：30—16：00
🚌 苏南硕放国际机场—文庙（自驾）
苏南硕放国际机场—京沪高速—常台高速—人民路—文庙
全程约46千米

文庙

包山寺 ★★★ 🏛️ 🌐

包山寺位于西山，也叫作显庆禅寺和包山精舍，在西山的众多寺庙中名列前茅，但在"文革"中毁于一旦。而之后重建的包山寺规模宏大，寺中保存有很多对联，著名的是"佳味无多，白饭香蔬苦茗；我闻如是，松风鸟语泉声"。

💰 10元
🕐 8：00—17：30
🚌 苏南硕放国际机场—包山寺（自驾）
苏南硕放国际机场—京沪高速—苏台高速—包山路—包山寺
全程约61千米

包山寺

雨花胜境 ★★★★ 📷

东山上历史悠久、景色优美的地方就是雨花胜境了。其中有很多桃树，桃花盛开，飘落的花瓣就像下雨一样，让人如梦如幻，现在已经是东山面积最大的游览胜地了，其中的自然和历史人文景观也是数不胜数。
- 💰 30元
- 🕗 8：00—17：00
- 🚌 苏南硕放国际机场—雨花胜境（自驾）
苏南硕放国际机场—苏台高速—苏绍高速—雨路—雨花胜境
全程约67千米

盘门 ★★★★ 📷

盘门在苏州城的西南边，是中国仅存的一个水陆并联的城门，也是江苏和国家的重点文物保护单位，有"北看长城之雄，南看盘门之秀"的说法。作为古代的军事重地，盘门设置的驰道、射孔、炮洞等都还保存完好。
- 💰 40元
- 🕗 8：30—17：00
- 🚌 苏南硕放国际机场—盘门（自驾）
苏南硕放国际机场—京沪高速—西环快速路—东大街—盘门
全程约44千米

盘门

金鸡湖 ★★★ 📷

金鸡湖景区被分成了8个部分，而它旁边的湖滨大道已经成为人们聚集的中心，吸引了无数游客前来观光度假，感受着科技和自然结合带给人的非凡的感受。可以说是苏州城的"小青岛"。
- 💰 免费，其中不同的景点收费不一样
- 🕗 全天
- 🚌 苏南硕放国际机场—金鸡湖（自驾）
苏南硕放国际机场—京沪高速—娄江快速路—金鸡湖
全程约43千米

金鸡湖夜景

昆曲博物馆 ★★★ 🌐

昆曲是我国存的剧种中历史最悠久的，文辞比较细腻典雅，曲调婉转优美，在中国的艺术史上占有自己的一席之地，被称为"百戏之师"和"中国戏曲的活化石"，苏州的昆曲博物馆是所有的昆曲博物馆中保存最完整的一座。
- 💰 免费
- 🕗 8：30—17：00
- 🚌 苏南硕放国际机场—昆曲博物馆（自驾）
苏南硕放国际机场—京沪高速—东环路—仓街—昆曲博物馆
全程约40千米

昆曲博物馆

钱币博物馆 ★★★ 🌐

苏州钱币博物馆中收藏的钱币是由孙国宝先生捐赠的，所以又叫作"国宝钱币博物馆"，以此来纪念孙先生。博物馆中分为12个部分来介绍最初充当钱币的海贝和历史的各个朝代的钱币。通过这些收藏品可以窥见古人的制作技术是很纯熟的，除此之外还有很多外国的纪念币。
- 💰 免费
- 🕗 8：00—16：00
- 🚌 苏南硕放国际机场—钱币博物馆（自驾）
苏南硕放国际机场—京沪高速—北园路—东北街—钱币博物馆
全程约39千米

山塘街 ★★★ 📷

山塘街始建于唐代，相传是白居易建造的，已经有1000多年的历史了，所以被称为"姑苏第一名街"。因为得天独厚的地理位置，这里曾经是经济文化最发达的地方，被称为"老苏州的缩影，吴文化的窗口"。
- 💰 免费
- 🕗 全天
- 🚌 苏南硕放国际机场—山塘街（自驾）
苏南硕放国际机场—京沪高速—西环快速路—广济路—山塘街
全程约38千米

苏州博物馆 ★★★ 🌐 📷

苏州博物馆属于地方性的历史艺术博物馆，也是国家级重点文物保护单位之一，其设计者贝聿铭是法国卢浮宫的设计者。博物馆主要的部分将古典和现代很好地结合在了一起，和典型的园林联系起来了，所以游客在领略水乡特色的时候，还能够看到拙政园和这里交相辉映。
- 💰 免费
- 🕗 9：00—17：00，周一闭馆
- 🚌 苏南硕放国际机场—苏州博物馆（自驾）
苏南硕放国际机场—京沪高速—北园路—东北街—苏州博物馆
全程约39千米

苏州博物馆

吃在苏州

苏州的菜系属于"苏鲁粤川"四大菜系之一，以甜食为主，苏州香粳米、三破糯、洞庭红橘、南荡菱藕、碧螺春等都是比较著名的特产，其中比较著名的菜品就是船菜、松鼠鳜鱼和太湖蟹。苏州的小吃也是比较著名的，例如蜜汁豆腐干、松子糖、玫瑰瓜子、虾子酱油等都是苏州很传统的小吃，在观前街都能吃到，而唯亭镇则是吃蟹的不二选择。

松鼠鳜鱼

🍽 苏州姑苏家宴正宗苏帮菜（平江路店）
游客评价：苏州本帮菜，菜品很精致
- 📞 0512-67771798
- 📍 苏州市白塔东路321号

🍽 老苏州茶酒楼
游客评价：松鼠桂鱼、密制火方好吃，带甜口的地道苏州菜
- 📞 0512-65291988
- 📍 苏州市姑苏区十全街658号

🍲 **徐岛主蟹园农家乐（阳澄湖莲花岛店）**
游客评价：蟹肥鲜美，蟹黄很足
📞 0512-65446213
📍 阳澄湖莲花岛西舍 34 号农家菜

🍲 **鱼味亭和风日膳**
游客评价：菜品非常精致，上菜很快
📞 0512-65810107
📍 苏州市九胜广场

🍲 **先启半步颠小酒馆（观前街店）**
游客评价：川菜馆，很火爆
📞 0512-67542207
📍 苏州市观前街 43 号

🍲 **松鹤楼（苏州中心商城店）**
游客评价：苏州名菜响油鳝，香甜爽口，银鱼也不错
📞 0512-69881887
📍 苏州市苏惠路苏州中心 4 楼南端

↘ 住在苏州

平价型

影宿 3D 电影酒店（观前街店）
📍 苏州市调丰巷 28 号
📞 0512-68766881

壹舍精品民宿（迷楼店）
📍 苏州市周庄古镇贞丰弄 8 号
📞 13913204319

洛克华菲酒店
📍 苏州市枫津路 139 号
📞 0512-68077968

夏特尔主题·电竞酒店
📍 苏州市方塔东街 199 号家电商厦 5 层
📞 0512-88800009

享受型

苏州万怡酒店
📍 苏州市星海街 188 号
📞 0512-67066666

金鸡湖凯宾斯基大酒店
📍 苏州市工业园区国宾路 1 号
📞 0512-62897888

苏州吴宫泛太平洋酒店
📍 苏州市新市路 259 号
📞 0512-65103388

香格里拉大酒店
📍 苏州市虎丘区塔园路 168 号
📞 0512-68080168

↘ 购物苏州

▎观前街
观前街可以说是苏州的百年老街，在明清的时候就已经成为繁华的商业中心，后来经过改造成为我国最早的商业步行街。在这条百年老街上有非常多的传统老店，基本上苏州的特产都能在这里买到。经历了百年的风霜洗礼，观前街的老店也在不断地与时俱进，但又始终保持着自己的特色。

▎十全街
十全街是因为乾隆曾在此称自己为"十全老人"和"十全皇帝"而命名的，最初是叫作"十泉"，到了现在，十全街依然保留着当初原始的风貌，历史上有很多的名人都曾经在这里居住过，让这里充满了历史的厚重感。经过改造之后，十全街依然以工艺品等具有艺术气息的商品作为龙头产品，同时发展其他的辅助行业，将十全街打造成了苏州的文化商业街，享誉国内外。

▎石路步行街
石路是因为"中国实业之父"盛宣怀用石头铺成的而得名，在过去是苏州很重要的对外码头之一。北边的广场上有苏州规模最大的喷泉，在五颜六色的灯的照耀下演绎着新时代的舞曲。这里的商城和购物中心通宵营业，而且还有

苏州风光

各种各样的饮品。在这里购物之余，可以大饱口福，享受美味带来的满足感。

▎左岸商业街
左岸步行街从苏惠路开始，和国际大厦、金融大厦等大型的写字楼还有大型的住宅区毗邻，在最开始营业的时候有 20 多家品牌经营店，是一条综合性的步行街，包括餐饮、娱乐，其中大部分的品牌店都是第一次在苏州出现。因此这里的消费以中高档为主，中档的消费会吸引大量的人流。

💡 **特产**

碧螺春：中国十大名茶之一，俗名"吓煞人香"，相传康熙南巡苏州时，赐名为"碧螺春"。在苏州太湖洞庭山一带生长，久负盛名，喜爱品茶者一定不可错过。

苏绣：苏绣的发源地在江苏苏州南部地区，现已遍及无锡、常州、扬州等很多地方，苏绣具有图案秀丽、绣工细致、针法活泼、色彩清雅的独特风格，被人们誉为中国艺术宝库中的一颗明珠。

桃花坞木刻年画：苏州的桃花坞木刻年画始于明末，因最开始在桃花坞街上，所以叫桃花坞木刻，木刻的题材较为丰富，可以是山水、静物、花鸟鱼虫、也可以是贴近生活、反映生活的画面，入木三分，惟妙惟肖。桃花坞木刻年画与天津杨柳青木刻年画和山东潍坊杨家埠的年画并称"中国三大木刻年画"。

周庄

区号：	0512
气候：	亚热带季风气候
方言：	吴语太湖片
地方特产：	万三糕、万三蹄等
著名景点：	一稀堂博物馆、怪楼等
名誉：	中国历史文化名镇

周庄位于江苏省昆山市境内，距离昆山市区 33 千米，距离苏州市区 38 千米，距离上海 70 千米，是有着 900 多年历史的江南水乡古镇。岁月悠悠而过，洗尽铅华呈素姿，历经沧桑无颜色，但这里依然保持着完整的江南水乡的风貌。

周庄被称为"江南第一水乡"，城中南北市河、中市河、后巷河、油车漾河相互交错成井字形，四周淀山湖、白蚬湖碧水环绕，湖边古宅都是古董，青色的石板，古朴的色调，桥洞下，碧水上，常常有乌篷小船划来，"吱吱"的桨声似乎在唱着一首江南老歌，年轻的姑娘既文雅又俊俏，红头绳、黑辫子、绣花鞋，撑着油纸伞，徘徊在悠长悠长的水巷里。"周庄好，景也好，人也好，神仙也说此处好。"

游在周庄

张厅 ★★★★★

张厅属于明代建筑，之前叫作怡顺堂，在清朝的时候因为被一户张姓人家所购买，改名成了玉燕堂，但后人习惯叫作张厅。张厅是由厅堂、陪弄、小河、花园几大部分组成的，而其中的小河，河水非常清澈，和厅堂上的"船自家中过"颇为应景。

💰 联票 100 元，夜游周庄：80 元（含张厅、沈厅）
🕐 8：00—21：00
🚗 苏南硕放国际机场—张厅（自驾）
苏南硕放国际机场—京沪高速—常嘉高速—福贵园路—张厅
全程约 87 千米

🚌 张厅

交通指南

1. 从上海、苏州、昆山等均有旅游班车和普通大巴发往周庄。
2. 从周庄汽车站到张厅景区有公交车，票价 1 元。
3. 乘坐出租车从汽车站到张厅景区大概 15 元。

旅游攻略

张厅是非常值得一游的景点，古时的私家院邸比现在的别墅漂亮得多，张厅里光线不太好，拍照效果不太佳，最好是请个导游，因为张厅曾经有很多的故事，听导游讲这里的故事非常的有趣。

💡 购物周庄

万三酒：周庄的酒作坊是非常著名的景点，而以粮食作为酿酒原料的酿酒业也十分发达。万三酒相传是沈万三所酿，非常珍贵，所以叫作万三酒。

周庄竹编：早在清代的时候，这里的竹编就有了名气，生产的竹制产品都是一些日常的生活用品，吸引了很多人前来购买。

张厅

南湖 ★★★★★

周庄的南边有一座湖，称之为南湖。这里的景色不论四季都是非常动人的，以秋天的景色最佳，当皓月悬空的时候，"长烟一空，皓月千里，浮光跃金，静影沉璧"就显现出来了，这里是观月的最佳地点。而在南湖其他地方也有着非常迷人的景色，引人入胜。

💰 联票 100 元
🕐 全天
🚗 苏南硕放国际机场—南湖（自驾）
苏南硕放国际机场—京沪高速—常嘉高速—福贵园路—南湖
全程约 87 千米

周庄南湖

双桥 ★★★★ 📷

来到周庄，就不能不去看看双桥，这是个最能体现周庄韵味的地方。双桥就是俗称的"钥匙桥"，并不是真的代表有两座桥，而是因为这座桥在河中的倒影和桥会形成一个标准的圆形。钥匙桥就是由永安桥和世德桥组成的，一横一竖，一方一圆，很像平时的钥匙而得名，在这样的一个水乡中，不时划过的船会让人联想起"欸乃一声山水绿"的意境。

💰 联票 100 元，18：00 以后免费
🕗 8：00—21：00
🚌 苏南硕放国际机场—双桥（自驾）
苏南硕放国际机场—京沪高速—西环快速路—胥涛路—双桥
全程约 38 千米

双桥

沈万三故居 ★★★★★ 🌐 📷

沈万三是明朝的巨贾，他所拥有的财富可谓是富可敌国，最终被皇帝记恨而被流放。周庄里面有着各种关于沈万三发家致富的传奇故事和经历，在他的故居中随处可见当年沈家生活的场景，而门口的一个大大的聚宝盆则让人对他神话般的财富浮想翩翩。

💰 联票 100 元
🕗 8：00—21：00
🚌 苏南硕放国际机场—沈万三故居（自驾）
苏南硕放国际机场—京沪高速—常嘉高速—福贵路—沈万三故居
全程约 87 千米

沈万三故居

一稀堂博物馆 ★★★★ 🌐

一稀堂博物馆是政府联合社会多方面的支持建立起来的一个民办的古陶瓷博物馆。瓷器在我国的发展历史可以追溯到河姆渡时期，历史非常悠久，这个博物馆就是将人类有史以来的各个时期的瓷器展览出来，根据历史发展的时代分成了不同的展馆，而这些瓷器藏品大部分都是北方生产出来的。

💰 联票 100 元
🕗 8：00—21：00
🚌 苏南硕放国际机场—一稀堂博物馆（自驾）
苏南硕放国际机场—京沪高速—沪常高速—云海路—一稀堂博物馆
全程约 84 千米

民间收藏馆 ★★★★★ 🌐 📷

周庄的城隍埭有一座叫作天孝德的明间收藏馆，也是明朝建筑的代表之作，是在明代的中晚期建立起来的。顾名思义，之所以叫作民间收藏馆，其中主要的原因还是那些收藏品，大大小小超过 20 万件，从石器时代开始，各个时期的文物都有收藏，在这些收藏品中明清的比重较大。其中的花钱更是珍贵，这里也能够反映当地的民俗和文化。

💰 联票 100 元
🕗 8：00—21：00
🚌 苏南硕放国际机场—民间收藏馆（自驾）
苏南硕放国际机场—京沪高速—苏台高速—印泉路—民间收藏馆
全程约 39 千米

怪楼 ★★★★ 📷

在周庄有一个名叫怪楼的奇怪建筑，在里面你可以看见自己的声音，看见声音从自己的身边流过，这就像爱丽丝梦游仙境一样，不可思议。怪楼怪的地方就在这里，能用一种梦幻的方式让我们体会到只有在科幻片才能出现的神奇景象。

怪楼

"怪楼"是周庄的一座集观赏性、娱乐性、参与性、趣味性、艺术性为一体的全新概念的旅游景点设施。体会看得见的声音，经历通过全息幻听术感觉时光倒流，回到千年前的周庄，身临其境地感受传说中的奇异情景，最终达到经历一次不可思议的、从未有过的、神秘而惊奇的体验。

💰 联票 100 元
🕗 8：00—21：00
🚌 苏南硕放国际机场—怪楼（自驾）
苏南硕放国际机场—京沪高速—常嘉高速—全福路—怪楼
全程约 86 千米

酒作坊 ★★★★ 📷 🏭

因为水的滋养，周庄养成了淳朴的民风，不仅有着清香四溢的茶文化，还有醇厚的酒文化。这里的酒一般都是用粮食酿出来的，更是醇香扑鼻。周庄一共有十几个酿酒的作坊，其中最著名的就是"十月白"，每年 10 月份糯米收割登场，就以刚轧出来的雪白、喷香的新糯米为原料，再配以其他优质原料精制而成，故称"十月白"。"十月白"色如乳汁，甜柔醇绵，闻名遐迩。乡村人家，亦多有酿酒风俗，每至秋天白米上场时，用土法酿几斗数石米酒，除了平日自家小酌，还准备过节、喜庆筵席之用。

💰 联票 100 元
🕗 8：00—21：00
🚌 苏南硕放国际机场—酒作坊（自驾）
苏南硕放国际机场—京沪高速—沪常高速—南新路—酒作坊
全程约 79 千米

酒作坊

全福寺 ★★★★ 🏛 🌐

全福寺坐落在江边，最开始叫作"泉福寺"，因为后来不断地扩建才有了现在的规模。一进山门耸峙南湖岸边，门前湖光潋滟，水埠码头平卧碧波。入山门，五孔石拱桥临跨荷花池上，桥上石栏相扶，驻足桥上，令人沉醉在"千层翠盖万妆红"的诗情画境中。寺内最著名的

就是一口大钟，重达 1.5 吨左右，而每当钟声响起来的时候，能绵延数十里不绝，听到钟声后，人们就开始一天的劳动了。而寺中的"指归阁"可以登高远眺，将田园美景尽收眼底。

联票 100 元
8：00—21：00
苏南硕放国际机场—全福寺（自驾）
苏南硕放国际机场—京沪高速—常嘉高速—全福路—全福寺
全程约 86 千米

全福寺

吃在周庄

周庄的小吃主要是万三蹄，是周庄的招牌菜，还有立冬之后才能吃到的虾槽，通常是和其他的菜一起搭配来吃的。此外还有龙抬头和撑腰糕等民俗气息浓厚的糕点。

美味蹄髈

沈厅酒家
游客评价：位置很好找，环境也很好，靠窗吹着风喝着茶，再品美食，满足
0512-57211848
昆山市周庄镇南市街

烟雨人家特色农家菜
游客评价：苏帮菜，特别推荐草鸡汤
18260284221
周庄银子浜检票口

双桥饭店
游客评价：椒盐条排太香了，一口下去满嘴肉香
13862658128
昆山市周庄镇蚬江街双桥

私家小厨（金冠旗舰店）
游客评价：人气很旺，苏帮菜很有特色
0512-57205745
周庄全功路 270-272 号

万月楼老菜馆
游客评价：可以选择店里的套餐，品类比较多，记得加碗炖鸡汤
15895660696
昆山市周庄镇西湾街 26-27 号

海龙饭店
游客评价：苏帮菜，彩品味道很好，尤其是银鱼炒鸡蛋
13962672398
周庄城隍街 38 号

印象小镇餐厅
游客评价：老板很热情，特色鞋底酥好吃，猪蹄入口即化
15190165877
周庄镇全功路 262 号

住在周庄

平价型
夜色江南临河别院 周庄东浜村银子浜 1-1 号 0512-57212871
江南四季临河庭院（沈厅店） 周庄东浜村里浜路 21 号 13771855327
兰亭别苑精品客栈 周庄梅花弄 11 号 15850380302
周庄近水楼台客栈 周庄北市街 80 号 18068081825

享受型
壹舍精品民宿（迷楼店） 周庄贞丰弄 8 号 13913204319
苏然居·月禾客栈 周庄中市街 146-1 号 13861489047
水月周庄铂尔曼酒店 周庄镇全旺路 88 号 0512-55118888
忆江南精品客栈 周庄福洪街 71 号 0512-57211787

同里

| 区号：0512 |
| 邮编：215216 |
| 著名景点：退思园、崇本堂、嘉荫堂、同里三桥、陈去病故居等 |

同里，位于江苏省苏州市吴江区，和周庄一样，为江南水乡古镇的杰出代表，江南六大名镇之一。同里距苏州市18千米，距上海80千米，镇外四面环水，5个湖泊环抱，镇里河网密布，将镇区分割成7个岛，由49座桥连接，镇内家家临水，户户通舟，有"东方小威尼斯"的美誉。

同里的特色是四多：桥多、巷多、明清古建筑多、名人多，同里旅游以"一园、二堂、三桥"最为出名，一园即退思园，园内曲折迂回，一步一景；二堂为嘉荫堂和崇本堂，文化底蕴深厚；三桥指的是太平、长庆、吉利三座古桥，虽经风雨侵袭，饱经风霜，却仍跨越在川清水秀的桥港上岿然不动。

小贴士

1. 同里水多，水边的青苔石很滑，一定要注意安全。

2. 每到周六、周日还有节假日来这里游玩的人超多，一般会集中在9：00—11：00的时候进景区，所以一定要赶早，或避开高峰期。

3. 同里的住宿一般不提供牙刷、牙膏、梳子等，所以要自备，旺季的时候，住宿还需要提前预订，如果临时再找，万一找不到就麻烦了。同里特色店铺林立，在买纪念品的时候同样要和老板讲价，不然会很吃亏。

游在同里

珍珠塔 ★★★★

珍珠塔的故事在江南广为流传，同里就是这个故事的发源地，珍珠塔也就是因此而得名。珍珠塔不仅保留了原来的历史痕迹，还借鉴了苏州园林的景观设置上的特点，形成了自己的特色，充分地利用了自己水乡的优势，并将"珍珠塔"故事中的景点名称在建设中得到恢复，形成与其他旅游景点不同的特色，更具有古典浪漫主义和传奇色彩，再现了吴文化丰富的内涵。在珍珠塔内，还有很多著名的景致，例如：锦园十景、紫薇琴韵、秋亭待月、清远荷风、翠舫听雨、北山深松、溪清虹影、茹古书声、碧筠藏翠等。

通票100元
日游：7：30—17：30；夜游：18：30—21：30
苏南硕放国际机场—珍珠塔（自驾）
苏南硕放国际机场—京沪高速—常台高速—崇本路—珍珠塔
全程约58千米

购物同里

明清街：明清街可以说是同里的步行街了，是这里很重要的商业中心之一，一般想在古镇购物，这里就是最佳的选择。这条街保留了很多明清的建筑，因此而得名，街道古色古香。明清街分为上下两条平行的街道，虽然不是很长，但基本上不管是小吃还是丝绸、刺绣等工艺品都能够在这里买到。

上京白酒：上京白酒是因为随着无锡的特色电视剧《珍珠塔》的传播而广为人知的，是很多爱酒人士渴望品尝的美酒之一。

珍珠塔

崇本堂 ★★★★★

同里的崇本堂面积虽然不足1000平方米，但建筑布局非常科学，十分讲究。崇本堂以丰富多样的砖雕、木雕闻名于世，堂内处处可见雕刻，以戏剧故事、花卉食物和文化博古等为题材，自正厅至内宅堂楼共三进，有木雕100多幅，内容各不相同，画面简洁明快，构图生动活泼，刀法圆转娴熟，展现了江南手工艺技术的高超水平。

通票100元
日游：7：30—17：30；夜游：18：30—21：30
苏南硕放国际机场—崇本堂（自驾）
苏南硕放国际机场—京沪高速—常台高速—大庙路—崇本堂
全程约58千米

崇本堂

静思园 ★★★★

同里西边 3 千米处还有一个著名的园林——静思园。在这个园中，石头是主角，都是几亿年前因为火山的岩浆遇冷后形成的灵璧石，其中最著名的要算庆云峰上的石头了。上面的石头不仅造型各异，而且还有一块有着 1600 多个孔的奇石，注水其中如同万泉泻玉一般，令人叹为观止。

- 60 元
- 8：00—17：30
- 苏南硕放国际机场—静思园（自驾）
  苏南硕放国际机场—京沪高速—常台高速—云梨路—静思园
  全程约 56 千米

耕乐堂 ★★★★★

耕乐堂是明代的建筑，是同里八景之一，也是市级的文物保护单位。耕乐堂有一条陪弄和荷花池相连，荷花池的周围遍布层次感鲜明的砌石，走进其中一种清幽之感扑面而来。而耕乐堂中亦不乏参天古木，最有名的就是金银两棵桂树了。

- 通票 100 元
- 日游：7：30—17：30
  夜游：18：30—21：30
- 苏南硕放国际机场—耕乐堂（自驾）
  苏南硕放国际机场—京沪高速—常台高速—大庙路—耕乐堂
  全程约 58 千米

耕乐堂

同里三桥 ★★★★★

同里的三桥就是指太平桥、吉利桥和长庆桥，水乡通常因为河道的密布，桥本来就是常见之物，并不出奇，但是这三座桥之所以能吸引人的目光和它们精巧的设计和独特的建造有关。

三桥呈"品"字形，跨于三河交汇处，自然形成环行街道。沿河青石驳岸，岸边合欢、女贞临波倒映，两岸筑有花石栏，河中船来船去，双双对对；桥上人来人往，笑语荡漾。水木清华，秀色可餐，人在其中至虑尽消，这里已然成为古镇一道独特的风景。

同里人喜欢"走三桥"。每逢婚嫁喜庆，在欢快的鼓乐鞭炮声中，喜气洋洋绕行三桥，口中拖长调子念一声"太平吉利长庆"，沿街居民纷纷出户观望，上街道喜祝贺；凡逢老人 66 岁生日，午餐后必定也去"走三桥"，以图吉利。"走三桥"的习俗，形成于何年难以查考，但三桥在同里人的心中，则象征着吉祥和幸福。

- 通票 100 元
- 日游：7：30—17：30
  夜游：18：30—21：30
- 苏南硕放国际机场—同里三桥（自驾）
  苏南硕放国际机场—京沪高速—常台高速—大庙路—同里三桥
  全程约 58 千米

同里三桥之长庆桥

吃在同里

同里的小吃比较多，比较著名的就是闵饼、芡实、袜底酥、状元蹄、太湖三白和青团子等。闵饼是久负盛名的一道传统糕点，以"本堂斋"最为有名，而芡实也是土特产中的佳品，状元蹄和太湖三白则是宴请宾客不能少的菜品之一。

冬瓜牛肉汤

酒坛子饭桶
游客评价：每桌都会送老板自己酿的米酒，非常好喝
- 13584400350
- 吴江区同里镇竹行街 13 号

同里香格酒楼
游客评价：农家菜，太湖三白，状元蹄一定要尝尝，味道很棒
- 0512-63336988
- 吴江区同里镇湖清街 54 号

同里湖度假村一号船餐厅
游客评价：苏州江浙菜，味美滑嫩，脆软清爽，菜品丰富，值得品尝
- 0512-63330888
- 吴江区湖西路 88 号

承恩堂庭院私房菜
游客评价：私房菜，清淡而入味
- 18912705383
- 吴江区同里镇东溪街 20 号

同里湖大饭店怡景轩中餐厅
游客评价：糟黄鱼很清爽，皮脆肉鲜美，肉质爽弹
- 0512-63337888
- 吴江区同里镇崇本路 8 号

大吉大利梅家菜（同里古镇店）
游客评价：梅干菜烧肉招牌菜，非常好吃
- 15162400035
- 吴江区同里镇内上元街 175 号

↳ 住在同里

平价型

| 青梅竹马精品民宿
📍 吴江区同里镇泰来桥旁
📞 18694902128

| 一园梦雅精品客栈
📍 吴江区同里镇鱼行街117号
📞 13451595242

| 琴笙楠舍精品客栈
📍 吴江区同里镇三元街147号
📞 13771637256

| 敬仪堂客栈
📍 吴江区同里镇富观街5号
📞 13328012180

享受型

| 同里湖大饭店
📍 同里崇本路8号
📞 0512-63337888

| 瑶家别院精品客栈
📍 吴江区同里镇竹行街41-1号
📞 13382543711

| 过云居文化影视酒店
📍 吴江区同里镇迎燕东路258号
📞 0512-65976778

| 同里正福草堂客栈
📍 吴江区同里镇明清街
📞 0512-63320576

甪直

甪直位于苏州市东南部吴中区,是中国江南水乡古镇的杰出代表,原名甫里,因镇西有甫里塘而得名,镇里水流如同"甪"字,遂改名甪直。甪直之水,水连五湖,南有淀山湖、澄湖,西有金鸡湖、独墅湖,北有阳澄湖,镇上河水清清,环境幽雅,名胜古迹星罗棋布。江南水乡有一大特色,有水就有桥,甪直也不例外,"水巷小桥多,人家尽枕河"是甪直浓厚水乡气息的真实写照。

甪直与苏州古城一样古老,是一座具有2500多年历史的古镇。甪直水秀,桥也美,有多孔的大石桥、独孔的小石桥、宽敞的拱形桥、狭窄的石板桥等。更有一大批历史人文景观,可以让您在充分领略江南水乡风情的同时,更多地体味到小镇深厚的历史文化内涵。

区号: 0512
邮编: 215127
气候条件: 亚热带季风气候
著名景点: 山湖、澄湖、叶圣陶纪念馆等
特产: 甪里蹄、甪里鸭等

↳ 游在甪直

保圣寺 ★★★★

保圣寺的历史已经有1000多年了,是我国第一批国家一级文物保护单位。保圣寺中有1000多间房屋,布局严谨,是江南的四大寺院之一。其中的罗汉堂中有9尊罗汉像,随着寺庙一起经历了千年的风霜洗礼依然气势恢宏。大文学家郭沫若也对这些罗汉颇为推崇。

💰 联票 60元
🕐 8:00—17:00

💡 保圣寺
交通指南

在苏州市区乘坐518路、52路、18路公交车在浦澄北路站下车,然后穿过一个大约20分钟路程的步行街就到了。

苏州火车站广场有发往甪直景区的中巴车,周末和节假日在上海体育馆、虹口足球场、杨浦体育场有发往甪直的旅游专线。

甪直景区内的交通工具是观光车,到各个景点非常方便。

游览攻略

现在的保圣寺山门是按乾隆年间的原貌重修起来的。天王殿气宇轩昂,单檐歇山式屋顶,戗角起翘采用立脚飞檐式,显示江南佛殿式风格。殿内可看到有明代建筑特点的昂嘴斗拱结构。据古建长专家陈从周考证,这座天王殿是明代崇祯年间在宋代殿基上重建起来的。

保圣寺

苏南硕放国际机场—保圣寺（自驾）
苏南硕放国际机场—京沪高速—常嘉高速—正源路—保圣寺
全程约68千米

叶圣陶纪念馆 ★★★

叶圣陶先生是我国著名的教育学家和作家，曾经在甪直的第五高等学校任教。他一直认为甪直是自己的第二故乡，曾经发起过"文学研究会"，先生一生成就卓著，现在的叶圣陶纪念馆就是在他之前任教的学校的基础上建立起来的，然而这一切都是在叶圣陶先生逝世之后的事。

免费
8:00—17:00
苏南硕放国际机场—叶圣陶纪念馆（自驾）
苏南硕放国际机场—京沪高速—常嘉高速—正源路—叶圣陶纪念馆
全程约68千米

叶圣陶纪念馆

王韬纪念馆 ★★★★

王韬是著名的报人，曾经主办过《循环日报》，就像李大钊先生所说的"铁肩担道义，妙手写文章"一样，王韬用自己的笔开始传播新的思想，对后来的洋务运动、戊戌变法都产生了深刻的影响。因此，后人建立纪念馆来纪念他，并收藏他生前的著作。此馆分为生平事迹陈列室、王韬故居和韬园3个部分。

联票60元
8:00—17:00
苏南硕放国际机场—王韬纪念馆（自驾）
苏南硕放国际机场—京沪高速—常嘉高速—达圣路—王韬纪念馆
全程约68千米

王韬纪念馆

万盛米行 ★★★★

民国初年（1912年），甪直确实有一家万盛米行，不过现在的万盛米行并不在原来的旧址上，而是经过改建的。最初的万盛米行由沈范两家经营，规模非常大，是当地最大的一家米店，也是周边数十个乡镇中的粮食集散中心，经过改造，如今万盛米行已经结束了它的历史使命，而这里除了再现民国风貌之外，也成了一个农具博物馆。

联票60元
8:00—17:00
苏南硕放国际机场—万盛米行（自驾）
苏南硕放国际机场—京沪高速—常嘉高速—南墉河路—万盛米行
全程约69千米

萧宅 ★★★★

甪直古镇有一个保存完好的清代私宅，因为镇上的大族萧家曾住在里面，所以称之为萧宅。萧宅最出名的人算是萧芳芳，她6岁开始演艺事业，曾经获得过"柏林影后"，一生荣膺"金马奖最佳女配角""金像奖最佳女主角""西班牙影展最佳女主角"等奖项，这里就是她曾经生活的地方，在这里可以看见昔日的一代影后辉煌又平凡的生活。

联票60元
8:00—17:00
苏南硕放国际机场—萧宅（自驾）
苏南硕放国际机场—京沪高速—常嘉高速—晓市路—萧宅
全程约68千米

萧宅

澄湖出土文物馆 ★★★★

澄湖出土文物馆位于保圣寺的东边，陈列着很多原始社会出土的各种文物，不同时期、形态各异的水井；崧泽文化时期的彩绘陶瓶、黑皮陶壶；良渚文化时期的提梁壶；西周时期的陶尊、东周时期的铜削等珍贵文物；距今5500年的原始村落。这里是甪直几千年前生活形态的一种写照，对于考古学家来说，这里的研究意义是非常重要的，但是对于旅游者来说，那种挥之不去的厚重感更能让心灵得到平静。

联票60元
8:00—17:00
苏南硕放国际机场—澄湖出土文物馆（自驾）
苏南硕放国际机场—京沪高速—常嘉高速—保圣寺—罗汉殿西侧—澄湖出土文物馆
全程约68千米

↘ 吃在甪直

甪直比较有特色的小吃就是甪里鸭蹼和甪直萝卜。甪里鸭蹼是由号称"甪里先生"的陆龟蒙所创，对鸭情有独钟，经常用它来招待客人，当年的皮日休就曾吃过这道菜。甪直的萝卜则是始于清代，制法比较独特。

美味鸭掌

西汇饭店
游客评价：苏帮菜
0512-65010397
吴中区甪直镇西汇街8号

老阿爸·江浙土菜馆
游客评价：农家菜，实惠又美味
0512-68796877
吴中区甪直镇晓南路139号

笑来喜
游客评价：小吃店，馄饨里的馅挺大个的
0512-66362827
吴中区甪直镇麦稻星光

廊桥奥面馆
游客评价：面味道很好，汤很浓郁
13584800538
吴中区甪直镇南市下塘街43-1号

用然与季
游客评价：咖啡店，西餐很好吃
☎ 0512-67077667
📍 吴中区甪直镇上塘街165号

金旺福酒楼
游客评价：地道江浙菜，味道好，服务周道
☎ 0512-66193338
📍 吴中区甪直镇鸣市路15号旺福井大街

牛闻话·贵州黄牛肉馆
游客评价：牛肉很嫩
☎ 0512-66027227
📍 吴中区甪直镇清风路钧森生活广场1楼101

↘ 住在甪直

平价型

格林豪泰智选酒店
📍 吴中区甪直镇晓市路38号迎宾百货商场
☎ 0512-80660755

苏州金河湾温泉酒店
📍 吴中区甪直镇甫澄北路7号
☎ 0512-66196999

京门精品酒店
📍 吴中区甪直镇晓南路196号
☎ 0512-66026868

7天酒店
📍 吴中区甪直镇游客中心4楼
☎ 0512-65017771

享受型

全季酒店
📍 吴中区甪直镇吴淞路168号
☎ 0512-69162555

维也纳3好酒店
📍 吴中区甪直镇鸣市路18号
☎ 0512-66025666

星程酒店
📍 吴中区甪直镇鸣市路24号
☎ 0512-81882999

苏州甪直都市置业华美达酒店
📍 吴中区甪直镇甫澄北路18号
☎ 0512-80981777

无锡

区号：	0510
邮编：	214000
面积：	4627.47平方千米
人口：	746.21万人
著名景点：	鼋头渚、无锡中视影视基地、灵山胜境等

无锡位于江苏省南部，身处长江三角洲平原腹地，太湖流域的交通中枢，北临长江，南濒太湖，东接苏州，西连常州，京杭大运河从中穿过。无锡风光秀美，物产富饶，文物之邦，是中国著名的鱼米之乡、国家历史文化名城。烟雨江南，蒙蒙细雨的太湖之畔，有一颗灿烂的明珠，那就是无锡。

无锡是一座具有3500年历史的江南名城，以丰富而优越的自然风光和历史文化，成为一座享誉国内外的旅游城市，无锡山川秀美，人杰地灵。烟波浩渺的太湖，因范蠡而得名的蠡湖，穿越市区的京杭古运河，被称为"江南第一山"的惠山，象征着无锡古老历史的锡山，无不令人赞叹。

↘ 游在无锡

灵山大佛 ★★★★★ 🌐 📷

灵山大佛位于无锡马山的小灵山地区，是无锡的标志之一，也是佛教的一件盛事。灵山大佛是在修建祥符禅寺的时候兴建的，因为这里曾经被唐僧命名为小灵山，所以称之为灵山大佛。佛像通高88米，佛体79米，非常的庄严肃穆。

💰 210元
🕐 夏：7:00—18:00；冬：7:30—17:30
🚌 苏南硕放国际机场—灵山大佛（自驾）
苏南硕放国际机场—京沪高速—沪宜高速—古竹路—灵山大佛
全程约67千米

💡 灵山大佛
最佳旅游时节
无锡属于亚热带季风气候，全年湿润，四季分明，灵山大佛属于人文景观，旅游以春夏秋三季为最佳，但每逢五一、十一等节假日期间游客较多，较为拥挤。

优惠政策
1. 江苏省70周岁以上老年人凭身份证或老人证入园免票，1.2米以下的孩子免票，现役军人凭军人证，残疾人凭残疾证，离休干部凭离休证免票。

两日游
梅园横山风景区—灵山大佛—南禅寺—东林书院—太湖鼋头渚—蠡园—三国城

灵山大佛

2. 身高1.2—1.5米的孩子购半票；无锡市30年以上教龄的老师凭证，全国全日制本科及以下的在校生凭学生证可享受半价优惠，省外70周岁以上的老人90元/人。

友情提示

景区内有九龙灌浴和吉祥颂表演，具体演出时间可以看景区的公告牌，观看演出需另购票，外省70周岁以上的老人无须另购。

太湖鼋头渚 ★★★★★ 📷

太湖的西北岸有一个叫作鼋头渚的小岛，因为和龟非常相似，因此而得名。鼋头渚现在已经建成了一个大的风景游览区，其中有非常多的旅游景点，然而鼋头渚依然是所有的景区中最为优美的一个地方，在这里可以将太湖的美景一览无遗。

💰 90元
🕗 8：00—17：00
🚌 苏南硕放国际机场—太湖鼋头渚（自驾）
苏南硕放国际机场—机场快速路—快速内环南—鼋渚路—太湖鼋头渚
全程约27千米

太湖鼋头渚

蠡园 ★★★★ 📷 🏛

据说范蠡和西施曾经一起泛舟于太湖之滨，因此后人将这里称之为蠡园，是太湖的主要景点之一，特色是蠡园的水景。蠡园的水域面积占到了整个园区面积的2/5，三面环水，也沿用了苏州园林移步换景的热点，整个园林的层次感非常鲜明，也是一处观赏太湖风光的胜地。

💰 旺季（3月17日至5月28日，7月7日至10月21日）45元；淡季（5月29日至7月6日，10月22日至3月16日）30元
🕗 8：00—17：00
🚌 苏南硕放国际机场—蠡园（自驾）
苏南硕放国际机场—机场快速路—快速内环南—环湖路—蠡园
全程约24千米

蠡园桃花

东林书院 ★★★★ 🌐

东林书院也叫作"龟山书院"，在过去是很有名的书院之一。在明朝的万历年间，东林学者顾宪成在这里讲学，他们倡导"读书、讲学、爱国"的精神，引起全国学者普遍响应，一时声名大震，顾宪成撰写的名联"风声雨声读书声声声入耳，家事国事天下事事事关心"更是家喻户晓，曾激励过无数知识分子，对我国传统文化思想的发展促进极大。当时有"天下言书院者，首东林"的说法。东林书院因而成了江南文人汇集和商讨国事的地方。

💰 16元
🕗 7：15—17：30
🚌 苏南硕放国际机场—东林书院（自驾）
苏南硕放国际机场—机场快速路—快速内环东—解放东路—东林书院
全程约19千米

水浒城 ★★★★★ 🌐 📷

水浒城，顾名思义就是拍摄《水浒传》影视剧的影城，场面宏大，包括聚义厅、梁山后寨、郊野一条街三大景区。这里仿造宋朝的建筑而建，还原了当时的历史环境，而其中最有名的就是紫石街，水浒里面的很多小吃都能在这里找到。

💰 85元
🕗 7：30—17：30
🚌 苏南硕放国际机场—水浒城（自驾）
苏南硕放国际机场—机场快速路—快速内环南—山水西路—水浒城
全程约30千米

水浒城

惠山寺 ★★★★ 🏛 🌐

惠山寺最早建于南北朝时期，之前是"历山草堂"，新中国成立后将"古华山门"重新进行了设计，显得更加的庄重，因为天下第二泉就在这里，所以很早惠山寺就蜚声国内外了，在惠山寺内保留有很多古建筑，还可以欣赏到各种景观。

惠山寺由于其悠久的历史和深厚的文化底蕴而居无锡十大园林之首。保存完整的唐代听松石床、唐宋经幢、香花桥、宋代金莲桥、明代古银杏、清代御碑等珍贵文物以及近年修复建造的大雄宝殿、惠山寺钟等，无不展示了佛教文化的独特魅力。

💰 40元
🕗 8：00—17：30，夏天延长到22：00
🚌 苏南硕放国际机场—惠山寺（自驾）
苏南硕放国际机场—机场快速路—运河西路—惠山寺
全程约24千米

惠山寺

南禅寺 ★★★ 🏛 🌐

"南朝四百八十寺，多少楼台烟雨中"，而南禅寺就是南朝的四百八十寺其中之一，名气仅次于惠山寺，虽然饱经风霜，但是最终还是得以保存下来。大雄宝殿是佛教寺院不可少的一部分，其中各种佛像各展姿态，雕刻技艺十分精巧，无一不让人心生敬畏之情。

💰 免费
🕗 全天（部分景点9：00—17：00）
🚌 苏南硕放国际机场—南禅寺（自驾）
苏南硕放国际机场—机场快速路—学前东路—南禅寺
全程约19千米

南禅寺

无锡博物馆 ★★★

无锡博物馆建在惠泉山下,是一座综合性博物馆,由原来的无锡博物馆、无锡革命陈列馆、无锡科普馆组合而成,规模是同类城市中最大的,里面收藏有3万多件文物,明清的书画和地方文物是其主要的特点,是无锡的地标性建筑。

⑤ 免费

⏰ 9:00—17:00

🚌 苏南硕放国际机场—无锡博物馆(自驾)

苏南硕放国际机场—机场快速路—快速内环南—钟书路—无锡博物馆

全程约19千米

寄畅园 ★★★★

"自然的山,精美的水,凝练的园,古拙的树,巧妙的景"就将寄畅园的特色概括出来了。寄畅园是建在山麓上的,以山池作为中心进行了非常精妙的布局,泉水在其中叮咚作响,浑然一首欢快的小曲,加上秀美的景色,让人心旷神怡。北京的颐和园和圆明园中都有部分园林是仿照寄畅园而建的,足见其魅力。

⑤ 40元

⏰ 8:00—17:30

🚌 苏南硕放国际机场—寄畅园(自驾)

苏南硕放国际机场—机场快速路—快速内环东—惠钱路—寄畅园

全程约27千米

寄畅园

泰伯祠庙 ★★★

战国时期,吴国的创始人泰伯的都城就在这里。孔子将泰伯称为"至德",司马迁也对他非常推崇,将他放在世家第一位,这样泰伯就被历史永远地记住了。泰伯祠庙也是为了纪念泰伯所建,每逢泰伯的生辰,泰伯祠庙都会举行传统的庙会,非常热闹。

⑤ 15元

⏰ 7:30—16:30

🚌 苏南硕放国际机场—泰伯祠庙(自驾)

苏南硕放国际机场—雪梅路互通—新华路—泰伯祠庙

全程约7千米

梅园横山风景区 ★★★★

中国民族工业的大户荣宗敬、荣德生兄弟希望天下人都能闻见芬芳,所以在横山开始种植梅花,称之为梅园。这里主要有三大景区,有以梅为主的自然景观,还有荣氏兄弟的人文古迹,还有规模宏大的园林博览园,其中有品种繁多的花卉和植物,可供观赏。

⑤ 70元

⏰ 6:00—18:00

🚌 苏南硕放国际机场—梅园横山风景区(自驾)

苏南硕放国际机场—机场快速路—太湖西大道—环太湖公路—梅园横山风景区

全程约28千米

无锡梅园

徐悲鸿纪念馆 ★★★

徐悲鸿以画马出名,他的《八骏图》举世闻名。作为一个美术的教育家,徐悲鸿将西方写实的技巧运用到国画当中,为中国绘画开创了一种新的画风,被称之为"中国绘画之父"。徐悲鸿纪念馆就是为了歌颂他的伟大功绩而建,馆中有非常多徐悲鸿的画作。

⑤ 免费

⏰ 7:30—11:00 13:00—16:40

🚌 苏南硕放国际机场—徐悲鸿纪念馆(自驾)

苏南硕放国际机场—京沪高速—沪宜高速—东沈大道—徐悲鸿纪念馆

全程约87千米

徐悲鸿纪念馆

三国城 ★★★★★

三国城位于太湖之滨,是央视电视剧《三国演义》主要的外景拍摄基地,将三国时期宏大的战争规模真实还原了出来。三国中一些经典的情节,还有一些场景的设置都还保留着,在这里可以亲身体验到三国时期乱世枭雄逐鹿中原的雄心,在这样的气氛下还可以领略太湖风光,不失为一件美事。

⑤ 90元

⏰ 7:30—17:30

🚌 苏南硕放国际机场—三国城(自驾)

苏南硕放国际机场—机场快速路—快速内环南—山水西路—三国城

全程约31千米

华西村 ★★★★

江阴的华西村被称为"中国第一村",不仅是中国之最,也是世界之最。之所以将华西村称为天下第一村是因为它强大的经济实力和先进的生产方法,这里的年人均收入都能达到百万以上,可以说是共产主义共同富裕的典范,每年的产值达到几百亿以上,而且这里的环境和社会福利等措施都非常的完善,可以说是共产主义的理想国。

⑤ 免费,景点另外收费

⏰ 7:00—17:30

🚌 苏苏南硕放国际机场—华西村(自驾)

苏南硕放国际机场—通锡高速—沪武高速—华西村

全程约59千米

华西村

薛家花园 ★★★★

薛家花园是江南的第一豪宅,是清末著名人物薛福成的府邸,光绪帝亲写的"钦使第"至今仍悬挂在那里,以表彰他的历史功绩。薛家花园是九开间,超过了当时官衔标准,其中的正厅是最豪华的一部分,里面的雕刻非常的精美。薛家花园160余间房舍安详地躺在2万多平方米的土地上,安稳且舒展。横向看,中轴线上九开间尚嫌不够,左右再添两翼;纵向看,前后七进犹未餍足,中间还点缀花园庭院,其规模宏大,特色明显,内涵丰富,具有在传统基础上吸收西方文化的建筑风格和适于社会交往的园林式开放格局,是中国近代社会转型时期的江南大型宅第,它填补了我国近代建筑史上的空白,有着重要的历史价值、研究价值和旅游价值,2001年被国务院确定为全国重点文物保护单位。

¥ 25元
冬季:8:00—17:00
其他时间:8:00—17:30
🚌 苏南硕放国际机场—薛家花园(自驾)
苏南硕放国际机场—机场快速路—学前东路—薛家花园
全程约19千米

吃在无锡

无锡传统的特产就是酱排骨、油面筋、惠山泥人、阳山水蜜桃,还有太湖三白,当然还有马山杨梅、无锡的小笼包、拱北楼的阳春面、聚丰园的腐乳等都是比较有名的,海棠糕、萝卜丝饼、挂粉汤圆则是无锡比较有名的糕点小吃。

酱香排骨

🍲 老牛窝里(南下塘店)
游客评价:很火爆,松子牛肉炒年糕是招牌菜
📞 0510-89057777
📍 无锡市南下塘文化园内

🍲 春风·有糖
游客评价:"有糖菜菜"必点,里面什么都有,非常好吃
📞 18915295596
📍 无锡市镇巷8号101古早日月村斜对面

🍲 帕塔泰国餐厅(恒隆广场店)
游客评价:东南亚菜,独特的泰料香味
📞 0510-82716947
📍 无锡市人民中路139号恒隆广场5楼

🍲 三凤桥(中山路总店)
游客评价:无锡特色小吃
📞 0510-82707398

📍 无锡市梁溪区中山路240号

🍲 新白鹿餐厅(八佰伴中心店)
游客评价:人气旺,铁板鱿鱼很好吃
📞 0510-68089036
📍 无锡市锡沪路东亭西段1号

🍲 巴奴毛肚火锅(苏宁店)
游客评价:重庆火锅,味道很棒
📞 0510-83733377
📍 无锡市人民中路111号苏宁广场

🍲 花小蟹·江南餐厅
游客评价:无锡菜,当地特色
📞 0510-68082977
📍 无锡市南下塘街18号

住在无锡

平价型

无锡明珠宾馆
📍 无锡市中山路397号
📞 18261533396

快捷利商务酒店(火车站店)
📍 无锡市梁溪区汉昌北街36号6-8楼
📞 0510-82325566

有间loft酒店式公寓
📍 无锡市南湖大道银城蔚来公寓181栋1楼
📞 13665111514

锦江之星(中山路崇安寺店)
📍 无锡市解放西路325号
📞 0510-80187666

享受型

无锡古罗马大酒店
📍 无锡市梁溪区中南路358号
📞 0510-85418989

无锡万达喜来登酒店
📍 无锡富力万达喜来登酒店
📞 0510-81166888

无锡白金汉爵大酒店
📍 无锡市盛岸西路18号
📞 0510-85328888

无锡金陵大饭店
📍 无锡市县前东街1号
📞 0510-68009999

购物无锡

无锡站前步行街

无锡站前步行街就在中央商业地区的核心地段,靠近工运路、解放路和古运河,是火车站和中山路商业街的连接纽带,人口的流动量非常大,主要经营的就是百货商品,包括服装、餐饮、娱乐和休闲。

无锡新东坊商业街

新东坊商业街全长1000米,是一个新型的商贸生活服务区,在这里既能满足购物的需求,也是休闲、娱乐和餐饮的集聚地,可以说是一条具有国际文化气息的文化生活商业街。

大成巷步行街

大成巷步行街位于无锡市梁溪区,一共接近400米,沿路主要以经营精品的品牌服装为主,而楼上则是餐饮和休闲娱乐的场所,路的中间还设置有非常多供人们休息的长凳等公共设施,还有喷泉和雕塑,周围的绿化设施也做得很好,在这样的环境下购物是一种享受。

崇安寺步行街

崇安寺步行街是以崇安寺为中心建立起来的,是过去无锡的商业中心,也是无锡一些历史悠久的老字号聚集的地方,一般无锡的特色小吃都能在这里找到,经过改造后的崇安寺步行街引进了一系列国际化的餐饮店,但是在这股国际化的潮流中一些老字号的老店也被湮没了。

💡 特产

惠山泥人:惠山泥人现在已成为一种民间艺术文化,当地的艺人传承下来的老祖宗的工艺,并不断地创新手法。一个个造型各异,色泽鲜艳,线条流畅,特别的讨人喜爱,是无锡三大著名特产之一。

宜兴紫砂陶:宜兴的紫砂陶,具有造型别致、工艺精湛、色泽优美等特色,到今天已经有5000多年的历史了,主要产品有壶、杯、盆等,用紫砂壶泡出来的茶具有不跑味、不变色的特点,并且紫砂的茶具具有很大的收藏价值,还是送礼的好选择。

阳山水蜜桃:阳山水蜜桃历史悠久,中外有名,优良的品种和特别的风味,深受大家的喜爱,是无锡著名特产之一。

无锡清明桥古街景

镇江

镇江位于江苏南部，是长江三角洲经济圈中重要的一部分。长江和京杭大运河的汇聚使得镇江的地理位置变得十分优越，成为长江三角区交通最为便利的城市，对其经济发展有着重大的推进作用。现在的镇江已经成为中国著名的商埠重镇。

作为黄金十字水道长江和京杭大运河交汇点的城市，镇江的旅游资源也很丰富，是中国著名的历史文化名城和优秀的旅游城市。在历史古迹方面，有金山寺、西津渡、五柳堂、张云鹏故居、冷御秋故居、陆小波故居、丹阳南朝陵墓石刻等。镇江的自然风景也有很多，金山、焦山、北固山景区被评为国家5A级景区，恒顺醋文化博物馆创成为国家4A级旅游景区。

| 区号：0511 |
| 邮编：212000 |
| 面积：3840平方千米 |
| 人口：321.04万人 |
| 著名景点：北固山、西津渡、金山寺、招隐寺等 |

↙ 游在镇江

北固山 ★★★★★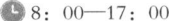

北固山是镇江三山名胜之一，远眺北固，横枕大江，石壁嵯峨，山势险固，因此得名北固山。北固山山高58米，非常的陡峭，由前中后三部分的山峰组成，风景最美的地方就是位于后峰的主峰，其中有很多的历史典故和传说。北固山和金山、焦山一起，形成了三足鼎立的局面，梁武帝将北固山看成是"天下第一江山"。

三国时"甘露寺刘备招亲"的故事就发生在北固山。以险峻著称的北固山，因三国故事而名扬千古。山上亭台楼阁、山石涧道，无不与三国时期孙刘联姻等历史传说有关，成为游人寻访三国遗迹的向往之地。甘露寺高踞巅峰，形成"寺冠山"的特色。相传始建于三国东吴甘露元年（265年），后屡废屡建，寺内包括大殿、老君殿、观音殿、江声阁等，规模虽不大，名气却不小。古往今来，来镇江的游客，都喜欢到此一游，寻访当年刘备招亲的遗迹。

$ 30元

⏰ 8:00—17:00

北固山甘露寺

🚌 苏南硕放国际机场—北固山（自驾）
苏南硕放国际机场—S243—沪蓉高速—北固山
全程约 87 千米

📍 **北固山**
最佳旅游时节
　　北固山春夏秋冬四季，景色各有不同，都有自己的独特之处。因此，四季皆可前去旅游。其中春季百花盛开、万物逢春，是旅游的最佳季节。

建议旅游路线
　　自助游的游客，游览北固山最好提前规划好旅游路线，这样既可以看到很多优美的景点，还可以避免走太多的冤枉路。建议游览路线：清晖亭—北固山铁塔—"天下第一江山"石刻—"南徐净域"题额—甘露寺—遛马涧—狼石—多景楼—凌云亭—太史慈墓—试剑石。

怀古幽情
　　北固山因历史传说而出名，相传"甘露寺刘备招亲"的故事就发生在北固山。登山北固山，吟唱着宋代辛弃疾的诗词："何处望神州？满眼风光北固楼。千古兴亡多少事？悠悠。不尽长江滚滚流。年少万兜鍪，坐断东南战未休。天下英雄谁敌手？曹刘。生子当如孙仲谋"，总让人生出很多怀古之幽情。

金山寺 ★★★★★ 🏛️ 🌐

　　这里说的金山寺就是在《新白娘子传奇》中白素贞水淹金山寺的那一个，靠近长江，在过去被称为"江心的一朵芙蓉"，到了清代才和陆地连成一片，风景非常秀美。金山寺依山而建，远望金山寺就有"金山寺裹山，见寺，见塔，不见山"的景观。
💰 旺季（8月16日至次年5月31日）65元；淡季（6月1日至8月15日）50元
🕐 8：00—16：00
🚌 苏南硕放国际机场—金山寺（自驾）
苏南硕放国际机场—S243—机场路—长江路—金山寺
全程约 83 千米

金山寺

招隐寺 ★★★ 🏛️ 🌐

　　招隐寺最初是南北朝时期名士戴颙的私宅，在太平天国时期被毁坏，现在的招隐寺是重建起来的，位于南郊招隐山上。招隐寺中有大殿、读书台、虎泉亭、珍珠泉等胜景，在秋天的时候，红叶遍山都是，古往今来的文人有很多都在这里留下了足迹，是古代隐士的文化圣地。
💰 5元
🕐 7：00—18：00
🚌 苏南硕放国际机场—招隐寺（自驾）
苏南硕放国际机场—S243—沪蓉高速—南山路—招隐寺
全程约 93.6 千米

招隐寺

赛珍珠故居 ★★★ 📷

　　赛珍珠是一位美国的女作家，但是她将中文作为自己的第一语言，视镇江为自己在中国的故乡。赛珍珠一生写下了很多著名的篇章，获得过诺贝尔文学奖，对中国的农民进行了细致的刻画。赛珍珠是一位伟大的作家和艺术家，对中外文化的交流起到了重要的影响作用。
💰 5元
🕐 8：00—18：00
🚌 苏南硕放国际机场—赛珍珠故居（自驾）
苏南硕放国际机场—S243—机场路—登云山路—赛珍珠故居
全程约 84 千米

镇江博物馆 ★★★ 🌐 📷

　　镇江博物馆是以前英国领事馆的旧址，西接云台山麓、北临长江、东靠西津渡老街，其建筑风格是印度式，是一座综合性的地方历史博物馆。这座博物馆中有众多国家重点保护的文物，还有青铜时代的一些珍品，其中最著名的还是宋元明清的书画。
💰 免费
🕐 9：00—17：00，周一闭馆
🚌 苏南硕放国际机场—镇江博物馆（自驾）
苏南硕放国际机场—S243—机场路—伯先路—镇江博物馆
全程约 85 千米

焦山 ★★★★★ 📷

　　焦山是"京口三山"的名胜之一，湖光山色恍若天成，环境古朴幽雅，和对岸的象山隔江而立，被称为"江中浮玉"，而焦山上有著名的焦山碑林，又有"书法之山"的称号。
　　和金山不同的是，焦山的寺庙大多数都被山中的树木所遮掩，所以有"焦山山裹寺"的说法。整个焦山满山葱茏，有许多古树名木。山上有中国佛协原副会长、当代高僧茗山法师的茗山纪念堂及焦山佛学院等大型建筑。更有以研究佛学著称于世的定慧寺。还有焦山吸江楼、万佛塔、郑板桥读书处等"二十四景"和丰富的文化遗存，令人赏心悦目。
💰 旺季（4月1日至10月31日）65元；淡季（11月1日至次年3月31日）50元
🕐 7：30—17：00
🚌 苏南硕放国际机场—焦山（自驾）
苏南硕放国际机场—S243—沪蓉高速—江滨路—焦山
全程约 96 千米

焦山万佛塔

南山 ★★★★ 📷 🕐

　　南山风景区在南北朝的时候就举世闻名了，在后来开发的过程中，招隐寺、

镇江博物馆

竹林景区、黄鹤山景区、九华山景区等相继开放，山中还有很多的动植物，很多文人雅士都曾在这里留下了千古流传的文章，著名的有《广陵》《游弦》《止息》三首古曲。

💰 旺季（3月至5月、9月至11月）40元；淡季（6月至8月、12月至次年2月）30元
⏰ 8：00—17：00
🚌 苏南硕放国际机场—南山（自驾）
苏南硕放国际机场—S243—S337—圣汤大道—南山
全程约56千米

张云鹏故居 ★★★ 🌐

张云鹏是镇江一位非常著名的中医，而他的故居在光绪年间建立，具有江南园林的典型特色。经过张云鹏的后人改建后已经基本上恢复了原貌，里面的环境非常清幽。故居里面有一棵百年的香圆树，和旁边的古井形成了一幅橘井流香的画面，以及与听蕉小筑形成了一个充满诗情画意的景观。

💰 免费
⏰ 全天
🚌 苏南硕放国际机场—张云鹏故居（自驾）
苏南硕放国际机场—S243—沪蓉高速—胜利路—张云鹏故居
全程约93千米

宗泽墓 ★★★ 🌐

宗泽墓位于京岘山的北麓，也叫作宗泽山和宗家坟，环境非常清幽雅静。墓地的设计非常简单，面向长江，石碑上刻着"宋宗忠简公讳泽之墓"，旁边就是一排茂盛的冬青树，象征英雄的精神长青。

💰 免费
⏰ 8：00—18：00
🚌 苏南硕放国际机场—宗泽墓（自驾）
苏南硕放国际机场—S243—沪蓉高速—花山路—宗泽墓
全程约94千米

梦溪园 ★★★ 📷 🏛

梦溪园是北宋的科学家沈括的住处，著名的《梦溪笔谈》就是在这里完成的，所以取名叫作梦溪园。当时园内建筑有岸老堂、萧萧堂、壳轩、深斋、远亭、苍峡亭等，另有一条溪水流经园内。岸老堂建在百花堆上，是全家的住屋，萧萧堂是会客之处，梦溪园的占地面积不大，但里面的建筑布局非常的精巧，里面还陈列着很多沈括生活居住的一些生活用品，经过多次改造，它的原貌已经不复存在了。

💰 免费
⏰ 8：30—19：30，周一闭馆
🚌 苏南硕放国际机场—梦溪园（自驾）
苏南硕放国际机场—S243—沪蓉高速—正东路—梦溪园
全程约93千米

沈括雕像

伯先公园 ★★★ 📷

赵伯先是辛亥革命的烈士，为了纪念他而建立了伯先公园，宋庆龄亲自题字以表彰其英魂。在公园里面有一个藏书阁，名字叫作绍宗藏书楼，藏有8万册图书。还有五卅演讲厅，在这里可以进行爱国主义的教育。

💰 免费
⏰ 全天
🚌 苏南硕放国际机场—伯先公园（自驾）
苏南硕放国际机场—S243—机场路—伯先路—伯先公园
全程约85千米

伯先公园

西津渡古街 ★★★ 📷 🌐

西津渡古街是镇江文物古迹中保存最完好的一之一，关系着镇江的历史文化的脉络。西津渡古街在过去的地理位置十分重要，有江水和险峻的山脉作为依靠，是天然的一个港湾。作为兵家必争之地，这里发生过很多历史战役，也有很多文人骚客在这里赋诗对对，留下千古绝唱。

💰 免费开放；西参观收费景点（观音洞+救生会）30元
⏰ 9：00—16：30
🚌 苏南硕放国际机场—西津渡古街（自驾）
苏南硕放国际机场—S243—机场路—长江路—西津渡古街
全程约84千米

西津渡古街

📍 西津渡古街
门票优惠政策

免费：1.2米以下的儿童、70岁以上的老人、现役军官。
半价：1.2～1.5米的儿童、学生。

推荐去西津渡古街旅游的理由：

1. 里面保存着唐代以来西津渡的历史遗存、文化街和传统民居。
2. 西津渡是我国南北水上交通要道，很多政治、军事、文化重大历史事件发生在这里。游览此景区也就是参观镇江城市的发展史。
3. 有很多值得参观的历史街区，例如老码头文化园、小码头民俗历史文化街区、环云台山商业步行街等。

特色美食

西津渡古街附近有很多美食，游客在游览的时候还可以品尝一下当地的美食。

其中百花酒焖肉是当地的一道独特菜，做工特别、风味极佳，很值得品尝。饭后可以在街区喝喝茶，听着古街的历史故事，时间犹如历史一样渐渐在茶余饭后中悄悄而去。

💡 购物镇江

镇江的醋是一大特色。醋是我们生活中常备的调味品之一，能够用于各种美食的烹饪，可增添菜的香味，同时还能对胃部起到保护的作用。镇江的香醋在全国众多的醋中间也是出类拔萃的，色香味俱全，即使经过很长时间的存放也不会变质变味。这和镇江独特的地理位置和气候环境是分不开的，但是最重要的还是精湛的制作工艺。

吃在镇江

镇江的菜系属于淮扬菜,选材比较精细,配料比较少,做法上讲究以炖、焖、烧、烤为主,做汤讲究味道鲜美,保持原汁原味。镇江的小吃有很多,比较有名的是蟹黄汤包、焦山鲥鱼、肴肉、锅盖面等,在大市口的美食夜市就能吃到这些美食,而想要吃到地道的淮扬菜,则可以去江鲜一条街。

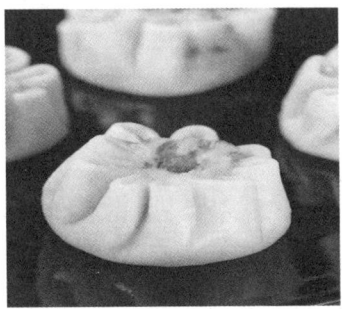

蟹黄包

香逸渔港
游客评价:菜品新鲜,上菜速度不错
☎ 0511-85273333
📍 镇江市长江路 279 号

味雅大酒店
游客评价:性价比高,有时候需要排队,味道很好
☎ 0511-85617777
📍 镇江市长江路 301 号

广德河豚馆
游客评价:做法正宗,原汁原味
☎ 0511-85122887
📍 镇江市扬中市春柳南路 88 号

书香世家中餐厅
游客评价:江浙菜,很有当地特色
☎ 0511-80900818
地址:镇江市冠城路工人大厦 8 楼

相遇融合餐厅(凤凰广场店)
游客评价:各种鱼类都可以点,新鲜肉质好
☎ 0511-88770477
📍 镇江市东吴路 48 号凤凰广场大卫茂 3 楼

永安鱼庄(东吴路店)
游客评价:各种鱼类及特色炒菜
☎ 0511-88857779
📍 镇江市京口区东吴路(近江滨新村)

来福食品商店
游客评价:西式餐厅,招牌椒盐琵琶腿很好吃
☎ 15162997005
📍 镇江市牌坊巷 2 栋门面房

住在镇江

平价型	享受型
镇江宜必思酒店 📍 镇江市中山东路 58 号 ☎ 0511— 85951111	**镇江明都大饭店** 📍 镇江市丁卯智慧大道 470 号(科技园区) ☎ 0511-88778888
镇江京谷大厦宾馆 📍 镇江市京口区中山路 5 号 ☎ 0511-84445679	**镇江苏宁凯悦酒店** 📍 镇江市中山东路 301 号苏宁广场 ☎ 0511-88851234
速 8 酒店(宝塔路西津渡店) 📍 镇江市大西路 296 号 ☎ 0511-88888345	**茅山温泉假日度假酒店** 📍 句容市句茅大道 88 号 ☎ 0511-87336666
清沐酒店(中山西路大润发店) 📍 镇江市中山西路 2 号 ☎ 0511-85481999	**镇江兆和皇冠假日酒店** 📍 镇江市长江路 27 号 ☎ 0511-88959888

扬州

扬州位于江苏省的中部,处在江淮平原南段,是中国有名的历史文化名城,也是南京都市圈的重点城市。同时扬州也是国家重点水利工程南水北调东线的水源地。

扬州历史非常悠久,历史上很多朝代把扬州作为重点藩镇城市。由于扬州环境优美、气候宜人,还被誉为联合国人居奖城市、国家环境保护模范城市、中国人居环境奖城市、中国森林城市等。

作为历史文化积淀深厚、风景秀美的城市,扬州的旅游资源十分丰富。既有北方雄壮的历史景观,也有南方的佳境之秀,有"淮东第一观"之美誉。其中瘦西湖风景区被誉为全国十大风景名胜区之一,其清秀婉丽的风姿吸引了众多游客驻足观赏。

| 区号:0514 |
| 邮编:225000 |
| 面积:6591.21 平方千米 |
| 人口:455.98 万人 |
| 著名景点:瘦西湖风景名胜区、个园、何园等 |

↘ 游在扬州

瘦西湖 ★★★★★

"两岸花柳全依水,一路楼台直到山",这样的景色说的就是扬州瘦西湖的美景,这里的园林群在清代就已经显露出独特的风韵。中国有很多西湖,但是只有扬州的瘦西湖保持了自己清秀婉转的姿态,独领风骚,就像一个清新秀丽的女子一般遗世独立,相比于杭州西湖的艳丽来说,瘦西湖则胜在清丽。

💰 1、12月30元;2、6、7、8月60元;3、4、5、9、10、11月100元
🕐 6:30—17:30
🚌 苏南硕放国际机场—瘦西湖(自驾)
苏南硕放国际机场—沪武高速—扬溧高速—瘦西湖
全程约139千米

两日游
瘦西湖—大明寺—汉陵苑—何园—八怪纪念馆—琼花观

瘦西湖

何园 ★★★★

何园是由光绪年间的何芷舠所建,故名何园,而之前也叫作双槐园和寄啸山庄。何园中有四个"天下第一",其中有一个就是有着"天下第一廊"的复道回廊,长1500米,贯穿整个园林,将园林赋予了多种层次,是中国园林中绝无仅有的,并且这里的景色非常自然,很多影视剧都曾经在这里取景。

💰 旺季(3月至12月)45元;淡季(1月至2月)30元
🕐 7:30—17:15
🚌 苏南硕放国际机场—何园(自驾)
苏南硕放国际机场—南京绕城高速—沪陕高速—何园
全程约134千米

何园
最佳旅游时间
俗话说:"烟花三月下扬州。"三月的扬州烟雨蒙蒙,琼花盛开、花香四溢,是旅游的最佳季节,也是前往何园的最佳时间。但是这个时间是旅游的旺盛期,人多并且景区门票以及住宿的价格都比较贵。不喜欢人多也可以错过这个时间段。

门票优惠政策
何园对于军人和军嫂都实行免费游览甚至免费寄存小件的政策;另外残疾人、70岁以上的老人、低于1.2米的儿童、记者也可以免费游何园;对于学生实行半价优惠。

骑电动车游何园
扬州交通的一大特色就是当地的电动车可以租用。如果游客觉得坐公交车比较麻烦,可以选择租用电动车,这样游相近的景区会变得十分方便。

电动车租用价格是5~20元,可以跟老板砍价,然后再交上500~600元押金就可以骑走了。

何园

个园 ★★★★

个园位于扬州古城东北隅，是四海宾客来扬州必到的地方。扬州的很多园林都是在清代建立起来的，其中典型的就是个园，位于城北，是所有清代园林中时间最长但是保存得最好的园林。个园的特色就是竹子，"个"字就是"竹"的半边，各种各样的竹子中间隐含了园林主人的心智和抱负。除了竹子之外，个园还有四季都非常适合观景的假山，是扬州园林中的佼佼者。园子虽不大，但处处都能体现出造园者独具匠心之处。

💰 30 元
🕐 7：30—17：00
🚌 苏南硕放国际机场—个园（自驾）
苏南硕放国际机场—沪武高速—扬溧高速—盐阜西路—个园
全程约 140 千米

个园

萃园 ★★★

萃园位于现在的三元路上，历史上经过了多次战火的洗礼，多次更改名字，后来经过重建大多恢复旧貌。萃园的设计匠心独运，四面都是亭台楼阁相连的，园中还有很多珍贵的植物。

💰 15 元
🕐 8：00—18：00
🚌 苏南硕放国际机场—萃园（自驾）
苏南硕放国际机场—沪武高速—扬溧高速—文昌西路—小秦淮西岸—萃园
全程约 115 千米

大明寺 ★★★★

大明寺是举世闻名的佛教古刹，因是南朝孝武帝大明年间所建而得名，经过 1500 年的发展，曾经用过很多的名字，但是最负盛名的还是大明寺。在大明寺内有一株琼花，开花的时候就像一块白玉，所以才会有"扬州琼花、世间无双"的说法。

大明寺

💰 30 元
🕐 7：45—17：30
🚌 苏南硕放国际机场—大明寺（自驾）
苏南硕放国际机场—沪武高速—扬溧高速—平山堂东路—大明寺
全程约 143 千米

汉陵苑 ★★★

汉陵苑是汉武帝之子刘胥的墓地，位于扬州的平山堂附近。这里的汉墓博物馆建造得非常具有皇家气派，非常大气，位于山顶，气势磅礴。苑内地形起伏，建筑古朴雄浑，林木葱郁、绿树成荫，是一座融文物与园林为一体，能够反映扬州汉文化的展示中心。在博物馆的附近，所有的建筑风格都是汉朝特有的，线条非常简洁大方。

💰 30 元
🕐 8：30—17：30
🚌 苏南硕放国际机场—汉陵苑（自驾）
苏南硕放国际机场—沪武高速—扬溧高速—相别路—汉陵苑
全程约 147 千米

凤凰岛 ★★★

扬州的凤凰岛生态旅游区是国家级的农业旅游示范点，位于扬州东北郊区的泰安镇，水域的面积非常大，交通也非常的便利。整个凤凰岛是由七河八岛所组成的，是华东地区被保存最完好的原生态旅游区。

💰 旺季（3月至12月）45元；淡季（1月至2月）30元
🕐 8：30—17：00
🚌 苏南硕放国际机场—凤凰岛（自驾）
苏南硕放国际机场—沪武高速—扬溧高速—凤凰岛路—凤凰岛
全程约 164 千米

凤凰岛

文昌阁 ★★★★

文昌阁始建于明代万历年间。扬州之前还有很多的府学文庙，但是很多都已经成为废墟，只有文昌阁还保存得比较完整。文昌阁是八角三级砖木结构的建筑，高 24.25 米，登阁远眺，远近的街景可以尽收眼底。逢年过节的时候，悬挂的彩灯也成了扬州一景。

💰 免费
🕐 全天开放
🚌 苏南硕放国际机场—文昌阁（自驾）
苏南硕放国际机场—沪武高速—扬溧高速—汶河南路—文昌阁
全程约 139 千米

文昌阁

瓜洲古渡 ★★★

瓜洲古渡属于水利风景区，也是唐代鉴真和尚东渡的起始点，文学史上的杜十娘怒沉百宝箱据说也是发生在这里，而无数的骚人墨客也在这里留下了无数的著名篇章。古渡遗址、御碑亭、沉箱亭已成为中外宾客寻幽探古的佳处。现在瓜洲古渡兴建了一系列的文化游玩设施，再加上独特的地理位置和环境，被称为"古渡明珠，江滨宝石"。

💰 免费
🕐 8：30—17：00
🚌 苏南硕放国际机场—瓜洲古渡（自驾）
苏南硕放国际机场—沪武高速—扬溧高速—迎江路—瓜洲古渡
全程约 121 千米

瓜洲古渡

茱萸湾风景区 ★★★★

茱萸湾风景区里面有着美好的大自然风光，还有数不胜数的人文景观，各种花卉和植物令人眼花缭乱,还有令人尽情放松的游乐项目,是一个综合性的生态型的动植物乐园。而茱萸湾就是遍地的茱萸,当然其他的花卉也是百花齐放,争相展露自己的美丽。在游玩之余,景区还有相应的餐椅和服务设施,在里面烧烤也是其乐融融。

🚌 45元
🕗 9:00—18:00
🚌 苏南硕放国际机场—茱萸湾风景区(自驾)
苏南硕放国际机场—沪武高速—扬溧高速—万福西路—茱萸湾风景区
全程约147千米

琼花观 ★★★★ 🌐

之所以叫作琼花观,是因为宋朝的时候有一枝罕见的琼花在内,原名叫作"蕃厘观",位于文昌中路。从它建造到现在,已经有2000多年的历史了,其间多次整修,大部分的建筑都不是原有的,仅保留的就是琼花和"蕃厘观"的匾额。每年琼花盛开的时候都是扬州的一大胜景。

🚌 旺季(3至5月,9至12月)8元;淡季(1月至2月,6月至8月)5元
🕗 8:00—17:00
🚌 苏南硕放国际机场—琼花观(自驾)
苏南硕放国际机场—南京绕城高速—沪陕高速—文昌中路—琼花观
全程约135千米

高旻寺 ★★★ 🏛 🌐

在三汊河口,有一座高旻寺,是扬州的八大古刹之一,和镇江的金山寺、常州的天宁寺、宁波的天童寺并称我国佛教禅宗四大丛林,影响已经波及海外。据说康熙第四次南巡扬州时,曾登临寺内天中塔,极顶四眺,有高入天际之感,故书额赐名为"高旻寺"。高旻寺外观雄伟,内室宽敞,集古今建筑特色于一炉。寺内新建的大雄宝殿非常雄伟,让人心生肃穆。

🚌 免费
🕗 8:00—18:30
🚌 苏南硕放国际机场—高旻寺(自驾)
苏南硕放国际机场—沪武高速—扬溧高速—春江路—高旻寺
全程约128千米

汪氏小苑 ★★★ 📷

汪氏小苑是因为主人姓汪,而且苑的面积不大,故称小苑。小苑组群布局规整,体现了儒家中庸之道的思想。庭园玲珑精巧,住宅小苑糅为一体,曲折多变。装修雕琢精湛,取材珍贵。小苑虽小,但却是扬州城中保存最完整的一个清末时期盐商的私宅。它吸引人的地方就是独特的建筑风格,清幽雅静的环境和玲珑剔透的布局风格,还有鲜为人知的盐商秘闻。

🚌 35元
🕗 夏季:7:15—18:00
冬季:7:15—17:15
🚌 苏南硕放国际机场—汪氏小苑(自驾)
苏南硕放国际机场—沪武高速—扬溧高速—皮市街—汪氏小苑
全程约141千米

石塔 ★★★★ 🏛 🌐

石塔是唐代的典型建筑,五级六面,原来是在古木兰院中。而现在根据石塔来命名的石塔路,在靠近中心绿地处,会看见伫立的石塔,塔身上有着20多尊佛龛的浮雕,而其中还有一棵千年的古老银杏守候在身旁。

🚌 免费
🕗 全天
🚌 苏南硕放国际机场—石塔(自驾)
苏南硕放国际机场—沪武高速—扬溧高速—大学北路—石塔
全程约140千米

观音山 ★★★ 🏛 🌐

观音山位于蜀岗的最高峰,是扬州高处观景的胜地。在观音山中,寺庙都是根据山势来建造的,所以有很多都是不对称的。在寺院中有一片紫竹林,能让人的心灵变得澄净,而释迦牟尼的佛像则让人感到敬畏,其中最突出的还是观世音菩萨的佛像,被誉为"第一灵山"。

🚌 10元
🕗 8:00—18:00
🚌 苏南硕放国际机场—观音山(自驾)
苏南硕放国际机场—沪武高速—扬溧高速—大虹桥路—观音山
全程约140千米

观音山

隋炀帝墓 ★★★★ 📷

都说隋炀帝是个昏庸无道的君王,但是他留下的大运河"至今千里赖通波",为连通南北做出了贡献。隋炀帝墓的格局非常大气,体现着他作为一代君主的霸气。他的墓地有很多建筑都是世界上很罕见的,而建筑本身也体现着隋唐的风韵。

🚌 20元
🕗 8:00—17:00
🚌 苏南硕放国际机场—隋炀帝墓(自驾)
苏南硕放国际机场—沪武高速—扬溧高速—瘦西湖路—隋炀帝墓
全程约150千米

仙鹤寺 ★★★ 🏛 🌐

仙鹤寺是和广州的怀圣寺、泉州的清净寺、杭州的凤凰寺齐名的四大伊斯兰教的清真寺之一。和凤凰寺一样,名为仙鹤,表示的是寺院的形状像一只展翅欲飞的仙鹤,是中阿建筑风格的巧妙糅合,一直为海内外珍视。在建造的过程中,将建筑和鹤的形态完美地结合到了一起,将中阿两国的建筑特色也结合到了一起。

🕗 该清真寺暂不对外开放,需要参观此景点的游客,需要提前确认信息。
🚌 苏南硕放国际机场—仙鹤寺(自驾)
苏南硕放国际机场—沪武高速—扬溧高速—南门街—仙鹤寺
全程约138千米

登月湖度假区 ★★★★ 📷

水上乐园和雨花石工艺一条街共同组成了位于月塘的登月湖度假区。湖水清纯、绿树掩映,自然风光秀丽,其中水上乐园是休闲游玩的地方,有众多的游乐项目可以放松紧张疲惫的身心,而在雨花石的工艺街则可以购买到很多的工艺品和特色商品,其中最多的就是雨花石,是收藏和送礼的佳品。

🚌 36元
🕗 8:00—18:30
🚌 苏南硕放国际机场—登月湖度假区(自驾)
苏南硕放国际机场—长深高速—南京绕城高速—登月湖度假区
全程约108千米

二分明月楼 ★★★ 📷

二分明月楼因"天下三分明月夜,二分无赖是扬州"而得名,是清代盐商

的园林。因为诸多文人喜欢在扬州以月咏诗赋辞,使得扬州的月亮分外有名,而楼中的景色所包含的意境更是富含诗意,可以说没几个私家园邸可以和它相提并论。

💰 免费
🕐 8:30—17:30
🚌 苏南硕放国际机场—二分明月楼(自驾)
苏南硕放国际机场—沪武高速—扬溧高速—广陵路—二分明月楼
全程约 139 千米

扬州八怪纪念馆
★★★★

扬州八怪是清代出现在扬州的一批具有创新意识的书画家,他们新的立意、构图和技巧开创了一种新的画风,给画坛上带来了一股清风,而他们的纪念馆就坐落在金农的故居之内。纪念馆中有着八怪生活场景的展示,不过陈列更多的还是他们的佳作。

💰 15 元
🕐 8:00—17:00
🚌 苏南硕放国际机场—扬州八怪纪念馆(自驾)
苏南硕放国际机场—沪武高速—扬溧高速—淮海路—扬州八怪纪念馆
全程约 140 千米

扬州八怪纪念馆

史可法纪念馆 ★★★

史可法是明末抗清的名将,力抗清兵于扬州,守城十日,孤立无援而身死,死后不能辨认其尸体,只留下一个衣冠冢。现在的纪念馆是在他生前的故居遗址上建立起来的,香堂前面有一副楹联"数点梅花亡国泪,二分明月故臣心"

用来赞扬史可法的爱国精神,现在也是著名的爱国主义教育基地。

史可法纪念馆内环境优美,银杏参天,四季花木怡人。所陈列的史可法文物史料内容丰富完整,是扬州市一个极其重要的爱国主义教育的场所,也是极好的旅游胜地。

💰 免费
🕐 夏季:8:30-17:30
　　冬季:9:00-17:00
🚌 苏南硕放国际机场—史可法纪念馆(自驾)
苏南硕放国际机场—沪武高速—扬溧高速—丰乐上街—史可法纪念馆
全程约 140 千米

史可法纪念馆

周恩来故里
★★★★★

位于淮安市,包括周恩来纪念馆、周恩来故居、周恩来童年读书旧址、驸马巷、河下古镇等,2015 年被评为国家 5A 级旅游景区。

💰 免费
🕐 9:00—17:30
🚌 苏南硕放国际机场—周恩来故里(自驾)
苏南硕放国际机场—宁洛高速—长深高速—永怀路—周恩来故里
全程约 240 千米

中华麋鹿园
★★★★★

位于盐城市,2015 年被评为国家 5A 级旅游景区。这里有珍禽、芦荡以及一片连着一片的红果盐蒿等,动植物资源丰富,是一个天然美丽的动植物王国。

💰 55 元
🕐 8:00—17:30
🚌 苏南硕放国际机场—中华麋鹿园(自驾)
苏南硕放国际机场—沪武高速—阜溧高速—临海公路—中华麋鹿园
全程约 304 千米

↘ 吃在扬州

说到扬州的美食,大家非常熟悉的莫过于扬州炒饭了,而扬州也是小吃非常多的地方,例如三丁包子、千层油饼、双麻酥饼、翡翠烧麦、干菜包、野鸭菜包、蟹黄蒸饺、鸡丝卷、笋肉锅贴、扬州饼、三鲜锅饼、桂花糖藕粥、四喜汤圆、生肉藕夹、豆腐卷、赤豆元宵、五仁糕、虾子饺面等众多的小吃糕点。其中最著名的还是三丁包子和蟹粉狮子头,除了令人眼花缭乱的小吃之外,还有各种各样的茶社,可以一品香茶。

三丁包子

🍵 **盛宴**
游客评价:千岛湖鱼头汤很不错
📞 0514-82121777
📍 扬州市维扬路 199 号

🍵 **玉玲珑精致景观餐厅**
游客评价:特别地道的本帮菜
📞 0514-87322757
📍 扬州市汶河路 42 号玉蜻蜓雅致酒楼 2 楼

🍵 **趣园茶舍**
游客评价:环境很漂亮,适合拍照打卡,美食精致
📞 0514-87291777
📍 扬州市长春路 1 号

🍵 **柳湖茶坊**
游客评价:早茶店品种还是挺多的,各类包子也不错,蟹黄汤包最佳
📞 0514-87317045
📍 扬州市四望亭路 185 号扬州美食街

🍵 **宋记香辣蟹**
游客评价:龙虾和香辣蟹好吃
📞 15062816969
📍 扬州市念四桥路 57 号

🍵 **韩国馆**
游客评价:味道比较正宗,酱汤口感很棒
📞 0514-87119818
📍 扬州市大虹桥路 18 号虹桥坊 9 栋

↘ 住在扬州

平价型
长乐客栈 📍 扬州市东关街 357 号 📞 0514-87993333
澜亭精品酒店（文昌阁东关街店） 📍 扬州市汶河北路 21 号 📞 0514-87255032
个园国际青年旅舍 📍 扬州市盐阜路个园花园局里 6 号 📞 0514-87348333
凡舍（瘦西湖店） 📍 扬州市扬子江中路杨庄小区 40 号楼 📞 17306290788

享受型
扬州瘦西湖温泉度假村 📍 扬州市长春路 38 号 📞 0514-82996666
扬州迎宾馆 📍 扬州市瘦西湖路 48 号 📞 0514-87809888
扬州萃园城市酒店 📍 扬州市文昌中路 459 号 📞 0514-87800878
扬州花园国际大酒店 📍 扬州市江阳中路 236 号 📞 0514-87803333

↘ 购物扬州

▎万家福商城

万家福商城位于文昌阁商业中心，是扬州最繁华的商业中心之一，文昌中路、汶河路在这里纵横交会，会聚了四方客流，也是扬州最活跃的经济地区。这里主要从事的是零售行业，是扬州最先开始中外合资经营的，经营众多的品牌服装。经过改建之后，这里的公共服务设施更加齐全和完备，吸引了更多的投资商。

▎时代广场

文昌阁商业圈中还有一个不能忽视的组成部分就是时代广场，这是江苏省出现的第一家大型的多功能的购物中心，也是其他城市效仿的典范。广场总建筑面积近 7 万平方米，主体地上 5 层，地下 1 层，钟楼 8 层，融中西建筑文明与商业文明于一体，典雅现代，温馨舒畅。时代广场是集购物、餐饮、娱乐、休闲、旅游于一体的，现在已经拥有 200 多家品牌店铺，还有众多的服务设施，形成了一个一站式立体消费的购物中心，也是扬州现代商务文明和引领时尚潮流的平台，为扬州及外地来扬州旅游的消费者开启精彩生活的每一天。

▎金鹰国际购物中心

位于扬州市最繁华的文昌阁广场的东南侧，营业面积有 4 万多平方米，是扬州最大的百货中心。此购物中心有 7 层，地下一层是运动地带以及一些运动服饰；地上一层、二层主要是化妆品、黄金珠宝和女服、衣饰用品；三层、四层是男装和休闲装；五层是床上用品、手机数码以及童装；六层是办公用品以及品质生活区。

💡 特产

扬州玉器：在汉代的时候，扬州的玉器就已经名扬天下，到了明清时期，更是出现了很多雕刻玉器的大家。将扬州的玉器带回去送给亲朋好友是不错的选择，也可作为工艺品收藏。

扬州漆器：扬州的漆器和玉器一样，历史都非常久远，而且都是在西汉年间就已经取得了巨大的成就，一直延续至今，到了元代，扬州成了全国的漆器中心，明清时达到全盛。扬州漆器的制作非常精美，雕刻也非常的细致，大大小小的作品数不胜数，生活用品中的很多都可以制成漆器。

扬州剪纸：玉器、漆器和剪纸是扬州三大工艺特产。扬州的剪纸技艺非常精湛，买一点回去贴在自己的家中，可以作为一件很好的装饰品。

扬州城市一景

浙江

省会：	杭州
面积：	105500 平方千米
人口：	6456.75 万人
方言：	吴语
著名景点：	西湖、乌镇、良渚古城遗址、千岛湖、普陀山、横店影视城、雁荡山

概况

浙江，位于中国东南沿海之滨，东面濒临东海，西面和赣皖相接，南面与闽相接，北面同苏沪相接。浙江总面积达10万多平方千米，是我国占地面积最小、人口密度最大的省份之一。钱塘江是浙江省最大的河流，江流曲折。浙江省内山峰、河流、湖泊、海岛等众多，龙泉市内海拔1900多米的黄茅尖是浙江省的最高峰。

浙江省的浙北地区为冲积平原，浙东地区为沿海丘陵，浙南地区为山区，地势由西南方向逐渐向东北方向呈阶梯状倾斜。省内有怀玉山等山峰，有杭嘉湖平原、温黄平原、柳市平原、宁绍平原、温瑞平原等五大平原。浙江省属于季风气候，降水较多，雨热同期。

浙江省各种资源都很繁多，动植物资源多种多样，植被覆盖率高达60%。而且，浙江省的矿产资源也很丰富，蕴藏着铁、铜、铅、金、铝等矿产资源；此外，浙江省的海洋资源和旅游资源也很丰富，是沿海省份中海岸线最长的省份。而且，浙江省还享有鱼米之乡、丝绸之府等美誉。

线路1
兰亭—青藤书屋—府山公园—沈园—鲁迅故里—会稽山

线路2
西湖—万松书院—老虎洞—凤凰亭—将台山—玉皇山—天真山—白云庵—玉皇山隧道—中国丝绸博物馆

杭州城市风光

名菜

浙江物产丰富，美味众多。浙菜为中国八大菜系之一，包括杭州菜、宁波菜、绍兴菜、温州菜四个派系，均具有江南特色。浙菜历史悠久，种类繁多，以清香可口和鲜嫩脆爽的特色而闻名全国。其中有代表性的浙菜有西湖醋鱼、东坡肉、西湖莼菜汤、干炸响铃、油焖春笋、叫花童鸡、龙井对虾、荷叶粉蒸肉、干菜焖肉、宋嫂鱼羹、排南、雪菜大汤黄鱼、冰糖甲鱼、火瞳神仙鸭、吴山酥油饼等。

西湖醋鱼： 用草鱼作为主要原材料，辅以酱油、绍酒、白糖等作料，加上水淀粉等汤汁。这道菜不需要用油，却鲜嫩可口，颇具江南名菜的特色。

东坡肉： 用连带猪皮的五花肉作为原材料，采用焖、蒸等烹饪方式，加入水与绍酒。色香味俱佳，色泽鲜亮，皮薄肉嫩，入口肥而不腻，口感酥爽，味道鲜美。

龙井虾仁： 选用新鲜的河虾作为原料，以龙井茶为辅。此菜形状雅致，颜色清淡无比，虾肉鲜嫩爽口，又透着龙井茶叶的清新香味。

叫花童鸡： 用一只1.5千克左右的鲜嫩母鸡作为原料，将其洗净，然后经过腌渍、炒料、包扎、涂泥、煨烤等工序制作而成。外形完整美观，口感鲜嫩。

雪菜大汤黄鱼： 宁波人特别喜爱雪菜，这道菜就是用大黄花鱼作主要原料，用雪菜作为佐料制作而成。鱼汤鲜美，汤汁呈乳白色，鱼肉肥而嫩，鲜咸适中。

交通

飞机

杭州萧山国际机场

📞 0571-86662999

📍 位于浙江省杭州市萧山区，距市中心27千米

💡 机场交通：机场设有通往各地的机场大巴，票价20元起。出租车，起步价13元，3千米后每千米2.5元。

衢州机场

📞 0570-8870966

📍 位于浙江省衢州市柯城区信安街道民航大道与衢江区交界处，西距衢州城区2千米

💡 机场交通：衢州机场机场巴士专线经停衢州民航机场、浮石路、火车站等多个站点，票价5元。出租车，起步价5元，2千米后每千米1.8元。

宁波栎社机场

📞 0574-81899000

📍 位于中国浙江宁波海曙区石碶街道栎社村，距离市中心约为12千米

💡 机场交通：机场设有多条通往市区、火车站等站点线路，票价12至60元不等。出租车，起步价11元，2千米后每千米2.4元。

舟山普陀山机场

📞 0580-6260716

位于浙江省舟山市朱家尖岛，距离市中心17.6千米

机场交通：每个航班到达时间都会有机场大巴等候，票价在10元左右（目的地不同，价格不同）。出租车，起步价10元，2.5千米后每千米2.2元。

杭州地铁

1号线
临平—湘湖
（6:00—22:42 最高票价4元）

2号线
朝阳—良渚
（6:00—22:46 最高票价9元）

3号线（规划中）
文一西路—星桥路

4号线
浦沿—彭埠
（6:00—22:55 最高票价6元）

5号线
金星—姑娘桥
（6:00—22:30 最高票价9元）

6号线
双浦—钱江世纪城
（6:07—22:30 最高票价7元）

7号线
江东二路—奥体中心
（6:13—22:30 最高票价7元）

杭州

"上有天堂，下有苏杭"，这是对杭州最美好的评价，因为它能勾起我们心灵深处的向往。杭州市简称杭，浙江省省会，浙江省政治、经济、文化、金融和交通中心，中国著名风景旅游城市之一，杭州有多项旅游景点创造了世界之最。

杭州是中国七大古都之一，历史文化积淀深厚凝重，经久弥新。陶瓷文化、印刷文化、丝绸文化、茶文化、饮食文化、中医药文化等汇聚成一片文化的海洋。杭州襟江带湖、山幽水秀，源远流长，文风炽盛，可谓是鱼米之乡、民风淳朴，丝绸之府、文物之邦。钱塘江的浩荡大潮，天目山的苍茫林海，良渚文化遗存的璀璨奇路，大运河的古韵悠扬……无不令人心驰神往，流连忘返。

区号：0571
邮编：310000
面积：16850平方千米
人口：1193.60万人
著名景点：西湖、浙江杭州西溪国家湿地公园、灵州苏东坡纪念馆、六和塔、千岛湖风景区等

两日游
西湖风景区—岳王庙—宋城—灵隐寺—钱塘江大桥—西溪湿地公园

游在杭州

杭州西湖风景区 ★★★★★

"上有天堂，下有苏杭"的杭州最负盛名的就是杭州西湖，杭州城与西湖相得益彰。西湖三面被山环绕着，山水相映成趣。这里有著名的西湖十景，即三台云水、六和听涛、灵隐禅宗、岳墓栖霞、杨堤景行、北街寻梦、万松书缘、湖滨晴雨、梅坞春早、钱祠表忠等。西湖不但自然景观优美，人文景观也很丰富，达到了人文与自然的完美结合。一年有四季，四季皆不同。西湖绿荫环绕，山清水秀，烟云笼桥，风景秀丽，宛如人间仙境。

基本免费开放，除了某些景点收取门票，如虎跑梦泉、云栖竹径等景点

全天

杭州萧山国际机场—西湖风景区（自驾）

杭州萧山国际机场—机场高速—秋石高架路—北山街—西湖风景区
全程约32千米

游览西湖最佳时节
杭州处于亚热带季风区，四季分明，夏季气候炎热，湿润，有"小火炉"之称，而冬季寒冷，干燥。春秋季节游览最佳，3—5月份最适合漫步苏堤踏青赏花；9—11月份秋高气爽，满陇桂雨的桂花飘香十里。不推荐盛夏季节。

西湖旅游交通指南
观光电瓶车：环湖时间约70分钟，招手即停，无固定售票点，上车售票，随上随停。环湖票价：40元/人；区间票价：10元/人；包车费用：390元/小时。
观光巴士：Y9路是环西湖高层观光巴士，杭州旅游集散（黄龙）中心

西湖曲院风荷

为起点，途经岳庙、湖滨公园、钱王寺、净寺、苏堤、郭庄、杭州花圃等风景名胜点。

自行车：西湖边上有许多小饭店、小商店，店里出租自行车，骑自行车逛西湖既方便又环保，一路感受西湖的湖光山色，呼吸大自然的芬芳气息。

曲苑风荷 ★★★★

曲苑风荷是西湖十景之一，位于西湖西端，是夏季观赏风中之荷的绝佳之地。夏季时，人们可以亲身感受古人所说的"接天莲叶无穷碧"的美妙荷景。苑内莲花众多，如红莲、白莲、重台莲、洒金莲、并蒂莲等，婀娜多姿，随风摇曳，美不胜收。

$ 免费
⏱ 全天
🚌 杭州萧山国际机场—曲苑风荷（自驾）
杭州萧山国际机场—机场高速—秋石高架路—杨公堤—曲苑风荷
全程约 35 千米

岳王庙 ★★★

杭州岳王庙地处西湖的西北面，原称"忠烈庙"，是纪念英雄岳飞的庙宇。岳王庙包括忠烈祠、启忠祠、墓园 3 个部分，忠烈祠建有一个正门、一个正殿、两个配殿。岳飞塑像就在忠烈庙中，庙中的巨匾上有岳飞手迹"还我河山"四个大字。启忠祠古时是纪念岳飞的父母和岳飞五个儿子和儿媳的地方，现在已经被开辟为岳飞纪念馆。

$ 30 元
⏱ 8：00—17：00
🚌 杭州萧山国际机场—岳王庙（自驾）
杭州萧山国际机场—机场高速—秋石高架路—北山街—岳王庙
全程约 33 千米

岳王庙

断桥残雪 ★★★

断桥，今位于白堤东端，地势较高，是冬季欣赏西湖美景的绝佳之地，在西湖古今诸多大小桥梁中，它的名气最大。断桥也是西湖三大情人桥之一。此外，断桥还流传着白娘子和许仙凄美爱情的古老传说。断桥残雪是西湖十景之一，冬季漫天雪花飞舞之时，湖面就似有似无地浮现出西湖断桥，景色优美迷人。

$ 免费
⏱ 全天
🚌 杭州萧山国际机场—断桥残雪（自驾）
杭州萧山国际机场—机场高速—秋石高架路—北山街—断桥残雪
全程约 31 千米

断桥残雪

六和塔 ★★★★

六和塔位于西湖南面，是杭州三大名塔之一。六和塔从外面看有 13 层砖石。其实从塔内看，六和塔共有七层砖石，每层都有乾隆帝的亲笔题词，如初地坚固、五云覆盖、七宝庄严等。六和塔雍容华丽，塔内皆由螺旋阶梯相连，塔内雕刻图案丰富多样，有花卉飞禽、走兽、飞仙等各式图案，刻画精细。它构思精巧，结构奇妙，是我国古代建筑艺术的杰作，又有中华古塔博览苑，更是美不胜收。

$ 30 元
⏱ 7：00—17：30
🚌 杭州萧山国际机场—六和塔（自驾）
杭州萧山国际机场—机场高速—之江路—六和塔
全程约 34 千米

六和塔

杭州宋城 ★★★★

杭州宋城背靠五云山，南面钱塘江。依山傍水，风光迷人，是一个主要阐释宋朝文化的景区。宋城包括再现区、九龙广场区、仙山琼阁区、金明池、宋城大剧院、宋城广场区等区域。其中，再现区较有名的是对清明上河图的再现。宋城景区集自然风景、历史文化于一体，别有一番风味。

$ 300 元起
⏱ 9：30 至演出结束
🚌 杭州萧山国际机场—杭州宋城（自驾）
杭州萧山国际机场—机场高速—之江路—江涵路—杭州宋城
全程约 38 千米

杭州宋城观音殿

阆仙石苑 ★★★★

阆仙石苑与桐庐县相隔 5 千米，是一个自然天成的石海，相传有神仙曾在此居住，故称阆仙石苑。阆仙石苑内石林众多，飞瀑流泻，石洞颇多，其中最有名的是阆仙洞。阆仙石苑曲径通幽，怪石林立，景色迷人。

$ 45 元
⏱ 8：00—17：00
🚌 杭州萧山国际机场—阆仙石苑（自驾）
杭州萧山国际机场—杭州绕城高速—长深高速—环城南路—阆仙石苑
全程约 109 千米

临安钱王陵公园 ★★★★

钱王是杭州城的建造者，钱王陵就是纪念钱王的墓地。钱王陵位于临安锦城太庙山，包括牌坊、钱王祠、州祠、凌烟安国楼等景观，曾是临安十景之一。公园内苍柏遍地，景色优美。人们可以在安国楼上凭栏远眺，将公园的美景尽收眼底。

$ 免费
⏱ 8：00—17：00
🚌 杭州萧山国际机场—临安钱王陵公园（自驾）
杭州萧山国际机场—杭州绕城高速—杭瑞高速—衣锦街—临安钱王陵公园
全程约 94 千米

西溪湿地公园

★★★★

西溪湿地公园景区因水而有名，生态保护完好，主要有河港、池塘、沼泽等水域，享有"一曲溪流一曲烟"的美誉。西溪景区主要分为费家塘、虾龙滩、朝天暮漾3个生态区域。西溪景区内鸟类众多，建有多处观鸟亭。西溪风景秀丽，历来是古人隐居的选择佳地。其中，秋雪庵、泊庵、梅竹山庄、西溪草堂等都是古代历史名人建造的别墅。

💰 80元
🕐 7：30—18：30
🚌 杭州萧山国际机场—西溪湿地公园（自驾）
杭州萧山国际机场—机场高速—天目山路—西溪湿地公园
全程约43千米

西溪湿地公园

杭州千岛湖 ★★★★

千岛湖是一个颇具浙西特色的滨湖小镇旅游景点，享有"国际花园城市"的美誉，有着深厚的历史文化内涵。千岛湖景区内峰峦叠翠，水流清澈见底，湖内岛屿众多，将西湖的秀丽和太湖的浩渺汇集一身，风光秀丽迷人，引人入胜。

💰 旺季（3月1日至11月30日）150元；淡季（12月1日至次年2月底）120元
🕐 全天
🚌 杭州萧山国际机场—杭州千岛湖
杭州萧山国际机场—长深高速—溧宁高速—梦姑路—杭州千岛湖
全程约190千米

九溪十八涧 ★★★

九溪十八涧的景观自然天成，包括小康、云栖、佛石、唐家、百丈、青湾、方家、宏法、渚头等九条溪流，每条溪流又有很多细流，故名九溪十八涧。人们可以游在其中，也可以漫步溪边，听着叮咚作响的泉水，踏着曲曲折折的溪边石路，会生出一种人在画中游的感觉。

九溪十八涧景色天然，少有匠气，"溪水因山而曲折"，忽左忽右，其中6处溪流漫过山径，上置石步，游人可涉水溪中，也可自石上鹤步而过，各有意趣。清俞曲园有诗："重重叠叠山，曲曲环环路，叮叮咚咚泉，高高下下树。"身历其境，尘襟为之一洗，更有一种人在画中游的感觉。

💰 免费
🕐 9：00—21：00
🚌 杭州萧山国际机场—九溪十八涧（自驾）
杭州萧山国际机场—机场高速—之江路—乾龙路—九溪十八涧
全程约40千米

九溪十八涧

杭州灵隐寺

★★★★★

杭州灵隐寺位于西湖西北部，处于飞来峰和北高峰两峰之间，是江南有名的古刹之一。灵隐寺的主要景观有三大殿，即天王殿、大雄宝殿、药师殿。弥勒佛的塑像就位于天王殿中，殿中还有四大金刚的塑像。飞来峰也属于灵隐寺景区，有青林洞、玉乳洞等景观。飞来峰上最有名的就是袒胸露乳的弥勒佛塑像，艺术价值和观赏价值都很高。

💰 30元（赏灵隐寺必须先进飞来峰，飞来峰景区门票45元）
🕐 7：00—18：15
🚌 杭州萧山国际机场—杭州灵隐寺（自驾）
杭州萧山国际机场—机场高速—秋石高架路—灵竺路—灵隐寺
全程约36千米

杭州灵隐寺

灵隐寺

名字由来

灵隐寺为杭州古早的名刹，始建于东晋咸和元年（326年），至今已有约1700年的历史，开山祖师为西印度僧人慧理和尚，他在东晋咸和初，由中原云游入浙，至武林（即今杭州），见有一峰而叹曰："此乃中天竺国灵鹫山一小岭，不知何代飞来？佛在世日，多为仙灵所隐。"遂于峰前建寺，名曰灵隐。

初创时佛法未盛，仅仅只有几间庙宇。几经扩建修葺，香火旺盛。清康熙二十八年（1689年），南巡时，赐灵隐为"云林禅寺"。新中国成立后进行大规模整修，灵隐寺现在已经今非昔比。

三潭印月 ★★★★

三潭印月岛是西湖众多岛屿中最大的岛屿，风光秀美，景色迷人，享有"小瀛洲"的美誉。岛内花木繁多，主要为翠柳、荷花、红枫、木芙蓉，四季皆有繁花盛开，尤以春秋为最佳。三潭印月是西湖十景之一，清幽雅致，别有一番风味。

💰 20元
🕐 8：00—17：00
🚌 杭州萧山国际机场—三潭印月（自驾）
杭州萧山国际机场—机场高速—秋石高架路—南山路—三潭印月
全程约32千米

三潭印月

平湖秋月 ★★★

平湖位于西湖白堤的西部，孤山的南面。在平湖观赏秋月，堪称绝美的风景，平湖秋月也是著名的西湖十景之一，水天相接，引人入胜。历史上许多文人墨客都曾作诗赞美平湖的秋月之美，如苏轼、孙锐等人，"卷地风来忽吹散，望湖楼下水连天"即指此景。

💰 免费

🕐 6:00—17:30
🚌 杭州萧山国际机场—平湖秋月（自驾）
杭州萧山国际机场—机场高速—秋石高架路—孤山路—平湖秋月
全程约34千米

平湖秋月

杭州胡雪岩故居
★★★★ 🌐 📷

一代商贾胡雪岩的故居位于杭州市河坊街，是一座富有中国传统建筑特色又颇具西方建筑风格的美轮美奂的宅第，整个建筑南北长东西宽，占地面积0.72公顷，建筑面积5815平方米。面积广阔，有中国巨商第一宅的美誉。

故居内有许多名人字画，如郑板桥、唐伯虎、文徵明等人的字画和石刻等。胡雪岩故居不但历史文化悠久，还有许多古代园林建筑，如芝园、十三楼等建筑，亭台楼榭应有尽有，流水潺潺，画栋雕梁，好似一幅淳美的画卷。

💰 20元
🕐 8:00—17:30
🚌 杭州萧山国际机场—杭州胡雪岩故居（自驾）
杭州萧山国际机场—空港大道—机场高速—中河南路—杭州胡雪岩故居
全程约28千米

胡雪岩故居

杭州博物馆 ★★★★ 🌐 📷

杭州博物馆坐落于杭州市吴山景区粮道山路，与吴山广场和清河坊相邻，占地面积2.4万平方米，建筑面积1.3万平方米。

杭州博物馆是一座反映杭州历史变迁的人文类综合性博物馆，是浙江省极具特色和影响力的博物馆之一，场馆前身为2001年10月开放的杭州历史博物馆。建馆以来，系列的展览及公众参与活动已经成为杭州市民和广大游客的文化生活中的一项重要内容。

馆内藏品丰富，体现了杭州的城市人文精神，使博物馆成了引领城市文化、展现人文内涵的城市文化窗口。为保持展厅内环境卫生，博物馆禁止游客将饮料、食品等带入展厅。

💰 免费
🕐 9:00—16:30，周一闭馆
🚌 杭州萧山国际机场—杭州博物馆（自驾）
杭州萧山国际机场—机场高速—秋石高架路—粮道山—杭州博物馆
全程约29千米

钱塘江大桥 ★★★

钱塘江大桥位于西湖的南岸，是我国第一座公路与铁路平行通车的大桥，是浙赣沪杭的铁路枢纽。钱塘江大桥长达1500米，包括正桥和引桥，正桥有16个孔。大桥不但地理位置重要，而且十分宏伟壮观。钱塘江大桥犹如双虹飞舞，蔚为壮观。

💰 免费
🕐 8:00—16:30
🚌 杭州萧山国际机场—钱塘江大桥（自驾）
杭州萧山国际机场—机场高速—江南大道—钱塘江大桥
全程约31千米

钱塘江大桥

净慈寺 ★★★

净慈寺位于杭州西湖南面，寺内的主峰是南屏山。人们可以在净慈寺的后山坡欣赏到莲花洞、少林岩、石佛洞、欢喜岩等景观。莲花洞附近有居然亭，亭中历史名人古迹众多，此亭的名字就出自明代太守洪方玉的诗句。

💰 15元，持庙卡免费
🕐 8:00—17:30
🚌 杭州萧山国际机场—净慈寺（自驾）
杭州萧山国际机场—机场高速—秋石高架路—南山路—净慈寺
全程约32千米

净慈寺

浙江径山国家森林公园
★★★★ 📷

浙江径山景区的山顶上建有万寿禅寺，是佛家圣地，居"江南五山十刹"之冠。径山海拔500多米，径山内的景观有钟楼、鼓楼、天王殿、藏经楼、斋堂、法堂、祖堂；庙内文物古迹有龙井泉、径山寺大钟等。寺庙主殿为大雄宝殿，建筑精美，雕梁画栋，檐飞龙饰。

💰 60元
🕐 7:30—17:30
🚌 杭州萧山国际机场—浙江径山国家森林公园（自驾）
杭州萧山国际机场—杭州绕城高速—杭长高速—浙江径山国家森林公园
全程约94千米

雷峰塔

雷峰塔 ★★★★ 🌐 📷

雷峰塔古称"皇妃塔"，是吴越国王钱俶因皇妃得子而建。雷峰夕照景区的著名景点有雷峰塔、如意苑、放大光明阁、汇文轩、妙音台、夕照亭等。这里有杭州西湖十景之一的雷峰夕照，还有丰富的历史文化内涵。人们不仅可以欣赏到美景，而且还能听到不少关于雷峰塔的古老传说；除此之外还能品尝藕香居特色美食。旧塔已于1924年倒塌，现已重建。新建的雷峰塔为中国铜领域第一人朱炳仁担纲铜总工艺师，使这座塔成为中国首座彩色铜雕宝塔。

💰 80元，学生票40元
🕐 旺季（3月15日至11月15日）：8：00—20：30；淡季（11月16日至次年2月14日）：8：00—17：30
🚌 杭州萧山国际机场—雷峰塔（自驾）
杭州萧山国际机场—机场高速—秋石高架路—南山路—雷峰塔
全程约32千米

太子湾公园★★★

太子湾公园地处南屏山荔枝峰山脚下，因南宋两位太子葬在此处，故名太子湾。太子湾公园种植着上千株日本樱花，每当樱花盛开之时，满园飘香，十分迷人。太子湾公园内还有众多的郁金香，并拥有爱情柱、爱情邮局等景观，也是杭州最早的婚庆基地。园内以西湖引水工程的一条明渠作主线，积水成潭、截流成瀑、聚水成洲、跨水筑桥，形成了琵琶洲、翡翠园、逍遥坡、玉鹭池、颐乐苑、太极坪等多个清新景点。
💰 免费
🕐 7：30—19：00
🚌 杭州萧山国际机场—太子湾公园（自驾）
杭州萧山国际机场—机场高速—江南大道—虎跑路—太子湾公园
全程约36千米

太子湾公园

杭州双溪竹海漂流★★★★

杭州双溪竹海漂流位于双溪镇，茶园和竹林遍布整个景区，景色迷人。只见水流潺潺，环境清幽，宛如仙境。双溪竹海出名的是景区内涓涓而流的溪水，溪水清澈见底，溪流中的鱼儿和卵石都清晰可见。这儿有"江南第一漂"的美誉，乘竹筏游在溪流中，好似一幅镌刻之画。而且，陆羽泉、径山寺、同安天门、将军山、狮子山等景观也是不可错过的美景。景区还有许多历史悠久的名胜古迹，如苏东坡、沈括等文人墨客曾在此留下笔墨。
💰 100元

🕐 8：00—17：00
🚌 杭州萧山国际机场—杭州双溪竹海漂流（自驾）
杭州萧山国际机场—杭州绕城高速—杭长高速—竹海路—杭州双溪竹海漂流
全程约80千米

万松书院★★★

万松书院处于凤凰山北部的万松岭上面，唐代时称"报恩寺"，明朝始改称万松书院。相传王阳明曾在此讲学，随园诗人袁枚曾在这儿读书。其中书院主要有仰圣门、大成殿、毓秀阁、明道堂等建筑。毓秀阁内还有梁祝书房，展现了梁山伯与祝英台当年读书的场景。大成殿是祭祀先师孔子的地方，里面还有孔子行教图的壁画。现遗址尚存有"万世师表"四字的牌坊一座和依稀可见"至圣先师孔子像"的石碑等物。
💰 10元
🕐 7：30—17：30
🚌 杭州萧山国际机场—万松书院（自驾）
杭州萧山国际机场—机场高速—秋石高架路—万松岭—万松书院
全程约33千米

杭州山沟沟景区★★★★

杭州山沟沟景区，位于杭州市西北部。其中杭州的两座高峰都坐落在景区内，即窑头山和红桃山。山沟沟景区主要景观有汤坑、花果山、茅塘等。人们不仅可以欣赏美景，还可以参与各种休闲娱乐活动和体验农家风情。山沟沟景区拥有窑头山以及连天十八飞瀑，风景秀丽，引人入胜。
💰 98元
🕐 8：30—17：00
🚌 杭州萧山国际机场—杭州山沟沟景区（自驾）
杭州萧山国际机场—机场高速—杭长高速—后汤线—杭州山沟沟景区
全程约93千米

杭州山沟沟

杭州苏东坡纪念馆★★★

杭州苏东坡纪念馆坐落在西湖苏堤南面的映波桥附近，与雷峰塔、净慈寺距离较近，同章太炎纪念馆隔路相望。纪念馆主要包括主楼展厅、酹月轩、百坡亭、碑廊等，突出了苏东坡的文墨事迹。其中还有东坡剧院、两层展厅，介绍了苏东坡的生平、家谱等，可以让人们进一步了解文化大家的其人其事。
💰 免费
🕐 8：30—16：30
🚌 杭州萧山国际机场—杭州苏东坡纪念馆（自驾）
杭州萧山国际机场—机场高速—秋石高架路—西湖大道—杭州苏东坡纪念馆
全程约32千米

梅城古镇★★★

梅城是一座历史悠久的古城，曾是严州的州城和建德的县城。梅城处于富春江、新安江、兰江三江交汇之处，背靠乌龙山，依山傍水，景色迷人。

相传古时有"天下梅花两朵半"的说法，即指北京和南京各一朵，严州半朵。因此严州也凭着半朵梅花和北京、南京拥有同样的荣耀，故也有梅花城之说。梅城也颇具文化内涵，谢灵运、杜牧、范仲淹、孟浩然等文人墨客都曾在此留下笔墨。
💰 免费
🕐 全天
🚌 杭州萧山国际机场—梅城古镇（自驾）
杭州萧山国际机场—杭州绕城高速—长深高速—总府后街—梅城古镇
全程约150千米

杭州地藏寺★★★

杭州地藏寺位于坎山镇船坞山，曾是高僧无能大师的居处。地藏寺三面被山环绕，另一面面对钱塘江，可谓依山傍水，景色迷人。地藏寺内有两棵树龄长达千年的古樟树，四人尚不能将其合抱；还有一个洛思泉，泉水清澈无比，且常流不断。寺内还有双边山、狮子岩、鸡笼石、化纸亭等景观。
💰 免费
🕐 9：00—16：30
🚌 杭州萧山国际机场—杭州地藏寺（自驾）
杭州萧山国际机场—空港大道—建

设四路—地藏寺
全程约14千米

地藏寺

龚自珍纪念馆
★★★

龚自珍和林则徐等人共同开启了抨击时弊、抗御外侮、通经致用的进步思想，被柳亚子誉为"三百年来第一流"。龚自珍纪念馆地处杭州城东面的马坡巷中，古称"小米园"，面积600多平方米。纪念馆主建筑为两层清式建筑，每层5间，雕刻精美，朴素雅致。龚自珍的塑像位于正厅中，周围还有很多楹联。纪念馆内有4个展厅，介绍了龚自珍的生平事迹、诗集、家族史等内容，是一个凭吊古人的胜地。

$ 免费
⏰ 8：30—17：30
🚌 杭州萧山国际机场—龚自珍纪念馆（自驾）
杭州萧山国际机场—机场高速—秋石高架路—马坡巷—龚自珍纪念馆
全程约27千米

龚自珍塑像

杭州灵山幻境 ★★★★

杭州灵山幻境位于西湖区内，"灵山幻景"因集高大奇险于一洞，融"风、水、气、瀑"为一体而著称，历史悠久。

景区内包括麒麟迎宾、天柱厅、水底洞天、大云盆、赛昆仑等5个部分，并包括灵山洞、风水洞、孔里空洞、泉水洞等24个溶洞。灵山幻境内有很多钟乳石，形态万千，既像人又像果，看似俯卧，又似在奔跑，生动逼真。其中较为有名的是锦绸彩缎、宫阙庭开等景观。

灵山幻境群山合抱，飞瀑奇洞，景色迷人。景区集天下溶洞景观于一身，堪称"西湖第一洞天"，如诗如画的石景，天然的生态环境，使人流连忘返。

$ 60元
⏰ 8：30—16：30
🚌 杭州萧山国际机场—杭州灵山幻境（自驾）
杭州萧山国际机场—沪昆高速—杭州绕城高速—灵龙路—杭州灵山幻境
全程约56千米

杭州龙井山茶园文化村
★★★★

龙井山处在杭州龙井狮峰山之上，因龙井茶和虎跑水而驰名天下。龙井茶园是西湖景区内仅有的山地公园，包括雾森仙境、茶艺展示、石林奇观、蝴蝶谷、藤蔓世界、聚龙台、情人谷、民俗艺术表演等8个区域，风光秀丽，是一处集观赏、休闲功能于一体的景观。

$ 免费
⏰ 全天
🚌 杭州萧山国际机场—杭州龙井山茶园文化村（自驾）
杭州萧山国际机场—机场高速—之江路—龙井路—杭州龙井山茶园文化村
全程约39千米

杭州龙井山茶园

南屏晚钟 ★★★★

南屏山背靠玉皇山，位于西湖南岸，九曜山东面。南屏山是九曜山的分支，此山山峰耸秀，怪石玲珑，棱壁横坡，宛若屏障。南屏山主峰为慧日峰，峰峦叠嶂，郁郁葱葱，山色空灵，烟云缥缈，宛如仙境。此外，南屏山上还有众多的摩崖石刻。南屏山山麓为净慈寺，每当傍晚时分，寺里就会传来阵阵悠扬清丽的钟声，这就是著名景观"南屏晚钟"的来历。

$ 10元（包含在净慈寺门票之内）

⏰ 7：00—16：45
🚌 杭州萧山国际机场—南屏晚钟（自驾）
杭州萧山国际机场—机场高速—秋石高架路—南山路—南屏晚钟
全程约32千米

南屏山

杭州锦绣风水洞
★★★★

杭州锦绣风水洞位于云泉山上，主要景观有盘古裂谷、玛瑙玉璧、九天飞龙、云坝瀑帘、石长雪莲等。洞中有100多米高的九天飞龙石壁，洞中珍品为多达10万朵的石花、石珍珠、石绒球。风景迷人的风水洞也受到了历代文人墨客的青睐，苏轼、白居易、范仲淹等都曾在此留下珍贵的赞美诗篇。

$ 60元
⏰ 8：00—16：30
🚌 杭州萧山国际机场—杭州锦绣风水洞（自驾）
杭州萧山国际机场—沪昆高速—杭州绕城高速—袁富互通—杭州锦绣风水洞
全程约53千米

抱朴道院 ★★★★

杭州抱朴道院位于葛岭山上，据说是晋代葛洪炼制丹药和修炼的地方，故又称"葛仙庵抱朴庐"，是杭州仅有的一座葛岭抱朴院。抱朴道院内有流丹阁，树木丛深，岩石上有很多题刻，如"人间福地"等。

$ 5元
⏰ 8：00—17：00

抱朴道院

🚌 杭州萧山国际机场—抱朴道院
（自驾）
杭州萧山国际机场—机场高速—秋石高架路—葛岭路—抱朴道院
全程约32千米

杭州满觉陇 ★★★★

杭州满觉陇也称"满家弄"，地处西湖南岸，取"圆满觉悟"之意。而且，满觉陇因桂花而驰名天下。每逢桂花盛开的时节，满山飘香，落英缤纷，好似一场桂雨，故称满陇桂雨，也成为新西湖十景之一。这里是一个花香茶香、好山好水、空气清新的自然村，是旅游度假、休闲娱乐的好去处。

💰 免费
🕐 9：00—21：00
🚌 杭州萧山国际机场—杭州满觉陇（自驾）
杭州萧山国际机场—机场高速—之江路—满觉陇路—杭州满觉陇
全程约37千米

云松书舍 ★★★

云松书舍为著名人士金庸先生出资所建，背靠南高峰和北高峰，环境清幽，景色迷人。云松书舍按照江南庭院的特点建成，主要包括耕耘轩、赏心斋、听松亭、松风明月楼、玉兰亭等景观。云松书舍的建筑布局以自然野趣为胜，包括了山、池、岛、花、石、亭、厅、阁、假山，再以回廊曲径联结。整个景区树木丛深，鸟语花香、美不胜收。

💰 5元
🕐 8：30—16：30
🚌 杭州萧山国际机场—云松书舍（自驾）
杭州萧山国际机场—机场高速—秋石高架路—北山街—云松书舍
全程约35千米

孤山烟雨 ★★★★

孤山景区内名胜古迹众多，著名景观有西泠桥、秋瑾墓、楼外楼、中山公园、西泠印社等。园内有一个精致绝伦的小园林叫"西湖天下景"，人在园中仿佛置身深山谷底，能获得"小中见大"的艺术效果。其中小溪、潭、花、木、亭、桥等布置得疏密有致，参差有序。

清朝时，孤山曾被雍正帝改名为圣因寺，与灵隐寺、净慈寺、照庆寺一起被称为"西湖四大丛林"。

孤山受到历史上众多帝王的青睐，因而被称为孤山。其实，孤山并不孤独，孤山和陆地连接，因而"孤山不孤"也成为西湖三绝之一。

💰 免费
🕐 8：00—17：00
🚌 杭州萧山国际机场—孤山烟雨（自驾）
杭州萧山国际机场—常台高速—京沪高速—经二路清河段—孤山烟雨
全程约259千米

孤山烟雨

杭州吴山广场 ★★★

杭州吴山广场包括主广场、绿荫区域、下沉区域、公益区域等四大区域，广场上经常有大型的集会、庙会和演出活动。吴山庙会非常有名，在庙会上，人们能够欣赏到庙台戏、变戏法、杂耍、斗鸡等表演，还能游逛不少书画店铺。

💰 免费
🕐 全天
🚌 杭州萧山国际机场—杭州吴山广场（自驾）
杭州萧山国际机场—机场高速—秋石高架路—四宜路—吴山广场
全程约30千米

新叶古村 ★★★

新叶古村建于南宋时期，是有着八百年历史传承的古民居村落。这里民风淳朴，村中的古巷、古祠、古塔和古民居建筑保存完好，被誉为中国最大的明清古民居建筑露天博物馆。

💰 85元
🕐 7：30—16：00
🚌 杭州萧山国际机场—新叶古村（自驾）
杭州萧山国际机场—杭州绕城高速—长深高速—檀新线—新叶古村
全程约195千米

天下第一财神庙 ★★★

天下第一财神庙灵顺寺坐落在杭州北高峰山上，距今已有1600多年的历史，也是印度僧人慧理在杭州修建的五灵之一。灵顺寺因北宋年间供奉"五显财神"，被称为"天下第一财神庙"，是深受古代帝王和名人青睐的地方。

💰 8元
🕐 8：00—17：00
🚌 杭州萧山国际机场—天下第一财神庙（自驾）
杭州萧山国际机场—机场高速—秋石高架路—西马路—天下第一财神庙
全程约42千米

信义坊 ★★★

信义坊步行街坐落于杭州城北部经济文化中心的卖鱼桥，东起墅庄北路，西至莫干山路，南临草营巷。隔墅庄北路面临京杭大运河，与运河间为城市绿化带，以11栋富有中国传统文化特色的低层商业建筑连接而成。商街依余杭塘河两岸而建，河宽16米，河的两岸通过草营桥、归锦桥等3座拱桥将两岸的建筑和商街连为一个整体。

💰 免费
🕐 全天
🚌 杭州萧山国际机场—信义坊（自驾）
杭州萧山国际机场—机场高速—秋石高架路—珠儿潭巷—信义坊
全程约38千米

吃在杭州

杭州菜系属于我国八大菜系之中的浙菜，如今越来越受到人们的欢迎。杭州菜以清新爽口、雅致而被人们称道，杭州菜制作精致，选材新鲜，营养丰富，注重鲜咸适中，品种繁多。杭州菜中有许多特色名菜，如东坡肉、西湖莼菜汤、叫花童子鸡、宋嫂鱼羹等都是不可不尝的美味。

东坡肉

🍵 茶人村·匠心杭帮
游客评价：浙江菜，五花肉软烂入口即化
📞 0571-87982998
📍 杭州市龙井路99号

🍵 素描餐厅
游客评价：创意菜，环境优美
📞 0571-88302722
📍 杭州市梅灵北路269号灵隐寺附近

庆春里
游客评价：浙江菜，松露炒饭非常好吃
☎ 0571-87156605
📍 杭州市延安路嘉里中心北区

三肥两瘦烤肉（凤起路店）
游客评价：烤五花肉太好吃了，肥瘦相间，不腻不柴
☎ 17799821538
📍 杭州市凤起路 539 号二楼 203

方老大面（江城路店）
游客评价：杭州特色的面馆，生意很火
☎ 18757134069
📍 杭州市江城路 629 号

↘ 住在杭州

平价型

三碧酒店（恒隆广场店）
📍 杭州市工人路 890 号恒隆广场 C 座
☎ 0571-83860000

杭州唐庄青年旅舍
📍 杭州市虎跑路四眼井 73 号
☎ 0571-86800676

盛廷精品酒店（西湖河坊街店）
📍 杭州市中山中路 115 号中山大厦 6 楼
☎ 18657169192

米高主题酒店
📍 杭州市固陵路西兴街道 64 号西兴楼 1 楼
☎ 0571-86686588

杭州富阳港湾宾馆
📍 杭州市富阳区高桥镇高尔夫球路 11 号
☎ 0571-63430978

享受型

杭州山水宾馆
📍 杭州市西湖区教工路 187 号
☎ 0571-88004386

杭州东方豪生大酒店
📍 杭州市艮山西路 288 号
☎ 0571-86767888

杭州华辰国际饭店
📍 杭州市平海路 25 号
☎ 0571-87652222

杭州西子宾馆
📍 杭州市西湖区南山路 37 号
☎ 0571-87021888

浙江开元萧山宾馆
📍 杭州市人民路 77 号
☎ 0571-8288119

↘ 购物杭州

杭州四季青服装市场
杭州四季青服装市场位于杭州市解放路 417 号，主要经营各种产品的批发零售，产品种类各式各样，质优价廉，所以这里是淘宝的好去处之一。

杭州丝绸城
杭州丝绸城位于杭州市西子湖畔，是当前国内所有省会城市中最大的丝绸市场。丝绸市场中不但有很多丝绸制品，还有不少外贸商品，能够满足人们的不同需求。琳琅满目的丝绸商品相信一定会让您尽兴而来，满意而归。

杭州汽车东站工业品皮革商场
杭州汽车东站工业品皮革商场位于杭州市艮山西路，是一处经营各种皮革制品的商场。商场内主要经营皮衣、单风衣、皮裙、皮裤、皮背心、皮大衣等上千款皮类服装。而且商场内也有很多知名品牌，如雪豹、富来得、宽鼎、狮力等。

延安路和武林广场商业街
延安路和武林广场商业街位于杭州市延安路，地处杭州城繁华的地段，并享有"杭州第一街"的美誉。延安路和武林广场商业街内有许多大型商场，如工联大厦、国际大厦、省二轻大厦、龙翔桥综合商城、杭州百货大楼等。

💡 **特产**

在杭州，除了众多的著名景点，还有另一个不能错过的活动，那就是购物。人们常说，在杭州购物是"扫货"。意思就是说，杭州的百货商场和名牌折扣店的规模都较大，且质优价廉，实在是购物的天堂。另外，杭州的特产也很多，如龙井茶叶、杭州丝绸、西湖绸伞、天竺筷、杭州刺绣、西湖藕粉、王星记扇子等。

其中，杭州丝绸历史悠久，源远流长，素有"丝绸之府"之称。常年生产绸、缎、锦、纺、绫等 14 大类；王星记扇子是我国著名的传统工艺品，其扇子以选材优异、做工考究而闻名全国，其首创的黑纸扇曾作为"贡扇"被送往朝廷。

杭州公园一景

绍兴

绍兴市地处长江三角洲南翼、浙江省中北部、杭州湾南岸。东连宁波，南临台州和金华，西接杭州，北隔钱塘江与嘉兴市相望。绍兴是中国著名的历史文化古城，被誉为"没有围墙的博物馆"，且因物产丰富、名人辈出而著称于世，自古有"文物之邦、鱼米之乡"之称。

绍兴之中悠悠古道，拥有水乡人家的小桥流水，一座座石桥飞架在绿色晶莹的碧水古道之上，乌篷船悠然驶过，构成了一幅典型的水乡美景画卷。绍兴文化古城就是一处美丽的江南水墨画，在粉墙、黑瓦和青石板的小城之中，弯弯曲曲的河道之旁是临水而立的人家，河岸之边依依杨柳随风舞动，还有革命家、文学家诞生于此，为古城增添了文化气息。

| 区号：0575 |
| 邮编：312000 |
| 面积：8274.79 平方千米 |
| 人口：527.10 万人 |
| 主要景点：鲁迅故里、镜湖、古城、兰亭、沈园等 |

↘ 游在绍兴

会稽山 ★★★★

会稽山地处浙江省中东部，山虽不高，但名人辈出，久负盛名。会稽山原名"茅山"，亦称"亩山"，是中国历代帝王加封祭祀的著名镇山之一，是我国五镇名山中的南镇。

春秋战国时期，会稽山一直是越国军事上的腹地堡垒。会稽山在隋朝就被称为中国四镇之一，主要包括大禹陵、百鸟乐园、香炉峰、半亭、御碑亭、平阳寺、山阴道等景观。相传，明代大家王阳明曾在此处研究心学，并创立了阳明学派。景区内的祭禹广场上建有图腾柱和九鼎台等建筑，是人们祭祀大禹的地方。大禹祠内有"禹穴辩"碑，并分为前殿、后殿、放生池、禹井亭等景观。

🅢 通票：140 元（含大禹陵、百鸟苑和香炉峰）
🅛 8：00—16：30
🚌 杭州萧山国际机场—会稽山（自驾）
杭州萧山国际机场—杭州湾环线高速—中兴大道—会稽山
全程约 47 千米

会稽山

沈园 ★★★★★

沈园是绍兴古城中的著名园林，距今已有 800 年的历史。沈园占地约 4.67 公顷，园内亭台楼阁，小桥流水，绿树成荫。沈园主要包括古迹区域、东苑、南苑 3 个部分，其主要景观有孤鹤亭、八咏楼、宋井、问梅槛、双桂堂、半壁亭等。沈园春波惊鸿，残壁遗恨，碧荷映日，柳怨鹤哀，美不胜收，宛如仙境。

🅢 白天免费，夜游 70 元
🅛 白天：8：00—17：00；夜游：17：30—22：00
🚌 杭州萧山国际机场—沈园（自驾）
杭州萧山国际机场—杭州湾环线高速—中兴大道—延安路—沈园
全程约 48 千米

会稽山文化

会稽山文化源远流长，在不同时期有着不同的内涵，而且其历史愈早，文化愈古，其价值和意义也愈为重大。一共可以分为四个文化层面，其主要内容如下：

大禹文化为第一层，是会稽山文化的底层或源头。"三过家门而不入"的治水英雄大禹在此所行的会盟、祭祀、婚姻、丧葬以及诛防风五件大事，让历代统治者都来此供奉祭祀。

越国文化为第二层。春秋战国时期，越国的都城在很长一个时期内都在会稽山中，使得这里成为当时的军事上的重地，农业上的根基，政治文化以及宗教的中心。

宗教文化为第三层。其一是大禹陵、大禹庙，以祭禹为主要内容的儒教文化，祭禹历来是国家礼典，因此这一区可视为"儒教"文化区。

以香炉峰为中心的从事佛事活动的佛教文化，被道家称为第十洞天的宛委山和第十七福地的若耶溪是道教文化中心，集儒、佛、道文化为一体。

沈园

长塘桃花源 ★★★

陶公笔下桃花源，在长塘桃花村幻化成了极尽山水之闲、农家之乐的新桃源。长塘桃花源景区地处长塘镇桃园村，树木丛生，鲜花满地，果树众多。景区主要包括333.5多公顷竹林和果林、桃源湖、龙潭湖3个部分，并形成了松竹双栖、姚江秋帆、龙岛春深等著名景观。其中，桃源湖是景区的精华所在。景区不仅能满足人们赏景的需求，还可以满足人们休闲娱乐的需求，让人流连忘返。

- 10元
- 8：00—20：00
- 杭州萧山国际机场—长塘桃花源（自驾）
- 杭州萧山国际机场—杭州湾环线高速—绍诸高速—青马公路—长塘桃花源
- 全程约71千米

鲁迅故里 ★★★★★

鲁迅故里旅游区是浙江省最早的人物纪念之地，主要景观有三味书屋、周家老台门、百草园、鲁迅祖居、土谷祠、寿家台门等。其中，三味书屋是三开间的花厅，是鲁迅少年读书的地方。三味书屋主要的三进庭院，即台门斗、大堂前、座楼。

- 免费
- 8：30—17：00
- 杭州萧山国际机场—鲁迅故里（自驾）
- 杭州萧山国际机场—杭州湾环线高速—中兴大道—柔遁弄—鲁迅故里
- 全程约47千米

鲁迅故里

绍兴东湖景区 ★★★★

绍兴东湖是浙江三大名湖之一，其景区是浙江著名的园林之一。东湖景区内岩壁上有斧凿痕迹、藤萝青蔓以及众多的摩崖石刻。东湖园林湖面上建有两座呈弯月形的桥，天水相接，鬼斧神工，宛若画中。

- 50元
- 8：30—17：30
- 杭州萧山国际机场—绍兴东湖景区（自驾）
- 杭州萧山国际机场—杭州湾环线高速—中兴大道—京岚线—绍兴东湖景区
- 全程约47千米

绍兴东湖

绍兴兰亭景区 ★★★

兰亭景区是绍兴的三大著名景点之一，依山傍水，景色迷人。景区主要包括鹅池、乐池、流觞亭、小兰亭、御碑亭、兰亭江、右军祠、书法博物馆等8个区域。其中，流觞亭是景区的核心，曲水流觞，潺潺不断，水溪清澈，竹林茂密，好似人间仙境。

- 80元
- 8：30—17：00
- 绍兴—兰亭景区（自驾）
- 绍兴—山阴路—308省道—娄宫街—308省道—兰亭景区
- 全程约16千米

兰亭景区

诸暨西施故里旅游区 ★★★★

诸暨西施故里地处浣纱江畔，面积达5000多平方米。西施故里的主要景观有门楼、西施殿、古越台、郑旦亭、沉鱼池、先贤阁、碑廊、红粉池等，美轮美奂，令人流连忘返。人们可以漫步其中欣赏如画的风景，倾听西施和范蠡的美丽传说。

- 免费
- 全天
- 杭州萧山国际机场—诸暨西施故里旅游区（自驾）
- 杭州萧山国际机场—沪昆高速—浣纱南路—诸暨西施故里旅游区
- 全程约75千米

西施故里

嵊州百丈飞瀑风景区 ★★★★

百丈飞瀑景区位于嵊州，四面环山，因而享有"江南第一瀑布群"的美誉。景区主要有9个大型水潭，即济公潭、九龙潭、戏珠潭等，气势磅礴，蔚为壮观。景区峰峦叠翠，水流清澈，瀑飞山秀，古树苍柏，杂花生树，植被覆盖率较高，是旅游的绝佳之地。

- 40元
- 9：00—16：00
- 杭州萧山国际机场—嵊州百丈飞瀑风景区（自驾）
- 杭州萧山国际机场—杭州湾环线高速—苏台高速—S212—嵊州百丈飞瀑景区
- 全程约126千米

嵊州百丈飞瀑

绍兴新昌大佛寺 ★★★★

大佛寺处于南明山和石成山之间的谷中，寺内建有弥勒佛石像，佛寺外面有隐鹤洞、俊貌石、放生池、摩崖石刻等景观。

大佛寺内大殿中供奉着弥勒佛的塑像，有江南第一大佛之称，代表了江南早期石窟造像的特点。这座巨大的石像雕琢于悬崖绝壁之中，历时约30年才全部雕成，为江南早期石窟造像代表作。佛像神采飞逸、宏伟壮观，其掌心可容纳十多个人，充分反映了中国古代工匠的无穷智慧与高度的艺术水平。

💰 100元
🕐 8：00—17：00
🚌 杭州萧山国际机场—绍兴新昌大佛寺（自驾）
杭州萧山国际机场—杭州湾环线高速—常台高速—人民西路—绍兴新昌大佛寺
全程约122千米

剡溪漂流景区★★★★ 📷

绍兴剡溪漂流景区被称为"绍兴第一漂"，位于嵊州市甘霖镇。景区内峰峦叠嶂，树深木茂，奇石众多，景色美不胜收。人们可以欣赏嵊州的田园美景，观赏正宗的嵊州越剧，参与到农人越剧的对唱活动中，还可以体验自助烧烤，不愧为度假休闲的胜地。

💰 漂流+古戏台听戏：60元
🕐 8：00—17：00
🚌 杭州萧山国际机场—剡溪漂流景区（自驾）
杭州萧山国际机场—杭州湾环线高速—常台高速—禹溪分离立交—剡溪漂流景区
全程约103千米

剡溪

绍兴柯岩风景区★★★★ 📷

柯岩风景区地处柯山东面，南濒鉴湖，北面与柯桥相接。景区主要有石佛、越中名士苑、镜水湾3个区域，并形成了天工大佛、越女春晓、镜水飞瀑、仙人洞桥等20多个著名景观。

如今，柯岩风景区扩建为柯岩、鲁镇、香林、鉴湖等四大景观区，以其优美的风景而闻名于世。集中反映了绍兴的石文化、水文化、名士文化及宗教文化，是近年来绍兴规模最大、功能较全，并融自然、园林、宗教及娱乐、休闲项目于一体的风景旅游区。

💰 130元
🕐 8：00—17：00
🚌 杭州萧山国际机场—绍兴柯岩风景区（自驾）
杭州萧山国际机场—坎红路—京岚线—柯岩大道—绍兴柯岩风景区
全程约30千米

绍兴柯岩风景区

💡 柯岩风景区
主要景点

云骨：云骨石号称"天下第一石"，被誉为"石魂"，倒金字塔形，如一团云雾拔地冲天，奇异之中有一丝惊险。

莲花听音："莲花听音"是全国最大的石莲花。石莲花位于景点中心，由99块巨石拼铺而成，象征佛家的"九九归一"。天晴时，在10：10分，人立莲心，人影与佛影就会在一条直线上，称"人佛合一"。

南洋秋泛：鉴湖中有百条乌篷船和鲁迅、孙中山、周恩来等游鉴湖时乘坐的6条游船画舫。水面墨绿如镜，大船小艇泛波于鉴湖，体会"人在镜中游"的绝美意境。

观赏指南

柯岩风景区是以千年越文化为主要内涵，以采石遗景为主要特色的园林式景区，文化源远流长，气息浓厚，在观赏时要结合历史充分领悟其内涵，观石、玩水、看桥、品酒、听戏，能够做到这些，相信一定会给你带来不一样的感受。

💡 购物绍兴

绍兴大型的购物中心主要分布在解放路上，商铺众多，如绍兴小商品城、绍兴古玩市场、绍兴花市、绍兴名茶市场、绍兴华联商厦等。

其中，绍兴柯桥镇中国轻纺城、嵊州浙东服装城在全国都非常有名。

另外，绍兴的土特产也很多，主要有绍兴老酒、绍兴香糕、绍兴腐乳、绍兴霉干菜、柯桥豆腐干、绍兴茴香豆、新昌白术、上虞水晶杨梅、越窑青瓷等。

↘ 吃在绍兴

绍兴美食富有江南特色，讲究香酥可口、原汤原汁，口感极好。绍兴的特色菜有很多，如霉干菜焖肉、糟鸡、清汤越鸡等。来到绍兴，除了不少美食，还有绍兴酒也相当不错。

霉干菜焖肉

🍲 **外婆家（上虞店）**
游客评价：江浙菜，外婆红烧肉非常好吃
📞 0575-81228588
📍 绍兴市上虞区市民大道大通购物中心7楼

🍲 **寻宝记绍兴菜（鲁迅路店）**
游客评价：浙江菜，清淡中带有浓郁鲜美的味道
📞 0575-85222177
📍 绍兴市鲁迅中路5号咸亨新天地

🍲 **绍东家·三味酒楼**
游客评价：新式绍兴菜，味道很好吃
📞 0575-85147747
地址：绍兴市鲁迅中路56号

🍲 **孔乙己酒家**
游客评价：装修古色古香，菜品好吃，还有表演
📞 0575-85229878
📍 绍兴市仓桥直街112号

🍲 **湘会楼饭店**
游客评价：口水鸡的味道很棒
📞 0575-85226577
📍 绍兴市鲁迅西路244号

🍲 **花半里·私房火锅（柯桥万达店）**
游客评价：火锅菜品新鲜，牛肉很嫩
📞 17357525881
📍 绍兴市钱陶公路柯桥万达金街西面

↘ 住在绍兴

平价型	享受型
绍兴嵊州鑫悦宾馆 绍兴市嵊州市东浦相公殿北路 16 弄 0575-83183994	**绍兴鑫洲海湾大酒店** 绍兴市越西路 837 号 0575-88887788
彩虹精品酒店（银泰店） 绍兴市中兴中路与渔化桥交叉口西北角 0575-88296666	**绍兴诸暨耀江开元名都大酒店** 绍兴市诸暨环城东路 207 号 0575-88798888
绍兴小森林环保旅社（银泰店） 绍兴市府河街 172 号 13357560169	**绍兴金昌开元大酒店** 绍兴市柯桥镇金柯桥大道 1277 号 0575-85588666
南都精品酒店（鲁迅故里店） 绍兴市人民中路 238 号 0575-85136655	**绍兴富丽华大酒店** 绍兴市柯桥镇笛扬路 1288 号 绍兴市金柯桥大道 1338 号
绍兴途乐酒店 绍兴市解放南路 684 号 0575-88319999	**绍兴咸亨酒店** 绍兴市鲁迅中路 179 号 0575-85116666

宁波

宁波，位于浙东，北临杭州湾，南靠台州，东与舟山隔海相望。浙江省第二大城市，是浙江的三大经济中心之一，是浙江省对外开放的门户和窗口城市。

宁波与扬州、广州并称为中国三大对外贸易港口，是海上丝绸之路的起点之一，是河姆渡史前遗址发源地。宁波地理位置重要且旅游资源丰富，其中天一阁是国内现存最古老的藏书楼，是亚洲现存最古老的图书馆之一，位列世界最早的三大家族图书馆之一。宁波人杰地灵，涌现过虞世南、王守仁、黄宗羲等一大批文化名人，更以米香、鱼香、书香、墨香"四香"名扬天下。宁波还是著名的侨乡，有 430 多万宁波籍人士旅居住在世界 50 多个国家和地区。

区号：0574
邮编：315000
面积：9816 平方千米
人口：940.43 万人
著名景点：天一阁、老外滩、梁祝文化公园等

↘ 游在宁波

宁波镇海招宝山 ★★★★

宁波镇海招宝山位于宁波市东北部，是一处将自然风景、人文景观、宗教文化、历史古迹综合在一起的旅游景区。招宝山因为"潮汐出入可经"，波涛汹涌，骇浪滔天，又名"候涛山"。又因山巅原建有"插天鳌柱塔"，故又称"鳌柱山"。其处海口，"商舶所经、百舻交集"，改称招宝山，寓"招财进宝"之意。

招宝山"固六邑之咽喉"，全浙之关键，而为商船出入之要道也，历来是兵家的必争之地。景区的主要景点有龙洞出云、百步堤、威远城、观音阁、紫竹林、摩崖石刻、中法战争纪念碑、海防历史纪念馆等，文化和景观自然结合，美不胜收。招宝山上还有安陀禅寺，寺庙雕刻精美，飞檐雕柱，也是不可错过的美景。

¥ 50 元
全天
杭州萧山国际机场—宁波镇海招宝山（自驾）
杭州萧山国际机场—杭州湾环线高速—甬舟高速—招宝山路—宁波镇海招宝山
全程约 156 千米

招宝山

招宝山

线路指引

招宝山风景区有三条上山的通道，这三条通道景色各异：

"中峰古道"：上山主道，磐陀修成的石阶路，路面宽阔，沿途有第一山碑、半山亭、揽江台、明清碑碣、威远城等古迹接连而至。

"南陵云路"：新辟游山通道，位于南山腰，环山而上，地面是由鹅卵石拼凑成的不同的图案，路平坡缓。沿途观赏宝泉池、摩崖石、紫竹林、登云坊、吴公纪功碑等景点。

"西山幽径"：环西北山腰而筑，是一清幽山路，沿途树木成荫，风摇竹海，道路百折千回，弯曲逶迤，偶有清风拂面，悠乐无穷。缓缓行至观音阁，使人心如止水，渐入佳境。

主要景点

招宝山由15个风景点和纪念地组成，威远城、安远炮台、吴公纪功碑亭、巾子山、第一山碑、半山亭、揽江台、棋子坪、明清碑碣、宝陀禅寺、观音阁、宝泉池、摩崖石刻、紫竹林、登云坊。这些景点各具特色，它们共同展示了招宝山这一美丽的图画。

北仑九峰山风景区
★★★

九峰山旅游区位于宁波市北仑区，属天台山脉太白山支脉，叠峰连冈，奇峰挺九，故因此得名。九峰山方圆数十里，南托太白山，北濒东海，可谓人间仙境。景区主要包括秀山丽景、花溪漫游区、龙潭祈雨区、石门飞虹区等区域。景区内峰峦叠嶂，茂林修竹，溪水涓涓而流，花木遍布景区。人们可以在九峰山的陡峭处欣赏飞流直下的瀑布，在龙王广场上休闲娱乐，还可以品尝美味的烧烤，实在是休闲旅游的绝佳之地。此外，该地生态环境优良，人称"江南养生天堂"。

北仑九峰山

💰 30元

🕗 8：00—16：00

🚌 杭州萧山国际机场—北仑九峰山风景区（自驾）

杭州萧山国际机场—杭州湾环线高速—甬台温高速—太河南路—北仑九峰山风景区

全程约169千米

梁祝文化公园
★★★★

宁波梁祝文化公园位于高桥镇，是古代梁祝墓、梁祝庙的遗址。公园以梁山伯庙为主体，梁祝故事为主线，由观音堂、夫妻桥、恩爱亭、荷花池、九龙潭、龙嘘亭、百龄路、梁祝化蝶雕塑、大型喷泉广场、万松书院、梁圣君庙等众多景点组成。

公园把梁山伯和祝英台的爱情故事作为公园主题，将草桥结拜、三载同窗、十八相送、化蝶永伴等情节作为旅游线路，最终成为一个大型爱情主题公园。

其中梁山伯庙也称梁圣君庙，是一个三进语宇，即山门、正大殿、后大殿。梁祝读书院也称万松书院，院内古柏苍松众多，建筑古朴。公园梁山伯墓前为一墓双碑（蝴蝶碑），墓碑中间有一条清晰可见的裂缝。相传，该裂缝是由于当年祝英台祭梁山伯而成。

💰 40元

🕗 8：00—16：30

🚌 杭州萧山国际机场—梁祝文化公园（自驾）

杭州萧山国际机场—杭州湾环线高速—通途西路—梁祝路

全程约124千米

梁祝文化公园

五龙潭风景区 ★★★★

宁波五龙潭风景区地处宁波市龙观乡，景区以山奇水秀谷幽、山乡风情浓郁为特色，集游览观光、休闲度假、礼佛朝圣、山地健身功能于一体，可满足游客回归自然山水、品味山村风光，感知浙东地方文化，享受休闲世界的需求。

景区具有浓烈的华夏"龙崇拜"民俗文化特色。人们可以欣赏到五井龙潭、五龙神堂等景观；还可以一睹祭潭的风采；还可以观青云梯、天门瀑、水门瀑的迷人景色。其中青云梯被称为"天下第一梯"，天门瀑和水门瀑则享有"华东第一瀑"的美誉。

💰 50元

🕗 7：30—16：30

🚌 杭州萧山国际机场—五龙潭风景区（自驾）

杭州萧山国际机场—杭州湾环线高速—沈海高速—新潮路—五龙潭风景区

全程约155千米

宁波五龙潭

天一阁博物馆 ★★★★

天一阁博物馆因藏书丰富而闻名天下，汇集了社会历史和艺术特色，是我国现有最早的私家藏书楼。天一阁博物馆建筑精美，雕梁画栋，古朴雅致。景区主要包括藏书文化区域、园林休闲区域以及陈列展览区域，是世界上最早的三大家族藏书楼之一。天一阁博物馆每年都会有多种书画展览，是一个不可错过的旅游景区。

💰 30元

🕗 8：30—17：30（周一闭馆）

🚌 杭州萧山国际机场—天一阁博物馆（自驾）

杭州萧山国际机场—杭州湾环线高速—杭甬高速—菱池街—天一阁博物馆

全程约137千米

天一阁博物馆

丹山赤水风景区 ★★★★ 📷

丹山赤水景区位于四明山,风景迷人,环境清幽。在这里,人们可以欣赏淡瀑飞水、八卦仙台、鹰岩洞天、狮王悟道、秋水长滩等丹山八景;还可以感受丰厚的历史文化;还可以体验山林风情。景区内的赤水溪、青龙潭、灵龙潭等景观相当迷人,可以让人大饱眼福。

💰 80元
🕐 全天
🚌 杭州萧山国际机场—丹山赤水风景区(自驾)
杭州萧山国际机场—杭州湾环线高速—三三省道—靖白线—丹山赤水风景区
全程约119千米

四明山国家森林公园 ★★★★ 🌐📷

四明山国家森林公园内丘陵众多,山峦起伏不定,峰峦叠嶂,降水较多。因其大俞山峰顶有个"四窗岩",日月星光可透过4个石窗洞照射进去,故称"四明山"。

四明山主峰金钟山高达1000多米,物种繁多。四明山内主要景观有红枫林、鹈鸪岩洞、黑龙潭等。冬季四明山会出现迷人的雾凇景观,玉树银花,宛若天上的广寒宫。据说,这里曾是蒋介石和宋美龄避暑的地方,景区内的土地堂曾是蒋氏陆军学堂。

💰 45元
🕐 8:00—17:00
🚌 杭州萧山国际机场—四明山国家森林公园(自驾)
杭州萧山国际机场—杭州湾环线高速—三三省道—甘油线—四明山国家森林公园
全程约133千米

溪口风景区 ★★★★★ 📷🌐

宁波溪口风景区地处奉化溪口镇,东面和北面都环山,南濒剡溪。溪口景区曾是蒋介石及其儿子的故居,是浙江十大美景乐园之一。景区内景色迷人,水流潺潺,湖波荡漾,引人入胜。人们可以欣赏文昌阁、锦溪秋月、武山庙、武岭门、小洋房等美景,还可以在月夜泛舟。

💰 通票230元
🕐 8:00—17:00
🚌 杭州萧山国际机场—溪口风景区(自驾)

杭州萧山国际机场—杭州湾环线高速—甬金高速—S33—溪口风景区
全程约155千米

溪口风景区

余姚天下玉苑景区 ★★★★ 📷

余姚天下玉苑景区位于余姚市大隐镇九龙山麓,因玉文化和佛教文化而闻名天下。它以玉为载体,将山水灵气、玉雕精品和人文圣迹融为一体,是一个以弘扬玉文化为主要特色的风景旅游区。有人赞誉它是"华夏瑰宝""亚洲一绝"。在这里,人们可以欣赏西隐禅寺、南天坛、玉苑门楼等美景,还可以体验休闲娱乐的活动。其中,西隐禅寺是世界上第一座整体采用玉石雕琢佛像的寺庙。

💰 60元
🕐 8:00—16:30
🚌 杭州萧山国际机场—余姚天下玉苑景区(自驾)
杭州萧山国际机场—杭州湾环线高速—山王路—余姚天下玉苑景区
全程约114千米

滕头生态旅游区 ★★★★★ 📷

滕头景区位于奉化和溪口之间,是一处人与自然十分和谐的生态旅游景区,享有"全球生态五百佳村"的美誉。有位诗人写了"青山碧水胜桃源,日丽花香四季春;人间仙境何处觅?且看奉化滕头村"的诗句。

东区是老区,主要景点有白鸽广场、喷泉广场、农家乐、梨花湖、盆景园、

滕头生态旅游区

千鱼公园;游艺项目有小猪快跑、大猪快跑、千鸽迎宾、松鼠拜年等;西区是新区,有玫瑰采摘区、奇花异果棚、草莓采摘区、婚庆园、晒谷广场、石窗馆、田园烧烤区、犁耕活动区;游艺项目有独轮车送公粮大战、大滚缸、称大称、拉大碾、磨豆浆、打草鞋等。

💰 80元
🕐 7:30—17:00
🚌 宁波栎社机场—滕头生态旅游区(自驾)
杭州萧山国际机场—杭州湾环线高速—甬金高速—奉化三高连接线—滕头生态旅游区
全程约152千米

松兰山海滨旅游度假区 ★★★★ 📷

松兰山海滨旅游度假区位于宁波市象山县东南,距县城9千米,总面积25.1平方千米,分为"百果迎宾""飞舟破浪""海峡沙暖""弥陀照景"等5个景观。

松兰山有众多的海湾和沙滩,共有6个沙滩,被称为华东地区最大的陆地沙滩。景观的主要景点有南沙滩、东沙滩、游仙寨、弥陀寺、太极坡、神像岩等。其中,南沙滩现已成为滨海浴场;游仙寨是明代抗倭遗迹;神像岩上还有炼丹石和试剑石等景观。

💰 30元
🕐 8:00—17:00
🚌 杭州萧山国际机场—松兰山海滨旅游度假区(自驾)
杭州萧山国际机场—杭州湾环线高速—甬莞高速—巨鹰路—松兰山海滨旅游度假区
全程约212千米

松兰山日出

东钱湖风景区 ★★★★ 📷

东钱湖在宁波市东南,距市区仅7.8千米,因"其湖承钱埭之水",故称东钱湖,是浙江最大的淡水湖,相当于杭州西湖的4倍,可称"华夏沿海第一湖"。

东钱湖湖面烟波浩渺，四周被绿树青山环绕，冬暖夏凉。东钱湖风光旖旎，身临其境，令人心旷神怡，宠辱皆忘，景区景色迷人，引人入胜。主要景点有二灵夕照、忠应庙、沙孟海书学院、梦幻钱湖、陶公钓矶、霞屿锁岚（俗称小普陀）、南宋石刻遗址博物馆等。

- 💰 30元
- 🕐 8：00—17：00
- 🚗 杭州萧山国际机场—东钱湖风景区（自驾）
杭州萧山国际机场—杭州湾环线高速—杭甬高速—连心路—东钱湖风景区
全程约151千米

东钱湖

↘ 吃在宁波

宁波菜也称"甬帮菜"，以烹制海鲜最为有名，注重鲜咸适中，主要烹调方式有蒸、烤、炖等。宁波菜口感细嫩，色泽浓重，比较有名的特色美食有腐皮包黄鱼、苔菜小方烤、冰糖甲鱼等。此外，宁波的甜点也很有名，如宁波汤团、宁波年糕等。

宁波汤团

- 🍵 **贴阁碧（东渡路店）**
游客评价：白蟹炒年糕里的蟹真的很大只，又鲜又嫩，年糕Q弹还有蟹味
📞 0574-87120509
📍 宁波市海曙区东渡路16号

- 🍵 **走马楼饭庄**
游客评价：浙江菜，环境优美，酒糟核桃羹很火
📞 0574-87570777
📍 宁波市江北区慈城民权路361号

- 🍵 **阿毛饭店（文化广场店）**
游客评价：浙江菜，菜品种类丰富
📞 0574-87150227
📍 宁波市中山东路1999号4幢文化广场B-4号-1

- 🍵 **老鸭集（印象城店）**
游客评价：汤底鲜，鸭子肉很嫩
📞 0574-88259987
📍 宁波市钱湖北路印象城4楼

- 🍵 **美宴摩登餐厅**
游客评价：油焖鲜笋太香了，用的是笋最嫩的部分，特有的鲜香
📞 0574-87351111
📍 宁波市江北区槐树路87号

↘ 住在宁波

平价型

布丁酒店（火车站店）
📍 宁波市海曙区苍松路71号
📞 0574-87127088

轻住·亚太瑞时酒店（天一广场店）
📍 宁波市中山西路88号
📞 0574-87995555

爱都精品主题酒店
📍 宁波市大沙泥街61号
📞 0574-87238914

7天酒店（鼓楼地铁站店）
📍 宁波市中山东路中山大厦新华书店1楼
📞 0574-27782777

裕家精品酒店
📍 宁波市四明东路与创新路交叉口金色江南楼盘
📞 0574-88001068

享受型

宁波九龙湖开元度假村
📍 宁波市镇海区九龙湖镇郎家坪
📞 0574-88339111

宁波万豪酒店
📍 宁波市海曙区和义路188号
📞 0574-87108888

宁波香格里拉大酒店
📍 宁波市鄞州区豫源街88号
📞 0574-87998888

宁波东港波特曼大酒店
📍 宁波市鄞州区彩虹北路50号
📞 0574-87688688

宁波凯洲皇冠假日酒店
📍 宁波市海曙区药行街129号
📞 0574-56199999

💡 特产

宁波是浙江经济发达的地方，市区内中山路、解放南路、开明街、东门口一带是宁波繁华的街区，有很多大型购物广场。

宁波著名的旅游工艺品有：骨木镶嵌、堆塑漆器、宁波金银绣、朱金木雕、泥金彩漆、竹编、宁波草席等。

宁波的土特产以海产品为主，主要有：石斑鱼、新风鳗鲞、明府鲞、爵鲞、梭子蟹、青蟹、长街蛏子、西店牡蛎、象山海蜇、象山虾皮、宁波淡菜、弹涂鱼等。

其中，宁波贡干又名壳菜，也就是淡菜干，不但肉味鲜美，而且营养价值很高。

宁波草席以质地精密、挺括硬实、柔软光滑、收藏简便四大特点畅销全国各地，宁波西乡黄古林镇素有"草席之乡"的美誉。

购物宁波

宁波城隍庙商城

宁波城隍庙商城位于宁波市县学街，距今已有 600 多年的历史。宁波城隍庙商城中的国券街更是一条独具江南特色的步行街，它有近百家特色商铺和商店。在这儿，人们既可以享受购物的乐趣，还可以品尝特色美食。

宁波天一广场

宁波天一广场位于宁波繁华的地段，是当前我国最大的综合性购物商业中心，东面是车轿街，西面即为开明街。天一广场的主要区域有超市区域、百货区域、精品区域、服装区域、儿童区域、娱乐休闲区域、餐饮区域、高级酒店区域、数码电子区域、综合服务区域等多个区域，产品种类繁多，服务应有尽有，能够满足人们各种各样的需求。此外，天一广场内还有目前亚洲最大的音乐喷泉、超大屏幕的水幕电影，堪称购物休闲的天堂。

银泰大型购物商城

宁波银泰大型购物商城位于宁波市解放路，地处三江口商业中心，是银泰百货在浙江建立的首家分店。主要经营各种日用百货、服装等产品。人们不仅可以尽情购物，还可以体验休闲娱乐的趣味。

宁波新江厦商城

宁波新江厦商城位于宁波市中山路，是一家大型的百货零售商城。商城内产品种类齐全，产品质优，服务也较好。人们在这里能够买到各种各样的百货商品，能够尽情体验购物之乐。

宁波天一广场

嘉兴

嘉兴市位于浙江省东北部、东临大海，南依钱塘江，揽江、海、湖之形胜，素有"鱼米之乡""丝绸之府"之美誉，是全国优秀旅游城市和国家园林城市，国家历史文化名城，马家浜文化的发祥地。

嘉兴文化深厚，名人辈出。有顾况、刘禹锡、陆贽、沈曾植、王国维，以及被周恩来总理赞誉为"民主人士左派的旗帜"的沈钧儒，文坛巨匠茅盾，新月派诗人徐志摩，漫画家丰子恺和张乐平，著名物理学家黄昆，著名数学家陈省身，武侠小说大师金庸等等。

嘉兴旅游资源丰富，自然风光与人文景观交相辉映，有革命圣地南湖、"天下第一潮"海宁钱江潮、"一片真山水"海盐南北湖、东南沿海"北戴河"平湖九龙山海滨浴场、江南水乡古镇嘉善西塘和桐乡乌镇等。

区号：	0573
邮编：	314000、3014001
面积：	3915 平方千米
人口：	540.09 万人
著名景点：	烟雨楼、西塘古镇、南湖、白鹭洲等

游在嘉兴

嘉兴烟雨楼 ★★★★

烟雨楼是嘉兴南湖湖心岛上的主要建筑，现已成为岛上整个园林的泛称。因其建筑精美、独具特色而成为一个著名景点。烟雨楼之名源于杜牧"多少楼台烟雨中"一诗，故名为烟雨楼。烟雨楼的正楼分为上下两层，楼高 20 米，画栋雕梁，窗明柱红，楼东为青杨书屋，西为对山斋，均为 3 间。东北为八角轩一座，东南为四角方亭一座。西南垒石为山，山下洞穴迂回，可沿石蹬盘旋而上，山顶有六角敞亭，名翼亭。此楼是澄湖视高点，凭栏远瞰，万树园、热河泉、永佑寺诸处历历在目。每当夏秋之季，烟雨弥漫，不啻山水画卷。

50 元

8：00—17：00

嘉兴烟雨楼

🚌 杭州萧山国际机场—嘉兴烟雨楼（自驾）
杭州萧山国际机场—沪昆高速—南湖大道—南湖路—嘉兴烟雨楼
全程约89千米

烟雨楼
主要景点

烟雨楼入口处为清晖堂，门东北向，北墙嵌有石碑，刻"烟雨楼"三大字，为清顺治年间冀应龙所书。清晖堂后为"御碑亭"，中竖石碑，刻有乾隆游南湖题诗的手迹。经御碑亭进内即至烟雨楼正楼。楼2层，高约20米，建筑面积640余平方米。楼前檐悬董必武所书"烟雨楼"匾额，楼下正厅楹联："烟雨楼台，革命萌生，此间曾着星星火；风云世界，逢春蛰起，到处皆闻殷殷雷。"楼上下均有回廊环通，登楼凭栏远眺，田园湖光尽在眼底。烟雨楼前是开阔的平台，有两棵古银杏树参天挺立。台外栏杆下有"钓鳌矶"刻石。平台东南侧，即乾隆游南湖的另一处御碑亭。

鱼乐国：宝梅亭内陈列有元吴镇风竹刻石，清彭玉麟梅花碑。亭外堤岸，垂柳翠竹掩映朱墙，墙上砌明代书画家董其昌所书"鱼乐国"碑。自宝梅亭前行，依次为来许亭、鉴亭。现亭内悬挂沈定一所书"民国元年（1912年）孙中山先生来游于此"。

西塘古镇 ★★★★ 🌐 📷

西塘古镇地处嘉善县，距今已有1000多年的历史，曾被称为"吴根越角"和"越角人家"。永宁桥是西塘古镇颇为有名和热闹的一座桥，将西塘的象征建筑烟雨长廊和北栅街连接起来。西塘不仅风景秀丽，古朴有韵味，如西塘晓市、环秀断虹、雁塔湾头等美景，而且还是许多名人的故里，如杨茂、张成等人。这里还有嘉善三位高士，即周鼎、吴镇、陈舜俞。

💰 100元
🕐 8：00—24：00

西塘古镇

🚌 杭州萧山国际机场—西塘古镇（自驾）
杭州萧山国际机场—沪昆高速—常嘉高速—南苑路—西塘古镇
全程约123千米

嘉兴南湖风景区 ★★★★★ 📷

嘉兴南湖景区处于嘉兴城南，和西南湖合称"鸳鸯湖"，属于浙江三大名湖之一。中国共产党第一次全国代表大会就是在南湖画舫上完成的，它也成为中国红色旅游的伊始，为南湖增添了不少魅力。景区内风景名胜众多，如会景园、揽秀园等；还有众多的人文景观，如南湖革命纪念馆、英雄园等。

💰 60元
🕐 8：00—17：00
🚌 杭州萧山国际机场—嘉兴南湖风景区（自驾）
杭州萧山国际机场—沪昆高速—南湖大道—海盐塘路—嘉兴南湖风景区
全程约88千米

嘉兴南湖

陈阁老宅 ★★★ 🌐 📷

陈阁老宅，位于盐官城堰瓦坝，是清朝大学士陈元龙的居所。古宅建于明代末期，陈元龙将其扩大，增加了双清草堂、筠香馆，颇有皇宫的气派。陈元龙曾被称为海宁相国，清时国相也称阁老，故名为陈阁老宅。厅前有假山数盘，名木几株，流水一脉，并有曲桥南通"双

陈阁老宅

清草堂"，园虽小而曲桥流水，山石卉木各具，环境幽静典雅。

💰 25元
🕐 8：00—17：00
🚌 杭州萧山国际机场—陈阁老宅（自驾）
杭州萧山国际机场—杭州湾环线高速—沪昆高速—宣德路—陈阁老宅
全程约44千米

徐志摩故居 ★★★ 🌐 📷

徐志摩故居，位于海宁硖石镇西河街，是现代著名诗人、新月派领军人物徐志摩的故居，也是徐志摩和陆小曼曾经的住所。徐志摩故居为两进庭院，占地600平方米。主楼中陈列着许多文物，介绍了徐志摩的生平事迹及其文学成就等，展示了诗人短暂而绚丽多彩的一生。正厅、卧室、书房布置复原陈列，再现诗人的家境和生活场所。

💰 10元
🕐 8：30—17：30(周一闭馆)
🚌 杭州萧山国际机场—徐志摩故居（自驾）
杭州萧山国际机场—杭州湾环线高速—沪昆高速—干河街—徐志摩故居
全程约70千米

嘉兴白鹭洲 ★★★ 📷

嘉兴白鹭洲地处北湖中心，因夏末秋初许多白鹭在此栖息，故名白鹭洲。白鹭洲是南北湖中秋欣赏月景的最佳之地，因而有"澉湖秋月"的美誉。白鹭洲有茶室、亭台、水榭等建筑，花木繁多，绿荫环绕，鸟语花香，景色迷人，是不可多得的美景。

💰 5元
🕐 8：00—17：00
🚌 杭州萧山国际机场—嘉兴白鹭洲（自驾）
杭州萧山国际机场—杭州湾环线高速—沪昆高速—石头路—嘉兴白鹭洲
全程约78千米

嘉兴白鹭洲

范蠡湖公园 ★★★

嘉兴范蠡湖公园占地5000多平方米，园中很有名的是水中景色。景区内有水轩、西施妆台、范少伯祠、浮壁石匾等景观，湖光十色，宛如仙境。景区内的湖天海月阁是嘉兴有名的"五湖四海"之一，如今仅存一进大殿。殿中有西施梳妆、留痕李等著名雕像，栩栩如生，颇具特色。

S 免费
L 全天
🚌 杭州萧山国际机场—范蠡湖公园（自驾）
杭州萧山国际机场—沪昆高速—南湖大道—环城西路—范蠡湖公园
全程约89千米

范蠡湖公园

石皮弄 ★★★

石皮弄位于西塘镇下西街，处于两座建筑之间的一个露天弄堂，是明清时期的建筑。石皮弄只有1米宽，是西塘镇所有弄堂中最窄且最长的弄堂，长60多米，是用166块石板建成。石皮弄左右两壁梯级状山墙有6—10米高，至今完整地保留着古老而又独特的风姿。这条长长的石皮弄是西塘最长的弄堂。弄深而窄，弄面平整石薄如皮，故名石皮弄。漫步在石皮弄上，会有清脆的声音发出，是到嘉兴旅游不可不去的一条弄堂。

S 免费（冯宅5元）
L 全天
🚌 杭州萧山国际机场—石皮弄（自驾）
杭州萧山国际机场—沪昆高速—常嘉高速—环秀街—石皮弄
全程约125千米

石皮弄

嘉兴南北湖 ★★★★

嘉兴南北湖位于钱塘江畔，山清水秀，峰峦叠嶂，溪水曲曲折折，因而享有上海后花园、杭州姊妹湖的美誉。南北湖景区也是我国仅有的将山光、海色、湖景集于一身的景区，三面被山环绕，另一面濒临海边，包括湖塘、鹰窠顶、三湾、滨海、谈仙岭5个区域。其中，谈仙石城是世界上最小的石城，日月并升的奇观也能在这儿观赏到，金九避难处则昭示了中韩友好的情谊。

S 80元
L 8：00—16：30
🚌 杭州萧山国际机场—嘉兴南北湖（自驾）
杭州萧山国际机场—杭州湾环线高速—沪昆高速—嘉兴线—嘉兴南北湖
全程约73千米

王国维故居 ★★★

一代国学大师王国维的故居位于盐官镇周家兜，是王国维年少时期的住所。故居坐北面南，正厅中设有王国维的半身铜像。故居内有许多陈设，介绍了王国维的故乡、生平、学术造诣以及国内外有关王国维研究的著作。

S 10元
L 8：00—16：30
🚌 杭州萧山国际机场—王国维故居（自驾）
杭州萧山国际机场—杭州湾环线高速—沪昆高速—建安路—王国维故居
全程约46千米

王国维故居

桐乡乌镇 ★★★★★

桐乡乌镇位于杭嘉湖平原，是中国十大历史文化名镇之一，距今已有1300多年的历史。乌镇的水域主要包括东、西、南、北4个栅区，水域至今通畅。而且，乌镇的古建筑保存完好。如今东栅建有民俗展馆，介绍了浙江特色的手工艺品，如蓝印花布等。此外，景区还将古代乌镇上的香市、瘟元帅会等民间活动复现了出来，给人们展示了乌镇悠久的历史文化。

S 东栅景区110元，西栅景区150元，联票190元
L 8：00—17：30
🚌 杭州萧山国际机场—桐乡乌镇（自驾）
杭州萧山国际机场—沪昆高速—迎宾大道—隆源路—桐乡乌镇
全程约82千米

桐乡乌镇

桐乡乌镇
旅游提示

1. 每天8：00到16：30，东、西栅两个景区间有免费巴士，大约30分钟一班，在东、西栅服务中心处乘坐。

2. 京杭大运河是乌镇的母亲河，所以到了乌镇，乘船到乌镇尽头便可看见京杭大运河在夕阳沐浴下百川流不息的繁华。

3. 节假日的时候人山人海，食宿以及购物的价格都很昂贵，而且人很多就无法体会古镇的宁静美。

4. 西栅的景点要比东栅多，可以多花时间在西栅，西栅景区内的露天电影是可以免费观看的，很怀旧。

5. 到了西栅景区就连厕所也是一大景观，非常有特色，非常美化。很多游客到厕所总是不禁感慨一番。

6. 当年的热播剧《似水年华》，它的一处拍摄地点是在似水年华酒吧，在枕水度假酒店附近，有兴趣的朋友可以去坐坐。

最佳旅游时节

乌镇的气候与嘉兴、西塘无多大区别。一年中最美的季节是春天与秋天。一天中最美的是清晨与傍晚。

清晨，河道上会漫起薄薄的雾气，仿佛梦境。傍晚，夕阳西照，游人散尽，一个生活的乌镇出现在眼前。

春季的乌镇有盛开的腊梅、桃花、泡桐，柳绿和古镇相映成趣，你可以领略到烟花三月下江南的意境。

请避免夏季正午时去乌镇游览，白晃晃的日光直直地晒下来，也没什么廊棚可遮挡，让人感觉非常不好。

↘ 吃在嘉兴

嘉兴菜系也属于浙菜，不过由于靠近上海，因而嘉兴菜既有杭帮菜的特色，也有沪菜的特色。来到嘉兴，南湖蟹、文虎酱鸭、五芳斋粽子、荷叶粉蒸肉等都是不可错过的美味菜肴。

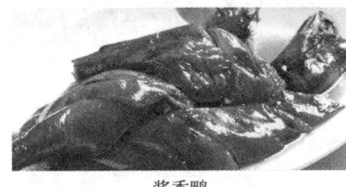
酱香鸭

● **寻坞·水宴餐厅**
游客评价：私房菜，东坡肉必点
☎ 18767326722
📍 乌镇隆源路479号

● **3号仓库（龙鼎万达店）**
游客评价：创意菜，环境干净整洁
☎ 0573-82686688
📍 嘉兴市经开龙鼎万达负一楼

● **邹大鲜**
游客评价：园林景观，在庭院里进餐，环境非常棒，菜品也好

☎ 0573-82297878
📍 嘉兴市秀洲区河街中基路59号

● **七张桌精品菜馆**
游客评价：江浙菜，人气非常高
☎ 171641226686
📍 西塘北栅街11号

● **戴梦得酒店·南湖景观旋转餐厅**
游客评价：旋转餐厅，可以看到嘉兴的各个景点，很有特色
☎ 0573-82152125
📍 嘉兴市禾兴南路520号戴梦得大酒店25楼

● **暗恋桃花源（旭辉广场店）**
游客评价：江浙菜，松鼠鳜鱼好吃
☎ 0573-82081683
📍 嘉兴市旭辉广场内

↘ 购物嘉兴

戴梦得购物中心
戴梦得购物中心位于嘉兴市南湖区中环南路2号，内有很多品牌店。嘉兴戴梦得购物中心主要经营各种知名品牌的化妆品、服装、珠宝、皮具等。嘉兴戴梦得购物中心的著名品牌众多，如九牧王、宝姿、都彭、梦特娇、杰凡尼、玛丝菲尔、鄂尔多斯等。

嘉兴国际中港城
嘉兴国际中港城位于嘉兴市南湖区，主要包括大型商贸城、娱乐城、国际会展中心、现代高尚住宅、高级酒店等区域，是一个综合性的场所，能够满足人们不同的需求。国际中港城的商贸城主要经营电子产品、珠宝首饰、当地土特产等产品。国际中港城内还有奥特莱斯精品商业广场，也是购物时不可多得的场所。

嘉兴世纪华联购物商厦
大型的嘉兴世纪华联购物商厦位于嘉兴海宁市，处于嘉兴繁华的商业中心。商厦共有5层，主要经营各种日用百货、烟酒副食、珠宝、服装等商品。这里也是中高档商品的购物场所，有许多著名的品牌，如欧时力、玖姿、百丽、水芝澳、欧珀莱等国际品牌。

新港商业街
位于嘉兴港区中心的生活区雅山路，新港商业广场是港区的一座综合购物中心。

💡 **特产**
嘉兴商业贸易发达，商品齐全丰富，有全国最大的羊毛衫市场，最大的手工彩绘市场。嘉兴的特产有南湖无角菱、南湖蟹、五芳斋粽子、文虎酱鸭、桐乡杭白菊等，工艺品有嘉兴黑陶、嘉兴丝绸服装、平湖丝织毛毯、切菜刀、桐乡蓝印花布等。
其中，五芳斋粽子号称"江南粽子大王"，以糯而不烂、肥而不腻、肉嫩味美、咸甜适中而著称。

↘ 住在嘉兴

平价型

新天地酒店
📍 嘉兴平湖市环城东路555号
☎ 0573-85888588

三生三世十里桃花客栈（西塘古镇店）
📍 嘉兴市西塘古镇王家阁11号
☎ 15958355775

匆匆那年民宿
📍 嘉兴市乌镇虹桥村公园村5号
☎ 18858315377

乌镇望水人家客栈
📍 嘉兴市乌镇新华路126号
☎ 0573-88728228

胡同里花园客栈（西塘古镇景区店）
📍 嘉兴市西塘古镇北栅街79弄3号
☎ 18867656634

享受型

嘉善世博开元名都大酒店
📍 嘉兴市嘉善县嘉善大道555号
☎ 0573-84678888

阿丽拉乌镇酒店
📍 嘉兴市乌镇子夜东路939号
☎ 0573-88712222

嘉兴清池温泉酒店
📍 嘉兴市中山西路延伸段与濮新公路交会处西北角
☎ 0573-82968888

嘉兴阳光大酒店
📍 嘉兴市中山东路1628号
☎ 0573-82082088

嘉兴西塘假日酒店
📍 嘉兴市嘉善县西塘镇南苑路185号
☎ 0573-84567388

杭白菊，早在20世纪20年代，桐乡白菊花就以其色、香、味、形四绝成为饮用菊之佳品，目前市场上优质的盒装杭白菊，冲泡后不散心、不落瓣，花形完整，素净馨香。饮用杭白菊能清热解渴、润喉生津、平肝明目，品尝时还能尽观赏之雅兴。其色、香、味、形堪与西湖龙井相媲美。

嘉兴购物老街

温州

区号：0577
邮编：325000
面积：12110平方千米
人口：957.29万人
著名景点：雁荡山、楠溪江、百丈漈、飞云湖等

温州，冬无严寒，夏不酷热，气候温润，所以称为温州。位于浙江省东南部，东濒东海，南与福建省宁德市毗邻，西及西北部与丽水市相连，北及东北部与台州市接壤。温州是中国数学家的摇篮、南戏的故乡、民营经济发展的先发地区与改革开放的前沿阵地。

温州是一座文化底蕴深厚的城市，是海峡西岸经济区五大中心城市之一，中国地级市位列前茅。温州还是省级历史文化名城，浙江的经济中心之一，浙南位列前茅大都市，浙南经济、文化、交通中心。"一片繁华海上头，从来唤作小杭州。水如棋局分街陌，山似屏帷绕画楼。是处有花迎我笑，何时无月逐人游。西湖宴赏争标日，多少珠帘不下钩。"这首诗是对温州最好的写照。

游在温州

雁荡山 ★★★★★

雁荡山景区位于雁荡山的北麓，也称"北雁荡山"，享有"寰中绝胜""海上名山""东南第一名山"等美誉。雁荡山古时称"芙蓉山"，山内有湖，每年秋季，大雁都会留此栖止，故称雁荡山。雁荡山主峰百岗尖高达1100多米，山上峰峦叠嶂，郁郁葱葱，溪水清澈，洞谷幽深，飞瀑直泻，景色迷人。雁荡山景区主要有灵岩、灵峰、大龙湫、仙桥等8个景区，其中雁景四绝，即幽洞、奇峰、飞瀑、巨嶂，更是令人叹为观止的胜景。雁荡山不仅是旅游的好地方，还是避暑的绝佳胜地。

各景点收费不一，联票分别为170元、200元、220元不等
5：30—18：00

雁荡山

🚌 杭州萧山国际机场—雁荡山（自驾）
杭州萧山国际机场—常台高速—沈海高速—白芙线—雁荡山
全程约 282 千米

💡 雁荡山
最佳旅游时节

适宜的旅游季节：春、夏、秋季。雁荡山以奇峰怪石、古洞石室、飞瀑流泉称胜，夏季雨水多，瀑布落差大，看瀑布，五六月份或八九月份是游览的最佳时节。

每天 10：00 和 15：00 的灵岩一小时飞渡表演特别精彩，值得一看，不要错过。

景区交通

公交车：旺季时到景区内各主要景点（"二灵一龙"）都有绿色小巴可达，满 10 人即开，票价 6.5 元/人。若在淡季，景区里的公交车就变成了出租车，这时只能包车。

从火车站到大龙湫景区的雁荡山旅游公交车现已运营，首发 6：30，末班车 17：30，依次线路站点为：火车站—白溪街停车场—雁荡山车站—选坑—松学路—松垟村犁头嘴—雁荡山管委会—旅游集散中心—石塘头—响岭头—朝阳洞停车场—灵峰景区—旅游公司—三折瀑景区—响岩门外—响岩门里—灵岩景区—吞水潭—下灵岩小学—方洞路口—方洞索道站—仁堂—锅灶门—三官堂—大龙湫景区。

瑞安桐溪景区

★★★★ 📷 🏞️

瑞安桐溪景区地处桐浦乡境内，主要包括湖心岛、龙潭、岩庵三大区域，被人们称为"小西湖"。桐溪景区围绕桐溪水库，将钓鱼岩、寿桃岩、纱帽岩、通天洞、观音阁、蝙蝠洞等景观串联起来，形成了许多岩石险怪、洞谷幽深、树木繁茂、水秀潭碧的迷人景色，令人向往不已。

💰 30 元
🕗 8：30—17：30

湖心岛

🚌 杭州萧山国际机场—瑞安桐溪景区（自驾）
杭州萧山国际机场—沪昆高速—诸永高速—双桐线—瑞安桐溪景区
全程约 321 千米

温州苍南渔寮风景区

★★★ 📷

温州苍南渔寮景区地处渔寮乡境内，东濒大海，西与马站相接，南与霞关相接，北与赤溪相接。景区西北部为青山绿树环绕，郁郁葱葱，景色优美。渔寮乡也是粮食、蔬菜和水果出产较多的地方，也是渔业之乡，如梭子蟹、石斑鱼等。景区主要包括黄金海滩、雾城岙等区域，天蓝海碧，礁石众多，是旅游度假的胜地。

💰 38 元
🕗 3 月 3 日—12 月 1 日：8：00—16：00（其余时间不开放）
🚌 杭州萧山国际机场—温州苍南渔寮风景区（自驾）
杭州萧山国际机场—沪昆高速—诸永高速—龙魁线—温州苍南渔寮风景区
全程约 411 千米

温州玉苍山 ★★★ 📷 🏞️

温州玉苍山景区地处平阳县与苍南县交界处，占地 70 多平方千米，主要包括东、西、南、北、中 5 个大型区域。玉苍山是南雁荡山的分支，主峰大玉苍高达 900 多米，山色青葱。景区内拥有玉苍三绝，即云海、日出、怪石。其中怪石位于海拔七八百米的山峰上，数目众多，而且形态各异，似人似兽，十分壮观。另外，每年重阳节，苍南玉苍山都会有大型的重阳登高活动，也是人们不可错过的旅游活动。

💰 40 元
🕗 6：00—19：00
🚌 杭州萧山国际机场—温州玉苍山（自驾）
杭州萧山国际机场—诸永高速—沈海高速—桥玉线—温州玉苍山
全程约 389 千米

温州泰顺廊桥

★★★★ 🌐 📷

温州泰顺地处浙江南部山区，东北面与文成县相接，西北与界宁县相接，占地 1700 多平方千米。泰顺自古就被称为"半分田、半分水、九分山"。泰

顺廊桥景区群山叠嶂，海拔 1000 米以上的山峰就达 170 多座。古时因为景区景色优美，与外界隔绝，所以这里还是许多历史名人隐居的世外桃源。

💰 免费
🕗 全天
🚌 杭州萧山国际机场—温州泰顺廊桥（自驾）
杭州萧山国际机场—诸永高速—沈海高速—泗水西路—温州泰顺廊桥
全程约 418 千米

泰顺廊桥

南雁荡山景区

★★★★ 🏛️ 🏞️

南雁荡山景区地处平阳境内，主要有东屿、石城、西洞、顺溪、畔溪等 5 个区域，是儒教、释教、道教三教的宗教圣地。

南雁荡山景区峰峦耸峙，洞谷幽深，历史古迹众多，且极具民俗特色。南雁荡山景区山水相映成趣，并形成了秀溪、银瀑等六大著名景观。景区有八瀑、九石、十三潭、二十四洞、六十七峰等自然景观，还有一庙、三亭、十二院、十三古刹等人文景观，风景秀丽，历史文化悠久。

💰 40 元
🕗 5：30—18：00
🚌 杭州萧山国际机场—南雁荡山景区（自驾）
杭州萧山国际机场—常台高速—沈海高速—南雁荡山景区
全程约 282 千米

文成铜铃山峡

★★★★ 📷 🏞️

温州市文成铜铃山峡景区地处百丈漈景区的西面，主要包括铜铃山峰、铜铃寨、小瑶池三大区域。景区内峰峦叠翠、谷幽峰深、花草众多，野生动物品种也非常繁多，空气清新，对身体十分有益。境内拥有数百万平方米的原始次生林，为浙南保存最好的原始阔叶林。铜铃山峡景区因迷人的森林栈道和奇绝的壶穴瀑布而闻名天下。其中，壶穴瀑

布享有"华夏一绝"的美誉。
💰 50元
🕗 8：00—16：00
🚌 杭州萧山国际机场—文成铜铃山峡（自驾）
杭州萧山国际机场—诸永高速—长深高速—石驮线—文成铜铃山峡
全程约388千米

楠溪江岩头中心风景区
★★★★ 🌐 📷

温州楠溪江岩头中心风景区位于楠溪江干流中段，占地200平方千米，滩美水秀，村庄古朴。这里江水清澈，滩林众多。沿江而行，一路可见江道弯曲多弯，河床似阶梯起伏，滩潭相间，遇潭水缓，遇滩水急，视野幽闭相济，动静相辅，景色变化有致。中心景区的主要景观有大楠溪、狮子岩、永庆桥、沙头烈士陵园、九丈滩林、太平岩、石柱峰、枫林村、芙蓉村、岩头村等。景区景色迷人，引人入胜。而且人们在沉醉于秀丽的自然风光的同时，也可以了解浙南农村由耕读文化向宗族文化发展的轨迹。

💰 10—80元不等
🕗 7：30—18：00
🚌 杭州萧山国际机场—楠溪江岩头中心风景区（自驾）
杭州萧山国际机场—沪昆高速—诸永高速—S223—楠溪江岩头中心风景区
全程约365千米

楠溪江岩头中心风景区

温州市动物园
★★★ 🐼 📷 🌲

温州市动物园地处风光秀丽的景山公园内。温州市动物园内峰峦叠嶂、古柏众多、秀水潺潺、鸟语花香，仿佛回到了原始自然中。动物园内拥有许多珍贵物种，比如东北虎、丹顶鹤、小熊猫、非洲狮、鳄鱼等。

💰 30元
🕗 8：30—17：30
🚌 杭州萧山国际机场—温州市动物园（自驾）
杭州萧山国际机场—沪昆高速—诸永高速—环景东路—温州市动物园
全程约300千米

温州市动物园的丹顶鹤

温州乐园
★★★★ 🌐 📷 🌲

温州乐园地处霞岙村，依山而建，濒临秀水，是一处将自然景观、娱乐休闲汇集起来的综合性旅游乐园。温州乐园景区主要包括美国西部区域、恐龙谷探险区域、欧洲风情区域、卡通区四大区域。每个旅游区域都有许多高科技旅游活动，如景区内拥有全国第一台有"游乐设备之王"美誉的极速风车、浙江省内唯一的360度环幕电影，可以给人们带来惊险刺激的旅游体验。

💰 150元
🕗 旺季（5月至10月）：8：30—17：00；淡季（11月至次年4月）：9：30—16：30
🚌 杭州萧山国际机场—温州乐园（自驾）
杭州萧山国际机场—沪昆高速—诸永高速—环山公路—温州乐园
全程约303千米

温州市茶山五美景园
★★★★ 📷

五美景园是大罗山内花岗岩地貌景观典型与集中的地区，岩石造型奇特，洞府景观幽深、奥妙，卧龙溪峡谷与瀑布景观壮美、险峻。五美景园主要景点有五美园、卧龙、花果山、香山、山重楼5个著名区域。景区内的香山寺是佛教庙宇，每年都会有很多人来此观光。温州茶山五美景园洞幽谷深，瀑飞溪碧，是一处将观光、休闲、娱乐综合起来的旅游区。

💰 38元
🕗 8：00—17：00

🚌 杭州萧山国际机场—温州市茶山五美景园（自驾）
杭州萧山国际机场—沪昆高速—诸永高速—卧龙路—温州市茶山五美景园
全程约306千米

温州南麂列岛国家级海洋自然保护区★★★★

温州南麂列岛国家级海洋自然保护区，是我国第一批5个海洋自然保护区之一，面积多达200平方千米。景区内最大的岛屿是南麂岛，主要是海蚀地貌，海岸线曲折，礁石星罗棋布，沙滩繁多。南麂岛海洋保护区主要包括大沙澳、三盘尾、国姓澳三大景观区。南麂岛海洋保护区不仅自然景观秀丽，还是休闲娱乐、避暑疗养的度假胜地。

💰 100元
🕗 全天
🚌 杭州萧山国际机场—温州南麂列岛国家级海洋自然保护区（自驾）
杭州萧山国际机场—诸永高速—沈海高速—城新线—温州南麂列岛国家级海洋自然保护区
全程约357千米

南麂岛风光

瑞安市玉海楼★★★ 🌐 📷

温州瑞安市玉海楼景区属于浙江四大著名藏书楼之一，面积达8000多平方米，是孙衣言及其儿子孙诒让所建，距今已有100多年的历史。玉海楼三面环水，将藏书、景观、私家园林等特色汇集于一身，成为一处著名景观。玉海楼主要有前后总共两进庭院，庭院幽深，花木繁多，拥有藏书3万多册。章太炎称之"三百年绝等双"，梁启超赞之"殿有清一代，光芒万丈"。

💰 10元
🕗 8：00—17：30
🚌 杭州萧山国际机场—瑞安市玉海楼（自驾）
杭州萧山国际机场—沪昆高速—诸永高速—道院前街—瑞安市玉海楼
全程约323千米

玉泉禅寺

苍南石聚堂景区
★★★ 🏛 📷

苍南石聚堂景区地处灵溪镇内，山石众多，故曰石聚，因为景区内建有许真君祠、玉泉禅寺，所以人们称之为石聚堂。石聚堂景区主要包括石聚天成、大宝观日、玉泉洞天等三大区域，形成了济公帽、一线天、单人巷、九节龙、合掌岩等自然景点。同时，景区内还有许多人文景点，如玉泉禅寺、观音阁、紫云道观等。

💰 5元
🕗 8：00—17：30
🚌 杭州萧山国际机场—苍南石聚堂景区（自驾）
杭州萧山国际机场—诸永高速—沈海高速—灵溪线—苍南石聚堂景区
全程约 378 千米

百丈漈飞云湖景区
★★★★ 📷

温州百丈漈飞云湖景区地处飞云江上游的文成县，相传明代著名军事家刘伯温曾在此居住，享有"天下第六福地"的美誉。景区由百丈一漈、二漈、三漈、凌云阁、观音洞、三圣殿等景观组成。有着一漈雄、二漈奇、三漈幽等特色。百丈漈飞云湖景区不但景色优美，拥有许多自然景观，如百丈飞瀑、朱阳九峰、岩门大峡谷、飞云湖、天顶湖等；还有许多著名的人文景观，如刘伯温故里等。飞云湖享有"浙南最大人工湖"的美誉，堪与西湖媲美。

💰 30元
🕗 7：00—17：00
🚌 杭州萧山国际机场—百丈漈飞云湖景区（自驾）
杭州萧山国际机场—诸永高速—温州绕城高速—十黄线—百丈漈飞云湖景区
全程约 395 千米

温州江心屿旅游区
★★★ 📷 🏞

江心屿处于温州瓯江内，面积达7万多平方米，是我国"四大著名孤屿"之一，并享有"瓯江蓬莱"的美誉。江心屿内设有亭、台、楼阁、水榭各式建筑，风景秀丽迷人。景区内烟雨迷蒙、月迷瓯江、渔火晚照，形成了罗浮雪影、远浦归帆、翠微残照的美景。江心屿以其迷人的景色吸引了不少文人墨客的驻足，李白、杜甫、谢灵运等人都曾经在江心屿上留下珍贵的笔墨。

💰 25元
🕗 8：00—22：00
🚌 杭州萧山国际机场—温州江心屿旅游区（自驾）
杭州萧山国际机场—沪昆高速—诸永高速—望江东路—温州江心屿旅游区
全程约 294 千米

江心屿

温州泽雅风景区 ★★★ 📷

温州泽雅风景区地处泽雅山区，占地多达130平方千米。景区包括高山角、泽雅湖、七瀑涧、西山、金坑峡、崎云、五凤、纸山八大区域，峰峦叠翠，烟波浩渺，云雾缭绕，溪水潺潺，瀑飞潭碧，山清水秀。七瀑涧中非常有名的是仙足印、九龙潭、好汉坡、三连潭、龙虎潭、通天洞等景观。

💰 25元（景区内各景点票价不一）
🕗 8：00—17：00
🚌 杭州萧山国际机场—温州泽雅风景区（自驾）
杭州萧山国际机场—沪昆高速—诸永高速—陶金线—温州泽雅风景区
全程约 333 千米

温州瑶溪风景区
★★★ 📷 🏞

温州瑶溪地处龙湾区，景区内冬暖夏凉，气候宜人。景区以金钟瀑、千佛塔、钟秀园、龙岗山、瑶溪垅5个区域为主线，形成了千佛春秋、烟雨笼沙、钟灵毓秀、龙岗仙境、金钟幽谧等著名景观。温州瑶溪景区以溪石都是玉色而闻名天下，碧水清潭，崖高壁峭，令人心驰神往。

💰 免费
🕗 9：00—17：00
🚌 杭州萧山国际机场—温州瑶溪风景区（自驾）
杭州萧山国际机场—沪昆高速—诸永高速—罗峰路—温州瑶溪风景区
全程约 312 千米

💡 江心屿

屿中二寺

江心寺：清乾隆五十四年（1789年）重建，面积约2870平方米，分前、中、后三殿。前殿为天王殿，东西有长廊，两端置钟鼓楼。今宋代古钟尚存。中殿为圆通殿，最为壮观，供奉的是观音菩萨，江心寺为全国32所观音道场之一。

后殿三圣殿，殿额与对联皆为弘一法师所书。寺院大门两边有一对叠字联："云朝朝朝朝朝朝朝散，潮长长长长长长长消。"寺周古木参天，景色清幽。

兴庆寺：原名净信院，又名西塔寺院。宋高宗改称兴庆。重建于清嘉庆年间。寺两侧有温州三大名泉之一的琉璃泉。寺墙内有明万历十五年的橄榄一株。新中国成立后温州市博物馆建于此寺，常年展出历史文物，现改为温州革命历史纪念馆。

屿中二塔

东西双峰崖岩挺秀，自然天成，林木蓊郁，葱葱茏茏，山不高，因东西千年宝塔而得名。

东塔始建于唐咸通十年（870年），后经多次重修。塔高28米，底径8米余，6面7层，青砖围砌。过去外围层层有平座、栏杆和出檐，内有扶梯直上塔顶，可俯瞰瓯江澎湃，饱览风光旖旎的鹿城全貌。塔顶自然生长一株100多年树龄的榕树，根垂塔中，全年常绿，实为奇观。

西塔始建于北宋开宝二年（969年），明、清时曾多次修葺。塔中空，阁式青砖仿木构建筑，高32米，7层。塔每层每面均有小佛龛，内置石雕佛像，具有颇高的艺术价值。

↘ 吃在温州

温州菜的特点主要是味道鲜美、口感清淡、样式雅致,并且以海鲜为主。温州菜讲究少油,注重刀工,口味独特。温州的特色菜中,瓯菜三绝,是不可多得的美味。瓯菜三绝指三丝敲鱼、锦绣鱼丝、爆墨鱼花。此外,蒜子鱼皮、油爆鲜淡菜、凤尾敲虾等菜也是当地特色菜。

炉小哥烤肉
游客评价:肉质鲜美,原汁原味
☎ 0577-86997375
📍 温州市龙湾区万达广场3楼

多多渔港(国鼎店)
游客评价:主营海鲜,环境很好
☎ 0577-88288888
📍 温州市小南路28号国鼎商务楼1层

香草小馆
游客评价:咖啡和甜品都很好吃
☎ 15382560826
📍 温州市锦绣路东浦小村4栋108室

无招牌
游客评价:温州菜,藏在街头巷尾的美食
☎ 13857755928
📍 温州市象门街双桂小区12栋106号

↘ 住在温州

平价型
99旅馆连锁(五马街店) 📍 温州市鹿城区府前街五马商厦4层 ☎ 0577-88250118
格子酒店(五马街店) 📍 温州市大高桥15号2楼 ☎ 0577-88273078

享受型
万顺大酒店 📍 温州市苍南县灵溪镇车站大道268-298号 ☎ 0577-68886888
温州瑶溪王朝大酒店 📍 温州市龙湾区瑶溪街道罗峰路88号 ☎ 0577-85989999

↘ 购物温州

温州五马街
温州五马街是温州古称的旧有街道之一,如今已是温州市区有名的一条商业街。五马街的建筑仍保持以前的西方特色,主要店铺有金三益、老香山、五味和、百货店、温州酒家等。其中,金三益、老香山、五味和三家店铺是温州有名的百年老店。温州五马街主要经营各种百货、南北方特色货物、海鲜、干果、腌腊货物、糕点、五加皮药酒、五味香糕等特色商品,是购物的绝佳去处。

温州银泰百货
温州银泰百货主要经营日用百货的零售业务,形成了一个具有特色的大型零售业的销售商场。公司秉着创新的理念,主要实现了管理、业务、品牌等方面的创新,是一家集多种业务于一体的综合商场。

温州开泰百货
温州开泰百货公司建于20世纪,包括了数百家国内外有名的品牌商店,是一个大型百货商场。

温州礼品城
温州礼品城,位于温州苍南龙港镇,享有"中国第一礼品城"的美誉。温州礼品城面积将近7000平方米,是现今国内仅有的一个现代化的专业礼品交易市场。温州礼品城内商品众多,主要有铜制工艺品、水晶礼品、珠宝礼品、烟具工艺礼品、徽章等。

其他地区

普陀山 ★★★★★
普陀山位于舟山市,是中国四大佛教名山之一。山上寺庙林立,古木参天,景色引人入胜,是国家5A级旅游景区。
💰 旺季(2月至11月)160元;淡季(12月至次年1月)120元
🕒 全天
🚗 杭州萧山国际机场—普陀山(自驾)
杭州萧山国际机场—杭州湾环线高速—甬台温高速—普渡路—普陀山
全程约251千米

南浔古镇 ★★★★★
南浔古镇是江南水乡六大古镇之一,是国家5A级旅游景区,是一个历史悠久、人文资源充足的江南古镇。充满着浓郁的历史文化底蕴和灵气,又洋溢着江南水乡诗画一般的神韵,更添古镇魅力。
💰 100元
🕒 8:30—17:00
🚗 上海—南浔(自驾)
杭州萧山国际机场—南浔古镇(自驾)
杭州萧山国际机场—杭州绕城高速—练杭高速—香山路—南浔古镇
全程约118千米

横店影视城 ★★★★

影视城位于中国浙江省金华东阳市横店镇,被誉为"中国的好莱坞",曾在这里拍摄过千余部影视作品,是国家5A级旅游区。影视城包括香港街、明清宫苑、秦王宫、清明上河图等13个影视拍摄基地和两座超大型的现代化摄影棚。

联票380元,联票加梦幻谷480元

8:00—17:00

杭州萧山国际机场—横店影视城(自驾)

杭州萧山国际机场—沪昆高速—诸永高速—金佛庄路—横店影视城

全程约149千米

秀山岛 ★★★

秀山岛上山清水秀,是岱山风景名胜区的重要组成部分,有"海上香格里拉"之称。它是一个绚丽多姿的海上娱乐城,主要景点有滑泥主题公园、秀山沙滩群、九子佛屿、厉族众家祠堂、狮子岩等。

免费(其他项目单独收费)

杭州萧山国际机场—秀山岛(自驾)

杭州萧山国际机场—杭州湾环线高速—甬台温高速—海兰线—秀山岛

全程约300千米

神仙居 ★★★★★

神仙居位于台州市仙居县,2015年被评为国家5A级旅游景区。景区内有观音岩、如来像、迎客山神、将军岩、睡美人等100余个景点。

110元

8:00—17:00

杭州萧山国际机场—神仙居(自驾)

杭州萧山国际机场—沪昆高速—诸永高速—下街线—神仙居

全程约199千米

天台山 ★★★★★

天台山位于台州市天台县,是国家5A级旅游景区,主要景点有国清讲寺、石梁飞瀑、赤城山、琼台仙谷、龙穿峡等。优美的自然风光,深厚的文化底蕴,让天台山拥有了独特的魅力。

10—60元不等,各景区收费不同

8:00—16:00

杭州萧山国际机场—天台山(自驾)

州萧山国际机场—杭州湾环线高速—常台高速—飞霞路—天台山

全程约172千米

南浔古镇

线路建议

小莲庄—嘉业堂藏书楼—江南民俗风景区—刘氏梯号(红房子)—广惠宫—镇史馆—求恕里—张石铭旧宅—张静江故居—百间楼

当地气候

南浔属于北亚热带季风气候,四季分明,湿润温和,年平均气温在16℃,1月气温最低,7月最高。

吃在南浔

南浔饮食文化历史悠久,被誉为"天堂美食之府"。传统地方菜大多含有动人的传说和典故,在国内外久享盛名,特色菜有太湖三白、太湖蟹、绣花锦菜、大头菜、千里飘香和元宝蛋等。古镇有各种风味小吃,如双交面、臭豆腐干、定胜糕、桔红糕、风枵汤、桑葚干和熏豆茶等,还有南浔古镇特制的南浔酒、桑葚酒、米酒和酒酿。

住在南浔

南浔古镇住宿场所丰富,有现代宾馆、百间楼古宅、家庭旅馆三种。现代宾馆设施齐备,环境舒适、让人放心。百间楼是南浔古镇能体现出古镇古朴气息的明代建筑群,洋溢着水乡民居的灵气,是体验南浔特色的住宿点。南浔古镇各景点周边有不少沿河而建的家庭旅馆。

旅游提醒

从南浔汽车站下车后不要乘坐黑车,古镇景区离汽车站并不远,步行过桥(在汽车站看得见这座桥)就是古镇。

安徽

区号：	0550—0566
省会：	合肥
面积：	14.01 万平方千米
人口：	6102.72 万人
方言：	徽语、吴语、江淮官话、中原官话
著名景点：	黄山、三河古镇、李鸿章故里等

概况

安徽位于中国的东南部，是华东地区跨江近海的内陆省份。安徽省山河秀丽，人文荟萃，江河密布，物产丰富，自古就是我国的鱼米之乡。五大淡水湖中的巢湖和洪泽湖都位于安徽省内。长江、淮河流经安徽，将安徽划分为淮北、江淮、江南三大地块。安徽地处中纬度地带，兼具暖温带和亚热带气候。气候特点就是季风明显、四季分明、温和湿润。地貌以平原、丘陵和低山为主，平原与丘陵、低山相间排列，地形地貌呈现多样性。长江和淮河自西向东横贯全境，全省大致可分为5个自然区域：淮北平原、江淮丘陵、皖西大别山区、沿江平原和皖南山区。境内有大别山、黄山、九华山、明堂山和天柱山等山脉，最高峰黄山莲花峰海拔1864.7米。

安徽还是中国史前文明的重要发祥地，徽州文化是明清时期具有重要影响的文化流派，徽商也是儒商的代表。黄梅戏是中国的四大戏曲门类之一，花鼓灯被誉为"东方芭蕾"。

安徽特色水果有：砀山酥梨、水东蜜枣、怀远石榴；特色食品有巢湖银鱼、虎皮金橘蛋、符离集烧鸡；特色工艺类：羽毛扇、竹簧雕刻、徽墨、芜湖铁画。

线路1
黄山—新安江—千岛湖—富春江—杭州

线路2
黄山—绩溪—泾县

线路3
合肥—巢湖—芜湖—黄山—徽州区—宏村—陈村

交通

飞机

安庆天柱山机场
☎ 0556-5861114
📍 中国安徽省安庆市宜秀区象山村，南距安庆市中心6千米
💡 机场交通：公交101路、305路及红水塘专线可直达机场，票价1元（空调车2元）。出租车，起步价7元，2.5千米后每千米2元。

黄山屯溪国际机场
☎ 0559-2934999
📍 中国安徽省黄山市屯溪区，距中心城区5.5千米
💡 机场交通：机场设有1号线大巴，随航班运行。出租车，起步价7元，2.5千米后每千米2元。

合肥新桥国际机场
☎ 0551-63777888
📍 安徽省合肥市蜀山区高刘街道，距合肥市中心31.8千米
💡 机场交通：共设有四条线路的机场大巴，从早上5：40到当日最后一班航班。出租车，起步价10元，2.5千米后每千米1.8元。

合肥地铁

1号线
九联圩—合肥火车站
（6：00—22：00 最高票价5元）
2号线
三十埠—南岗
（6：00—22：45 最高票价5元）
3号线
幸福坝—相城路
（6：00—22：15 最高票价6元）
4号线（在建）
鸡鸣山路—东方大道
5号线
贵阳路—望湖城西
（6：00—22：00 最高票价5元）

名菜

安徽菜的主要代表是徽菜，分布在黄山市一带。徽州菜讲究火功，以善于烹制山珍海味而闻名，朴素实惠，原汁原味。很多菜肴都是采用木炭小火炖煨而成，原锅上席，香气四溢。著名的菜品有：

火腿炖甲鱼：用徽州山区所特有的山地马蹄鳖为主料，以火腿和火腿骨为佐料，成菜后汤色清醇，肉烂香浓，润滑无腥味。

黄山炖鸽：以鸽子为主料，配以黄山的特产山药，放在砂锅中用炭火炖煨而成，汤色清白、鸽肉酥烂、山药鲜香，原味不失。

问政山笋：用著名的问政山笋做原料，煮后浇以麻油等佐料，笋的颜色呈玉白色，清香脆嫩、鲜甜微酸。

安徽其他地区的菜系沿江风味和江淮风味。沿江风味，以芜湖、安庆地区为代表，主要流行于沿江，后也传到合肥地区。沿江风味以烹调河鲜、家禽见长，讲究刀工，注意形色，善于用糖调味，擅长红烧、清蒸和烟熏技艺，其菜肴具有酥嫩、鲜醇、清爽、浓香的特色。代表菜有"清香炒悟鸡""生熏仔鸡""八大锤""毛峰熏鲥鱼""火烘鱼""蟹黄虾盅"等。"菜花甲鱼菊花蟹，刀鱼过后鲥鱼来，春笋蚕豆荷花藕，八月桂花鹅鸭肥"，鲜明地体现了沿江人民的食俗情趣。江淮风味，以蚌埠、宿县、阜阳等地为代表，主要流行于安徽中北部。江淮风味有质朴、酥脆、咸鲜、爽口的特色。

合肥

安徽省省会，因淝、施二水交汇而得名，位于中国中部，长江淮河之间、巢湖之滨，具有承东启西、接连中原、贯通南北的重要区域优势，是全省政治、经济、文化、信息、金融和商业贸易中心，也是全国重要的科研教育基地。属于暖温带向亚热带的过渡带气候类型，四季分明，春温多变、秋高气爽、梅雨显著、夏雨集中。

合肥是一座具有2000多年历史的古城，素有"三国故地、包拯家乡"之称。曾为扬州、合州、南豫州、庐州、德胜军、淮南西路治所，历来是兵家必争之地，有"江南唇齿、淮右襟喉""江南之首，中原之喉"之称。秦置合肥县，隋至明清时合肥一直是庐州府治地，故又称"庐州"，又名"庐阳"。合肥是全国著名的园林城市。

区号：0551
邮编：230000
面积：11445平方千米
人口：936.98万人
著名景点：逍遥津、包公祠、三国遗址、徽园等

一日游

包公祠—徽园—李鸿章故居

游在合肥

包公祠 ★★★★

位于合肥市南门外包河中的香花墩小洲上，是包河公园的主体古建筑群。包公祠全名包公孝肃祠，是专门用来纪念包拯的祠堂。祠堂由白墙青瓦构筑而成的封闭式三合院组成，主体建筑就是包公享堂，西面是曲榭长廊，东面有一口六角龙井亭。

¥ 30元

⏰ 7：00—19：00

🚌 合肥新桥国际机场—包公祠（自驾）

合肥新桥国际机场—机场高速—裕溪路高架桥—东华大道—包公祠

全程约59千米

包公祠

旅游交通指南

合肥市内公交四通八达，非常便利，不仅有大公交车，还有小公交车。其中大公交车实行单一票价，无人售票，投币上车均为2元/人。市区所有景点均有公交车通达。合肥出租车起步费9元（2.5千米），超出后白天1.6元/千米。

包公祠廉泉传说

正祠的右边有一六角小亭，亭中护有一口千年古井，青石砌的井圈泛出幽光，此井是著名的"廉泉"，井水清澈，并不幽深。据说这一"廉泉"非常灵验，廉者喝了安然无恙，贪者喝了必然头疼不已。

相传，当年有一太守不信此邪，一次，与一行人来此参观，许多人都喝了此水，太守也喝了几口，结果他人皆平安无事，唯有此太守真的头疼了。后来有司衙门一查，此太守果真是贪官。

包公祠

三国遗址公园 ★★★★

位于合肥市庐阳区三十岗乡陈龙村，公园占地约35公顷，南临肥水故道，西靠鸡鸣山、将军岭，景色宜人，空气清新，拥有新城文物陈列馆、金虎台、聚贤堂、满宠草堂、征东门、东侧遗址、练兵指挥台等景点，集观光旅游、休闲娱乐为一体。

¥ 25元

⏰ 夏季：8：00—17：30；冬季：8：30—17：00

🚌 合肥新桥国际机场—三国遗址公园（自驾）

合肥新桥国际机场—团肥路—X001—公园路—三国遗址公园

全程约22千米

三国遗址公园

紫蓬山 ★★★★

紫蓬山又名李陵山，山上有三国魏将李典之墓，在唐代的时候改为西庐寺，于明朝万历八年（1580年）正式更名为紫蓬山。这里有有始建于三国时代的西庐寺、宋朝的白云寺、洗砚池、文昌阁、西汉大将李陵后代等名胜古迹，还有"三世佛"、弥靭大佛和摩崖五百罗汉塑像等景观。

- 💰 免费
- 🕗 8：00—17：00
- 🚌 合肥新桥国际机场—紫蓬山（自驾）
合肥新桥国际机场—机场高速—汤口路—广州兴大道快速路—森林大道—紫蓬山
全程约42千米

逍遥古津 ★★★

古镇位于合肥市老城区东北角，因为是三国时期的古战场而出名。逍遥古津占地31.3公顷，园内以水系和自然地为据分为东西两园。园内的景点很多，东园为青少年活动区和儿童乐园，西园以植物造景为主，再配以园林建筑，曲径通幽，引人入胜。

- 💰 免费
- 🕗 5月至10月：6：00—22：00；其余月份：6：30—21：30
- 🚌 合肥新桥国际机场—逍遥古津（自驾）
合肥新桥国际机场—机场高速—长江西路快速路—寿春路辅路—逍遥古津
全程约42千米

三河古镇 ★★★★★

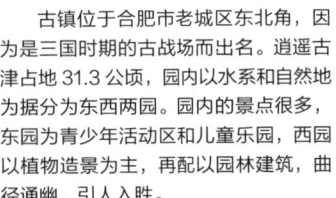

古镇位于肥西、庐江、舒城三县交界处，占地总面积290公顷，是国家5A级旅游景区。这里有古城墙、古炮台、英王府、一人巷、万年台、李府粮仓、鹤庐、刘同兴隆庄、杨振宁旧居、大夫第、三县桥、望月桥、望月阁、鹊渚廊桥等历史遗迹，是庐剧的发源地。

- 💰 免费（各景点单独收费）
- 🕗 全天
- 🚌 合肥新桥国际机场—三河古镇（自驾）
合肥新桥国际机场—机场高速—合铜公路—S330—三河古镇
全程约66千米

包公祠清风阁 ★★★

清风阁坐落于包公文化旅游区内，建于1999年，是为了弘扬包公精神，宣传安徽悠久的历史而建的。清风阁占地约2.2公顷，是一组大型放松综合性建筑群，主要分为功德广场、清风阁、陈列馆区3个部分。

- 💰 30元
- 🕗 7：00—19：00
- 🚌 合肥新桥国际机场—包公祠清风阁（自驾）
合肥新桥国际机场—机场高速—长江西路快速路—芜湖辅路—包公祠清风阁
全程约40千米

李鸿章故居 ★★★★

李鸿章故居位于合肥市淮河路中段，是合肥市仅存的规模最大的名人故居。故居占地面积约2500平方米，前后共五进，布局整齐，结构严谨，精美豪华，从南向北依次是：大门、前厅、中厅，前进是两层楼阁，后进楼下有回廊相通。故居内还有大量的珍贵图片和实物，展示了李鸿章的一生。

- 💰 免费
- 🕗 9：00—17：00（周一闭馆）
- 🚌 合肥新桥国际机场—李鸿章故居（自驾）
合肥新桥国际机场—机场高速—长江西路快速路—撮造山巷—李鸿章故居
全程约42千米

徽园 ★★★★

徽园素有"徽州文化大观园"之称，是在歙县县城中心原徽州府衙一带新建的仿古旅游城。再现了徽州城明清时期的风貌，气势宏大，古朴典雅，雕刻精美，脉传徽州文化之神韵，新创徽派建筑、雕刻之精华。

徽园位于合肥市市区南部的经济开发区内，建于1999年，是为了庆祝新中国成立50周年而建的大型安徽纪念园。徽园占地20多公顷，园区整体规划以安徽行政区划为基本框架，长江、淮河环绕其间，东部皖北园区采用皇家园林建筑风格，西部皖南园区以徽派建筑水口园林为主要思路。它将黄山之奇、九华之韵、天柱之秀、琅琊之意融合在一起，是了解安徽的窗口，也是理想的观光、休闲、旅游场所。

- 💰 20元
- 🕗 8：30—17：00
- 🚌 合肥新桥国际机场—徽园（自驾）
合肥新桥国际机场—机场高速—合肥绕城高速—松谷路—逍遥古津
全程约40千米

徽园

吃在合肥

合肥小吃富有浓厚的地方特色，它与庐州菜一样，在安徽烹饪技艺的宝库中占有相当重要的地位。这些小吃不像北方小吃那样带有"冲"劲，也不像南方小吃那样偏甜，而是甜咸适中，讲究鲜香。

老醋花生

🍲 庐州太太

游客评价：有炒菜也有烧烤，西红柿牛柳好吃，牛柳完全包裹了汤汁
- 📞 0551-62628099
- 📍 合肥市宿州路96号

🍲 同庆楼

游客评价：龙虾肉质紧实，惊艳的是水

煮花生，又香又糯
- 📞 0551-64250997
- 📍 合肥市胜利路与凤阳路交叉口市11中斜对面

🍲 白石的深夜食堂（包河万达店）

游客评价：鹅肝一点也不腥，入口即化，伴着米饭吃口感刚好
- 📞 0551-65356558
- 📍 合肥市包河万达3楼

🍲 最高台酒楼

游客评价：榴梿酥里全是货真价实的榴梿，喜爱榴梿的一定不能错过
- 📞 0551-64292222
- 📍 合肥市包公大道与郎溪路交口园

上园小区商业街2号

圣大国际饭店
游客评价：环境优雅，方便停车，菜色不错
- 0551-62258507/0551-62258503
- 合肥市长江东路1127号近滁州路近商之都

千寻烧肉（老报馆店）
游客评价：日式烤肉，非常好吃
- 0551-68997719
- 合肥市金寨路与环城南路交叉口向东200米路北

↘ 购物合肥

百盛购物中心
开业于2001年9月1日，经营面积达35000平方米，经营的商品种类达6万多种。主要面对中高档消费群体，尽更大的努力为消费者提供更好的商品、更舒服的购物环境和更具享受的购物活动。

新都会环球购物中心
是合肥首家集商业零售、餐饮、超市、休闲娱乐为一体的现代化大型购物中心。新都会购物中心位于马鞍山南路1000号，交通便利，地理位置优越。广场的目标人群定位于那些具有消费潜力的中青年人群，致力于向消费者提供质优价廉的商品。它如今已经成为合肥的一个新的地标。

淮河路文化商业步行街
位于合肥市中心地带，是合肥历史上有名的商业街，历史悠久，商业繁华，也是一条大型现代化文化商业步行街。街长900多米，宽22米，街上分布着很多妙趣横生的雕塑，还有很多古迹，是现代与传统的完美结合。

百大鼓楼商厦
鼓楼商厦位于安徽省合肥长江西路689号，经营面积达1.8万平方米，分四层经营。经营有化妆品、黄金珠宝、精品男女鞋、名烟名酒等很多项目，是一家大型综合性购物中心。

↘ 住在合肥

平价型

锦江之星连锁酒店合肥金寨路中科大店
- 合肥市蜀山区金寨路133号
- 0551-63677990

栖莱假日酒店（瑶海万达店）
- 合肥市东二环与临泉路交叉口北50米路东
- 0551-62728898

格林豪泰快捷酒店（合肥经开区蓬莱路店）
- 合肥市蓬莱路与耕耘路交叉口西北角
- 0551-63719998

曼斯顿优选酒店（柠檬树店）
- 合肥市肥西路与望江西路交叉口北150米朝阳大厦1楼
- 0551-63481111

安港良苑酒店
- 合肥市包河区芜湖路319号（大钟楼对面）
- 0551-62289999

享受型

泓瑞金陵大酒店
- 合肥市蜀山区祁门路1799号
- 0551-62266999

两淮豪生大酒店
- 合肥市科学大道6号
- 0551-65848888

元一希尔顿酒店
- 合肥市瑶海区胜利路198号
- 4008208095

银瑞林国际大酒店
- 合肥市阜阳路16号
- 0551-65669297

合肥君悦酒店
- 合肥市潜山路111号华润大厦A座
- 0551-62821234

💡 特产
合肥作为安徽省的省会，是商业贸易发达的城市，市内交通便利，大型的商圈、商业街区和购物广场遍及各处，安徽省各地的土特产和手工艺品在这里应有尽有，合肥当地的土特产主要有火笔画、羽毛扇、竹簧雕刻、发绣等，比较有名的小吃有曹操鸡、包公鱼、李鸿章大杂烩等，合肥的点心也是全国出了名的，麻饼、烘糕、寸金和白切被称为当地的四大名点。

此外，肥东主要有石塘驴巴、牛轧花生糖、撮镇公和堂狮子头真心瓜子、二十埠的猪头汤等特产；肥西主要有三河茶干、肥西米面条；长丰：吴山贡鹅及芹芽、庐江矾石、巢湖花红、姥山枇杷、都督翠茗茶叶、韭菜春卷、毛刀鱼、封缸陈酒、卤牛肉、米面、冬菇鸡饺、菊花鸡丝、老谢龙虾等。

合肥城市美景

九华山

九华山古称"陵阳山""九子山",因山有九峰形似莲花,故而得名。位于安徽省池州市青阳县境内,西北隔长江与天柱山对望,东南与黄山对映于太平湖之央。是安徽省"两山一湖"重点风景旅游区的黄金景区。山奇石秀,峰峦起伏,高耸入云,山形峭壁腾空,绿茵青崖上,泉鸣石壑涧,深谷遍地潭,飞瀑挂前川。乾隆御笔亲赐"东南第一山"。

九华山为国家重点风景名胜区,全国文明风景区示范点和国际性佛教道场,这里是大愿地藏王菩萨的道场,地藏表大愿,曾说出"地狱不空,誓不成佛,我不入地狱,谁入地狱"的宏愿。与山西五台山、浙江普陀山、四川峨眉山并称为"中国佛教四大名山"。

池州市	
区号:	0566
邮编:	247000
人口:	134.28 万人
面积:	8399 平方千米
著名景点:	莲花峰、天台峰、双溪寺、甘露寺等

↘ 游在九华山

甘露寺 ★★★★★

清康熙六年(1667年),洞安和尚建寺。传说动工前夜,满山松针尽挂甘露,人称奇迹,又因《法华经·药草喻品》上写道:"释迦说:'我为大众说甘露净法。'"阿弥陀有"甘露如来""甘露王"的称号,他化身说法时就有"澍甘露之雨"的话,遂定名甘露寺。

甘露寺位于九华山北路,半山定心石下,原名叫"甘露庵",也叫"甘露禅林"。全寺建筑面积3500平方米,是全国重点寺院。寺内由三组民居式建筑和宫殿式的大雄宝殿组成,布局灵活,四周绿荫满目,清泉泠泠。现存的主要有大雄宝殿、配殿、钟鼓、碑刻等文物。著名的九华山佛学院也设在寺内。

⑤免费(景点收费不一)
⑦ 7:30—17:30
🚌 合肥新桥国际机场—甘露寺(自驾)
合肥新桥国际机场—机场高速—裕溪路高架桥—东华大道—甘露寺
全程约59千米

九华山旅游

小贴士

1. 山中多雨雾天气,住宿条件阴凉潮湿且要防止蚊虫叮咬。
2. 夏季天气炎热,注意防晒,登山消耗体力较大,一定要穿轻松舒服的鞋子,建议买登山杖。
3. 消费一定要问清价格。
4. 山中多猴子,不要让孩子与猴子嬉戏玩耍,以免受伤。

九华山旅游最佳季节

九华山属于亚热带季风气候,但山中有高山气候的特点,阴雨天气多,日照时间短,春来迟,秋偏早,夏短冬长,旅游以晚春、夏季、早秋为最佳时节。山中多云雾弥漫,低云和着细雨,山峦时隐时现,景色甚为壮观。

注意事项

在九华山游览时应入乡随俗,尊重宗教信仰。

进入寺庙之中不可大声喧哗,不可乱动神物,乱摸神像,不可提及杀戮、婚配、食用荤腥等言语。

遇到僧人称"法师",主持称"方丈",行礼时一定要双手合十微微低头,信徒上香时一定要把香插正。

甘露寺

闵园 ★★★★

位于池州市青阳县九华山,是一个集自然景观和人文景观为一体的旅游胜地。闵园既有山庄田园的秀美景色,又有佛教的神秘感,环境优美,四季都很凉爽,空气清新,主要的景点有龙溪、怪石、竹海、凤凰老松、华严洞等。

⑤九华山景区套票190元,不单独售票

闵园

双溪寺 ★★★★

位于青阳县朱备镇境内，有"九华后山"之称。双溪寺背山面水，环境清新，景色优美。在寺旁的岩石下，有一口名叫"洁泉"的清泉，泉水清澈照人，还有双溪横于寺前，一直流向青通大河。寺内芳香扑鼻，寺外果木成林。

💰 九华山景区套票190元，不单独售票
🕐 全天
🚌 合肥新桥国际机场—双溪寺（自驾）
合肥新桥国际机场—机场高速—京台高速—佛光大道—九华山—双溪寺
全程约228千米

双溪寺

💡 双溪寺大兴法师

大兴法师是双溪寺著名法师，1925年在九华山百岁宫出家，礼常法和尚剃度。1958年居于双溪寺。大兴法师悟性高，熟读各类佛经，精于禅定，经常为附近的平民百姓治病，但从不收取任何财物，当地人无不尊重他，渐渐有了名气。1984年圆寂后，在当地民众的强烈要求下，将其遗体装进缸内，并建塔立纪念碑一座。让人惊奇的是5年之后拆塔开缸，见大兴和尚遗身未腐，于是该寺呈报九华山佛教协会，将之装金供奉，四方信众前来朝拜者络绎不绝

💡 购物九华山

九华山不仅风景优美，而且物产丰富。早在清朝就已经形成了一条专门的购物街道——九华街。九华街也是九华山的中心景区，是香客游人的集散地。在九华街上，店铺林立，僧俗共处，不仅可以在这里购买到九华山的特产，同样也可以欣赏到很有价值的人文景观。是游客必去之地。

九华山产茶历史悠久，九华佛茶（云雾香茶）以"九华毛峰""地藏雀舌"和"东崖雀舌"名气最大；九华折扇在明代已跻身名扇之林，清代是朝廷的贡品，现在已有20多个品种供游客选择；另黄精（药用功效众多，久服神清气爽，延年益寿）、九华冰姜（有止呕化痰，开胃消食的功效），较受中老年游客及香客喜爱。

此外，九华山土特产还有石耳（石皮）、竹笋、笋尖、金地茶等，工艺品有竹编工艺品、瓷玉铜器等，也较受游客欢迎。

↳ 吃在九华山

九华山是佛教圣地，所以山上以素食为主，因而形成了盛名在外的九华素食。虽然是素食，但有些也会起荤菜名，很有意思。

素菜团子

🍲 许小姐私房特色菜特色徽菜
游客评价：特色徽菜，量大实惠
📞 15856602051
📍 九华山风景区九华精品民宿楼下

🍲 老兵土菜馆
游客评价：徽菜，石耳炒鸡蛋味道纯正
📞 18856666858
📍 九华山风景区金凤宾馆斜对面

🍲 醉九华董家小厨徽宜饭店
游客评价：徽菜，鸡汤超级好喝，很鲜美
📞 15656642008
📍 九华山风景区电影院市场金凤宾馆旁

🍲 太白酒家
游客评价：徽菜，环境古色古香，口味地道
📞 0566-2833222
📍 九华山风景区芙蓉桥边

🍲 巷内小吃
游客评价：小吃面食，一年四季都是这个价格
📞 13705661346
📍 九华山风景区九华老街放生池边

半出美宿巷内

🍲 小蒋土菜馆·妈妈的味道
游客评价：菜很新鲜，有家常菜的感觉
📞 13866471276
📍 九华山芙蓉路电影院市场二楼

↳ 住在九华山

平价型
九华山怡然山庄
📍 九华山风景区灯塔新村95号
📞 18956656786
西峰山庄
📍 九华山青阳县西峰路29号
📞 0566-5020288
汉庭（九华山风景区店）
📍 九华山风景区九华新街7号楼
📞 0566-2820333
慧遇民宿
📍 九华山风景区九华镇凤形新村96号
📞 15805668228
格林豪泰商务酒店（池州九华山风景区店）
📍 九华山九华国际旅游城1号楼
📞 0566-5515998

享受型
九华山涵月楼度假酒店
📍 九华山风景区新区环路九华山管委会斜对面
📞 0566-2838888
九华山中心大酒店
📍 九华山柯村新区环城世纪华联超市旁
📞 0566-2820999
九华山五溪山色大酒店
📍 九华山五溪山色旅游度假区
📞 0566-5578888
九华山聚龙大酒店
📍 九华山风景区化城路2号
📞 0566-2831368
九华山嘉润凯莱大饭店
📍 九华山风景区柯村新区
📞 0566-2838855

黄山

区号：	0559
邮编：	245000
人口：	133.06 万人
面积：	9807 平方千米
黄山景区四绝：	奇松、怪石、云海、温泉

黄山位于我国东部安徽省南部黄山市境内，古称"黟山"，因峰岩青黑，遥望苍黛而名。南北长 40 千米，东西宽 30 千米，海拔 1864 米，号称"五百里黄山"。黄山属于亚热带季风气候区，山高谷深，气候呈垂直变化，四季风光各异，朝夕不同，一景多变，以华彩、佛光、雾凇、冰挂等时令景观为主要看点，走进黄山，犹如走进人间仙境。

黄山位列我国十大风景名胜之一，山峰俊俏秀丽，群峰叠翠，以莲花峰、天都峰、光明顶为三大主峰，周围大小72峰，错落有致，波澜壮阔，有泰岱之雄伟、华山之险峻、衡岳之烟云、匡庐之飞瀑、雁荡之巧石、峨眉之清秀，集全国各大名山的美景于一身。山中奇松、怪石、云海、温泉、冬雪"五绝"著称天下，有"五岳归来不看山，黄山归来不看岳"之说和"天下第一奇山"的赞誉。

↓ 游在黄山

黄山 ★★★★★

黄山有"泰岱之雄伟、华山之险峻、衡岳之烟云、匡庐之飞瀑、雁荡之巧石、峨眉之清秀"，被世人誉为"天下第一奇山"。位于安徽省南部的黄山市境内，徐霞客曾在此留下了"五岳归来不看山，黄山归来不看岳"的名句。黄山是道家的圣地，相传轩辕黄帝曾在此炼丹，此外，黄山还是著名的避暑胜地、国家级风景名胜区和疗养胜地。

旺季（3月至11月）230元；淡季（12月至次年2月底）150元
6：30—16：30
黄山屯溪国际机场—黄山（自驾）
黄山屯溪国际机场—梅林南路—京台高速—汤泉路—黄山
全程约 57 千米

黄山云海

翡翠谷 ★★★★

翡翠谷位于黄山的东部，又被称作"情人谷"，是世界文化与自然遗产。翡翠谷中分布着大小数百个彩池，其中最大的一个面积接近 1000 平方米，有着美好情爱圣地、黄山第五绝的美称。翡翠谷的池群之美在于池池有异彩，或清亮如水晶，或碧绿如翡翠，或湛蓝如大海，或赫红如玛瑙，或橘黄如赤金，且一池多色，随时而异。彩池群之美，还在于形异，或圆或方，千姿百态，无一相同；或孤或聚，疏密无定，但皆由悬瀑或斜流连缀，宛若银线穿彩珠。

90元
8：00—17：30
黄山屯溪国际机场—翡翠谷（自驾）

黄山

美食小建议

黄山的美食特产丰富多样，但山上和山下在价格上却有着天壤之别，一些特产在市区同样可以品尝到，同样也很地道，所以建议上山之前先填饱肚子，轻装上阵，既节省体力又节省费用。

购物黄山

屯溪老街：位于黄山市屯溪区中心地段，以徽州古民居建筑风格而闻名。在这里，你看到的全是马头墙、小青瓦、白粉墙，小巷错落有致，热闹繁华。为了适应现代旅游业的发展，还专门开辟了一段"古代街"，设有茶楼、酒肆、书场、墨场等，吸引了中外游客。

百货大楼：位于黄山市北海中路，是一家综合性的大型商场。商场内经营着各式各样的商品，种类齐全，有服装类、鞋帽类、日用百货类、钟表类、纺织品、五金类等。

黄山特产有白酒：到黄山旅游，一定要喝当地太平湖牌白酒；传统工艺：徽墨和歙砚，砖、石、木、竹四雕，还有徽派盆景、版画、漆刻，以及竹编等；土特产品：香菇、灵芝、竹笋等。

翡翠谷五彩池

黄山屯溪国际机场—京台高速—山深线—翡翠谷
全程约61千米

程氏三宅 ★★★★ 🌐 📷

位于黄山市屯溪区柏树街，屯溪柏树东里巷6号、7号、28号。是明代成化年间礼部右侍郎程敏政所建。因为三处都为明代建筑，且户主都姓程，所以被称为"程氏三宅"。这三座宅子均为封闭式砖木结构的三层楼房，立体感很强。

💰 30元
🕐 8：30—17：00
🚌 黄山屯溪国际机场—程氏三宅（自驾）
黄山屯溪国际机场—迎宾大道—西海路—程氏三宅
全程约8.8千米

绩溪龙川 ★★★★★ 🌐 📷

龙川，又称"坑口"，是一个古老的徽州村落，距离绩溪县城约10千米的路程。龙川不仅历史悠久，而且山清水秀，景色优美。龙川村地形如靠岸之船，东耸龙须山，紧依登源河，南有龙川汇集，西偎凤冠秀峰，北峙崇山峻岭，独具特色。因为其特殊的地理条件和悠久的历史文化而形成了独具特色的自然和人文景观。

💰 75元
🕐 8：30—17：00
🚌 黄山屯溪国际机场—绩溪龙川（自驾）
黄山屯溪国际机场—杭瑞高速—S215—绩溪龙川
全程约77千米

绩溪龙川

棠樾牌坊 ★★★★★ 🌐 📷

位于歙县郑村镇棠樾村东大道上，一共有7座牌坊，明代的3座，清代的4座。棠樾牌坊是明清时期建筑的艺术代表作，虽然中间相隔了数百年的时间，但建筑风格浑然一体。棠樾牌坊对研究明清时期的各方面情况都有很重要的价值。

💰 100元
🕐 7：30—17：30
🚌 黄山屯溪国际机场—棠樾牌坊（自驾）
黄山屯溪国际机场—梅林大道—歙黟公路—棠樾牌坊
全程约26千米

棠樾牌坊

花山谜窟 ★★★★ 🌐 📷

花山谜窟位于黄山市中心城区新安江两岸，以新安江为纽带，连接了花山、雄村两大景区。花山谜窟风景区原称"古徽州石窟群"，是国家4A级的风景名胜区。花山风景区集青山、绿水、田园景致、千年谜窟于一身，是一个综合性的景区。

💰 10元，景点收费另计
🕐 7：00—18：00
🚌 黄山屯溪国际机场—花山谜窟（自驾）
黄山屯溪国际机场—迎宾大道—屯光大道—花山谜窟
全程约19千米

花山谜窟景区

歙县 ★★★★ 📷

位于安徽省南部，是徽州文化的发祥地之一，和阆中、丽江、平遥并称为我国"保存最为完好的四大古城"。歙县位于杭州、千岛湖、黄山、九华山旅游线路上的中心位置，这里山明水秀，风光秀美，是观光旅游的好去处。

💰 免费
🕐 8：00—17：00
🚌 黄山屯溪国际机场—歙县（自驾）
黄山屯溪国际机场—梅林大道—歙黟公路—紫阳路—歙县
全程约31千米

歙县石潭

太平湖 ★★★★ 📷

位于黄山市黄山区境内，是从合肥到黄山的旅游黄金线路上的一景。太平湖介于九华山和黄山之间，地理位置十分优越，旅游资源也很丰富，湖光山色得天独厚，湖水清澈碧透，青山起伏连绵，风姿绰约，岛屿散落如珠。太平湖的湖水终年清澈碧透，可以直接饮用，动植物资源也很丰富。

💰 71元
🕐 8：00—17：30
🚌 黄山屯溪国际机场—太平湖（自驾）
黄山屯溪国际机场—京台高速—S103—太平湖
全程约109千米

太平湖风光

屯溪老街 ★★★ 🌐 📷

屯溪老街是黄山市屯溪区的一条步行街，位于黄山市屯溪区的中心地段，被青山绿水所环绕。屯溪老街距今已有数百年的历史，被誉为"流动的清明上河图"，是目前中国保存最为完整的具有宋明清时代建筑风格的商业步行街，被选为中国历史文化名街。老街上的景点主要有屯溪博物馆、万粹楼等。

💰 免费
🕐 全天
🚌 黄山屯溪国际机场—屯溪老街（自驾）
黄山屯溪国际机场—迎宾大道—中马路—屯溪老街
全程约8千米

↘ 吃在黄山

黄山菜系属于中国八大菜系之一的徽菜，对用料和火候都十分讲究，还很强调菜肴色香味的统一性。游人到黄山来一定要品尝当地的"徽州臭鳜鱼"，还有各式的鲜笋及其衍生品。在汤口镇的沿溪街、屯溪老街都可以品尝到当地的美食。

徽式臭鳜鱼

老街第一楼
游客评价：臭鳜鱼，没有想象中那么臭，未体验过的口感，好吃
☎ 15905599962
📍 屯溪区屯溪老街247号（老街口）

大傻徽菜园
游客评价：徽菜，人气火爆，笋尖焖肉非常好吃
☎ 0559-2180399
📍 黄山市下马路37号

披云山庄
游客评价：菜品很多，烧鸡好吃，皮脆肉嫩
☎ 0559-6530000

📍 歙县披云路5号

临江一楼
游客评价：来了才知道萝卜皮也可以是道菜，又脆又爽口，完全被征服
☎ 15905598852
📍 屯溪区滨江码头35栋

↘ 住在黄山

平价型	享受型
黄山云海楼酒店 📍 黄山市汤口镇汤川路55号 ☎ 0559-5561109	**香茗假日酒店** 📍 黄山市屯溪区西海路19号 ☎ 0559-2579999
悦季·半岛铁盒 Healer 民宿 📍 黄山市黟县宏村风景区内 ☎ 18055939003	**黄山祥源云谷度假酒店（黄山风景区店）** 📍 黄山市黄山风景区Z103黄山云谷索道入口东南方向200米 ☎ 0559-2676999/2676888
黄山考拉国际青年旅舍 📍 黄山市屯溪区北海路58号（靠近火车站） ☎ 0559-2598118/18155508006	**香茗酒店** 📍 黄山市屯溪区迎宾大道2号 ☎ 0559-2579491
漫客酒店（屯溪老街店） 📍 黄山市屯溪区元一大观滨江西路天邑府别墅 ☎ 0559-2588999	**黄山玉屏楼宾馆** 📍 黄山市黄山风景区玉屏景区 ☎ 0559-2590999
黄山她的故事精品客栈（宏村景区店） 📍 黄山市黟县宏村风景区内后街20号 ☎ 18955970121	**白云宾馆** 📍 黄山区黄山风景区天海景区 ☎ 0559-2590999

天柱山

天柱山坐落于大别山南麓与长江中下游平原交会处，风景区总面积约333平方千米，其主峰高耸入云，如巨柱擎天，因而被称为天柱山，又叫作"皖山"，此为安徽简称的由来。

天柱山是历史文化名山，国家重点风景名胜区，曾被汉武帝封为"南岳"。李白、白居易、王安石、苏轼等文人墨客也曾登上山顶，赋诗咏志，并留下数百方摩崖石刻。

天柱山虽然不像黄山、九华山那么名声显赫，但山中自然景色奇绝，自然风光雄奇灵秀，雾潮云海，瑰丽壮观，兼具黄山之雄奇、庐山之幽秀。山上遍布苍松、翠竹、怪石、奇洞、飞瀑、深潭，"峰无不奇，石无不怪，洞无不杳，泉无不吼"，唐代诗人白居易曾作诗句"天柱一峰擎日月，洞门千仞锁云雷"，是对天柱山最好的描绘，有"江淮第一山"之称。

安庆市	
区号：0556	
邮编：246000	
人口：416.53万人	
面积：13590平方千米	
著名景点：天柱峰、三祖寺、九井河等	

游在天柱山

天柱峰 ★★★★★

天柱峰，又名"笋子尖"，海拔1488.4米，为江淮地区最高山峰。远远望去，屹然独立，如柱倚天。不仅被汉武帝封为南岳，就连游遍祖国名山大川的晚唐诗人曹松也为天柱山的迷离景色所陶醉。他在《赞天柱山》一诗中写道："七千七百七十丈，丈丈藤萝势入天。未必展来浑似翅，不妨开去也成莲。月将河汉随崖转，僧与龙蛇共窟眠。真是画工须搁笔，更无名画可流传。"

天柱峰位于长江北岸、安徽省潜山境内，自古就是中华历史文化名山。唐代诗人白居易写道"天柱一峰擎日月，洞门千仞锁云雷"，很形象地将天柱山的雄奇景象描述了出来。天柱山属于花岗岩地貌，地质遗迹丰富。

💰 150元
🕐 8：00—17：30
🚌 安庆天柱山机场—天柱峰（自驾）
安庆天柱山机场—沪渝高速—X044—天柱峰
全程约107千米

🔆 天柱峰

最佳旅游季节

天柱山四季景色皆美，但以春、秋、夏三季为最佳游览时期。夏季气温较高，日照强烈，应注意防晒，且山中雨水较为频繁，最好备一把雨伞；秋季景色最为迷人，适合拍照；冬季较为寒冷，但山上雪景迷人，登山时需谨慎。

主要景点

天柱峰：天柱山的主峰，又称皖伯尖、万山尖、朝阳峰，道家称为司命真君发祥地。一柱冲天，挺拔俊美，周围有莲花、含珠、天池，更有云海、密雾、朝晖、晚霞等景观缭绕四周，风姿独韵。

飞来峰：九天之外飞来一镇妖石，圆浑如盖，压在飞来峰上。海拔1424米，为天柱山第三高峰，站在峰的东南西北侧观赏，会有不同的形状出现。

炼丹湖：炼丹湖，海拔1100米，水面面积近3万平方米，蓄水量8万立方米，在中国名山中可以和天山"天池"、长白山"天池"相媲美。

天柱峰

三祖寺 ★★★

三祖寺位于天柱山中，是天柱山中的第一大庙。寺庙依山而建，前低后高，雄伟壮丽，主要建筑有天王殿、大雄宝殿、东佛堂、观音阁、西房等。四周古树参天，有宝公洞、三高亭等点缀其间。

💰 10元
🕐 6：00—18：30
🚌 安庆天柱山机场—三祖寺（自驾）
安庆天柱山机场—沪渝高速—济广高速—天柱山路—三祖寺
全程约87千米

三祖寺钱文谷升

九井河 ★★★★

九井河位于天柱山内，发源于天柱山的后宫殿，绵延十余千米，汇聚了千万条小溪流而成。"九井西风"被称为潜阳十景之一。所谓"九井西风"，奇特的地方在于，一年四季中不管天气如何，都会有一股西北风从古口、野寨一带吹进来，夏天的时候是很好的避暑去处。

- 💰 40元
- 🕐 7：00—17：30
- 🚌 安庆天柱山机场—九井河（自驾）
安庆天柱山机场—沪渝高速—济广高速—九井河
全程约88千米

虎头崖景区 ★★★

虎头崖景区古迹众多，且怪石林立。有"元气磅礴"的船形石，有令人欣羡的美女石，也有让人叹为观止的铁笛龛，又有气宇轩昂的万寿无量塔。此外，虎头崖、卧虎崖、藏虎岩、云浪石、讲经石、狐狸坟等也都能让人流连忘返。

- 💰 包含在天柱山景区内
- 🚌 安庆天柱山机场—虎头崖景区（自驾）
安庆天柱山机场—沪渝高速—X044—天柱山风景区—虎头崖景区
全程约97千米

💡 购物天柱山

皖西南旅游购物中心

位于潜山县城到天柱山风景区1千米的碑处，是到天柱山旅游的游客购物必去之地。该中心集中了皖西南地区的各种名优土特产、工艺品和外地一些旅游商品。

近年来，随着当地旅游业的发展，当地的商业也随着兴盛起来，很多大型的百货商场也开始云集于此，著名的有潜山百货商场、梅城商场等。

特产

雪湖贡藕：是潜山有名的特产，每年8、9月为收获季节。雪湖贡藕不仅外形肥壮细白，内质鲜甜脆嫩，含有多种维生素，而且生食、热炒风味各不相同，是馈赠亲友的佳品。

珍贵药材：天柱山峰峦奇伟，云雾飘忽。充沛的雨量，垂直变化的气候，很适宜药材生长。山中有石耳、黄连、白术、灵芝、贝母、党参、首乌、天麻、半夏、紫苏等好几百种中草药。

晴雪香茶：安徽名茶甚多，产量占全国第二位。潜山新创制的天柱晴雪香茶，为安徽名茶的后起之秀，备受游客赞扬。这种茶，既有黄山毛峰经久耐泡的特点，又有六安瓜片之浓郁芳香。开汤之后，茶汁清澈明亮。由于它旗枪挺直，浑身白毫，特冠以"天柱晴雪"之美名。

涝水蕨菜：蕨菜生长在天柱山海拔700米左右的深山老林中，是纯天然野生珍品，经清蒸、晾晒，可以爆、炒、熬、烩等多种烹饪方法。

↘ 吃在天柱山

天柱山的美食主要有石耳炖鸡、玉兔鳝鱼等，各旅馆的餐馆有美食供应。当地的小吃主要分布在民间，常见的有盏儿糕、鸭蛋糕等。

石耳炖鸡块

🍲 文娟土菜馆
游客评价：农家菜，卫生干净
- 📞 18956928278
- 📍 天柱山 044 县道陌上天鹅堡往里直行 50 米

🍲 飞来石土菜馆（野寨店）
游客评价：徽菜，分量充足
- 📞 0556-8143669
- 📍 天柱山路公安局西行 100 米

🍲 天柱山农家野菜馆
游客评价：农家菜，柴火烧饭很有感觉
- 📞 0556-8145028
- 📍 天柱山游客服务中心往上山方向 100 米处

🍲 汇宾土菜馆（天柱山店）
游客评价：农家菜，价格实惠
- 📞 15178607865
- 📍 天柱山镇茶庄村停车场出入口对面

🍲 玉红土菜馆
游客评价：徽菜，服务热情
- 📞 13655565166
- 📍 潜山市天柱山镇茶庄村旅游游客中心

🍲 谷口饭店
游客评价：徽菜，环境干净
- 📞 0556-8142056
- 📍 天柱山镇野寨街 125 号

↘ 住在天柱山

平价型

桃园山庄度假大酒店
- 📍 天柱山景区游客中心附近
- 📞 0556-8145158

天柱网球酒店
- 📍 潜山县天柱大道 999 号
- 📞 0556-8976999

安庆文德山庄
- 📍 安庆市天柱山的 1 索和 2 索之间
- 📞 0556-8145228

安庆潜山乐家商务酒店
- 📍 安庆市潜山县梅城镇望岳路 16 号
- 📞 0556-8820999

享受型

天柱山全力古井国际大酒店
- 📍 天柱山风景区牧羊河畔
- 📞 0556-8146888

维也纳酒店
- 📍 潜山县南岳路 777 号
- 📞 0556-8145888

天仙配精品酒店
- 📍 潜山县南岳路 958 号
- 📞 0556-8828888

七仙女国际大酒店
- 📍 潜山县天柱山路 999 号
- 📞 0556-8555777

山东

省会：	济南
面积：	15.79 万平方千米
人口：	10152.75 万人
方言：	冀鲁官话、中原官话、胶辽官话
著名景点：	泰山、崂山、三孔、蓬莱阁、大明湖、刘公岛、台儿庄古城等

概况

山东省，为古代齐鲁大地，人们常以"一山一水一圣人"来概括山东的文化，"一山"为泰山，"一水"为黄河，"一圣人"为孔子。居于中国东部沿海，全省陆地总面积为15万多平方千米，全国排名19位。全省海岸线为3000多千米，陆地海岸线仅次于广东省，居全国第二。山东东部濒临黄海，与朝鲜半岛隔海相望；西部连接内陆；北部与辽东半岛隔渤海湾；中部泰山突起，是全省最高处；南部与河南、安徽、江苏等相邻。

山东地形，东部山东半岛大多是平缓的丘陵地区；西部和北部是黄河冲积的鲁西北平原；中部是突起的鲁中南山区。全省气候为暖温带季风气候，雨热同季，降水相对集中，年均降水量在550~950毫米。冬夏季时间较长，春秋季较短，全省年均温为11~14℃。山东生物资源丰富多样，有"水果水产之乡"的美誉。拥有得天独厚的海洋资源，因而海产品种类繁多，是旅游度假不可多得的美食。而且，全省矿产种类多，储量大，开采价值很高。

线路1
趵突泉—千佛山—李清照纪念堂—泰山

线路2
青岛—奥运帆船场地—五四广场—崂山

交通

飞机

济南遥墙国际机场
📞 0531-96888
📍 中国山东省济南市历城区和章丘区交界处，距市中心30千米
💡 机场交通：济南公交机场大巴1号线：火车站广场汽车站05:00至20:00发车，终点为机场航站楼。济南公交机场大巴2号线：玉泉森信大酒店06:00至19:00发车，中途停靠喜来登酒店站点，终点为机场航站楼。出租车，起步价9元，3千米后每千米1.5元。

青岛流亭机场
📞 0532-83789250
📍 中国山东省青岛市城阳区流亭街道，距青岛市中心约23千米
💡 机场交通：机场设有多条路线大巴，票价20至60元不等。出租车，起步价7元，3千米后每千米1.2元。

烟台莱山国际机场
📞 0535-6299999
📍 山东省烟台市南郊、烟青一级公路东侧，距离市中心直线距离约15千米
💡 机场交通：设有多条机场大巴跟线，票价根据目的地不同价格也不同，一般在20元左右。出租车，起步价7元，3千米后每千米1.8元。

济南地铁

1号线
工研院—方特
（6:00—21:30 最高票价6元）

2号线（在建）
彭家庄—王府庄

3号线
龙洞—滩头
（6:00—21:30 最高票价6元）

名菜

鲁菜，居中国四大菜系之首。鲁菜味鲜、咸、香、脆、嫩，口味独特，做法精致。主要有以海鲜为特色的胶东菜、济南菜、孔府菜等三大菜系。特色鲁菜是德州扒鸡、红烧大虾、九转大肠、蜜汁梨球、清汤柳叶燕菜、四喜丸子、坛子肉、糖醋鲤鱼、一品豆腐、油爆双脆等。

德州扒鸡：制作精致，色香味形均有独特之处，外形完整又美观，色泽金黄透红，鸡皮鲜亮，肉质松嫩可口，有健胃、补肾、助消化之效。

红烧大虾：山东胶东名吃，采用对虾为原料。对虾味道鲜美，色泽红润油亮，肉感鲜嫩可口，营养价值极高，是一道不能错过的风味名吃。

九转大肠：济南历史悠久的特色菜，采用猪大肠（直肠）做主要原料，色彩红润、肉质软嫩兼有，口味鲜美，同时具有酸甜香辣咸五种口味。

一品豆腐：洁白如玉，柔软细嫩，口感清爽，调味从心，可荤可素。一品豆腐不仅可以单独成菜，还可以独立成席。它营养丰富，有缓解压力、肥胖、高血压、健忘等功效。

山东城市一景

济南

济南，中国山东省省会，全省政治、经济、文化、科技及教育中心。济南位于山东省中西部，南依"天下第一山"——泰山，北跨"母亲河"——黄河。属暖温带大陆性季风气候区，四季分明，日照充分。在全国来说，它是连接华东与华北的门户，是连接华东、华北和中西部地区的重要枢纽，是黄河流域的中心城市。济南有着2700余年的历史，是龙山文化的发祥地。

济南是国务院公布的历史文化名城，中国首批优秀旅游城市，自然风光秀丽，因境内有"七十二名泉"，所以自古有"泉城"之美称。市区的趵突泉、黑虎泉、五龙潭、珍珠泉四大名泉群以及散落在郊区的泉群，与周围的千佛山、鹊山、华山形成了"四面荷花三面柳，一城山色半城湖"的特色风景写照。

区号	0531
邮编	250000
面积	10244.45 平方千米
人口	920.24 万人
著名景点	趵突泉、大明湖、五峰山、灵岩寺、红叶谷等

两日游

大明湖—趵突泉—千佛山—灵岩寺—九如山瀑布群

↘ 游在济南

灵岩寺 ★★★★

灵岩寺为海内四大名刹之首的灵岩寺，位于济南市长清区万德街道。著名景点如有"三身佛"之称的辟支塔、历代高僧墓地、千佛殿、灵岩第一泉甘露泉。此外还有拥有"五步三泉"之称的卓锡泉、白鹤泉、双鹤泉，景色壮美，泉水清冽。千佛山丛山合抱，峻岩峭壁，甘泉茗香，佛音不绝于耳，令人神往。

$ 52元起
L 8：00—18：30
🚌 济南遥墙国际机场—灵岩寺（自驾）
安庆天柱山机场—济广高速—京台高速—义灵路—灵岩寺
全程约93千米

灵岩寺

交通指南

1. 长清区旅游巴士直达灵岩寺，购全价门票可免费乘车。
2. 济南市旅游发送中心、济南长途汽车总站、济南市旅游汽车站均有发往灵岩寺的车。

主要景点

辟支塔：辟支塔为一座八角九层楼阁式砖塔，塔身上置铁质塔刹，由覆钵露盘、相轮、宝盖、圆光、仰月、宝珠组成，属于典型的宋代风格，为灵岩寺标志性建筑。

千佛殿：因殿内供奉了众多佛像得名。殿内佛像真实自然，仿佛有血有肉，贴近生活。清末学者梁启超来此游览，赞誉千佛殿泥塑罗汉像为"海内第一名塑"，并亲笔写下了碑碣。贺敬之来灵岩参观千佛殿后写下了"传神何妨真画神，神来之笔为写人。灵岩四十罗汉像，个个唤起可谈心"的诗句。

山寺下还有卓锡泉、白鹤泉、双鹤泉、甘露泉、万盛泉、袈裟泉、檀抱泉、飞泉等名泉。

灵岩寺

趵突泉公园 ★★★★★

趵突泉公园，济南三大名胜之一，是一座自然和人文并存的著名园区，也是济南被称为泉城的原因。趵突泉，为七十二名泉之首，拥有济南八景之中的"趵突腾空"一景。来到趵突泉，人们不仅可以一览观澜亭、金线泉、柳絮泉、浅井泉等优美的天然风光，而且可以一睹李清照纪念堂、李苦禅纪念馆、尚志堂等历史古迹。

$ 成人40元，学生半价

趵突泉公园

🕐 7：00—18：30
🚌 济南遥墙国际机场—趵突泉（自驾）
济南遥墙国际机场—济南绕城高速—济广高速—泺源大街—趵突泉
全程约 37 千米

千佛山公园★★★★

千佛山位于济南市南部，是济南三大名胜之一，拥有济南八景之一的"佛山赏菊"名景，及兴国禅寺、观音园、历山院、十八罗汉与卧佛等。此外，千佛山还有汇集我国"莫高集锦""龙门精粹""麦积厅观""云岗精华"四大著名石窟于一洞的佛山洞和享有秦琼拴马槐之称的唐槐亭。

💰 30 元，万佛洞另付费
🕐 6：30—18：00
🚌 济南遥墙国际机场—千佛山（自驾）
济南遥墙国际机场—济南绕城高速—工业北高架路—经十一路—千佛山公园
全程约 39 千米

千佛山公园

红叶谷★★★★

红叶谷，是全国知名的红叶观赏基地，是山东省知名的婚纱外景拍摄基地，也有山东省的空中别墅圣水泉。景点有大门景区、蔷薇园、情人谷、兴教寺、百合园、香巴拉休闲谷与欧洲风情谷等，山清水秀，谷幽泉灵，有"江北九寨沟"的美誉。红叶谷四季都适合游玩，春看郁金香，夏赏百合，秋满红叶，冬迎雪梅，一道道美景让人心驰神往。

💰 80 元

红叶谷

🕐 8：00—17：00
🚌 济南遥墙国际机场—红叶谷（自驾）
济南遥墙国际机场—济广高速—二环东高架路—红叶谷路—红叶谷
全程约 63 千米

济南跑马岭野生动物园旅游区★★★★

跑马岭位于济南市区东南部，古时有"小云南"的美称，是一处集野生动物和自然美景于一体的旅游区。其中野生动物园是国内唯一的森林野生动物园，是中国最大的野生动物科学研究和展览基地。跑马岭野生动物园包括徒步观赏、森林休闲、食草动物、世界各地风情以及凶猛动物等区域。

💰 80 元
🕐 8：00—18：00
🚌 济南遥墙国际机场—济南跑马岭野生动物园旅游区（自驾）
济南遥墙国际机场—青银高速—济南绕城二环高速—S241—济南跑马岭野生动物园旅游区
全程约 44 千米

九如山瀑布群★★★★

九如山瀑布群，是一处以优美的自然风景为主的景区。它主要包括四大景区，即山水相映的深潭飞瀑景观区、堪比桃花源境的九如峡谷景观区、有"人间仙境"美誉的天篷瀑布景观区、文化底蕴丰厚的长城古道景观区。其核心景点为八潭、九瀑、二十四泉、三十六峰，是北方极其少见的大型生态自然景区。

💰 198 元
🕐 8：00—17：00
🚌 济南遥墙国际机场—九如山瀑布群（自驾）
济南遥墙国际机场—济南绕城高速—S317—九如山瀑布群
全程约 58 千米

九如山瀑布群

五峰山★★★★

五峰山，位于济南市西南部，是鲁中三山（泰山、灵岩山、五峰山）之一。五峰山之名源于五座并列的锦绣山峰，它们是群仙峰、志仙峰、会仙峰、望仙峰、迎仙峰。五峰山有内外八景，皆绿树环绕，其中著名景点有迎仙桥、洞真观、清冷亭、鱼台钓月等，可谓观亭宫台应有尽有，翠绿掩映，处处景景，美不胜收。

💰 40 元
🕐 8：00—18：00（节假日期间另行告知）
🚌 济南遥墙国际机场—五峰山（自驾）
济南遥墙国际机场—济南绕城高速—济广高速—莲花山—五峰山
全程约 76 千米

五峰山

大明湖★★★★★

大明湖公园位于济南市北部，是济南三大名胜之一，素有"四面荷花三面柳，一城山色半城湖"的美誉，四季皆宜。春赏烟柳，夏观荷，秋看芦荡，冬览雪。大明湖的景点不仅有自然美景，如济南八景中的汇波晚照、明湖泛舟等，还有比较深厚的文化底蕴，如北极庙等景点。大明湖著名景点有四面临水的亭子——历下亭、道家庙宇——北极庙、园中之园——铁公祠等。山色与湖交相辉映，荷花与柳相得益彰，秀丽的风景让人们流连忘返。

💰 基本票价 30 元，个别景点需加收门票。每天 19：00 之后，当地市民凭个人身份证可免费游览某些景点
🕐 6：00—22：00

大明湖

🚌 济南遥墙国际机场—大明湖（自驾）
济南遥墙国际机场—济南绕城高速—济广高速—趵突泉北路—大明湖
全程约 37 千米

长清卧龙峪生态旅游区
★★ 📷

济南长清卧龙峪生态旅游区，坐落在古代齐长城的脚下，是一座省级森林公园。景区内松石险怪，峡谷幽壑，溪水四季长流，浑然天成。景区内更有名贵的药材，如人参、何首乌、灵芝、黄芩等。人们不仅能够一饱眼福，还可以沿途采摘草药，体验不一样的旅途乐趣。

💲 20 元
🕐 7：00—17：00（节假日期间另行告知）

🚌 济南遥墙国际机场—长清卧龙峪生态旅游区（自驾）
济南遥墙国际机场—济广高速—京台高速—京岚线—长清卧龙峪生态旅游区
全程约 96 千米

↘ 吃在济南

人们在旅游途中同样不要忘记享受可口的美食。来到济南，有许多不可不尝的特色名菜，比如辣子鸡丁、螺旋糕、坛子肉、九转大肠、麒麟马哈鱼、黄河鲤鱼等名菜。

辣子鸡丁

🍽 **尧舜酒家**
游客评价：鲁菜馆，爆炒腰花好吃
📞 0531-67880011
📍 济南市铜元局前街 37 号

🍽 **火食刘串店（山大南路店）**
游客评价：食物味道很好，烤串很好吃
📞 16653165656
📍 济南市山大南路 97-6 号

🍽 **泉城老董家（佛山苑店）**
游客评价：董家百年传承两吃里脊非常好吃
📞 0531-86011292
📍 济南市佛山街中段 35 号佛山苑小区

🍽 **重庆小天鹅**
游客评价：锅底很香，食材既齐全又新鲜
📞 0531-82981688
📍 济南市中区英雄山路 162 号

🍽 **城南往事济南风味主题餐厅（金龙大厦店）**
游客评价：鲁菜，装修很有民国气息
📞 0531-67816781
📍 济南市金龙中心主楼一楼

↘ 住在济南

平价型
如家酒店（济南八一立交桥店） 📍 济南市市中区经八路 23 号 📞 0531-55559999
泉润旅行艺术酒店（大明湖店） 📍 济南市铜元局前街 11 号 📞 15562625586
铂悦精品公寓式酒店（济南世茂店） 📍 济南市泉城路 26 号世茂国际广场 E 座 1 层 📞 0531-55729777
山与海文化酒店（大明湖店） 📍 济南市西熨斗隅街一号 📞 0531-81187171
格林豪泰酒店（印象城山东大学店） 📍 济南市山大路 38-3 号 📞 0531-88909999

享受型
山东东方大厦 📍 济南市市中区经七路 263 号 📞 0531-86917648
济南舜耕山庄 📍 济南市舜耕路 28 号 📞 0531-82951818
济南良友富临大酒店 📍 济南市历下区泺源大街 5 号 📞 0531-86956888
济南龙都国际大酒店 📍 济南市天桥区北园大街 421 号 📞 0531-85918888
天发舜和酒店 📍 济南市天桥区堤口路 31 号 📞 0531-68800000

↘ 购物济南

济南银座广场

济南银座购物广场占据了济南消费市场的半壁江山，属于鲁商集团（即山东省善业集团总公司）旗下。银座大楼里的商品档次很高，属于高档消费。通常所说的银座购物广场指泉城地下一层的银座，这里商品种类繁多，但价格并不高，适合大众消费，而且建在地下的广场更以其优异的服务、绝佳的品质、便捷的通道、宽阔的停车场、通透的外观赢得了人们的青睐，堪称购物者的天堂。

济南贵和购物广场

济南贵和购物中心及贵和商厦，位于繁华的泉城路中段济南第一商业街，是一处达到国际标准、高档消费的购物中心，两者隔街相望。贵和以"尊崇高雅文化，引领时尚消费"为宗旨，以"信义为本，亲和为贵"为理念，并力求做到"品质高、品格高、品位高"的购物中心，实现精品名店的目标。贵和购物中心汇集购物、美食、休闲娱乐于一体，是购物和休闲的绝佳去处。

济南万达广场步行街

济南万达广场中步行街包括时尚、休闲娱乐、综合、商务等几大区域，是一个大型的综合性购物中心。

济南嘉华购物广场

济南嘉华购物广场以休闲和时尚为理念，适合高中档消费。在这里，日用百货、副食、体育器械、服装等应有尽有，还有济南市最大的专业鞋类卖场，以及许多国际知名品牌。

特产

济南地处鲁中南低山丘陵与鲁西北冲积平原的交接带上，地势南高北低。复杂多样的地形使得济南拥有许多独特的产品，如东阿阿胶、木鱼石茶具、徒河黑猪、章丘大葱、龙山黑陶、李沟灵芝等。其中阿胶与人参、鹿茸一起被誉为"中药三宝"。3000年前人们已经发现并使用阿胶，历来被誉为"补血圣药""滋补国宝"，阿胶的原产地是山东东阿县。东阿阿胶历来名冠天下，被称作"天下第一胶"，所以来济南玩买阿胶是必不可少的，是送给女性朋友很好的补品。

木鱼石茶具：木鱼石是一种非常罕见的空心石头，俗称"还魂石""凤凰蛋"，象征着如意吉祥，可护佑众生、辟邪消灾，佛力无边。许多中药方剂中含木鱼石，有止血、止泻之功效。

济南银座大厦

泰安

泰安市，位于山东省中部，为泰山脚下的城市，北倚泰山与济南为界，南与济宁市相连，东与莱芜和临沂地区毗邻，西隔黄河与聊城市相望，处于山东省东部大开放和西部大开发的接合部。"泰山安则四海皆安"，取意国泰民安，此为泰安的名字由来。

泰安是著名的文化旅游城市，处于山东省"一山、一水、一圣人"旅游热线的中点，旅游资源得天独厚。而且历史悠久，文化遗存丰富，历史遗迹保护较好，自然风光雄伟壮丽，被誉为"五岳之都"。泰安市"山城相依，山城一体"的格局独具特色，境内的泰山是国家重点风景名胜区，是世界自然文化遗产，有"五岳之首""天下第一山"的美誉。

| 区号：0538 |
| 邮编：271000 |
| 面积：7762平方千米 |
| 人口：547.22万人 |
| 著名景点：泰山、天庭乐园、岱庙等 |

↘ 游在泰安

泰山 ★★★★★

泰山，又称"东岳"，为五岳之首，被称为"天下第一山"。泰山景区分为泰山幽区、旷区、奥区、妙区、秀区、丽区六大风景区。来到泰山幽区，人们可以欣赏到岱宗坊、关帝庙、一天门等景观，还可以感受泰山十八盘的凌云之势；在泰山旷区，人们可以领略到秀峰幽谷、飞瀑深潭以及流水潺潺的黄溪河；进入泰山妙区，人们可以观赏碧霞祠、玉皇顶等景观，还可以在日观峰看日出。泰山风景秀丽，深谷幽壑，处处别有洞天，好似人间仙境。

¥ 115元
⏰ 全天开放，但索道开放时间不同
🚗 济南遥墙国际机场—泰山（自驾）
济南遥墙国际机场—济广高速—京台高速—桃花源路—泰山
全程约103千米

泰山
交通指南

1. 高铁：泰安高铁站位于泰安市岱岳区，原名泰山西站，后更名为泰安站。乘坐17路、18路、37路公交车可抵达，票价2元。

2. 客车：济南、青岛均有前往泰安的大巴车，然后再乘公交或乘坐出租车前往景区。

3. 公交：19路、49路、68路公交车都可以到达泰山风景区。

4. 旅游巴士：泰山旅游巴士1线：火车站—天外村—中天门；2线：火车站—桃花峪—桃花源索道，上山票价：13元，下山票价11元。

5. 出租车：起步价为6元/2千米，2千米以后1.5元/千米，22:00以后，起步价7元/2千米，从泰山火车站到泰山的登山处不足3千米，乘坐出租车只需10元左右。

特色路线

经典白天一日游：岱庙—岱宗坊—红门—万仙楼—斗母宫—中天门—十八盘—升仙坊—南天门—天街—玉皇顶。直登泰山山顶，体会"一览众山小"的气魄。

泰山

肥城桃源世界风景区 ★★

肥城桃，因大、肥、美而驰名中外，肥城有"世界最大桃园"之称。在肥城桃源世界风景区内，人们可以欣赏到"欢欢喜喜踩福路""至受孝心人增寿""情投意合桃花缘"三大民俗活动，可以一睹旧货市、织布机等濒临消失的旧物。其间有桃花湖，湖中两亭为湖心亭，亭中设有九曲桥。春天桃花漫天，朵朵争艳；到了秋天，又是一派丰收的景象，桃香四溢，具有浓厚的自然气息，宛如仙境。

¥ 30元

⏰ 7:00—20:00
🚗 济南遥墙国际机场—肥城桃源世界风景区（自驾）
济南遥墙国际机场—济广高速—京台高速—马尾街—肥城桃源世界风景区
全程约141千米

天庭乐园 ★★★ 🌐 📷

　　天庭乐园寓意九天之境与天下太平，是一处休憩娱乐、修身、观景的艺术园林。它包括休闲、娱乐、美食、儿童活动等4个区域，集多种多样的娱乐活动、颇具风格的亭台楼榭、美味的特色小吃以及别致的宾舍为一体。来到天庭乐园，不同年龄和层次的人们都可以找到适合自己的休闲方式。人们不仅可以欣赏到喷泉，还可以体验碰碰车、滑索、滑草、滑沙、空中飞舞等娱乐项目。

💰 10 元
🕗 8：00—18：00
🚌 济南遥墙国际机场—天庭乐园（自驾）
济南遥墙国际机场—济广高速—京台高速—东岳大街—天庭乐园
全程约 104 千米

天庭乐园

徂徕山国家森林公园
★★★ 📷

　　徂徕山自古为佛教和道教圣地，三面被大汶河环绕，树木茂盛，山势险峻，风景秀丽。徂徕山山峰耸峙，独秀峰、贵人峰、秋千架等山峰都是徂徕山一道道亮丽的风景，其夕照成为泰安八景之一。徂徕山森林公园动植物种类丰富多样，名贵药材也很多。徂徕山不但自然景观优美，还有许多人文景观，如四禅寺、二圣宫、隐仙观等。

💰 50 元
🕗 8：00—17：00
🚌 济南遥墙国际机场—徂徕山国家森林公园（自驾）
济南遥墙国际机场—济南绕城高速—济泰高速—X016—徂徕山国家森林公园
全程约 114 千米

牛山国家森林公园 ★★★ 🏛

　　牛山，也称"全牛山"。其主峰为山东第一古寨穆柯寨，相传是北宋穆桂英挂冠归隐之地，树木繁茂，古寨隐约有一股杀气浮现。穆柯寨中还有点将台、招军石等景点。牛山国家森林公园内有夕阳降石门、文昌阁、资圣院、牛山寺、范蠡墓等名胜古迹，还有多种动植物。整个景区秀丽奇崛，藤蔓攀岩，峰峻壁峭，仿若仙境。

💰 25 元
🕗 8：00—17：00
🚌 济南遥墙国际机场—牛山国家森林公园（自驾）
济南遥墙国际机场—济南绕城高速—济广高速—邵肥路—牛山国家森林公园
全程约 116 千米

宁阳彩山风景区 ★★★ 📷

　　彩山风景区位于宁阳县蒋集镇内，旅游资源丰富，拥有 150 多种天然野生林木，珍贵动植物种类繁多，名贵药材如何首乌、灵芝等近 80 种，此外，风景区内还有种植了核桃、柿子、大枣等果品的果园。

💰 40 元
🕗 8：00—17：00
🚌 济南遥墙国际机场—宁阳彩山风景区（自驾）
济南遥墙国际机场—济广高速—京台高速—日凤线—宁阳彩山风景区
全程约 145 千米

彩山风景区的枣园

泰安齐长城遗址
★★★★ 🌐 📷

　　泰安齐长城遗址，位于泰城西北部，曾经是春秋战国时齐国军事防御重地。遗址将泰山、沂山、鲁山等连接起来，堪称齐国的绝佳屏障。登临齐长城遗址，人们可以感受悠久的历史文化，凭吊当年古迹。

💰 30 元
🕗 全天
🚌 济南遥墙国际机场—泰安齐长城遗址（自驾）
济南遥墙国际机场—遥墙机场路—鸭西线—梯子山—泰安齐长城遗址
全程约 60 千米

新泰莲花山
★★★★ 🏛 🌐 📷

　　莲花山得名于九座山峰环抱呈莲花状，是佛教圣地，每年农历初六都举行大型庙会。莲花山风景区包括行宫景区、太平庵景区、云谷寺景区、北天门景区、响铃碑景区、魔子坊景区六大景区，拥有古建筑群云谷寺、补天石、汉武行宫等景观。在这里，人们可以欣赏到仙台夕照、五松抱槐、新甫宝光等奇观，变化不定、峰峦如翠的自然景象都让人流连忘返。

💰 50 元
🕗 7：00—18：00
🚌 济南遥墙国际机场—新泰莲花山（自驾）
济南遥墙国际机场—济南绕城二环高速—京沪高速—迈莱河路—新泰莲花山
全程约 134 千米

岱庙 ★★★ 🏛 🌐 📷

　　道家庙宇岱庙，也称"东岱庙"，是古代王朝举行封禅大典的地方，也是古人祭祀泰山神的地方。岱庙是目前泰山最大以及保存最为完整的古建筑。岱庙的著名景观有岱庙坊、遥参亭、正阳门、汉柏院、钢亭铁塔、唐槐院等。

💰 20 元
🕗 7：50—17：30
🚌 济南遥墙国际机场—岱庙（自驾）
济南遥墙国际机场—济南绕城高速—济泰高速—东太尉街—岱庙
全程约 99 千米

岱庙

💡 岱庙
主要景点

　　古树：唐槐，位于岱庙西的唐槐院，原树高大茂盛，蔽荫亩许，民国年间枯死。1952 年在枯槐内植新槐，今已扶疏郁茂，俗称"唐槐抱子"。树下有明万历年间甘一骥书"唐槐"大字碑，又有清康熙年间张鹏翮题《唐槐诗》碑。西树立有清乾隆帝亲笔题刻："兔目当年李氏槐，枒槎老干倚春阶。何当绿叶生齐日，高枕羲皇梦亦佳。"院内遍植槐树，春夏之际，满院飘香。

碑刻：岱庙中有两座名气颇大的宋代石碑，一座是宋真宗封禅泰山的宋祥符碑，碑名为《大宋封东岳天齐仁圣帝碑》，背面为"五岳独宗"明代后人所刻。与之对应的是100多年后宋徽宗所立的《宣和重修泰岳庙记碑》，背面为明代所题"万代瞻仰"。

李斯碑："天下名碑之最"，属于国家一级文物，秦始皇封禅泰山的唯一保存实物，也是泰山现存最早的刻石。碑刻上为李斯小篆，岁月的沧桑已使它字迹斑驳，几乎贴在上面也只能认出三个"臣"字。

天贶殿：天贶殿，为东岳大帝的神宫。殿面阔九间，进深四间，通高22米，面积近970平方米。天贶殿内北、东和西三面墙壁上绘有巨幅《泰山神启跸回銮图》。壁画高3米多，长有62米。"启"是出发，"跸"是清道静街，亦作"停留"之意，"回銮"是返回之意。描绘了泰山山神出巡时浩荡壮观的场面。画中人马千姿百态，造型生动逼真。是泰山人文景观之一绝。

↘ 吃在泰安

泰安的美食也比较独特，包括风味宴席和特色小吃两种。风味宴席中较有名的是豆腐宴和野菜宴，特色小吃为小米煎饼。此外，泰安陈醋茄子、大红公鸡、泰山赤鳞鱼、黑椒牛扒、红烧妙龄鸽等也是难得的美食。

陈醋茄子

🍽 食八盘
游客评价：鲁菜，人很多，菜品分量很足
📞 0538-8290099
📍 泰安市迎胜路丽景新天地酒店院内北楼

🍽 鲁菜根（普照店）
游客评价：鲁菜，推荐花椒酥肉
📞 0538-7770089
📍 泰安市普照寺路泰前回迁楼3号楼

🍽 老牌坊（万达店）
游客评价：鲁菜，糖醋鲤鱼非常好吃
📞 0538-8990520
📍 泰安市泰山大楼万达广场3010a号

🍽 有幸相食（万达店）
游客评价：日本料理，装潢很可爱
📞 13335299199
📍 泰安市万达金街

🍽 小木屋米酒店
游客评价：延边特色菜，做法保留了食材原有的味道
📞 0538-8209866
📍 泰安市致富路泰山三里屯商业广场三楼

🍽 许家炒鸡店
游客评价：姜片鸡风味独特，生意很火爆
📞 13375480735
📍 泰安市清真寺中段清真寺学校对面

🍽 齐鲁糁馆
游客评价：大多是小吃，牛杂汤不错，分量足
📞 18263885959
📍 泰安市荣昌路7-12号

↘ 住在泰安

平价型
银座佳驿（泰安青年路店） 📍 泰安市泰山区青年路16号 📞 0538-6288999
天外村度假酒店 📍 泰安市环山路天外村停车场东门旁 📞 0538-8972888
丁格曼酒店（泰安天外村店） 📍 泰安市迎胜东路9号 📞 0538-8915666
西岸·巨幕酒店（万达广场店） 📍 泰安市望岳东路万达广场1号楼3楼 📞 13853886235

享受型
泰安金山度假村 📍 泰安市环山路236号 📞 0538-8225254
泰山宝胜大酒店 📍 泰安市迎胜路367号 📞 0538-3013888
泰安万达广场美居酒店 📍 泰安市泰山大街中段190号 📞 0538-8971678
泰安东尊华美达大酒店 📍 泰安市迎胜东路16号 📞 0538-8368888

↘ 购物泰安

银座商城

泰安银座商城位于泰安东岳大街81号，环境雅致，商品齐全，各种高档商品应有尽有。泰安银座商城内还有很多休闲娱乐的场所，可以满足人们不同的需求。

华联商厦

华联商厦位于泰安市东岳大街，靠近旅游景点岱庙。在这里，日用百货、各种副食、服装、家电等各类产品都有销售。华联商厦的消费为中高档消费，多达3万种的商品为人们打造了一个购物天堂。

泰安恒盛国际名城

泰安恒盛国际名城位于泰安市财源大街110号，有1路、3路、6路、7路、8路等多条公交线路从门前经过。泰安恒盛国际名城是泰山恒盛国际名城置业有限公司与深圳金典领驭商业投资管理有限公司在泰安成功合作开发的第一个商业项目。它集购物、餐饮、休闲、娱乐、商务、文化、旅游观光等功能于一体，其中有-1F美容、美发、美体时尚城，1F外广场欧陆风情景观城，1F欧版生鲜超市购物城，2F欧版食品非食品量贩购物城，3F名媛女装万象城，4F绅士男装印象城，5FA针织床用国际城，5FB美食文化欢乐城8个情景体验中心。

特产

泰安有很多著名的土特产，较为有名的是泰安三美：白菜、豆腐和水；泰安三宝；泰山四大名贵药材：紫草、黄精、四叶参、何首乌。而且，泰山赤灵芝也是不可多得的珍贵药材。此外，泰安有名的水果为泰山板栗、有"泰山美人"之称的小白梨、泰山红玉杏、三岔红星苹果等。

其中，泰山煎饼有着1000多年的历史。它以玉米、小米为原料，磨成糊状鏊摊而成，薄如纸，脆如酥，少水分，耐贮存，是久负盛名的泰安传统食品。泰安民谣说得好："吃煎饼，卷大葱，香喷喷，赛油饼。"

泰山灵芝有治耳聋、利关节、益精气、坚筋骨、疗虚劳的非凡效果，是泰山的珍贵特产。传说神农尝百草，在泰山发现此药，因称"神药"。史书记载，宋真宗到泰山，"王钦若献芝草三万八千余本"。

泰安购物商场

曲阜

曲阜市，位于山东省西南部，东、北、南三面环山，群山内侧散布着几十个大小不等的阜丘，中西部为大片的肥田沃土，地势东北高、西南低。古称"鲁县"，是周朝时期鲁国国都。曲阜是我国古代伟大的思想家、教育家、儒家学派创始人孔子的故乡。是国家历史文化名城，被西方人士誉为"东方耶路撒冷"。

曲阜是中国优秀旅游城市，古称"圣域贤关"，人杰地灵。在这片古老的土地上，诞生了"人文始祖"轩辕黄帝、炎帝神农氏、少昊金天氏、儒家学派创始人孔子、"元圣"周公、鲁公伯禽等古帝圣贤。全市拥有重点文物保护单位184处，孔府、孔庙、孔林为世界文化遗产，是独具中华民族情感色彩的旅游胜地。

区号：	0537
邮编：	273100
面积：	815平方千米
人口：	64.99万人
著名景点：	孔府、孔庙、孔林、水泊梁山等

↘ 游在曲阜

曲阜三孔 ★★★★★

曲阜（世界三大圣城之一）三孔即孔府、孔庙、孔林，具有浓厚的历史文化底蕴。有"天下第一家"美誉的孔府，原名"衍圣公府"，包括九进庭院以及东、中、西三路布局。孔府著名景点为孔氏家庙、红萼轩、忠恕堂等。孔庙是古代封建王朝祭祀孔子的庙宇，是一处颇具东方特色的古建筑群，气势宏伟，在世界建筑史上有"唯一的孤例"之称。孔林原称"至圣林"，为孔子及其家族的墓林，是目前世界上存在最久、面积最大的家族墓林，同时也是一处天然植物园。

💰 140元
🕐 7：00—18：00
🚗 济南遥墙国际机场—曲阜三孔（自驾）
济南遥墙国际机场—济广高速—京台高速—鼓楼北街—曲阜三孔
全程约181千米

曲阜三孔

两日游
曲阜三孔—颜庙—邹城孟府、孟庙—邹城峄山

曲阜最佳旅游季节

曲阜属于暖温带季风性大陆气候，四季分明，每年最佳的旅行时间是4月—11月。6月—9月，微山湖的荷花争相开放，泗水县的桃花也争奇斗艳。

每年9月下旬至10月上旬，曲阜会举办孔子文化节。节日在孔庙大成殿前举行，其间有祭孔乐舞表演，以及与孔子倡导的礼、乐、射、御、书、数六艺活动，比较有意思。

冬季，伴随春节黄金周来到孔府过年的游客也络绎不绝。敲暮鼓晨钟、赏乐舞表演、品民俗大餐，是冬季里游览曲阜不错的选择。

小贴士

曲阜是我国著名的历史文化名城，游览的景点以人文景观为主，几乎每一个景点都有历史故事，所以来之前先查查资料，了解一下故事背景，这样你会收获更多。或者你可以跟团，让专业导游为你讲解。

周公庙 ★★★★

曲阜周公庙，也称"元圣庙"，是古人祭祀周公的庙宇。周公庙主要有三进庭院，依次为棂星门、成德门、元圣殿。其中元圣殿为周公庙的核心庭院。成德门中有一座碑亭，精雕细琢，雕镂画栋，有龙飞凤舞之姿，又有龟驮之貌，栩栩如生。周公雕像就坐落在元圣殿中，手持圭板，古风尽溢。

💰 80元
🕐 8：00—19：00
🚗 济南遥墙国际机场—周公庙（自驾）
济南遥墙国际机场—济广高速—京台高速—东关大街—周公庙
全程约180千米

曲阜周公庙

水泊梁山 ★★★★

水泊梁山依托水浒文化，主要有梁山和水泊两大风景区，分据南北而形成的一个旅游胜地。南部梁山古代称"泽国"，它包括虎头峰、郝山峰、雪山峰、青龙山四座山峰，山势险峻。北部水泊处处绿柳满岸，水鸟云集，故有"小洞庭"的美称。历代不少文人在此留下了珍贵笔墨，如苏辙的《夜过梁山泊》等。

$ 55元
⏰ 8:00—17:00
🚌 济南遥墙国际机场—水泊梁山（自驾）
济南遥墙国际机场—济广高速—董梁高速—越山南路—水泊梁山
全程约194千米

水泊梁山

邹城孟庙、孟府 ★★★★

孟庙也称"亚圣庙"，是古人祭祀孟子的地方。庙内古树林立，碑褐众多，红色垣墙环绕其四周。孟庙共有五进庭院，主要有棂星门、泰山气象门、仪门、承圣门，核心建筑为亚圣殿。孟庙逐级庭院循序渐进，参差有致，风格各异，充分体现了我国劳动人民的创造才能和古建筑的特点，是国内宋元至明清时期的古建筑代表作品。

孟府也称"亚圣府"，位于邹城南关，孟庙西侧，庙、府仅一街之隔，为孟子嫡系后代的住所。孟府有七进庭院，又有楼、堂、阁等不同建筑。孟府的内宅雕刻精美，雕镂画栋，曲径通幽，是一处具有历史文化内涵的古建筑。

$ 各35元
⏰ 孟庙：8:30—17:30
　　孟府：8:30—17:30
🚌 济南遥墙国际机场—邹城孟庙、孟府（自驾）

邹城孟庙

济南遥墙国际机场—济广高速—京台高速—庙前路—邹城孟庙、孟府
全程约205千米

微山湖风景区 ★★★★

该地是电影《铁道游击队》的拍摄场地，微山湖是中国六大淡水湖之一。景区主要包括微山、昭阳、独山、南阳四个湖泊。微山湖风光旖旎，荷香四溢，并有"中国荷都"的美誉。湖中第一大岛为微山岛，岛上有很多名胜古迹，如殷周微子墓、汉初张良墓以及大量的亭台楼阁、碑碣刻石等。每年七八月份为最佳旅游时间，真有"接天莲叶"的景色，此时人们还可以品尝到新鲜的鱼。

$ 50元
⏰ 8:30—17:00
🚌 济南遥墙国际机场—微山湖风景区（自驾）
济南遥墙国际机场—济广高速—京台高速—京岚线—微山湖风景区
全程约294千米

微山湖

杏坛 ★★★

杏坛相传是孔子教授弟子的地方，周边杏树环绕，故名曰"杏坛"。杏坛不但风景优美，朱栏画栋，黄瓦飞檐，其杏坛剧场也因此而闻名遐迩。

杏坛圣梦是一场阵容庞大、演技娴熟、立意古朴的大型晚会。杏坛圣梦围绕孔子，主要有圣火传承、杏坛讲学、硝烟四起、周游列国、和平之声等五大内容。整场演出气势恢宏，震人心魄，令人久久不能忘怀，引领人们走进华夏艺术的殿堂。

$ 40元

杏坛

⏰ 8:00—18:00
🚌 济南遥墙国际机场—杏坛（自驾）
济南遥墙国际机场—济广高速—京台高速—半壁街—杏坛
全程约181千米

邹城峄山风景区 ★★★★

邹城峄山，也称"东山"，风景优美，被称为"岱南奇观""邹鲁灵秀"。景区内峄山怪石林立，山峰秀丽，又颇具天然灵气，空谷幽壑。

此外，山上的花岗岩巨型石蛋群、华丽的石林及奇形怪状的花岗岩滚石形成各种天然群雕，玲珑别致，变幻多姿，神奇秀灵，加之林木葱郁，洞洞相连，素有"四大奇观""三十六洞天""七十二景"之说。

峄山的主要景观有书院、九龙洞、三十六洞天等众多的景点，从而拥有了泰山的雄壮，黄山的奇特以及华山的险峻。而且，峄山拥有始皇东巡的第一块刻石，即秦峄山碑。

$ 旺季（4月1日至10月31日）60元；淡季（11月1日至次年3月31日）50元
⏰ 6:00—18:00
🚌 济南遥墙国际机场—邹城峄山风景区（自驾）
济南遥墙国际机场—济广高速—京台高速—峄山街—邹城峄山风景区
全程约217千米

邹城峄山

颜庙 ★★★

颜庙，也称"复圣庙"，位于曲阜陋巷街北首，已有约700年的历史，是古人祭祀孔子弟子颜回的庙宇。

颜庙内有几十座古代建筑、数十通碑刻以及500多株古树，主要有东、中、西三路布局以及五进庭院，与孔府后花园隔街相望。颜庙主要景观有复圣门、归仁门、仰圣门、复圣殿等。颜庙汇集殿、堂、亭、库、门等多种风格于一体，具有浓厚的历史文化底蕴。

颜庙内共有碑碣60余块。其中有两块是元朝所立的"大元敕赐先师充国复圣公新庙碑"和"大元加封颜子父母制词碑"。这对于研究古文字有一定的价值。

💰 免费
🕐 8：00—17：00

🚌 济南遥墙国际机场—颜庙（自驾）
济南遥墙国际机场—济广高速—京台高速—颜庙街—颜庙
全程约180千米

↘ 吃在曲阜

曲阜的主食是煎饼和面食，而且曲阜人比较喜欢喝粥。曲阜有很多名吃，如孔府宴、孔府糕点、泗河熏豆腐、鸳鸯鸡等，来到曲阜旅游，这些都是不可不尝的美味小吃。

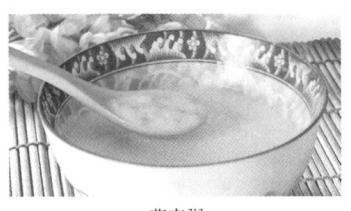

燕麦粥

🍜 王家肉饼
游客评价：小吃面食，肉饼料足味好
📞 15865707070
📍 曲阜市护庙街中段路西

🍜 和谐小豆府
游客评价：鲁菜很地道
📞 0537-5051733
📍 曲阜市春秋西路（民政局西侧路南）

🍜 煎饼卷大葱
游客评价：山东煎饼很地道

📞 15910013353
📍 曲阜市春秋西路大伟粥铺东30米

🍜 十二府私房会所
游客评价：主营鲁菜，蒜香小排和蜜汁山药很赞
📞 0537-4441212
📍 曲阜市东门大街十二府故址院内西侧

🍜 古巷创意餐厅
游客评价：主营山东特色菜，环境很好
📞 18453775333
📍 曲阜市鲁城街道逵泉中

🍜 南韩小厨
游客评价：主营韩国风味的火锅、小吃
📞 18863758042
📍 曲阜市西宾路曲师大门南100米路东

↘ 住在曲阜

平价型
国际青年旅舍（曲阜三孔风景区店） 📍 曲阜市鼓楼北街8-8号 📞 0537-4418989
曲阜城南小筑 📍 曲阜市鲁城街道金贵街四胡同9号 📞 15653799979
济宁曲阜阙里宾舍 📍 曲阜市阙里街1号 📞 0537-4866400
锦江之星风尚（三孔店） 📍 曲阜市静轩东路36号 📞 0537-4696888
漫步时光主题宾馆（曲阜师范大学店） 📍 曲阜市曲阜师范大学东门东88米 📞 18711630330

享受型
曲阜香格里拉大酒店 📍 曲阜市春秋中路3号 📞 0537-5058888
曲阜东方儒家花园酒店 📍 曲阜市大成路9号孔子研究院西门 📞 0537-5053777
夫子宾舍家教文化别墅酒店 📍 曲阜市博文街与护庙街交汇处北60米 📞 0537-7091888
曲阜铭座杏坛宾馆 📍 曲阜市大同路56号 📞 0537-3197888
济宁曲阜阙里宾舍 📍 曲阜市阙里街1号 📞 0537-4866400

↘ 购物曲阜

▏曲阜华联商厦
曲阜华联商厦位于春秋路中段，主要经营烟酒、日用百货、服装、黄金珠宝、家用电器等方面的商品，是人们旅游时购物的好场所。

▏曲阜阙里宾舍购物中心
曲阜阙里宾舍购物中心主要经营各种玉器和银器、精致的工艺品、花色繁多的服装、丝绸以及日用百货等。

▏曲阜文物商店
曲阜文物商店，位于曲阜鼓楼大街中段，这里包括了各种珍贵物品，如名人字画、著名碑帖、玉器、砚石、陶器、竹雕、木雕、牙雕、历代孔子画像的石刻、汉画像拓本等物品。

▏曲阜市金龙旅游有限公司
曲阜市金龙旅游有限公司，位于曲阜市鼓楼门东路附近，主要包括许多名人字画的珍藏，如张大千、齐白石、徐悲鸿等人的书画珍品。这里还经营各种珍贵玉器，如新疆和田玉、加拿大碧玉等。

▏曲阜裕隆购物广场
曲阜裕隆购物广场建成于2006年8月，是一家大型购物场所。一楼为食品生活超市，经营生鲜、食品、洗化、日用百货、文体办公、名烟名酒、数码产品等；二楼为针织鞋类超市及娱乐城；三楼为服装布艺超市及免费医疗中心。

💡 特产
曲阜的主要特产有九仙山葡萄、姚村凉席、楷雕、尼山砚、曲阜香稻、孔府宴、孔府糕点、煎饼、碑帖、熏豆腐、扶兴和毛笔、孔府家酒等。

尼山砚：出产于孔子的出生地尼山，故名尼山砚。尼山砚细腻精致，色泽光润，下墨干脆，发墨好，适合长时间使用。

碑帖：曲阜有大片的石碑林，非常集中，所以这一带是盛产碑帖的地方，用纸和墨把碑文拓下而成，主要技法有擦拓和扑拓两种，细致精美，受人喜爱。

孔府糕点：孔府糕点在不同的时节会有不同的做法，夏季以绿豆糕、果子糕、凉糕为主，冬季以水晶包、豆沙包、火腿烧饼为主，春秋两季以萝卜饼为主。

曲阜购物街

青岛

　　青岛，地处山东半岛南端、黄海之滨，东北与烟台市毗邻，西与潍坊市相连，西南与日照市接壤。青岛是山东第一大城市，国际著名港口城市，国际滨海旅游度假胜地，全国文明城市，中国品牌之都，国际帆船之都，世界啤酒之城。青岛还是中国十大最具经济活力的城市之一，是中国面向世界的重要区域性经济中心，东北亚国际航运中心。

　　青岛市是中国优秀旅游城市、国家历史文化名城、重点历史风貌保护城市，有国家重点文物保护单位 34 处，重点名人故居 85 处，国家级自然保护区 1 处，国家级风景名胜区有崂山风景名胜区、青岛海滨风景区，国家 4A 级旅游景区有市北区葡萄酒博物馆和胶州少海风景区等。风光秀丽，气候宜人，是一座独特的海滨城市。

区号：0532
邮编：266000
市区面积：11293 平方千米
人口：1007.17 万人
著名景点：青岛崂山、八大关、栈桥、青岛雨林谷等

两日游
青岛民俗博物馆—小青岛—青岛崂山

↘ 游在青岛

青岛崂山 ★★★★★

　　青岛崂山，坐落在黄海海滨，山势雄武，最高处崂顶海拔达 1100 多米。崂山是道家圣地，相传张三丰曾在此地修道。在近现代是韩、日等外国人士在青岛居住集中的区域，韩国驻青总领事馆设立于此。该区是适宜居住和投资创业的乐土，崂山素以人文景观和自然之美著称于世，有"海上名山第一""道教第二丛林"之美誉。崂山景点众多，著名的有太清宫、道德经石刻、一线天、三清殿崂顶等。崂山山海相接，峰石险怪，松林茂密，俨然人间仙境。来到青岛，崂山是必看的美景。

💰 180 元
🕐 7：30—17：30
🚌 青岛流亭机场—青岛崂山（自驾）
青岛流亭机场—青银高速—辽阳东路—仰口路—青岛崂山
全程约 36 千米

崂山

崂山风景区

交通指南

自驾：从青岛火车站、轮渡码头、前海、中山公园及青岛市政府一带去崂山，可沿香港路或东海路至石老人，接湛流干路到达崂山南麓的门户沙子口，由沙子口进入山区。

优惠政策

1. 70岁以上老人、离休人员、残疾人、现役军人、新闻单位工作人员持有效证件可免费；60岁以上老年人，持有效证件半价优惠。

2. 身高1.2米以下的儿童进山免费；全国各大、中、小学校学生持学生证半价。

青岛海底世界

★★★★

青岛海底世界，包括潮间带、海底隧道、船舱通道、海洋剧场、圆柱展缸、热带雨林区、生物精品区、科普教育区、梦幻水母馆等景点。人们可以欣赏到水族馆、标本馆、淡水鱼馆特色海洋生物，如皱唇鲨、黑鳍鲨、鳃虎鱼、弹涂鱼等；还可以在船舱通道中体验海底沉船的感觉；也可以在表演大厅欣赏到人和鲨鱼共舞的惊险表演以及梦幻的美人鱼表演。青岛海底世界以其独特的魅力成为一处山海俱佳的海洋生态大观园。

💰 150元
🕐 8：30—17：00
🚌 青岛流亭机场—青岛海底世界（自驾）
青岛流亭机场—双流高架路—环湾路—青岛海底世界
全程约32千米

青岛海底世界

石老人海水浴场

★★★

青岛石老人海水浴场，坐落在石老人国家旅游度假区的最东部。浴场附近有一座高达17米的石柱，因其状似老人，故曰石老人。石老人海水浴场海水清澈，沙子细而柔软，坡岸和缓。石老人海水浴场以滨海步行道为主，贯穿了度假海滩、欢庆海滩、运动海滩、高级会员海滩等四个区，将休闲娱乐、观光、海上运动、沙滩活动综合起来，是一处不错的旅游度假区。

💰 免费
🕐 9：00—18：00
🚌 青岛流亭机场—石老人海水浴场（自驾）
青岛流亭机场—青银高速—海尔路—海口路—石老人海水浴场
全程约27千米

青岛石老人雕塑

栈桥

★★★★

栈桥位于青岛湾内，为青岛最早的码头，是青岛的象征，被称为"长虹远引"。整个栈桥横亘在碧海中，浪涛拍打着栈桥的堤坝，使人心旷神怡。栈桥上阁宇的楼梯为螺旋形，站在阁宇上眺望，别有一番景象，这也就是被人们称为青岛十景之一的"飞阁回澜"一景。栈桥的沿岸是栈桥公园，里面花草树木美丽又迷人。此外，栈桥的夜景尤为美丽。

💰 基本免费，进回澜阁需门票4元
🕐 全天
🚌 青岛流亭机场—栈桥（自驾）
青岛流亭机场—双流高架路—环湾路—太平路—栈桥
全程约31千米

栈桥

青岛城阳世纪公园

★★★

青岛城阳世纪公园，山水俱佳，包括一水、一湖、一滩、三山、三岛、16个植物生态景观园等景点。世纪公园的特色是精品园和百花园，拥有园内亭台、假山、喷泉等景观。百花园中花木繁多，拥有200多个城市的市花以及12个国家的国花。在公园中，水上游船和儿童乐园则是儿童喜爱的去处。

💰 免费
🕐 5：00—21：00
🚌 青岛流亭机场—青岛城阳世纪公园（自驾）
青岛流亭机场—长城南路—长城路—青岛城阳世纪公园
全程约4千米

八大关 ★★★★

八大关指韶关、嘉峪关、函谷关、正阳关、临淮关、宁武关、紫荆关、居庸关，呈现出红瓦绿树、碧海蓝天的景象。此处有以这8个关口命名的8条马路，彼此相交，星罗棋布。八大关汇集了公园和庭院各自的特点，马路两旁皆是青翠欲滴的树木以及争奇斗艳的鲜花，也因此享有"花街"的美誉。八大关的建筑风格迥异，主要有俄式、法式、英式、美式、德式等20多种风格，因而被称为"万国建筑博览会"。同时，这里也成为不少影视剧青睐的拍摄基地。

💰 免费
🕐 全天
🚌 青岛流亭机场—八大关（自驾）
青岛流亭机场—双流高架路—环湾路—太平角一路—八大关
全程约34千米

八大关街道

田横岛旅游度假村

★★★

田横岛源自古代义士田横，风景优美，历史文化底蕴深厚。田横岛旅游度假村主要包括梦海园、九龙居和中国园三大别墅建筑群，还有微型高尔夫球场、健身场地、儿童乐园等游玩设施。田横岛上有田横500义士合葬之墓、田横碑亭和雕像、海市蜃楼、神龟石等，宛若仙境。此外，来到这儿，田横五宝即盐水马蹄蟹、辣炒田横蛤蜊、松菇炖小公鸡、木柴大锅鲈鱼、山鸡蛋紫菜羹也是不可不尝的美食。如果再品上一坛田横酒，口味更佳。

[S] 50元
[L] 8:00—17:00（节假日另外告知）
[B] 青岛流亭机场—田横岛旅游度假村（自驾）
青岛流亭机场—龙青高速—滨海公路—S603—田横岛旅游度假村
全程约71千米

田横岛

即墨龙山风景区
★★★

即墨龙山风景区来源于天井奇观的传说，主要有龙山、干池山等自然风景以及慈禧亲题的字匾、历史名人的诗文等人文景观。龙山顶端有一处久不干涸的水井，被称为天井。景区内有山清水秀，鸟语花香，山水映辉所衬托出的一片片迷人景色；有独一无二、鬼斧神工所雕的石灰石熔岩神奇景观。进入景区会使你有如同回归大自然的那种清新和置身于仙境的感觉。龙山景区风光秀丽，历史底蕴深厚，吸引了不少游客。

[S] 5元
[L] 8：00—18：00
[B] 青岛流亭机场—即墨龙山风景区（自驾）
青岛流亭机场—龙青高速—金院路—即墨龙山风景区
全程约23千米

青岛中山公园
★★★

中山公园是青岛最大的综合性公园，东西北三面环山，南面大海，风景优美。中山公园内可以欣赏菊花、樱花、郁金香等品种繁多的鲜花。每年夏季都有大型灯会，秋季则有金秋菊展，是人们游玩的胜地。园内树木繁茂，花香万里。

此外，中山公园内还设有动物园，以及到附近的百花苑，人们也可以一饱眼福。

[S] 免费，公园内的动物园需加收门票8元
[L] 9：00—21：00
[B] 青岛流亭机场—青岛中山公园（自驾）
青岛流亭机场—双流高架路—环湾路—文登路—青岛中山公园
全程约35千米

青岛中山公园

灵山岛
★★★

灵山岛，位于胶南沿海，最高山峰为海拔500多米的歪头山，并被称为"中国第三高岛"，仅次于台湾岛和海南岛。灵山岛主要景点有小灵山、背来石、浮翠亭、歪头顶等。岛上树木繁茂，又有海蚀地貌，观赏价值很高。岛上还有很多渔家村落，建筑错落有致，形成了碧海蓝天、红瓦绿树的绝佳胜景。从海上远眺，灵山岛好似浮在海面的一颗翡翠，被称为"灵岛浮翠"。

[S] 20元
[L] 全天
[B] 青岛流亭机场—灵山岛（自驾）
岛流亭机场—环湾路—青岛胶州湾隧道—东港路—灵山岛
全程约53千米

小青岛
★★★

小青岛，古称"琴岛"，位于青岛湾内，是青岛的象征之一。小青岛上的灯塔，指引着来往的船只进出胶州湾。岛上拥有别致的琴女雕塑，小青岛公园内，鲜花与黑松布满整个公园，各式的亭台水榭将小青岛衬托得十分美丽。

[S] 旺季（4月1日至10月30日）15元；淡季（11月至次年3月）10元
[L] 7：30—18：00
[B] 青岛流亭机场—小青岛（自驾）
青岛流亭机场—双流高架路—环湾路—琴屿路—小青岛
全程约31.9千米，38分钟

小青岛

青岛雨林谷
★★★★

青岛雨林谷位于崂山路中段，秉承"爱护动物、维护环境"的理念，以崂山灵气为依托，以恐龙造型为基调，以仿真手法拟木塑石造园，使构筑物与自然山形、树木浑然一体。雨林谷拥有三个大型表演场地、热带雨林馆以及动物幼稚园。人们可以欣赏到多种动物表演，如黑熊拳击、狮虎表演、孔雀开屏等各具特色的表演。

[S] 30元
[L] 8：00—17：00
[B] 青岛流亭机场—青岛雨林谷（自驾）
青岛流亭机场—青银高速—香港东路—崂山路—青岛雨林谷
全程约31千米

青岛雨林谷

湛山寺
★★★

湛山寺是青岛市内仅有的佛寺，坐落于太平山和湛山之间。湛山寺拥有位列青岛十景之一的"湛山清梵"一景，寺门前有放生池。寺院为五进庭院，分别是山门、天王殿、大雄宝殿、三圣殿、藏经楼。寺院主殿是大雄宝殿，释迦牟尼、文殊菩萨、普贤菩萨的塑像就位于

湛山寺

此殿。寺院风景优美，又具有佛家文化的特色，一年四季风景迥异，引人入胜。

💰 5元
🕐 8：00—17：00
🚌 青岛流亭机场—湛山寺（自驾）
青岛流亭机场—双流高架路—环湾路—芝泉路—湛山寺
全程约 31 千米

青岛民俗博物馆
★★★ 📷

青岛民俗博物馆坐落在青岛天后宫内，属于明代建筑群，是一处汇集了民俗、妈祖文化、海洋文化三大文化的人文景观。民俗博物馆内有天后殿、龙王殿、财神殿、六十甲子星宿神殿等建筑，还有中国民俗展览室。展览室内陈列着中国结、中国剪纸、珠编、字画、金丝贝雕镶嵌画、烙画、内画瓶等古玩字画。此外，景区还有天后重阳庙会、民间工艺品展销等精彩纷呈的活动。

💰 免费
🕐 9：00—17：00
🚌 青岛流亭机场—青岛民俗博物馆（自驾）
青岛流亭机场—双流高架路—环湾路—太平路—青岛民俗博物馆
全程约 31 千米

青岛民俗博物馆

青岛国际帆船中心
★★★ 📷

青岛国际帆船中心位于浮山湾畔，与五四广场相邻。进入中心，人们可以领略奥运风采，感受奥运激情，亲自参

帆船比赛

与奥运活动。而且还有青岛著名的景点"燕岛秋潮"。该景点位于青岛国际帆船中心内的燕儿岛，依山傍水，风光旖旎。

💰 免费
🕐 全天
🚌 青岛流亭机场—青岛国际帆船中心（自驾）
青岛流亭机场—环湾路—杭鞍高架路—澳门路—青岛国际帆船中心
全程约 33 千米

青岛极地海洋世界
★★★★ 📷

青岛极地海洋世界拥有36个展馆，可同时容纳2800人参观游览，其中极地海洋动物馆为核心部分，也是目前国内最大、拥有极地海洋动物品种最全、数量最多的场馆。人们可以观赏到许多极地风景，如冰雪溶洞、雪屋雪橇等；还可以欣赏到许多极地动物的表演，如白鲸、北极熊、企鹅、海獭、北海狮等。青岛极地海洋世界还是一个包括高档餐饮体验区、海湾风情休闲区、动感时尚娱乐区、高档私人顶级会所、极地·SEABAR酒吧街等区域的高级滨海休闲社区。

💰 双馆220元，三馆240元，四馆255元
🕐 8：00—17：30
🚌 青岛流亭机场—青岛极地海洋世界（自驾）
青岛流亭机场—青银高速—东海东路—青岛极地海洋世界
全程约 30 千米

青岛极地海洋世界

青岛赶海园 ★★★★ 📷

青岛赶海园位于红岛南部，是一处集休闲娱乐、品尝美食、购物和观光的综合性旅游区。在这里，人们可以领略到渔家风俗人情，可以体验渔民生活，可以欣赏到美丽的海景。此外，人们还能参加垂钓、挖蛤蜊、敲牡蛎、捡拾贝壳等游玩活动。景区内包括将军石、汉武石船以及娘娘庙等景观，是赶海休闲的绝佳胜地。

💰 成人20元，儿童10元
🕐 6：00—22：00
🚌 青岛流亭机场—青岛赶海园（自驾）
青岛流亭机场—龙青高速—王沙大道—S214—青岛赶海园
全程约 33 千米

青岛第一海水浴场
★★★★ 📷

青岛第一海水浴场位于风光秀丽的汇泉海滨，也叫汇泉海水浴场，是国内最大的海水浴场。浴场的坡岸很缓，沙子细小而柔软，海水清澈，风浪较小，适合人们度假休闲。浴场内设施齐全，冲浴、更衣室充足，加上浴场内恰到好处的灯光和音乐，更加衬托出青岛第一海水浴场所独具的山海和谐相依的魅力与特色。

💰 免费（更衣冲水收门票）
🕐 全天开放
🚌 青岛流亭机场—青岛第一海水浴场（自驾）
青岛流亭机场—双流高架路—环湾路—南海路—青岛第一海水浴场
全程约 33 千米

青岛第一海水浴场

青岛国际啤酒城
★★★ 📷

青岛国际啤酒城位于青岛石老人国家旅游区，是亚洲最大的国际啤酒城。它包括南北两大区域，南区以娱乐休闲为主题；北区则是综合区域，拥有大型游乐场所，其中以能够倒开的双向往复式过山车非常有名。正门坐落于南区内，其中醒目雕塑为"溢满全球"，一个高脚杯矗立在水池中央。南区还有万人广场和啤酒宫区，极大地满足了人们休闲娱乐、饮酒游玩等需求。

💰 啤酒节期间白天10元，晚上20元
🕐 全天

🚌 青岛流亭机场—青岛国际啤酒城（自驾）
青岛流亭机场—环湾路—青岛胶州湾隧道—嘉陵江东路—青岛国际啤酒城
全程约 45 千米

青岛国际啤酒城

💡 海水浴场旅游最佳季节

青岛第一海水浴场是亚洲最大的沙滩浴场，也是青岛海水浴场中最棒的一个。青岛的气候冬暖夏凉，很少有高温天气。在夏季，对于酷热难耐的大陆人来说，这里是避暑的好去处。每年的7～9月份是这里游客较多的时候，在此期间，浴场正式提供更衣、冲水、寄存物品、救生医疗等服务，其他时候也会提供。冬季这里不太寒冷，游人也可以冬季来这里体会一下冬游的乐趣。

吃海鲜注意事项

1. 为了减少吃海鲜引发的食物中毒，尽量选购活的海鲜食用。买新鲜鲍鱼、蛏子或象拔蚌等时，可用手碰一碰，选取活的、会动的。甲壳类的海鲜，在烹调之前要用清水将其外壳刷洗干净。贝壳类海鲜烹煮前，最好在淡盐水中浸约1小时，让它自动吐出泥沙。

2. 生吃海鲜最好将海鲜冷冻后再浇点儿淡盐水，对肠道免疫功能差的人来说，生吃海鲜具有潜在的致命危害。您可以将牡蛎等先放在冰上，再浇上一些淡盐水，能有效杀死致病细菌，这样生吃起来就会更安全。

3. 食用海鲜时最好不要饮用大量啤酒，否则会产生过多的尿酸，容易引发痛风。吃海鲜最好配以干白葡萄酒，因为其中的果酸具有杀菌和去腥的作用。

4. 关节炎患者少吃海鲜。海参、海龟、海带、海菜等含有较多的尿酸，被人体吸收后可在关节中形成尿酸结晶，使关节炎症状加重。

↘ 吃在青岛

青岛坐落于中国东部黄海之滨，物产富饶，尤其以海鲜闻名中外。在青岛的餐饮中，无海鲜不成酒宴。一年之中，春季、夏季、秋季是品尝海鲜的最佳时机，这几个季节的海鲜都有肉质肥嫩、口味鲜美的特点。

蒸螃蟹

🦀 **暖柿**
游客评价：拍照打卡圣地，很多创意菜又好吃又好看
📞 17762033166
📍 青岛市闽江四路 2 号

🦀 **老东镇啤酒屋海鲜大咖（顺兴路店）**
游客评价：海鲜价格实惠，分量大
📞 18954272243
📍 青岛市顺兴路 129 号

🦀 **吕氏疙瘩汤私家菜馆（湛山店）**
游客评价：干净卫生，疙瘩汤必点，很大一碗，配料非常多
📞 0532-83867281
📍 青岛市东海一路 21 号

🦀 **民国海海鲜饺子楼（中山路店）**
游客评价：本地海鲜饺子老店，口味很正宗
📞 0532-82886606
📍 青岛市中山路 31 号

🦀 **华春餐馆（鱼山路店）**
游客评价：鲁菜，火遍青岛的本地餐馆，味道很好
📞 0532-82867990
📍 青岛市鱼山路 20 号甲

🦀 **火桶1971（银川东路店）**
游客评价：韩国料理，五花肉非常厚实
📞 0532-80906220
📍 青岛市仙霞岭路 16 号

↘ 住在青岛

平价型	享受型
青岛爱家公寓（万达店） 📍 青岛市徐州北路 180 号 📞 17561670023	**青岛海景花园大酒店** 📍 青岛市彰化路 2 号 📞 0532-85875777
青岛同福客栈 📍 青岛市市北区热河路 51 号乙 📞 0532-82720216	**青岛红树林度假酒店世界珊瑚酒店** 📍 青岛市滨海大道 3588 号 📞 0532-87116666
爱舍空间美岸酒店（五四广场店） 📍 青岛市香港中路 52 号 📞 0532-85888777	**青岛天泰峪尚汤泉酒店** 📍 青岛市天泰路温泉旅游度假区通泉路 6 号 📞 0532-85593333
宝泽林快捷宾馆（火车站栈桥店） 📍 青岛市北京路 71 号 📞 0532-82852188	**青岛东海大酒店** 📍 青岛市八大关风景区汇泉路 17 号 📞 0532-83887070
爱尊客酒店（五四广场店） 📍 青岛市福州南路 12 号 📞 0532-86018333	**青岛宏运大酒店** 📍 青岛市经济技术开发区香江路 227 号（香江路与江山南路交叉口西） 📞 0532-86897888

购物青岛

台东商业步行街

台东商业步行街位于青岛市市北区，是目前青岛最大、人流量最多的商业步行街，享有青岛"王府井"的美誉。步行街内有许多大型商场，如利群集团、苏宁、万达广场、沃尔玛、医保城、百信鞋业等，堪称购物的天堂。

青岛唐岛湾步行街

青岛唐岛湾步行街位于黄岛区唐岛湾公园，是青岛开发区的中心商业地带。步行街内商场众多，主要有香江路商业街、长江路商业街、利群购物广场、世纪商城、吉韩商厦、佳世客等购物中心，而且，这儿还有许多高等院校，人们在购物之余也可以到院校一睹风采。

青岛滨海步行街

青岛滨海步行街连接了团岛和石老人两地，这里有许多著名的观光景点，如八大峡公园、海军博物馆、奥帆基地、石老人海水浴场等。这里也是购物和美食的天堂，尤其是夜里的滨海步行街，更是以其独特的魅力让人流连忘返。

特产

青岛物产丰富，特产非常多。

崂山绿石：又名崂山绿玉，俗称海底玉，产于青岛崂山东麓仰口湾畔。因该石资源有限，已不易获得，成为石中之骄子。

崂山云峰茶：崂山有"神仙宅窟"之美誉，独特的地理环境，肥沃的土地，优质的水源培育出的崂山茶。崂山云峰茶主要有崂山贡、崂山春、崂山青三大系列。青岛市内各大商场均有销售。

贝雕：青岛贝雕以珍稀螺壳为原料，巧用贝壳的天然色泽和纹理形状，综合玉、木雕和螺钿镶嵌等工艺特点，精心琢雕成平、浮、立体形式的挂画、首饰和旅游纪念品。游客可到当地大型商业区购买。

青岛购物商场

烟台

烟台市地处山东半岛东部，位于渤海和黄海之滨，西接潍坊，东连威海，与朝鲜和日本隔海相望，是中国著名的海岸港口城市，环渤海经济圈中对外开放中心城市。烟台属于温带季风气候，冬无严寒，夏无酷暑，是我国北方著名的观光旅游、休闲度假的胜地。

烟台是中国优秀的旅游城市，有丰富的旅游资源，包括有"人间仙境"美誉的蓬莱阁旅游区、虚幻奇妙的八仙过海风景区、金沙滩海滨公园以及历史人文景观张裕酒文化博物馆等。中国道教发源地昆嵛山，依山傍海，自然风光和人文景观交相呼应，左能入仙境观八仙过海，右能望大海观鸟国喧腾，悠闲时端一杯张裕酒漫步金色沙滩，如此惬意的生活，不仅是一场旅行，还是一次享受。

区号：0535
邮编：264000
市区面积：13864.5 平方千米
人口：710.21 万人
著名景点：烟台蓬莱阁、烟台长岛、烟台养马岛等

两日游

蓬莱阁—烟台山景区—烟台长岛

游在烟台

烟台蓬莱阁 ★★★★★

蓬莱阁依山傍水，风景优美，历史文化悠久，是中国四大名楼之一。蓬莱阁主要包括三清殿、蓬莱港码头、天后宫、避风亭、普照楼、戚继光故居、灯楼等著名景点。来到蓬莱阁，人们可以欣赏到仙阁凌空、渔梁歌钓两大著名景观，只见雕梁画栋，峭壁悬崖立于其中，碧波万顷，仿佛置身于仙境之中。另外，蓬莱阁内还有许多文人遗迹、石刻等，是集赏景、游玩、美食、购物于一体的滨海风景旅游度假胜地。

💰 120元

🕐 7：00—18：00

🚗 烟台蓬莱国际机场—烟台蓬莱阁（自驾）

烟台蓬莱国际机场—蓬栖高速—丹东线—田横南路—烟台蓬莱阁
全程约 44 千米

蓬莱阁

最佳旅游季节

烟台气候宜人，是理想的避暑胜地，所以旅游以每年5—10月为旺季。5月的蓬莱气候温和，百花绽放，景色迷人，此时也是最容易出现海市蜃楼景观的季节。夏季的清晨漫步蓬莱海边，看太阳缓缓从海中升起，晚上到海水里沐浴，不失为身心放松的好办法。

蓬莱气候宜人，湿润凉爽，但昼夜温差较大，游客应注意预防感冒。

交通指南

烟台、青岛、济南、潍坊、龙口都有发往蓬莱的长途汽车，从烟台发往蓬莱的中巴车每15分钟一班，非常方便，从蓬莱汽车站下车即可看到蓬莱仙阁，步行15分钟即到。

大连、长岛、旅顺都有客船发往蓬莱，其中从长岛发往蓬莱的客船每天20分钟左右一班。

蓬莱城区的出租车起步价是8元（标准型）和7元（普通型），城区较小，在市内乘坐一般不会超过15元。

烟台蓬莱阁

烟台长岛 ★★★★

长岛，四面环海，被称为"候鸟驿站"和"海上仙山"。岛上著名景点有九丈崖、月牙湾、林海公园、庙岛妈祖庙文化公园、望夫礁公园等。其中，九丈崖陡峭险峻，崖下的水流湍急，岩礁众多，奇秀无比，是人们旅游度假的胜地。望夫礁公园中有名的是享有天下第一美誉的"寿"字和"福"字、观音亭、奥运碑等景观。林海公园中包括长山尾、369级海天梯等景点，人们可以尽享海上风光。

💰 120元

🕐 7：00—18：30

🚗 烟台蓬莱国际机场—烟台长岛（自驾）

烟台长岛

烟台蓬莱国际机场—西宁路—丹东线—英山街—烟台长岛
全程约 56 千米

张裕酒文化博物馆
★★★★ 🌐

烟台张裕酒文化博物馆主要包括百年地下酒窖和展厅两大部分，是一处历史文化悠久的博物馆，尽显烟台魅力。展厅包括酒文化广场、综合大厅、历史厅、影视厅、珍品厅等景点。人们不仅可以欣赏烟台张裕酒的酒文化，还可以休闲、购物以及品古人字画。在酒文化广场中，老门楼、中国银行界石等特色景观，而且百年酒窖享有"亚洲第一大酒窖"的美誉。

💰 70 元
🕐 8：00—17：00
🚌 烟台蓬莱国际机场—张裕酒文化博物馆（自驾）
烟台蓬莱国际机场—荣乌高速—沈海高速—解放路—张裕酒文化博物馆
全程约 47 千米

张裕酒厂老建筑

烟台栖霞牟氏庄园
★★★★ 📷

我国北方最大的地主庄园——烟台牟氏庄园，是（祖籍）湖北地主牟墨林和他的后代所建，颇具北方建筑特色。牟氏庄园整体为分 3 组共 6 个庭院，如日新堂、西忠来等，每组庭院个数不等，是我国现今保存最完整的地主庄园。每个庭院都是按照四合院的结构建筑而成，参差错落，庭院中大多是二层建筑，建筑雕刻精美，十分壮观，引人入胜。在这里，人们还可以欣赏到三大怪建筑，如"烟囱在山墙外面"就是其中之一。

💰 80 元
🕐 8：00—17：30
🚌 烟台蓬莱国际机场—烟台栖霞牟氏庄园（自驾）
烟台蓬莱国际机场—荣乌高速—蓬栖高速—庄园南街—烟台栖霞牟氏庄园
全程约 51 千米

烟台金沙滩旅游度假区
★★★ 📷

烟台金沙滩旅游度假区位于海滨之畔，沙子细腻柔软，山海相依，沙滩迷人。人们可以到金沙滩滨海公园、黄海游乐城游玩；还能观赏到秦始皇东巡宫的场景古迹、阳主庙等景点；还可以乘坐观光索道一览风光优美的度假区。其中金沙滩滨海公园包括七彩城嬉水乐园、空中世界等景观，将观光、品尝美食、度假等综合起来，成为人们休闲旅游的胜地。

💰 免费
🕐 全天
🚌 烟台蓬莱国际机场—烟台金沙滩旅游度假区（自驾）
烟台蓬莱国际机场—荣乌高速—上海大街—海滨路—烟台金沙滩旅游度假区
全程约 31 千米

烟台昆嵛山
★★★★ 📷 🕐

烟台昆嵛山横跨牟平和文登两地，因奇秀古幽的特色而闻名，历史上曾是道家和佛家的圣地。其主峰泰礴顶高达 900 多米，面朝大海，峰峦秀丽，被称为"海上仙山之祖"。

昆嵛山上昆嵛叠翠、烟霞洞山、山市蜃楼、泰礴日出和龙池喷雪等景象令人心驰神往。另外，昆嵛山国家森林公园还有不少名人字画和碑碣等。整座山山清水秀，壑幽树茂，好似一幅绝美的山水画。

💰 50 元
🕐 7：30—17：00
🚌 烟台蓬莱国际机场—烟台昆嵛山（自驾）
烟台蓬莱国际机场—荣乌高速—G228—X040—烟台昆嵛山
全程约 102 千米

龙口南山旅游景区
★★★★★ 📷

烟台南山景区坐落于龙口市卢山内，景色秀美，又有千年古寺。进入景区，人们可以一睹南山禅寺的风貌。香水庵、文峰塔、南山古文化苑等景观将会陪人们一起进入历史古苑之中。景区中有许多古建筑，雅致古朴，蔚为壮观。景区中的南山大佛，为释迦牟尼的青铜像，高约 40 米，享有"世界第一铜铸大坐佛"的美誉。铜铸坐佛下有万佛堂等建筑，拥有 9999 尊金铜佛像，气势宏伟。

💰 120 元
🕐 7：30—16：00
🚌 烟台蓬莱国际机场—龙口南山旅游景区（自驾）
烟台蓬莱国际机场—荣乌高速—景区路—南山旅游景区
全程约 57 千米

烟台养马岛 ★★★★ 📷

烟台养马岛位于黄海之滨，传说秦始皇东巡时曾封其为"皇家养马岛"。养马岛内丘陵起伏不定，树木繁茂，山水和谐相依，风景优美。养马岛气候宜人，冬暖夏凉，被称为"东方夏威夷"。岛上海浪较为平静，礁石众多，十分适合观光游玩。人们可以欣赏天马广场、海上世界、御笔苑等景观，还可以领略赛马场风情。另外，养马岛周围海鲜种类繁多，如对虾、牡蛎、海参等，所以游客在旅游时也不能错过这些味道鲜美的海鲜。

💰 免费
🕐 8：00—18：00
🚌 烟台蓬莱国际机场—烟台养马岛（自驾）
烟台蓬莱国际机场—荣乌高速—G228—环岛路—烟台养马岛
全程约 74 千米

烟台牟氏庄园

烟台昆嵛山

烟台养马岛

烟台山景区 ★★★★

烟台山景区位于烟台芝罘区，东西北面皆环海，山清水秀，树木繁密。烟台山拥有秀美的自然风景，还拥有许多时期的文物古迹，是一处自然和文化交融的旅游胜地。人们能够欣赏到燕台石、石船、惹浪亭、观海楼等自然风光，也能一睹多国领事馆的风采，烽火台、忠烈祠等历史古迹也不可错过。此外，烟台山文物遗迹已成为烟台的象征，馆内现有中国钟表博物馆、中国锁具博物馆等多处展馆。

💰 48元
🕗 8：00—17：30
🚌 烟台蓬莱国际机场—烟台山景区（自驾）
烟台蓬莱国际机场—荣乌高速—沈海高速—海岸街—烟台山景区
全程约47千米

烟台山景区

吃在烟台

烟台福山是鲁菜的发源地，其中以海味河鲜极具特色。其他特色还有福山拉面、八仙宴、碧绿羊排、芙蓉干贝鲜鱼水饺等各种各样的美食等着人们来品尝。

芙蓉干贝鲜水饺

🍲 老白食堂
游客评价：私房菜，装修风格老式，饭菜很香
📞 18663827977
📍 青岛市大海阳路95-20号

🍲 旺角小渔村（二马路店）
游客评价：海鲜，海参个头大
📞 0535-6234888
📍 青岛市二马路66号

🍲 蓬莱春
游客评价：上菜很快，菜品很精致
📞 0535-6252254
📍 烟台市芝罘区毓璜顶西路13号

🍲 La Bon
游客评价：西餐，牛肉披萨非常好吃
📞 15153581066
📍 青岛市海岸街24号1楼

🍲 一块豆腐·海鲜酒楼
游客评价：当地有名的海鲜连锁店
📞 0535-6654281
📍 青岛市南大街155号

🍲 小时候烧烤
游客评价：菜品新鲜，服务热情
📞 13738255578
📍 青岛市建设路14-1号

住在烟台

平价型

舒尚·海阅轩精品酒店（蓬莱阁景区海水浴场店）
📍 东关路与兴蓬路交叉口宝龙广场9号楼门市（距海水浴场200米）
📞 0535-3546655/18765060203

速8酒店（蓬莱阁登州路店）
📍 烟台蓬莱区登州路58号
📞 0535-3350666

蓝格海岸酒店（海水浴场店）
📍 烟台市环山路付148号
📞 0535-6207998

花·院里民宿
📍 烟台市石沟屯祥石路92号别墅
📞 18553516365

秦马苑度假村
📍 烟台市养马岛旅游度假区环岛路310号
📞 0535-4769333

享受型

烟台世茂希尔顿酒店
📍 烟台市大马路53号
📞 0535-6798888

烟台东方海洋大酒店
📍 烟台市海滨西路1号
📞 0535-6589999

烟台万达文华酒店
📍 烟台市胜利路139号
📞 0535-8208888

海湾大酒店（振兴南路店）
📍 烟台市龙口经济开发区振兴南路369号
📞 0535-8958666

烟台百纳瑞汀酒店
📍 烟台市大马路3-1-2号
📞 0535-6862888

购物烟台

烟台南大街购物城

烟台南大街购物城位于烟台芝罘区内，是烟台繁华的购物中心，建筑总面积达4万多平方米，是一处将商贸、休闲娱乐、健身活动等汇集一身的综合性场所。南大街购物商城主要经营瑞鑫祥丝织品、鞋帽、服装等商品，是旅游休闲的好去处。

烟台振华购物广场

烟台振华广场位于烟台市繁华的商业中心,广场内部设施齐全,主要经营中高档商品。这里有许多著名品牌的商品,如欧米茄、万宝龙、欧珀莱、水芝澳、周大福、宝姿、恺撒、玛丝菲尔等。此外,该商厦还设有娱乐、餐饮区,能够满足人们的不同需求。

烟台三站批发市场

烟台三站批发市场背靠烟台北马路汽车站和烟台港客运站,交通便利。烟台三站批发市场商铺众多,主要经营各种小商品、果品、家电、服装、鞋帽、家具。其中,三站还拥有属于自己的品牌,如文成公主皮鞋、韩大姐民族服饰、帝日牌T恤衫、彪马牌休闲装等。

烟台百盛购物中心

位于烟台市芝罘区南大街166号,是目前山东省最大的一家多功能国际化休闲购物场所。商场分名品自营和时尚加盟两大部分:1—4层是购物广场,拥有国内外知名品牌800余种,经营名牌化妆品、黄金珠宝等日常用品,应有尽有;5—6层为休闲广场,拥有健身中心、网球馆、保龄球馆、台球馆、羽毛球馆、乒乓球馆、跆拳道馆、电玩城等娱乐场馆。

💡 特产

烟台依山傍海,气候宜人,素有"水果之乡"和"国际·葡萄酒城"之称。烟台特产丰富多样,主要有烟台苹果、大樱桃、烟台玉雕、海参、葡萄酒等。

烟台苹果:烟台在很久以前就开始栽培苹果,是苹果的故乡,品类繁多,久负盛名。烟台的苹果香脆可口,色泽鲜美,销往全国各地,著名品种有红富士、红星、红玉、黄丹顶、白沙蜜等。

烟台大樱桃:烟台的大樱桃具有个儿大、色美、味正、营养丰富等特点,有"北方春果第一枝"的美誉,是水果中的佳品,去烟台旅游定要品尝一番。

张裕酒:自诞生至今,曾得到多方人士的赞赏,多次获得国际、国内大奖。

烟台福山苹果

威海

威海位于胶东半岛最东端,南北东三面濒临黄海,东及东南与朝鲜半岛和日本列岛隔海相望,西与烟台市接壤。属于北温带季风型大陆性气候,由于靠海,所以具有春冷、夏凉、秋暖、冬温的特点。威海是我国第一个国家级卫生城市,是国家第一批沿海开放城市,第一批优秀旅游城市和旅游避暑胜地。

威海旅游资源丰富,有海岛海岸、城市园林、历史遗迹等十多种类型。其中,著名的海滩有威海国际海水浴场、乳山银滩等,被誉为"海上森林公园"的刘公岛是天然植物王国,还有被誉为"海鸥王国"的海驴岛,有"东方好望角"之称的成山头,有亚洲最大的天鹅栖息地天鹅湖,以及一大批城市公园等景点。

区号:0631
邮编:264200
市区面积:5799.84平方千米
人口:290.65万人
著名景点:刘公岛、仙姑顶、成山头、环翠楼公园等

↘ 游在威海

西霞口神雕山野生动物自然保护区 ★★★★ 😊

神雕山野生动物保护区,位于龙眼湾畔和成山下,是目前国家最大的海岸野生动物保护区。景区内国家一级和二级保护动物品种繁多,包括猛兽区、非洲动物区、熊猫区等区域,景区内充满了原始自然的野性气息。此外,每个周末景区都有民间艺人表演。

神雕山野生动物自然保护区

💰 150元
🕐 7:30—18:00
🚌 烟台蓬莱国际机场—西霞口神雕山野生动物自然保护区（自驾）
烟台蓬莱国际机场—荣乌高速—成大路—裕霞路—西霞口神雕山野生动物自然保护区
全程约170千米

神雕山保护区
交通指南

市区无直达公交，只能租车或自驾车，市内出租车起步价8元含2千米，8千米以内1.2元/千米，8千米以上1.8元/千米。夜间需另加20%的行车费。

市内有很多自行车租赁点，骑自行车游威海别有一番情趣，普通单车每天30元，山地车每天60元（租车价格会根据不同原因调整，仅供参考，请以实际价格为准。）。

最佳旅游季节

威海属温带海洋性气候，冬无严寒，夏无酷热，气候温和，每年的4—11月是这里的旅游旺季。

游览路线推荐：入口—神雕山动物雕塑—猛兽区—和谐乐园—猴子山—神雕山始皇射雕遗迹—猛禽园—蛇阵—珍禽园—珍稀动物区—伊甸园—动物表演场—巨型动物区—跑马场—海洋动物区—海鸟馆—海洋馆—出口

旅游小贴士

神雕山野生动物园保护区大概两小时就能游览完，成山上还有几个不错的景点，如果想多游览几个景点就不必在此花费太长时间。成山地形独特，风光壮美，站在山上看四周的大海，波澜起伏，非常壮观。

荣成圣水观风景区
★★★ 🖼 🌐

圣水观是全真教的发源地之一，距今已有800多年的历史。景区内有涌金泉、圣水宫、卧龙洞等景观，美不胜收。人们还能欣赏到果实有阴阳之分的千年银杏树，一睹全真派王玉阳的打坐居和古庵根基等历史遗迹，观赏白龙湖、鸟语林、圣泉等自然风光。景区内亭台殿阁各式建筑都有，峰峦层聚，松石怪奇，景色十分迷人。

💰 40元
🕐 8:00—18:00

🚌 烟台蓬莱国际机场—荣成圣水观风景区（自驾）
台蓬莱国际机场—荣乌高速—凤凰山路—伟德路—荣成圣水观风景区
全程约151千米

鸡鸣岛 ★★★ 📷

鸡鸣岛位于山东威海下辖的港西镇虎头角西北的海域中，因形状很像雄鸡，故名鸡鸣岛。这里自然景观绚丽多彩，远离都市喧嚣，堪比世外桃源。在这里不但可以欣赏海岛独特的风景，还能品尝到当地的美味海鲜。

💰 进岛免费，需支付船票60元
🕐 8:00—16:00
🚌 烟台蓬莱国际机场—鸡鸣岛（自驾）
台蓬莱国际机场—荣乌高速—成大路—环海路—鸡鸣岛
全程约157千米

天鹅湖旅游度假区 ★★★★ 📷

威海荣成天鹅湖景区，东面和南面被渤海包围，有"我国北方最大的天鹅湖"之称，并被称为"东方天鹅王国"。湖面极少结冰，湖水清澈，沙质很好，景色优美。湖中的鱼虾和浮游生物很多，因而成为天鹅以及其他珍贵鸟类冬季的绝佳栖息地，每年11月到次年4月，数以万计的天鹅来此处栖息。人们不仅可以看见洁白美丽的天鹅，还能听闻"泪水湖"的古老传说。

💰 20元
🕐 8:00—18:30
🚌 烟台蓬莱国际机场—天鹅湖旅游度假区（自驾）
台蓬莱国际机场—荣乌高速—成大路—成大东路—天鹅湖旅游度假区
全程约162千米

石岛赤山风景区
★★★★ 🖼 📷

威海石岛赤山景区，依山傍水，风景秀美。这里有威海仅有的佛寺，即赤山法华院；还有亚洲最大的动态音乐喷泉广场，即极乐菩萨界。同时，人们还可观赏到现今世界上最大的锻铜神像——赤山明神，领略不少民俗风情。景区内拥有许多古建筑群，如赤山禅院、天后宫等。此外，每年谷雨时节，景区内都有大型庙会。

💰 125元

🕐 7:30—17:30
🚌 烟台蓬莱国际机场—石岛赤山风景区（自驾）
台蓬莱国际机场—荣乌高速—S201—法华路—石岛赤山风景区
全程约187千米

威海赤山明神雕像

成山头 ★★★★ 📷

威海成山头也称"天尽头"，它坐落在成山最东部，属于中国最早看见日出的海上高角，因而有"中国好望角"之称，位居中国最美的八大海岸之首。成山头内著名的景点有"天无尽头""天尽头"秦代汉文史碑等，并拥有全国仅存的始皇庙景观。成山头只有一面与陆地相接，其他三面皆环海，碧波飞顷，群峦叠翠，海浪翻滚，气势宏伟。人们可以在观涛阁欣赏阵阵的松涛，还可以在望海亭一睹大海的神姿风采。

💰 158元
🕐 全天
🚌 烟台蓬莱国际机场—成山头（自驾）
台蓬莱国际机场—荣乌高速—成大路—环行路—成山头
全程约175千米

成山头

刘公岛 ★★★★★ 📷

威海刘公岛坐落在威海湾内，北部陡峭，南部和缓，曾是清朝北洋水师成立的地方，也是中日甲午海战的遗址。刘公岛草木秀丽，周围岩石凸出，环境优美，被称为"海上桃源"。同时，刘公岛内还保存了许多历史古迹，如历史上的水师学堂、甲午战争博物馆、甲午海战馆、炮台以及古建筑提督署等。岛内著名的景点是刘公庙,有一个正殿、两个偏殿、两个鼓楼。

💰 138 元(含船票)
🕐 7:30—18:00
🚌 烟台蓬莱国际机场—刘公岛(自驾)
台蓬莱国际机场—荣乌高速—世昌大道—海滨北路—刘公岛 全程约 120 千米

↘ 吃在威海

俗话说"靠海吃海",威海的特色就是各种各样的海鲜。威海海鲜烹制精致,色香味俱佳,多用扒、炸、炒、煎、烤等方法。威海的主要特色菜有红烧海参、手扒对虾、威海清汤、清蒸加吉鱼等。此外,威海的韩餐也非常独特美味。

红烧海参

🍲 **海洋长城餐厅**
游客评价:海鲜汤味道好极了
☎ 0631-5128888
📍 环海路 219 号葡滩海水浴场

🍲 **老刺参海鲜酒楼**
游客评价:海参是主打,拌、炒、汤都好吃
☎ 0631-5666988
📍 威海市沈阳路 51 号

🍲 **映像威海(市区店)**
游客评价:鲁菜,千叶豆腐酿虾很好吃
☎ 0631-5565656
📍 威海市古山四巷

🍲 **百姓海鲜烧烤**
游客评价:沿海地区的鲅鱼水饺简直是人间美味
☎ 0631-2797888
📍 纪念路与杭州街交叉口东 50 米路南

🍲 **小胶东私房菜(大润发店)**
游客评价:私房菜,口味正宗
☎ 13475131552
📍 威海市新威附路 91 号

🍲 **妈妈手(山大总店)**
游客评价:韩国料理,五花肉很焦脆
☎ 15863104416
📍 威海市滨州北路 2-10 号

↘ 住在威海

平价型	享受型
七月精品海景度假公寓酒店 📍 威海市长江路长城文化苑 8 号楼 207 ☎ 17763130427	**威海天沐温泉度假村** 📍 威海市张家产镇邹家庄村 ☎ 0631-8739999
白雾民宿 📍 威海市海阳镇陈家海滨别墅区东 200 米 ☎ 0631-6755868	**威海海悦建国饭店** 📍 威海市文化西路 177 号 ☎ 0631-5676888
宏福大酒店 📍 威海市齐鲁大道 195 号宏福大厦 ☎ 0631-5908888	**全季酒店(威海环翠楼店)** 📍 威海市和平路 113-1 号 ☎ 0631-3685000
都市 118 连锁酒店(威海海水浴场高铁站店) 📍 威海市高技术产业开发区沈阳路 C5 网点(东发园林南 200 米路西,近高铁北站) ☎ 0631-5653650	**威海贵禾四季酒店** 📍 威海市滨海大道 2 号 ☎ 0631-5975577
豪悦酒店 📍 威海市疏站路金地众邦大厦 716 室 ☎ 18766308233	**威海东山宾馆** 📍 威海市东山路 26 号 ☎ 0631-5269888

江西

区号：0791-0799
省会：南昌
面积：16.69 万平方千米
人口：4518.86 万人
方言：赣方言、客家方言、吴方言等
著名景点：庐山、井冈山、龙虎山、三清山、景德镇古窑民俗博览区等

↘ 概况

　　江西省，简称赣，位于我国东南部，长江中下游地区。江西自古物产丰富，钟灵毓秀，有"物华天宝，人杰地灵"的美誉。江西省北部较为平坦，东、西、南部都是三面环山，中部以丘陵为主，水资源丰富，共有大小河流2400多条。

　　江西区位优越，交通便利，铁路、航空、水运都很发达。江西省气候较为温暖，日照充足，雨量充沛，春秋季短而夏冬季长。全省生态良好，资源丰富，共有 4 处世界遗产、2 处世界地质公园、11 个国家级风景名胜区、41 个国家级森林公园、60 个省级森林公园，全省的森林覆盖率达到了60%，还拥有全国最大的淡水湖——鄱阳湖。

　　江西的特产，水果类：上饶早梨、南丰蜜橘、遂川金橘、赣南脐橙；食品类：高安腐竹、挂面、泰和乌鸡、崇仁麻鸡、乐安生猪、南酸枣糕、安福火腿；工艺类：景德镇瓷器、玉山螺纹砚、宜丰竹雕、婺源龙尾砚。

线路

南昌—九江—庐山—景德镇—婺源—三清山—瑞金—井冈山

↘ 名菜

　　江西菜，即赣菜，主要由豫章菜、浔阳菜、赣州菜、饶帮菜和萍乡菜组成，避免了川菜的过辣、苏菜的过甜，兼顾东西南北的优势而自成一家，闻名中外。

↘ 交通

飞机

南昌昌北国际机场

☎ 0791-7652114

📍 南昌市北部，从市区坐车到机场要20分钟

💡 **机场交通：**

1 线：昌北机场—火车站（8：00—最后航班点）

航班到达第一位旅客上车后约20分钟发车，票价15元。

2 线：昌北机场—江电（8：00—19：30）

发车间隔30分钟，票价15元。

3 线：昌北机场—西客站（9：00—20：00）

发车间隔30～45分钟，票价15元。

4 线：昌北机场—泰耐克大酒店（9：00—19：00）

发车间隔30分钟，票价15元。

5 线：昌北机场—火车站东广场（9：00—22：00）

发车间隔30分钟，票价15元。

赣州黄金机场

☎ 0797-8235555

📍 南康区凤冈镇峨眉村，距市中心16千米

💡 **机场交通：** 从赣州市区出发可乘坐赣州 K6（机场候车点在机场候机大厅前广州100米，首班车6：30，末班车21：00）、D4（候车点在机场一楼大厅门外，从8点开始发车，每30分钟一班车）公交车抵达赣州黄金机场。

南昌地铁

1号线

双港—瑶湖西

（6：00—22：00 最高票价5元）

2号线

南路—辛家庵

（6：00—22：00 最高票价6元）

3号线

京东大道—银三角北

（6：00—22：00 最高票价5元）

4号线（在建）

白马山—鱼尾村

南昌

南昌是江西省的省会,也是江西政治、经济、文化、科技中心。其地理位置十分优越,是中国重要的交通枢纽城市。

作为一个旅游城市,南昌以历史文化名城而著称。众所周知,著名的"八一南昌起义"就是在这个城市举行的。由于这个原因,南昌也被称为英雄的城市,具有深厚的历史文化底蕴。

现在的南昌,已经成为中国著名的大都市,首批低碳城市中南昌就占一席之地。2011年,中国第七届运动会在南昌举行,南昌又一次成为全国关注的焦点。南昌作为一个创新城市,有着自身独特的魅力。南昌的桥也是其一大亮点,其中比较著名的有八一大桥、南昌大桥、赣江大桥、英雄大桥等。

区号:	0791
邮编:	330000
面积:	7195 平方千米
人口:	625.50 万人
著名景点:	滕王阁、八一起义纪念馆、摩天轮等

两日游

滕王阁—南昌起义纪念馆—绳金塔—翠岩禅寺—佑民寺—摩天轮

↘ 游在南昌

滕王阁 ★★★★

位于南昌市西北部沿江路赣江东岸,同湖北的黄鹤楼、湖南的岳阳楼并称为"江南三大名楼",而滕王阁居首。滕王阁的主体建筑面积为13000平方米,净高57.5米,下面是象征古城墙的12米高的台座,上面的主阁采取了明三暗七的格式。下面还有两个瓢形的人工湖,桥上建有九曲风雨桥,楼阁桥影,相映成趣。

💰 50元
🕘 8:00—18:30
🚌 南昌昌北国际机场—滕王阁(自驾)
南昌昌北国际机场—南昌绕城高速—枫生高速—榕门路—滕王阁
全程约27千米

💡 **滕王阁**

最佳旅游时节
南昌是一个四季分明的城市。夏季的南昌天气炎热,有"火炉"之称;冬季的南昌天寒地冻,也不适宜旅游。因此,到滕王阁旅游的最佳季节就是春秋两季,天气舒适并且景色优美。

优惠政策
1.1米以下儿童可以免票;学生凭学生证半价;现役军人、伤残军人、军队离退休干部、地方离休干部凭相关证件,70岁以上老人凭老年证可以享受免费。

住宿建议
滕王阁附近的酒店有很多,大多环境和服务都不错。

另外,在附近还有一些民俗旅馆和快捷旅馆,低中高档各种价位的住宿均有。游客可以根据自己的需要,选择适合自己的旅馆。

南昌滕王阁

南昌起义纪念馆 ★★★

位于南昌市中山路中段380号,是江西大旅行社旧址。这是一座灰色的五层大楼,建成于1924年,共有96个房间。在旧址的门首,悬挂着陈毅亲手书写的"南昌八一起义纪念馆"横匾,大楼内收藏着大量的历史文献,生动再现了南昌起义的光辉历史。

💰 免费
🕘 9:00—17:00(周一闭馆)
🚌 南昌昌北国际机场—南昌起义纪念馆(自驾)
南昌昌北国际机场—南昌绕城高速—枫生高速—中山路—南昌起义纪念馆
全程约27千米

南昌起义纪念馆

绳金塔 ★★★

位于南昌市西湖区绳金塔街东侧，始建于唐代，已有1100多年的历史。绳金塔有"水火既济，坐镇江城"的说法，被南昌人称为"镇城之宝"，古朴秀丽，具有典型的江南建筑风格，是砖木结构楼阁式塔。塔身为七层八面（明七暗八层）内正外八形，其朱栏青瓦，墨角净墙及鎏金葫芦形顶，都有浓厚的宗教色彩。飘逸的飞檐上悬挂着铜铃，绳金塔风铃每层一个音阶，七层七音，微风吹过，悦耳动听。

- 免费
- 00：00—24：00
- 南昌昌北国际机场—绳金塔（自驾）
南昌昌北国际机场—金山大道高架路—东一环路—金塔东街—绳金塔
全程约36千米

绳金塔

翠岩禅寺 ★★★

位于南昌市新建区翠岩路北段，坐落于梅岭东麓湾里盆地内，始建于南北朝时期，是江西著名的寺庙之一。翠岩禅寺历史悠久，古迹众多，著名的有：迎笑堂、千年橘、妙高台、灵官坛、慧泉等。翠岩禅寺还是西山八大名刹之一。

- 10元
- 全天
- 南昌昌北国际机场—翠岩禅寺（自驾）
南昌昌北国际机场—南昌绕城高速—招贤大道—翠岩道—翠岩禅寺
全程约30千米

佑民寺 ★★★

位于南昌市东湖区民德路181号，是南昌市保存完整的寺院。佑民寺建筑雄伟，在前殿有很多的佛像和千佛缸，缸外还装饰着90多个神态各异的佛像，这在国内是很少见的。后殿有一座巨型的铜佛像。

- 2元
- 9：00—18：00

南昌佑民寺

- 南昌昌北国际机场—佑民寺（自驾）
南昌昌北国际机场—金山大道—金山大道高架路—花园角街—佑民寺
全程约29千米

吃在南昌

南昌饮食以鲜辣为特色，以米饭为主食，主要是赣菜，是在继承历代文人菜的基础上发展而来的，擅味八方。

大米饭

🍲 打平火

游客评价：赣菜，烧大鸡脚非常好吃
- 17307007966/18827913898
- 南昌市豫章后街117号豫章美食城16栋

🍲 蓝边碗烧菜馆（新建店）

游客评价：赣菜，大蒜炒香肠很好吃
- 17707005165
- 南昌市兴国路706弄2号

🍲 老三样·美食原创馆（船山路店）

游客评价：赣菜，蟹脚捞粉非常好吃

南昌之星摩天轮 ★★★

位于南昌市红谷滩区红角洲赣江边上的赣江市民公园，现在已经成为南昌市的标志建筑物。该摩天轮总高160米，转盘的直径为153米，设有60个太空舱，每舱可以容纳6～8个游客，舱内还配置了电视、空调等设备。

- 50元
- 9：00—22：00
- 南昌昌北国际机场—南昌之星摩天轮（自驾）
南昌昌北国际机场—南昌绕城高速—枫生高速—学府大道—南昌之星摩天轮
全程约30千米

- 0791-86299470
- 南昌市船山路437号34号店面

🍲 云境小厨（绳金塔店）

游客评价：赣菜，环境很好，味道好
- 0791-85211188
- 南昌市抚河中路143号

🍲 民间饭庄

游客评价：瓦罐汤的味道确实不错，各种菜品的价格较实惠
- 0791-86221288
- 南昌市永叔路74号

🍲 堂瓦里·正宗赣菜（建德观店）

游客评价：赣菜，非常美味
- 0791-86231577/19179115777
- 南昌市杨家厂路建德观149号

🍲 上南隅

游客评价：创意菜，环境优美
- 0791-86663011
- 南昌市广场南路299号

住在南昌

平价型

如家酒店（南昌滕王阁万寿宫店）
- 南昌市西湖区抚河北路 37 号
- 0791-86561366-9

7 天连锁酒店（南昌八一广场二店）
- 南昌市北京西路 74 号
- 0791-87832177

锦江之星（万寿宫地铁站店）
- 南昌市船山路 456 号
- 0791-86613445

赣江宾馆
- 南昌市西湖区八一大道 138 号
- 0791-88856888

享受型

江西宾馆
- 南昌市八一大道 368 号
- 0791-87826666

南昌锦峰大酒店
- 南昌市西湖区站前西路 281 号
- 0791-88867777

南昌格兰云天国际酒店
- 南昌市赣江北大道 1 号中航国际广场
- 0791-82066666

君来大酒店
- 南昌市北京西路 259 号
- 0791-86209278

购物南昌

胜利路步行街

南起中山路商业街口，北到叠山路口，全长 960 米，是南昌市的第一条商业步行街，是游客的必逛之地。胜利路上绿荫覆盖，商铺繁华兴旺，不仅有琳琅满目的商品，还有扑鼻而来的文化信息，再加上汇聚了来自全国各地的风味小吃，令人流连忘返。目前，胜利路步行街已发展成为远近闻名的休闲购物商业步行街和广大市民以及企业展示形象的休闲购物场所，是南昌市乃至江西省展示商业繁华和城市文明建设的重要窗口。

丽华购物广场

位于市西湖区孺子路 1 号，营业面积达 46000 平方米，是目前江西省营业面积最大、设施最全、环境最优、投资最大的购物广场。营业楼层七层，是一个综合性现代商业中心。丽华购物广场商品经营以高中档为主，兼顾大众消费。2003 年，丽华购物广场被评为南昌市十大景点之一，是南昌市的大型零售商场。

万达购物广场

位于南昌市八一广场上的中山路商业圈内，面积达 5 万平方米，同沃尔玛集团强强联合，是南昌第一家大型购物广场，主要有大型超市、影城、卖场等。

💡 特产

牛舌头：牛舌头是南昌民间制作的一种传统面点。用白色和红色糯米粉相配，又用白、红糖搅芯子与糯米粉相配，中间呈白色，再用红色（即加点红糖揉拌的粉）镶边，好像牛的舌头，因此得名"牛舌头"。牛舌头香甜爽口，非常好吃。

皇禽酱鸭：皇禽酱鸭是南昌的著名特产，在全国很多的地方都有连锁店。口味纯正、鲜美，受到很多美食家的青睐和食客的好评，是馈赠亲友的佳品。

珍珠：江西的珍珠历来有名，不仅是重要的装饰品，而且还有很高的药用价值。

梨瓜：江西的梨瓜甜美多汁，是我国甜瓜中的重要品种，因为外形有些像梨，因此命名为梨瓜。

南昌购物街

庐山

| 面积：282 平方千米 |
| 海拔：1474 米 |
| 荣誉：列入《世界遗产名录》 |
| 古诗描写：《望庐山瀑布》 |

庐山又称"匡山""匡庐"，坐落于江西北部九江境内，北靠长江，南傍鄱阳湖，总面积 282 平方千米，绵延 90 余座山峰，犹如九叠屏风，屏蔽着江西的北大门。它以雄、奇、险、秀闻名于世，素有"匡庐奇秀甲天下"之美誉，与鸡公山、北戴河、莫干山并称为中国四大避暑胜地。

中华民族源远流长的历史和数千年博大精深的文化孕育了庐山无比丰厚的内涵，使她不仅风光秀丽，更集教育名山、文化名山、宗教名山、政治名山于一身。巍峨挺拔的青峰秀峦、喷雪鸣雷的银泉飞瀑、瞬息万变的云海奇观、俊奇巧秀的园林建筑，展现了庐山的无穷魅力。庐山尤以盛夏如春的凉爽气候为中外游客所向往，是久负盛名的风景名胜区和避暑游览胜地。

↘ 游在庐山

美庐 ★★★★

美庐是庐山上一处比较独特的人文景观，它和中国近代史有着千丝万缕的联系。美庐曾是蒋介石在庐山的官邸，蒋介石对这里很是喜欢。美庐位于长冲河畔，是一幢英式建筑，充分体现了建筑界在 19 世纪末期的"花园城市"的构想。

💰 25 元
🕐 8：00—17：30
🚌 南昌昌北国际机场—美庐（自驾）
南昌昌北国际机场—枫生高速—西一环路—小洲路—美庐
全程约 43 千米

💡 庐山

建议旅游季节

庐山四季景色各有特色。其中夏季万物生长茂盛、水流丰富，是景色最美的季节。另外庐山植被覆盖率高，夏季凉爽宜人，是纳凉避暑的好地方。

温馨提示

庐山景区门口有很多出租车拉客，价钱不便宜，并且坐满人后才会开走。游客坐这种车的时候，一定要问好价钱并做好心理准备。

另外，庐山上有环保车，费用是 80 元 / 人，买门票的时候，如果需要可以包括在里面。

庐山美庐别墅

🛍 购物庐山

游牯岭是名副其实的天街，位于海拔 1100 米高的庐山上，已经形成了半边街的特色。庐山的购物市场主要是围绕着旅游和文化这个主题来构建的，高档商品较少。在牯岭长达两千米的半边街区里，鳞次栉比地坐落着商店、门店、购物中心等 600 多家，游客到了庐山，除了观光旅游，就是到这里来购物了。

花径 ★★★

位于牯岭西谷，距离山镇约两千米的路程，因为白居易曾写过《大林寺桃花》而闻名。花径的景点主要有花径亭、景白亭、花卉陈列厅、动物园和花径湖等。花径湖是人工湖，湖心立岛，怡情雅致。

💰 免费
🕐 全天
🚌 南昌昌北国际机场—花径（自驾）
南昌昌北国际机场—南昌绕城高速—福银高速—国光大道—花径
全程约 92 千米

芦林湖 ★★★★

位于九江市濂溪区东谷芦林盆地，又称"东湖"。芦林湖四周环山，苍松翠柏，景色宜人。全湖面积9万平方米，蓄水120万立方米，湖水清澈见底，波平如镜，山色倒映其中，相映成趣。湖心还有两座小亭，为湖水增添了光彩。

- 不单独售票，含在庐山的票价中
- 6：00—20：00
- 南昌昌北国际机场—芦林湖（自驾）
南昌昌北国际机场—福银高速—南山公路—环山路—芦林湖
全程约111千米

庐山芦林湖

仙人洞 ★★★★

位于锦绣谷南端的佛手岩下面，高约10米，深约10米，是庐山的著名景点。在洞内的深处，有一池清泉，名为"一滴泉"。仙人洞是一个砂崖构成的岩石洞，这里的飞岩可栖身，清泉可以洗心，俯视山外，白云茫茫，江流苍苍，颇有远离尘世的感觉。这里不仅是历来极受游客喜爱的胜景，而且是道教的福地洞天。相传是吕洞宾得道成仙的地方，每当云雾缭绕之时，洞内似有一股仙气，令人神往。

- 不单独售票，含在庐山的票价中
- 8：00—17：00
- 南昌昌北国际机场—仙人洞（自驾）
南昌昌北国际机场—福银高速—南山公路—环山路—仙人洞
全程约113千米

庐山仙人洞

大天池 ★★★★

其位于庐山西北的天池山山顶，原本是天池寺内的放生池。大天池呈长方形，看起来光灵如玉。大天池的主要景观有：文殊台、阁式石塔、园佛殿、照江崖。文殊台为一个石木结构的半月形拜月台，阁式石塔位于天池山上，是一座宝瓶状的塔刹。登台眺望，山峦突起，群峰相连，远波明灭，极富野趣，是观察佛光很好的地点。

- 不单独售票，含在庐山的票价中
- 8：00—17：00
- 南昌昌北国际机场—大天池（自驾）
南昌昌北国际机场—福银高速—南山公路—神龙宫路—大天池
全程约111千米

龙首崖 ★★★

龙首崖位于大天池的西南侧，形状好像两块巨大的石块，其中一块直立着，另一块卧在上面，上覆劲松，下临绝壑，好像苍龙昂首一般，所以被称为龙首崖。龙首崖是游客观云雾的好地方，每当大雾来时，站在岩上，便会有腾云驾雾之感。

- 免费
- 6：00—20：00
- 南昌昌北国际机场—龙首崖（自驾）
南昌昌北国际机场—福银高速—南山公路—神龙宫路—龙首崖
全程约112千米

庐山龙首崖

含鄱口 ★★★

含鄱口位于庐山东谷含鄱峰中段，其中含鄱亭是庐山观日出的最佳地点。含鄱岭上共有四处建筑，先是一座石坊，石坊的山脊后面就是含鄱亭，这是一座伞顶圆亭，红墙绿瓦，分外醒目。在山的中部还有一座方形的石亭，名为望鄱亭；在望鄱亭北部40米处，还有一座忘归亭。

- 免费，观光车另售
- 6：00—20：00
- 南昌昌北国际机场—含鄱口（自驾）
南昌昌北国际机场—福银高速—南山公路—环山路—含鄱口
全程约112千米

白鹿洞书院 ★★★

该景点位于九江庐山五老峰南麓的后屏山北边，是我国四大书院之首。白鹿洞书院依山而建，一幢幢楼阁庭院都隐于群山绿树之中。书院建筑均坐北朝南，是石木或者砖木结构，屋顶为人字形硬山顶，主要有礼圣门、礼圣殿、朱子祠、白鹿洞、御书阁等建筑。

- 40元
- 8：00—17：00
- 南昌昌北国际机场—白鹿洞书院（自驾）
南昌昌北国际机场—福银高速—九江绕城高速—Y026—白鹿洞书院
全程约118千米

白鹿洞书院

三宝树 ★★★

三宝树是庐山的景点之一，从黄龙潭沿着林间上的石阶前行300米就可以到达。所谓的三宝树，是由三株奇特的树组成的，其中两棵为柳杉，另一棵为银杏。因为这三棵树都位于黄龙寺山

三宝树

的门前，有着"庙堂之宝"的美誉，所以被称为"三宝树"。

💲 包含在庐山的门票中
🕐 6：00—20：00
🚌 南昌昌北国际机场—三宝树（自驾）
南昌昌北国际机场—福银高速—南山公路—S402—三宝树
全程约 110 千米

↘ 吃在庐山

庐山著名的特产食品要数"三石一茶"了，所谓三石，就是指石鸡、石鱼、石耳。这三种都是庐山所特有的，味美肉鲜，营养丰富。

美味石鸡

🍲 石牛酒家
游客评价：笋衣烧肉、红烧石鸡、牛肉煲
📞 0792-8288093
📍 庐山市濂溪区牯岭镇庐山正街15-1号

🍲 阳光家园大酒店
游客评价：蟹黄豆腐口感太棒了，豆腐里全是蟹黄的味道
📞 0792-8237777
📍 庐山市濂溪区庐山路437号

🍲 望庐说
游客评价：江西菜，酸菜鱼很新鲜
📞 0792-8299299
📍 庐山市濂溪区牯岭镇合面街10号

🍲 瓦的美食音乐餐厅
游客评价：江西菜，音乐餐厅，基围虾很新鲜
📞 18172916909
📍 庐山市濂溪区牯岭镇合面街15号

🍲 利民煨汤店
游客评价：瓦罐汤很有特色，很有营养味道鲜美
📞 0792-8299907
📍 庐山市濂溪区牯岭街心公园对面

🍲 八月咖啡
游客评价：咖啡厅，甜品也很好吃
📞 18720250864
📍 庐山市濂溪区牯岭街3号庐山汽车站旁

🍲 老味道粉面馆
游客评价：主要是汤底很鲜，搭配面或粉都好吃
📞 13507022350
📍 庐山市濂溪区河西路金宫山庄

↘ 住在庐山

平价型

庐山花径堂酒店
📍 庐山风景名胜区大林路96号
📞 0792-7730001

新吉伟精品酒店
📍 庐山市濂溪区牯岭镇香山路27号
📞 13807923300

庐山太极宾馆
📍 庐山市濂溪区芦林路11号
📞 0792-8283007

光阴的故事主题酒店
📍 庐山市濂溪区慧远路7号
📞 0792-8289907

享受型

庐山含鄱口宾馆
📍 庐山市濂溪区芦林路52号
📞 0792-8282415

庐山西海温泉假日酒店
📍 龙江市永修县易家河西海温泉度假村
📞 0792-3123001

庐山花梨别墅花园酒店
📍 庐山市濂溪区牯岭镇窑洼路44号
📞 13970277570

喆·啡酒店（牯岭街店）
📍 庐山市濂溪区牯岭正街51号
📞 0792-8293333

景德镇

景德镇位于江西省的东北部,是世界闻名的瓷都,它和河南的朱仙镇、湖北的汉口以及广东的佛山并称中国四大古镇。

景德镇因为陶瓷而举世闻名,每年都有络绎不绝的游客来这里欣赏陶瓷的魅力。景德镇也因为活色生香的陶瓷工艺而扬名千年,成为中国首批历史文化名城。

随着景德镇陶瓷工业的进一步发展和宣传,很多外国人定居在这个地方,景德镇也成为外国人常去的中国50个地方之一。并且随着景德镇旅游业的发展,其人文景观和生态环境也成为旅游资源的一部分。

区号:	0798
邮编:	333000
面积:	5256平方千米
人口:	161.90万人
著名景点:	瑶里、古窑、御窑、乐平戏台、大游山、玉田湖、浮梁古城等

↘ 游在景德镇

官窑博物馆 ★★★★★

博物馆位于景德镇市中心珠山之巅,明、清两朝曾在此设立御窑,并派太监坐镇,监造皇宫用瓷。这里留下了明清两代大量珍贵文物,龙珠阁也因此成了景德镇瓷器的象征。这里珍藏着大批官瓷的珍品和珍贵史料,为我们研究官瓷的历史和欣赏官瓷的价值提供了宝贵资料。

博物馆内收藏的精品有很多,其中最有代表性的是洪武釉里红花卉纹大碗、宣德青花龙纹蟋蟀罐和永乐甜白釉三壶连通器。

💰 60元(包含御窑厂景区)
🕘 8:30—22:00
🚌 南昌昌北国际机场—景德镇官窑博物馆(自驾)
南昌昌北国际机场—杭长高速—济广高速—中华北路—景德镇官窑博物馆
全程约195千米

💡 **官窑博物馆**

建议游览季节
秋季景德镇的自然景观十分漂亮,并且每年的10月,景德镇会举办"景德镇国际陶瓷节",这是一个规模很大的节日,此时是到景德镇旅游和参观官窑博物馆的最佳时间。

官窑
官窑是古代封建社会皇家瓷厂生产的瓷器,也称作御窑。景德镇官窑就是从元代到清代皇家集中制造瓷器的场所,集中了当时全国各地的优秀工匠。这些精美的瓷器极具价值,是世界很多博物馆争相收藏的宝贝。

官窑博物馆的官窑
景德镇官窑博物馆收藏着很多珍稀的官窑瓷器。这些瓷器大都是文物专家从地下挖掘出来,有很多现在还色彩艳丽、精美,但是也有不少部分出现残缺。这是因为当时官窑为皇家生产的瓷器要经过严格的把关。据说每生产100件瓷器,最多只有4件被进贡到宫中。剩下的部分都被当作次品和试验品处理。为了避免这些瓷器流落民间,管理者将这些瓷器打碎或者埋藏处理。因此,很多官窑博物馆的瓷器会有残缺。

南宋官窑贯耳瓶

龙珠阁 ★★★★

龙珠阁位于景德镇市市区的东门头,是古代景德镇为皇家烧制瓷器的工厂遗址,现在的龙珠阁是20世纪90年代初仿古新建的。重修后的龙珠阁红墙黄瓦、重檐飞阁,端庄秀丽,气势非凡,现已经成为景德镇的标志性建筑之一。

💰 免费
🕘 8:30—17:30
🚌 南昌昌北国际机场—龙珠阁(自驾)
南昌昌北国际机场—杭长高速—济广高速—珠山大道—龙珠阁
全程约194千米

龙珠阁

龙珠阁

陶瓷爱好者的观赏之地

龙珠阁是官窑的生产厂地，对于研究景德镇陶瓷有很好的参考价值。龙珠阁一直是中外陶瓷爱好者喜欢的地方。现在的龙珠阁已经成为景德镇著名的景点。在龙珠阁内，有官窑相关资料和官窑瓷展，一直吸引着很多官窑爱好者前往观赏。不过这里展出的很多官窑原先都是有残缺的，后经过古瓷研究所专家的复原才能够展出。

购买景德镇瓷器的注意事项

到了景德镇，可以买些景德镇陶瓷带回去作纪念或者馈赠亲友。在购买的时候，一定要注意一些问题，以免上当受骗。

1. 分清景德镇陶瓷的种类。景德镇陶瓷传统的名瓷有4种，分别是青花、青花玲珑、粉彩、颜色釉。

2. 辨别瓷器优劣，可以听声音。如果声音清脆、悦耳、响亮，那么是质量比较好的瓷器。如果瓷器声音嗡嗡作响，听起来有些闷声或者嘈杂，则为劣质。

3. 辨别瓷器优劣，也可以将瓷器放在灯光或者阳光下辨别。如果上面光滑，没有任何细痕，那么这就是优质的瓷器。如果上面有很多细痕，则做工粗糙，是比较劣质的瓷器。

瑶里 ★★★★

瑶里镇位于江西省景德镇市浮梁县，古称"窑里"，因是景德镇陶瓷发祥地而得名，早在唐朝时期，这里就以烧制瓷器而名扬天下，素有"瓷之源、茶之乡、林之海"的美称。这片古老而又神奇的地方，既有深厚的文化积淀，又是人们享受大自然的绿色仙境。她集自然与人文为一体，融历史与民俗为一身，是旅游休闲、访古修学、寻幽探奇的绝佳之地。

- 💰 98元
- 🕐 8:00—18:00
- 🚌 南昌昌北国际机场—瑶里（自驾）
  南昌昌北国际机场—杭长高速—济广高速—S205—瑶里
  全程约251千米

瑶里

购物景德镇

景德镇被誉为"瓷都"，市内几乎所有的大小商场、摊点都有瓷器可买，但比较集中的购买地就是景德镇市中心的瓷器大市场。瓷器大市场内均为一家一家的店铺，各自的瓷器品种繁多、价格多样，游客购买时要注意谨防假冒和商家漫天要价。

↘ 吃在景德镇

很多人一提到景德镇就会想到瓷器，其实景德镇不仅仅是瓷器闻名，还有很多特别棒的小吃，是本地特有的，比如说冷粉、南瓜盅、油炸馄饨等。

南瓜盅

伊龙大酒店
游客评价：上菜快，菜色不错，吃着可口
📞 0798-8330888
📍 景德镇市瓷都大道908号

回家吃饭（浙江路店）
游客评价：江西菜很地道
📞 0798-8209000
📍 景德镇市浙江路大江新城六号楼

寻味三宝
游客评价：主营农家菜，土鸡汤非常好喝
📞 0798-8339919
📍 景德镇市竟成县三宝路260号

图味美·小黄鱼·爱厨房
游客评价：主营江西菜，小黄鱼酥脆
📞 0798-8209933
📍 浙江路银信商住楼D栋1-2号店面逸庭酒店旁

抚州弄口油条摊
游客评价：有各种早餐，油条好吃，排队的人很多
📞 18079324648
📍 景德镇市解放路抚州燕子理发对面

毛仔特色小吃
游客评价：是老字号，供应夜宵、早餐
📞 0798-8284777
📍 景德镇市景德镇胜利路136号

世外桃源餐厅
游客评价：很有风格的餐厅，装修风格古色古香
📞 0798-8490767
📍 景德镇市三宝村四家里

↘ 住在景德镇

平价型	享受型
锦江之星（珠山大桥店） 📍 景德镇市珠山西路1号 📞 0798-8571111	**景德镇紫晶宾馆** 📍 景德镇市新枫街道紫晶路9号 📞 0798-8599999
泥满指间陶艺民宿 📍 景德镇市塘坞路99号 📞 18179820003	**乐平东方国际酒店** 📍 景德镇市乐平大道5号 📞 0798-7058888
如家酒店（人民广场店） 📍 景德镇市莲社北路名仕金座 📞 0798-8206666	**青花印象民宿** 📍 景德镇市广场南路地王大厦B座22层 📞 0798-7219799
宜必思·尚品酒店（景德镇瓷都大道店） 📍 景德镇市瓷都大道1051号 📞 0798-8576666	**景德镇西山湖凯莱度假酒店** 📍 景德镇市珠山大道1988号 📞 0798-8399999

三清山

　　三清山位于江西省上饶的玉山县和德兴市的交界地带，因为景色优美、拥有丰富的物质文化遗产，被国家评为 5A 级景区。

　　三清山景点众多，共包含 10 个风景区，其中最著名的是三清宫景区、玉京峰景区、西海岸景区和南清园景区。三清山的山体由花岗岩组成，形成了壮观的自然景观，吸引了很多国内外游客前来观赏。

　　三清山地区雾很多，一年有 2/3 的时间是雾天。三清山在云雾的环绕下浓淡明灭、变幻莫测。1988 年，国家将三清山列为重点风景名胜区。后经过国务院批准，三清山向世界自然遗产协会申请世界自然遗产。2008 年 7 月 8 日，在世界第 32 届遗产大会上，三清山被列为世界自然遗产，随后被写入《世界遗产名录》。

海拔：1819.9 米
主要景点：三清山、玉京峰、阳光海岸等
荣誉：2008 年列入《世界自然遗产名录》

↓ 游在三清山

三清山 ★★★★★

　　三清山位于江西省上饶市玉山县和德兴市的交界处，是怀玉山脉的主峰，因为有玉京、玉虚、玉华三座山峰，好像是三清（即玉清元始天尊、上清灵宝天尊、太清道德天尊）列坐其巅一样，因此被命名为三清山。三清山由七大风景区组成，其中有四个非常著名，分别为：三清宫景区、玉京峰景区、西海岸景区和南清园景区。

- 120 元
- 旺季（2 月 1 日至 12 月 31 日）：8：00—17：30；淡季（1 月 1 日至 1 月 31 日）：8：30—16：30
- 南昌昌北国际机场—三清山（自驾）
南昌昌北国际机场—杭长高速—德上高速—三清山旅游公路—三清山
全程约 274 千米

♀三清山

登山前准备

　　三清山海拔高，山路陡峭难走。登山前要注意选择宽松的运动服，穿舒适合脚的运动鞋。另外，山上气温较低，要准备防寒的衣服，以便随时增减。

　　另外，由于山上天气变化多端，如果遇到不好的天气，注意准备雨衣。尽量避免购买雨伞，山上风大，雨伞发挥不了太多的作用。如果体力不是太好，还可以买根拐杖辅助走路。

购物

　　三清山有很多特产，黄金茶、山药材、野生葛粉、葛花茶、白玉豆和一些纪念品等。游客在购买这些物品的时候，一定要问好价钱，货比三家。

三清山的免票对象

　　现役军人、记者（凭记者证、摄影记者证）、摄影家协会会员（凭国家摄影家协会会员证）、教职人员（凭由中国道教协会颁发的教职人员认定证书）、70 周岁及以上老年人、带团导游、旅行社经理、身高 1.2 米以下的儿童、残疾人。

三清山

阳光海岸 ★★★

　　阳光海岸位于三清山的东部，又称"东海岸"，南起南清园的禹皇顶，北至道教圣地三清宫景区，是三清山新开发的高空栈道。漫步于阳光海岸之上，脚底好像踩在了浮云之上，整个人都好像遨游于仙境之中。

- 包含在三清山的门票中
- 旺季（2 月 1 日至 12 月 31 日）：8：00—17：30；淡季（1 月 1 日至 1 月 31 日）：8：30—16：30
- 南昌昌北国际机场—阳光海岸（自驾）
南昌昌北国际机场—杭长高速—德上高速—三清山旅游公路—阳光海岸
全程约 274 千米

阳光海岸

玉京峰 ★★★★

玉京峰景区是三清山内最高而且最中心的景区。景区的范围从九天应元府、红茶花石、跨鹤桥、登真台、玉华峰、玉虚峰，一直到蓬莱三峰一带，是三清山海拔落差最大的景区。景区内可以观赏到云海、雾涛、日出、佛光等奇观。

包含在三清山的门票中

旺季（2月1日至12月31日）：8:00—17:30；淡季（1月1日至1月31日）：8:30—16:30

南昌昌北国际机场—玉京峰（自驾）南昌昌北国际机场—杭长高速—德上高速—S201—玉京峰

全程约260千米

玉京峰

玉京峰

玉京峰游览路线

路线一：从三清宫经九天应元府上玉京峰。这条路线是前往玉京峰最平稳的一条路，很多游客会选择这条路线，以便节省体力。身体素质不是很好的游客可以选择这条路线。

路线二：从南清园走冲霄谷至玉京峰。这条路线比较险峻，林荫蔽日，别有一番情趣。里面有很多原始的景致，适合喜欢探险的游客游玩。体力较好、喜欢探险的游客可以选择这条道路。

玉京峰日出

玉京峰看日出是其一大景观。早上，旭日从东方山脉升起，犹如金盘一样。有时候遇到雨雾，在苍茫云雾的笼盖下，游客会有一种步入仙境的感受。因此，游览玉京峰一定不要错过玉京峰的日出。

玉京峰的景点景物

和合峰、九天应元府、谷城桥、跨鹤桥、神猫峰、玉兔峰、猴王观宝、九天锦屏、玉笋峰、玉华观音、郁松岭、登真台、金鸡斗神猫、木鱼镇鳖、仙人履迹、玉华峰、尚书悟仙台、仙人桥、飞仙谷、玉虚峰、黄杨谷、王母谷、锁龙柱、双狮石、母子拜观音、仙人下棋石、升天石、玉京峰等

购物三清山

三清山物产丰富，较出名的有云雾茶、鸡心栗、黄金茶、白玉豆、石鸡、四足鱼、螺纹砚、玉山毛笔等。云雾茶以"色绿、香郁、味醇、形美"闻名，带一股天然的花香；玉山螺纹砚已有千年生产历史，向来被文人墨客视为文房佳品，竞相收藏。

↘ 吃在三清山

三清山物产丰富，较出名的有云雾茶、鸡心栗、黄金茶、白玉豆、黄蛤、石鸡、四足鱼、螺纹砚、玉山毛笔、荷包红鲤鱼。

黄金茶

● **老味道徽府菜**

游客评价：主营江西菜，三清山跳水鱼很好吃

📞 13955998316

📍 三清山金沙风貌街

● **三清山山人菜馆**

游客评价：主营江西菜，雄鱼头炖豆腐很有特色

📞 13755336222

📍 三清山金沙旅游服务区开元度假酒店对面

● **余姐土菜馆**

游客评价：鱼头豆腐汤太鲜了，豆腐是老板自家做的柴火豆腐，奶白鲜香

📞 15970389497

📍 三清山步行街西区1-2号

● **乐雅餐厅**

游客评价：菜品新鲜，服务热情

📞 13870321635

📍 三清山金沙服务区乐雅快捷酒店

● **聚友餐厅**

游客评价：主营江西菜，鱼汤鲜美

📞 13767313622

📍 202省道三清山服务区东部金沙索道大型停车场对面（上饶银行隔壁）

● **乡土味道（三清山店）**

游客评价：都是家常菜，小炒肉味道很赞

📞 13755373900

📍 三清山玉山县天伦国际大酒店

● **金沙鱼庄**

游客评价：土鸡两吃，肉比较韧

📞 13979317123

📍 三清山金沙湾假日酒店

↘ 住在三清山

平价型	享受型
格盟酒店（金沙索道） 📍 三清山金沙服务区东南60米 📞 0793-2186858	**三清山希尔顿度假酒店** 📍 三清山南部外双溪景区 📞 0793-2233333
三清山乐雅快捷酒店 📍 三清山金沙索道东部 📞 18079398008	**三清山开元度假村** 📍 三清山风景区三清山旅游公路金沙国家旅游度假区 📞 0793-2428888
三毛驿站民宿 📍 三清山枫林镇东坳村1号 📞 13479356622	**三清山天门山庄** 📍 三清山红十字救护站旁 📞 0793-2189066
三清山禾风青舍 📍 三清山枫林社区红枫大道8号 📞 18770373198	**夕霞小筑** 📍 三清山金沙索道下站北200米 📞 15374254996

婺源

婺源是江西省上饶市下属的一个县,位于江西省东北部,处于江西、安徽和浙江三省的交界地带,是中国唯一一个以行政地名命名的国家级旅游区。

作为中国旅游强县,婺源将展现自己独特的魅力,正在为打造"中国最美的乡村""世界文化生态大公园"而不断努力。它周边的旅游景点有三清山、龙虎山、鄱阳湖等,拥有名山、名水、名镇、名村等特色。

随着婺源旅游业的发展,婺源现在已经成为拥有4A级旅游景区最多的县份,此外还获得了中国旅游示范县、国家文化与生态旅游强县等美誉。

区号:	0793
邮编:	333200
面积:	2967平方千米
人口:	34.62万人
著名景点:	婺源油菜花(春季)、鸳鸯湖、卧龙谷、彩虹桥、江岭等

↓ 游在婺源

卧龙谷 ★★★★

位于婺源县大鄣山,是一处纯自然、纯生态、纯原始的峡谷景区,被誉为"最美的乡村"。卧龙谷一年四季都非常美丽,飞泉瀑布,彩池绿山,原生态的民间风情,好似陶渊明笔下的世外桃源。

💰 60元
🕐 7:30—18:30
🚌 南昌昌北国际机场—卧龙谷(自驾)
南昌昌北国际机场—杭长高速—济广高速—S302—卧龙谷
全程约299千米

> **💡 卧龙谷**
> **不同变换的四季景色**
> 卧龙谷四季景色都很优美,适合任何季节游览。春季的卧龙谷花团锦簇、万物逢春;夏季的卧龙谷流水淙淙、枝叶繁茂;秋季的卧龙谷层林尽染、红枫落叶;冬季的卧龙谷银装素裹、冰雕玉琢。高山峡谷里更是瀑布成群,彩池连环、交相辉映。紫色的山,绿色的树,白色的瀑布,彩色的深潭,构成了一幅天然泼墨山水画。
>
> **节省小窍门**
> 卧龙谷景区内的酒店一般比较贵,游客如果想节省开支,可以选择在县区内居住。那里有很多旅馆,各种档次的都有,比景区内的便宜很多。并且婺源县内到卧龙谷景区的车有很多,交通很便利。

> **💡 婺源特产**
> 婺源县以山清水秀、土地肥沃、物产丰富而著称。当地人将婺源的特产用四种颜色来概括,分别是红、绿、黑、白,其中红代表婺源特有的红色荷包鲤鱼,绿指的是江西的绿茶婺绿,黑则是文人都很垂爱的黑色龙尾砚,白是甜梨。

婺源卧龙谷

彩虹桥 ★★★★

彩虹桥位于婺源县清华镇,名字取自唐诗"两水夹明镜,双桥落彩虹",是古徽州最古老、最长的廊桥,被众多媒体誉为"中国最美的廊桥之一"。彩虹桥的魅力,不仅在于桥体与青山、碧水、古村、驿道的完美结合,而且更重要的是体现了建造的生命力。相传,彩虹桥落成之日,有一道彩虹悬挂于蓝天之上。彩虹桥全长140米,宽7米,两岸群山如黛,桥下绿水长流,历史悠久,构建科学。

💰 免费
🕐 全天
🚌 南昌昌北国际机场—彩虹桥(自驾)
南昌昌北国际机场—长高速—杭瑞高速—彩虹路—彩虹桥
全程约298千米

彩虹桥

婺源博物馆 ★★★★ 📷

位于婺源县城紫阳镇儒学山上，这是一座具有民族特色的殿宇式三层建筑，展厅面积达千余平方米，馆藏甚为丰富，被誉为"全国最好的县级博物馆"。馆内的精品有：从商代到清代的各种陶瓷器和工艺品，明代祝枝山、文徵明等大文豪的真迹等。

💰 免费
🕐 周二至周日：8：30—16：30，周一闭馆
🚗 南昌昌北国际机—婺源博物馆（自驾）
南昌昌北国际机场—南昌绕城高速—杭长高速—文公北路—婺源博物馆
全程约 268 千米

江岭 ★★★★ 📷

江岭，地处婺源县东北处，是婺源非常值得去的地方之一。那里漫山遍野的油菜花呈梯田状，从山顶铺散到山谷下。站在山顶望去，脚下大片的山谷内油菜花层层叠叠，一望无际，中间围拢着几个小小的村落，黑瓦白墙的徽派民居夹杂在一片金黄之间，在婺源再没有比这更壮观而令人惊喜的了。每当油菜花开花季节，这里就会吸引无数摄影师和游客前来。

💰 60 元
🕐 7：00—18：00
🚗 南昌昌北国际机—江岭（自驾）
南昌昌北国际机—杭长高速—瑞杭高速—溪头互通—江岭
全程约 305 千米

庆源 ★★★★ 📷

庆源位于婺源县东北部的段莘乡，有世外桃源的美誉。庆源峡谷深幽、宽如太行之盘谷，美如武陵之桃源，地处万山之巅，阻外而溢中，是历代避难的好地方。这里山高气清，土肥雾重，空气清新不染纤尘，泉水清澈富含灵气。每当菜花、梨花和桃花盛开之际，庆源人家会笼罩在一派"金山、银海、胭脂云"的景象之中。整个庆源古村的形状看起来像一条小船，船头船尾随着山势的闭合而形成了狭窄的隘口，被人称为"老虎跳梁"。

💰 包含在婺源的通票里
🚗 南昌昌北国际机场—庆源（自驾）
南昌昌北国际机—杭长高速—瑞杭高速—溪头互通—庆源
全程约 317 千米

庆源

鸳鸯湖 ★★★★ 📷

位于婺源县西部的赋春镇，在景白公路的西侧。鸳鸯湖原本叫作大塘坞水库，当初是作为蓄水库来兴建的。后来因为生态环境良好，所以吸引了很多鸳鸯来此过冬。每年的秋末冬初，有上千对鸳鸯从遥远的北国飞来过冬，形成了一幅美丽的画卷。湖面上鸳鸯多的时候，一片红嘴翠羽，如鲜花盛开，场面十分壮观。娇媚的湖光山色更是令人神往。

💰 60 元
🕐 8：00—17：00
🚗 南昌昌北国际机场—鸳鸯湖（自驾）
南昌昌北国际机—杭长高速—济广高速—G351—鸳鸯湖
全程约 254 千米

鸳鸯湖掠影

吃在婺源

婺源饮食有徽菜的特点，以当地的粉蒸、清蒸和糊菜为专长，主要的名菜有粉蒸肉、糊豆腐、清蒸荷包红鱼、糖醋鹅颈、糯米子糕等。

粉蒸菜

🍲 婺源第一楼
游客评价：主营江西本地菜，招牌鸭很好吃
📞 13879393458
📍 婺源县朱熹大道华星广场向南50 米

🍲 茶博府公馆餐厅
游客评价：辣仔牛腩里的牛腩量多，很嫩
📞 0793-7366777
📍 婺源县文博路 33 号

🍲 乌佬果（东升路）
游客评价：有各种特色小吃，推荐果蔬凉皮
📞 15070330309
📍 婺源县东升党校对面转角处

🍲 小巷人家
游客评价：都是农家菜，很有当地风味
📞 17679199086
📍 婺源县果晓段篁岭景区售票中心对面

🍲 李家客楼
游客评价：主营徽菜，口味很好
📞 0793-7370252
📍 婺源县李坑景区

🍲 廖厨
游客评价：农家菜小炒肉又辣又香
📞 0793-7319777
📍 婺源县朱熹大道婺国府对面

🍲 婺源忘景楼
游客评价：主营江西菜，价格实惠，服务热情周到
📞 0793-7370888
📍 婺源县秋口镇李坑风景区

↘ 住在婺源

平价型
7天酒店（婺源天佑高铁站店） 婺源县天佑路2号 0793-7366667
天佑假日酒店（步行街店） 婺源县朱子步行街洛小米旁 18079374756
万年贡精品酒店 婺源县东溪路74号 0793-6028885
津渡·猫咪民宿 婺源县紫阳东路与718县道交会处北侧 19104923778

享受型
婺源风景酒店 婺源县环城南路88号 0793-7213555
茶博府公馆 婺源县紫阳镇文博路33号 0793-7366888
婺源国际大酒店 婺源县文博路128号 0793-7388888
五悦景区连锁酒店（婺源博物馆店） 婺源县清华东路与文公北路交会处西南角 0793-5261396

井冈山

井冈山位于江西省的西南部，处在湘赣两省的交界处。井冈山地势险峻，山高林深、沟壑纵横，远观犹如一个巨大的城堡，有"一夫当关，万夫莫开"之势。

1927年，毛泽东、彭德怀等老一辈革命家曾以井冈山地区为革命根据地，开展了艰苦卓绝的井冈山斗争，点燃了中国革命的星星之火。从此，鲜为人知的井冈山被载入中国革命历史的光辉史册，被誉为"中国革命的摇篮"。

随着井冈山旅游业的发展，井冈山现在已经成为国家5A级风景名胜区、国家自然保护区和全国红色旅游经典景区，吸引着大批游客前来参观。另外，井冈山地区还有着丰富的动植物资源，如今已经被划为世界生物圈保护区。

区号：0796
邮编：343600
面积：1297.5平方千米
人口：17.09万人
著名景点：黄洋界、茨坪革命旧址群、井冈山革命博物馆、烈士陵园等

↘ 游在井冈山

井冈山革命博物馆 ★★★★

位于井冈山上的茨坪，是为了纪念中国共产党所创建的第一个农村革命根据地井冈山而建立的，是国内遗址性的革命史类博物馆。井冈山革命博物馆建成于1959年，馆藏文物近3000件，其中还保留着毛泽东曾用过的油灯和砚台等。

¥ 120元（南山文化旅游区联票），单独免费

井冈山

班车

在旅游中心，有开往茨坪镇的班车，大约10分钟一班，路线是：旅游集散中心—井冈山革命博物馆—北山革命烈士陵园—集散中心，中途可以上下车。

景区游览车

前往井冈山革命博物馆景区，有游览车，票价是20元/位。1.2米以下儿童均可免票，1.2米至1.4米儿童、革命伤残军人（凭革命军人伤残证），可享受优惠票10元/人。

景区参观项目

红军洞—黄洋界保卫战—挑粮上山—湘赣边界党的一大旧址—《八角楼的灯光》幻影成像—三湾改编—长征出发—五百里井冈山—九八抗洪—胜利起点

井冈山革命博物馆

🕐 8：00—17：00（周一闭馆）
🚌 赣州黄金机场—井冈山革命博物馆（自驾）
赣州黄金机场—大广高速—红军路—红军南路—井冈山革命博物馆
全程约167千米

📍 **购物井冈山**

绿滋肴超市：位于天街牌坊旁，是规模较大的一家超市。很多江西的特产专卖店都在这里设有柜台，一些散装的山货都是用超市的名字作为品牌。

井冈山的特产很丰富，有黄连、香菇、石耳等。

领袖峰 ★★★★

领袖峰位于革命摇篮、旅游胜地井冈山大井，是整个井冈山最有灵气的地方，是一个集红色、绿色、风情为一体的大型旅游景区。领袖峰拥有全国最大的领袖头像，以井冈山会师为背景，现已经成为井冈山的一个标志。

💰 50元（景区通票内含）
🕐 全天开放
🚌 赣州黄金机场—领袖峰（自驾）
赣州黄金机场—大广高速—红军路—G220—领袖峰
全程约174千米

领袖峰

烈士陵园 ★★★

井冈山风景名胜区是以革命人文景观为主体，与秀丽的自然风光相融合的独特类型的风景名胜区。茨坪是风景区的中心景区，是一块四面青山环绕的山中盆地。井冈山革命烈士陵园是中心景区新辟的主要革命人文景观。它位于茨坪北面的北岩峰上。陵园的主要建筑包括陵园门庭、纪念堂、碑林、雕像园、纪念碑五大部分。陵园的绿化配置主要是采用柏树、桂花、杜鹃、翠竹，并配以山体自生的松、杉、山樱花等，四季常青，庄严肃穆。

💰 免费（景区通票内含）
🕐 8：00—17：00
🚌 南昌昌北国际机场—烈士陵园（自驾）

南昌昌北国际机场—杭长高速—铜万高速—城南西路—烈士陵园
全程约189千米

通天岩 ★★★★

通天岩景区位于井冈山周边，是典型的丹霞地貌，景区内有大量的石窟文物，形状奇特优美。其中值得一提的是玉滴水观音和24米长的卧佛，十分壮观。

另外，此景区的另一特别之处还在于它是西安事变后张学良将军的软禁地。游客还可以在此参观张学良将军当年的住处。

💰 60元
🕐 8：00—18：00
🚌 赣州黄金机场—赣州通天岩风景名胜区（自驾）
赣州黄金机场—飞翔达到—G105—京港澳线—通天岩
全程约22.1千米，28分钟

黄洋界 ★★★★

位于茨坪西北面17千米处，海拔1343米，是人文和自然景观相结合的景区，主要包括黄洋界、大井、八面山和上井。这里峰峦叠嶂、地址险峻、气象万千，常常弥漫着茫茫的云雾，好像大海一般一望无际。

💰 包含在井冈山景区的通票里，190元
🕐 8：00—17：30
🚌 赣州黄金机场—黄洋界（自驾）
赣州黄金机场—大广高速—G220—S541—黄洋界
全程约185千米

井冈山黄洋界

五马朝天 ★★★

位于茨坪南面3千米处，之所以叫作五马朝天，是因为这是由5座山峰依次相连组成的山峰，而且这5座山峰的形状都好像是5匹骏马在昂首长啸一般。在山下有一条青石板路，小路蜿蜒曲折，和山峰一起显得十分美丽。

💰 包含在井冈山景区的通票里，190元
🕐 全天开放
🚌 赣州黄金机场—五马朝天景区

（自驾）
赣州黄金机场—大广高速—红军路—五马朝天景区
全程约162千米

井冈山南部景点

明月山风景区
★★★★★

风景区位于宜春袁州区，是国家5A级旅游景区。明月山气候温和，年平均气温15℃左右，植物四季不败。以"奇峰、温泉、飞瀑、禅宗文化"为主要特色。

💰 120元
🚌 南昌昌北国际机场—明月山风景区（自驾）
南昌昌北国际机场—南昌绕城高速—昌栗高速—沙温浏览路—明月山风景区
全程约265千米

吃在井冈山

井冈山的菜肴属于庐陵菜系，主要的特色就是讲究刀工，注意火候，味道鲜美，以酸辣居多。口感讲究的是酥脆嫩，特别擅长烧、焖、炒。很多菜肴的原料都是从当地选取的土特产，所以具有鲜明的地方特色。

黄芪炖乌鸡

永新土菜馆
游客评价：主营江西菜，生意特别好
📞 13970648900
📍 井冈山市五井路新村13栋

毛栗子土菜馆
游客评价：江西老字号土菜馆，有十多年了
📞 18979606901
📍 井冈山市五井路新村6号6栋

农家大碗菜
游客评价：分量很足，菜的味道很好
📞 15907062609
📍 井冈山市茨坪镇美食街F栋15号

烽烟再起
游客评价：烤肉，食材新鲜

- 15879420004
- 井冈山市新市场路环山花园A28号

峥嵘岁月·红色经典餐厅
游客评价：红色菜系，菜品丰富，味道鲜美
- 0796-6566777
- 井冈山市五井路天街旅游商业文化广场天乐府大酒店旁

彭记盐焗鸡
游客评价：盐焗鸡配蘸料，味道很好
- 18779621333
- 井冈山市茨坪镇天街F栋029号

原野客家酒店
游客评价：店面很干净，口味偏淡一些，但味道很棒
- 0796-6556279
- 井冈山市五井路红歌广场停车场入口第一家（中国井冈山干部学院对面）

住在井冈山

平价型

| 南苑宾馆 |
| 井冈山市红军南路6号 |
| 0796-6611988 |

| 井武公寓 |
| 井冈山市茨坪镇红军北路13号 |
| 15879608626 |

| 井冈山阳光假日公寓 |
| 井冈山市茨坪镇兰花坪16号 |
| 0796-6556688 |

| 怡莱酒店（井冈山火车站店） |
| 井冈山市新城区景观大道安定安置区5号 |
| 0796-6611999 |

享受型

| 井冈山景园大酒店 |
| 井冈山市茨坪镇红军南路38号 |
| 0796-7166888 |

| 井冈山天乐府大酒店 |
| 井冈山市茨坪镇天街旅游商业文化广场C栋 |
| 0796-6566666 |

| 景泰宾馆 |
| 井冈山市茨坪镇红军北路20号 |
| 0796-6569888 |

| 井冈山锦江大酒店 |
| 井冈山市茨坪镇红军北路41号 |
| 0796-7159888 |

龙虎山

鹰潭市
区号：0701
邮编：335000
面积：3556.7平方千米
人口：115.42万人
著名景点：龙虎山等

龙虎山位于江西贵溪市境内，其拥有奇特的景观和深厚的文化，因而成为中国世界自然遗产的一部分。

龙虎山是道教名山，也被认为是道教的祖庭。相传东汉时道教创始人之一的张道陵曾在此炼丹，炼丹成功的时候，出现了龙虎，因此这座山被命名为龙虎山。龙虎山森林覆盖率达到60%以上，空气含氧量高，是修身养性的天然氧吧，并且因为其典型的丹霞地貌，龙虎山被誉为国家地质公园。2009年，经国务院批准，龙虎山向联合国教科文组织申请为世界文化遗产。2010年，在巴西举行的第34届遗产大会上，作为中国的申遗项目，龙虎山的申请获得成功，进而被列入《世界遗产名录》。

游在龙虎山

龙虎山 ★★★★★

位于江西省鹰潭市西南20千米处的贵溪市境内，也是我国道教中正一派的祖庭。龙虎山属于典型的丹霞地貌风景，而且发育到老年期，山块离散呈峰林状，地形高差相对较小，所以总体看来显得秀美多姿。

- 260元（全程游览票价）
- 7:30—17:30
- 南昌昌北国际机场—龙虎山（自驾）

龙虎山

南昌昌北国际机场—南昌绕城高速—沪昆高速—泸溪河大道—龙虎山
全程约177千米

龙虎山
三种游览路线
观光车线路：游客中心—象鼻山东门—象鼻山西门—无蚊村—正一观景区

竹筏漂流线路：正一观景区竹筏码头—仙水岩景区—仙女岩码头。

游船游览线路：仙水岩景区游船码头—鲤鱼湾—仙女岩码头。

夜游开放
龙虎山已经投资建成夜游项目，有泸溪泛舟、鸬鹚捕鱼、瓦子灯狂欢、河灯祈福等。这些绚丽多彩、有趣的项目，将会是龙虎山的又一大特色。

节省小窍门
1.2米以下的儿童免费，1.2~1.5米的儿童、在校学生、60~69岁的老人150元/人。游客符合要求者可以带相关证件以节省开支。

道教文化节
龙虎山每两年会举办一次道教文化节，从10月18日至20日共三天（具体时间可能有调整），是龙虎山重要的旅游节庆活动。每年的这个时节，会吸引很多的游客前来参观。喜欢热闹的游客可以选择这个时间段前往龙虎山旅游。

仙水岩景区 ★★★★★

仙水岩是仙岩和水岩的总称，主要位于上清河的西岸。仙岩在南，水岩在北，

沿着河道分布，景色秀丽多姿，风光奇绝。仙岩包括二十四岩和早仙岩，造型奇特，各具神态。水岩因其碧水丹山而闻名，怪石遍布，山水相映成趣，景点集中。

🅢 包含在龙虎山的通票中，260元
🕒 7：30—17：30
🚌 南昌昌北国际机场—仙水岩景区（自驾）
南昌昌北国际机场—南昌绕城高速—沪昆高速—入戚汕线—仙水岩景区全程约175千米

仙水岩

仙水岩景区

仙水岩的由来

仙水岩是仙岩和水岩的合称。仙岩在上清河的南面，水岩在其背面。据说仙岩是古代神仙的居住之地，因而命名为仙岩；而水岩则沿河分布，景色秀美、水流迢迢，因而叫作水岩。

仙人城顶

游客如果想观赏仙人岩的全景，最好到仙人城顶。在那里，游客可以一览"雄狮回首""丹凤朝阳""百鸟朝凤""七星拱斗""僧尼情缘"等奇特景观。

龙虎山的"镇山之宝"

在龙虎山有一个奇特的景观，这是在中国的任何景区都不能见到的，可以说是"华夏之唯一，域外更无双"的绝世奇观，这个景观就是男女生殖器崇拜区。在泸溪河畔，一座百米高的石笋矗立在那里，因为像男性的生殖器，因此叫作金枪峰。而在仙水岩的后面有一个巨大的石洞，人们把它看作地母的化身，认为其为生命的源泉。就这样，一阴一阳隔河相望，增添了龙虎山的神秘色彩，吸引很多游客前来参观。

上清古镇 ★★★ 🌐 📷

上清古镇位于龙虎山景区内的上清宫景区，是一个具有千年历史文化的古镇。上清古镇自然环境优美，名胜古迹繁多，不管是源远流长的道教文化，还是富有特色的文物古迹，抑或是古朴淳厚的民俗风情，都令人流连忘返。

🅢 10元
🕒 7：30—17：10

🚌 南昌昌北国际机场—上清古镇（自驾）
南昌昌北国际机场—南昌绕城高速—沪昆高速—天师路—上清古镇全程约188千米

上清古镇玉皇殿

💡 购物龙虎山

龙虎山不仅风景宜人，特产也十分丰富。游人在景区内可以随处看见各种各样的旅游特产，其中手工艺类的特产主要有余江木雕，余江木雕以其精湛的工艺而闻名海外。天师板栗是龙虎山有名气的特产之一，粒大色白，肉嫩香甜。龙虎山的香菇不仅个大，而且肉厚、鲜嫩，含有人体所必需的多种氨基酸和碳水化合物，是绿色养生保健品。

🍴 吃在龙虎山

龙虎山的菜肴分为江西的家常菜和特有的道家风味菜肴。家常菜含有浓郁的乡情，而道家菜肴则包含了丰富的道家文化内涵，不仅美味可口，而且色香味俱佳，比较出名的有天师八卦宴和上清豆腐。

🍽 **陈家老字号饭庄（龙虎山店）**
游客评价：江西菜，老板很热情
📞 15907019151
📍 龙虎山大道荣盛家园2-1号

🍽 **龙虎山野菜馆**
游客评价：泸溪鱼鲜香，豆腐香嫩，套餐分量很足
📞 15907019693
📍 龙虎山泸溪河路11号

🍽 **三碗不过岗水浒主题餐厅**
游客评价：创意菜，装修很有感觉
📞 0701-6633779
📍 龙虎山大道道养小镇古越水街内

🍽 **钱记牛骨粉**
游客评价：牛骨汤底熬得太香了，煮面煮粉都好吃
📞 15907019838
📍 龙虎山镇龙虎山风景名胜区中心社区居委会云锦二路17号

🍽 **龙虎山鸿运土菜馆**
游客评价：泸溪鱼鲜香，豆腐香嫩，套餐分量很足
📞 13970156779
📍 龙虎山景区泸溪河路23号

🍽 **山里人家野菜馆**
游客评价：银条肚丝、灰树花菇炒蛋、富贵藻
📞 13870165677
📍 龙虎山镇泸溪河大道22号（公园道教馆对面）

🍽 **生态土菜馆**
游客评价：家常菜的味道，吃着很舒服
📞 15350307260
📍 龙虎山大道荣盛宾馆旁

🏨 住在龙虎山

平价型

吾栖客栈（龙虎山景区店）
📍 龙虎山仙水岩24号
📞 15207015854

龙虎山大龙门客栈
📍 龙虎山仙水岩景区售票厅旁
📞 18807018668

木的地民宿
📍 龙虎山龚店社区墩上组59号
📞 13970158773

龙虎驿栈
📍 龙虎山圣井2路4排
📞 13970161119

享受型

骏安国家大酒店自助餐厅
📍 贵溪市象山路8号
📞 0701-3529999

鹰潭华盛大酒店
📍 鹰潭市月湖区战江路25号
📞 0701-6699999

潮漫酒店（逍遥城店）
📍 龙虎山泸溪河路28号龙虎山逍遥城
📞 0701-6633000

花语美墅民宿
📍 龙虎山花语世界东门南100米
📞 0701-6639666

区号： 0591—0599
省会： 福州
面积： 12.4万平方千米
人口： 4154万人
方言： 闽方言、客方言、赣方言、吴方言和官话方言
著名景点： 鼓浪屿、武夷山、三坊七巷、南普陀寺、清源山等

概况

福建位于我国东南沿海地带，和台湾岛隔海相望，是我国著名的侨乡。福建全省以山地、丘陵地形为主，素有"八山一水一分田"的说法。福建省地势西北高、东南低，拥有福州湾、厦门湾、泉州湾等众多天然深水港湾。

福建省处于亚热带，全年气温较高，光照条件较好，降雨量适度，气象灾害较轻，适宜居住。冬季有时候会出现严寒天气，春季气温普遍偏高，每年的5—6月为雨季，降雨较多，秋季的气温也偏高，特别是九月份。

福建省海岸线绵长、岛屿众多，海洋资源丰富。多种多样的海洋景观为旅游提供了丰富的资源。独特的气候条件和地理环境还使得福建省拥有丰富而独特的动植物资源，是我国生物多样性很丰富的省份之一，沿海地带还有许多矿产资源，为经济的发展提供了条件。福建的特产有，**食品类**：八大干、源和堂蜜饯、鱼皮花生、香菇肉酱；**水果类**：龙眼、柑橘、青津果、天宝香蕉；**工艺类**：牛角梳、脱胎漆器、珠绣。

线路1

福州—厦门—武夷山—胡里山炮台—南平

线路2

武夷山—九曲溪—厦门—鼓浪屿

名菜

福建菜，又称"闽菜"，是我国八大菜系之一，以山珍海味而闻名，特点是"香""味"，在中国菜中独树一帜。

闽菜中非常出名的一道叫作佛跳墙，此菜已经有100多年的历史，做法是将多种海鲜和荤料都装在一个酒坛里，再加上葱、姜、味精、酱油等调料，用荷叶封住坛口，慢火煨炖到肉烂为止。因为荤香无比，令人陶醉，曾被人作诗赞道："坛启荤香飘四邻，佛闻弃禅跳墙来。"佛跳墙这一名称即由此而来。

交通

飞机

福州长乐国际机场

☏ 0591-96363

📍 距福州市中心55千米，往返只需90分钟

🚌 **机场交通**：机场大巴：福州市区专线：早班车5：30到6：30，每10分钟发一班，6：30以后改为25分钟发一班，末班车为20：30。行车时间约55分钟，单程票价25元。出租车，起步价10元，3千米后每千米3元

厦门高崎国际机场

☏ 0592-96363

📍 地处闽南金三角的黄金地带，距厦门市中心仅10千米，环境优美

🚌 **机场交通**：机场大巴：出大厅后向东行走10~15分钟，可以找到公交站点。出租车，起步价10元，3千米后每千米2元

福州地铁

1号线

三江口—象峰

（6：30—23：00 最高票价7元）

2号线

洋里—苏洋

（6：30—23：00 最高票价7元）

福州

福州是福建省的省会，是中国对外开放的14个港口城市之一，也是福布斯中国百强城市之一。

1984年，经过国务院的批准，福州成为港口开放城市，其经济文化得到了迅速的发展，很快成为中国持续发展最快的城市之一。其科教发达、环境优美，是中国最适宜居住的城市之一，先后被评为全国文明城市、全国宜居城市。

福州有着丰富的宗教文化，佛教寺院众多，这是其旅游的一大特色。在福州，单重点寺院就有6座，分别是涌泉寺、万福寺、林阳寺、西禅寺、地藏寺、雪峰寺，是中国寺院最多的城市，因而福州有"佛国"之称。

| 区号：0591 |
| 邮编：350000 |
| 面积：11968平方千米 |
| 人口：829.12万人 |
| 著名景点：鼓山、三坊七巷、金山寺、林则徐纪念馆等 |

↘ 游在福州

林则徐纪念馆 ★★★★

为纪念民族英雄林则徐而建，是福建省级文物保护单位，始建于清朝光绪三十一年（1905年），有江南园林的风貌。馆内以展现林则徐一生的事迹为主要内容，保留了林则徐的亲笔作品共120多件。馆内最有特色的是通过高科技多媒体的手法将虎门销烟的场景再现了出来。

🆓 免费
🕒 8：30—17：30
🚗 福州长乐国际机场—林则徐祠堂（自驾）
福州长乐国际机场—福州机场高速—沈海高速—澳门路—林则徐祠堂
全程约49千米

两日游
鼓山—西禅寺—林则徐纪念馆—三坊七街—金山寺—榕城古街

💡 **林则徐纪念馆**
旅游指南
在林则徐纪念馆，游客可以欣赏到乡亲欢迎林则徐回乡、流放坎儿井等场景。还能通过多媒体观看虎门销烟的场景。另外馆内还可以看到林则徐的住处、来往书信等很多实物。相信游客在欣赏、倾慕这位伟大英雄的同时，也会燃起爱国热情。

旅游提示
为了宣传林则徐的事迹，纪念馆内部专门安排有景区讲解人员。需要注意的是，每天9：30和15：30是解说员讲解时间。想详细了解景点内容的游客，切记不要错过时间。

纪念馆周围的美食
在林则徐纪念馆附近，游客可以吃到扁食、扑扑面、鱼丸等具有福州特色的小吃。另外"木金"肉丸、"同利"肉燕、芋泥也是福州著名的特色美食，价格便宜，是馈赠亲友的佳品。其中芋泥很出名。

林则徐纪念馆

金牛山公园 ★★★

金牛山是福州市的一座现代化公园，融合了中西园林的精华。公园依金牛山而建，有南山"绿波流泉"景区、西山"花谷飘香"景区、中心"牛岭泉月"景区以及北山的"金顶松风"景区。

🆓 免费
🕒 全天开放
🚗 福州长乐国际机场—金牛山公园（自驾）
福州长乐国际机场—福州机场高速—南二环路—长春铺巷—金牛山公园
全程约59千米

福州金牛山公园

华林寺 ★★★

华林寺建于北宋时期，宋高宗赵构钦赐御书"越山吉祥禅院"，明朝正统九年（444年）改名为华林寺。华林寺几经祸乱，现在仅有大殿保存了下来。大殿的建造手法在唐宋的木构建筑中别具一格，有18根木柱，柱子以上全部都是用斗拱来支撑的，没有用一根铁钉。大殿是我国长江以南地区最为古老的木构建筑物。

- 💰 2元
- 🕐 8:30—17:30
- 🚌 福州长乐国际机场—华林寺（自驾）
  福州长乐国际机场—福州机场高速—三环快速—华林路—华林寺
  全程约56千米

华林寺

达摩十八景 ★★★

达摩十八景俗称"十八洞"，包括达摩面壁、南极升天、山猿守峡、古鹤朝云、仙人巨迹、寿泉图、蟠桃满坞、玉笋成林、蚁艇渡潮、渔灯普照、狮子戏球、金蟾出洞、伏虎驮经、神龙听法、铠甲卸岩、慈航架墼、八仙岩洞、千佛梵宫等18个景点。

- 💰 10元
- 🕐 全天
- 🚌 福州长乐国际机场—达摩十八景（自驾）
  福州长乐国际机场—福州机场高速—沈海高速—鼓山路—达摩十八景
  全程约58千米

金山寺 ★★★

金山寺位于福州西郊洪塘附近的乌龙江上，建于宋代，因为形状与镇江的金山寺相似，所以被称为"小金山"。金山寺是福州的一个水中寺，规模虽小，但景点很多。从塔的四周仔细观察，还可以寻辨出古代遗留下来的八景，这八景分别是洪塘古渡、石仓秋烟、妙高钟声、半洲渔火、云城石塔、水㠀风帆、环峰夜月、旗麓斜阳。

- 💰 包含于公园门票之内，60元
- 🕐 9:00—18:00
- 🚌 福州长乐国际机场—金山寺（自驾）
  福州长乐国际机场—福州机场高速—三环快速—西三环路—金山寺
  全程约64千米

金山寺

榕城古街 ★★★

榕城古街是福州一条很具有地方特色的商业街，位于台江区瀛洲路上，始建于民国时期。后被当地政府集资整修，街两旁被统一兴建为三层的明清风格的仿古建筑，沿街两边开设有手工艺品、日用百货、日用品等70多家店面，热闹非凡。

- 💰 免费
- 🕐 全天
- 🚌 福州长乐国际机场—榕城古街（自驾）
  福州长乐国际机场—福峡路—台江路—榕城古街
  全程约48千米

西禅寺 ★★★

西禅寺是福州的五大禅林之一，全国的重点寺庙，建于唐代。寺内有天王殿、大雄宝殿、法堂、藏经阁、玉佛楼等38座建筑。西禅寺的荔枝驰名中外，在寺庙的大门上还写着这样一副对联："荔树四朝传宋代，钟声千古响唐音。"

- 💰 20元
- 🕐 7:00—18:00
- 🚌 福州长乐国际机场—西禅寺（自驾）
  福州长乐国际机场—福州机场高速—南二环路—工业路—西禅寺
  全程约57千米

西禅寺

三坊七巷 ★★★★

三坊七巷位于福州市南后街，自北向南依次是衣锦坊、文儒坊、光禄坊、杨桥巷、郎官巷、安民巷、黄巷、塔巷、宫巷、吉庇巷。这片街区是我国十大历史文化名街之一，基本将唐宋时期的坊巷格局完整地保留了下来，被誉为"城市里坊制度的活化石"。三坊七巷人杰地灵，出将入相，历代众多著名的政治家、军事家、文学家、诗人都从这里走向辉煌，从有的坊名、巷名就可看出当年的风姿和荣耀。

- 💰 收费景点联票90元；公共街区免费
- 🕐 8:30—17:00（周一不开放）
- 🚌 福州长乐国际机场—三坊七巷（自驾）
  福州长乐国际机场—福州机场高速—沈海高速—光禄坊—三坊七巷
  全程约49千米

三坊七巷

于山 ★★★

于山又名"九仙山"，位于福州市区东南五一广场北边。早在战国时期此地就有于越族居住，因此被命名为于山。山中现有景观24处，例如九仙观、万岁寺、戚公祠、大士殿等。

- 💰 免费
- 🕐 全天
- 🚌 福州长乐国际机场—于山（自驾）
  福州长乐国际机场—福州机场高速—沈海高速—于山路—于山
  全程约56千米

鼓山 ★★★★

鼓山是福州市著名的旅游名胜，位于福州市的东郊，闽江的北岸，是国家级风景名胜区。山上名胜众多，风景优美。著名的景点有古刹涌泉寺、回龙阁、白云洞、罗汉台等。

- 💰 登山免费，涌泉寺40元，十八景10元
- 🕐 全天

鼓山

🚌 福州长乐国际机场—鼓山（自驾）
福州长乐国际机场—福州机场高速—沈海高速—鼓山路—鼓山
全程约42千米

↳ 吃在福州

福州菜是闽菜的代表，福州菜选料精致，刀工严密，讲究火候，注重调汤，喜用作料，口味多变，有一汤十变之说，食用的器皿别具一格，体现了雅洁、轻便、秀丽的格局和风貌。

养生牛肉汤

🍲 同利肉燕老铺
游客评价：福建特色肉燕，皮薄馅大，肉质紧弹
☎ 0591-87515631
📍 福州市鼓楼区澳门路3号（林则徐纪念馆对面）

🍲 越城记黑鱼煲（五四北泰禾广场）
游客评价：鱼肉很脆，不是容易断的那种，好吃
☎ 0591-83535151
📍 福州市坂中路五四北泰禾城市广场

🍲 食鼎记私房菜
游客评价：石锅牛肉好吃，牛肉滑而不柴
☎ 0591-87660377
📍 福州市吉庇路61号二、三层

🍲 潮福城大酒楼
游客评价：分量不大，价格公道，几个菜一壶茶可以慢慢品尝
☎ 0591-87588590
📍 福州市晋安区福新西路28号阳光城（近水东路）

🍲 陈金兰饮食店（柳前巷店）
游客评价：当地特色小炒，推荐荔枝肉，肉质紧实有弹跳感，好吃
☎ 15959139513
📍 福州市柳前巷4号

🍲 东兴牛肉王（元帅路店）
游客评价：老板密制材料放进一起煮出来的牛肉汤非常香
☎ 0591-87522589
📍 福州市元帅路95号

🍲 老福州（三坊七巷店）
游客评价：主营福建菜，佛跳墙值得一吃
☎ 0591-87736189
📍 福州市南街街道吉庇巷70号

↳ 住在福州

平价型

速8酒店（福州农大学生街店）
📍 福州市上下店路51-3号
☎ 0591-38700666

贝壳岛美宿酒店（三坊七巷店）
📍 福州市福新支路22号
☎ 0591-88069555

威斯尼主题酒店
📍 福州市排尾路328号宏洋大厦
☎ 0591-83291313

大众之星酒店（三坊七巷店）
📍 福州市八一七北路金晖大厦6层
☎ 15806089456

享受型

福州三迪希尔顿酒店
📍 福州市振武路55-57路
☎ 0591-88307777

福州香格里拉大酒店
📍 福州市新权南路9号
☎ 0591-87988888

福州富力威斯汀酒店
📍 福州市台江区江滨中大道366号
☎ 0591-88111111

福州溪山温泉度假酒店
📍 福州市贵安温泉旅游度假村东南400米
☎ 0591-26120888

↳ 购物福州

福州五四路商业街
五四路是福州的金融商业中心，是全市高楼大厦、宾馆饭店很多的一条街，一些高级的酒店、餐厅、休闲娱乐场所都分布在这条街上。主要经营一些品牌服装和旅游产品，现代气息浓厚。

中亭街
中亭街成市始于宋代，从古至今万商云集，素有"聚宝盆""黄金地"之盛名，是福州市传统商业文明的发祥地。中亭街号称是"东亚第一室内步行街"，建筑风格以中西合璧为特色，人们步入其中，似乎像是进入了一座美轮美奂的艺术殿堂之中。再加上很多知名商家的入驻，使得中亭街成了一条名副其实的商业街。中亭街因商品以批发兼零售为主，巨商辐辏，顾客云集，车水马龙，人潮如涌，成为商家顾客首选之地。

中洲岛
中洲岛是位于闽江上的一个小岛，位于福州市仓山区中州岛1号，远看像一艘巨大豪华客轮停泊在闽江中。福州市政府在2003年将这座屡有水患的小岛开发成步行购物岛。

中洲岛被誉为"南台明珠"，是福州十大景观之一，该岛面积达7万多平方米，在福州市政府和仓山区的大力支持下，开发商斥资2亿人民币，打造了一个充满欧陆建筑风格的"童话城"，中洲岛开发后，为广大市民提供一个旅游、饮食、购物的好去处。

💡 **特产**

角梳：福州角梳是中国传统工艺中的名牌产品。它采用北方绵羊角和南方水牛角为材料，经过精细的工艺加工而成。角梳上面还画有各种生动、永不褪色的图案，深受很多人的喜爱。

橄榄：福州的橄榄也很出名，是福州的名果之一。那里的橄榄肉质黄白、味甘。游客可以在当地购买橄榄的各种加工品。像甘草、五香果等也深受游客喜爱。

龙眼、福橘、荔枝：福州是水果之乡，那里不仅盛产橄榄，其龙眼、福橘、荔枝也极负盛名，销售到很多地方，并且其加工品在各地都有卖。

纸伞：福州的纸伞做工十分精细，是当地负有盛名的重要特产。纸伞的外观十分雅致，上面绘有花鸟虫鱼以及人物、风景等各种图案。

福州中洲岛

泉州

泉州又称"鲤城""刺桐城""温陵",位于福建省的东部,是著名的侨乡。泉州东临台湾,西毗漳州、龙岩、三明,是古代著名的"海上丝绸之路"的起点。泉州是福建省经济发展最快的港口城市,也是福建省经济总量最大的城市。

因为交通便利,泉州在唐朝的时候就是当时的四大港口之一。现在的泉州是全国技术创新工程示范城市,环境优美、绿化覆盖率高,是全国园林绿化先进城市。

泉州的历史文化积淀也十分浓厚,名胜古迹数不胜数,拥有国家级保护单位14处,省级保护单位40处,是国务院第一批公布的24个历史文化名城之一。

区号：0595
邮编：362000
面积：11015 平方千米
人口：878.22 万人
主要景点：开元寺、府文庙、清净寺、天后宫、清源山、草庵、崇武古城等

↘ 游在泉州

开元寺 ★★★★

开元寺位于泉州市鲤城区西街,始建于唐代,已经有1300多年的历史,是全国重点文物保护单位。开元寺中的石塔是我国古代石构建筑的瑰宝,在世界上都是首屈一指的。寺中的景点主要有拜亭、天王殿、大雄宝殿、藏经阁、东西二塔等。这里莲宫梵宇,焕彩鎏金,刺桐掩映,古榕垂荫,是我国东南沿海重要的文物古迹,更是泉州佛教丛林之冠。

S 免费
L 6：00—11：00, 15：00—18：00
厦门高崎国际机场—开元寺（自驾）
厦门高崎国际机场—沙厦高速—沈海高速—新华北路—开元寺
全程约84千米

两日游

清源山—清净寺—洛阳桥—开元寺—天后宫—仰公山

💡 开元寺

开元寺的美食

在开元寺有很多泉州的特色小吃,例如槟榔芋泥、白糖、猪油、葱头、花生、芝麻等。游客可以在此品尝一下当地独特的美食。

开元寺购物

开元寺附近也是有名的购物点之一。在那里经营有石雕、木雕、影雕、刺绣、玉器、陶瓷、紫砂工艺、竹编、宗教绣品、钟表、文房四宝等产品。

开元寺

开元寺娱乐

在开元寺，游客不仅可以体验现代娱乐项目，还可以欣赏泉州传统的文化。除了有酒吧、度假区、游乐园、高尔夫俱乐部、海滨浴场、游艇俱乐部等一些现代娱乐场所，还有民族文化村等传统文化娱乐活动。

开元寺的节庆活动

每年农历的四月初八，开元寺会举办"佛诞节"。在节日那天，寺庙会举行大型的庆祝活动，全国各地的善男信女也会来到这里烧香祈福，以求冥佑。

清源山 ★★★★★

清源山位于泉州市北郊，所以又叫"北山"，峰峦之间常常有云霞环绕，也被称作"齐云山"。清源山是泉州十八景之一，也是国家级的重点风景名胜区，由清源山、九日山、灵山圣墓三大片区组合而成，以三十六洞天、十八胜景闻名于世。

$ 55 元
⏰ 8：00—17：30
🚌 厦门高崎国际机场—清源山（自驾）
厦门高崎国际机场—沈海高速—南惠支线高速—普贤路—清源山
全程约 99 千米

清源山山顶水库

通淮关岳庙 ★★★

通淮关岳庙位于泉州市鲤城区涂门街，是福建省现存规模最大的武庙。关岳庙建筑面积有 1300 多平方米，庙中由三座庙宇组成，结构对称、宏伟壮观，装饰精美的木雕、石雕和泥塑，屋脊剪瓷龙雕，造型各异，其间配有花鸟走兽，体现了闽南古建筑的艺术风格。庙中现在还保存着乾隆时期的石刻，还有宋代米芾的书诗、朱熹题写的"正气"二字等。

$ 免费
⏰ 8：00—17：30
🚌 厦门高崎国际机场—通淮关岳庙（自驾）
厦门高崎国际机场—沙厦高速—沈海高速—涂门街辅路—通淮关岳庙
全程约 82 千米

通淮关岳庙

仙公山 ★★★★

位于泉州市洛江区马甲镇，山体宏大巍峨，峭壁林立，植被丰富，山巅被云雾缭绕，以"灵、奇、秀、险"为特色，被赞誉为"八闽名胜无双境，绝顶蓬莱显九仙"。仙公山是一个旅游观光、休闲娱乐、宗教朝圣的好去处。

$ 14 元
⏰ 全天
🚌 厦门高崎国际机场—仙公山（自驾）
厦门高崎国际机场—沈海高速—南惠支线高速—X304—仙公山
全程约 124 千米

洛阳桥 ★★★★

洛阳桥，又名"万安桥"，位于泉州洛江区桥南村与惠安县洛阳镇交界的洛阳江入海口处，洛阳桥同北京的卢沟桥、河北的赵州桥、广东的广济桥并称为中国古代的四大名桥。桥身全长 731.29 米，宽 4.5 米，一共有 44 座船形的桥墩，645 个扶栏、104 只石狮子，1 座石亭和 7 座石塔，是我国现存最早的跨海梁式大桥。

新洛阳桥于 1982 年建成。新桥自竣工通车以来，接替退居二线的老洛阳桥，为促进洛河南北两岸的交流融和经济发展继续做着贡献，也使洛河上出现了双桥飞虹的景象。

$ 免费
⏰ 全天
🚌 厦门高崎国际机场—洛阳桥（自驾）
厦门高崎国际机场—沙厦高速—沈海高速—蔡襄路—洛阳桥
全程约 93 千米

泉州洛阳桥

府文庙 ★★★

府文庙位于泉州市鲤城区百源川池畔，又名府学，是福建省文物保护单位，其历史悠久，规模宏大，布局匀称，建筑优美，造型独特，规制完整，文化内涵丰厚，文庙内的建筑格局十分宏伟，特别是大成殿的重檐庑殿式结构，在泉州市独此一家。大成殿基本保留了宋代的建筑格局，庙内保存着许多文物，是一个完整的文庙建筑群。

$ 免费
⏰ 8：00—17：30
🚌 厦门高崎国际机场—府文庙（自驾）
厦门高崎国际机场—沙厦高速—沈海高速—府学路—府文庙
全程约 84 千米

天后宫 ★★★★

天后宫位于泉州市区南门天后路 1 号，是我国东南沿海地区现存最早、规模最大的一座妈祖庙，我国台湾地区和东南亚地区的很多妈祖庙都是从这里分离出去的。

天后宫正殿，虽历经沧桑，但明清时期的木构建筑至今依旧保存完好，正殿占地面积 635.5 平方米；筑于台基座，高出地面 1 米，采用花岗岩石砌筑的须弥座。殿内的浮雕，更是琳琅满目，八骏、八宝、博古鸟龙及各种花卉，表现着水族鱼龙腾空翻浪，与百花争妍，这都是表现道教主题的图案，以福禄寿吉祥物作衬托，呈现仙家的非凡境界。泉州天后宫在海内外的同类建筑里是规模最大、规格最高、年代最早的。

$ 免费
⏰ 7：30—18：00
🚌 厦门高崎国际机场—天后宫（自驾）
厦门高崎国际机场—沙厦高速—沈海高速—天后路—天后宫
全程约 82 千米

💡 天后宫
天后宫的由来

天后宫是妈祖庙，妈祖是一个名叫林默娘的北宋民女。相传林默娘出生的时候，整个泉州遍地生香，瑞光照耀大地。林默娘从小善良，一心从善，还引导乡亲们趋吉避凶，避免了很多灾害。

不幸的是，后来林默娘为了救出海遇风暴的父亲不幸遇难。周围的乡亲为感念她的美德，为她修建了这座庙来祭祀她，并把她封为海上女神。

最佳的旅游时间

观赏天后宫，最好选择天气好

的晴天前去参观,那样可以看清楚天后宫的全貌。当然最好的日子是天后诞,那个时间,天后宫将会热闹无比,游客可以欣赏到天后宫的各种祭祀活动。

旅游提醒

天后宫是一个宗教场所,里面的建筑大多是以前留下来的。因此景区内没有酒店和饭店。游客如果想享用美食,最好到周围寻找。

游客可以选择天后宫附近的酒店居住。其中离天后宫最近的酒店是泉州中旅,是一家四星级的酒店,价格合理,一般的游客均能接受。

天后宫的保护

由于长期受雨水的侵蚀和白蚁的啃咬,天后宫的建筑受到了一定的损害。历史上就有好几次关于天后宫的修缮。新中国成立后,国家对于天后宫的保护力度也一再加大。2004年,党和政府对天后宫又进行了一次大型的修缮。虽然修缮工作已经完成,但天后宫的保护还是需要当地居民和游客的维持。

清净寺 ★★★

清净寺位于泉州市鲤城区涂门街中段,是我国现存最早、最古老的具有阿拉伯建筑风格的伊斯兰教寺,在伊斯兰世界中也是著名的古寺之一。清净寺的建筑风格独特,全寺面积为2100平方米,寺门南向,面临大街,寺门高20米,宽4.5米,穹顶尖拱形,由青白花岗岩砌成,是仿照叙利亚大马士革礼拜寺的式样而建。另外,寺内还保存了历代遗留下来的汉文和各体阿拉伯文的石刻,是泉州古代海外交通的重要史迹之一,清净寺是我国和阿拉伯人民友好交往的历史见证。清净寺的主要建筑有大门、奉天坛、明善堂等。

- 3元
- 8:00—18:00
- 厦门高崎国际机场—清净寺(自驾)
厦门高崎国际机场—沙厦高速—沈海高速—涂门街—清净寺
全程约83千米

泉州清净寺

吃在泉州

泉州地处山海汇聚之地,既有山珍,又有海味,创造出了闻名全国的风味小吃。其中著名的菜肴有美味虾粥、珍珠蚝煎、清蒸鲈鱼等。

美味虾粥

食锦记私房菜

游客评价:石锅牛肉端上来就在冒着油响,牛肉更是肉眼可见的嫩
- 0595-22507111
- 泉州市宝洲街浦西万达广场三楼

斯丹姜母鸭(涂门街总店)

游客评价:主营福建菜,吃完让人念念不忘
- 0595-22373358
- 泉州市涂门街100号

东街钟楼肉粽(总店)

游客评价:鲜肉粽太香了,肉是专门腌制过的,咬一口满嘴留香
- 0595-22952389
- 泉州市东街钟楼27-29号

临家闽南菜(宝洲路店)

游客评价:主营福建菜,非常热门
- 4001818666
- 泉州市宝洲街中段东海大酒店二楼

圆宝台湾小吃(迎津街店)

游客评价:风格类似于茶餐厅,干净整洁
- 15359985766
- 泉州市迎津街164号

西街老记面线糊

游客评价:面线很细,配上老板的汤,小孩老人都合适
- 13599205189
- 泉州市六灌路先德大厦101号

蜀都餐厅

游客评价:川菜比较正宗,饭点人很多
- 0595-22271823
- 泉州市鲤城区凤池路95号

住在泉州

平价型

99优选酒店(泉州田安南路店)
- 泉州市丰泽区田安南路332号
- 0595-68292299

泊捷连锁酒店(梅山店)
- 泉州市梅山镇新华都超市旁
- 0595-26891888

泉州拾贰民宿
- 泉州市西街五夫人巷16号
- 18005076397

泉州不近民宿
- 泉州市西街347号
- 18100548500

享受型

泉州泰禾洲际酒店
- 泉州市丰海路1005号
- 0595-65218888

泉州崇武西沙湾假日酒店
- 泉州崇武镇西沙湾
- 0595-27877777

泉州酒店
- 泉州市庄府巷22号
- 0595-22289958

泉州迎宾馆
- 泉州市通港东街168号
- 0595-28239999

购物泉州

泉州后城旅游文化街

位于鲤城区涂门街和九一路之间的后城街,东边是侨乡小商品街,西边是百源路,南边是著名的旅游景点清真寺、关帝庙,是以民间传统产品为特色的工艺美术旅游商品的专业市场。

后城旅游文化街北侧有保留较完整的古民居,建筑风格独特,有浓厚的闽南特色,是旅游、商贸、居住的好地方。街上主要经营木雕、石雕、刺绣、玉器、陶瓷、竹编、文房四宝等特产。中外游人、善男信女络绎不绝。后城人杰地灵，闻名遐迩，名家、名人辈出，是公认的风水宝地。

泉州新华都购物广场

位于泉州市田安路泉州商城，是一种全新的零售业态。新华都购物广场的总面积有18 000平方米，秉承着"为您省钱，给您方便"的经营理念，是一种家庭"一站式"的大型购物广场。一楼是国内外知名品牌的汇聚地，并且设有儿童乐园、柯达冲印、休闲等配套服务；二楼、三楼是大卖场，卖场内实行全开架销售、一站式结算，经营范围非常广泛，从蔬菜水果、生猛海鲜到个人生活用品等，衣食住行，无所不包。商场外提供免费的停车位条件。产品优质、价格低廉、硬件先进、经营现代，有着便捷的购物环境。

泉州少林寺演武场

特产

安溪铁观音：泉州安溪是乌龙茶的重要产地。安溪气候温和、降雨量丰沛，很适合茶树生长。在那里仅优良的茶叶品种就有60多种，其中最出名的要数铁观音。

永春老醋：永春老醋和山西老陈醋以及四川保宁醋齐名为醋之佳品。永春老醋采用优质的糯米、芝麻、白糖、红曲等诸多材料酿制而成，制作工艺独特，口味醇香爽口，并且能够长久储藏。

永春芦柑：永春芦柑果实硕大、皮薄、肉美多汁、香甜脆嫩，是福建有名的特产之一，在国内外水果市场上享有盛誉。永春芦柑是20世纪50年代初，一位外国华侨从外面引进的。后来得到广泛的种植，年产量达100多万担，远销东南亚各国。

厦门

厦门市位于中国东南沿海，台湾海峡西岸，与金门诸岛仅一水之隔，素有"海上花园""最温馨的城市"之美誉。是中国最早的沿海开放城市之一，也是国家综合配套改革试验区。厦门的陆地面积约为1700平方千米，海域面积300多平方千米，形成了独特的海港城市风景线，是国际性港口风景旅游城市。

厦门濒临大海，气候稳定，风景优美，很适宜居住和旅游。大自然鬼斧神工造就了鼓浪屿明丽隽永的海岛风光，海底世界五彩缤纷，南普陀寺佛教文化气息浓重。来到厦门，那种悠闲自得的生活状态会让你的身心彻底放松，在这个城市中给自己一次漫无目的的闲逛也是不错的选择。

| 区号：0592
| 邮编：361000
| 面积：1700.61平方千米
| 人口：516.39万
| 著名景点：鼓浪屿、万石植物园、胡里山炮台等

两日游

鼓浪屿—南普陀寺—梵天寺—鳌园

游在厦门

鼓浪屿 ★★★★★

位于厦门岛西南隅，和厦门市隔海相望。岛上四季如春，气候宜人，花草繁盛、环境优雅，有"海上花园"的称号。岛上保留有中外各种风格的建筑物，被称作"万国建筑博览馆"，鼓浪屿还是"音乐家摇篮"，走在岛上，随处可以听到悠扬的音乐声。岛上的主要景点有菽庄花园、皓月园、毓园、天然海滨浴场、郑成功纪念馆等，集人文、自然景观于一体。

$ 90元
全天
厦门高崎国际机场—鼓浪屿（自驾）
厦门高崎国际机场—兴湖路—夏成线—东港一路—鼓浪屿
全程约11千米

厦门鼓浪屿

鼓浪屿

最佳旅游季节

鼓浪屿风景优美，四季温差不大，均适宜旅游。但8月份除外，因为这个时节刚好是台风肆虐的季节。安全起见，海边的船只基本上停开。如果这个时节到鼓浪屿旅游，将无法出海游览和欣赏到优美的海景。

建议步行

鼓浪屿交通虽然很便利，但是建议游客选择步行游览各个景点。因为只有这样，才能真正感受到厦门"花园城市"的魅力。

避免负重旅行

喜欢购物的游客最好不要一开始就大量购物，这样很容易负重旅行，从而增加旅游的负担。

注意问路

鼓浪屿有很多交叉路，例如漳州路和龙头路就有很多。游客在不知道路的时候，一定要问岛上的人，否则将会走很多的冤枉路。

皓月园 ★★★★

皓月园位于鼓浪屿东部，是为了纪念郑成功而建的。园中的主体建筑为郑成功的雕像，这是中国历史人物雕像中最大的一座。园中带有明代风格的建筑和海滨景色交相辉映，十分美丽。

- 10元
- 8:00—18:30
- 厦门高崎国际机场—皓月园（自驾）
  厦门高崎国际机场—兴湖路—夏成线—东港一路—皓月园
  全程约11千米

皓月园

菽庄花园 ★★★★

菽庄花园位于鼓浪屿岛的南部，面朝大海，背靠日光岩，全园分为藏海园和补山园两大部分，景观错落有致，既有江南园林的精巧，又有沿海风情，别具特色。山色、海色、天色融为一景，组成了风格独特的建筑群体。

- 30元
- 6:00—18:30
- 厦门高崎国际机场—菽庄花园（自驾）
  厦门高崎国际机场—兴湖路—夏成线—东港一路—菽庄花园
  全程约11千米

菽庄花园

厦门海底世界 ★★★★★

厦门海底世界坐落在鼓浪屿上，建成于1998年，占地17.5公顷，包括海底隧道、淡水鱼池、海洋底栖生物水塘、放映室、海洋展览厅、各种纪念品商店等。设施新颖、表演新奇。展馆内有350多种淡水鱼，是目前国内最丰富多彩的水族馆之一。

- 100元
- 8:00—20:00
- 厦门高崎国际机场—海底世界（自驾）
  厦门高崎国际机场—夏成线—东港一路—厦门海底世界
  全程约11千米

厦门海底世界

厦门海底世界

旅游季节建议

厦门四季环海，海洋可以起到调节气温的作用。因此一年四季都比较温和。并且厦门海底世界是室内活动场所，对环境气候没有太大要求，四季皆适宜旅游。

节省小策略

厦门海底世界，成人票为100元。儿童、军人（需携带军官证）和60岁以上的老人（需携带身份证）可以减免40元的门票费，每人50元。离休老人可以免费参观。

住宿建议

为了方便参观海底世界，游客可以选择下面的酒店居住，离景点近，并且住宿条件也很不错：厦门琴岛酒店，位于鼓浪屿鹿礁路8号；海上花园酒店，位于鼓浪屿田尾路27号。

特色美食

厦门海底世界位于鼓浪屿岛上，临海岛屿，美食当然以海鲜为主。在这个地方游客可以品尝刚从海底打捞出来的新鲜海鲜。

此外，岛上还有著名的叶氏麻糍，糯软香甜，深受很多人的欢迎。需要注意的是，叶氏麻糍因为工序复杂、购买者众多，所以每天都是限量供应，想要品尝的游客一定要提前做好购买准备。

景区特色

厦门海洋馆，有众多的海洋生物，其中海、淡水生物就有350多种。游客可以选择具有代表性的参观。在这里有很多的全国之最，其中最大的鱼缸，高就7米，直径2.5米，其造价达200多万元。

日月谷温泉 ★★★★

日月谷温泉位于厦门市海沧区东孚镇汤岸，324国道和孚莲路的交会处。景区内包括日月谷温泉主题公园、日月谷温泉酒店和日月谷温泉私人会所，是一个集观光旅游、休闲娱乐、运动疗养、商务活动为一体的综合性旅游度假村。其内设有72个露天温泉泡池、35种特色温泉。

- 周一至周四168元，周五至周日329元
- 10:00—24:00
- 厦门高崎国际机场—日月谷温泉（自驾）
  厦门高崎国际机场—杏林大桥—海翔大道—孚莲路辅路—日月谷温泉
  全程约25千米

南普陀寺 ★★★

南普陀寺始建于唐代，位于厦门岛南部五老峰下，是闽南地区著名的佛教圣地之一。南普陀寺依山面海，环境优美。寺中的主要建筑都分布在中轴线上，依次为天王殿、大雄宝殿、大悲殿、藏经阁等，建筑雄伟。建筑物依着山体层层升高，层次分明。

- 免费
- 8:00—17:00

南普陀寺

🚌 厦门高崎国际机场—南普陀寺（自驾）
厦门高崎国际机场—成功大道—钟鼓山隧道—思明南路—南普陀寺
全程约16千米

梵天寺 ★★★

坐落于同安的大轮山南麓，创建于隋朝年间，是福建省最早的佛教寺庙之一，是禅宗南派临济宗的支派，历来香火旺盛。整座寺庙依山体而建，雄伟壮丽。寺中还有一座建于宋代时期的石塔，为省级文物保护单位。

💰 进寺免费
🕐 6:00—19:00
🚌 厦门高崎国际机场—梵天寺（自驾）
厦门高崎国际机场—同集中路—同集北路—梵天路—梵天寺
全程约29千米

五老峰 ★★★

位于厦门南普陀寺的后面，依海而立，气势非凡。因为山的形状好像是5个老人的样子，所以被称为五老峰。山峰时常会有白云围绕，远远望去就好像是5个白发苍苍的老人在遥望大海，这就是厦门八景之一的"五老凌霄"。

💰 免费
🕐 5:30—18:30
🚌 厦门高崎国际机场—五老峰（自驾）
厦门高崎国际机场—成功大道—虎园路—五老峰
全程约14千米

厦门五老峰

鳌园 ★★★

鳌园位于厦门市集美学村的东南角海滨，原为一座小岛，因为形状很像海龟，所以被命名为鳌园。鳌园由门廊、集美解放纪念碑、陈嘉庚先生陵园3个部分组成，总面积达8990平方米。因为园内有随处可见各种石雕，所以鳌园被称为闽南的"石雕博物馆"。

💰 免费
🕐 8:00—17:30
🚌 厦门高崎国际机场—鳌园（自驾）

厦门高崎国际机场—嘉禾路—银江路—浔江路—鳌园
全程约10千米

厦门市鳌园

南顺鳄鱼园 ★★★

鳄鱼园位于厦门集美学村龙舟池畔的东南隅，占地4万余平方米，外临浔江、内靠龙舟池。园内有表演池一个、观赏池三个、鳄鱼制品厅一个，还有很多的西式观赏亭和大型的石雕模型。在观赏池内可以看到各种各样的鳄鱼，它们来自世界各地。

💰 普通门票30元，鳄鱼表演门票60元
🕐 8:00—18:00
🚌 厦门高崎国际机场—南顺鳄鱼园（自驾）
厦门高崎国际机场—环岛干道—翔安隧道—滨海东大道—南顺鳄鱼园
全程约23千米

归来堂 ★★★

归来堂位于厦门市集美镇嘉庚路，是周总理亲自指挥建造的。归来堂由厅堂、拜亭、会客厅、厢房和庭院组成，堂前是陈嘉庚先生的铜像，铜像后的石屏上刻着毛主席题写的"华侨旗帜，民族光辉"。

💰 免费
🕐 8:00—17:00
🚌 厦门高崎国际机场—归来堂（自驾）
厦门高崎国际机场—嘉禾路—嘉庚路—归来堂
全程约9千米

归来堂全景

立新摩天轮 ★★★

位于明发商业广场，是目前福建省内最大的摩天轮，是厦门的又一项标志性建筑。从摩天轮上可以俯瞰厦门全貌，甚为壮观。

💰 30元
🕐 14:30—23:00
🚌 厦门高崎国际机场—立新摩天轮（自驾）
厦门高崎国际机场—成功大道—莲前西路—嘉禾路—立新摩天轮
全程约9千米

天界寺 ★★★★

天界寺位于厦门市南天界山麓，顶峰因为看起来像是一只蹲着的骆驼，所以被称为"骆驼峰"。天界寺之前因为在晨间会有寺僧撞108下钟，故而有"天界晓钟"之称，是厦门小八景之一。

💰 免费
🕐 6:00—18:00
🚌 厦门高崎国际机场—天界寺（自驾）
厦门高崎国际机场—成功大道—万石路—锁云路—天界寺
全程约18千米

青礁慈济宫 ★★★

位于厦门海沧镇青礁村崎山东南麓，又称"东宫"。慈济宫四周地势开阔，风景秀丽，始建于南宋，是为了纪念北宋时期的著名民间医生吴夲而建。现存的慈济宫是清代时重建的，前殿由檐廊、门厅、钟鼓楼组成，中殿是正殿，供奉着吴真人的神像，殿前有拜亭，后殿则供奉着佛道两教中的诸神。三大殿通过廊庑连接起来。

💰 免费
🕐 5:30—19:30
🚌 厦门高崎国际机场—青礁慈济宫（自驾）
厦门高崎国际机场—海沧隧道—马青路—文圃山路—青礁慈济宫
全程约19千米

虎溪岩 ★★★★

位于厦门虎溪路的尽头，万石岩的西南侧。满山都由岩石构成，奇险天成，有虎牙洞、夜月洞、夹天径等名胜，"虎溪夜月"是厦门八景之一，虎溪岩也是中秋赏月的很好的去处。在虎溪岩里，还有一座古寺，名为"东林寺"，又称"玉屏寺"。寺庙依山而建，以石穴为室，别具一格。

💰 免费
🕐 6:00—18:00
🚌 厦门高崎国际机场—虎溪岩（自驾）
厦门高崎国际机场—成功大道—虎溪岩路—虎溪岩
全程约14千米

↘ 吃在厦门

厦门的风味小吃久负盛名，发展至今已有200多种。咸食有烧肉粽、鱼丸汤等，甜食有花生汤、炸麻花。

鱼丸汤

🍲 美珍香（中山店）
游客评价：肉脯香而不腻，会回甘
📞 0592-2035315
📍 厦门市中山路66号

🍲 小眼镜大排档（万佳东方店）
游客评价：主营海鲜，食材很新鲜
📞 0592-5070778
📍 厦门市虎园路万佳东方酒店1楼

🍲 鹭江宾馆·观海餐厅
游客评价：环境很好，适合拍照，虾饺皇里虾肉满满
📞 0592-2661395
📍 厦门市思明区鹭江道54号鹭江宾馆7楼

🍲 喜来登酒店·海浪泛亚餐厅（嘉禾路店）
游客评价：三文鱼肉质肥美，牛排厚实
📞 0592-5508922
📍 厦门市湖里区嘉禾路386-1号喜来登酒店2楼

🍲 明月虾面
游客评价：虾面里的虾都是鲜活入锅的，肉质紧实味道鲜美
📞 0592-2028139
📍 厦门市思明区厦禾路180号

🍲 金兰饼店
游客评价：有很多种饼类，绿豆馅和红豆馅的太好吃，不会太甜
📞 0592-2061492
📍 厦门市思明区内厝澳路413号

↘ 住在厦门

平价型
一岛设计·海边旅行别墅 📍 厦门市滨海街道仓里路4-100号 📞 15160716638
万澳酒店（厦门中山路轮渡码头店） 📍 厦门市镇邦路62号 📞 0592-2979666
厦门一格巢宿民宿 📍 厦门市环岛南路曾厝垵136号 📞 18959280190
一见·未迟民宿 📍 厦门市曾厝垵523-1号 📞 17359876523
白月居设计民宿（曾厝垵店） 📍 厦门市曾厝垵村教堂街曾厝垵社280号 📞 18965818827

享受型
厦门康莱德酒店 📍 厦门市演武西路世茂海峡大厦B座38楼 📞 0592-2586666
厦门日月谷温泉度假村 📍 厦门市海沧区孚莲路1888号 📞 0592-6312222-3117
厦门艾美酒店 📍 厦门市湖里区南山冠军路7号 📞 0592-7709999
厦门华尔道夫酒店 📍 厦门市莲花北路1号 📞 0592-5373333
厦门海悦山庄酒店 📍 厦门市环岛南路3999号 📞 0592-5023333

↘ 购物厦门

▍中山路

中山路是厦门的传统繁华商业区，为"中华十大名街"之一。中山路两旁的建筑都各具特色，将欧式风格同海滨城市的特点巧妙地结合起来，别具风情。中山路已经有百年历史了，街上商品众多，令人眼花缭乱。中山路也是目前全国唯一一条直通大海的商业街，成片的南洋骑楼建筑、流光溢彩的LED夜景、琳琅满目的各色闽台特色小吃和回响在小巷街坊间的古老南音，构成其与众不同的风格特色。比较大的店面有华联大厦、华辉商场、巴黎春天思明店、金鹭首饰等。

到厦门，中山路是不能不去的，因为它代表了厦门的繁华，富有时代韵律。到这里可享受丰富的物质世界，领略现代风采。中山路是厦门人的骄傲。

▍鼓浪屿龙头路

龙头路是鼓浪屿的主要商业街，是上岛游玩的游客的必经之路。在街道的两旁设有很多工艺品和字画店，主要是销售一些地方的工艺品特产以及来自全国各地的古玩、字画、玉石、瓷器等。此外，还有很多南国干货店。

▍五缘湾特色商业街

商业街位于五缘湾外湾墩上侧和五通侧，由北向南沿海湾分布，直接面向着五缘湾。五缘湾以餐饮为主，同时融入了休闲娱乐、风情旅馆、精品购物等多种特色，是一个包含多种滨海休闲娱乐特色的商业街，具有闽南的地方特色。

💡 特产

绿豆糕：鼓浪屿的绿豆糕是厦门的一大特产。其中出名的当属"肖瑞姜饼家"，其生产始于1922年，其工艺传承至今，是赠送亲朋佳友的佳品。

馅饼：馅饼在厦门已经有几百年的历史，它料精工细、美味无穷，有各种口味。

青果：厦门的青果即橄榄，有润喉、保嗓、解毒的功效，深受游客的喜爱。

柴烧铁观音：柴烧铁观音是厦门的一大特产，在厦门家家户户都有饮铁观音的生活习惯。这种铁观音是用当地的相思树木炒茶，将木材的香气保留在茶叶当中。其中尚客茶业的柴烧铁观音为佳。

蚝油：厦门作为沿海城市，100多年前就因为生产珠蚝而出名。厦门洋江蚝油进出口有限公司生产的蚝油，远销海内外，在国际上享有盛名。

厦门中山路

龙岩

龙岩位于福建省西部，处在广东、江西、福建的交界处，属于内陆临海城市。1997年，福建省通过龙岩的申请，将其设为市。

作为福建新兴的旅游城市，龙岩近些年来不断地崛起。在龙岩，旅游资源丰富，拥有福建土楼之永定土楼群、永定土楼民俗文化村、龙硿洞、九鹏溪、古田会议址、冠豸山、紫金工业旅游区等众多旅游景点。其中福建土楼之永定土楼群已经被申请为世界文化遗产，永定土楼民俗文化村、龙硿洞、九鹏溪、古田会议址、冠豸山则被评为国家5A级旅游景点。因此，前往福建旅游，龙岩是不可忽略之地。

除了拥有众多优美独特的景点，龙岩还是一个历史悠久、文化厚重的地方。龙岩是客家人、河洛人的居住地。

区号：0597
邮编：364000
面积：19028万平方千米
人口：272.36万人
著名景点：古田会议旧址、振成楼、遗经楼等

↘ 游在龙岩

振成楼 ★★★★

振成楼位于龙岩市永定区洪坑村的中南部，建于1912年，俗称"八卦楼"。振成楼以富丽堂皇、设计精美而著称，它是按照八卦观念结构而建造的，全楼的布局既有苏州园林的影子，又带有古希腊的建筑风格，是中西建筑的完美结合。

💰 90元
🕐 7：00—19：30
🚗 厦门高崎国际机场—振成楼（自驾）
厦门高崎国际机场—夏蓉高速—X562—X622—振成楼
全程约164千米

振成楼

振成楼

振成楼的由来

振成楼是由福建龙岩市永定区的林氏家族的后裔建造而成的。林氏家族靠烟草起家，富甲一方。林氏家族的林仁山一直有建造工程浩大的振成楼的想法，无奈因劳累去世愿望落空。其儿子林鸿超为继承父亲遗志，邀请叔伯兄弟一起出资建造了著名的振成楼。在他的指导下，建成了中西方风格相结合的振成楼。

1991年，振成楼被福建省列为省级文物保护单位。1990年，振成楼对外开放，吸引了来自30多个国家的建筑爱好者前来参观旅游。

东方建筑的明珠

振成楼又叫作"八卦楼"，采用中西方建筑风格建造而成，具有其独特的艺术价值，吸引很多游客前来参观，有"东方建筑的明珠"之美誉。

旅游提醒

振成楼因为历史的原因出现了很多斑驳。为了维护振成楼，当地政府做了很多的修复工作。游客在游玩参观的时候，一定要树立文物保护意识，不要在建筑上面乱刻乱画。

遗经楼 ★★★★

号称"天下第一农庄"，坐落于高陂镇上洋村，既可以称作是一座庞大的土楼，又是一个壮观的土楼群。遗经楼建于清道光年间，外墙东西宽136米，南北长76米，其中后座的主楼高达17米，是永定现存的土楼中最高的，颇为壮观。

$ 免费
⏰ 全天
🚌 厦门高崎国际机场—遗经楼（自驾）
厦门高崎国际机场—夏蓉高速—东肖高速—成功隧道—遗经楼
全程约182千米

承启楼 ★★★★

位于龙岩市永定区高头村，依山傍水，十分壮观。有俗语称："高四层，楼四圈，上上下下四百间；圆中圆，圈套圈，历经沧桑三百年。"承启楼因其规模宏大，造型奇特，乡土气息浓厚而闻名于世，令无数的参观者叹为观止。

$ 免费
⏰ 全天
🚌 厦门高崎国际机场—承启楼（自驾）
厦门高崎国际机场—夏蓉高速—X562—X620—承启楼
全程约160千米

承启楼

承启楼

独特的结构

承启楼是江氏家族从明代崇祯年间开始，一直到康熙年间，经过三代人辛苦建造而成的著名建筑。承启楼高四层，四周围绕成圆中圆、圈中圈，上下400间。承启楼是一座家族之城，也可以称作是一座碉堡，历经400年依然屹立不倒，让很多人惊叹。

方形水井

永定楼的水井与外面圆形的水井不同，基本都是方形的。很多居民还在饮用里面的水。在井里面可以看到外面圆形的建筑和天空，其寓意也是天圆地方的意思。

先进的排水系统

承启楼只有一个排水口，用于对外排水。这是因为在古代水就是代表财富，如果排水口多，就容易造成财富外流。土楼下方设有排污的水道，在里面养有乌龟，帮忙清理下水道。

旅游提醒

承启楼是永定土楼群极有代表性的一座土楼。现在一楼很多已经改为商铺，里面经营着茶叶、饰品等物品，供游客购买。承启楼内没有卫生间，白天一般都要在外部解决，晚上要用夜壶。因此，承启楼的房间外都挂有夜壶。

古田会议遗址 ★★★★

古田会议遗址，位于龙岩上杭县古田镇。建于1848年，是廖氏家族为纪念祖先而建立的廖氏宗祠，后人又叫作"万源祠"。1929年12月28日，著名的中国共产党红四军第九次代表大会，也即古田会议在此召开。

$ 免费
🚌 厦门高崎国际机场—古田会议遗址（自驾）
厦门高崎国际机场—夏蓉高速—东肖高速—成功隧道—古田会议遗址
全程约183千米

古田会议遗址

购物龙岩

龙岩中山街：这是龙岩市内最为繁华、商业分布最为密集的一条商业街，街上汇聚了经营各种商品的大型商场，比如麒丰百货、宝兴百货等，主要是经营服装鞋帽类、电子类、珠宝类产品，是各地游客必去的购物街。

吃在龙岩

龙岩的饮食以客家特色的菜肴和点心为主，宜温热，忌寒凉，多用煎烤，在香辣方面很突出，有鲜润、浓香、醇厚的特点。口味偏咸、油。

水煎包

诚至餐厅

游客评价：福建菜，椒盐鸭排和红焖鸭肉很好吃
📞 0597-2898666
📍 龙岩市龙川东路28号

斗牛士牛排西餐厅（龙岩大道店）

游客评价：牛排是主打，但蘑菇汤更惊艳

0597-2582999
龙岩市龙岩大道万宝广场 3 楼

罗桥牛杂店
游客评价：牛杂处理得很干净
18558915759
龙岩市罗龙东路罗龙铁路下

锅大帅胡椒猪肚鸡养胃锅
游客评价：猪肚鸡火锅，鸡肉鲜嫩多汁
19105075226
龙岩市龙岩万达广场室内步行街 3 楼

老味道客家大院
游客评价：农家菜，生意很好，猪肚好吃
0597-3372828
龙岩市莲南路龙岩国际美食城

May
游客评价：福建菜，牛肉很嫩
15080289555
龙岩市登高西路金茂领秀域底商

↘ 住在龙岩

平价型

海悦酒店（火车站店）
龙岩市龙腾北路恒发大厦
0597-3378333

海纳精品酒店
龙岩市西安南路 129 号
0597-2831555

锦江之星（龙岩万达店）
龙岩市曹溪中路 218 号
0597-2830888

速 8 酒店（龙岩火车站宝泰店）
龙岩市龙腾北路 200 号
0597-5308888

龙岩闽西宾馆
龙岩市新罗区龙川东路 28 号
0597-3211888

享受型

龙岩中元大酒店
龙岩市新罗区九一南路
0597-2266888

龙岩恒宝大酒店
龙岩市西安南路 121 号
0597-3299888

龙岩武平中凯国际酒店
龙岩市武平县中凯路 8 号
0597-4896888

龙岩荣顺国际大酒店
龙岩市新罗区龙岩大道 288 号
0597-5288888

龙岩华美达龙州酒店
龙岩市新罗区中城龙川西路 1 号
0597-2956666

武夷山

武夷山位于福建省的西北部，处在江西和福建的交接处，是中国著名的游览胜地。其面积将近 1000 平方千米，是中国首批旅游城市。

武夷山是福建的第一名山，因其独特的丹霞地貌而吸引着大批游客前往，有"奇秀甲东南""碧水丹山"的美称。武夷山也是儒教、道教、佛教三教之名山，在武夷山上有很多古代遗留下来的道院、庵堂的建筑。武夷山地区有着现存最典型、最完整、最大的中亚热带原生性森林生态系统，是国家森林生态和野生动物重点保护区。武夷山还有着丰富的文化资源，古代的范仲淹、陆游、徐霞客等都曾在武夷山留下了珍贵的墨宝。

区号：0599
邮编：354300
面积：2798 平方千米（武夷山市）
人口：24.67 万人
著名景点：玉女峰、天游峰等

↘ 游在武夷山

武夷山 ★★★★★

位于福建和江西的交界处，素有"碧水丹山""奇秀甲东南"的美誉。武夷山属于典型的丹霞地貌，各种奇峰怪石千姿百态，极具观赏性。武夷山还是全球生物多样性保护的重点地区，是首批国家级重点风景名胜区之一。

旺季（3 月至 11 月）140 元，淡季（12 月至次年 2 月）120 元，观光车 75 元
6:30—18:00
武夷山机场—武夷山（自驾）
武夷山机场—武夷大道—G237—武夷山
全程约 12 千米

武夷山
气候介绍
武夷山处于亚热带地区，周围群山环绕，好像一个天然的屏障。冬季可以阻挡寒冷空气来袭，夏季也可以避免太热。
因此武夷山四季气温均匀，年平均气温大约 18℃，降雨量较大。夏季

武夷山

游览武夷山的时候，游客不妨携带一把雨伞以备不时之需。

旅游季节建议

武夷山气候条件稳定，景色优美，春夏秋都是很好的旅游季节。春季万物复苏，山上一派生机勃勃的景象；夏季虽然气温很高，但万物生长旺盛，是武夷山景色最美的时候，也是纳凉避暑的圣地。

冬季的武夷山虽然有些萧条，却独有江南冬季的美景，游客也可以欣赏一下江南冬季奇特的山景。

武夷山风景高尔夫

喜爱体育运动的游客，到武夷山可以体验一下高尔夫。武夷山景区内是福建省的五星级酒店和有大型高尔夫配套球会的地方。并且因为武夷山独特的气候，可以一年四季开放。

九曲溪 ★★★★

九曲溪是武夷山脉主峰黄岗山的溪流，位于福建省武夷山峰岩幽谷之中。因武夷山有三十六峰，九十九岩，峰岩交错，溪流纵横，九曲溪贯穿其中，蜿蜒15华里，有三弯九曲之胜，故名为九曲溪。所谓山挟水转、水绕山行，每一曲中都有着不同的诗情画意。"溪流九曲泻云液，山光倒浸清涟漪"，形象地勾画出了九曲溪的秀丽轮廓。人们都说，武夷山的灵魂在于九曲溪，堪称世界一绝。

ⓢ 竹筏漂流票价100元，保险费2元
⏱ 7：30—17：00
🚌 武夷山机场—九曲溪（自驾）
武夷山机场—武夷大道—高星公路—九曲溪
全程约17千米

武夷山九曲溪

武夷宫 ★★★

位于大王峰的南麓，九曲溪筏游的终点晴川，是武夷山国家风景名胜区的核心部分。前临流溪，背倚秀峰，沃野碧川，巧构林立，为游客集中辐辏之处。武夷宫是历代帝王祭祀武夷神君的地方，又名会仙观、冲佑观、万年宫，也是宋代全国六大名观胜地之一，是武夷山最古老的宫院。景点有万年宫、三清殿、仿宋商业街、茶观、朱熹纪念堂、中山堂和万春植物园等。

ⓢ 武夷山通票
⏱ 8：00—18：00
🚌 武夷山机场—武夷宫（自驾）
武夷山机场—武夷大道—玉女峰路—武夷宫
全程约10千米

武夷宫

宋街 ★★★

宋街位于武夷山风景区的大王峰下的武夷宫，是一条仿造宋代的风格建造的街道，具有浓厚的宋代江南建筑风格。宋街全长300米，从北向南依次是武夷宫、玉皇阁、彭祖山房、五铢钱庄、茶观、乡土寨、百家欢、岩顶香、仙姿馆、碧丹酒家等。

ⓢ 武夷山通票
⏱ 全天
🚌 武夷山机场—宋街（自驾）
武夷山机场—武夷大道—玉女峰路—宋街
全程约10千米

天游峰 ★★★★

天游峰位于武夷山风景区中部的五曲隐屏峰后，被誉为武夷山的第一胜地。天游峰东接仙游岩，西连仙掌峰，独出群峰，云雾弥漫，山巅四周有诸名峰拱卫，三面有九曲溪环绕，武夷全景尽收眼底。每当雨后乍晴，晨曦初露之时，白云烟雾，风吹清荡，犹如海上的波涛一般汹涌，是武夷山的第一险峰。

ⓢ 武夷山通票
⏱ 8：00—17：00
🚌 武夷山机场—天游峰（自驾）
武夷山机场—武夷大道—玉女峰路—天游峰
全程约14千米

天游峰

遇林亭窑址 ★★★

位于武夷山景区的北侧偏西，和莲花峰相邻。是目前全国规模最大、保存最完整的宋代古窑址之一。遇林亭窑址分布面积近6万平方米，有一条小溪经过，沿溪有6座小山岗，里面堆积着数以万计的瓷器，有的甚至深达好几米。

ⓢ 武夷山通票
⏱ 8：00—17：00
🚌 武夷山机场—遇林亭窑址（自驾）
武夷山机场—武夷大道—高星公路—高星公路—遇林亭窑址
全程约12千米

遇林亭窑址

山北 ★★★★

山北主要由三条峡谷组成，分别是慧苑坑、牛栏坑、马子坑，主要的景观有霞宾岩、水帘洞、鹰嘴岩、流香涧、竹窠、九龙窠、天心岩、马头岩、三仰峰、刘官寨、莲花峰等。这里还是武夷岩茶的主要产地。

ⓢ 武夷山通票
⏱ 8：00—17：00
🚌 武夷山机场—山北（自驾）
武夷山机场—武夷大道—高星公路—山北
全程约8千米

虎啸岩 ★★★★

位于武夷山风景区九曲溪的二曲溪南，是一个独具泉石天趣的旅游胜地。虎啸岩的得名是因为在岩上有一个大洞，每当山风吹过时都会发出怒吼声，听起来像虎啸一般，在岩上，刻着4个大字"虎溪灵洞"。虎啸岩风景绝佳，怪石林立，溪流迂回，被称为"极目皆图画"。

🚌 武夷山通票
⏰ 8：00—18：00
🚗 武夷山机场—虎啸岩（自驾）
武夷山机场—武夷大道—玉女峰路—虎啸岩
全程约14千米

虎啸岩

一线天 ★★★★ 📷 ⏰

一线天位于武夷群峰的西南端，又名"灵岩"，是武夷山最奇特的岩洞，素有"鬼斧神工之奇"的称号。一线天存在于九曲溪二曲南面的一个幽深的峡谷里，从伏羲洞进入岩内，走到深处时，抬头望天，岩顶好像被利剑劈开了一条线一样，相去不满一尺，长100多米，从中漏进一线天光，宛如跨空碧虹，这就是令人叹为观止的一线天。

在伏羲洞中观赏一线天，沿石罅右行数十步，就可以折入风洞。游人须手脚并用，侧身而过。洞内常可见到稀有的哺乳动物白蝙蝠，为游人平添一分奇趣。中间的风洞也通一线天，凉风从石罅中习习吹来，即使是盛暑时节到此，稍坐片刻，也会感到肌骨透凉，宛如一台巨大的天然空调。

🚌 武夷山通票
⏰ 8：00—18：00
🚗 武夷山机场—一线天（自驾）
武夷山机场—武夷大道—玉女峰路—一线天
全程约16千米

武夷山一线天

青龙大瀑布 ★★★ 📷

位于华东第一漂的上游，瀑布由三级大瀑布群组合而成，全长200余米，落差120米，最宽的地方达40多米。主要景点有一步桥、石乳青冈、灵蛇恋石、乱石银波、翠玉朦胧等。

瀑布气势磅礴，犹如千军万马，直捣深谷，水流过处，飞珠溅玉，雷鸣轰动。潭面瀑布撞击的水花如同千簇绽开的雪莲，壮观无比。青龙大瀑布不但气势雄浑，而且四周鸟语花香，别有一番幽情。

🚌 武夷山通票
⏰ 8：00—18：00
🚗 武夷山机场—青龙大瀑布（自驾）
武夷山机场—武夷大道—高星公路—青龙大瀑布
全程约37千米

青龙大瀑布

大王峰 ★★★★ 📷 ⏰

大王峰位于武夷山风景区万年宫的西边，是进入武夷山的第一峰，因为山的形状好像是一个官员的乌纱帽，颇具威仪，所以被称为"大王峰"，也叫纱帽岩、天柱峰。在武夷山的三十六峰中，大王峰有着"仙壑王"之称，山势气势磅礴，远远望去好像擎天柱一般。

🚌 武夷山通票
⏰ 6：30—18：00
🚗 武夷山机场—大王峰（自驾）
武夷山机场—武夷大道—玉女峰路—大王峰
全程约10千米

大王峰

华东第一漂 ★★★★★ 📷

华东第一漂位于武夷山风景名胜区至保护区的主干线上，发源于黄岗山和青龙大瀑布，是九曲溪的源头之一，也是武夷山内最清澈纯净的水源。峡谷全长14千米，相对落差150米，漂流全程6千米，时间大约为80分钟。以惊、奇、险、趣闻名，被称为华东第一漂。

🚌 竹筏漂流票价100元
⏰ 全天
🚗 武夷山机场—华东第一漂（自驾）
武夷山机场— 武夷大道—玉女峰路—华东第一漂
全程约10千米

💡 **华东第一漂**

漂流最佳时间

武夷山四季温和湿润，降雨量大，一年四季都适合漂流。但为了在漂流的同时欣赏武夷山优美的景色，最好选择万物生长旺盛的夏季去漂流。

夏季是武夷山漂流的旺季，不喜欢拥挤的游客，可以选择9月中旬的时候漂流，这个时间是淡季，游客相对较少，气候也适宜漂流。

交通提醒

武夷山交通很便利，武夷山机场距离武夷山景区约15千米，已经开通了通往国内很多城市的航线，有上海、武汉、广州、深圳、珠海、常州、福州、厦门、北京等。除了坐公交外，前往武夷山漂流区的地方也有很多出租车，游客也可以乘坐出租车前往，车费一般为30元左右。

竹筏游

武夷山大溪谷漂流，除了一般选用的皮划艇漂流外，还有竹筏漂流。"小小竹排溪中游，巍巍青山两岸走"，游客在乘坐竹筏漂流的时候，可以体会这一感受。闯激流、过险滩，参与刺激性活动，可以让游客忘记都市生活的烦恼，沉醉于大自然的玄妙之中。

💡 **购物武夷山**

宋街：这是一条仿宋古街，全长300米，街道两旁的建筑都是仿照宋代的建筑风格而建，店铺林立，酒旗馆风，古色古香，是一条集茶文化、酒文化、旅游文化为一体的特色街道。游人可在此购买到各种各样的当地特产，风景如画，风采迷人。

↘ 吃在武夷山

武夷山饮食以崇安菜为代表，原料多取自山中特产，做工精细，色香味俱全，烹饪方法以爆、炒、烩、煨、烤、蒸、煎为主。

浓香煎豆腐

🍲 **武夷山悦华酒店中西餐厅**
游客评价：菜色丰富，结合当地食材特别有闽餐滋味
☎ 0599-5238999
📍 武夷山市国家旅游度假区 1 号路东

🍲 **老字号农家宴**
游客评价：价格很公道，笋很鲜，是当地的，好吃
☎ 0599-5252257
📍 武夷山市武夷大桥桥头下林洲路口

🍲 **闽味私厨（大王峰北路店）**
游客评价：福建菜，色泽味道都不错
☎ 13850908933
📍 武夷山市大王峰北路全季酒店对面

🍲 **橘隐家**
游客评价：福建菜，醉排骨特别好吃
☎ 15859907570

📍 武夷山市慢亭峰路 4 号

🍲 **51 公馆**
游客评价：红烧肉看着肥，但其实一点也不腻，鱼不错
☎ 0599-5138881
📍 武夷山市武夷山旅游度假区

🍲 **五小厨土菜本地菜茶文化餐厅**
游客评价：特色菜，生意很火爆
☎ 15892180107
📍 武夷山市三姑街麦香村后面

↘ 住在武夷山

平价型
初色·原宿（武夷学院店） 📍 武夷山市学院路顺鑫广场 2 栋 3 层 ☎ 18094182675
揽海听风旅行酒店 📍 武夷山市大王峰北路 6-11 号 ☎ 17759927388
蓝天酒店 📍 武夷山市环岛西路公安分局边 ☎ 0599-5316088
小惠得家创意酒店 📍 武夷山市上梅街 28 号 ☎ 0599-5321166
世德茶院客栈 📍 武夷山市武夷公馆毛坪 21 号 ☎ 0599-5115555

享受型
武夷山悦华酒店 📍 武夷山市大王峰南路 11 号 ☎ 0599-5238999
武夷山天泽花园别墅酒店 📍 武夷山市隐屏峰路 8 号 ☎ 0599-5110666
武夷山中维海晟大酒店 📍 武夷山市文公路 58 号 ☎ 0599-5322222
武夷山大红袍山庄 📍 武夷山市兴田镇双门路 22 号 ☎ 0599-8356666
武夷山庄 📍 武夷山市武夷宫路 32 号 ☎ 0599-5251888

↘ 游在"其他地区"

白水洋 ★★★★★
白水洋位于福建省宁德市屏南县，白水洋是鸳鸯溪五大景区中较具特色的天然景观，平坦的岩石河床一石而就，在阳光下，洋面波光粼粼，一片白炽，故称之为白水洋。白水洋中洋的水上广场下游与燕潭相连，由于水流的冲刷，燕潭形成了一个天然的"游泳池"，杜牧有诗："尽日无人看微雨，鸳鸯相对浴红衣。"

💰 120 元（包含观光车）
🕒 旺季（4 月 25 日至 10 月 24 日）7：30—18：00；淡季（10 月 25 日至次年 4 月 24 日）8：00—17：00
🚌 屏南站—白水洋（自驾）
屏南站—G237—宁屏公路—政永高速—G235—白水洋
全程约 34 千米

湄洲岛 ★★★★★
湄洲岛，位于福建莆田市秀屿区湄洲镇，据说是妈祖的成神地。湄洲岛素有"南国蓬莱"美称，既有扣人心弦的湄屿潮音、湄洲祖庙、九宝澜黄金沙滩、"小石林"鹅尾怪石等风景名胜 30 多处，更有 2 亿妈祖信众信仰的妈祖祖庙，每年农历三月廿三妈祖诞辰日和九月初九妈祖升天日期间，朝圣旅游盛况空前，被誉为"东方麦加"。

💰 65 元
🕒 7：30—17：20
🚌 莆田站—湄洲岛（自驾）
莆田站—复兴路—城港大道—新文路—S202—湄洲岛
全程约 32 千米

华北地区

北京—天津—河北—山西—内蒙古

北京

区号：010
面积：16410平方千米
人口：2189.31万人
方言：北京话
著名景点：天安门广场、北京故宫、圆明园、颐和园、八达岭长城等

概况

北京，中华人民共和国首都，早在3000多年前就已经建立了城市，拥有800多年的都城史。如今北京是全国四个直辖市之一，全国的政治、文化和交通中心，全国第二大城市。因其历史悠久，地位又比较特殊，所以，北京拥有众多的名胜古迹和人文景观，向人们展示着古城的魅力。

北京位于华北平原的北端，东南和天津相接，其余地区被河北包围，是典型的暖温带大陆性季风气候，夏季高温多雨，冬天寒冷干燥，降水量分布很不均匀，基本上80%的雨量集中在夏季。北京还是我国人口流动量最大的城市，每年都超过一亿。

北京是一个非常有艺术氛围的地方，文化生活十分丰富，有着各种类型的演出、会展，京剧、歌剧、演唱会，现代和传统兼具，就好像这个城市的特点一样，既古老又现代。

北京的特产、工艺品：景泰蓝、宫灯、漆器、琉璃制品、玉器、面人、牙雕、泥人、绢人、脸谱、剪纸、鼻烟壶等。小吃：六必居咸菜、茯苓夹饼、果脯、小甘薯、怀柔甘栗、玉皇酥、烤鸭等。

线路1
故宫—北海—圆明园—颐和园—长城

线路2
中国古动物馆—天文馆—动物园—北京海洋馆

线路3
香山—植物园—八大处

名菜

烤鸭：提到烤鸭一定会联想到北京，它已经成了北京的象征。制作烤鸭的工序十分复杂，鸭子洗净后，在鸭肚子中塞入一些配料，然后将鸭子放入烤炉烤，烤炉使用的柴火必须是果木，这样烤出的鸭子味道才会鲜美。北京最为出名的烤鸭是全聚德烤鸭，全聚德烤鸭利用鸭膀、鸭掌、鸭心、鸭肝、鸭胗等原料，精心创制了各种美味的冷热菜肴。经过多年的积累，形成了以芥末鸭掌、火燎鸭心、烩鸭四宝、芙蓉梅花鸭舌、鸭包鱼翅等为代表的"全聚德全鸭席"。来到北京不妨去尝一下正宗的全聚德烤鸭吧。

涮羊肉：这道菜已经有1000多年历史了，如今还深受大家的喜爱，一到冬天，满北京都是涮羊肉的味道。涮羊肉使用的锅具是用大腹宽口的铜锅，将片得薄薄的羊肉放入烫煮，然后再蘸取特制的调料食用。在吃羊肉时，可以加入粉丝、青菜等配菜，最后连汤和菜一起食用，可以赶走冬季的严寒。不过，如今的涮羊肉并不只是冬天有，而是人们一年四季的美食。

北京烤肉：北京特色菜肴，已有300多年的历史，烤肉选用西北的绵羊，选取肥瘦适宜的上脑、大小三岔、黄瓜条等部位，经过调味后再进行烤制，烤出来的羊肉香味浓郁，肉质嫩滑，入口留香。

交通

飞机

北京大兴国际机场

☎ 010—96158
📍 北京市大兴区

💡 机场交通：
机场大巴：
兴航1线：大兴机场—北京站
兴航2线：大兴机场—北京西站
兴航3线：大兴机场—北京南站
兴航4线：大兴机场—通州
兴航5线：大兴机场—房山
兴航6线：大兴机场—东直门（夜间线23：30开始）
兴航7线：大兴机场—复兴门桥（夜间线23：30开始）
发车间隔均每半小时发一趟车，票价40元。

出租车：
出租车起步价13元，3千米后每千米2.3元。夜间（23点—凌晨5点）基本单价加收20%费用。

北京首都国际机场

☎ 010—96158
📍 北京市顺义区机场西路

💡 机场交通：
机场快轨：
T2线路：营运时间为6：35—23：10，每10分钟一班，单程票价：25元。
T3线路：营运时间为6：20—22：50，每10分钟一班，单程票价：25元。

东直门线路：营运时间为6:00—22:30，每10分钟一班，票价单程：25元。

机场快轨一共有4站，分别是东直门、三元桥、3号航站楼、2号航站楼。

机场乘车位置：2号航站楼位于2号停车楼地下二层；3号航站楼位于3号停车楼二层。

机场大巴：

机场设有大巴，可以通向市区多地以及周边的城市。

机场大巴：

1线：首都机场—方庄（7:00—01:00）

最长发车间隔30分钟，票价20—30元不等。

2线：首都机场—西单（7:00—24:00）

最长发车间隔30分钟，票价25—30元不等。

3线：首都机场—北京站（7:00—24:00）

最长发车间隔30分钟，票价25—30元不等。

4线：首都机场—公主坟（6:50—24:00）

最长发车间隔30分钟，票价20—30元不等。

5线：首都机场—关中村（7:00—01:00）

最长发车间隔30分钟，票价20—30元不等。

6线：首都机场—上地/奥运村（7:20—22:00）

最长发车间隔40分钟，票价30元。

7线：首都机场—北京西站（6:00—01:00）

最长发车间隔30分钟，票价30元。

8线：首都机场—回龙观（7:30—22:30）

最长发车间隔30分钟，票价30元。

9线：首都机场—通州（7:00—24:00）

最长发车间隔30分钟，票价30元。

10线：首都机场—北京南站（8:30—22:30）

最长发车间隔30分钟，票价30元。

12线：首都机场—四惠（9:30—20:30）

最长发车间隔120分钟，票价25元。

13线：首都机场—王府井/金宝街（9:00—21:00）

最长发车间隔60分钟，票价25元。

14线：首都机场—望京（8:00—21:00）

最长发车间隔60分钟，票价20元。

15线：首都机场—南苑机场（21:00—国内航班结束）

最长发车间隔60分钟，票价100元。

16线：首都机场—石景山（7:30—22:00）

最长发车间隔30分钟，票价30元。

17线：首都机场—燕郊（7:40—23:00）

最长发车间隔40分钟，票价30元。

18线：首都机场—昌平（7:00—22:00）

最长发车间隔60分钟，票价30元。

西单夜班线：首都机场—西单（0:00—国内航班结束）

最长发车间隔30分钟，票价20—30元不等。

公主坟夜班车：首都机场—公主坟（0:00—6:00）

最长发车间隔30分钟，票价20~30元不等。

（注：夜班车无返程路线。）

省际巴士线路：

天津线：首都机场—天津，用时2小时30分钟，单程票价82元。秦皇岛线：首都机场—秦皇岛，用时4小时，单程票价140元。塘沽线：首都机场—塘沽，用时3小时，单程票价94元。廊坊线：首都机场—廊坊，用时2小时，单程票价40元。保定线：首都机场—保定，用时3小时30分钟，单程票价95元。唐山线：首都机场—唐山，用时3小时，单程票价80元。沧州线：首都机场—沧州，用时3小时30分钟，单程票价100元。

机场乘车位置：1号航站楼：一层7门内；2号航站楼：一层9—11号门外；3号航站楼：二层A区出口，C区出口对面，一层5号门、7号门、11号门旁。

出租车：

机场出租车的停靠位置：

1号航站楼：一层1—5号门外中间车道；

2号航站楼：一层3—7号门外；

3号航站楼：请参照航站楼内指示牌。

车费：起步价13元，每千米2.3元；单程15千米以上的部分加收50%空驶费。

免费摆渡车：

在机场的各航站楼之间有免费的摆渡车供乘客使用，全天运营。

行驶路线：3号航站楼到达层5号门—2号航站楼出发层—1号航站楼出发层。2号航站楼到达层11号门—1号航站楼到达层7号门—3号航站楼出发层。

营运时间：6:00—23:00，每班不超过10分钟；23:00—次日6:00，每班不超过30分钟。

乘车地点：1号航站楼：一层3—5号门外；2号航站楼：一层9—11号门外；3号航站楼：3号航站楼到达层5号门。

北京地铁

1号线

四惠东—苹果园

（5:05—23:30 最高票价6元）

2号线

积水潭—积水潭

（5:04—22:15 最高票价4元）

3号线（在建）

曹各庄北—东四十条

4号线

天宫院—安河桥北

（5:30—22:38 最高票价7元）

5号线

宋家庄—天通苑北

（5:20—23:11 最高票价6元）

6号线

潞城—金安桥

（4:52—22:49 最高票价8元）

7号线

环球度假区—北京西站

（5:12—22:32 最高票价7元）

8号线

中国美术馆—朱辛庄

（5:27—23:05 最高票价6元）

9号线

国家图书馆—郭公庄

（5:39—23:19 最高票价5元）

10号线

巴沟—巴沟

（4:54—23:31 最高票价6元）

13号线

东直门—西直门

（5:35—22:42 最高票价6元）

14号线

西局—张郭庄

（5:45—22:10 最高票价4元）

15号线

俸伯—清华东路西口

（5:30—22:11 最高票价7元）

16号线

甘家口—北安河

（5:40—22:45 最高票价7元）

北京高铁

北京站：即老北京站，1959年的国

庆十周年十大建筑之一,地处北京市东城区毛家湾胡同甲13号。北京站设16条股道和8个站台。其中包括两座侧式站台和六座岛式站台,共14个站台面。站台和站房间有两座天桥、两座地下通道和中央检票通廊连接。1~6站台为港湾式站台,7-14站台(8-16道)西侧引出北京地下直径线连接北京西站,东侧引出京哈铁路和京沪铁路。乘坐北京地铁1号、2号、5号线可抵达北京西站:地处北京市丰台区莲花池东路118号,世纪坛南面,主要是开往京广、西南、西北方向的列车。乘坐地铁7号、9号线可抵达。出租车在地下。

北京南站:地处北京市丰台区永外大街车站路12号,现在是高铁的起点站,京沪、京津等高速城际列车都从这里出发。乘坐地铁4号线、14号线可以抵达。东侧地下一层有出租车调度站。

北京北站:地处北京市西城区西直门北大街北滨河路1号,开往京北延庆、密云、以及内蒙赤峰、通辽等地的列车大多从这里始发。乘坐地铁2号、4号、13号线可抵达。

游在北京

北京市是中华人民共和国的首都,中华人民共和国中央人民政府和全国人民代表大会所在地,同时也是全国的政治和文化中心。北京是中国四个直辖市之一,与上海、深圳、广州同属于国家一线城市,与洛阳、西安、南京并称中国"四大古都"。

悠久的历史文化,丰富的旅游资源,使北京成为世界上著名的旅游大都市。全市共有文物古迹7300多项,国家重点文物保护单位99处,国家地质公园5处,国家森林公园15处,每年都吸引着大批中外游客来此参观。目前,北京共拥有长城、故宫、颐和园等6项世界遗产,是世界上拥有文化遗产项目数最多的城市,这也是北京成为世界历史文化名城的砝码,在国际上的影响力很大。

天安门 ★★★★★

天安门,位于北京市中心,这里是世界上最大的广场。广场中央矗立着人民英雄纪念碑,东边是中国革命博物馆和中国历史博物馆。广场北面长安街对面就是城楼,是紫禁城皇宫的正门。新中国成立时,毛泽东主席就是站在城楼上宣布了中华人民共和国的成立。每天早上日出时,广场上会有升国旗的仪式,也是广场的一大景观。夜晚的广场,华灯初上,景色丝毫不逊色于白天,特别是在节假日,更是迷人。

广场免费,登城楼15元
5:00—22:00
北京首都国际机场—天安门(自驾)
北京首都国际机场—机场高速—东二环—西长安街—天安门
全程约30千米

天安门
温馨提示

到天安门等北京市区内的景点旅游,乘车时一定要注意,不要轻信没有运营执照的出租车司机的花言巧语,当心被骗。

北京市旅游出租车公司不会在街头拉客,也很少到旅馆接人,游客不要轻信那些在街头散发传单拉客的人,以免上当。想乘车前往长城等远郊景点的话,可选择那些有"游"字标记的专线旅游车。北京天安门广场东侧就有很多专线旅游车,有需要的乘客可在此乘坐。

住宿指南

在天安门附近有很多设施齐全、环境舒适的宾馆,可为来天安门、故宫或王府井参观的游客提供住宿。

像胡同印四合院酒店(天安门店),位于西城区北新华街东新帘子胡同34号,距天安门仅0.5千米,环境优雅,交通方便。酒店客房分套房和高级房多种房型,房内装修精美,不仅有空调、阳台和书桌,还备有咖啡和茶的冲泡设备,在酒店内还可找到很多娱乐设施,供游客赏玩。

天安门

故宫 ★★★★★

故宫，又称"紫禁城"，是明清时期的皇宫，世界上规模最大的宫殿建筑群。故宫为方形对称型布局，城墙东西南北四面都有门，分别是东华门、西华门、午门、神武门。故宫分为两个部分，一个是南边的外朝，为工作区，是皇帝处理政事接见大臣的地方；另一个是北边的内廷，为生活区，是皇帝、后妃生活的地方。现在故宫中设立了很多展览，展出了大量的古代艺术品，游客可以进入参观欣赏。

旺季（4月1日至10月31日）60元；淡季（11月1号至次年3月31号）40元

4月—10月：8：20—17：00；11月—次年3月：8：30—16：30（周一闭馆）

北京首都国际机场—故宫（自驾）
北京首都国际机场—机场高速—东二环—东华门大街—故宫
全程约29千米

故宫

颐和园 ★★★★★

颐和园，位于北京海淀区，它原先是皇帝的行宫和花园，如今被列为全国重点文物保护单位，是我国最大、保存最完整的皇家园林。颐和园以园中万寿山上的佛香阁为中心，根据地形特点进行布局，园中有殿、堂、楼、阁、廊、亭等建筑，水域面积占3/4。颐和园不仅是皇家园林的典范，在整个世界园林史上也有着很高的地位。

旺季30元，联票60元；淡季20元，联票50元

颐和园万寿山

旺季（4月至10月）：6：30—20：00；淡季（11月至次年3月）11月—次年3月：7：00—19：00

北京首都国际机场—颐和园（自驾）
北京首都国际机场—机场高速—北五环路—青龙桥东街—颐和园
全程约36千米

圆明园 ★★★★

圆明园，位于海淀区，和颐和园相邻。是一组清代的大型皇家园林，由圆明园及其附园长春园和绮春园（后改称"万春园"）组成，统称为"圆明三园"。

这座皇家宫苑继承了中国几千年的园林建造经验，在体现皇家恢宏气势的同时，也不缺乏江南的委婉秀丽，而且还有欧洲的建筑特色，虽然风格不同，却又十分和谐，是我国园林艺术登峰造极之作，而且其中还收藏有大量的文物，价值不可估量。不过可惜的是，当年八国联军进入北京后就将其洗劫一空，焚烧毁掉了。如今人们只能在断垣残壁之间遥想当年的胜景。

联票25元

7：00—19：30

北京首都国际机场—圆明园（自驾）
北京首都国际机场—机场高速—北四环东路—清华路—圆明园
全程约33千米

圆明园

天坛 ★★★★★

天坛，位于东城区天坛路，是世界上最大的祭天建筑群，明、清时期帝王冬至日祭皇天上帝和正月上辛日行祈谷礼的场所。天坛的建筑都是围绕祭祀展开的，独具匠心、风格别致，有祈年殿、皇乾殿、圜丘、皇穹宇、斋宫、无梁殿、长廊、双环万寿亭、神乐署、牺牲所等。

旺季（4月1日至10月31日）15元；淡季（11月1日至次年3月31日）10元

6：00—21：00

北京首都国际机场—天坛（自驾）
北京首都国际机场—机场高速—东二环—永定门东街中里—天坛
全程约37千米

天坛

香山公园 ★★★★

香山公园，位于北郊小西山东面，距离市区20千米，是一座具有皇家林风格的山林公园，拥有800多年的历史。公园内植被繁茂、层峦叠嶂、景色优美，燕京八景中的"西山晴雪"说的就是这里。公园中还有很多文物古迹，像碧云寺、见心斋、双清别墅等。

旺季（4月1日至11月15日）10元；淡季（11月16日至3月31日）5元

6：00—18：30

北京首都国际机场—香山公园（自驾）
北京首都国际机场—机场高速—北五环路—碧云寺路—香山公园
全程约42千米

香山公园

北京动物园 ★★★★

北京动物园，位于西城区西直门外大街，明代时是皇家庄园，清代光绪年间对外开放，称为万牲园。

现在园中有600多种、7000多只珍禽异兽，许多国内外珍稀动物陆续在这里安家落户，并且不断繁衍，是我国最大的动物园之一，不仅有我国的珍贵动物，比如大熊猫、金丝猴、白唇鹿、麋鹿、东北虎等；还有世界各地的珍贵动物，比如北极白熊、美洲野牛、澳洲袋鼠、欧洲棕熊、非洲斑马、非洲大象等，这里简直就是一个动物的乐园，是喜爱动物者来京必到之处。

旺季：联票20元，门票15元，熊猫馆5元；淡季：联票15元，门票10元，熊猫馆5元

🕐 旺季（4月1日至10月31日）：7：30—18：00；淡季（11月1日至次年3月31日）：7：30—17：00
🚌 北京首都国际机场—北京动物园（自驾）
北京首都国际机场—机场高速—北二环—西直门外大街—北京动物园
全程约31千米

北京动物园

雍和宫 ★★★★ 🌐 📷

雍和宫，北京地区最大、保存最完好的藏传佛教黄教寺院，原为雍正帝的潜邸，建于康熙年间。雍和宫由雍和门、雍和宫殿、四学殿以及三座牌坊、三个文物室组成，建筑布局完美，雄伟壮观，其间可以看出汉族、藏族、满族、蒙古族的民族特色。寺中还有很多珍贵的文物，其中有一尊18米高的檀香木大佛，已经被记入吉尼斯世界纪录。
💰 25元
🕐 9：00—17：00
🚌 北京首都国际机场—雍和宫（自驾）
北京首都国际机场—京平高速—机场高速—雍和宫大街—雍和宫
全程约24千米

雍和宫

景山公园 ★★★★ 🏛 📷

景山公园，位于故宫北边，北京旧城中轴线的中心点上。该园是一座皇家园林，幽静、美丽，外围有红墙，园内中有松柏，景山中峰建有一个亭子名为万春亭，可以站在亭中俯瞰全城。在万春亭东西两侧还有4个亭子，5个亭子构成了一幅绝美的画面。当年，崇祯皇帝就是在园中一棵槐树下上吊自杀的，如今那里被称为"崇祯自缢处"。

💰 2元
🕐 6：30—21：00
🚌 北京首都国际机场—景山公园（自驾）
北京首都国际机场—京平高速—机场高速—景山西街—景山公园
全程约28千米

八达岭长城
★★★★★ 🌐 📷

八达岭长城是到北京必去的地方之一，这里是明长城代表之一，虽然长城从秦始皇开始修建，但是经过许多年的修修补补，现在看到的几乎都是明代建造的。八达岭长城海拔高达1015米，地势险峻，居高临下，是居庸关的前哨。在八达岭长城上远眺四方，可以看到远处的山峦起伏，饱览附近的秀丽风光。正所谓"不到长城非好汉"，所以来北京怎么能不到长城呢！

💰 旺季（4月1日至10月31日）40元；淡季（11月1日至次年3月31日）45元
🕐 6：30—16：30
🚌 北京首都国际机场—八达岭长城（自驾）
北京首都国际机场—北六环路—京藏高速—八达岭路—八达岭长城
全程约80千米

八达岭长城

八大处公园 ★★★★ 🌐 📷

八大处公园，是一个佛教寺庙林，有着悠久的历史，位于风景宜人的西山南麓。八大处被翠微山、平坡山、卢师山环绕着，因此形成了天然的"十二景"，十分迷人。这里冬暖夏凉，植

物茂盛，有很多名树生长其间，例如白皮松、七叶树、银杏树、黄连木等，很多都有几百年的树龄了。
💰 10元
🕐 1月1日—4月9日不开放，4月10日—12月31日 8：30—16：00
🚌 北京—八大处公园（自驾）
北京—前门东大街—莲石东路—五环—八大处路—八大处公园
全程约28千米

明十三陵 ★★★★★ 🌐

明十三陵，位于昌平区天寿山南麓，是明朝13位皇帝陵墓的总称，这里是古代埋葬皇帝的古墓群，有很高的历史价值。陵墓的建造和皇宫一般，皆是红墙黄瓦，殿宇、楼阁相交，这和明朝"事死如事生"的礼制有关。十三陵的建造完全遵从了中国的传统风水学，无论是选址还是设计都要求和大自然和谐统一，因此才有了园林一样的陵墓。
💰 旺季（4月至10月）135元；淡季（11月至次年3月）100元
🕐 8：30—17：00
🚌 北京首都国际机场—明十三陵（自驾）
北京首都国际机场—京平高速—北六环路—昌赤路—明十三陵
全程约57千米

明十三陵大红门

航空航天模型博物馆
★★★★ 🌐 📷

航空航天模型博物馆，是我国第一座模型博物馆，这里有海陆空航模活动区、展览大厅、制作车间、教学厅4个区域。在馆中可以看到模拟的航天飞行，还可以自己动手制作，参加飞行训练等，是中小学生和航天爱好者的向往之地。
💰 10元
🕐 8：30—17：00（周一闭馆）
🚌 北京首都国际机场—航空航天模型博物馆（自驾）
北京首都国际机场—机场高速—北四环东路—校园南路—航空航天模型博物馆
全程约29千米

八大处公园

什刹海 ★★★

什刹海，又被称为"十刹海""十汉海"，由西海、后海、前海组成。这里是北京民俗文化保留的地区，传统的北京居民区，王府花园、市井民居、钟鼓楼等都可以在这里找到。夏日的什刹海犹如平镜一般，水中有荷花送香，两岸有杨柳依依。冬天的什刹海则会结一层厚厚的冰，是天然的溜冰场。

- 免费
- 全天
- 北京首都国际机场—什刹海（自驾）
  北京首都国际机场—机场高速—北二环—前海北沿—什刹海
  全程约 28 千米

什刹海风光

中华世纪坛 ★★★★

中华世纪坛，位于北京西长安街的延长线上，在玉渊潭公园以南，中国革命军事博物馆以西，北京西客站以北。中华世纪坛坐北朝南，占地 4.5 公顷，总建筑面积 3.5 万平方米，是为了迎接 21 世纪新千年而兴建的。景观整体由主体结构、青铜甬道、圣火广场、过街桥、世纪大厅、艺术大厅等部分组成。

- 免费（需预约）
- 9：00—17：00（周一闭馆）
- 北京首都国际机场—中华世纪坛（自驾）
  北京首都国际机场—机场高速—北二环—玉渊潭南路—中华世纪坛
  全程约 37 千米

北京植物园 ★★★★

北京植物园，位于西山脚下，是集科研、保护、游览、观赏功能于一体的游览胜地，包括植物展览区、名胜古迹游览区、自然保护试验区 3 个区域。在植物园中可以看到品种繁多的植物，还有一些珍贵稀见的植物。名胜古迹有卧佛寺、曹雪芹纪念馆、隆教寺遗址、"一二·九"纪念亭、梁启超墓园等。

- 10 元；大温室 50 元；曹雪芹纪念馆免费；卧佛寺 5 元；套票 50 元
- 旺季：6：00—20：00
  淡季：6：30—18：00
- 北京首都国际机场—北京植物园（自驾）
  北京首都国际机场—机场高速—北五环路—香山路—北京植物园
  全程约 40 千米

北京植物园

鸟巢 ★★★★★

鸟巢，即国家体育场，位于奥林匹克公园，主体建筑呈椭圆形，为钢结构，形似鸟巢。馆中可以同时容纳 10 万观众，在 2008 年奥运会中承担了田径、足球两大项目，开幕式和闭幕式也是在这里举行的。如今体育场已经对外开放，提供给游客参观。

- 80 元
- 9：00—21：00
- 北京首都国际机场—鸟巢（自驾）
  北京首都国际机场—机场高速—北四环东路—慧忠路—鸟巢
  全程约 26 千米

鸟巢外景

水立方（国家游泳中心）★★★★★

水立方，即国家游泳中心，位于奥林匹克公园，为 2008 年北京奥运会而建，是游泳、跳水、花样游泳、水球等比赛的场地。水立方造型独特，外面为方形气枕，看上去犹如水分子一般，晶莹剔透。2008 年奥运会结束后，这里成为以游泳为主的活动中心。

- 30 元

水立方夜色

- 9：00—18：00
- 北京首都国际机场—水立方（国家游泳中心）（自驾）
  北京首都国际机场—机场高速—北四环东路—北辰西路—水立方
  全程约 26 千米

💡 鸟巢旅游指南

游客除了可乘坐公交车外，也可自驾车或乘出租车前往鸟巢，还可以乘坐 8 号线地铁在奥林匹克公园站或奥体中心站下车，交通十分方便。

温馨提示

在体育场的三层设有一个约 1 万平方米的餐厅，设有一扇大型的落地窗，可透过落地窗看到比赛场地。还有平台延伸至室外，游客可以在餐厅的平台上一边观看比赛或表演，一边品尝美食。

喜欢摄影的游客一定要带上摄影设备，在进入体育场前拍个鸟巢的全景，很有纪念意义。

游客最好选择在体育场有公开赛事或大型演出的时候来此参观，场面十分热闹，让游客有一种身临奥运现场的感觉。

住宿推荐

鸟巢附近基础设施齐全，酒店、宾馆林立，交通便利，游客可以在此预订房间方便使用。

北京炫豪宾馆：位于亚运村商务中心圈，奥林匹克公园的东侧，附近有北方联合大学等 6 所高等学府，四周有北辰购物中心和美丽的广场。宾馆内设有普通双床间、商务三人间等多种房型。

北京奥博森宾馆：位于慧忠北路，奥运会主会场"鸟巢"和"水立方"附近，宾馆房间分标准大床间、标准双人间和特惠间等多种房型。

东交民巷 ★★★

东交民巷，位于毛主席纪念堂的东侧，西起天安门广场东路，东至崇文门内大街，全长近 3 千米，是北京最长的胡同。这是北京非常有特色的一个胡同，两侧林立的是风格各异的西方建筑，宛如一个西洋建筑展览会。东交民巷地理位置优越，出了巷子就是商业街，入则宁静，出则繁华，是一个非常理想的地方。

- 免费
- 全天
- 北京首都国际机场—东交民巷（自驾）

北京首都国际机场—机场高速—东二环—东交民巷
全程约 30.6 千米 35 分钟

大观园 ★★★★ 📷

大观园位于西城区南菜园，是依照古典名著《红楼梦》中描写的"大观园"仿造的。园中建筑采用的是古典建筑技法和传统造园技术手法，园中的园林建筑、山形水系、植物造景、小品点缀等，均力图忠实于原著的时代风尚和细节描写。

- 💰 40 元
- 🕒 7：30—17：00
- 🚌 北京首都国际机场—大观园（自驾）
北京首都国际机场—机场高速—西二环—南菜园街—大观园
全程约 39 千米

大观园

卢沟桥 ★★★ 📷

卢沟桥亦作"芦沟桥"，又称"永定桥"，该桥因跨越卢沟河（今永定河）而得名，卢沟桥在欧洲被称为马可·波罗桥。桥位于广安门外的丰台区，距离市中心大约 20 千米，已经有 800 多年的历史了。卢沟晓月是燕京八景之一，桥的东边有石碑亭，其中有乾隆亲书的石碑。卢沟桥的特点就是桥上的狮子，每个石柱上都雕刻着栩栩如生的狮子，且形态各异，十分有趣。而"卢沟桥事变"则更让它永远镌刻在史书上。

- 💰 20 元，登城费 3 元
- 🕒 旺季（4 月 1 日至 10 月 31 日）7：00—18：00；淡季（11 月 1 日至次年 3 月 31 日）8：00—17：00
- 🚌 北京首都国际机场—卢沟桥（自驾）
北京首都国际机场—机场高速—北二环—西五环路—卢沟桥
全程约 52 千米

卢沟桥

北京大学 ★★★★ 🌐

北京大学，建立于 19 世纪末，前身是京师大学堂，是当时中国最高的学府。五四运动时期，这里是中国新文化运动的中心，中国最早传播马克思主义的基地，因此，北京大学有着优良的革命传统和学术氛围。北京大学环境十分优雅，处处都显示出浓郁的学习氛围，即使在校园中行走观赏也是一种享受。

- 💰 免费
- 🕒 全天
- 🚌 北京首都国际机场—北京大学（自驾）
北京首都国际机场—机场高速—北四环东路—中关村北大街—北京大学
全程约 33 千米

北京大学

清华大学 ★★★★ 🌐

清华大学，位于北京西北郊清华园，是我国著名的高等学府。这里原是一个私人府邸，后来被改建成清华学堂，又改称清华大学，如今已经发展成一个多学科的工业大学，被誉为"工程师的摇篮"。清华大学不仅环境优美，还有很多值得游览的景点，比如水木清华、自清亭、闻一多纪念亭等。

- 💰 免费
- 🕒 全天
- 🚌 北京首都国际机场—清华大学（自驾）
北京首都国际机场—机场高速—北四环东路—中关村东路—清华大学
全程约 31 千米

清华大学

国子监 ★★★★ 🌐

国子监，位于安定门内国子监街，这里是封建时代皇帝讲学的场所，和孔庙、雍和宫相邻，是当时教育的最高行政部门和最高学府。国子监的建筑精美，特别是中心建筑辟雍，皇帝讲学就在这里，为方形建筑，外环以水池庇护，寓意"天圆地方"，也形成了"辟雍泮水"的特别构造。来到北京不妨到这里看一下古代的学堂，在古代只有少数贵族子弟以及各国留学生才可以在这里学习。

- 💰 30 元（通票）
- 🕒 8：30—16：30（周一不开放）
- 🚌 北京首都国际机场—国子监（自驾）
北京首都国际机场—京平高速—机场高速—国子监街—国子监
全程约 25 千米

国子监

北京环球度假区

北京环球度假区位于北京市通州区，于 2021 年 9 月 20 日正式开园。这里有七大主题景区（哈利·波特的魔法世界、变形金刚基地、功夫熊猫盖世之地、好莱坞、未来水世界、小黄人乐园、侏罗纪世界努布拉岛、北京环球城市大道）、37 处骑乘娱乐设施及地标景点、24 场娱乐演出、80 家餐饮及 30 家零售门店，总面积超 4 平方千米。开园之后，众多明星来此打卡，吸引了许多游客前来游玩。

- 💰 418 元起
- 🕒 9：00—21：00（因景区开放不久，时间请根据官方公示为准。）
- 🚌 北京首都国际机场—北京环球度假区
北京首都国际机场—第二高速—京平高速—东六环路—北京环球度假区
全程约 31 千米

北京欢乐谷 ★★★★ 📷

北京欢乐谷，是一个主题生态乐园，位于朝阳区东四环四方桥东南角，是历时 4 年精心打造的游乐场所。欢乐谷的设计理念在于能够满足不同层次人群的需求，不仅是年轻人的乐园，也是老年人游乐的好场所。水晶神翼、太阳神车、爱琴港湾、玛雅小镇、蚂蚁王国等，可以让你有一个时尚梦幻的奇异之旅。

- 💰 260 元

⏰ 10：00—17：30
🚌 北京首都国际机场—北京欢乐谷（自驾）
北京首都国际机场—机场第二高速—东五环路—金蝉西路—北京欢乐谷
全程约 32 千米

北京欢乐谷

法源寺 ★★★

法源寺，始建于唐贞观年间，距今已有 1300 多年的历史。这里是中国佛学院、中国佛教图书文物馆所在地，是重要的国际佛教交流场所。该寺为六院七进的结构，布局严谨，寺中保存着很多重要的佛教文物，都是宗教文化遗产中的珍品。

💰 5 元
⏰ 全天开放
🚌 北京首都国际机场—法源寺（自驾）
北京首都国际机场—机场高速—北二环—法源寺前街—法源寺
全程约 37 千米

潭柘寺 ★★★★

潭柘寺，位于北京西郊门头沟区的潭柘山麓。潭柘寺坐北朝南，规模宏大，背靠着宝珠峰，9 座高大山峰呈马蹄状将之围护其间，环境优美，一年四季都有不同的美景，因此形成了著名的"潭柘十景"。潭柘寺在鼎盛的时期有 999 间半房间，是故宫的缩小版，也是京郊最大的寺庙古建筑群。

💰 55 元
⏰ 夏季：8：00—17：00
　冬季：8：00—16：30
🚌 北京首都国际机场—潭柘寺（自驾）
北京首都国际机场—北五环路—京昆线—潭王路—潭柘寺
全程约 72 千米

潭柘寺

妙峰山 ★★★

妙峰山，位于门头沟境内。该山属于太行山脉，山势挺俊，花草茂盛，以古刹、奇松、怪石而吸引游人前来参观游览。在妙峰山上，你可以看到日出、晚霞、雾凇，还有几十万平方米的玫瑰花，简直就是花的海洋。是北京周边具有文化底蕴的风景区之一，每年会有华北地区传统朝圣庙会举行，如果遇上了，千万不要错过。

💰 40 元
⏰ 8：30—16：30
🚌 北京首都国际机场—妙峰山（自驾）
北京首都国际机场—北五环路—妙峰山路—玫瑰园环路—妙峰山
全程约 85 千米

妙峰山

云居寺 ★★★★

云居寺，位于北京房山区，始建于隋末唐初，如今保留着五大院落、六进殿宇的建筑，规模宏大，结构严谨，寺中有关于佛教的很多珍贵经籍，石经、纸经、木版经是寺中的三绝。寺中的石经从唐到清，经历了 6 个朝代的刊刻，规模很大，如今设有专门的地宫保存，游客可以通过观察窗口看到这些佛教的珍贵文化遗产。

💰 40 元
⏰ 9：00—16：00
🚌 北京首都国际机场—云居寺（自驾）
北京首都国际机场—机场高速—京昆高速—云居寺路—云居寺
全程约 110 千米

云居寺

北海 ★★★★

北海公园，位于故宫的西面，是从前的皇家园林。整个园区布局独特，给人一种神话的梦幻色彩。园中有开阔的湖面、白塔、绿树、红墙、亭台楼阁、苍松翠柏，景色秀丽，集庄严和富丽于一体，是园林中的精品之作。

💰 旺季（4 月 1 日至 10 月 31 日）10 元；淡季（11 月 1 日至次年 3 月 31 日）5 元
⏰ 6：30—21：00
🚌 北京首都国际机场—北海（自驾）
北京首都国际机场—京平高速—机场高速—地安门西大街—北海
全程约 28 千米

密云白龙潭 ★★★★

白龙潭，位于密云水库东岸的龙潭山中，是一个大型的综合旅游区，不仅有自然景观，还有人文景观。这里山清水秀，景色优美，特别是夏季，整个白龙潭绿油油的，宛如在天地之间矗立的一颗青色果实，一条蜿蜒曲折的小路可以带游客进入深山清幽之处，呼吸着新鲜的空气，十分惬意。

💰 30 元
⏰ 8：00—17：00
🚌 北京首都国际机场—密云白龙潭（自驾）
北京首都国际机场—大广高速—京密路—白龙潭立交桥—密云白龙潭
全程约 95 千米

白龙潭风光

恭王府 ★★★★★

恭王府，位于什刹海西南。恭王府原是权臣和珅的私宅，后来依次为嘉庆帝的弟弟永璘、咸丰帝的弟弟恭亲王奕䜣府邸。恭王府规模宏大，占地有 6 万平方米，分为府邸和花园两部分，拥有各式建筑群落 30 多处，整个建筑的布局完整规矩，气派非凡，建造技艺精美，

恭王府

其间楼阁相交，体现了皇家风范以及民间的素雅清淡。府中还有一个花园，占地2.8万平方米。

💰 40元，联票70元
🕐 8：30—17：00（周一闭馆）
🚌 北京首都国际机场—恭王府（自驾）
北京首都国际机场—京平高速—机场高速—前海西街—恭王府
全程约28千米

潘家园旧货市场 ★★★

潘家园旧货市场，位于北京三环路东南角，这里专门经营各种文物、字画、瓷器、玉器、家具等，还有很多少数民族物品。这里的东西非常便宜，因此吸引了很多中外游客。

💰 免费
🕐 周四到周日
🚌 北京首都国际机场—潘家园旧货市场（自驾）
北京首都国际机场—机场高速—东三环北路—华威路—潘家园旧货市场
全程约30千米

居庸关 ★★★★

居庸关，有"天下第一关"的美称。居庸关的地形险要，建筑雄伟，充分体现出我国古代军事的特别之处。关城共有南北两个出口，南门台瓮城，一条通道可以进入南北两边。居庸关附近的自然景色也十分优美，"居庸叠翠"就是燕京八景之一。

💰 旺季40元，淡季35元
🕐 旺季（4月1日至10月31日）：7：30—17：10；淡季（11月1日至次年3月31日）：8：00—17：00
🚌 北京首都国际机场—居庸关（自驾）
北京首都国际机场—北六环路—京藏高速—G6辅路—居庸关
全程约68千米

居庸关

古观象台 ★★★

北京古观象台，位于建国门立交桥西南角，建立于明朝正统年间，已经有500多年的历史了，是世界古老的天文台之一。古观象台上面有大型的简仪、浑仪和浑象等天文仪器，下面则有圭表和漏壶。其中清代的8件大型铜制天文仪器，造型完美、制作精致，不仅有着中国的传统特色，还兼具西方天文仪器的制作工艺，是珍贵的历史文物。

💰 10元
🕐 9：00—17：00
🚌 北京首都国际机场—古观象台（自驾）
北京首都国际机场—机场高速—东二环—东裱褙胡同—古观象台
全程约28千米

北京古观象台

牛街清真寺 ★★★

牛街清真寺，位于北京西南城区牛街中段，已经有千年的历史了。清真寺采用的是传统的木结构，在布局和装饰上体现出了特有的伊斯兰风格，虽然面积不大，但布局紧凑，装饰华丽，主要由寺门、望月楼、礼拜楼、邦克楼、碑亭及沐浴室等组成，基本上到北京的穆斯林都会前来参观游览。

💰 2元
🕐 8：30—16：00
🚌 北京首都国际机场—牛街清真寺（自驾）
北京首都国际机场—机场高速—北二环—宣武门西河沿街—牛街清真寺
全程约35千米

周口店北京人遗址 ★★★★

周口店北京人遗址，位于北京西南大约50千米处，这里是世界上同期人类遗址中资料最多、最系统的遗址，对古人类学的研究发展有很重要的意义。在这里发现了北京人的头盖骨以及很多遗迹，确立了直立人的演化阶段。如果你对考古感兴趣，那么这里必然是你的不二选择。

💰 30元
🕐 旺季：（4月1日至10月10日）9：00—16：00；淡季（10月11日至次年3月31日）9：00—15：30

🚌 北京首都国际机场—周口店北京人遗址（自驾）
北京首都国际机场—京港澳高速—京周路—周口店北京人遗址
全程约83千米

周口店北京人遗址

红螺寺 ★★★★

红螺寺，位于北京怀柔区北部的红螺山南麓，是我国北方最大的佛教园林，千年来一直是佛教圣地，寺院内历届主持多由皇家命派，高僧频出，佛法超凡，有着"京北第一古刹"的美称。红螺寺附近的景色十分优美，有红螺山、红螺寺、观音亭、呈秀园、松林浴园和采摘园六大景区。寺院则掩映在一片苍翠的林海中，给人一种"深山藏古寺"的深远意境。

💰 54元
🕐 8：30—17：00
🚌 北京首都国际机场—红螺寺（自驾）
北京首都国际机场—京沈路—京密高速—红螺路—红螺寺
全程约44千米

司马台长城 ★★★★

司马台长城，位于密云区东北部的古北口镇，是一段明代原貌的古长城，有"险、密、奇、巧、全"5个特点，是当年著名将领戚继光亲自督造的。这段长城的样式集合了万里长城的各种特点，很多样式都是独创的，因此被称为"长城之最"。虽然经历了400多年，可依旧保存完好，可以看到长城古老的颜色、大量文字砖、精美的浮雕、完美的工艺，让人们对长城的认识得到进一步地加深和理解。

💰 40元。索道单程30元、往返50元；登城快车单程20元、往返30元；游船10元；滑索+游船35元
🕐 9：00—17：00
🚌 北京首都国际机场—司马台长城（自驾）
北京首都国际机场—京沈路—大广高速—古北驿大街司马台长城
全程约118千米

云蒙山 ★★★

云蒙山是一座具有山岳风光特征的京郊名山，是一座以峰、石、潭、瀑、云、林取胜，以雄、险、奇、秀、幽、旷见长的名山，景观以优美著称于世，被称为"小黄山"。境内山势耸拔，沟谷切割幽深，奇峰异石多姿，飞瀑流泉遍布，云雾变幻莫测，林木花草馥郁，自然风景十分优美。

💰 成人35元，学生17元
🕐 7:30—18:00
🚌 北京首都国际机场—云蒙山（自驾）
北京首都国际机场—大广高速—密关路—云蒙山
全程约93千米

古北水镇 ★★★★

古北水镇地处司马台长城脚下，坐拥鸳鸯湖水库，河道密布，古老的汤河支流萦绕其间，古建、民宅临水而建，不失古镇的柔情典雅。在蓝天白云和绿水波涛的掩映下，漫步在悠长的青石板老街中，仿佛置身令人艳羡的世外桃源。古北水镇的夜晚灯火通明，连夜都变得温暖。

💰 140元
🕐 9:00—23:00
🚌 北京首都国际机场—古北水镇（自驾）
北京首都国际机场—京沈路—大广高速—马北路支线—古北水镇
全程约116千米

毛主席纪念堂 ★★★★

毛主席纪念堂，位于北京天安门广场南边，是为了纪念毛主席而建造的。占地57000多平方米，总建筑面积为28000平方米。主体呈正方形，外有44根福建黄色花岗石建筑的明柱，柱间装有广州石湾花饰陶板，通体青岛花岗石贴面。屋顶有两层玻璃飞檐，檐间镶葵花浮雕。基座有两层平台，台帮全部用四川大渡河旁的枣红色花岗石砌成，四周环以房山汉白玉万年青花饰栏杆。在大门正上方有"毛主席纪念堂"汉白金字匾，整个纪念堂由北大厅、瞻仰厅、南大厅组成。在瞻仰厅中安放着装有毛泽东遗体的水晶棺，遗体上覆盖着共产党党旗。现在堂中还设有毛泽东、周恩来、刘少奇、朱德纪念室，大家可以从中领略一下老一代伟人们的风采。

💰 免费
🕐 星期二至星期日：8:00—12:00；14:00—16:00
🚌 北京首都国际机场—毛主席纪念堂（自驾）
北京首都国际机场—机场高速—东二环—广场西侧路—毛主席纪念堂
全程约31千米

毛主席纪念堂

📍 毛主席纪念堂
注意事项

在毛主席纪念堂瞻仰、参观期间，需注意以下几点：

1. 毛主席纪念堂是免费对游客开放的，但入场时需要出示有效证件。

2. 进入毛主席纪念堂之前需要对游客进行安全检查，禁止携带易燃、易爆物品或管制刀具进入，安检之后按次序进入参观。

3. 游客的背包、手提包、水杯、饮料等物品在入场前要先到存包处寄存。

4. 游客参观前应穿戴整齐。在瞻仰毛主席遗体时，游客要脱帽以示尊敬。

5. 在毛主席纪念堂内务必要保持安静，不要拥挤嬉闹，也不能用相机或手机进行拍照。

旅游提示

在每年的9月9日（毛泽东同志逝世纪念日）和12月26日（毛泽东同志诞辰纪念日）的开放时间是8:00—11:30，14:00—16:00。在每年的7月11日到8月31日，领袖革命业绩纪念室会暂停开放。另外，若有特殊情况，毛主席纪念堂也会暂停开放。游客来此参观之前，最好先查询一下开放时间，也可查看纪念堂前方的公示牌。

在毛主席纪念堂的二楼电影厅，游客可以观看纪录片《怀念》。这部影片虽然只有20分钟，但生动地展示了毛泽东、周恩来、朱德、刘少奇等老一辈革命领袖为解放全中国和建设新中国所做出的杰出贡献，再现了他们关心人民疾苦的动人场面，游客将会从观看影片的过程中受益。

世界公园 ★★★★

世界公园，位于丰台区花乡大葆台。在园中，你可以看到世界各地的微缩景观，如巴黎埃菲尔铁塔、埃及金字塔、美国自由女神像等，一个个建筑惟妙惟肖，仿佛进入了一个世界景观展览会，让你不出国门就可以游遍世界。

💰 100元
🕐 8:00—18:00
🚌 北京首都国际机场—世界公园（自驾）
北京首都国际机场—机场高速—西二环—丰葆路—世界公园
全程约49千米

世界公园

慕田峪长城 ★★★★★

慕田峪长城，位于怀柔区，距离城区大约70千米，长城修建在险峻的山巅之上，十分险要。城楼则大多修建在悬崖峭壁的边上，形成了易守难攻的形式，防御性很强，三道长城则汇集在一座城楼中，可以看出古代人对军事的独运匠心。

💰 45元
🕐 9:00—17:30
🚌 北京首都国际机场—慕田峪长城（自驾）
北京首都国际机场—京沈路—怀黄路—慕田峪路—慕田峪长城
全程约55千米

慕田峪长城

曹雪芹纪念馆 ★★★

曹雪芹纪念馆，位于植物园中，这里是为了纪念曹雪芹而开设的。主要建筑是曹雪芹当年居住的12间清式营房，将其分为居室、书房、立体模型、书箱和题壁诗原迹残片、实物等5个部分，充分展示了一代大师当时的生活环境，如果你是一个喜欢《红楼梦》的人，不妨到此地探访一下古人的生活。

💲 免费
🕘 8：00—16：00
🚌 北京首都国际机场—曹雪芹纪念馆（自驾）
北京首都国际机场—机场高速—北五环路—东环路—曹雪芹纪念馆
全程约40千米

曹雪芹纪念馆

万寿寺 ★★★★

万寿寺，是集寺庙、行宫、园林于一体的皇家寺庙，有"京西小故宫"的美称，清朝时是皇家举行寿典的地方。寺中有亭台楼阁、琼楼玉宇、假山清池、回廊地宫、青松翠柏、百花斗艳，这里不仅是一个修行学佛的好地方，也是一个休闲放松的好场所。

💲 20元
🕘 9：00—16：30（周二至周日）
🚌 北京首都国际机场—万寿寺（自驾）
北京首都国际机场—机场高速—北二环—广源闸路—万寿寺
全程约35千米

延庆古崖居 ★★★★

延庆古崖居，位于延庆西北部山区一个峡谷中。这里有117个崖居洞穴，均位于陡峭的岩壁上，有着人类生存过的痕迹，但从来没有见任何史料上有所记载，至今还是一个谜。这些洞穴大多为方形或长方形，类似于现在的房屋结构，门、窗、炕、灶、马槽、壁橱、烟道俱全，而且方圆得体，符合中国古代的审美观。

💲 54元
🕘 8：00—17：00
🚌 北京首都国际机场—延庆古崖居（自驾）
北京首都国际机场—北六环路—京藏高速—X010—延庆古崖居
全程约109千米

延庆古崖居

凤凰岭 ★★★★

凤凰岭，位于海淀区聂各庄乡，这里环境优美、空气清新，景区内山清水绿、层峦叠嶂、曲径通幽，犹如一片净土，一块未经人工雕琢的碧玉，有"京城绿肺"的美称。景区内人文景观丰富多彩，佛教、道教、儒教等宗教文化以及古老的东方养生文化的遗址、遗物、遗迹众多，文化积淀丰厚。优美的环境在历史文化的衬托下显得更加宁静和深厚。

💲 25元
🕘 7：00—17：00
🚌 北京首都国际机场—凤凰岭（自驾）
北京首都国际机场—北五环路—京新高速—凤凰岭路—凤凰岭
全程约58千米

凤凰岭

地坛 ★★★★

地坛，又称"方泽坛"，是"北京五坛"中的第二大坛，是明清时期皇帝祭祀"皇地祇神"的地方，地坛建筑呈方形，布局遵从的是我国古代传统的天圆地方、天青地黄、天南地北、龙凤、乾坤等思想。每年农历腊月三十到正月初七期间，这里会举行庙会，十分热闹，将会展示很多具有民间民俗特色的活动。

地坛庙会

💲 2元，庙会期间10元
🕘 6：00—21：30
🚌 北京首都国际机场—地坛（自驾）
北京首都国际机场—京平高速—机场高速—和平里中街—地坛
全程约26千米

东岳庙 ★★★

东岳庙，始建于元代延佑年间，已经有600多年的历史，如今已经成为我国北方最大的正一派道观，有"华北第一道观"的美称。东岳庙的主要建筑为岱宗宝殿，雄伟堂皇，里面供奉的是东岳大帝以及帝后，此外还有育德殿、玉皇殿、真武殿、斗母殿、文昌帝君殿等建筑，神像3000多尊，多为道教神像中的精品之作。

💲 10元
🕘 8：30—16：30
🚌 北京首都国际机场—东岳庙（自驾）
北京首都国际机场—京平高速—机场高速—朝阳门外大街辅路—东岳庙
全程约27千米

大觉寺 ★★★★

大觉寺，又名"大觉禅寺"，位于西郊阳台山南麓，这里清泉奏乐、古树成荫、玉兰飘香，向来以"雅"著称。寺中的千年银杏、300年的玉兰花都是人们竞相观赏的对象，其中的玉兰花最得游客青睐，大觉寺也因此成为北京三大花卉寺庙之一。

💲 20元
🕘 8：00—17：00
🚌 北京首都国际机场—大觉寺（自驾）
北京首都国际机场—北五环路—北清路—大觉寺路—大觉寺
全程约57千米

大觉寺

王府井 ★★★

王府井大街，北京的标志性大街，被誉为"北京商业第一街"，是北京重要的商业区。这里是购物的天堂，也是年轻人追求潮流的地方，以现代、新潮为主题，在仅800多米的大街两边分布着12个大型商场。喜欢购物，当然还是要到王府井。

💰 免费
🕐 全天
🚌 北京首都国际机场—王府井（自驾）
北京首都国际机场—机场高速—东二环—金鱼胡同—王府井
全程约28千米

王府井大街雕塑

中山公园 ★★★★ 📷 🏛

中山公园，位于天安门西边，原是明清皇帝祭祀土地神和五谷神的场所，后为纪念孙中山先生，改为中山公园。公园的主体建筑为社稷坛，旁边还有神厨、神库、宰牲亭等附属建筑。

💰 3元
🕐 6:00—21:00
🚌 北京首都国际机场—中山公园（自驾）
北京首都国际机场—机场高速—东二环—南长街—中山公园
全程约31千米

铁壁银山塔林 ★★★★ 📷

铁壁银山，位于昌平区北部的山岭之间，银山并不是银色，而是黑色的花岗岩山，但是在冬天会有很厚的积雪，黑白分明，因此得名。在风景宜人的山上有众多的古塔，形成了很多塔群，塔林高的有几十米，矮的则不足1米，高

银山塔林风景区

低错落，造型精美，历史悠久。

💰 旺季（4月1日至10月31日）25元；淡季（11月1日至次年3月31日）15元
🕐 8:00—17:00
🚌 北京首都国际机场—铁壁银山塔林（自驾）
北京首都国际机场—京承高速—安四路—X015铁壁银山塔林
全程约58千米

亚运村 ★★★★ 📷

亚运村，全称为第十一届亚洲运动会运动员村服务中心。在亚运村中有被称为"亚洲第一馆"的游泳馆、综合体育馆、田径场、曲棍球场、体育博物馆、武术研究院以及垂钓中心等建筑。这里还有购物中心、酒店、学校等，集美食、购物、游乐为一体，是休闲放松的好去处。

💰 免费
🕐 8:00—17:00
🚌 北京首都国际机场—亚运村（自驾）
北京首都国际机场—机场高速—北四环东路—安慧北街—亚运村
全程约25千米

门头沟爨底下村 ★★★ 🌐

爨底下村，是门头沟地区的一个小村落。这里的建筑大部分都是清朝后期建立的，多为三合院、四合院。整个村子依山而建，屋舍依地势而造，以村后龙头为中心，呈扇形分布，高低错落，非常别致。在这里我们可以看到老北京的建筑，看到更加淳朴的民风民俗。

💰 35元
🕐 7:00—18:30
🚌 北京首都国际机场—门头沟爨底下村（自驾）
北京首都国际机场—阜石路—京拉线—北韩路—门头沟爨底下村
全程约149千米

爨底下村

首都博物馆 ★★★★ 🌐 📷

首都博物馆，位于东城区国子监街

孔庙中，这里是一个地方性的综合博物馆，馆中珍藏有将近20万件北京地区出土或者传世的文物，是北京地区历史文化的展览会。该馆常年开放，对外展览其中的文物，来到这里，我们可以清楚地了解到北京的历史以及社会文化的发展。

💰 免费
🕐 9:00—17:00（周一不开放）
🚌 北京首都国际机场—首都博物馆（自驾）
北京首都国际机场—机场高速—北二环—白云路—首都博物馆
全程约34千米

首都博物馆

康西草原 ★★★ 📷

康西草原，位于延庆的康庄镇，是京都第一大草原，著名的避暑胜地。草原北边为海陀山，西邻官厅湖，有山有水有草有林，是一个风景秀丽的地方。这里具有浓厚的草原风情、蒙古韵味。白天可以骑着马儿任意驰骋，晚上还有特色的篝火晚会迎接你，可让你彻底体验一番草原生活。

💰 30元
🕐 8:00—17:00
🚌 北京首都国际机场—康西草原（自驾）
北京首都国际机场—北六环路—京藏高速—X017—康西草原
全程约95千米

十渡 ★★★★ 📷

十渡，位于北京西南部，是华北地区的岩溶、河谷自然风景区。从一渡到

十渡风景区

十渡，需要跨过拒马河10次，因此得名"十渡"。这里风景优美，山清水秀，山间悬崖峭壁、深潭野谷、峰林叠嶂，空气清新，有"天然氧仓"的美称。

💰 免费（各项目可单独购票，也可买联票）
🕐 全天
🚌 北京首都国际机场—十渡（自驾）
北京首都国际机场—东五环路—南五环路—涞宝路—十渡
全程约145千米

中国人民抗日战争纪念馆
★★★

中国人民抗日战争纪念馆，位于丰台区卢沟桥畔宛平城中，是我国目前唯一一个全面反映抗日战争的综合纪念馆，也是重要的爱国主义教育基地。馆中分为8个部分，充分展示了抗战历程，教育人民不忘历史，珍惜和平，开创未来！

💰 免费
🕐 9：00—16：30（16：00停止进入，周一不开放）
🚌 北京首都国际机场—中国人民抗日战争纪念馆（自驾）
北京首都国际机场—机场高速—京港澳高速—南后街—中国人民抗日战争纪念馆
全程约51千米

八达岭野生动物世界
★★★★

八达岭野生动物世界，位于八达岭长城脚下，园中有30多处景区以及一个小型水库，在这里不仅可以看到动物表演，还有很多植物和文物古迹可供观赏。在凶猛的动物区，游客可以乘坐缆车观赏；在步行区，游客可以和温顺的动物亲密接触。园中有很多珍贵的动物，比如白虎、猕猴、斑马等，让你大开眼界。

💰 90元
🕐 7：45—16：30
🚌 北京首都国际机场—八达岭野生动物世界（自驾）
北京首都国际机场—北六环路—京藏高速—八达岭路—八达岭野生动物世界
全程约81千米

💡 八达岭野生动物世界
温馨提示
八达岭野生动物世界的门票网上订购价格为70元，在校学生和60岁以上老人凭有效证件每人45元，1.2米以下的儿童免费参观。门票包含游客在园区内的游览车、导游讲解以及园内佛岩寺等所有景点的费用，游客尽可放心游览。

在每天的11：00和14：30，在园内的方舟广场都会有精彩的孔雀东南飞表演，非常有趣，前来观光的游客千万不要错过。另外，每逢周六和周日，园内还会有精彩万分的马戏表演，80人以上可以临时预定。

最佳旅游时间

八达岭野生动物世界理想的旅游时间是每年的春季和秋季。

北京地区冬冷夏热，不适合旅游。春天则温暖舒适，秋季更是天高气爽，景色宜人，被中外游客誉为"金色北京"。

所以，在每年的4、5月份和9、10月份，这里的游客人头攒动，络绎不绝，十分热闹。

注意事项

1. 开入园区的车辆必须上保险；
2. 在猛兽区严禁开窗或下车，以免对游客造成意外伤害；
3. 不允许游客携带宠物入园；
4. 游客不要自带食品喂食园区动物；
5. 患有心脏病和高血压的游客以及孕妇、幼儿须乘坐大游览车入园，孕妇和幼儿须有人陪同照料。

灵水村 ★★★

灵水村形成于辽金时代，是一座具有千年历史、文化底蕴的古村，被称作"举人村"。村落古老庞大，辽、金、元、明、清时的乡村民居居多，而且供奉着过去民间所信仰的诸神。灵水村文物古迹众多，自然风光秀美，其中东岭石人、西山莲花、南堂北眺、北山翠柏、灵泉银杏、举人宅院和寺庙遗址等景点自古就有"灵水八景"之称。

💰 免费
🕐 全天
🚌 北京首都国际机场—灵水村（自驾）
北京首都国际机场—阜石路—京拉线—军灵路—灵水村
全程约112千米

白云观 ★★★

白云观，始建于唐朝，至今观中还保留着唐朝时期的老君石刻坐像。白云观历经千年，经过多次的重修，后来基本确立了现在的规模。新中国成立后，国家对其进行了修复，重现了巍峨的旧貌。中国道教协会、中国道教学院都设立在这里，是我国道教研究的重要场所。

💰 10元
🕐 8：30—16：30
🚌 北京首都国际机场—白云观（自驾）
北京首都国际机场—机场高速—北二环—白云观街—白云观
全程约35千米

白云观

吃在北京

北京的美食可谓是琳琅满目，无论是小吃，还是特色菜，抑或是具有皇家气息的宫廷菜，都让众多的食客赞不绝口。北京的名菜烤鸭自不必说，是北京的代表菜，来北京是一定要吃的。北京的炸酱面也是一绝，鲜香的酱配上时令的小菜，味道真是很赞！其他的例如涮羊肉、炒肝儿、爆肚儿、炒疙瘩、豆汁等，都是有名的京味美食。北京的糕点、蜜饯也深受大家的欢迎，糖火烧、驴打滚、牛舌饼等都是经典的糕点，其中稻香村的糕点最为著名。

北京炸酱面

🥢 北京全聚德（前门店）
游客评价：烤鸭首选之地
📞 010-65112418
📍 北京市东城区前门大街30号（近前门步行街）

🥢 大董烤鸭店（南新仓店）
游客评价：有创新的烤鸭，肥而不腻

- 010-51690329
- 北京市东四十条甲22号南新仓商务大厦1-2楼

牛街清真满恒记
游客评价：环境宽敞干净，肉很鲜，强烈推荐鲜切肉
- 010-66126825
- 北京市平安里西大街14号

东来顺饭庄（西直门店）
游客评价：北京比较有名气的老牌涮肉，服务周到，味道正中，价格实惠
- 010-51901730/51901777
- 北京市西城区西直门内南大街2号成铭大厦D座3楼

胖妹面庄
游客评价：一家很有地方特色的粉面馆
- 15801504272
- 北京市东四北大街69号

聚宝源（牛街南口店）
游客评价：老北京特色火锅，食材丰富，价格也不贵
- 010-83545600
- 北京市西城区右安门内大街17号9栋1层

购物北京

王府井
王府井大街，南起东长安街，北至中国美术馆，是北京著名的商业街，也是北京的标志，就像长城一样，是到北京必去的地方。王府井被称为"北京商业第一街"，以"现代""新潮"为主要特色，在800余米的大街上，分布着12个大型商场，有百货大楼、工艺美术大楼、穆斯林大厦、外文书店、协和商场、新东安商场、百货大楼新楼、东华服装、明辉大厦、好友世界、丹耀大厦、东方广场，集中了上百家国内外的知名品牌，商品琳琅满目，无论是日用百货、服装鞋帽，还是珠宝钻石、金银首饰都可以在此买到。

国贸商城
国贸商城，位于北京知名的甲级写字楼区，是老牌奢侈品的集中地。

国贸商城的总建筑面积有6万平方米，在国贸商城中有120多家时尚服饰专卖店，适合多数人的消费。有两个主题商店，分别是国贸晨曦百货和华润超市，货品比较齐全。另外还有30多家世界顶级品牌，如LV、卡地亚、阿玛尼、

住在北京

平价型

飘HOME连锁酒店（前门地铁站店）
- 北京市铁树斜街16号
- 010-63083387

北京贯通现代酒店（前门店）
- 北京市西城区珠市口西半壁街1号
- 010-67072299

格林豪泰酒店（北京方庄店）
- 北京市东铁营街道横一条2号
- 010-67649998

易佰酒店（北京青年路大悦城店）
- 北京市青年路西里3号院6号楼二层F1-06
- 010-52743567

享受型

北京国际饭店
- 北京市东城区建国门内大街9号
- 010-65126688

北京饭店
- 北京市东城区东长安街33号
- 010-65137766

北京远通维景国际大酒店
- 北京市西城区平安里西大街30号
- 010-66026688

北京昆仑饭店
- 北京市朝阳区新源南路2号
- 010-65903388

王府井小吃街

爱马仕等，这也是北京奢侈品最多的商区，吸引了众多时尚人士前来购买。

东方新天地
东方新天地，位于东方广场内，也是北京的奢侈品集中地之一。有7个主题购物区，分别是缤纷新天地、都市新天地、庭苑新天地、寰宇新天地、活力新天地、尊萃时光别馆和天空大道，适合不同层次的消费群。

购物

西单：西单大街，北京的一个商业区，包括西单文化广场、西单北大街以及周围的超级市场和百货商店等。这里每天都有很多的人，要是到了周末，更是人流如潮，是当地人和游客都非常喜欢的购物场所。

大栅栏：位于北京前门外，是一条老商业街，在明清时期就十分繁华，如今依旧不减当年，洋溢着商业气息。这条街上有11个行业的36家商店，大都是老字号，很多都有上百年的历史。

五道口服装大棚：位于北京科技大学西门旁边，这里主营的是韩日服饰，紧跟时尚潮流，购买者多为学生、留学生以及追求时尚的年轻人，虽然档次并不是很高，可是款式新颖多样，是年轻人喜欢的地方。

天津

区号：	022
面积：	11966.45平方千米
人口：	1386.6万人
方言：	天津话
著名景点：	五大道、八仙山、盘山、天津古文化街、滨海航母主题公园

概况

天津，中国第三大城市，其滨海新区被誉为"中国经济第三增长极"。我国四个直辖市之一，紧邻北京，是我国著名的国际港口。天津是环渤海经济圈的中心，我国北方沿海开放城市，在近百年的发展中，天津已经发展成为一个中西合璧、兼具古今的城市，从天津的城市发展中可以看出整个中国近百年的历史。

天津位于华北平原的东北部，属于温带大陆性季风气候，夏季炎热、冬季寒冷、春季多风、秋季凉爽，是一个四季分明的城市，适宜人们居住。

天津的城市建筑非常有特色，既有古典的雕梁画栋建筑，也有别致独特的西洋建筑，英国中古式、俄国古典式、法国罗曼式、德国哥特式、希腊雅典式等建筑随处可见，简直就是一个建筑博览会，这也是天津的一道特殊风景。

线路1
盘山—独乐寺—黄崖

线路2
意式风情区—规划展览馆—五大道—欧式风情街—解放北路—瓷房子—金街—海河夜景

天津古文化街老戏楼

名菜

通天鱼翅：这道菜以蒸好的鱼翅为原料，配上熟猪油、酱油、糖、料酒、姜汁高汤等精心烹制而成，成品色泽金黄，味道鲜香，是天津的精品菜，深受大家的喜爱。

高丽银鱼：在制作的时候，要将银鱼的眼睛去掉，然后用盐、料酒腌制，再将蛋清加面粉为银鱼上浆，入油锅炸熟即可。炸好的银鱼呈浅黄色，香酥可口，十分诱人。

罾蹦鲤鱼：采用金鳞鲤鱼制作的菜肴，制作时保留鱼鳞，将头腹敞开，脊背朝上，炸的时候非常讲究，要先炸鱼鳞的一面，使鱼鳞翻起，然后再炸一面，炸出的鱼呈蹦跃的姿势，仿佛要飞跃龙门一般。此菜外酥里嫩，肉质鲜美，是鱼中的精品菜。

天津坛子肉：因使用陶瓷坛烧而得名。猪肉于沸水中浸烫，切块取特制小坛铺板子骨，放肉块、调料、肉皮密封坛口，文火焖熟，入碗凝固定型。呈枣红色，晶莹透明，油润烂滑，香浓味美，肥而不腻。食前加热，滋味不变，亦可配白菜、面筋、土豆等，为冬季时令菜，已有200余年的历史。

软熘鱼扇：其原料以黄花鱼为上品，系春季时令佳肴，金黄鲜嫩，酸甜微辣。

交通

天津滨海国际机场

📞 022-24906363

📍 天津东丽区津汉公路与外环东路交叉口东南方

机场交通：

机场巴士：

线路1：滨海国际机场—天津站（6：00—19：00）

乘车地点：T2航站楼下出口4、5号门，发车间隔1小时，票价15元。

线路2：滨海国际机场—津宇客运站（7：00—17：00）

乘车地点：客运站内，发车间隔1小时，票价20元。

滨海国际机场—河北客运站（7：20—17：20）

乘车地点：客运站内，发车间隔1小时，票价20元。

滨海国际机场—天环客运站（6：30—16：30）

乘车地点：客运站内，发车间隔1小时，票价20元。

滨海国际机场—天津铁路西客站（7：15—17：15）

乘车地点：客运站内，发车间隔1小时，票价20元。

线路3：天津公交机场专线4路

滨海国际机场—唐山道（7：10—20：40，票价2~3元。）

途经：崇仁里、湖北路、小白楼、大光明桥、唐家口、长征路、中北里、祈和新苑、益寿里、翠阜新村、上杭花园、万兴花园、松风西里、盘山道、崂山道、香山道、武警医院、万新村南、杨台、工地、程林二村、机场边检站、机场办公区。

线路4：滨海国际机场—北京八王坟线（10：00—23：30）

乘车地点：停车场交通中心A岛前，发车间隔1~2小时。

滨海国际机场—塘沽开发区（8：00—21：30）

乘车地点：T2航站楼桥一楼7号门外，发车间隔30分钟。

出租车：

出租车起步价8元，3千米后每千米1.7元。

运行时间：大约1小时一班。

天津地铁

1号线

刘园—东沽路

（6：00—22：46 最高票价5元）

2号线

曹庄—滨海国际机场

（6：00—22：56 最高票价5元）

3号线

南站—小淀

（6：00—22：55 最高票价5元）

5号线

李七庄南—北辰科技园北

（6：02—22：46 最高票价5元）

6号线

梅林路—南孙庄

（6：00—22：43 最高票价5元）

游在天津

天津位于华北平原北部,东临渤海,北依燕山,境内海河有五大支流交汇,是中华人民共和国四个直辖市之一,当之无愧的国家中心城市、中国北方经济中心和环渤海地区经济中心,被誉为"中国经济第三增长极"。

由于临近渤海湾,受季风环流的影响,天津境内东亚季风盛行,四季变化很明显。到天津旅游的时间最好在春末夏初和秋季。天津境内的旅游资源十分丰富,曾被评为中国优秀旅游城市和中国历史文化名城。2012年,天津入选中国特色魅力城市。被誉为"津门十景"的"蓟北雄关""古刹晨钟""三盘暮雨""海河风景线"等景点是现代天津旅游景观的代表,吸引着大量的游客到此游玩。

古文化街 ★★★★

古文化街,位于南开区东北隅东门外,从老铁桥大街起至水阁大街,在南北的街口各有一座牌坊,分别写着"津门故里"和"沽上艺苑"。如今这里主要包括天后宫及宫南、宫北大街三部分,这里是极具天津味的地方。在每年的农历三月二十三,这里都会有盛大的皇会举行,各种传统的民俗表演都可以看到。

⑤ 10元
⏰ 9:00—17:00
🚌 天津滨海国际机场—古文化街(自驾)
天津滨海国际机场—津汉公路—卫国道—水阁大街—古文化街
全程约20千米

♥ 古文化街

旅游指南

到天津古文化街游玩,自驾车的游客可从S30京津高速到下双街出口,转京津快速,途经京津路、天泰路、黄纬路、五马路、海河东路到狮子林大街,再过张自忠路就到达景区正门。这条路线大概需要1小时50分钟。

市内的游客可驾车到黄河道,途经南马路、城厢东路、东马路、通北路和张自忠路到景区正门。这条路线只需要十几分钟。

游客到天津后也可乘出租车到景区,起步价为8元。

温馨提示

在每年农历三月二十三,在天津古文化街都会举办一项著名的传统活动,那就是"皇会",又称"娘娘会"。相传这一天是"天后宫"海神娘娘的寿辰,在此之前会举行为期4天的盛会。届时,像法鼓会、大乐会、高跷会等民间组织会在街上表演各种绝技,让游客大开眼界,掌声雷动。另外,来此观光的游客还可以看到龙灯、秧歌、舞狮和传统武术等精彩表演,精彩绝伦,热闹非凡。

古文化街

天后宫 ★★★★

天后宫位于古文化街的中心,也就是妈祖庙,在北方这样的庙是很少的。在天后宫广场的前面有两根具有600多年历史的帆杆,这种帆杆是悬挂灯笼用的,是对远航的家人平安归来的美好的祝福。如今,这里成立了天津民俗博物馆,里面展示的是天津民族民俗发展的历史。

⑤ 免费
⏰ 周二至周日9:00—17:00,周一闭馆
🚌 天津滨海国际机场—天后宫(自驾)
天津滨海国际机场—外环东路—天津大道—津沽附线二—天后宫
全程约40千米

霍元甲纪念馆 ★★★

霍元甲纪念馆,位于天津市西青区小南河村,是为了纪念一代武术大师霍元甲而成立的。纪念馆由霍元甲故居、霍元甲陵园和霍元甲纪念馆三部分组成,其中有牌坊、纪念碑、陈列厅和演武场等可以供游客参观游览。在霍元甲故居中,我们可以看到他曾经使用过的各种兵器,以及精武会的各类珍贵文物等。

⑤ 60元

天后宫

🕐 8：00—17：00
🚌 天津滨海国际机场—霍元甲纪念馆（自驾）
天津滨海国际机场—昆仑路—黑牛城道—团泊大道—霍元甲纪念馆
全程约 36 千米

大沽口炮台 ★★★★

　　大沽口炮台，是清代修建的。天津自古就是北京的门户，而大沽则是天津的屏障，位置十分重要，因此这里是保卫京城的重要军事基地。大沽口炮台位于海河入海口的南北两岸，如今的炮台经过多次的完善，形成了"威、镇、海、门、高"的完整防御体系，并且有6座炮台，是津门十景之一。

💰 30 元（讲解费：15 人以上 150 元 / 场，15 人以下 100 元 / 场）
🕐 8：30—17：00
🚌 天津滨海国际机场—大沽口炮台（自驾）
天津滨海国际机场—津滨高速—秦滨高速—大沽口炮台
全程约 57 千米

大沽炮台

南市食品街 ★★★

　　南市食品街，位于天津旧商业中心——南市，食品街集餐饮、购物、旅游、娱乐为一体。云集了全国各地的美食，无论是川、鲁、粤、湘、苏、浙的大菜系，还是各种民俗小吃、西餐、快餐，都可以在这里找到，如果到了天津吃美食，这里必然是不二之选。这里不仅美食多，建筑也很有特点，整个街道看上去就像一座宫殿一样，民族特色十分浓郁。

💰 免费
🕐 全天
🚌 天津滨海国际机场—南市食品街（自驾）
天津滨海国际机场—津汉公路—卫国道—荣业大街—南市食品街
全程约 20 千米

独乐寺 ★★★★

　　独乐寺，位于天津市蓟州区，最早建立于唐代，主要的建筑有山门和观音阁。山门的建筑为我国现存最早的庑殿顶古建筑，两侧有辽代所制的哼、哈二将彩塑。山门正脊的鸱尾，长长的尾巴翘转向内，犹如雏鸟飞翔，十分生动，是我国现存古建筑中年代最早的鸱尾实物。观音阁为双层楼阁建筑，是国内现存年代最久远的木结构楼阁。阁中供奉的是十一面观音，高 16 米，形体高大的观音像矗立在阁内中央的须弥座上，向上穿过二、三层平台，直入顶层覆斗形的八角藻井之中。

💰 40 元
🕐 8：00—18：00
🚌 天津滨海国际机场—独乐寺（自驾）
天津滨海国际机场—外环调整路—津蓟高速—长城大道—独乐寺
全程约 117 千米

独乐寺

盘山 ★★★★★

　　盘山，位于天津市蓟州区西北 15 千米处，有着"京东第一名山"的美称。盘山风景优美，隶属于燕山山脉，其中以五峰、八石、三盘最吸引人。五峰为挂月峰、紫盖峰、自来峰、九华峰、舞剑峰；八石为悬空石、摇动石、天井石、将军石、晾甲石、骆驼石、蛤蟆石、蟒石；三盘为三层风景，即上盘以松胜、中盘以石胜、下盘以水胜。

💰 75 元
🕐 8：30—16：30
🚌 天津滨海国际机场—盘山（自驾）
天津滨海国际机场—外环调整路—津蓟高速—津蓟高速盘山引道—盘山
全程约 123 千米

盘山

💡 盘山
旅游指南

　　北京方向的游客可从北京五环上机场高速，经机场南线、吴各庄收费站到李天立交桥，再沿京平高速直达盘山景区停车场。在北京四惠长途客运站有途经蓟州城区的中巴车，在蓟州城区南楼下车后，可租车抵达盘山景区。

　　天津方向的游客，可沿津围公路直达蓟州区，然后在蓟州城区南楼向左转，经津蓟高速出口、环岛西北路口上蓟官路，直达盘山景区。天津市内的游客，可从迎宾大街经长城大道到武定西街，再沿邦喜公路上S1津蓟高速左转直行至景区正门。

温馨提示

　　每年的 4 月中旬，盘山景区都会举办一次在盘山庙会的基础上发展起来的民俗旅游文化节。届时，盘山景区会有大型的法会、民间花会和书画展览等特色活动，来自各地的游客参与其中，其乐融融，热闹非凡。

　　在每年的 9 月中旬，这里还会举行一次国际山野运动大会。大会将旅游和体育巧妙结合，在游玩的乐趣中起到带动全民健身的效果。来此观光的游客踊跃参与，激情万丈，喊声震天。

盘山传说

　　盘山景区浑然天成，如诗如画，"五峰""八石""三盘之胜"自然奇观闻名天下，素有"泰山之雄、华山之险、雁荡之幽"之誉。

　　历代帝王将相、文人骚客来此游玩，都对盘山甚为推崇，留下了大量的诗文、石刻，为盘山增添了几分文雅气息。

黄崖关长城
★★★★

　　黄崖关长城，位于天津市蓟州区北面 28 千米处的崇山峻岭中，这段长城是万里长城的一部分，始建于北齐。黄崖关长城包括城墙、敌楼、墩台、关城、水关等，而且附近还有长城博物馆、长城碑林、竹刻名人名联堂、长寿园等景点，是游客参观游览的好地方。

💰 85 元
🕐 8：30—17：00

黄崖关长城

🚌 天津滨海国际机场—黄崖关长城（自驾）
天津滨海国际机场—津蓟高速—津围线—黄崖关长城
全程约 143 千米

海河意式风情区 ★★★

天津海河意式风情区位于天津市河北区，始建于 20 世纪初，这里的总体建筑为地中海风格，采用的是意大利城市的建筑风格，在这里，无论是住宅，还是学校、医院、教堂等都具有独特的意式风情。来到这里，当你看到古罗马的穹顶、塔楼、柱石，会让你有置身地中海边的错觉。而且这里还有很多名人故居，比如梁启超饮冰室、冯国璋故居、曹禺故居、袁氏宅第等。

💰 免费
🕘 全天
🚌 天津滨海国际机场—海河意式风情区（自驾）
天津滨海国际机场—津汉公路—卫国道—胜利路—海河意式风情区
全程约 19 千米

海河意式风情区

五大道洋楼 ★★★★

五大道，是指成都道、重庆道、常德道、大理道、睦南道及马场六条街道一带。五大道拥有 2000 多座 20 世纪二三十年代建造的不同风格的各国建筑，有文艺复兴式、希腊式、哥特式、浪漫主义、折中主义、中西合璧等各种类型，因此，这里吸引了众多的名人前来驻足，留下了他们的生活痕迹。

💰 免费
🕘 全天
🚌 天津滨海国际机场—五大道洋楼（自驾）
天津滨海国际机场—津汉公路—卫国道—重庆道—五大道洋楼
全程约 20 千米

石家大院 ★★★★

石家大院，即杨柳青博物馆，位于天津市杨柳青镇。整个建筑为青砖灰瓦，其间有花厅、戏楼、佛堂、水榭、马厩等，院中到处是砖雕、木雕、石雕，制作精美，令人赞叹，体现了晚清的民俗民风，有"天津第一家、华北第一宅"的美称。如今，这里为杨柳青博物馆，展出了很多杨柳青木版年画，都是版画的精品之作。

💰 25 元
🕘 9：00—16：00
🚌 天津滨海国际机场—石家大院（自驾）
天津滨海国际机场—卫国道—西青道—柳口路—石家大院
全程约 39 千米

石家大院

平津战役纪念馆 ★★★

平津战役纪念馆，位于天津市红桥区平津道 8 号，是为了纪念平津战役而建的。纪念馆分为序厅、战役决策厅、战役实施厅、人民支前厅、伟大胜利厅、英烈业绩厅和战役演示馆，是进行爱国主义教育的基地。

💰 免费
🕘 9：00—16：30（周一不开放）
🚌 天津滨海国际机场—平津战役纪念馆（自驾）
天津滨海国际机场—卫国道—北横快速路—入平津道—平津战役纪念馆
全程约 29 千米

平津战役纪念馆

瓷房子 ★★★★

天津有一幢举世无双的瓷房子，它的前身是历经百年的法式老洋楼，如今是极尽奢华的"瓷美楼奇"。它是一个由 4 亿多片古瓷片、13000 多件古瓷瓶、瓷盘、瓷碗，300 多尊北魏、北齐、唐等朝代的石雕造像、300 多件汉白玉石狮子、300 多个明清的瓷猫枕、20 多吨水晶玛瑙镶造而成的房子，如此奇特的房子，可以说是收藏家的疯狂举动，也可以说是对瓷器执着的热爱。而盖房子的主人、设计者曾被上海大世界吉尼斯总部认可为收藏文物数量和种类最多的人。

💰 50 元
🕘 9：00—19：00
🚌 天津滨海国际机场—瓷房子（自驾）
天津滨海国际机场—津汉公路—卫国道—赤峰道—瓷房子
全程约 17.7 千米

瓷房子

九龙山 ★★★★

九龙山，位于天津蓟州区东面的穿芳峪，曾是清代道光三十年（1850 年）和同治九年（1870 年）间的皇家园林，新中国成立后被划为国有林场，如今是天津的山区国家森林公园。这里的深谷中耸立着 9 座山峰，仿佛九龙聚首一般，因此得名，拥有辖九龙山、梨木台山、黄花山三大景区。这里环境优美，自然风光独特，还有众多的人文景观，是人们接近大自然的去处。

💰 40 元
🕘 8：00—18：00
🚌 天津滨海国际机场—九龙山（自驾）
天津滨海国际机场—外环调整路—津蓟高速—峪龙路—九龙山
全程约 136 千米

九龙山

西开教堂 ★★★

西开教堂，位于滨江道，是天津最大的天主教堂，为法国人所建。教堂的建筑为罗曼式的风格,整体建筑为"品"字形,有着很高的穹顶,看上去给人肃静雄伟的感觉。这里每天都会有宗教活动,是天津主要的天主教活动场所。

🅢 免费

🚌 天津滨海国际机场—西开教堂（自驾）

天津滨海国际机场—津汉公路—卫国道—西宁道—西开教堂

全程约20千米

广东会馆 ★★★ 📷

广东会馆,位于天津老城鼓楼南,如今为天津戏剧博物馆。这里的建筑为岭南风格,属于中国古典剧场的类型,馆中装饰得富丽堂皇,收藏有梅兰芳、尚小云、马连良等戏剧大师的书画以及演出服等,其中以"八仙衣""三星衣"最为著名,是戏剧爱好者到天津的必去之处。

🅢 10元,学生半价

🕘 9:00—11:20 14:00—16:00

🚌 天津滨海国际机场—广东会馆（自驾）

天津滨海国际机场—津汉公路—卫国道—城厢中路—广东会馆

全程约20千米

广东会馆

大悲禅院 ★★★ 🏛 🌐

大悲禅院,位于河北区天纬路中段,规模并不大,但是香火却很旺,寺中曾经供奉过唐玄奘的灵骨。如今,寺中依旧保存着大量的文物,很多都有上千年的历史,具有很高的历史价值、艺术价值以及观赏价值。不管你是不是佛教徒,都不妨到这里参拜游览一下。

🅢 5元

🕘 9:00—16:30

🚌 天津滨海国际机场—大悲禅院（自驾）

天津滨海国际机场—津汉公路—卫国道—四马路—大悲禅院

全程约20千米

八仙山 ★★★★ 📷 🏞

八仙山,位于天津蓟州区东北部,这里是一个次生阔叶林的自然体系,在北方并不多见,有着"津门的绿色王国"之称。八仙山中生长着将近400种植物,十分珍贵。八仙石的自然景观独特,群峰叠翠,峭崖绝壁,水流激荡,林海滔滔,让人们无限向往……

🅢 45元

🕘 8:00—17:00

🚌 天津滨海国际机场—八仙山（自驾）

天津滨海国际机场—外环调整路—津蓟高速—马营公路—八仙山

全程约148千米

八仙山

☀ 八仙山

八仙"八奇"

天津八仙山景区的旅游资源十分丰富,以"八奇"美景名扬天下。群峰林立,秀若天仙,此为山奇;谷深谷幽,"谷顶闻声不见水,谷底树影能遮天",此为谷奇;上古岩石,姿态万千,此为石奇;云雾缭绕,宛若仙境,此为云奇;飞瀑流湍,山水相连,此为水奇;林深似海,草木葱茏,此为林奇;千里飞花,万里传香,此为花奇;百鸟争鸣,如闻仙乐,此为鸟奇。八仙山的"八奇"景观,让慕名前来的游客流连忘返。

温馨提示

每年的9月25日到10月5日,八仙山都要举办一次大型的"幽林采珍"活动。届时,来八仙山观光的游客成千上万,在欣赏美景的同时还可以采摘到很多野果山珍,像野葡萄、甜酸梨、猕猴桃、野山楂、山核桃、木耳等上百种野果山珍,十分有趣。

住宿指南

八仙山自然保护区附近有很多农家院,环境优雅,空气清新,景色宜人,吸引了大批游客来此游玩度假。

山澜农家院是依八仙山而建的二层别墅式建筑,其东侧是赤霞峪水库。这里群山环绕,静谧清幽,适合游客在此娱乐休闲。农家院有5人间、3人间、普通双人客房和高级客房多种房型,房间内空间很大,空调、液晶电视等设备齐全,干净卫生,舒适优雅。来八仙山观光的游客不妨来此品尝一下别具特色的农家风味,感受一下农家人的温情单纯。

滨海航母主题公园
★★★★ 📷 🏭

滨海航母主题公园,位于天津滨海新区八卦滩,是一个大型的军事主题公园。园中有"基辅号"航空母舰,人们可以通过梯子到甲板、机库、鱼雷发射区、反潜导弹舱、对空导弹舱等地方参观,充分了解航母的构造和功能,是军事爱好者以及孩子们喜欢的地方。

🅢 220元

🕘 9:00—17:30

🚌 天津滨海国际机场—滨海航母主题公园（自驾）

天津滨海国际机场—津汉公路—京津高速—公园支路—滨海航母主题公园

全程约53千米

滨海航母主题公园

↘ 吃在天津

天津的美食也是闻名全国的,总体来说,天津菜以咸鲜为主,有着北方的粗犷,也不缺乏宫廷菜的华贵,代表菜有八大碗、四大扒、冬令四珍等,都是上等的名品菜肴。另外,小吃有狗不理包子、十八街大麻花、猫不闻饺子、耳朵眼炸糕、果仁张、茶汤等,都是令人垂涎欲滴的美食。海鲜也是天津一大特色,天津临海,水产很丰富,要吃海鲜可以到汉沽去,既便宜又正宗,保证让你过足海鲜瘾。

狗不理包子

- 铃兰 1915 公馆
游客评价：西餐，环境很不错
022-23616566；022-23616846
天津市河北区民主道 52 号（平安街口）

- 狗不理（中山路店）
游客评价：很有特色的包子，外观漂亮，味道也不错
022-26218999
天津市河北区中山路中山国际大厦 1-3 楼

- 东坡熬鱼馆
游客评价：强推经典菜：虾仁两吃，虾仁大，味道也好
15602126668
天津市天泰路 696 号

- 泰钰丰烤鸭（金融街店）
游客评价：酥皮很脆，烤鸭香甜
022-58107999
天津市长江道与三马路交口金融中心融汇广场 D 座 17 号

- 陈傻子餐厅（世纪都会店）
游客评价：天津菜，很地道
022-23302769
天津市南京路 181 号世纪都会 5 层

- 津菜典藏
游客评价：风味很别致，可以吃到正宗的煎饼果子
022-26223333
天津市河北区天纬路 22 号底商

购物天津

和平路传统商业街

和平路传统商业街是天津最著名的商业街，已经有几十年的历史，这里有劝业场、华联商厦、天津百货大楼等商场，可以购买到不同层次的商品。其中劝业场已经有 80 多年的历史，这座建于 1928 年的老建筑如今依旧是人们购物的理想场所。

塘沽洋货市场

塘沽洋货市场位于天津滨海新区，新区津塘公路 1077 号，距离港口很近，这里是华北地区洋货的集散地。因为距离港口近，有着得天独厚的地理条件，所以洋货很全，从服装、手表等小商品，到家电、汽车等大件商品，一应俱全，而且都是原装进口的商品。

住在天津

平价型

锦江之星（天津站津湾广场店）
天津市河北区进步道 17 号
022-58215018

星程酒店（天津塘沽外滩步行街店）
天津市和平路 588 号
022-65578888-0

汉庭快捷酒店（天津医科大学总医院店）
天津市和平区四平西道 11 号
022-27311777

九国香江假日酒店
天津市和平区桂林路 16 号
022-23392588

享受型

天津瑞湾开元大酒店
天津市滨海新区塘沽新港一号路 2527 号
022-25780001

天津天诚丽筠酒店
天津市河东区新开路 66 号
022-24578888

天津巨川白玉兰酒店
天津市滨海新区第三大街 9 号
18522871782

天津永豐港麗酒店
天津市滨海新区第二大街 1 号
022-25321177

估衣街（有计划拆除）

估衣街位于天津市东北角和北大关之间，全长 800 米，具有 600 余年的历史，是一条老商业街。这里原先就是买卖旧衣服的地方，因此得名。到了清光绪时期，这里有了其他的商业活动，开起了很多绸缎、棉布、皮货、瓷器等店铺。如今，这里依旧开着大大小小的老字号，像瑞蚨祥、鸿记、庆记、谦祥益保记等，很多天津的特产也都可以在此买到。

天津银河国际购物中心

购物中心坐落于天津文化中心，拥有 360000 平方米的超大建筑体量，分为地上五层与地下二层，拥有众多国际顶级奢侈品牌和国内外潮流品牌，又是融世界佳肴美食和休闲娱乐为一体的品质生活体验场。

特产

说起天津特产，除了具有地方特色的民俗工艺品和各色小吃之外，还有享誉百年的传统特产"天津八珍"。其中：

银鱼紫蟹：天津是著名的银鱼和紫蟹产地。银鱼和紫蟹是河蟹类中的稀有品种，是名扬中外的水产珍品，肉质鲜嫩，味道绝美，深受游客喜爱。

铁雀：铁雀体型较小，爪为黑色，羽毛为暗褐色，花纹模糊。其肉脯肥嫩，口味极佳。

晃虾：晃虾只在春节前后生存，寄生时间短暂。其肉嫩味香，色白如雪，极其名贵。

当然，在天津不仅吃得丰富，在手工艺方面，杨柳青年画、"泥人张"彩塑、"风筝魏"风筝、"砖刻刘"砖雕，堪称天津工艺四绝，也是天津的招牌之一。

塘沽洋货市场

河北

区号：	0311-0319、0335
省会：	石家庄
面积：	18.88万平方千米
人口：	7461.02万人
方言：	北京官话、冀鲁官话、东北官话、晋语
著名景点：	北戴河、白洋淀、清西陵、避暑山庄、山海关、野三坡等

概况

地处华北，位于黄河下游以北，西为太行山地，东临渤海，环绕北京，北为燕山山地，燕山以北为张北高原，其余为河北平原，齐全的地貌和宜人的气候造就了河北独特的自然风光。同时，河北作为中华古代文明发祥地之一，因其深厚的文化底蕴，也形成了独具特色的人文景观。名扬天下的承德避暑山庄、"天下第一关"——山海关以及风景宜人的北戴河都位于河北。

河北因其丰富的地貌，不仅矿产资源丰富，海洋资源也很丰富，同时其丰富的湿地资源也是众多迁徙鸟类途中停歇和补充能量的栖息地。

河北的特产主要有小吃类：唐山蜂蜜麻糖、白洋淀松花蛋、保定槐茂酱菜；特色类：郭八火烧、白运章包子、邢台撤子、金毛狮子鱼、石家庄回民扒鸡、改刀肉；手工艺品：白洋淀苇编织品、唐山年画；水果类：赵县雪梨、沧州金丝小枣；饮品类：衡水老白干、长城干白葡萄酒、都山古贡酒。

线路

木兰围场—丰宁坝上草原—承德避暑山庄—山海关—秦皇岛—野三坡—清西陵—满城汉墓—白洋淀

名菜

河北的名菜可谓美味十足，而且历史悠久。

晋州咸驴肉是魏征出使山东时经过家乡晋州，将长安制作驴肉的方法传于一位肉铺老板，老板又结合当地的情况改良而成，色泽红润，咸香适口，营养丰富，是佐酒下饭佳肴。

柴沟堡熏肉是乾隆年间产生的，其皮烂肉嫩，表里一致，色泽鲜艳，味道醇香，肥不腻口，瘦不塞齿，不仅风味独特，还富含营养。此肉用柏木熏制，故夏季蚊蝇不爬，伏天能贮存一周不变质。

交通

飞机

石家庄正定机场

0311-88027101

位于石家庄市东北，距市区约32千米

机场交通：石家庄市中山东路民航售票处，早6:00至晚21:00，每30分钟一班，整点和半点发车。全程用时40分钟。出租车，起步价5元，2千米后每千米1.6元。

秦皇岛山海关机场

0335-5051976

位于秦山公路和秦山沿海公路之间，距秦皇岛市（海港区）约12.6千米

机场交通：机场班车点在秦皇岛市中心的民航大厦，路程有15千米，大约需20分钟。出租车，起步价7元，2千米后每千米1.6元。

河北—石家庄地铁

1号线

福泽—西王

（6:30—22:00最高票价5元）

2号线

嘉华路—柳辛庄

（6:30—22:20最高票价4元）

3号线

西三庄—石家庄站

（6:30—22:03最高票价2元）

石家庄

石家庄市在河北省的西南地区，是河北省省会，也是河北省最大的城市。石家庄市地处衡水以西，邢台以北，太行山以东，保定以南，是华北平原的中心地带。地势由西向东依次是中山、低山、丘陵、盆地和平原地区。其西部是太行山中段，海拔在1000米左右；东部是滹沱河冲积平原，海拔不过百米。

石家庄市境内四季变化显著，寒暑分明，降水主要集中在夏季和秋季。春季气候较干燥多风，降水稀少，气温回升较快；夏季温度较高，降水丰富；秋季气候温和，天气晴朗，有寒潮天气发生；冬季西北风盛行，气候寒冷干燥，天气晴朗，但降水稀少。

石家庄旅游资源丰富，是中国优秀旅游城市。2012年被评为"中国特色魅力城市"。

区号：	0311
邮编：	050000
面积：	14464平方千米
人口：	1123.51万人
著名景点：	苍岩山风景区、荣国府等

↳ 游在石家庄

白求恩墓 ★★★★

白求恩墓位于石家庄市中山路华北军区烈士陵园内西侧，来这里的人们一定要瞻仰一下这位在抗日战争中发扬了国际共产主义精神的国际友人，他曾被毛主席评价为"一个高尚的人，一个纯粹的人，一个有道德的人，一个脱离了低级趣味的人，一个有益于人民的人"，尤其是学医的人，都喜欢和他的雕像照相留念。

💰 5元
🕐 全天
🚌 石家庄正定机场—白求恩墓（自驾）
石家庄正定机场—石家庄绕城高速—张石高速连接线—中山西路—白求恩墓
全程约44千米

白求恩墓

苍岩山风景区 ★★★★

苍岩山风景区位于石家庄市井陉县内，有"阴崖石乳""炉峰夕照""碧涧灵檀""山腰绮柏""窍开别面""峭壁嵌珠"等"苍岩十六景"。这里不仅自然风光秀丽，人文气息也很浓，在峰峦之间，散落着众多禅房、古刹、碑碣、亭台，是人们观光的好去处。这里的桥楼殿是我国三大悬空寺之一，所以来这里欣赏一下大自然的鬼斧神工和古代劳动人民的智慧结晶吧。

💰 60元
🕐 9：00—17：00
🚌 石家庄正定机场—苍岩山风景区（自驾）

两日游

隆兴寺—荣国府—白求恩墓—苍岩山风景区

💡 **苍岩山**
温馨提示

在苍岩山风景区附近有一个于家村，若是游客时间充足的话，不妨去看看。

于家村四面环山，俨然一个小盆地的格局，只有村口一条小路通往山外。于家村的四合院建筑也别具特色，有的是石墙瓦房，有的是石券窑洞，有的是瓦房窑洞相结合。石板铺成的院落地面显得整洁典雅。

村民朴实，村景自然，一片祥和，说是世外桃源也不为过。游客可以到此感受一下远离城市喧嚣的静谧。

住宿推荐

苍岩山风景区有很多宾馆，条件不错，游客若是不想返回市区，可以在此住宿。

苍岩山宾馆：位于苍岩山脚下，吃、住价格都不贵，且设施齐全，服务周到。

苍岩山工商宾馆：距苍岩山景区山门入口处仅200米，宾馆建筑古典优雅，风景宜人，有多种房型，基础设施齐全，价格便宜。

苍岩山风景区

石家庄正定机场—石家庄绕城高速—青银高速—柿苍路—苍岩山风景区
全程约 102 千米

华莹白鹿温泉度假中心
★★★★

华莹白鹿温泉度假中心，位于石家庄市平山县温塘镇，与驼梁山、天桂山等风景区临近，毗邻革命圣地西柏坡，交通便利，景色宜人。温泉中含有 30 多种矿物质微量元素，对人身体有很大益处，这里是集住宿、餐饮、娱乐、购物为一体的综合性温泉度假中心，也是休闲娱乐、温泉沐浴、养生保健的首选之地。

💰 138 元
🕐 8:00—24:00
🚌 石家庄正定机场—华莹白鹿温泉度假中心（自驾）
石家庄正定机场—京昆高速—西柏坡高速—白鹿大道—华莹白鹿温泉度假中心
全程约 79 千米

蟠龙湖 ★★★

有"石门水都"之称的蟠龙湖位于元氏县境内，因这里山水交汇，人文景观荟萃，所以被评为省级旅游度假区。作为景区主体的蟠龙湖，不仅可以开展大型的水上活动，还能在岸边进行沙滩排球、冲水滑梯等娱乐项目。另外，游客还可以到山腰处的蟠龙洞体验远古时代的洞穴生活，或在寺中观赏已有 600 多年树龄，至今依然茂盛的两株石榴树。

💰 20 元
🕐 8:00—17:00
🚌 石家庄正定机场—蟠龙湖（自驾）
石家庄正定机场—新元高速—石赞高速—装院路—蟠龙湖
全程约 74 千米

石头村 ★★★

石头村位于石家庄市井陉县一个闭塞的群山中，南低北高、东伏西翘，在不足 1 平方千米的小盆地中，其形状细长，像条头东尾西的游鱼。随处可见的石房、石院、石楼、石阁、石桌、石凳、石桥、石栏、石磨和石碾，创造出了石头的世界。

石头村原名于家村，相传是明朝重臣于谦的后代所建，在这个偏僻的小山村里，明清两代先后出了 12 名文武秀才，其中 7 人成为各级官员，实属不易。谁要想有所成就，就来这里沾沾吉祥之气吧。

💰 20 元
🕐 全天开放
🚌 石家庄正定机场—石头村（自驾）
石家庄正定机场—石家庄绕城高速—青银高速—平涉路—石头村
全程约 85 千米

石头村

隆兴寺 ★★★★

有 4A 级景区之称的隆兴寺位于石家庄市正定县，属于全国重点文物保护单位。始建于隋开皇六年（公元 586 年），经过历代王朝的扩建，是我国现存的时间较长、规模较大、保存较为完整的佛教寺庙建筑群。

隆兴寺的大部分建筑是宋代的风格，作为宋代建筑范例，能让人们领略到当时的审美取向。其中以摩尼殿的价值最高，它建于 1.2 米的台基之上，为重檐歇山顶式，面宽和进深均为七间，平面布局为十字形，外观重叠雄伟，古劲庄严。大悲阁和阁内的铜铸菩萨是隆兴寺的标志，这里香火缭绕，暮鼓晨钟，长期生活在繁华都市里的人们不妨来这里让内心清净一下。

💰 50 元
🕐 8:00—17:30
🚌 石家庄正定机场—隆兴寺（自驾）
石家庄正定机场—新元高速—旺泉南街—旺泉南街—隆兴寺
全程约 22 千米

隆兴寺

荣国府 ★★★★

位于石家庄市正定县兴荣路 51 号的荣国府，是从《红楼梦》中走出的仿古建筑。它是为了拍摄 1984 年电视剧版《红楼梦》而搭建的，完全诠释出了"假不假，白玉为堂金作马"的贾府的富贵，同时对于书中人物的生活环境做了比较完整的展示，喜欢《红楼梦》的人们不妨来这里慰藉一下对书中人物的情愫吧。这里作为影视剧的拍摄基地，先后有《雪山飞狐》《包青天》等多部影视剧在这里取景拍摄。

💰 40 元
🕐 8:30—18:00
🚌 石家庄正定机场—荣国府（自驾）
石家庄正定机场—新元高速—城东街—兴荣路—荣国府
全程约 22 千米

荣国府

❤ 荣国府
旅游指南

游客可以先乘坐北京市到石家庄市的 K221、K215、K213、K217 城际快速列车，3 小时内即可抵达石家庄，发车时间依次是 7:30、11:10、14:30、18:30。然后在火车站出站口南 200 米左右的公交站牌乘 201 路中巴，也可以在火车站公交枢纽乘坐 31 路或快 31 路，票价 2 元，到正定汽车站转到正定县城的 1 路公交，即可抵达荣国府。

美食指引

在荣国府景点附近可以品尝到很多具有地方特色的美食，游客千万不要错过。

藁城宫面：由精制面粉、精油、精盐经独特工艺制成，面细空心，洁白若雪，半汤半面，味道极佳且富有营养，可健身养胃。

雪桥八仙：用蛋清作桥，以黄瓜为柱，蒸之定型，放于赵县雪花梨、橘子和萝卜果肉之上，"桥下"再以樱桃、葡萄干、青梅等作点缀，最后用秘制汤汁淋于桥上，此菜方成。菜中有景，食之景中有味，深受游客喜爱。

石家庄回民扒鸡：回民马鸿昌夫妇经营的五香烧鸡，四海闻名。后来又融入外地扒鸡的烹炸技艺，改称"马家鸡铺"扒鸡。鸡肉香而不腻,食之回味无穷,是石家庄具有代表性的美味。

住宿推荐

荣国府附近的酒店、宾馆,环境舒适,且价格便宜,服务周到,游客可在此住宿。

正定博鼎快捷酒店:位于恒山东路71号,二星级,设施齐全。酒店内设有普通标准间、商务标准间等房型。

娲皇宫 ★★★★

娲皇宫是国家5A级旅游景区,位于河北省邯郸市涉县中皇山上,悬空而建,建筑群恢宏壮观。有明清建筑,也有北齐年间的石窟、石刻经文遗址等,值得一观。俯瞰周围的景色,让人心旷神怡。

💰 70元
🕐 8:00—17:00
🚗 石家庄正定国际机场—娲皇宫(自驾)

石家庄正定国际机场—迎宾路—新元高速—太行山高速—娲皇大道—娲皇宫
全程约274千米

↘ 吃在石家庄

石家庄的餐饮兼收了我国的八大菜系,所以游客可以在这里品尝到天南海北的美味佳肴,烹饪方法擅长爆、炸、炒,同时注重色、香、味、形,让你在享受各种风味的同时,感官上也得到了美的刺激。这里的特色菜是黄瓜宴、金毛狮子鱼、菊花鱿鱼等。

黄瓜炒木耳

🍲 **保定会馆(裕华东路店)**
游客评价:据说是保定本土有名的当地菜,确实好吃
📞 0311-85077777
📍 石家庄长安区裕华东路175号

🍲 **小放牛(北国商城店)**
游客评价:冀菜,口味很地道
📞 0311-89669899
📍 石家庄市中山东路与建设南大街交叉口北国商城西扩8楼

🍲 **高建民驴肉火烧(谈北路店)**
游客评价:冀菜,驴肉火烧很好吃

📞 13739771801
📍 石家庄市谈北路与谈中路交叉口东行20米路南

🍲 **布衣坊(建设大街店)**
游客评价:推荐川菜系列菜品,量很大,价格也实惠
📞 0311-87105858
📍 石家庄市建设北大街228号东海大厦2楼

🍲 **湘君府(建华大街店)**
游客评价:20年老店,鱼头必点,辣而不燥,非常好吃
📍 石家庄市建设北大街19号
📞 0311-85081000

🍲 **孙大厨鸽子馆(自强路店)**
游客评价:冀菜,炉火烤乳鸽巨好吃
📞 0311-85515777
📍 石家庄市自强路117号

🍲 **全聚德(建设大街店)**
游客评价:老字号品牌,除烤鸭之外大锅菜也特别好吃
📞 0311-86211266
📍 石家庄市裕华区建设南大街9号

↘ 住在石家庄

平价型
锐思特酒店(省儿童医院店) 📍 石家庄市裕华北路与翟营南大街交汇处东260米路北 📞 0311-85055775
汉庭(石家庄中山东路店) 📍 石家庄市中山东路48号 📞 0311-89921288
锦江之星(石家庄开发区店) 📍 石家庄市珠峰大街81号 📞 0311-68058266
秋水鱼智能灯光酒店(万象城店) 📍 石家庄市中华大街与中山路交叉口东南角华润万象城C座9楼 📞 0311-89170808

享受型
石家庄富力洲际酒店 📍 石家庄市槐安东路119号 📞 0311-67796666
河北云瑧世纪大饭店 📍 石家庄市中山西路145号 📞 0311-87036699
石家庄希尔顿酒店 📍 石家庄市东大街5号 📞 0311-67966666
西美商务酒店 📍 石家庄市裕华区建设南大街6号 📞 0311-86918888

购物石家庄

辛集国际皮革城

位于石家庄市东65千米处,距北京250千米,铁路、国道、高速公路横跨全境,通达全国各地。2001年被中国轻工业联合会、中国皮革工业协会命名为"中国皮革皮衣之都"。有"大众""束兰""西曼""物发""佰立特"等商标申办中国名牌称号。

新天地商城

位于石家庄市长安区中山东路192号,是繁华的北国商业区。类似上海的新西宫和北京崇文门的搜秀商城,主要经营饰品和服饰,比较适合时尚的年轻人。如果你来到石家庄,一定要来这里逛逛。

北国商城

位于中山东路和建设大街的交汇处,交通便利,地理位置优越,是石家庄的繁华商业中心。现已发展成为大型综合性现代化商业企业,下设26个专业商场,一个美食娱乐城,汇集了世界各地的名牌产品,这里没有你买不到的,只有你想不到的。

先天下广场

位于石家庄市CBD核心商圈,属于综合性商场。商品价格稍贵,不太适合工薪阶层,但在打折活动期间,也能购买到心仪的物品。一楼是国际名品;二楼是贵妇名品及商务男装;三楼是精品女装;四楼是少淑产品,例如ES、拉夏贝尔等;五楼是家电和家居用品;六楼是美食天地和游乐区,可以在六楼尽享风味美食和玩转各种游乐项目。

特产

石家庄有很多具有地方特色的风味小吃和工艺品,深受游客喜爱。另外,当地特产的各种水果,也很受游客欢迎,建议游客购买一些带回去,既能自己享用,又能当作礼品赠送亲朋好友。

鸭梨:又叫雅梨,主要产于石家庄晋州市,因其多从天津出口,所以又名天津鸭梨。鸭梨皮薄肉嫩,清脆多汁,又有清热醒酒、清肺养肾、止咳平喘之功效,人们誉之为"天生甘露"。

雪花梨:此梨成熟后果肉洁白如雪,故称雪花梨。雪花梨成熟后个头大,含糖量高,有果酸、维生素等多种营养成分,并有醒酒止咳、滋肾养胃之功效。

金丝大枣:该枣成熟后色泽鲜亮,皮薄肉多,食之甜脆。其干枣掰开后有多条尺余长的果丝相连,故称金丝大枣。它富含多种营养成分,是难得的滋补果品。

辛集国际皮革城

保定

保定市位于河北省的中部地区，是临近北京和天津的重要城市，曾为河北省首府。保定市地处太行山东麓，华北平原中部，冀中平原西部。境内地形多种多样，有平原、丘陵、山地、湖泊、湿地等，一年四季变化明显。春季多有风沙，夏季炎热干燥，秋季清新凉爽，冬季严寒多雪。建议来此旅游的时间是夏季和秋季。

素有"首都南大门"之称的保定市，历史文物古迹、自然风景名胜数不胜数，旅游资源十分丰富，被评为中国优秀旅游城市，并于2012年入选"中国特色魅力城市200强"。目前，保定市拥有2处国家5A级景区，2处世界地质公园，1处国家重点风景名胜区，3处国家地质公园和4处国家森林公园等，吸引着大批游客前来游玩。

区号：	0312
邮编：	071000
面积：	1.90万平方千米
人口：	924.26万人
著名景点：	白洋淀、清西陵、野三坡等

三日游

清西陵—狼牙山—野三坡百里峡—白洋淀景区

游在保定

白洋淀荷花大观园 ★★★★★

白洋淀荷花大观园属于国家5A级旅游景区白洋淀的一部分，位于保定市安新县境内。水域面积104万平方米，共有中外著名荷花品种多达699种，是目前我国品种最多、面积最大的生态荷园。这里碧波荡漾、荷风暗香、桥系如虹、芦花纷飞且舟行水上、鱼跃波间，时而传来一阵禽鸣，犹如人间仙境。

💰 50元，入淀费40元
🕐 7:00—19:00
🚌 石家庄正定机场—白洋淀荷花大观园（自驾）
石家庄正定机场—京港澳高速—白洋淀大道—前街—白洋淀荷花大观园全程约154千米

白洋淀荷花大观园

💡 白洋淀荷花大观园

旅游指南

从北京到安新的游客，可在北京木樨园乘发往安新的车，经固安、白沟到安新。自驾游可以走京广公路，到保定后向东走省道保静线直达安新。

天津方向的游客，乘班车经容城或白沟到安新。自驾游可走津保高速公路到容城，下高速后走高速引线直达安新，约160千米的路程。

石家庄方向的游客，可走京深高速经徐水向东，到容城后走高速引线到安新，近200千米。到新安县后去5千米外的白洋淀旅游码头坐船前往各景点。

住宿推荐

来此观光的游客可选择在安新县城住宿。如白洋淀文化苑淀花宾馆，位于安新县城北关，二星级宾馆，设有停车场。客房内设施齐全，清洁卫生，环境优雅。

温馨提示

夏季和秋季是最佳的旅游时间。每年的七八月份，这里荷花盛开，香气扑鼻，吸引了大量游客。

狼牙山 ★★★★

狼牙山，旧名为狼山，位于河北省易县西部，是河北当地的游览胜地。该山山势险峻，挺拔陡峭，犹如长短不齐的巨齿狼牙，故名狼牙山。狼牙山由5坨、36峰组成，登高远眺，万峰此起彼伏，云雾缭绕，如入人间仙境。飞瀑流泉、苍松翠柏、漫山红叶、层林尽染，更增添了狼牙山的美态，山势雄伟之刚与景色秀丽之柔，共同衬托出狼牙山的独特魅力。早在2000年前的战国时期，"狼山竞秀"就是当时燕国十景之一，主要景观有红玛瑙溶洞、棋盘陀等。

💰 80元
🕐 6:00—17:00
🚌 石家庄正定机场—狼牙山（自驾）
石家庄正定机场—京港澳高速—荣乌高速—狼牙山北路—狼牙山全程约190千米

狼牙山五壮士像

清西陵 ★★★★

清西陵位于易县梁各庄西 15 千米处的永宁山下,属全国重点文物保护单位,这里环境清幽,有着华北地区最大的古松林。

清西陵是一片丘陵地,周围群峦叠嶂,树茂林密,风景极佳。东有 2300 多年前的燕下都古城址,西望雄伟的紫荆关,北枕高耸挺拔的永宁山,南抵滔滔东流的易水河。

清西陵共有 14 座陵墓,包括雍正的泰陵、嘉庆的昌陵、道光的慕陵和光绪的崇陵,以及 3 座皇后的陵墓和若干个公主、妃子的园寝,对历史感兴趣的游客可以来这里感受一下历史上最后的王朝没落的背影。

淡季 80 元;旺季 108 元

旺季(4月1日至10月31日):8:00—17:30;淡季(11月1日至次年3月31日):8:30—17:00

石家庄正定机场—清西陵(自驾)
石家庄正定机场—京港澳高速—京昆高速—京环线—清西陵
全程约 222 千米

清西陵

满城汉墓 ★★★★

满城汉墓位于保定市西北 21 千米的满城区陵山,因出土闻名于世的金缕玉衣而被世人熟知。满城汉墓是西汉中山靖王刘胜和妻子窦绾之墓,这里出土的随葬品除了金缕玉衣,还有长信宫灯、错金博山炉等,可见一代诸侯的奢华。满城汉墓反映了汉王朝鼎盛时期的历史风貌,想要了解汉朝风土人情的,就来参观一下吧。

登山入园 10 元,其他景点单独收费

8:00—17:00

满城汉墓随葬品

石家庄正定机场—满城汉墓(自驾)
石家庄正定机场—京港澳高速—京昆高速—汉贤街—满城汉墓
全程约 146 千米

野三坡百里峡 ★★★★★

被誉为"天下第一峡"的野三坡百里峡位于河北省保定市涞水县野三坡镇苟各庄村。它由海棠峪、十悬峡和蝎子沟三条峡谷组成,形如鹿角,极具特色。三条峡谷全长 105 华里,故此得名百里峡。

峡谷内奇岩耸立、绝壁万仞、草木横生,千奇百怪的岩溶壮景集雄、险、奇、幽为一体,构成了一幅浓墨重彩的大自然"百里画廊"。著名的景点有天然而生的"老虎嘴""一线天""回首观音""天生桥""唐僧出关",奇异、壮美的景观夺目惊心,是闻名遐迩的旅游胜地。

150 元

8:00—15:30

石家庄正定机场—野三坡百里峡(自驾)
石家庄正定机场—京港澳高速—首都环线高速—百里峡大道—野三坡百里峡
全程约 266 千米

野三坡百里峡

野三坡百里峡
旅游指南

北京方向的游客可在北京天桥乘坐 917 路公交车到十渡,路过十渡到野三坡的班车 30 分钟一趟,十分方便。

游客还可以在北京西站乘坐火车前往景区。其中的 Y595 次列车每天 8:25 发车,11:00 左右可到野三坡百里峡景区;6437 次列车每天 17:45 发车,20:30 到野三坡,21:00 左右到百里峡。

住宿推荐

来此观光的游客若是不愿返回市区,可在野三坡景区附近寻找宾馆住宿。

野三坡百里峡温馨家园:位于野三坡苟各庄民俗村,环境优雅,风景宜人,设施齐全。离火车站很近,交通十分方便。春游或暑假,温馨家园会推出优惠活动。在活动期间,游客只需 70 元,就能享受标准间住宿、自助早餐和两个荤素搭配、营养丰富的正餐。

温馨家园的客房价格也很便宜,其中普通房每人 20 元,标准间每间 60 元。房间内设施齐全。在旅游旺季房价会有所调整。这里的餐厅也很不错,提供河鱼河虾、炸花椒芽等多种农家特色菜,并有贴饼子、野菜团子等农家主食。

温馨提示

在百里峡景区入口到主景区停有电瓶车,想节省体力的游客可以乘坐。百里峡售有联票,只需 180 元就可游览百里峡和印象野三坡剧场。若持有老年证或学生证,门票每人 45 元,低于 1.2 米的小孩、70 岁以上的老人和现役军人免费。

吃在保定

保定的饮食文化源远流长,作为"京畿之地",在受京菜和宫廷菜的影响下,兼收各地特色,形成了自己独具特色的风格。驴肉火烧、白运章包子、大慈阁酱菜都是保定有名的特色菜。

白运章包子

保府白家罩饼(复兴路店)

游客评价:牛肉罩饼,饼有嚼劲,汤浓味足

0312-3128078

保定市复兴中路 2837 号

保定会馆(中银店)

游客评价:冀菜,特色菜为李鸿章烩菜

0312-3098288

保定市朝阳南大街 16 号中银大厦 2—3 楼

淀里船宴(裕华东路店)

游客评价:菜品不错,杂鱼和雄安大咖都是主打

0312-5063333

保定市裕华东路 573 号

富海酒楼

游客评价：家常菜，集鲁、粤、湘、川、冀等多个菜系
☎ 0312-5018888
📍 保定市东风东路528号

会炊生活餐厅（北国先天下店）

游客评价：特色菜，糯米鸡很好吃
☎ 0312-3150809
📍 保定市朝阳北大街799号北国先天下6层东南角

花神食府

游客评价：中餐厅，烤鱼和酱萝卜是特色菜
☎ 0312-3337288
📍 保定市恒祥北大街

保定院子（北唐店）

游客评价：冀菜，环境挺好
☎ 0312-2055777
📍 保定市唐家胡同243号

↘ 住在保定

平价型

云住酒店
📍 保定市七一东路未来像素2号楼公寓楼28层
☎ 16633333520

怡商快捷酒店（永华南大街店）
📍 保定市永华南大街秀兰公寓A座
☎ 0312-2121888

阳光大酒店
📍 涿州市范阳东路
☎ 0312-6673330

城市之家连锁酒店（保定火车站东广场店）
📍 保定市建华南大街736号
☎ 0312-5892777

享受型

维也纳国际酒店（保定裕华路店）
📍 保定市裕华东路577号
☎ 0312-6773555

摩登四季酒店
📍 保定市翠园路77号
☎ 0312-7933222

华中假日酒店
📍 保定市朝阳北大街969号
☎ 0312-3106588

乐家精品酒店（河北大学万达广场）
📍 保定市凤栖街618号
☎ 0312-3356789

↘ 购物保定

四通商场

位于保定市永华北大街（东风路口）的四通商场，是一个主要经营鞋帽和服装的综合性商场，与大润发超市和裕华路连成了购物一条街。这里因为主要经营中低档产品，且款式时尚潮流，是学生们经常光顾的地方，所以每逢周末，人流量就很大。

保百购物广场

保百购物广场位于保定市竞秀区华中假日酒店西侧，虽不能与北京的大商场相媲美，但在保定也是属于很好的商场。保百购物广场共有两幢大楼，且两楼之间有走廊连接，方便购物，北边的楼一至四层是服装专卖，南边的楼一、二层是大型超市，三层是卖运动服、电子产品、家电之类的。超市的物品很全，价格也比较实惠，并且里面有小吃。这里的服装和电子产品汇集了世界各地的名牌，比较适合中高档消费。购物环境比较好，适合人们的休闲购物。

华盛特色食品城

华盛特色食品城位于保定市莲池南大街（裕华小商品批发城南行100米路东），是保定市规模较大的专卖食品的商城。第一层是主餐食品广场，经营蔬菜、粮油、调料、烟酒、茶叶、饮料、水果、熟食、生鲜、肉类等；第二层是休闲小食品广场，汇集各地的小食品，如内蒙古的特产，包括奶片、奶酪、奶茶、马奶酒、黄油、闷倒驴、风干牛肉等。这里是美味的海洋，喜欢美食且想要购买各地美食的话，就来这里逛逛吧。

💡 特产

保定有很多特产便于携带，游客不妨购买一些。

其中，铁球、春不老和宫廷酱菜是有名的保定三宝，在各大超市都有销售。铁球既有观赏价值，又能健身；春不老是一种蔬菜，营养丰富；宫廷酱菜历史悠久，是一种绝佳的烹饪调料。

马家老鸡铺的清真卤煮鸡，已有200多年的历史，风味独特，有包装过的，也可现做。现在，马家老鸡铺已搬到莲池南大街长城电脑城对面。

白洋淀的松花蛋色泽鲜亮，略带花纹，栩栩如生，食之味道鲜美，咸鸭蛋红白相间，让人望之便食欲大振，味道不咸不淡，口感极佳。这两种特产在各大超市均有销售。

保定老城区

承德

承德，旧时称作热河，位于河北省东北部。承德境内地势西北高，东南低，气候具有多样性，南北差异比较明显。总的来说，其春季干旱，降雨稀少；夏季温和，降水集中；秋季清爽，昼夜温差较大，且易发生严重的霜害；冬季气温较低，但很少下雪。夏季的承德，不仅没有炎热期，空气还十分凉爽，是有名的避暑胜地。

素有"紫塞明珠"之称的承德，境内旅游资源十分丰富，文物古迹、自然风景闻名中外。1994年，承德市境内的避暑山庄及其周围的寺庙被定为世界文化遗产，承德因而成为世界历史文化名城。1998年年底，承德被文化和旅游部列入首批中国优秀旅游城市；2012年，承德被评为中国"十大特色休闲城市"之一。

| 区号：0314 |
| 邮编：067000 |
| 面积：39519平方千米 |
| 人口：335.44万人 |
| 著名景点：避暑山庄、奇石谷、丰宁京北第一草原等 |

五日游

避暑山庄—木兰围场—清东陵—雾灵山—丰宁坝上草原

↘ 游在承德

承德避暑山庄 ★★★★★

承德避暑山庄位于承德市中心区以北，武烈河西岸一带狭长的谷地上，由皇家园林、皇帝行宫和寺庙群组成，是清代皇帝避暑和处理政务的场所，与颐和园、留园、拙政园并称为中国四大名园。

避暑山庄不仅气候宜人，风景秀丽，而且它里面所保留的文物遗迹，在此发生的重大历史事件，使其成为清王朝辉煌和落寞的见证。

💰 旺季（4月1日至10月31日）130元；淡季（11月1日至次年3月31日）90元

🕐 7：30—16：40

🚌 承德普宁机场—承德避暑山庄（自驾）

承德普宁机场—承德机场连接线—长深高速—山庄东路—承德避暑山庄全程约26千米

承德避暑山庄

温馨提示

山庄内的温度比外面要低4—5℃，是名副其实的"避暑山庄"。夏末和秋初是承德避暑山庄的最佳旅游季节。

每年的11月份到次年的5月份是山庄防火封山的季节，不允许游客进入。

旅游提醒

1. 避暑山庄内建有度假村，既有蒙古包建筑的异域风情，又有典雅古朴的书院气息，住在度假村内可以随时出入山庄游玩。夏季游客较多，客房供不应求，有意的游客最好提前预订。

2. 游览避暑山庄时最好雇请一名资深导游，更好地了解避暑山庄的人文历史和自然景观。

3. 在风景秀丽的湖州区游玩自然少不了要荡舟湖上，别有一番趣味。游客可在如意湖租船，普通手划船为每小时40元，龙头手划船和电瓶船为每小时80元。另外，租船还需要缴纳200元押金。

承德避暑山庄

木兰围场 ★★★★★

作为清代皇帝行猎之地的木兰围场，位于河北省东北部，承德市围场满族蒙古族自治县，主要由御道口草原森林风景区、塞罕坝国家森林公园和红松洼国家自然保护区等三大景区组成。这里景美草肥、历史遗迹丰富，造就了独特的自然景观和人文景观，因此许多影视剧在此拍摄，有我们熟知的《还珠格格》《荆轲刺秦王》等，喜欢草原美景的游客，可以来此"红尘做伴、策马奔腾"一番。

💰 150元

🕐 8：00—17：30

🚌 承德普宁机场—木兰围场（自驾）

承德普宁机场—大广高速—承围高速—棋塞线—木兰围场全程约176千米

木兰围场

承德冰雪城 ★★★★

承德冰雪城作为我国最大的室内四季冰展项目，被称为"与太阳与温暖共存之冰雪世界"，里面共有60多组冰雕作品，主要景观有：99澳门喜回归、大三八牌坊、中华牌楼、赏月亭、冰川企鹅、白桦丛林、佛林胜迹、飞天仙子、冰雕碱化、塔林玉雕、西湖三潭、二龙戏珠、雷峰塔、断桥、迪斯尼乐园。另外还有游客参与的冰上攀岩、趣味冰壶、冰上拔河等娱乐活动。想来冰的世界，不用等到冬天，不用到哈尔滨，来这里就行啦。

$ 30元
⏰ 8：00—18：00
🚌 承德普宁机场—承德冰雪城（自驾）
承德普宁机场—长深高速—京沈线—下仓线—承德冰雪城
全程约60千米

普陀宗乘之庙 ★★★★

承德有著名的外八庙，普陀宗乘之庙是规模最大的庙宇，其建筑颇富特色，是藏传佛教建筑的代表，仿照西藏布达拉宫建造而成，因此有"小布达拉宫"之美誉。没有去过西藏的游客可以在此一饱西藏建筑之风。如果时间不紧张，建议可到此一游。

$ 旺季（4月1日至10月31日）80元；淡季（11月1日至次年3月31日）60元
⏰ 8：00—17：30
🚌 承德普宁机场—普陀宗乘之庙（自驾）
承德普宁机场—承德机场连接线—长深高速—狮子园路—普陀宗乘之庙
全程约24千米

奇石谷 ★★★

奇石谷位于河北省兴隆县城东南10千米处，因谷内石头形态奇异而得名。整个景区以奇石为骨、以森林为脉、以山泉为魂，构成了一幅精美的山水画卷，群山挺拔、巨石突兀、形态多样，似马、似兔、似龟，都栩栩如生，活灵活现。又见石头与大树相间，不知是树生石，还是石生树，这便是大自然的造化。置身其中，听泉水叮咚，赏怪石鳞峋，享泛舟唱晚，品农家菜肴，便是美的享受，让人流连忘返。

$ 48元
⏰ 7：00—17：30
🚌 承德普宁机场—奇石谷（自驾）
承德普宁机场—长深高速—首都环线高速—京环线—奇石谷
全程约131千米

雾灵山 ★★★★

被誉为"京东第一山"的雾灵山位于承德市兴隆县城的西北，雾灵山为燕山山脉的主峰，山险林密，动植物资源极其丰富，是国家级自然保护区、省级森林公园。它不仅资源丰富，而且风光也很秀丽，主要景观有龙潭瀑布、歪桃峰、莲花池、雾灵字石等。雾灵山以其旖旎的风光和完整的自然生态，吸引了来自四面八方的游客。

$ 120元
⏰ 全天
🚌 承德普宁机场—雾灵山（自驾）
承德普宁机场—长深高速—首都环线高速—雾灵线—雾灵山
全程约120千米

潘家口水库 ★★

潘家口水库位于宽城满族自治县，库容很大，水面碧波荡漾，水库两侧陡崖倒悬，山上松涛阵阵，野兔、松鼠来回穿行，尤其所产的板栗，入口清香，个大饱满，以及随处可见的野菜，都能让游客大饱口福。除了自然天成的，还有人工而成的景观，"水下长城"便是不可多得的奇景。主要景观有都山积雪、鱼鳞叠锦、万塔黄崖和独木仙桥。

$ 15元
⏰ 8：00—17：30
🚌 承德普宁机场—潘家口水库（自驾）
承德普宁机场—长深高速—承栗线—吉祥街—潘家口水库
全程约137千米

潘家口水库

丰宁坝上草原 ★★★★★

丰宁坝上草原位于丰宁满族自治县西北部的大滩镇，又名"京北第一草原"。广袤的草原、星罗棋布的湖泊、无边的林海，造就了草原的无穷魅力，时而穿梭其中的野兔、鼹鼠、狐狸等，更增添了草原的无限生机。不仅如此，每年的七八月份是草原上最热闹的时节，有着丰富多彩的蒙、满民族活动和各种美味，如赛马、射击、手扒肉、烤全羊等，可以让你在领略"天苍苍，野茫茫，风吹草低见牛羊"的美景的同时，也能感受到不同的民族风情。

$ 免费
⏰ 8：00—19：00
🚌 承德普宁机场—丰宁坝上草原（自驾）
承德普宁机场—首都环线高速—半虎线—丰宁坝上草原
全程约217千米

丰宁坝上草原

↘ 附近景点

清东陵 ★★★★★

清东陵位于河北省唐山市遵化市西北，是中国现存规模宏大、布局得体的帝王陵墓建筑群。这里长眠着顺治、康熙、乾隆、咸丰、同治、孝庄文皇后、慈禧、慈安以及扑朔迷离的香妃等161位皇族成员，他们的历史已过，现任由岁月冲刷和后人评说。清东陵的每一座陵墓都记载着曾经的辉煌、曾经的历史，因此，清东陵以其重要的历史、考古、艺术价值，向世人展现着它的无限魅力。

$ 旺季（4月1日至10月31日）108元；淡季（11月1日至次年3月31日）80元
⏰ 9：00—16：00
🚌 承德普宁机场—清东陵（自驾）
承德普宁机场—长深高速—首都环线高速—清东陵支线—清东陵
全程约164千米

清东陵

💡 清东陵
旅游指南

自驾车的游客，可从北京东直门出发，上机场高速经过京平高速到津蓟高速，再沿着S302喜邦路直达清东陵影背山南售票处，行程约130千米，耗时2小时左右。

在唐山、蓟州区或遵化都有直达景区的班车。

每逢节假日，在北京宣武门教堂前也有直达清东陵的旅游专线车。

温馨提示

在清东陵景区的停车场有乱收费的现象，就是游客停车时收一次费用，游客游玩回来又换一个人再次收取费用，这是明显的诈骗行为，游客千万不要上当。若是游客真的碰到这种情况，应对方法有很多，供游客参考：

1. 找景区负责人员说明情况，让其协商解决。
2. 打电话报警。
3. 将计就计。停车时先不要交钱，与其协商好等游玩回来再给。

住宿推荐

来清东陵参观的游客，若是不想返回城里，可在景区内寻找宾馆住宿。

清风宾馆位于清东陵第四帝乾隆和慈禧陵的中心地区，是二星级宾馆。宾馆设有普通间、经济间、标准间、豪华间等多种房型。

吃在承德

承德因其独特的地理位置和丰富的自然资源而形成了自己特有的饮食风格，主要以山珍野味为主，是塞外宫廷菜的代表，以干烹和香烹为主。承德的特色菜有御土荷叶鸡、鲜花玫瑰饼、汽锅野味八仙、烧鹿肉、莜面等。

野山菌火锅

老三羊汤
游客评价：老字号，特色菜有烧饼、羊肉汤
☎ 0314-2272283
📍 承德市双桥区山庄东路北兴隆街小区商业楼

新乾隆酒楼（帝景园店）
游客评价：家常菜，手撕牛肉很棒
☎ 0314-2072222
📍 承德市新华路帝景园大厦一楼底商

杏好遇见你
游客评价：纯手工制作的各类小吃零食，口味不错
☎ 15632441421

满汉全席
游客评价：菜品精致，摆盘漂亮，味道不错
☎ 15512486918
📍 承德市山庄路丽正门两宫门仿古建筑群5号楼

大三和（钟鼓楼店）
游客评价：火锅涮肉，服务很热情
☎ 0314-2033166
📍 承德市流水沟23号钟鼓楼小区6号底商

乾隆饺子馆
游客评价：饺子很出名，酸菜馅和虾馅的好吃
☎ 0314-2076377
📍 承德市中兴路28号

龙江炭火烤羊腿
游客评价：烤羊腿和羊排味道好极了
☎ 18131476558
📍 承德市翠桥路露露花园门口旁

住在承德

平价型

驿家365连锁酒店（承德隆化兴洲路店）
📍 承德市兴州路美东国际底商
☎ 0314-7066365

顺天河商务会馆
📍 承德市武烈路与东大街交叉口西南角
☎ 0314-2099101

塞拉维酒店
📍 承德市世纪城中路天主教堂旁
☎ 0314-2269888

索菲娅酒店
📍 承德市武烈路江山名园小区13-3号
☎ 0314-5896288

享受型

阿尔卡迪亚国际度假酒店
📍 承德市兴隆县青松岭镇果园村
☎ 0314-5678888

承德乾隆行宫酒店
📍 承德市山庄东路避暑山庄万树园风景区内
☎ 0314-2560555

承德绮望楼宾馆
📍 承德市双桥区避暑山庄碧峰门东路北1号
☎ 0314-2182288

天宝假日酒店
📍 承德市新华路6号
☎ 0314-2090888

购物承德

承德商厦

承德商厦位于繁华的南营子大街，与避暑山庄和中心广场相邻，现已发展成为大型综合商场，游完了避暑山庄后，可以来这购物休闲一番。承德商厦因其便利的交通、有利的地理位置、齐全的商品、优越的购物环境，成为承德及各地游客购物休闲的首选之地。

承德古玩城

承德古玩城位于河北省承德市承德避暑山庄两宫门场地间,是由一些仿古建筑组成的,分为地上和地下两层,地上地下互通来回,院落又相互衔接,构成了一个整体。古玩城拥有柜台、露天地摊和精品屋等多种场所可供游客选取喜欢的古玩,还有遮阳棚为买卖双方提供了一个鉴赏、拍卖的场所。

普宁街

位于皇家寺庙普宁寺东院的普宁街,是一个具有清代风味建筑和商业活动的地方。游客在这看到的、享受到的、用到的都是清代的标准,身在其中,你会恍惚地感觉到自己好像穿越到了清朝:工作人员身穿满族服装,游客享着清代的礼节,更有趣的是,在购买产品时,必须先兑换清朝的钱币。

承德蓝岛大厦

承德蓝岛大厦位于承德市双桥区武云桥畔,是一家中高档专业性商场,共有五层,以服装为主,其他产品为辅,如体育用品、文化办公用品、化妆品、钟表、首饰、针纺织品、箱包手袋、鞋帽等。这里的服装汇集了世界各地的名牌,引领了承德市的潮流。

特产

承德有着丰富多彩的民族工艺品,像丰宁剪纸、根雕、瓷雕、字画、核桃工艺品和滕氏布糊画等。其中用名贵木材制作而成的木雕,质地坚韧,做工精细,图案清晰,很有观赏价值;滕氏布糊画技艺精湛,如诗如画,被誉为"华夏一绝"。

承德的土特产分为以下三类:

1. 板栗、杏仁等干果类土特产品,富含多种营养物质。承德地区盛产的杏仁,个儿大、味儿甜,与避暑山庄中的山泉水配制而成的杏仁露,具有减肥健身、活血养颜的功效。
2. 围场坝上生产的坝上蘑菇,营养丰富,物美价廉,用之烹饪的家庭小菜色鲜味浓,肉嫩透香,深受当地人喜爱。
3. 蕨菜等野生植物。蕨菜曾为清廷贡品,用其烹制的菜肴鲜嫩清脆。

承德商厦

秦皇岛

秦皇岛位于河北省的东北部，是中国北方重要的港口城市，2008年北京奥运会时，曾作为其协办城市。秦皇岛位于燕山山脉东部的丘陵地区与山前平原地带，南临渤海，地近京津，处于华北和东北两大经济区的结合地域，是发展潜力巨大的环渤海经济圈的中心地带。其地势南低北高。

秦皇岛市境内的旅游资源类型十分丰富，动物资源与植物资源相呼应，人文景观和自然景观相结合，逐步打造成以长城、滨海和生态为主要特色的旅游体系。这里每年都会举办具有浓郁地方文化特色的孟姜女庙会、望海大会、山海关长城节、昌黎干红葡萄酒节等活动，吸引了大量的中外游客到此亲睹盛况，场面十分壮观。

区号：	0335
邮编：	066000
面积：	7802平方千米
人口：	313.69万人
著名景点：	秦皇求仙入海处、北戴河、山海关等

两日游

老龙头—山海关—北戴河奥林匹克公园—秦始皇求仙入海处

游在秦皇岛

北戴河奥林匹克公园 ★★★★

北戴河奥林匹克公园位于秦皇岛市北戴河奥林匹克大道东侧，是以奥林匹克运动为主题的大型公园，奥林匹克浮雕墙、音乐主题喷泉、中国奥运冠军手足印和签名纪念柱、单体雕塑、体育运动场、运动器材等是公园的灵魂。

浮雕墙讲述了奥运会从第1届至第28届北京奥运会的历史及各项赛事，栩栩如生，让人们的思绪随着历史不断地前进；中国奥运冠军手足印和纪念柱展现了胜利者的英姿和他们奋进的历程；单体雕塑生动地刻画出奥林匹克历史上伟人的风貌，可以合影留念；运动场和器材为全民健身提供了场地。山海相映的周边环境更增添了奥林匹克公园的魅力，成为广大市民和游客的常来之地。

$ 免费
L 全天
🚌 山海关机场—北戴河奥林匹克公园（自驾）
山海关机场—秦皇东大街—滨海大道—单赤路—北戴河奥林匹克公园
全程约32千米

北戴河奥林匹克公园
温馨提示

挑选海鲜也需要注意一些事项，要懂得眼、手、鼻齐用。

1. 眼力：挑选鱼类时，鱼身表面有光泽、鱼鳃紧贴、眼睛透明为佳品；虾类海鲜其身体应完整且富有弹性，壳色光亮、壳肉紧贴者为上品；鱿鱼、章鱼肤表面滑嫩、纹路清晰新鲜度较高。

2. 手感：用手感觉海鲜的肉质是否有弹性，表面是否有黏液，按之不陷、无黏液就表示很新鲜。

3. 嗅觉：用鼻子闻其味，若是有海鲜独特的清新味道说明很新鲜，若是有腥臭味或腐烂之味就不要购买了。

住宿推荐

北戴河月娟旅馆：位于秦皇岛北戴河区联峰北路与海滨大道交叉路口，奥林匹克公园旁边。步行3分钟到奥林匹克公园，8分钟到海边，乘坐出租车可在15分钟内到达北戴河火车站和汽车站，45分钟内可到达山海关机场，交通十分便利。

北戴河奥林匹克公园

昌黎黄金海岸 ★★★★

昌黎黄金海岸位于秦皇岛市昌黎县东南面的渤海岸边，具有海水清、浪潮平、沙子细、沙滩软的特点，是沙雕度假的理想之地。在这里著名的游玩项目便是滑沙了，可以滑向谷底，也可冲入大海，既惊险又刺激，吸引了众多游客排队体验这项世界仅有两处的运动。

蓝蓝的天空、碧绿的海洋、金色的沙滩、墨绿的树林构成了昌黎黄金海岸的壮美景观。有机会的话不妨去昌黎黄金海岸，领略那里奇特的大漠与海水融为一体的迷人景色。

昌黎黄金海岸

$ 门票免费，景点项目收费不同
⏰ 8：00—16：00
🚌 山海关机场—昌黎黄金海岸（自驾）
山海关机场—秦皇东大街—河北大街西段—南环路—昌黎黄金海岸
全程约 56 千米

山海关 ★★★ 📷 🌐

被称为"两京锁钥无双地，万里长城第一关"的山海关，位于秦皇岛市区东北 15 千米处，它与嘉峪关、居庸关并称中国三大关，它是长城的入海处，并且在历史上起到了重要的作用，不仅是明朝时期抵挡少数民族南下的重要关隘，也是中国抗日战争的重要战场，雄伟大气的城壁上的斑斑痕迹，诉说着无尽的沧桑与巨变，传达出中华民族历史的厚重。

山海关景区内除了雄伟壮观的长城外，还有吴三桂的府邸，游客们可以来此感受一下昔日汉中王吴三桂的奢华生活。

$ 40 元
⏰ 7：30—18：00
🚌 山海关机场—山海关（自驾）
山海关机场—秦山路—关城南路—第一关路—山海关
全程约 8 千米

山海关

鸽子窝公园 ★★★ 📷 🏛

鸽子窝公园位于秦皇岛市北戴河海滨的东北角，因是野鸽的栖息地而得名。鸽子窝公园让世人瞩目的是观日出，每年夏季会有数以万计的游客来这里一睹海上日出的壮丽景观，还常常会看到"浴日"的奇景；同时每年的春秋之时，数以万计的珍稀鸟类在鸽子窝的大浅滩停靠，因此这里又是观鸟的绝佳之处；这里还是伟大领袖毛主席的《浪淘沙·北戴河》的写作之处，来这里体味一下词中所蕴含的感情吧。

$ 25 元
⏰ 5：15—17：30
🚌 山海关机场—鸽子窝公园（自驾）
山海关机场—秦皇东大街—滨海大道—鸽赤路—鸽子窝公园
全程约 30 千米

鸽子窝公园

新澳海底世界 ★★★★ 📷

新澳海底世界位于山海关和北戴河之间的海港区河滨路 81 号，是以展示海洋生物为主，集科普和环保教育、休闲娱乐、购物、餐饮于一体的综合博览馆。这里主要包括企鹅馆、海豹馆、海豚表演馆、海底隧道、科普展厅等，可以观看企鹅、海豹、珊瑚群和各种鱼类，在海底隧道中畅游海洋世界的同时，也受到海洋知识的熏陶。

$ 60 元
⏰ 9：00—16：30
🚌 山海关机场—新澳海底世界（自驾）
山海关机场—秦皇东大街—滨海路—河滨路—新澳海底世界
全程约 22 千米

新澳海底世界

老龙头 ★★★★ 🌐 📷

老龙头位于秦皇岛市山海关区城南 1 千米处，是万里长城唯一一处拥有山脉、大海、关隘和城墙的一段，因此颇具观赏价值。又因为这里是长城入海的地方，景色雄奇壮丽，有"海亭风静""沧海明珠"等神奇的景象，因此众多文人墨客都来这里挥笔泼墨，表达对壮伟景象的热爱。独特的自然景观和浓厚的人文氛围，增添了老龙头的神秘感，更吸引了各地的观光之人。

$ 50 元
⏰ 7：30—17：00
🚌 山海关机场—老龙头（自驾）
山海关机场—飞机场路—龙海大道—老龙头
全程约 11 千米

老龙头

秦始皇求仙入海处 ★★★★ 🌐 📷

位于秦皇岛市海港区东山海滨，传说公元前 215 年秦始皇东巡曾在此拜海求仙。秦始皇求仙入海处拥有高达 6 米的秦始皇雕像、求仙殿、战国风情、仙人祠等人文景观，再现了战国时期的历史风貌和传说，浓缩了秦代的重大历史事件和传说，突出了秦始皇拜海求仙的壮观场面，展现了一幅 2000 年前风光的古老画卷，吟唱着一曲传诵至今的亘古长歌。摇荡在海面上的秦皇号和求仙号两艘豪华游船，可以容纳近千人游览，每年端午节的"望海大会"仿佛重现了叱咤一时的始皇帝对长寿不死的至诚追求。

除了人文景观外，这里临近渤海，气候宜人，风光秀丽，自然美景与文化底蕴相得益彰，不失为旅游观光的绝佳去处。

$ 45 元，联票 90 元
⏰ 8：00—17：00
🚌 山海关机场—秦始皇求仙入海处（自驾）
山海关机场—秦皇东大街—东港路—东山街—秦始皇求仙入海处
全程约 15 千米

秦始皇求仙入海处

集发农业观光园

★★★★ 📷 🏭

集发农业观光园位于北戴河海滨，是一所集观赏、游玩、吃喝、娱乐、购物于一体的生态农业观光园。园内分为名贵花卉种植示范区、蔬菜种植示范区、特种畜禽养殖示范区和休闲餐饮娱乐区。在这里，不仅可以感受到高科技的伟大和重要性，也可以品尝到纯生态绿色食品，还可以体验一下农业种植的乐趣，有一种回归大自然的美感。经常待在钢筋水泥都市里的人们，不妨来此放松一下。这里具有较强的观赏性、参与性、娱乐性、趣味性，为城乡居民营造了一个回归自然、返璞归真的休闲场所。

💰 40元
🕗 8:00—18:00
🚌 山海关机场—集发农业观光园（自驾）
山海关机场—秦皇东大街—河北大街西段—海北路—集发农业观光园
全程约37千米

↙ 吃在秦皇岛

秦皇岛由于临近渤海，所以食物以海味居多，尤其是夏夜的沙滩，聚集了各类卖海鲜的排挡，可以让你尝尽新鲜的海味。同时，作为著名的滨海旅游城市，这里汇聚了各地的美食，各种口味应有尽有。

沙丁鱼

🍽 **海天一色（秦皇岛店）**
游客评价：螃蟹肉很饱满，鱼类鲜嫩，鲅鱼饺子好吃
📞 0335-3408888
📍 秦皇岛市东山街51号

🍽 **熙成烧烤（白塔岭店）**
游客评价：慕名而来，服务很好，宫后筋，五花鱼籽，酸酸筋很好吃
📞 0335-8068138
📍 秦皇岛市海港区河北大街西段54号

🍽 **戴河香地方名吃海鲜大陷蒸饺（黄金海岸一店）**
游客评价：海鲜，好吃服务也周到

📞 18031258669
📍（昌黎县）黄金海岸一纬路18号

🍽 **苍蝇胡同（秦安街总店）**
游客评价：店面不大，装修很有特色，东西也好吃
📞 13803381881
📍 秦皇岛市秦安街138号

🍽 **沸腾鱼乡**
游客评价：水煮鱼是特色，不是很辣，馋嘴蛙太香了，强烈推荐
📞 0335-5318828
📍 白塔岭街道茂业天地5层5041号

🍽 **大海蒸汽海鲜自助餐厅**
游客评价：海鲜，热门并且食料新鲜
📞 13903349267
📍 秦皇岛市海宁路10—16号

🍽 **五号小院串串香（康乐里总店）**
游客评价：串串品种多，小料很香
📞 13930386668
📍 秦皇岛市建设大街康乐里17栋

↙ 住在秦皇岛

平价型

7天酒店（秦皇岛火车站燕山大街店）
📍 秦皇岛市燕山大街119号
📞 0335-7093977

佳之星快捷酒店（和平大街店）
📍 秦皇岛市海港区和平大街96号
📞 0335-3038833

羊城酒店
📍 秦皇岛市海港区迎宾路132号
📞 0335-3853555

秋果海景日出酒店（新澳海底世界店）
📍 秦皇岛市河滨路金梦海湾第一观3单元1楼
📞 0335-5313899

享受型

北戴河阿那亚安澜酒店
📍 秦皇岛市滨海新大道黄金海岸阿那亚区
📞 0335-5822999

秦皇国际大酒店
📍 秦皇岛市海港区文涛路2号
📞 0335-8368888

欧玛克假日酒店
📍 秦皇岛市北戴河区海滨保二路38号
📞 0335-4032323

秦皇岛海景开元大酒店
📍 秦皇岛市海港区东港路25号
📞 0335-3430888

↙ 购物秦皇岛

现代购物广场

现代购物广场位于秦皇岛市海港区名族路44号，总面积39000平方米，是秦皇岛市较为高档的休闲、购物、娱乐场所。这里汇集了世界各地的名牌产品，既有适合年轻人的牌子，又有适合中年人的牌子，因此可选性很大，产品质量也有保证。这里购

物环境也很好，能让顾客轻松、愉快地购物。

乐都汇

乐都汇位于海港区河北大街中段与文化路交叉口，面积有 57281 平方米，共分为地上四层和地下两层。第一层包括服饰、化妆品、珠宝等，拥有种类齐全的世界名牌，引领了秦皇岛市市民的消费潮流；二、三两层是秦皇岛市零售卖场，为顾客提供了多种产品和更优惠的价格；第四层为乐都汇的美食广场，让顾客在购物的同时，也能享受到美食。乐都汇的地下两层都是停车场，方便了顾客开车前来购物。

乐都汇秉着"比任何人更为顾客尽心尽力"的理念，为方便市民购物，在全市开通了 10 条免费购物班车，这种人性化的关怀受到了市民的广泛欢迎。

天洋购物广场

天洋购物广场位于河北省秦皇岛市开发区，于 2000 年开业，面积 35000 平方米，分为精品馆、淑女馆、运动休闲馆等。精品馆是本市公认的有品位的卖场，淑女馆和运动休闲馆年轻人的流量数倍于其他商场。

特产

秦皇岛市是海滨城市，其特产自然以海产品为主，像海参、扇贝、鱿鱼、带鱼、对虾等，种类繁多，聚齐了环渤海地带的美味海鲜。其中的螃蟹口味独特，且富含蛋白质，老少皆宜；对虾玲珑剔透，味道鲜美，深受人们喜爱；秦皇海参肉厚味美，营养丰富，是游客们抢购的对象。

工艺品主要是珍珠类饰品，如项链、门帘和一些小挂件等。

小吃种类也很丰富，像绿豆糕是用当地特产的绿豆和白糖秘制而成，食之甜而不腻，松软可口。游客可到秦皇岛山海关天心胡同的"回记糕点部"一饱口福。

还有麻酱烧饼，其色金黄，口味纯正，让人回味无穷。秦皇岛市文化北路的海港区"老二位饭店"里的麻酱烧饼最为正宗。

秦皇岛购物城

山西

区号：	0349-0359
省会：	太原
面积：	156700平方千米
人口：	3491.56万人
方言：	晋语、冀鲁官话
著名景点：	五台山、平遥古城、云冈石窟、乔家大院等

概况

山西，因位于太行山西面而得名。山西是一个地形比较复杂的省份，省内有多种地貌类型，其中山地、丘陵占据了总面积的2/3，其间还夹杂着多个盆地，因此，这里也形成了丰富的自然旅游资源。山西属于典型的大陆性气候，春天多风沙，昼夜温差大；夏季短暂，炎热多雨；秋季南部凉爽，但北部气温下降很快；冬季漫长，寒冷干燥。南北之间的温差大，日温差大都是山西比较特殊的气候。

山西的资源很丰富，煤、铝土、铁等都是该省的优秀资源，尤其是煤炭资源特别丰富，分布在全省90多个县市内，是我国的产煤大省。

山西还拥有悠久的历史，也是中华文明的发祥地之一，从旧石器时代就有人在此生存，因此山西拥有众多的名胜古迹，从古至今走出了很多名人名士，有"中国古代文化博物馆"的美称。晋商是山西的一大特色，他们曾经是中国商业的领头人，以诚信无欺而闻名全国，远播海外，至今只要提起晋商和山西票号还是会让人称赞不已。

线路 1
太原—大同—平遥—临汾

线路 2
太原—五台山—大同

名菜

过油肉：传说起源于明代，原为官府名菜，后传到民间。虽然其他地方也有这道菜，但是，山西的过油肉无论是原料还是制作方法都和其他地方不同，形成了自己的特色。原料采取的是精选瘦肉，再配上黑木耳、蘑菇、冬笋等，做成不同配菜的过油肉。在制作过程中火候的要求很高，要在165℃左右，这样可以让肉片色泽金黄、口感好。其中还有一个特色做法就是点醋，可以达到去腥增香的效果，这也是山西菜肴的特色风味。

铃钟鸡：此菜以鸡脯肉和肥膘肉为主要原料，然后配上香菇、黄瓜、玉兰片、火腿等。在制作的时候将鸡脯肉和肥膘肉剁成细泥，再加入精盐、胡椒粉、味精、料酒、蛋清、熟猪油做成嫩鸡茸，然后将原料放入一个高脚酒盅中，再上笼蒸熟，最后淋上特制的清汤即可。此菜味道鲜美、软嫩细腻，令人回味无穷。

交通

飞机

太原武宿国际机场
☎ 0351-118114
📍 位于太原南郊武宿，距离市中心约15千米

机场交通：
1号线：机场—五一广场（8：30—当日航班结束）
乘车地点：机场T1、T2航站楼一层机场巴士站。客满发车，票价16元。
2号线：机场—西客站（9：30—19：00）
乘车地点：机场T1、T2航站楼一层机场巴士站。客满发车，票价25元。
3号线：机场—太原南站（9：30—20：00）
乘车地点：机场T1、T2航站楼一层机场巴士站。客满发车，票价5元。
4号线：机场—东客站（9：30—19：00）
乘车地点：机场T1、T2航站楼一层机场巴士站。客满发车，票价25元。
出租车
出租车起步价8元，3千米后每千米1.6元。

运城张孝机场
☎ 0359-2598168/2598158
📍 运城市盐湖区关公西街1号
机场交通：运城张孝机场有运城公交56路、运城公交66路；其中56路为运城北站至运城机场，沿途设30个停靠站点；66路为盐化二厂至运城机场，设44个站点。
出租车
出租车上客位于T2航站楼到达层2号门外，起步价5元，2千米后每千米1.5元。

山西—太原地铁

1号线（在建）
龙城大街东—西山矿务
2号线
尖草坪—西桥
（6：00-22：00 最高票价6元）
3号线（在建）
柴村—东峰

太原

太原市是山西省的省会,三面环山,一面临河,是山西省的政治、文化和金融中心、国际交流中心,太原经济圈是中西部地区重要的中心城市,历史悠久的文化古都,也是中国拥有文化遗产项目数量最多的城市之一,被评为中国优秀旅游城市。

太原是一座具有4700多年悠久历史的中华古城,其旅游资源以人文景观为主。悠久的历史造就了一批具有浓厚文化内涵的人文景观,有被誉为华夏文化璀璨明珠的"晋祠"园林、建于明代的永祚寺、中国双塔建筑的杰出代表"凌霄双塔"、中国最大道教石窟龙山石窟、世界上最大的佛像蒙山大佛、祭孔文庙、千年名城晋阳古城遗址以及中国十大石窟之一的天龙山石窟等名胜古迹。

区号:0351
邮编:030000
面积:6988平方千米
人口:530.41万人
著名景点:晋祠、天龙山石窟、永祚寺、纯阳宫等

两日游

双塔寺—纯阳宫—崇善寺—晋祠—天龙山石窟—北武当山

游在太原

晋祠★★★★

晋祠,位于太原西南的悬瓮山,始建于北魏。晋祠分为中、北、南三部分,中部是晋祠的主体,建筑严谨,圣母殿是中心建筑;北部是依山而建,随着山势的起伏而错落有致;南部则有一些江南园林的风格,亭台楼阁、小桥流水。整个晋祠的建筑秀丽清幽,建筑、园林、雕塑、碑刻等都是艺术中的珍品。

此外,这里山环水绕,古木参天,在如画的美景中,历代劳动人民建筑了近百座殿、堂、楼、阁、亭、台、桥、榭。在苍郁的树木掩映之下,清澈见底的泉水蜿蜒穿流于祠庙殿宇之间,历史文物与自然风景融为一体,使游人目不暇接,流连忘返。其主要景点有唐碑、金人台、宋代铁人、东岳庙、昊天祠、善利泉、圣母殿、宋塑侍女像、鱼沼飞梁、公输子祠等。

旺季80元;淡季65元

旺季(4月至10月):8:00—18:00;淡季(11月至次年3月):8:30—17:00

太原武宿国际机场—晋祠(自驾)
太原武宿国际机场—太原绕城高速—京昆高速—晋阳大道—晋祠
全程约23千米

晋祠

最佳旅游季节

太原属温带大陆性气候,夏季炎热多雨,冬季寒冷干燥,春光乍暖、秋高气爽之时是最佳的旅游季节。

交通指南

在市区乘坐308路、804路、848路、856路都能到晋祠景区,太原市的出租车起步价为8元/3千米,超出以后1.6元/千米,从市区乘坐出租车去景区大概需45分钟。

北京、天津、石家庄、郑州、西安等都有发往太原客运总站的大巴车,山西各市、县也有发往太原的车。

小贴士

1. 晋祠的历史比较渊深,里面流传着很多民间故事、传说,建议在进去之前买些资料细细阅读,或者请导游讲解,能从中学到很多知识。

2. 晋祠里面分为南线、中线和北线三条旅游路线,每个路线的景点不同,所以要提前规划好路线,以免重复或者漏掉景点。

晋祠

纯阳宫★★★

纯阳宫,位于太原市迎泽区,始建于元代,原来供奉的是吕洞宾,如今为山西省博物馆专题文物陈列部。馆中现有20个文物陈列室,里面展出陶瓷、铜器、玉石、竹木牙雕、石刻、书法、绘画、碑帖、刺绣、珐琅、漆器等众多文物,具有很高的观赏价值。

纯阳宫

💰 30 元
🕘 9：00—16：30（周一闭馆）
🚌 太原武宿国际机场—纯阳宫（自驾）
太原武宿国际机场—太榆路—建设南路—起凤街—纯阳宫
全程约 17 千米

天龙山石窟
★★★★

天龙山石窟，位于太原市西南 40 千米的天龙山山腰处，最早开凿于东魏年间，共有东魏、北齐、隋、唐、五代等 5 个朝代的作品。第九窟是其中的精品之作，洞窟中有释迦牟尼佛坐像，端庄的容貌、协调的比例、精湛的技艺，是石窟雕刻中的上乘作品。

💰 30 元
🕘 8：00—17：00
🚌 太原武宿国际机场—天龙山石窟（自驾）
太原武宿国际机场—太原绕城高速—晋阳大道—天龙山石窟
全程约 23 千米

天龙山石窟

北武当山
★★★★

北武当山，又称"真武山"，位于吕梁市方山县，有 72 座峰、36 个崖、24 个涧，主峰为香炉峰，海拔高达 2254 米，是我国北方道教的发源地之一。景区集合了雄、奇、险、秀等特点，素有"三晋第一名山"之称，山上还有很多古树和中药材，每年农历三月初一至三为北武当山古庙会期。届时，玄天殿前香烟缭绕，风景区内游人如云。

💰 旺季（5 月至 10 月）72 元；淡季（11 月至次年 4 月）60 元
🕘 6：00—18：00
🚌 太原武宿国际机场—北武当山（自驾）
太原武宿国际机场—京昆高速—青银高速—苏北线—北武当山
全程约 223 千米

榆次老城
★★★★

这里曾是古代中国大地上极平凡的一座古城，然而它今天却极耀眼。榆次老城是一个历史悠久的老城，是隋开皇年间在汉城旧址上修筑起来的，占地 100 万平方米，古建筑和园林建筑达 60 万平方米，大多为明清时期的建筑。城中有城隍庙、县衙、文庙、凤鸣书院、南北大街、市楼、思凤楼、清虚阁、大乘寺、西花园、桑芸故居、遗址公园等众多的历史遗迹，而且有山有水，充分展示了民族文化以及晋商的文明。

💰 75 元
🕘 8：00—17：30
🚌 太原武宿国际机场—榆次老城（自驾）
太原武宿国际机场—G108—汇通北路—府兴路—榆次老城
全程约 17 千米

榆次老城

汾河二库
★★★★

汾河二库，位于太原市西北 30 千米的汾河上，这是一座兼具防洪、发电、旅游和养殖功能的大型水利工程，景区中有竹筏、吊桥、快艇、栈道等景点。游客可以坐竹筏漂流，也可以乘坐快艇游览水库风光。在这里还可以品尝到美味的渔家美食，让你游玩的同时还能够一饱口福。

💰 42 元
🕘 8：00—18：30
🚌 太原武宿国际机场—汾河二库（自驾）
太原武宿国际机场—太榆路—汾河二库路—汾河二库
全程约 50 千米

汾河二库

崇善寺
★★★

位于太原市上官巷中，始建于隋末唐初，现在此设立省佛教协会。该寺建筑为红墙青瓦的宫殿式风格，寺门前放置了一对明代所造的铜狮子。其主要建筑为典型的明代建筑，殿中有千手千眼 11 面观音、千钵文殊菩萨和普贤菩萨三尊雕塑，都是明代佛教中的艺术精品。

💰 免费
🕘 8：00—16：00
🚌 太原武宿国际机场—崇善寺（自驾）
太原武宿国际机场—太榆路—建设南路—文庙巷—崇善寺
全程约 16 千米

中国煤炭博物馆
★★★★

中国煤炭博物馆，整体规划为"七馆一井"，分别是煤的生成馆、煤炭与人类馆、煤炭开发技术馆、当代中国煤炭工业馆、煤炭艺术馆、煤炭文献馆、中外交流馆和模拟矿井。它向人们展示了煤炭对人类发展的重要性，并且真实模拟了矿井，可以让人们进一步了解到煤炭是如何开采的，是宣传煤炭知识的重要场所。

💰 60 元
🕘 9：00—17：30
🚌 太原武宿国际机场—中国煤炭博物馆（自驾）
太原武宿国际机场—南中环街—滨河西路—晋祠路辅路—中国煤炭博物馆
全程约 20 千米

双塔寺
★★★

双塔寺，原为永祚寺，始建于明代，分为前院、后院、塔院三部分，寺中有著名的双塔。两塔都是砖石结构，高 50 多米，有 13 层，在塔的外壁和内壁之间有盘旋式的阶梯，直达 11 层。站在塔顶，可以远眺太原整个城市的风景。寺中还有一个著名的碑廊，其中陈列有王羲之、张旭、颜真卿、柳公权、苏东坡等书法大家的书法碑刻。

双塔寺

💰 30元
🕐 8：30—17：30
🚌 太原武宿国际机场—双塔寺（自驾）
太原武宿国际机场—太榆路—建设南路—永祚寺路—双塔寺
全程约13千米

碑林公园 ★★★

碑林公园，这里是专门收藏和展示明清书法的公园。分为南北两个园区，南园为三晋碑林，北园为傅山碑林，共收藏有418块各种碑石，有真书、行书、隶书、草书、篆书多种字体，具有很高的艺术价值和观赏价值，也是我国书法界交流的重要场所。如果你是一个书法爱好者，一定不要错过这里。

💰 2元
🕐 8：30—18：00
🚌 太原武宿国际机场—碑林公园（自驾）
太原武宿国际机场—南中环街—滨河东路—康乐街—碑林公园
全程约18千米

碑林公园

碛口古镇 ★★★★

碛口古镇，位于临县城南50千米处，距离太原大约230千米，有着"九曲黄河第一镇"的美称，早在200多年前就已经存在了。碛口背依吕梁山，面朝黄河，拥有得天独厚的地理条件，因此成为经济重镇。碛口古镇的建筑为西湾民居，是黄土高原的特有建筑，房子上有明清风格的砖雕、木雕、石刻的装饰，古色古香，颇具韵味。

💰 免费
🕐 全天
🚌 太原武宿国际机场—碛口古镇（自驾）
太原武宿国际机场—京昆高速—青银高速—S248—碛口古镇
全程约238千米

碛口
交通指南

碛口距离太原较远，距离临县和吕梁市离石区较近，从太原去碛口古镇有一辆中巴车，每天12：30发车，在景区停留一晚，第二天返回。可以先从太原到吕梁市离石区，太原到吕梁市离石区的客车非常多，从吕梁市离石区坐中巴或者面包车去碛口古镇大约1小时。临县每天也有好几趟中巴和面包车发往碛口，先去临县也可以，在临县可以包面包的士过去，100元左右。

碛口购物

碛口当地产红枣，有很多卖枣的小摊贩，碛口距黄河很近，所以景区的纪念品就是黄河石。这里有各种各样的黄河石，游客可以选购几个喜欢的带回去留作纪念。当地人制作的鞋垫、布兜等手工艺品也很有特色，值得购买。

碛口美食

膦子面，用荞麦面做成，放入一些辣椒酱、芝麻酱、老陈醋，再放点特制的膦子，一碗香喷喷的面就出来了。豆腐，这是最常见的食品了，但这里做豆腐的方法不一样，他们用豆子磨成豆浆，然后煮熟加上卤水，再放在木制器皿中压成型，这样做出来的豆腐要比我们平时吃到的好吃。

碛口住宿

碛口的住宿还是很方便的，就是条件差一点。因为是当地人自家开的旅馆，平时学生和附近县城的游客多一些，最大的一家宾馆是碛口最西头的黄河宾馆，有土炕和普通床位，有公共卫生间。冬天游客人少，有些宾馆就歇业了。

↘ 吃在太原

太原的美食体现了北方的特色——咸香，但是又具有地方特色——酸辣，其中酸是特色之一。山西以面食闻名天下，而太原的面食又是山西最著名的。面食的制作方法多样、口味各异，可谓是变化无穷，让人赞不绝口。来到太原，一定要好好品尝一下当地的面食。

葱花捞面

🍃 河东颐祥阁
游客评价：山西菜，人气很旺
📞 0351-7960588
📍 太原市亲贤北街10号

🍃 杏花堂（南中环店）
游客评价：山西菜，装修高级，菜品精美
📞 0351-7973566
📍 太原市南中环街426号山西国际金融中心B座

🍃 海世界海鲜广场
游客评价：自选式的海鲜店，个个鲜活，品种也多
📞 0351-7188888
📍 太原市小店区体育路1号

🍃 晋韵楼大酒店
游客评价：环境很不错，服务也好，菜品干净好吃
📞 0351-7229666
📍 太原市小店区体育西路188号

🍃 顺华粉馆（桃园南路店）
游客评价：锅盔又香又脆，吃得停不下来
📞 13934639128
📍 太原市迎泽区桃园南路40号

住在太原

平价型

太原民鑫快捷酒店
太原市迎泽区都司街 118 号
0351-4150597

如家酒店·neo(桃园北路店)
太原市迎泽大街与桃园北路交叉口北 450 米
0351-4138222

艾客桔子酒店(太原胜利街地铁站店)
太原市胜利街 296 号
0351-6126677

锦江之星(府西街地铁站店)
太原市杏花岭区府西街甲 1 号
0351-5275008

太原山西华苑宾馆
太原市迎泽区迎泽大街 9 号
0351-8828555

享受型

太原晋祠宾馆
太原市晋源区晋祠风景名胜旅游区 669 号
0351-6099999

山西万狮京华(维景国际)大酒店
太原市平阳路 126 号
0351-7658888

山西饭店
太原市纯阳宫 21 号
0351-6688888

太原花园国际大酒店
太原市杏花岭区解放北路 83 号
0351-3131888

太原万怡酒店
太原市平阳路 118 号
0351-7558888

购物太原

柳巷

柳巷是太原的步行街,周围有华宇超市、贵都百货、中昌商厦、万嘉大厦等著名的商场。这里还有各色的专卖店,服饰、鞋子、内衣、头饰、皮具等琳琅满目,价位适中,适合中低层次的消费。这里还有很多的餐店,在逛街之余可以享用一下美食。

晚上这里有太原市非常热闹的夜市,夜市上的人丝毫不比白天少,商品多样且价格便宜,无论是服装、皮具,还是玩具、饰物等都有,其中也有很多东西非常不错,物美价廉,来到太原的话,不妨逛一逛。

贵都世纪广场

贵都世纪广场位于太原市迎泽区柳巷南路 19 号,这里是太原比较上档次的商场,主要经营的是高档服装、化妆品等,有众多的知名品牌,环境舒适,服务好,在这可以买到很多上乘的服饰,是当地比较受欢迎的商场之一。

五一大楼

五一大楼是太原的老字号百货大楼,名气很大,而且位于热闹繁华的五一广场,因此客流量很大,这里主要经营的产品也比较丰富,服饰、鞋帽、化妆品、电器、文具、小百货、副食等一应俱全,以中档产品为主,适合消费的人群比较广。因为是老字号的商场,购物环境稍微差了一点,但仍不失为一个好的购物场所。

特产

头脑:实则既无头又无脑,是用肥羊肉、黄花等八样原料配制而成的,故又名"八珍汤"。

老陈醋:山西的老陈醋在全国有名,当地的醋作坊在明朝时就已出现了,经常食醋有帮助消化、增加食欲、增强免疫力等作用。

晋祠大米:山西的大米数晋祠一带的最有名,品种优良,颗粒饱满,蒸出来的米饭软硬可口,特别有劲道,米香四溢。太原缺水,而晋祠的大米是用难老泉的水灌溉生长的,常吃延年益寿。

汾酒:"入口绵、落口甜、酒后有余香",以色、味、香三绝著称,是我国八大名酒之一。据说汾酒是杨贵妃的最爱,现在平民百姓也能品尝到。

山西杏花村酒

大同

大同市位于山西省北部，是山西省第二大城市，国家首批历史文化名城，中国九大古都之一。大同是我国的北方能源生产基地，有"煤都"之称。

大同文化底蕴深厚，旅游资源丰富。大同有"佛国龙城"之美誉，自北魏在此建都以来，这里就成了佛教重地，云冈石窟是佛教文化的杰出代表，为中国三大石窟之一，而北魏的悬空寺则是国内仅存的佛、道、儒三教合一的神奇寺庙；辽金时期，大同作为陪都，规模宏大，辉煌一时；清时期这里是边塞重地，保留下来的遗迹有边塞长城、龙壁、兵堡等。现在的大同利用自身历史古迹众多的优势大力发展影视文化，成为全球拍古装大戏的好去处之一。

| 区号：0352 |
| 邮编：037000 |
| 市区面积：14176平方千米 |
| 人口：310.56万人 |
| 著名景点：云冈石窟、恒山、悬空寺、善化寺等 |

两日游

云冈石窟—宝宁寺—善化寺—恒山—悬空寺

游在大同

云冈石窟 ★★★★★

云冈石窟，位于山西省大同市西郊武州山南麓，始建于北魏时代，当初是为了供奉佛教而创建的，至太和孝文帝时期又有增扩，与敦煌莫高窟、洛阳龙门石窟和麦积山石窟并称为中国四大石窟艺术宝库。云冈石窟气势宏伟、雕刻精细，不仅具有印度犍陀罗佛教的艺术色彩，还完美地融合了中国的传统艺术风格。

现存主要洞窟45个，大小窟龛252个，造像51000余尊，代表了5世纪至6世纪时中国杰出的佛教石窟艺术。其中的昙曜五窟布局设计严谨统一，是中国佛教艺术第一个巅峰时期的经典杰作。如今它已经成为海内外游客向往的旅游胜地。

$ 120元
夏季：8:30—17:20；冬季：8:30—17:00
大同云冈机场—云冈石窟（自驾）
大同云冈机场—同煤快线—S339—云冈石窟
全程约35千米

云冈石窟

最佳旅游季节

大同地处黄土高原，降水少，冬季寒冷干燥，夏季温度也不太高。每年8月份是大同云冈旅游节，这个时候景区会推出一些活动，也是旅游的好时节。

交通指南

市区3路公交终点站即是景区。如果是在火车站，就乘坐4路公交在新开里下车转3路公交；如果是在长途客运站，就坐26路到新开里转3路公交；如果在长途汽车客运南站，就坐28路到新开里下车转3路公交；如果在机场，就坐机场大巴到大同宾馆下车坐17路公交在新开里下车转3路公交。

在市区乘坐出租车去景区也很便捷，大概25分钟，30元左右。

小贴士

1. 云冈石窟文化底蕴深厚，所以建议请导游讲解，或者租个电子讲解器，这样会学到很多知识。

2. 大同昼夜温差大，所以去之前准备一些厚点的衣服，早上和晚上外出时穿。

云冈石窟

应县木塔 ★★★★

应县木塔也称"释迦塔"，位于应县西北的佛宫寺内，是我国现存最高最古老的木构式塔。木塔从外观来看为五层，每层间设有暗层，所以实为九层。木塔内各层有佛祖、菩萨等佛像，每尊佛像都是雕塑精致、情态各异，艺术价值很高。

$ 48元
8:30—18:00
大同云冈机场—应县木塔（自驾）

应县木塔

大同云冈机场—二广高速—S210—应元街—应县木塔
全程约89千米

大同火山群 ★★★★

火山群主要分布在大同盆地的东部，是我国第四纪火山群，不过早在6万年前就停止喷发了，属于死火山群。火山群已知的有30多座，远看如一座座小山丘，走近细看，会发现火山口处有流水冲刷的剖面，竟是由各色的熔岩、火山灰等物质堆积而成的。

- 免费
- 8：00—18：00
- 大同云冈机场—大同火山群（自驾）
大同云冈机场—三零二线—阳西线—大同火山群
全程约26千米

白登山 ★★★★

白登山位于大同市城东，历史上汉高祖刘邦曾遭受"白登之围"，就是被困于此山。1993年，大同市政府在山上建立了一座汉阙式碑亭，碑文详细讲述了汉初白登之战的情景。白登山风景极佳，是度假游玩的好地方。

- 20元
- 8：30—18：00
- 大同云冈机场—白登山（自驾）
大同云冈机场—三零二线—二浙线—S301—白登山
全程约16千米

慈云寺 ★★★★

慈云寺位于大同市天镇县城内，始建于唐朝。寺院规模宏大、结构严谨，主要建筑有山门、钟鼓楼、大雄宝殿、观音殿等。其中钟鼓楼和释迦殿的壁画极具特色，钟鼓楼在建造上吸收了游牧民族的帐篷顶形式样，风格奇特；释迦殿的壁画色彩鲜丽，内容以佛教故事为主，形象生动，艺术价值极高。

- 20元
- 8：00—17：00
- 大同云冈机场—慈云寺（自驾）
大同云冈机场—三零二线—天黎高速—西大街—慈云寺
全程约87千米

平城遗址 ★★★★

北魏平城遗址包括宫城、外城和城郭三部分，总面积有60平方千米。自北魏在平城定都直到迁都洛阳，其间有96年。在这近百年间，平城发展成为人口超过百万的大都市，堪称是当时中国北方的政治经济文化中心。而今历经沧桑，时过境迁，平城古都一片废墟，只剩几处残台，令人不胜感慨。

- 免费
- 8：00—17：00
- 大同云冈机场—平城遗址（自驾）
大同云冈机场—南环东路—南环路—平城遗址
全程约15千米

恒山 ★★★★

北岳恒山是五岳中海拔最高的，有"塞北第一山"的美称。山上分布着许多道观，相传张果老就是在恒山上修行得道的。北岳庙是恒山最宏伟的道观，始建于明朝，观内有十数尊石碑，记载着历代祭山的盛况，是研究恒山历史的珍贵资料。恒山上山势陡峭、松柏苍莽，又有飞瀑清泉、禽兽争鸣，奇观美景随处可见，主要的景点有飞石窟、虎风口、果老岭等。

- 55元
- 8：00—18：00
- 大同云冈机场—恒山（自驾）
大同云冈机场—三零二线—天黎高速—G239—恒山
全程约73千米

北岳恒山

恒山
最佳旅游季节

恒山所处地区属于典型的温带半干旱大陆性气候，四季分明，冬季寒冷，夏季炎热多雨，春秋季节干旱多风，气温相对适宜。因此4月—10月份是最好的旅游季节。夏季虽然前往恒山的途中会感觉炎热，但山上气温低，是纳凉避暑的好去处。

交通贴士

飞机：大同云冈机场是距离恒山最近的机场，此机场位于大同县倍加皂镇北，距大同市中心15千米，机场有开往国内各大城市的航班。游客到达大同云冈机场后，需搭车到大同长途汽车南站，然后坐车前往恒山。从大同汽车南站坐车到恒山需要两小时的时间。

火车：大同火车站距离恒山有些远，如果乘坐火车，需要搭乘出租车到大同长途汽车南站，然后坐客车前往恒山。

自驾游路线：北京方向：京大高速—浑源西出口—北岳恒山、悬空寺；太原方向：大运高速—浑源西出口—北岳恒山、悬空寺。

购物大同

大同市是山西、河北和内蒙古三省之间的重要物资集散地，商业相当繁华。这里有百货大楼和购物广场。

大西街：这是大同市历史悠久的商业街市，街道两侧店铺云集、商场林立，主要经营的商品有服装、玩具、小吃等。中兴商场、东方商厦和华丰广场是大西街规模最大的购物场所。

↘ 吃在大同

大同是晋菜的主要聚集地，这里的饮食口味偏重，菜肴中油、盐、酱、醋等调料量往往较多。和山西其他地区一样，大同餐饮中的主食仍然是面食，拉面、莜面、热干面等都是当地的日常饮食。大同的风味小吃羊杂粉汤、广灵豆腐干、混元炒酥大豆在当地很有名，值得去尝一尝。

大同饮食文化发达，在市区的任意一条街道上，最多的店铺通常都是餐馆，不仅有具有当地特色的山西美食，也汇集了全国各地的美味佳肴。在火车站和云冈等繁华地段有不少特色餐厅。

风味豆腐干

🥢 老爷庙风味美食府

游客评价：推荐土豆炖排骨，完全入味，太好吃了

- 0352-5022249
- 大同市振兴街解放集贸市场前

- 永和红旗美食城
游客评价：山西菜，粉羊杂非常地道
☎ 0352-5100333
📍 大同市魏都大道富临宝城裙楼三层

- 凯鸽火锅城
游客评价：羊肉一定要试一下，一点也不膻
☎ 0352-2383666
📍 大同市迎宾东路116号

- 紫泥369粗粮季（鼓楼店）
游客评价：山西特色美食，凉粉、凉糕都很好吃
☎ 0352-5880888
📍 大同市鼓楼西街13号商铺

- 龍聚祥烧麦馆（鼓楼店）
游客评价：不只是烧麦好吃的一家老字号店
☎ 0352-5378899
📍 大同市鼓楼西街与永泰街交叉口西北角

住在大同

平价型

悦龙休闲商务酒店
📍 大同市武定北路操场城街5号
☎ 0352-5689999

华美庭快捷酒店
📍 大同市云洲街恒祥园A区北门西侧
☎ 0352-8867888

大同浩海国际酒店
📍 大同市魏都大道1798号
☎ 0352-5686888

恒山锦绣商务酒店（东信店）
📍 大同市魏都大道东信广场1号楼
☎ 0352-7187777

曼都智能民宿
📍 大同市延昌路E家公寓21层
☎ 0352-5045999

享受型

大同云冈建国宾馆
📍 大同市迎宾东路21号
☎ 0352-5066666

大同贵宾楼假日酒店
📍 大同市迎宾街37号
☎ 0352-2118888

金地豪生大酒店
📍 大同市平城街88号
☎ 0352-6039999

大同王府至尊酒店
📍 大同市向阳街843号
☎ 0352-5207777

大同云冈美高大酒店
📍 大同市迎宾路19号
☎ 0352-5375218

五台山

五台县
区号：0350
邮编：035500
面积：2865平方千米
人口：30.72万人
著名景点：菩萨顶、驼梁景区、南山寺等

　　五台山位于山西省东北部忻州市，与四川峨眉山、安徽九华山、浙江普陀山并称"中国佛教四大名山"。五台山因东、南、西、北、中有5座峰顶平坦的山而得名，东台望海峰、西台挂月峰、南台锦绣峰、北台叶斗峰、中台翠岩峰。五峰耸立，如擎天巨柱拔地而起。

　　五台山是中国四大佛教名山之首，山中庙宇众多，各类寺庙一共70余座，依山而建，气势磅礴，宏伟壮观，庙内佛像林立，有很多精美雕刻、彩画塑像，佛家文化气息浓厚。五台山奇峰灵崖众多，石刻壁画随处可见。五台山夏季温度要比平原低20℃，所以这里又有着"清凉国度"的美称，每年夏季来这里的游客络绎不绝。可以说五台山是集登山观景、消暑纳凉、烧香拜佛等为一体的旅游胜地。

游在五台山

菩萨顶★★★★★

　　菩萨顶处在五台山台怀镇的灵鹫峰上，它是五台山中规模最大的黄教佛寺，相传这里曾是文殊菩萨的住处。菩萨顶始建于北魏孝文帝年间，全寺依山就势，布局严谨，寺内有天王殿、钟鼓楼等建筑，又有清代两位皇帝康熙和乾隆所书的御碑。

💰 10元
🕐 8：00—17：00（不同季节会有少许调整）
🚗 忻州五台山机场—菩萨顶（自驾）
忻州五台山机场—沧榆高速—砂石线—菩萨顶
全程约115千米

💡 五台山
最佳旅游季节
　　五台山气温非常低，游客可以选择夏季来游玩，春秋时节游览需穿厚衣服，冬季很少有游客。

菩萨顶

路线推荐

1. 适合上班族节假日游玩，两天内游完景区的精华寺庙：第一天，镇海寺—南山寺—普化禅寺—殊像寺—塔院寺—万佛阁；第二天，显通寺—广化寺—黛螺顶。

2. 适合闲游人士及崇拜佛教的虔诚信徒，三日游完景区所有寺庙：第一天，黛螺顶—圆照寺—菩萨顶—显通寺—塔院寺—殊像寺—集福寺；第二天，清凉寺—金阁寺—龙泉寺—南山寺—南台顶—镇海寺；第三天，东台顶—西台顶—碧山寺。

小贴士

1. 云台山气温低，且夏季多雨，所以厚衣服和雨伞、雨衣是必备的。

2. 自驾车去旅游一定要规划好路线，山中道路多，容易迷路，遇到窄路注意安全，不要让陌生人搭车。

罗睺寺★★★

罗睺寺始建于唐代，相传这里曾有圣灯显现，所以此寺又名落佛寺。寺前有一对唐代的石狮，雄伟庄严，寺内有天王殿、文殊殿、藏经阁等建筑，其中后殿的"开花现佛"极具神秘色彩，殿内正中有一硕大莲花，八瓣莲花徐徐绽开便会现出四尊佛像，颇具异趣。

💰 6元
🕐 7：00—17：00
🚌 忻州五台山机场—罗睺寺（自驾）
忻州五台山机场—沧榆高速—砂石线—罗睺寺
全程约 114 千米

塔院寺★★★★

明代重修显通寺内的舍利塔，将塔院独立列成一寺，就是塔院寺。寺内舍利塔高耸入云，群寺环绕下，高大壮观，此塔是塔院寺主要的标志，也是五台山的标志。

💰 10元
🕐 8：00—17：00
🚌 忻州五台山机场—塔院寺（自驾）
忻州五台山机场—沧榆高速—砂石线—塔院寺
全程约 114 千米

塔院寺

南山寺★★★★

南山寺依山而建，规模宏伟，共有殿堂窑房 300 余间，占地 6 公顷，规模之大在五台山首屈一指，而且悬于陡峭山坡，更增添了宏伟气势。南山寺整个建筑群共有七层，划分为 3 个部分，下 3 层为极乐寺，中 1 层为善德堂，上 3 层为佑国寺。寺院内容丰富，有影壁、六大天王像等众多景观，自下三层而至上三层，美不胜收，是五台山上独具魅力的一座寺院。

💰 5元
🕐 7：30—18：00
🚌 忻州五台山机场—南山寺（自驾）
忻州五台山机场—沧榆高速—砂石线—南山寺
全程约 111 千米

南山寺

赵杲观★★★

赵杲观始建于北魏太延年间，现存建筑多为明代重修。观宇由南洞和北洞两大群落组成，南洞内容以佛教为主，北洞内容主要是道教。整个观宇依山建造，独立于险峰绝壁上，鬼斧神工，给人一种人间仙宫之感。

💰 20元
🕐 8：00—19：30
🚌 忻州五台山机场—赵杲观（自驾）
忻州五台山机场—瑶三线—白停线—高苏线—赵杲观
全程约 87 千米

南禅寺★★★

南禅寺位于山西五台县李家庄，始建于唐德宗年间，它是我国现存历史悠久的木构建筑。寺内有四大殿宇 观音殿、菩萨殿、龙王殿和大殿。大殿内的唐代雕塑工艺精湛，是我国唐代雕塑艺术的珍品，艺术价值极高。

💰 10元
🕐 7：30—18：00
🚌 忻州五台山机场—南禅寺（自驾）
忻州五台山机场—瑶三线—殿东线—南禅寺
全程约 29 千米

龙泉寺★★★

龙泉寺位于五台山台怀镇南，始建于宋代，原为杨家将家庙。寺内有影壁、台级和牌坊等多处景观。影壁上有石雕，正中为文殊菩萨，四周布满人物花卉，形象惟妙惟肖；影壁以北有 108 级台阶，拾级而上可达山门；山门前白玉石狮、小拱桥等雕刻，其中石牌坊雄伟壮观、巧夺天工，令人称奇。

💰 5元
🕐 8：00—18：00
🚌 忻州五台山机场—龙泉寺（自驾）
忻州五台山机场—沧榆高速—砂石线—龙泉寺
全程约 112 千米

显通寺★★★★★

显通寺有建筑 400 多座，是五台山规模最大的一座寺庙。寺庙周围殿宇巍峨、苍松翠柏穿插其中，佛教气息浓郁。寺内有七重殿宇，分别为观音殿、文殊殿、无量殿、大佛殿、千钵殿、铜殿和藏经殿，各大殿宇壮丽辉煌、独具异彩。显通寺的铜殿是我国现存四铜殿之一。

💰 10元
🕐 夏季：8：00—17：00
　　冬季：9：00—16：30
🚌 忻州五台山机场—显通寺（自驾）
忻州五台山机场—沧榆高速—砂石线—显通寺
全程约 114 千米

显通寺

📷 显通寺

住宿

显通寺附近有很多宾馆，可以提供住宿服务，价格中等，符合大众消费。另外，台怀镇上还有很多农家旅馆，一般为多人房间，不过窗明几净、整洁清雅。还有的家庭旅社内有火炕，适合畏寒的游客住宿。

如果游客想品尝农家小菜，可以在镇上农家食宿。材料一般都是当地居民自供自给的，干净卫生，价格也很便宜，一般几十元就可以吃得很饱。

景区特色

显通寺是五台山最大的寺庙，占地面积43700平方米。其建筑为明清时期建造，有大小房屋400多间，殿堂、厢房布局严谨，有7座殿宇，分别是大文殊殿、大雄宝殿、观音殿、千钵文殊殿、无量殿、铜殿、藏经殿。

寺内还藏有各类文物宝藏，从汉代到清朝各个时期的都有，藏经阁内还有各种藏经，对于研究各个时代的历史起着重要的作用，吸引着很多古文物和历史爱好者前来参观。

购物五台山

五台山风景区没有大型的购物场所，若想休闲购物的话，可到附近的忻州市。忻州市虽然不大，但市中心也聚集了不少规模宏大的商场，在那里就可以买到称心如意的商品。

在五台山上游玩，你可以选购一些具有当地特色的纪念品，有传统的民间工艺品，如民俗风情浓郁的剪纸，历史悠长、美观大方的推光漆器，精美而又耐用、位列中国四大名砚的澄泥砚。

黛螺顶 ★★★★

黛螺顶又名"青峰顶"，顶位于陡峭的半山脊上，于山下仰望，只见巍峨高山的半山腰中又突起一座小山，小山形似大螺，山顶草木萋萋，云雾缭绕，呈现一片黛青色，故得名黛螺顶。山顶有寺庙，与山同名，寺庙内有乾隆时期御制的大螺顶碑记。

💰 8元
🕐 7：30—18：30
🚌 忻州五台山机场—黛螺顶（自驾）
忻州五台山机场—沧榆高速—砂石线—黛螺顶
全程约113千米

黛螺顶（青峰顶）

佛光寺 ★★★★

佛光寺始建于北魏孝文帝年间，寺院三面环山，故而依山就势、高低层叠。寺院历史上屡遭损毁，多次重修，现今寺内的东大殿、天王殿、文殊殿和普贤殿等建筑均是在不同朝代所建。寺内有唐代的木构殿宇、壁画等珍贵文物，具有极高的历史和艺术价值。

💰 15元
🕐 8：00—18：30
🚌 忻州五台山机场—佛光寺（自驾）
忻州五台山机场—沧榆高速—台忻线—繁五线—佛光寺
全程约70千米

佛光寺

吃在五台山

五台山地区有不少具有当地特色的美食和风味小吃，如台蘑炒制的清炒台蘑、肉片炝香菇、台蘑炖肉等传统名吃，味道清香爽口，绝不油腻。

五台山是佛教圣地，自然少不了品种多样的素食，有水晶饺子、豆腐丸子等美味，到五台山游玩千万不能错过。

五台山是不允许出现荤腥食物的，所以若想尽情品尝当地美食的话，可以到山下附近的台怀镇上，或者到老百姓的家中品尝主人家做的独具风味的家常饭菜。

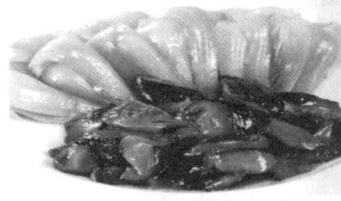
香菇扒上海青

🍴 **老山西味道**
游客评价：鱼好吃，凉糕也好吃
📞 18234890888
📍 五台县台怀镇明清街3号

🍴 **五台山正觉全素斋**
游客评价：餐具很有特色，斋菜做得很用心
📞 13903507511
📍 五台山风景区砂石线集福寺停车场内

🍴 **小南街刀削面（五台山店）**
游客评价：刀削面很劲道，水煮鱼也不错
📞 16656126837
📍 五台县五台山南门高速口旁

🍴 **清凉山一品香**
游客评价：菜量大，性价比高，是当地网红店
📞 18635016364
📍 五台县台怀镇杨柏峪星程酒店

🍴 **松禄山庄餐饮部**
游客评价：山西菜，香米肉排很棒
📞 18035018866
📍 五台县友谊宾馆旁

住在五台山

平价型

云海宾馆
📍 忻州市五台县台怀镇杨柏峪村友谊路口
📞 13934008169

静怡客栈
📍 五台县台怀镇护银沟村
📞 17835048899

佛悦贵宾楼
📍 五台山台怀镇普化寺西南300米
📞 15235007443

天天酒店
📍 五台县台怀镇杨柏峪村
📞 0350-6542188

享受型

五台山灵峰山庄
📍 五台山台怀镇龙泉山庄对面
📞 13934007604

仰佛山庄
📍 忻州市五台县台怀镇杨柏峪村
📞 0350-6542999

瑞龙国际大酒店
📍 忻州市公路路1号
📞 0350-3168888

五台山华都酒店
📍 五台县普寿寺西北300米
📞 0350-6562222

平遥

平遥县位于山西省晋中市，是一座有着2700年历史的四方古城，城的主体布局是由4条大街、8条小街、72条巷子横竖交错组成，城内建筑为青砖灰瓦的四合院，是我国保存较为完整的县级古城，现已被纳入世界文化遗产。

平遥古城源远流长，早在西周时期古城已初具雏形，经过历朝历代的扩建才有了现存的规模。现在的古城是一处旅游胜地，城内名胜古迹星罗棋布，各种遗址、古建筑群共同组成了一座规模庞大的博物馆。城中有中国最早的银行，周边有乔家大院、王家大院等。这里还是晋商的发源地，在这片黄土地上，孕育出一批又一批的名人志士，漫步平遥古城，可以领略中华文化的博大精深。

区号：	0354
邮编：	031100
面积：	1260平方千米
人口：	45.06万人
著名景点：	平遥古镇、王家大院、平遥绵山等

游在平遥

王家大院 ★★★★

有"王家归来不看院"之称的王家大院，坐落于山西省灵石县的静升镇，属于著名的清代民居建筑，修建历经康熙、雍正、乾隆、嘉庆四朝，是"康乾盛世"的民间见证。现已开放的大小院落共计123座，房屋1118间，总面积达4.5万平方米。

一座桥将东西对峙的高家崖和红门堡连在一起，使其整体上浑然一体，瓦房和窑洞错落有致地点缀其间，保留了北方民居建筑的传统。里面的砖雕、石雕、木雕等具有很高的文化价值。作为明清古建筑，王家大院以其博大精深的文化内涵被誉为"中国民间故宫"和"山西的紫禁城"。

💰 55元
🕐 8：30—17：20
🚌 平遥站—王家大院（自驾）
平遥站—京昆高速—中心街—王家大院
全程约52千米

王家大院
最佳旅游季节

这里属于温带大陆性气候，四季分明，气温适中，冬季严寒干燥，且有风沙。王家大院主要是人文景观，旅游以春、夏、秋3季为最佳，春、秋两季温差较大，去时应带厚点的衣服以备早晚之需。

交通指南

1. 平遥汽车站有发往王家大院的班车，上午、下午各一趟。太原车站也有发往王家大院的汽车，每天一班，早上去，下午返回。

2. 平遥古城附近的客栈和餐馆一般都提供包车服务，十分方便。小车能乘坐10人左右，每人大概50元。

景区住宿

王家大院距离平遥古城不远，并且半天就可以游览完了，一般游客不在王家大院附近住，因为附近的旅店很小，条件也差，如果玩得太晚，就在附近找个旅店住下，非常便宜，但大部分人会直接返回平遥古城内住宿。

王家大院

平遥古城 ★★★★★

具有将近3000年历史的平遥古城位于山西中部，与云南丽江、安徽歙县、四川阆中并称为"保存比较完好的四大古城"。其中的重要景点有平遥古城墙、双林寺、古市楼、日升昌票号、镇国寺、点将台等。

除了各种人文建筑外，平遥古城里还有高跷、抬阁、竹马、节节高、地秧歌等民间社火，反映了民间的风土人情；传统手工布鞋能反映出女工的水平，穿上舒服、保健；驰名中外的推光漆器具有悠久的历史，远销海外；每年的平遥国际摄影节成为国际摄影界的一个盛大节日，吸引了各地的摄影爱好者。

💰 125元
🕐 旺季（4月至10月）：8：00—18：30；淡季（11月至3月）：8：30—18：00
🚌 平遥站—平遥古城（自驾）
平遥站—中都中街—北关路—平遥古城
全程约2千米

平遥古城

县衙博物馆 ★★★★

县衙博物馆坐落于平遥这所古城的中心，从北魏开始，历经各代，直至明清才逐渐定型，距今已有600多年的历史，是中国明清时期县衙的标志性建筑。这里不仅各种机关、设施健全，办案程序完整，而且就连刑逼设施也很齐全，是我国古代封建社会暴力机关和权力机关的缩影。来到这里，可以清楚地了解到我国的衙门文化。

$ 平遥古城联票
⏱ 8：00—19：30
🚌 平遥站—县衙博物馆（自驾）
平遥站—顺城北路—柳根中街—康宁路—县衙博物馆
全程约3千米

县衙博物馆

城隍庙财神庙 ★★★★

城隍庙财神庙位于山西省晋中市平遥古城城隍庙街51号，是一所历史文化、宗教气息浓厚的庙观，也是国内保存最为完整的城隍庙之一。主要由正殿、寝宫、灶君庙、财神庙、土地庙等组成。

城隍庙最大的特色在于它的琉璃艺术和建筑布局，蓝绿为主、黄色相间的琉璃色调更加烘托出它的神秘感；亭台楼阁、殿宇坊台形式多样，构造奇特，是我国古代庙观建筑的典范。

$ 平遥古镇联票
⏱ 8：00—19：00
🚌 平遥站—城隍庙财神庙（自驾）
平遥站—中都中街—北马道街—城隍庙财神庙
全程约4千米

平遥文庙 ★★★

有"小故宫"之称的平遥文庙位于山西省平遥县城内东南，平遥文庙是中国保存最完整的文庙建筑群、中国现存最早的文庙、中国最大的孔子及儒学先贤塑像群、中国专业性摄影博物馆和中国现存规模最大的中国科举史展。在此可以了解到我国文庙文化的精髓、重温儒家文化的魅力、瞻仰一代圣人孔子的尊容等。

$ 平遥古镇联票
⏱ 8：00—18：00
🚌 平遥站—平遥文庙（自驾）
平遥站—中都中街—北马道街—上西门街—平遥文庙
全程约4千米

平遥文庙

镇国寺 ★★★

创建于五代北汉时期的镇国寺，位于山西省晋中市平遥县城北15千米的郝洞村，镇国寺分为前后两院，前院中的标志性建筑是万佛殿，古朴奇特的外貌，加上独特的结构，使得万佛殿具有很高的历史、文化和建筑价值。后院是由三部分组成的，中间为三佛殿，两边为观音殿和地藏殿。信奉佛教文化的游客可以来此叩拜，祈求神灵的保佑。

$ 23元
⏱ 8：00—18：00
🚌 平遥站—镇国寺（自驾）
平遥站—中都中街—S221—X411—镇国寺
全程约14千米

镇国寺

介休绵山 ★★★★★

介休绵山位于介休市东南，距离市区约20千米，是一所集自然山水、佛家和道家文化、革命遗址和文物胜迹于一体的风景名胜区。主要的景点有天桥、大罗宫、龙头寺等。天桥是一架宽不足1米，却长达300多米的云中栈道，走在上面，甚为惊险刺激；大罗宫可与西藏的布达拉宫相媲美，占地10000多平方米的建筑面积，主要有财神殿、三清殿等，集中反映了我国佛教和道教文化。山水景观和人文遗迹汇聚的平遥绵山以其独特的魅力吸引着各地的游客。

$ 105元
⏱ 9：00—21：00
🚌 平遥站—介休绵山（自驾）
平遥站—京昆高速—X378—介休绵山
全程约58千米

平遥绵山

💡 **绵山**
最佳旅游季节

绵山属于温带大陆性气候，四季分明，冬夏温差较大，降雨基本出现在夏季。

绵山四季景色各有其独特之处，因此四季皆宜游览。在春季，万木逢春，绵山带你领略春天的气息；夏季，绵山是纳凉避暑的胜地；秋季，美不胜收；冬季，冰峰雪雕、玉柱擎天，体验白雪茫茫的绵山世界。

美食购物

绵山上有很多餐馆供游客就餐选择，除了中西餐外，还有富有平遥特色的"回銮宴""秦王宴""介公宴"等。

另外，在绵山还有很多当地的特产，例如蒜味、辣味醋等。

住宿

绵山景区有很多餐馆，各个档次的都有，游客可以选择适合自己的。另外，绵山还有一些独特的宾馆，就是悬崖宾馆。这些宾馆有的半临悬崖半凌空，有的远观如房、近观是楼，住在里面有种不同的感受。

💡 **购物平遥**

长升源：长升源位于城内南大街市楼南路西41号，是一条明清古建筑风格的购物街，在这里可以体味明清时期的市井风情。这里的特产是黄酒。黄酒是一种老少皆宜的低度饮料，其中的营养成分很高，具有药用价值。

明清一条街：位于平遥古镇的中轴线上，是古城繁华的商业街之一，至今仍保存着明清时期的商铺风貌，出售当地的各种特产，喜欢购物的游客，不妨来这里逛一逛

吃在平遥

平遥的饮食以面食为主，各色的面食和各种做面手艺是平遥人日积月累的智慧结晶。来到平遥，不仅可以吃到各种地道的面食，也可以欣赏到做面的艺术。

肉丝面

云锦成公馆
游客评价：集南北菜的特色为一体，又有店家独特的味道，好吃
☎ 0354-5689188
📍 平遥县古城南大街56号

天元奎饭店
游客评价：山西菜，价格实惠
☎ 0354-5687222
📍 平遥县南大街73号

洪武记饭店
游客评价：山西菜，推荐沁洲黄米凉糕
☎ 15034671719
📍 平遥县南大街84号

娘家醋坊
游客评价：很多特色醋，还有各种酒类，可以送礼物
☎ 13403449202
📍 平遥县南大街与米家巷交叉口东南角

晋升炉食铺
游客评价：特色是油茶，但更推荐小吃套餐一起搭配
☎ 0354-5683077
📍 平遥县南大街94号

复兴公饭店
游客评价：装修很有特点，环境很不错，适合聚会
☎ 0354-5683197
📍 平遥县南大街69号

住在平遥

平价型	享受型
郑家花园客栈 📍 平遥县古城内衙门街68号 ☎ 18837976339	**平遥会馆** 📍 平遥县古城内城隍庙街120号 ☎ 0354-5685466
德居源客栈 📍 平遥县古城西大街43号 ☎ 0354-5685266	**格林东方酒店（平遥古城游客中心店）** 📍 平遥县康宁路55号 ☎ 0354-5810666
平遥古城成晟源客栈 📍 平遥县古城内城隍庙街42号 ☎ 0354-5682299	**又见文华大酒店** 📍 平遥县顺城路154号 ☎ 0354-5600000
如家酒店（古城日昇昌票号店） 📍 平遥县西水道巷1号 ☎ 0354-5771111-0	**平遥驿馆** 📍 平遥县古城内西湖景街33号 ☎ 0354-5970888
德盛楼古风文化主题客栈 📍 平遥县古城内南大街84号 ☎ 0354-5755888	**白玉兰酒店（平遥古城南门店）** 📍 平遥县曙光路35号 ☎ 0354-5675000

临汾

临汾市位于山西省西南部,东倚太岳,西临黄河,地处太原、郑州、西安三个省会城市连接中点,历史悠久,是华夏民族的重要发祥地之一和黄河文明的摇篮,有"华夏第一都"之称。临汾自然景观秀美,祠堂景观文化底蕴深厚,是黄土高原上的一座"花果城"。

临汾市是中华民族最早的发祥地之一。襄汾丁村人遗址和其他一些考古发现证明了远在十多万年以前的石器时代,中华民族就在这里繁衍、生息。建于清同治五年(1866年)的朱家大院,厅堂敞亮,依然昭显着当年主人的赫赫地位。集历史文化、古代建筑、山水风景为一体的陶唐峪景区,世界各地的子子孙孙前来祭祖的洪洞,一直吸引着无数游客前来参观。

区号:	0357
邮编:	041000
面积:	20300平方千米
人口:	397.65万人
著名景点:	壶口瀑布、尧庙、尧山森林公园等

游在临汾

洪洞大槐树 ★★★★

洪洞大槐树又叫作"古大槐树",位于山西省洪洞县西北2千米处的贾村,现在那里已经建成了大槐树公园,供游客参观。

"祖先故居叫什么?大槐树下老鹳窝。"从明代开始,这种说法已经在中国境内的民间流传。明初的时候,为了调动农民的生产积极性,使农业生产逐步得到恢复,边防巩固,社会安定,政府将此地的居民外迁,这里的居民迁到了河南、河北、山东、北京、安徽、江苏、湖北,以及陕西、甘肃、宁夏等地区。后来这里成为一个寻亲之地,也是世代移民后裔魂牵梦绕的地方,很多移居海外的华人、华侨对这个地方仍心生眷恋。

💰 80元

🕘 9:00—16:00

🚗 太原武宿国际机场—洪洞大槐树(自驾)

太原武宿国际机场—太原绕城高速—京昆高速—公园西街—洪洞大槐树

全程约220千米

洪洞大槐树

大槐树

最佳旅游季节

每年清明前后这里会举办寻根祭祖节,来自全国各地的游子、槐乡后裔都会来到这里,是问祖、祭祀的佳时节,夏天的大槐树枝繁叶茂,老鹳成群,代表着中华民族的生生不息。这个季节也是旅游的好时节。

旅游特色

1. 祭祖堂——里面供奉着1230个姓氏牌位,是全国较大的姓氏祠堂,也是天下民祭第一堂。

2. 民俗村——展示本地的风俗习惯和民间作坊。

3. 祭祖节活动——每年的4月1日至10日会举行大型的寻根祭祖节活动,成千上万的小鸟从四面八方飞过来,成为景区的一大奇观。

小贴士

1. 景区环境很好,人文气息浓重,尤其是里面供奉了1000多个姓氏的牌位,你可以在这里找到自己姓氏的起源。

2. 在景区的售票处有导游服务,建议你请个导游,从其讲解中你可以学到很多历史知识,景区内有时候还会有一些演出活动,都可以免费观看项目。

洪洞明代监狱 ★★★★

俗称苏三监狱的明代监狱是我国现存的一座保存完整的明代监狱,因戏曲和话本中对苏三形象的塑造,加上《苏三起解》的广泛影响,使得这个距今已有600多年历史的监狱为广大人民所熟知。

明代监狱里至今还有苏三的案卷,印证了这句"文学作品源于生活;又高于生活"。监狱里不仅有办公场所、监牢、狱卒的值班室,也有刑具和管理罪犯的设施,想要了解我国明清时期的监狱文化可以到此参观。

💰 10元

🚗 太原武宿国际机场—洪洞明代监狱(自驾)

太原武宿国际机场—太原绕城高速—京昆高速—古槐路—洪洞明代监狱

全程约223千米

明代监狱

牛王庙戏台 ★★★

牛王庙戏台位于山西临汾市西北25千米的魏村牛王庙内,是我国最古老的戏台,对于研究戏曲发展史来说具有很高的文物和历史价值。庙内现存有正殿、垛殿、献亭、廊庑等,正殿供示三王(马王、牛王、药王),塑像俱全,形象逼真。

- 免费
- 全天
- 太原武宿国际机场—牛王庙戏台(自驾)

太原武宿国际机场—太原绕城高速—京昆高速—圣王路—牛王庙戏台
全程约243千米

尧庙海洋馆 ★★★★

尧庙海洋馆位于临汾市尧都区的尧庙广场,是目前山西省规模最大、功能完善、设施齐全的一家以展示海洋生物和科普教育为主的大型海洋生物展馆。

尧庙海洋馆共有四层,馆内主要设有海底世界、海底大观园、亚马孙河、热带雨林、淡水鱼珍宝缸系列、海水鱼珍宝缸系列、海豹表演、美人鱼表演、海底芭蕾舞表演、触摸池、娃娃鱼、鲨鱼馆、海洋剧场等多个景区,展示着来自世界各地的海洋生物。让人们兴奋的是馆内还可以举行浪漫神秘的海底婚礼。

- 50元
- 9:00—18:00
- 太原武宿国际机场—尧庙海洋馆(自驾)

太原武宿国际机场—太原绕城高速—京昆高速—尧都大道—尧庙海洋馆
全程约257千米

尧庙海洋馆
门票优惠政策

1.2米以下的儿童免费,1.2米以上的儿童、学生、军人、老年人、残疾人凭相关证件享受半价优惠。另外,团购也可以享受优惠价格,其优惠措施要和海洋馆方面协商。

要注意的是,儿童前往海洋馆需要由监护人陪同。

景区特色

如果碰巧,说不定还可以观赏一场浪漫的婚礼。在休闲娱乐的同时,还可以增加海洋知识。到临汾旅游这也是个不错的选择。

购物临汾

鎏恒色:鎏恒色位于临汾市尧都区财神楼中街8号,营业时间从8:30到21:00,从广场乘坐7路车到工贸下,就可以来此购物。鎏恒色主要针对15～35岁年龄段的顾客,推出各类潮流休闲服饰、背包、饰物等,是能被中国普通消费者接受的大众型国际级品牌,得到顾客的一致认可。

世纪百悦购物中心:世纪百悦购物中心位于解放路花果街,是尧都区现代化综合购物商城,是以中、高档消费群体为主的大型购物中心,该购物中心建筑面积1.2万平方米,汇集国内外数万种知名品牌,迎合了市民对潮流时尚的需求。

吃在临汾

临汾作为山西的一部分,饮食自然还是以面食为主,饭菜口味融汇南北,不过当地的特色就是油炸食物和杂粮细做。特色小吃有烧麦、油炸馓子、羊杂烩等。

馓子

马氏老地方餐饮名店(向阳路店)
游客评价:山西菜,装修很有风格
- 0357-6266566
- 临汾市向阳西路郭家庄中心街8号

杨记鱼府
游客评价:江西菜,黄河大鲤鱼很好吃
- 15235718862
- 临汾市吉县金瀑路20号

薛老五牛肉丸子面(南城分店)
游客评价:小吃面食,丸子面很好吃
- 18234788851
- 滨河南路73号

槐乡八大碗(大槐树店)
游客评价:湘菜很火爆
- 13835741236
- (洪洞县)公园西街县城大槐树景区南门斜对面大槐树花鸟鱼市场旁

老胡同碳锅牛羊肉
游客评价:牛肉很新鲜
- 16634442211
- 临汾市鼓楼南大街教育宾馆北胡同附近

住在临汾

平价型

星澜梦舍艺术酒店
- 临汾市尧都路与福利巷交叉口东南角
- 0357-6355555

静本居民宿酒店
- 临汾市平阳南街879号
- 19935775566

八一快捷酒店
- 临汾市八一路八一公园南100米
- 0357-4983999

东苑酒店
- 迎宾路与华州路交叉口南100米路西(近临钢俱乐部)
- 0357-3985555

铭忆智慧酒店(临汾平阳广场店)
- 临汾市平阳北街32号
- 0357-2033666

享受型

金都花园大饭店
- 临汾市尧都区尧庙华门景区迎宾大道1号
- 0357-2688888

育花园大酒店
- 临汾市尧都区鼓楼西大街
- 0357-2158866

百里银杏智能酒店(贡院路店)
- 临汾市贡院路36号
- 0357-8606588

吉州宾馆
- 临汾市吉县新华街39号
- 0357-7988800

宇宁国际酒店
- 临汾市平阳南街104号
- 0357-2166666

内蒙古

区号：	0470-0482
省会：	呼和浩特
面积：	188.3万平方千米
人口：	2404.92万人
著名景点：	额济纳胡杨林、呼伦贝尔草原、响沙湾、阿尔山等

概况

内蒙古位于我国北部边疆，西北与俄罗斯、蒙古接壤，国内又与甘、宁、陕、晋、冀、辽等省份相连，地跨西北、华北、东北三区。首府为呼和浩特。

内蒙古属于中温带季风气候，降水量少且分布不均，受地形和距海远近等因素影响，自东向西递减，季节差异巨大。冬季漫长而寒冷，夏季炎热而短暂，气温变化强烈，冷热悬殊。夏秋季晴天多，少有阴雨天，日照时间长；冬春季多大风，因此这里的光热与风能资源丰富。

内蒙古资源丰富多样，被称作"聚宝盆"。这里有绵延2000多千米的茫茫草原，居全国前列的森林资源，已探明的矿产有100余种，其中煤炭的储量更是位列全国之首。草原地区还拥有众多的野生动植物资源和各种名贵中药材。

土特产：驼毛、灰鼠皮、鹿茸、党参；风味特产：奶豆腐、奶皮子、奶茶、牛肉干；工艺特产：驼形组合刀、呼和浩特纯低粗毛线、阿拉善左旗地毯、蒙古族银器。游客到内蒙古旅游，可千万别错过品尝正宗马奶酒，住毡房、蒙古包，骑马扬鞭的好机会哦。

> **线路1**
> 灰腾梁—清真大寺—那达慕大会
>
> **线路2**
> 海森楚鲁怪石沟—曼德拉岩画—天鹅湖—月亮湖

交通

飞机

呼和浩特白塔国际机场

☎ 0471-96777

📍 位于呼和浩特东边的赛罕区，离市区约15千米

🚌 机场交通：1号线：机场—火车西站（8：00—22：00），发车间隔30~60分钟。
2号线：机场—博曼海航大酒店（9：00—21：00），发车间隔60分钟。
3号线：机场—空铁联运快线（8：00—21：00），发车间隔60分钟。
出租车：
出租车起步价8元，2千米后每千米1.5元。

包头东河机场

☎ 0472-4600717

📍 位于包头市二里半区

🚌 机场交通：昆都仑区线（6：30—0：35）：海德酒店—稀土高新区管委会—滨河新区—机场航站楼。每小时一班车，票价20元。
东河区线（6：30—0：35）：海德酒店—宫—九原区政府—二宫—机场航站楼。每小时一班车，票价20元。
出租车起步价6.5元，2千米后每千米1.5元。

呼和浩特地铁

1号线
坝堰（机场）—伊利健康谷
（6：00—22：00 最高票价6元）
2号线
阿尔山路—塔利东路
（6：00—22：08 最高票价6元）

名菜

烤全羊：这是蒙古族尊贵的佳肴，只有在举行盛大庆典或是招待远来的贵客时才有。所选的羊必定是草原上最为膘肥的绵羊，破膛开肚后，在羊腹内加入姜、葱、盐等佐料，用大火烘烤而成。此菜做工简单，烤羊出炉后，前跪在盘中，但见色泽金红，食之则肉嫩皮脆，滋味非凡。

蒙古炒米：炒米是草原牧民生活中的常用主食，蒙古人每日餐点必有两样东西，第一是茶，第二就是炒米。炒米需要经过蒸、炒、碾等多道工序加工制作而成，再配上白糖和酸奶搅拌，吃起来清香爽口，还能解饥渴。炒米通常都是牧民们的早饭，外出放牧时，会随身装一袋炒米带在身上。

奶酒：蒙古族的奶酒醇香清澄，酸中带甜，后劲很大。酒量不佳者或许能喝上1公斤奶酒，但喝完后一会儿就醉了。奶酒有舒筋活血等奇效，故而蒙古人喜欢把奶酒当药酒来饮用。

全羊汤：以羊头、羊蹄为主料，入锅水煮，再放入花椒、小茴香、盐等调料熬煮，至锅内肉与骨分离，加入葱花、蒜、辣椒等调味品，煮至羊汤浓香味醇时即成。此汤味道鲜辣，肉质软嫩，深受人们喜爱。

呼和浩特

呼和浩特是内蒙古的省会，在蒙古语中是"青色的城"之意，那里有一望无际的草原，是中国著名的"乳都"，很多出名的牛奶品牌都产于那里。同时它也是华夏文明的发源地之一，游牧文明和农耕文明共同缔造了这个富有特色的城市。

作为历史和文化名城，呼和浩特有很多历史遗址，著名的"昭君出塞"就在那里。现在还保留着昭君墓，"琵琶一曲弹至今，昭君千古墓犹新"，呼和浩特的昭君墓犹如北方草原上的一颗明珠，吸引着众多游客前来参观。另外，还有明代建成的大昭寺，拥有旧石器时代早期到新石器时代晚期5个文化期文化内涵的大窑文化遗址、体现民族风格和现代艺术的乌兰夫纪念馆等。

| 区号：0471 |
| 邮编：010000 |
| 面积：17200平方千米 |
| 人口：344.61万人 |
| 著名景点：哈素海旅游区、内蒙古博物馆、昭君墓等 |

两日游

内蒙古博物馆—金刚座舍利塔—伊斯兰风情街—华严经塔—昭君墓

游在呼和浩特

昭君墓 ★★★★

昭君墓，当地又称"青冢"，位于呼和浩特市南郊的大黑河南岸。昭君墓始建于西汉，有2000余年历史。陵墓巍峨壮观，四周碧草如茵，远观如泼墨之画。东侧是历代名人题写的碑廊，右侧是文物陈列室。登上墓顶，我们会看到连绵不断的阴山山脉横贯东西，也会欣赏到呼和浩特市全景。这里不仅有历史悠久的文物古迹，还有鸟语花香的自然情趣和独具特色的人文景观，诗情画意，令人流连忘返。

💰 免费
🕘 9：00—17：00
🚗 呼和浩特白塔国际机场—昭君墓（自驾）
呼和浩特白塔国际机场—南二环快速路—昭君路—昭君墓
全程约30千米

昭君像

哈素海旅游区 ★★★★

哈素海蒙语是"哈拉乌素"，意为黑水湖。这是一个面积辽阔的天然湖泊，它南濒黄河，北倚大青山，水面面积30平方千米，有"塞外西湖"之称。湖水水质肥甘，有草鱼、鲢鱼等多种鱼类在水中游来游去，湖中又有芦苇丛荡，那里栖息着各种鸟类，在烟波浩渺的湖面上自由飞翔，构成了一幅壮丽的画面。此外，岸边建有凉亭水榭、假山牌楼、曲径回廊，有"凝入云泽""津口龙门""彩路通幽""夕阳水榭"等景点。还有仿古画舫和机械动力游船，可供游人荡舟湖中。

💰 温泉269元，乐园198元
🕘 8：00—20：00

哈素海

昭君墓

最佳旅游时节

每年的4月—10月份是比较适宜出行的季节，景色十分优美。建议在这个时间前往昭君墓。

景区特色

昭君墓是中国最大的汉墓之一，墓周围碧绿如茵、景色优美。深秋之际，四周草木枯黄、芳草萋萋，只有昭君墓嫩黄黛绿、草青如茵。因此，昭君墓被称作"青冢"。据说呼和浩特在蒙古语中称为"青城"也是这个缘故。

昭君墓周围景色宜人，并且随着晨曦晚霞，墓景会发生变化，有"一日三变"的说法。

歌舞表演

王昭君作为中华民族的伟大女性，在民间有很多关于她的传说故事。人们根据这些传说改编成很多诗文、歌词、戏曲、舞蹈等。

在昭君墓和亲园内部的演艺大厅中，景区专门安排了《昭君情缘》歌舞表演，每天两场，喜欢的游客可以关注一下。

🚌 呼和浩特白塔国际机场—哈素海旅游区（自驾）
呼和浩特白塔国际机场—京藏高速—京青线—哈素海旅游区
全程约 99 千米

伊斯兰风情街 ★★★ 🏛 🌐 📷

伊斯兰风情街在呼和浩特回民区内，全长有 1 千米，街道两旁的楼舍气势宏伟，多用彩色琉璃砖、穹窿等独具民族风格的材料装饰。在街上可以看到一排排尖拱形的门窗，或绿或黄的球形殿顶、高耸的沙漠色塔楼，这些都能使人感受到浓郁的伊斯兰风情。

💲 免费
🕘 全天
🚌 呼和浩特白塔国际机场—伊斯兰风情街（自驾）
呼和浩特白塔国际机场—机场高速—新华东街—前新城道—伊斯兰风情街
全程约 17 千米

大召无量寺 ★★★ 🏛 🌐 📷

大召无量寺位于呼和浩特玉泉区南部，原名弘慈寺，清初改名无量寺。无量寺不仅是呼和浩特市最大的寺院，历史上在漠南蒙古部中也是享有盛名，具有重要地位。清初皇太极攻取呼和浩特城，火烧城区，唯独无量寺未毁，可见此寺在当地声望很高。如今无量寺有经堂、九间楼等建筑。

💲 35 元
🕘 9:00—17:00
🚌 呼和浩特白塔国际机场—大召无量寺（自驾）
呼和浩特白塔国际机场—机场高速—新华东街—大南街—大召无量寺
全程约 18 千米

大召无量寺

乌兰夫纪念馆 ★★★ 🏛 📷

乌兰夫纪念馆坐落于呼和浩特新华西街的植物园内，这是一座极具民族特色的建筑。馆舍主要建筑有主馆、塑像平台、纪念广场等。整个建筑集传统的民族风格与现代的建筑艺术于一体，显得庄严肃穆、宏伟大气。纪念馆内整个陈列共使用文物 160 件，历史照片 305 张，绘画 9 幅，文献 126 件，值得前去欣赏。

💲 免费
🕘 9:00—17:00
🚌 呼和浩特白塔国际机场—乌兰夫纪念馆（自驾）
呼和浩特白塔国际机场—京藏高速—敕勒川大街—乌兰大街—乌兰夫纪念馆
全程约 75 千米

乌兰夫像

金刚座舍利塔 ★★★ 🏛 🌐 📷

金刚座舍利塔位于呼和浩特市旧城慈灯寺内，慈灯寺已损毁破败，唯有舍利塔屹立不倒。金刚宝座建于台基上，下层是须弥座，宝座下半部刻有经文，上半部为佛龛，座上置有小塔 5 座，塔上镶嵌佛像有 1500 多座，都是珍贵文物。

💲 35 元
🕘 8:00—18:00
🚌 呼和浩特白塔国际机场—金刚座舍利塔（自驾）
呼和浩特白塔国际机场—机场高速—南二环快速路—五塔寺前街—金刚座舍利塔
全程约 22 千米

金刚座舍利塔

清真大寺 ★★★ 🏛 🌐 📷

清真大寺坐落于呼和浩特市旧城通道南街东侧，始建于清乾隆年间，由自新疆迁至呼和浩特的回民所建。初时建筑规模较小，后屡经修葺重建，方形成今之宏大规模。其中大经堂圣殿是大寺的主体建筑，殿后有讲堂、穆斯林浴室等。寺内装饰既有阿拉伯文雕刻又有当地植物制作的题材，很好地将伊斯兰文化与地方民族风格融合在一起，具有独特的民族宗教风格。

💲 免费
🕘 8:30—18:00
🚌 呼和浩特白塔国际机场—清真大寺（自驾）
呼和浩特白塔国际机场—机场高速—新华东街—通道南路—清真大寺
全程约 17 千米

大窑文化遗址 ★★★ 🌐 📷

大窑文化遗址在呼和浩特市东郊 33 千米处，于 1973 年被发掘，占地面积约 2 平方千米，经过专家鉴定，这一遗址属于旧石器时代的文化遗址，具有重要的科学价值。遗址的发现，为研究我国北方远古时期的经济文化以及中华民族的起源提供了宝贵的史料。1979 年被国家文化部命名为"大窑文化"。

💲 15 元
🕘 8:30—17:00
🚌 呼和浩特白塔国际机场—大窑文化遗址（自驾）
呼和浩特白塔国际机场—京青线—S105—大窑文化遗址
全程约 20 千米

华严经塔 ★★★ 🏛 🌐 📷

华严经塔位于呼和浩特市东郊平川上，因塔身洁白，故又被称为"白塔"，始建于辽代。此塔为楼阁式砖木塔，建构严谨、浑然一体。塔身中部镶着一块石匾，用篆书刻曰"万部华严经塔"。经塔上下又有精美的佛像、金刚等雕塑，造型优美，栩栩如生。

💲 5 元（登塔再加 5 元）
🕘 8:30—17:30
🚌 呼和浩特白塔国际机场—华严经塔（自驾）
呼和浩特白塔国际机场—呼黄路—河西路—林路—华严经塔
全程约 8 千米

喇嘛洞召 ★★★

喇嘛洞召又称"喇嘛洞"，是土默特区黄教发祥地之一，始建于明万历年间。喇嘛洞由前后两寺组成，前寺依山就势、建有天王殿、欢喜佛殿等殿堂，后面有佛爷府和喇嘛塔；后寺建于山腰中的银洞前，与山洞连为一体，寺前有石阶100多级。寺院周围古松环绕，环境幽静，是旅游休闲的一处胜地。

- $ 15元
- 8:00—18:00
- 呼和浩特—喇嘛洞召（自驾）
  呼和浩特—海拉尔大街—京包高速—110国道—喇嘛洞路—喇嘛洞召
  全程约49千米

辉腾锡勒草原 ★★★

辉腾锡勒草原位于呼和浩特东北150千米外的察哈尔右翼中旗边际，辉腾锡勒在蒙语的意思是寒冷的高原。这里海拔近2100米，有上百个天然湖泊点缀在草原上，既有草原苍凉寥廓的格调，又颇具江南水乡秀媚的精华，天旱湖水不减不降，天涝湖水不增不溢，平静得像一面镜子。你可以策马奔驰在大草原上，畅快淋漓地感受粗犷豪放的蒙古族风情。这里青山秀水，瑰丽多姿，每年5—9月份，鲜花遍地，可谓是花的海洋。

- $ 90元
- 8:00—18:00
- 呼和浩特白塔国际机场—辉腾锡勒草原（自驾）
  呼和浩特白塔国际机场—京新高速—科凉线—X560—辉腾锡勒草原
  全程约101千米

辉腾锡勒草原

内蒙古博物院 ★★★★

内蒙古博物院位于呼和浩特市新城区，馆舍造型别致，极具民族风格。博物馆馆藏丰富，主要分生物化石、历史文物、民族文物、革命文物四大块，常年对外展出，将丰富的内蒙古文化传播到世界各地。内蒙古博物院不仅是自治区首府的标志性建筑，也是自治区对外展示草原文化的一个窗口。

- $ 免费
- 9:00—17:00，周一闭馆
- 呼和浩特白塔国际机场—内蒙古博物院（自驾）
  呼和浩特白塔国际机场—机场高速—机场高速路—东二环路—内蒙古博物院
  全程约10千米

内蒙古博物馆

内蒙古博物馆
参观注意事项

1. 内蒙古博物馆虽然常年免费向游客开放，但是参观前需要提前一天预约，然后凭预约号前来参观。
2. 衣冠不整、酗酒者谢绝入馆，无行为能力者最好有监护人陪伴入馆。
3. 禁止将易燃易爆、管制械具、液状物体等危险品带入博物馆内，进馆前要接受安全检查。如果游客携带了相关物品，最好提前寄存。
4. 禁止将大件包裹带入馆内，里面有寄存的地方，游客可先将物品寄存，但贵重的物品最好随身携带。
5. 博物馆内禁止摄像，拍照请勿用闪光灯及支架。
6. 馆内禁止吸烟和乱丢垃圾，禁止随意触摸、攀爬。
7. 适合带着孩子参观，博物馆内有"欢乐大课堂"智力竞赛、"学生综合实践课"、小讲解员培训班、民族礼俗演示等特色活动，适合孩子来此增长见识。

购物呼和浩特

呼和浩特作为内蒙古自治区的首府，经济比较发达，市区内购物场所很多，主要有新城西街的新世纪购物广场、中山西路的天元商贸大厦、五塔东街的满都拉商厦、火车站附近的锡林商场等。

呼和浩特汇集了自治区各地的众多特产，有用优质绵羊毛织成的内蒙地毯、名贵药材鹿茸、可做装饰品的蒙古刀、各种花纹的蒙古族银器等。这些可在市区内的大型商场内买到。若要买牛肉干、奶酥这些土特产，最到当地的农贸市场购买，那里的特产不仅种类繁多，而且价廉物美。

吃在呼和浩特

呼和浩特是以蒙古族为主的少数民族聚集地，本地的饮食自然具有少数民族特色，一般分为两大类。第一类是奶制品，以草原上的羊、马、牛等牲畜所产的奶为主料而加工制作的各种食品，草原上产的牛奶供销全国。除了奶茶外，还有马奶酒、奶皮子、奶酥、奶豆腐等食物。第二类是肉制品，以羊肉、牛肉为主，也有不少野味。著名的美食有烤全羊、手抓羊肉等。除了这两大类外，还有很多风味小吃，如杂碎、果条、烧麦等。

南瓜炖牛肉

🍲 赛马场蒙古大营
游客评价：人多一定要吃烤全羊，味道太香了
📞 0471-6515858
📍 呼和浩特市新城区呼伦北路27号赛马场院内

🍲 德乐海蒙餐
游客评价：内蒙古菜，草原手把肉很好吃
📞 0471-4912800
📍 呼和浩特市新城东街75号

🍲 老阿妈奶茶馆
游客评价：酸奶饼的味道很独特，奶香气十足
📞 13171035909
📍 呼和浩特市爱民街八一小区北门

🍲 草窝（满都海店）
游客评价：特色菜，烤鸭油而不腻
📞 0471-6283123
📍 呼和浩特市满都海亚朵酒店东行10米

🍲 格日勒阿妈奶茶馆（政府西门店）
游客评价：奶茶、奶皮都是纯纯的奶味，手把肉吃得很爽
📞 0471-3252528
📍 如意路如意河市政府西门对面(亿峰岛东门)

↳ 住在呼和浩特

平价型	享受型
乐活酒店（万达博尔顿广场店） ⌖ 呼和浩特市乌兰察布东街博尔顿广场A座904室 ☎ 15047853796	喜来登酒店 ⌖ 呼和浩特市新城区迎宾北路5号 ☎ 0471-6988888
鹊桥大酒店 ⌖ 呼和浩特市中山西路9号 ☎ 0471-6625800	内蒙古国航大厦 ⌖ 呼和浩特市哲里木路96号 ☎ 0471-6608888
麦尔德时尚酒店（中山路店） ⌖ 呼和浩特市中山西路10号盘古大厦 ☎ 0471-6926211	巨华国际大酒店 ⌖ 呼和浩特市成吉思汗大街20号 ☎ 0471-3288888
美华酒店 ⌖ 呼和浩特市乌兰察布东街120号 ☎ 0471-2230865	呼和浩特内蒙古饭店 ⌖ 呼和浩特市乌兰察布西路31号 ☎ 0471-6938888
鑫三禾大酒店（丽泰店） ⌖ 呼和浩特市玉泉区鄂尔多斯大街60号 ☎ 0471-2374566	香格里拉大酒店 ⌖ 呼和浩特市锡林郭勒南路5号 ☎ 0471-3366888

锡林郭勒

锡林郭勒位于内蒙古中部，在中国的正北方，是我国重要的农畜产品基地，也是西部大开发重点开发区域。锡林郭勒的地理位置十分重要，北面与蒙古国接壤，南面临张家口、承德等地，西接乌兰察布市，东连赤峰，是贯穿欧亚大陆和连接内地的重要通道。

锡林郭勒地域辽阔，其土地面积有20多万平方千米，草原面积有18万平方千米。水草丰美的草原，每年出栏的牲畜有800多万只，销往全国各地，是国家重要的绿色畜产品基地。锡林郭勒不仅畜牧业发达，其矿产资源也很丰富。此外，锡林郭勒的历史文化也别具特色，拥有完整的蒙古族文化，其境内保存着元上都的遗址，是我国2012年世界文化遗产的推荐项目。

区号：0479
邮编：026000
面积：203000平方千米
人口：110.71万人
著名景点：锡林郭勒草原、古长城遗址等

两日游
贝子庙—元上都遗址—锡林郭勒大草原

↳ 游在锡林郭勒

锡林郭勒大草原 ★★★★

锡林郭勒大草原上绿茵如海、一望无际，具有一种空旷幽深之美，若有微风吹动，便可见那一群群俯首咀嚼的牛羊。这里有美丽如诗的草原风光，还有独特古朴的蒙古族风情，你可以骑马、乘骆驼、摔跤、射箭、牧羊、跳蒙古舞等，充分体验奔放自由的蒙古族生活。

💰 免费
🕐 全天
🚌 锡林浩特站—锡林郭勒大草原（自驾）
锡林浩特站—南二环路—丹锡高速—锡林郭勒大草原
全程约78千米

📷 锡林郭勒大草原
最佳旅游时节
锡林郭勒是典型的温带半干旱大陆性气候，春季和秋季时间短，夏季凉爽，冬季漫长。春秋两个季节，锡林郭勒沙尘暴居多，游客尽量不要选择这个季节前往。

锡林郭勒大草原

每年的5—9月份是锡林郭勒天气适宜、景色优美的季节，建议游客选择这个时间段出行。其中夏季是锡林郭勒景色最美的时候，这个时候融入大自然当中，会有一种心旷神怡的感觉。

行走、住宿建议

锡林郭勒草原面积广阔，骑马驰骋草原是一种独特的感受，喜欢骑马者一定不要错过体验马上游草原的乐趣。不会骑马的游客也可以选择摩托车、自行车或者四轮驱动车。

结束一天的旅游后，游客还可以选择在蒙古人的传统居所蒙古包内居住一晚。在锡林郭勒草原上有很多蒙古包，游客不妨租用一个蒙古包体验一下草原人的生活方式。租用一个蒙古包的价格大约是每天150元。

南沙梁 ★★★

南沙梁位于锡林郭勒盟多伦县南部，面积广阔，以固定、半固定沙丘为主。该沙带对于多伦县南部地区具有重要的生态防护作用。沙带上还有丰富多彩、独具特色的植被景观和沙丘景观，对于游客来说有着很高的欣赏价值。

￥ 免费
⏰ 全天
🚌 锡林浩特站—南沙梁（自驾）
锡林浩特站—海张高速—G239—G510—南沙梁
全程约 236 千米

元上都遗址
★★★★★

元上都遗址处在锡林浩特南部的正蓝旗内，是忽必烈继承蒙古大汗后定下的都城。遗址呈正方形，分为宫城、内城和外城，宫城是首都的中心。都城附近有一座御花园，面积很大，有楼阁亭台等殿宇，西北面还有一条铁竿渠，这是内蒙古完整保留下来的水利工程。

￥ 50元
⏰ 8：30—17：00
🚌 锡林浩特站—元上都遗址（自驾）
锡林浩特站—海张高速—都河上大桥—G239—元上都遗址
全程约 211 千米

元上都遗址

📷 元上都遗址
景区特色

元上都遗址是近些年来新开发的

景区，2011年7月正式开放，吸引了众多海内外的历史和考古爱好者。

元上都是元朝的第一座都城，在历史上占有非常重要的地位。马可·波罗游记中，就有关于它的记载。忽必烈迁都，元上都留存下来，它的保存对于研究元朝的历史具有划时代意义。2012年6月，元上都被评为世界文化遗产，正式列入世界文化遗产名录。

纳凉避暑的胜地

锡林郭勒是温带半干旱大陆性气候，夏季气温不高，基本上没有酷暑，是纳凉避暑的胜地。早在元代，每逢夏季，皇帝、王公贵族就会来此避暑。因此建议游客在夏季游览元上都遗址，既能欣赏古代文化遗址、漫游历史长河，还能纳凉避暑。

衣着准备

锡林郭勒夏季温度不高，但夜间和白天的温差很大。特别是太阳落山后，温度将会变得很低。到此旅游，一定要带避寒的衣物，以免受凉感冒。

贝子庙 ★★★★

贝子庙始建于清乾隆年间，位列内蒙古四大庙宇之一。寺庙宏大雄伟，有7座大殿，还有上千小型殿舍。寺庙内雕梁画栋，殿宇楼阁鳞次栉比，建筑造型飞檐斗拱，佛像雕塑千姿百态，极具传统的民族色彩。

￥ 20元
⏰ 每年的7至9月：8：00—18：00
🚌 锡林浩特站—贝子庙（自驾）
锡林浩特站—锡林西大街—贝子庙大街—贝子庙
全程约 6 千米

贝子庙

🛍 购物锡林郭勒

锡林浩特市的大型购物场所有金鹰商业大厦、维多利购物广场、锡林商厦、天骄大厦等，那里的商品齐全，供应有来自全国各地的货

物，是休闲购物的绝佳去处。

锡林郭勒的土特产有口蘑、苦杏仁、蕨菜等，都是制作美食的佳料。贝子庙街一带有不少商铺出售蒙古族的商品，有马鞍等工艺纪念品，也有蒙古刀等生活用品。

↘ 吃在锡林郭勒

锡林郭勒盟和呼和浩特一样，饮食上也是以奶制品和肉制品为主，奶制品有马奶酒、酸奶酪、奶豆腐等，肉制品有牛羊肉串、手把肉、扒羊肉等。著名的烤全羊、涮羊肉以及奶茶是每一个到锡林郭勒旅游的游客必尝的美食。市区有一条蒙古族美食街，那里可以品尝到各种蒙古族的风味美食。

羊肉锅

🍴 **锡林杭盖蒙餐**
游客评价：牛肉羊肉都不膻，很好吃
📞 0479-8223335
📍 锡林浩特市察哈尔大街40号

🍴 **塞伊德蒙餐**
游客评价：内蒙菜，羊肉配合蘸料很好吃
📞 0479-8270505
📍 锡林浩特市重庆路时泰国际大酒店底商

🍴 **鲜羔楼**
游客评价：羊肉很新鲜，搭配店里蘸料太香了
📞 0479-8225555
📍 锡林浩特市察哈尔街气象局正对面

🍴 **谭记幸会意境私房菜**
游客评价：创意菜，牛肉口感很好
📞 0479-8278887
📍 锡林浩特市额尔墩路维多利广场五楼

🍴 **蒙醇鲜酿酸奶**
游客评价：酸奶味道很醇正，可以搭配其他小吃一起
📞 13514794281
📍 锡林浩特市民盛购物中心附近

住在锡林郭勒

平价型

交通大酒店
锡林浩特市察哈尔大街40号交通大厦
0479-8245111

碧海快捷宾馆
锡林浩特市贝子庙街109号
0479-8226666

中盛嘉商务酒店
锡林浩特市宝昌路中国石油加油站附近
0479-8216644

肥猫轻奢酒店
锡林浩特市重庆路146号
0479-6757777

泰和上品酒店
锡林浩特市锡林大街182号
0479-8828999

享受型

锡林浩特希吉尔大酒店
锡林浩特市上海路党政大楼北侧
0479-6901111

锡林郭勒元和建国饭店
锡林浩特市南京路6号
0479-8299299

龙栖湾大酒店
锡林浩特市多伦诺尔镇多伦大街288号
0479-4522881

多伦诺尔大酒店
锡林浩特市东二环法院东150米
0479-4523777

内蒙古玖苑国际饭店
锡林浩特市锡林大街88号
0479-6938888

赤峰

| 区号：0476 |
| 邮编：024000 |
| 面积：90021平方千米 |
| 人口：403.597万人 |
| 著名景点：喀喇沁亲王府、白音敖包等 |

赤峰位于内蒙古的东南部，是距内蒙古出口海岸最近的一个城市，因为公共交通便利、地理位置优越，而成为东北振兴区和环渤海经济区的重要腹地。赤峰作为华夏文明的发祥地之一，是著名的旅游城市。作为草原广大的城市，赤峰有名的草原很多，如贡格尔、乌兰布统等。

贡格尔草原是内蒙古最肥美的草原之一，在那里生长着很多野生动植物，仅栖息的鸟类就有100多种。绿草如茵、牛羊遍野，在带动赤峰畜牧业经济发展的同时，也给当地的旅游业带来了勃勃生机。

除了美丽的草原，赤峰的冰川、雪山也是很好的旅游项目。赤峰地处高寒地区，那里有常年的积雪。为了促进旅游业的发展，当地开辟了雪雕、冰帆等很多旅游项目，吸引了众多的游客。

游在赤峰

喀喇沁亲王府 ★★★★

喀喇沁亲王府始建于清乾隆年间，如今已被辟为喀喇沁亲王府博物馆。亲王府建筑恢宏，结构严谨，属于五进院落，自南向北分别是大堂、二堂、议事厅和承庆楼，每座正堂均配有东西厢房。除了主建筑群外，东西两侧还有左右对称的东西跨院，跨院内有若干四合院，布局十分精巧。

💰 50元
🕗 8:30—17:00
🚌 赤峰站—喀喇沁亲王府（自驾）
赤峰站—腾飞大道—大广高速—S206—喀喇沁亲王府
全程约70千米

💡 喀喇沁亲王府
景区特色
喀喇沁亲王府建于康熙年间，距今已有300多年的历史，是中国最大的蒙古王府博物馆，有"塞外小故宫"的美誉。

喀喇沁亲王府

走进王府，游客会被王府恢宏的气势所吸引，感叹古代建筑的雄伟，王府内置则结构严谨、布局精巧，体现了清代建筑的独特风格。游客游览完建筑，还可以参观一下里面珍藏的文物。

专场的民族演出

在景区内，游客除了可以参观建筑以及历史文物外，还可以看到专场的民族演出。民族演出的内容主要体现的是蒙古族特色。节目有蒙古族迎宾礼仪、王府婚庆典礼、公主下嫁仪式、王府雅乐和清代服饰表演等。

游客还可以体验参与一些活动，例如王府迎宾礼仪、生活习俗、饮食文化、清朝服饰、喀喇沁风光摄影等。另外，寺庙会经常举行一些佛事活动，游客也可以参与其中。自助游的游客如果想了解景区详情或者旅游方便，可以聘请讲解员讲解，跟着讲解员你可以了解到更多关于"王府"的知识，进一步了解"王府"生活。

夏家店遗址群
★★★★

夏家店遗址面积宏大，近4万平方米，现已发现的城区有4000平方米，包括许多房子和窑穴。每个院落都有正堂、配房、窑穴等房屋，院落之间用土墙和街巷隔离，有些院落房舍相当大，且有广场。这些房舍布局说明夏家店文化在当时已经达到了一个很高的水平。

💰 免费
🕐 全天
🚌 赤峰站—夏家店遗址群（自驾）
赤峰站—三道东街—京加线—赤水线—夏家店遗址群
全程约21千米

夏家店文化陶爵

贡格尔草原 ★★★

贡格尔草原在克什克腾旗地区，这里绿草如茵，草丛中生长着五颜六色的野花，将草原点缀得多姿多彩。每到羊肥牛壮的季节，这里的牧民便会举办闻名全国的那达慕大会，有摔跤、赛马、射箭等活动，热闹非凡。这里是感受蒙古风情的好去处。

💰 免费
🕐 全天
🚌 赤峰站—贡格尔草原（自驾）
赤峰站—丹锡高速—达达线—集锡线—贡格尔草原
全程约295千米

贡格尔草原

曼陀山庄 ★★★★

曼陀山庄被誉为"塞北第一庄"。山庄内有古朴秀丽的塞外风光，山川河流、草原沙漠融为一体，神奇而又壮丽。曼陀山巅风景更佳，山石耸立、亦真亦幻，又有水云洞、曼陀大佛等景点。这里也有多处人文古迹，如元代龙兴寺遗址、北元都城鲁王宫遗址等。

💰 20元
🕐 全天
🚌 赤峰站—曼陀山庄（自驾）
赤峰站—丹锡高速—达达线—达日罕路—曼陀山庄
全程约324千米

💡 **曼陀山庄**
交通提示

赤峰的交通很便利，游客如果要到曼陀山庄游玩，除了跟团，也可以自助游。从赤峰到呼和浩特、沈阳、北京、大连、承德、锦州等都有直达列车。

另外，赤峰的汽车站和火车站紧密相连，北京、秦皇岛、沈阳、呼和浩特、石家庄、天津、唐山、锦州等都有汽车直达赤峰。到达赤峰后，游客可乘坐到克什克腾旗的中巴前往曼陀山庄。

景区特色

作为塞北第一庄的曼陀山庄是一个集湖泊、草原、山川、沙漠为一体的独特景区，充满了浓郁的塞外特色。它还是一个吃、住、行、休闲、娱乐、购物都非常方便的大型度假乐园，喜欢户外活动的游客千万不要错过。

曼陀山庄的服务设施

饮食方面，曼陀山庄有民族餐厅、中餐、快餐等各种餐饮，每次至少能接待200人；住宿方面，有高中低各种档次的客房以及富有特色的蒙古包供游客选择。

💡 **购物赤峰**

赤峰被称为"旱码头"，就足以说明它的人流众多、商业繁华。这里聚集了几十家百货公司和众多的商铺，来赤峰购物，有你想去的地方，更有你想买且买得到的商品。

赤峰有很多特产，有鹿茸、党参这样的珍稀药材，有对夹、牛肉干这些土特产，更多的是工艺品，像巴林石、长城挂毯、青铜制品，都深受旅客喜爱。酒类特产有宁城老窖酒等。

↘ 吃在赤峰

赤峰饮食以草原风味为主，市区街道上有很多小吃店，主餐多是烤制的面食，如对夹、哈达火烧，滋味香脆，非常好吃。除了面食外，在赤峰常见的还有蒙古有名的奶、肉制品，手扒肉、烤全羊、奶酥、奶茶等，不论到哪一家餐馆都能尝到这些独特的美食。

赤峰市内的长青街是当地非常大的一条美食街，这里餐馆、酒店遍布，具有浓郁的民族风情，经营的特色饮食有对夹、烧麦、涮羊肉、清真菜等。

蒙古纯奶、奶制品

🍲 **古洼一锅鲜**

游客评价：鱼锅真的很鲜美，香气扑鼻
📞 0476-7238855
📍 阿鲁科尔沁旗集通路南段

🍲 **汉达山烤肉旗舰店（长青街店）**

游客评价：烤羊腿外脆里嫩，洒上小料就更香了
📞 0476-8335557
📍 赤峰市洪山区长青街

呼兰蒙餐
游客评价：全羊汤出乎意料的好喝
☎ 13394844449
📍 赤峰市红山区园林路实验中学南路西

斯琴阿妈（新城店）
游客评价：内蒙菜，手把肉好吃不贵
☎ 0476-8828188
📍 赤峰市新惠路天御园二期商业房D—201

百卉园
游客评价：菜品多，性价比高
☎ 0476-3591888
📍 赤峰市元宝山运输段

王爷府鲜羊涮（万达店）
游客评价：牛羊肉选材很好，一起涮火锅根本不怕串味
☎ 0476-8830001
📍 赤峰市宝山路万达广场水岸天街西段

↘ 住在赤峰

平价型

平庄宾馆
📍 赤峰市开宝山区平庄镇哈河街东段
☎ 0476-3510789

北方铜都酒店
📍 赤峰市林西县世纪广场东北侧林西大道
☎ 0476-5333777

嘉士华酒店
📍 赤峰市友谊大街五金机电温商大厦楼下
☎ 0476-8989888

格林豪泰贝壳酒店（赤峰松山汽车站店）
📍 赤峰市松山大街新长途汽车站7号楼
☎ 0476-8422255

享受型

赤峰九天国际酒店
📍 赤峰市松山区兴安街
☎ 0476-8831988/8831999

赤峰玉龙国宾馆
📍 赤峰市松山区玉龙大街东段
☎ 0476-8828888

赤峰富力万达嘉华酒店
📍 赤峰市西拉沐沧大街12号
☎ 0476-5998888

赤峰红山智选假日酒店
📍 赤峰市西拉沐沧大街万达广场A区5号楼
☎ 0476-8307777

兴安盟

区号：0482
邮编：137400
面积：60000平方千米
人口：141.69万人
著名景点：成吉思汗庙、三潭峡等

兴安盟位于内蒙古的东北部地区，兴安在蒙语中是"山岭"之意，兴安盟因处于大兴安岭山脉的中段而得名。兴安盟与黑龙江、吉林等省相连，并且与蒙古国接壤，地理位置十分重要，是东北经济圈重要的一部分。兴安盟是一个多民族居住之地，少数民族中以蒙古族为主体，它是一个由汉族、蒙古族等多民族组成的大家庭。

兴安盟不仅历史悠久，而且景色迷人，是一个旅游资源丰富的旅游城市。著名的成吉思汗庙、葛根庙等都在那里。除了历史遗址景区，兴安盟还有很多自然风景区，如阿尔山国家公园、科尔沁草原、科尔沁湿地珍禽自然保护区等，吸引着络绎不绝的游客。其中阿尔山国家公园不仅有充满魅力的天池，还有冬季理想的滑雪训练基地。

↘ 游在兴安盟

成吉思汗庙 ★★★★

成吉思汗庙建成于1944年，庙宇具有汉、蒙、藏三种民族建筑风格，采取古代汉族建筑中惯用的中轴对称布局手法，建筑主体圆顶方身，绿帽白墙，具有典型的蒙、藏建筑特色。

庙宇为现代水泥砖结构，四面有围墙，南墙开设有山门作为入口。自山门进入庙内，需攀登80多级阶梯方到大殿。大殿分正殿和东西两殿，正殿中有16根粗大的红漆明柱，天花板上绘有彩色图案，两米高的成吉思汗塑像立在大殿的中央。东西两殿陈列有各种蒙古兵器与服饰，殿内墙壁上绘有10多幅大型壁画，记述着成吉思汗不平凡的一生。殿顶全用绿琉璃瓦覆盖，与粉壁朱门相辉映，景色甚为宏丽，远在数十里之外就可遥见矗立在山顶的庙宇。每年吸引着众多中外游客来此追忆一代天骄的风采。

💰 20元
🕐 8：30—17：30
🚌 乌兰浩特机场—成吉思汗庙（自驾）
乌兰浩特机场—机场路—S203—兴安北路—成吉思汗庙
全程约14千米

成吉思汗像

成吉思汗庙

景区亮点

成吉思汗庙的主要景点在正殿，里面有 16 根大红色的明柱，成吉思汗的铜雕塑就坐落在大理台基上。铜像高 2.8 米，重 2.6 吨，旁边陈列着元代的兵器，游客可以从中感受到成吉思汗当年的英雄气概，有一种穿越历史的感觉。

最佳旅游季节

兴安盟位于大兴安岭山脉中段，是典型的温带大陆性季风气候，春秋短暂，冬季寒冷漫长。春秋季节很容易出现沙尘暴天气，游客最好不要选择在该时间段出行。

兴安盟的夏季气温不高，基本上没有酷暑，且风景最宜人。因此，夏季是出游的最佳季节。

建议景点游览顺序

展览厅—成吉思汗箴言长廊—一代天骄雕塑—《畅通东西方》—西长廊壁画—正殿内西墙壁画—正殿内北墙壁画—成吉思汗金像—东墙壁画—东长廊壁画—欧亚地图—蒙古人狩猎图—成吉思汗教子图—蒙古铁骑西征—成吉思汗拜苍天—蒙古军营图—蒙古铁骑进攻图—攻打金国—四大汗国

三潭峡 ★★★★

由于峡谷里有三个水潭，因此得名"三潭峡"。三潭分别是卧牛潭、虎石潭和悦心潭。卧牛潭水面平稳，潭边横放众多卧牛石；虎石潭水中密布着形状各异的巨岩，宛如在水中嬉戏的虎群；悦心潭在峡谷的尽头，这里枝繁叶茂，鸟语花香，风景宜人，给人一种仙境之感。

- 💰 20 元
- 🕐 全天
- 🚌 乌兰浩特机场—三潭峡（自驾）
乌兰浩特机场—机场路—S203—好仁大桥—观光公路—S203—三潭峡
全程约 291 千米

三潭峡

哈拉哈河 ★★

哈拉哈河发源于大兴安岭西侧摩天岭北部的达尔滨湖，流经杜鹃湖，自东向西流入蒙古图贝尔湖。河流流经地段山环水绕、林木葱郁，河中有许多小岛、沙洲，而且水流急促。这里风光秀丽，是乘舟漂流或游览风景的理想之处。

- 💰 免费
- 🕐 全天
- 🚌 乌兰浩特机场—哈拉哈河（自驾）
乌兰浩特机场—机场路—S203—X407—哈拉哈河
全程约 290 千米

哈拉哈河

玫瑰峰 ★★★

玫瑰峰犬牙交错、巍峨挺拔，因山石绝大多数呈红褐色，故得名玫瑰峰。立于山下仰望，峰上山石形态各异，有的像披坚执锐的战将，有的像直刺云霄的宝剑，真乃造化之神作。立于山顶俯视，便可见连绵起伏的山岭、浪涛翻滚的麦田、苍劲辽阔的森林等景象，蔚为壮观。

- 💰 15 元
- 🕐 每年 4 月—11 月，冬季会关闭
- 🚌 乌兰浩特机场—玫瑰峰（自驾）
乌兰浩特机场—机场路—S203—乌新高速—G302—S203—玫瑰峰
全程约 300 千米

玫瑰峰

七仙女湖草原 ★★★

七仙女湖草原属于呼伦贝尔草原的一部分。这里原野旷阔、水草丰美，牛羊成群结队。草原之上有紧密相连的 7 个湖泊，群鸟在湖面上嬉戏，周围又有牧民自由放牧，可谓水天一色，风光绝美，会使你体会到浓浓的蒙古风情。

- 💰 免费
- 🕐 全天
- 🚌 可沿呼伦贝尔草原慢慢行驶

阿尔山国家森林公园 ★★★★

阿尔山国家森林公园位于大兴安岭西南。公园地貌为熔岩地貌。由于火山喷发，熔岩阻塞山道及河流，造成了许多奇特的地貌景观，如天池、熔岩湖、熔岩盆地等。公园内气候奇特，昼夜温差极大，适宜夏季来避暑。

- 💰 旺季（4 月 26 日至 10 月 15 日）180 元；淡季（10 月 16 日至 4 月 25 日）150 元
- 🕐 8:00—17:00
- 🚌 乌兰浩特机场—阿尔山国家森林公园（自驾）
乌兰浩特机场—机场路—S203—X407—阿尔山国家森林公园
全程约 287 千米

科尔沁珍禽自然保护区 ★★★★★

科尔沁珍禽自然保护区位于科尔沁右翼中旗的东部，保护区面积巨大，有 12 万公顷，内有国家一类保护珍禽丹顶鹤、白鹤、金雕等 7 种，国家二类保护珍禽 27 种，还有榆树天然次生林、西伯利亚杏灌丛化草原和低湿地草甸植被镶嵌分布，构成了独特奇丽的科尔沁草原景观。

- 💰 50 元
- 🕐 8:00—17:00
- 🚌 乌兰浩特机场—科尔沁珍禽自然保护区（自驾）
乌兰浩特机场—X106—京加线—科尔沁珍禽自然保护区
全程约 180 千米

科尔沁草原

科尔沁自然保护区

气候状况

科尔沁自然保护区内冬季气候寒冷，夏季高温炎热，春天虽然气温适宜，但是风沙很大，经常有沙尘暴天气出现。

这个地区的降雨量也不大，年均降水量360毫米，并且分配不均匀，一般集中在6—8月份。多大风天气，春秋季节一般为西南风，冬季一般为西北风，最大风速有时候可达21.7米/秒，并且大风的持续时间很长，有时候会达1个月左右。

由于上述天气状况，建议游客出游时一定要准确了解天气状况后再出行。

摄影的好去处

科尔沁自然保护区是摄影的新天地。草原风光美丽神奇，特别是清晨和傍晚，蒙古包升起袅袅炊烟，日出和日落映红天边的草原，成群牛羊点缀着草原，这是摄影的好时机，身临其中，将会领略到草原的独特魅力。

另外，科尔沁草原秋季丹凤秋叶和冬季银装素裹的景致十分优美，是摄影的好素材。兴安盟科尔沁是绝佳的摄影场所。

阿尔山海神圣泉度假区

★★★★

阿尔山温泉位于阿尔山市内的温泉街，这里是全国著名的旅游疗养胜地。阿尔山地区由于受火山活动的影响，形成了规模巨大的温泉群，温泉中含有大量对人体有益的矿物质和元素，具有十分神奇的医疗、保健作用，每年都吸引着众多游客来此洗浴观光。

💰 温泉游泳68元，温泉洗浴168元
🕐 全天
🚌 乌兰浩特机场—阿尔山海神圣泉度假区（自驾）
乌兰浩特机场—机场路—S203—索伦中桥—兴林路—共建街—阿尔山海神圣泉度假区
全程约265千米

阿尔山一景

购物兴安盟

位于乌兰浩特市中心的乌兰大街是当地繁华的街道，街道两侧商铺林立，商品种类繁多，高中低档都有，是兴安盟购物的很好去处。

兴安盟处于草原腹地及大兴安岭中段，生态环境独特，盛产野生灵芝、金莲花、黑木耳等，供销全国。阿尔山的矿泉和红蚂蚁等加工品也是质量上佳，远近驰名。

↘ 吃在兴安盟

兴安盟位于内蒙古东部边界，靠近东北，虽然饮食上以蒙古族风味为主，但多少具备了东北饮食的特色。在兴安盟，肉食和乳食是当地百姓的日常用餐，主要的餐点就是有名的烤羊腿、手扒肉、奶豆腐等。由于这里是少数民族杂居区，除了蒙古族外，还有汉族、满族等，受东北饮食影响很大，许多地区已经以米和面为主食了，不仅口味偏重，而且喜欢精制，蘸酱菜、辣白菜等都是这里人们非常喜爱的食物。兴安盟的特色美食除了肉制品和奶制品外，还有荞麦挂面、蒙古馅饼、王小二大饼等。

麻辣荞麦面

🍲 **一招鲜全羊铺**
游客评价：羊肉名不虚传
📞 0482-8226663
📍 乌兰浩特市五一北路与普惠东街交叉口

🍲 **敖包相会文化蒙餐**
游客评价：很有地方特色，生意很火
📞 0482-8257688

🍲 **乌兰浩特市蒙古族小学东万佳综合楼内**

🍲 **牛上元传统手工炭火烤肉**
游客评价：烤肉新鲜，牛羊肉很嫩
📞 0482-8501588
📍 乌兰浩特市兴安北大路五一广场东阳光书苑北20米

🍲 **隆府大饭店**
游客评价：蘑菇非常好吃，蒜蓉鱼口味不错
📞 0482-8237888
📍 乌兰浩特市兴安南大路8号

🍲 **山里屯铁锅炖**
游客评价：各种锅料，分量很足
📞 18048213337
📍 阿尔山市温泉路农商行对面

↘ 住在兴安盟

平价型

劳动大厦宾馆
📍 乌兰浩特市查干街7号劳动大厦1楼
📞 0482-22038888

贝壳酒店（兴安百货大楼店）
📍 乌兰浩特市乌兰西街与五一北大路交叉口西北角
📞 0482-8101666

太古花园旅馆
📍 乌兰浩特市兴安南盟百院内
📞 0482-8325333

德润宾馆
📍 乌兰浩特市乌兰西大街3号
📞 0482-8887111

享受型

乌兰浩特碧桂园凤凰酒店
📍 乌兰浩特同德东街归流河大桥西北侧
📞 0482-2219999

乌兰浩特希尔顿欢朋酒店
📍 乌兰浩特市同德东路与归流河路交口西南角
📞 0482-8781999

兴安盟长丰国际大酒店
📍 乌兰浩特市新桥东街洮儿河南路
📞 0482-8888801

阿尔山草原假日精品酒店
📍 阿尔山市温泉街河西别墅区
📞 0482-7185777

呼伦贝尔

呼伦贝尔位于内蒙古的东部，其管辖面积十分辽阔，总面积约 25 万平方千米，是世界上管辖面积最大的地区级城市。

呼伦贝尔处在中、俄、蒙三国的交界地带，其中满洲里口岸是中国最大的陆路口岸。其境内的呼伦贝尔草原是世界上的四大草原之一，被誉为世界上水草最丰美的草原。呼伦贝尔也是多民族的聚居地，是中国游牧民族和少数民族的发祥地。富有地方特色的风土人情、珍贵的历史遗迹、遗址，成就了呼伦贝尔独特的魅力。

丰富的自然资源使得呼伦贝尔成为著名的旅游城市，是文化和旅游部认定的重点旅游开发区。如今，呼伦贝尔已经成为中国旅游城市 20 强之一。

| 区号：0470 |
| 邮编：021000 |
| 面积：253000平方千米 |
| 人口：224.29万人 |
| 著名景点：呼伦贝尔大草原、呼伦湖、贝尔湖等 |

两日游

满洲里国门—呼和诺尔草原旅游度假区—呼伦贝尔大草原

游在呼伦贝尔

呼伦贝尔大草原 ★★★★★

呼伦贝尔大草原在内蒙古东北部，境内有呼伦湖和贝尔湖两大湖泊，故有此名。大草原犹如一幅天然的绿色画卷，浩瀚无际，美丽动人。每到夏季，这里草长莺飞、牛羊成群，你可以在草原上骑马射箭、摔跤跳舞，尽情享受游牧民族的独特风情。美丽的大草原是海内外知名的旅游胜地。

💰 免费
🕐 全天
🚌 呼伦贝尔海拉尔机场—呼伦贝尔大草原（自驾）
呼伦贝尔海拉尔机场—机场大街—呼伦大街—S201—海满一级公路—呼伦贝尔大草原
全程约 190 千米

呼伦贝尔大草原

💡 **呼伦贝尔大草原**

景区特色

呼伦贝尔大草原四季景色各有特色。夏季凉爽宜人，空气清新净透，是避暑纳凉的好去处；秋季的呼伦贝尔大草原，大兴安岭和白桦林色彩斑斓，好像一幅风景宜人的美丽画卷；冬季的草原，银装素裹，犹如进入冰川世界，同时也是滑雪和冰上运动的最佳场所。

旅游注意事项

呼伦贝尔是季风性气候，昼夜温差很大。要根据天气状况适时增减衣物，以免受凉生病。

5—9 月中旬，是呼伦贝尔草原的风光最好的季节，很适合前去旅游。需要注意的是，出行前要详细了解天气状况。

另外，草原 7 月份蚊虫很多，一定要提前准备一些预防蚊虫叮咬的药物。

独特的祭祀活动

草原上会有独特的祭祀敖包活动，现在已经成为呼伦贝尔草原旅游的一大特色。游客不妨体验一下这种独特的祭祀活动。

扎兰屯吊桥公园 ★★★★

扎兰屯吊桥公园是一个集水上娱乐、花卉、长廊、动物等景点于一体的综合风景区。公园有名的吊桥，它由两根巨大的铁索悬空吊着，另系有 42 条细铁索，下面铺着木板，于桥上行走，如轻舟荡于水上，飘然若仙。园内古木参天、杨柳依依、楼台错落，可谓处处皆景。

💰 免费
🕐 全天
🚌 呼伦贝尔海拉尔机场—扎兰屯吊桥公园（自驾）
呼伦贝尔海拉尔机场—绥满高速—集阿高速—中央北路—扎兰屯吊桥公园
全程约 414 千米

扎兰屯吊桥公园

牙克石凤凰山庄 ★★

牙克石凤凰山庄坐落于呼伦贝尔市的牙克石市南郊，山庄周围风景奇restore，山与水相映，森林与草原互衬，风格独特的人工建筑与优美的自然风景相得益彰。山庄的客房是六角屋建筑，分布在林间、山坡、河畔，环境幽雅静谧，旅居其中，平添一份浪漫与温馨。

- 25元
- 9：00—16：30
- 呼伦贝尔海拉尔机场—牙克石凤凰山庄（自驾）
- 呼伦贝尔海拉尔机场—海拉尔机场高速—绥满高速—凤游线—牙克石凤凰山庄
- 全程约85千米

扎兰屯秀水山庄 ★★★★

扎兰屯秀水山庄位于呼伦贝尔市大兴安岭东麓，山庄内建有各种西式木屋、蒙古包、现代化别墅、人工湖和养鱼池。这里依山傍水，卧牛河在庄内蜿蜒环流，垂柳依依，自然景观令人心旷神怡。游人可在秀水山庄住宿，进行野餐、垂钓、登山、水上观光等多种活动。这里是夏季消暑、度假旅游的好去处。

- 免费
- 全天
- 呼伦贝尔海拉尔机场—扎兰屯秀水山庄（自驾）
- 呼伦贝尔海拉尔机场—绥满高速—G232—哈满街—扎兰屯秀水山庄
- 全程约311千米

扎兰屯秀水山庄

呼和诺尔草原旅游度假区 ★★★★

呼和诺尔草原是我国少有的未受污染的原生态牧场。辽阔无垠的草原上环抱着碧波潋滟的呼和诺尔湖。这里绿茵浓绿、鲜花烂漫，点缀着数点蒙古包，真是风景如画。在旅游区内，你可以欣赏草原风光，可以骑马放牧，还能观看民族歌舞、品尝蒙古族美食，尽情体验"做一回游牧人"的乐趣。

- 15元
- 8：00—18：00
- 呼伦贝尔海拉尔机场—呼和诺尔草原旅游度假区（自驾）
- 呼伦贝尔海拉尔机场—S201—海满一级公路—呼和诺尔草原旅游度假区
- 全程约60千米

呼和诺尔草原

莫尔道嘎国家森林公园 ★★★

森林公园位于额尔古纳市境内，它独具北方特色的森林风景，保存着中国的一片针叶原始森林，树种以落叶松为主，有"落叶松故乡"的美誉。公园地理位置优越，园内自然资源丰富，溪流密布，夏季有林海、松风等景色，冬季有冰峰、雾凇等美景，是领略北国风光的理想去处。

- 160元
- 8：00—18：00
- 呼伦贝尔海拉尔机场—莫尔道嘎国家森林公园（自驾）
- 呼伦贝尔海拉尔机场—机场大街—成吉思汗北路—S201—G331—莫尔道嘎国家森林公园
- 全程约340千米

凤凰山滑雪场 ★★★

凤凰山滑雪场位于内蒙古自治区东北部，大兴安岭南麓的牙克石市区东南郊16千米处，是内蒙古最大的滑雪场，也是目前国内滑雪期最长的天然滑雪场。滑雪场内项目丰富、服务设施齐全，拥有6条不同的滑雪道，可满足各种层次滑雪者的需求，服务中心还为滑雪者提供了具有当地特色的美食和住宿，能让游客领略到古朴独特的异域风情。

- 15元
- 8：30—17：30
- 呼伦贝尔海拉尔机场—凤凰山滑雪场（自驾）
- 呼伦贝尔海拉尔机场—海拉尔机场高速—绥满高速—凤游线—凤凰山滑雪场
- 全程约86千米

海拉尔国家森林公园 ★★★

海拉尔国家森林公园在海拉尔区西山之上，园内主要的树种为樟子松。公园分为三园一区：南园、西园、北园和后备资源区。南园有反映草原细石器文化的遗址以及守望松、连理松等景观；北园有原生态的樟子松林和美丽的白沙滩，西园景观主要是湿地，其中冰湖面积最大，湖内栖息着众多的鸟类。

- 30元
- 6：00—22：00
- 呼伦贝尔海拉尔机场—海拉尔国家森林公园（自驾）
- 呼伦贝尔海拉尔机场—机场大街—胜利大街—西交界街—海拉尔国家森林公园
- 全程约8千米

海拉尔国家森林公园

红花尔基森林公园 ★★★

红花尔基森林公园位于呼伦贝尔的鄂温克旗内，它是沙地樟子松原始森林。这里河流密布、森林资源丰富、动植物种类繁多，又开发有七大景点：林

红花尔基森林公园

中湖、别墅群、射击场、樟子松等，是一个适合观光度假的独特旅游区。

💰 60元
🕐 全天
🚌 呼伦贝尔海拉尔机场—红花尔基森林公园（自驾）
呼伦贝尔海拉尔机场—机场大街—海拉尔机场高速—S202—红花尔基森林公园
全程约127千米

鄂伦春民族博物馆
★★★ 📅 📷

鄂伦春民族博物馆坐落于呼伦贝尔阿里河镇，是我国最大的县级博物馆。馆内陈列有一艘桦木做的船，船身巨大，颇似神话中的挪亚方舟。博物馆共有5个展厅，以实物形式直观地展现了鄂伦春民族在定居前的生活模式及其狩猎文化。其中最大的兴安之韵展厅介绍的是大兴安岭动植物资源以及鄂伦春民族的生活环境。

💰 免费
🕐 9：00—16：00
🚌 呼伦贝尔海拉尔机场—鄂伦春民族博物馆（自驾）
呼伦贝尔海拉尔机场—G332—S301—朝阳街—鄂伦春民族博物馆
全程约436千米

鄂伦春民族博物馆

满洲里国门 ★★★★ 📅 📷

满洲里国门处在满洲里市以西的中俄边境上，建成于1989年，大门上方镶嵌有"中华人民共和国"7个大红字，其上有金色灿然的国徽，整个国门显得庄严巍峨。登上国门，便可发现我国国门遥遥对应的俄罗斯国门，能欣赏到别样的异国风情。

💰 70元
🕐 9：00—17：00
🚌 呼伦贝尔海拉尔机场—满洲里国门（自驾）
呼伦贝尔海拉尔机场—成吉思汗北路—S201—海满一级公路—满洲里国门
全程约209千米

📍 满洲里国门
最佳旅游时间

虽然夏季是游览满洲里国门气候比较适宜的季节，但是其冬季银装素裹的景色也很特别。并且每年的冬季满洲里会举行满洲里冰雪节、满洲里中俄蒙国际旅游节等活动，很适合喜欢冰雪项目的游客前往。因此，每年的11月份至次年2月份是游览满洲里国门的最佳时期。

住宿

满洲里景区附近也有住宿的地方，但为了舒适和安全起见，建议在市中心的宾馆住宿。市中心宾馆多，各种档次都有，游客可以选择适合自己的住处。

普通的四人间，每人需要花费30元左右。如果是在旺季，游客最好提前订购房间，这样会便宜点。若是到目的地再订房，价格会水涨船高。

购物注意事项

在满洲里购物或者吃饭，一定要先讲好价钱，即使是在大饭店也是一样。

布苏里度假山庄
★★★★ 🌐 📷

布苏里度假山庄位于大兴安岭甘河支流的一道河谷内，这里本是东北最大的后勤军事基地，1999年废弃后改为旅游区。旅游区内水草丰茂、飞禽走兽出没其中，风景奇丽，山庄规模宏大，能容纳数百人娱乐住宿。现有将军楼、导弹库、北国第一哨等景点。

💰 25元
🕐 全天

满洲里国门

布苏里度假山庄

🚌 呼伦贝尔海拉尔机场—布苏里度假山庄（自驾）
呼伦贝尔海拉尔机场—机场大街—海北一桥—G332—S301—布苏里度假山庄
全程约413千米

💡 购物呼伦贝尔

呼伦贝尔市繁华的海拉尔区，可供选择的购物场所有很多，桥头街的伊仕丹购物广场和海拉尔友谊商厦，以及西郊界街的俄罗斯购物商城，规模都很大，是当地有名的旅游购物场所。

广袤辽阔的呼伦贝尔草原成就了草原上丰富的物产。这里的奶酥、奶酪等奶制品已经形成了产业，做工精良，营养美味。

🍴 吃在呼伦贝尔

呼伦贝尔大草原风光秀美，水草丰盛，牛羊膘肥，肉质鲜美。来到草原上绝不能错过用牛羊肉做的美味。呼伦贝尔常见的一种饮食就是涮羊肉，又叫"涮锅子"，羊肉没有膻味，十分鲜美。若是大家聚餐的话，那就少不了一桌以烤全羊为主的全羊席了，席上有各种用羊肉做的美食，手扒羊肉、全羊汤、烤羊排等。

呼伦贝尔草原有一个湖，叫呼伦湖，呼伦湖盛产鱼，有鲤鱼、红尾鱼、白鱼等种类，鱼肉肥美，营养丰富。呼伦湖之滨有一家餐馆，叫达赉湖饭店，饭店的招牌菜肴就是全鱼席，全鱼席上用鱼做的菜肴多达120种，主要鱼菜有松鼠鲤鱼、鲤鱼甩籽、葡萄鱼、番茄鱼片等，游客可以任意选择，价钱公道。

红烧鱼

🍴 **诺敏塔拉奶茶馆（西大街店）**
游客评价：第一次尝试很有草原味道的锅茶，好香
📞 0470-8303678
📍 呼伦贝尔市西大街海晨嘉园西北角底商

🍴 **蒙祥原烤吧**
游客评价：烧烤，口味很好
📞 0470-6220989
📍 满洲里市文明路通联大厦对面

七间房全羊馆
游客评价：羊排配孜然，太香了
0470-8297857
呼伦贝尔市海拉尔区满洲里路绿波小区 3 号楼

金巴尔虎风味
游客评价：涮羊肉里面加羊肚，又脆又爽口
0470-6831089
额尔古纳市白桦路额尔古纳一小斜对面

蒙古王爷府
游客评价：全羊宴，每个部位都可以吃到
0470-8358108
呼伦贝尔市兴安路东第七中学对面

才恩吉雅牛排锅
游客评价：牛肉肉质鲜美，汤底味道浓郁
18147087778
夹信二道街碧海金城小区 2 区十二号楼六号门市

↘ 住在呼伦贝尔

平价型

龙都酒店
呼伦贝尔市学府路龙凤学府花园 D 栋 1 楼
13171171285

9居连锁酒店（牧管局店）
呼伦贝尔市海拉尔区呼伦大街 19 号
0470-3906789

威尼斯假日酒店
呼伦贝尔市学府路思源家府小区 3 号楼门市
0470-2772222

米朵智慧酒店
呼伦贝尔市哈萨尔大街哈萨尔花园小区旁
0470-8110088

享受型

呼伦贝尔天骄宾馆
呼伦贝尔市哈萨尔大街 32 号
0470-8218777

海拉尔百府悦酒店
呼伦贝尔市伊敏大街 16 号
0470-3106666

呼伦贝尔宾馆
呼伦贝尔市胜利大街 32 号
0470-8211357

呼伦贝尔友谊国际酒店
呼伦贝尔市海拉尔区桥头街 10 号
0470-3908688

阿拉善

阿拉善位于内蒙古自治区的西部，与甘肃、宁夏等地相连，与蒙古国交界，是一个面积广阔的地方。阿拉善的草原面积十分广阔，除了盛产牛羊之外，阿拉善的双峰驼也很出名，有"骆驼之乡"的美誉。其驼绒柔软而金黄，远销国外很多地方，还曾获得美国阿米卡驼毛奖和意大利国家柴格那奖，大大促进了当地经济的发展。

因为拥有悠久的历史文化和独特的自然风光，阿拉善近些年的旅游业发展也很迅速，逐渐成为著名的旅游城市。著名的丝绸文明之路、充满神奇魅力的西夏文明、古老的居延文化、奇异的大漠风光、雄浑壮观的戈壁奇观以及豪放的蒙古风情，构成了具有独特魅力的阿拉善旅游文化。

区号：0483
邮编：750306
面积：27万平方千米
人口：26.24万人
著名景点：曼德林乌拉岩画、腾格里沙漠月亮湖等

↘ 游在阿拉善

曼德林乌拉岩画 ★★★★

曼德拉山上的曼德林乌拉岩画数量众多，有 6000 多幅，满山珍贵的艺术图案生动形象地记载了古代及近代阿拉善区独特的文化生活与社会风貌。岩画内容丰富、题材广泛，反映了蒙古、鲜卑、匈奴等北方少数民族的文化生活，是我国西北地区的艺术画廊。

$ 5元
8:00—18:00
额济纳站—曼德林乌拉岩画（自驾）
额济纳站—京新高速—G307—曼德林乌拉岩画
全程约 574 千米

曼德林乌拉岩画
交通提示
阿拉善前往曼德林乌拉岩画景区的车有很多，非常便捷。驾车游也很方便，以巴彦浩特为中心，形成了干线公路为骨干，旗线、边防线为支线，

曼德拉山岩画

辅以乡镇及专用公路纵横交错、四通八达的公路交通网络。

气候状况

阿拉善地区是典型的大陆性气候，干旱少雨，风沙大，日照强烈。夏季酷热，冬季寒冷，最低气温将近零下37℃，最高气温会达到40℃以上。四季气候特征明显，昼夜温差特别大。

游客前往此地旅游的时候，最好准备防寒的衣物。如果在夏季，爱美的女士要注意防晒。

景区特色

曼德林乌拉岩画共有6000多幅，画艺精湛，生动记述了古代阿拉善地区的历史文化和社会风貌，有我国"西北古代艺术画廊"之美称。通过这些岩画，我们可了解到当时的社会状况，徜徉在古代历史文化长廊的同时，会让我们对古代的高超绘画技艺发出由衷的感叹。

广宗寺 ★★★★

广宗寺始建于清乾隆年间，又称南寺。寺院内藏品众多，有甘丹赤巴的斗篷、六世达赖仓央嘉措的五佛冠、章嘉国师制定的寺规、光绪帝御赐迈斯尔胡可图的藏袍、朝珠等种珍稀文物。寺院依山而建，四面环山，松柏苍郁，溪流潺潺，风景优美，是当地绝佳的旅游胜地。

💰 80元
🕐 8：00—17：00
🚌 额济纳站—广宗寺（自驾）
额济纳站—京新高速—红吉一级—G307—广宗寺
全程约696千米

广宗寺

腾格里沙漠月亮湖 ★★★★

月亮湖设施很完备、服务齐全、娱乐丰富的沙漠探险基地，而腾格里沙漠则是距离都市最近、规模大、旅游内容丰富的沙漠生态旅游区。这里不仅有传统的草原游牧文化，还有寥廓的大漠风光、原始自然的湖泊绿洲，能极大地满足旅游者在沙漠中探险猎奇的需求。

💰 100元
🕐 8：00—18：00
🚌 额济纳站—腾格里沙漠月亮湖（自驾）
额济纳站—京新高速—G307—腾格里沙漠月亮湖
全程约737千米

💡 月亮湖

交通提示

沙漠地区交通不便，游客可以选择自驾游。不过自驾游的车辆最好选择越野车等性能比较好的车辆。

从银川机场北行130千米，穿过贺兰山，就来到内蒙古阿拉善境内。高速公路就在腾格里沙漠的边缘，前行不远的距离，有"苍天一滴泪"之称的腾格里沙漠月亮湖就会出现在你的面前。

景区特色

月亮湖有三大特色，吸引了众多游客驻足。首先是形状跟中国地图很像，站在高处沙丘观赏月亮湖，犹如一幅中国地图展现在你眼前；其次是其湖水含有丰富的钾盐、锰盐等微量元素和矿物质，和药浴有类似配方；月亮湖下面的千年黑沙滩是天然泥疗的宝物。

黑城遗址 ★★★

黑城呈长方形，东西两墙的中部都设有城门，西北角有一座喇嘛塔，古时的街道和建筑轮廓仍依稀可辨，四周的河道和农田也存留了一些遗迹。这座西夏国的城池在苍凉的戈壁上孤独了几百年，它里面埋葬的不仅有未知的宝藏，还有人类苦苦探索的居延文明。

💰 与怪树林联票150元
🕐 8：00—18：00
🚌 额济纳站—黑城遗址（自驾）
额济纳站—航天路—黑城遗址
全程约36千米

黑城遗址

尊重当地风俗

游客到阿拉善旅游要尊重当地风俗，最好了解一下当地有什么禁忌。例如对长辈要用"您"，不要在火中扔垃圾、倒水或者吐痰等。

💡 购物阿拉善

巴彦浩特是阿拉善盟繁华的商业区，这里购物场所众多，有驼旺购物广场、开元商城、龙芯商厦、新华购物广场等多家现代化的大型购物中心，这里的商品种类齐全，品质优良，价格公道。

阿拉善地区物产丰富，贺兰山上出产有野蘑菇、沙芥等多种野味，也有沙漠上的特产苁蓉、锁阳等。这里的民族工艺品美观大方，如阿拉善驼绒，是旅游购物的绝佳选择。

↘ 吃在阿拉善

阿拉善是多民族聚居区，这里以蒙古族饮食为主，日常餐饮多是肉食和乳食，像烤全羊、手扒羊肉、奶皮子等蒙古族传统美食都可以在这里品尝到。不过，由于阿拉善位于蒙古边境，所以饮食上也吸收了其他民族和地区的特色，逐渐形成了清香柔嫩、味道鲜美的饮食文化。

阿拉善境内大部分地区是沙漠，沙漠中的物产沙葱、沙芥等被这里的人们用来做成了美食。沙漠中少不了骆驼，所以驼肉也成了阿拉善美食中的代表。驼肉的做法多种多样，红烧、炖汤，都是滋补美味，招待来客的美食。

酱香驴肉

🍖 铁帽烤肉

游客评价：菜品和味道都不错，吃完来点酸奶很舒服
📞 18147800550
📍 阿拉善左旗第三中学斜对面

🍖 阿拉善奈尔泰手抓羊肉

游客评价：羊肉正宗，是真正本地牧区羊肉
📞 18048301811
📍 阿拉善左旗巴彦浩特镇煜丰锦城8号门面房

小时候炖菜馆
游客评价：牛肉麻辣锅很好吃
- 0483-8333678
- 阿拉善左旗旭晨海洋商业街锦江都城酒店东

大漠牧人奶茶馆
游客评价：特色是铜锅煮的奶茶，香味独特
- 13634735426
- 额济纳旗新华街拥军广场东20米

额尔敦传统涮
游客评价：传统火锅底料，味道很不错
- 0483-8199222
- 阿拉善左旗吉兰泰路与安德街交叉口东行50米

↘ 住在阿拉善

平价型

泉际精品酒店
- 阿拉善左旗高新技术开发区中华路天恒小区1号楼1号
- 0483-3996555

学府商务宾馆
- 额济纳旗达来呼布路学府花园大门南
- 18347850017

曼德拉商务酒店
- 阿拉善左旗巴彦浩特镇和硕特路25号
- 0483-8598885

青花语商务宾馆
- 阿拉善左旗巴彦浩特镇图尔扈特南路旭成饭店对面
- 0483-8585055

享受型

阿拉善大酒店
- 阿拉善左旗巴彦浩特东关街1号
- 0483-3983777

阿拉善左旗腾格里酒店
- 阿拉善左旗巴彦浩特西花园街
- 0483-8889000

维也纳国际酒店（阿拉善店）
- 阿拉善左旗安德街图书馆对面
- 0483-3961111-0

天泰旅游商务酒店
- 阿拉善左旗额鲁特西路28号
- 0483-6101888

中南地区
华中部分
湖南—湖北—河南

湖 南

区号:	0730—0746
省会:	长沙
面积:	21.18 万平方千米
人口:	6644.48 万人
方言:	湘语、西南官话、赣语、客家语
著名景点:	张家界、衡山、岳麓山、岳阳楼、凤凰古城等

概况

湖南位于长江中游南部，三面环山，一面环湖，因大部分地区在洞庭湖以南，故称湖南。省内最大的河流湘江贯穿南北，又简称"湘"。湘江流域自古就有种植芙蓉的传统，唐朝诗人谭用之曾赋诗"秋风万里芙蓉国"，所以湖南又有"芙蓉国"之称。

湖南属于亚热带季风湿润气候，雨量充沛，光热资源丰富，但气候差异较大。冬冷夏热、春秋多变，春夏多雨而秋冬干旱。

湖南有着丰富的农业资源，耕地、森林、水等自然资源居全国前列，不愧是一个农业大省，在古代就有"九州粮仓""鱼米之乡"的美誉。岳阳是全国著名的渔场，产量位列全省之首。

湖南特产有很多。农林特产：湘莲、湘茶、油茶、柑橘、湖粉；土特产：卤豆腐、干豆腐、血丸子、红薯干、干竹笋；工艺特产：仿古漆器、桃源石雕、瑶族银饰、苗族花带；酒特产：湖子酒、桂花湖汁酒、武陵酒、湘泉、酒鬼、神川三蛇酒。

名菜

湘菜品系风味花样众多，有祖庵鱼翅、长沙麻仁香酥鸭、霸王别姬、子龙脱袍等多种名菜。

祖庵鱼翅：是一道传统的湖南名菜。制作方法十分讲究，须得先用大火将鱼翅烧开，然后配上虾仁、香菇等材料，用母鸡和猪肘熬的汤，小火慢慢煨制而成。还要将青菜过油，拼在鱼翅周围。此菜浓香味醇，营养美味，乃是湘菜中一道佳肴。

长沙麻仁香酥鸭：此菜软嫩鲜脆、香酥爽口，深受人们喜爱。做法也简单，将油烧热后放入鸭身烹炸，炸成金黄色，然后洒上香油、花椒面等佐料，再切成条形肉块，整齐置入盘中，周围配上蔬菜。此菜不仅外观精美，而且口味香酥焦脆，令人回味无穷。

霸王别姬：也是一道传统湘菜，以甲鱼和鸡为主料，配上香菇、料酒、葱等佐料，先熬煮，再清蒸，然后才入盘。其制法精巧，吃法独特，鲜香味美，营养丰富，历来是筵席上的佳品。

交通

飞机

长沙黄花国际机场

📞 0731-96177

📍 位于长沙市黄花镇，距离市中心约20千米

🚌 **机场交通**：机场大巴市内线，机场始发的机场大巴从T2航站楼始发，经停T1航站楼，行驶时间约5分钟；市内大巴到达机场后皆先停靠T2航站楼，再至T1航站楼。

线路1：机场—火车站（7：30—最后一个航班），发车间隔15～20分钟，票价16元。

线路2：机场—汽车南站（8：00—18：00），发车间隔20分钟，票价21元。

线路3：机场—汽车西站（8：00—19：00），发车间隔20~30分钟，票价30.5元。

线路4：机场—浏阳（8：30—22：30），发车间隔30分钟，票价50元。

出租车：

长沙黄花国际机场T1航站楼出租车上客区位于到达厅3号门出口，是机场规定的出租车唯一上客区域。T2航站楼出租车上客区位于到达厅5号门出口，是机场规定的出租车唯一上客区域。

出租车起步价8元，3千米后每千米1.8元。

张家界荷花机场

☎ 0744-8238417

📍 位于天门山下机场路，距离市中心约10千米

💡 **机场交通**：机场大巴：1号线，途经机场、大成山水、澧水大桥、子午西路、张国际酒店，发车间隔20～40分钟，发车时间从第一个航班到达到0：00，凭登机牌可免费乘坐。
出租车，起步价5元，1.6千米后每千米1.6元。

长沙地铁

1号线
尚双塘—开福区政府
（6：00—23：00 最高票价6元）
2号线
梅西湖西—光达
（6：00—23：00 最高票价6元）
3号线（轻轨）
山塘—广生
（6：30—23：00 最高票价7元）
4号线
杜家坪—罐子岭
（6：30—23：00 最高票价7元）

长沙火车站

长沙

长沙市位于长江以南、湖南省东部偏北地区，是湖南省的省会。在古代曾被称作"潭州"，是有名的"楚汉名城""山水洲城"和"快乐之都"。

有"国家园林城市"之称的长沙是一座有着3000多年历史的古城，是我国第一批历史文化名城，是楚汉文明和湖湘文明的发源地，也是环长株潭城市群中的主要城市。

长沙地处洞庭湖平原的南部边缘向湘中丘陵盆地的过渡地带，季节变化明显。春季空气潮湿，增温迅速，天气多变；夏初炎热多雨，高温天气持续时间长；秋季时间较短，多晴朗天气，很少下雨；冬季气温较低但并无严寒，降水量少。

区号：	0731
邮编：	410000
面积：	11819平方千米
人口：	1004.79万人
著名景点：	岳麓山、橘子洲、世界之窗、湘江欢乐城、湖南省博物馆等

两日游
岳麓山—岳麓书院—橘子洲—天心阁—马王堆汉墓—千佛洞

↳ 游在长沙

湘江欢乐城 ★★★★ 📷 📍

湘江欢乐城位于湖南省长沙市岳麓区，是悬浮在深坑之上的"欢乐王国"，这里的欢乐雪域位于地下36米的深处，常年低温，分为雪区、滑雪区和休闲区，建于室内的缆车全长180米，可以俯瞰整个雪域乐园。在这有可以滑雪、拍照、溜冰、坐冰橇等娱乐项目。

💰 180元起
🕐 9：30—17：30；欢乐雪域17：00停运
🚌 长沙黄花国际机场—湘江欢乐城（自驾）
长沙黄花国际机场—机场高速—长沙大道—南二环—潇湘南路—湘江欢乐城
全程约37千米

岳麓山 ★★★★ 📷 📍

岳麓山绵延几十里，如一道巨大的屏障，矗立于长沙西首，可谓是长沙之大观。而且此山汇集湘楚文化之精华，名胜古迹众多，

其中就包括了千年学府岳麓书院以及号称"汉魏最初名胜，湖湘第一道场"的古麓山寺。想要了解湘楚文化，岳麓山不可不去。

💰 免费。其中云麓宫5元，麓山寺5元，鸟语林30元
🕐 7：00—22：00
🚌 长沙黄花国际机场—岳麓山（自驾）
长沙黄花国际机场—机场高速—南二环—登高路—岳麓山
全程约35千米

岳麓山一景

📍岳麓山
温馨提示

1. 岳麓山风景区有些景点尚未开放，山高路险，且常有路面塌陷、山上落石等危险，游客一定要注意安全，尽量不要靠近危险区域。

2. 景区内有些水域，像深潭、溪流等附近并无救生人员，游客切记不要在水边嬉戏或进入水中游泳。

3. 游客出行前应关注当地天气情况，若是阴雨天气，最好携带御寒衣物、雨衣备用。在山上尽量不要撑雨伞，以防雷电袭击或被风吹倒。

4. 游客在山上观光期间，最好不要边走路边赏景，当心路滑或风化山石散落。拍照时也要寻找合适角度，注意落脚点安全。

住宿推荐

岳麓山风景区内景点很多，且山路难走，十分耗费体力。建议游客在景区附近住宿一晚，养足精神，再进行后面的旅程。

在岳麓山风景区东门对面有一个汉庭酒店（长沙岳麓山店），环境优雅，住房设施齐全，温馨舒适。

岳麓书院 ★★★★★ 🌐

岳麓书院于宋太祖开宝年间建造，历经宋、元、明、清时势变迁，在古代为书香学堂，如今则依托湖南高校，依旧教书育人，弦歌不绝，所以它被称为"千年学府"，并享誉海内外。

💰 全票40元，学生持证件25元（湖南大学教师、学生、新生家长免费）
🕐 8：00—17：30
🚌 长沙黄花国际机场—岳麓书院（自驾）
长沙黄花国际机场—机场高速—南二环—麓山路—岳麓书院
全程约35千米

岳麓书院

杨开慧故居 ★★★ 🌐 📷

杨开慧故居在长沙市的板仓村内，是属于普通的农舍建筑风格。故居依山近道，四周又有松柏、翠竹环绕映衬，环境优雅。这里是杨开慧同志青少年时期成长以及后来从事革命活动的地方。

💰 免费
🕐 8：00—17：30
🚌 长沙黄花国际机场—杨开慧故居（自驾）
长沙黄花国际机场—长沙绕城高速—京港澳高速—骄杨西路—杨开慧故居
全程约64千米

杨开慧故居

密印寺 ★★★★ 🏛 🌐 📷

密印寺位于宁乡市沩山的毗卢峰下，是禅宗宗派的分支——沩仰宗的祖庭，有千年历史。如今该寺已恢复成庄严雄伟的禅家道场，非常适合善男信女到此一游。

💰 78元
🕐 7：00—17：30
🚌 长沙黄花国际机场—密印寺（自驾）
长沙黄花国际机场—长沙绕城高速—长芷高速—来木井路
全程约188千米

橘子洲 ★★★★★ 🌐 📷

"独立寒秋，湘江北去，橘子洲头，看万山红遍，层林尽染……"毛泽东的《沁园春·长沙》大家都耳熟能详，词中所说的橘子洲就是位于长沙市区对面湘江中心的一个长形小岛。橘子洲介于名山与都市之间，被誉为"中国第一洲"。岛上景色宜人，独立洲头，极目楚湘天地，令人心旷神怡。

💰 免费
🕐 8：00—21：00
🚌 长沙黄花国际机场—橘子洲（自驾）
长沙黄花国际机场—机场高速—五一大道—橘子路—橘子洲
全程约29千米

橘子洲头

天心阁 ★★★★ 🏛 🌐

天心阁处在长沙市中心地区的东南角上，是长沙的古城标志。阁楼造型精致，古朴典雅，能与三大楼阁媲美。三阁以通廊相连接，浑然一体，使矗立于32米高的锥垛之上的古阁更加壮观。登楼眺望，静心沉思，会有一番别样的感触。园内树木繁茂，花草众多，每天有很多人到此练功、读书、游览、品茗。

💰 公园门票免费，登城楼32元
🕐 8：00—17：30
🚌 长沙黄花国际机场—天心阁（自驾）
长沙黄花国际机场—长沙大道—机场高速—天心路—天心阁
全程约25千米

天心阁

湖南省博物馆 ★★★★ 🌐

湖南省博物馆馆藏文物丰富，尤以马王堆汉墓文物、商周青铜器、楚文物、历代陶瓷、书画和近现代文物等极具特色。它是湖南省最大的综合性历史艺

博物馆，也是全国优秀爱国主义教育示范基地和湖南省4A级旅游景点之一。

博物馆荟萃了湖湘大地的文物遗珍，展现了湘楚文明的来龙去脉，在喧嚣日甚的都市内不失为优雅宁静的文化休闲去处，是了解湖湘文化的窗口。陈列馆里展出有薄如蝉翼的素纱单衣、完好无损的印花棉袍、各种精细秀丽的刺绣、彩绘漆器以及彩绘帛画、帛书等。

💰 免费
🕐 周二至周日的9：00—17：00
🚌 长沙黄花国际机场—湖南省博物馆（自驾）
长沙黄花国际机场—长沙大道—机场高速—东风路—湖南省博物馆
全程约29千米

千佛洞 ★★★

位于宁乡市黄材镇的千佛洞是3亿6千万年前形成的溶洞。洞ór幽深、曲折弯绕，洞内地貌复杂、洞洞连通，洞中有洞，又有石笋、石柱千姿百态，阴河、瀑布暗地横生，可谓是奇景迭出，相信会是探险猎奇的好去处。

💰 90元
🕐 9：00—17：00
🚌 长沙黄花国际机场—千佛洞（自驾）
沙黄花国际机场—长沙绕城高速—长芷高速—千佛洞路—千佛洞
全程约172千米

花明楼 ★★★★★

花明楼，位于宁乡市境东南。花明楼是一处低山环绕的地方，自然风光较为平常，但因这里是刘少奇同志的故居，故知名度较高。尤其是粉碎"四人帮"以后，刘少奇同志的冤案得以昭雪，众多国家领导人都曾前来参观瞻仰，使花明楼的知名度节节上升，现已成为著名的旅游景点。

故居对面有一块宽阔广场，那里有昂首挺立的刘少奇铜像。来此瞻仰伟人故居，追忆故人丰绩，不由令人心潮澎湃。

💰 免费

花明楼

🕐 9：00—17：00
🚌 长沙黄花国际机场—花明楼（自驾）
长沙黄花国际机场—机场高速—长芷高速—花炭路—花明楼
全程约66千米

长沙世界之窗 ★★★★

长沙不仅有各种建筑奇观和歌舞风情，还是一个著名的传媒基地，一座高层次、高享受、高品位的大花园；一座集世界风情精粹、形象逼真的全国一流的影视拍摄基地。它体现了自然与人文并重，历史、现实与幻想共存的精神。许多影视剧都在这里取景，这里是一个综合性大型主题公园。公园文化、艺术气息浓厚，又不乏娱乐性与刺激性，置身其中，相信会使你流连忘返。

长沙世界之窗是愉悦性、趣味性、刺激性与深刻的文化内涵完美结合的经典之作，是奉献给游客的精心制作的精神文化产品。

💰 160元
🕐 8：30—18：00
🚌 长沙黄花国际机场—长沙世界之窗（自驾）
长沙黄花国际机场—杭长高速—三一大道—长沙世界之窗
全程约21千米

长沙世界之窗

沩山漂流 ★★★★★

沩山漂流景区位于长沙市宁乡市沩山乡祖塔小龙潭，漂流河道以超强的惊险性刺激性著称，尤其是河道中部那一段连续险滩区，无数落差接连呈现，更是考验游客的心理承受极限，被游客誉为"中华第一漂"。

💰 198元
🕐 9：00—16：00
🚌 长沙黄花国际机场—沩山漂流（自驾）
沙黄花国际机场—长沙绕城高速—长芷高速—宁岗桥—沩山漂流
全程约179千米

沩山漂流
旅游指南

湘潭汽车站到沩山漂流公交路线：游客从湘潭汽车站出站后，可步行几分钟到长途汽车站乘坐29路公交车，路过4站之后，在护建广场站下车，再步行340米至湘潭火车站，乘坐T62、K110、K472、1804、5366等次列车，在长沙站下车。从长沙站到沩山漂流需要近3小时的时间。

宁乡市到沩山漂流自驾游（全程共66.3千米，时长1小时25分钟）：游客驾车从宁乡市出发，经过金林步行街进入S209，继续行驶38千米左右到樟树湾，再右转行驶15千米左右到朱家冲，接着前行约250米后向右转，沿路行驶7.5千米向左转，再行驶500米左右到长滩村，右转行驶3.3千米到枣子坪，再左转行驶1.3千米，走过严家坳400米向右转，最后行驶300米左右，就到了沩山漂流。

温馨提示

由于沩山漂流景区内的很多旅游项目具有一定的危险性，游客一定要仔细阅读景区的注意事项，配合工作人员安排，保证自身安全。

1. 身高1.2米以下的儿童和60岁以上的老年人禁止漂流。
2. 有心脏病、高血压等症的游客及孕妇等不适合剧烈运动的游客禁止漂流。
3. 游客在漂流前，应将手机、手表、照相机等电子产品或银行卡、贵重首饰等物品交由同行亲友保管或在景区寄存，以免在漂流的过程中遗失或损坏。

马王堆汉墓 ★★★★

20世纪70年代初先后在马王堆发掘出3座汉墓，从而出土了辛追女尸、素纱禅衣等一大批文物。文物虽然已经陈列在博物馆中，但汉墓仍在，喜欢考古的人不妨去那里一探。

💰 免费

马王堆文物

🕐 9：00—17：00
🚗 长沙黄花国际机场—马王堆汉墓（自驾）
长沙黄花国际机场—机场高速—万家丽路高架—古汉路—马王堆汉墓 全程约 24 千米

↘ 吃在长沙

湖南城市中属长沙的湘菜品种多，这里的特色美食口味俱佳，口味虾色艳汤浓，香辣无比；长沙臭豆腐脆而不糊，嫩而不腻；杨裕兴面条口感柔韧；剁椒鱼头味美鲜辣。市区内五里牌有湘菜一条街，那里是品尝湘菜美味的好地方，而且物美价廉。一些风味特产如红薯粑粑、芋头梗等也很有名。

剁椒鱼头

🍲 **火宫殿（坡子街总店）**
游客评价：臭豆腐、糖油粑粑都好吃
📞 0731-85814228
📍 长沙市天心区坡子街 127 号

🍲 **徐记海鲜（君逸康年店）**
游客评价：海鲜品质很不错
📞 13308493626
📍 长沙市芙蓉中路二段 508-3 君逸康年酒店大楼 2-3 楼

🍲 **长沙文和友（海信广场店）**
游客评价：小龙虾香辣蟹
📞 4008783322
📍 长沙市湘江中路 36 号海信广场

🍲 **鲁哥饭店（北正街店）**
游客评价：湘菜，人气很旺，很有市井气息
📞 0731-85955011
📍 长沙市黄兴北路 253 号雅园小区底商

🍲 **好食上（八一路店）**
游客评价：金奖芙蓉鸽名不虚传，好香
📞 0731-84463030
📍 长沙市八一路燕山街 123 号鸿飞大厦 1-5 楼

🍲 **公交新村粉店**
游客评价：粉面店，粉非常入味
📞 19198182604
📍 长沙市曙光中路 475 号

🍲 **客串出品（都正街店）**
游客评价：烤串，人气旺，牛肉很好吃
📞 0731-82908290
📍 长沙市清香亭 4 号清香里 001 号

↘ 住在长沙

平价型

长沙相遇影院电竞酒店（含浦店）
📍 长沙市含浦联丰路车塘河小区 14 栋
📞 0731-89988828

7 天酒店（长沙步行街解放西路店）
📍 长沙市登隆街 1 号
📞 0731-88938777

长沙 2599 爱情酒店（河西湘腾店）
📍 长沙市湘腾城市广场三栋 15 楼 1517 室
📞 0731-85232599

迪曼酒店（五一广场地铁站店）
📍 长沙市中山西路 305 号
📞 0731-84843637

享受型

运达喜来登酒店
📍 长沙市开福区芙蓉中路 478 号运达国际广场
📞 0731-84888888

长沙慕奕 H 酒店
📍 长沙市芙蓉区五一大道 868 号（近五一广场）
📞 0731-88962888

华天大酒店
📍 长沙市芙蓉区解放东路 300 号
📞 0731-84442888

小天鹅戴斯酒店
📍 长沙市芙蓉区五一大道 648 号（近芙蓉中路）
📞 0731-89899999

↘ 购物长沙

▎黄兴南路步行街

黄兴南路步行街自近代以来一直都是长沙繁华的商业街，那里充溢着长沙传统的生活气息，深受长沙人购物的喜爱，因而历来是商家的必争之地。

▎解放中路与文艺路口段

这条街装潢华丽，经销的货物大都是一些服装、化妆品之类的高档商品，价钱自然不菲。街口周围有不少卖特色小吃的店铺，浏城桥下有一家赵记，那里的干锅牛蛙和口味蛇非常有名。

▎长康路文运街

这里是长沙外单货集散地，规模非常大，若你在长沙有买不到的商品，或许可以在这里找到仿货，价格也不贵。

▎文庙坪南墙湾

这里有众多的风味小吃餐馆以及各种经销工艺饰品、土特产的商铺，代表着长沙传统的商业特色，随着这个老城区也开始迈向现代化，全国各地新鲜热辣的时尚风潮也开始涌入这块商业区。

▎金满地

金满地是一个地下购物商城，商业极其繁荣，不论昼夜，无论先锋厅还是北正街，到处可见穿梭不息的消费人群。金满地 D 区是一家美食城，那里有游客想吃的各种美食，价钱也算公道。

特产

长沙特产中有"三绝",即湘绣、中国红瓷器和菊花石雕。游客不妨选购几件喜欢的收藏,很有纪念意义。

湘绣色泽鲜亮,针法缜密,绣出的山水、人物、花鸟等作品神态饱满,栩栩如生,有很强的视觉效果,观赏价值很高。

中国红瓷器,又称"中国红",其工艺精湛,高贵华丽,被誉为"瓷中珍品""国之瑰宝"。其烧制难度很高,程序复杂,所以成品十分珍贵,深受收藏爱好者们的喜爱。

菊花石雕与四川广元白花石雕、福建寿山石雕、浙江青田石雕并称为中国四大名雕。它不仅在选材上甚是苛刻,在雕刻工艺上也极为讲究。雕刻出来的山水人物、飞禽走兽神情兼备,浑然天成,深受人们喜爱。

长沙步行街

岳阳

岳阳在古代被称作"巴陵""岳州",位于湖南省的东北部,处在长江和洞庭湖交汇的地方,是中国著名的历史文化名城之一。

岳阳境内气候湿润,少严寒,温暖期比较长,季节变化非常明显。春季气温变化较快,夏季湿润多雨,秋季凉爽短暂,冬季多低温天气。

岳阳是中国优秀旅游城市,曾获得"最值得驻华大使馆向世界推荐的中国生态城市"之美誉。其境内山清水秀,人文景观数不胜数,旅游资源十分丰富。目前有国家5A级风景旅游度假区2处,国家级自然保护区1处,世界非物质文化遗产1处,国家重点风景名胜区2处,国家级森林公园3处,国家重点文物保护单位6处。

区号:	0730
邮编:	414000
面积:	14858平方千米
人口:	505.19万人
著名景点:	岳阳楼、君山岛、洞庭湖、屈子祠等

↘ 游在岳阳

岳阳楼 ★★★★★

范仲淹那篇脍炙人口的《岳阳楼记》使得岳阳楼传名于世。岳阳楼位于湖南岳阳市古城西门城头、紧靠洞庭湖畔,北眺长江,南览湖湘,襟山带水,气象开阔,正所谓"洞庭天下水,岳阳天下楼"。

$ 66元
⏰ 7:00—18:30
🚗 岳阳三荷机场—岳阳楼(自驾)
沙黄花国际机场—岳阳大道东—巴陵中路—洞庭北路—岳阳楼
全程约23千米

岳阳楼

岳阳楼
旅游指南

游客从岳阳火车站出站之后，可按照以下公交路线前往岳阳楼景区。

1. 从岳阳火车站向西南方向步行约130米到达火车站（总站），乘坐23路公交车到市一中站下车，再向正南方向步行250米即可到达岳阳楼公园。

2. 从岳阳火车站向西南方向步行约550米到长城市场站，乘坐31路或24路公交车到岳阳楼公园站下车，站牌旁边就是岳阳楼公园。

3. 从岳阳火车站向西北方向步行约380米到市中医院站，乘坐21路公交车到岳阳楼公园站下车，站牌旁边就是岳阳楼公园。

4. 从岳阳火车站向东南方向步行约500米到达汽车站，乘坐19路公交车到岳阳楼公园站下车，站牌旁边就是岳阳楼公园。

温馨提示

去长江三峡的客轮在路过停泊岳阳城陵矶码头时会停留半天时间，游客可以抓住这个机会前往岳阳楼和洞庭湖游览一番，时间充足的话还可以逛逛当地的庙前街，在客轮开船之前赶回船即可。

洞庭湖 ★★★★

《岳阳楼记》中有赞洞庭湖"衔远山，吞长江，浩浩汤汤，横无际涯。朝晖夕阴，气象万千"，记载的就是洞庭湖的盛况。800里洞庭湖烟波浩渺，波澜壮阔，乃是一大景观，虽说近年来湖面水域缩减，但仍是中国第二大淡水湖。

- 免费
- 7:30—18:00
- 岳阳三荷机场—洞庭湖（自驾）
岳阳三荷机场—岳阳大道东—许广高速—X109—洞庭湖
全程约48千米

福寿山：汨罗江风景名胜区
★★★★

景区由福寿山、汨罗江两大景域和平江起义旧址、湘鄂赣革命纪念馆、杜甫墓祠三大景点组成。福寿山山高林茂，水美石奇，具有典型的山地森林景观和气候。高山、林海、奇峰、古庙各具特色。福寿山下的汨罗江碧水悠悠，两岸青山掩映，景观密布，宛如一幅壮丽的山水画卷。高山、奇峰、古庙、春花、夏瀑、秋云、冬雪，自然山水与悠久文化古迹相伴，自然景观丰富奇特、人文景观厚重深远，气候宜人，引人入胜，具有较高的文化、科学、游览价值。

- 福寿山50元，汨罗江20元
- 8:00—17:00
- 岳阳三荷机场—福寿山汨罗江风景名胜区（自驾）
岳阳三荷机场—京港澳高速—G536—福寿山汨罗江风景名胜区
全程约83千米

君山公园 ★★★★★

君山公园位于岳阳市西南12千米的东洞庭湖中，据说得名长达4000余年，又是道教第九洞天福地。山上景点众多，有葬娥皇、女英的二妃墓，还有传说通往洞庭龙宫的柳毅井，有来敌自鸣的飞来钟，还有花香如酒的酒香亭。

- 5元
- 8:00—18:00
- 岳阳三荷机场—君山公园（自驾）
岳阳三荷机场—岳阳大道东—洞庭大道—旅游路—君山公园
全程约44千米

君山公园
旅游指南

乘火车前来观光的游客可以在火车站乘15路旅游专线车，直接到达君山风景区，每人5元。

还可以在岳阳楼南岳坡旅游码头乘船到君山岛景区，往返票价每人60元。也可以乘坐往返于君山岛景区和君山大堤的游船，每人20元。

自驾游可从岳阳市区出发，过洞庭湖大桥到君山区挂口，再上君山旅游大道即可直通君山风景区大门。

君山美食

人们常说："登上君山不食鱼，人生少得三分意。"来君山游玩，自然要尝一尝君山的鱼。

君山人做鱼刀法精湛，配料独特，花样十足，观之便让人垂涎欲滴，食之更是回味无穷。

麦穗鱼：取草鱼去掉头、尾，拔出骨刺，将鱼身分成两片，用刀在鱼片上均匀地雕刻出菱形图案，放入油锅炸至肉色金黄后取出，那些菱形图案便会变得翻卷起来，酷似麦穗，故称麦穗鱼。麦穗鱼外观十分精致，再配以精巧餐盘，让人食欲大振。

购物岳阳

岳阳既是一座历史悠久的古城，也是一个充满时尚气息的现代化都市。大的商业街有巴陵路中段、城东路北段和南段，这些都是岳阳市繁华的商业地带，商业广场、商业大厦随处可见，这里是岳阳的购物天堂，经销的商品以服装、饰品为主。

屈子祠 ★★★

屈子祠位于湖南汨罗城西北的玉笥山顶，现今已改为屈原纪念馆。建筑古朴秀雅，是典型的江南建筑。后殿耸立着一尊高大的屈原像，光彩动人，附近建有独醒亭、骚坛、桃花洞等古迹，号称玉笥山八景。

- 30元，学生半价，军人免费
- 9:00—18:00
- 岳阳三荷机场—屈子祠（自驾）
岳阳三荷机场—岳阳大道东—许广高速—汨罗北互通岳—屈子祠
全程约64千米

屈子祠

↘ 吃在岳阳

岳阳紧靠洞庭湖，来岳阳自然不能错过洞庭湖的水产，尤其是鱼类。岳阳的许多餐馆都以鱼为招牌菜，诸如松鼠鳜鱼、竹筒蒸鱼等菜肴在岳阳都是佳品，著名的"巴陵全鱼席"别具特色，在全国享有极高的知名度。岳阳市区到处都有各种风味小吃，不妨去品尝一次，是另一般滋味的享受。另外，当地妇孺皆爱的君山银针鸡片也不可错过。

酒酿蒸鲥鱼

- 细毛私家菜总店
  - 游客评价：主营湘菜，猪脚超级入味
  - 0730-3165599
  - 岳阳市德胜南路湘都巷2栋2楼

- 丑小鸭
  - 游客评价：鸭子好吃又便宜
  - 0730-8612013
  - 岳阳市花板桥路四化建

- 壹号大锅灶鱼馆（军分区店）
  - 游客评价：鱼锅加胡椒，热热辣辣的口感，好吃
  - 0730-8985777
  - 岳阳市巴陵中路93号

- 原味阿生私房菜
  - 游客评价：味道很赞的私房菜，孜然牛肉很好吃
  - 0730-8119988
  - 岳阳市文昌巷

- 伙计地摊鱼（汇金国际店）
  - 游客评价：环境很好，鱼火锅里的鱼非常鲜嫩
  - 15273017111

- （岳阳市泰和汇金国际城上城）

- 洁雅小南方俏巴鱼馆
  - 游客评价：俏巴鱼干煎又香又脆，排骨也好吃
  - 0730-8296999

- 岳阳市汴河街

- 津市刘聋子粉馆岳阳总店
  - 游客评价：粉柔软细腻入味
  - 0730-8108181
  - 岳阳市岳阳大道西

住在岳阳

平价型
时光印主题酒店 岳阳市长盛西路60号 0730-3556888
宜家时尚酒店 岳阳市东茅岭路九盛家居城旁 0730-8189666
兴天大酒店 岳阳市巴陵中路648号 0730-8288666
三月商务宾馆 岳阳市大桥河路186号 0730-8883338

享受型
岳阳阿波罗御庭酒店 岳阳市南湖邕园路23号 0730-8667918
岳阳华瑞丹枫建国饭店 岳阳市金鹗东路190号 0730-8096888
岳阳格兰云天大酒店 岳阳市东茅岭路29号 0730-8398888-61
岳阳国贸大酒店 岳阳市南湖大道329号 0730-8200000

张家界

张家界位于湖南省的西北部，是湖南省的省辖地级市，也是中国著名的旅游城市之一。

张家界地处武陵山脉东段，云贵高原与洞庭湖的接合部，地势西北高东南低。境内峰峦林立，地貌起伏，市区和景区平均海拔相差800多米，昼夜温差在10℃左右。

张家界光照充足，降水丰富，无酷暑严寒，四季如春。春季温暖，百花争艳，适合到此赏花、踏青；夏季树木苍翠，鲜艳欲滴，适合到此避暑、划船；秋季天气晴朗，空气清新，适合到此登高、欣赏果树；冬季清幽静谧，素衣如雪，适合赏梅、观雪。

- 区号：0744
- 邮编：427000
- 面积：9516平方千米
- 人口：151.71万人
- 著名景点：武陵源风景名胜区、天门山国家森林公园等

游在张家界

张家界国家森林公园 ★★★★★

作为国家批准成立的中国第一家国家森林公园，张家界国家森林公园可以说是实至名归。公园自然景观富丽多姿，奇峰怪石、幽谷深渊、茂林溪泉，有"三千奇峰、八百秀水"的美称。公园不仅自然风光秀美壮丽，而且动植物资源十分丰富。有珙桐树、香果树等珍贵树木，还有猕猴、大鲵等珍稀动物，所以公园被称为"自然博物馆和天然植物园"。

- 227元
- 7:00—18:00
- 张家界荷花国际机场—张家界国家森林公园（自驾）
- 张家界荷花国际机场—武陵山大道—金鞭路—张家界国家森林公园
- 全程约29千米

张家界国家森林公园

张家界国家森林公园

温馨提示

游客若是想在张家界森林公园多玩几天,建议购买周票制门票,票价298元,可在景区内游览一周。若是购买"两天一票"的游客未能在两天时间内把景区逛完,也可根据周票价格补交差价,延长游览时间,最多一周。

住宿推荐

张家界国家森林公园景区景点多,范围大,游客需要多日方可游览完毕,建议在景区附近的宾馆住宿。

张家界桔子客栈:位于张家界国家森林公园售票处附近。宾馆内设有大床房、标准间等多种房型,房价在110～150元。宾馆提供免费停车点。

张家界琵琶溪宾馆:位于张家界国家森林公园内,距张家界核心景点黄石寨、金鞭溪、鹞子寨不远。

宾馆内设有豪华标间、豪华山景房、贵宾楼和豪华套房等房型,房价在350～1500元,支持国内银联卡支付。

房间内设施齐全,温馨舒适,可拨打国内长途和国际长途。提供20元自助午餐。宾馆附近设有免费停车场。

天子山 ★★★★★

天子山因明初土家族领袖向大坤自封"向往天子"而得名。天子山一带奇山秀水,风光旖旎,可以说是鬼斧神工。

天子山美景,春、夏、秋、冬四季不同,晨、昏、午、夜四时各异。天子山的神奇,在于烟云缭绕的奇石危峰,如柱、如塔、如笋,低者数十米,高者数百米,雕镂百态。这里还有淳朴的民风民俗,热情欢迎着来这里的客人。天子山东临索溪峪,南接张家界,北依桑植县,是武陵源区四大风景之一,有"不游天子山,枉到武陵源"的说法。

💰 232元
🕐 7:00—18:00
🚌 张家界荷花国际机场—天子山(自驾)

天子山

岳阳三荷机场—张桑公路—杨家界大道—X020—天子山
全程约55千米

杨家界 ★★★★ 🌐 📷

去武陵源旅游,不可不去杨家界。杨家界东接张家界,北邻天子山,面积34平方千米,有香芷溪、龙泉峡和百猴谷三个游览区,景点200余处。作为年轻的风景区,杨家界从一开始的对外开放就吸引住了世人的眼球。杨家界是又一个神奇的世界,这里山势壮丽、奇峰林立,俊俏无比,与张家界相似,却又胜似张家界。

💰 250元
🕐 8:30—16:00
🚌 张家界荷花国际机场—杨家界(自驾)

岳阳三荷机场—张桑公路—X020—杨家界
全程约69千米

杨家界

茅岩河 ★★★★ 📷

茅岩河水流湍急,一滩连一滩,一浪挽一浪。若是乘小舟于河上漂流,时而会被抛到高空,时而会被甩至深渊,就算你绷紧了每一根神经,也会忍不住惊声尖叫。不过放心,险滩的间距比较长,所以这里的漂流是有惊无险。

💰 124元(机动),114元(人力)
🕐 8:00—17:30
🚌 张家界荷花国际机场—茅岩河(自驾)

岳阳三荷机场—子竿路—X019—茅岩河
全程约58千米

猛洞河 ★★★★ 📷

猛洞河风景区不仅指猛洞河,还包括王村古镇、不二门、猛洞河漂流等旅游项目。其中最著名的当属猛洞河漂流,它被誉为"天下第一漂"。漂流全程47千米,两岸绿树葱茏、风景如画,游客可泛舟漂流,既能欣赏景致,又能

体验到惊险刺激的感觉。

💰 228元
🕐 8:30—18:00
🚌 张家界荷花国际机场—猛洞河(自驾)

岳阳三荷机场—G352—张花高速—S230—猛洞河
全程约72千米

猛洞河

黄龙洞 ★★★★ 📷 🌐

黄龙洞是享誉世界的自然遗产景区,洞内有迷宫、响水河、天仙水、天柱街、龙宫等六大景区,整个大洞犹如一株古木错节盘根,散发开来,洞中有洞,楼上有楼。黄龙洞有无数的洞穴、无数的山壁、无数的溪河,各种洞穴奇观遍布其中,琳琅满目,无所不奇,无奇不有,仿佛一座神奇的地下"魔宫",被誉为"中国最美丽的溶洞"。入黄龙洞,如入人间仙境一般。要游览溶洞,黄龙洞当是首选。

💰 60元
🕐 旺季(3月至11月):8:00—18:00;淡季(12月至2月):8:30—17:30
🚌 张家界荷花国际机场—黄龙洞(自驾)

岳阳三荷机场—武陵山大道—朝阳路—G241—黄龙洞
全程约41千米

黄龙洞

宝峰湖 ★★★★ 📷

宝峰湖地处张家界武陵源风景名胜区的核心地带,湖区有山有水,又有民俗风情,其中宝峰飞瀑更是闻名于世。宝峰湖风景区集山水于一体,融民俗风情于一身。秀丽的湖光水色和幽深的洞

天交相辉映，勾画出一片旖旎风景。以奇秀的高峡平湖绝景、"飞流直下三千尺"的宝峰飞瀑、神秘的深山古寺而闻名，被称为世界湖泊的经典。

$ 96元

⏰ 4月—11月：7：00—18：00；11月—次年3月：7：30—17：00

🚌 张家界荷花国际机场—宝峰湖（自驾）

岳阳三荷机场—武陵山大道—香樟路—宝峰路—宝峰湖

全程约35千米

索溪峪 ★★★★

索溪峪在武陵源风景区的东首，西边是张家界森林公园，因索溪水从西门绕过流向东边而有此名。索溪峪山、水、洞自成一体，奇峰起伏错落成趣；水、泉清漾美，千姿百态；洞，幽深神秘，奇妙无比。那恍若仙境的地下宫殿黄龙洞，天然浮雕罗列、充满诗情画意的十里画廊，碧波荡漾的宝峰湖，充满传奇色彩的百丈峡，无不令人流连忘返。索溪峪风光奇特，景观众多，以险峰秀水、岩洞深壑最为著名。

$ 248元（通票）

⏰ 7：00—18：00

🚌 张家界荷花国际机场—索溪峪（自驾）

岳阳三荷机场—武陵山大道—朝阳路—G241—索溪峪

全程约40千米

天门山国家森林公园 ★★★★★

天门山国家森林公园四面绝壁，壮丽雄伟。公园内有完整的原始次生林，而且植物资源异常丰富，有世界罕见的高山珙桐群落。天门山终年云雾缭绕，变幻莫测，更为公园增添了一份神秘色彩。山顶有天门山寺，是善男信女拜佛求愿的绝佳去处。

$ 旺季（3月1日至11月30日）258

天门山国家森林公园

元；淡季（12月1日至次年2月底）225元

⏰ 8：00—18：00

🚌 张家界荷花国际机场—天门山国家森林公园（自驾）

张家界荷花国际机场—大庸路—天门路—天门山国家森林公园

全程约11千米

武陵源 ★★★★★

武陵源景色奇异壮丽，连绵260多平方千米，有天然纯朴的田园风光，又有神秘奇特的自然景观，其中最为独特的当属那3000余座尖peak的砂岩柱和砂岩峰了。景区内还有四五十个石洞和两座天工造就的巨大石桥。另外，景区内还保存着极为丰富的动植物资源。可以说武陵源是一座巨大的自然博物馆。

$ 248元

⏰ 8：30—17：30

🚌 张家界荷花国际机场—武陵源（自驾）

岳阳三荷机场—武陵山大道—香樟路—武陵路—武陵源

全程约35千米

武陵源

黄石寨 ★★★★

黄石寨，位于张家界市的武陵源，是国家5条精品游览线之一。相传汉朝张良看破红尘，辞官不做，隐居江湖。在云游这里时，被官兵围困，后来得师父黄石公的帮助脱险，因而把这里叫作黄石寨。黄石寨位于森林公园中部，为一方山台地，海拔1080米，是雄伟高旷的观景台。

黄石寨

黄石寨的山有棱有角，形状独特。山的周围有云雾缭绕。云雾袅袅升腾，林涛连绵起伏，置身山上，又可俯瞰公园景观。现代肖草《重上黄石寨》诗云，"烟云缥缈峰尽俏，风月乍寒林无鸟；故地重来芙蓉骄，黄石不去蓬莱笑"，真实诠释了黄石寨。

$ 武陵源通票248元

⏰ 7：00—18：00

🚌 张家界荷花国际机场—黄石寨（自驾）

岳阳三荷机场—武陵山大道—金鞭路—黄石寨

全程约30千米

黄石寨
旅游指南

游客可从汽车站搭乘吉首至凤凰县的中巴，途经张家界国家森林公园、金鞭溪风景区、黄石寨风景区，票价每人5元。

温馨提示

1. 张家界景区天气变幻无常，特别是早晚温差很大，游客出发之前一定要带上御寒衣物，有备无患。
2. 游客最好携带雨伞或防雨衣裤，也可在当地购买一次性雨衣，一般几块钱就能买到。
3. 夏天来的游客还要带上防晒霜、防蚊药物等，以防风吹日晒和蚊虫叮咬。
4. 备好干粮和水以便在旅游途中食用，因为在景区内购买很不划算。
5. 游客最好数人同行，旅途中不至于无聊，也可相互照应。在需要乘坐出租车的时候还可以分担一些费用。

购物张家界

张家界市区不大，比较大型和齐全的购物场所有广合购物中心和梅尼超市，另外还有两条商业步行街：

人民广场商业步行街：位于永定区人民广场，是一条大型旅游商品步行街，也是张家界繁华的地段。这里所销售的大都是些现代化商品，品类众多。购物的话，这里是很好的选择。

天子街：位于武陵源区武陵大道，是以销售土特产为主的步行街，街道年代久远，在这里可以买一些张家界的特产留作纪念。

张家界盛产野生猕猴桃，味道酸甜爽口，还有土家风味的辣妹子辣腊，这些都值得选购。

吃在张家界

张家界的特色菜有腊猪头、团年菜、血豆腐、酸鱼肉等。风味小吃有社饭和猪血稀饭等。那里的菜除了具有湘菜具备的"辣"特点外，还有"腊"的特色。张家界的土家族很喜爱腊食，像腊猪头、腊牛肉等，风味独特。在张家界景区用餐是非常贵的，菜类15元以上，肉类30元以上，所以在景区会有不小的花费。需要注意的是，有些饭店菜价可以砍价。

花菜炒腊肠

乐口福家常菜馆（古庸路店）
游客评价：芋头软烂顺滑，混着排骨的香，太好下饭了
☎ 0744-2199788
📍 张家界市古庸路人民医院斜对面

湘健土菜馆
游客评价：土匪鸡好吃到让人想抢着吃

☎ 13762180678
📍 张家界市未央路锦富酒店旁

秦大妈锅巴饭（南庄坪店）
游客评价：秘制酱料搭配饼太香了
☎ 0744-8287979
📍 张家界市南庄坪紫薇苑小区2巷8号

岩泊渡鳜鱼楼活鱼馆
游客评价：可以看到各种活动，现杀现煮，很新鲜
☎ 0744-8358797
📍 张家界市回龙路439号金海岸欧派橱柜对面

禾田园私房菜
游客评价：推荐鸭肉，不会肥腻也不会柴

☎ 0744-2817799
📍 张家界市官黎路天门小学旁

寨子里的钵钵菜（魅力湘西店）
游客评价：糯米酒香甜，酒味不是很浓但很润喉
☎ 0744-5958666
📍 武陵大道156号高云桥头

印象老灶台三下锅（华天城店）
游客评价：现做现煮，海鲜很棒
☎ 0744-8128899
📍 张家界市兴民路天门山索道公司停车场出口旁

住在张家界

平价型	享受型
盛夏民宿（天门奥莱店） 📍 张家界市迎宾路天门中央奥特莱斯3栋1507室 ☎ 17374406923	**张家界京武铂尔曼酒店** 📍 张家界市高云路188号 ☎ 0744-8888888
泊梦居客栈（天门山火车站店） 📍 张家界市官黎路彭家铺C15号 ☎ 0744-8203333	**张家界华天大酒店** 📍 张家界市迎宾路与大庸路交会处西200米 ☎ 0744-8241004
天崇君泰国际酒店 📍 张家界市子午路51号 ☎ 0744-8398888	**张家界京溪国际酒店** 📍 张家界市武陵大道91号 ☎ 0744-5625818
锦江之星（张家界天门山店） 📍 张家界市官黎路1号 ☎ 0744-8296888	**张家界青和锦江国际酒店** 📍 张家界市军邸路1号 ☎ 0744-8188888

湘西

湘西，全称是湘西土家族苗族自治州，位于湖南省西北部、云贵高原东部的武陵山区，是湖南省面向大西北的门户，被称为湘、鄂、渝、黔的"咽喉之地"。湘西生活着土家、苗、汉、回、瑶、侗、白等30个民族。

湘西地区处于鄂西山地和云贵高原东北部的相交之地，地势西北高、东南低，平均海拔在800米以上，境内群峰林立，河谷密布，地貌多种多样。湘西的气候类型比较复杂，总的来说，这里春季温暖舒适，夏季炎热多雨，秋季清新凉爽，冬季寒冷干燥，四季分明。

湘西临近张家界国家森林公园，域内旅游资源十分丰富，人文、自然景观数不胜数，是一个美丽而又神秘的地方。

| 区号：0743 |
| 邮编：416000 |
| 面积：15462平方千米 |
| 人口：300万人 |
| 著名景点：凤凰古城、老司城、吕洞山、里耶古城、王村（芙蓉镇）等 |

↘ 游在湘西

凤凰古城 ★★★★

凤凰古城是一座国家历史文化名城，它处于沱江之畔，被群山所环抱。古城风景秀美，历史底蕴厚重。城内有石板小街，明清宅院等古迹，城外又有蜿蜒流水，桨声舟影，小城风光宁静安详。有人认为它是中国最美丽的小城，若是到此一游，便会觉得所言非虚。

- 免费（已取消148元联票，小景点票另购）
- 全天
- 吉首站—凤凰古城（自驾）

吉首站—人民北路—杭瑞高速—南华路—凤凰古城
全程约50千米

凤凰古城

凤凰古城
旅游指南

1. 游客可以在铜仁火车站附近乘坐铜仁到凤凰的直达车，票价每人25元，1小时左右即可抵达。

2. 在张家界荷花机场乘坐4路公交车可到市区汽车站，也可乘坐出租车前往，车费不会超过20元。市区汽车站有去凤凰的班车，每天8：30、14：30、15：30发车，5小时内可到达凤凰，车费70元左右。

购物湘西

凤凰县有一条"民家工艺一条街"，这里的商店里都是具有湘西风俗的店铺，如闻名的苗族刺绣、苗族银饰、土家织锦及当地的蜡染制品。到了老城区，会有许多银饰品卖，做工精巧，款式多样。这里的银饰分老银和新银。老银从民间收集而来，工艺很精致，带有浓厚的民俗特色，新银因为用的是现代的加工技术，所以价钱会比较贵。

另外还可以选择一些民间工艺品，如民间剪纸。虹桥旁边就有一位老艺人，专为游人剪纸，按图案的难易程度来定价。

芙蓉镇 ★★★★

芙蓉镇是一座千年古镇，位于酉水之滨，历来为永顺通商口岸，有"楚蜀要津"之美誉。芙蓉镇被青山绿水环抱，镇内街巷纵横，曲径通幽，又有依山傍水的土家吊脚楼，处处透着淳厚古朴的土家族民风民俗，让游人至此赞不绝口，流连忘返。是一座自然景色与民俗风情相映成趣的旅游胜地。

- 100元（需预定）
- 8：00—23：00
- 吉首站—芙蓉镇（自驾）

吉首站—S229—G352—龙吉高速—芙蓉镇
全程约69千米

芙蓉镇

奇梁洞 ★★★★

奇梁洞在凤凰古城北边的奇梁桥乡，洞内景观众多，有山、有河、有险滩、有绝壁、有丛林、有村落，可谓是奇险秀丽，幽深冷峻，素来有"奇梁归来不看洞"之说。

$ 60元

⏰ 4月1日—11月15日：7：30—18：00；
11月16日—次年3月31日：8：00—17：30

🚌 吉首站—奇梁洞（自驾）
吉首站—人民北路—杭瑞高速—苏北线—奇梁洞
全程约47千米

德夯风景区 ★★★★

德夯风景区山势跌宕、绝壁高耸，形成了许多断崖、石壁等大观，区内溪流交错，四季如春，自然风光秀丽，有天问台、孔雀开屏、驷马峰、盘古峰、雷公洞等几十处奇观。景区内的苗寨是天下闻名的苗鼓之乡，男女老少皆爱"跳鼓"。

$ 100元

⏰ 8：00—18：00

🚌 吉首站—德夯风景区（自驾）
吉首站—光明西路—苏北线—德夯风景区
全程约23千米

永顺老司城 ★★★

老司城在永顺县东的灵溪镇司城村，是一座有着近千年历史的古城，因是历任土司魁首的都城而得名。城内保存有大量珍贵的历史遗迹，有祖师殿、黄经台、玉皇阁等，其中的祖师殿建造宏伟大气，是老司城最显赫的建筑。另外，老司城地上地下文物遍布，是一座天然的土家族"露天博物馆"，是一处寻幽觅古览胜的旅游胜地。

$ 158元

⏰ 全天

🚌 吉首站—永顺老司城（自驾）
吉首站—光明北路—S229—龙吉高速—永顺老司城
全程约129千米

里耶古城 ★★★★

里耶古城历史悠久，位于湖南省武陵山腹地，是土家族和苗族的居住地。这里在清代是一个繁华的集市，为湘西四大古镇之一。古城临江而建，紧靠酉水，占地1万多平方米，有夯土城墙、护城河、房屋建筑遗址、排水设施，多座古井规则地分布在古城内外，它们共同形成一个完整的古代城市系统。古城不乏优美的自然景观和浓郁的民族文化，由于交通不便，致使当地发展滞后。

$ 60元

⏰ 全天

🚌 吉首站—里耶古城（自驾）
吉首站—苏北线—S256—长沙街—里耶古城
全程约108千米

桃花源 ★★★★

桃花源位于湖南常德桃源县西南15千米的水溪附近，景区内风景幽寂、山水优美，今已开发了桃花岭、桃源山、桃仙山等景点。在这里可以享受到宁静的田园风光，领略到"芳草鲜美、落英缤纷"的诗境。

$ 128元

⏰ 8：00—17：00

🚌 吉首站—桃花源（自驾）
吉首站—人民北路—杭瑞高速—古城路—桃花源
全程约202千米

湘西桃花源

↘ 吃在湘西

湘西的特色菜有蕨菜、回锅肉、豆腐渣等，味道鲜美，其中苗族的酸菜豆腐相当有名，此汤不仅滋味清鲜，还能使人开胃。当地的酒特产很多，有醉湘西、老乡好等，黄永玉设计包装的酒鬼酒十分出名。不仅酒味醇香，酒瓶还可以把玩。凤凰县内有许多风味小吃店，当地的特色菜都可以品尝得到，价钱也便宜，一顿饭只需花费5—10元。

清炒蕨菜

🍲 万木斋

游客评价：酸菜鱼和干锅腊肉特别好吃

📞 13574356653

📍 凤凰县虹桥中路 116 号

🍲 大锅大灶柴火饭庄

游客评价：鱼肉蘸酱料非常棒

📞 15080886253

📍 凤凰县虹桥中路 110 号

🍲 大使饭店（虹桥中路店）

游客评价：蕨菜很嫩，猕猴桃酒好喝

📞 0743-3222540

📍 凤凰县沱江镇虹桥中路 118 号

🍲 聚福楼土菜馆

游客评价：石锅鱼很棒，鱼肉是脆的，汤也很鲜

📞 18874351448

📍 凤凰县虹桥中路永丰桥 8 号

🍲 老根饭店

游客评价：猪皮是脆皮的，里面软糯，很好吃

📞 1507428031

📍 凤凰县虹桥中路 117 号

🍲 隆源山寨土菜馆

游客评价：湘菜，麻辣鲜香，分量足

📞 0743-3260059

📍 凤凰县虹桥中路 104 号（邮电局阳光超市往下走 200 米到）

🍲 俊子饭店

游客评价：血粑鸭味道香嫩，很开胃

📞 15897436850

📍 凤凰县建设路（虹桥西路口）

↳ 住在湘西

平价型

凤凰金鼎大酒店
📍 凤凰县新建路 107 号
📞 0743-3221282

柔软时光庭院江景客栈
📍 凤凰县回龙阁 118 号
📞 17774390345

百花园艺客栈
📍 凤凰县回龙阁 150 号
📞 0743-3666550

凤凰记忆江景客栈
📍 凤凰县沙湾风景区 38 号
📞 0743-3261735

享受型

天下凤凰大酒店
📍 凤凰县凤凰古城凤凰路 1 号
📞 0743-3502999

沱江河畔江景客栈
📍 凤凰县粟湾 3 巷 156 号
📞 0743-3228811

水墨村舍精品民宿
📍 凤凰县安乐巷 6 号
📞 18483155015

雪晴集酒店
📍 凤凰县滕子坪路 44 号
📞 0743-3633888

怀化

区号：0745
邮编：418000
面积：27572.54 万平方千米
人口：525.5 万人
著名景点：芋头侗寨、侗文化城、洪江古商城等

怀化市位于湖南省的西部，西接贵州铜仁，南近广西桂林，又与湖南的常德、张家界等城市相邻，历来被称为"黔滇门户""全楚咽喉"，有湖南"西大门"的美誉。

怀化位于雪峰山和武陵山之间，被沅江贯穿南北，山水相间，地形复杂，草盛林丰，果香诱人。境内一年四季变化明显，春季气温变化异常，春雨绵绵，日照时间很短；夏季温度较高，天气炎热；秋季天高气爽，气候宜人；冬季则低温寒冷，多冰雪天气。

怀化市的旅游资源非常丰富。悠久的历史为怀化留下了很多风格独特的人文景观。

↳ 游在怀化

洪江古商城 ★★★★ 🌐 📷

洪江古商城历史悠久，城区保存着一座完整的明清时期的商业城区，就如一幅反映明清社会风貌的"清明上河图"。这里在古时很繁华，被称作"西南大都会"。古城房屋飞檐翘角，雕梁画栋，又按井字形排列，错落有致，真是建构美观，格局独特。

💰 90 元
🕐 8：00—17：00
🚌 怀化站—洪江古商城（自驾）
怀化站—苏北线—洪黔公路—新民路—洪江古商城
全程约 72 千米

地笋苗寨 ★★★ 📷

地笋苗寨林木茂盛，溪水纵横，是我们探寻原始次森林的好去处，也是一个天然"氧吧"。苗族的传统民风民俗延续保护得很好，还有极具民族风情的玩山会友、茶棚相亲、抢亲等习俗。吊脚楼、古井、花街、石板路等依山而建，古老而质朴。

💰 免费
🕐 全天
🚌 怀化站—地笋苗寨（自驾）
怀化站—包茂高速—X076—地笋苗寨
全程约 152 千米

💡 洪江古商城

旅游指南

1. 自驾车游客可从怀化出发，途中经过中方、黔城，然后直通洪江区，行程 70 千米左右。长沙方向的游客可从长沙进入上瑞高速公路，行至安江收费站后下高速，右转向西行驶 20 千米就到了洪江区，然后直行过洪江大桥后右转，就能看到洪江古商城景区的接待处。

2. 长沙汽车南站有发往洪江的班车，每天 9：00、14：00、14：30、17：30 发车；从洪江汽车站发往长沙的班车是每天 8：30、9：30、14：30 发车。票价 137 元，含 135 车费和 2 元保险费用。

美食推荐

鸭血粑：取优质糯米用水浸透，再将新鲜鸭血倒入糯米，搅拌均匀成生血粑，再将其倒扣在涂有茶油的碗中蒸熟即可。吃起来十分筋道，又香又酥。

焖老鸭：将老鸭肉切成丁状，放入倒有水的砂罐中，加盐少许，白酒适量，用纸封口，再糊泥密封，小火煨之。待其熟后，揭掉封泥，满室生香，让人馋心大发。

抗日受降纪念馆 ★★★

抗日受降纪念馆位于湖南省芷江侗族自治县,当年中国政府就是在这里接受侵华日军头目投降的。芷江受降,标志着中国人民1840年以来反对帝国主义侵略取得的第一次彻底胜利,具有重要的历史意义。抗日受降纪念馆主要建筑有受降纪念坊、受降会场。受降坊刻有蒋介石、李宗仁等当时诸多国民党政要的题词。

- 免费(需凭票)
- 全年
- 怀化站—抗日受降纪念馆(自驾)
怀化站—沪瑞线—G320—抗日受降纪念馆
全程约33千米

芙蓉楼 ★★★

芙蓉楼位于湖南洪江市黔城镇,属于古典园林建筑,占地几千平方米,北廓临江,依林踞阜。阁楼建构精巧,错落有致,可谓是淡雅清秀,因而有"楚南上游第一胜迹"的美称,自古就是文人墨客吟诗作画之处,其中盛唐著名边塞诗人王昌龄的《芙蓉楼送辛渐》传唱尤广。

芙蓉楼主楼是全园的主体建筑,重檐歇山顶小青瓦结构,其门楣窗花精雕细刻,栩栩如生。楼后有一芙蓉池,中蹲怪石,石上植有橘柚石榴,池中有水。池畔有一亭,似一弯新月,故叫半月亭,相传为"七绝圣手"王昌龄抚琴处。

- 48元
- 9:00—17:30
- 怀化站—芙蓉楼(自驾)
怀化站—包茂高速—杭瑞高速—G352—芙蓉楼
全程约138千米

芙蓉楼

回龙桥 ★★★

回龙桥位于怀化通道县坪坦乡附近地区。此桥宽4米,长80米,桥身上面有3座宝塔一样的楼阁,顶上雕刻着铜鸟,铜鸟嘴里含有簧片,好像迎风鸣叫,是桥景中之奇观。

远远望去,整座桥横跨坪坦东西,好像彩虹卧波,别有一番景致。

- 免费
- 全天
- 怀化站—回龙桥(自驾)
怀化站—包茂高速—X083—半狗头桥—坪坦桥—回龙桥
全程约220千米

芋头侗寨 ★★★

芋头侗寨建筑因山造势、因地制宜,将自然之风与人工创造完美结合,体现出侗族人"天人合一"的观念。古寨有鼓楼、芦笙场、萨岁坛等具有侗族风格的建筑,其中具有标志性的当属鼓楼和风雨桥。鼓楼大都悬空贴壁而建,恰如展翼欲飞的雄鹰;风雨桥连接交通,而且弥补风水,象征福祉。

- 40元
- 8:00—18:00
- 怀化站—芋头侗寨(自驾)
怀化站—包茂高速—S221—万佛路—X083—芋头侗寨
全程约205千米

芋头侗寨

黔中郡遗址 ★★★

黔中郡遗址位于沅陵县城西10千米处的窑头村。遗址面积巨大,相继出土了大量的秦汉器皿和兵器。周围又有大大小小的古墓千座,堪称是一幅远古时代的历史画卷,考古爱好者千万不可错过。

- 免费
- 8:00—17:30
- 怀化站—黔中郡遗址(自驾)
怀化站—长芷高速—S223—龙兴路—黔中郡遗址
全程约136千米

皇都侗文化村 ★★★

相传古时夜郎国国王经过这里,被此地的秀丽风景和淳厚民风所吸引,便承诺建都于此,这就是"皇都"之名的由来。这里有凉亭鼓楼等美丽的侗族建筑,又有浓厚的民风民俗。这里的百姓热爱戏艺,故而村子有"侗戏之乡"的称号。

- 免费
- 全天
- 怀化站—皇都侗文化村(自驾)
怀化站—包茂高速—苏北线—X083—皇都侗文化村
全程约207千米

↘ 吃在怀化

怀化的餐饮地方色彩浓厚,如侗族饮食,以酸辣香麻和腌菜、熏肉及腊食而闻名,风味十分特别,不妨一尝。当地有一种饮食叫通道合龙饭很有名,通常在婚庆喜事或者盛大活动上才有,而且仪式繁杂隆重。宴席上摆放的都是本地的特色菜,以酸肉、辣菜为主,值得去体验一番。还有典型湘西名菜芷江鸭和洪江血粑鸭,风味独特。

麻辣大鱼头

蛙来哒(怀化万达店)
游客评价:蛙肉紧实,微酸辣口感
- 0745-2713377
- 怀化市湖天大道万达商场3016-3017号

背篓人家(市委店)
游客评价:特色菜,当地很有名的饭店
- 0745-2339088

📍 怀化市迎丰中路市委广场旁边刘霖第一街2楼

巷林烤肉
游客评价：老板的秘制酱料非常香
📞 19974556667
📍 怀化市天星东路半岛酒店隔壁

沅州府曾氏粉馆（湖天店）
游客评价：鸭子粉汤底鲜美，鸭肉很入味
📞 0745-2387049
📍 怀化市湖天南大道49号

饭铺剁椒老虎斑（怀化万达店）
游客评价：老虎斑肉质极其鲜嫩，搭配剁椒简直是下饭神器
📞 0745-2764999
📍 怀化市湖天大道万达广场三楼

翠翠家三道鸭（万达概念店）
游客评价：鸭子的各种吃法在这家店都能吃到
📞 0745-2711177
📍 怀化市南环路万达广场3楼3020、3021商铺

悦鲜老坛酸菜鱼
游客评价：酸菜很好吃，又脆又爽口还很解腻
📞 0745-2259777
📍 怀化市顺天南路锦绣五溪商业广场一楼一号门对面

↘ 住在怀化

平价型	享受型
富豪一千零一夜主题酒店 📍 怀化市府星街440号 📞 0745-8683888	**晨龙168酒店（太平桥店）** 📍 怀化市迎丰中路华盛堂对面 📞 0745-2866888
晨龙遇见酒店 📍 怀化市花溪路102号计生委大楼 📞 0745-2336668	**怀化半岛国际酒店** 📍 怀化市天星东路与锦溪南路交会处东南角 📞 0745-2216666
丽嘉商务宾馆 📍 怀化市本业大道148号华侨信息大楼8楼 📞 0745-2107388	**武陵城大酒店** 📍 怀化市鹤城区花溪路 📞 0745-2397888
怀化宝庆宾馆 📍 怀化市经济开发区舞阳大道53号 📞 0745-7886555	**怀化金磊国际酒店** 📍 怀化市湖天南大道与环城南路交会处北100米路东 📞 0745-2222223

↘ 购物怀化

飞达商业广场
怀化最早的购物中心，坐落在人民南路上，曾经是怀化前排商场，如今也是规模很大的商场，很多本地人都习惯了去那里购物，不妨去那里走一遭。

琼天广场
现在更名为步步高百货，目前在怀化商业广场中排前排，位置在鹤城区迎丰西路12栋11005号，里面的运动品牌比较出名，也有很多其他的高档商品。里面有不少名牌专卖店。

西都国际商业广场
位于麻阳路口，地方非常大，里面各种商品应有尽有，囊括高中低档各种商品，是一个购物消费的理想去处。

怀荣商场
位于迎丰西路，大型的购物中心，有超市百货、特产店、服饰广场和各种专卖店，是一个综合性商业中心。

嫩溪垅商业广场
嫩溪垅商业批发广场坐落在火车站右侧，总投资9000多万元、建筑面积24 000平方米，商铺门面1000个，以服装批发为主。经过多年的经营，嫩溪垅商业区已成为怀化周边地区最大的小商品流通集散地之一。

金地百货
金地百货位于人民南路118号，主要经营服饰、电子、饰品、日常用品等，品类齐全，价格实惠。

💡 特产
靖州雕花蜜饯：靖州蜜饯在怀化有着悠久的历史，它的做工是将没有成熟的柚子青果切成片状，然后在上面雕刻花、鸟、虫、鱼等各种巧夺天工的图案，接着将这些带有图案的果片放在水中漂洗，漂洗后拌入白糖或者蜂蜜晒干即可。

雕花蜜饯脆甜可口，食后口留余香，还有润肺生津的作用。

藕心香糖：藕心香糖又作薄荷酥，距今已有100多年的历史。它采用传统的独特工艺制作而成，有松酥香甜、解暑提神、携带方便的特征，受到很多人喜爱。

怀化冰糖橙：怀化盛产冰糖橙，其果实酸甜可口、汁多糖足，深受大众欢迎，销往全国各地。

安江香柚：安江香柚品种优良、种植历史悠久。其香柚果肉多，香甜可口，在古代一直作为贡品进贡给皇室和王公大臣。

通道侗织锦

其他地区

↘ 游在"其他地区"

祝融峰 ★★★★

祝融峰为南岳最高峰，相传是为了纪念火神祝融而得名。登祝融峰顶，极目远眺，峰高眼阔，胸中自有一种阔达豪迈之气。峰顶有座祝融殿，为明万历年间始建，清代重建，殿西有望月台。其景点包括老圣殿、上封寺、望月台、南天门、会仙桥等景点，是一个以自然景观为主，人文景观为辅的景区。每年数以百万计的游客来此观日出，看云海，赏雪景。

$ 110 元
周一至周五：7:00—17:30；周末：6:00—17:30
长沙黄花国际机场—祝融峰（自驾）
长沙黄花国际机场—京港澳高速—南岳高速—金沙路—祝融峰
全程约 166 千米

祝融峰

祝融峰
温馨提示

南岳衡山夏季无酷暑，冬季无严寒，春季多雨天。夏末秋初的衡山树木葱茏，空气清新，风景宜人，是最佳的旅游时间。由于衡山上特殊的气候条件，在每年的 12 月到次年的 2 月，衡山会出现南方景观中罕见的衡山雾凇雪景，十分壮观，游客不妨前去赏玩一番。

从衡山的山脚到山上，各种档次和风格的旅馆、酒店分布在道路旁，游客可自由选择住宿。

购物南岳衡山

衡阳市商业繁荣，在市区到处可见购物中心、商厦、超市、专卖店等，各种商品都能在这里买得到。

而且衡阳作为有着历史传统的古城，当地的土特产品也是十分丰富，如云雾茶，盖牌瓷器等。衡阳有四宝，分别是藤茶、黄花菜、黄菌干和乳鸽。藤茶有些苦味，不过喝此茶可促进睡眠；黄花菜不仅味道鲜美，对身体也有益处；黄菌干是一道非常可口的美味，备受人喜爱；乳鸽肉嫩味美，是不错的美味佳肴。

吃在南岳衡山

衡阳的美食有很多，如石鼓酥薄月饼、排楼汤圆、衡山荷叶包饭、鱼头豆腐等。其中石鼓酥薄月饼是衡阳有名的传统美食，已有百年历史，做工精细，香甜味美。除了湘菜外，南岳的素菜也是衡阳一大特色。

回雁峰 ★★★

"青天七十二芙蓉，回雁南来第一峰"，说的便是号称南岳第一峰的回雁峰。这里有千年古刹雁峰寺，潇湘八景之一的平沙落雁，还有衡阳八景之冠的烟雨池等名胜，景区布局巧妙，颇有园林风格。信步而游，令人流连忘返。

$ 免费
🕒 7:00—19:00
🚌 长沙黄花国际机场—回雁峰（自驾）
长沙黄花国际机场—京港澳高速—衡邵高速—南二环—回雁峰
全程约 196 千米

南岳大庙 ★★★★

南岳大庙是中国江南最大的古建筑群，其建构为九进四重院落，四周围以红墙，角楼高耸，寿涧山泉，绕墙流注，颇有北京故宫风格，所以有"南国故宫"之称。

南岳大庙佛道共存，东侧为8个道观，西侧为8个佛寺，堪称我国寺庙一绝，保持了唐宋以来的艺术精华。它是一组集民间祠庙、佛教寺院、道教宫观及皇宫建筑于一体的建筑群，也是我国南方及五岳之中规模最大的庙宇，占地面积98 500平方米。这里每年都会举行盛大的庙会，吸引了不少国内外的善男信女来此朝拜，终年香火不息。

$ 旺季60元；淡季40元
🕒 旺季（5月1日至10月31日）：7:00—18:00；淡季（11月1日至4月30日）：7:30—17:30
🚌 长沙黄花国际机场—南岳大庙（自驾）
长沙黄花国际机场—京港澳高速—御福街—南岳大庙
全程约 152 千米

龙凤溪 ★★★

发源于祝融峰的龙凤溪，真可谓是一条神秘莫测的溪流。它流程十多里，主要部分都流淌在原始森林之间。龙凤溪瀑布由祝融、喜阳、金简、紫盖诸峰北泻的山泉水汇集而成，因落差大而著称，溪流大起大落，造就了十几处瀑布景观。主要景点有一线天、龙凤潭等。

$ 已包含于套票中
🕒 全天
🚌 长沙黄花国际机场—龙凤溪（自驾）
长沙黄花国际机场—京港澳高速—南岳高速—金沙路—祝融峰—龙凤溪
全程约 166 千米

方广寺 ★★★

方广寺位于莲花峰下，周围有8峰环绕，如8瓣莲花，方广寺就是莲心。寺内古木森森，银泉淙淙，显得深邃幽雅。寺里有正殿和祖师殿，寺侧有"二贤祠"，乃是为纪念朱熹、张式曾到此游览讲学所建。

$ 已包含于套票中
🕒 全天
🚌 长沙黄花国际机场—方广寺（自驾）
长沙黄花国际机场—沪昆高速—许广高速—Y050—方广寺
全程约 161 千米

方广寺

水帘洞 ★★★

水帘洞瀑布发源于紫盖峰上的泉水，泉极深，故而水量巨大。泉水从峰上飞流直下，有如轰轰雷响，震撼耳鼓。瀑布下有水潭，瀑布上的天空有云彩，瀑布两侧有吐翠的峰峦，与瀑布一起构成了一道绚丽的奇观。

南岳大庙圣帝殿

$ 已包含于套票中
🕒 全天
🚌 长沙黄花国际机场—水帘洞（自驾）
长沙黄花国际机场—长株高速—京港澳高速—紫云街—水帘洞
全程约 157 千米

衡山水帘洞

东江湖 ★★★★

东江湖风景旅游区位于湖南省资兴市境内，是国家5A级旅游景区。东江湖纯净浩瀚，山水秀美，被誉为"人间天上一湖水，万千景象在其中"。境内主要景观有：雾漫小东江、东江大坝、龙景峡谷、兜率灵岩、东江漂流、三湘四水·东江湖文化旅游街（含东江湖奇石馆、摄影艺术馆、人文潇湘馆），还有仿古画舫、豪华游艇游湖及惊险刺激的水上跳伞、水上摩托等。

$ A线（小东江观雾、车观猴古山瀑布、东江大坝外景）70元；
B线（小东江观雾、车观猴古山瀑布、东江大坝外景、兜率灵岩溶洞）110元；
C线（小东江观雾、车观猴古山瀑布、东江大坝外景、龙景峡谷、东江湖、潇湘风情水镇黄草）248元；
D线（小东江、龙景峡谷、东江湖、兜率灵岩溶洞、豪华游艇环游兜率岛）110元
🕒 全天
🚌 长沙黄花国际机场—东江湖（自驾）
长沙黄花国际机场—长沙绕城高速—京港澳高速—江东路—东江湖
全程约 316 千米

东江湖

黄桑 ★★★

黄桑国家自然保护区位于怀化市麻阳苗族自治县，堪称稀世之宝的树木、花草、药材、动物都在这里生长旺盛，是一座真正的自然王国，被林学专家誉为"江南最大的动植物基因库"，是神奇绿洲上的一颗璀璨的明珠。

这是一块未被开垦的大自然的旅游区，风光绮丽，是集科研考察、休闲度假、野外探险、影视拍摄于一体的极佳去处。美丽的大森林中，有飞流直下的六鹅洞瀑布，犹如一块从天上挂下的白帘，气势磅礴；有在源头山的铁杉林，树干挺拔，树根交错，枝、干、根相互成连理的景观非常少见。还有上堡古国。在这里，大人小孩都能玩得开心，住得舒服，是很好的避暑胜地。

免费
全天
长沙黄花国际机场—黄桑（自驾）
长沙黄花国际机场—沪昆高速—娄新高速—南兴线—黄桑
全程约 419 千米

神坡山 ★★★

远离都市喧嚣的神坡山距县城约13千米，境内生态环境保护良好，山清水秀，风景如画，古木参天，景色迷人。清水滋润着山中的一草一木，顺崖壁缓缓流下，远远望去，形成了一幅天然的山水风景图。

神坡山因为有上万年历史的穗花杉、千年古刹神坡庵，还有四百年多年历史的邓子龙石刻"东南第一山"，所以成就了神坡山被时间堆积的山之灵魂。神坡山穗花杉是名贵珍稀植物树种，是我国迄今发现面积最大、株数最多、树龄最高、结构最完整的穗花杉群落。坐落在神坡山上的神坡庵历史悠久，在古树的簇拥中，禅音袅绕，暮鼓晨钟，梵音空鸣。

免费
全天
长沙站—神坡山（自驾）
长沙站—东二环—长沙大道—雨花枢纽—京港澳高速—沪昆高速—湘江大桥—洞城高速—宁靖高速—082县道
全程约 437 千米

大园古苗寨 ★★★

大园古苗寨位于绥宁县关峡苗族乡大园村，大园古苗寨依山而建，傍水而筑；坐南朝北，后靠古松挺拔的青龙山，前环波光潋滟的玉带水，是一个保留比较完整的古老苗家村寨。这里历经沧桑，民风古朴，古院落成群，石巷纵横交错，人居其中，与自然达到了出神入化的和谐统一，也被列为中国历史文化名村。现已成为国家级影视拍摄基地。

免费
全天
长沙黄花国际机场—大园古苗寨（自驾）
长沙黄花国际机场—沪昆高速—洞城高速—S319—大园古苗寨
全程约 407 千米

苏仙岭 ★★★

苏仙岭位于郴州市区东北2千米处，原名牛脾山，并不太高，是一处集神话传说、秀丽风光和名胜古迹于一体的风景胜地，号称"天下第十八福地"。苏仙岭从山脚下到山顶，有桃花居、白鹿洞、三绝碑、景星观、八字铭、沉香石、苏仙观等观赏游览处。这里也是郴州市民日常登山健身、周末休闲放松的常去地方。

42元
8：30—17：30
长沙黄花国际机场—苏仙岭（自驾）
长沙黄花国际机场—长沙绕城高速—京港澳高速—苏仙北路—苏仙岭
全程约 313 千米

湖北

区号：	027、0710—0728
省会：	武汉
面积：	18.59 万平方千米
人口：	5775 万人
方言：	西南官话、江淮官话
著名景点：	黄鹤楼、神农架、武当山、长江三峡等

概况

湖北省位于长江中游，因地处洞庭湖以北，故称湖北，简称"鄂"。省会为武汉，是中部地区的副省级城市。在境内两大河流长江和汉江两岸的冲积平原上分布着数不清的大小湖泊，形成了"江汉湖群"，这里是全国著名的淡水湖泊分布密集的地区之一，所以湖北又有"千湖之国"之称。

湖北为亚热带季风湿润气候，光热充足，但因为受地形影响，鄂西北的山区昼夜温差较大。全省降水也很丰富，年均降水量在 800～1600 毫米，其中神农架南部等地为全省多雨中心，江汉平原在梅雨期长的年份常发生洪涝灾害。

湖北历来为中国水路交通运输枢纽，京广铁路贯穿武汉，京九铁路与武汉有支线连接，作为省会的武汉是名副其实的"九省通衢"。水运在全省也占有重要地位，除了长江、汉江两大水运干线，全省多数县市都处在航运线上，湖北的内河航运可以说是非常发达。

线路 1
武汉—荆州—宜昌—秭归

线路 2
老君山—神农架—武当山—猿人化石遗址

名菜

湖北菜，又称鄂菜，是由武汉、荆州和黄州三种地方风味构成的。制菜方法有蒸、煨、炸、烧、炒；特点是汁浓、口重、味纯，具有朴素的民间特色。

湖北的菜肴品种很多，出名的有清蒸武昌鱼、荆州鱼糕丸子、八宝饭等。

清蒸武昌鱼：武昌鱼是鳊鱼的一种，肉质细嫩，脂肪丰富。清蒸武昌鱼的做法是，选用一条 1 千克左右的武昌鱼，配上冬菇、火腿和鸡汤等材料，清蒸 30 分钟，然后在熟鱼上点缀红绿色菜丝，使之色彩鲜丽。此菜肥美鲜嫩，鱼汤浓香，回味悠长。

荆州鱼糕丸子：这是荆楚一带的名菜，素来以肉有余香、清香嫩滑而著称。鱼糕丸子色泽晶莹、略带浅黄色，肉鲜味美，可以说色香味俱佳。

八宝饭：八宝饭，又称江陵散烩八宝，乃是清末慈禧太后的专用饮食，清朝覆亡后，此菜流入民间。八宝饭使用糯米、蜜桃、糖桂花、红枣等材料蒸熟制成，再加入白糖、猪油散烩而成。此菜香甜滋润、油而不腻，甜而不厌，是早晚餐的一道佳品。

东坡肉：由北宋文人苏东坡发明，故而得名。东坡肉以五花肉为主料，一般是将五花肉切成 2 寸许的方正形，半肥半精。此菜入口肥而不腻，带有酒香，相当美味。

交通

飞机

武汉天河国际机场
☎ 027-85819111
📍 武汉市黄陂区，距离市中心约30千米
🚌 机场交通：汉口线，发往民航小区、金家墩、美联假日酒店，票价17元。武昌线，发往宏基汽车客运站、傅家坡客运站、黄鹤楼旅游集散中心，票价32元。青山线，发往武汉火车站，票价37元。汉阳线，发往汉阳客运站，票价22元。新荣线，发往新荣村客运站，票价35元。
出租车，武汉出租车会根据不同车类型收费，起步价一般在10元以内，里程数一般在2~3千米，里程外收费一般在1.8~2元，游客打车之前可以提前询问清楚。

宜昌三峡机场
☎ 0717-6532114
📍 宜昌市猇亭区，距离市中心约26千米，距离三峡大坝约55千米
🚌 机场交通：机场大巴根据航班动态运行，航班即到即走，20元/人，三峡游客中心机场专线发班时间为航班起飞前150分钟，线路为三峡机场、宜昌汽车客运中心站（宜昌火车东站旁）、山水华庭、三峡游客中心（江边万达广场旁）、夷陵广场、宜昌长途汽车客运站（老火车站对面）。
出租车，起步价8元，2千米后每千米1.6元。

恩施许家坪机场
☎ 0718-8410753
📍 湖北省西南山区的恩施土家族苗族自治州首府许家坪路，距离市区仅4.5千米
🚌 机场交通：从恩施市到恩施许家坪机场可乘坐恩施公交18路机场公交专线，机场乘车点位于航站楼到达厅门口。
出租车，起步价5元，2千米后每千米1元。

武汉地铁

1号线
径河—汉口北
（6:00—23:00 最高票价6元）
2号线
佛祖岭—天河机场
（6:00—23:00 最高票价10元）
3号线
宏图大道—沌阳大道
（6:00—23:00 最高票价5元）
4号线
柏林—武汉火车站
（6:00—23:00 最高票价9元）
5号线（在建）
南三环—武汉火车站
6号线
东风公司—金银湖公园
（6:00—23:00 最高票价5元）
7号线
园博园北—青龙山地铁小镇
（6:00—23:00 最高票价9元）

武汉

武汉是湖北省省会，也是湖北省第一大城市和内陆最大的水陆空交通枢纽，自古有"九州通衢"之称。长江和其支流汉江穿城而过，把武汉分割成三个独立的区域，位于长江南岸的武昌是高等学府聚集的文化区，位于江北的汉阳和汉口分别是重点开发的经济开发区和繁华热闹的商业区，成三足鼎立之势。

武汉是国家历史文化名城，汉江和长江流域文明在此交汇融合，浪漫主义文学的源头荆楚文化博大精深。武汉又是一座典型的山水园林城市，城内的东湖是中国最大最美丽的城中湖；万里长江第一桥武汉长江大桥气势恢宏；天下第一楼黄鹤楼、佛教圣地归元寺、百年老街汉江路等，将会让你大饱眼福。

| 区号：027 |
| 邮编：430000—430400 |
| 面积：8569.15平方千米 |
| 人口：1232.65万人 |
| 著名景点：黄鹤楼、隐水洞、东湖、归元寺、古琴台等 |

两日游
黄鹤楼—东湖风景区—武汉大学—湖北省博物馆—汉正街

游在武汉

黄鹤楼 ★★★★★

黄鹤楼坐落于武汉市的蛇山头，楼高50米，共有5层，每层都有飞檐，60多个檐角上翘舒展，恰如黄鹤欲飞。黄鹤楼踞蛇山高点，立于楼上，可览长江之豪迈，可察鹦鹉洲之秀美。阁楼附近亦有石照亭、仙枣亭等景点。
💰 70元
🕐 8:30—17:00
🚗 武汉天河国际机场—黄鹤楼（自驾）
武汉天河国际机场—机场高速—青年路—彭刘杨路—黄鹤楼
全程约36千米

黄鹤楼

黄鹤楼

最佳旅游季节

武汉属于亚热带季风气候，夏季高温多雨，有小火炉之称；冬季阴冷，不适宜游玩。所以最佳旅游季节为春秋两季。

温馨提示

1. 黄鹤楼公园实行两次验票。
2. 免费人群需凭有效证件换取一个免费入园单，儿童不需要。

优惠政策

1. 儿童在 1.2 米以下免票，70 周岁以上的老人凭身份证或老年证免票，现役军人凭现役军人有效证件免票、残疾人凭残疾人证免票。
2. 身高 1.2—1.4 米购儿童票 40 元，60—69 岁的老人凭身份证或老年证预订老年票 40 元，全日制大学本科及以下持有效学生证购票 40 元。

龙泉山风景区 ★★★

龙泉山在武汉江夏区的龙泉乡，其山三面环水，一面临湖，南北山脉东西连绵起伏，山脉之间空着一块盆地，独特的地形造就了一条神秘的幽谷风光带。龙泉山在历史上一直有盛名，历朝历代都在此山留有诸多遗迹，最大的古迹是明朝历代楚王的陵园，被称之为"明九王墓"。

36 元

8：30—17：00

武汉天河国际机场—龙泉山风景区（自驾）

武汉天河国际机场—二环线—光谷大道高架—凤凰山街—龙泉山风景区 全程约 67 千米

汉口江滩广场 ★★★★

广场坐落于江岸区，面积 1.6 平方千米，外与龙王庙毗邻、与沿江大道景点相接，内有大面积的绿化区和生活广场，间或栽种各种珍稀树木，又有酒吧、游乐场等各种休闲设施，可谓是武汉市区独特的中心景观。

免费

全天

武汉天河国际机场—汉口江滩广场（自驾）

武汉天河国际机场—机场高速—机场二通道—沿江大道—汉口江滩广场 全程约 28 千米

归元禅寺 ★★★★

归元禅寺是座历史久远的古寺，寺内建筑美轮美奂，布局又十分精妙。内有罗汉塑像 500 余尊，乃是雕塑艺术中的佳品，又有经卷等文物古迹，寺藏相当丰富，吸引了海内外不少名人来此参观。

20 元，除夕、正月初八和十五晚上 40 元

8：00—17：00

武汉天河国际机场—归元禅寺（自驾）

武汉天河国际机场—机场高速—常青路高架—归元寺南路—归元禅寺 全程约 32 千米

归元禅寺

湖北省博物馆 ★★★★★

博物馆坐落在武昌区东湖路，馆内绿树掩映、环境优雅，三大馆分楚文化馆、综合陈列馆和编钟馆鼎足而立，体现了楚文化中"多组成群"的建筑风格。馆内收藏丰富，有历史久远的青铜乐器曾侯乙编钟、越王勾践之剑等文物。博物馆是武汉市对外展示楚文化的一座品牌景观。

免费（每 30 分钟放入 500 人，每日限制参观人数为 5000 人。）

9：00—17：00（15：00 停止入场，星期一闭馆，国家法定假日除外）

武汉天河国际机场—湖北省博物馆（自驾）

武汉天河国际机场—机场高速—武汉大道—东湖路—湖北省博物馆 全程约 38 千米

东湖风景区 ★★★★★

东湖风景区位于市区内环和中环之间，景区总面积有 80 多平方千米。东湖风景区分五大景点，共有 100 多处景点，其中的磨山风景区是东湖值得一游的地方。秀美的湖水、奇特的景观，构成了景区美丽的风景。

听涛景区、磨山景区免费，落雁景区 13 元/人，植物园 40 元/人

全天

武汉天河国际机场—东湖风景区（自驾）

武汉天河国际机场—机场高速—武汉大道—沿湖大道—东湖风景区 全程约 36 千米

东湖风景区

珞珈山 ★★★

珞珈山位于武昌区中部、东湖西南岸边。山峦连绵起伏、花树葱茏，景色灵秀逼人，因与东湖相接，湖光山色、交相辉映，组成一道靓丽的胜景。立于山顶，可以俯瞰山峦美景以及东湖全貌。珞珈山西部建有高等学府——武汉大学。

免费

全天

武汉天河国际机场—珞珈山（自驾）

武汉天河国际机场—机场高速—武汉大道—八一路—珞珈山 全程约 40 千米

武汉大学的樱花

武汉大学 ★★★

武汉大学坐落于武昌区珞珈山街道八一路，是湖北省乃至全国的重点高校。校区毗邻东湖、紧贴珞珈，校内到处苍松翠柳、鸟语花香，环境十分优美。武大建校较早，校区内有众多民国时期的建筑，中西合璧风格，古朴典雅，巍峨

汉口江滩

壮观。建校之初，武大筚路蓝缕，奋发图强，终成国内实力雄厚的著名高校和很多学子都向往的学府。
💰 免费开放
🕐 全天
🚌 武汉天河国际机场—武汉大学（自驾）
武汉天河国际机场—机场高速—武汉大道—八一路—武汉大学
全程约 42 千米

武汉长江大桥
★★★★

武汉长江大桥境内连接汉阳区与武昌区的过江通道，气势阔大，雄伟豪迈，被称作"万里长江第一桥"。大桥分上下两层，上通公路，下跑火车。铁道又分双线，两列火车可以对向开驶。再往下有九大桥孔，可保万吨轮船畅行。立于桥面，极目四周，武汉三镇可尽收眼底，令人心旷神怡，激情澎湃。
💰 免费
🕐 全天
🚌 武汉天河国际机场—武汉长江大桥（自驾）
武汉天河国际机场—机场高速—青年路—黄鹤楼道—武汉长江大桥
全程约 36 千米

武汉长江大桥

龟山和古琴台
★★★★

龟山南临长江、北接汉水，与蛇山隔江对峙，地势十分险峻，故而在古代它就成了一块战略要地。三国战乱和清末太平天国起义，这里曾为战场，至今仍具有军事价值。不过龟山出名的当属山上的景观。龟山名胜古迹众多，有关王庙、太平兴国寺、禹王宫、桃花洞罗汉寺等，著名的景观自然就是位于西麓的古琴台了。

古琴台，又称"伯牙台"，于北宋时修建。古琴台建筑群布局精巧，内有庭院、花坛、茶室等，层次分明，曲折迂回，具有典型的园林风格。进入院内需绕数次路，直到院内最深处的琴堂，堂外院内摆设有一块汉白玉石台，这就是象征着俞伯牙弹琴的古琴台了。
💰 免费
🕐 龟山：7：00—19：00
古琴山：8：00—17：00
🚌 武汉天河国际机场—龟山和古琴台（自驾）
武汉天河国际机场—机场高速—青年路—龟山北路—龟山和古琴台
全程约 32 千米

古琴台

素山寺国家森林公园
★★★★

公园面积广阔，内有古木参天、藤蔓缠绕，有品类众多的稀有植物和珍禽异兽。素山寺峰峦突起，群山环抱，自然环境秀丽迷人，可与神农架相媲美。丰富的森林资源和优美的自然生态环境，成为游客修身养性、疗伤养病的好去处。
💰 40 元
🕐 8：00—17：00
🚌 武汉天河国际机场—素山寺国家森林公园（自驾）
武汉天河国际机场—川龙大道—木兰大道—天才街—素山寺国家森林公园
全程约 71 千米

明显陵 ★★★★

明显陵位于钟祥市东郊的纯德山，乃嘉靖皇帝父母的合葬陵墓。明显陵规模宏大，由方城、明楼、神宫监、功德碑楼等30余处建筑群组成，其布局独特、巧夺天工，且殿宇楼阁飞龙凤舞，工艺浮雕美轮美奂，乃是中国古建筑艺术中一块奇特的瑰宝。

明显陵

💰 65 元（学生、现役军人、老人、残疾人可享受半价优惠）
🕐 8：30—17：30
🚌 武汉天河国际机场—明显陵（自驾）
武汉天河国际机场—沪蓉高速—枣石高速—莫愁湖路—明显陵
全程约 192 千米

木兰山风景区
★★★★★

木兰山风景区因是木兰将军的故里而得名，山上古建筑众多，占地面积巨大，主要的建筑有雷祖殿、南天门、木兰殿等，木兰殿供奉着木兰将军的塑像，雄姿英发、光彩逼人。

山上的建筑古朴别致，有姿态各异的石林、葱绿的草木、浓艳的奇花，可谓是风光旖旎，秀美大气。
💰 80 元
🕐 全天
🚌 武汉天河国际机场—木兰山风景区（自驾）
武汉天河国际机场—武汉绕城高速—木兰大道—明清街—木兰山风景区
全程约 62 千米

汉正街 ★★★

汉正街位于武汉市硚区的繁华地带，是外地人对于武汉购物的第一印象。武汉的汉正街就如北京的王府井大街一样，既古老又现代，既神秘又开放。这里有着悠久的商业史，这里也是全国有名的小商品集散地。
💰 免费开放
🕐 全天
🚌 武汉天河国际机场—汉正街（自驾）
武汉天河国际机场—机场高速—常青路高架—唐家巷—汉正街
全程约 30 千米

董永墓 ★★★

董永墓位于孝感市南郊的董湖之畔，墓周有烟柳拂尘，小径弯绕，颇有异趣。墓旁有缫丝井，相传是七仙女为找寻水源，以金钗点地而成，东南方又有凤凰泉，相传是七仙女下凡沐浴之所。极具神话色彩的董永墓，每年都吸引着众多游客。
💰 免费
🕐 全天
🚌 武汉天河国际机场—董永墓（自驾）
武汉天河国际机场—孝汉大道—复兴大道—澴川东路—董永墓
全程约 43 千米

赤壁古战场 ★★★★

赤壁古战场位于赤壁市长江中游南岸。东汉末年，曹操率20多万大军下江陵，顺流而东，与孙刘联军决战于赤壁，结果遭受火攻之计，大败而归，这就是闻名中外的赤壁之战。此战初步确立了魏、蜀、吴三国分天下的格局。赤壁古战场是全国仅存的保持了原貌的古战场，具有极高的历史价值。

💰 115元起
🕗 8:00—17:30
🚌 武汉天河国际机场—赤壁古战场（自驾）
武汉天河国际机场—四环线—武深高速—同心大道—赤壁古战场
全程约173千米

赤壁古战场

古门山 ★★★★

古门山是一个年轻的景区，景区内景点众多，有乱石如林、千姿百态，又有长河蜿蜒、曲折迂回。奇特的木鱼石，采天地灵气，又受过高僧开光，被认为能给人们带来福运。所以，许多游客喜欢将自己的心愿挂于石上，诚心祈福。

💰 40元
🕗 7:00—17:00
🚌 武汉天河国际机场—古门山（自驾）
武汉天河国际机场—武汉绕城高速—沪蓉高速—S309—古门山
全程约187千米

通山隐水洞 ★★★

隐水洞全长5000多米，规模宏伟，气势雄壮，洞内林立无数钟乳洞，其状或拟人，或似物，千姿百态、惟妙惟肖。另有地下溪流和岩溶地貌等景观，令人觉得古老而又神奇。

💰 120元

隐水洞

🕗 8:00—18:00
🚌 武汉天河国际机场—通山隐水洞（自驾）
武汉天河国际机场—武汉绕城高速—京港澳高速—杭瑞高速—通山隐水洞
全程约197千米

通山隐水洞
旅游攻略

1. 武汉宏基汽车客运站有发往通山的车，买9:00左右的到通山的车票。一定要说清是通山，不是通城，一字之差，就可能走错地方了。

2. 到达通山大概是中午12:00，背对车站站着，车站的右手边往前走，有家金饭碗餐馆，饭菜便宜实惠。

3. 在通山汽车客运站对面有个小汽车站，里面有到景区大门的车，或者在外面找个出租车，价格一般10元左右。

4. 大概3小时能游完整个景区，出洞口以后，门口有很多的巴士，和司机讲好价回通山汽车站，一般在50元左右。

注意事项

1. 通山县有很多旅行社推出隐水洞一日游，有很多人报名，一个人前去游玩可以选择报团。

2. 洞里冬暖夏凉，夏天进去里面气温很低，怕冷、年老体弱者，最好带件长袖。

3. 带上充足的纸巾，因为洞内有部分路段要乘船和小火车，洞内钟乳石会很湿，座位上面会全部都是水，所以要带上充足的纸巾，以方便使用。

友情提示

1. 洞内光线暗淡，普通数码相机开闪光拍近距离景点勉强可以，但是稍远一点就看不清楚了，建议大家带好点的相机去。

2. 洞内有人用专业相机免费拍照，但是拍出来的相片相当小。在出洞口的时候你可以把小相片放大，这时候就不是免费的了，20元一张。

詹天佑故居 ★★★

詹天佑故居坐落在江岸区洞庭街内，是由詹天佑亲自设计建造的。这是一座风格浓郁的西关大屋，古朴的木趟栊、秀雅的满洲窗，给屋舍增添了几分朴素和静穆。走入故居，轻移慢步，会发现右侧墙上悬着一副对联"幽芳淡冶仙侣，傲骨嶙峋世所稀"，这是詹天佑一生的写照。

💰 免费
🕗 8:00—17:00
🚌 武汉天河国际机场—詹天佑故居（自驾）
武汉天河国际机场—机场高速—机场二通道—洞庭街—詹天佑故居
全程约29千米

詹天佑故居

↘ 吃在武汉

武汉美食花样繁多，但都非常注重刀工火候，讲究调色和造型，煨汤技术独特。有名的菜肴有皮条鳝鱼、黄陂三合、清蒸武昌鱼等。武汉有四样非常有名的小吃：老通城的三鲜豆腐皮、四季美的灌汤包、蔡林记的热干面和小桃园的瓦罐鸡汤，四种小吃各有独特的滋味，城区内到处都有这四家名号开设的餐馆，不怕找不到。另外，汉阳区的归元禅寺有一家素菜馆也很不错，去那里拜佛求愿时可以去品尝一番。

灌汤包

🍲 亢龙太子酒轩
游客评价：蒜香排骨太好吃了
📞 027-85768666
🏠 武汉市江岸区建设大道711号

🍲 印象老汉口菜馆（解放大道店）
游客评价：石锅老豆腐吃起来比肉还香
📞 15072458337
🏠 武汉市解放大道790号

🍲 红鼎豆捞
游客评价：鲍鱼个头不错，口感弹牙
📞 027-82885666

武汉市中山大道1515号壹方购物中心6层

金马门国际美食百汇
游客评价：推荐三文鱼，非常新鲜，肉质肥厚
027-87687878
武汉市洪山区广埠屯珞喻路君宜王朝大饭店5楼

樱花糕坊
游客评价：甜食爱好者的天下，泡芙一定要试
027-82450084
武汉市中山店大道890号大洋百货B1

夏氏砂锅（万松园店）
游客评价：夏氏—锅香很好吃
027-66661819
武汉市雪松路73号

住在武汉

平价型

立客友青年旅舍（光谷广场总店）
武汉市鲁磨路紫菘教师公寓D栋1楼
027-87856100

爱情海主题公寓（高铁站店）
武汉市和谐路白马馨居2期10栋1单元501
18995571855

天美乐饭店（武汉广埠屯店）
武汉市武昌区珞喻路218号
027-87165588

暮光里影咖客栈
武汉市雄庄路居然之家光谷店旁
13396072611

享受型

武汉光明万丽酒店
武汉市武昌区徐东大街160号
027-86621388

武汉万达瑞华酒店
武汉市东湖路138号
027-59599999

江城明珠豪生大酒店
武汉市江岸区沿江大道182号
027-82776666

华美达光谷大酒店
武汉市洪山区珞喻路726号鲁巷购物广场中心
027-87806888

购物武汉

江汉路
江汉路自民国时期就是武汉的商业重镇，这里到处都是那个时代留下的西方建筑。悠久的商业历史造就了江汉路的繁华，典雅的商店内摆放的全都是现代商品，还有街道上到处存在的雕塑，构成了武汉这个大都市亮丽的风景线。

武汉广场购物中心
广场位于汉口商业黄金地段，由武汉商场家电城、武汉广场和世贸广场三大商场组成。广场建筑美轮美奂，既时尚又雅致，所经营的商品有各种国际流行品牌以及众多的国内名牌商品。

汉正街
改革开放前还默默无名的汉正街，如今已经成为武汉市重要的旅游购物场所了，不论是本地人还是外来游客，都喜欢来这里购物，因为这里能深切感受到武汉人火辣奔放的热情。这里的商品应有尽有，而且价钱合理，不过还是需要学会货比三家哟。

汉正街

武汉国际广场购物中心
武汉国际广场购物中心位于武汉市江汉区解放大道690号，是一个商务黄金地段。它建于2007年，是武汉倾力打造的高端国际购物中心。武汉国际广场购物中心不仅有商品齐全的大型购物超市，还有高端的购物商场。里面有60个国际名品旗舰店、106个独有品牌、上百个精品百货新概念店，还有法国Cartier和1F国际名品馆等时尚人士崇尚的奢华梦想。

特产
武汉的特产有很多，如莲藕排骨汤、精武鸭颈等，都可以在市区品尝到。像白云边、枝江这些酒类特产可买几箱带回家与家人一起品尝。武汉木雕床、洪湖羽毛扇等武汉传统工艺品也非常不错，应该买一些留作纪念。需要注意的是，在购买武汉特产时，最好到大型商场去买。

麻烘糕：有芝麻味的、有桂花味的，还有绿豆味的，薄薄的、一片一片的，吃着感觉香脆，但是到嘴里一会儿就融化了。

孝感麻糖：孝感麻糖吃起来香甜可口，可谁又能想到它是由12道工艺流程、32个环节制成的，每一个成功的背后都付出了千辛万苦的努力，孝感麻糖很有独特的风味，含有丰富的营养，能开胃、补肾。

宜昌

宜昌，位于湖北省西南部，是湖北省第二大城市，古称"夷陵"，因"水至此而夷，山至此而陵"而得名。宜昌东邻荆州市，南抵湖南省石门县，西接恩施土家族苗族自治州，北靠神农架林区和襄阳市。因为地理位置优越，所以自古以来被誉为"川鄂咽喉，西南门户"。

宜昌市是中国优秀旅游城市之一，历史悠久，旅游资源丰富。世界著名的"李四光地质力学构造形迹"和古老而原始的带壳动物化石，就发现于西陵峡境内，这一发现也引起了世界地质学界的浓厚兴趣，那里也被称为"天然地质博物馆"。

宜昌三峡大坝风景区、宜昌三峡人家风景区、清江画廊度假风景区是宜昌市三大著名风景区。

区号：	0717
邮编：	443000
面积：	21 000 平方千米
人口：	401.76 万人
著名景点：	三峡大坝、三峡人家、坛子岭、西陵峡等

↘ 游在宜昌

坛子岭 ★★★★

坛子岭是三峡坝区最先划出的景区，岭顶有观景台，此台犹如一个倒扣的酒坛，故得此名。坛子岭是欣赏坝区景观的绝佳所在，立于观景台上不仅能感受到三峡大坝的雄伟壮阔，亦能欣赏坝周围的奇景。

💰 68元
🕗 8：00—17：00
🚌 宜昌三峡机场—坛子岭（自驾）
宜昌三峡机场—沪渝高速—翻坝高速—坛子岭
全程约 80 千米

坛子岭

三峡大坝 ★★★★★

三峡大坝乃世界第一水坝，它长达 2000 多米，异常雄伟壮观，犹如一道水上长城横亘江水之上，宏伟的现代化工程和自然风光相融合，呈现出一幅宏阔绝美的画面。

💰 中国游客免费，单日接待游客量上限 4 万人
🕗 8：00—17：00
🚌 宜昌三峡机场—三峡大坝（自驾）
宜昌三峡机场—沪渝高速—翻坝高速—神女路—三峡大坝
全程约 77 千米

车溪民俗风景区 ★★★★

车溪民俗风景区在宜昌江南土城乡内，景区内有淳厚的民俗文化，又有秀美的田园风光，还建有中国首家水车博物馆以及全国最大的古作坊展示区，这里是重温田园旧梦、体验民俗风情、游览自然风光的绝佳胜地。

💰 70元
🕗 9：00—17：00
🚌 宜昌三峡机场—车溪民俗风景区（自驾）

坛子岭

交通指南

乘坐4路、9路、10路、101路、102路公交车到长江医院站下车，然后步行到东山大道80号的三峡国际旅行社，那里有发往景区的旅游专线。

观赏指引

1. 坛子岭景点：因其顶端观景台形似一个倒扣的坛子而得名，该景区所在地为大坝建设勘测点，海拔262.48米，是观赏三峡工程全景的最佳位置，不仅仅能欣赏到三峡大坝的雄浑壮伟，还能观看壁立千仞的"长江第四峡"双向五级船闸。

2. 185 观景点：185 观景点位于三峡大坝坝顶公路的左岸端口处，因与三峡坝顶齐高，同为海拔185米而得名。站在平台上向下俯瞰，就如同身临坝顶，可以近距离感受大坝雄姿，同时领略高峡出平湖的壮丽景观。

3. 截流纪念园：这里曾是心连心艺术团演出过的地方。后来经过打造，这里成了与三峡大坝全景留念的绝佳场所，并且还可以在此欣赏三峡的自然风光。

三峡大坝

宜昌三峡机场—沪渝高速—翻坝高速—虎周路—车溪民俗风景区
全程约 48 千米

车溪民俗风景区

景区气候状况

车溪民俗风景区属于典型的亚热带季风性湿润气候，四季比较分明。春秋季节较长，降雨量少，夏季炎热，降雨量多。其中香溪河谷地带、三峡河谷及清江，因为高山对峙，下面有流水和逆温层存在，冬季较暖和。

观赏指引

车溪距离宜昌市中心大约 18 千米处，经过 318 国道可直接到达车溪民俗风景区。自驾游路线：夷陵长江大桥—318 国道—点军—车溪民俗风景区。另外，沿着土三公路向北，还可以游览三峡石林、石牌、黄牛岩等景区。

注意事项

民俗风景区内会有人民公社的社员表演，表演者都是当地的少数民族青年男女。游客在观赏的同时也可以参加演出。

游轮游览三峡大坝：三峡大坝附近有豪华游轮游览大坝活动，游客可以坐游轮欣赏一下三峡大坝风光。需要注意的是，山峡水流湍急，路途曲折，游客在游轮上一定要抓牢固，避免做出危险的举动。另外，峡谷水流中气温低，游客游玩的时候最好准备一些防寒的衣物。

购物宜昌

宜昌市因为处在丘陵地区，所以土特产很丰富，水果类的有柑橘、猕猴桃等，茶叶类的有春眉茶、茉莉春尖茶、仙人掌茶等，药类有红天麻，还有优质的板栗、香菇和木耳。若是想买一些纪念品，可以选购宜昌的彩陶和岩矿工艺品。

西陵峡口 ★★★★

西陵峡口东起葛洲坝，西连三峡工程，地势险要，被誉为"三峡之门户"。这里景观众多，有奇峰险滩、深壑幽洞。身临其境，不仅可以游峡谷、浏览自然风光，还能欣赏巴楚的民族歌舞，异趣很多。

💰 西陵峡风景区全景游 308 元（可各小景点单独购票）
🕗 8：00—18：30
🚌 宜昌三峡机场—西陵峡口（自驾）
宜昌三峡机场—三峡高速—三峡大道—西陵峡口
全程约 38 千米

三峡人家 ★★★★★

三峡人家位于长江三峡景色瑰丽的西陵峡境内，那里依山傍水、风景秀丽。古朴的吊脚楼，浓郁渔乡的古帆船、乌篷船，江面上悠然自得的人，展现了渔民之乡美丽的田园生活。到这里，可以让游客远离城市的繁华，独享田园的宁静生活。

💰 180 元
🕗 8：00—17：30
🚌 宜昌三峡机场—三峡人家（自驾）
宜昌三峡机场—三峡大道—G348—三峡人家
全程约 52 千米

↘ 吃在宜昌

宜昌的饮食有以内河鲜鱼为主料的菜肴，也有许多小吃，其菜品的特点就是"原汁、鲜美、偏辣"，具有浓重的地方特色，比较有名的小吃有懒豆腐、夷陵春卷、凉虾等。市区有许多以本地特色菜为主的餐厅，主要是河鲜产品和土特产。餐厅聚集较多的街市就成了餐饮街，如小面一条街，经营的多是小面做的餐食。还有长江肥鱼一条街，主要是鲜鱼餐，所用的肥鱼皆是从江水中打捞出来的。

酥香虾米

沙龙宴

游客评价：适合多人聚餐宴会，环境很好，氛围感很浓，味道在线
📞 0717-6853337
📍 宜昌市西陵一路 45 号

颐和尚景生态酒店

游客评价：服务很好，菜品无可挑剔
📞 0717-6915777
📍 宜昌市汕头路 17 号

自己人（九码头店）

游客评价：鸭子居然可以做得这么好吃，口味老少皆宜
📞 0717-6493177
📍 宜昌市夷陵大道 163 号

放翁酒家

游客评价：外围露台可以看到很好的景色，神仙鸡真的是神仙口味
📞 0717-8862179
📍 宜昌市南津关三游洞桥头

三七砂锅

游客评价：美味又实惠的砂锅，6 点就客满了
📞 18671445482
📍 宜昌市东山大道平湖花园北侧

天上飞

游客评价：又甜又辣的回锅肉节节根，太好吃了
📞 13670225232
📍 宜昌市珍珠路 22 号

↘ 住在宜昌

平价型

金岛大酒店（万达店）
📍 宜昌市东山大道 340 号
📞 0717-6869888

宜昌运 7 酒店
📍 宜昌市西陵二路 57 号
📞 0717-8869888

峡州宾馆
📍 宜昌市夷陵大道 78 号
📞 0717-8866888

金岛电竞大酒店（CBD 购物中心店）
📍 宜昌市西陵二路中国银行旁
📞 0717-6691999

享受型

宜昌富力皇冠假日酒店
📍 宜昌市沿江大道特 169 号
📞 0717-6588888

华美达宜昌大酒店
📍 宜昌市云集路 27 号
📞 0717-6528888

宜昌均瑶禧玥酒店
📍 宜昌市西陵一路 51 号
📞 0717-88688888

馨岛国际酒店
📍 宜昌市东山大道 51 号
📞 0717-6099999

恩施

区号：0718
邮编：445000
面积：24000 平方千米
人口：345.61 万人
著名景点：恩施大峡谷、腾龙洞风景名胜区等

恩施土家族苗族自治州（简称恩施州）位于中国湖北省西南部，西面和北面接重庆市，东临宜昌市，南邻湖南湘西土家族苗族自治州，东北接神农架林区，属鄂西南山地，有"山原"之称。

这里有200多万年前建始直立人留下的世界最早的古人类文化；有与楚渝文化交相辉映的巴文化；有精美绝伦的土家织锦西兰卡普；有中国南方栏杆式建筑经典土家吊脚楼；有"二战"时期世界反法西斯东方战场第六战区指挥中心形成的抗战文化；有湘鄂西革命根据地积淀的红色文化；有亚洲第一洞腾龙洞；有举世无双、庞大险峻的恩施大峡谷；有国家级自然保护区星斗山、七姊妹山和国家森林公园坪坝营、土司城等著名景点。

↘ 游在恩施

恩施大峡谷 ★★★★★

恩施大峡谷全长100多千米，峡谷内风光秀丽，美不胜收，其中有大小龙门、马寨绝壁、铜盆水森林公园等数十个景区，其中很有特色的当然还是天坑、地缝等喀斯特地貌。峡谷气势雄阔，美景如云，被认为可与科罗拉多大峡谷相媲美。

¥ 175～280元

⏰ 8：30—15：30

🚌 恩施许家坪机场—恩施大峡谷（自驾）
恩施许家坪机场—屯渝线—X005—Y063—恩施大峡谷
全程约49千米

恩施大峡谷

腾龙洞风景名胜区 ★★★★

腾龙洞全长60千米，属于世界特级洞穴。洞穴有旱洞与水洞，旱洞滴水不见，水洞有飞瀑暗流，神奇的是，水旱两洞只有一壁之隔却绝不相通。洞内景观千姿百态，水洞内瀑布气势磅礴、声若惊雷，旱洞内石林形态各异，颇具神秘色彩。

¥ 30元（现在一般门票与演出票打包出售，价格为180元）

⏰ 8：30—17：30

🚌 恩施许家坪机场—腾龙洞风景名胜区（自驾）
恩施许家坪机场—安来高速—沪渝高速—旅游路—腾龙洞风景名胜区
全程约78千米

恩施大峡谷

最佳旅游季节

这里属于季风性高山气候，夏季不是很热，大峡谷海拔落差大，随海拔升高温度会降低。旅游以4—10月份为最佳。夏季是恩施的多雨季节，此时去应多关注天气变化，尽量避开多雨期。

门票优惠

1.儿童身高1.2米以下免票；70周岁以上老人、残疾人、现役军人持相关证件免票。新闻记者、国家摄影协会会员免票。

2.6周岁（不含6周岁）到18周岁（含18周岁）购优惠票；全日制大学本科及以下学历凭学生证购优惠票；60～69周岁的老人持身份证购优惠票。

旅游提醒

1.在恩施火车站和汽车站有旅游巴士直达景区，也可包车前往，火车站附近有很多可供包车去景区的车。

2.景区内路途较远，需6～8个小时才能游览一遍，所以一定要带足食物，以便路上食用。

3.穿一双舒适的鞋子，夏天旅游要注意防晒，最好戴上墨镜和太阳帽。

腾龙洞

腾龙洞

交通指南

利川市火车站门口有专门接送去腾龙洞的车，出了火车站就会有人主动上前问你。利川市的东门和西门也有去腾龙洞的车，如果乘坐出租车去景区10元就可以了。从恩施去腾龙洞可先坐车去利川市，然后再去景区。

旅游提醒

1. 建议坐观光车游览前洞，因为前洞路途远，且没有什么好看的，后洞有惊险刺激的地方，就走着游览吧。
2. 洞中有歌舞表演，节目很精彩，推荐观看。
3. 洞内有点冷，要穿件长袖衣服。洞门口也有租衣服的，10元一件，衣服质量很一般。
4. 最好拿个手电筒，可以用来照明。在洞内一定要听从管理员的安排，注意安全，不要走在观光车道上。

购物恩施

恩施由于地理位置偏僻，所以商业不是很繁华，购物场所不多。比较大的有位于舞阳大街的东方购物广场、民族路的一方购物广场以及土桥坝的百汇购物广场。东方购物广场大，商品齐全；一方购物广场以服饰和鞋类为主，里面不乏一些国内外知名品牌；百汇购物广场主要经营小百货。

恩施资源丰富，当地的特产很多。像莼菜、木瓜、凤头姜这些别具风味的土特产，可以带回家平日食用。恩施也是产茶区，是鼎鼎有名的茶品恩施玉露的产地，传统工艺品宝石花漆筷色泽艳丽、精致典雅，不仅耐用，又有收藏价值，曾被列入北京亚运会运动员专用餐具。

清江闯滩 ★★★★★

置舟清江上，飘然顺下，便会经过那一个个激流险滩，漂流时小舟忽而倾斜，忽而后仰，忽而前扑，令人感受"玩的就是心跳"那般的刺激。险滩两岸又可欣赏危崖耸峙，飞瀑流泉，茂林修竹，以及醇厚独特的土家风俗。真是时而惊险万分，时而异趣十足。

💰 150元（包中餐）
🕐 8:00—16:00
🚌 恩施许家坪机场—清江闯滩（自驾）
恩施许家坪机场—许家坪路—施州大道—东风大道—清江闯滩
全程约6千米

大水井建筑群

★★★ 🏛 📷 🌐

大水井建筑群坐落于利川市西北的柏杨坝区，分为李氏宗祠和李氏庄园两大建筑。其中祠堂是仿照成都的文殊院所建，东侧有口水井，被石墙和祠堂包围，石墙上有"大水井"三字，庄园为楼房结构，工艺精巧，错落有致，内有天井20余口。

💰 65元
🕐 8:00—17:00
🚌 恩施许家坪机场—大水井建筑群（自驾）
恩施许家坪机场—沪渝高速—丽凤大道—S249—大水井建筑群
全程约133千米

梭布垭石林

★★★★ 🏛 📷 🌐

梭布垭石林为中国第二大石林，远远观望，石林仿如一只大葫芦，苍翠环绕，群峰竞秀，内有莲花寨、宝塔岩、锦绣谷等多处景点，石林边缘还有一条很长的地缝，穿行在地缝中，仿佛置身于一座迷宫中，摸不透路径，能看清楚的只有头顶一线蓝天。

💰 78元
🕐 8:00—18:00
🚌 恩施许家坪机场—梭布垭石林（自驾）
恩施许家坪机场—安来高速—白奉线—梭布垭石林
全程约53千米

吃在恩施

恩施由于地理环境特殊，故而当地的饮食既有蜀地的麻辣特色，又具有楚湘的香辣风格，尤其是当地颇具土家族和苗族特色的风味小吃，如合渣、腊肉等，更是吸引了不少游客。另外，恩施还有十大名吃，如土家油茶汤、柏杨豆干、榨广椒等，以及葵花年肉等风味小吃。

美味豆干

🍲 家乡鸡

游客评价：干净美味的快餐，适合大众的家常味
📞 0718-8221777
📍 恩施市舞阳大街民族文化宫一楼

🍲 舅母子当家

游客评价：当地菜，推荐一锅煮三省
📞 0718-8221155
📍 恩施市金桂大道码都茶楼15栋

🍲 赵记腊味（恩施总店）

游客评价：生意很好，晚上7点左右有表演
📞 15587637879
📍 恩施市施州大道奥山世纪城4号楼113

🍲 正宗张关合渣

游客评价：当地特色的腊肉非常香，开胃小菜也很爽口
📞 0718-8213777
📍 恩施市航空大道62号

🍲 袁氏油香

游客评价：11点才开门，但生意非常好，味道也好
📞 13477228058
📍 恩施土家族苗族自治州恩施市航空花园

🍲 石磨手工豆皮

游客评价：特色小吃，服务很热情
📞 13597803521
📍 恩施市火车站奥山世纪城4号楼1层149号

↘ 住在恩施

平价型

恩施金帝商务酒店
📍 恩施市金桂大道瑞享国际大酒店旁
📞 0718-8267999

一念民宿
📍 恩施市金桂大道柑子槽还建小区 4B 栋 1103 室
📞 18071922270

启元酒店（学院店）
📍 恩施州学院路 115 号
📞 0718-8231567

美宿精品民宿
📍 恩施市土桥大道大学城广场 1 单元 1504 室
📞 15272988996

享受型

恩施瑞享国际酒店
📍 恩施市金桂大道 6 号
📞 0718-8313333

宜尚酒店（恩施金桂大道店）
📍 恩施市金桂大道武陵国际二期
📞 0718-8905777

柒柒艺术民宿
📍 恩施市沐抚街道营上村余家组 8 号
📞 18372520123

恩施华龙城大酒店
📍 恩施市施州大道 469 号
📞 0718-8901999

神农架

神农架位于湖北省的西部边缘地带，总面积约 3000 平方千米。境内海拔超过 3000 米的高山就有 6 座之多，被称为"华中屋脊"。

神农架山脉自其西南部秦巴山脉向东北方向延伸，区域内地貌复杂，山川交替，群峰林立，河谷密布，沟壑纵横。地势东北低、西南高，最高峰神农顶海拔 3100 多米，最低处海拔不足 400 米，被誉为"华中第一峰"。

由于特殊的地理环境，神农架境内几乎生存着北到漠河、南到西双版纳、东到日本、西到喜马拉雅山脉的几乎所有动植物物种，是世界公认的"天然动物园""绿色宝库"和"物种基因库"。1992 年，世界自然基金会将神农架定为"生物多样性保护示范点"。

区号：	0719
邮编：	442400
面积：	3253 平方千米
人口：	6.66 万人
著名景点：	神农顶、天燕原始生态旅游区、玉泉河等

↘ 游在神农架

神农顶景区 ★★★★★

神农顶风景区位于神农架西南部的自然保护区内，其峰高耸入云，海拔超过 3000 米，被誉为"华中屋脊"。景区内有绵延千里的高山草甸、遮天蔽日的箭竹林，更有众多珍禽猛兽出没其中，各种风景光怪陆离，神秘诡异，可谓是造化之大手笔。

💰 旺季（4 月至 12 月）130 元，淡季（1 月至 3 月）65 元
🕒 夏季：6：30—17：30；冬季：7：00—17：30
🚌 武汉天河国际机场—神农顶景区（自驾）
武汉天河国际机场—沪蓉高速—森季坪桥—苏北线—神农顶景区
全程约 468 千米

📍 神农顶景区
旅游指南
　　1. 从武汉到神农架：游客可以到新华路长途汽车站乘坐 20：00 发往兴山县的长途车，在第二天 6：00 左右能到兴山县，每人 90 元。兴山县有直达神农架木鱼镇的小巴，每 30 分钟一班，每人 10 元。也可以从武汉乘坐 22：00 发往十堰的火车，然后到十堰汽车站乘坐 7：30 发往神农架松柏镇的客车。
　　2. 从重庆到神农架：游客可乘船到巴东港下船，乘坐巴东每天 5：30 开往神农架的班车。也可以到香溪码头下船，然后乘车到兴山县后再坐车到神农架木鱼镇，这条线路交通十分便利。

神农顶

3. 从十堰市到神农架：游客可在十堰市乘坐发往神农架的班车，需要7小时方可到达。每天早上7：00发车，仅此一班，游客一定要把握好时间。

温馨提示

神农架景区内每天早上7：30之前都有发往各个景点的旅游班车。如果游客错过班车，也可以包车游览，价格在200元左右。

天燕景区 ★★★★

天燕景区有燕子洞，有众多金丝燕于洞内常年栖息而不迁移；天燕景区又有燕子垭，海拔2000多米，立于顶上可俯瞰神农架秀丽风景；还有大九湖景区，不仅可以游览奇异的湿地景观，还能欣赏土家族独特的民俗风情。

💰 60元
🕒 7：00—17：30
🚗 武汉天河国际机场—天燕景区（自驾）

武汉天河国际机场—福银高速—麻安高速—S307—X002—天燕景区
全程约476千米

香溪源景区

★★★★★

香溪源发源于神农架，据说溪水哺育过屈原和昭君两位历史名人。香溪水质纯清，有古代冰川的遗迹。相传昭君曾在溪水中洗面，不慎将一串珍珠落入水中，故而溪水终年清澈芳香。景区内有奇峰林海，林中山花竞艳，山间溪流潺潺，风景极佳。

💰 30元
🕒 7：30—18：00
🚗 武汉天河国际机场—香溪源景区（自驾）

武汉天河国际机场—沪蓉高速—苏北线—香溪源景区
全程约455千米

香溪源景区
温馨提示

香溪源风景区的门票可以在网上预订。

1. 预订门票不包含在景区内的消费，游客在景区内参加娱乐项目需另行付费

2. 预订门票不支持刷卡，游客可在网上转账或支付现金。

3. 游客预订门票可以多订少取，最好不要少订多取，以免为景区售票人员工作带来不便。

4. 到景区售票处取门票时，需要出示网上订票的确认短信。游客订票时一定要保存好确认信息。

旅游提醒

在香溪源生态旅游风景区内，游客可以在水疗水吧休息娱乐，也可参加熏香品茗、野营休养、原始森林探险、寻访野人等多种活动。参加森林探险和寻访野人有一定的危险性，一定要数人同行，注意安全。

❤ **购物神农架**

神农架林区没有特别大的商业区，真正商铺集中的地方只有松柏镇和木鱼镇。这两个城镇商店摊点众多，主要经营的商品是当地的旅游产品和土特产。其中木鱼镇的主街被称作"土特产一条街"，这里是游人购物的好去处。街上店铺经销的是木耳、茶叶以及各种旅游纪念品。

神农架不仅自然风光秀美，而且当地的土特产也很丰富。主要有香菇、板栗等。神农架也产茶叶，品类众多，出名的当属神农架灵芝茶。此茶不仅能抗菌消毒，据说还能延年益寿。

红坪画廊 ★★★★

红坪画廊位于神农架中西部的红坪镇，景区内有峰、岭、洞、瀑、潭等景观，各景观千姿百态，奇险峻秀。有宝剑岩，峥嵘立于红坪溪之间；有昭王剑，插入临空绝壁之上；有映伞潭，峡吐飞瀑，奔放而入潭溪之中；有天井洞，洞口直通青天。

💰 40元
🕒 8：30—17：30
🚗 武汉天河国际机场—红坪画廊（自驾）

武汉天河国际机场—福银高速—麻安高速—天燕2号隧道—苏北线—红坪画廊
全程约478千米

红坪画廊

玉泉河景区 ★★★★

玉泉河景区位于神农架东北，玉泉河流域内多有山川湖泊、河流深谷。景区内有武山湖、六道峡、老君山等30余处景点。其中棕峡、六道峡等景点地形崎岖险峻，是探险猎奇的好去处。

💰 10元
🕒 6：30—18：30
🚗 武汉天河国际机场—玉泉河景区（自驾）

武汉天河国际机场—武汉绕城高速—沪蓉高速—玉泉路—玉泉河景区
全程约269千米

↘ 吃在神农架

神农架是原生态区，没有多少特色菜，有名的如岩耳炖土鸡和香菇炖土鸡。腊肉、老豆腐和土豆是林区人们的日常食物，味道很不错的，若嫌不够，还有当地的野菜。神农架的野菜也是非常好的菜肴，有黑木耳、蘑菇等。

老式热豆腐

🍲 **乡野菜**
游客评价：新鲜的野菜搭配肉类，健康又美味
📞 18872062497
📍 神农架林区木鱼路77号

🍲 **老地方（香溪街店）**
游客评价：铁锅鸡很香，小土豆又绵又软
📞 17707209799
📍 神农架林区迎宾大道76号

🍲 **吊锅印象（木鱼镇店）**
游客评价：鱼汤很鲜，小花菇口感极佳
📞 15342955688
📍 神农架林区木鱼镇迎宾大道104号（凯旋大酒店正对面）

🍲 **粗粮王**
游客评价：环境很好，餐馆主打健康饮食，味道也不错
📞 15897876851
📍 神农架林区木鱼路87号丽景酒店旁

- 斗米斤盐养生汽锅

游客评价：加了天麻的汽锅滋味独特，散养鸡肉更加紧实

☎ 0719-3478699
📍 神农架林区九湖镇竹贤巷05号

- 特色纸包鱼

游客评价：鱼肉鲜美，牛蛙也好吃

☎ 17707200081
📍 神农架林区木鱼镇木鱼路34-2

住在神农架

平价型

纽宾凯神农架山庄（神农架林区木鱼店）
📍 神农架林区木鱼镇木鱼路7号
☎ 0719-3388789

神农架皇冠宾馆
📍 神农架林区神农大道161号
☎ 0719-3332416

邻家客栈
📍 神农架林区楚林路27号
☎ 18752983488

瑞雅时尚旅店
📍 神农架林区木鱼镇木鱼路72-74号
☎ 0719-3313188

神农架1516酒店
📍 神农架林区木鱼镇门楼街73号
☎ 18271317479

享受型

神农架阿尔卡迪亚森林酒店
📍 神农架林区木鱼镇龙降坪岳段公路
☎ 0719-3366666

神农假日酒店
📍 神农架林区木鱼镇迎宾大道27号
☎ 0719-3453983

神农架宾馆
📍 神农架林区松柏镇迎宾路神农架高中斜对面
☎ 0719-3339888

神农架顺达大酒店
📍 神农架林区木鱼镇楚林路
☎ 0719-3452777

神农架康帝君兰酒店
📍 神农架林区木鱼镇木鱼路偏桥湾路段醉目鱼对面
☎ 0719-3388888

武当山

武当山，又名谢罗山、太和山、仙室山等，在古代被称作"玄岳""太岳""大岳"，位于湖北省十堰市丹江口境内，是国家重点风景名胜区，也是联合国公认的世界文化遗产地之一。

武当山景区面积有300多平方千米，东至湖北襄阳，西到车城十堰，南临神农架原始森林，北近丹江口水库，是中国有名的道教圣地，也是中国传统武术武当拳的发源地。武当山融人文景观和自然景观于一体，风景秀丽而别有一番韵味，自古便博得"亘古无双胜境，天下第一仙山"的美誉。

武当山现存以道教文物为主的珍贵文物达7400余件，被誉为"道教文物宝库"，是名副其实的"中国道教第一山"。

| 区号：0719 |
| 邮编：442714 |
| 面积：312平方千米 |
| 著名景点：金殿、太和宫、紫霄宫、玉真宫、玉虚宫、太极湖等 |

游在武当山

玉虚宫★★★★★

玉虚宫是武当山庙观群中最大的庙宇，于明代永乐年间所建，最初规模非常宏大，有庙、坛、楼、祠堂2000多间，其后屡遭损毁，至今只剩小部分。现有的主要建筑为宫墙和宫门，宫门内外有碑亭，宫外又有东天门、西天门等遗址。玉虚宫虽不复当年盛貌，但仍具有极大的欣赏价值。

💰 5元（入山门票243元）
🕒 8:00—17:30
🚌 武当山站—玉虚宫（自驾）
武当山站—福兰线—太和大道—公园路—玉虚宫
全程约15千米

玉虚宫

玉虚宫

旅游指南

　　游客可先乘车到武汉，再赶往武当山火车站。

　　武昌到武当山的列车是K351、K354，8：45左右发车，15：25左右到达武当山；还可以乘坐K8127、K8130次列车，10：15左右发车，15：25左右到达武当山。硬座票价为70元，硬卧需要130元。

　　从汉口到武当山的列车是K961次，10：35发车，14：40左右到达武当山。硬座69元，硬卧123元。还可以乘坐K123、K122次列车，4：50左右发车，11：00左右到达武当山。硬座70元，硬卧130元。

温馨提醒

　　1. 武当山火车站到武当山景区的公交车不是按点发车，等到人坐满了才走。游客若赶时间，可乘坐出租车或步行前往景区。

　　2. 武当山的门票是一个小光盘，建议使用后可妥善保存，很有纪念价值。

　　3. 游客最好穿宽松舒适的衣服，除了足够饮用的水和食物之外，不要带太多东西，以便节省体力。

太和宫 ★★★★

　　太和宫位于武当山主峰天柱峰最高点，宫殿建成之初，有殿堂楼舍500余间，今存正殿、钟鼓楼等。正殿内设有真武大帝像，殿外两侧有铜碑两座，殿前为朝拜楼，朝拜楼左右是钟鼓楼，右下是皇经堂。整个宫殿依山傍石，建构新奇，布局十分巧妙。

💰 20元（入山门票243元）
🕗 8：00—17：30
🚌 武当山站—太和宫（自驾）
　武当山站—福银高速—太和大道—武当路—太和宫
　全程约41千米

金殿 ★★★★★

　　金殿在武当山天柱峰之巅，又被称作"金顶"。宫殿结构严谨，接连密紧，历经百年风雨，仍是金碧辉煌、宏伟大气，是中国古代建筑艺术中的珍品。殿内有真武大帝像，金童玉女侍立两旁，殿外有金钟、玉磬两楼，殿下又有石城环绕，石城名为紫金城。紫金城是武当有名的道教建筑，游览武当山绝不能错过。

💰 20元（入山门票243元）
🕗 8：30—17：30
🚌 武当山站—金殿（自驾）
　武当山站—呼北高速—福银高速—武当山—天柱峰—金殿
　全程约15千米

武当山金殿

金殿

温馨提示

　　1. 武当山山高路险，十分难走，身体虚弱的游客要慎重选择步行上下山。

　　2. 武当山山顶多大风，特别是徒步爬到金顶观光的游客，体力消耗很大，很容易着凉。建议游客多带些衣物御寒。

　　3. 在天柱峰金殿的两侧，建有签房和印房，佛道信徒们可以在此抽签、盖神印。金殿的后面是父母殿，殿中供奉着真武大帝的父母，很多人到这里虔诚跪拜，焚香祈福。

旅游建议

　　从朝天宫有两条路可以通往金殿，左边那条是清朝路，右边是明代路。建议游客上山的时候走明代路，途经一、二、三天门到金顶，约有10千米的路程；游览结束后再从清朝路下山。这样比较节省体力。

紫霄宫 ★★★★

　　紫霄宫坐落于武当山天柱峰东北的展旗峰下，宫殿外松柏苍翠，竹林茂密，环境古朴幽雅。紫霄宫内供着玉皇真武等神像，宫外但见红砖绿瓦、重檐九脊，又有二龙戏珠之浮雕，惟妙惟肖，整个宫殿可谓富丽堂皇、光彩逼人。

💰 15元（入山门票243元）
🕗 8：30—17：00
🚌 武当山站—紫霄宫（自驾）
　武当山站—福银高速—太和大道—武当路—紫霄宫
　全程约36千米

遇真宫 ★★★★

　　遇真宫坐落于武当山镇东，是武当九宫之一。相传张三丰曾在这里修炼，明成祖便敕令予此修建宫殿，是为遇真宫。遇真宫保存比较完整，主要建筑有东西配殿、左右庑廊，真仙殿等，大致都保持了原貌，具有非常高的研究和欣赏价值。

💰 10元（入山门票243元）
🕗 8：30—17：00
🚌 武当山站—遇真宫（自驾）
　武当山站—福兰线—太和大道—G316—遇真宫
　全程约18千米

购物武当山

　　武当山景区附近的城市如丹江口市和十堰市有不少商业街，那里不论是现代商品或是当地特产都能买到。十堰市是湖北省第三大城市，市区有不少大型购物广场，茅箭区有京华购物广场、武当购物广场，张湾区有金九购物广场。

　　武当山旅游区因是山区，没有繁华的商业地段，但是这里有不少特产，水果类的有武当蜜橘、猕猴桃。武当蜜橘品系众多，汁甜肉多，丹江口市产的蜜橘罐头在全国很有名。武当山的猕猴桃营养丰富，果肉肥厚，是同类水果中的佳品。

吃在武当山

　　武当山地区的菜系属于鄂菜，不过川菜在当地也随处可见，周围有不少以鄂菜和川菜为主的餐馆，两大菜系的各种美食都能品尝得到。到武当山就不能不去品尝一下山上特有的道家斋饭，斋饭颇具独到之处是它汲取佛道两家烹饪之精华，以山区生长的植物果实为主料，就连用油也是植物油，可以说非常注重养生。斋饭在太和宫和紫霄宫可以品尝得到。若是喜欢小吃的话，玉虚宫附近有一条"永乐盛世"仿古街，街道上到处都是风味各异的小吃店。

葱花素面

- 太极会馆特色餐厅

游客评价：价格很实惠，冬瓜老鸭汤非常好喝

📞 0719-5689888

📍 武当山南岩停车场终点站直下100米（南岩宫）

- 上善坊

游客评价：食材新鲜，翘嘴加入罗勒，让口感更加丰富

📞 0719-5662716

📍 武当山太和路5号中国银行旁

- 老味道1992

游客评价：武当地三鲜吃到了毛菜根，第一次吃到这个菜，脆嫩微甜，好吃

📞 15897849238

📍 武当山太和大道70号

- 姥姥家（人商店）

游客评价：干烧土鹅的分量真的很大，但味道很好

📞 0719-8769888

📍 人民北路人民商场7楼

- 李二鲜鱼村（武当山店）

游客评价：现杀现做，鱼肉不仅新鲜而且非常紧实

📞 0719-5662505

📍 武当山济民医院旁

↘ 住在武当山

平价型

武当山武当印象大酒店
📍 武当山博物馆路13号
📞 0719-5653666

通神居客栈
📍 武当山通神大道21号
📞 13581363860

清心别院精品民宿
📍 武当山通神大道22号
📞 0719-5903163

武当山七星山庄（南岩七星树店）
📍 武当山古神道七星树
📞 13197248811

景间人家客栈
📍 武当山风景区内
📞 18972469368

享受型

武当山建国饭店
📍 武当山风景区内
📞 0719-5908888

太极客栈
📍 武当山风景区售票处西北200米
📞 13636171556

武当山太和紫隐酒店
📍 武当山景区内
📞 0719-5663199

素问养生民宿
📍 武当山元和观村3组166号
📞 13971922009

武当山宾馆
📍 武当山永乐路33号
📞 0719-5665548

河南

区号：	0370—0379，0391—0398
省会：	郑州
面积：	16.7万平方千米
人口：	9937万人
方言：	河南话
著名景点：	少林寺、龙门石窟、殷墟、嵩山、黄帝故里等

概况

河南省位于我国东部的中原腹地，因大部分地区在黄河以南，故名河南，简称"豫"。古人将天下分为九州，豫州居九州之中，现今河南的大部分地区都属于古时的豫州，故而河南又有"中原""中州"之称。省会为八大古都之一的郑州。

河南地处亚热带和暖温带地区，气候温和、日照充足、降水充沛，适合农林牧副各业发展。由于东部的地理分界线秦岭—淮河一线从境内穿过，所以地区气候差异显著，光、热、降水，东部偏多，西北偏少。

河南处于我国的中心位置，地理优势明显，在古代绝大部分时间都是中国的政治、经济和文化中心，八大古都河南占其四，现今也是全国重要的交通枢纽，不仅是各地客运与货运的必经之地，也是各族人民交流往来的场所。河南的小吃主要有：胡辣汤、水煎包、烩面、板面、粉浆饭、道口烧鸡等。

线路1
洛阳—郑州—开封

线路2
殷墟—中国文字博物馆—羑里城—比干墓

名菜

河南菜属于北方菜系，但是稍有区别，豫菜口味较淡，讲求烹饪适度、恰到好处，务必五味调和百味香。豫菜的特点是取材广泛、选材严谨、配菜恰当、做菜精细；口味上以咸为主；菜肴鲜香清淡、雅淡鲜香。河南有名的菜看有鲤鱼焙面、芙蓉海参、煎扒青鱼头尾、炸紫酥肉等。

鲤鱼焙面： 先选一条1.5千克左右重的鲤鱼，在鱼身上划上瓦垄形花纹，然后入锅烹炸，炸熟出锅后放入盘中，以糖醋汁淋浇，再选用精细面条炸成金黄色，覆盖在鱼身上，蘸酱而食。面丝酥香，鱼肉鲜嫩，酸中透甜，美味十足。

芙蓉海参： 先将海参烹饪成熟，然后需用四五个鸡蛋，只取蛋清，清蒸几分钟，这时蛋清就成了豆腐脑状，再将烹好的海参盖在鸡蛋上，配以姜、葱、醋等原料。此菜清淡可口、酥香味美，令人回味悠长。

煎扒青鱼头尾： 此菜以大青鱼为主料，切去头尾摆在扒盘两端，鱼肉则剁成块铺在头尾之间。入锅烹炸至金黄色后，配上冬笋、香菇、葱末等原料，再浇上高汤。此菜汁浓色亮，肉嫩骨酥，香味醇厚。

炸紫酥肉： 又名赛烤鸭。此菜以五花肉为主料，先将肉切成片，用葱、姜、大茴香、紫苏叶等调料腌渍入味后蒸熟，在入锅烹炸约30分钟。油炸时须得用香醋反复涂抹肉皮，直到肉片成金红色。将肉片装入碟，以葱花、面酱以及薄饼配着吃，酥脆香美，肥而不腻，是一道上佳美味。

交通

飞机

郑州新郑国际机场
☎ 0371-96666
📍 郑州市新郑市内，京港澳高速公路东侧，距离市区约25千米
🚌 机场交通：1线：机场—民航大酒店（8:40—23:30），票价20元。
2线：机场—长途汽车站中心站（8:40—22:00），票价20元。
3线：机场—郑州站西广场（9:00—21:00），票价20元。
4线：机场—龙源大酒店（9:00—19:40），票价20元。
5线：机场—郑州东站（9:30—19:00），票价20元。
洛阳线到达涧西区牡丹广场，票价70元；开封线到达玉祥大酒店，票价40元；许昌线到达许昌候机楼，票价40元；商丘线到达商丘候机楼，票价80元；新乡到达新乡国际饭店大门西侧，票价52元；焦作到达海天假日酒店，票价60元；安阳到达华强建国酒店，票价80元；长治到达南街潞安剧院，票价120元；亳州到达亳州汽车客运集团公司，票价90元。
出租车，起步价6元，2千米后每千米1.5元。

洛阳机场
☎ 0379-62328666
📍 洛阳市北郊邙山之上，距离市区约10千米
🚌 机场交通：东线：开元大道与龙门大道交叉口八达航空售票处，票价10元。
西线：南昌路顺驰城八达航空售票处，票价10元。
出租车，起步价6元，2千米后每千米1.5元。

河南—郑州地铁

1号线
河南工业大学—河南大学新区
（6:00—22:00 最高票价7元）
2号线
南四环—贾河
（6:00—22:00 最高票价4元）

郑州火车站

郑州

郑州是河南省省会，位于国家综合交通枢纽线，地理位置优越，有"中国铁路心脏"之称。

郑州是中国时速350千米的高铁客运十字枢纽站，拥有全国中西部唯一的商品期货交易所，对其经济发展起着重要的推动作用。

郑州的历史文化十分悠久，是中国有名的历史古城，是中国八大古都之一，曾作为五朝古都，同时也是华夏文明的发源地。中华人文初祖轩辕黄帝所统领的有熊部落及夏朝、商朝、管国、郑国和韩国建政或建都在这个地方。

郑州是面积广阔、人口众多的城市，其密度位居中国省会城市的第二位。

区号：	0371
邮编：	450000
面积：	7446平方千米
人口：	1260.06万人
著名景点：	轩辕黄帝故里、嵩山少林寺等

↘ 游在郑州

黄河游览区 ★★★★

黄河游览区在郑州西北约20千米处黄河之滨，这里山清水美，景色宜人。登高北顾，但见黄河之水浩浩荡荡、无边无涯，可谓磅礴雄壮。河水穿过这里的峡口流入平原，在中间地带形成一条悬河，十分壮观。于此处观赏黄河，别有一番情趣。

$ 60元，1.4米以下儿童免票
⏰ 6:00—20:00
🚌 郑州新郑国际机场—黄河游览区（自驾）
郑州新郑国际机场—京港澳高速—胡韦线—X303—黄河游览区
全程约89千米

两日游

黄河游览区—二七纪念塔—中岳嵩山—嵩山少林寺

💡 **黄河游览区**
公交线路

郑州市区前往黄河游览区的公交有游16、18路，其路线如下：

游16路公交路线：火车站—铭功路太康路站—大石桥—南阳路黄河路站—南阳路农业路站—南阳路东风路站—南阳寨—江山路王寨—老鸦陈—江山路下坡杨—江山路大河路站—大彭村—丰乐农庄丰乐葵园—黄河大观路—黄河南岸—黄河风景名胜区

18路公交路线：北环路陈寨—北环路中方园路—江山家纺城—北环路丰庆路—北环路索凌路—北环路丰乐路—北环路长兴路—北环路南阳路—江山路王寨—郑大四附院—江山路银河路—老鸦陈—江山路三全路—老鸦陈花园新村—江山路薛岗—江山路下坡杨—杜庄村口—江山路古元街—江山路大河路—大彭村—丰乐农庄丰乐葵园—江山路黄河桥村—黄河南岸—黄河风景名胜区

黄河游览区

河南博物馆 ★★★

河南博物馆位于市区农业路中段，馆舍规模宏大，是一座国家级现代化博物馆。馆舍以主展馆为中心，周围配置有仓库楼、电教楼等附属建筑，建筑形式新奇，雄浑大气，具有强烈的中原文化特色。博物馆内藏品众多，内容丰富，是了解中州文化很好的场所。

$ 免费
⏰ 9:00—17:00（16:00停止发票，周一闭馆）
🚌 郑州新郑国际机场—河南博物馆（自驾）
郑州新郑国际机场—机场高速—中州大道—农业路—河南博物馆
全程约39千米

二七纪念塔 ★★★★

二七纪念塔位于郑州市二七广场，建于1971年，是联体双塔结构，为了纪念京汉铁路工人大罢工而修建，是郑州的标志性建筑，故而郑州又被称作"二七城"。立

河南博物馆

于塔下瞻仰，令人心潮澎湃，能深切感受到那个峥嵘时代的热血和力量。塔内一边为旋梯，一边为展室，游人可登至塔顶，远眺市容。入夜后，多种彩灯内透外照，使双塔更加绚丽多彩。双塔周围的二七商业圈是郑州繁华的地段。

🛈 免费参观（凭身份证领取门票）
🕘 8：30—18：30
🚌 郑州新郑国际机场—二七纪念塔（自驾）

郑州新郑国际机场—机场立交桥—机场高速—兴盛路—二七纪念塔
全程约 37 千米

二七纪念塔

大河村遗址 ★★★★

大河村遗址令人称奇的是遗址出土的文物包含了仰韶、龙山和商三种文化内容，其中最早的遗迹是残存的房屋，据考证历时约 5000 年。出土了大量文物，多是红陶黑彩和白衣彩陶。

🛈 免费
🕘 周二至周日 9：00—17：00
🚌 郑州新郑国际机场—大河村遗址（自驾）

州新郑国际机场—机场高速—中州大道—柳林立交桥—大河村遗址
全程约 43 千米

轩辕黄帝故里 ★★★★

黄帝故里位于新郑市轩辕路，始建于汉代，其后屡毁屡建。清康熙年间，新郑县令于故里前竖立一块"黄帝故里"碑。黄帝故里是中华民族的圣地，是海内外炎黄子孙寻根拜祖的圣地，来郑州旅游，这里绝不能错过。

🛈 免费
🕘 8：00—17：20
🚌 郑州新郑国际机场—轩辕黄帝故里（自驾）

郑州新郑国际机场—机场立交桥京港澳高速—迎宾街—轩辕黄帝故里
全程约 30 千米

北宋皇陵 ★★★★

北宋皇陵安葬有除徽钦二帝外的其余 7 位皇帝和宋太祖的生父，以及众多的妃嫔亲王、功臣名将，陵墓有上千座，是一座气势雄伟、规模宏大的皇家陵墓群。陵园有大量的石刻群，也有不少碑碣，这是研究我国石刻艺术和书法艺术的珍贵资料。

🛈 免费
🕘 9：00—18：00
🚌 郑州新郑国际机场—北宋皇陵（自驾）

郑州新郑国际机场—郑州绕城高速—中原西路—杜甫路—北宋皇陵
全程约 101 千米

中岳嵩山 ★★★★★

嵩山分为太室山和少室山，最高峰连天峰海拔 1500 米。山上有八景：轩辕早行、石淙会饮、玉溪垂钓、少室晴雪、嵩门待月、颖水春耕、箕阴避暑、卢崖瀑布。八景或雄伟，或秀丽，既有飞瀑奔腾，又有峰峦交叠，真是多姿多彩。

🛈 80 元
🕘 7：30—17：30
🚌 郑州新郑国际机场—中岳嵩山（自驾）

郑州新郑国际机场—京港澳高速—商登高速—太室路—北宋皇陵—中岳嵩山
全程约 95 千米

嵩山

康百万庄园 ★★★★

康百万庄园与刘文彩庄园、牟二黑庄园并称全国三大庄园。"康百万"是对庄园主人康应魁家族的统称，而康应魁更是族人中最富有的"康百万"。

庄园位于巩义市康店镇，始建于明末清初。康氏家族前后 12 代人在这个庄园生活，纵跨了明、清、民国三个时期 400 余年，庄园也从最初的山腰建至山顶。

康百万庄园建构封闭、布局严谨、等级森严，是一个典型的封建大地主庄园，一处典型的 17—18 世纪封建堡垒

式建筑。它背依邙山，面临洛水，因而有"金龟探水"的美称。如今庄园对外开放，以其独特的建筑风格和深厚的文化底蕴吸引着游客。主要景点有"三大活财神"年画、功德窑书法碑刻、康霖三神道碑楼、雕花神主橱等。

🛈 50 元
🕘 8：00—17：30
🚌 郑州新郑国际机场—康百万庄园（自驾）

州新郑国际机场—郑州绕城高速—连霍高速—沿黄快速通道—康百万庄园
全程约 116 千米

康百万庄园

嵩山少林寺 ★★★★★

少林寺背依五乳峰，周围山峦环抱，峰峰相连、错落有致，形成了少林寺的天然屏障。嵩山东为太室山，西为少室山，各拥 36 峰，峰峰有名。电影《少林寺》使这座千年古刹扬名海内外。但实际上，自唐朝开始，少林寺就享有盛名，"十三棍僧救唐王"史有其实，流传千年。且不论少林寺有多美，单凭它的名字，就对海内外的游客有着莫大的吸引力。

🛈 80 元
🕘 8：00—16：30
🚌 郑州新郑国际机场—嵩山少林寺（自驾）

郑州新郑国际机场—商登高速—盐洛高速—乌海线—嵩山少林寺
全程约 107 千米

嵩山少林寺武术表演

吃在郑州

郑州是河南的首府，也是豫菜的中心。郑州的饮食以风味小吃为主，饼类的有锅盔、千层饼，馅食有烧卖、水煎包等，汤类的有胡辣汤、豆沫等。河南的小吃众多，各具特色，绝大部分都能在郑州吃得到。

要说郑州饮食中令人印象深刻的那就是面食。郑州的面食有很多种，有烩面、板面、砂锅面等十几种面食，其中有名的当属烩面。郑州烩面用料严谨、制作精细，吃起来汤鲜味美，令人赞不绝口，乃是郑州的名品饮食。人民路有家合记烩面，在郑州非常有名。

郑州羊肉烩面

🍵 虎丫炒鸡（正弘城店）
游客评价：特制酱料真的很香，饭后还有冰淇淋和甜品可以吃
☎ 18238021699
📍 郑州市正弘城8楼

🍵 方中山胡辣汤（顺河路店）
游客评价：胡辣汤开胃好喝，牛肉盒酥脆多汁
☎ 0371-66302188
📍 郑州市紫荆山路与顺河路交叉口

🍵 渔珺传奇石锅鱼(商英街店)
游客评价：原汁原味吃鱼，感受鱼汤的鲜美
☎ 0371-86560196
📍 郑州市航海东路与商英街交叉口向北50米

🍵 郑州烤鸭（人民路总店）
游客评价：老板热情，烧鸭很香且不油腻
☎ 0371-66266197
📍 郑州市二七区人民路10号

🍵 曼玉餐厅
游客评价：本土融合餐厅，三杯鸡、肥牛粉丝煲好吃
☎ 0371-61652221
📍 郑州市花园路126号正弘城8楼

🍵 惠丰源烩面馆
游客评价：只做羊肉烩面的老店，汤底浓郁
☎ 0371-63836928
📍 郑州市经七路18-2号

🍵 合记烩面（众意路店）
游客评价：红油牛肉好吃，凉拌素菜也很清爽
☎ 0371-65670777
📍 郑州市东风东路与众意路交叉口南行150米

住在郑州

平价型

大浪淘沙精品酒店（东大街店）
📍 郑州市东大街万客隆生活广场西侧
☎ 0371-88886788

轻住·二七美大酒店（二七广场地铁口店）
📍 郑州市西大街与延陵街交会处东北角
☎ 13607683348

科爱住美程酒店
📍 郑州市洛宁路与厂前路交会处南150米
☎ 18539293687

杜康大酒店
📍 郑州市中原路桐柏路178号
☎ 0371-67676232

享受型

郑州绿地JW万豪酒店
📍 郑州市商务内环路商务中央公园2号千玺广场
☎ 0371-88828888

郑州建业艾美酒店
📍 郑州市中州大道1188号
☎ 0371-55998888

裕达国贸酒店
📍 郑州市中原区中原路220号
☎ 0371-67438888

郑州美盛喜来登大酒店
📍 郑州市金水东路33号
☎ 0371-60636666

购物郑州

郑州在全国属于经济发达的城市，市区商业非常繁华，有3个比较大的商业区。

二七广场

以二七纪念塔为中心，辐射四周的商业区是郑州繁华的地段，全国著名的商战就发生在区内的亚细亚商城。这里商厦林立，店铺众多，十分密集，故而有一条环形的廊桥将周围的10余座商厦连接起来，不仅解决了拥堵的交通，又方便了顾客可以自由在不同商场内购物。主要的商场有金博大、百盛、大上海等。

花园路、紫荆山路

在花园路和紫荆山路这条狭长的地带上聚集了多家大型购物广场，如中环百货、紫荆山百货、郑州国贸中心等，郑州许多金融机构的总部也都设在繁华的街道两旁。

碧沙岗

碧沙岗包括郑州商业大厦及其周围地区，这里是郑州西区最为集中的商业区。这里有着几十年的商业发展史，终成繁华商区，商区内店铺商场众多，购物十分方便。周围又有多条城市干道，交通便利。

郑州还有很多全国性的商品批发和交易市场，具代表性的就是位于一马路附近的银基商贸城了，这里每日都在进行大规模的商品交易活动。

💡 特产

新郑大枣：新郑大枣又叫鸡心大枣，是新郑的重要特产，味道甘甜，是枣类中的佼佼者，有美容养颜、补血养脾的作用。

新密金银花：金银花作为一种茶叶和中草药，有清热解毒、凉散风热的作用。新密的金银花色泽好，无胡头、胡棒，药质高，受到很多人的青睐。

中牟大蒜：中牟大蒜品种优良、辣味适中，并且有很高的药用价值，从而享誉中外。另外，中牟大蒜还有蒜头大、耐储藏的优点，受到国内外客商的青睐，远销国内外。

荥阳柿子：荥阳有盛产柿子的悠久历史。其柿子果实大、味甘甜，含有多种营养元素，有滋润皮肤、安眠消肿的作用，受到很多人的喜爱。

银基商贸城

洛阳

洛阳位于河南省,是河南的副中心城市。由于洛阳位于洛水之北,故名洛阳。东周、东汉、曹魏、西晋等13个朝代都曾在此建都,因此洛阳有"十三朝古都"之称,并与北京、西安、南京并列为中国四大古都,有"神都"之美誉。

古都洛阳有千年的历史,在古代就是我国的政治、文化和经济中心,古代很多名人墨客都在洛阳留下了自己的足迹。有很多著名的文章歌颂了古都洛阳的繁华,周公曰"此天下之中,四方入贡,道里均焉",汉高祖曰"吾行天下多矣,唯见洛阳"。

洛阳不仅有众多历史古迹和遗址,还有美丽的景色吸引着国内外的游客,其中洛阳牡丹闻名中外。

区号:	0379
邮编:	471000
面积:	15230 平方千米
人口:	692.22 万人
著名景点:	龙门石窟、白马寺国家牡丹园、重渡沟等

两日游
白马寺—皇觉寺—天子驾六博物馆—王城公园—龙门石窟

↘ 游在洛阳

白马寺 ★★★★

白马寺是中国第一佛寺,寺内有天王殿、大雄殿、齐云塔等多处佛教建筑,宏伟庄严,历史悠久。白马寺被称为中国佛教的源地,故而有"祖庭"和"释源"的尊名。如今,寺院以它巍峨的殿宇和浓厚的文化气息吸引着众多的游客。

💰 35 元
🕐 7:30—19:00
🚗 洛阳北郊机场—白马寺(自驾)
洛阳北郊机场—邙岭大道—洛白路—白马寺
全程约 21 千米

白马寺

白马寺

最佳旅游时间

洛阳地处中原,四季分明,四季皆可以到白马寺参观。洛阳4月份天气温暖舒适,是牡丹争芳斗艳的季节。

门票优惠

学生凭学生证半价;凭白马寺皈依证免费;佛教外寺皈依证农历初一、十五免费,其他时间半价。

佛教活动

洛阳白马寺是中国佛教之首刹,除了每月的初一、十五及佛诞日上供、半月布萨外,还会举行很多大型的佛事活动。聘全国各地的高僧传戒,传戒法会谨遵佛制,戒子来自全国各地和香港、澳门等地区,还有新加坡、缅甸、日本、马来西亚等很多国家,在海内外产生了深远的影响。

另外洛阳白马寺每月初一和十五都会举行放生活动。白马寺及齐云塔院的僧众及广大四众弟子在这一天都会参加,目的是培养广大信徒的慈悲心、保护生态系统平衡。

国家牡丹园 ★★★★

国家牡丹园坐落于洛阳市邙山中沟西面,是中国最大的牡丹繁育和生产基地。牡丹园培育的牡丹花朵硕大、色泽鲜丽,香气浓郁,园内又有古朴的楼阁亭榭、瀑布溪流,为花园平添了一份动态美。国家牡丹园可以说是观赏洛阳牡丹的很好去处。

- 💰 40元,盛花期60元
- 🕐 6:30—19:00
- 🚍 洛阳北郊机场—国家牡丹园(自驾)
洛阳北郊机场—周山大道—道北六路—国家牡丹园
全程约4千米

国家牡丹园

古墓博物馆 ★★★

这是一座以展示历朝历代具代表性、以墓葬为主的专题性博物馆,东部为历代典型墓葬展区,西部为北魏帝王陵墓展区。馆内展出的主要是从陵墓中发掘出的历代生活起居用品和装饰品,如西汉的陶俑、唐朝的唐三彩等。

- 💰 免费
- 🕐 周二—周日9:00—17:00(周一闭馆)
- 🚍 洛阳北郊机场—古墓博物馆(自驾)
洛阳北郊机场—机场路—机场路辅路—古墓博物馆
全程约4千米

古墓博物馆

关林 ★★★★

关林位于洛阳的关林镇,相传这里是埋葬关羽首级的地方。关林始建于明万历年间,清代又有扩建,这里松柏苍郁、殿宇富丽、气象幽然,分布于大门两侧的石狮,雄赳赳、凛然不可侵犯,为洛阳市著名的古建筑及旅游胜地。主要建筑有舞楼、甬道、拜殿、八角亭等。

- 💰 40元,学生半价
- 🕐 8:00—18:30
- 🚍 洛阳北郊机场—关林(自驾)
洛阳北郊机场—定鼎北路—龙门大道—关林
全程约18千米

关林

上清宫 ★★★

上清宫在洛阳城北邙山中的翠云峰上,相传这里是太上老君炼丹之地。道观建于唐开元年间,规模宏大,殿宇巍峨,观外有石马和石狮,内有吴道子所作的壁画,山虽不高但地势险峻,山上树木郁郁葱葱,苍翠若云,故得名翠云峰。翠云峰上林木葱郁、风景秀丽,是一个消暑避世的胜地。

- 💰 免费
- 🕐 全天
- 🚍 洛阳北郊机场—上清宫(自驾)
洛阳北郊机场—机场路—定鼎北路—龙光路—上清宫
全程约10千米

栾川通天峡 ★★★

峡谷内群山高耸,飞瀑连环,仿佛从天而降,故被称为通天峡。峡谷内景观巍峨秀丽,原始天然,有风雨桥、日月潭、琵琶湖、通天门等景点,更有大量珍稀植物——地柏。这是一个独具魅力的峡谷,深受广大游客的赞赏。

- 💰 40元
- 🕐 7:00—18:30
- 🚍 洛阳北郊机场—栾川通天峡(自驾)
洛阳北郊机场—王城大道快速路—洛栾高速—徐峡线—栾川通天峡
全程约161千米

天子驾六博物馆 ★★★

天子驾六是周王室的一种礼制,是王权至高无上的集中体现,而21世纪天子驾六的惊世再现,以及以此为基础创建的博物馆,为后人探究了解周代历史文化提供了参照。陈列着天子驾六车马坑及其他精美文物的天子驾六博物馆,现已经成为古都洛阳的一个文化品牌。

- 💰 30元
- 🕐 8:30—19:00
- 🚍 洛阳北郊机场—天子驾六博物馆(自驾)
洛阳北郊机场—机场路—定鼎北路—人民东路—天子驾六博物馆
全程约12千米

天子驾六

老君山 ★★★★★

老君山为伏牛山脉的主峰,海拔2000多米,相传此山乃道教始祖李耳的归隐修炼所在，故而唐太宗敕封此山为老君山。老君山山势险峻、风景奇绝，又有道教圣地的尊称，是休闲度假的绝佳去处。

- 💰 100元
- 🕐 7：00—23：55
- 🚌 洛阳北郊机场—老君山（自驾）
洛阳北郊机场—王城大道快速路—洛栾高速—鸾州大道—老君山
全程约157千米

洛阳老君山

卧龙谷景区 ★★★

卧龙谷景区位于洛阳市嵩县车村镇东部，因汉光武帝刘秀曾在此点兵而得名。景区内溪流淙淙、群峰巍峨，又有怪石云海、飞瀑幽潭，景色神奇秀丽。优美的自然风景加上神秘的历史传奇，使得景区有"豫西山水画廊"的美称。

- 💰 60元
- 🕐 7：00—19：00
- 🚌 洛阳北郊机场—卧龙谷景区（自驾）
洛阳北郊机场—洛栾高速—郑栾高速—卧龙谷景区
全程约204千米

黄河小浪底 ★★★★

小浪底景区以小浪底工程为中心，周围又有山水草木等生态景观。南岸黄鹿山为景区最高点，立于山顶，可俯瞰大坝雄貌，又能欣赏优美的自然风光，若能看到小浪底截流的画面，便会为其壮阔的景观而陶醉。小浪底集三峡之险与漓江之秀于一体，被誉为"小千岛湖"。

- 💰 旺季（4月1日至10月31日）60元；淡季（11月1日至03月31

日）40元
- 🕐 8：00—18：00
- 🚌 洛阳北郊机场—黄河小浪底（自驾）
洛阳北郊机场—机场路—S314—小浪底大道—小浪底二号路—黄河小浪底
全程约37千米

范仲淹墓 ★★★

范仲淹墓位于洛阳城伊川县万安山南侧，由前后两域组成，前域为范仲淹及其生母与长子之墓，后域是其余三子及后代之墓。墓园有数块石碑，其中神道碑十分珍贵。碑文记载了范仲淹的一生事迹，走近石碑，会感受到一股凌厉逼人的气势。

- 💰 10元
- 🕐 9：00—19：00
- 🚌 洛阳北郊机场—范仲淹墓（自驾）
洛阳北郊机场—王城大道快速路—S243—S238—范仲淹墓
全程约37千米

龙门石窟 ★★★★★

龙门石窟处于洛阳南郊的伊河两岸，是中国四大石窟之一。龙门石窟青山绿水、万象生辉，有着中国现存最多的窟龛，堪称一座佛教艺术的宝库。石窟内有潜溪寺、万佛洞、莲花洞等众多佛教景观。

- 💰 90元
- 🕐 8：00—18：00
- 🚌 洛阳北郊机场—龙门石窟（自驾）
洛阳北郊机场—王城大道快速路—南山大道—龙门大道—龙门石窟
全程约26千米

💡 龙门石窟
最佳旅游时间

喜欢热闹和牡丹的游客可以选择每年4月1日—5月10日的洛阳牡丹花会期间前往。不喜欢扎堆的游客可以选择秋季前往。这个时间段秋高气爽、景色优美，登山观赏龙门石窟是不错的选择。

门票优惠政策

免费：1.1米以下的儿童、70岁以上的老年人

半价票：1.1～1.4米的儿童、60～70岁的老年人

景区美食

龙门石窟景区离洛阳市区很近，游客游玩之后可以去市区品尝美食。洛阳的特色美食要数洛阳水

席。水席以汤菜为主，吃完一道会换下一道，犹如流水一样，因此得名为"水席"。

另外，洛阳的不翻汤也很出名，不要忘了品尝。

龙门石窟

重渡沟 ★★★★

相传汉光武帝刘秀遭王莽追杀，二渡伊水方才逃脱，故而刘秀在成就帝业后赐名此地重渡沟。重渡沟有三大奇景：金鸡河风光秀丽，又有诸多文化遗迹；滴翠河内绿竹成荫；水帘仙宫景点精彩纷呈，仙宫瀑布缓缓倾泻。

- 💰 120元，学生半价
- 🕐 全天
- 🚌 洛阳北郊机场—重渡沟（自驾）
洛阳北郊机场—王城大道快速路—洛栾高速—潭卢线—重渡沟
全程约148千米

洛阳重渡沟阶梯

💡 购物洛阳

洛阳市区不大，但购物环境不错，各大购物广场商品众多，经销有各种世界名牌及国货精品，而且娱乐和食宿设施也很齐备。洛阳最大的购物中心当属位于中州中路与解放路交叉口的新都汇商城，商城内不仅有国内外的名牌专卖店，还有美食城及众多的休闲娱乐设施，是购物休闲的好去处。

洛阳古都历史悠久，当地的传统工艺品和土特产也是琳琅满目，享誉海内外的唐三彩产地就在洛阳。还有洛绣、洛宁竹帘和洛阳宫灯也是非常精美的工艺品。洛阳的灵芝、木耳、孟津梨等土特产遍布洛阳各地。

黄河小浪底工程

王城公园 ★★★ 📷 🏛

王城公园，坐落在洛阳市中州路北侧，洛阳博物馆西的东周王城遗址上。地跨涧河两岸，中间仿玉拱桥相连，占地约0.72平方千米，是全国目前仅有的遗址公园，公园大门为仿古建筑，古朴典雅，园内东部有牡丹亭、人工湖、动物园等游乐设施，西部则是历史文化游览区，区内多古风建筑。王城公园是洛阳观光、文化交流、休闲娱乐的去处。

💰 公园免费；牡丹会：节假日30元，工作日20元；动物园15元
🕐 6：30—20：00
🚌 洛阳北郊机场—王城公园（自驾）
洛阳北郊机场—王城大道—王城大道快速路—王城公园
全程约10千米

王城公园

藏梅寺 ★★★★ 🏛 🌐

藏梅寺原名"白云寺"，峰峦拱秀，溪流萦回，林木葱郁，幽静秀美，因背靠白云山而得名。藏梅寺历史悠久，早在隋代就已存在，唐末黄巢将其修缮后规模更宏大，至今香火鼎盛。寺院有4层院落，最大的是第一层的四大天王殿，殿前东侧有黄巢像，披坚执锐，气势非凡。

💰 20元
🕐 全天
🚌 洛阳北郊机场—藏梅寺（自驾）
洛阳北郊机场—连霍高速—连共线—藏梅寺
全程约60千米

汉光武帝原陵

★★★ 🏛 🌐 📷

汉光武帝原陵在洛阳孟津县西南，又称"汉陵"，是东汉开国君王刘秀的陵墓所在。陵园南靠邙山，北望黄河，分祠院和陵园两部分，墓家居陵园之中，西侧为光武祠院，由众多的汉代建筑构成。陵园还有大量的千年古柏，高耸通天，蓊然肃穆，好一处苍郁幽谧的风光。

💰 30元
🕐 8：00—19：30
🚌 洛阳北郊机场—汉光武帝原陵（自驾）
洛阳北郊机场—洛吉快速路—S314—会小线—汉光武帝原陵
全程约30千米

汉陵

龙马负图寺 ★★ 🏛 🌐 📷

龙马负图寺坐落在洛阳孟津县会盟镇雷河村，是中华民族的人文始祖伏羲氏的祭祀地，又是河图洛书中"河图"的发现地，也是易学文化的发源地。该寺北临黄河，南依邙山，寺前紧邻图河故道，规模宏伟，供殿巍峨，山门峻拔，前有崇邙横卧，后有大河奔涌。登临邙山鸟瞰寺院，天地之正气，河山之灵秀，可一眼尽收。今日寺内香火鼎盛，寺外车水马龙，吸引了众多海内外华人到此寻根朝圣。

💰 10元
🕐 夏季7：00—18：30
冬季8：00—18：00
🚌 洛阳北郊机场—龙马负图寺（自驾）
洛阳北郊机场—洛吉快速路—S314—会小线—龙马负图寺
全程约32千米

龙马负图寺

↙ 吃在洛阳

洛阳餐饮历史久远，花样众多。有被称作"金枝玉叶"的宫廷美食——洛阳燕菜；有老百姓十分喜爱的鲤鱼跳龙门；有历史长达2000年的长寿鱼；还有最近几年声名鹊起的张记烧鸡。

洛阳百姓喜欢喝汤，故而洛阳饮食中的一大特色就是汤水多，洛阳的风味小吃中以汤类最多。像胡辣汤、牛肉汤、不翻汤等，在洛阳街头的小吃店内随处可见。

牛肉汤

🍴 **真不同饭店**
游客评价：摆盘十分精美，据说武则天吃过水席头道菜都赞不绝口
📞 0379-63952609
📍 洛阳市中州东路393号

🍴 **如一坊豆捞**
游客评价：分量很足，高钙羊肉入口超爽
📞 0379-64613333
📍 洛阳市周山路洛阳海关东侧

🍴 **雅香楼面点王**
游客评价：各类小吃应有尽有，花甲米线超好吃
📞 15896683024
📍 洛阳市涧西区安徽路4号

🍴 **洛阳水席园**
游客评价：汤水饭，吸满了汤汁还有花胶鸡的颜色和口感，太赞了
📞 0379-66998888
📍 洛阳市涧西区天津路轴承厂俱乐部北侧

🍴 **花雕醉鸡（北大街义勇街店）**
游客评价：鸡很入味，又嫩又香，松花蛋也好吃
📞 15136130840
📍 洛阳市义勇东街67号

🍴 **南关小碗牛肉汤**
游客评价：牛肉汤是老陈汤，很浓郁，油旋饼香脆
📞 13633883983
📍 洛阳市老城浦街道凤化街银鑫锦绣港湾北100米

🍴 **小街天府**
游客评价：糍粑一定要尝，炸出后外脆面糯，红糖水浓稠，非常正宗
📞 18838815502
📍 洛阳市西工小街与人民东路交叉口向东90米

↳ 住在洛阳

平价型

洛阳居家旅馆
- 洛阳市涧西区郑州路龙南D区7-6-702
- 15837906577

君澜商务酒店
- 洛阳市华夏路解放军989医院西100米路南
- 0379-63080666

君凯精品酒店
- 洛阳市道南路81号新洛阳大厦13-18号
- 0379-63391666

花木深假日酒店
- 洛阳市九都路168号
- 0379-65167799

享受型

洛阳钼都利豪国际饭店
- 洛阳市开元大道中段
- 0379-65979999

洛阳克丽司汀酒店
- 洛阳市西工区解放路56号
- 0379-63266666

洛阳东山宾馆
- 洛阳市龙门石窟风景区迎宾大道1号
- 0379-64686002

洛阳华阳广场国际大饭店
- 洛阳市辽宁路1号
- 0379-65588888

开封

| 区号：0378 |
| 邮编：475000 |
| 面积：6266平方千米 |
| 人口：482.40万人 |
| 著名景点：大相国寺、龙亭、清明上河园、开封府等 |

开封是河南著名的旅游城市，它有着悠久的历史和深厚的文化积淀，有"七朝都会""十朝古都"之称。文化名城、大宋故都、菊城等美名使得开封远近闻名。

在历史上开封就是有名的繁华都会。北宋时期，作为都城的开封是当时世界上面积最大、人口最多、经济文化最繁荣的城市。开封现存的清明上河园就再现了当时的繁华。

作为古城，开封的名胜古迹遍布市县，今天依然可以找寻到当初的城市面貌。清明上河园、宋都御街、大相国寺、包公祠、开封府等景点古朴风雅，包公湖、龙亭湖等微波荡漾，这些景观与悠久的古城墙交相辉映，不禁让人有穿越历史的感叹。

↳ 游在开封

大相国寺 ★★★★

大相国寺在开封市自由路西段，始建于南北朝北齐时期，本名建国寺，唐朝时改名大相国寺。相国寺在北宋时达到鼎盛，成为北宋的佛教中心。鲁智深倒拔的那棵垂杨柳就是相国寺的。寺院历史上曾多次遭到损毁，目前有大雄宝殿、藏经楼、天王殿等古迹。

$ 40元

⏰ 8：00—18：30

🚍 郑州新郑国际机场—大相国寺（自驾）
郑州新郑国际机场—京港澳高速—郑民高速—自由路西段—大相国寺
全程约73千米

💡 大相国寺

最佳旅游时间

开封地处中原地区，四季分明，四季皆可前往旅游。金秋十月，菊城开封百菊盛开，一年一度的菊展和水陆法会都将开幕，这个时节旅游将会有不同的感受。另外，春节后的元宵时节，大相国寺都要举行元宵灯会，各种鼓响灯炽，火树银花，富有特色的文娱活动，古老的寺院将会热闹非凡。

交通提示

开封火车站离大相国寺很近，车程大约2.5千米，游客可以乘坐出租车前往，非常方便。另外火车站前往大相国寺的公交也有不少，游客也可以乘坐。

需要注意的是，游客乘坐车辆的时候最好乘坐正规车辆，尽量避免坐

大相国寺

一些私人的三轮车。如果车辆紧缺，需要乘坐三轮车，最好先讲好价钱再坐。

景区美食

大相国寺在开封市区内，周围有各种小吃和美食可供游客品尝。

开封府 ★★★★

开封府在开封市包公湖东湖北岸，气势宏伟、巍峨壮观，与位于包公湖西湖的包公祠相呼应。开封府依照北宋《营造法式》所建，有议事厅、梅花堂等50余处殿堂，府内还陈列着大量珍贵史料，以及"包公断案""喷火变脸"等多种表演活动，能深切地体会到纯粹正宗的大宋文化和包公精神。

- 💰 65元，学生32元
- 🕐 7:30—19:00
- 🚗 郑州新郑国际机场—开封府（自驾）
郑州新郑国际机场—京港澳高速—郑民高速—包公湖北路—开封府
全程约72千米

开封府

清明上河园 ★★★★★

清明上河园是以张择端的名画《清明上河图》为蓝本，真实再现了画上风貌景观的大型宋代民俗风情游乐园。景区内古建筑鳞次栉比，又有音律萦绕、锣鼓阵阵，置身其中，令人惊叹之余，仿佛有一种穿越时空之感。

- 💰 120元
- 🕐 9:00—22:00
- 🚗 郑州新郑国际机场—清明上河园（自驾）
郑州新郑国际机场—京港澳高速—郑民高速—内顺城路—清明上河园
全程约74千米

清明上河园

宋都御街 ★★★

宋都御街在20世纪80年代末建成，是一条仿宋古街。史书记载，北宋都城东京经济发达，其中最繁华的一条街道就是御街。御街南起新街口，北到午朝门，街道两侧楼宇对称，商铺鳞次栉比，皆有史有据。整个街道古色古香，漫步街上，令人不禁对古时东京城的繁华产生无限遐想。

- 💰 免费
- 🕐 全天
- 🚗 郑州新郑国际机场—宋都御街（自驾）
郑州新郑国际机场—京港澳高速—郑民高速—宋都御街—宋都御街
全程约76千米

朱仙镇 ★★★

朱仙镇位于开封市西南，这里自古就是水陆交通要塞和重要商埠，早在明清时就与广东的佛山镇、江西的景德镇、湖北的汉口镇，并称为全国四大名镇。镇上人文景观很多，有关帝庙、清真寺、古开封城遗址、岳飞点将台等，更有为纪念朱仙镇大捷而建造的闻名全国的岳飞庙。

- 💰 免费，岳飞庙20元
- 🕐 全天
- 🚗 郑州新郑国际机场—朱仙镇（自驾）
郑州新郑国际机场—郑民高速—开港大道—政府大街—朱仙镇
全程约71千米

山陕甘会馆 ★★★

山陕甘会馆位于开封市徐府街，始建于清乾隆年间，由当时居住在开封的晋、陕、甘三省的富商合资筹建，此后成为旅汴同乡聚会之所，故又被称为"同乡会馆"。会馆拥有着悠久的历史，一直传承着儒商精神，今存主要建筑是关帝庙。

- 💰 25元
- 🕐 9:00—16:00
- 🚗 郑州新郑国际机场—山陕甘会馆（自驾）
郑州新郑国际机场—京港澳高速—郑民高速—徐府街—山陕甘会馆
全程约73千米

天波杨府 ★★★

天波杨府是北宋名将杨业的府第，府第建筑秩序井然，由东院、西院和中院三部分组成。中院是杨家府衙，内有杨家众将的雕塑及祭奠杨家将的孝严祠。东院是校场，西边院落是杨家的花园。府第景观古朴、温馨，这里是瞻仰传奇的杨家将以及感受其爱国精神的去处。

- 💰 30元
- 🕐 7:30—18:00
- 🚗 郑州新郑国际机场—天波杨府（自驾）
郑州新郑国际机场—京港澳高速—郑民高速—龙亭北路—天波杨府
全程约75千米

天波杨府

包公祠 ★★★★

包公祠位于开封包公湖西湖之畔，是为纪念清正廉明、刚直不阿的包拯而建。包公祠建筑古朴、庄严肃穆，东侧有灵石苑，古雅别致。祠堂内有龙头铡、虎头铡、狗头铡以及包公断案蜡像等。

- 💰 30元
- 🕐 7:00—19:00
- 🚗 郑州新郑国际机场—包公祠（自驾）
郑州新郑国际机场—京港澳高速—郑民高速—向阳路—包公祠
全程约73千米

包公祠

💡 包公祠

自驾游交通提示

郑州到开封：

从郑州市进入郑开大道，可以一直到达开封，交通非常便利。郑开大道全长将近40千米，从郑州开车到开封也就是30分钟左右。

洛阳到开封：

开元大道—市府西街—三门峡/郑州出口—二广高速—洛开高速—开封/S219出口—开封金明大

道—开封市区。

温馨提醒

景区环境舒适，有涉外餐厅、停车场、高档卫生间、中央音响和影视系统、大型冷暖空调等。如果游客对环境不熟悉或者遇到什么疑问，可以到游客服务中心咨询。那里可为游客提供餐饮、购物、停车、免费讲解和咨询，还可以为游客做免费行李寄存等多种优质服务。

龙亭公园 ★★★★

龙亭公园包括龙亭、两侧的潘湖和杨湖，以及其后的假山花园。龙亭坐南朝北，雄踞基石之上，是公园的中心景观。龙亭四周绕有石栏，游人多于石栏前眺望古城风景。潘湖和杨湖相传在古时分别是潘仁美和杨业的府邸，两湖之下，埋葬了几代皇朝的宫殿遗址，形成了举世无双的湖底宫殿。龙亭公园，以其独特的皇家宫殿群和园林景观一直吸引着海内外的游客前来观赏。

💰 50 元
🕐 夏：8:30—18:30
  冬：9:00—16:00
🚌 开封—龙亭公园（自驾）
开封—晋安路—大梁路—龙亭北路—龙亭公园
全程约 6 千米

龙亭公园

💡 **购物开封**

开封商业点比较分散，全市有着几百个集贸市场，主要的商业街有书店街、鼓楼街及寺后街。

开封的特产很多，土特产有花生糕、包公豆、沙家酱牛肉等，最出名的当然是人见人爱的开封小笼包了。工艺品中，汴绣和木版年画深受旅客青睐。汴绣又称宋绣，产生于北宋，中国名绣之一。汴绣在古时多绣制山水花鸟，近年来又增添了为各国名人政客绣制肖像。绣制的作品形象逼真、立体感强，深受人们喜爱。木版年画原产于开封朱仙镇，北宋时期已经很流行了，其后越发繁盛。年画风格粗犷豪迈，造型夸张。品类众多，有武门神、神像图等。

↘ 吃在开封

开封饮食文化源远流长，是豫菜的发源地，独特的汴州风味也是豫菜中的代表。开封的美食很多，深受游客喜爱的有鲤鱼焙面等。开封的风味小吃也不少，有小笼包、杏仁茶、八宝饭等，各具美味。

说到开封餐饮，就不能不提鼓楼夜市。鼓楼夜市历史悠长，北宋时形成，并且一直延续至今。这里分布着众多的小吃摊铺，小吃各式各样、风味俱全，不仅有本地的特产，还汇集了全国各地的名吃，鼓楼南边有很多清真风味的小吃。

八宝饭

🍲 **稻香居**
游客评价：老字号餐厅，菜品很棒，烧鸡、锅贴还有井韭黄肉都很好吃
📞 0378-2884603
📍 开封市龙亭区宋都御街

🍲 **赵家名吃四味烩菜**
游客评价：烩菜汤鲜味美
📞 15637891664
📍 开封市清平南北街 3 号

🍲 **第一楼**
游客评价：灌汤包一笼 10 个，汤汁很足
📞 0371-25998655
📍 开封市寺后街 8 号

🍲 **凤凰餐厅**
游客评价：生意很好，所以上菜有点慢，但菜的味道真的很不错
📞 0371-22959252
📍 开封市鼓楼区卧龙街 8 号

🍲 **兴盛德花生老店**
游客评价：传统的点心铺子，花生糕太香了
📞 15903781918
📍 开封市中山路北段与西小阁街交叉口旁

🍲 **又一新饭店**
游客评价：河南菜，套四宝值得品尝
📞 0371-22282999
📍 开封市鼓楼区寺后街 23 号

🍲 **化三驴肉汤馆（总店）**
游客评价：丸子酥香，饼泡在汤中，吸足了汤汁
📞 0371-28888886
📍 开封市金耀路首座时代

↘ 住在开封

平价型	享受型
栀子·怡品酒店（鼓楼广场店） 📍 开封市鼓楼街 46 号 📞 0371-28888588	开封开元名都大酒店 📍 开封市郑开大道东 1 号 📞 0371-23716668/23716568
速 8 酒店（开封大梁门清明上河园店） 📍 开封市板桥街 88 号 📞 0371-23657888	开封中州国际饭店 📍 开封市大梁路 121 号 📞 0371-22218888
汉庭（开封鼓楼店） 📍 开封市中山路与寺后街交叉口东 100 米 📞 0371-25956969	开封建业铂尔曼酒店 📍 开封市龙亭北路 16 号 📞 0371-23589999
君怡酒店 📍 开封市宋城路 81 号 📞 0371-23866688	开封大宏喜来登酒店 📍 开封市一大街 9 号 📞 0371-22586666

其他地区

除了郑州、洛阳、开封外,河南的其他地方经济发展也很快,有很多值得旅游参观的地方。

例如甲骨文故乡、位列中国八大古都之一的安阳,是中国的历史文化名城、国家园林城市。那里的中国文字博物馆、曹操高陵、红旗渠等是有名的旅游胜地。还有享有"卧龙之地""千年玉都""南都帝乡""五圣故里""中华药都"之美誉的南阳,魅力的自然山水、厚重的历史文化积淀都成为南阳著名的旅游资源。

现在的南阳有国家4A级景区8处,还有国家重点风景名胜区和世界地质公园。其丹江水库是亚洲第一人工淡水湖,恐龙蛋化石被称为"世界第九大奇迹",这些风景名胜也吸引了众多游客前来参观。

> 安阳
> **著名景点**:殷墟、中国文字博物馆、岳飞庙、红旗渠、曹操高陵、林虑山等
> 南阳
> **著名景点**:卧龙岗、内乡县衙、西峡恐龙遗迹园、香严寺、内乡宝天曼等

↘ 游在"其他地区"

安阳殷墟遗址 ★★★★★

殷墟是商代晚期的都城遗址,横跨市区洹水两岸,今存遗迹有宫殿宗庙区、王陵区、家族墓地群、甲骨窖穴、铸铜遗址等,是中国第一个有文献可考并被发掘证实的古代都城遗址,在世界文化遗产上地位超然。来安阳旅游,殷墟遗址绝不能错过。

💰 70元
🕗 8:00—18:00,冬季提前至17:30
🚌 郑州新郑国际机场—安阳殷墟遗址(自驾)
郑州新郑国际机场—京港澳高速—人民大道—安钢大道—安阳殷墟遗址
全程约206千米

殷墟遗址

💡 安阳殷墟遗址
门票优惠政策
免费:1.4米以下儿童、70岁以上老人凭证件免费
半价:学生凭学生证、60~70岁的老人持老年证半价

交通提示
安阳火车站距离殷墟遗址不太远,大约4千米。游客可以乘坐出租车前往,出租车的起步价是5元,含2千米,从火车站到殷墟也就花费十几元钱。

主要景点
宫殿宗庙遗址、王陵遗址、祭祀场、M260展厅、王陵墓葬展、车马坑

💡 特产
除了郑州、洛阳之外,河南其他城市如南阳、信阳也有很多特产。安阳有道口烧鸡、老庙牛肉、空心挂面、内黄大枣等;鹤壁有缠丝鸭蛋和无核枣;新乡有蔬菜挂面、金银花茶、野酸枣、黑花生等;许昌有禹州钧瓷,这里还产烟草;平顶山有宝丰酒、汝阳刘毛笔;信阳有毛尖茶、固始柳编;南阳有玉雕、地毯;焦作有铁棍山药、闹汤驴肉;济源有野蜂蜜等;商丘有民权白葡萄酒、永城枣干等。

安阳羑里城 ★★★★

羑里城位于安阳市汤阴县以北,它是世界上现存最早的监狱,是拘禁周文王的地方,它也是神秘莫测的周易文化的发源地。羑里城文化博大深厚,有文王庙、御碑、吐儿冢等多处极具历史价值的景观。

💰 40元
🕗 夏季8:00—18:00,冬季8:00—17:30
🚌 郑州新郑国际机场—安阳羑里城(自驾)
郑州新郑国际机场—京港澳高速—人民大道—文王路—安阳羑里城
全程约182千米

中国文字博物馆

★★★ 🌐 📷

中国文字博物馆位于安阳市文峰区人民路,这是一座将现代风格与殷商宫廷风韵相结合的建筑群。博物馆内金碧辉煌、典雅高贵,以其丰富翔实的资料和高科技手段向世人展示了中华民族的汉字文化。这里是中国有名的文字科普中心。

💰 免费,须持有效身份证才能领票
🕐 9:00—17:00
🚌 郑州新郑国际机场—中国文字博物馆(自驾)
郑州新郑国际机场—迎宾大道—京港澳高速—人民大道—中国文字博物馆
全程约 199 千米

中国文字博物馆

鹤壁云梦山

★★★★ 📷 🌐

鹤壁淇县与新乡卫辉市交界处有一山,名曰云梦山。云梦山峰峦突起,云蒸霞蔚,气象万千,相传这里曾是战国名士鬼谷子隐居之处,孙膑、庞涓皆由此出山。景区不仅风光壮美,更具深厚的文化内涵,有南天门、庞涓洞、鬼谷等多处景点。

💰 75 元
🕐 9:00—17:30
🚌 郑州新郑国际机场—鹤壁云梦山(自驾)
郑州新郑国际机场—京港澳高速—云梦大道—工业路—高云线—鹤壁云梦山
全程约 152 千米

鹤壁云梦山

丹江小三峡

★★★★ 📷

丹江中游上下蜿蜒20余千米,有三峡:云岭峡、太白峡、雁口峡,这里被称作是丹江小三峡。云岭峡为入口峡,两岸松柏苍郁,远远望去,如白云簇簇。太白峡地势奇险,据说李白曾游玩到此,故得此名。雁口峡为江水出口,小三峡如一条美丽的青丝带,飘荡于险山峻岭之中。这里山清水秀,风景如画,令人流连忘返。

💰 50 元
🕐 全天
🚌 郑州新郑国际机场—丹江小三峡(自驾)
郑州新郑国际机场—京港澳高速—兰南高速—桐小线—丹江小三峡
全程约 380 千米

新乡八里沟景区

★★★★★ 📷 🌐

八里沟景区风光质朴、原始天然,这里奇峰千仞、飞瀑冲涧、林木葱郁、万籁争鸣,可谓奇险幽秀,荟萃了太行山风光之精华。主要景点有红石河、观音洞、珍珠泉、大瀑布等,是休闲度假的温馨场所。

💰 60 元
🕐 8:00—17:00
🚌 郑州新郑国际机场—新乡八里沟景区(自驾)
郑州新郑国际机场—京港澳高速—菏宝高速—辉上线—新乡八里沟景区
全程约 160 千米

新乡八里沟

花洲书院

★★★★ 🌐 📷

花洲书院位于南阳市邓州市人民东路,是由北宋著名思想家、政治家范仲淹任邓州知州时所建。书院现存建筑有状元桥、泮池,为书院独有特色。书院西侧有范公祠和名人馆,东侧有百花洲。整座建筑具有典型的书院园林风格。相传范仲淹就是在书院内写出了名传千古的《岳阳楼记》。

💰 30 元
🕐 冬季:8:00—17:30
夏季:8:00—18:00
🚌 郑州新郑国际机场—花洲书院(自驾)
郑州新郑国际机场—京港澳高速—兰南高速—人民路—花洲书院
全程约 318 千米

焦作云台山

★★★★★ 🌐 📷

焦作云台山位于焦作修武县境内,由于其"岩溶地貌""魅力山水",被联合国教科文卫组织列为世界地质公园。云台山景区面积约240多平方千米,有泉瀑峡、潭瀑峡、红石峡、茱萸峰、子房湖、万善寺、百家岩、叠彩洞、猕猴谷等众多景点。景区内奇峰秀岭连绵不断,最高峰茱萸峰海拔1308米,其景致蔚为壮观。

💰 120 元
🕐 6:30—18:30
🚌 郑州新郑国际机场—焦作云台山(自驾)
郑州新郑国际机场—京港澳高速—晋新高速—S306—焦作云台山
全程约 135 千米

嵖岈山

★★★★★ 📷 ⛰

嵖岈山地质结构丰富多彩,景区内奇石满布,浑然天成,其中就有名传中外的天下第一石猴、定海神针等。嵖岈山的峰峦突兀巍峨、犬牙交错,乃是一大奇观,嵖岈山的山洞更是幽邃莫测,千变万化,是探险猎奇的好去处。

💰 65 元
🕐 8:00—17:00
🚌 郑州新郑国际机场—嵖岈山(自驾)
郑州新郑国际机场—京港澳高速—X022—遂嵖路—嵖岈山
全程约 200 千米

嵖岈山

南阳武侯祠

★★★★

南阳武侯祠位于城西卧龙岗上，这里是诸葛亮未出茅庐时居住躬耕的地方。祠堂内苍松翠柏、万木争荣，大拜殿是祠堂最宏大的建筑，殿内有武侯像，羽扇纶巾，飘逸若仙，两侧为其子孙像。大殿其后便是古色素朴的诸葛庐了。草庐之外，又有古柏亭、宁远楼等景点。这里处处清幽，景景绝俗，乃是南阳久负盛名的人文景观之一。

60 元，学生半价

8：00—18：00

郑州新郑国际机场—南阳武侯祠（自驾）

郑州新郑国际机场—京港澳高速—兰南高速—卧龙路—南阳武侯祠
全程约 252 千米

新乡比干庙

★★★★

比干庙是一座庙墓合一的建筑，庙宇宏伟开敞，古朴壮观。那里不仅有被称作"天下第一墓"的比干墓，也有历朝历代所立的碑碣，有迄今仅有的孔子真迹碑，还有伴随比干墓千年的奇树——开心柏。

40 元

8：30—17：00

郑州新郑国际机场—新乡比干庙（自驾）

郑州新郑国际机场—京港澳高速—建设路—比干大道—新乡比干庙
全程约 120 千米

信阳鸡公山风景区

★★★★

鸡公山风景区位于河南省信阳市境内，景区风光独具特色，有八大自然景观：云海、雨凇、异国花草、佛光、奇峰怪石、瀑布流泉、雾凇、霞光。报晓峰亦名鸡公头、鸡头石，它是鸡公山的主景之一，因为酷似一只引颈啼鸣的雄鸡而得名，海拔765米，登上峰顶，全山风貌一览无余，而且凉风阵阵，特别清爽。鸡公山山清水秀、泉阴林翠，气候十分舒爽，是一个绝佳的避暑休闲之处。

80 元

7：00—18：00

郑州新郑国际机场—信阳鸡公山风景区（自驾）

郑州新郑国际机场—京港澳高速—东双河桥—京港线—信阳鸡公山风景区
全程约 325 千米

南阳武侯祠

鸡公山

东北地区

黑龙江—吉林—辽宁

黑龙江

区号：	0451—0469
省会：	哈尔滨
面积：	47.3万平方千米
人口：	3185.01万人
方言：	黑龙江话、东北话
著名景点：	北极村、漠河地质公园、呼玛河自然保护区等

概况

黑龙江省的地形大多以山地和平原为主，也有台地和水系。大兴安岭和小兴安岭分别盘踞在西部和北部地区，长白山系的一部分则占据了东南部地区，丰富的山脉资源中适合建造滑雪场的地方达100多处；河流冲刷出的三江平原、松嫩平原是我国最大的平原——东北平原的一部分；而发源于长白山的松花江贯穿黑龙江全省，并经过省会哈尔滨，造就了美丽的太阳岛，还有兴凯湖、镜泊湖等风景宜人的湖泊。

黑龙江省位于中国最东北，是我国纬度最高的省份，最北部的漠河在北纬53度的位置。因此，黑龙江省的冬季十分寒冷而漫长，长达7个月之久。早在9月份，其他省份刚刚迈进金秋时节，黑龙江省的大部分地区就已经受到西伯利亚寒流的影响，气温急剧下降，省内的平原地区还会飘起白雪。真可谓"北国风光，千里冰封，万里雪飘"，独特的气候也给黑龙江省带来了独特的景观，哈尔滨的冰雕、松花江的雾凇等，都是人们向往的美景。

另外，黑龙江省的生物多样性保存非常完好，其独特的地貌造就的五大连池火山景观，矿产资源也非常丰富，具有很高的开发潜质。

线路1
伊春—镜泊湖—五大连池—哈尔滨—漠河

线路2
牡丹江—绥芬河—伊春—齐齐哈尔

帽儿山高山滑雪场

名菜

黑龙江的菜肴吸收了京鲁和西餐的烹调技术，以"奇、鲜、清、补"为主要特点。具有代表性的就是有龙江四珍之称的兰花熊掌、红烧犴鼻、白扒猴头、飞龙汤，还有白松大马哈鱼、清炖鲫鱼、松子方肉等也是驰名天下的菜肴。

兰花熊掌：原料采用熊掌为原料，肉质肥厚而酥烂，却不油腻；在油菜心上点上虾茸制作成兰花的形状，造型十分别致。整道菜者荤素皆有，清淡素雅，可以祛风除湿，补气养血，具有很好的养生功效。

红烧犴鼻：犴鼻在这里指的是驼鹿的鼻子，也叫作猩唇，是珍贵的补品。此道菜肴采用水发犴鼻为原料，佐以鸡蛋、鸡脯肉等配料，色泽鲜亮，造型美观，具有很丰富的营养。

白扒猴头：猴头，又被叫作猴头菌、刺猬菌等，它生长在深山老林中树木的干枯部位，喜欢低温的环境。猴头菌有很多中药效用，它可以帮助消化，以猴头菌为原料制造的药物对治疗胃部疾病有着很好的疗效，另外，它还可以起到增强人体的抗癌能力的效果。白扒猴头汁浓味美，口感鲜嫩，白绿相间的颜色更让人眼前一亮，是菜中的珍品。

飞龙汤：飞龙指的是生长在大兴安岭中的一种动物——榛鸡，将其脱毛、去除内脏，煮熟之后就是飞龙汤。这味汤中不需要放任何调料，保持它的原汁原味，味道也依然鲜美。飞龙汤汤清见底，汤中有红色、白色、绿色和黑色相间，其肉质鲜美，具有很高的营养价值。

↘ 交通

飞机

▍大庆萨尔图机场

📞 0459-6628666

📍 大庆市萨尔图区大广高速与绥满高速交叉口往东约800米

💡 **机场交通**：机场大巴：票价15元，沿途只停靠一站；从大庆火车站到机场，中途在大庆宾馆停靠一站；从机场到大庆火车站，在中林街附近的桥西公交站停靠一站。

▍齐齐哈尔国际机场

📞 0452-2393727

📍 齐齐哈尔市大民屯机场路

💡 **机场交通**：机场距离市中心13千米，可乘坐出租车前往。需要注意的是，乘坐出租车的时候最好乘坐正规车辆。

▍佳木斯东郊机场

📞 0454-8330148

📍 佳木斯市长安路往东约1.8千米

💡 **机场交通**：机场大巴：票价8元，十几分钟就可到达市区。机场方面会根据航班情况发车。

▍黑河机场

📞 0456-8222595

📍 黑河市爱辉区新林街110号

💡 **机场交通**：机场大巴：黑河瑷珲机场旅客巴士途经黑河游客中心一楼（黑河站对面）和兴林街110号（原民航售票处），需停靠黑河市区内其他地点可与大巴司机沟通。

▍牡丹江海浪国际机场

📞 0453-6651666

📍 牡丹江市八面通街与机场路交叉口往北约600米

💡 **机场交通**：机场大巴：牡丹江海浪国际机场有一条机场巴士线，从牡丹江海浪国际机场发车经停民航机场、西三条路、火车站、民航售票处等站点；从牡丹江市内发车经停民航售票处、民航机场等站点；单程票价10元。

哈尔滨

1号线
哈尔滨东站—新疆大街
（6:00—21:30 最高票价5元）
2号线（在建）
气象台—松北大学城
3号线
哈尔滨西站—医大二院
（6:00—21:30 最高票价2元）

齐齐哈尔国际机场

哈尔滨

哈尔滨是东北的第二大城市，也是黑龙江省的省会。是东北地区重要的政治、文化和交通中心，被誉为"欧亚大陆桥的明珠"。哈尔滨优越的地理位置也使得其成为东北第一大内河港口，是重要的交通枢纽。种种优势使得哈尔滨成为中国重要的历史名城和有文化价值的旅游城市。

哈尔滨的冬季很长，气候非常寒冷，最低气温将近-30℃。夏季则非常短暂，凉爽舒服，是避暑的重要胜地。因为天气原因，哈尔滨形成了独特的冬季景观，被誉为"冰夏之都""东方小巴黎"等。毛泽东主席到过哈尔滨后，曾公开称赞哈尔滨为"共和国长子"。2012年，哈尔滨被评为"中国旅游业最发达城市"。

区号：0451
邮编：150000
面积：53100平方千米
人口：1000.99万人
著名景点：太阳岛、中央大街、冰雪大世界、俄罗斯风情园等

两日游

东北虎林园—太阳岛公园—中央大街—圣·索菲亚大教堂—火山口原始森林—极乐寺

游在哈尔滨

中央大街 ★★★★

中央大街是哈尔滨著名的步行街，也是目前为止全亚洲最大、最长的步行街，建成的时候叫作"中国大街"，后改名为"中央大街"并沿袭至今。虽然它不是哈尔滨市最长的一条街，但它的建筑风格却涵盖了西方建筑史上影响最深远的四大建筑风格：文艺复兴式建筑、巴洛克式建筑、折中主义建筑和新艺术运动建筑。

全街建筑中包括欧式建筑75栋，其他各种风格的建筑13栋，它们将中央大街装饰成了一条展现建筑艺术的长廊。这里是哈尔滨市最繁华的商业街，被誉为"哈尔滨市第一街"。除了独特的建筑风格，这里精美商品的商厦，别致新颖的休闲小区，丰富多彩的文化生活，以及别有风情的夜晚景色，都给哈尔滨市注入了新鲜的活力。

💰 免费
🕐 全天开放
🚗 哈尔滨太平国际机场—中央大街（自驾）
哈尔滨太平国际机场—机场高速—城乡路高架—经纬街—中央大街
全程约37千米

中央大街

中央大街
街区设施

中央大街街区内停车非常方便，单停车场就有18个。街区安全设施也十分到位，有完善的监控中心，街区设置摄像头有30个，24小时不间断监控，确保游客安全和及时处理各种突发事故。

特色活动

在中央大街有各种各样的品牌活动，像狂欢节、婚庆节、购物节、服装文化节、文化节等各种活动，吸引着大批中外游客，展示着中央大街的独特魅力。

吃在大街

华梅西餐厅：此餐厅主要经营俄式大菜，还有法国和意大利等名菜。餐厅内装修风格独特，参照俄罗斯克里姆林宫风格，异常豪华气派。其特色菜品有奶油鸡脯、烤奶汁鳜鱼、苏波汤等。

武林饭庄

此饭庄是根据电视剧而设置的。无论衣着或者菜品都饱含武林风格，给人耳目一新的感觉。

哈尔滨极地馆 ★★★★

哈尔滨极地馆占地1.6万平方米，是世界上第一座极地演艺游乐园。极地馆是一座主题公园，其主题为"极地真生活"，集极地动物展示、极地景观欣赏、游客互动体验于一体，设置有南极企鹅岛、欢乐海狮王国、北极动物家园、鲸鱼湾等10个游客体验展览区。馆内的动物表演也是精彩绝伦，让人流连忘返。

💰 160元
🕐 9:00—17:00
🚗 哈尔滨太平国际机场—哈尔滨极地馆（自驾）
哈尔滨太平国际机场—机场高速—城乡路高架—天琴街—哈尔滨极地馆
全程约39千米

哈尔滨极地馆

太阳岛公园 ★★★

太阳岛公园位于松花江北岸,这里风景优美,松花江穿流而过,整个岛屿被水环绕着,水面上波光粼粼,岛屿上草木葱郁。著名的景点有:水阁云天、浴日台、东北抗联纪念园、冰雪艺术馆、红柳林、白桦林、松鼠岛等。夏季,这里气候宜人,百花齐放,堪称避暑胜地;冬季,这里银装素裹,千里冰封,能让您阅尽北国风光。

⑤ 免费
⏰ 8:00—18:00
🚌 哈尔滨太平国际机场—太阳岛公园(自驾)
哈尔滨太平国际机场—机场高速—城乡路高架—太阳大道—太阳岛公园
全程约 39 千米

太阳岛公园

圣·索菲亚大教堂 ★★★

圣·索菲亚大教堂是中国目前保存得最完好的拜占庭式建筑,高为 53.35 米,建筑面积约为 721 平方米,可容纳 2000 游客。圣·索菲亚大教堂前的广场上弥漫着音乐的旋律,鸽子起起落落,游人络绎不绝。景区内现代化的展览馆中展出了近千幅精美的图片,大型的城市沙盘仿佛在向人们讲述哈尔滨的历史、现状和未来。还有陶吧、影吧和旱冰场等年轻人喜爱的娱乐场所,以及啤酒广场、冷饮广场等有着"东方小巴黎"风采的场所。

⑤ 15 元

圣·索菲亚大教堂

⏰ 8:30—17:30
🚌 哈尔滨太平国际机场—圣·索菲亚大教堂(自驾)
哈尔滨太平国际机场—机场高速—城乡路高架—透笼街—圣·索菲亚大教堂
全程约 38 千米

冰灯游园会 ★★★★

哈尔滨的冬天,有气势恢宏的兆麟公园的冰灯游园会。它占地 6.5 公顷,冰景作品达 1500 余件,是闻名世界的冰雪旅游胜地。冰灯游园会从 1963 年开始创办,每年从 1 月份开始,艺术家们会用手中的工具灵巧地雕刻出惟妙惟肖的作品,高科技为其披上灯光的外衣,迷人的冰灯就这样展现在人们面前。直到 2 月末,这场盛大的展览才会结束,每一届都吸引着众多游客前来观看。

⑤ 免费
⏰ 每年 1 月初 2 月末:
日场 9:00—21:00;
夜场 16:00—21:30
🚌 哈尔滨太平国际机场—冰灯游园会(自驾)
哈尔滨太平国际机场—机场高速—哈双路—永丰大街—冰灯游园会
全程约 33 千米

冰灯游园会

东北虎林园 ★★★★

东北虎林园占地 144 万平方米,是世界上最大的东北虎饲养和繁育基地,也是我国规模最大、展出老虎数量最多的虎林园。东北虎林园里有世界珍稀动物白虎、雪虎、白狮、狮子和老虎的杂交后代狮虎兽、美洲虎、非洲狮等,内设驯化驯养区、成虎区、育成虎区、种虎区、狮虎区、非洲狮区、虎王区、幼虎区、步行区和观虎台等 10 多个景点,游客可以观察到 100 只以上东北虎的生活状态。

⑤ 成人票 90 元,观光车 20 元
⏰ 夏季 8:00—17:00,冬季 8:30—16:30

🚌 哈尔滨太平国际机场—东北虎林园(自驾)
哈尔滨太平国际机场—机场高速—阳明滩大桥—学子街—东北虎林园
全程约 45 千米

东北虎

哈尔滨文庙 ★★★

哈尔滨文庙始建于 1926 年,于 1929 年建成。占地 2.3 万平方米,建筑面积 4418 平方米,是我国东北地区最大的一座孔庙。文庙属于清代建筑风格,其结构为南北向三进院落:前院为首进院落,院内松柏围绕,有泮池如月,矗立着"三楼";中院为正殿,供奉着孔子和十二先贤的牌位,这里也是文庙的主体;后院为崇圣祠,1985 年在这里成立了黑龙江省民族博物馆,现在已经对外开放。

⑤ 免费开放
⏰ 8:00—17:00
🚌 哈尔滨太平国际机场—哈尔滨文庙(自驾)
哈尔滨太平国际机场—机场高速—城乡路高架—文庙街—哈尔滨文庙
全程约 43 千米

哈尔滨文庙

极乐寺 ★★★

极乐寺位于哈尔滨市南岗区东大直街 5 号,始建于 1921 年,占地 5.7 万平方米,是我国东北地区著名的四大佛教寺院之一。这里是佛教教徒们参拜的圣地,也是国内外游人参观的重地。

极乐寺坐北朝南,进门后是著名的钟鼓二楼,寺庙中庭横向分为主院、东跨院和西跨院三部分。其中，主院又分为四重大殿，东跨院内有著名的七级浮屠塔。极乐寺的建筑结构保留了我国寺院建筑的风格，整体布局也遵从寺院建筑的特点。每年农历四月初八、四月十八和四月二十八这里还会举行盛大的庙会，热闹非凡。

💰 10元
🕐 8：00—16：00，夏季延迟至16：30
🚌 哈尔滨太平国际机场—极乐寺（自驾）
哈尔滨太平国际机场—机场高速—城乡路高架—东大直街—极乐寺
全程约40千米

火山口原始森林景区：地下森林 ★★★★★

地下森林形成于大约10000年以前，火山的爆发造成了地势的低陷，形成了"地下森林"的奇特景观。当游人登上火山顶峰时，会发现脚下出现了一个个硕大的火山口，而在这些火山口下则生长着茂密的树木。在长约40千米的狭长地带上，大大小小的火山口一共有10个，直径都在400～500米，深度则在100～200米。

地下森林不仅风景奇特，还蕴含着丰富的动植物资源，名贵的木材和山珍随处可见。这里不仅吸引着成千上万的游人，还吸引着一些地理学家、历史学家、生物学家等各行各业的专家们前来进行科学研究。游人除了可以站在火山口俯视地下森林，还可以通过人造石径进入地下森林亲身体验，火山口底部暗藏着的火山溶洞也别有洞天，是到此不可错过的景观。

💰 50元
🕐 9：00—18：30
🚌 哈尔滨太平国际机场—地下森林（自驾）
哈尔滨太平国际机场—吉黑公路—珲乌高速—两二公路—图和线—地下森林
全程约578千米

冰雪大世界 ★★★★★

哈尔滨冰雪大世界，是哈尔滨市的一个以冰雕雪雕景观为主的主题公园。它集冰雪艺术和冰雪娱乐于一体，在当今世界上是规模最大、冰雪景观最多、冰雪娱乐最完备、夜景最优美的乐园。

主要景点有：表现和平主题的和平广场，体现城市景观特点的繁荣黑龙江，以北京颐和园为蓝本建立起来的冰雪版"颐和园"中华锦绣，以游乐活动为主的娱乐天地，遍布欧风建筑的欧陆风，突出中国古典园林气息的民族风等。

在这里，我们不仅能够欣赏到雄伟壮丽的冰雪奇观，还能够体验到在一个冰雪的世界中生活的乐趣，夜间璀璨艳丽、变化多端的灯火，让人恍如身在蓬莱仙阁。

💰 100元
🕐 11：00—22：00
🚌 哈尔滨太平国际机场—冰雪大世界（自驾）
哈尔滨太平国际机场—机场高速—城乡路高架—西区二路—冰雪大世界
全程约40千米

💡 冰雪大世界
交通指南

从哈尔滨市到冰雪大世界有专门的旅游车，旅游者可以在友谊路交叉路口乘车，也可以乘坐125路、119路、88路、126路公交到达。中央大街离冰雪大世界的距离也不远，游客可以游玩中央大街后乘坐出租车前往冰雪大世界，车费20—30元。

旅游提示

1. 游客在冰雪大世界可以玩的项目有很多，滑圈、滑雪、坐马车、滑滑梯等项目都非常有趣。另外还可以看到独特的雪狐，需要注意的是，与雪狐合照是需要花钱的，游客问清楚价钱后再与其合照。此外，这里并没有狗拉雪橇的项目，如果游客想体验狗拉雪橇的乐趣，需要到防洪纪念塔附近乘坐狗拉爬犁。

2. 游客进入景区之后，谨记保存好门票，里面很多项目都是需要验证门票的。还有一些项目，像滑雪是需要交纳100元押金才能体验，游玩之后要记得要回押金。

3. 冰雪大世界晚上的景色异常美丽，里面有大量美丽的冰灯。游客如果想欣赏夜景，最好不要去得太早，下午四五点钟到即可，玩到晚上刚好可以欣赏冰灯。喜欢拍照的游客要多带几块电池，以便轮换使用。另外由于气温低下，电池容易因受冷电量下降，要注意电池的保暖。还要注意多带一些擦镜纸，在气温低的情况下，镜头很容易结霜。

4. 南方游客到冰雪大世界，一定要注意多带些厚衣服，以便保暖。

俄罗斯风情园 ★★★★

俄罗斯风情园位于太阳岛的风景街，占地面积10万平方米。小镇里有27座俄罗斯风情浓郁的民宅掩映在缤纷的花草和绿树中，形成了独特的自然景观。这些民宅的建筑样式在全国的出现都比较早，它的俄罗斯民间格调即使在俄罗斯也极为少见。这种独特的景观为游客们提供了一个具有原汁原味的俄罗斯风貌的游览空间。

💰 20元
🕐 9：00—17：00
🚌 哈尔滨太平国际机场—俄罗斯风情园（自驾）
哈尔滨太平国际机场—机场高速—城乡路高架—临江街—俄罗斯风情园
全程约41千米

↘ 吃在哈尔滨

在哈尔滨，您可以吃到正宗的东北菜，比如地三鲜、小鸡炖蘑菇、猪肉炖粉条等，都是不可多得的美味。除此之外，这里的俄罗斯大餐也很正宗，俄罗斯的大列巴面包更是值得品尝的美味。

小鸡炖蘑菇

🍲 老江南村·中国龙菜

游客评价：酥皮大虾肉又香又脆，一口满足
📞 0451-82283111
📍 哈尔滨市美顺街1号1-4层

🍲 吴记酱骨炖菜馆（西大直街店）

游客评价：真的是一整根大骨棒，肉多味美
📞 0451-86347232
📍 哈尔滨市南岗区西大直街208号

🍲 华梅西餐厅

游客评价：环境还不错，味道较好
📞 0451-84619818
📍 哈尔滨市道里区中央大街112号

露西亚西餐厅(西头道街)
游客评价：黑椒土豆泥丝滑顺口
- 0451-84563207
- 哈尔滨市道里区西头道街57号

奇滋豆味(南十四道街店)
游客评价：烤鱼配料很多，鱼也新鲜
- 0451-82645888
- 哈尔滨市道外区南十四道街182号

↘ 住在哈尔滨

哈尔滨主要可分为商业金融中心区、高新技术开发区和文化教育中心区3个区，每个部分都有不错的酒店，前来旅游购物的人选择商业金融中心附近的酒店比较方便。不过文化教育中心区内有很多俄式建筑，也是一大特色。

平价型

哈尔滨际丰假日酒店
- 哈尔滨市道里区西二道街27号
- 0451-87099703

国力时尚快捷宾馆
- 哈尔滨市南开街3号
- 0451-82057555

赫室主题宾馆
- 哈尔滨市工农大街109号
- 0451-88888768

凯旋时代公馆
- 哈尔滨市哈平路2-3号凯旋广场B座门市
- 0451-89353777

享受型

哈尔滨索菲特大酒店
- 哈尔滨市香坊区赣水路68号
- 0451-82336888

哈尔滨香格里拉大酒店
- 哈尔滨市道里区友谊路555号
- 0451-84858888

哈尔滨富力万达嘉华酒店
- 哈尔滨中兴大道158号
- 0451-87878888

哈尔滨JW万豪酒店
- 哈尔滨市创新一路199号
- 0451-58777777

↘ 购物哈尔滨

哈尔滨国际皮草城
位于上海路99号，分为上下两层，商城中的商品全都明码标价，质量较有保证。

秋林大列巴制作技艺展馆
秋林牌糕点有中式和西式两种，西式糕点中的奶油蛋糕和奶油修古丽姆在国内是首创，味道鲜美独特。

哈尔滨亚麻购物广场
这里经营亚麻类商品，如床上织物、针织物、装饰用品以及亚麻服装等，国内外众多的亚麻品牌在这里都有销售。

百盛购物中心
百盛购物中心算比较低档的商场，商品经常会有打折，一楼的鞋子价格合理，但只适合30岁以上的人穿，顶楼的羽绒服冬天会有打折促销活动。

远大购物中心
远大购物中心的环境不错，服务相当到位，产品更新快。大部分服装的品牌还是很不错的，尤其是男装。

麦凯乐
麦凯乐位于尚志大街和12道街的交叉口，地理位置不错，商场里的环境很好，品牌也不错。

特产
哈尔滨的购物特产主要有两大类：第一类是具有俄罗斯情调的食品和装饰物，比如俄罗斯巧克力和糖果、俄罗斯的绘画作品和装饰品等，游客可以在这里买一些富有地方风情的礼物带回去；第二类是东北的特产，比如干果、野菜等，以及有"东北三宝"之称的人参、鹿茸、貂皮等。

还有哈尔滨特有的风味食品红肠、干肠和熏大马哈鱼，也是值得购买的。哈尔滨红肠综合了俄罗斯红肠和哈尔滨的地方特色，采用大兴安岭的果木熏制而成，带有香香的山野焦炭味，是下酒的上好菜品。

另外，哈尔滨啤酒和白酒也很出名，喜欢喝酒的游客可以带一些回去。

百盛购物广场

哈尔滨周边

在哈尔滨周边地区也有很多值得游玩的地方。例如距离齐齐哈尔不远的扎龙自然保护区、青松狩猎场，位于尚志市的亚布力滑雪场，以及哈尔滨南部的松峰山自然保护区、著名的五大连池等，吸引了无数游客前来观赏。

其中五大连池不仅有优美的景色，游客在游玩疲惫的时候还可以泡泡舒适的温泉。另外，在游玩的过程中，游客还可以购买当地有名的特产。五大连池的矿泉水和药泉白酒，火山石盆景等工艺品，猴头、蕨菜、黄芪、贝母等都是当地很有名的特产，来自俄罗斯的工艺品也很有纪念意义。

齐齐哈尔
区号：0452
邮编：161000
面积：42469 平方千米
人口：406.75 万人
著名景点：扎龙自然保护区、哈尔滨香炉山等

↘ 游在哈尔滨周边

扎龙自然保护区 ★★★★

扎龙国家级自然保护区距齐齐哈尔市 30 千米，占地约 21 万公顷，是我国北方同纬度地区中最原始、最开阔的湿地生态系统。保护区由乌裕尔河下游的淡水沼泽和浅水湖泊组成，主要保护对象为丹顶鹤等一些珍贵动物以及湿地生态系统。

每年在这里栖息和繁衍的鹤的种类占世界鹤类总类的 40%，所以这里具有"鹤的故乡"的美名。每年四五月份和八九月份，还会有二三百种野生珍奇动物会到这里停歇，场景颇为壮观。扎龙自然保护区拥有典型的北国江南风光，游人在此会油然而生一种到江南的感觉。

💰 65 元
🕖 7：00—17：00
🚌 哈尔滨太平国际机场—扎龙自然保护区（自驾）
哈尔滨太平国际机场—机场高速—绥满高速—和谐路—扎龙自然保护区
全程约 346 千米

扎龙自然保护区

亚布力滑雪旅游度假区 ★★★★★

亚布力滑雪场是国家 4A 级景区，位于尚志市境内。整个滑雪场由三座山峰组成：主峰大锅盔山，海拔 1374.8 米；二锅盔山，海拔 1100 米；三锅盔山，海拔 1000 米。终年白雪覆盖，林密雪厚，年平均气温在 -10℃，每年 11 月中旬到次年 3 月下旬是最佳滑雪期。这里的景点主要有：风车山庄、国家体委、交通山庄、大青山滑雪场、通信山庄、电力山庄、云鼎山庄、好汉泊山庄、农家院等。如今，三锅盔山已经被开发为大型的旅游滑雪场，大锅盔山和二锅盔山则作为国家滑雪运动员的训练基地。游客们不妨在最佳滑雪期来这里感受一下滑雪的魅力。

💰 10 元入场，滑雪另收
🕖 全天
🚌 哈尔滨太平国际机场—亚布力滑雪旅游度假区（自驾）
哈尔滨太平国际机场—哈尔滨绕城高速—绥满高速—亚雪路—亚布力滑雪旅游度假区
全程约 258 千米

💡 扎龙自然保护区

最佳旅游时节

扎龙自然保护区春夏秋冬景色各有不同，四季皆可旅游。很多南方的游客喜欢冬季旅游，体验北国不同的冬天景色。需要注意的是，冬季前往扎龙自然保护区一定要注意防寒。

扎龙自然保护区冬季气温很低，一般在 -30～0℃，有的时候还会达到 -30℃以下。游客前往的时候，一定要准备好厚厚的羽绒服，羽绒服最好带有帽子。还要准备手套和口罩，至于鞋子最好穿上高筒雪地靴，这样可以预防冻脚。

预防雪盲

北方冬季会有大量的积雪，雪的反光很强，如果不注意保护眼睛会引发雪盲症。因此，出去游玩的时候一定要戴上太阳镜。

自驾游注意事项

冬季前往扎龙自然保护区，自驾游的游客一定要注意汽车防滑和防冻。要给轮胎配备防滑链，当路面有冰雪的时候就给车轮套上。

晚上的气温一般都在零度以下，汽车夜间熄火的时候一定要把水箱里的水放干，否则一旦结冰，将会造成麻烦。

亚布力滑雪场景区

五大连池 ★★★★★ 📷

五大连池距离哈尔滨市大约380千米，那里风景保护区的面积有1060平方千米，有"世界地质公园"的美誉。在那里保存着世界稀有的地质景观和水资源。每年的5—9月份是最好的游览季节，这个时候可以让人领略到老黑山火山口奇特的景观。还可以去泡温泉，让你舒服自在的同时，体会到大自然的奥妙。

💰 60元
🕗 8：30—16：30
🚌 哈尔滨太平国际机场—五大连池（自驾）
哈尔滨太平国际机场—鹤哈高速—绥北高速—药泉西路—五大连池
全程约401千米

五大连池

松峰山自然保护区
★★★ 📷

松峰山自然保护区位于哈尔滨市南部，距离市区约45千米，占地面积146平方千米。松峰山因其山上多生长古松而被命名为松峰山，清代以来被称为"东北八大名山第一奇观"。

松峰山海拔627米，主峰为烟筒峰，还有乳头峰、棋盘峰、石景峰、狮张嘴峰等群峰。主峰雄伟陡峭，上有怪石林立，丛林茂密，山草丛生。在风景秀丽的石景峰下，还遗留着建于清朝嘉庆年间的古庙遗址海云观和藏经楼。除此之外，还有曹道士碑刻、拜斗台、石刻围棋盘、金源太虚古洞等遗留下来的历史古迹。

💰 成人票45元，学生票25元
🕗 8：00—17：00
🚌 哈尔滨太平国际机场—松峰山自然保护区（自驾）
哈尔滨太平国际机场—机场高速—绥满高速—北松公路—松峰山自然保护区
全程约130千米

松峰山自然保护区

青松狩猎场 ★★★ 📷

青松山狩猎场位于齐齐哈尔市北郊，距离市区50千米，占地面积10平方千米。它是我国对外开放的第一座封闭性狩猎场，狩猎对象主要是山鸡。猎区水源丰富，灌木丛生，还有茂密的浆果林，环境十分优美，适合山鸡生存。猎区还建造有山鸡养殖场，种鸡品种优良，每年可以供游人猎取山鸡上万只，一年四季都可以开猎。

💰 30元
🕗 8：00—18：00
🚌 哈尔滨太平国际机场—青松狩猎场（自驾）
哈尔滨太平国际机场—机场高速—绥满高速—绥满线—青松狩猎场
全程约367千米

万佛山 ★★★★★ 📷

万佛山位于尚志市东部，占地20平方千米。这里是黑龙江著名的佛教道场，景区主要有：佛教寺院、万佛洞、腾龙峡、卧佛山、透龙峰、罗汉峰等。

这里的山势陡峭挺拔，山峰上矗立着树木，山间云霞飞涌，景色像是仙境一般。山里的万佛洞、地藏洞、透笼洞、传ণ洞、法静洞、延寿洞、清禅洞等洞穴形状各异，冬暖夏凉，是防暑避寒的好去处。

💰 20元
🕗 8：00—17：00
🚌 哈尔滨太平国际机场—万佛山（自驾）
哈尔滨太平国际机场—哈尔滨绕城高速—Y005—绥满高速—万佛山
全程约200千米

万佛山

绥芬河国家级森林公园滑雪场 ★★★ 📷

绥芬河国家级森林公园滑雪场位于绥芬河市区西部，距离牡丹江市市区140千米，交通便利。共占地2176平方千米，有初级、中级和高级3条滑雪道，每年积雪期长达5个月。而夏季，这里就是避暑的天然胜地。此外，这里还是我国对俄罗斯最大的陆路口岸，有两条公路、一条铁路都和俄罗斯相通。

💰 100元
🕗 8：00—17：00
🚌 哈尔滨太平国际机场—绥芬河国家级森林公园滑雪场（自驾）
哈尔滨太平国际机场—机场高速—哈尔滨绕城高速—绥满高速—绥芬河国家级森林公园滑雪场
全程约499千米

哈尔滨香炉山 ★★★★ 📷

香炉山坐落在黑龙江省哈尔滨市宾县境内，东西长4千米，南北宽3千米。最高峰海拔790米，四季分明，土壤肥沃。

香炉山风景区是以山岳、森林、水体和冰雪等自然景观为主体，集旅游、度假、冰雪、文化娱乐等综合开发建设为一体的休闲旅游胜地。

💰 40元
🕗 7：00—17：00
🚌 哈尔滨太平国际机场—哈尔滨香炉山（自驾）
哈尔滨太平国际机场—哈尔滨绕城高速—哈同高速—X010—哈尔滨香炉山
全程约146千米

牡丹江

牡丹江位于黑龙江的东南部，是黑龙江的第三大城市，也是东北亚陆海联运的通道和欧亚大陆的重要桥梁，同时是国家"十二五"规划的重点开发开放地区。牡丹江东部毗邻俄罗斯滨海边疆区，有G11、G10国道和滨绥、图佳铁路通过，开通至韩国首尔、俄罗斯符拉迪沃斯托克，被国家评为中俄地方友好示范城市。

在牡丹江可以看到富有俄罗斯特色的建筑和食物，作为著名的航空港城市和边界城市，牡丹江的旅游资源十分丰富，有"塞外江南"之美誉。其景色浑然天成，风光旖旎，让游客驻足忘返。牡丹江著名的景色有世界地质公园镜泊湖景区、牡丹峰国家森林公园、著名的中国雪乡双峰林场、世界最大的玄武岩瀑布——吊水楼瀑布等。

区号：	0453
邮编：	157000
面积：	40600平方千米
人口：	229.02万人
著名景点：	镜泊湖、雪乡、牡丹峰国家森林公园等

游在牡丹江

镜泊湖 ★★★★★

镜泊湖是中国最大、世界第二大的高山堰塞湖，在2011年被评为国家5A级旅游名胜区。镜泊湖最为著名的八大景观：珍珠门、大孤山、小孤山、白石砬子、吊水楼瀑布、城墙砬子、道士山和老鸹砬子。

镜泊湖风景秀丽，物产丰富，水域中盛产各种鱼类，林区出产各种名贵山产，珍奇的野生动物更是随处可见。这里一年四季都有着不同的景色，冬季还可以进行各种冰上活动，比如冰雕、滑冰、冰上捕鱼、冰上球类等。旖旎的风光让人惊叹神往，秀丽的山水让人流连忘返。

$ 100元

全天开放（游船时间：7：00—16：40）

牡丹江海浪国际机场—镜泊湖（自驾）
牡丹江海浪国际机场—鹤大高速—杏镜公路—莫延公路—镜泊湖
全程约86千米

镜泊湖

镜泊湖

最佳旅游时节

金秋时节是游览镜泊湖的最佳季节。这是因为每年的八月十五，牡丹江都会举行镜泊湖金秋节庆祝活动。秋季正是收获的季节，稻田金黄、鱼儿肥美，这个时节前往镜泊湖不仅能欣赏美景，还可以品尝很多美味。

另外，为了庆祝这一活动，牡丹江还会举办各种文娱活动、体育竞赛等，节日气氛非常热闹。

美食

镜泊湖鱼远近闻名，是不可多得的美食。当地有很多餐馆都有镜泊湖鱼这道菜。需要注意的是，有很多饭店为了宣传自己的菜品往往会以次充好。游客最好去比较正规的饭店，才能吃到真正的镜泊湖鱼。

另外，很多饭店菜单上没有酒水的价格表，游客在要酒水的时候一定要先问好酒水的价格。结账的时候最好对一下账。

游览船

镜泊湖上有很多游览船，游客可以坐船游览湖上风光。船票价格不是很便宜，每人需要100元。

吊水楼瀑布 ★★★★★

吊水楼瀑布是世界最大的玄武岩瀑布，它宽度有70余米，高低落差在20米左右，酷似闻名世界的尼亚加拉大瀑布。每当雨季或汛期来临，瀑布就会呈现数股跌落的雄伟现象，总幅可宽达200米。

瀑布旁边，被称为观瀑亭的八角亭依岩而立，晴天之时，阳光照射在瀑布上，游人还可以看到彩虹的出现。到了冬季枯水期，虽然瀑布不见了，但却可以看到另一番景致：因多年水流的冲击，熔岩块上形成了大小不等的空洞，如同人工雕琢一般光滑圆润，别有一番景象。

$ 15元

8：30—17：00

牡丹江海浪国际机场—吊水楼瀑布（自驾）
牡丹江海浪国际机场—鹤大高速—杏镜公路—抗联路—吊水楼瀑布
全程约88千米

吊水楼瀑布

威虎山影视城 ★★★

威虎山影视城位于海林市横道河镇，占地约30万平方米。它为拍摄根据长篇小说《林海雪原》改编的电视剧《林海大英雄》而建。在抗日战争时期，横道河镇曾是杨子荣等英雄人物战斗和生活的地方，他们为剿灭匪徒、打击外来侵略做出了巨大贡献。

威虎山影视城主要以东北的山林文化和冰雪文化为基本主题，展现了历史背景和风土人情。主要景区有威虎厅、夹皮沟、森林小火车、河神庙等，将当年的英雄们战斗的场景一一再现，游人们在游赏的同时也能受到爱国教育。

💰 45元
🕐 8：00—17：00
🚌 牡丹江海浪国际机场—威虎山影视城（自驾）
牡丹江海浪国际机场—机场路—鹤大线—绥满高速—威虎山影视城
全程约59千米

威虎山影视城

雪乡：双峰林场 ★★★★★

双峰林场位于牡丹江西南部，占地500平方千米，整个林场的海拔在1200米以上。从每年的10月份开始，这里就开始雨雪连绵，进入积雪期。直到次年4月份，积雪期才会慢慢结束。年积雪厚度可以达到2米深，而且雪的黏度高、雪质好，有"中国雪乡"之称。这里资源丰富，有上百种树种和种类繁多的花草，也生存着众多野生动物，是人们旅游休闲的好去处。

💰 120元
🕐 全天
🚌 牡丹江海浪国际机场—雪乡—双峰林场（自驾）
牡丹江海浪国际机场—机场路—G201—X082—长久公路—双峰林场
全程约85千米

牡丹峰国家森林公园 ★★★

牡丹峰国家级森林公园位于牡丹江市区东南方向，是世界上少有的和城市的距离如此之近的国家森林公园。它的总面积超过4万公顷，拥有丰富的植物资源。园内山水宜人，风景秀丽，空气清新，景区有牡丹峰、龙头泉、玄武河、古城垣、牡丹塔、小桂林、仙人洞等。加上它富有的原始风情和天然的秀色，无论是旅游观光、休闲娱乐还是科学研究，这里都是合适的选择。

💰 7元
🕐 9：00—17：00
🚌 牡丹江海浪国际机场—牡丹峰国家森林公园（自驾）
牡丹江海浪国际机场—机场路—牡丹江大街—镜泊湖路—牡丹峰国家森林公园
全程约14千米

渤海国上京龙泉府遗址景区 ★★★★

渤海国上京龙泉府位于宁安市境内镜泊湖东北的牡丹江畔，是我国第一批全国重点文物保护单位。上京城的规划和建造完全仿照唐朝的都城长安，分为内城、外城和宫城3个部分。至今这三道城墙和主体建筑都基本保存完整，在我国城市发展历史上是不可多得的现存实例，具有很高的历史和科学价值。

💰 免费
🕐 全天
🚌 牡丹江海浪国际机场—渤海国上京龙泉府遗址景区（自驾）
牡丹江海浪国际机场—鹤大高速—Y006—渤海国上京龙泉府遗址景区
全程约65千米

↘ 吃在牡丹江

牡丹江的饮食多种多样，有地道的东北农家饭，也有正宗的朝鲜美食，镜泊湖的鱼宴也很美味丰盛。这里的白肉血肠、东北炖菜、镜泊鲤鱼、镜泊湖炸红尾鱼都是别具风味的特色菜，不可不尝。

大锅炖菜

🍲 马克西姆西餐厅旗舰店
游客评价：分量真的很大，黑猪排是一整扇猪排，火候刚好，太香了
📞 0453-8216622
📍 牡丹江市西长安街2号新玛特南门正对面

🍲 鸭绿江民族饭店（总店）
游客评价：东北菜分量很实在，老板也很热情，没吃完还会提醒打包
📞 0453-6288999

📍 牡丹江市长安街西一条路口道南

🍲 镜泊鱼村
游客评价：鱼肉鲜美，一点土味和腥味都没有
📞 0453-6933699
📍 牡丹江市东安区东平安街77号

🍲 百年酱骨
游客评价：酱骨分量很大，价格非常实惠
📞 0453-6332333
📍 牡丹江市南市街123号

🍲 东方饺子王
游客评价：地道的东北饺子，吃着太香了
📞 15145936862
📍 牡丹江市西新安街万达广场3020号

🍲 板门店风味烤肉
游客评价：各种风味烤肉，酱料很不错
📞 0453-6440111
📍 牡丹江市西牡丹街162号

住在牡丹江

在牡丹江住宿主要有两个区域：西安区和东安区。西安区位于牡丹江中心地区，交通便利，适合游客居住；东安区内则集合了牡丹江主要的购物商圈，只是距离景区比较远，价格上要比西安区便宜一些。此外，游客还可以在镜泊湖景区内选择住宿，只是价格要相对高一些。

平价型

牡丹江福顺天天大酒店
牡丹江市西安区西一条路新安街108号
0453-6222226

牡丹江禧龙宾馆（平安街店）
牡丹江市东安区平安街19号
0453-6923111

昆仑大酒店
牡丹江市太平路68号
0453-6943999

张老板的民宿
牡丹江市太平路中影中数影城楼上
15645335232

享受型

牡丹江东方明珠国际大酒店
牡丹节市七星街130号
0453-7666666

牡丹江夏威夷国际大酒店
牡丹江市七星街165号
0453-6388888

牡丹江世茂假日酒店
牡丹江市爱民区西地明街
0453-8293288

全季酒店（牡丹江火车站店）
牡丹江市永安路22号
0453-6387777

购物牡丹江

大润发超市

大润发超市是牡丹江最大的超市，货物齐全，还有红肠和面包的现场制作。

大商新玛特购物广场

大商新玛特（牡丹江店）是大商集团黑龙江东部地区的样板店，以新颖、雄伟的造型和风姿屹立在牡丹江市太平路中段，总建筑面积6.8万平方米，是牡丹江市区的标志性建筑。实施"百货店＋超市＋康乐"经营模式，成为牡丹江市民的购物、休闲、娱乐的消费场所。这里环境和服务都很好，日用百货、金银饰品、五金化工、工艺美术品等都有经营。

大商集团牡丹江百货大楼

位于黑龙江省牡丹江市东安区太平路31号，地理位置优越，交通十分便利，商家促销的时候折扣是很不错的。牡丹江百货大楼始终坚持"创新"和"诚信"，这是牡丹江百货大楼商海博弈长盛不衰的秘诀。品牌也都很大众化，深受消费者的青睐。

波斯特购物中心

由黑龙江省邮政局与哈尔滨松雷商业大厦合作，联合打造的一座大型综合性现代化商城。该中心坐落于风景如画的北方名城——牡丹江市的商业黄金地段，购物环境很好，休息的地方比较多，集购物、娱乐、休闲为一体，商品的折扣也比较低。

特产

牡丹江特产很多，例如：

响水大米：镜泊湖附近有名的特产，也是黑龙江的著名特产。其大米米粒丰满、色泽清白、透亮，蒸熟的大米香味袭人。

穆棱晒烟：穆棱是著名的烟区，那里日光充足、雨量充沛，很适合烟草生长。并且由于日照强烈，其晒烟质量上乘，受到很多烟草商的喜爱。

海林黑木耳：牡丹江海林地区是黑木耳的重要产地，那里的黑木耳的产量占全市的一半以上，其黑木耳被销往全国各地甚至海外的不少地方。

海林猴头菇：海林是"中国猴头菇之乡"，那里地处长白山地带，有很多山珍海味，是生产猴头菇的黄金地带。

牡丹江购物街

大兴安岭地区

漠河
区号：0457
邮编：165300
面积：18427 平方千米
人口：8.47 万人
著名景点：胭脂沟、漠河北极村、洛古河等

大兴安岭地区位于黑龙江省西北部，处于我国最北端。这里气候独特，温差较大，夏日昼长夜短，以夏至期间为主，偶有北极光出现。冬季夜长昼短，时有奇寒。

由于在中国北部边陲，大兴安岭气候异常寒冷，平均气温在零度以下，最低气温达到-52℃，属于典型的寒温带大陆性气候。近些年来，大兴安岭逐渐成了著名的旅游景点，其独特的北部风光吸引了众多的游客。在那里有黄金储量丰富的胭脂沟、位于中国最北部、极昼最长的村庄——漠河北极村、黑龙江的源头洛古河以及充满北国自然和人文风光的加格达奇北山公园等。

↘ 游在大兴安岭

漠河北极村 ★★★★★

漠河北极村位于我国最北部，每当夏至前后，这里就会进入漫长的极昼，一天内可以看到太阳的时间可达 20 小时。午夜时分，北方的天空微微泛着白，像白天也像是夜晚，所以这里有"不夜城"之称。每当这个时节，这里的人们就会在江边举办篝火晚会，热热闹闹地迎接夏至的来临。在这里，除了造型奇特的小木屋，还有北陲哨兵、古水井、日伪电厂遗址、中国最北第一家等景观可供观赏，所谓的中国最北第一家也是中国的监测专家进行了测量后得出的。

当然，这个村子的特点就是在这里的任何一个地方——无论是学校、乡政府、邮局、农家小院甚至是厕所，都可以说是位于中国最北端。来这里旅游的游客经常会在临走之前去"中国最北端"的邮局里买一张明信片，盖上"中国最北端"的邮戳，作为纪念品带回去。

$ 60 元
⏰ 全天
🚌 漠河北极村

可先抵达哈尔滨，乘坐火车至加格达奇，大约需要 9 个小时，后再转乘列车抵达漠河北极村。

漠河北极村
当地的气候状况

北极村是中国气温最低的县份，是典型的寒温带大陆性季风气候。春秋季节干燥风大，冬季寒冷干燥并且漫长，夏季受热带海洋的影响，降雨量比较充沛，但容易发生洪涝灾害。

由于上述状况，游客前往北极村游玩的时候，最好了解一下一周内的天气状况再做打算。

建议旅游时节

北极村冬季和夏季各有其特色。冬季可以爬山，欣赏北国冬天里的景色。还可以坐爬犁、滑冰、滑雪等活动。在漠河北极村，每年还会举办北极村独有的冰雪拉力赛。

夏季的北极村是纳凉避暑的胜地，那里盛产瓜果，游客在游玩的同时，还可以吃到香甜可口的瓜果。夏至时节，漠河北极村还会举办一些活动和演出，是漠河北极村最热闹的一天。另外，如果时间凑巧，说不定还可以看到北极光。

漠河北极村

洛古河 ★★★

源于蒙古肯特山的石勒喀河和源于中国大兴安岭西坡的额尔古纳河在洛古河村汇流，形成黑龙江的源头。该河总长约 200 千米，最深处达 12 米，最浅处只有 1 米。沿河两岸风景秀丽，宁静怡然。

洛古河村被称为"黑龙江源头第一村"，到现在已经有 90 多年的历史了，村里

洛古河

的建筑清一色都是木刻楞的建筑，人们世代以打鱼为生，冬季会从俄罗斯倒一些木材来卖。路边一些绿色的小罐头房就是俄罗斯的边境检查站，也是在其他地方难以见到的新奇事物。

§ 免费
⏰ 全天
🚌 漠河站—洛古河（自驾）
漠河站—漠北公路—漠洛公路—S209—洛古河
全程约 108 千米

加格达奇北山公园
★★★

加格达奇北山公园位于城市北侧，登高望远可以俯瞰整个城市的全貌。这里山势起伏，但是山体坡度十分平缓，生态资源被保存得很完好。开发了很多景点，如铁道兵纪念碑、电视塔、森林氧吧、绿月桥等。其中，电视塔已经成为城市的重要标志。2004 年，地方政府斥巨资对公园的东西两个出口进行了修缮，整个北山公园横贯东西，大量亲民和爱民的设计理念，清秀典雅的建筑风格吸引了众多游人前来参观。

§ 免费
⏰ 全天
🚌 漠河站—加格达奇北山公园（自驾）
漠河站—加漠公路—G111—西一道街—加格达奇北山公园
全程约 462 千米

加格达奇北山公园

胭脂沟
★★★ 📷

胭脂沟位于漠河市金沟林场，全长 14 千米，是额木尔河的支流。从清末至今它一直是淘金的胜地，所以又被叫作老沟或者老金沟。从它被发现到今天，已经过去 100 多年，这里的沙土已经被淘过很多遍，但仍然有黄金可以淘出。

§ 20 元
⏰ 全天
🚌 漠河站—胭脂沟（自驾）
漠河站—漠北公路—夕霞路—S209—胭脂沟
全程约 50 千米

胭脂沟水坝

北红村
★★★

北红村是中国最北部的一个村庄，处在大兴安岭最北部的群山之中，其四周均为未开发的原始森林，林木浓密，野果遍地，小动物、野猪、狍子、雪兔、飞龙随处可见。号称中国最北的没有被开发过的原始村庄刚好在中俄交界处。北红村南北面环山，东西黑龙江河刚好穿村而过，是一个宁静、远离城市喧嚣的人间天堂。冬季最低气温可达 -50℃，是一个很具东北特色的村落。其饮用水主要是压井取水，水质纯净、甘甜。

§ 免费
⏰ 全天
🚌 漠河站—北红村（自驾）
漠河站—漠北公路—鸿飞路—G331—北红村
全程约 129 千米

↘ 吃在大兴安岭

大兴安岭的山上有很多野味都值得一尝，比如山里生长的木耳、榛蘑和元蘑，还有红松果仁制作成的松仁小肚、松仁玉米等菜肴都很美味，更有东北家常菜油豆角炖排骨、油豆角炖红烧肉等。

松仁玉米

🍲 春雪大骨面
游客评价：酱大骨超级好吃
📞 18604574555
📍 漠河市人民路爱国楼西

🍲 隆福饭店
游客评价：东北菜，酱脊骨好吃
📞 16536762111
📍 漠河市黑龙江大街 28 号

🍲 老上号砂锅
游客评价：正宗的东北酸菜，太香了
📞 15846523328
📍 漠河市红军街 94 号

🍲 老六杀猪菜
游客评价：满满一大盆，吃到停不下来
📞 0451-82685555
📍 漠河市进乡街 133 号

🍲 乡村农家菜
游客评价：笨鸡炖蘑菇，分量很大，鸡肉鲜美蘑菇鲜香
📞 13846552078
📍 漠河市通河路 11 号

🍲 牧羊人碳烤羊腿
游客评价：主营烧烤，羊肉很香
📞 15904573234
📍 加格达奇区东四道街与胜利路交叉口南 100 米

↘ 住在大兴安岭

大兴安岭地区有很多旅馆，条件比较好的是西林吉的宾馆，北极村虽然没有大的宾馆，但是小木屋也是很吸引人的，家庭旅馆也是一个不错的选择。

平价型

西西座宾馆
🏠 加格达奇区步行街中央商城东门对面
☎ 0457-2198883

金桥商务酒店
🏠 加格达奇区世纪大道与卫东大街交汇处西北角
☎ 0457-3599999

远方故里酒店（漠河北红村店）
🏠 漠河市北极镇北红村
☎ 13845767517

熙座宾馆
🏠 加格达奇区胜利路防火中心西侧
☎ 0457-8999111

享受型

加格达奇金马饭店（人民路店）
🏠 加格达奇人民路168号
☎ 0457-2758888

漠河北极村索金大酒店
🏠 漠河市黑龙江大街北极村
☎ 18945701001

红金鼎大酒店
🏠 漠河市振兴路32号
☎ 0457-2865555

漠河金马饭店
🏠 漠河市西林吉镇潮林路14号
☎ 0451-2828888

吉林

| 区号：0431—0439 |
| 省会：长春 |
| 面积：18.74万平方千米 |
| 人口：2407.35万人 |
| 方言：吉林话、东北话 |
| 著名景点：长白山景区、长春动植物公园、伪满皇宫博物院等 |

概况

　　吉林省地处边疆，近沿海之地，边境线绵延千里。著名的长白山山脉绵延在东部地区，丘陵和平原占据着中部地区。独特的地理地貌使得这里四季分明，气候适宜，生态环境十分优越。吉林省水源丰富，松花江和辽河两大水系流经全省，更有鸭绿江、图们江等小水系，丰富的水源浇灌出了富饶的平原和湿地。

　　多样的地形和气候环境带来了丰富的旅游资源，吉林省内共有29个自然保护区，雄奇瑰丽的长白山、晶莹剔透的吉林雾凇、掩映在湖光山色之中的松花湖，无一不是天下美景之所在。再加上抗战时期东北地区留下的英雄传说，以及现在作为爱国教育基地的遗址，自然景观和人文景观相得益彰，独具特色。

　　吉林省的特产以滋补见长，如可补中益气的椴树蜜、可增强记忆力的红松子、可治疗咳嗽的北细辛、可益气补脾的党参等，都具有很好的疗效，能够强身健体。吉林省的山野菜很名贵，如黑木耳、刺老芽、榛蘑等，都是在其他地方吃不到的山珍。吉林的手工艺品也很精致，如天趣木雕，将各种木材的天然形态稍加雕琢就能成为栩栩如生的艺术形态，可谓神奇。还有以柳树的枝条为原料编成的日用工艺品，比如篮子、箩筐、箱子、篓子、盘子、碟子等，都很受欢迎。

名菜

　　渍菜白肉火锅是北方冬季的传统名菜。是将猪肉、牛肉、鸡肉及海参等切成薄片，准备辣椒、韭菜花、蒜末、麻酱、葱丝、芥末等，火锅内盛入骨汤，煮沸后将肉片涮后捞出，蘸酱食用。

　　山鸡汤是具有朝鲜风味的名菜，山鸡需经过两次原汤炖煮，再行调味而成。味道热辣，香味独特，又具有强身健体的功效。

　　烧鹿尾采用长白山梅花鹿的尾巴做食材，放入鸡汤中蒸熟。将油菜、火腿等煸炒，再加上原汤和各种调料，和鹿尾一起小火煨炖。色泽鲜亮，香味浓郁，还有滋补的功效。

交通

飞机

长春龙嘉国际机场
☎ 0431-88797777
📍 长吉高速公路距长春东出口约18千米处
🚌 机场交通：1号线：机场—命案广场（5：00—20：00），每60分钟发一趟车。
2号线：机场—高速公路客运站（10：00—18：00），每60分钟发一趟车。
3号线：机场—长春客运北站（首班班机落地60分钟开始到末班航班落地30分钟内），客满发车。票价25元。
5号线：机场—吉林市欧亚奥莱（6：40—22：30），票价50元。
出租车，起步价8元，2.5千米后每千米2.2元。

长白山机场
☎ 0439-6259777
📍 松江河镇长白山保护开发区池西区，距长白山西景区约15千米
🚌 机场交通：机场大巴：从长白山机场有开往松江河镇的大巴，机场会根据航班降落情况发车。

延吉朝阳川国际机场
☎ 0433-2234433
📍 延边朝鲜族自治州延吉市长白西路
🚌 机场交通：机场大巴：
珲春—延吉机场 票价60元
敦化—延吉机场 票价30元
汪清—延吉机场 票价40元
龙井—延吉机场 票价20元
和龙—延吉机场 票价40元

长春地铁

1号线
红嘴子—北环城路
（5：15—21：00 最高票价4元）
2号线
双丰—东方广场
（5：15—21：00 最高票价5元）
3号线
长影世纪城—长春站
（6：00—21：00 最高票价4元）
4号线
天工路—长春站北
（6：00—21：00 最高票价3元）

吉林

区号：	0432
邮编：	132000
面积：	18.74 万平方千米
人口：	2407.35 万人
著名景点：	雾凇岛、陨石雨陈列馆、北大湖滑雪场等

吉林市位于吉林省的中部，是满族的发祥地之一，也是中国的历史文化名城。清代康熙帝东巡时曾作诗句"连樯接舰屯江城"，吉林市因此被誉为"北国江城"。

吉林市远望长白山，近枕松花江，地势东南高、西北低，地貌多变，是一个"四面青山三面水，一城山色半城江"的美丽城市。其冬季的冰雪景观"吉林雾凇"乃世间少有的美景，与云南石林、桂林山水和长江三峡并称为中国四大自然奇观，为吉林市博得了"雾凇城市"的美称。吉林市境内人文景观和自然景观十分丰富，是优秀的旅游城市。这里夏季可避暑度假，冬季可以踏冰赏雪，不愧为"松花江畔的一颗璀璨明珠"。

↓ 游在吉林

雾凇岛 ★★★★★

雾凇岛位于吉林市地势较低的地区，周边有江水环绕，冷热空气在此相交，雾气和水汽相互凝结，造成了树枝上悬挂冰晶的独特景象。整个小岛的面积将近 6 平方千米，一到冬季，雾气经常会将这个小岛笼罩起来。雾凇通常被称为"树挂"，由于悬挂在树上的雾凇白天无法掉落，在晚上还会再凝结上一层。整个小岛的树上都凝结了一层银亮的冰晶，在蓝天的映衬下甚是好看。

💰 60 元（含船票）
🕐 6：10—13：50，夜场 14：00—20：00
🚌 长春龙嘉国际机场—雾凇岛（自驾）
长春龙嘉国际机场—机场路—珲乌高速—X032—雾凇岛
全程约 104 千米

两日游

林雾凇—吉林文庙—北山公园—龙潭山公园—明代摩崖石刻

💡 **雾凇岛**
温馨提示

1. 吉林冬季的气温 −30 ～ −20℃，所以来此观光的游客要多准备几件衣物御寒，再穿上高腰雪地鞋，可以防水、防滑。

2. 吉林的雾凇堪称天下奇观，来此旅游自然少不了要多拍几张照片以作留念。而这里冬季的气温比较低，普通的电子相机在这种低温环境下很难正常工作，建议游客携带全机械相机。

3. 吉林雾凇的最佳观赏季节是每年的 12 月底到次年的 2 月底。

旅游指南

1. 游客可以从吉林市区乘坐汽车到土城子，然后再包车到雾凇岛，租用三轮摩托车只需 5 元。

2. 自驾车游客可以走长春长吉高速，在华丹大街出口处向右行驶进入吉舒公路，过金珠收费站继续前行约 3 千米就能看见乌拉街指示路标，向左转行驶 8 千米后进入乌拉街镇，穿过小镇按路标指示抵达雾凇岛。

雾凇岛

北山公园 ★★★

北山公园位于吉林市城区，景区内多古庙，因而北山公园以庙会而闻名。诗说"千山寺庙甲东北，北山庙会盛千山"，可见其知名程度。北山集佛、道、儒、俗等文化于一身，庙、亭、阁、台等建筑于一体，而且景点中拥有多项全国之最：全国高度最高、重量最大的九龙门；全面展示月文化的月文化展览馆；东北最早建造、规模最大的关帝庙等。

💰 免费
🕐 全天
🚌 长春龙嘉国际机场—北山公园（自驾）
长春龙嘉国际机场—珲乌高速—迎宾大路—北山公园
全程约 83 千米

吉林北山公园

松花湖 ★★★★

松花湖位于吉林市西南，距离市区15千米。它的前身是丰满水电站，40年前建设起来后，在松花江的上游形成了一个人工湖，也就是松花湖。1988年，松花湖被批为国家重点风景区，经过不断建设改造，如今这里山清水秀，郁林葱葱。两岸群峰威俊挺拔，湖面上碧波荡漾，山景水色交相辉映，景色十分迷人。

- 观光套票65元
- 6：00—18：00
- 长春龙嘉国际机场—松花湖（自驾）
长春龙嘉国际机场—珲乌高速—吉林绕城高速—松滨路—松花湖
全程约108千米

松花湖

官马莲花山国家级森林公园 ★★★★

官马莲花山国家级森林公园位于吉林省磐石市，主峰海拔1049米，其余8座群峰的海拔也在800米以上。9座山峰聚集在一起，就像盛开的莲花，故名莲花山。

除了大自然秀丽的山水风景可以观赏、游览，这里还有三星级的酒店住宿，掩映在茂密山林中的游泳馆，韩式松林阁餐厅等休闲娱乐的设施。此外，还有网球场、排球场、篮球场和跑马场等体育活动场地。这里还建立了莲花山滑雪场，是全国最大的原始森林滑雪场。

- 门票30元，索道20元
- 9：00—18：00
- 长春龙嘉国际机场—官马莲花山国家级森林公园（自驾）
长春龙嘉国际机场—龙双公路—长清线—长阿线—官马莲花山国家级森林公园
全程约134千米

金日成读书纪念室 ★★★

金日成是朝鲜伟大的共产主义者，也是朝鲜人民共和国的缔造者。他出生于朝鲜，后来移居到吉林省，在此读书成长，并开展了一系列革命活动。金日成读书纪念室象征着中国和朝鲜两国人民的友谊。目前，纪念室已成为吉林省重点的文物保护单位。

- 25元
- 8：00—17：00
- 长春龙嘉国际机场—金日成读书纪念室（自驾）
长春龙嘉国际机场—珲乌高速—迎宾大路—松江中路—金日成读书纪念室
全程约84千米

吉林金日成读书纪念室

龙潭山公园 ★★★

龙潭山位于吉林市松花江南岸，海拔388.3米，占地约234平方千米。龙潭山山势雄伟，呈卧龙形西东走向。西路峰峦陡峭，拔地而起；东路绵延远去，没于群山之中。山上有泉积水成潭，名曰龙潭，龙潭山因而得名。

龙潭俗称"水牢"，是北疆古城堡的贮水池。山上植被茂密，山中树龄在百年以上的树木有百余株。另外，山上有5世纪时已经建成的水牢、旱牢以及古城的遗址，还有清代的建筑龙凤寺、龙王庙、关帝庙等古建筑群，都被列为省级文物保护单位。龙潭山深厚的古韵和它四季变换的景致，让游人流连忘返。

- 免费
- 全天
- 长春龙嘉国际机场—龙潭山公园（自驾）
长春龙嘉国际机场—珲乌高速—迎宾大路—龙山路—龙潭山公园
全程约87千米

乌拉街满族镇 ★★★

乌拉街满族镇距离市中心30千米，至今仍保持着满族的风俗人情和建筑风格。一些名胜古迹如打牲乌拉总管衙门府、千年古树等都保存得十分完好。在这里，还可以吃到正宗的满族风味饮食，如：打糕、菠萝叶饼等。品尝完美食还可以欣赏民间的秧歌、扑蝴蝶、打花棍等舞蹈节目。如果时机凑巧，还能看到独特的满族婚俗和萨满教的仪式。

- 免费
- 全天
- 长春龙嘉国际机场—乌拉街满族镇（自驾）
长春龙嘉国际机场—珲乌高速—民航路—X032—乌拉街满族镇
全程约102千米

萨满舞

陨石雨陈列馆 ★★★★

吉林陨石于1976年3月8日从外太空造访地球，当时人们一共收集到较大的陨石138块，并在吉林市博物馆中展出。这些陨石来自一颗年龄为46亿年的行星，因和其他星体相互撞击发生爆炸，产生的碎片落到了地球上。其数量、重量、落地方位都是世界上罕见的，陨石中含有将近40种矿物质和18种元素，陨石带来了大量的宇宙信息，给天文爱好者们近距离接触"宇宙样品"的机会，值得前来一看。

- 新馆门票80元
- 9：00—16：30
- 长春龙嘉国际机场—陨石雨陈列馆（自驾）
长春龙嘉国际机场—珲乌高速—长春绕城高速—地钻嗜噠—陨石雨陈列馆
全程约196千米

吉林文庙 ★★★

吉林文庙属于全国重点文物保护单位，是东北地区最大的孔庙。它建成于清朝宣统元年（1909年），整座建筑坐北朝南，四周的围墙高达3米，南北长为221米，东西长为74米，建筑群成三进院落，主体建筑为大成殿、崇圣殿，左右两边的建筑对称排列，布局合理，气宇轩昂。文庙中还有孔子生平事迹的展览、圣迹石刻图陈列等，这些文献和资料在我国古典建筑史上具有很重要的历史地位和艺术价值。

- 免费
- 8：30—16：30
- 长春龙嘉国际机场—吉林文庙（自驾）
长春龙嘉国际机场—珲乌高速—迎宾大路—青年路—春柳胡同—吉林文庙
全程约85千米

北大湖滑雪场

★★★★

雪场位于吉林市五里河镇，是我国重要的滑雪运动基地和旅游中心。这里海拔超过1200米的山峰有9座，一年中的积雪期可达到160天，而且整个滑雪场三面环山，避风条件很好，气候十分适宜游玩。这里的运动项目有多种，比如高山滑雪、越野滑雪等，在这里曾经举办过中国第八、九届冬季运动会。该地拥有的配套设施和条件均达到了国家场地的水平，游客不要错过体验的机会。

💰 项目收费不同

🕐 9：00—16：30

🚌 长春龙嘉国际机场—北大湖滑雪场（自驾）

长春龙嘉国际机场—珲乌高速—沈吉高速—S206—北大湖滑雪场

全程约139千米

北大湖滑雪场

明代摩崖石刻

★★★★

明代摩崖石刻位于吉林市东南阿什哈达屯松花江北岸的山上，这里也是迄今为止吉林省内发现的仅有的明代的摩崖石刻，1961年被列为重点文物保护单位。碑文上明确记载了明代的骠骑大将军刘清三次率军来此造船以及修建龙王庙、重建龙王庙的时间。

💰 10元

🕐 8：00—17：00

🚌 长春龙嘉国际机场—明代摩崖石刻（自驾）

长春龙嘉国际机场—珲乌高速—迎宾大路—吉丰东路—明代摩崖石刻

全程约100千米

明代摩崖石刻

明代摩崖石刻
旅游指南

1. 吉林市区没有直达明代摩崖石刻景区的公交，建议游客先在吉林市区搭乘由吉林站首发的9路公交车，途经临江广场、温德桥、温德村、白山、红旗、小蓝旗、蓝旗、苗圃、松江村9站到达阿什村，再从阿什步行到达景区即可。

2. 明代摩崖石刻景区距吉林市区15千米左右，游客可以自驾车或租车前往。租车要协商好车价，不要提前支付，以免被骗。

住宿推荐

游客参观过明代摩崖石刻之后，若天色较晚，可前往附近的阿什村寻找农家旅社住宿，还可以在村里的小餐馆品尝一下当地的特色小吃，像小鸡炖蘑菇、猪肉炖粉条等，香而不腻，口感极佳，且价格公道。

另外，游客还可以在吉林市丰满区寻找宾馆住宿，这里的住宿条件比阿什村的农家旅社稍好一些，客房服务设施比较齐全。

吉林天主教堂

★★★

吉林天主教堂位于松花江路上，始建于1917年，历时9年，于1926年竣工。它采用的是哥特式的建筑风格，教堂前部悬挂着十字架的三座尖塔形建筑是天主教堂的主体建筑，中间的建筑则是教堂的钟楼。每当到了周日或者天主教的节日钟声就会响起，绵延千里。整个教堂的结构将宗教和民俗文化相互融合，带给人们全新的视觉体验。

💰 免费

🕐 8：00—18：00

🚌 长春龙嘉国际机场—吉林天主教堂（自驾）

长春龙嘉国际机场—珲乌高速—迎宾大路—松江中路—吉林天主教堂

全程约84千米

吉林天主教堂

六鼎山文化旅游区

★★★

旅游区位于敦化市南郊的牡丹江沿岸，是国家4A级旅游景区，素有"文化圣境·度假天堂"之称。景区内的著名景点有海东之鹰、金鼎大佛、正觉寺、清祖祠、圣莲池等。

💰 70元

🕐 8：30—17：00

🚌 长春龙嘉国际机场—六鼎山文化旅游区（自驾）

长春龙嘉国际机场—珲乌高速—吉林绕城高速—南湖大街—六鼎山文化旅游区

全程约292千米

购物吉林

吉林市内有很多购物中心，在这里都能够以比较便宜的价格购买到正宗的人参、鹿茸等特产，还有当地民间的一些艺术品，比如树皮画、满族剪纸、黄柏木刻象棋、泥玩具等。这里还盛产野生中药，比如党参、黄檗、贝母等。

国贸购物中心：这里的购物环境轻松，服务也很周到，虽然商品的价格都挺贵，不过遇到打折的时候还是很实惠的。

↙ 吃在吉林

在吉林的菜系中，朝鲜族的"三生"和牛肉菜、狗肉菜、海鱼菜、泡腌菜都很有名；满族的阿玛尊肉、白肉血肠、白菜包、芥末墩和苏叶饽饽也十分有民族风情；清真菜在这里也很有口碑。

泡菜豆腐

🍴 **大唐食代炭火烤肉店**

游客评价：韩国烤肉，酱料味独特

📞 0432-62422222

📍 吉林市解放中路7号

🍴 **福源馆（河南街店）**

游客评价：复古的装修，很有"范儿"，

服务非常热情
☎ 0432-62075555
📍 吉林市河南街 117 号

🍲 **米储儿煎鱼**
游客评价：店面整洁干净，鱼肉鲜嫩，一口下去鲜香十足
☎ 0432-69987878
📍 吉林市松江东路江畔人家 B 号楼 108 号

🍲 **老白肉馆**
游客评价：古香古色的环境，氽锅底味道很鲜
☎ 18444020888
📍 吉林市船营区松江西路 13-19 号

🍲 **朝鲜族饭店**
游客评价：韩国菜，其泡菜口味正宗
☎ 13843254597
📍 吉林市吉林大街 170 号百货大楼

🍲 **萍香园饭店**
游客评价：东北菜，种类齐全，环境优雅
☎ 0432-62449595
📍 吉林市昌邑区解放大路九中旁

↘ 住在吉林

吉林的酒店和宾馆价格参差不齐，建议提前预订。

平价型

朴宿（财富广场店）
📍 吉林市重庆街吉林财富购物广场
☎ 15567589902

6698 水晶酒店
📍 光华路与洮南胡同交汇处西北角（近大东门，财富广场）
☎ 0432-66986698

今世缘水晶酒店
📍 吉林市光华路
☎ 0432-63325888

巷家商务宾馆（火车站西出口店）
📍 吉林市天津街 96 号
☎ 0432-66119119

享受型

吉林世纪大饭店
📍 林市吉林大街 77 号
☎ 0432-62168888

吉林雾凇宾馆
📍 吉林市龙潭区龙潭大街 29 号
☎ 0432-63919666

吉林世茂万锦大酒店
📍 吉林市江湾路 2 号
☎ 0432-62222666

吉林金茂翡翠假日酒店
📍 吉林市重庆街与中兴街交汇处东北角
☎ 0432-62996666

长春

长春是吉林省的省会，也是中国特大城市，东北地区第二大都市，有"北国春城"之称。长春市地处我国东北部的长春平原腹地，地势平坦，东高西低，地貌主要是山地、台地和平原。境内季节变化显著，雨热同期，自东向西气温递增、降水递减。

在春、夏、秋三个季节，长春风和日丽，气候宜人，只有七八月份有短暂的高温天气。冬季低温但有着丰富多彩的冰雪运动，树挂、雾凇美若仙境，冰雕、雪雕晶莹剔透，林海雪原更是滑雪爱好者的乐园。

长春的绿化程度居亚洲各大城市之首，有"亚洲森林城"的美誉。丰富的人文景观和自然景观使得长春迅速成长为中国优秀的旅游城市，成为游客休闲度假的好去处。

区号：	0431
邮编：	130000
区面积：	24744 平方千米
人口：	906.69 万人
著名景点：	伪满皇宫、净月潭、长影世纪城等

↘ 游在长春

伪满皇宫 ★★★★★ 📷 🎫 🌐

伪满皇宫博物馆是清朝最后一位皇帝爱新觉罗·溥仪居住的宫殿，从 1932 年到 1945 年，日本指使溥仪建立了满洲帝国，他作为伪满洲国的傀儡皇帝，就在此居住和从事政治活动。伪满皇宫的主体建筑包括 3 座中西风格相渗透的小楼：勤民楼、辑熙楼和同德殿，分为外廷和内廷。中和门之外为外廷，主要是溥仪用来进行政治活动的场所；内廷有东西跨院，是溥仪和他的嫔妃们生活起居的地方，现在这两个部分分别被开发为伪满皇宫陈列室和伪满帝宫陈列室。

💰 70 元
🕐 旺季（4 月 16 日至 10 月 15 日）：8：30—17：20；淡季（10 月 16 日至次年 4 月 15 日）：8：30—16：50
🚗 长春龙嘉国际机场—伪满皇宫（自驾）
长春龙嘉国际机场—机场路—珲乌高速—东环城路—伪满皇宫
全程约 35 千米

两日游
伪满皇宫—长影世纪城—世纪雕塑公园—般若寺—净月潭

伪满皇宫博物馆

伪满皇宫

旅游指南

1. 乘坐火车前来观光的游客,在火车站正门前面的公交站牌处乘坐88路公交车,可到达伪满皇宫博物馆。

2. 火车站前的264路公交车路过伪满皇宫博物馆和长影世纪城,建议游客先到距离火车站较近的伪满皇宫博物馆参观。

温馨提示

1. 在伪满皇宫博物馆门口附近常有倒卖门票的小贩,要比售票处的票价便宜,但游客千万不要购买,这些小贩手中的门票可能不是全票,只能游览景区内的一部分景点。

2. 建议游客雇用一位资深的导游,边游览,边听导游解说,这样,才不至于错过一些小景点、小细节,才能更好地了解当年伪满洲国的那段沧桑历史。

3. 伪满皇宫博物馆冬季下午的闭馆时间要比夏季提前1小时左右,请游客注意把握时间,确保在闭馆之前游览完毕。

长影世纪城

★★★★★

长影世纪城堪称东方好莱坞,是我国第一家将电影制片产业和旅游产业相结合的电影主题公园。它借鉴了美国好莱坞和迪斯尼游乐园的精华,主题鲜明,电影文化内涵丰富。它以电影、电视节目为载体,解开了电影制作的面纱,让游人感受到电影的艺术和民族文化艺术相结合带来的魅力。它是影视旅游的胜地,更是长春的一张钻石名片。

240元

9:00—16:00(夜场17:00—21:00)

长春龙嘉国际机场—长影世纪城(自驾)

长春龙嘉国际机场—珲乌高速—净月大街—永顺路—长影世纪城

全程约42千米

长影世纪城

净月潭 ★★★★★

净月潭公园位于长春市南部,距离市中心18千米,它被称为"大都市中难得的一块净土"。净月潭具有得天独厚的地理优势,它的森林面积超过100平方千米,潭水面积更是达到4.3平方千米。

净月潭因其筑坝蓄水呈弯月状而得名,被誉为台湾日月潭的姊妹潭。浩瀚的林海依山而立,夏季里到处绿荫葱葱,秋季落叶飘零,红黄色的树叶将景区点缀得更加婀娜多姿。这里是泛舟、垂钓和游泳的胜地,也是冬季旅游的好去处。

30元

8:30—16:30

长春龙嘉国际机场—净月潭(自驾)

长春龙嘉国际机场—珲乌高速—长春绕城高速—净月大街—净月潭

全程约37千米

净月潭公园

长春世界雕塑公园

★★★★

长春世界雕塑公园位于长春市人民大街,主要展示当代雕塑艺术和世界雕塑艺术流派,是一座集自然山水景观和人文气息于一身的现代城市雕塑公园。公园的规划将中国传统和西方的设计理念融合在一起,将景观长廊、主题雕塑和人工湖统一结合,形成了动静相宜的景色。雕塑公园的主题建筑雕塑艺术馆占地1.2万平方米,艺术馆内陈列着来自世界各地的精美艺术品,还有陈列室、教室、会议室和雕塑创作室等空间,为雕塑爱好者提供了参观、交流和学习的机会。

30元

冬季:8:00—16:30
夏季:8:00—17:30

长春世界雕塑公园

长春龙嘉国际机场—长春世界雕塑公园(自驾)

长春龙嘉国际机场—珲乌高速—长春绕城高速—人民大街辅路—长春世界雕塑公园

全程约47千米

长春动植物公园

★★★★

长春市动植物园位于长春市中心,始建于1938年,当时就以其丰富的动植物品种号称"亚洲第一"。园内的地形复杂多变,人工湖将公园分割为三个部分:西部以人造山为主体,山上栽植着长白山的树种,登上高山后还可以俯瞰长春市的市中心;东部为动物展区,这里共有珍禽异兽200多种,占地1800平方米的大鸟笼中散布着3000多只鸟儿;北部则主要是游乐园和花卉温室,有激流勇进、太空飞船等活动项目。

30元

8:00—17:00

长春龙嘉国际机场—长春动植物公园(自驾)

长春龙嘉国际机场—珲乌高速—吉林快速路—自由大路—长春动植物公园

全程约36千米

伪满八大部

★★★★

伪满八大部指的是伪满洲国的8个统治机构,即:军事部、司法部、经济部、交通部、兴农部、文教部、外交部、民生部等8大部。这些地方均于1936年初建成,至今仍保存得十分完好,成为日军侵华的罪恶历史以及中华民族耻辱历史的见证。

免费

8:00—18:00

长春龙嘉国际机场—伪满八大部(自驾)

长春龙嘉国际机场—珲乌高速—吉林快速路—新民大街—伪满八大部

全程约36千米

伪满交通部

长春龙湾生态旅游区

★★★★

长春龙湾生态旅游区是长白山山脉的南支，它的文化底蕴源远流长。这里有着浓郁的萨满风情，还有康熙帝东巡时的旧址。园区内开发有欧式别墅、星级宾馆等休息设施，飞碟餐厅、烧烤广场等饮食设施，还有商务中心、会议大厅、太空舞厅等场地。四周的环境优雅而宁静，青山绿水环绕，深入其中会有心旷神怡之感。

💰 15元
🕐 8：00—18：00
🚌 长春龙嘉国际机场—长春龙湾生态旅游区（自驾）
长春龙嘉国际机场—机场路—龙双公路—雪场西街—长春龙湾生态旅游区
全程约28千米

💡 长春龙湾生态旅游区

最佳旅游时间

长春龙湾生态旅游区一年四季各有特色，皆适合旅游，其中以冬、夏两季最佳。

夏季7—9月，这里气候温和，空气清新，游客可以来此游青山绿水，看奇峰怪石，坐游船、玩漂流，避暑消夏。

冬季的12月到次年1月，长春龙湾生态旅游区"草木皆冰"，漫天飞雪，银装素裹，晶莹别透，仿佛进入了童话世界。再加上景区开展的各种精彩活动，吸引了大批游客来此游玩。

温馨提示

1. 春夏季节前来观光的游客一定要多准备些衣物。这里春季多大风天气，建议加件外套挡风；夏季天气炎热，游客在游览过程中体力消耗特别大。另外，游客还可能会参加跳舞、划船等活动，很容易出汗或被水浸湿，所以多带几件换洗衣物还是很有必要的。

2. 在冬季，景区内还会举行滑雪、花样溜冰以及冰雕、雪雕展览等活动，十分精彩，游客千万不要错过，还可以多拍几张照片记录下这美好的时刻。

3. 长春龙湾生态旅游区风景秀丽，气候宜人，是一个娱乐休闲的好地方，来此观光的游客一定要注意保护景区环境。

美食推荐

景区内的烧烤广场经营各种特色美食，食材新鲜，干净卫生，价格不贵，游客可以在此一饱口福。

般若寺 ★★★

般若寺位于长春市中心，占地面积1.4万平方米。它是长春市最大的佛教寺院，现在是吉林省和长春市佛教协会的所在地。寺院的3座山门为并列拱门，雕琢精巧；寺内呈三进院落，分为弥勒殿、大雄宝殿、西方三圣殿。大雄宝殿是般若寺的中心，其后两侧还有两座配殿，东边为观世音菩萨殿，西边为地藏王菩萨殿。每两年，这里会举办一次中国长春电影节。而每年的农历腊月初八，这里家家户户都会熬腊八粥，还会做长春酱肉、冷面、羊肉烧芸豆等地方美食。

💰 免费
🕐 9：00—16：00
🚌 长春龙嘉国际机场—般若寺（自驾）
长春龙嘉国际机场—珲乌高速—吉林快速路—长春大街—般若寺
全程约35千米

↘ 吃在长春

长春的饮食融合了南方和北方的各大菜系，而长春本地的山野风味更具特色。长春名菜多以长白山的人参、熊掌、飞龙、松茸蘑、雪蛤等当地特产为原料，不仅美味，而且具有药用效果。雪衣豆沙、梅花鹿宴、长白山珍宴、翡翠人参茅台鸡、红花熊掌等，都是游客忍不住要一尝的美味。

山鸡汤

🍲 丰茂烤串（建设街店）
游客评价：烧烤品种很多，味道非常香
📞 0431-89816789
📍 长春市朝阳区建设街998号

🍲 福义德道口烧鸡
游客评价：远远就能闻到香味，味道极好
📞 15948090024
📍 重庆路618号亚泰富苑西门

🍲 三俞竹苑（红旗街万达店）
游客评价：川菜，菜品香、辣、正宗

📞 0431-81936001
📍 长春市红旗街万达广场3楼353

🍲 东方肉馆（文庭雅苑店）
游客评价：地道的东北菜，分量大，味道偏咸
📞 0431-86822888
📍 长春市繁荣路文庭雅苑

↘ 住在长春

长春市的酒店很多，档次不一。总的来说，市区的酒店价格要贵一些，在500元以上；中等价位在380元左右；靠近商圈有几家经济型的酒店，价格在160元左右，还是比较合理的。想要节省体力去滑雪场游玩的，可以住在风景区内。

平价型

如家酒店·neo（长春火车站店）
📍 长春市长白路21号
📞 0431-89863000

金凯瑞商务宾馆
📍 长春市净月大街与金宝街交互处东南200米
📞 0431-80545758

远方之家宾馆（火车站店）
📍 长春市胜利大街239号
📞 0431-81759566

长春百家商务宾馆
📍 长春市朝阳区红旗街2号
📞 0431-85701111

享受型

长春吉祥饭店
📍 长春市朝阳区解放大路2228号
📞 0431-85589888

长春海航名门酒店
📍 长春市人民大街4501号
📞 0431-85565666

长春开元名都大酒店
📍 长春市绿园区景阳大路2299号
📞 0431-87068888

长春香格里拉大酒店
📍 长春市西安大路569号
📞 0431-88981818

购物长春

长春国际商业中心
长春国际商业中心位于长春火车站附近，地属繁华的商业区，交通方便，四周店铺林立，是一座大型的现代化购物广场。

长春百货大楼
长春百货大楼地处繁华的朝阳区重庆路887号，交通便利。下设精品美食保健馆、化妆品、名表商场、珠宝商场、名鞋名包馆、绅士运动馆、流行少女馆、名媛淑女馆、家居生活馆、数码广场、家电商场、男装皮具专卖区、羽绒服馆、小家电商场、工艺文化馆几个商场。

长春卓展购物中心
卓展购物中心长春店地处长春市繁华商业核心重庆路"金街"的黄金地段。建筑面积13.3万平方米，整体建筑规划设计由美国著名商场设计公司SOM提供，集百货零售、酒店、餐饮及娱乐为一体。

长春国际贸易中心
长春国际贸易中心位于重庆路上，就在长春百货大楼对面。主要的经营范围有食品、服装、针织品、金银首饰、文体用品和家用电器等，商品种类可达上万种。

欧亚商都
欧亚商都位于红旗街33号对面，主要经营范围有：食品百货、服装、钟表、眼镜、家具、五金等，商品种类将近10万余种，长春欧亚商都是欧亚集团的核心企业，经营面积15万平方米，是吉林省最大的商业零售企业。

💡 **特产**

长春市是吉林省最大的土特产和工艺品的加工集散地，游客们在这里可以买到正宗的人参、党参、哈士蟆油等补品。还可以买到自己喜欢的玉石雕刻、羽毛画等艺术产品。此外，远近闻名的长春木雕也值得买一件回去。

长春木雕：长春木雕多选用东北地区的名贵木材为原料，经过技艺娴熟的雕刻大师手工完成。雕刻的人物表情丰富，颇有神采；花鸟纹路清晰，栩栩如生；山水则气势非凡。

人参：位居东北三宝之首的人参用途极广，特别是将人参切片后熬制而成的参汤，不仅味道鲜美，还具有丰富的营养价值，有益气补血、强健体魄的功效，是滋补身体的佳品。

长春繁忙的购物街

长白山

长白山曾被称作"不咸山""徒太山""太白山",位于吉林省的东南部,是鸭绿江、图们江和松花江的发源地,也是中、朝两国的界山。

从广义上来说,长白山指的是长白山脉,雄踞于中国的黑龙江、吉林、辽宁三省的东部与朝鲜两江道的交界处,从西南到东北绵延上千千米;而狭义上的长白山仅指其在中国境内的主峰白云峰,它是中国东北的第一高峰,素有"东北屋脊"之称。

长白山是与五岳齐名的中国十大名山之一,也是国家首批5A级风景区,是集生态、风光、民俗和边境特色为一体的旅游胜地。1983年,邓小平同志曾在长白山极顶叹曰:"人生不上长白山,实为一大憾事!"

古称:	不咸山
海拔:	2 691 米
最高峰:	将军峰
号称:	"东北屋脊"
主要景点:	长白山天池、长白山林海、长白山瀑布等

↘ 游在长白山

长白山 ★★★★★

长白山是中朝两国的分界山,也是"关东第一山",且位列中国十大名山之一。长白山风景区位于吉林省安图县和抚松县境内,其主峰的山石多为白色浮石,终年覆盖白雪,所以得名长白山,并且有"千年积雪万年松,直上人间第一峰"之美誉。

中国境内的白云峰海拔高度2691米,是东北第一高峰,但长白山的最高峰位于朝鲜境内,名为将军峰。另外,长白山也是中国东北海拔最高、喷口最大的火山体,它还有一个美好的寓意:"长相守,到白头。"大自然赋予了它无比丰富独特的资源,使之成为集生态游、风光游、边境游、民俗游四位于一体的旅游胜地。

$ 199元(北景区门票+环保车)
🕐 7:00—17:00
🚌 白山长白山机场—长白山(自驾)
白山长白山机场—松天线—环山线—文化路—长白山
全程约81千米

💡长白山
旅游建议

1. 长白山北坡的景点关门较早,建议游客先去北坡游览,下午再去南坡。其间行程比较紧凑,游客出发之前最好自备午餐。

2. 登山很耗费体力,游客走到温泉群时,可以找个舒适的地方泡泡脚,可缓解疲劳。

3. 在温泉群附近有一个休息广场,那里售有用温泉水煮的鸡蛋、玉米等,十分美味,建议游客品尝一下。

温馨提示

夏季的长白山上多雨、多风,前去观光的游客可自备雨衣或外套遮风挡雨。最好不要使用雨伞,容易引来雷电且在大风中不易掌控。

即使是在炎热的夏季前来游玩,游客也尽量不要穿短袖等暴露皮肤的衣物,山上日照强烈,容易晒伤皮肤。建议游客拿件薄外套遮阳,也可使用防晒霜保护皮肤。

租车前往景区的游客,最好在上车之前跟司机讲好价钱。

每年的9月中旬过后,长白山自然保护区进入防火期,禁止野外用火。

长白山天池

长白瀑布群 ★★★★

长白山天池是松花江、图们江、鸭绿江这三江的源头之水,在流经的途中,一些坡降较大的地方就形成了形态各异的瀑布。这些瀑布有些直接从高处跌落,声势浩大;有些从石壁上悬挂下来,像白练一般垂下。这些瀑布群中有一些十分著名,比如梯子瀑布、地下瀑布、天池瀑布、锦江瀑布、玉栏瀑布等。这些瀑布落差巨大,水源丰富,浪花飞溅的景色十分迷人。

长白山瀑布

🅢 含在北坡门票中
🕒 7：30—18：00
🚌 白山长白山机场—长白瀑布群（自驾）
白山长白山机场—松天线—长白瀑布群
全程约 18 千米

长白山林海
★★★★ 📷 🏞 ⛺

在长白山，茂密的树林随处可见，参天的古木遮蔽了天空，因此有"长白山林海"之称。原始森林南北长 78 千米，东西长 53 千米，总面积超过 4000 平方千米。按照海拔的差异，林海可分为岳桦林带、针桦林带和针阔混交林带三大林区。

🅢 包含在景区门票之中，不另收费
🕒 6：00—17：00
🚌 暂无
🚌 白山长白山机场—长白山林海（自驾）
白山长白山机场—松天线—S302—两江隧道—S303—长白山林海
全程约 191 千米

长白山温泉群
★★★★ 📷 🏞

长白山温泉群距离长白瀑布不到 1 千米，它色彩绚丽，将四周的岩石和沙砾都染成了五光十色，格外吸引游人。冬季，外面一片冰天雪地，而这里却热气腾腾，别有一番景致。

长白山温泉群水温度大多在 60℃以上，因其具有舒筋活血、驱寒祛病的作用，所以泉水素有"神水"之称。其中著名的有长白温泉、梯云温泉和湖滨温泉等，这些温泉是吸引游人的好地方。

🅢 包含在门票之中，不另收费
🕒 9：00—17：00
🚌 白山长白山机场—长白山温泉群（自驾）
白山长白山机场—长长高速—鹤大线—X094—长白山温泉群
全程约 72 千米

青山湖 ★★ 📷 🏞

青山湖距离白山市市区 2.5 千米，是国家省级风景名胜区。青山湖是因截河而形成的人工湖，湖水水质纯净，两岸群山威耸，青山绿水营造出一片静谧自在的景象。湖上的亭廊曲折蜿蜒，山上掩映在绿树丛中的庙宇若隐若现，景区内还有水上游艇、餐饮等服务设施。

四时景色变幻无穷，湖面一碧如镜，有白鹭翩翩，鱼翔清波。北湖更有几十万平方米国内罕见的水上森林，她像一块碧玉镶在群山苍翠之中。泛舟其间，让人心旷神怡，乐不思返。

清秀娇美的湖光山色和丰厚的人文景观有机地融汇在一起，更增添了青山湖的意蕴和魅力，使其成为夏日避暑、垂钓的好去处。

🅢 5 元
🕒 6：30—18：30
🚌 白山长白山机场—青山湖（自驾）
白山长白山机场—长长高速—鹤大高速—北安大街—青山湖
全程约 168 千米

青山湖

长白山梯云峰
★★★★ 🏞 📷

梯云峰是位于长白山西南侧的一座山峰，海拔 2453 米。它距离长白山的主峰玉珠峰 1.5 千米，从长白山天池到梯云峰的峰顶有 400 米，峰顶流出名为梯子河的瀑布。梯云峰峰顶终年云雾缭绕，即使在晴天也看不清峰顶的轮廓。民间流传着传说，说此峰可直通天宫，连接着人间和天庭，所以名叫梯云峰。

🅢 包含在门票之中，不另收费
🕒 8：00—18：00
🚌 白山长白山机场—长白山梯云峰（自驾）
白山长白山机场—松天线—环山线—文化路—长白山—西南广州—梯云峰
全程约 81 千米

锦江峡谷 ★★★★ 📷 🏞

锦江峡谷距离长白山天池大约 20 千米，掩映在茫茫的林海之中。它是我国最大的火山岩区峡谷，其地貌具有幽、奇、秀、美之特点，这里景色雄奇，风景秀丽，有奇异的熔岩林，有自然原始的风光，还有因断层作用形成的跌水瀑布和地下森林景观。吉林省的一位旅游专家曾经评价锦江峡谷是"地球上最美丽的伤疤"。这样引人入胜的环境当然值得我们前去游览。

🅢 包含在门票之中，不另收费
🕒 9：00—17：00
🚌 白山长白山机场—锦江峡谷（自驾）
白山长白山机场—环山线—S302—锦江峡谷
全程约 55 千米

长白山石林 ★★★ 📷 🏞

长白山石林位于长白县境内，属于长白山的苔原峡谷地带，具有长白山的山体特征，峡谷两岸遍布着白灰色的浮石，同时也具有典型的苔原地貌。这里有石花、杜香等奇异的花草，犹如一座自然的地质博物馆。火山凝灰岩胶结后，会形成青黑色的石林，构成了一幅秀丽的画卷。

🅢 包含在门票之中，不另收费
🕒 8：00—17：00
🚌 白山长白山机场—长白山石林（自驾）

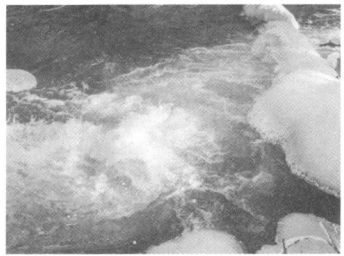
长白山温泉

梯云峰

长白山石林

白山长白山机场—S302—S303—望天鹅路—长白山石林
全程约188千米

长白山迷宫溶洞
★★★★

长白山迷宫溶洞是由6亿年前的石灰石形成的半地下式的岩溶溶洞。其内分为上下两层，曲折环绕，上下相通。溶洞中独特的喀斯特地貌发育完好，大自然的鬼斧神工将石灰石造就成石笋、石瀑、石柱、石流等景观。为了更好地服务游客，洞外还建造了酒吧、舞厅和靶场等娱乐设施。

- 包含在门票之中，不另收费
- 全天
- 白山长白山机场—长白山迷宫溶洞（自驾）
- 白山长白山机场—长长高速—鹤大高速—X078—长白山迷宫溶洞
- 全程约188千米

迷宫溶洞石笋

杨靖宇将军殉国地
★★★

杨靖宇是我国抗日战争时期的爱国将领，他殉国之地位于县城东南6千米处。景区内松柏苍天，纪念碑庄严肃穆，会让人想起"青山处处埋忠骨"这种大无畏精神，敬佩之情油然而生。它是省级重点烈士纪念地保护单位和省级爱国教育基地，现已申报成为国家级爱国主义教育基地。

- 免费

杨靖宇雕像

- 8：00—17：00
- 白山长白山机场—杨靖宇将军殉国地（自驾）
- 白山长白山机场—长长高速—鹤大高速—X076—G222—杨靖宇将军殉国地
- 全程约109千米

鸭绿江漂流 ★★★★

鸭绿江漂流开始于四道沟的长川古渡段，沿江而下，途中会经过六哨九道湾。两岸的山石、树林和峰洞，千姿百态、交相辉映，让人目不暇接，心旷神怡。乘坐在竹筏上，时而越上浪峰，时而跌入谷底，惊险的变化让人十分惬意。沿途也遍布着许多景点，如"一撑跳""老虎哨""孩子哭""妈妈叫"等，再加上神秘的传说，让人不得不遐想万千，感叹大自然的浪漫和神奇。

- 120元
- 7：00—18：00
- 白山长白山机场—鸭绿江漂流（自驾）
- 白山长白山机场—长长高速—S204—G331—鸭绿江漂流
- 全程约152千米

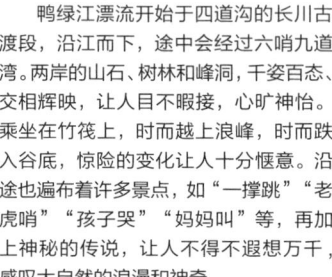
鸭绿江

鸭绿江关于漂流

漂流活动大致可分操控漂流和自然漂流两种形式。

1. 操控漂流一般在水深流急的高山河谷中进行，参与漂流活动的游客只需要在漂流艇上坐稳扶好、把握好身体平衡就行，至于漂流艇的操控、协调工作主要是由船工来完成的。整个漂流过程惊险刺激，呼喊声不断，非常有气氛。

2. 自然漂流一般是在水流较浅且平缓的河道中进行。整个过程都是游客在漂流艇上自由掌控，漂流运动组织者只是在沿途比较危险的地段进行保护。

温馨提示

进行漂流活动的最佳时间是每年的4—10月。

参加漂流活动之前最好将贵重物品寄存或交由同伴保管，随身携带的物品要用塑料袋包好，以免被水打湿。

有心脏病、高血压患者或老年人不要参加，以免发生意外事故。

若在漂流过程中翻船落水，游客不必惊慌，会游泳的应该马上向岸边游，不会游泳的也要在最短的时间内找到并抓住可以稳定身体的礁石，然后等待船工或漂流活动组织者救援。

购物长白山

长白山的特产很多，主要是当地的野味和一些药材。野味比如：越橘、紫貂、黑木耳、山葡萄、榆黄蘑、乌拉草、松花石砚、吉林田鸡、长白山美人松、长白山松子、长白山松茸；药材如：灵芝、桔梗、云芝、茯苓、草苁蓉、月见草、穿山龙、长白瑞香、高山红景天等。

吃在长白山

长白山的饮食风味多种多样，有朝鲜风味的冷面、打糕、泡菜、酱和松饼等；有满族风味的黄金肉、八大碗、风味饽饽、白肉血肠和满族火锅等；还有东北风味的长白山珍宴等。

长白山山药炖鸡

🍲 小黄牛朝鲜族特色汤饭馆
游客评价：小黄牛肉蘸酱非常好吃
- 13224335888
- 长白山白山大街a-8号

🍲 松福家朝鲜族传统菜
游客评价：完全是当地的特色口感，火锅汤底很棒
- 0433-5577739
- 长白山白河大街依水家园

🍲 星辰岩石烧烤
游客评价：烤肉料很丰富
- 13596593356

- 长白山延边朝鲜新城商业街5号楼西侧第一家

满吉东北菜馆
游客评价：包饭真的太香了，一口下去有菜有肉有米饭，好满足
- 15568051466
- 长白山二道白河镇滨河路七天酒店旁

小木屋米酒店
游客评价：当地特色美食配上清香小米酒，太美味了
- 0433-5319696
- 长白山二道白河白林西区白河新城3号楼103室

好奶奶包饭屋
游客评价：包饭的口味很多，可以自己选择搭配，味道好
- 15589866616
- 长白山白山大街江畔人家南门

住在长白山

在长白山，游客可以选择在长春市内住宿，也可以在附近的一些小城镇的旅馆中住宿，在山上和山脚也会有旅社。只是档次各不相同，价格也有高低之分，游客可以根据自己的出行计划来安排住宿。需要注意的是，在旅游旺季要提前预订。

平价型

长白山山茶花家庭旅馆
- 长白山管委会池北区黄松蒲林场院内
- 15843320355

长白山王婶家庭旅店
- 长白山管委会池北区黄松蒲林场院内
- 13844738168

婉居客栈
- 长白山二道白河镇白山大街冰雪小镇东门旁
- 17766886255

喜来客宾馆
- 长白山白山大街冰雪小镇小区10号楼1层
- 15981361881

享受型

长白山宝石国际温泉度假酒店
- 长白山池北304省道二道白河镇宝石小镇
- 0433-5053333

长白山温泉皇冠假日酒店
- 长白山北山门旁
- 0433-6076888

长白山运动员村宾馆
- 长白山风景区内
- 0433-5798671

长白山在之禾度假酒店
- 长白山池北区滨河路1号
- 18626961977

辽宁

区号：	0411—0429
省会：	沈阳
面积：	14.86万平方千米
人口：	4259.14万人
方言：	辽宁话、东北话
著名景点：	沈阳北陵（清昭陵）、獐子岛、沈阳故宫、鸭绿江等

概况

辽宁省，简称"辽"，旧称"奉天省"。是中华人民共和国的一个省份，省政府位于沈阳。辽宁省位于中国东北地区南部，是中国东北经济区和环渤海经济区的重要接合部。辽宁省地势北高南低，东西部主要是山地和丘陵，南部濒临渤海和黄海，所以这里岛屿众多。外长山列岛、里长山列岛、大小鹿岛等排布在黄海沿岸，大小笔架山、长兴岛、虎平岛等排布在渤海沿岸，风景十分宜人。辽宁省是我国的文物大省之一，省内人文景观也很丰富，唐宋元明清时期留下的名胜古迹数不胜数，如著名的如沈阳故宫、清初三陵等，都是中华民族几千年灿烂文化的代表。

辽宁省有很多中外闻名的活动，如大连国际服装节、本溪枫叶节、丹东鸭绿江国际旅游节、沈阳国际冰雪旅游节、抚顺满族文化旅游节等，不仅丰富了文化景观，也让游客们感受到了一个热情开放的辽宁。

辽宁省的水果、海产品十分著名，也有独特的手工艺品。辽宁省被誉为"苹果之乡"，品种达到120多种。另外，桃子品种繁多，有蟠桃、油桃、水蜜桃等，每个品种都汁浓味美。辽宁还有著名的"海八珍"：对虾、海参、鲍鱼、扇贝、蚬子、海红、蛤子、牡蛎。此外还有各种手工艺品，如贝雕画、彩石镶嵌画、锦州玛瑙雕刻、沈阳羽毛画、丹东丝绸等。

名菜

凤腿鲜鲍：以鲍鱼和鸡小腿为原料，爆炒而成。鲍鱼肉质鲜滑，色泽乳白；鸡小腿微甜，色泽红润，呈放射状排布在鲍鱼的周围，造型奇特，色彩鲜艳，具有丰富的营养。

红梅鱼肚：将虾茸制成丸，放入油锅煎炸后压成饼，爆炒成红色放进盘中，再将鱼肚中放入虾茸蒸熟，排布在虾茸饼的周围。红白相间，咸味和甜味皆具，口味清淡而独特。

游龙戏凤：将人参、笋鸡、刺参等入酒烹制而成。笋鸡肉烂脱骨，人参柔软入味，整道菜风味独特，吃了可以益肾补气。

交通

飞机

沈阳机场

📍 沈阳市浑南区机场路
📞 024-96833

机场交通：机场大巴：市区发车地点：中华路与常德街路口，东宇大厦西侧。马路湾发车时间：6:00—19:00，1小时一班，整点发车。机场发车时间：第一班至最后一班航班结束，车坐满就发车，坐不满的时候，30分钟内发车。票价15元，车程约40分钟。运行线路：（上行）马路湾—北方航空城万豪—沈阳机场；（下行）沈阳机场—展览馆—马路湾。

出租车，起步价8元，3千米后每千米1.8元。

大连机场

📞 0411-96600
📍 大连市甘井子区迎客路100号（近南林路）

机场交通：机场大巴：售票柜台在一楼国内到达9号门西侧10米，7:48开始发到直到航班结束，票价每人10元。

出租车，起步价8元，3千米后每千米2元。

沈阳地铁

1号线
黎明广场—十三号街
（6:00—23:00 最高票价7元）
2号线
莆田路—全运路
（6:00—23:00 最高票价7元）

沈阳

沈阳位于辽宁省中部,作为东北第一大市,是东北地区的政治、经济、文化中心,也是东北地区的交通枢纽和重工业城市。沈阳是国家历史文化名城,素有"一朝发祥地,两代帝王城"之称。

沈阳市是首批中国优秀旅游城市,旅游资源丰富多彩,自然景观和人文景观交相辉映。自然旅游景观有"三山一水",辉山、棋盘山、大洋山和秀湖构成的主体风景区。"华夏一绝"的怪坡,沈阳西湖风景区、卧龙湖风景区等也颇负盛名;名胜古迹有沈阳故宫、昭陵等;宗教建筑景观有哥特式建筑的天主教堂等。除此之外,沈阳还有许多纪念性景观建筑,如张氏帅府、"九一八"历史博物馆、抗美援朝烈士陵园、蒸汽机车博物馆等。

区号:	024
邮编:	110000
面积:	12860 平方千米
人口:	907.01 万人
著名景点:	沈阳故宫、清昭陵、清福陵、张氏帅府等

两日游

沈阳故宫—张氏帅府–沈阳东陵—沈阳北陵—九一八历史博物馆—棋盘山

游在沈阳

沈阳故宫 ★★★★★

沈阳故宫位于沈阳市旧城中心,占地6万平方米。其原名为盛京宫阙,后又被称为奉天行宫。它以崇政殿为中心,从大清门到清宁宫为中轴线,分为东路、中路和西路3个部分。东路建筑主要有用来举行大典的大政殿、大臣们议政的十王亭;中路是整个景点的中心建筑群,分为前、中、后3个院落,每个院落中都有各种檐角飞翘、色泽华丽的建筑;西路则是在乾隆年间新建的,有戏台、嘉荫堂、文溯阁、仰熙斋等,还有跑马场。沈阳故宫共有建筑90余座,在建筑风格上沿袭了中国古代建筑的传统,具有很高的历史和艺术价值。

60元

9:00—16:30

沈阳桃仙国际机场—沈阳故宫(自驾)

沈阳桃仙国际机场—丹阜高速—青年南大街—沈阳路—沈阳故宫

全程约24千米

沈阳故宫

最佳旅游季节

东北的夏季气温要比华中、华南低3~5℃,而春秋季节比较短促,冬季寒冷,雨季多在季节交替之时,每年的4—10月是最佳的旅游季。冬季的雪景同样美轮美奂。

交通指南

乘117路、118路、132路、140路、213路等环路公交车到故宫站下车,步行5分钟可到达;乘105路、113路、117路、131路、133路等公交车到大东门站下车,过大东门往西步行10分钟可到达;乘207路、212路、224路、227路等公交车到大西门站下车,过怀远门往东步行10分钟可到达。乘地铁1号线到中街站、怀远门站下车,步行10分钟可到达。

注意事项

1. 不要在景区内吸烟和大声喧哗,不要在禁区游玩。

2. 自觉遵守参观游览秩序,自觉排队,凭票进入,不要在院内堵塞游览通道和出入口。

沈阳故宫

张氏帅府 ★★★★

张氏帅府是奉系军阀的首领张作霖及其长子张学良的官邸和私宅,也被叫作"大帅府""小帅府"。它建于1914年,占地面积将近3万平方米,其中建筑面积达到2.7万平方米。张氏帅府的建筑都为青砖结构,结构上是三进四合院,有东院、中院、西院几个部分。各处的建筑风格都不尽相同,是我国近代优秀的建筑群。在二十世纪二三十年代,这里曾经发生过许多震惊中外的事件,如张作霖在此称"东北王"、张学良在此宣布"东北易帜"等。新中国成立后,这里得到了修缮和维护,并被列为省级文物保护单位。

46元

张氏帅府

🕗 8：30—17：30（周一不开放）
🚌 沈阳桃仙国际机场—张氏帅府（自驾）
沈阳桃仙国际机场—丹阜高速—青年南大街—南顺城路辅路—张氏帅府
全程约 25 千米

沈阳北陵（清昭陵）
★★★★ 📷

清昭陵位于沈阳北部，距离市区约 5 千米，因而也被称为北陵。它是清朝的第二任开国君主皇太极以及孝端文皇后博尔济吉特氏的陵墓，占地面积约为 16 万平方米，是清朝初期关外三陵中规模最大的一座陵墓。清昭陵内楼殿威严，参天的古木衬托得气氛更加肃穆；草木繁茂，湖水清澈，映衬着建筑的金色砖瓦，将皇家陵园的雄伟和壮丽表达得淋漓尽致。

💰 旺季（4月1日至10月31日）40元；淡季（11月1日至次年3月31日）20元
🕗 8：00—17：00
🚌 沈阳桃仙国际机场—沈阳北陵（自驾）
沈阳桃仙国际机场—丹阜高速—青年大街—泰山路—沈阳北陵
全程约 29 千米

沈阳北陵

沈阳东陵（福陵）
★★★ 📷

沈阳东陵位于沈阳市东北部的天柱山上，距离市区约 18 千米，又叫作福陵。它是清太祖努尔哈赤和孝慈高皇后叶赫那拉氏的陵墓。它建于 1629 年，到 1651 年基本建成，又经过顺治、康熙、乾隆年间的多次扩建和修缮，逐渐形成了规模宏大的帝王陵寝。东陵从南到北可分为 4 个部分：大红门外区、神道区、方城、宝城区。整座建筑背靠天柱山，面临浑河，建筑宏伟，气势威严。优美的自然风光和深厚的人文景观相结合，具有幽静肃穆的气氛。福陵将我国古代传统的建筑艺术和满族文化融合在一起，具有很高的历史价值。

💰 42元
🕗 8：00—17：00
🚌 沈阳桃仙国际机场—沈阳东陵（福陵）（自驾）
沈阳桃仙国际机场—四环路—深得线—深大线—沈阳东陵（福陵）
全程约 21 千米

沈阳东陵

兴隆室内公园
★★★ 📷

兴隆室内公园总建筑面积达 1.8 万平方米，是一个室内园林和休闲娱乐的场所。这里四季如春，生机盎然，绿树成荫，花团锦簇，可以让您感受到生命的活力；亭台楼阁，小桥流水，让您仿佛徜徉在仙境之中；多姿多彩的植物、动物更为这里增添了许多乐趣。

💰 无门票，项目单独收费
🕗 8：00—18：00
🚌 沈阳桃仙国际机场—兴隆室内公园（自驾）
沈阳桃仙国际机场—丹阜高速—南二环路—沈辽西路—兴隆室内公园
全程约 30 千米

棋盘山 ★★★★ 📷

沈阳棋盘山国际风景旅游开发区位于沈阳市东北部，距离市区 17 千米，它占地 203 平方千米，是沈阳最大的自然风景区。主要景区有：动植物自然保护区、中心游览区、水上运动区、动态娱乐区、静态游览区、中心服务区、狩猎区以及野营别墅区等。景区气候适宜，资源丰富，多种植物在这里争奇斗艳，生长得郁郁葱葱。加上一些奇石和神秘的山洞，形成了引人入胜的风光。是以自然山水林木为主体，集森林生态旅游、冰雪旅游、风光旅游、名胜古迹旅游、棋牌竞技等为一体的旅游胜地。

💰 5元
🕗 全天
🚌 沈阳桃仙国际机场—棋盘山（自驾）
沈阳桃仙国际机场—四环路—沈北路—秀湖环路—棋盘山
全程约 54 千米

棋盘山冰雪节

沈阳世博园（沈阳植物园）
★★★★ 📷

沈阳世博园位于棋盘山风景区内，占地面积达到 246 平方千米，是迄今为止世界上历届园艺博览会中占地面积最广的一个世博园。园内包括 53 个国内园区，23 个国际园区以及 24 个专类园区。它是一座以植物科研和植物景观为主的公园，将自然景观和人文景观相结合，游人在观赏、娱乐的同时，也能够增长自身的知识。沈阳世博园现已被列入"辽宁省十大佳景""沈阳市十五大旅游景观"和"沈阳市十大科普教育基地"等行列，集科研、科普和旅游观光于一身。

💰 50元
🕗 8：30—16：30
🚌 沈阳桃仙国际机场—沈阳世博园（沈阳植物园）（自驾）
沈阳桃仙国际机场—四环路—森林路—双园路—沈阳世博园
全程约 43 千米

沈阳世博园

关东影视城
★★★★ 📷

关东影视城是我国著名的表演艺术家赵本山出资建造，由国内十几位规划、民俗和历史专家联手打造的，由我国著名的美术设计大师霍廷霄先生亲手设计的。关东影视城位于沈阳棋盘山国际风景旅游区内，占地面积 28 万平方米，建筑面积达 3.8 万平方米。这里有清朝末年和民国初年时各种风格的建筑，共计 177 栋，集影视拍摄、旅游、教育和实体经营为一体，同时它也是目前国内唯一一座展现 20 世纪初期关东风貌的影视城。

💰 68 元

🕘 9：00—16：30

🚌 沈阳桃仙国际机场—关东影视城（自驾）

沈阳桃仙国际机场—四环路—森林路—秀湖环路—关东影视城

全程约 46 千米

关东影视城

"九一八"历史博物馆

★★★★

沈阳的"九一八"历史博物馆从 1991 年开始修建，1997 年进行了扩建，最终于 1999 年对外开放。博物馆占地 3.1 万平方米，共设置了 8 个展厅，10 多个大型的场景。影视报告厅、电子阅览室、分区广播系统、多媒体电脑系统以及国际互联网系统等，现代科学技术的应用让这里成为一座现代化的国防教育基地。此外，博物馆还通过大量文物和史料展示了"九一八事变"之后，东北人民所遭受的残酷统治以及奋起反抗的历史，具有很好的爱国教育意义。

💰 免费

🕘 夏季：9：00—17：00；冬季：9：00—16：30（周一闭馆）

🚌 沈阳桃仙国际机场—"九一八"历史博物馆（自驾）

沈阳桃仙国际机场—长青街高架—北海街—望花南街—"九一八"历史博物馆

全程约 31 千米

"九·一八"历史陈列

辽宁省博物馆

★★★★

辽宁省博物馆位于沈阳市和平区，于 1949 年成立，是新中国第一座博物馆，也是我国著名的历史博物馆之一。现位于市府广场东侧。博物馆的前身是奉系军阀都统汤玉麟的官邸，"九一八事变"后，这里被设立为"国立博物馆奉天分馆"。新中国成立后，东北人民政府批准将其设立为东北博物馆，并于 1959 年正式更名为辽宁省博物馆。

这里的藏品总量达 11.5 万件，主要是当地出土的一些文物和传世的历史艺术文物，种类有考古、书画、雕刻、陶瓷、丝绣、服饰、铜器、货币、漆器、景泰蓝、家具、古生物、少数民族文物、甲骨、碑志等 17 类。其中有名的比如晋唐宋元时期的书画、宋元明清时期的刺绣、商周时期的青铜器等，具有鲜明的时代特色。

💰 免费

🕘 9：00—17：00（周一闭馆）

🚌 沈阳桃仙国际机场—辽宁省博物馆（自驾）

沈阳桃仙国际机场—机场路—全运五路—智慧四街—辽宁省博物馆

全程约 12 千米

辽宁省博物馆文物

怪坡 ★★★★

沈阳怪坡位于沈阳东北部的帽山西麓，于 1990 年被发现。怪坡长 80 多米，宽大约 15 米，呈西高东低的走势。

它怪就怪在车辆到此下坡不加油不走，而上坡不加油却自然会向上滑行。怪坡问世后，各类学者和专家慕名而来，希望能够解开它的谜底。然而，迄今为止仍然没有一种说法可以正确解释其缘故。

怪坡周围还有 10 多处景点，比如响山、嗡顶、松林槐谷等秀丽的山峦，还有印山湖、霞妹泉、月牙湖、梨花湖等缱绻的水系，还有仍未开发的鹏思寺、怪堡、怪人展馆、迷宫、同心索桥、518 蹬天阶、游艺射击场等娱乐设施。怪坡集怪异和乐趣于一体，蜚声海外。

💰 成人票 40 元（含自行车试坡）

🕘 8：30—16：30

🚌 沈阳—怪坡（自驾）

沈阳—东西高架桥—东陵路—沈阳绕城高速—京哈高速—102 国道—怪坡

全程约 46 千米

怪坡

↘ 吃在沈阳

沈阳有着清王朝遗留下来的宫廷饮食文化，这里的满族饮食文化曾风靡全国，而且这里也有着自己独有的特色辽宁菜。著名的辽宁菜如凤腿鲜鲍、兰花熊掌、红梅鱼肚、麒麟送子、游龙戏凤等。

冬菇虫草炖鲍参

🍲 **安三胖韩国烤肉（领事馆店）**

游客评价：环境适合拍照打卡，厚切五花肉必点，太好吃了

📞 18686518833

📍 沈阳市十四纬路 67 号

🍲 **奉天小馆（万象城店）**

游客评价：东北酸菜真是怎么都好吃，蘸上芝麻酱就更香了

📞 024-31255777

📍 沈阳市青年大街 288 号华润万象城

🍲 **味家烤肉烤鳗鱼牛排（西塔旗舰店）**

游客评价：打卡餐厅，烤肉和鱼都非常棒

📞 024-23470808

📍 沈阳市图们路 24-1 号 6 门

🍲 **刘记光大火锅鸡（中街店）**

游客评价：凤爪特好吃

📞 18640538248

📍 沈阳市中街路 195 号 A7 商铺附近

🍲 **青梅酒肆（长安里店）**

游客评价：特色菜，环境优美

024-24858800

沈阳市朝阳街7号盾安r3馆

积善食堂（沈阳铁西万象汇店）

游客评价：日式自助餐，食材很棒，可以吃到撑

15940577776

沈阳市十四纬路与南四经街交叉口东南角

住在沈阳

沈阳拥有各个档次的宾馆和酒店，价格总体来说不贵，而且住宿设施很齐全。只是在每年的8—10月和12月到次年3月的旅游旺季，沈阳游客激增，需要提前预订房间。

平价型

锦江之星（沈阳中街地铁站故宫店）
沈阳市朝阳街80号
024-24862888

随心所欲胶囊旅社
沈阳市太原南街16号万达新天地
18307798798

沈阳天宝国际酒店
沈阳市大东区大什字街107号
024-24106666

城市小栖酒店式公寓
沈阳市南一马路万达新天地天籁座28层
15104003451

享受型

沈阳健晖君悦酒店
沈阳市沈河区北站路77号
024-31289999

沈阳康莱德酒店
沈阳市青年大街1-1号
024-83868888

沈阳凯宾斯基饭店
沈阳市沈河区青年大街109号
024-22988988

沈阳清河半岛酒店
沈阳市蒲河路20号
024-31853999

购物沈阳

中街步行街

中街步行街历史悠久，长达1千米，现在已经有200多家商户，还有餐饮和文化娱乐场所。街道中的建筑和现代的建筑相互映衬，在逛街的时候也能观赏到独特的风景。

太原街商业步行街

太原街商业步行街位于沈阳的中心地带，全长3950米，拥有综合百货商店、专业商店、露天市场、地下商场等机构，是集商业、餐饮和文化服务为一体的多功能商业区。这里也是沈阳繁华的商业地区。

五爱市场

五爱市场位于沈阳市沈河区风雨坛街，这里经营着的商业批发和零售的种类有两万多个，品种齐全，是辽宁省甚至是整个东北地区的轻工批发市场。需要注意的是，这里地广人多，要保管好随身携带的物品。

西塔

这里聚集着很多韩国人和朝鲜族的人们，具有浓厚的域外风情。建筑是朝鲜族式的，指示牌和路牌都是中朝双语的。还有很多韩国料理的餐厅，逛街的时候不会饿了肚子。

兴隆大家庭

兴隆大家庭是原先的东亚广场，它是沈阳首家摩尔巨型购物中心和大型百货商场。设计独特，楼下一层是自选商场，其他五层是室内公园。兴隆大家庭与沈阳故宫仅一墙之隔，是旅游购物的好去处。

💡 **特产**

不老林糖：不老林糖名字怪怪的，其实它是以人名起的。发明这种糖的人姓林，大概是想让这糖流传百世，特取了此名字。糖果包装上还有他的头像。作为东北的老字号，味道特别正宗，吃一块糖旅途会更甜蜜。

沈阳陈酿醋：众所周知，山西老陈醋闻名遐迩，其实沈阳陈酿醋也很正宗。其口味独特，深受大众喜爱。

彩石镶嵌画：以天然大理石为主，并以枯石、玛瑙、汉白玉、金星石等彩石为原料，运用大理石各种彩石的自然形态特征、纹理脉络和丰富的色彩，汲取古代壁画艺术制成的石质画工艺品。

羽毛画：各种鸟的羽毛拼接组合到一块竟然成了一幅画，特别漂亮。羽毛画工艺品工艺独特，稀少，是送礼佳品，可多买几幅。

太原街商业行步街

大连

区号	0411
邮编	116000
面积	12574 平方千米
人口	745.08 万人
著名景点	老虎滩海洋公园、金石滩国家度假区、大连世界和平公园等

大连，位于中国辽东半岛最南端，西北濒临渤海，东南面向黄海，是我国北方很漂亮的海滨城市。如今的大连中外游客络绎不绝，国际服装节、中华烟花爆竹迎春会、出口商品交易会和国际马拉松赛等国际盛会把大连打造成了国际大都市，名扬四海。

大连是一座休闲的城市，冰峪旅游度假区、棒棰岛等让休闲融入生活，让生活处处休闲。大连又是一座浪漫的城市，金色的沙滩上洒满阳光，美丽的少女沐浴海浪等，无不充斥着浪漫气息。大连又是半个中国近代史天然博物馆，旅顺口的炮台等无不印记着历史的沧桑。城市中的俄罗斯风情街等可以让你充分感受到大连的独特魅力，这座"东方的明珠"光彩夺目，是东北地区不可错过的旅游胜地。

↘ 游在大连

老虎滩海洋公园 ★★★★★

大连老虎滩海洋公园位于大连南部海滨，占地面积达到118万平方米，海岸线蜿蜒曲折长4000多米。园内有着独特的风光：碧海蓝天，青山礁石，水天一色，让人感觉仿佛身处海滨城市。这里还有大型海洋生物馆，主要以展示珊瑚礁生物群为主的极地馆，主要以展示海洋动物为主；有大型人工鸟笼；有大型岗岩石雕；有跨海空中索道……当然，老虎滩海洋公园在展示海洋文化的同时，也将科普、娱乐、购物和文化融合在其中。

$ 210元
⏰ 8：30—17：00
🚌 大连周水子国际机场—老虎滩海洋公园（自驾）
大连周水子国际机场—疏港路—东北路—解放路—老虎滩海洋公园
全程约18千米

老虎滩海洋公园

💡 老虎滩海洋公园

交通指南

在市区内乘坐2路、4路、30路、402路、403路、404路公交车都能到达景区。从大连火车站乘坐7路车在三八广场换乘402路到老虎滩站点下车。乘坐出租车大概15元。从大连港客运站乘坐11路或27路在三八广场换乘402路在老虎滩站下车，乘坐出租车大概20元。从北桥岗汽车站乘坐40路在天津街站下车换乘403路，或者在南石道街站下车换乘404路在老虎滩站下车。乘坐出租车大概20元。从机场乘坐710路在五一广场下车换乘4路到达景区。乘坐出租车大概40元。

亲子游项目

儿童海运动会：和爸爸、妈妈一起做游戏，《小丑鱼穿越珊瑚礁》接力赛、《小白鲸戏宝珠》《小海豹顶球球》等，爸爸妈妈和孩子共同努力，一场家庭竞技，看看谁的配合好，谁能拿第一。

大连金石滩国家旅游度假区 ★★★★★

大连金石滩国家旅游度假区位于黄海之滨，距离大连市区50千米，占地面积112.3平方千米，是全国最大的国家级旅游度假区。这里娱乐功能齐全，拥有高尔夫球场、游艇俱乐部、蜡像馆、狩猎场、鲜花大世界、奇石馆、金石园、龟裂石、金石跑马场等设施。依山傍海的地理优势使得环境十分优美，充满着异国情调和艺术氛围。金石滩国家旅游区被人们誉为"神力雕塑公园""大连后花园""地质博物馆"等，是理想的旅游度假胜地。

$ 90元（套票）
⏰ 8：00—17：30

大连金石滩

旅顺东鸡冠山景区
★★★

东鸡冠山景区位于旅顺东北部，是省级文物保护单位，也是大连市著名的爱国主义教育基地。景区遍布苍松，山峦起伏，但其最重要的景观当属人文景观。这里有北堡垒、二龙山堡垒、望台炮台及日俄战争陈列馆等景点。其中，陈列馆中陈列着日俄战争时期的各种历史照片和文物，以及各种影像资料。

- 20 元
- 8:30—17:30
- 大连周水子国际机场—旅顺东鸡冠山景区（自驾）
大连周水子国际机场—金虹西路—旅顺北路—新城大街—旅顺东鸡冠山景区
全程约 42 千米

棒棰岛 ★★★★

棒棰岛得名于它的形状——像一只棒槌，其面积不过 1 平方千米。它北面环山，南面则是迷人的沙滩和广阔的海域。群山上生长着郁郁葱葱的树木，海滨浴场总是掀起碧波浪花，山、海、岛、沙滩交相辉映，织出一幅美丽的画卷。一个叫作三山岛的小岛和棒棰岛隔海相望，终日里云雾缭绕，犹如仙境。除了优美的景色，这里还流传着许多动人的传说，让人神往。

- 20 元
- 8:00—18:00
- 大连周水子国际机场—棒棰岛（自驾）
大连周水子国际机场—疏港路—五五路—迎宾路—棒棰岛
全程约 22 千米

大连棒棰岛

大连广播电视塔
★★★

大连广播电视塔位于大连市中心劳动公园南侧的绿山之巅，于 1990 年投入使用，并于 2004 年改名为大连观光塔。电视塔高 190 米，塔身为 12 边形，它的造型在世界上首次采用了空间桁架式的钢塔，风格独特。它是一座电视发射塔，更是观赏大连市风景的第一高建筑。

- 50 元
- 夏季：9:00—21:00；冬季：9:00—18:00
- 大连周水子国际机场—大连广播电视塔（自驾）
大连周水子国际机场—西部大通道—胜利路—绿园街—大连广播电视塔
全程约 16 千米

星海公园、星海广场
★★★★★

星海公园是一座历史悠久的海滨公园，它主要包括两部分：占地 15 万平方米的陆域园林和长 800 余米的海水浴场。陆域园林里花木缤纷，鹅卵石铺成的园路将棋乐亭、望海亭、海岩亭、迎潮亭、瑾花亭连接成一条景区游览路线，尽头处是临海悬崖，令人心旷神怡。海水浴场水深适中，水流缓慢，每到夏天就游人如织。这里还有很多游乐项目，以及史前博物馆展馆，让游人乘兴而来，尽兴而归。

- 免费
- 全天
- 大连周水子国际机场—星海公园、星海广场（自驾）
大连周水子国际机场—西部大通道—星河街—星海广场—星海公园、星海广场
全程约 13 千米

星海公园

大连圣亚海洋世界
★★★★

大连圣亚海洋世界位于大连沙河口区，于 1995 年正式对外开放。它是我国第一座海底通道式水族馆，海底通道长 118 米。2005 年圣亚海洋世界进行了改版，将海洋馆和主题乐园结合在一起，游人可在海底近距离接触鱼类，水下世界的神奇尽显眼前。

- 四馆套票 190 元
- 8:30—17:00
- 大连周水子国际机场—大连圣亚海洋世界（自驾）
大连周水子国际机场—西部大通道—西南路—连山街—大连圣亚海洋世界
全程约 12 千米

圣亚海洋世界

獐子岛 ★★★

獐子岛在大连市长海县獐子镇，位于长山群岛南部，距离大连市区 103 千米，包括獐子、褡裢等 13 个小岛屿。海岸线绵延曲折，长达 57.7 千米。这里盛产海鲜，如海参、鲍鱼等，有"海底银行""黄海明珠"等美称。这里城镇的建设别具一格，街道宽阔，全岛都遍布着欧式建筑，白墙红瓦掩映在绿树之中，富有异国情调。

- 免费
- 全天
- 大连周水子国际机场—獐子岛（自驾）
大连周水子国际机场—迎客路—华北路—天河路—獐子岛
全程约 9 千米

冰峪沟 ★★★★

大连冰峪沟位于辽东半岛南部，距离市区 40 多千米，占地面积 170 平方千米，是一座集观光旅游、休闲度假为一体的景区。这里的地貌是奇特的喀斯特地貌，还有天然生长起来的青松林，这在世界上都是罕见的景观。景区内还有上百种动植物，堪称"天然的动植物王国"。整个景区奇峰耸立，沟谷幽深，还有齐全的接待和游玩设施，徜徉其中，

大连周水子国际机场—大连金石滩国家旅游度假区（自驾）
大连周水子国际机场—华北路—振兴路—金石路—大连金石滩国家旅游度假区
全程约 46 千米

让人心旷神怡，流连忘返。
- $ 通票 120 元
- ⏱ 7：00—17：00
- 🚌 大连周水子国际机场—冰峪沟（自驾）
大连周水子国际机场—鹤大高速—张庄公路—四仲线—冰峪沟
全程约 211 千米

冰峪沟

胜水寺 ★★★★

胜水寺又名"观音阁"，位于大黑山的北部。胜水寺原本分为上院和下院，上院建造在半山腰上，盘山道路和石蹬可引领着游人攀登，两侧耸立着明清两代的石碑，昭示着胜水寺的深远历史。庭院内供奉着释迦牟尼、文殊菩萨、观音菩萨、地藏王等塑像，还有历代名家手写的匾额。下院原本是由 24 间建筑组成的四合院，如今已不复存在。这里有金州八景之一的"南阁飞云"，即因为在此凭栏眺望可以看到茫茫天海和重重层峦，夏季雨水过后脚下云雾翻涌，犹如身在仙境。这等美景，当然让很多人忍不住前来游览。
- $ 15 元
- ⏱ 7：00—17：00
- 🚌 大连周水子国际机场—胜水寺（自驾）
大连周水子国际机场—华北路—振兴路—学府大街—胜水寺
全程约 39 千米

大黑山 ★★★

大黑山原名叫作"老虎山""大和尚山"等，位于金州东部，距离市区 15 千米。它海拔 663 余米，占地面积约为 110 平方千米，属于辽宁省文物保护单位。

大黑山的景观曾被古人誉为"辽左东南一隅之胜地"。著名的金州八景在这里就有 4 个：响泉消夏、南阁飞云、山城挂月、朝阳飞雪。山中怪石嶙峋，气势壮观，还有众多传说故事为其增添色彩，使得这里数百年来游人不绝。登上大黑山，整个大连市区都可尽收眼底。

- $ 旺季（3 月 1 日至 11 月 30 日）20 元；淡季（12 月 1 日至次年 2 月 28 日）10 元
- ⏱ 7：00—18：00
- 🚌 大连周水子国际机场—大黑山（自驾）
大连周水子国际机场—华北路—振兴路—大黑山
全程约 32 千米

大黑山

旅顺日俄监狱旧址
★★★

日俄监狱位于旅顺口区元宝坊，它建于 1902 年，历时 3 年建成，共有牢房 85 间，办公楼 1 座。日俄战争结束后，日本人对监狱进行了大规模的扩建，牢房增加到 253 间，四周还建了高 4 米、周长 725 米的围墙，同时增设了菜地和工厂，强迫犯人在此劳动改造。旅顺监狱中关押过的犯人数量无法计算，在这里被摧残和绞杀的人更是不计其数。这里是帝国主义列强对我国进行野蛮入侵的铁证，是进行爱国教育极好的基地。
- $ 免费
- ⏱ 9：00—15：00（周一闭馆）
- 🚌 大连周水子国际机场—旅顺日俄监狱旧址（自驾）
大连周水子国际机场—金虹西路—旅顺北路—向阳街—旅顺日俄监狱旧址
全程约 42 千米

旅顺日俄监狱旧址

吴姑古城 ★★★

吴姑古城位于普兰店区星台镇北巍霸山的群山之间，整整环绕了山体一周。山中有一座古刹——吴姑庙，还有辽南地区保存较完整的寺院——清泉寺。

吴姑古城自东汉建成，距今已经将近 2000 年。山城采用大块花岗岩垒砌而成，城内建有紫禁城、点将台、梳妆楼、烽火台、练兵场及饮马湾等设施，是当时重要的战略设备。该地出土的文物有绳纹红瓦陶片、环首铁刀、开元通宝古钱币以及大量的魏晋时期的花纹砖。吴姑古城是大连地区著名的风景名胜区。
- $ 10 元
- ⏱ 7：00—18：00
- 🚌 大连周水子国际机场—吴姑古城（自驾）
大连周水子国际机场—沈海高速—皮长高速—清和线—吴姑古城
全程约 131 千米

大连世界和平公园
★★★★

大连世界和平公园坐落在旅顺口区，是中国一座以世界和平为主题的大型海滨公园，在联合国教科文组织和国际科学与和平周组委会都有众口皆碑的广泛影响，是人类维护和平的象征。

公园占地 13 万平方米，投资 2.3 亿元建造而成，是大连著名的旅游度假中心，文化教育中心。其建筑风格中西合璧，另类别致，现在已成为大连市著名的旅游和度假中心。而且，大连世界和平公园在国际上都有广泛影响，可以让人们更深刻地感悟和平与发展的世界主题。
- $ 免费
- ⏱ 8：00—16：30
- 🚌 大连周水子国际机场—大连世界和平公园（自驾）
大连周水子国际机场—虹锦路—沈海高速—滨港路—大连世界和平公园
全程约 53 千米

大连世界和平公园

发现王国
★★★★★

大连发现王国坐落在金石滩的黄金海岸上，2006 年 7 月开园。占地面积 47 万平方米，共有 6 个主题：婚礼殿堂、疯狂小镇、神秘沙漠、金属工厂、魔法森林、传奇城堡。行走在其中，游人时而会被鲜亮的卡通形象吸引，时而又会被翻滚的过山车惊到，又或者让步于具有欧洲风情的小店。这里的一切都是这么新鲜而诱人。

- 日票220元，夜票180元
- 日场：9：30—20：00
  夜场：20：00—22：00
- 大连周水子国际机场—发现王国（自驾）
  大连周水子国际机场—华北路—振兴路—丽山环路—发现王国
  全程约49千米

发现王国

发现王国

小贴士

1. 取票后景区将在票面上书写游客姓名，检票时游客凭票及身份证在闸口检票入园。
2. 景区实行实名制，每一位游客买票时必须携带身份证。
3. 门票当天有效，出园后再入园，需再次购票。
4. 发现王国门票为一票制，门票分为日场票和夜场票。持日场票的游客只要不出园，可一直玩到夜场结束。
5. 发现王国中有些游戏项目很刺激，视自己的情况而定，不能乘坐的，尽量不要冒险。

优惠政策

1. 身高1.2米以下的儿童免费，但需至少1名成人陪同。
2. 身高1.2~1.5米的儿童享受购儿童票的优惠。身高大于1.5米的儿童需购买成人票。
3. 65周岁以上的老年人享受45元优惠。

普兰店安波温泉度假区
★★★★

安波温泉位于普兰店区安波镇政府所在地，距离大连市中心150千米。迄今为止这里已经建了60多家酒店和娱乐中心，还有大中型的游泳馆4座，以及室外大型浴场1个。这里的水质透明，水的最高温度可达到75℃，溶解了上百种对人体有益的矿物质，保健作用十分明显。

- 128元
- 全天
- 大连周水子国际机场—普兰店安波温泉度假区（自驾）
  大连周水子国际机场—沈海高速—兴唐线—黄坡线—普兰店安波温泉度假区
  全程约151千米

瓦房店仙峪湾旅游度假区
★★★★

瓦房店仙峪湾旅游度假区位于辽东半岛西南部，景区总面积45平方千米，分为动态区和静态区。动态区比如海滨浴场、仙浴湾公园等4部分；静态区比如别墅与度假村、森林野营公园等。景区中共有12个大景点，度假村、观海寺、海上娱乐区、仙人洞、药王庙、望海亭、莲泡荷风等，每一处的风景都十分优美。

- 50元
- 8：30—16：30
- 大连周水子国际机场—瓦房店仙峪湾旅游度假区（自驾）
  大连周水子国际机场—沈海高速—城八线—望仙线—瓦房店仙峪湾旅游度假区
  全程约127千米

购物大连

大连有许多值得购买的东西，如海产品、工艺品等。大连主要有以下购物场所。

天津街商业步行街：步行街中有天百大楼、天伦百厦、天津街服装城等老牌商店。西安路上的百盛购物中心和家乐福也开始吸引人们的视线，使得这里有了"大连的南京路"之称。

大连胜利广场：位于大连火车站前，是名副其实的"不夜城"，也是综合性的五星级商场。

吃在大连

大连的菜系多是鲁菜系。因此地盛产鱼、虾、蟹、贝等海产品，所以以海鲜为主要原料形成了自身的独特风格。大连的小吃铁板鱿鱼全国知名，比较著名的菜则有红烤全虾、油爆海螺、珍珠海胆、海鲜焖子、蒸灯笼鲍鱼、大连虾酱、海珍品海参、五彩雪花扇贝、红烧海味全家福等。

刺身海鲜拼盘

万宝海鲜舫
游客评价：龙虾刺身鲜甜冰爽，龙虾头还可以做龙虾粥
- 0411-39912888
- 大连市中山区解放路108号

皇城老妈
游客评价：环境有些旧，但味道还是非常好
- 0411-86655555
- 大连市沙河口区升平街41号

旅大印象餐厅（黑石礁店）
游客评价：海鲜很新鲜，石锅鲍鱼不愧是招牌，好吃
- 0411-86333368
- 大连市中山688号辰熙广场购物中心4楼

蟹将军日本料理（友谊商城店）
游客评价：非常有仪式感的餐厅，菜品精美
- 0411-62692888
- 大连市友谊商城10楼

渔港制造
游客评价：晚餐时可以在窗外欣赏落日，太美了
- 0411-84693333
- 大连市滨海西路583-1号

↘ 住在大连

大连拥有的星级宾馆达 120 多家，服务质量在国内也是位于前列。周边村镇的农家也可以作为住宿的选择，还可以吃上渔家风味的饭菜。

平价型

星海爱尚酒店
- 大连市星河路 65-1 号星海大观 E 座 418
- 0411-39153711

大连 Met You 设计师民宿
- 大连市星河二街凯泰铭座 A 座 20 层
- 17604093857

枫林晚 INS 风酒店（北站华南广场店）
- 大连市山东路 285 号
- 16514871487

一鸣宾馆（大连北站店）
- 大连市清泉街泉水 B5 区 24-4 号
- 0411-39977993

享受型

大连香格里拉大饭店
- 大连市人民路 66 号
- 0411-82525000

大连香洲花园酒店
- 大连市西岗区长春路 171 号
- 0411-88856688

大连凯宾斯基饭店
- 大连市解放路 92 号
- 0411-82598888

大连富丽华大酒店
- 大连市中山区人民路 60 号
- 0411-82630888

丹东

区号：	0415
邮编：	118000
面积：	15.2 万平方千米
人口：	218.84 万人
著名景点：	鸭绿江、凤凰山等

丹东市位于鸭绿江与黄海的汇合处，是中国的边境城市。丹东与朝鲜民主主义人民共和国隔江相望，是同时拥有边境口岸、机场、高铁、河港、海港、高速公路的城市，也是一个经历过抗美援朝战火洗礼的英雄城市。

丹东市临江沿海，自然风光优美，人文景观独特，有风景名胜区、森林公园等可供旅游观光。碧波荡漾的鸭绿江是丹东的名片，江上中朝友谊桥宏伟挺拔、断桥沉稳凝重。沿江而行，市区公园和滨江大道风景宜人，远望朝鲜风光别有感触。市郊水丰湖山环水绕，万里长城东端起点虎山长城凭山卧波、雄峙江边。丹东的自然风光更是卓然出众，景色天成。

↘ 游在丹东

鸭绿江 ★★★★ 📷

鸭绿江风景区东起浑江口，西至大东港，全长 210 千米，占地面积 824.2 平方千米。这里可分为六大景区：江口、大桥、虎山、太平湾、水丰和绿江景区。鸭绿江风景区冬暖夏凉，气候适宜，江水蜿蜒流淌，两岸的悬崖峭壁各具特色，树木丛林郁郁葱葱，自然景观绚丽多彩。而且在这里还有丰富的人文景观，如古代城堡的遗址、明代万里长城的遗址、近代战争的遗址、现代搭建的桥梁以及大型的水利工程景观等，丰富了这里的景观。

- 💰 免费
- 🕐 全天
- 🚌 沈阳桃仙国际机场—鸭绿江（自驾）
  沈阳桃仙国际机场—丹阜高速—本桓线—本溪水洞—鸭绿江
  全程约 79 千米
- 📍 鸭绿江

最佳旅游季节

丹东气候类型属暖温季风型大陆性气候。受黄海影响，丹东市南部具有海洋性气候特点。丹东四季分明，冬夏较短，春秋过渡季节较长，冬季开始较晚，春季气温回升缓慢，夏季短而凉爽。5—10 月是最佳旅游时期。

丹东鸭绿江大桥

交通指南

1. 丹东汽车站有各类公路大巴车发往周边城市，交通便利，从沈阳到丹东只需2.5小时，从大连到丹东只需3小时。

2. 在市区乘坐6路、21路公交车可以直达鸭绿江景区，从丹东市中心步行约10分钟，即可到达鸭绿江江边。

3. 丹东市的出租车起步价5元（含3千米），超出3千米后，每千米1.8元，如果与司机商量好价格后也可以不打表。

小贴士

鸭绿江景区内有很多游船码头，有各种各样的游船供出租，可以乘船到江心游玩，每个人50元。如果是夏天水面高的时候，把船开到离对岸只有几米的地方可看到朝鲜的新义州。

抗美援朝纪念馆

★★★

抗美援朝纪念馆的前身为辽东省地志博物馆筹备处，后于1958年改名为抗美援朝纪念馆，并由文学大家郭沫若题名。

纪念馆分为陈列馆、空军专馆、全景画馆和露天兵器陈列场，其中陈列馆共有10个展厅，展线长达440米，面积达到1630平方米，展出的主要内容为历史照片和文物，新加入了电动沙盘、电动图表和影视设备等现代设施，再现了我国人民解放军抗美援朝的历史画面。全景画馆中陈列出的画卷辅以灯光和音响的效果，将战争场面展现在人们面前，使人身临其境。

$ 免费

⏰ 9:00—16:30（周一闭馆）

🚌 沈阳桃仙国际机场—抗美援朝纪念馆（自驾）
沈阳桃仙国际机场—丹阜高速—表厂路—抗美援朝纪念馆
全程约221千米

抗美援朝纪念馆

凤凰山 ★★★★

凤凰山是长白山山系的支脉，占地面积为216.9平方千米，其主峰攒云峰海拔840米。凤凰山历史悠久，与千山、医巫闾山和药山合称为辽宁省四大名山。

凤凰山有非常著名的十大美景：石棚避暑、涧水飞涛、斗母圣境、山云铺海、苍松伫月、怪石凌空、松径寻秋、天池在望、垒障留公、东地瀛洲。它融合了自然美和人文美，集雄、险、幽、奇、秀于一体，是驰名中外的旅游胜地之一。

$ 80元

⏰ 6:00—16:00

🚌 沈阳桃仙国际机场—凤凰山（自驾）
沈阳桃仙国际机场—丹阜高速—沈阳绕城高速—东高线—凤凰山
全程约38千米

丹东凤凰山大门

凤凰山

最佳旅游季节

凤凰山冬季寒冷漫长，春季干旱多风沙，最佳旅游季节是5—10月，最好避开季节交替时的雨季。

交通指南

凤凰山位于凤城市东南3千米处。凤城是沈丹线上的大站，每天有几次列车停靠，由沈阳或丹东乘火车去凤城，皆很便捷。如由丹东乘汽车去凤凰山，沿公路向西北行50千米，即至山脚。凤城、丹东均有班车直达。

凤凰山旅游攻略

1. 凤凰山的形状如一只展翅欲飞的凤凰，故以"凤凰"命名，素以险中含奇、秀里藏幽著称，与千山、医巫闾山、药山合称为辽宁四大名山。全山分西山、东山、庙沟、古城四大景区。其中，西山景区景点最集中，也最奇险。

2. 凤凰山中有很多古洞，例如凤凰洞、三教堂、一品洞天等，洞里特别的凉爽，特别清幽，里面有很多的泉水，泉水甘甜清冽，很多游客都接泉水喝。游客至此，皆依恋不已。凤凰山的古建筑多建于明清，且寺观并重，反映了佛道合一的趋势。三官庙、紫阳观、观音阁等著名寺观黄顶红墙、飞檐翘角，点缀在山腰间，格外醒目。

3. 清朝时，这里就将每年农历四月二十八定为凤凰山药王庙会。后来，此庙会又改为山会。每逢凤凰山山会，游客如潮，笑语连天，热闹非凡。凤城附近的东汤、五龙背温汤在当地颇有名气，可作为游凤凰山的余兴节目。

吃在丹东

丹东是满族的聚集地，所以饮食上带有很重的满族风味，满族的日常食品如秫米水饭、高粱米豆干饭、豆擦糕、酸汤子等。丹东濒临海域，盛产各种海鲜和鱼类，如面条鱼、鲳鱼、对虾、文蛤等。丹东和朝鲜一江之隔，所以朝鲜料理在这里也很流行。丹东常见的风味小吃有：小肉饭、龙斗虎、白肉血汤、坛肉、豆泥酸菜汤、炸鸡蛋酱、芥末墩儿等。

海鲜烧烤

🍲 柳京酒店

游客评价：环境很"高大上"，用餐期间有朝鲜姑娘边跳边打鼓的表演

📞 0415-3102222

📍 丹东市滨江中路佳地广场1-2楼

🍲 韩山城韩式煎肉

游客评价：肉质很好，分量很足，没有腌制，但蘸着小料吃也很香

📞 0415-8238855

📍 凤城市一中振兴街与苏苑路交叉口南100米路东（苏华苑B区）

🍲 万水一方海鲜酒楼

游客评价：食材新鲜，黄蚬子非常入味

📞 0415-2875656

📍 丹东市振兴区七经街二纬路大光明街2号（海鲜一条街，老八大局对面）

🍲 皇朝酒店

游客评价：第一次吃生拌海参，以为会腥，结果完全不会，而且入口爽弹

📞 0415-3177777

📍 丹东市沿江开发区I区B座101号楼

↳ 住在丹东

丹东的星级宾馆不多，位于开发区的中联大酒店是一家四星级的酒店；著名的旅馆是丹东宾馆，建筑风格是日式的，可以俯瞰丹东市和鸭绿江。火车站附近有很多旅社，虽然不够星级，但是价格实惠。还可以选择住宿在疗养院，住宿的时候还可以泡温泉和游泳。

平价型

丹东璞丽酒店
丹东市振兴区滨江中路64-2号
0415-2312222

新江户温泉城酒店
丹东市鸭绿江大街道196-6-1号
0415-6681111

丹东樱吉温泉度假公寓
丹东市鸭绿江大街196-7号江户城B座5楼
17804268333

丹东鸭绿江大厦
丹东市振兴区九纬路87号
0415-2125901

汉庭
丹东市滨江中路边境经济合作区P区C座103门市
0415-3963888

享受型

丹东假日阳光酒店
丹东市县前街1号
0415-2883333

丹东沈达江海大酒店
丹东东港市东港南路198号
0415-7112110

丹东国际酒店
丹东市元宝区新安街88号
0415-2817788

丹东福瑞德大酒店
丹东市滨江中路158号
0415-3189999

昆仑快捷酒店
丹东市元宝区锦山大街110号
0415-2269999

其他地区

本溪水洞风景区
★★★★

本溪水洞风景区位于本溪市东北部，距离市区35千米，占地面积42.2平方千米。本溪水洞共有6个景区，分别为：水洞、温泉寺、汤沟、关门山、铁刹山、庙后山。它们沿太子河呈带状分布。水洞风景区大厅正面的水面面积达到1000多平方米，有些码头可以停泊40艘以上的船舶。泛舟畅游水洞，感受水洞的奇特，水瀑的壮丽，别有一番乐趣在其中。

165元
8：30—16：00
沈阳桃仙国际机场—本溪水洞风景区（自驾）
沈阳桃仙国际机场—丹阜高速—本桓线—本溪水洞—本溪水洞风景区 全程约79千米

笔架山 ★★★★

笔架山位于辽宁锦州经济技术开发区内，面临渤海，毗邻锦州港。笔架山是道教的圣地，因山有三峰，二低一高，形状像笔架而得名。它著名的景点就是笔架山和天桥，景区主要分为岛上游览、海上观光、岸边娱乐、沙滩海浴和度假休养这5个部分。这里景点众多，比如一线天、虎陷洞、梦兰湾、马鞍桥、石猴泅渡、神龟出海等。也有大量的名胜古迹，如龙王庙、三清阁、五母宫、万佛堂、太阳殿、吕祖亭等。每年这里接待的游客近百万人，是闻名遐迩的旅游胜地。

65元

笔架山

7：00—17：00
沈阳桃仙国际机场—笔架山（自驾）
沈阳桃仙国际机场—沈阳绕城高速—京哈高速—滨海大街—笔架山 全程约268千米

笔架山
最佳旅游季节
笔架山位于辽宁锦州，这里属于温带季风性气候，最佳旅游季节为每年的5—10月份。

交通指南
1. 锦州有两个火车站，分别为锦州南站和锦州站，京哈线上的列车都在锦州停靠。锦州有发往北京、沈阳、丹东、阜新、大连等城市的班次。

2. 锦州已开通至北京、沈阳、上海、成都、郑州等大中城市的航线。

3. 锦州2个火车站都有发往笔架山的旅游大巴或中巴车，从飞机场需要乘坐出租车返回市区，再乘坐大巴前往景区。

小贴士

1. 春季锦州的气温有些低，来这里旅游需要穿毛衣、外套；夏季天气炎热，穿单衣就行。每年春夏、夏秋交替季节是雨季，这个时候来旅游要带把雨伞。

2. 笔架山是海边上的一个小岛，涨潮时海水就会覆盖四周，这个时候可以乘小船去笔架山游玩，票价每个人15元左右。需要注意的是，一定要问清潮汐的变化时间，潮水上涨速度很快，一不小心就有被困海水中的危险。

笔架山住宿、美食

在锦州火车站和汽车站附近有很多宾馆。景区附近也有很多宾馆，旺季的时候价格比较贵，淡季相对比较便宜。不过可以讲价，当地人都很热情。

这里的小吃众多，有各种海鲜，有煮着吃的，有炸着吃的，有烤着吃的。来到这里肯定让你吃够海鲜，再整点小酒，迎着海风，真是惬意。

玉佛山 ★★★★

玉佛山位于鞍山市东部，占地约17.42平方千米。它的主体建筑为玉佛阁，建筑风格古朴而典雅，气势恢宏。此外还有玉佛苑、二一九公园、东山景区、动物园、游乐园等景点。世界最大的玉佛——佛祖释迦牟尼玉石雕像就坐落于景区之内。其中玉佛苑占地约4万平方米，属于国家4A级旅游景点。这里神秘的故事和悠远的文化，还有迷人的景色都吸引着游客们。

💰 70元

🕗 8：00—18：00

玉佛山

🚌 沈阳桃仙国际机场—玉佛山（自驾）

沈阳桃仙国际机场—四环路—沈海高速—槐香路—玉佛山

全程约107千米

医巫闾山 ★★★★

医巫闾山古称"于微闾""无虑山"，在文献中早有记录，《周礼·职方》中说："东北曰幽州，其山镇曰医无闾。"关于其名字的来历已经不可考证，应该与华夏民族的"医、巫"文化有关。医巫闾山位于辽宁省境内，早在隋朝时期，它就成了"北镇"的"五大镇山"，因而声名鹊起。医巫闾山，经过4000多年的文化积淀，已然证明了它在历史上的重要地位。

💰 62元

🕗 8：00—17：00

🚌 沈阳桃仙国际机场—医巫闾山（自驾）

沈阳桃仙国际机场—京哈高速—奈营高速—X707—医巫闾山

全程约224千米

医巫闾山

盘锦红海滩 ★★★★

盘锦红海滩地处辽河三角洲，位于赵圈河镇的苇田湿地内，属于国家级自然保护区。在渤海之滨的这块湿地苇丛中生活着236种鸟类，包括丹顶鹤、黑嘴鸥等多种国家级保护动物。红海滩对湿地资源的保存是全球最完好的，这里有着世界最广阔的芦苇荡，红色的碱蓬草将这里营造成世界上少有的红海滩的景象。除此之外，你还可以吃到美味的河蟹宴和当地独有的皮皮虾。在这里，自然环境和人文环境得到了完美的结合。

💰 110元

🕗 8：00—19：00

🚌 沈阳桃仙国际机场—盘锦红海滩（自驾）

沈阳桃仙国际机场—沈海高速—丹锡高速—滨海大道—盘锦红海滩

全程约229千米

南关天主教堂 ★★★

南关天主教堂位于沈河区乐郊路40号，始建于1873年清朝光绪年间，1900年被焚毁，现存的南关天主教堂是1912年重建的。整座建筑分为东西两个院落，教堂则位于东院的北端。南北长66米，宽17米，高40米，占地面积为1100平方米，最多可容纳1500人。教堂的建筑风格为哥特式，顶部尖锥形的尖顶上装饰着十字架。教堂内部有24根石柱支撑，穹窿上镶嵌着巨大的花纹，气势颇为宏大。

💰 免费

🕗 6：30—17：00

🚌 沈阳桃仙国际机场—南关天主教堂（自驾）

沈阳桃仙国际机场—丹阜高速—青年南大街—教堂西巷—南关天主教堂

全程约24千米

南关天主教堂

中南地区
华南部分
广东—广西—海南

广东

区号:	020、0756、0755、0765
省会:	广州
面积:	17.97万平方千米
人口:	12601.25万人
方言:	粤方言、客家方言、闽方言
著名景点:	长隆欢乐世界、深圳华侨城、梦幻水城、广州塔、珠海长隆国际海洋度假等

概况

广东位于中国南岭以南，南海之滨。占地面积为17.79万平方千米，水资源、海洋资源、矿物质资源和动植物资源丰富，一直被称作华南地区的"鱼米之乡"。这里是稀有金属和有色金属之乡；这里有香蕉、龙眼、荔枝和菠萝四大岭南名果；这里有华南虎、金猫等国家一级、二级保护动物，这里还有银杉、水杉等国家一级、二级保护植物，物产资源十分丰富。

广东属于亚热带季风气候，全年高温，冬无严寒，最冷月平均气温在9～17℃。夏季受来自印度洋的西南风影响，降水丰沛，冬季受东北风影响，降水稀少。多强对流、暴雨洪涝、台风等气象灾害。

广东名酒有长乐烧；广东糕点有无香切酥、鱿鱼丝、杏仁饼、椰蓉酥、凉茶包、姜茶、盲公饼等；广州特产：广州象牙雕刻、从化荔枝、从化三花酒、鸡心柿、从化青梅等。

线路

广州—深圳—珠海—潮州、汕头

名菜

有作为中国四大名菜系之一的粤菜。粤菜主要有广州菜、潮州菜、东江菜（客家菜）3种风味。

广州菜讲究菜肴的味和质，味道清香滑爽。广州菜擅长小炒，而且是现吃现炒，以此来保证菜肴的色香味俱全。广州的名菜主要有烧乳鸽、白切鸡、狗肉煲、香芋扣肉、烧乳猪等，地方风味浓厚。

潮州菜以烹饪海鲜为主，注重口味的清淡，讲究原汁原味，喜欢吃鱼生、虾生等；潮州菜的汤菜也别具特色，讲究清和鲜；潮州的甜点也比较著名，潮州菜是中国最精贵的菜种。

客家菜又称东江菜，主要特点是油重、味咸。客家菜的主料一般用三鸟（鸡、鸭、鹅）和其他畜肉，配料很少。客家菜的小吃比较丰富，知名的是一种被称作"粄"的食品，有甜粄、咸粄、发粄、芋粄等。还有河源的酿豆腐、板栗、东江盐焗鸡等小吃也让人赞不绝口。

交通

飞机

广州白云国际机场

☎ 020-36066999

📍 白云区人和镇和花都区新华街道交汇处，距离市中心约28千米

💡 **机场交通**：空港快线一号线：民航广州医院、机场路立交、三元里中医药大学、民航售票处（火车站）。空港快线二号线：花园酒店、广州中心皇冠假日酒店、华侨新村、动物园南门、天河城广场、天河华师粤海酒店。空港快线三号线：星都大酒店、芳村客运站、珀丽酒店、丽日商业广场。空港快线四号线：汇景新城、华金盾大酒店、皇冠嘉逸大酒店、怡港花园、文冲船厂、明珠大酒店、广东外语外贸大学、省科干院。机场快线五号线：穗景大厦、锦洲商务酒店（东方宾馆附近）、喜尔宾酒店；机场快线六号线：中信广场、正佳广场；机场快线七号线：永成大酒店、丽江明珠大酒店、奥园高尔夫酒店；机场快线八号线：碧桂园凤凰城、太阳城大酒店、华厦国际商务酒店、翡翠皇冠假日酒店；机场快线九号线：云峰大酒店、南航花园、亨利商务酒店、花都广场；机场快线十号线：琶洲会议酒店、珠江帝景、新珠江国际、广州轻纺交易园

出租车，起步价10元，2.5千米后每千米2.6元。

深圳宝安机场

☎ 0755-23456789

📍 深圳市宝安区，距离市中心约32千米

💡 **机场交通**：班车：华联大厦-深圳机场，自7:30开始到航班结束，每20分钟一班。

机场快线：快线1号华联大厦-宝安机场，首班6:00，末班21:00，每10至15分钟一班。沿途经过：华联大厦、投资大厦、深航大厦、宝安机场。

出租车

出租车起步价10元，2千米后后每千米2.7元。

珠海三灶机场

☎ 0756-7778888

📍 珠海市金湾区，距离市区约35千米

🚌 **机场交通**：207路：机场—拱北口岸（06：00—22：00），票价1元。504路：机场—白蕉总站（6：20—21：30），票价1元。

出租车起步价10元，3千米后每千米2.4元。

地铁

1号线
广州东站—西朗
（6：10—23：30 最高票价5元）
2号线
广州南站—嘉禾望岗
（6：00—23：30 最高票价7元）
3号线
番禺广场—天河客运站
（6：00—22：55 最高票价7元）
4号线
黄村—南沙客运港
（6：00—23：15 最高票价11元）
5号线
滘口—文冲
（6：15—23：15 最高票价7元）
6号线
浔峰岗—香雪
（6：00—22：50 最高票价8元）
7号线
大学城南—广州南站
（6：10—23：15 最高票价5元）
8号线
万胜围—滘心
（6：10—23：00 最高票价7元）
9号线
飞鹅岭—高增
（6：00—22：30 最高票价6元）
10号线（规划）
西朗—石牌桥
11号线（在建）
赤沙滘—赤沙滘
12号线（在建）
浔峰岗—大学城南
13号线
鱼珠—新沙
（6：15—23：15 最高票价7元）
14号线
嘉禾望岗—东风
（6：00—22：50 最高票价6元）
16号线（规划）
新塘—荔城
18号线（在建）
万顷沙—广州东站
21号线
员村—增城广场
（6：00—22：50 最高票价11元）
22号线（在建）
石围塘—万顷沙

高铁

广州南站，位于中国广东省广州市番禺区，为特等站。自下至上分为B1层（地铁站、停车场）、1F层（进出站层、购票层）、2F层（高架站台层、东落客平台）和3F层（高架候车层、西落客平台）共四层。乘坐地铁2号、7号线可抵达。

广州

广州市位于广东省的中南部，临近中国南海，有"中国南大门"之称。

作为我国对外贸易窗口的广州是闻名世界的港口城市，在我国的对外通商口岸中历史最悠久、规模最大，被誉为"千年商都"。

广州地处珠江三角洲中北部的边缘地带，西江、北江和东江相汇于此，地势西南低、东北高。其北部是丘陵山区，森林密布；东北部多为中低山地，广州的"市肺"白云山就屹立在此处；南部是属于珠江三角洲组成部分的沿海冲积平原；中部是丘陵盆地。这里气温较高，降水丰富，冬季时间短，无严寒，气温回升较快，是四季常青、繁花似锦的"花城"。

区号：020
邮编：510000
面积：7434.4平方千米
人口：1867.66万人
著名景点：黄埔军校旧址、沙面建筑群、白云山风景区、广州塔等

↘ 游在广州

两日游
白云山—沙面岛—越秀公园—陈家祠—黄埔军校旧址—华南植物园

广州塔 ★★★★

广州塔有小蛮腰的昵称，是广州地标性建筑，塔身主体高454米，天线桅高146米，总高度600米，在塔身设有"蜘蛛侠栈道"，是世界最高的空中漫步云梯。塔身422.8米处还设有旋转餐厅，在此处用餐别有风味。广州塔有5个功能区和多种游乐设施，包括户外观景平台、摩天轮、极速云霄游乐项目，有2个观光大厅，有悬空走廊，天梯，4D和3D动感影院，中西美食，会展设施，购物商场及科普展示厅。

💰 150元
🕘 9：30—22：30（最晚入院22：00）
🚗 广州白云国际机场—广州塔（自驾）
广州白云国际机场—机场高速—大广高速—天河路—广州塔
全程约44千米

白云山 ★★★★★ 📷 🏞

白云山位于广州市的东北部，自古以来就是广州的名胜古迹，有"羊城第一秀"的称号。白云山面积约为20.98平方千米，主峰是摩星岭，高达382米，是登高望远的佳地。每当霁雨绵绵，云雾缭绕于黛山葱绿间，半壁皆素，故名白云山。白云山景区

目前有 7 个游览区，分别是摩星岭、飞鹅岭、三台岭、明珠楼、麓湖、荷依岭、鸣春谷，景区内还有 3 个全国之最的名胜景点：全国最大的主题式雕塑专类公园——雕塑公园；全国最大的园林式花园——云台花园；全国最大的天然式鸟笼——鸣春谷。每逢九九重阳佳节，羊城人民更以登白云山为乐事，人流熙熙攘攘的热闹场景便构成了一幅独特的风情画。

💲 8 元
🕐 6：00—22：00
🚌 广州白云国际机场—白云山（自驾）
广州白云国际机场—机场高速—大广高速—白云大道—白云山
全程约 34 千米

白云山

☀️ 白云山
交通指南
　　1. 游客可乘坐 199 路、223 路、63 路、540 路公交车到白云索道，再乘坐长达 1700 米的缆车上山，省时又省力。
　　2. 在越华路有到白云山的专线旅游车。
　　3. 游客还可以乘 11 路公交车到沙河濂泉路然后步行上山。
　　4. 可从麓湖驾车到山顶公园，山顶公园西面有到黄婆洞和山北公园的汽车。

最佳游玩时间
　　白云山景区每天早上空气清新，风景秀美，是最佳的游玩时间。

温馨提示
　　景区门票仅是进入景区的通行证，游览景区内的景点还需要另买门票。另外，游客可以在景区内乘坐索道上下山，上山需要交纳 25 元，下山 20 元。建议患有恐高症、高血压和心脏病的游客不要乘坐索道，以防出现意外。

华南植物园 ★★★★ 📷
　　植物园位于广州市东北郊龙眼洞附近，占地面积 315 公顷，是我国最大的南亚热带植物园，曾在 1986 年被评为"羊城八景"之一。园内主要分为药用植物区、棕榈植物区、热带温室植物区、子遗植物区、抗污染植物区、竹类标本园、苗圃和阴生植物园等。

💲 20 元
🕐 7：30—17：30
🚌 广州白云国际机场—华南植物园（自驾）
广州白云国际机场—机场高速—华南快速干线—天源路—华南植物园
全程约 37 千米

华南植物园

长隆欢乐世界 ★★★★★ 📷 🏭
　　长隆欢乐世界位于广州市番禺迎宾路，有近 70 项游乐设施。长隆欢乐世界分为八大主题园区：历险天地、彩虹湾、旋风岛、白虎大街、哈比王国、中心演艺广场、尖叫地带、欢乐水世界；园内还有十大必玩景点：超级大摆锤、垂直过山车、摩托过山车、国际特技剧场、美国伐木总动员、十环过山车、四维影院《恐龙天劫》、U 型滑板、开心宝贝乐园、长隆大巡游。

💲 235 元起
🕐 10：00—19：00
🚌 广州白云国际机场—长隆欢乐世界（自驾）
广州白云国际机场—机场高速—华南快速干线—长隆大道—长隆欢乐世界
全程约 57 千米

长隆欢乐世界

沙面岛 ★★★★★ 📷
　　沙面岛位于珠江岔口白鹅潭畔，是中国富有欧陆风情的旅游景点。沙面岛曾是英法等国的租界，因此有很多的西式建筑，像著名的法国天主教堂、英国的汇丰银行和基督教堂等，使得这里的生活节奏和氛围不同于广州其他的地方，充满了优雅情调。沙面岛的主要景点有"沙基惨案"纪念碑、沙面公园、白天鹅宾馆、鹅潭映月、教堂、镇江古炮、酒吧街等。

💲 免费
🕐 全天
🚌 广州白云国际机场—沙面岛（自驾）
广州白云国际机场—机场高速—内环路—沙面四街—沙面岛
全程约 36 千米

广州沙面岛

火炉山 ★★★ 📷 🏭
　　火炉山位于天河区东北部，面积约 600 公顷。因其形状像葫芦，故名葫芦山，又因其泥土多为红色，又称火葫芦，简称火炉。另听闻，以前此山经常打雷，山上大石多是被劈开一半的。火炉山与华南植物园、广东树木公园、世界大观、航天奇观娱乐场所相邻，形成旅游观光群。山上有鸡枕石、猪头石、三间二廊等景观。

💲 免费
🕐 全天
🚌 广州白云国际机场—火炉山（自驾）
广州白云国际机场—机场高速—华南快速干线—火炉山南路—火炉山
全程约 45 千米

黄埔军校旧址 ★★★ 🌐 📷
　　黄埔军校旧址位于黄埔长洲岛，在市中心东南 20 千米处，在 1988 年的时候被国家列为重点文物保护单位。黄埔军校是国共合作期为培养军事人才和干部而建立的，蒋介石曾任校长。周恩来曾担任政治部主任。旧址现在保存的有孙中山纪念碑和他住过的房子，以及

黄埔军校旧址

俱乐部、游泳池、校门等。

💲 免费（凭票入内）
🕘 9：00—17：00（周一闭馆）
🚌 广州白云国际机场—黄埔军校旧址（自驾）
广州白云国际机场—华南快速干线—广州环城高速—黄埔军校旧址
全程约57千米

南越王墓博物馆
★★★ 🌐 📷

南越王墓博物馆位于越秀山公园西面的象岗，共有7室，在岗顶下20米深处，是岭南最早的一座大型彩绘石室墓，也是我国五大考古发现之一。博物馆的整体布局是以古墓为中心，东面是3层的综合陈列楼，北面是2层的主体陈列楼，再用环绕的回廊将建筑连起来。全馆有10个展厅，建筑以轴线对称布局为主，按照参观路线而建馆，可同时容纳十几万人。

💲 12元
🕘 9：00—17：30
🚌 广州白云国际机场—南越王墓博物馆（自驾）
广州白云国际机场—机场高速—大广高速—解放北路—南越王墓博物馆
全程约30千米

广州艺术博物馆
★★★ 🌐 📷

广州艺术博物馆位于白云山南麓的麓湖河畔，占地面积近2万平方米，是广州的标志性文化建筑项目。馆内的藏品以中国历代书画作品为主，有清代弘仁的《黄山始信峰》、明代林良的《秋树聚禽图》和北宋文同的《墨竹图》作为镇院之宝，还有全国之最的明戴进《山高水长》。馆内的设计也是别具一格，馆的正面中间设有文塔，塔身为"羊"和"丰"字的隐喻；北边是展馆的入口大门；馆内分为3层，一层主要分为中国历代绘画馆、赖少其艺术馆等四部分；二层分为廖冰兄艺术馆、专题陈列馆等；三层分为赵少昂艺术馆、赵泰来收藏馆和中国历代书法馆。

💲 免费
🕘 9：00—17：30
🚌 广州白云国际机场—广州艺术博物馆（自驾）
广州白云国际机场—机场高速—大广高速—恒福路—广州艺术博物馆
全程约32里

黄花岗七十二烈士陵园
★★★★ 🌐 📷

黄花岗七十二烈士陵园位于广州市先烈路，面积为16万平方米，是为纪念同盟会在广州起义时牺牲的烈士而建的。孙中山先生曾在墓坊上书写"浩气长存"4个大字。园内有松柏、黄花，用来象征烈士们永垂不朽。陵园里还建有八角亭、石桥、黄花卉、四方池等景点。园内栽有各种开放黄花的草木和木本植物，如黄素馨、黄穗冠、黄芍药、黄菊、黄梅、桂花以及黄花、夹竹桃等。四季黄花不断，象征烈士精神不朽。

💲 免费
🕘 6：30—21：00
🚌 广州白云国际机场—黄花岗七十二烈士陵园（自驾）
广州白云国际机场—机场高速—大广高速—永泰西—黄花岗七十二烈士陵园
全程约36千米

黄花岗烈士纪念碑

越秀公园
★★★ 📷 🏛

越秀公园位于广州市解放北路988号。园内设有东秀、南秀、北秀3个人工湖。东秀湖畔建有烧烤场、儿童乐园、健力宝健美乐苑等活动中心；南秀湖畔有个大草坪，面积为5000平方米。如果说东、南秀湖是垂钓、写生的好地方，那么北秀湖就是划船爱好者的乐园，这里绿荫低垂，层次分明，分东、南、北三面景致，还建有湖心岛、花卉馆和锦鲤。公园内还有金印游乐场、旋转秋千、露天舞池、森林狩猎等项目。

💲 免费
🕘 全天
🚌 广州白云国际机场—越秀公园（自驾）
广州白云国际机场—机场高速—大广高速—解放北路—越秀公园
全程约30千米

广州海洋馆
★★ 📷

海洋馆位于广州动物园内。全馆面积为1.5万平方米，馆内有200多种鱼类和罕见的海洋生物。馆内主要景观有鲨鱼馆、海底隧道、海狮乐园、珍品缸、锦鲤池、海洋剧场、企鹅馆等，在游人观赏的同时还会有经典的三大皇牌表演：美人鱼表演；海豚、海狮表演；人鲨共舞表演。此外，海洋馆还引进了两种奇鱼：一个是爱在水面上飞的飞机鱼，一个是喜欢趴在树上的黄金鲹。

💲 130元
🕘 9：00—17：30
🚌 广州白云国际机场—海洋馆（自驾）
广州白云国际机场—机场高速—大广高速—先烈中路—海洋馆
全程约34千米

广州海洋馆

莲花山 ★★★★ 📷 🌐

莲花山位于番禺区东部珠江狮子河畔，占地面积2.54平方千米，海拔108米，由48座红砂岩组成。莲花山因其麒麟峰顶上有一块像莲花的岩石而得名，是广东省重点的名胜风景区。此外，莲花山还是古代的石矿场遗址，与湖北的大冶铜矿遗址并称为我国的两大古矿场。山上有莲花塔和莲花城等古迹，分别建于明朝万历年间和清朝康熙年间。

💲 54元
🕘 7：00—17：00
🚌 广州白云国际机场—莲花山（自驾）
广州白云国际机场—广州绕城高速—利丰大道—西门路—莲花山
全程约69千米

从化温泉 ★★★★ 📷

从化温泉也叫流溪河温泉，位于广东从化区西北。从化温泉因其泉景佳、水质好、水温高而被誉为"岭南第一泉"，是旅游和疗养的胜地，与瑞士温泉齐名。温泉分为河东岸和河西岸，东岸是温泉疗养区，空气清新，建筑错落有致，给人安静舒适的感觉；西岸有十多处泉眼，明清时代就已经被开发利用，这里的水温不一，对各种关节炎和神经系统等疾病有辅助治疗的功效。西岸还有一个天湖游览区，区内景点有：玉宇亭、聚贤厅、湖心亭、飞虹瀑、香粉瀑、百丈涛暴、烧烤场、射击场、游湖快艇等设施。

- 💰 118元（春节和黄金周128元）
- 🕐 全天
- 🚌 广州白云国际机场—从化温泉（自驾）
广州白云国际机场—大广高速—温泉西路—从化温泉
全程约65千米

大元帅府旧址 ★★★ 📷 🏛

大元帅府位于海珠区纺织路东沙路18号。这里曾是孙中山在广州建立革命政权和居住过的地方，曾两次在这里建立大元帅府，占地面积为7 965平方米，是两幢西洋式的3层楼房建筑。1998年广州市在此筹建大元帅府纪念馆，2001年底对社会开放。

- 💰 免费
- 🕐 9：00—17：00（周一闭馆）
- 🚌 广州白云国际机场—大元帅府旧址（自驾）
广州白云国际机场—机场高速—大广高速—滨江中路—大元帅府旧址
全程约38千米

大元帅府

二沙岛 ★★★ 📷 🏛

二沙岛位于广州市中心珠江河段上的天然江心绿洲，总面积约为126万平方米。二沙岛是珠江的一个沙洲，是广州极具现代风情的地方。岛上建有广东美术馆、街心公园、星海音乐厅、高档别墅和二沙体育训练基地。周边还有各式各样的艺术雕刻，文艺气息浓重，是真正的市中心豪宅区。

- 💰 免费
- 🕐 全天
- 🚌 广州白云国际机场—二沙岛（自驾）
广州白云国际机场—机场高速—内环路—大通路—二沙岛
全程约43千米

陈家祠 ★★★★ 📷 🏛

陈家祠位于广州市中山七路，占地面积1.5万平方米，规模宏大。陈家祠是中国清代宗祠，原名陈氏书院，主体建筑是五座三进、九堂六院。除了祠堂里的廊、庭院、门、神龛建筑吸引人注目外，陈家祠里的石雕、木雕、灰塑和砖雕更是一绝，技艺精湛。

- 💰 10元
- 🕐 9：00—17：30
- 🚌 广州白云国际机场—陈家祠（自驾）
广州白云国际机场—机场高速—大广高速—中山七路—陈家祠
全程约35千米

陈家祠

宝墨园 ★★★★ 📷 🏛

宝墨园位于番禺区西南部的沙湾镇紫坭村。园内的园林、石桥、建筑、山水和谐统一，亭台楼阁美不胜收。位于园内东侧的包相府庙是为赞颂龙图阁直学士包拯而建；正门的白石仿石牌坊更是惊为奇观；石刻、陶塑、木雕、砖雕等艺术精品可谓是一应俱全。园内还有风味馆、紫竹居、观景楼、怡味馆等，可为游客们提供番禺的特色小吃。此外，宝墨园周边还有放生池、莲池、龟池等景观。

- 💰 50元
- 🕐 8：30—17：30
- 🚌 广州白云国际机场—宝墨园（自驾）
广州白云国际机场—机场高速—广州环城高速—市良路—宝墨园
全程约71千米

宝墨园

❤ 宝墨园
交通指南

1. 游客可在广州市汽车客运站乘坐开往宝墨园的班车，每天上午8：00开始发车，30分钟左右一班，每人13元，50分钟内可到达宝墨园。

2. 乘坐地铁3号线到市桥站下车，再步行到百越广场站，乘坐从市桥到宝墨园专线车，到宝墨园总站下车后，步行200米就能看到宝墨园。

3. 在番禺市桥汽车站总站乘坐314、349等路专线车，可到达宝墨园总站，再步行前往宝墨园。

4. 游客也可自驾车前往，走黄埔大道途经华南快速路，下快速路沿迎宾路按路牌提示即可到达宝墨园。

最佳旅游时间

宝墨园四季常青，风景宜人，一年四季都适合游玩。园内的花卉景观更是一绝，如玉堂春瑞、桂苑浮香、群芳竞秀、古榕长荫等，种类繁多，布局典雅，让人百看不厌。另外，宝墨园内的清香扑面的荷花池、清幽静谧的紫竹林等地在夏季最为凉爽，是避暑的好地方。

温馨提示

1. 广州市内的公交车分白班和夜班2种，白班车票价为2元，夜班车票价3元，均是无人售票，不设找零。

2. 广州的地铁四通八达，十分便捷。游客可以在地铁的自动售票机处购买地铁币。

↘ 吃在广州

俗话说"食在广州"，这一点都不假。广州的小吃在全国是出了名的，拥有一大批经百年而不衰的老字号和新兴名店，传统和创新的名菜、名点、名小吃、名风味食品不胜枚举，饮茶、喝汤更是广州一大特色。广州菜是粤菜的代表，以煎炒焖炸为主，讲究火候；菜肴注重色香味形俱全；口味讲求清鲜脆嫩。地道的菜馆一般都在老城区，像荔湾区、越秀区等。广州的小吃也是很出名的，可以分为七大类：糕点类、粉面类、粥品类、粽子类、油炸类、杂食类、甜品类。

广州有许多的老字号品牌美食，开满大街小巷，成为一代代广州人记忆深处的味道，下面简单给大家介绍两家：

广州酒家：广州酒家创建于1935年，是中华老字号。以经营传统粤菜驰名，有"食在广州第一家"的美誉。在广州有众多分店，传统经典的粤菜，不仅外表精美，更是入口生香，深受人们的喜爱。

陶陶居：陶陶居是中华老字号，创建于清朝光绪年间，主营有茶点、月饼和粤菜。他们家的月饼十分出名，曾获得"金鼎奖"，现在在广州有许多的分店，不仅是月饼受到广大喜欢，里面的菜肴更是让食客流连忘返。

粤集·粤菜正牌（长隆店）
游客评价：烤肉好吃，酱料很香
☎ 020-84500272
📍 汉溪大道东时代 EPARK 一楼 18 号商铺（喜茶旁）

富田菊日本皇尚料理
游客评价：日式菜还比较正宗，环境也不错
☎ 020-38927233/38927223
📍 广州市天河区珠江新城华夏路 10 号富力中心 4 楼

王品牛排（佳兆业广场店）
游客评价：牛排不错，饮品也好喝，环境还行
☎ 020-38922458
📍 广州市天河区体育西路 191 号中石化大厦柏西商都 3 楼

FOODS 国际美食舞台
游客评价：自助餐餐厅，菜品齐全，补菜速度还可以
☎ 020-38136888 转
📍 广州市天河区珠江新城兴安路 3 号富力丽斯卡尔顿酒店 1 楼

妙趣咖啡厅
游客评价：三文鱼肥美，蟹肉很饱满
☎ 020-89178888/89176412
📍 广州市海珠区会展东路 1 号香格里拉大酒店 1 楼

住在广州

平价型

锦江之星
📍 广州市荔湾区西华路 77 号
☎ 020-81705918-0/13480256578

爱群大酒店
📍 广州市沿江西路 111-113 号
☎ 020-81866668

广州 V 酒店（北京路步行街店）
📍 广州市文德路 67 号金德大厦 1 楼大堂
☎ 020-83514619

汉庭（广州北京路天字码头店）
📍 广州市越秀区八旗二马路 42 号
☎ 020-22819300

享受型

广州总统大酒店
📍 广州市天河区天河路 586 号
☎ 020-85512988

广州长隆酒店
📍 广州市番禺区迎宾路
☎ 020-84786838

广州花园酒店
📍 广州市环市东路 368 号
☎ 020-83338989

广州白云机场铂尔曼大酒店
📍 广州白云国际机场候机楼北侧
☎ 020-36068866

购物广州

上下九步行街
上下九步行街位于广州市荔湾区的上九路、下九路和第十甫路，全长 1218 米，共有商店 300 多家和数千名商户。一入步行街就会感受到浓厚的岭南风情，还保存着骑楼、竹筒屋、西关大屋等建筑；马路上还有长达 300 多米的大型射灯喷画和近百个霓虹招牌灯，这些都为步行街增添了不少光彩。步行街上有一批老字号百货商店、享誉国内外的特色名菜小吃、著名的茶楼和酒楼、闻名于世的华林家具玉器一条街等。

白马服装市场
广州白马服装城位于火车站附近的站南路，建筑面积 6 万平方米，市场共有 10 层，设有 4 层商场、5 层写字楼和 1 层停车场。市场还配置了安全监控系统、中央空调、消防系统等许多的现代设施。

白马服装市场是广州地区交易量最大、规模最大的低中高档服装市场，约有营业户 2000 多户。白马服装商场既是中高档服装的批发和零售中心，也是服装的品牌连锁加盟中心，同时还是浙江、福建等地的服装生产和销售企业。这里的衣服款式新潮，像花花公子、宾奴、阿玛尼等都在此建有直营店。

北京路
北京路地处广州市中心，是广州城建之始所在地。钟表、珠宝金饰、皮具、鞋子专卖店使北京路的商业气氛更浓、档次更高、品种更齐全、设施更完善。

特产
广州作为经济发达的沿海城市，其特产也是品类众多，像广州的木雕、玉雕、和牙雕工艺精湛，纹路细腻清晰，十分有名，畅销国内外；老婆饼、杏仁饼、沙河香米饼等特色小吃口感极佳，深受游客喜爱；万顷沙的香蕉、潭州白蔗、荔枝等水果味道鲜美，营养丰富，是当地人的最爱；广彩、广绣等色彩匀称，观赏和收藏价值极高。

1. 广州玉雕：广州玉雕是有着 1000 多年历史的传统工艺，主要有摆件和首饰两大类工艺品。

2. 西关鸡仔饼：西关鸡仔饼是当地有名的特色美食，据说已经有百余年的历史。主要原料是精面粉、花生、猪肉等。游客可以到广百百货、广州王府井购买。

上下九步行街

深圳

区号：	0755
邮编：	518000
面积：	1997.47 平方千米
人口：	1756.01 万人
著名景点：	世界之窗、大小梅沙、中英街、梧桐山等

深圳市，又称"鹏城"，位于广东省南部、南海之滨。是中国改革开放以来第一个经济特区，也是中国改革开放的窗口。深圳的发展速度十分惊人，在国际上产生了一定的影响，从中国南海之滨的小城镇，到一座世界级大都会的现代化城市，深圳是中国改革开放和现代化建设的精彩缩影。

深圳是中国重要的旅游城市之一，市内有集世界奇观、自然风光、民族风情、民间歌舞于一园的世界之窗、红树林珍禽保护区、民俗文化村、野生动物园等著名景点，形成包括城市景观、山海风光、乡土文化、购物休闲、文化娱乐、商务活动在内的全方位旅游休闲体系。

两日游

深圳华侨城—世界之窗—凤凰山

游在深圳

欢乐谷 ★★★★★

欢乐谷位于深圳华侨城杜鹃山，占地35万平方米，是国家首批5A级旅游景区，集观赏性、趣味性、参与性于一体。全园共有九大主题区：欢乐时光、魔幻城堡、飓风湾、西班牙广场、阳光海岸、冒险山、香格里拉森林、金矿镇、玛雅水公园。玛雅水公园拥有100多个老少皆宜的游乐项目。此外，还从美国、德国等地引进了一些著名的游乐项目：四维影院、激流勇进、仿古典式环园小火车、雪山飞龙、丛林水战、矿山车等。

$ 日场220元，夜场85元
🕐 10：00—21：00；夜场：17：30—21：00
🚌 深圳宝安机场—欢乐谷（自驾）
深圳宝安机场—广深公路—北环大道—杜鹃山西街—欢乐谷
全程约25千米

欢乐谷

交通指南

游客到欢乐谷游玩最好乘坐地铁或公交前往。深圳的出租车有3种颜色，"绿的""黄的"和"红的"。这3种颜色的出租车可以活动的范围是有限制的，"绿的"只能在关外活动，"黄的"只能在关内活动，而"红的"则可以在关内外畅行。"绿的"白天的起步价为6元，夜间23：00到第二天6：00之间的起步价为7元；"黄的"和"红的"白天的起步价为10元，夜间起步价为16元。另外，3种出租车均会收取不同程度的燃油费和"等候费用"。

温馨提示

1. 欢乐谷内的交通设施有很多都是仿古式的，像环园小火车、老爷车等，颇有古典韵味，游客不妨体验一下。

2. 在欢乐谷园区每天都有精彩演出，让游客玩得尽兴，欢呼不已。

深圳欢乐谷

锦绣中华 ★★★

锦绣中华是华侨城的一个旅游区，位于深圳湾畔，占地面积30多公顷，是目前世界上内容最丰富、面积最大的实景微缩景区，也是华侨城集团继中国民俗文化村、世界之窗后兴建的国内新一代大型主题公园。景区主要分为主点区和综合服务区。这里的微缩景观有万里长城和秦陵兵马俑，最古老的天文台、石拱桥，中国最大的瀑布——黄果树瀑布等。

$ 170元
🕐 全天
🚌 深圳宝安机场—深圳华侨城（自驾）
深圳宝安机场—广深公路—北环大道—侨城西街—深圳华侨城
全程约26千米

深圳华侨城

深圳市野生动物园 ★★★★ 🐼📷

深圳市野生动物园位于大鹏湾北岸，占地面积1.2平方千米。分为东西南北4个方位，东面有荔枝林、西面有西丽湖、南面有30多座大型动物石雕、北面有青山。园内放养着300多个品种、10 000多头野生动物，4个动物表演馆。其中的一个大型的动物广场表演"百兽盛会"，由300多名演员和1000多头动物出场表演。

💰 240元
🕘 9：30—18：00
🚌 深圳宝安机场—野生动物园（自驾）
深圳宝安机场—沈海高速—南光高速—西丽湖路—野生动物园
全程约25千米

深圳仙湖植物园 ★★★★ 📷🌐

仙湖植物园位于深圳市东北郊，占地面积约587公顷，东与梧桐山相依，西与深圳水库相邻。园内有植物4000多种，还建有木兰园、百果园、珍稀树木园、水生植物园等十几个植物类专园。全园分为沙漠植物区、天上人间景区、湖区、化石森林景区等六大景区，建有两宜亭、别有洞天、听涛阁、玉带桥等十几处景点，还建有古生物博物馆、神秘的植物王国等。

💰 20元
🕘 8：00—18：00
🚌 深圳宝安机场—深圳仙湖植物园（自驾）
深圳宝安机场—京港澳高速—滨河大道—仙湖路—深圳仙湖植物园
全程约47千米

海上田园 ★★★★ 📷🌐

海上田园位于深圳宝安沙井，面积173万平方米。园内有十大景区：生态度假村、基塘田园、生态科普雕塑群、农家风情寨、桃林苑、欢乐天地、红树林实验基地、田园广场、水乡新邨、生态文明馆。其中的水乡新邨和生态度假村有平安居、船居、富贵居等客房200多间，此外还有健身房、网球场、夜总会等项目。

💰 60元
🕘 10：00—18：00
🚌 深圳宝安机场—海上田园（自驾）
深圳宝安机场—领航高架桥—宝安大道—民主大道—海上田园
全程约24千米

凤凰山 ★★★ 📷🌐

凤凰山位于宝安区福永镇凤凰村，海拔678米，面积1.2公顷。风景区主要分为3个部分：山顶晚霞胜景区、山中古庙胜景区、山下宝塔胜景区。山顶晚霞胜景区主要的景点有狮吼巨石、万福洞、石乳清湖等；山中古庙胜景区的景点主要有凤凰仙洞、净瓶洒露、长寿仙井等；山下宝塔胜景区主要的景点有圣水灵泉、凤凰文昌塔、青牛跃涧留仙迹等。

💰 免费
🕘 6：00—19：00
🚌 深圳宝安机场—凤凰山（自驾）
深圳宝安机场—领航高架桥—广深公路—凤凰山大道—凤凰山
全程约17千米

凤凰山

红树林 ★★★ 📷🌐

红树林位于深圳湾北东岸深圳河口的红树林鸟类自然保护区，占地约368公顷，是我国一处位于市区、面积最小的自然保护区，也被国外生态专家称为"袖珍型的保护区"。每年有白琴鹭、黑嘴鸥、小青脚鹬等189种、10万多只候鸟南迁于此歇脚或过冬。

💰 免费
🕘 全天
🚌 深圳宝安机场—红树林（自驾）
深圳宝安机场—领航高架桥—京港澳高速—滨海侨城东立交桥—红树林
全程约30千米

荔枝世界观光园 ★★★ 📷🌐

荔枝世界观光园依山傍水、湖光山色、荔林葱翠，没有污染和拥挤，没有嘈杂与喧嚣，唯有清新空气、鸟语花香，是都市人回归自然、释放自我的世外桃源。荔枝世界是当地政府为探索生态旅游农业之路兴办的以生态休闲、科普教育为主题的特区首家农业生态园。

💰 平日价格20元，荔枝节期间票价上涨
🕘 9：00—17：00
🚌 深圳宝安机场—荔枝世界观光园（自驾）
深圳宝安机场—沈海高速—南光高速—沙河西路—荔枝世界观光园
全程约25千米

荔枝世界观光园

世界之窗 ★★★★★ 🌐📷

深圳世界之窗位于深圳湾畔，以弘扬世界文化为宗旨，把世界奇观、历史遗迹、古今名胜、民间歌舞表演汇集一园，营造了一个精彩美妙的世界。

世界之窗景区按五大洲划分，与世界广场、世界雕塑园、国际街、侏罗纪天地共同构成了千姿万态、美妙绝伦、让人惊叹的人造主题公园。

世界广场上有10尊世界著名雕塑，还有108个大石柱和2000多平方米的浮雕墙。世界之窗以其丰富的文化内涵、雍容恢宏的规划设计、精美绝伦的景观项目、不同凡响的艺术演出、动感刺激的娱乐项目，为中外游客再现了一个美妙精彩的世界。

💰 日场200元；夜场100元
🕘 9：00—21：00
🚌 深圳宝安机场—世界之窗（自驾）
深圳宝安机场—广深公路—深南大道—深南大道辅路—世界之窗
全程约23千米

世界之窗

龙园 ★★★ 📷🌐

龙园位于龙岗区龙园路433号，距离市中心约28千米，占地面积约34万平方米。龙园是以龙文化为主题的公园，园内有龙雕38 000多件。景点主要有龙王宫、九龙透雕、回龙桥、五龙亭、罗汉塔等，另外还有龙文化广场，以东方巨龙为中心，长达 500 米。
- 💰 5 元
- 🕐 8：00—18：00
- 🚌 深圳宝安机场—龙园（自驾）
深圳宝安机场—南坪快速—水官高速—龙平东路—龙园
全程约 66 千米

梧桐山 ★★★ 📷 🏞️

梧桐山位于深圳市东部，面积 31.82 平方千米。景区内的"梧桐烟云"被评为深圳新八景之一，景区特点以稀、幽、秀、旷为主。梧桐山与香港新界山脉相连，主峰高达 943.7 米，是深圳第一高峰，山里有丰富的珍稀动植物。

- 💰 免费
- 🕐 6：00—18：00
- 🚌 深圳宝安机场—梧桐山（自驾）
深圳宝安机场—广深公路—北环大道—梧桐绿道—梧桐山
全程约 51 千米

深圳梧桐山

↘ 吃在深圳

深圳是座美食城，除了享誉四海的粤菜外，还汇集了各地的菜系，有八大菜系、具有地方特色的四大风味、欧美地区的西式大餐等。这里拥有上万个饮食的场所，各种高中低档酒店、大排档、食街应有尽有。此外还有茶楼等，很受欢迎。

饮食商业街推荐的有振华路上的川菜、振兴街上的粤菜、中航路上的湘菜等；食街推荐有罗湖区乐园路上的海鲜街、罗湖区向西村食街上的猪骨煲、福田区的八卦一路食街上的全国各地风味等。

猪骨煲

🍲 陶陶居酒家（东方宝泰店）
游客评价：建议先吃双皮奶，太香了
- 📞 020-89810722/89810733
- 📍 深圳市林和中路 63 号东方宝泰购物中心 B3 层 3002 铺

🍲 丹桂轩
游客评价：传统的港式风格，靠湖风景很不错，茶点种类丰富
- 📞 0755-26003218
- 📍 深圳市南山区华侨城香山街波托菲诺会所 1 楼

🍲 香蜜轩（高新园店）
游客评价：火锅一般，但鸭子炖得真的很酥烂，非常入味，子姜也好吃
- 📞 0755-86383233/13691808089
- 📍 深圳市南山区文体中心总裁俱乐部一楼（公交站：深圳软件园站）

🍲 深井华香鹅快餐店华发北路店
游客评价：鸡腿不大但腿肉细嫩，叉烧是灵魂，肥瘦相间，不肥不腻
- 📞 0755-83763344
- 📍 深圳市福田区华发北路 93 号

🍲 森 Some Fusion（深圳罗湖店）
游客评价：人气火爆的店，需要排队，因为菜真的非常好吃
- 📞 18025444331
- 📍 深圳市人民南路 2001 号罗湖大厦 1 栋首层（近人民南地铁 C 出口、佳宁娜广场对面）

🍲 师公会海鲜酒家
游客评价：扇贝肉很大，海胆炒饭色香味俱全
- 📞 0755-25200233/25202992
- 📍 深圳市盐田区盐田海鲜食街 8 号

↘ 住在深圳

平价型
维也纳酒店（深圳机场店） 📍 深圳市宝安区国际机场 A 楼候机室对面 📞 0755-29987688
尤克里里酒店（深圳海洋分店） 📍 深圳市杨梅坑村 48 号 📞 13360074179
深圳安轩宾馆 📍 深圳市罗湖区宝安南路 3035 号 📞 0755-25582333
新华登宾馆 📍 深圳市罗湖区和平路沿河东路 13 号 📞 0755-25898699

享受型
深圳柏斯顿（空中）花园酒店 📍 深圳市宝石南路宏发大世界三期 📞 0755-81788988
深圳皇轩酒店 📍 深圳市福田区富民路 28 号 📞 0755-82569888
深圳富临大酒店 📍 深圳市和平路 1085 号 📞 0755-25586333
深圳海景嘉途酒店 📍 深圳市南山区华侨城光侨街 3-5 号 📞 0755-26602222

购物深圳

芮欧时尚生活百货
REEL 时尚生活百货，是我国第一家外资女性专门百货，面积约为 2 万平方米。商品的来源主要是东京、米兰、纽约、巴黎、首尔、香港等地。REEL 时尚生活百货汇集世界时尚的精华，以创新的理念为万千女性打造顶级的时尚空间。

海岸城
海岸城位于南山商业文化中心区。海岸城是深圳规模最大的室内购物、娱乐、休闲中心。海岸城是由海岸城购物中心、东座写字楼、海岸风情街、海岸城西座写字楼组成的。其中的商业街占地 4 万平方米、购物中心占地 12 万平方米。

华润万象城
华润万象城位于深圳市罗湖区，面积达 18.8 万平方米。华润万象城是深圳最大的购物和娱乐的中心。这里主要有时尚精品店、百货公司、美食广场、国际品牌旗舰店、溜冰场、多厅电影院、大型动感游乐天地等综合性大型商场。

东门步行街
东门步行街是深圳最古老的商业区，原先是一些小商小贩经营的场所，后来经过改造，逐渐成了综合性大型商业中心。

特产
深圳的特产很多，像药材、水果、小吃等，很有名气，深受游客喜爱。

沙井蚝：沙井蚝俗称牡蛎。其个大体肥，色白如雪，味道鲜美，含有丰富的维生素和蛋白质，深得游客青睐。

沙梨：沙梨是深圳市最为主要的特色水果，其最为有名的产地便是有着"水果之乡"美称的石岩。石岩沙梨个大多汁，果肉雪白，食之甘甜，十分可口，是当地人喜欢的水果之一。

坪山金龟橘：坪山金龟桔个大色鲜，果皮易剥，闻之清香扑鼻，食之甜而不腻，有生津解渴、健胃消食之功效。目前，坪山金龟橘已经打开国际市场，十分畅销。

深圳商业中心

珠海

珠海市，位于中国广东省南部，珠江出海口西岸濒临南海，东与香港、深圳水域相连，南与澳门陆地相接，是中国最早的四个经济特区之一。珠海自然环境优美，山清水秀，海域广阔，有100多个海岛，素有"百岛之市"的美称。

珠海市是一座环境优美、经济繁荣、社会稳定的现代化海滨城市，亦是中国优秀的旅游城市。美丽的珠海全年温暖湿润，一年四季都让你流连忘返。珠海市的主要旅游景点有大型历史文化景观圆明新园、四大名山旅游风景区、珍珠乐园、九洲城、珠海渔女、竹仙洞、金沙滩、白藤湖水乡风情游景区。漫游珠海之中，会让你在自然和谐、清静幽雅、温馨浪漫的氛围中体会到这座滨海花园的独特魅力。

区号：	0756
邮编：	519000
面积：	1736.45 平方千米
人口：	243.96 万人
著名景点：	珠海渔女雕像、情侣路、圆明新园、长隆海洋王国等

游在珠海

长隆海洋王国 ★★★★

海长隆海洋王国位于广东省珠海市，是以海洋为主题的公园，共分为八大主题园，带来八个不同的故事，让游客置身于海洋世界，十分精彩。在这里不仅可以看到许多海洋生物，还有精彩的表演；有适合亲子游乐的"英雄岛"、适合情侣浪漫的"横琴海"，还可以在"极地探险"中乘坐冰山过山车"上天入海"，尽情享乐。

$ 383 元起

🕐 海洋大街：10：00—19：00；海豚湾：10：00—18：30；雨林飞翔：10：00—18：30；横琴海：10：30—19：00；海洋奇观：10：30—19：00；极地探险：11：00—18：30；英雄岛：11：00—18：30；海象山：11：30—18：30

🚌 珠海金湾机场—长隆海洋王国
珠海金湾机场—金海东路—鹤港高速—S36—环岛东路—长隆海洋王国
全程约43千米

圆明新园 ★★★★ 📷 🏞 🌐

圆明新园位于珠海九洲大道石林山下，面积约1.4万平方千米。它是以被毁前的圆明园为蓝本，选择了30个景点按照原来的比例复原。园内的亭台楼阁有着显著的清代文化气息，集合了商业文化、饮食文化、历史文化和旅游文化。景点有长城、远瀛观、大水法、蓬岛瑶台等，有着"南中国唯一的皇家园林"之称。

$ 免费

🕐 9：00—17：30

🚌 珠海金湾机场—圆明新园（自驾）
珠海金湾机场—金海东路—珠海大道—兰埔路—圆明新园
全程约43千米

💡 圆明新园
旅游指南

1. 游客可以在珠三角的任何城市乘坐直达珠海市的班车，然后在珠海市区乘坐公共汽车或出租车前往圆明新园，票价每人20元。

2. 在广州锦汉车站有直达圆明新园的旅游巴士，十分便捷。

温馨提示

1. 若是游客有圆明新园附近景点的旅程安排，可先前往别处参观。在18点过后，圆明新园的门票减至每人90元左右，距22点景区闭园还有4小时的时间，足以游遍景区。

2. 园区内的购物买卖街到处都是仿古式的店铺、酒楼、茶坊、旅馆，还有很多由演员扮演的车夫、小二等，让游客亲身体验清朝时的生活风貌。建议游客租用一套古装，以便更好地融入其中，以假乱真，十分有趣。

3. 购物街上的布艺馆售有各式女装，质量上乘，做工细腻，颇有民族特色。有的地方还摆很多手工艺品，小巧玲珑，十分可爱，让游客爱不释手。

圆明新园

三叠泉瀑布

珠海三叠泉 ★★★ 📷

由于泉水随山势叠成3个景观独特的段落——大狭瀑、飞凌瀑、隐灵瀑而得名。

这里山体雄峻，奇石突兀，水脉富集，清莹甘冽，于石床岩隙间形成洞、溪、瀑、潭，水相变幻无穷，映带边岸，韵味十足。泉水下注成潭，石砌湖底，围湖遍植翠竹，山花点缀其中，景致令人沉醉。被称为"山不奇水奇，树不奇石奇，地不奇岛奇"。

💲免费
🕐全天
🚌珠海金湾机场—珠海三叠泉（自驾）
珠海金湾机场—金海东路—洪鹤大桥—横琴大道—珠海三叠泉
全程约42千米

淇澳岛 ★★★ 📷

淇澳岛位于香洲东北部，珠江口内西侧，面积23.8平方千米。岛分为南北两岸，最高的主峰望——赤岭，位于岛东北。沿岸地质大部分为岩石和垒石，四周港湾较多，主要为大澳湾、石井湾、关帝湾、北沙湾等。岛的四周有航道，南为金星门航道，北为横门东航道，东为帆船水道，西为横门航道，同时岛上还有金星胆、龟仔仔、马山洲等岛礁。此外，岛上动植物资源丰富。

💲免费
🕐全天
🚌珠海金湾机场—淇澳岛（自驾）
珠海金湾机场—金海东路—珠海大道—南腾街—淇澳岛
全程约68千米

梦幻水城 ★★★★ 📷🌐

梦幻水城位于珠海市九洲大道兰埔，占地面积6万平方米。水城建有十大特色主题区，有28种娱乐设施，是以埃及建筑为背景的大型情景式水上乐园。园内主要有梦幻神道、儿童反斗城、梦幻夜场、廊堡、激情溜索、漂流河、造浪池、响尾蛇滑道等。这里有充满异域风情的古埃及彩绘、浮雕，有棕榈摇曳的南国风情，可以让游客们尽情地享受清凉的水世界。

💲65元
🕐11：00—18：00
🚌珠海金湾机场—梦幻水城（自驾）
珠海金湾机场—金海东路—珠海大道—兰埔路—梦幻水城
全程约41千米

竹仙洞 ★★★★ 🌐📷

竹仙洞位于珠海湾仔镇与南屏镇之间的南湾大道西侧。相传曾有一位赤脚大仙在此修炼得道，在滴水岩上留下了足迹，因此又称"足仙洞"。洞内景点主要有云路、登高望远、紫门、觉步、桃园、观音庙、土地庙和八仙庙等。近年来，景区加大对自然环境的建设，不断引进名竹品种，修建了桃花源、杜鹃林等，每逢春季到处鸟语花香，可谓是人间仙境。

💲30元
🕐8：00—17：30
🚌珠海金湾机场—竹仙洞（自驾）
珠海金湾机场—金海东路—珠海大道—竹仙路—竹仙洞
全程约39千米

海泉湾度假区 ★★★ 📷

海泉湾度假区位于珠海西部海滨，占地面积5.1平方千米。度假区内主要景观有海洋温泉、神秘岛主题乐园、梦幻剧场、加勒比海岸、运动俱乐部、高尔夫项目、海泉湾维景大酒店、海泉湾拓展训练营、休闲垂钓区等，是功能齐全、综合配套较完美的大型旅游休闲度假中心。

💲118元
🕐全天
🚌珠海金湾机场—海泉湾度假区（自驾）
珠海金湾机场—珠海机场高速—珠海大道—X763—海泉湾度假区
全程约39千米

海泉湾度假区

九洲城 ★★★ 📷

九洲城位于珠海市景山路，是一座仿古宫殿的建筑群。建筑群分为城楼、凉亭、园池、水榭、幽廊、殿堂等，其中主城楼高达16米，宽70米。城内主要景点有观荷塘、海角奇观、沧泉、澄泉绕石、戏鸟廊、嬉鱼池、登楼远眺等。

💲免费
🕐9：00—16：30
🚌珠海金湾机场—九洲城（自驾）
珠海金湾机场—金海东路—珠海大道—景山路—九洲城
全程约46千米

庙湾岛 ★★★★★ 📷🌐

庙湾岛位于香洲东南部，面积2.3平方千米。庙湾岛原由本岛和下风湾北侧的小岛组成，后因修建了一条石堤而连为一体。庙湾岛上893蚀风貌独特显著，岛礁星罗棋布，海洋生物多在此地繁殖。有"梦幻之岛"和"中国的马尔代夫"之称。岛上最美丽的景点是竹湾沙滩。

💲免费（坐船需要付费）
🕐全天
🚌庙湾岛
游客可以从珠海乘坐快艇，1.5小时即可到达庙湾岛。也可以在珠海乘坐客船到外伶仃岛，在外伶仃岛有快船通往庙湾岛。

📍庙湾岛
交通指南

游客可以从珠海乘坐快艇，1.5小时即可到达庙湾岛。也可以在珠海乘坐客船到外伶仃岛，在外伶仃岛有快船通往庙湾岛。

若是游客幸运的话，能搭乘去庙湾岛上收购海鲜的渔船，单程120元左右，价格可以协商。

温馨提示

1. 庙湾岛上的泉水含有大量的重金属，不能直接饮用，游客出发前最好携带足够饮用的淡水，以便随时补充水分。

2. 海岛上的紫外线比较强，容易晒伤皮肤，对眼睛也有一定的伤害。游客出发前一定要做好防晒措施。

3. 在庙湾岛上一定要节约用水，否则会引起当地渔民的反感。

4. 在庙湾岛环型海湾沙滩的右边有一座小山，在山顶能欣赏到美丽的海景，携带有露营设备的游客可以在此搭建营地，晚上海风习习，隐约能听到海浪拍打沙滩的声音，十分惬意。

5. 小山后面有一个天然巨石，貌似神龟，石面平坦光滑，游客可以在上面休息。石龟往下有很多藏有红蟹的洞穴，游客空闲时可以捕捉几只，但要注意安全。

住宿推荐

在庙湾岛上有供游客吃住的旅馆，但房价比较贵，饮食和住宿条件也很一般，由于淡水的缺乏，在客房内也不方便洗浴。建议游客在沙滩上露营，喜欢清静的游客可以到稍远一些的山头寻找合适的营地，但不要离人群太远，晚上注意安全。

石溪摩崖石刻群
★★★★ 🌐📷

石溪摩崖石刻群位于香洲区。石刻群是清代鲍俊和文人墨客在模仿兰亭会时留下的杰出作品，这里的石刻以行书为主，也有楷书和隶书，大的将近一米，小的却只有几厘米。来到这里游览就好像进入了一座书法展览馆，这里的石溪"崖峭瀑奇"是著名的游览胜地。石溪摩崖石刻群于1986年被列为珠海市文物保护单位。

- $ 35元
- 9：00—17：00
- 珠海金湾机场—石溪摩崖石刻群（自驾）

珠海金湾机场—珠海机场高速—珠海大道—环岛西路—石溪摩崖石刻群

全程约49千米

金海滩 ★★★

金海滩位于珠海市西三灶岛长沙湾，海滩长达3000多米。这里的沙质柔软，因在阳光照射下就好像是金沙一样而得名金沙滩。这里的景点主要有三灶万人坟遗址、鲤鱼戏水、情人岛狩猎、海蛙石、垂钓等。另外，金海滩还建有很多的休闲别墅和宾馆酒店，是集娱乐、度假、海浴于一体的旅游场所。

- $ 20元
- 9：00—19：00
- 珠海金湾机场—金海滩（自驾）

珠海金湾机场—金海东路—海滩路—金海滩

全程约6千米

吃在珠海

珠海市的餐饮和深圳很像，以粤菜为主，同时还兼有其他地方特色。珠海盛产的膏蟹、海胆、狗爪螺等水产品，新鲜便宜。珠海餐饮还有一大特色就是葡萄牙菜式，基本上都由葡萄牙籍的厨师制作，在当地吃葡菜已经成为一种新的时尚。珠海的特色菜主要有虾锅煲、烧禾虫、百花酿长颈濑尿虾、清蒸皖鱼、豉油皇焗白鸽鱼、金汤对虾、秘制斗门重壳虾等。

虾锅煲

毌米粥
游客评价：粥做得really好，搭配其他菜品更佳

- 0756-3322633
- 珠海市香洲区情侣南路455号

得月舫
游客评价：环境太适合拍照打卡了，很漂亮的船，乳鸽肉质饱满，很嫩
- 0756-2173298/2251188
- 珠海市香洲区情侣南路近岸野狸岛名亭公园内

味将·日本料理
游客评价：服务热情，大虾天妇罗太好吃了，拉面汤底是用骨头熬制，很香
- 15913333380
- 珠海市石花东路26号（度假村斜对面）

叠石酒家
游客评价：豆腐鱼入口即化，虽然只有椒盐入味，但依旧超级好吃
- 0756-3311591/3312918
- 珠海市香洲区湾港大道鸡山车站旁

五月花海鲜城
游客评价：皮皮虾的个头真的非常大只
- 0756-3230000
- 珠海市香洲区吉大海滨花园49号

哈布斯扒房
游客评价：很适合情侣的餐厅，小布丁又好吃又可爱
- 0756-8887775
- 珠海市珠海大道8号华发商都C馆7楼全层

住在珠海

平价型

新海利大酒店（拱北口岸店）
- 珠海市拱北夏湾粤华路271号
- 0756-8899388

M艺术酒店
- 珠海市情侣南路257号日华花园A区3楼
- 0756-6331808/6339809

珠海相思岭海景别墅酒店
- 珠海市担杆镇外伶仃岛天祥路1号
- 0756-8855133

华储精品酒店（海滨泳场店）
- 珠海市吉大园林路3号
- 0756-3362688

享受型

珠海庆华国际大酒店
- 珠海市情侣路309号
- 0756-8808888

珠海怡景湾大酒店
- 珠海市情侣中路47号
- 0756-3322888

珠海金都香薰主题（精品）酒店
- 珠海市拱北粤海东路1062号
- 0756-8111888

珠海长隆企鹅酒店
- 珠海市横琴镇长隆国际海洋度假区内（海洋王国旁）
- 0756-2993366

购物珠海

迎宾南路商业区
迎宾南路一直到拱北口岸广场，是珠海繁华的商业区之一。沿路上的商场主要有迎宾广场、万佳百货、口岸广场等。

景山路商业区
景山路商业区以景山路全国购物放心一条街为中心，主要的商场有珠海百货广场、民润新七星、免税商场、银隆商厦等。

莲花路商业区
莲花路商业区以商业老街莲花路步行街为主，最繁华的地段是侨光路东段，以百货小商品为主。

湾仔海味市场
珠海的水产品十分丰富，主要有黄金风鳝、水鸭、珠海肥蟹、黄杨荔枝等。湾仔海味市场位于湾仔码头对面，除了海味干货之外还经营一些小饰品，像珍珠项链、特色耳环、奇形贝壳等。

莲花路步行街
莲花路步行街位于珠海市莲花路，是珠海闹市中心有名的商业街。这条步行街路面宽15米，长400多米，建筑面积1.4万平方米，是地价最高、商业最繁华的地段，也是珠海最早的商业中心。

作为珠海对外开放的重要窗口，莲花路步行街一直发挥着重要作用。此商业街主要以经营精品店、特色店为主，显著地突出了"精品名店街"的特征，是一条综合性商业步行街。

特产

珠海的特产很多，以鲜花、手工艺品、水果和海鲜最为出名。

1. 湾仔鲜花：湾仔镇是有名的鲜花产地，已经有100多年的种花历史，鲜花品种近300个，一年四季均有各种名贵鲜花进入市场。建议游客到湾仔镇看一看，不仅能欣赏到各种各样的鲜花，还能在满街的花香中消除旅途疲劳，要是碰到喜欢的鲜花，不妨买上几株，或送人，或留在家中观赏，都很不错。

2. 白藤草织品：白藤水草编制而成的草盒、草帽、各种席子等，造型精致，经久耐用，色泽鲜亮，深受游客喜爱。

3. 白蕉禾虫：白蕉禾虫做法多样，可熏、炸、炒、蒸、腌制、炖汤等，味道鲜美，富含营养。

珠海购物商场

潮州、汕头、韶关

潮州市是位于广东省东部的一个地级市，国家历史文化名城之一，也是对外开放的旅游城市，被誉为"海滨邹鲁""岭海名邦"。是中国著名的侨乡。

汕头市又名"鮀城"，位于广东省东部，是中国五大经济特区之一。境内交通便利，经济发达，是中国著名的进出口岸和商品集散地，被誉为"岭东门户、华南要冲"。

韶关地处广东省北部，与湖南省、江西省交界，毗邻广西，是粤北地区的政治、经济、交通、文化中心，也是广东省规划发展的粤北区域中心城市。

潮州
区号：0768
邮编：521000
面积：3146平方千米
人口：256.84万人

汕头
区号：0754
邮编：515000

韶关
区号：0751
邮编：512000

游在潮州、汕头、韶关

凤南百丈瀑布 ★★★★

凤南百丈瀑布位于潮安区北部山区，因其处于凤凰山南而得名。境内旅游资源有仙竹奇观、畲族独特的民俗风情、百丈飞瀑等。境内的主要相关景点有潮州西湖、石壁山风、韩文公祠、北阁佛灯、广济桥、开元寺泰佛殿等，还有一处著名的景观——大坪奇观胜景，相传是韩愈被贬于此，其间与广济和尚相交甚密，为了造福百姓，于是就在洪水泛滥和鳄鱼经常出没的地方修建了一座石桥。

💰 免费

🕐 8:00—19:00

🚗 广州白云国际机场—凤南百丈瀑布（自驾）
广州白云国际机场—广河高速—济广高速—S231—凤南百丈瀑布
全程约436.9千米，4小时45分钟

凤南百丈瀑布
旅游指南

自己驾车的游客可从汕头上汕汾高速公路，到潮州铁铺出口下高速。看到凤凰方向的指示路牌后，按路标前行，途经意溪、文祠，来到一座桥前，旁边有"李工坑畲族民俗文化村"的招牌，在这里开始走土路。在看到一块刻着"李工坑"的石碑后，不要上水泥路，继续沿土路行驶。当再次看到水泥路时左转，经过一个村子之后，一直通往架桥潭水电站。这时，游客就能听到瀑布的哗哗声和溪水的潺潺声，百丈潭就在眼前了。

最佳旅游时间

夏季降水丰富，瀑布有足够的水源，声势浩大，更加壮观。而且夏季的凤南百丈瀑布景区树木葱茏，苍翠欲滴，适合前来旅游，避暑度假。

温馨提示

夜里可以选择在山上露营，有兴趣的还可以到当地的山村人家，和他们一起用餐，淳朴善良的山里人一定会热情招待的。而第二天可以在山下坐竹排游荡韩江支流，无比惬意。

凤凰天池 ★★★

凤凰天池位于凤凰山脉乌山东峰顶部，海拔1325米。天池的景观以独特的地理位置和自然风光为主来吸引游客。相传西王母曾在此沐浴。景区内的景观主要有太子洞、文天祥"正气堂"、奇形怪状的岩石、仙井、杜鹃坑、太平寺、茶树王"宋茶村"、日出胜景等。

- $ 30元
- 🕐 7：00—18：30
- 🚌 广州白云国际机场—凤凰天池（自驾）
- 广州白云国际机场—广河高速—济广高速—职工街—凤凰天池
- 全程约459千米

凤凰天池

榕澄生态园 ★★★

榕澄生态度假村位于汕头、潮州、饶平三地交界处，处在潮州市港口大道中段。园内的主要观赏景点有烧烤场、瓜果长廊、垂钓池、水上乐园、榕园、滑草场、焰火区、儿童乐园等。生态园的理念是整体、再生、循环、协调，是多功能和多元化的旅游胜地。

- $ 免费
- 🕐 9：00—17：00
- 🚌 广州白云国际机场—榕澄生态园（自驾）
- 广州白云国际机场—广河高速—济广高速—X072—榕澄生态园
- 全程约421千米

中山公园 ★★★

中山公园位于汕头市中山路北侧，总面积20万平方米。公园的正门高达30米，背面书有孙中山的"天下为公"4个大字。园内亭台楼阁，曲转回环，假山奇石，树林环绕，小桥流水。园内还有九曲桥、动物园、馆花宫、湖上餐厅等景观。

- $ 免费
- 🕐 8：00—18：00
- 🚌 广州白云国际机场—中山公园（自驾）
- 广州白云国际机场—广河高速—汕湛高速—月眉路—中山公园
- 全程约418千米

中山公园花展

南澳岛 ★★★

南澳岛地处粤东海面，位于高雄、厦门、香港的交界处。南澳岛由37个岛屿组成，海岸线77千米，大小港湾66处。南澳岛的青澳湾沙质细致，海水清澈，是天然的海滨浴场，同时它也因蓝天碧海、金沙白浪而被誉为"东方夏威夷"。南澳岛上有50多处文物古迹、30多处寺庙、黄花山国家森林公园、总兵府、乌屿自然保护区、南宋古井、大海岛风电场、太子遗楼等景观。

- $ 免费（总兵府10元）
- 🕐 7：00—17：00
- 🚌 广州白云国际机场—南澳岛（自驾）
- 广州白云国际机场—广河高速—汕湛高速—S336—南澳岛
- 全程约456千米

南澳岛

礐石大桥 ★★★

礐石大桥位于汕头市西部，是汕头市第二座特大型跨海大桥，全长5976米，宽30.5米。主塔高148米，主桥主跨长518米。全桥六车道，两侧设有人行观光道。礐石大桥曾由国务院原总理李鹏亲自题名，与海口的海湾大桥遥相呼应，形成了汕头市环状交通线，沿途可观赏亚热带滨海风光。

- $ 免费
- 🕐 全天
- 🚌 广州白云国际机场—礐石大桥（自驾）
- 广州白云国际机场—广河高速—汕湛高速—西港路—礐石大桥
- 全程约413千米

礐石大桥

叫水坑原始森林 ★★★

叫水坑原始森林位于潮安区大山镇的一个小山村里，因其原始森林的保护完好而著名。这里森林面积近333.7公顷，其中鹤顶山方圆33.4公顷的密林是属于原始森林，林中都有树龄超过300年的树木，其中有一棵梨树的树龄已达700年，直径为6.5米。树林里的动物资源也很丰富，有斑鸠、山鸡、画眉、鹧鸪、野兔等。

- $ 20元
- 🕐 9：00—18：00
- 🚌 广州白云国际机场—叫水坑原始森林（自驾）
- 广州白云国际机场—广河高速—济广高速—S231—叫水坑原始森林
- 全程约443千米

莲花峰 ★★★

莲花峰位于潮阳区东南的11千米处，面积为1.14平方千米。南宋时文天祥举兵勤王，曾登峰寻望帝舟。峰前有海岸奇观"莲峰海色"，是潮汕八景之一；峰东有海滩，是天然的海边浴场；峰西有怪石林立，形状各异，似虎、似狮、似豚等；峰上有块渔家女的"望夫石"。莲花峰的主要景点有古炮台、莲花峰、望夫石、万人冢、文天祥塑像、忠贤祠等。

$ 20元
⏰ 6:00—20:00
🚗 广州白云国际机场—莲花峰（自驾）
广州白云国际机场—广河高速—汕湛高速—莲峰南路—莲花峰
全程约 422 千米

南华寺

★★★★★

南华寺位于广东省韶关市，曲江区马坝东南的曹溪之畔。南华寺始建于南北朝时期，面积 12 000 多平方米。由曹溪门、大雄宝殿、放生池、藏经阁等组成。寺院内有珍贵文物六祖真身、千佛袈裟、五百罗汉群像、武则天圣旨和其他文物。南华寺是写下千古绝句"菩提本无树，明镜亦非台，本来无一物，何处惹尘埃"的佛教禅宗六祖慧能弘扬"南宗禅法"的发祥地，六祖慧能在此传授佛法 37 年，因而南华寺有南禅"祖庭"之称。

$ 20元
⏰ 8:00—17:00
🚗 广州白云国际机场—南华寺（自驾）
广州白云国际机场—大广高速—京港澳高速—曹溪路—南华寺
全程约 188 千米

乳源大峡谷

★★★★

乳源大峡谷位于距离乳源瑶族自治县西南 68 千米的大布镇，全长 15 千米，最大深度超过 400 米。大峡谷有三绝：一奇是在下雨时会出现云雾，如入仙境；二险是有一千步云梯 1386 级；三秀是古径幽深，峰峦叠嶂。大峡谷的两侧是悬崖峭壁，中间是沉积岩，顶端有一大埠，河流流过而后形成瀑布，瀑布下有一深潭，深潭外有一罕见的石英砂岩洞。

$ 55元，周末 60元
⏰ 8:00—17:00
🚗 广州白云国际机场—乳源大峡谷（自驾）
广州白云国际机场—乐广高速—X380—S258—乳源大峡谷
全程约 177 千米

乳源大峡谷
交通指南
自驾车路线：
1. 从广州出发，走京珠高速在乳源出口下，由 323 国道转 258 省道抵达大峡谷。
2. 从广州英德经过石牯塘到大峡谷，全程不到 80 千米，但沿途路况不太好。
3. 从深圳出发上广深高速，到火村出口处转北二环高速，再转京珠高速到韶关乳源出口，下高速后驶往大布镇方向即可。也可在京珠高速的英德出口下高速，再经过石灰镇、石牯塘到达大布镇，但这条线路有几千米的土路，不太好走。

美食推荐
在乳源县城的美食街可以品尝到川菜、湘菜、海鲜等很多美食，还有爆炒酸笋、炒坑螺、冬菇、龙归冷水肚、马坝油黏米和白毛茶等特色小吃，色鲜味美，价格公道，值得一尝。

吃在潮州、汕头、韶关

潮州菜，又名潮汕菜。源于闽南，又兼具广州菜的特点。其烹饪具有岭南特色，最大的特点是借助海鲜、注重生猛清鲜。有炖、烧、炸、炒等 10 多种烹饪方法。此外，潮汕菜用料广，具有三多的特点：一是水产品多；二是甜菜品种多且用料很特别；三是素菜样式多且独特。潮菜的六大特点是：一是烹制海鲜取胜；二是善于制汤；三是口味崇尚清淡；四是注重养生；五是重视原汁原味；六是制作精巧。

汕头的特色美食有许多，如汕头牛肉丸、仙城束砂、老妈宫粽球、虾米笋粿、汕头肠粉等，其中汕头牛肉丸又称手捶牛肉丸，是当地著名的小吃之一，起源于潮菜，已有近百年的历史，它Q弹爽滑、鲜香无比，深受人们喜爱。

韶关人特别注重节日饮食，讲究吃团年饭、团圆饭，炒米饼、米糕、油糍、灰水糍等是节日餐桌上必不可少的美味。韶关的毛尖也特别出名，它外形肥壮、色泽绿润，泡一杯香气四溢，品一口除却茶香还有缓缓的回甘，搭配当地特色料糕等最为合适。

木瓜莲子汤

🍲 **潮州宾馆潮州小食府**
游客评价：分量足，味道正，酱香骨连骨头都可以咬着吃
📞 0768-2137888
📍 潮州市潮枫路与永护路交叉口潮州宾馆 1 楼

🍲 **莲华素食府**
游客评价："雀巢筑顶"酸甜酥脆，一点也不油腻，很可口
📞 0768-2238033
📍 潮州市开元广场 C1 幢 9 号

🍲 **豪客来牛排（西河路店—1406）**
游客评价：店里常有新品，自助水果的品质也很不错

📞 0768-2895085
📍 西河路春光大酒店一楼（汽车总站马路对面）

🍲 **蒙自源过桥米线（卜蜂莲花店）**
游客评价：番茄肥牛米线味道极佳，傣味酸汤米线风味极好
📞 0768-6871602
📍 潮州市潮安区潮枫路北侧卜蜂莲花购物中心首层 R14 号商铺

🍲 **泰越精厨**
游客评价：月亮虾饼不仅外形好看，味道也很棒
📞 0754-88561266
📍 汕头市龙眼南路 9 号泰安华庭东区 110-111 铺

🍲 **本岛粥城**
游客评价：非常火爆的店，榴梿大福像小小的青苹果，好看更美味
📞 0751-8961888
📍 韶关市浈江区风度中路 2 楼（近步行街路口）

↘ 住在潮州、汕头、韶关

平价型

潮州四海酒店
- 潮州市新洋路邦妮花园 M 栋
- 0768-2132233

潮州市云和大酒店
- 潮州市西河路 26 号
- 0768-2136128-0/18924729349

步月客栈
- 潮州市西湖街道环城西路 128 号
- 0768-2187657

索顿酒店（潮州古城店）
- 潮州市潮州西河路 37 号
- 0768-2214888/17728675663

享受型

潮州金信酒店
- 潮州市潮枫路 79 号
- 0768-2132222

潮州东山湖温泉度假村
- 潮州市潮安区沙溪镇
- 0768-5215888

汕头龙腾宾馆
- 汕头市潮南区司马浦镇广汕公路东段
- 0754-87735555

韶关碧桂园凤凰酒店
- 韶关市浈江区五里亭碧桂园内
- 0751-8838888

↘ 购物潮州、汕头、韶关

新桥东路商业街

新桥东路商业街位于潮州市老城区中心地域，是连接新老城区的纽带。商业街全长 500 米，宽 28 米。街内有大型超市、珠宝金行、服装专卖店、陶瓷专卖店、餐饮美食等约 200 间店铺。以商业街为中心，两侧还建有 10 个住宅区，商业区内配有菜市场、幼儿园、停车场等设施。新东桥商业街集购物、娱乐、饮食等于一体，同时还融合了城市文化、商业文化、旅游文化和休闲文化。

潮州卜蜂莲花（易初莲花）购物中心

卜蜂莲花连锁超市是由泰国正大集团投资的特大型连锁超市。卜蜂莲花作为一个一站式购物的中心，几乎涵盖了全部种类的商品：生鲜、服装、珠宝、食品、玩具、保健品等。

华侨新村步行街

华侨新村步行街位于汕头市中心的金新路上，街长有 400 多米。步行街上主要经营的有外衣、内衣、饰品、纪念品、食品、特产、玩具等。价格不高，是逛街购物的好地方。

大诚商场

位于汕头市龙湖区 24 街区朝阳庄北区，是一个经营家具、百货、食品、皮革、陶瓷、针纺织品、五金交电、化工、销售的大型商场。物品齐全、活动众多，方便大家购物。

韶关步行街

韶关步行街是当地繁华的地方，位于韶关市区中心，解放路和风采路之间，全长约 800 米。沿街两侧有很多商铺，珠宝、五金、特产、服饰等都可以在这里找到。另外，这里还汇聚了一些咖啡馆、茶馆、餐厅等。

> 💡 **特产**
>
> 潮州的工艺品种类繁多，质量上乘，远销国外，世界闻名。潮州木雕有沉雕、浮雕、圆雕和多层次镂空雕等多种形式，选材严谨，雕工细腻，造型美观，素有"木雕城"的美誉；潮州瓷器"白如玉，薄如纸，明如镜，声如磬"，盛产瓷器的枫溪有"南国瓷乡"之美誉；潮绣绚丽多彩，针法缜密，做工精巧，图案匀称，为人们所喜爱。还有浑然天成的潮州抽纱、精致可爱的潮州花灯、栩栩如生的潮州剪纸等，都是远近闻名的手工艺品，很有观赏和收藏价值。
>
> 潮州盛产的凤凰单丛茶叶颜色翠绿、茶香浓郁、味道甘甜，乃茶中一绝。
>
> 潮州还是南方有名的"水果之乡"，以品种多、质量优、味道好、营养高闻名四海。春季有杨梅、青梅、枇杷；夏季有芒果、荔枝、沙梨；秋季有柚子、龙眼、番石榴；冬季有橄榄、香蕉、柑等。

汕头繁华市区

其他地区

湛江
著名景点：湛江红树林国家级自然保护区等
肇庆
著名景点：仙女湖等
惠州
著名景点：罗浮山、南昆山、巽寮湾、惠州西湖等

广东省地大物博，历史悠久，境内的旅游资源十分丰富。除了前面介绍的广州、深圳、珠海、潮州和汕头几个城市之外，省内还有很多气候温和、风景宜人的地区，也是游客旅游度假的好去处。

位于广东省西南部的湛江市，自然景色优美，具有北热带风光的特色，曾被担任过中国外交部长的陈毅元帅誉为"中国的日内瓦"。其境内的湛江八景、徐闻八景、廉江八景等，都是深得游客青睐的旅游宝地。有"中国砚都"之称的肇庆市，位于广东省的中西部，是国家历史文化名城。其境内的人文景观、自然风光数不胜数，尤其是星湖风景区，兼具"西湖之水，阳朔之山"的特点，有"岭南第一奇观""人间仙境"的美誉。

↘ 游在"其他地区"

湖光岩 ★★★★

湖光岩位于广东省湛江市西南部。作为湛江八景之一的湖光岩被联合国地质勘探专家鉴定为是平地火山爆炸形成的玛珥湖。世界上仅有两处玛珥湖，湖光岩的玛珥湖比德国的更大，保存得更自然、完整。

湖光岩共有50多处美丽的景点，被誉为是天然氧吧，曾举办过2004年世界滑水锦标赛。湖光岩玛珥湖不仅具有极高的旅游观光价值，还具有高度的科学价值和医疗保健价值，湖光岩一直以它的九大谜点吸引着中外科学考察专家们的眼球。

- 💰 50元
- 🕐 7：30—18：00
- 🚌 湛江站—湖光岩（自驾）

湛江站—建设路—新湖大道—疏港大道—S293—湖光岩
全程约15千米

湖光岩
旅游指南

湖光岩位于湛江市郊区西南方向18千米处，由于当地出租车费较贵，不建议乘坐出租车前往。游客可在湖光镇西北部4千米的霞山汽车总站乘坐3路公共汽车。也可在存进公园门口的赤坎汽车总站乘坐6路公共汽车，30分钟一班，票价3.5元/人。

美食

湖光岩景区的特色小吃以海鲜为主，食材新鲜，香而不腻，是不可多得的美食，游客千万不要错过。

购物

江霞广场：江霞广场共有12层，分为地下2层，地上10层，总面积达95 000平方米，是粤西地区最大的、最纯粹的购物广场，也是湛江市第一家农村集体经济性质的大型购物中心。广场将招商2500多家商铺，分为超市、休闲、餐饮、娱乐4大部分，广场还建有大型的停车场。

肇庆地区的特产十分丰富，像肇庆草席、檀香扇、广绿玉、裹蒸粽等。来到这里购买一些旅游纪念品和特产食物是每个旅游者必不可少的程序。

湖光岩

海陵岛 ★★★

海陵岛位于广东省阳江市，面积约105平方千米，是广东省第四大岛。海陵岛四面环海，冬无严寒，夏无酷暑，是度假旅游的胜地，有"南方北戴河"和"东方夏威夷"之称。岛上有丰富的人文景观和自然景观，像古炮台、太傅庙、镇海亭、北帝庙、新石器遗址等10多处名胜古迹，还有马尾岛风景区、金沙滩风景区、大角湾和十里银滩、南方假日海滨浴场、大角山海洋公园等。

- 💰 单次入园49元，多次入园88元
- 🕐 旺季（4月16日至10月15日）：8：00—21：30；淡季（10月16日至

海陵岛

次年4月15日）；8：00—18：00
🚌江阳站—海陵岛（自驾）
江阳站—肇阳高速—兴阳线—海滨三路—海陵岛
全程约46千米

藏佛坑 ★★★

藏佛坑位于广东新兴县六祖镇寺田村东侧。景区内的景点主要有：慧能曾坐过的术雨石、韦陀石、金刚石以及瀑布、深潭和岩洞等。

💰免费
🕐全天
🚌云浮站—藏佛坑（自驾）
云浮站—汕湛高速—S276—六祖大道—S276—藏佛坑
全程约66千米

盘龙峡 ★★★★

盘龙峡位于肇庆市德庆县西北部，占地面积0.2公顷。主要景点有瀑布群、漂流、水车王国、紫色世界、水幕电影、金林水乡等，并推出了中国首个户外真人版"密室逃脱"基地。

💰120元
🕐8：30—17：30
🚌肇庆站—盘龙峡（自驾）
肇庆站—广佛肇高速—高香路—X455—盘龙峡
全程约98千米

盘龙峡谷

大旭山瀑布群 ★★★

大旭山瀑布群位于清远市连山壮族瑶族自治县吉田镇大田冲村。来到大旭山你能观赏到白鹤岩瀑布、宝石岸瀑布、老龟潭瀑布、藏金洞瀑布、野蕉林瀑布。5个瀑布风采各异，趣味不同，或倾泻而下，或穿林入洞，或飘洒悠然，一幅幅壮美的景观呈现在你的面前。

💰30元
🕐7：30—18：00
🚌清远站—大旭山瀑布群（自驾）
清远站—许广高速—汕昆高速—G234—大旭山瀑布群
全程约240千米

湟川三峡 ★★★★

湟川三峡位于清远连州市区南面，全长20多千米，分为龙泉峡、羊跳峡、楞伽峡。两岸有瀑布相连，茂林修竹等景观，坐在船上仰视可观赏峡谷，俯视可欣赏海滩，历代文人墨客均在此留下文章赞叹湟川之美。

💰45元
🕐9：00—17：00
🚌清远站—湟川三峡（自驾）
清远站—福巴线—许广高速—京港线—X389—湟川三峡
全程约185千米

湟川三峡

飞来峡 ★★★

飞来峡位于广东清远市东。这里"风光誉南国，古迹遍峡山"，具有古、广、美、奇的特色，集自然景观和人文景观于一体。峡中有一著名景点飞来寺，和韶关的南华寺、鼎湖的庆玄寺合称为岭南三大古刹。飞来峡的主要景点有飞霞山、飞来峡、飞来寺、飞来峡水利枢纽风景区、天子山瀑布、爱山亭、狮子石、江边台石、飞泉亭、归猿洞、第十九福地、九级瀑布、峡山亭等。

💰免费
🕐9：00—17：00
🚌清远站—飞来峡（自驾）
清远站—清佛公路—G240—飞来峡大道北—人民路—飞来峡
全程约32千米

广西

区号：	0771—0779
省会：	南宁
面积：	23.76 万平方千米
人口：	5012.68 万人
方言：	白话、西南官话、客家语
著名景点：	桂林山水、凤凰湖、印象刘三姐等

概况

自战国时候起，广西就属于百越之地的一部分。广西是我国的一个与"东盟"同时拥有陆地接壤和海上通道的省区。广西是一个美丽的八桂之地，它拥有壮观美丽的大山、富裕丰富的矿产、秀丽美观的河流、辽阔壮美的海洋、奇妙怪异的喀斯特地貌。这里的民族风情十分浓郁，因其沿海、沿江的优势，所以海洋资源丰富，还有大量的动植物资源和矿物质资源。

广西属于亚热带季风气候，显著特点是冬短夏长，北部夏天会持续 4～5 个月，冬天就 2 个月。气候温暖，雨、热资源丰富，年降雨量在 1000～2800 毫米，日气温≥10℃。气候多变，易出现旱涝灾害和台风、冰雹等。

在首届广西特色旅游品牌评选活动中评选出了十大特产：牛肉巴、荔浦芋、香猪、金花茶、罗汉果、六堡茶、沙田柚、八角、酥糖、海鸭蛋。

线路

南宁—桂林—阳朔—北海及其西部地区

名菜

广西有十大名菜，分别是阳朔啤酒鱼、灵马鲶鱼、白切土鸡、荔浦芋扣肉、风味牛杂、沙虫刺身、纸包鸡、柠檬鸭、醋血鸭和鱼生。

交通

飞机

桂林两江国际机场

- 0773-2845359
- 桂林市临桂区两江镇
- 机场交通：A 线：两江机场有往返于市区和机场的巴士，价格为 20 元。B 线：民航大厦—机场，每 30 分钟一辆。

南宁吴圩机场

- 0771-2095123
- 南宁市江南区吴圩镇 322 国道
- 机场交通：A 线：金湖北广场始发到达机场，票价：20 元；B 线：火车站始发到达机场，每天 5：30—19：00 根据航班时间而定；C 线：在市中心乘坐 301 路公交到达，票价 3 元。

柳州白莲机场

- 0772-3201088
- 柳州市柳江区迎宾路
- 机场交通：A 线：市区—机场：柳州饭店—驾鹤路国泰大厦民航售票处—白莲机场；B 线：机场—市区：白莲机场—鱼峰山—柳州饭店。

北海福成机场

- 0779-3033757
- 北海市银海区福成镇旁
- 机场交通：A 线：北部湾西路民航大厦门口每天早上 5：00 和 6：45 两趟固定巴士开往北海福成机场；B 线：从北海市区乘坐出租车前往北海福成机场需要 30～50 元。

南宁

南宁，是中国边南的一座历史古城，广西壮族自治区的首府，文化积淀深厚，热带风光旖旎，气候温暖，四季如春，城市中棕榈、槟榔、木棉覆盖，满眼翠绿，处处阴凉，有"中国的绿都"之称。

南宁是一个多民族的城市，这里壮、汉、回、瑶、土家等民族和睦相处，交流融洽，民族文化灿烂多姿，民族风俗活动多样。南宁又是一个适宜居住的城市，城市环境、城市布局、空气质量等综合排名在全国名列前茅。

南宁因其得天独厚的自然条件，使其拥有壮丽的边关风采、浪漫的海滩风貌、迷人的异国情调，星罗棋布的灵山秀水，古朴悠远的古迹故址，山、水、人、情构成南宁多层次的旅游景观。

区号：	0771
邮编：	530000
面积：	22100 平方千米
人口：	874.16 万人
著名景点：	青秀山、南宁人民公园、明仕田园等

两日游

南湖公园—伊岭岩—青秀山—大明山

游在南宁

广西壮族自治区博物馆 ★★★★

博物馆位于南宁市七一广场的东面，是国家级地质性博物馆。馆内藏有文物50 000多件，其中铜鼓藏物有360多面，像有"铜鼓之王"之称的北流型铜鼓、羽纹铜凤灯、翔鹭纹铜鼓、人面纹羊角纽铜鼓等大量的出土文物。馆内珍藏的民族文物更是数不胜数，丰富多彩，其中的线装古籍就超过3万册，十分珍贵。

$ 免费
⏰ 9：00—17：00（周一闭馆）
🚗 南宁吴圩国际机场—广西壮族自治区博物馆（自驾）
南宁吴圩国际机场—南友高速—壮锦大道—民族大道辅路—广西壮族自治区博物馆
全程约36千米

📍 广西壮族自治区博物馆

最佳旅游季节

南宁属于亚热带季风气候，阳光充足，气温较高，即使是冬季，温度也在10℃左右，所以四季皆适宜游玩，但是夏季一定要注意防晒。

旅游攻略

陈列大楼后面的文物苑颇具民族特色，文物苑内有民族歌舞演出、山歌对唱等。游客可以与演出者一起跳舞、对歌，可以选购民族工艺品，可参与做豆腐、酿酒等民族手工作坊演示，品尝各式各样的民族风味小吃。

小贴士

1.天气热，饮食上一定要注意，特别是吃海鲜时不能喝啤酒，不然易出现胃肠不适。

2.购物时最好打开包装查看，有些是看着包装很漂亮，里面却是以次充好的商品。

3.旅游景点门口和景区里面常有很多私人商贩尾随兜售，若要购买可以还价，不买尽量不要还价。随身携带的物品请注意保管，提防扒手。

广西壮族自治区博物馆

南湖公园 ★★★★

南湖公园位于南宁市的东南面，面积126.6万平方米。园内有一大湖占据总面积的3/4，湖上设有风景桥、长堤和九拱桥，同时还建有鱼餐馆和各色游艇。园内有热带树木园、名贵花园和四季果园。

$ 免费
⏰ 6：00—22：00
🚗 南宁吴圩国际机场—南湖公园（自驾）
南宁吴圩国际机场—南友高速—白沙大道—双拥路辅路—南湖公园
全程约36千米

南湖公园

伊岭岩 ★★★★

伊岭岩位于武鸣区南15千米处，距离南宁市有17千米，交通便利。伊岭岩以其典型的喀斯特地貌而出名，有"地下宫殿"之称，洞里有八大景点，分别是江山多娇、空中走廊、红水河畔、海滨公园、瑶池盛会、北国风光、山乡新貌、欢乐的壮乡。

沿途还能观赏到千年灵芝、莲台凤凰等100多个景点。此外，伊岭岩还有名人诗碑、儿童乐园、九龙喷泉等游览项目。

$ 58元
⏰ 8:30—16:45
🚌 南宁吴圩国际机场—伊岭岩（自驾）
南宁吴圩国际机场—南友高速—南宁绕城高速—南武大道辅路—伊岭岩
全程约75千米

伊岭岩

良凤江国家森林公园 ★★★

良凤江位于南宁市郊区，距离市中心约有7千米，园林分为3个景色迥异的景区、10个各具特色的景点。公园还可以满足游客不同的需求，比如烧烤、游泳、划船、垂钓、会议等。良凤江国家森林公园是林业部批准的广西最早的国家森林公园。

$ 15元
⏰ 9:00—17:00
🚌 南宁吴圩国际机场—良凤江国家森林公园（自驾）
南宁吴圩国际机场—机场大道—友谊路—友谊路辅路—良凤江国家森林公园
全程约22千米

青秀山 ★★★★★

青秀山因山高挺拔而得名，凤凰岭作为它的最高峰，海拔289米，在岭上能够观赏到著名的青山古八景之一的松林听涛。景区内还有一景引人注目，它就是有9层之高的龙象塔，也称"青山塔"，高51.35米，有207级旋梯，是广西最大最高的塔。

$ 成人20元
⏰ 6:00—23:59
🚌 南宁吴圩国际机场—青秀山（自驾）
南宁吴圩国际机场—南友高速—白沙大道—凤岭南路—青秀山
全程约36千米

青秀山

南宁九曲湾温泉 ★★★★

九曲湾温泉由17座露天温泉池和24座室内多功能泡浴池组成，可同时容纳1000人泡浴。温泉类型主要有咖啡浴、中药浴、芦荟浴、啤酒浴等，同时还兼有保健中心、桑拿浴、棋牌娱乐室、网球场、羽毛球场等。

$ 168元
⏰ 全天
🚌 南宁吴圩国际机场—南宁九曲湾温泉（自驾）
南宁吴圩国际机场—南友高速—白沙大道—九曲湾路—南宁九曲湾温泉
全程约50千米

九龙瀑布

南宁人民公园 ★★★★

位于南宁市兴宁区人民东路1号（朝阳广场），修建于1951年，面积约53.4公顷。绿化覆盖率近50%。人民公园又称"白龙公园"，因园内有约7万平方米的白龙湖而得名。园内有湖心亭、白龙餐厅、儿童游乐园、白龙湖、镇宁炮台、九曲桥、金鱼场、地下冰室、烈士纪念碑等。

$ 免费
⏰ 6:00—22:00
🚌 南宁吴圩国际机场—南宁人民公园（自驾）
南宁吴圩国际机场—南友高速—白沙大道—民主路北二里—南宁人民公园
全程约37千米

凤凰湖 ★★★

凤凰湖位于南宁市邕宁区那马乡莲花村内，是南宁市最大的人工湖泊。凤凰湖面积约为5平方千米，由外湖、里湖和数以万计的汊湖组成。湖的东面是农田，西面是药岭和凤凰岭，南面是猫头山与凤凰岭隔山相望，北面是莲花峰。船经过天门进入湖内时，眺望美女山，就好像美女刚从银湖出浴而坐在云水间，美不胜收，引人入胜。

$ 免费
⏰ 9:00—18:00
🚌 南宁吴圩国际机场—凤凰湖（自驾）
南宁吴圩国际机场—机场大道—明阳大道—X027—凤凰湖
全程约18千米

凤凰湖菊花

大明山 ★★★★★

大明山位于南宁市红水河和右江河之间，是上林、马山、武鸣的交界处。大明山长约60千米，海拔1000米左右，主峰龙头山1760米。山内景观多样，有橄榄河大峡谷、海洋古生物化石、桂中第一峰龙头山、天平草甸、高岩巨瀑、龙湖等。因其地处北回归线，动植物资源十分丰富，有原始森林、特有物种、多种珍稀生物、古老的地层等，是生态旅游胜地。

$ 113元
⏰ 8:00—18:00
🚌 南宁吴圩国际机场—大明山（自驾）

南宁吴圩国际机场—南宁绕城高速—兰海高速—府城互通—大明山 全程约 137 千米

大明山

大王滩水利风景区
★★★ 📷

大王滩水库坐落于美丽的凤凰岭下，又被人们美称为"凤凰湖"，位于源自广西十万大山的八尺江中游。过去河流穿过凤凰岭和猫头山形成峡谷险滩，人们为了祈求风调雨顺和过往船只的平安，在峡谷旁建了一座大王庙，故称大王滩。

大王滩水利风景区有风景秀丽的湖光山水和气势宏大的现代水利工程，素有南宁的"后花园"之称。景区建有度假村、酒楼和休闲运动中心，集网球、羽毛球、乒乓球、壁球、篮球、足球等多种运动项目为一体，是游客理想的休闲度假之所。

💰 成人 20 元
🕐 8：00—18：00
🚌 南宁吴圩国际机场—大王滩水利风景区（自驾）
南宁吴圩国际机场—机场大道—明阳大道—X002—大王滩水利风景区 全程约 20 千米

↘ 吃在南宁

南宁菜属于粤菜系，口味滑爽嫩鲜。酸野、荷香园的荷叶米饭、粥品、林有记、粉角丸这些都是南宁的招牌菜和名点，来到南宁旅游，这些美食是一定要品尝的。到南宁有机会还要去南宁饭店、西园饭店餐厅、万家酒楼等品尝一下它们的特色招牌菜。美食街上的各种特色小吃也是味道独特，口感极佳，相信能让游客一饱口福。

🍲 椿记烧鹅（东葛店）
游客评价：烧鹅、鹅翅最受欢迎，紫菜煲很有特色
📞 0771-5882668/5883668
📍 南宁市东葛路 100 号盈地大厦 3 层（地铁 3 号线东葛路站 B 出口）

🍲 小嘟来食街
游客评价：老友粉味道很赞，田螺很大，味道也很棒
📞 0771-2103980
📍 南宁市兴宁区民生路 38 号

🍲 舒记粉店（七星路店）
游客评价：搭配酸笋、豆豉和猪肉末，酸辣爽口，好吃
📞 18070942595
📍 南宁市七星路 46 号

🍲 茶满满
游客评价：配料全是手工制作，安全又美味
📞 199-68318722
📍 南宁市时尚步行街 137 号

🍲 重庆乡水源火锅（东葛店）
游客评价：火辣辣、热腾腾的重庆火锅，味道正宗
📞 0771-5616668
📍 南宁市青秀区东葛葛村路口俊世大厦 2 楼 105 号（近福彩宾馆）

🍲 九度缘（国贸店）
游客评价：泡芙做得很精巧，杏仁露很甘醇
📞 0771-2612829
📍 南宁市柳沙路 13 号雍景湾 2 期 15 栋首层商铺

↘ 住在南宁

平价型

翰儒院客栈
📍 南宁市灶巷 11 号（距牌坊街 40 米）
📞 15919533471

南宁君怡酒店
📍 南宁市五一中路 24-66 号
📞 0771-4970008

兰桂坊酒店
📍 南宁市枫春路与新洋路交会处西北角（体育馆对面）
📞 0768-2296999/18125836799

南宁长青连锁公寓（火车站店）
📍 南宁市济南路 27 号永泰大厦 809 房
📞 15607815148

享受型

南宁鑫伟万豪酒店
📍 南宁市青秀区民族大道 131 号
📞 0771-5366688

南宁龙光那莲豪华精选酒店
📍 南宁市中柬路 8 号龙光世纪大厦 A 塔
📞 0771-2558888

南宁香榭里酒店
📍 南宁市民族大道 131 号航洋国际城
📞 0771-5809888/5809863

南宁会展豪生大酒店
📍 南宁市竹溪大道 98 号
📞 0771-6706666

购物南宁

南宁百货大楼

百货大楼位于南宁市朝阳路 39 号，处于南宁繁华的中心地带。经营面积达 10 万多平方米，经营场地主要包含五象购物中心、贵港、贵港中环广场和桂平、邕宁超市分店、本部百货大楼。主要经营珠宝首饰维修、技术进出口业务、商品进出口业务、茶叶、保健食品等，经营品种多达 12 万。还设有餐厅、茶坊、快餐店、健身房等设施，综合服务性比较强，是广西规模较大的零售百货商场之一，也是本地广大市民和外来游客的购物、观光、休闲的场所。

园林花卉市场

花卉市场位于园湖路北段，占地面积 1.23 万平方米，拥有固定的商铺店面约 100 间，铁架摊棚约 100 个。主营根雕（以鹰雕为主）、观赏鱼、花木盆景、鸟类 50 多类商品，同时还兼营宠物、古董、石玩、雕刻书画以及餐饮等。是集经营、园林景点、游人休息之所于一体的花卉市场。

朝阳路购物中心

朝阳路位于南宁市的黄金商业地段，与火车站和汽车站相邻，周边有大量的宾馆和酒店。这里聚集了沃尔玛、钻石广场、南宁百货大楼、曼克顿超市、诺玛超市等大型的综合购物中心，周边还有许多个体经营小店，商品琳琅满目且物美价廉，一定能让你满载而归。

特产

壮锦：壮锦最早产于唐宋年间，是南宁当地工艺品中最为出名的，带有浓郁的地方民族风格。它与湘绣、蜀锦齐名，驰名中外。壮锦以棉纱和五色线交织而成，造型多样，图案别致，结实耐用。

绣球：绣球本是南宁市壮族地区青年男女的定情信物，以彩绸制成，在歌圩对歌的时候，姑娘如果发现了意中人，便将绣球向男方抛去以表达爱情。现成为南宁旅游重要的纪念品之一。

红豆："红豆生南国，春来发几枝，愿君多采撷，此物最相思。"红豆分红豆和相思豆两种，街上卖的红豆饰品一般都是相思豆制成的。相思豆又名鸳鸯豆、相思子，顶红底黑，颜色鲜艳有光泽，大如黄豆。

南宁百货大楼

桂林

桂林位于广西壮族自治区东北部，是享誉世界的山水名城。桂林山水甲天下，醉倒了多少来自八方的游客。

在这一片神奇的土地上，生活着壮、瑶、苗、侗、仫佬、毛南等十多个少数民族。这里有浩瀚苍翠的原始森林，雄奇险峻的峰峦幽谷，激流奔腾的溪泉瀑布，天下奇绝的高山梯田，漓江两岸风光千姿百态，碧水萦回，奇峰林立。桂林的自然风光、民族风情、历史文化都深深地吸引着无数的中外游客。

区号：	0773
邮编：	541000
面积：	2.78万平方千米
人口：	493.11万人
著名景点：	桂林山水、桂林乐满地主题乐园等

↘ 游在桂林

象鼻山景区 ★★★★

象鼻山因其形状酷似一头大象在江边饮水而得名，位于漓江和桃花江的交汇处。景区内的景点主要有水月洞、象山广场、象眼岩、会江亭、云峰寺、三花酒博物馆等。象鼻山更是因其有着四绝而引人入胜：其一绝是山形若巨象饮水，其二绝是普贤宝塔，其三绝是水月奇景，其四绝是洞中三花。

- 75元
- 旺季（4月至10月）：6：30—19：00；淡季（11月至次年3月）：7：00—18：30
- 桂林两江国际机场—象鼻山景区（自驾）
桂林两江国际机场—机场高速—两江大道—象山南路—象山景区
全程约30千米

两日游

七星公园—象鼻山景区—叠彩山—芦笛岩—靖江王府—乐满地休闲世界

象鼻山

💡 象鼻山景区

最佳旅游季节

桂林处于岭南山系的西南部，属于亚热带季风气候，温和多雨，冬无严寒，夏无酷热，四季皆适宜旅游。

优惠政策

1. 1.2米以下或6周岁以下的儿童免费入园，现役军人、烈属、残疾人凭证免费入园。

2. 6～18周岁的未成年人和全日制本科以下的在校学生凭身份证和学生证购买半价票。

小贴士

1. 象鼻山被看作桂林的标志，所以一定要拍照留念，可以泛舟江上拍象鼻山全景，最好中午游览，因为下午逆光，拍照效果不好。

2. 可坐公益车去象鼻山，57路、58路都是免费公益车，自驾车不容易找到地方，公交车既便宜又方便。

3. 象鼻山的夜景非常的漂亮，爱摄影的朋友一定不要错过。

银子岩 ★★★★

银子岩景区位于桂林市荔浦市马岭镇，距离桂林市区85千米。景区内田园风光气息浓郁，山清水秀，有"桂林山水代表"之称。此外，银子岩也因是层楼式溶洞而著名，景点主要有佛祖论经、音乐石屏、雪山飞瀑、混元珍珠伞等，又有"世界岩溶艺术宝库"之称。洞内汇集了不同地质年代发育生长的钟乳石，晶莹剔透，洁白无瑕，宛如夜空的银河倾斜而下，闪烁出像银子、似钻石的光芒，所以被称为银子岩。此外，红崖健身攀岩也是一种惊险刺激的体验。

- 80元
- 8：30—17：30
- 桂林两江国际机场—银子岩（自驾）
桂林两江国际机场—桂林绕城高速—包茂高速—广成线—银子岩
全程约98千米

银子岩

海洋银杏林田园 ★★★ 📷

海洋银杏林田园位于灵川县海洋乡内，林区面积达4平方千米，有银杏树100万棵。这里的树木的树龄一般在30～50年，其中最大的"白果王"树尤为出众，高度为30米，树干需要6人合力才能抱住。

💰 20元
🚌 桂林两江国际机场—海洋银杏林田园（自驾）
桂林两江国际机场—G357—S202—海洋银杏林田园
全程约72千米

八角寨国家森林公园 ★★★

八角寨国家森林公园位于桂林市东北部的资源县境内，是广西首批八大重点风景名胜区之一。八角寨国家森林公园以典型的丹霞地貌为基础，以秀丽的八角寨丹霞地貌观光区为主体，同时辅以宝鼎瀑布、百卉谷生态景区等景点。资江漂流风景区被誉为"中国漂流之乡"。

💰 40元
🕐 8：00—17：00
🚌 桂林两江国际机场—八角寨国家森林公园（自驾）
桂林两江国际机场—临苏路—万福路—万福路—八角寨国家森林公园
全程约28千米

八角寨国家森林公园

石头城 ★★★ 📷

石头城位于阳朔的西北部葡萄镇梅岭间，现保存有点将台、中军寨、2座古庙、18座小城门、东西南北4座大城门。东门最为雄伟，是四门之首，门高3.28米，宽2.92米，门洞深度4.62米，矗立在两山肩上，地势险峻。南门在山坳中心，呈拱状，分内外2层，地势险要。据山里人说，1944年时曾有日本人在此处望门而生畏不敢进。

💰 免费
🕐 全天

🚌 桂林两江国际机场—石头城（自驾）
桂林两江国际机场—桂林绕城高速—包茂高速—广成线—石头城
全程约71千米

叠彩山 ★★★ 📷

叠彩山位于桂林市东北部，占地面积2平方千米。叠彩山与独秀峰、伏波山齐名，是重要的旅游胜地，由明月峰、于越山、四望山、仙鹤峰组成。山中的景点主要有仙鹤洞、叠彩亭、叠彩楼、于越阁、风洞、望江亭、明月峰、叠彩太极洞等。其中风洞是叠彩山上的奇洞，四季生风。

💰 25元
🕐 旺季（4月至11月）：6：00—18：30；淡季（12月至3月）：7：00—18：00
🚌 桂林两江国际机场—叠彩山（自驾）
桂林两江国际机场—机场高速—两江大道—叠彩路—叠彩山
全程约33千米

叠彩山

芦笛岩 ★★★★ 📷

芦笛岩位于桂林市西北郊，洞深240米，游程500米。景点以岩洞为主，山水田园风光为辅。洞内有大量奇麓多姿、玲珑剔透的石笋、石乳、石柱、石幔、石花，琳琅满目，组成了狮岭朝霞、红罗宝帐、盘龙宝塔、原始森林、水晶宫、花果山等景观，令游客目不暇接，如同仙境，被誉为"大自然的艺术之宫"。洞内还建有水榭、曲桥、湖池等。

💰 90元

芦笛岩

🕐 9：00—17：00
🚌 桂林两江国际机场—芦笛岩（自驾）
桂林两江国际机场—机场高速—西二环路—芦笛路—芦笛岩
全程约32千米

靖江王城 ★★★★★ 📷

靖江王城位于桂林市中心独秀峰下，是明代朱守谦被封为靖江王时修建的王城。靖江王城长556米、宽355米，周围有3米长的城垣，有体仁、端礼、遵义、广智4座城垣门。主要景点有东华门上的状元及第坊、西华门上的榜眼及第坊、正阳门上的三元及第坊、独秀峰等。

💰 100元
🕐 7：30—18：30
🚌 桂林两江国际机场—靖江王城（自驾）
桂林两江国际机场—机场高速—两江大道—中山中路辅路—靖江王城
全程约31千米

靖江王城

七星公园 ★★★★ 📷

七星公园因七星山上的7个山峰像天上的北斗七星坠地而得名，位于桂林市漓江东岸，集山清、水秀、洞奇、石美于一体，俨然成为桂林山水的缩影，自隋唐时期起就已成为游览胜地。占地面积134.7公顷。园内的景点主要有摘星亭、动物园、龙隐洞、龙隐岩和花桥、七星岩、七星山等，还有"月牙虹影""驼

七星公园

峰赤霞""北斗七星"等名胜。
💰 60元
🕐 6：00—19：30
🚌 桂林两江国际机场—七星公园（自驾）
桂林两江国际机场—机场高速—两江大道—六合路—七星公园
全程约33千米

乐满地休闲世界
★★★★

乐满地休闲世界位于兴安县，有中国的"迪斯尼"之称，占地约400公顷，是国家5A级旅游景区。景区主要划分为露营平台区、木屋区和森林游乐区，目前已经建设完成的有五星级度假酒店、全国十佳主题乐园、全国十佳高尔夫俱乐部，引进国际级大型游乐园的设计，撷取世界各地的梦幻情境，是集休闲、娱乐于一体的旅游度假胜地。

💰 59.6元
🕐 9：00—17：00
🚌 桂林—乐满地休闲世界（自驾）
桂林—兴桂高速—322国道—迎宾路—志玲路—乐满地休闲世界
全程约70千米

吃在桂林

桂林的美食在全国都很有名，口碑极佳，地方风味极具特色。汇集了粤菜的清淡和湘菜的酸辣，随着当地旅游业的不断发展，餐饮的种类也越来越多，潮州菜、闽南菜、淮扬菜等菜系也在不断壮大桂林市的餐饮行业。

桂林的街头小吃也是值得一提的，像桂林米粉、荷叶香、牛腩粉、三鲜粉、马肉米粉，还有卤肉配葱花和花生米，口感极佳，令人垂涎三尺。

鸡汤米粉

- **椿记烧鹅（中山路店）**
游客评价：热门打卡地，招牌烧鹅非常好吃
📞 0773-2806188/2856188

- **桂林市中山中路2号中山大酒店**

- **乱了粉库桂林米粉**
游客评价：店家自己熬制的卤水高汤，搭配干拌粉，有特别的香味
📞 0773-2807508
📍 桂林市正阳路142号

- **老东江米粉**
游客评价：地道的桂林粉线，口感非常好
📞 18177368188
📍 桂林市龙隐路3号

- **马仔斑鱼店（阳朔总店）**
游客评价：开了很久的餐馆，鱼汤很鲜，分量很足
📞 0773-8826962
📍 桂林市阳朔县荆风路76号

- **桂林粥城（杉湖店）**
游客评价：流沙包味道不错，芙蓉蛋上的鱿鱼圈特别好吃
📞 0773-2828172
📍 桂林市秀峰区杉湖北路4号

- **勾味王1984（文明店）**
游客评价：环境是老店的感觉，氛围很棒
📞 0773-2860186
📍 桂林市象山区文明路综合大楼14号

住在桂林

平价型

蓝宝石酒店（两江四湖桂林站店）
📍 桂林市象山区西城路9号
📞 0773-2863388

归家酒店（两江四湖象鼻山公园店）
📍 桂林市中山中路6号
📞 0773-2837766

怡莱精品酒店（桂林火车站象山公园店）
📍 桂林市中山南路39号
📞 0773-3558333

锦绣精品酒店
📍 桂林市碧莲巷42号
📞 18978370705

享受型

柏曼酒店（桂林两江四湖象山公园店）
📍 桂林市解放东路23号文化大厦
📞 0773-2805999

曼哈顿酒店（北极广场店）
📍 桂林市环城北一路虞山批发城1号综合楼
📞 0773-6750688

桂林观光酒店
📍 桂林市漓江路20号
📞 0773-5882688

华公馆（桂林高铁北站店）
📍 桂林市北辰路49号
📞 0773-2681111

购物桂林

桂林微笑堂商厦

微笑堂位于中山中路37号，总建筑面积5万平方米，是广西一家经国务院批准的中日合资大型综合性零售企业。1—6楼设有14部双向自动电扶梯，残疾人通道，大型地下停车场和中央空调，设备齐全。主营服装、化妆首饰、食品、搪瓷等日用百货，还提供美容美发、照相等服务，同时建有书店、电子游戏城、儿童乐园、咖啡厅和"小嘟来"食街。

正阳步行街

正阳步行街位于桂林市区靖江王城的中轴线上，全长666米，与漓江、象山公园、独秀峰相近。正阳步行街的建筑以中式仿古建筑为主，还配有一些古典欧式建筑。正阳街整体上是个商业街，街上有各种品牌商店和特色小吃店，集购物、娱乐、休闲于一体。

梦之岛

梦之岛购物中心位于象山区山中路20号，营业面积1.3万平方米，共6层。1—5层主要经营黄金珠宝、工艺品、男女服装、化妆品、儿童用品、家具用品等。6层主要经营中高档商品,像欧、美、英、日等国家的名牌商品。中心室内还设有餐厅、茶室等,是购物休闲的好去处。

微笑堂商厦

位于桂林市中山中路 37 号,地处市中心繁华商业中心黄金地段,紧邻中心广场,是一个集百货零售、文化娱乐、餐饮服务于一体的综合性现代化商厦。

💡 特产

桂林腐竹:腐竹是中国人爱吃的一种豆制品,广西是腐竹的生产基地之一,这里的腐竹口味清香微甜,耐煮耐泡,腐竹吃法有多种,有炸、炒、炖等多种做法,营养价值高,是当地人喜欢吃的食品。

桂林三花酒:三花酒是桂林的三宝之一,酿造历史悠久,酿法独特,是中国米香型白酒的代表,入口柔绵、落口爽冽、口留余香,是全国有名的优质酒。

桂林辣椒酱:桂林三宝之一,有 300 余年的生产历史,主要原料为鲜红辣椒、豆豉和大蒜等。精选上等材料,生产工艺独特,是家中配菜调味的佳品。

桂林豆腐乳:桂林三宝之一。其色泽黄嫩,香味独特,吃法多种多样。

正阳步行街

阳朔

区号:	0773
邮编:	541900
面积:	1436 平方千米
人口:	30.83 万人
著名景点:	漓江、遇龙河等

以风景秀丽著称的阳朔,位于广西壮族自治区的东北部,山清、水秀、洞奇、石美四大景观特色造就了阳朔这方人间仙境。

阳朔是广西的一块风水宝地,自古桂林山水甲天下,而阳朔山水甲桂林,阳朔是漓江山水景色的精华所在。"江作青罗带,山如碧玉簪。"这是古人对漓江山水的赞叹。画匠说:"漓江是画舫,漓江归来满锦囊。"游人说:"漓江是天堂,漓江归去魂已牵"陶渊明的一首桃花源记,给我们心中种下了一个归隐梦,世外桃源真的只是一场梦境吗?来到阳朔你会找到答案。印象刘三姐大型水上歌舞剧,场面之壮观,表演之生动,可以让你充分领悟到广西山水风光和民族风情的精髓和灵魂。

↘ 游在阳朔

印象刘三姐 ★★★★★ 🌐 📷

阳朔是大型桂林山水实景剧《印象刘三姐》的演绎之所,以大自然作为实景舞台,是世界上最大的山水实景剧场。刘三姐歌圩与著名的景点书童山遥遥相望,强调与大自然的融合,绿化率达 90% 以上,充满了浓郁的绿色气息,就连观众台也由绿色梯田造型构成。

💲 198 元

🕐 平时 20:00 开始,节假日加场

🚗 桂林两江国际机场—印象刘三姐(自驾)
桂林两江国际机场—桂林绕城高速—包茂高速—田园路—印象刘三姐
全程约 86 千米

《印象刘三姐》

印象刘三姐

交通指南

1. 从桂林去阳朔，桂林汽车总站有发往阳朔的大巴车，每20分钟一班。桂林火车站前有发往阳朔的汽车，不按时间，人坐满了就走。

2. 从桂林乘坐漓江游船到阳朔，同时可以观看两岸风光，在阳朔码头上岸，票价每人180元，各大旅行社都能买到票。

3. 从阳朔西街到实景演出场步行20分钟左右，乘车淡季2元，旺季5元。

演出时间

淡季每天一场，20:00左右开始，旺季每天2场，第一场19:50、第二场21:10开始，黄金周的时候会演3场，春节前后停演1个月。

温馨提示：

1. 可以提前订票，各大旅行团都有团体票，也可以到演出场售票窗口购买散票，预订票不能确定座位靠前或者靠后。

2. 座位靠前的可以看清演员的表演动作，靠后的则可以看到壮大的场面，印象刘三姐重要的是看总体效果，所以可以选择坐在靠后的高处观看。

世外桃源 ★★★★

说起世外桃源，人们就会想起陶渊明笔下的那片净土，阳朔的世外桃源虽然少了一些张扬，却是一处风景宜人、浑然天成的人间仙境。

踏进世外桃源，首先映入眼帘的是一片秀丽的山水风光，燕子湖就停驻在你的眼前，游过燕子湖，驶入水道，你会看到狭窄的燕子岩洞，不要退缩，继续前行，你会感到眼前一亮，豁然开朗，因为桃花岛到了。在这里你会深刻地体会到原始部落的引人入胜之处。离开部落继续前行，就来到陶渊明笔下的世外桃源，这里是真正的人间仙境。

100元（游船加接送），门票65元

8:00—17:00

桂林两江国际机场—世外桃源

世外桃源

西街 ★★★

想要放松身心，缓解疲劳，体验真正的生活，那就一定要去阳朔的西街。早在1000多年前的唐朝，人们就开始羡慕西街居民的轻松与舒适的生活。乡村生活中带着小资情调、淳朴的民风中夹杂着国际元素、太多的地方特色糅合着国际情调，看似是一个矛盾体却又是如此自然和谐。

免费

全天

桂林两江国际机场—西街（自驾）

桂林两江国际机场—桂林绕城高速—包茂高速—莲峰巷—西街

全程约84千米

大榕树月亮山 ★★★

大榕树位于漓江风景区内，有1500多年的树龄。树下有一河流缓缓流过，在河的对岸有一平地而起的石山，中间有一孔道，就好像明月当空照，因此俗称月亮山。山上有800级登山道可到人们口中的"月宫"。月亮山与周边的九牛岭、卧虎山等组成一旅游景点群，月亮山同时还是自然攀岩场所。

大榕树门票20元，月亮山15元

8:00—17:30

桂林两江国际机场—大榕树月亮山（自驾）

桂林两江国际机场—桂林绕城高速—包茂高速—广成线—大榕树月亮山

全程约87千米

泥巴浴 ★★★★

小时候玩过泥巴吗？尝试过把泥巴涂抹在自己身上吗？到了阳朔泥巴浴池里，你可以完成以往的夙愿。这里的泥巴细腻柔滑，没有杂质，厚厚的一层铺满了整个池子，你可以在自己身上轻轻地涂抹，也可以趁着同伴不注意，把泥巴粘在他身上，然后像孩童时代一样去尽情玩耍，放松自己。

168元

9:00—17:30

桂林两江国际机场—泥巴浴

桂林两江国际机场—桂林绕城高速—包茂高速—广成线—泥巴浴

全程约87千米

（自驾）

桂林两江国际机场—桂林绕城高速—包茂高速—广成线—世外桃源

全程约74千米

兴坪古镇 ★★★

兴坪镇位于阳朔东北部，是漓江沿岸最美的古镇。境内有八大景区、24个景点。周恩来、邓小平、江泽民等领导人都曾踏足兴坪古镇，叶剑英更是用"马跃华山人睇镜、果然佳胜在兴坪"来评价兴坪古镇。镇内主要的景点有莲花岩、九马画山、天水寨、螺蛳山、童子山、小河背、五指山等。

免费

13:00—16:30

桂林两江国际机场—兴坪古镇（自驾）

桂林两江国际机场—桂林绕城高速—包茂高速—S202—兴坪古镇

全程约110千米

兴坪古镇

杨堤 ★★★

杨堤位于阳朔县城北部，面积约为102.8平方千米，东西南北四周分别与兴坪镇、葡萄镇、雁山区大埠乡、草坪乡相接。杨堤是漓江的黄金水段，是典型的喀斯特地貌，主要景点有桃源望月、月光岛、乡吧岛、水帘洞、仙人推磨、金鸡山、里六桥、金子山等。

项目单独收费

8:00—17:00

桂林两江国际机场—杨堤（自驾）

桂林两江国际机场—桂林绕城高速—包茂高速—广成线—杨堤

全程约72千米

蝴蝶泉 ★★★

蝴蝶泉位于阳朔月亮山风景区"十里画廊"地段。这里有丰富的景点观赏群，比如目前我国的活蝴蝶观赏园——

蝴蝶泉

蝴蝶园、高山音乐流水瀑布、蜜蜂园等。在蝴蝶泉还有两处景点可以让你挑战自我，超越极限，那就是攀岩和滑降。

- 💰 40元
- 🕐 9:00—18:00
- 🚌 桂林两江国际机场—蝴蝶泉（自驾）桂林两江国际机场—桂林绕城高速—包茂高速—广成线—蝴蝶泉全程约90千米

遇龙河 ★★★★ 📷

遇龙河全长43.5千米，因为河流中游有一著名的遇龙桥而命名为遇龙河。在遇龙桥以下有郁郁葱葱的树林、纵横交错的田野、重叠高耸的山峰、错落有致的村庄，还能观赏到五指山、犀牛望月、归义城遗址等名胜景点。

- 💰 免费，竹筏漂流150～240元不等
- 🕐 8:00—17:00
- 🚌 桂林两江国际机场—遇龙河（自驾）桂林两江国际机场—桂林绕城高速—包茂高速—包茂高速—遇龙河全程约79千米

遇龙河

💡 遇龙河
最佳旅游季节

阳朔气候夏长冬短。每年的1月份最冷，平均气温10℃左右，到阳朔旅游的最佳时间是4—11月份，这几个月里天气晴朗、雨水较少，适合旅游观光及各种户外活动。四五月是河水的丰水期，这时漂流最佳，7—9月份天气较为炎热，也适合下河游玩，是旅游的旺季，9—11月份天气转凉，可以观赏南国秋天的风光。冬季是阳朔的枯水期，不能乘竹筏漂流，所以尽量避开这个时间。

交通指南

1. 在阳朔乘到桂林的班车在白沙镇下车，在白沙镇坐三轮车，3～10元就可以到遇龙桥。
2. 阳朔汽车站坐开往金宝的中巴车，中途在金龙桥下车，从金龙桥开始漂流。
3. 骑自行车，从阳朔沿遇龙河逆流而上，至遇龙桥，大约1小时。

游玩攻略

遇龙河漂流分半程漂和全程漂，从遇龙河到工农桥为全程漂，需要5—6小时，票价为240元/筏，从朝阳码头到工农桥为半程漂，收费180元/筏。

💡 购物阳朔

阳朔当地有很多销售小商品的商铺，在镇内街道和西街上可以买到很多土特产和当地的手工艺品。比较著名的土特产有：板栗、沙田柚、柿饼和金橘。手工艺品更是数不胜数了，像阳朔画扇、竹木制品、竹凉席、书画作品等。

↘ 吃在阳朔

阳朔的啤酒鱼最负盛名，这是到阳朔后必须要去品尝的。除了啤酒鱼之外，阳朔的米粉、水煮狗肉、干锅狗肉、各色酿菜也是味美可口的。在小吃中，除了手工刀切面堪称一绝外，阳朔糍粑、阳朔油茶、阳朔田螺也很出名。在阳朔，你还要去一个地方品尝美味，那就是阳朔西街。西街汇集了各色地方风味和正宗的西餐，著名的餐馆像原始人、没有饭店、月亮妈妈农家饭店等。

啤酒鱼

🍽 望江楼餐吧
游客评价：招牌鸡很香，啤酒鱼口感非常好
- 📞 0773-8829676
- 📍 阳朔县滨江路25号望江楼内

🍽 那家小店私菜小馆
游客评价：田螺酿汤汁很鲜，有螺肉的味道，里面的馅嚼起来很带劲
- 📞 18978674951
- 📍 阳朔县兴坪古镇步行街新街108号

🍽 阿金老菜馆
游客评价：环境干净卫生，上菜很快，东北菜做得很地道
- 📞 17774833569
- 📍 阳朔县兴坪古镇步行街新街104号

🍽 富贵楼
游客评价：鱼片很薄，在锅里一烫就熟，很嫩
- 📞 0773-8813593
- 📍 阳朔县桂花路3-4号（近城中路）

🍽 大师傅金奖啤酒鱼·壹号店
游客评价：网红店，人很满，鱼是现场挑的，所以很鲜很嫩
- 📞 0773-8811661
- 📍 阳朔县抗战路3号

🍽 谢大姐啤酒鱼（江景店）
游客评价：招牌啤酒鱼，香辣嫩滑，百香果汁满满香气，蒜蓉南瓜苗有独特的清甜
- 📞 18276337817
- 📍 阳朔县观莲路阳朔中学对面

↘ 住在阳朔

平价型
泊隐逸墅精品民宿（西街店） 📍 阳朔县神山路5号 📞 0773-2356781
锦绣精品酒店 📍 阳朔县碧莲巷42号 📞 18978370705
朗晴居客栈 📍 阳朔县榕荫巷5号 📞 18934808322
云上四季民宿（阳朔西街店） 📍 阳朔县碧莲巷106号 📞 0773-8812709

享受型
地球村依山美宿（西街店） 📍 阳朔县蟠桃路119号 📞 0773-8829588
阳朔华庭假日酒店 📍 阳朔县蟠桃路18号 📞 0773-8888333
地球村璞宿（西街漓江店） 📍 阳朔县抗战路1号 📞 18076788975
若立·阳朔船厂酒店 📍 阳朔县江东路3号 📞 0773-8882882

北海及其西部地区

北海，位于广西最南端辽阔的北部湾，这里日照充足，环境整洁，城内绿树成荫，四季瓜果飘香，是我国南部海滨的一座美丽的花园城市。自然风光秀丽，人文景观丰富，不仅适合旅游观光，还适合休养度假。

北海是一个极具浪漫气息的旅游城市，长长的海岸线，不同的绿化植物，海水、阳光、沙滩不同的颜色，不同的格调构成了一幅热带海滨风光图。中西合璧、华洋并存的市区建筑，环境优美的住宅小区，别具风格的绿化广场，这里又勾画出了一幅美丽的城市画卷。城市居民淳朴友好，珠乡文化、客家文化、疍家文化形成了鲜明的地方文化特色。

区号：	0779
邮编：	536000
面积：	3337平方千米
人口：	185.32万人
著名景点：	北海银滩、涠洲岛、星岛湖、海洋之窗、珠海路、合浦博物馆等

↘ 游在北海及其西部地区

银滩 ★★★★★

银滩位于北海市南部海滨，东西长度约24千米。因沙滩上的沙子在阳光的照耀下显现银光而得名银滩，银滩的特点是水温净、沙细白、浪柔软、滩长平、无污染。这里的空气清新，是老年人和各类慢性疾病患者的疗养佳地，有"南方北戴河"的称号。来到银滩还有一件事是不能忘的，那就是下海游泳，但是要注意安全和防晒。

💰 免费（景点内各设施另收费）
🕐 全天
🚌 北海福成机场—银滩（自驾）
北海福成机场—向海大道—银滩大道—银滩三号路—银滩
全程约26千米

💡 银滩

最佳旅游季节

银滩属于亚热带海洋性季风气候，冬季较短，夏季较长，阳光充足，这里适合下海游泳，所以每年的4—11月份是最佳的旅游季节。

交通指南

1. 市内3路公交车直达银滩，票价2元。从市中心乘坐出租车去银滩大概15分钟，20元左右。

2. 银滩有环保观光车，可以载着你围绕银滩海滨转一圈，海滨风景很漂亮，票价每人20元左右。

小贴士

1. 银滩空气特别的清新，是休养的胜地，沙滩的沙子特别的细腻，脚踩上去都不会留下脚印，海滩有租赁沙滩椅的，可以一直躺在海边，直到太阳下山。

2. 去银滩之前可以提前准备游泳衣、泳镜、游泳圈等，沙滩上也有租赁的，不过价格比较贵。海滩上有租赁保管箱、桌椅、充气垫等便民的小摊，还可以租摩托艇去冲浪。

3. 游泳时不要往深水区游，不要离岸太远，一旦涨潮要赶快上岸，注意安全。

北海银滩

涠洲岛 ★★★★

涠洲岛位于北海半岛的东南面约36海里的地方，是我国最大最年轻的一座火山岛。岛上以海蚀海积地貌、火山熔岩景观和多姿多样的活珊瑚为主，有南海"蓬莱岛"的称号，景点主要有滴水岩、贼佬洞、猪仔岭、鳄鱼石、珊瑚滩、三婆庙、天主教堂、圣母庙等。同时岛上还建有各种各样的娱乐设施，是游人们潜水、拾贝、垂钓的好地方。

💰 98元
🕐 8：00—17：30
🚌 北海福成机场—涠洲岛（自驾）
北海福成机场—银滩大道—三号路—涠洲岛
全程约73千米

涠洲岛

海滩公园 ★★★

海滩公园位于北海市中心南10千米的银滩中部。公园由东、中、西三区组成，西区主要是大型露天舞池、海洋生物馆和儿童戏水池等；中间是海滩；东区有琴、棋、书、画院。这里有被誉为"亚洲之最"的巨型不锈钢雕塑——潮，有人工音乐喷泉环绕。园内还有天然滨海浴场、沙滩排球场、高尔夫球练习场、大型烧烤场、游人休闲广场、溜冰等。

$ 免费
⏱ 全天
🚌 北海福成机场—海滩公园（自驾）
北海福成机场—向海大道—银滩大道—银滩中路—海滩公园
全程约26千米

海滩公园

白龙珍珠城 ★★★

白龙珍珠城位于营盘镇白龙村，距离北海市中心约36千米。相传古代有白龙在此盘旋，因此得名白龙城。白龙城濒临大海，盛产珍珠，故又名珍珠城。城内景观主要有宁海寺、珍珠亭、采珠池、采珠太监公馆等。

$ 免费
⏱ 8：00—17：00
🚌 北海福成机场—白龙珍珠城（自驾）
北海福成机场—向海大道—白龙路—白龙珍珠城
全程约21千米

斜阳岛 ★★★

斜阳岛位于涠洲岛的东南海面上，面积1.89平方千米。岛的形状像是一朵盛开的莲花，中凹外凸。沿岸可见贝类珊瑚、大鲨鱼、海蚀、海积和岩洞等景观。这里还保留着原始的生活状态，没有菜市场、没有小偷、实现大同，如果你也想体验一下原始的生活，这里是不错的选择。

$ 免费
⏱ 全天
🚌 北海福成机场—斜阳岛（自驾）
北海福成机场—银滩大道—三号路—斜阳岛
全程约76千米

斜阳岛

北海海底世界 ★★★★

北海海底世界位于北海海滨公园内，景观以海洋生物为主，分为A、B两区。A区以展示淡水鱼为主，主要有鳄鱼池、东廊观赏区、中廊观赏区、西廊观赏区等展馆。B区以海洋生物为主，有人鲨共舞的海底隧道、三层楼高的巨型鱼池、第二次世界大战时的沉船、极地馆、海洋动物表演场等设施。

$ 158元
⏱ 8：00—18：00
🚌 北海福成机场—北海海底世界（自驾）
北海福成机场—向海大道—迎宾大道—茶亭路—北海海底世界
全程约21千米

合浦星岛湖 ★★★★

星岛湖位于北海合浦县西北部，面积为600平方千米，因湖上1026个岛屿星罗棋布而得名。景区内的水浒城是《水浒传》的外景拍摄地，分为东西两区，东区主要有忠义堂、梁山水寨、跑马道、五台山文殊院、断金亭、梁山后寨等景观。进入这里就好像重入"水浒"，梁山好汉的形象跃然眼前。

$ 东景区80元，西景区90元
⏱ 8：00—17：00
🚌 北海福成机场—合浦星岛湖（自驾）
北海福成机场—南北二级公路—广南线—合浦星岛湖
全程约43千米

桂平西山 ★★★★

西山位于桂平市城西1千米处，也因此而得名。西山山上有8景，分别是龙亭观日、虹桥鼎泉、栈道悬碧、灵湖叠翠、松海听涛、险峰朝阳、长峡会仙、濂溪飞瀑。此外，西山自然资源和人文景观丰富，有著名的西山茶，有李公祠、龙华寺、太平天国金田起义遗址、历代文人的赏西山对联诗词4000多首。

$ 90元
⏱ 4：00—19：00
🚌 北海福成机场—桂平西山（自驾）
北海福成机场—柳北高速—西山路—桂平西山
全程约264千米

桂平西山

东坡亭 ★★★

东坡亭位于广西廉州大东门街合浦师范学校内。东坡亭是为纪念北宋文豪苏东坡而建，始建于乾隆四十一年（1776年）。东坡亭正门上挂着广州六榕寺铁禅和尚所书的"东坡亭"大字匾额，正面刻有苏东坡的石像和诗文10余件，亭东侧是东坡公园，亭阁湖水环绕、波光潋滟、垂柳成荫、风景优美。在苏东坡曾经的旧居清乐轩之东有一井，相传是苏东坡自己所挖，井水清澈甘美。东坡亭是合浦县重点文物保护单位和合浦旅游胜地。

$ 免费
⏱ 白天
🚌 北海福成机场—东坡亭（自驾）
北海福成机场—向海大道—柳北高速—小北街—东坡亭
全程约31千米

东坡亭

文昌塔 ★★★

文昌塔位于广西合浦县城南约3千米处，始建于明朝万历年间。文昌塔高36米，外形为八角形。造型从底往上逐层收窄，塔顶是一红葫芦。它的每层都有坤门和凤门，其他的都是假门，做装饰之用。它身为白色，角边用的是红色，红白相间，对比鲜明。

💰 免费
🕐 9：00—18：00
🚌 北海福成机场—文昌塔（自驾）
北海福成机场—南北二级公路—南北二级公路—文昌塔
全程约22千米

通灵大峡谷 ★★★★

通灵大峡谷位于靖西市东南部的湖润镇新灵村，全长10 000多米，由铜灵峡、新灵峡、念八峡、新桥峡、古劳峡组成。峡谷内汇集了罕见的洞中瀑布、洞穴奇观、地下暗河等景观。这里资源丰富，有2000多种植物，有的甚至是出现在侏罗纪时代的珍稀植物，像火焰树、金丝李等。景区的景点主要有念八峡、壮家楼、原始森林、古悬崖葬、通灵瀑布等。翠林深处掩人家，青溪畔上传歌声，山水含情的通灵大峡谷孕育了丰富多彩的风土人情。

💰 115元
🕐 8：00—17：00
🚌 北海福成机场—通灵大峡谷（自驾）
北海福成机场—兰海高速—合那高速—G359—通灵大峡谷
全程约382千米

通灵大峡谷

德天大瀑布 ★★★★

德天大瀑布位于中越边境的广西大新县，是世界第四、亚洲第一的跨国瀑布。瀑布分为3层，第一层沿笔直的山势飞冲而下，四处飞泻；第二层有个几十米的台阶，比较缓慢，蓄积力量，待势而发；第三层急流而下，冲撞河面，蔚为壮观。在瀑布的下面有一个深潭，深30多米，宽200多米，是适合鱼类生长的好地方，也是产鱼的天堂。瀑布还有一奇就是早、中、晚的景色不同，清晨会彩虹银瀑齐现 中午瀑布如海倾，激荡回响；黄昏晚霞相伴，银帘高挂。

💰 40元
🕐 8：00—22：20
🚌 靖西—德天大瀑布（自驾）
靖西—359国道—216省道—崇靖高速—219国道—沿边公路—德天大瀑布
全程约67千米

德天大瀑布

德天大瀑布
最佳旅游季节

这里春季和秋季不太明显，可以把每年分为夏季和冬季，夏季水量充足，瀑布排山倒海，倾泻而下，特别壮观，4—5月份峡谷里的木棉花竞相开放，山谷间满目彤红，把德天瀑布点缀得如影如幻。6—11月份是水量最大的时候，也是观赏最佳的时候，瀑布响声如雷，震荡河谷，气势十分雄壮。

交通指南

1. 德天大瀑布在中越边境的大新县，距离县城60千米，道路比较复杂，建议跟团去游玩，这样最方便。去大新旅游是热门线路，南宁市有很多旅行社都有服务。

2. 从南宁琅东站每天9：00有一班发往大新县的旅游专线，也算是一日游，景点门票和来回路费全包，不只游德天大瀑布，还有附近的几个景点，15：00返回，所以如果赶不上返程车只能到大新县转车了。

💡 **购物北海及其西部地区**

北海的商业中心聚集在北部湾路中段，有启东商场、新力广场、华联商厦等较大的购物商场，可以买一些旅游商品。

北海盛产珍珠，茶亭路的南珠宫是最大的珍珠国有专营店，这里有国家级的珍珠鉴定师，里面的珍珠也都是属于上品珍珠。

云南路上的水产市场底层是选购干海味类特产的好地方，中山路、解放路的老街上的一些私营商店里，你也可以买到很多当地的手工艺品，像竹编工艺品、贝雕、角雕等。

↘ 吃在北海及其西部地区

北海人给人的感觉是会吃、美吃、敢吃、海吃。山珍海味不离口，鱼、虾、海鲜更是少不了。西部地区，像百色、巴马等城市，以桂西风味为主。桂西菜兼具了川、粤、湘的优点和壮族、瑶族的地方特色，口味重，制作精。

鸡腿饭

🍲 乐满堂渔村
游客评价：很热闹，茶点非常不错，茶里料很足
📞 0779-3030388
📍 北海市大道家佳大酒店1楼

🍲 越乡小厨
游客评价：人气很高，水果捞里用料很足，海鲜粥非常好喝
📞 17777970880
📍 北海市侨南路与小港北二路交叉口西行50米路南

🍲 二十四幢糖水
游客评价：好喝又不贵的糖水铺，用料很丰富
📞 13367797273
📍 北海市侨南路侨港风情街24栋14号

🍲 大墩海渔村
游客评价：口感独特，美味食材鲜，有

海的气息
☎ 0779-3910222
📍 北海市北海大道西段与海景大道交会处

🍲 河内街
游客评价：网红餐厅，非常火爆，菜品很鲜，口感很好
☎ 0779-3806616
📍 北海市侨港镇小港北二路5号

🍲 李姨虾饼店
游客评价：买虾饼基本上都要排队，虾饼上布满了小虾米，很美味
☎ 18177984206
📍 北海市珠海西路110号

🍲 南万渔村
游客评价：老字号，环境古朴，菜量很足
☎ 0779-3921238
📍 北海市银海区海景大道旁（冠头岭脚下）

↘ 住在北海及其西部地区

平价型

北海裕海雅居假日酒店
📍 北海市桥港湾镇华华园 GH 栋
☎ 0779-3883929

精品假日酒店（北海高铁站大润发购物广场店）
📍 北海市北京路92号
☎ 0779-2683000

北海民航大酒店
📍 北海市海城区北部湾西路42号
☎ 0779-3082089

海天假日酒店
📍 北海市银滩四号路22号
☎ 0779-3881819

享受型

北海银滩皇冠假日酒店
📍 北海市银滩四号路8号
☎ 4008825398

海边的卡夫卡民宿
📍 北海市涠洲岛竹蔗寮村滴水村四组44号
☎ 18030830793

北海香格里拉大饭店
📍 北海市茶亭路33号
☎ 0779-2062288

梵俪北海半岛中心空中泳池酒店
📍 北海市北海大道191号
☎ 0779-3038800

海南

区号：0898
省会：海口
面积：陆地面积 3.54 万平方千米
海域面积 200 万平方千米
人口：1008.12 万人
方言：海南话、琼语
著名景点：万绿园、东郊椰林、日月湾、分界洲岛、天涯海角等

概况

有"东方夏威夷"之称的海南是我国最年轻的省份和最大的经济特区，区域面积仅次于台湾，是全国第二大岛。俗语"福如东海"中的东海，以及"寿比南山"中的南山都在这里。岛上终年气候宜人，四季鸟语花香。由于其四面环海，所以形成了特有的气候特征，岛上也拥有丰富的植物、动物及矿产资源。

海南岛属热带季风海洋性气候，四季不分明，夏天酷热，冬天无严寒，年平均气温较高。冬季、春季干旱（11 月份至次年 5 月份），夏季、秋季多雨（5 月份至 10 月份）。

岛上动植物资源丰富，世界上罕见的珍贵动物有世界四大类人猿之一的黑冠长臂猿和坡鹿、水鹿、猕猴、黑熊、云豹等，蝴蝶种类达 600 余种。热带雨林风貌和红树林都为全国少有。

海南的特产有椰子类食品：椰子糖、椰子糕、椰子酱；手工艺品：椰雕、藤器、海南红豆、木雕、根雕，以及水晶和珍珠等。

线路 1
海口—文昌—琼海—万宁—陵水—三亚

线路 2
三亚—保亭—五指山

名菜

海南四大名菜可谓名扬全国：

名菜之首的文昌鸡是一种优质育肥鸡，身形娇小，皮薄滑爽，肉质肥美，因产于海南省文昌而得名。据传，文昌鸡最早出自当地潭牛镇天赐村，此村盛长榕树，树籽富含营养，家鸡啄食，体质极佳。传统的吃法是白斩（也叫白切），同时配以鸡油、鸡汤精煮的米饭，俗称鸡饭。

嘉积鸭特点是：鸭肉肥厚，皮白滑脆，皮肉之间夹一薄层脂肪，特别甘美。嘉积鸭的烹制方法有多种，但以白斩（又称白切）最能体现原汁原味，因此十分出名。

和乐蟹产于海南万宁市和乐镇，以甲壳坚硬、肉肥膏满著称，烹调法多种多样，蒸、煮、炒、烤，均具特色，尤以清蒸为佳，既保持原味之鲜，又兼原色形之美。

特色小吃：港门粉产于三亚市港门地区，曲口海鲜产于东寨港，石山羊产地海口市琼山区羊山地区，临高乳猪产地临高，陵水酸粉海南粉产地海口市灵山镇，抱罗粉产地文昌抱罗镇，后安粉产地万宁市后安镇，清补凉、竹筒饭等都是海南特色美食。

交通

飞机

海口美兰国际机场

0898—65756114

距离海口市中心约26千米，车行时间约为35分钟

机场交通：机场大巴：海口民航宾馆（海秀路9号）始发，自5：30起至21：00每30分钟一班。沿途停靠：海航发展大厦、昌茂花园（龙昆南路）、金霖花园、绿色佳园楼，终点站美兰机场。美兰机场旅客到达处始发，航班到达开始后至最后一个航班结束。沿途停靠：龙凤大酒楼、东站（海府路）、省政府（琼剧院），终点站海口民航宾馆。

三亚凤凰国际机场

距离三亚市中心14千米

机场交通：机场大巴：A线：凤凰机场—三亚湾—市委（鸿洲埃德瑞酒店）

站点1：凯宾斯基假酒店，途经万勃温泉海景山庄

站点2：三亚海航度假酒店，途经金银岛海景大酒店—银韵海景度假村

站点3：天福源度假酒店，途经三亚湾假日酒店—赢寰花园—武警疗养院

站点4：椰林滩大酒店，途经海霞湾度假酒店—蓝海银滩度假酒店—星海源度假村—华源温泉海景度假村—三亚湾银苑—景利莱度假酒店

站点5：碧海蓝天酒店，途经银海大酒店—民航酒店

站点6：东方海景大酒店，途经果喜大酒店—豪威海景大酒店

站点7：鸿洲埃德瑞酒店，途经汽车总站—民航售票处（解放一路）—市委

机场交通：机场大巴：B线：凤凰机场—大东海（南中国大酒店）

站点1：山海天酒店，途经玉华苑酒店—明珠海景酒店

站点2：丽景海湾酒店，途经宝宏龙都酒店—华信酒店

站点3：银泰度假酒店，途经林达海景酒店—大东海广场

站点4：大东海广场

站点5：南中国大酒店

机场交通：机场大巴：C线：（南中国大酒店）—凤凰机场大东海

站点1：南中国大酒店，始发站

站点2：银泰度假酒店，途经大东海广场—林达海景酒店—嘉宾国际大酒店—华信酒店

站点3：山海天大酒店，途经宝宏龙都酒店—玉华苑—丽景海湾酒店—明珠海景酒店

站点4：鸿洲埃德瑞酒店，途经市委—汽车总站

站点5：东方海景大酒店，途经豪威海景大酒店—果喜大酒店

站点6：碧海蓝天酒店，途经银海大酒店

站点7：椰林滩度假酒店，途经华源温泉海景度—星海螺度假村假村—蓝海银滩度假酒店—海霞湾度假酒店

站点8：天福源度假酒店，途经武警疗养院—赢寰花园—三亚湾假日酒店

站点9：三亚海航假酒店，途经银韵海景度假村—金银岛海景大酒店

海口美兰国际机场

海口

海口位于海南岛的北部，是海南省的省会，也是海南省的政治、经济、文化、交通中心。改革开放以来，海口获得了迅速的发展，1988 年，海口成为海南省省办经济特区的省会，翻开了其新的一页历史。

海南建省后，海口的经济得到了重大发展，其公路、铁路、机场的建造极大地改善了交通条件，使之逐渐成为海南省的海陆空交通枢纽。

海口位于热带海滨，热带资源十分丰富，所以在促进其经济发展的同时，也带动了旅游业的繁荣。有"海南第一楼"美誉的五公祠、"国家地质公园"之称的火山口森林公园、拥有众多珍稀动植物的热带野生动植物公园等众多景区，吸引着众多旅游爱好者前来参观。

| 区号：0898 |
| 邮编：570000 |
| 面积：3126.83 平方千米 |
| 人口：287.34 万人 |
| 著名景点：海口石山火山群国家地质公园、五公祠、假日海滩、万绿园等 |

两日游
万绿园—假日海滩—海南热带野生动物园—五公祠—世纪大桥—火山群世界地质公园

游在海口

假日海滩 ★★★★

假日海滩位于海口市滨海大道西延线庆龄大道北部，景区主要分为海上运动区、海洋餐饮文化区、沙滩日浴区、休闲度假区 4 部分。海滩东侧的水世界占地 5.34 公顷左右，建筑具有罗马风格，有"椰城滨海大观园"之美称。

💰 免费
🕐 全天
🚗 海口美兰国际机场—假日海滩（自驾）
海口美兰国际机场—海口绕城高速—海南环岛高速—滨海大道—假日海滩
全程约 38 千米

假日海滩
最佳旅游时节

夏季和秋季是前往假日海滩的最佳时间，也是下海游泳的最好时间，而且夏季游泳是避暑的最佳方式。春季和冬季虽然天气温度舒适，但这两个季节海水有些凉，下水游泳很容易着凉。

水上表演

前往假日海滩的时候，最好先查询一下要去的时间段是否有活动。这是因为每年的假日海滩会邀请国内外的很多明星表演高空跳水、水上芭蕾等一些项目。喜欢热闹的游客，可以选择在举办活动的时间前往。

海滩烧烤

海滩烧烤是假日海滩的特色休闲项目，也是来此旅游休闲者必选的项目。烧烤的炉子商家会租给游客，每个炉子押金 120 元。游客可以选择自己喜欢的食物和调料，然后进行烤制。食物的种类很齐全，有鸡翅、羊肉串、玉米肠、玉米、蘑菇以及各种海鲜等。

假日海滩

五公祠 ★★★

五公祠位于海口市与琼山府城接壤处。五公祠是为了纪念名相李德裕、李光、李纲、胡铨、赵鼎而建，以"海南第一楼"为主体，景点主要有观稼堂、学圃堂和西斋、苏公祠、洞酌亭、浮粟泉、粟泉亭、琼园、洗心轩、游仙洞、两伏波祠等。

💰 17 元
🕐 8：00—18：00
🚗 海口美兰国际机场—五公祠（自驾）
海口美兰国际机场—海榆大道—滨江路—流芳路—五公祠
全程约 18 千米

五公祠

万绿园 ★★★★

万绿园位于滨海大道附近,占地84公顷,是海口最大的开放性生态风景园。园内种植着大量的热带观赏植物,仅椰子就有近万棵。另外还种植着很多国外引进的稀有热带植物。绿水、原野、树林、蓝天、休闲娱乐购物设施以及现代化的高楼建筑,形成了万绿园独特的田园度假风光。

💰 免费
🕐 全天
🚌 海口美兰国际机场—万绿园(自驾)
海口美兰国际机场—海口绕城高速—迎宾大道—玉兰路
全程约28千米

海口人民公园 ★★★

海口人民公园位于市区大英山,园内划分为兰圃、热带植物标本区、东西湖游览区、烈士纪念区等,烈士纪念区有冯白驹将军塑像及纪念亭等,海口人民公园具有"一园两湖"之称。园内有一个小动物园,有热带、亚热带动物50多种,各种科属的热带、亚热带观赏植物5000多种。

💰 免费
🕐 全天
🚌 海口美兰国际机场—海口人民公园(自驾)
海口美兰国际机场—海口绕城高速—海口联络线—公园路—海口人民公园
全程约26千米

西秀海滩 ★★★★

西秀海滩是原来的海口秀英海滨浴场,位于海口市庆龄大道,20世纪80年代曾被市民评选为"海口八景"之一,现在已建成国际帆船帆板训练及比赛基地、国际游艇俱乐部、大众海滨游泳场和水上运动中心等,这些旅游胜地集合竞技、运动、休闲、娱乐、滨海为一体。

💰 免费
🕐 全天
🚌 海口美兰国际机场—西秀海滩(自驾)
海口美兰国际机场—海南环岛高速—丘海大道—滨海大道—西秀海滩
全程约33千米

海南热带野生动物园 ★★★★

海南热带野生动物园位于海南琼山区东山镇,处于海榆中线的东山湖畔,园内有大量的珍禽猛兽,还有热带珍稀濒危动物200多种。海南热带野生动物园是我国首家集珍稀野生动植物科普博览、保护繁殖、观光旅游、休闲度假为一体的4A级国家旅游景区,有全亚洲最大的人造猴山,同时也是亚洲最大的狮园,更是热带植物的王国。

💰 158元
🕐 9:30—17:30
🚌 海口美兰国际机场—海南热带野生动物园(自驾)
海口美兰国际机场—海口绕城高速—海南环岛高速—谭山西路—海南热带野生动物园
全程约40千米

海瑞墓园 ★★★

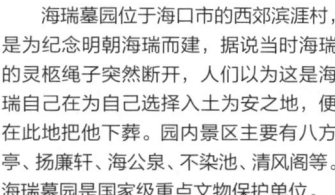

海瑞墓园位于海口市的西郊滨涯村,是为纪念明朝海瑞而建,据说当时海瑞的灵柩绳子突然断开,人们以为这是海瑞自己在为自己选择入土为安之地,便在此地把他下葬。园内景区主要有八方亭、扬廉轩、海公泉、不染池、清风阁等。海瑞墓园是国家级重点文物保护单位。

💰 10元
🚌 海口美兰国际机场—海瑞墓园(自驾)
海口美兰国际机场—海口绕城高速—海南环岛高速—丘海大道—海瑞墓园
全程约28千米

海瑞墓园

火山群世界地质公园 ★★★★

火山群世界地质公园位于琼山区西部石山镇,是具有一定规模的火山岩洞博物馆,其中仙人、卧龙二洞的景色最是壮观。园林规划以六角形蜂房组织为主,此外还有花园路、火山门、野菠萝群、中央广场、山神庙等,这些景点都具有浓郁的地方特色。

💰 54元
🕐 8:00—18:00
🚌 海口美兰国际机场—火山群世界地质公园(自驾)
海口美兰国际机场—海口绕城高速—海南环岛高速—火山口大道—火山群世界地质公园
全程约30千米

火山群世界地质公园

景区门票优惠政策

免票:1.2米以下儿童免费,70周岁以上老人、残疾人和军人凭相关证件也可享受免费。

半价票:1.2～1.4米的儿童半价票,60～70岁的老人凭有效证件享受半价票。

其他优惠政策:海南本地居民凭身份证优惠30元。

最佳旅游时间

每年的10月份到来年的5月份是最佳旅游时间。这个时间海口温度适宜、景色优美,并且风平浪静、少台风。

自驾游路线

1. 海口机场—绕城高速—石山立交—绿色长廊—火山群世界地质公园

2. 东线高速—龙桥立交—绕城高速—石山立交—绿色长廊—火山群世界地质公园

3. 南海大道(往西)—绿色长廊—火山群世界地质公园

4. 滨海大道(往西)—疏港大道—绕城高速—石山立交—绿色长廊—火山群世界地质公园

5. 西线高速—白莲立交—绕城高速(往东)—石山立交—绿色长廊—火山群世界地质公园

6. 海榆中线大约9千米处西边路口有一大门,上面有"火山群世界地质公园"路标,然后驶进大门西行4千米多即可抵达公园。

美食

火山群景区也有很多美食值得品尝。其中最著名的要数火山椰子雄鸡汤,它采用天然的椰汁炖制而成,味道醇香、不油腻。

世纪大桥 ★★★

世纪大桥作为海口市的标志性建筑,它与滨海大道上的滨海公园、万绿园、世纪广场、海甸河、美丽沙半岛等景点连在一起，把海口外滩装饰得更加妙不可言。

🛒 免费
🕐 全天
🚌 海口美兰国际机场—世纪大桥（自驾）
海口美兰国际机场—海榆大道—滨江路—甸昆路—世纪大桥
全程约29千米

世纪大桥

冯白驹故居 ★★★

冯白驹故居坐落在长泰村，这里山丘环绕，古木成林，是中国人民解放军杰出将领冯白驹的诞生地。故居陈列有关于冯白驹将军的革命活动、家世、生活等的照片和物件。

🛒 免费
🚌 海口美兰国际机场—冯白驹故居（自驾）
海口美兰国际机场—美兰机场路—海榆（东）线—云文线—冯白驹故居
全程约21千米

冯白驹纪念亭

↘ 吃在海口

到了海口一定要去尝尝各地的特色海鲜和著名的文昌鸡、嘉积鸭和东山羊。要吃海鲜的话可以去南庄酒家或者是和友海鲜酒家；要想吃到文昌鸡、嘉积鸭和东山羊的话就要去中国城和粤港潮了；如果想吃实惠点的，就要去龙昆南路，海南菜馆都汇聚在那里。另外，金龙路上也集聚了全国各地风味餐馆。

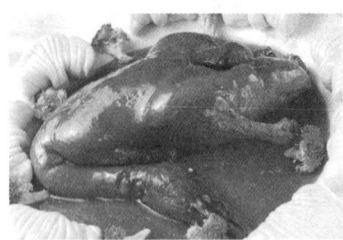
加积鸭

🍲 聚福安·传统老爸茶（大英店）
游客评价：鸡翅味道非常独特，很香
📞 0898-66729381
📍 海口市海府街道大英路69号嘉茂大厦2楼

🍲 阿二靓汤
游客评价：海南菜，明炉烧鹅很好吃
📞 0898-66774123
📍 海口市海秀东路64号吕记弘生楼2-3楼

🍲 吴梅烧腊
游客评价：蜜汁叉烧非常好吃
📞 0898-68586082
📍 海口市国贸路57-12号

🍲 富乐鸡饭店（五指山路店）
游客评价：特色白切鸡味道好，很正宗
📞 0898-66722592
📍 海口市五指山路5号松涛大厦1楼

🍲 老彭记清补凉（新华南店）
游客评价：当地特色饮品，好喝又解暑
📞 15203669220
📍 海口市文明西路5号

🍲 武国四物椰鸡（海航国际店）
游客评价：椰香味十足，鸡肉嫩滑
📞 13976338319
📍 海口市滨海大道海航国际广场世贸109店C座1楼

↘ 住在海口

平价型
艾米精选酒店（国兴大润发店） 📍 海口市海府一横路47号 📞 0898-31299788
海口驿站一夏酒店 📍 海口市灵山镇灵桂大道132号 📞 0898-65728117
小城故事商务酒店 📍 海口市金龙路77号怡和花园内 📞 0898-68521218
怡景园花园酒店 📍 海口市红城湖路143号 📞 0898-65801999

享受型
海口希尔顿酒店 📍 海口市滨海大道109-9号 📞 0898-36798888
海口朗廷酒店 📍 海口市滨海大道77号 📞 0898-66969477
海南太阳城大酒店 📍 海口市龙华区龙华路16号 📞 0898-66206666/66205382
海口康年皇冠花园酒店 📍 海口市金垦路6号 📞 0898-68955888

↘ 购物海口

▎海口明珠广场

海口明珠广场位于海口市海秀东路，处于市中心最大的主干道，交通便利。占地2.67公顷左右，是拥有地下2层、地上9层的超大型建筑，是海南建筑面积最大的大型购物中心。有着大型购物中心的商业形态，拥有超大规模、绝优位置、复合业态和多经营成分共存的商业模式。

▎海秀大道

海秀大道处于海口宾馆附近地段，是海口繁华的一条商业街。主要销售的是海南特产的南珠、水晶、玳瑁。还有一些土特产商店主要经营的是兴隆咖啡、胡椒、椰糖、牛角雕、椰雕等，价格也不是很贵。可以买回去带给家人或者是朋友、同事。

东门市场

东门市场位于海口市博爱北路 143 号。东门市场是海口的百年市场了，这里的特色商品是干货海鲜等。走进这里就会有浓浓的海鲜、干货气味扑面而来，整个市场由一条小巷和两边的各色商铺组成，300 多米长的距离里，全是销售干货的摊位，因为摊位比较集中，顾客便于对比，所以在这里的干货价格一般都比超市的价格便宜 1～5 元，各种干鱼制品、腊肠、腊肉、虾仁、鲍鱼、鱼翅应有尽有。

第一百货商场

第一百货商场处于海口市海秀东路全国闻名商业街中心地段，是海南第一投资招商股份有限公司独资经营的大型商业零售企业。商场以经营中档商品为主，同时兼顾经营高、低档商品。除了琳琅满目的商品外，商场还开设了音乐钢琴区、音乐茶座、休闲沙发和广播系统，此外还有成人书店、儿童书店、欢乐天地、健身中心、花店等集文化与娱乐为一体的项目。

特产

贝壳饰品：海口面临海域，有很多色彩斑斓的贝壳，这些贝壳经过加工之后就变成非常漂亮的饰品。把贝壳放在耳朵旁边，还可以听到大海拍击岩石的声音，甚至能闻到海水咸咸的腥味。

炭烤生蚝：海口的炭烤生蚝也非常有名。在海口大大小小的烧烤园内几乎都有这道美味，只不过烤制方法不同，味道也会不同。买上一些炭烤生蚝，准备一些小酒，和朋友或者熟识的人边吃生蚝边喝酒聊天，将是一种独特的享受。

荔枝花蜂蜜：海口生产荔枝，它的荔枝花蜂蜜也很出名。荔枝花蜂蜜有补脾益肝、益智健气的作用，适合身体虚弱者滋补身体。

椰子粉：海口的椰子粉很受欢迎。由新鲜椰肉榨取制作的纯天然椰子粉，含有丰富的钙、铁、锌、氨基酸等营养元素，有强身健体、美容养颜的作用。

海口购物商厦

文昌

文昌位于海南省的东北部，东南北三面环海，是一个被城市环绕的海滨之城，也是我国有名的文化之乡、排球之乡、椰子之乡、书法之乡、华侨之乡、航天之乡、将军之乡和国母之乡。因此，文昌有"八乡"之美誉。同时，文昌也是我国航天的发射基地，是我国的第四座航天之城。

文昌属于闽南文化圈，是海南地区唯一没有黎族人居住的地方。文昌的旅游资源非常丰富，是海南省旅游的重要基地之一。文昌拥有沙滩、海水、阳光、空气、植被、田园、海岛、风情等多种旅游资源，形成了文昌独特的旅游景观。在文昌，有充满椰林风光的东郊椰林，有"海南第一庙"之称的文昌孔庙等。

> 区号：0898
> 邮编：571300
> 面积：2488平方千米
> 人口：57.52万人
> 著名景点：铜鼓岭、文昌航天城、东郊椰林、八门湾绿道、宋氏祖居等

↘ 游在文昌

东郊椰林 ★★★★

东郊椰林位于文昌市东郊镇海滨，是海南著名景区之一。这里风景优美，椰林成片，有良种矮椰、高椰、水椰等品种，共50多万株，据说常饮椰汁能使人返老还童。清澈的海水，可开展多种沙滩活动和水上运动，建有旅游码头、海滨度假村等，是典型的椰风海韵。相邻景点有宋庆龄故居、东郊红树林。

💰 免费
🕐 8：00—18：00
🚌 海口美兰国际机场—东郊椰林（自驾）
海口美兰国际机场—海文高速—滨湾路—椰林湾路—东郊椰林
全程约79千米

💡 **东郊椰林**

交通指南

游客可以到清澜港乘船前往东郊椰林。

如果从海口出发，可以乘坐到文昌清澜港的普通中巴，每天两趟，需要1.5小时。

如果从三亚出发，需要乘坐三亚到文城的汽车，然后乘文城车站马路对面的中巴车至清澜港。

建议步行

东郊椰林景区面积不大，只是一个热闹的小村子，建议游客步行游览。如果累了也可以乘坐里面的观光工具"三脚猫"，它是当地的漫游和观赏田园风光的交通工具。来回路费大约15元。

另外，在景区的度假村内，有自行车出租。喜欢骑车的游客，可以租辆自行车观光旅游。

购物

东郊椰林附近是春光牌海南特产的生产地，那里的椰子糕、椰蓉、椰子糖都很出名，游客可以购买一些品尝。

另外，那里还盛产海南特有的水果——莲雾，多汁清甜，深受游人喜爱。

东郊椰林

宋氏祖居 ★★★

宋氏祖居位于文昌市昌洒镇古路园村，坐落在一片果树环抱的山丘上，周围绿树成荫，环境幽静。孙中山先生的夫人宋庆龄的高祖、曾祖、祖父三代都曾居于此地，其父亲宋耀如也在这间祖屋里诞生，为纪念宋庆龄及其家族，文昌市人民政府于1985年修复了宋氏祖居，还在祖居北边竖起了一座高达3.2米的宋庆龄汉白玉雕像。

💰 12元
🕐 9：00—17：30
🚌 海口美兰国际机场—宋氏祖居（自驾）
海口美兰国际机场—灵文加线—海文高速—X189—宋氏祖居
全程约69千米

宋氏祖居

文昌孔庙 ★★★

文昌孔庙位于文昌市文东路77号，有"海南第一庙"之称，前庭有棂星门、泮池、状元桥和温文尔雅的孔子全身塑像，桥边有圣泉。后院主建筑为大成门和大成殿，后院的庑殿内，有孔子箴言和名家书画、山东曲阜孔庙、孔府、北京孔庙孔子七十二弟子图谱的展览。

$ 13元
L 8:00—18:00
🚌 海口美兰国际机场—文昌孔庙（自驾）
海口美兰国际机场—灵文加线—海文高速—东风路—文昌孔庙
全程约59千米

抱虎岭 ★★★

抱虎岭有一个动人的传说：古时，此处有猛虎为祸，镇守城邑的李观音将军为民除害，与老虎拼战到底，最终老虎被打死，李将军因力竭而亡。抱虎岭主峰海拔220多米，是海南岛东北部的第二高峰，临海挺拔，气势磅礴。其东北部有个观音岭，两者交互辉映，自古被视为一大风水宝地，古代修道佛之人均在此处炼丹。抱虎岭上的动植物资源丰富，野生动物有野猪、刺猬、蟒蛇等几十种，植物也有毛山薯、金银花等几十种。

$ 免费
L 全天
🚌 海口美兰国际机场—抱虎岭（自驾）
海口美兰国际机场—东寨港大道—江东大道—抱虎岭
全程约61千米

云龙湾 ★★★

云龙湾位于文昌市铜鼓岭自然景区，状似月牙，波平浪静，海水清澈，外与七洲洋、七洲列岛相接，腹部有海星云龙度假村，四周椰林环抱。绿树下错落有致的别墅别具风情，云龙湾岸上锦绣的公园迷人大方，游览云龙湾，如游玩、如畅想、如归家。

$ 免费
L 全天
🚌 海口美兰国际机场—云龙湾（自驾）
海口美兰国际机场—海文高速—S203—彩虹南路—云龙湾
全程约90千米

八门湾红树林 ★★★

八门湾红树林位于清澜港北侧文昌河、文教河和横山河等的汇合处，面积约2000公顷。它与东寨港红树林同为海南两处著名的红树林景观，有"海上森林公园"之称，是世界上海拔最低的森林。八门湾红树林占据目前全世界红树品种81种的40%，是我国红树品种最多的地方。观赏八门湾风光，特别是退潮涨潮时，你会有意想不到的发现。

$ 免费
L 全天
🚌 海口美兰国际机场—八门湾红树林（自驾）
海口美兰国际机场—灵文加线—隆三线—八门湾红树林
全程约44千米

八门湾红树林

西沙将军林 ★★★

有一片椰林，它不因风貌而出名，却因其每一棵树上都写着栽种者的名字而出名，这就是赫赫有名的西沙将军林。这里的每一棵树上都写着栽种者的名字，诸多国家领导人和100多位将军先后在这里栽种过。

它处在永兴岛的西部，永兴岛上有两个纪念碑，一为"海军收复西沙群岛纪念碑"，纪念碑说明中详尽地叙述了当时情况；另一个是由中国人民解放军立的"中国南海诸岛工程纪念碑"，那是一座淡灰色大理石碑，前面用白色的大字详尽地叙写了西沙、南沙、中沙、东沙群岛的历史沿革、疆域面积等，背面是一幅《中国南海岛图》。

$ 免费
L 全天
🚌 西沙将军林
去西沙虚乘坐"琼沙2号"补给船到永兴岛。无法驾车行驶。

七星岭 ★★★★

七星岭位于文昌铺前镇东北部，海拔117.4米，七峰独高，似七夕星斗，和雷州半岛隔海相望。七星岭上有一座斗柄塔，七层高，呈八角形。沿塔内螺旋式阶梯可登顶层，俯视琼州海峡，尽览远近景物，顿觉天地广，心旷神怡。岭南有一峰，峰下有一庙、一泉水眼和一淡水湖，庙被称为"七星圣娘之神庙"，泉水被称为"圣水"，湖又俗称"恐龙塘"。七星岭风景秀丽迷人，山上野生植物种类繁多，奇花异卉遍布山岭，一年四季争妍斗艳。

$ 50元
L 全天
🚌 海口美兰国际机场—七星岭（自驾）
海口美兰国际机场—兴洋大道—江东大道—七星岭
全程约36千米

七星岭
七星岭的由来

七星岭由大大小小十几个余峰组成，其中有7个最高、最突出，好像七夕星斗。因此，这个景区被命名为"七星岭"。

七星岭的盘山公路可以通达各个山峰，汽车可以盘旋开到山顶，非常适合自驾游。需要注意的是，最好开适合旅游的汽车。另外，驾车的驾驶员最好技术好，擅长在山路上开车，开车的时候还要时刻注意安全。

住宿

喜欢在海边住宿的游客，在游玩完七星岭后，可以到东郊椰林附近居住，在那里有不少临海的椰庄别墅，晚上睡在床上还可以听到海浪的声音，犹如人间仙境。并且价格不算很贵，也就200多元钱。第二天还可以参观东郊椰林的美景，可谓一举两得。

美食

前往文昌旅游一定不要忘记品尝当地的名吃：文昌鸡。文昌鸡喂养方法独特，采用花生饼、椰子饼、蕃茨、大米饭等材料做成饲料喂养。这样喂养出来的文昌鸡肉质滑腻、骨头酥软，然后用天然材料烹制。

购物文昌

文昌市不如省会海口繁华，没有著名的大型商场，但拥有许多像位于文昌文城镇文东路23号的文昌市文城镇知青综合商场这样的综合商场，主要是批发和零售一些土特产等，像锦江牛肉干、文昌木屐、椰子船、穿山甲鳞片、海胆等。

铜鼓岭 ★★★★

铜鼓岭位于文昌市龙楼镇,是海南的最东角,有"琼东第一峰"之美称。相传东汉伏波将军曾在此登岸设营,在班师回朝时遗留下铜鼓,故以此为名。景区三面环海,有神庙、和尚屋、尼姑庵等古迹,仙洞、仙殿、风动石、银蛇石、海龟石等异石。北临月亮湾,景色丰富迷人。

- 免费
- 全天
- 海口美兰国际机场—铜鼓岭(自驾)海口美兰国际机场—海文高速—S203—S316—铜鼓岭 全程约92千米

铜鼓岭

↓ 吃在文昌

文昌市的文昌鸡美食节是很盛大的活动,会呈现各地特色风味,像铺前镇的糟粕醋、冯坡镇的白切鹅、抱罗镇的抱罗粉、锦山镇的牛肉干、重兴镇的猪肉赤烧等。此外还有文昌的十大热带水果,远近驰名,有椰子、凤梨、黄皮、团圆果等,这都是到了文昌一定要品尝的水果。

凤梨沙拉

旺溪中西茶店
游客评价:斑斓糕非常好吃,淡淡的自然清香
- 18089835026
- 文昌市沿江路33号

恒味椰奶鸡
游客评价:汤底浓厚、清香,一点也不会腻
- 18889240796
- 文昌市椰林路沁心大酒店旁边

吉英盐焗鸡
游客评价:鸡肉非常嫩,咬一口满嘴鸡肉香
- 0898-36902595
- 文昌市文中路17号

林花糟粕醋
游客评价:海南综合糟粕醋,很有当地特色
- 18889868887
- 文昌市铺前镇胜利街095号

张纪特色炒冰清补凉
游客评价:清补凉里面的料还是挺足的,口感也不错
- 13086006580
- 文昌市文城镇文建五横路15号天域华府商住区1号楼104

悦君苑农家饭
游客评价:当地口味的农家菜
- 13627591301
- 文昌市椰林湾路东郊镇椰林湾大酒店入口大门边

顺发海鲜加工店
游客评价:清蒸石斑鱼很嫩
- 18508945553
- 文昌市清澜路琼星酒楼对面

↓ 住在文昌

平价型
自游岛酒店(文昌店) 文昌市文城镇庆龄路31号 0898-63213199
S酒店 文昌市沿江路32号 0898-32221555
文昌和林主题酒店 文昌市文城镇和平北路28号 0898-63386555
丽嘉酒店 文昌市文蔚路13号 0898-36899666

享受型
文昌凤凰城大酒店 文昌市文城镇庆龄路8号 0898-63338888
文昌金石国际大酒店 文昌市清澜开发区高隆湾旅游大道西侧 0898-36525888
天福云龙湾度假村(文昌) 文昌市铜鼓岭保护区 0898-32222000
文昌维嘉国际大酒店 文昌市文城镇文建路166号 0898-63288666

琼海

琼海位于海南的东部地区，由于地处琼州的东海岸，因此而得名。它东临南海，西和屯昌、琼中、定安交界，南面万宁，管辖着长坡、万泉、塔洋、大路、阳江、嘉积、中原、博鳌、潭门等12个镇。

琼海距离海口80多千米，距离三亚160多千米，总面积1700多平方千米。由于琼海经济发达和独特的地理位置，从而成功地举办了博鳌亚洲论坛，琼海也因此一举成名。琼海的旅游资源非常丰富，博鳌亚洲论坛给琼海的旅游业带来了重要的契机。除了美丽的博鳌外，琼海还有玉带滩、万泉河、红色娘子军纪念园、白石岭、官塘温泉等众多旅游景点。

区号：	0898
邮编：	571400
面积：	1710平方千米
人口：	51.57万人
著名景点：	红色娘子军纪念园、白石岭、玉带滩等

↘ 游在琼海

博鳌 ★★★★

博鳌位于琼海市东部海滨，是万泉河的入海口。面积约31平方千米，是半渔半农集镇。作为国际会议组织——博鳌亚洲论坛的永久性会址所在地，这里景色秀丽，岛中有水，水中有岛，被称为"奇妙的南国风光画卷"。

$ 景区单独收费
⏰ 8：00—18：00
🚌 海口美兰国际机场—博鳌（自驾）
海口美兰国际机场—海南环岛高速—S213—海滨路—博鳌
全程约123千米

博鳌亚洲论坛会址

💡 博鳌

交通提示（飞机）

博鳌景区离海口美兰机场不是太远，乘坐出租车最多1.5小时的路程，费用200元左右。游客也可以包车前往，需要注意的是，要提前讲好价钱。

三亚凤凰机场距离博鳌景区相比较海口美兰机场稍微远些，乘坐出租车需要2.5小时左右。

旅游贴士

博鳌景区紫外线辐射很强，游客前往游玩的时候，最好准备好太阳镜、防晒霜、遮阳伞等一些物品。

另外，衣服最好是透气的，多补充水分，饮用水中最好加少许的食盐。

景区美食

博鳌的小吃非常出名。那里有很多热带水果，味道好吃、价钱便宜。另外，因为临海，所以海鲜也很丰富。海鲜烹饪方法有很多样，以鲜嫩、清淡为主要特色。

博鳌地区以米食和粑食为主，很少有面食，那里的名菜有很多，其中口感独特的嘉积鸭，是"海南四大名菜"之一。另外，还有补血美容的鸡屎藤粑籽、可口美味的椰子盐等。

玉带滩 ★★★

玉带滩位于万泉河入海口，是一条长约2.5千米的狭窄沙坝，横亘在万泉河与南海之间。玉带滩的奇妙之处就在于它一边是万泉河、九曲江、龙滚河三江出海，一边是南海的汹涌澎湃，而它就静卧于其间而岿然不变。玉带滩因其为世界上最狭窄的分隔海、河的沙滩半岛而被载入吉尼斯世界大全。站在玉带滩上，你在感慨大自然的鬼斧神工之时，也会感叹世界的辽阔和自身的渺小。

$ 70元
⏰ 8：00—16：00
🚌 海口美兰国际机场—玉带滩（自驾）
海口美兰国际机场—海南环岛高速—迎宾路—远洋大道—玉带滩
全程约121千米

玉带滩

白石岭 ★★★

白石岭位于琼海市西南，总面积约16平方千米，由登高岭等组成。登高岭作为白石岭的最高峰，海拔328米。白石岭上的龙头山被誉为海南旅游业的一颗明珠，这里有神秘谷、18处人文景区、20处热带原始森林自然风景区。

- 💰 36元
- 🕗 8：30—17：30
- 🚌 海口美兰国际机场—白石岭（自驾）
海口美兰国际机场—海口绕城高速—海南环岛高速—白石岭大道—白石岭
全程约106千米

红色娘子军纪念园 ★★★

红色娘子军纪念园是为纪念第二次国内革命战争时期诞生的"中国工农红军第二独立师女子军特务连"而建，园内主要分为园前景区、主题雕塑展馆区、热带风情园林景区、旅游服务区四大功能区，同时还建有和平广场、纪念广场等景观。

- 💰 免费
- 🕗 8：00—17：30
- 🚌 海口美兰国际机场—红色娘子军纪念园（自驾）
海口美兰国际机场—海口绕城高速—海南环岛高速—X356—红色娘子军纪念园
全程约99千米

红色娘子军纪念园

官塘温泉 ★★★

说起温泉，或许大家首先想到的是日本的温泉，但是在我国也有一处风景迷人的温泉——官塘温泉。区内环境优美，风光宜人，是以温泉文化为主的综合性国际性旅游度假康乐胜地。官塘温泉的水温在70～90℃，具有医疗、疗养、沐浴等功效，目前区内已经建立了4家温泉度假型酒店。

- 💰 免费（但是里面很多项目是自费的）
- 🕗 全天
- 🚌 海口美兰国际机场—官塘温泉（自驾）
海口美兰国际机场—海口绕城高速—海南环岛高速—白石岭大道—官塘温泉
全程约106千米

博鳌西沙海洋馆 ★★★★

博鳌西沙海洋馆位于海南省琼海市博鳌镇亚洲风情广场内，在这里，你能身临其境地去接触那些不可多见的海洋内的小精灵们。海洋馆分为热带雨林区、珊瑚海展区、哺乳动物区、珍品海洋生物区等，有西沙海洋鱼类800多种。

- 💰 71元
- 🕗 全天
- 🚌 海口美兰国际机场—博鳌西沙海洋馆（自驾）
海口美兰国际机场—海南环岛高速—S213—广场路—博鳌西沙海洋馆
全程约123千米

博鳌水城 ★★★

博鳌水城位于琼海市博鳌镇。城区内有江河湖泊，也有山麓岛屿，同时还有椰林、温泉、沙滩、田园风光等景致。城区的东部是一条长长的玉带滩，美丽、安静；城区的中间有山岭和海滩下的沙美内海；城区周边与鸳鸯岛、东屿岛、沙坡岛遥相呼应。景区有独特的自然资源和极高的开发建设水准，被列为重点开发的旅游项目。它是一个集国际会议中心、海滨温泉假度假中心和高尔夫休闲康乐中心于一体的国际性旅游度假胜地。

- 💰 免费
- 🕗 全天
- 🚌 海口美兰国际机场—博鳌水城（自驾）
海口美兰国际机场—海南环岛高速—S213—博鳌水城
全程约124千米

万泉河 ★★★

万泉河全长162千米，上下游有鲜明对比，两岸有美丽的椰林和蕉园。它与著名景点官塘温泉和白石岭相接，形成壮观的风景区，还建有度假村、海边浴场、高尔夫球场等，是旅游度假的良地。沿河两岸典型的热带雨林景观和巧夺天工的地貌，令人叹为观止。两岸昏景色变幻神奇。清晨、晨曦喷洒，椰林村庄拨纱露面，黄昏来临，残阳撒金，河面倒影沉璧，薄雾纱纱，晚风习习，此情此景，让人心醉。万泉河是中国未受污染、生态环境优美的热带河流，被誉为中国的"亚马孙河"。

- 💰 项目单独收费
- 🕗 全天
- 🚌 海口美兰国际机场—万泉河（自驾）
海口美兰国际机场—海口绕城高速—海南环岛高速—万泉河
全程约94千米

万泉河

💡 **万泉河**

观景免费

游客在万泉河码头观赏景色是免费的，除了漂流河探险，基本上不用买任何门票。但在码头上有很多提供游客拍照的游船，这些都是要收费的，费用3～5元不等。

景区特色

万泉河漂流是其景区特色游玩项目，漂流的价格是140元，为了增加此项目的刺激性，常把漂流河项目和探险综合在一起，价钱是340元。

万泉河漂流是从烟园到会山乡，全程约15千米，耗时3小时。漂流的河面最宽处有100米，而最窄处仅8米左右，水深将近10米。因此漂流的过程惊险刺激。

景区活动

每年的五月初五，也就是端午节，在万泉河沿岸会举行大型的赛龙舟比赛，场面十分热闹。游客如果在这个时间段前往万泉河旅游，可以观赏到赛龙舟的盛况。

景区美食

万泉河盛产水产，河里的鲤鱼、河蟹、鲫鱼等在当地很有盛名。其中的万泉鲤肥美、营养丰富，最重的万泉鲤达15千克以上，万泉鲤通常的吃法是清蒸鲤鱼、甜酸鲤鱼或将鱼片放在炉边烤等。喜欢吃鱼的游客，可以品尝一下当地独特的鲤鱼吃法。

禁忌

每个地方都有自己的风俗和禁忌，游客一定要尊重。很多地方会称呼女性为"小姐",在海南这种称呼是禁忌。这是因为在海南"小姐"一般是指从事不正当职业的"三陪小姐",带有侮辱性质。因此,在当地切不可见到女性称呼"小姐"。

莲花馆 ★★★

莲花馆位于博鳌东方文化苑内,占地面积 600 平方米,是一座莲花专题展馆,展厅面积为 800 平方米。展馆主要是全面介绍莲花的历史、科技和应用等。馆内门前有一七宝莲池,种植有 66 种名贵的荷花,这 66 种荷花寓意就是"六合(荷)同春"。展馆的建筑分为上下两层,设有 6 个展厅,其中有《莲文化世界》《大贺莲的传奇》《慈悲——莲花与佛教》3 个文物专题展馆,以及《莲花科普》一个全数字的知识展馆等。

- 40 元
- 8:00—18:00
- 海口美兰国际机场—莲花馆(自驾)
海口美兰国际机场—海口绕城高速—海南环岛高速—博文路—莲花馆
全程约 120 千米

吃在琼海

琼海的美食首选是万泉鲤、加积鸭、琼脂、温泉鹅。万泉鲤体大味美,营养极为丰富,是当地人们招待客人的首选,以清蒸为主。嘉积鸭也叫番鸭,是海南四大名菜之一,皮薄、骨软、脂肪少、营养高。琼脂可用来制作冷食品,有降脂作用。温泉鹅食法以白切为主,味美清爽、肥而不腻。

卤香鹅翅

海的故事
游客评价:海南本地菜,海鲜菠萝饭很好吃
- 0898-62708909
- 琼海市海滨接博鳌玉带大酒店后侧

巧娘冷饮店
游客评价:芒果肠粉第一次尝试就被惊艳到了
- 18976086767
- 琼海市大元路东屿村委会办公楼 1 楼

海南人家海鲜连锁餐厅(潭门店)
游客评价:海鲜很新鲜,姚明打卡过的店哦
- 0898-62769227
- 琼海市富港街潭门码头

农夫椰子鸡(博鳌店)
游客评价:纯椰子水煮的火锅很有特色
- 18976813589
- 琼海市博鳌镇广汉路 9 号璟蓝湾大酒店二楼

老渔港海鲜店(潭门店)
游客评价:海鲜好吃实惠,有越南风格
- 0898-62768365
- 琼海市潭门镇富港街中国石化加油站正对面

农厨好味
游客评价:温泉鹅的肉质简直太嫩了。还有猪蹄也很好吃
- 0898-62808686
- 琼海市 223 国道温泉新村内

家家鹅乡
游客评价:烧鹅有独特的炭香味
- 0898-62819888
- 琼海市银海二横路 18 号

住在琼海

平价型
琼海碧海一家银海酒店式公寓 琼海市嘉积镇银海路 0898-66695333
琼海嘉悦酒店 琼海市嘉积镇银海路与兴海北路交会处西北角 0898-62820099
瑞其曼度假酒店(万泉河店) 琼海市嘉积镇万泉豪廷 A 座 7 楼 712 房 18289277218
琼海皇家骑士万泉度假酒店 琼海市嘉积镇万泉豪廷 A 座 0898-66691888

享受型
琼海博鳌佰悦湾真如酒店 琼海市博鳌镇滨海旅游区滨海大道佰悦湾 0898-62620888
博鳌亚洲湾度假酒店 琼海市博鳌镇滨海大道 8 号 0898-36866888
琼海官塘假日度假酒店 琼海市嘉积镇官塘白石岭风景区 0898-36869999
琼海博鳌海岛森林海景酒店 琼海市博鳌镇滨海二路 56 号玉带湾小区内 0898-62777777

购物琼海

博鳌商业中心广场
博鳌商业中心广场位于万泉河入海口滨海旅游度假村,该广场的建设主要是与其附近的旅游景点相呼应,形成完整的琼海旅游体系。建筑规模上设有购物广场、酒店、咖啡厅、海上游乐、海鲜店等项目。同时设有中央绿化带、入口主广场、银海步行道、众星广场、彩虹步行道、沙滩观光带六大景观。以居民服务和其他服务业为主。

超时代商厦
超时代商厦位于琼海市爱华路西段,可以说是琼海的一个标志,是琼海目前最大的一家综合性百货商场之一,商场经营面积约 10 000 平方米。超时代商厦是琼海市配套完备的一家大型综合商场,这里的商品品种比较集中,一楼主营男士服装、运动装、珠宝、化妆品、皮鞋箱包等;二楼主营淑女装、休闲装、孕妇装、女性内衣和大型超市;三楼为儿童城,主营童装、儿童玩具、婴幼用品、床上用品及大型儿童乐园。

琼海商业步行街

琼海商业步行街位于琼海城南滨河新区万泉河中心，交通便利、地理位置优越，是人民路老商圈、爱华路与滨河新商圈的黄金交汇点。琼海商业步行街占地20万平方米，是一个综合性大型商业街区。

百家惠超市

位于琼海市东风路3号，是一家连锁百货公司，主要经营家常日用品、服饰、食品、配饰、洗化用品的购物超市。物品齐全、价格实惠。

特产

琼海嘉积鸭有150多年的历史，它采用笼养和人工饲养的方法，养殖出的鸭子烹调后，鸭皮薄柔嫩、酥脆、不油腻，是琼海当地美食特产之一。

礼都陶瓷：琼海礼都陶瓷非常富有地方特色，其烧制的陶瓷主要用作普通居民日常所用。例如煮汤用的瓷罐、洗脚用的脚盆、尿盆等，现在一般被当作工艺品欣赏。

参古竹器：琼海温泉镇的参古竹器也非常有名。它的竹器采用传统的手工编织而成，工艺精细、美观大方，一般用来盛放日常用品。

南汉草席：作为江南水乡的南汉，每年生产大量工艺精巧、舒适耐用的草席。这些草席被销往全国各个地方，是夏季纳凉的绝佳床上用品。

白切温泉鹅：琼海的鹅白切烹饪后，醇香可口、肥而不腻。

琼海鱼市

万宁

万宁位于海南东南部，是一个东临南海、北面琼海的县级市。万宁的水路交通较为发达，有大小港口8个，这些港口与东南沿线港口相连，大大促进了万宁经济的发展。

随着万宁经济的发展，万宁的旅游业资源也被逐渐开放，109千米的阳光海岸线，大花角湾、春园湾、神州半岛湾、山钦湾、南燕湾、石梅湾、杨梅湾、日月湾等众多海湾，这些丰富的旅游资源吸引了众多喜欢海景的游客前往。

另外，万宁还有众多的热带植物，它土地肥沃、山地广阔，很适宜热带植物生长。那里的橡胶、咖啡、可可都得到了很快的发展，在促进经济、增加收入的同时，也促进了旅游业的发展。

区号：0898
邮编：571500
面积：4443.6平方千米
人口：63.27万人
著名景点：东山岭、热带植物园、东南亚风情村、兴隆温泉等

游在万宁

东山岭 ★★★★

东山岭位于万宁市以东，曾与五公祠、鹿回头、天涯海角等景点齐名。东山岭最具特色的景致是东山八景和摩崖石刻，清代进士杨景山还曾专门为东山八景作了一首诗，摩崖石刻上运用了隶楷行草四种字体，在数百块石上刻有诗词、题句，明代的万州牧曾光祖题写了海南第一山几个大字。

44元

7：30—17：00

海口美兰国际机场—东山岭（自驾）
海口美兰国际机场—海口绕城高速—海南环岛高速—X432—东山岭
全程约153千米

东山岭

东山岭最佳游览线路

一线天—七峡巢云—仙舟系缆—三十六洞—华封岩洞—潮音寺—蓬莱

东山岭

香窟—瑶台望海—碧水环龙—冠盖飞霞—梦云缭绕

自驾游路线

万宁交通非常便利，很适合自驾游。游客自驾游可以从海口出发，沿东线高速直走，在184千米处下高速路到万城镇，大约2千米处就是东山岭。

景区特色

东山岭除了青山绿水的优美景色外，还是品尝美食的好地方。在东山岭景区内，设有别有趣味的水上餐厅。

景区特产

万宁东山地区有很多著名的特产，例如东山羊、东山茶等。万宁东山羊肉质肥美，蒸制出来的汤白如乳汁，且没有羊肉惯有的膻味，受到很多人的喜爱。

东山茶生长在东山的石缝之间，用"海南第一泉"和"水流鼎"泉水冲泡的东山茶，芳香四溢、味道清甘。吃完东山羊，再饮一杯东山茶，将是一种独特的享受。

日月湾 ★★★★

日月湾是个半月形的海湾，依山傍水，群山环抱，海湾沙滩柔软，海水清澈，是个天然的海水浴场。日月湾度假村小别墅有豪华客房、餐厅、舞厅和会客厅、会议室，堤坝边还建有观海亭和品茶室，集吃、喝、游、玩、住于一体。

$ 门票免费，项目收费
⏰ 7：30—17：30
🚌 海口美兰国际机场—日月湾（自驾）
海口美兰国际机场—海南环岛高速—日月湾互通—日月湾
全程约177千米

日月湾日出

兴隆温泉 ★★★★

兴隆温泉位于万宁市东郊兴隆华侨农场内。温泉内共有泉眼十几个，水温恒温60℃左右，水中含有丰富的矿物质，对于关节炎、皮肤病和神经衰弱等病症有很好的缓解作用。在这里还有和温泉相齐名的咖啡，这种咖啡是从国外引进

的，口味浓香，令人回味。此外，温泉附近还有热带花园、东南亚风情村、热带植物园等景点。

$ 150元
⏰ 18：00—23：00
🚌 海口美兰国际机场—兴隆温泉（自驾）
海口美兰国际机场—海南环岛高速—剧场路—兴隆温泉
全程约173千米

大洲岛 ★★★

大洲岛，位于万宁市东南部的海面上，主峰高达289.3米，面积为4.36平方千米。因为我国的金丝燕产地，大洲燕窝产于此，故此岛又名为"燕窝岛"。大洲岛分为北小岭和南大岭，中间有一沙滩，长达500米。大洲岛有丰富的珊瑚和鱼类资源，还可以潜水。潜水海底，色彩斑斓美不胜收，使人大饱眼福。在这里，游人既可以登高观日出日落，又可以尽情领略热带海上旅游的乐趣。大洲岛作为海南沿海最大的岛屿，于1990年被批准为国家级海洋生态气候自然保护区。

$ 免费
⏰ 全天
🚌 海口美兰国际机场—大洲岛（自驾）
海口美兰国际机场—海南环岛高速—X435—大洲岛
全程约169千米

南燕湾 ★★★★

南燕湾位于万宁市礼纪镇南沿海，与石梅湾相连。南燕湾因燕窝鸟和春燕栖息于此而得名，也有说法是因其海边山形像一只大燕浮于水面上而得名。南燕湾与石梅湾相连，景色秀美，水产丰富。这里有高耸的石崖山峰、长流的清泉瀑布、阔达开朗的山洞、洁白美丽的沙滩、清澈明净的海水、晴明蓝美的天空。

$ 免费
⏰ 全天
🚌 海口美兰国际机场—南燕湾（自驾）
海口美兰国际机场—海南环岛高速—海田路—南燕湾
全程约174千米

青云塔 ★★★

青云塔因其塔身高耸壮观而得名，也叫"山尾岭""万州塔"，塔高约27米，分为七层七檐。塔的底层内壁为八角形，上面6层为圆形，顶层上突出一个

八棱柱。每层都有相对的拱门，用来观赏和通风透光。青云塔建于清朝道光年间，是海南现存的稀有古塔之一。游人从底层西门进去，可仰望塔顶，纵观塔腹全貌，领略古塔的高超建技和迷人景色。

$ 免费
⏰ 全天
🚌 海口美兰国际机场—青云塔（自驾）
海口美兰国际机场—海南环岛高速—万北线—青云塔
全程约155千米

青云塔

兴隆热带植物园 ★★★

兴隆热带植物园位于海南岛东南部兴隆华侨旅游经济区内，以其独特而丰富的热带植物而成名，园内有1200多种植物，像罕见的名贵野生植物见血封喉、名优稀特的果树榴梿、热带经济作物可可等，是一座物种资源丰富的综合性热带植物园。1988年被国家旅游协会等4家单位评为我国著名风景名胜点。

$ 旺季（10月1日至次年4月30日）50元；淡季（5月1日至9月30日）42元
⏰ 7：30—17：30
🚌 海口美兰国际机场—兴隆热带植物园（自驾）
海口美兰国际机场—海南环岛高速—兴植路—兴隆热带植物园
全程约175千米

兴隆热带植物园

南湾猴岛 ★★★★

南湾猴岛因南湾半岛上住着21群共千余只猕猴而出名，到这里观赏猴子你会发觉很多的乐趣，有几群猴子是已经被驯化了的，它们聪明可爱，你可以很快和它们成为朋友。猴子们很有灵性，它们每群都会有自己的"大王"，自己

的领地。和《西游记》的猴子们一样，这里也是这千余只猕猴的花果山。
- 163元
- 8：00—17：00
- 海口美兰国际机场—南湾猴岛（自驾）

海口美兰国际机场—海南环岛高速—望海大道—南湾猴岛
全程约217千米

南湾猴岛

最佳旅游时节

南湾猴岛的一大特色就是观赏猴子和猴子嬉戏。观赏猴子的最佳时节是每年10月份底到来年的2月份初。这个时节是猴子精力最为旺盛的时候，猴群中的猴子会向猴王挑战、争夺"王妃"，也是新一届猴王竞选的时候。游客可以在此欣赏新一届的猴王大赛，趣味无穷。

可以包船前往

前往南湾猴岛游玩可以包船游览，私人船只比较便宜一些，可以砍价。如果是自己驾租用船前往，最好问好路线再前行，以免走太多弯路。

旅游提醒

1. 前往南湾猴岛游玩，最好早一点去，因为16：30以后就会停止售票。
2. 去猴岛游玩，尽量避免穿红色衣服。母猴对红色衣服很敏感，遇到穿红色衣服的游客，有可能去撕烂其衣服。
3. 给猴子喂食的时候，一定要注意安全。最好一次性喂完，以免猴子上来疯抢而弄伤自己。另外，最好不要带塑料袋等东西，南湾猴被训练得很聪明，会认为塑料袋里面有食物，进而去撕咬袋子。

分界洲岛 ★★★★★

分界洲岛被称为"心灵的分界岛"，在冬季，会有强烈的温差变化感觉。这里的海水洁净，可以潜水、海钓、海底潜艇观光、鲸鲨观光等。蓝色的大海、秀丽的树木、俊俏的山峰、鲜艳的花朵……无一不诉说着分界洲岛的秀美与雄奇。

- 165元（含门票、船票）
- 全天
- 海口美兰国际机场—分界洲岛（自驾）

海口美兰国际机场—航安二街—美兰机场路—海南环岛高速—牛岭互通—分界洲岛
全程约184千米

购物万宁

万宁有很多特产供你选择购买：万宁市处于热带，盛产的菠萝以味个大而畅销；万宁的燕窝因其滋补作用和医疗功效而远近驰名；万宁的鹧鸪茶因其天然晾晒，口感清甜而深受人们喜爱。土特产还有东山岭的东山羊，肉嫩细腻，汤色乳白。

↘ 吃在万宁

海南万宁的极品燕窝是当地一绝，万宁燕窝之所以如此名贵，是因为它不仅具有良好的滋补作用，还来之不易，需要从水中潜入岩洞去掏取。燕窝一般分为血燕、官燕和毛燕3种，中医认为燕窝具有养阴、益气等作用，适合绝大多数人食用。此外，还有椰子鸡、盐焗鸡、客家酿豆腐、文昌鸡、五味鸭等地方特色美食，是除了观景外的又一大乐趣所在。

客家酿豆腐

兴隆南洋风味
游客评价：当地特色清凉饮品，榴梿炒冰口味独特
- 0898-62556663
- 万宁市兴生中路32-34号

南燕海海鲜店
游客评价：椒盐皮皮虾味道极好，海鲜也不贵
- 13976578645
- 万宁市礼纪镇桥海村委会公路南侧88号

南燕湾渔家码头
游客评价：鱼很新鲜，肉质很嫩
- 0898-62525666
- 万宁市礼纪镇桥海村黄海路保利游艇码头对面

神州好味道饭店
游客评价：当地口味的饭店，推荐乐蟹，好吃
- 18889188173
- 万宁市礼纪镇桥海村委会龙头村1号

万兴启丰椰子文化园
游客评价：以椰子为主料的餐厅，最香的是椰子鸡
- 13807623562
- 万宁市兴梅大道兴隆农村八区泰国村驿站

云鑫柴火鸡店椰子鸡店
游客评价：鸡肉嫩滑，汤底浓郁，很美味
- 18789156132
- 万宁市花园路兴隆热带花园南100米

↘ 住在万宁

平价型	享受型
金银泉酒店（高铁站店） 万宁市中央南街金银泉酒店 0898-31601655	石梅湾艾美度假酒店（万宁） 万宁市石梅湾旅游度假区 0898-62528888
兴隆新惠康假日酒店 万宁市兴隆旅游度假城惠康大道 0898-62555868	兴隆老榕树酒店（万宁） 万宁市兴隆镇温泉大道 13976916193
铭皇商务酒店 万宁市红专西路北侧220号 0898-62286555	海南康乐园海航度假酒店 万宁市兴隆镇兴隆旅游度假区内 0898-62568888
宏都精品酒店 万宁市万州大道212号 0898-62262588	万宁融创日月湾传奇精品酒店 万宁市日月湾景区内 0898-62216888

三亚

三亚位于海南的最南端，是我国最南部的海滨城市，也是海南沿海对外开放的重要贸易口岸。三亚的海域面积十分广阔，是一个多民族聚居的地方。这里生活着黎族、苗族、回族等20个少数民族，其人口占总人口的1/2左右。

三亚作为海南的中心城市和交通枢纽，是我国通向世界的门户之一，也是中国重要的旅游城市，有"东方夏威夷"之称。

三亚因三亚河而得名。三亚东西两河交汇的地方刚好形成"丫"字形，因此取名为三亚。其名字独特，引得很多人来此一探究竟。

区号：	0898
邮编：	572000
面积：	1921平方千米
人口：	103.14万人
著名景点：	亚龙湾、三亚湾、天涯海角、南山、大小洞天、大东海、鹿回头

五日游

鹿回头山顶公园—大东海—亚龙湾—天涯海角—南山佛教文化苑—大小洞天—槟榔谷黎苗文化旅游区—呀诺达热带雨林

↓ 游在三亚

天涯海角 ★★★★

来到这里才算来过了海南，这里是三亚极著名的也最具标志性的景点之一。"天涯""海角"和"南天一柱"三块巨石屹立在南海海边，面向大海，有一种到了天地尽头的感觉。

💰 旺季（10月1日至次年4月30日）81元；淡季（5月1日至9月30日）68元

🕐 7：30—18：20

🚌 三亚凤凰国际机场—天涯海角（自驾）
三亚凤凰国际机场—鹿城大道—海榆（西）线—天涯海角
全程约10千米

💡 天涯海角

最佳旅游时节

天涯海角的最佳旅游时间是每年的9月份到次年的4月份这段时间。这是因为三亚的冬季温暖舒适，是海滨度假的最好时节。

其他地方还天寒地冻的时候，在三亚就可以穿着夏天衣服漫步在海滩了，这是在其他地方享受不到的独有浪漫。此外每年九月九的"中国南山文化节"，还有"三月三"等节日，都会给你的旅游带来非同一般的乐趣。

旅游注意事项

天涯海角景区不算很大，如非必要，建议不要坐游览车，徒步游览可以更详尽地欣赏优美的景色，景区内有很多兜售旅游纪念品的小贩。另外，在天涯海角门口有开往南山寺的公交车，游客如果要前往南山寺可以乘坐，票价是3元/人。

天涯海角

南山佛教文化苑 ★★★★★

南山佛教文化苑是集佛教文化和中国传统文化于一体的旅游区。这里最著名的两个景点当属南山寺和金玉观音像。南山寺为仿唐朝建筑风格，建有仁王殿、大雄宝殿、东西配殿、钟鼓楼、转轮藏、法堂、观音院、悲田院等。还有创造世界之最的高达108米的金玉观世音菩萨雕像。

💰 150元

🕐 全天

🚌 三亚凤凰国际机场—南山佛教文化苑（自驾）
三亚凤凰国际机场—鹿城大道—海南环岛高速—海榆（西）线—南山佛教文化苑
全程约27千米

南山佛教文化苑

亚龙湾 ★★★★

亚龙湾是海南最南端的半月形海湾，全长约7.5千米。以沙粒洁白细软、海水清澈而闻名，被誉为"天下第一湾"。北京奥运会沙滩排球比赛场地中的用沙就是来自这里。在这里，最好的娱乐活动就是用上一整天的时间悠闲地晒晒太阳，在海中游泳嬉戏，约上朋友打场沙滩排球，也可到亚龙湾中心广场、蝴蝶谷、贝壳馆参观。

在海边游览不需要门票，但整片海湾几乎已经规划到这里所建的各个酒店区域范围内。因此要想尽情享受整个海滩最好选择一家临海而建的酒店入住。

💰 54元（含中心广场、贝壳馆、蝴蝶谷）
🕐 7：30—18：00
🚌 三亚凤凰国际机场—亚龙湾（自驾）
三亚凤凰国际机场—海南环岛高速—亚龙湾路—亚龙湾
全程约33千米

鹿回头山顶公园 ★★★★

鹿回头山顶公园，位于三亚市区南边约3千米处的三面环海的海边小山。它因一个美丽动人的爱情传说而得名，一座美丽的巨石雕像就是这里的标志。顺着山势建有哈雷彗星观测站、白色的听潮亭、红色的观海轩、情人岛，此外还有猴山、鹿舍、黎家寮房、龟鳖天堂、游鱼仙池等景点。

💰 45元
🕐 8：00—22：30
🚌 三亚凤凰国际机场—鹿回头山顶公园（自驾）
三亚凤凰国际机场—鹿城大道—凤凰路—鹿岭路—鹿回头山顶公园
全程约20千米

大东海 ★★★

大东海"水暖沙白滩平"，呈现月牙形海湾。冬季水温在18~22℃，是冬泳避寒胜地和度假休闲者进行潜海观光、海水浴、阳光浴的理想之地。这里是与情人漫步、与家人同乐的好去处。

💰 门票免费，具体项目另行收费
🕐 全天
🚌 三亚凤凰国际机场—大东海（自驾）
三亚凤凰国际机场—鹿城大道—凤凰路—东海路—大东海
全程约19千米

大东海

大小洞天 ★★★★★

大小洞天是我国最南端的道家文化旅游胜地，风景区内至今仍有"小洞天""钓台""海山奇观""仙人足""试剑峰"等历代诗文摩崖石刻。拥有大云寺，南海龙王别院，鉴真登岸群雕等景点。大小洞天风景区以其秀丽的海景、山景和石景号称琼崖第一山水名胜。

💰 90元
🕐 7：30—18：30
🚌 三亚凤凰国际机场—大小洞天（自驾）
三亚凤凰国际机场—鹿城大道—海南环岛高速—港口公路—大小洞天
全程约34千米

蜈支洲岛 ★★★★

蜈支洲岛位于三亚北边的海棠湾内，淡水资源丰富，海水清澈透明，能见度极高。植被种类丰富，难得一见的最古老的龙血树就在这里，热带植物景观随处可见。丰富的水上娱乐项目可以让你与大海零距离接触。在这里潜水是深受欢迎的，还有香蕉船、摩托艇、沙滩排球等可供选择。

💰 136元（含往返船票，70岁以上老人需有家人陪同并签署免责书才可上岛）
🕐 上岛时间：8：30—16：00；下岛时间：9：00—18：00
🚌 三亚凤凰国际机场—蜈支洲岛（自驾）
三亚凤凰国际机场—海南环岛高速—湾坡路—藤海街—蜈支洲岛
全程约42千米

蜈支洲岛

亚龙湾热带天堂森林公园 ★★★★★

亚龙湾热带天堂森林公园里拥有被称为"镇山之神"与"镇海之神"的天然巨佛，还有别具魅力的热带森林景观。鸟巢度假村是海南乃至全国独有的特色度假村。住在这里让你栖身丛林之中，背靠青山，面朝大海。

💰 140元
🕐 7：30—18：30
🚌 三亚凤凰国际机场—亚龙湾热带天堂森林公园（自驾）
三亚凤凰国际机场—海南环岛高速—田独路—六盘路—亚龙湾热带天堂森林公园
全程约31千米

槟榔谷黎苗文化旅游区 ★★★★

槟榔谷景区两边森林峻峭，中间是一条连绵数千米的槟榔谷地，所以称作"槟榔谷"。这里是探访黎苗文化的不二之选，由非遗村、甘什黎村、谷银黎家、田野黎家、《槟榔·古韵》大型实景演出、兰花小木屋、黎苗风味美食街七大文化体验区构成，风景秀丽。2015年7月，槟榔谷黎苗文化旅游区被评为国家5A级旅游景区。

💰 120元
🕐 8：00—17：20
🚌 三亚凤凰国际机场—槟榔谷黎苗文化旅游区（自驾）
三亚凤凰国际机场—海南环岛高速—海榆（中）线—槟榔谷黎苗文化旅游区
全程约38千米

呀诺达热带雨林 ★★★★

呀诺达热带雨林以原始森林和次森林形态著称，包含了绞杀现象、空中花篮、老茎生花、高板根、藤本攀附、根包石六大奇观。分为经石峡、梦幻谷、黎锦苑、快乐体验、热带瓜果乡、雨林水族馆、山盟海誓等主题景区。景区以天然形胜和热带雨林景观为主体基础景观，融汇"热带雨林文化、黎峒文化、南药文化、生肖文化"等优秀文化理念于一体，构建一个以"原始绿色生态"为主格调的高档次、高品位、高质量的大型生态文化旅游主题旅游景区。

- 旺季（10月至4月）168元，淡季（5月至9月）150元（包含游览车票）
- 8：30—17：00
- 三亚凤凰国际机场—呀诺达热带雨林（自驾）
三亚凤凰国际机场—海南环岛高速—海榆（中）线—呀诺达热带雨林 全程约46千米

小洞天

黎村苗寨 ★★★★

黎族和苗族是海南省主要的2个少数民族，他们淳朴热情、能歌善舞。在黎村苗寨，你可以感受到少数民族真正的生活状态。

- 50元
- 全天
- 三亚凤凰国际机场—黎村苗寨（自驾）
三亚凤凰国际机场—鹿城大道—海南环岛高速—迎宾互通—黎村苗寨 全程约27千米

吃在三亚

三亚与北部湾渔场和南海渔场相邻，所以到了三亚一定要尝尝那里没有被污染的海鲜。三亚有海中三珍鲍鱼、海胆和海参，极富营养，鱼类的代表菜珍是清蒸石斑鱼、鲤鱼。另外还有非常美味的龙虾、青蟹等虾类和蟹类海鲜。当地著名的餐馆有春园海鲜排档、明记大排档、一品锅、南山火锅城、海南特色菜馆等。

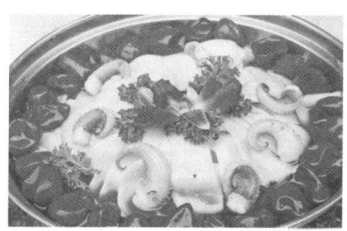

一品锅

东郊椰林美食城
游客评价：香辣面包蟹简直太好吃了，蟹肉很入味
- 13648648888
- 三亚市大东海榆亚大道109号

不仔客海鲜（第一市场总店）
游客评价：海胆豆腐煲里的豆腐很入味，入口满嘴香
- 18601061156
- 三亚市椰风巷55号

三亚市新风街福泉花园
游客评价：文昌鸡、嘉积鸭、东山羊、和乐蟹每一道都是经典
- 0898-88276962
- 三亚市新风街138号（明日大酒店对面）

宫满西廷（大东海店）
游客评价：大盘鱼很入味，海鲜脆米泡饭很香
- 0898-88659988
- 三亚市大东海榆亚路62号夏威夷大酒店停车场内

小鲜味私厨海鲜餐厅（海棠店）
游客评价：菜品很精致，海鲜也很新鲜
- 13876938346
- 三亚市风塘路14号

缘起楼素斋餐厅（南山寺店）
游客评价：虽然是素菜，但做得很有特色，味道很好
- 0898-88837921
- 三亚市南山风景区内

住在三亚

平价型	享受型
泥宿艺术酒店 三亚市铁路东巷27号 0898-88693199	三亚国光豪生度假酒店 三亚市三亚湾路188号 0898-38888888
逸海秦风铂金品质酒店 三亚市三亚河西路64号 0898-88291359	三亚辰光克拉码头酒店 三亚市三亚湾路167号 0898-88888666
倾城朵美酒店（三亚湾解放路步行街店） 三亚市解放路恒大综合楼1楼 0898-38862666	三亚银泰阳光度假酒店 三亚市大东海旅游区海花路88号 0898-88210888
7天酒店（三亚临春河商品街店） 三亚市商品街11巷40号 0898-88236616	金茂三亚亚龙湾丽思卡尔顿酒店 三亚市亚龙湾国家旅游度假区青梅路2号 0898-88988888

购物三亚

三亚解放路步行街
步行街位于三亚市区大东海附近，东面和西面各有两座四层楼和一座街门，南面有四座六层楼，北面有三座六层楼，南面和北面的建筑自成一体，街内有三座双层天桥，将南、北向楼群连接起来，一楼是骑楼式样，刮风下雨不影响逛街，二、三楼贯通连着天桥和电动扶梯，一至三楼经商，四至六楼办公和居住。这里街面整洁，鲜花绽放，温馨宜人，充满商业气息。

三亚红旗街
红旗街在三亚市天涯区，也是一条特色的步行街道，只有300多米长，中间还有个二道通往第一市场与解放路的出口中；三亚红旗街一头向北而另一头向南，每个店面都紧密相连着，这里有日用小商品和食用糖果，也有文具、医药，还有服装、鞋类，甚至家电用品也应有尽有。旁边还有不少酒店。这里出售的三亚特产种类繁多，且物美价廉。

三亚离岛免税店

主要销售免税香水、化妆品、珠宝、名表、首饰、烟酒、服饰、皮具、太阳镜、食品、海南地方特色产品（海南特产）、国内旅游精品以及国际顶级奢侈品。地址：三亚市下洋田榆亚大道19号新大洲广场（三亚市榆亚路鹿回头广场对面）。交通：乘2路、4路巴士车到达鹿回头广场，再走到对面新大洲广场，免税店的入口在一楼。

三亚免税店购买规则

每一个自然年度内非岛内旅客和海南本地居民分别享有两次和一次离岛免税购物机会（凭有效身份证件并提供从三亚机场离岛的日期和航班信息，就可以在免税店内购买免税商品）。每人每次免税购物金额在符合规定免税商品购买数量范围内，总额不得超过5000元人民币。若还需购买单价超过5000元的商品，在全额缴纳进境物品进口税的条件下，每人每次还可购买一件。

离岛免税购物实行店内付款、机场提货的全新模式。即顾客须在三亚免税店内先选定商品并交付商品全款后，从三亚凤凰国际机场乘机离岛时凭提货单据在机场国内出发隔离区内的指定提货处提取已购免税商品。

三亚免税店

港澳台地区

香港—澳门—台湾

| 区号：852 |
| 面积：1106.66 平方千米 |
| 人口：747.42 万人 |
| 方言：粤语 |
| 著名景点：维多利亚港、香港迪士尼乐园、香港海洋公园、太平山顶 |

概况

香港号称"东方明珠"，是国际金融中心之一，其银行、金融服务业、保险、地产、工贸服务业、旅游业等产业尤其发达。

香港夏季炎热潮湿，冬季凉爽而干燥，四季相对分明，年平均温度为22.8℃左右，比较适合居住。但由于香港商业发达，市区高楼密布、人口稠密，所以容易形成热岛效应，导致市区和郊区有明显的气温差别。香港时有台风侵袭，每年7～9月份是台风较多的季节。

受地域限制，香港自然资源匮乏，农业生产条件很差，蔬菜、花卉、水果、猪、牛、家禽及淡水鱼等近半数农副产品需要从中国内地供应。不过香港邻近大陆架，洋面广阔，形成了得天独厚的渔业生产环境，有红衫鱼、九棍鱼、大眼鱼、黄花鱼、黄肚鱼和鱿鱼等150多种具有商业价值的海鱼。

香港的特产有海产类：虾酱、鱼旦及各种海货和相关产品；糕点类：老婆饼、盲公饼、皮蛋酥、榴梿酥、莲蓉酥、鸡仔饼；小吃类：菠萝包、鸡蛋仔、碗仔翅、砵仔糕、牛杂、格仔饼、炸鱿鱼须、串烧等；日用品：高档化妆品、名牌箱包、数码产品等。

线路1
星光大道—维多利亚港湾—金紫荆广场—太平山顶—天星维港

线路2
香港迪士尼乐园—旺角—维港夜景

名菜

香港有"美食天堂"之称，深受外来饮食文化影响，除了以粤菜闻名外，日、韩、越、泰、印度及欧洲等菜系也很常见。香港比较有特色的美食是烧腊。

烧腊一般先用秘制的酱汁腌渍一段时间，再放到炉里烤，烧鹅、乳鸽、乳猪、叉烧以及一些卤水菜式等都是常见的吃法。其中烧鹅口味肥美；深井烧鹅、花田乳鸽驰名中外；卤水菜式清淡可口；乳猪不但味美，还是香港人逢年过节上香拜神的必备供品。

最有名的烧腊制品为叉烧。叉烧是粤式菜系，它是把腌制后的瘦猪肉挂在特制的叉子上，再放入炉内烧烤而成，也有人直接将腌好的猪肉以叉子放在火上烧熟而成，因此名曰"叉烧"。好的叉烧，应该是"肉质软嫩多汁、色泽鲜明、香味四溢"，肥、瘦肉均衡的叉烧多为上品。此外，本地居民还喜欢用叉烧做其他的菜色，如叉烧饭、叉烧包、叉烧酥等。

交通

飞机

香港国际机场

📞 00852—21818888

📍 新界的大屿山以北赤鱲角的人工岛，距离市区约 34 千米

💡 **机场交通**：巴士服务包括机场巴士、对外巴士、通宵巴士、机场及东涌区内巴士服务、跨境巴士5类。

机场巴士：编号以 A 字为首，从机场客运大楼前往市区。乘客可以在机场地面运输中心的城巴和龙运客务中心购票。城巴负责营运前往香港岛及九龙区，共 5 条路线，路线及其起始地点对应关系如下：

A10 机场（地面运输中心）—鸭脷洲邨

A11 机场（地面运输中心）—北角码头

A12 机场（地面运输中心）—小西湾（蓝湾半岛）

A21 机场（地面运输中心）—红磡车站

A22 机场（地面运输中心）—蓝田站

龙运巴士提供前往新界的巴士服务，共 5 条路线，其起始地点及与机场对应关系如下：

A31 机场（地面运输中心）—荃湾（愉景新城）

A33 机场（地面运输中心）—屯门富泰

A41 机场（地面运输中心）—沙田愉翠苑

A41P 机场（地面运输中心）—乌溪沙铁路站

A43 机场（地面运输中心）—粉岭联和墟

对外巴士：编号以 E 字为首，除 E31、E21A、E21X 只前往东涌逸东邨，其余全部从机场客运大楼前往市区，车资比机场巴士低。城巴及龙运巴士均提供多条对外巴士路线，路线及其起始地点对应关系如下：

DB02R 机场（客运大楼）—愉景湾码头

NR334 机场—珀丽湾

E11 赤鱲角 / 机场博览馆—天后站

E21 赤鱲角 / 机场博览馆—大角咀维港湾

E22 赤鱲角 / 机场博览馆—蓝田北

E22A 赤鱲角 / 机场博览馆—将军澳（康盛花园）

E22P 赤鱲角 / 机场博览馆—油塘

E23 机场（地面运输中心）—慈云山（南）

E32 机场 / 机场博览馆—葵芳铁路站

E33 机场（地面运输中心）—屯门市中心

E34 机场（地面运输中心）—天水围市中心

E34P 天水围市中心—机场（地面运输中心）

E34S 天水围市中心—机场（地面运输中心）

E41 机场 / 机场博览馆— 大埔头

E42 机场（地面运输中心）—沙田博康

通宵巴士：编号以 N 字为首，它在 A 及 E 线服务时间结束后运行，其中 N11、N21、N31 全晚提供服务，其余则在凌晨 0 点左右由机场发车往市区，及 3 点左右由市区发车往机场。路线及其起始地点对应关系如下：

N11 机场（地面运输中心）—中环（港澳码头）

N21 机场（地面运输中心）—尖沙咀码头

N21A 尖沙咀码头—机场（地面运输中心）

N23 东涌站—慈云山（北）

N26 东涌站—油塘

N29 东涌站—将军澳（康盛花园）

N30 东涌铁路站—元朗（东）

N31 机场（地面运输中心）—荃湾（愉景新城）

机场及东涌区内巴士：

S1 东涌铁路站—机场（客运大楼）/ 机场博览馆 S56 东涌站 / 东涌新发展码头—机场（客运大楼）

S64 逸东—机场（客运大楼）

跨境巴士：可以从机场直接到珠三角各个城市。

渡轮

尖沙咀客运码头

▸ 航线：1. 中环—尖沙咀；2. 湾仔—尖沙咀；3. 尖沙咀—长洲

大屿山客运码头

▸ 航线：1. 中环—长洲—梅窝（大屿山）—坪洲；2. 尖沙咀—长洲—梅窝（大屿山）

火车

火车站	电话	地理位置
红磡火车站	📞 00852-29464405	📍 香港红磡畅运道 8 号

地铁

地铁	线路	地铁	线路
东铁线	红磡—罗湖/落马洲	东涌线	东涌站—香港站（中环）
西铁线	红磡—屯门	将军澳线	宝琳站/康城站—北角站
观塘线	油麻地站—调景岭站	马鞍山线	乌溪沙—大围
荃湾线	荃湾站—中环站	迪士尼线	欣澳站—迪士尼站
港岛线	上环站—柴湾站	机场快线	博览馆站—香港站（中环）

香港国际机场

游在香港

维多利亚港 ★★★★★

维多利亚港简称维港,世界三大天然良港之一。这里每天日出日落,繁忙的渡海小轮穿梭于南北两岸之间,渔船、邮轮、观光船、万吨巨轮和它们鸣放的汽笛声,交织出一幅美妙的海上繁华景致。

- 免费
- 全天
- 香港国际机场—维多利亚港(自驾)
  香港国际机场—机场路—北大屿山公路—青沙公路—西九龙公路—维多利亚港
  全程约38千米

海洋公园 ★★★★★

香港海洋公园位于南部香港仔海洋公园道。它拥有全东南亚最大的海洋水族馆及主题游乐园,在这里可以看到露天游乐场、海豚表演、各种各样的海洋性鱼类、高耸入云的海洋摩天塔,甚至有惊险刺激的越矿飞车。游人可以乘坐吊车和扶手电梯游览公园各个景点,如果是晚上,还可以乘坐缆车欣赏香港的夜景。

- 480港元
- 10:00—18:00(节假日开放时间延长)
- 香港国际机场—海洋公园(自驾)
  香港国际机场—北大屿山公路—西九龙公路—海洋公园道—海洋公园
  全程约43千米

香港海洋公园

海洋公园
优惠措施
　　成人全票,儿童半票。游客服务中心有旅游小册子,里面通常会有一些打折券,游客用这些券可以节省一些费用。
一票制
　　海洋公园的所有景点实行一票制,买完票之后,里面所有的景点都可以游玩,没有时间限制。
自觉排队、遵守交通
　　到香港要尊重当地的社会秩序,进景区的时候一定要自觉排队。
　　另外,香港的汽车靠左侧行驶,和内地的刚好相反。游客到当地后要先适应这种交通规则,过马路的时候遵守信号灯,走人行道。

登山缆车、登山电梯
　　景区内的登山缆车沿着一道长1500米的架空钢索连接山上及山下,坐在上面,可以观赏到香港岛南区以及南海的辽阔景致。另外,还可以乘坐登山电梯来往于南朗山与大树湾2个区域。

太平山顶 ★★★★

太平山顶位于香港岛西北部,是香港最高点,也是香港的标志建筑。它又称维多利亚峰或扯旗山,是香港最负盛名的豪华高级住宅区之一。在这里可以俯瞰维多利亚港的香港岛、九龙半岛两岸,日落后欣赏有"东方之珠"美誉的夜景。游客可以在这里感受香港的喧嚣与繁华。最妙的是,太平山顶白天的景色与入夜的景色完全不同,无论你是否是一个浪漫的人,在这里过上一天一夜都会有温馨浪漫的感觉。

- 免费登顶(缆车和摩天台收费)
- 香港国际机场—太平山顶(自驾)
  香港国际机场—北大屿山公路—西九龙公路—同乐径—太平山顶
  全程约43千米

太平山顶

柏丽大道 ★★★★

柏丽大道位于尖沙咀弥敦道旁,以购物而闻名于世,长达200米,许多著名的时尚流行专卖店都在这条街上,因此被誉为"香港的香榭丽舍大道"。

　　柏丽大道两旁均为两层白色的建筑,在高厦林立的尖沙咀显得十分突出,漫步其中仿佛置身巴黎香榭丽舍大道,令人悠然自得。另外,柏丽大道有"礼貌径"之别称,因为大道中央竖立着以双手交握、以"请"为题的雕像作品,是柏丽大道最突出的标记。柏丽大道集购物与悠闲于一身,游人观赏完附近的景点之后,可以来此放松心情。

- 免费
- 全天
- 香港国际机场—柏丽大道(自驾)
  香港国际机场—北大屿山公路—青屿干线—弥敦道—柏丽大道
  全程约35千米

香港迪士尼乐园 ★★★★★

香港迪士尼乐园位于大屿山的欣澳,是世界第五个迪士尼乐园,也是全球面积最小的迪士尼乐园。这里除了有家喻户晓的迪士尼经典故事及游乐设施,还结合香港文化特色,构思了一些游乐设施。

- 450港元
- 10:30—19:30(节假日会有调整)
- 香港国际机场—香港迪士尼乐园(自驾)
  香港国际机场—珠三角环线高速—北大屿山公路—神奇道—香港迪士尼乐园
  全程约15千米

香港迪士尼乐园

黄大仙祠 ★★★★

黄大仙祠位于九龙黄大仙上村旁,是香港最著名的庙宇,在海外也享有盛名。每年农历年底及正月初一至十五都有大量善男信女前来酬谢神恩并为未来一年求神庇佑,也因此吸引了很多游客,成为香港地道的文化特色。

- 免费
- 7:00—17:30
- 香港国际机场—黄大仙祠(自驾)
  香港国际机场—北大屿山公路—青屿干线—弥敦道—黄大仙祠
  全程约33千米

黄大仙祠

星光大道 ★★★★

香港星光大道是位于香港尖沙咀海岸的一段海滨长廊，是为了表扬香港电影界的杰出人士而修建的，整体仿照好莱坞星光大道。这里的地面上装嵌着名人的牌匾和手印。游客在这里不但能感受到香港影视业的繁荣，还可以从容欣赏维多利亚港的景色，因此成为香港的旅游热点。

$ 免费
⏰ 全天开放
🚌 香港国际机场—星光大道（自驾）
香港国际机场—北大屿山公路—青屿干线—梳士巴利道—星光大道
全程约35千米

星光大道街景

浅水湾 ★★★★

浅水湾位于香港岛太平山南面。它是香港极具代表性的海湾，有"天下第一湾""东方夏威夷"之称。浅水湾呈新月形，坡缓滩长，波平浪静，水清沙细，而且冬暖夏凉，因此既是旅游胜地，也是港人消夏弄潮的场所。游人在此观赏到的除了阳光、沙滩、海水，还有那些依山傍水的建筑，这些美景都令人心神荡漾。

$ 免费
⏰ 全天开放
🚌 香港国际机场—浅水湾（自驾）
香港国际机场—北大屿山公路—西九龙公路—海滩道—浅水湾
全程约45千米

浅水湾

尖沙咀 ★★★

尖沙咀位于九龙半岛的南端，是香港九龙主要的游览区和购物区，商业发达，一直是香港的心脏地带。这里是购物的天堂，海港城、新港中心、太阳广场、美丽华商场、新世界中心、柏丽购物大道等都是著名的购物地点。繁华的商业造就了丰富多彩的风情，也产生了丰富多样的饮食文化，这里会让你切身体会到国际大都市的繁华与热闹。

$ 免费
⏰ 全天
🚌 香港国际机场—尖沙咀（自驾）
香港国际机场—北大屿山公路—青屿干线—弥敦道—尖沙咀
全程约32千米

宝莲寺、天坛大佛 ★★★

宝莲寺位于香港大屿山上，有"南天佛国"之称，是香港四大禅林之首。这里被群山翠林所环抱，景色优美，环境清幽，寺内建筑高大雄伟，遍布佛家文化，游人来到这里会不自觉地忘记烦恼，是游览和散心的好去处。

天坛大佛位于宝莲寺前木鱼峰上。它由202块铜片组成，高达26.4米（加上基座则高达34米），重达250吨，是世界上最大的户外青铜坐佛，因是仿照北京天坛地基形貌建造而成，故名天坛大佛。

$ 免费，天坛大佛地基需付费参观
⏰ 10：00—17：30
🚌 香港国际机场—宝莲寺、天坛大佛（自驾）
香港国际机场—屿南道—羌山道—昂平路—宝莲寺、天坛大佛
全程约28千米

大澳 ★★★★

大澳位于香港新界大屿山西部的大澳岛上，集旅游观光、博览渔家文化等功能于一体，是香港现存最著名的渔村。因为这里被三涌分为两地，居民平常就靠横水渡、小艇联系，水乡风情独特，因此有"香港威尼斯"之誉。

大澳内有许多历史悠久的庙宇，关帝庙是明代产物，此外还有华佗及财神像、杨侯古庙，既有浓浓的宗教意味，也有复古的风情。除了庙宇，属于大澳的特色还有建于水上的棚屋，美味的咸鱼、虾酱和鱼肚。其中咸鱼和虾酱是大澳著名的水产品。

$ 免费
⏰ 全天
🚌 香港国际机场—大澳（自驾）
香港国际机场—屿南道—羌山道—大澳道—大澳
全程约29千米

旺角 ★★★★

旺角位于九龙西部的油尖旺区，以历史悠久、商业发达而闻名于全港。

旺角是九龙早期发展的地区，因此遗留着许多往日的痕迹，大街小巷遍布老式饼店、神龛店、麻雀馆等传统店铺及算命占卜和地摊排档传统"商业"，旅客可以在这里看到香港市区真实的生活面貌。从繁华炫目的地段来到这香港一些古老的街道上，会让游客产生一种穿越时空的感觉。

旺角有很多特色的街道，如砵兰街（花园街）、女人街（通菜街）、金鱼街（通菜街）等，有时候会给人一种寻幽探秘的印象，因此是香港人流旺盛的地方之一。

$ 免费
⏰ 全天
🚌 香港国际机场—旺角（自驾）
香港国际机场—北大屿山公路—青屿干线—咸美顿街—旺角
全程约31千米

旺角

南丫岛 ★★★★

南丫岛位于香港岛的西南面，面积仅次于大屿山和香港岛，是香港境内的第三大岛屿。这里靠近市区，气氛轻松悠闲，与喧嚣的香港岛完全不同。民风淳朴，又弥漫着一种异国风情，因此每天都吸引很多国内外游人前来观光。

大澳

南丫岛

💰 免费上岛
🕐 全天开放
🚌 香港国际机场—南丫岛（自驾）
香港国际机场—北大屿山公路—西九龙公路—利南道—南丫岛
全程约46千米

香港会议展览中心 ★★★★

香港会议展览中心位于香港湾仔繁忙的商贸中心地带，是香港海边最新建筑群中的代表者之一，曾荣获"亚洲最佳会议及展览中心""亚太区最佳会议展览中心"等荣誉称号。游人到了这里，不但可以参观全球汇聚参展商的样品，还可以采购亚太地区的各种产品。这里是国际企业买家经常踏足之地。会展中心是一座宏伟且具备多功能的场地，坐落于香港商厦林立、繁忙的商贸中心地带，其位置临海，可俯瞰维多利亚港。

💰 免费
🕐 7：00—17：00
🚌 香港国际机场—香港会议展览中心（自驾）
香港国际机场—北大屿山公路—西九龙公路—博览道东—香港会议展览中心
全程约38千米

香港会议展览中心

大屿山 ★★★★

大屿山位于香港西南面，是香港最大的岛屿，水上棚屋、大澳水乡、迪士尼乐园、郊野公园、凤凰山等很多景点都出自大屿山。

大屿山岛上遍布草地和灌木丛，间有耕地，因此生长着很多珍稀植物，如香港细辛、大屿八角、岭南槭等，香港政府为此在这里设置了北大屿郊野公园及南大屿郊野公园。现在大屿山已经成为集郊野公园与文物古迹于一体的旅游胜地，是游客到港之后值得去的一个景点。

💰 免费，特别景点收费
🕐 全天
🚌 香港国际机场—大屿山（自驾）
香港国际机场—机场路—东涌道—大屿山
全程约9千米

↙ 吃在香港

香港的餐饮可谓是博采众长，各种各样的美食都可以在这里找到，而且还有本地的不少特色菜品和小吃，中餐、西餐等都可以让你大饱口福，垂涎欲滴。香港，一个名副其实的"美食之都"，是美食爱好者向往之地。

港式甜点

🍴 阿甘虾餐厅（凌霄阁店）
游客评价：以"阿甘"为主题装修的环境很有电影感，菜品里的虾也很多
📞 00852-28492867
📍 香港岛山顶凌霄阁3楼304-305号铺

🍴 好时沙嗲
游客评价：海南鸡饭、沙嗲鸡肉串都很好吃
📞 00852-27399808
📍 香港尖沙咀么地道63号好时中心148号铺

🍴 翠园（铜锣湾广场店）
游客评价："捞起"这个菜太有特色了，大堂经理一边介绍一边示意大家一起捞，好吃又好玩
📞 00852-25739339
📍 香港岛铜锣湾骆克道463-483号铜锣湾广场2期3楼

🍴 添好运（深水埗店）
游客评价：酥皮焗叉烧包口感酥软咸甜，很美味
📞 00852-27881226
📍 香港深水埗芙蓉街9-11号地铺

🍴 翠华餐厅（旧大街店）
游客评价：香港老字号餐厅，炒饭的口感很劲道，而且粒粒分明，非常香
📞 00852-25526998
📍 香港岛香港仔旧大街108-116号地下

🍴 稻香（北海中心店）
游客评价：经典的茶餐厅，菜品很全，菜品量少而精致
📞 00852-83008121
📍 香港湾仔轩尼诗道338号北海中心2楼

↙ 住在香港

平价型

香港中环迷你酒店
📍 香港中环雪厂街三十八号
📞 00852-21030999

香港帝景酒店
📍 香港荃湾青山公路353号
📞 00852-3716288

红茶馆酒店（油麻地鸦打街店）
📍 香港岛九龙城油麻地鸦打街6号
📞 00852-23889591

香港旺角维景酒店
📍 香港九龙旺角荔枝角道22号
📞 00852-23976683

享受型

香港帝京酒店
📍 香港旺角太子道西193号
📞 00852-29288822

港丽酒店
📍 香港岛金钟道88号太古广场
📞 00852-25213838

君悦酒店
📍 香港岛湾仔港湾道1号
📞 00852-25847822

香港康得思酒店
📍 香港旺角上海街555号
📞 00852-35523388

购物香港

海港城

海港城位于九龙尖沙咀广东道，它是香港面积最大的购物中心，游客来香港观光购物必到海港城。这里的商品一应俱全，种类、款式繁多，逛一天都看不完，有些初到香港的游客，会在海港城里逛到昏厥，然后到路上叫出租车回酒店，可见其规模之大。节假日是海港城接待客人最多的时候，即使是周末，也会有超过15万人次进入该商场购物。如果遇到农历新年，这里不但人数众多，而且还洋溢着节日的气息，海港城显得更加热闹。

东荟城

东荟城位于香港大屿山东涌，是港人和游客常去购物娱乐的场所。内分购物商场、商业大厦和酒店三部分，服务周到，商品种类齐全。

东荟城除了购物方便，还有一个特色——它是一个名牌折扣商场，喜欢购买名牌的游客可以在这里尽情消费。另外，商场外的广场上还专门设有音乐喷泉，每天13:00—19:00会有喷泉表演，如果遇到节假日，还会增加表演时间。

东荟城临近港铁东涌站和香港国际机场，游客下了机场，第一站就是这里，尤其是携带很多行李的人，可以先到这里寄放行李。当然，临飞前若有时间，游客也可以先到这里逛逛，也许会有意外的收获。

香港国际机场免税店

香港国际机场免税店就在香港国际机场，游客一下飞机就能找到自己所需要的多数商品，从10港币的小纪念品到动辄万元以上的名牌，无论你是何种消费水平，都能购得自己满意的商品。

特产

香港俗称"购物者的天堂"，在这里不但可以买到各种各样的商品，而且还能品尝到各种当地特色美食。

香港檀香：据说香港地名的来源就与檀香有关。当时香港码头堆放着檀香，进入码头远远地就能闻到。因此人们就把这个港口城市叫作香港。

池记云吞面担：池记云吞面担在20世纪30年代就已经闻名遐迩，其面用料纯正、功夫足，吃起来柔韧爽口、鲜香，深受游客喜爱，是香港当地有名的小吃。

港式葱油脆皮鸡：港式葱油脆皮鸡也是当地有名的小吃，它和砂锅鸡包翅、冰花炖官燕是翠亨村最出名的三大招牌菜，吸引无数食客前来品尝。

香港湾仔豆花：湾仔豆花香嫩滑口，营养丰富，是当地有名的小吃之一，已经流传到很多地方。

海港城

澳门

区号：853	
面积：32.9 平方千米	
人口：68.32 万人	
方言：粤语、葡萄牙语	
著名景点：大三巴牌坊、澳门旅游塔、黑沙滩、妈阁庙等	

概况

澳门是中华人民共和国的一个特别行政区。澳门位于中国东南沿海的珠江三角洲西侧，北接广东省珠海市，西与珠海的湾仔和横琴对望，东与香港相距 60 千米。地理位置优越，生活环境良好，每年都有 700 万～1000 万人前来澳门游玩或居住。

由于独特的地理位置和历史背景，澳门形成了东西方文化互相交融的独特局面，这一点不但形成了澳门独特的文化艺术氛围，还使得它一度成为多元化的宗教文化中心。这些都是澳门旅游业发达的重要原因。

澳门特色：小吃类：杏仁饼、肉松蛋卷仔、现烤猪肉干、中式唐饼、咸鱼干、三可老婆饼、葡式蛋挞、车厘哥夫纽结糖、猪扒包等；其他特产：澳门鲜蚝、虾酱、葡萄牙葡萄酒等。

名菜

澳门文化独特，因此也衍生出发达的饮食文化，拥有很多独特的菜式，典型而独特的菜式之一，就是葡国菜。

葡国菜，顾名思义，葡萄牙式菜式，其菜品多样，著名的有马介休、红豆猪手、葡国鸡、烩牛尾、烩牛胸、青菜汤等。

这些菜式并非纯粹的葡萄牙菜肴，而是结合了葡萄牙、印度、马来西亚及中国广东菜肴的烹饪技术中的精华创造出的独特菜肴。如青菜汤，它由土豆蓉、葡国香肠、生菜和橄榄油合煮而成，风味独特；再如葡国鸡，它是将鸡、土豆、洋葱、鸡蛋、西红柿配以咖喱粉烩制而成，有一股特别的鲜辣味；再如马介鱼，它是将鳖鱼煎、烤、焖、烧制而成，美味可口。因此，游客到了澳门，一定要到葡国菜馆去饱食一顿，感受一下葡式菜的粗犷与古朴。

除了葡国菜，澳门比较常见的菜式还有粤菜，同样由于融进了葡式文化，与广东的粤菜有所不同。此外，澳门还有川菜、京菜、沪菜等传统中华菜系，这些就比较常见了。

↳ 交通

飞机

▎澳门国际机场

📍 氹仔岛东端，它是全球第二个完全由填海造陆建成的机场（第一个为日本大阪关西机场）

📍 机场交通：

机场巴士：AP1：澳门国际机场—关闸，运营时间 6：30—0：10；26：筷子基—机场—路环，运营时间7：00—23：00；21：妈阁—机场—路环，运营时间6：30—23：00；MT1：澳氹循环线，运营时间7：30—18：30；MT2：澳氹循环线（经机场），运营时间7：30—18：30。的士服务：从机场至市区，单程车费40～55澳元；海陆交通：乘客在机场经10分钟车程即可到澳门客运码头。

渡轮

▎澳门客运码头

📍 澳门半岛东南方端的外港，这里每天都有往返于香港和深圳的客运轮船

租车

租车有两种交通工具：四人座的吉普车、自行车或摩托车。

四人座吉普车的租车费用较高，一般为450澳元／天（9：00—18：00）。

租用自行车和摩托车比较划算，但要注意澳门半岛和氹仔岛之间的澳氹大桥上不允许骑自行车。另外，在澳门行车，请您注意，澳门的车均为靠左行走。

澳门出租车

游在澳门

妈阁庙 ★★★★

妈阁庙位于澳门半岛的东南面，它是澳门的标志之一，曾在 2005 年被世界遗产委员会列入《世界遗产名录》。

妈祖文化是一种独特的海洋文化，已经拥有 500 多年的历史。妈阁庙沿岸修建，背靠大山，面向大海，前有石狮镇门，象征着妈祖在帮助海上商人和渔民消灾解难。在澳门人心中，妈祖阁的地位非常高，各行各业的人们都信仰妈祖，妈阁庙的香火也很盛，可以说澳门的历史和妈阁庙血脉相连。每年时值春节和农历三月二十三的妈祖诞辰之际，妈祖庙内香火最为鼎盛，善男信女们服饰各异，形成一道独特的风景。

$ 免费
⏰ 9:00—17:00
🚌 可乘 10 路、10A 路、11 路、18 路、21 路、21A 路、1 路、1A 路、2 路、5 路、6 路、7 路、9 路、26 路、28B 路、34 路公交到达。

妈阁庙

大三巴牌坊 ★★★★

大三巴牌坊是澳门极具有代表性的旅游景点，也是中国第 31 处世界遗产。大三巴牌坊只是圣保罗大教堂的一个前壁，它不但有西方文明特有的建筑艺术魅力，还见证着澳门的沧桑巨变。它的前身是葡萄牙人建立的圣保罗教堂，因葡语中的圣保罗与当地方言的三巴相似，因此也称之为大三巴教堂。该教堂后来毁于几次火灾，到今天只剩下耗资 3 万两白银的前壁，这就是大三巴牌坊，澳门曲曲折折的回归历史，就在大三巴牌坊的记忆中。

大三巴牌坊融合了欧洲文艺复兴时期与东方建筑的风格，因此它颇具意大利文艺复兴时期巴洛克的艺术特色，上面又雕刻有中华民族传统象征动物——狮子，既展现了欧陆建筑风格，又继承了东方文化传统，体现着中西文化结合的特色，这在世界建筑史上是极为罕见的。

$ 免费
⏰ 全天，天主教艺术馆及墓室开放时间为：10:00—18:00
🚌 澳门国际机场—大三巴牌坊（自驾）
澳门国际机场—伟龙马路—友谊大桥—高园街—大三巴牌坊
全程约 10 千米

大三巴牌坊

💡 大三巴牌坊
最佳旅游时节

澳门属于典型的海洋性副热带季风气候，每年的 10~12 月份是澳门天气状况最稳定的时节。并且这个时间段天气温暖，温度也不算很高，最适合旅游。

5~10 月份是澳门的台风季节，游客出行会不太方便，应尽量避免在这个时间段前往澳门旅游。如果在台风季节旅游，一定要关注当地每天的天气状况。自助游的游客最好请个当地导游，这样游览起来会更方便。

景区特色

大三巴牌坊历史悠久，是澳门的象征之一，也是游客到澳门的必游之地。大三巴牌坊为圣保罗教堂的前壁遗迹，虽屡受损坏，但一直保留至今，它的建筑风格独特，融合了西方文艺复兴时期和东方的建筑风格，精雕细琢、蔚为壮观。

台风信号

台风季节，澳门会悬挂风球。如果遇到台风，就会悬挂 8 号风球，这个时候往返航班、船只都会停航，大桥、公路也会关闭。游客如果遇到这种情况，最好在住处休息，不要出门。

旅游塔 ★★★★

旅游塔是澳门的地标性建筑，它高 338 米，是世界十大最高建筑之一。游客站在上面，可以远眺中国珠江三角洲及部分香港离岛的景观，也能将氹仔、路环、澳门各处名胜古迹尽收眼底。

塔内包括空中酒吧、旋转餐厅等各种文娱设施，非常便捷，是朋友相聚、情人约会、公司举行庆祝活动的好去处，有些胆子大的人，还可以在旅游塔上玩蹦极，非常刺激。

此外，作为澳门的标志性建筑，旅游塔还担负起当地电讯与广播传播的任务，人们在老远看到旅游塔的同时也能很快享受到资讯时代的便捷。

$ 93 元
⏰ 平时：10:00—20:00
周末、假期：11:00—20:00
🚌 澳门国际机场—旅游塔（自驾）
澳门国际机场—伟龙马路—西湾大桥—南湾圆形地—旅游塔
全程约 8 千米

澳门赛马会 ★★★★

赛马是澳门人主要的娱乐活动之一，赛马会也因此成为澳门一大特色，澳门赛马会也是游人到澳门必去的场所之一。澳门赛马会建于氹仔填海区，是亚洲最大的马场之一。这里有千余匹赛马，有可容纳近 3 万名观众的观众席，有占地 45 万平方米的赛道。游客可以在这里感受激动人心的场面，体会赛马这种贵族运动的魅力所在。另外，澳门赛马会里不仅有本地和中国香港的骑师、练马师，还有来自美国、澳大利亚、新西兰、马来西亚、德国、法国、巴拿马、巴西等世界各地的优秀选手。因此，游客在这里可以真正感受到东西文化的完美交融以及澳门的国际化。

$ 免费
⏰ 周二晚、周六、日白天
🚌 澳门国际机场—澳门赛马会（自驾）
澳门国际机场—伟龙马路—柯维纳马路—澳门赛马会
全程约 4 千米

葡京酒店 ★★★★

葡京酒店是澳门豪华酒店之一，占地面积约 12 000 平方米，整个工程投资超过 30 亿澳元，落成之后为澳门当时最大的酒店，亦是澳门首家五星级酒店。

🆔 门票免费
🕐 全天
🚌 澳门国际机场—葡京酒店（自驾）
澳门国际机场—伟龙马路—友谊大桥—友谊大马路—葡京酒店
全程约 9 千米

葡京酒店

渔人码头 ★★★★

渔人码头位于外港新填海区海岸，它的三面分别是日夜繁忙的港澳码头、一应俱全的新八佰伴百货大楼、雄伟的澳门文化中心以及莲花广场等，可谓风光无限，为人们提供了齐全的餐饮及娱乐设施。

渔人码头还是世界著名品牌的汇聚点，无论是服装、化妆品，还是珠宝、画廊、玩具，甚至是高尔夫球用品，这里都无所不有。

此外，渔人码头还是一个建筑艺术的胜地。凡是到渔人码头游览过的人，无一不称赞其绝伦的建筑特色——里面有表现中国古老文化的唐代城楼特色的建筑唐城，有一个仿照罗马竞技场的古罗马表演场，有一系列中世纪建筑群的罗马馆，有一个专为儿童而设的阿拉伯堡垒游乐场。它集古、今、中、外艺术特色于一体，多元化的娱乐设施使之成为澳门旅游业的新宠。

🆔 免费
🕐 9：00—17：30
🚌 澳门国际机场—渔人码头（自驾）
澳门国际机场—珠海大道—平东大道—X763—渔人码头
全程约 66 千米

渔人码头

黑沙滩 ★★★★

黑沙滩位于澳门路环岛的东面，因其海湾呈半月形，古人称之为"大环"。黑沙滩是澳门著名的天然海浴场，最大的特色在于沙勤黑，海沙均匀，细沙幼滑，非常迷人，黑沙滩岸边种植了许多木麻黄树，与黑沙海滩相映成趣，成为澳门八景之一。每到节假日或盛夏时节，游人纷纷前来戏耍，为这片海滩增添了许多现代风情。

黑沙滩有许多娱乐活动，除了郊游、划艇、游泳之外，近年来旁边还新建了五星级酒店及高尔夫球场等旅游设施，更方便了人们的生活。到了晚上，人们还可在黑沙滩吃烧烤，游客可以玩得很开心。

🆔 门票免费，具体娱乐项目另收费
🕐 8：00—21：00（周六推迟到 24：00）
🚌 澳门国际机场—黑沙滩（自驾）
澳门国际机场—路凼连贯公路—黑沙马路—黑沙滩
全程约 8 千米

💡 黑沙滩 交通小贴士

澳门的交通非常便利，公共汽车、出租车、人力三轮车穿行于大街小巷。因为澳门是个休闲娱乐城市，它的娱乐活动往往是通宵的。公共汽车营运时间也很长，其营运时间为 6：25—24：00。

这里的出租车一般为褐色，起步价是 1.6 千米以内 13 澳元，每增加 230 米加收 1.5 澳元。如果游客有大件的行李，还要加钱。

景区特色

黑沙滩与别的沙滩的不同之处是，它的沙子是勤黑柔软、细腻发亮的。因此，这个沙滩被命名为黑沙滩。澳门的八景之一就是黑沙滩的"黑沙踏浪"。

黑沙滩特色项目的收费

黑沙滩附近的游泳池和网球场很受欢迎。游泳池是每小时 15 澳元/人，网球场每小时 20 澳元/人。

美食

游客在游玩之余还可以品尝一下澳门的美食。由于受独特文化的影响，澳门的美食里面有粤菜，还有葡萄牙菜以及各种中外名菜。其中比较著名的有葡国鸡、咖喱蟹、红豆猪手等。

购物贴士

澳门是一个购物的天堂城市，游客到澳门可以根据自身情况买些纪念品回去。游客如果携带自用或者适量的物品进出境不用向海关申报，一般也不用办理报关手续。

每个入境旅客可免税携带的物品是：酒 1 升、50 支雪茄、200 支香烟和 250 克烟丝。如果要携带进口电器，需要交纳 5% 的进口税。

↘ 吃在澳门

澳门比较出名的美食当属甜品，在澳门经常可以看到甜品店门前排起长龙，这说明澳门人喜欢甜品，这也证明了澳门甜品确实出众，蛋挞、老婆饼、鸡仔饼、蛋卷、木糠蛋糕等都是澳门特色甜品。另外，澳门的中餐和面食也非常有特色，不妨品尝一下。

老婆饼

🍴 玛嘉烈（提督街店）
游客评价：品种很多的饮品店，推荐自制乳酪，太香了
📞 00853-28710032
📍 澳门马统领街 17B 号

🍴 大利来记猪扒包（氹仔旗舰店）
游客评价：面包有一点点干，但猪扒很大个
📞 00853-28827150
📍 澳门氹仔告利雅施利华街 35 号

🍴 小飞象葡国餐厅
游客评价：红酒烩牛肋排，牛肉很软，吃不出红酒味但超级香
📞 00853-28827888
📍 澳门氹仔地堡街喜来登广场

🍴 安德鲁饼店（总店）
游客评价：门店看起来很普通，但味道真的很棒，蛋挞记得吃热乎的
📞 00853-28881851

📍 澳门路环市中心挞沙街1号地下

🍽 **沙利文餐厅**
游客评价：店员服务周到热情，葡国鸡和马介休味好吃
📞 00853-28881881
📍 澳门半岛南湾大马路512号

🍽 **新口岸葡国餐（中裕大厦店）**
游客评价：送的面包好吃，回味无穷，烩牛尾鲜嫩可口
📞 00853-28703898
📍 澳门半岛新口岸宋玉生广场606H—606G 中裕大厦L层

🍽 **钜记手信（大三巴街店）分店**
游客评价：现烤的肉脯，烤得特别好
📞 00853-28366193
📍 澳门大三巴街20A培基大厦地址

↘ 住在澳门

平价型

澳门新口岸智选假日酒店
📍 澳门罗理基博士大马路338号—362号
📞 00853-85908888

澳门利澳酒店
📍 澳门新口岸高美士街33号
📞 008536-28718718

澳门励庭海景酒店
📍 澳门孙逸仙大马路
📞 00853-87996688

维景酒店
📍 澳门半岛北京街199号
📞 00853-28781233

享受型

四季酒店
📍 澳门离岛金光大道望德圣母湾大马路
📞 00853-28818888

澳门威尼斯人
📍 澳门离岛冰仔金光大道望德圣母湾大马路
📞 00853-28828888

澳门君悦酒店
📍 澳门离岛冰仔路冰连贯公路新濠天地
📞 00853-88681234

葡京酒店
📍 澳门半岛葡京路2-4号
📞 00853-28883888

↘ 购物澳门

▌DFS 环球免税店

澳门的 DFS 免税店比香港的大，而且品牌也更全一些，人流量也不是很大，因此与香港的喧嚣热闹相比，澳门的 DFS 免税店购物环境要好很多。更重要的是，游客在这里购物，可以享受到很多特别的服务。

●免费酒店送货服务
游客可以要求将货物送到自己住的酒店。

●乘车优惠服务
顾客可以将在澳门境内到 DFS 环球免税店的乘车费兑换成现金代用券。

●百分百环球质量保证服务
游客在澳门的 DFS 免税店所购买的货物，无论何地，游客在规定时间内均可享受 DFS 环球免税店提供的更换、维修或退货服务。

此外，澳门的 DFS 免税店还提供其他会员服务。

▌大运河购物中心

大运河购物中心位于澳门威尼斯人度假村酒店第三楼层，它是澳门最大型的室内购物中心。这里商品种类齐全，价格公道，也不乏高级品牌。

最独特的是大运河购物中心的布置。它呈辐射状分布，整个购物中心好像被一幅偌大的天幕覆盖，上面有电脑控制的灯光效果，能够根据天气特征营造出人造的天幕，如日出日落、蓝天白云等。游客初次进入，如果没有地图指引的话，很容易迷失方向。最好的办法是在出发之前，就将要去的地方用笔圈出来，顺着地图走，届时会发现这也是一种独特的购物享受。

🌿 **特产**

杏仁饼：澳门香香饼家是创立于20世纪60年代的老字号，以生产凤凰卷、月饼、杏仁饼等传统食品而出名。其中杏仁饼甘香松软，深受游客喜爱。

猪油糕：猪油糕其实并不含猪油，其主要成分是淀粉、花生、葡萄糖。因其口感松软、润嫩，故被命名为猪油糕。在清代的时候，猪油糕就已经远近闻名了，被誉为"吴中佳制"。现在经过改进，研发了很多特色的猪油糕。其中，观我颐红糖制作的猪油糕油足味香，色泽金黄，糯性强而不黏，深受人们喜爱。

水蟹粥：水蟹粥以诚昌饭的最为正宗，它采用水蟹、膏蟹、肉蟹三种蟹的精华，再配上特别制作的蚝粥熬制而成。丰腴的蟹黄、鲜美的蟹肉、软香的粥，入口馨香，食用之后回味无穷。

大运河购物中心

台湾

区号：	886
省会：	台北
面积：	36013.73 平方千米
人口：	约 2356.84 万人
方言：	闽南语、客家话
著名景点：	台北"故宫博物院"、日月潭、阿里山、垦丁等

概况

台湾是中国第一大岛，北通东海，南接南海，地理位置非常重要，经济发达。

台湾有"祖国宝岛"之称，冬季温暖，夏季炎热，雨量充沛，水力、森林资源丰富，渔业、养殖业都比较发达，有蔗糖、茶及超过 90 种的蔬菜品种，盛产多种水果。另外，台湾也是花卉生产的集中地。

从 20 世纪 60 年代开始，台湾的重工业开始起步，纺织、电子、制糖、塑胶、电力等产业发达，建成了高雄、台中等加工出口区，形成了以加工外销为主的海岛型工商经济。

旅游业是台湾的一个重要产业。台湾地处太平洋火山地震带，有喀斯特地貌与海蚀地貌，形成很多山水胜境，如阿里山云海、日月潭、玉山积雪、清水断崖、澎湖渔火、大屯春色、鲁谷幽峡等"八景十二胜"，吸引着世界各地的游人前去参观。

线路 1
台湾桃园—台北—淡水—北投

线路 2
日月潭—嘉义阿里山—高雄—垦丁—花莲太鲁阁环岛游

名菜

三杯鸡：有种说法叫"不会做三杯鸡的不是正宗台菜馆"，由此可见三杯鸡在台湾菜中举足轻重的地位。三杯鸡的得名，是因为在烹调的时候加入一杯酱油、一杯食油和一杯米酒（也有说法是一杯酱油、一杯麻油、一杯料酒）慢火炖制而成，不放任何汤水。成菜起锅时香气扑鼻，令人垂涎欲滴。食之肉软滑细嫩，酱汁醇厚香浓，风味独特。因此成为台湾宴席上不可缺少的一道菜。

担仔面：台湾有这样一种说法："凡是有华人的地方，就有担仔面。"换言之，台湾没有人不知道担仔面。这种面不是普通的面，而是用一种油面和特制的肉膫调配而成，最后加上用虾子熬煮的汤头。面条口感爽滑，相互不粘连，与肉膫口感相得益彰，令人回味无穷。

除了这两道菜，冬菜鸭、蒸笼沙虾、什锦卤菜、火鸡肉饭等也是台湾比较有名的菜式。

交通

飞机

台湾桃园国际机场

☎ 00886-3-3983728
📍 距台北市约 40 千米
💡 **机场交通：**
机场客运信息、线路及起始点如下：
11：台中—桃园机场（经朝马站、中坜转运站）
12：中坜转运站—桃园机场
21：台北—桃园机场
31：台北—桃园机场（东线）
32：台北—桃园机场（西线）
33：台北—桃园机场—大园
34：板桥—桃园机场
51：台北—桃园机场
52：台中—桃园机场
61：台北东站—桃园机场
62：松山机场—桃园机场
63：松山机场—桃园机场（经南崁）
65：台中—桃园机场
71：桃园市区—桃园机场
72：中坜—桃园机场
705：桃园高铁站—桃园机场

高雄小港国际机场

☎ 00886-7-8057630
📍 台湾高雄市小港区
💡 **机场交通：**
1. 公交车：机场到市区的公交目前只有 12 路。

2. 客运：有中南客运、屏东客运、国光客运等经高雄火车站、小港机场往垦丁与鹅銮鼻的观光路线。
3. 租车。

台中清泉岗国际机场
☎ 00886-04-26155000
📍 台湾台中市沙鹿区
🚌 机场交通：客运信息、线路及起始点如下：
9路：台中车站—清水高中
69路：高铁台中站—中科—清泉岗机场
150路：台中车站—清水

火车

火车站	地理位置
台中大肚区追分车站	📍 台中市大肚区王田村追分街13号
台中车站	📍 台中市台湾大道一段1
台中清水车站	📍 台中市清水区中正街115
台中大甲日南车站	📍 台中市大甲区
基隆车站	📍 基隆市仁爱区港西街5
高雄市三块厝车站	📍 高雄市三民区

↳ 游在台湾

日月潭 ★★★★★

日月潭是台湾地区最大的天然湖泊，位于台湾西部的南投县玉山和阿里山之间的山头上。湖中有一个小岛，远看像浮在水面上的一颗珠子，以此岛为界，湖的北半部分圆如太阳，南半部分弯如月牙，因此得名日月潭。

日月潭的景色很美，无论春夏秋冬，湖面的景色总是变幻无穷。尤其是秋季的夜晚，薄雾笼罩着湖面，皎洁的秋月倒映湖中，景色动人。善于歌舞的高山族男女会在中秋圆月当空之时跳起古老的舞蹈，场面感人。日月潭的四周有许多亭台楼阁点缀其中，增添了日月潭的情趣。氤氲的水汽及层次分明的山景变化，一景一物皆浑然天成，诗画般的意境，足以让人流连忘返。

💲 免费，游船需买票
🕐 全天
🚌 台湾桃园国际机场—日月潭风景区（自驾）
台湾桃园国际机场—国道1号—国道3号—中山路—日月潭风景区
全程约224千米

日月潭

💡 日月潭
日月潭水社游客中心

日月潭水社游客中心相当于大陆的游客服务中心，主要是为游客旅游咨询服务的。它原先是台湾的汽车站，因为位于前往日月潭的交通枢纽位置，逐渐成为日月潭景区的服务点。日月潭水社游客中心除了提供旅游咨询服务外，还负责介绍日月潭的特产、美食、工艺和人文活动。

景区美食

山猪肉：山猪肉是日月潭景区的著名美食之一，肉质好，并且油少，深受很多人喜爱。需要注意的是，这些山猪肉并不是山上真正的野山猪，一般都是养殖者圈养的山猪品种繁殖而来的，将散养和人工喂养相结合。

潭虾：说起日月潭的美食，当然少不了潭虾，它和曲腰鱼、奇力鱼并列为日月潭美食。潭虾的烹调一般会采取油炸的方法，油炸后的潭虾酥脆、香味四溢，是一道不可多得的美食。一盘潭虾加上一瓶美酒，相信是一种独特的享受。

垦丁 ★★★★

垦丁位于台湾地区屏东县，地处台湾最南端，被称作台湾的"天涯海角"。这里椰林摇曳，常年四季如春，是欣赏热带风光的很好的去处。

垦丁三面环海，造就了很多景观，如沙滩贝壳、崩崖、沙瀑、钟乳石洞、稀有植物、种类繁多的昆虫蝴蝶，拥有大尖山、龙銮潭、猫鼻头、白沙湾、南仁湖、龙坑自然生态保护区、风吹沙、龙磐公园等数十个景点，是游台湾值得去的地方。

💲 免费（收费部分各景区票价不一）
🕐 8：30—17：00
🚌 台湾桃园国际机场—垦丁（自驾）
台湾桃园国际机场—国道1号—国道3号—垦丁路和平巷—垦丁
全程约437千米

垦丁

台北中山纪念馆 ★★★★★

台北中山纪念馆是为了纪念孙中山先生诞辰百年而兴建的，位于台北市仁爱路四段。纪念馆是边长100米的正方形，整体造型接近完美，建筑风格宁静淡雅，散发着东方古典的含蓄美。馆内有环绕的中山公园，有九曲桥、池塘、假山、柳树等景色点缀，馆外有迎风摇曳的垂柳，有墨绿色小卵石铺设而成的步道以及广场与绿地。总之，它不仅是一座纪念馆，更是一种建筑艺术。

💲 免费
🕐 9：00—18：00
🚌 台湾桃园国际机场—台北中山纪念馆（自驾）
台湾桃园国际机场—国道2号—国道1号—仁爱路四段—台北中山纪

念馆
全程约 47 千米

台北中山纪念馆

阿里山 ★★★★

阿里山，位于台湾嘉义市东 75 千米的玉山附近的阿里山乡。这里林木葱翠，清爽宜人，不仅是理想的避暑胜地，也是著名的风景区，有"不到阿里山，不知阿里山之美，不知阿里山之富，更不知阿里山之伟大"的说法。

阿里山山区植物种类繁多，从亚热带的阔叶林到寒带的针叶林都有，多样化的林区造就了多样化的动物，栗背林鸲、酒红朱雀、鳞胸鹪鹛、台湾猕猴、赤腹松鼠等都是阿里山的珍奇之物。当然，神奇的还是日出、云海、晚霞、森林与高山铁路，它们并称为"阿里山五奇"，是台湾具代表性的风景。

💰 节假日 200 元，非节假日 150 元（新台币）
🕐 全天
🚌 台湾桃园国际机场—阿里山（自驾）
台湾桃园国际机场—国道 1 号—国道 3 号—台 18 线—阿里山
全程约 309 千米

阿里山

士林官邸 ★★★★

台北士林官邸位于台北市士林区福林路，为台北市第一座生态公园。

院内有生态园区、木栈道音乐台、士林园艺所、园艺展览馆、欧式花园、中式庭园、兰亭与喷泉等景点，人行在花草丛中，听着音乐，宛若走在皇宫的后花园。官邸的正馆，西式建筑与东方装饰完美融合在一起。

💰 100 元（新台币）
🕐 9：30—12：00，13：30—17：00（周一闭馆）
🚌 台湾桃园国际机场—台北士林官邸（自驾）
台湾桃园国际机场—国道 2 号—国道 1 号—福林路 100 巷—台北士林官邸
全程约 43 千米

鹿港小镇 ★★★

鹿港小镇是早期台湾汉文化鼎盛发展的主要集中地，当时有"一府（太难）二鹿（鹿港）三艋舺"的说法，鹿港是当时文化与商业的港埠重镇。

由于先天河砂淤积日趋严重，鹿港的港口地位被废，但那个时代特有的淳朴和繁华却被完整地保存起来，成为远在外地工作的鹿侨心中淡淡的哀愁与怀念。行走在寺庙古迹和传统建筑密集的鹿港小镇，游客很容易产生一时时空错位感，宛如亲见当年鹿港的盛况。

如今的鹿港，密集的寺庙古迹和传统建筑，足以印证当年的繁荣，而在港口和市街结构上，也富含大陆历史文化名城泉州的风味，有"繁华犹似小泉州"的美名。

💰 免费
🕐 全天
🚌 台湾桃园国际机场—鹿港小镇（自驾）
台湾桃园国际机场—国道 1 号—国道 3 号—民权路—鹿港小镇
全程约 171 千米

台北"故宫博物院" ★★★★★

台北"故宫博物院"位于台北市士林区至善路二段 221 号。它虽然是仿照北京故宫样式设计建筑的宫殿式建筑，但所藏文物的珍贵和丰富程度却不低于北京故宫博物院。

这里收藏了自商周时代的青铜器，历代的玉器、陶瓷、古籍文献、名画碑帖，每一件都堪称稀世之珍，展览馆每 3 个月更换一次展品，令人大饱眼福。还拥有中国仅有四部的《四库全书》较完整的一部，以及其他众多北京故宫所没有的稀缺史料。

💰 350 元（新台币）
🕐 8：30—18：30
🚌 台湾桃园国际机场—台北"故宫博物院"（自驾）
台湾桃园国际机场—国道 2 号—国道 1 号—至善路—台北"故宫博物院"
全程约 46 千米

🎯 台北"故宫博物院"
票价优惠政策

1. 团体 10 人以上可购买团体参观票，票价会便宜不少。

2. 学生、军警、文化机构义工持相关证明可以享受半价优惠。大陆学生持学生证明也可以享受优惠政策。

3. 从 2008 年 3 月 1 日起，台北"故宫博物院"周六夜间开馆一律免费。周六晚上营业时间是 18：30—20：30。

组团游

2008 年 7 月 18 日，台湾正式向大陆游客开放，旅游的方式主要以组团游为主。对于经营大陆到台湾旅游的旅行社也有限制。首批获得资质的旅行社有中国国际旅行社有限公司、中青旅控股股份有限公司、中国康辉旅行社集团有限公司、中国旅行社总社等 33 家旅行社，不久又通过第二批。

游客如果想组团游，可以查询有资质的旅行社，然后联系商谈旅游事宜。

自由行

现在台湾也向大陆游客开通自由行，但限制政策较多。例如开放城市、游客收入状况以及自由行时间等诸多限制。游客如果想到台湾自由行，一定要详细了解其政策要求。

故宫驾车游路线

高速公路北—滨江交流道—大直桥—自强隧道—故宫路与至善路口右转—台北"故宫博物院"

高速公路基隆方向南下—内湖交流道下—左转快速道路—内湖路—自强隧道—故宫路与至善路口右转—台北"故宫博物院"

阳明山公园 ★★★★

阳明山公园是一座以天然景观为主体的山林公园，位于台北市近郊，由早期的日本私人别庄扩建而成。这里有七彩喷水池、花钟、展望台、小隐潭和瀑布区等多种景观，集花卉、山泉、瀑布等为一体。

每年 2—4 月份花季，是阳明山公园最热闹的时期，姹紫嫣红，百花怒放，很多人在这些花花草草前留下身影。除了绚丽的自然景观，阳明山也因为传统庭园设计而兼具人文价值。
💲 免费
🚌 台湾桃园国际机场—阳明山公园（自驾）
台湾桃园国际机场—台15线—61线—竹子湖路—阳明山公园 全程约45千米

台北"故宫博物院"

↘ 吃在台湾

台湾的美食可谓是品种繁多，小吃、名菜、咖啡、甜品、外国菜等应有尽有，到处都有美食相伴。在闹市区或者旅游景点也有很多餐厅，方便游客用餐。士林夜市、辽宁街夜市、淡水老街、九份老街等地都是品尝美食的好地方。

海鲜饭

🍜 上引水产
游客评价：海鲜很新鲜，生鱼片是现切的，价格也不是很贵
📞 00886-25081268
📍 台北市中山区民族东路410巷2弄18号

🍜 阜杭豆浆
游客评价：咸豆浆软嫩顺滑，口感如鸡蛋羹般顺滑
📞 00886-23922175
📍 台北市中正区忠孝东路一段108号2楼

🍜 北回木瓜牛奶（西门店）
游客评价：木瓜牛奶真的非常好喝，是台湾省独特的美味
📞 00886-23751111
📍 台北市万华区西宁南路111号

🍜 天下三绝
游客评价：汤头很美味，牛肉也很大块
📞 00886-27416299
📍 台北大安区仁爱路四段27巷3号

🍜 阿宗面线（西门町店）
游客评价：汤底很鲜，面线滑滑的口感
📞 00886-23888808
📍 台北市万华区峨眉街8-1号

🍜 林东芳牛肉面
游客评价：牛肉汤很清澈

↘ 住在台湾

平价型

台北西悠饭店
📍 台北市大同区民生西路198号2楼
📞 00886-225585500

贝壳窝青年旅舍
📍 台北市中正区怀宁街84号
📞 00886-223882833

台北天禾精品旅馆
📍 台北市万华区中华路一段152号5楼
📞 00886-223144003

台北国联大饭店
📍 台北市光复南路200号
📞 00886-227731515

享受型

台北凯撒大饭店
📍 台北市忠孝西路一段38号
📞 00886-223115151

台北君悦酒店
📍 台北市信义区松寿路2号
📞 00886-227201200-3158

台北圆山大饭店
📍 台北市中山北路四段1号
📞 00886-228868888

台北王朝大酒店
📍 台北市敦化北路100号
📞 0086-227197199

📞 00886-27522556
📍 台北市中山区八德路二段322号

🍜 屋顶上（阳明山店）
游客评价：夜景很美，适合拍照打卡，价格也不贵
📞 00886-28622255
📍 台北市士林区凯旋路61巷4弄33号

↘ 购物台湾

┃升恒昌免税店

　　升恒昌免税店位于我国台北市民权东路三段，这里主要经营国际精品以及各种高级化妆品、饰品，同时还有台湾烟酒副食品，其目的是展示台湾各式美食糕点及文化纪念品，配合旅游业行销台湾文化，将台湾的动物生态之美、河海生态之美、森林生态之美、城乡之美等概念融入其中。

　　升恒昌免税店还致力于打造一个轻松愉快的休闲环境，因此，店内既有宗教祈祷室、森林舒压区与因特网行动办公室等多种免费设施，也有专门为儿童营造的梦幻玩国、儿童游戏区、育婴室等场所，还有注入了浓厚的人文艺术风情的文化艺廊供游人免费欣赏。

┃六合夜市

　　六合夜市位于高雄市中山一路，它是仅次于台北士林夜市的第二大夜市。六合夜市原本是大港埔空地上的小吃摊，兴盛于20世纪四五十年代。1987年，高雄市政府规定，每天17：00—次日1：00，六合夜市为行人徒步区。从此，白天这里车水马龙，一到晚上，马路就被摊商封闭，开始营业。一直到第二天凌晨，这里一直都是繁忙如白昼，六合夜市从此成为国际知名的观光夜市。

每到傍晚，这里便会布满形形色色的小吃摊：有蚵仔煎、棺材板、烤乌鱼子、担仔面、香酥排骨面、木瓜牛奶、羊肉炉等台湾特色小吃。除了吃的，还有游乐的地方，街上电动游戏机遍布，还有丢圈圈、打弹珠等休闲小游戏。

诚品书店

在本地人眼中，诚品书店不仅仅是一家书店那么简单，这家民营书店也的确起到了吸引游客、增加外汇收入、提升地区形象的作用，恐怕全球很少有书店有如此独到的魅力。

诚品书店是台湾的文化景点，很多游客来台湾仅仅是为了参观诚品书店，书店的布置明亮、开阔，又不失优雅与温馨，具有欧洲图书馆的风格。由于规模很大，游客可以像购物一样尽情地欣赏或购买自己喜爱的书籍。

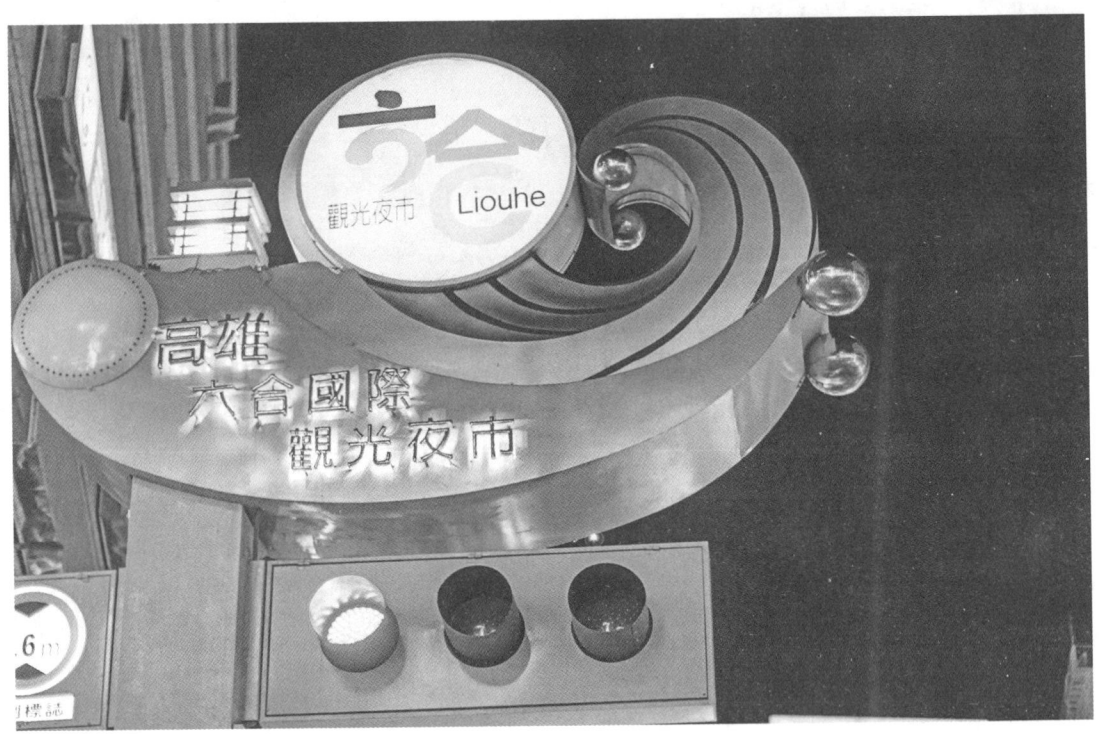

六合夜市